Stein/Jonas

Kommentar zur

Zivilprozeßordnung

21. Auflage
bearbeitet von

Christian Berger · Reinhard Bork
Wolfgang Brehm · Wolfgang Grunsky
Dieter Leipold · Wolfgang Münzberg
Herbert Roth · Peter Schlosser
Ekkehard Schumann

Band 4
Teilband 1
§§ 300–347

J. C. B. Mohr (Paul Siebeck) Tübingen

Bearbeiter:

Prof. Dr. jur. CHRISTIAN BERGER, Leipzig
Prof. Dr. jur. REINHARD BORK, Hamburg
Prof. Dr. jur. WOLFGANG BREHM, Bayreuth
Prof. Dr. jur. WOLFGANG GRUNSKY, Bielefeld
Prof. Dr. jur. DIETER LEIPOLD, Freiburg i. Br.
Prof. Dr. jur. WOLFGANG MÜNZBERG, Tübingen
Prof. Dr. jur. HERBERT ROTH, Heidelberg
Prof. Dr. jur. PETER SCHLOSSER, München
Prof. Dr. jur. EKKEHARD SCHUMANN, Regensburg

Zitiervorschlag: Stein/Jonas/Bearbeiter[21] § 29a Rdnr. 2

Die Deutsche Bibliothek – CIP-Einheitsaufnahme

Stein, Friedrich:
Kommentar zur Zivilprozessordnung / Stein/Jonas. Bearb. von
Christian Berger ... – Geb. Ausg. – Tübingen : Mohr.
  Teilw. bearb. von Reinhard Bork ... –
  Bd. 4. Teilbd. 1. §§ 300–347. – 21. Aufl. – 1998
  ISBN 3-16-146327-7

© 1998 J.C.B. Mohr (Paul Siebeck) Tübingen.

Das Werk einschließlich aller seiner Teile ist urheberrechtlich geschützt. Jede Verwertung außerhalb der engen Grenzen des Urheberrechtsgesetzes ist ohne Zustimmung des Verlags unzulässig und strafbar. Das gilt insbesondere für Vervielfältigungen, Übersetzungen, Mikroverfilmungen und die Einspeicherung und Verarbeitung in elektronischen Systemen.

Dieser Band wurde von Gulde-Druck in Tübingen aus der Rotation gesetzt, auf alterungsbeständiges Werkdruckpapier der Papierfabrik Niefern gedruckt und von der Großbuchbinderei Heinr. Koch in Tübingen gebunden. Den Einband entwarf Alfred Krugmann in Stuttgart.

Zweiter Titel

Urteil

Vorbemerkungen

I. Übersicht ... 1	4. Fehlerhafte Bezeichnung (inkorrekte Entscheidungen) ... 18
II. Wesensmerkmale der Entscheidungen ... 2	IV. Arten der Urteile ... 19
1. Begriff der Entscheidung im engeren und im weiteren Sinn ... 2	1. Streitige Urteile und Versäumnisurteile ... 19
2. Entscheidungspflicht (Rechtsverweigerungsverbot) und Bindung an das Recht ... 3	2. Endurteile und Zwischenurteile ... 20
	3. Vorbehaltsurteile ... 21
III. Arten der Entscheidungen ... 6	V. Gemeinsame Grundsätze für Urteile ... 22
1. Entscheidung und Anordnung im Sprachgebrauch der ZPO ... 7	1. Mitwirkende Richter ... 22
2. Arten der Entscheidungen im einzelnen ... 9	2. Form und Inhalt ... 23
a) Urteile ... 9	3. Erlaß ... 24
b) Beschlüsse ... 10	4. Berichtigung, Ergänzung ... 25
c) Verfügungen ... 13	5. Innerprozessuale Bindungswirkung ... 26
d) Entscheidungen des Rechtspflegers ... 14	6. Materielle Rechtskraft, sonstige Urteilswirkungen ... 27
3. Sprachgebrauch außerhalb der ZPO ... 15	7. Nichturteile, wirkungslose Urteile ... 28

I. Übersicht

Der Titel behandelt, seiner Überschrift entsprechend, in erster Linie das **Urteil**, jedoch, wie § 329 zeigt, auch **Beschlüsse** und **Verfügungen**. Er stellt also **allgemeine Bestimmungen über gerichtliche Entscheidungen** auf. §§ 300 bis 307 betreffen die verschiedenen *Arten der Urteile*, → Rdnr. 19 ff. § 308 und § 308a regeln das Verhältnis des Urteils zu den *Parteianträgen*. §§ 309 bis 321 enthalten Bestimmungen über den prozeßordnungsgemäßen *Erlaß* der Entscheidung und vor allem Vorschriften über den *Inhalt* der Urteile, ihre *Verkündung* und *Zustellung*, → auch Rdnr. 22 ff. §§ 322 bis 327 behandeln die *Rechtskraft*, d.h. die Maßgeblichkeit des Urteilsinhalts für die Parteien und dritte Personen. § 328 betrifft die Frage der *Anerkennung* von Urteilen eines ausländischen Gerichts. § 329 enthält schließlich die Regelung für *Beschlüsse* und *Verfügungen*.

II. Wesensmerkmale der Entscheidungen[1]

1. Begriff der Entscheidung im engeren und im weiteren Sinn

2   Die Tätigkeit des Richters besteht im Erkenntnisverfahren in der Entgegennahme der Parteihandlungen, insbesondere des Parteivorbringens[2] (näher zu den Grundsätzen der *Stoffsammlung* → vor § 128 Rdnr. 75 ff.), in der *Prozeß- und Sachleitung* (→ vor § 128 Rdnr. 104 f.), der *Aufnahme der Beweise* (→ vor § 128 Rdnr. 106) und der **Entscheidung im engeren Sinn**, d.h. in der rechtlichen und tatsächlichen Würdigung des Prozeßstoffes zum Zwecke des förmlichen richterlichen Ausspruchs darüber, **was in prozessualer oder materieller Beziehung Rechtens ist.** Dagegen bewegt sich die *Prozeß- und Sachleitung* stets nur in Anordnungen dessen, was im Prozeß geschehen *soll*. Die Akte der Prozeß- und Sachleitung stellen **Entscheidungen im weiteren Sinn** dar. Da jede prozessuale Leitungsmaßnahme nur unter bestimmten prozeßrechtlichen Voraussetzungen statthaft ist, geht ihr zwar eine richterliche Prüfung und Erkenntnis voraus, ob und daß diese Voraussetzungen gegeben sind. Ausdrücklich wird diese Prüfung aber nur dann vorgenommen und ihr Ergebnis mitgeteilt, wenn Streit oder Zweifel über die Zulässigkeit der Anordnung besteht oder das Gericht die Anordnung wegen fehlender Voraussetzungen ablehnt. Auch dann ist in den meisten Fällen kein gesonderter Beschluß erforderlich, sondern es genügt ein Ausspruch in den Urteilsgründen[3].

2. Entscheidungspflicht (Rechtsverweigerungsverbot) und Bindung an das Recht

3   Die Entscheidung des Gerichts hat sich grundsätzlich auf den *Ausspruch zu beschränken, was Rechtens ist.* Weder darf sich der Richter seiner **Pflicht, diese Rechtsantwort zu erteilen,** durch Verweigerung oder Verzögerung der Entscheidung entziehen (**Rechtsverweigerungsverbot**[4]), noch ist er eine staatliche Instanz, die unverbindliche Gutachten über das Recht zu erstellen hat (→ § 256 Rdnr. 31 f.). Der Bindung an das Recht ist er auch dann unterworfen, wenn eine Regelung durch Vergleich der Lebenssituation näher käme. Der Richter darf und muß (→ § 279 Rdnr. 1, 3) in geeigneten Fällen eine vergleichsweise Beilegung des Rechtsstreits durch die Parteien anregen, darf aber selbst nicht etwa »vermittelnde Entscheidungen« treffen. Ferner führt die **strikte Bindung des Richters an das Recht** dazu, daß er niemals eine Verurteilung zu einer gesetzlich verbotenen Leistung aussprechen darf[5].

4   *Fristen* zu bewilligen, *Stundungen* zu gewähren oder überhaupt **gestaltende Anpassungen der Rechtslage** an veränderte Situationen vorzunehmen, ist dem *erkennenden Richter* nur insoweit gestattet, als das materielle Recht oder auch das Prozeßrecht dies ausdrücklich vorsehen[6]. So gestattet z.B. § 721 dem Richter, in einem Urteil auf Räumung von Wohnraum dem

---

[1] Vgl. zum folgenden u.a. *Wach* Vorträge² (1896), 98 ff.; *Wurzer* Nichturteil und nichtiges Urteil (1927); *Isay* Rechtsnorm und Entscheidung (1929); *Bohne* Zur Psychologie der richterlichen Überzeugungsbildung (1948); *Niese* Doppelfunktionelle Prozeßhandlungen (1950), 31 ff., 106 ff.; *Jauernig* Das fehlerhafte Zivilurteil (1958); *Hartwieg-Hesse* Die Entscheidung im Zivilprozeß (1981); *Berg-Zimmermann* Gutachten und Urteil¹⁶ (1994); *Furtner* Das Urteil im Zivilprozeß⁵ (1985); *Sattelmacher-Sirp* (Bearb. *Schuschke*) Bericht, Gutachten und Urteil³⁴ (1994). Weitere Lit. → § 313 Fn. 1.

[2] Dazu tritt die eigene Ermittlungstätigkeit des Gerichts in den Fällen der Geltung des Untersuchungsgrundsatzes, → vor § 128 Rdnr. 86 f.

[3] Vgl. *RG* JW 1909, 316 (zur Ablehnung einer getrennten Verhandlung nach § 145 Abs. 3).

[4] Näher zum Rechtsverweigerungsverbot → Einl. [20. Aufl.] Rdnr. 225.

[5] *BGH* NJW 1966, 1409; → auch § 306 Rdnr. 7, § 307 Rdnr. 22.

[6] Für eine Erweiterung der richterlichen Gestaltungsbefugnis im Erkenntnisverfahren wurden immer wieder Stimmen laut, vgl. *Kern* Der Aufgabenkreis des Richters (1939), 24; *de Boor* Auflockerung des Zivilprozesses (1939), 26 ff., 47 ff.; *Wieacker* AöR Bd. 69 (1938), 1 ff.; *Bötticher* DRechtsW 1942, 125; *ders.* Festschr. für Lent (1957), 91 ff.; *Baur* JZ 1957, 193; *Bettermann* Festschr. für Lent (1957), 32 ff.; *Habscheid* JR 1958, 361, 366; *Brox* JR 1960, 321; *Zweigert* Festschr. für Carlo Schmid (1962), 299 ff. Zur richterlichen Gestaltungsbefugnis beim Fehlen der subjektiven Geschäftsgrundlage vgl. *Larenz* Geschäftsgrundlage und Vertragserfüllung³ (1963), 117 ff.

Beklagten eine angemessene Räumungsfrist zu gewähren. Im allgemeinen sind jedoch solche Anordnungen zum Zwecke des Schuldnerschutzes nicht Gegenstand des Erkenntnis-, sondern des Vollstreckungsverfahrens; näher zum allgemeinen Vollstreckungsschutz → § 765 a Rdnr. 1.

Zu den besonderen richterlichen Gestaltungsbefugnissen (**richterliche Vertragshilfe**) in der Zeit nach dem zweiten Weltkrieg s. Voraufl. Rdnr. 5.

III. Arten der Entscheidungen

Der Sprachgebrauch der ZPO hinsichtlich der **Bezeichnung** der verschiedenen Arten der gerichtlichen Entscheidungen entbehrte von vornherein der strengen Geschlossenheit; er ist durch die späteren Gesetze noch weiter gelockert worden.

1. Entscheidung und Anordnung im Sprachgebrauch der ZPO

Der Ausdruck **Entscheidung** umfaßt regelmäßig sowohl die Entscheidungen im engeren Sinn (→ Rdnr. 2) als auch alle Akte der Prozeß- und Sachleitung (Entscheidungen im weiteren Sinn, → Rdnr. 2), auch wenn sie nicht vom Gericht, sondern vom Vorsitzenden, vom beauftragten oder ersuchten Richter, vom Rechtspfleger oder von der Geschäftsstelle ausgehen. – Zum Begriff Entscheidung bei der *Entscheidung nach Lage der Akten* → § 251 a Rdnr. 7.

Der Ausdruck **Anordnung** bezeichnet meist prozeßleitende Beschlüsse[7], zuweilen aber auch echte Entscheidungen[8].

2. Arten der Entscheidungen im einzelnen

a) **Urteile** sind im allgemeinen (Ausnahmen → Rdnr. 11 f.) die Entscheidungen im engeren Sinn (→ Rdnr. 2), die aufgrund **obligatorischer mündlicher Verhandlung** ergehen, mögen sie einen prozessualen oder materiellen Tatbestand zum Gegenstand haben[9].

b) **Beschlüsse** sind diejenigen Entscheidungen im engeren Sinne (→ Rdnr. 2), die **ohne mündliche Verhandlung** oder aufgrund sog. **fakultativer mündlicher Verhandlung** (→ § 128 Rdnr. 21 ff., 39 ff.) erlassen werden[10]. Als Beschlüsse ergehen ferner die **prozeßleitenden Anordnungen des Gerichts** (d.h. des gesamten Spruchkörpers) und die darauf bezüglichen Entscheidungen (→ Rdnr. 2), auch wenn sie nach obligatorischer mündlicher Verhandlung zu erlassen sind.

Die bei Rdnr. 9 und 10 wiedergegebene Regel ist aber insofern wesentlich **durchbrochen**, als in den Fällen von § 128 Abs. 2 und 3, § 307 Abs. 2, § 331 Abs. 3 auch **ohne vorausgegangene mündliche Verhandlung Urteile** ergehen können. Zu erwähnen sind ferner **Urteile nach Lage der Akten**, die allerdings voraussetzen, daß in einem früheren Termin mündlich verhandelt wurde, § 251 a Abs. 2 S. 1, § 331 a S. 2.

Weiter bestehen eine Reihe von **Einzelausnahmen**. So sind im Arrestverfahren, bei der einstweiligen Verfügung und bei der Vollstreckbarerklärung von Schiedssprüchen auch die Entscheidungen, die aufgrund einer nicht obligatorischen mündlichen Verhandlung ergehen, **Urteile**, §§ 922 Abs. 1 S. 1, 936, 1042 a Abs. 1 S. 2 aF (anders § 1063 Abs. 1 nF, in Kraft seit 1. Januar 1998: Entscheidung stets durch Beschluß).

---

[7] Vgl. z.B. §§ 136, 141 ff., 174, 204, 284, 364.
[8] Vgl. z.B. §§ 380, 390, 427, 620, 707, 719, 901, 919, 928.
[9] Der Ausdruck »verurteilen« dagegen wird auch dann gebraucht, wenn es sich um Beschlüsse handelt, s. §§ 887 ff.
[10] Vgl. z.B. §§ 922, 936 f., 942 Abs. 4.

13   c) Als **Verfügungen** werden die (meist prozeßleitenden) Anordnungen des Vorsitzenden (vgl. § 329 Abs. 1 u. 2, § 226 Abs. 3), des beauftragten oder ersuchten Richters (vgl. § 365 S. 2, § 400) bezeichnet, die eine Außenwirkung besitzen. Sie sind von *innerdienstlichen Anordnungen* (Aktenverfügungen[11], z.B. Anweisungen an den Protokollführer, an die Geschäftsstelle) abzugrenzen. – Die *einstweiligen Verfügungen* gehören nicht hierher; sie ergehen durch Beschluß oder Urteil.

14   d) Entscheidungen des **Rechtspflegers** (vgl. § 9 RpflG) ergehen als Beschlüsse (so auch der Kostenfestsetzungsbeschluß, → § 104) oder als Verfügungen.

3. Sprachgebrauch außerhalb der ZPO

15   Die Unterscheidung von Urteilen und Beschlüssen hat nicht nur innerhalb der ZPO Bedeutung. Bei Verwendung der Ausdrücke »Klage« oder »Urteil« in den Regelungen außerhalb der ZPO – vor allem im BGB – kann grundsätzlich davon ausgegangen werden, daß damit Verfahren gemeint sind, in denen die mündliche Verhandlung obligatorisch ist und die abschließende Entscheidung durch Urteil ergeht, → auch § 128 Rdnr. 24.

16   Aber auch hier muß angesichts des nicht mehr einheitlichen Sprachgebrauchs vor einem bedingungslosen Festhalten an der Terminologie gewarnt werden. So wird der Begriff des »Urteils« in § 839 Abs. 2 S. 1 BGB **(Haftungsprivileg des Spruchrichters)** in der Rechtsprechung des BGH – anders als vom RG[12] – nicht mehr im rein prozeßrechtlichen Sinn verstanden, sondern hierher sollen auch alle sonstigen richterlichen Entscheidungen zählen, die ihrem Wesen nach Urteile darstellen und diesen in allen wesentlichen Voraussetzungen gleichzusetzen sind, also auch »urteilsvertretende« Erkenntnisse[13].

17   Diese Ansicht erscheint allerdings nach geltendem Recht nicht überzeugend. Vielmehr sprechen bedeutsame Sachargumente dafür, grundsätzlich an der Beschränkung des § 839 Abs. 2 S. 1 BGB auf Urteile im prozeßtechnischen Sinn festzuhalten[14]. Am ehesten vertretbar ist eine Anwendung des § 839 Abs. 2 S. 1 BGB auf solche rechtskraftfähige Beschlüsse, die (ausnahmsweise) ein Urteilsverfahren abschließen, wie insbesondere der Kostenbeschluß nach § 91 a bei übereinstimmender Erledigungserklärung.

4. Fehlerhafte Bezeichnung (inkorrekte Entscheidungen)

18   Vom oftmals uneinheitlichen Sprachgebrauch in der ZPO und den anderen Gesetzen ist die Verwendung der verschiedenen Bezeichnungen für die einzelne gerichtliche Entscheidung scharf zu trennen. Auch dann, wenn die gesetzliche Regelung einwandfrei die Bezeichnung des Richterspruchs erkennen läßt, ist nicht auszuschließen, daß das einzelne Gericht sich in

---

[11] So auch *Bischof* Der Zivilprozeß nach der Vereinfachungsnovelle (1980) Rdnr. 2, 38.
[12] RGZ 62, 367; 89, 13; 116, 90; 138, 11; 170, 333; 338. – Der Berichtigungsbeschluß nach § 319 fällt, da er der Sache nach ein auf der früheren Verhandlung beruhender Bestandteil des Urteils ist, unter § 839 Abs. 2 Satz 1 BGB, RGZ 90, 228.
[13] So *BGH* JZ 1954, 447; NJW 1957, 1277; 1959, 1085; JZ 1962, 59; NJW 1966, 246; JZ 1967, 27; *BGHZ* 51, 326, 328 = NJW 1969, 876 = JZ 1970, 26 (abl. *Leipold*), ständige Rsp. Darüberhinaus rechnet *BGHZ* 50, 14 = NJW 1968, 989 = JZ 1968, 463 (abl. *Leipold*) zu dem vom Haftungsprivileg erfaßten Tätigkeitsbereich außer der Sachentscheidung als solcher auch alle Maßnahmen, die darauf gerichtet sind, die Grundlagen für die Sachentscheidung zu gewinnen. S. auch *BGH* VersR 1984, 77 (zur Festsetzung der Sachverständigenentschädigung). Die hM folgt dem BGH, so *Palandt-Thomas*[57] § 839 Rdnr. 68; *MünchKomm-Papier*[3] § 839 Rdnr. 321; *Soergel-Glaser*[11] § 839 Rdnr. 218; *Staudinger-K. Schäfer*[12] § 839 Rdnr. 434ff. S. auch *Merten* Festschr. für Wengler (1973), Bd. II, 519, 534, der entscheidend auf die Rechtskraftfähigkeit abstellt.
[14] Näher s. *Leipold* JZ 1967, 737 mwN; JZ 1968, 465; JZ 1970, 26.

der **Bezeichnung** seiner Entscheidung **vergreift** (Überschrift »Verfügung« statt »Beschluß«) oder – noch weitergehend – sogar eine **andere Entscheidungsart benutzt**, als im Gesetz vorgesehen (Erlaß eines »Endurteils« mit Tatbestand und Entscheidungsgründen statt eines Beschlusses nach § 91 a im Falle übereinstimmender Erledigungserklärung). Hier handelt es sich um die Problematik **inkorrekter Entscheidungen**, wobei es vor allem um die Frage nach den zulässigen **Rechtsmitteln** geht. Näher → Allg. Einl. vor § 511 Rdnr. 37 ff.

IV. Arten der Urteile

1. Streitige Urteile und Versäumnisurteile

Nach dem Zustandekommen wird differenziert zwischen dem **streitigen** (sog. **kontradiktorischen**) **Urteil** und dem **Versäumnisurteil**. Als Versäumnisurteil wird das Urteil bezeichnet, das nach einer mündlichen Verhandlung, in der nur eine Partei erschienen war oder verhandelt hat, gegen die säumige Partei *aufgrund der gesetzlich bestimmten besonderen Versäumnisfolgen* erlassen wird, → §§ 330 ff. Den Gegensatz hierzu bilden die streitigen (kontradiktorischen) Urteile, also alle übrigen Urteile, auch das bei beiderseitiger oder einseitiger Säumnis ergehende *Urteil nach Lage der Akten* (§§ 251 a, 331 a) und dasjenige Urteil, das bei einseitiger Säumnis *gegen die anwesende Partei* oder sonst *nicht aufgrund der Versäumnisfolgen* erlassen wird (mißverständlich auch unechtes Versäumnisurteil genannt, → vor § 330 Rdnr. 27 ff.).

19

2. Endurteile und Zwischenurteile

Mit Rücksicht auf die Wirkungen der im Urteil enthaltenen Entscheidungen wird unterschieden zwischen **Endurteilen** (§ 300) und **Zwischenurteilen** (§§ 280, 303). Ein Zwischenurteil besonderer Art ist das *Grundurteil* nach § 304, → § 304 Rdnr. 41. Die Endurteile sind entweder **Vollendurteile** oder **Teilurteile** (§ 301). Das nach Erlaß eines oder mehrerer Teilurteile zuletzt ergehende Teilurteil wird üblicherweise als **Schlußurteil** bezeichnet.

20

3. Vorbehaltsurteile

Auflösend bedingte Urteile, sog. **Vorbehaltsurteile**, kennt die ZPO in § 302 (Urteil unter Vorbehalt der Entscheidung über die Aufrechnung) und in § 599 (Urteil im Urkunden- und Wechselprozeß unter Vorbehalt der Verteidigung im Nachverfahren). S. auch § 10 AnfG. Verschieden davon sind die *bedingten* Urteile, die zu einer **bedingten** (oder von der Erbringung einer Gegenleistung abhängigen) **Leistung** verurteilen, vgl. §§ 259, 726, 756, 765, 894. Die durch Eidesleistung aufschiebend bedingten Urteile (§§ 460, 477 Abs. 3 früherer Fassung) wurden durch die Novelle 1933 beseitigt.

21

V. Gemeinsame Grundsätze für Urteile

1. Mitwirkende Richter

Urteile können nur von solchen Richtern gefällt werden, die der dem Urteil zugrunde liegenden mündlichen Verhandlung beigewohnt haben, § 309. Ausgenommen sind die Fälle, in denen das Urteil nicht aufgrund mündlicher Verhandlung ergeht (§ 128 Abs. 2 u. 3, § 251 a, § 331 a, § 307 Abs. 2, § 331 Abs. 3), dazu → § 309 Rdnr. 17.

22

2. Form und Inhalt

23 Jedes Urteil muß nach Inhalt und äußerer Form dem § 313 (bzw. den erleichterten Anforderungen nach § 313 a oder § 313 b) und dem § 315 entsprechen.

3. Erlaß

24 Das Urteil gelangt erst mit seinem Erlaß, d.h. im Regelfall mit seiner **Verkündung** (§ 310 Abs. 1 u. 2, §§ 311, 312) zur rechtlichen Existenz. Auch ein Urteil im schriftlichen Verfahren nach § 128 Abs. 2 oder 3 muß verkündet werden, → § 128 Rdnr. 104f., 122. Dagegen tritt bei Urteilen im schriftlichen Vorverfahren nach § 307 Abs. 2 oder § 331 Abs. 3 die **Zustellung** an die Stelle der Verkündung, § 310 Abs. 3.

4. Berichtigung, Ergänzung

25 Urteile unterliegen der Berichtigung nach §§ 319, 320 und der Ergänzung nach § 321.

5. Innerprozessuale Bindungswirkung

26 An die in einem Urteil enthaltene Entscheidung ist das erkennende Gericht gebunden (§ 318), soweit nicht ein Vorbehaltsurteil (→ Rdnr. 21) vorliegt.

6. Materielle Rechtskraft, sonstige Urteilswirkungen

27 Ist das Urteil unanfechtbar (formell rechtskräftig, → § 705), so erwächst der Urteilsausspruch in materielle Rechtskraft, → § 322, zur subjektiven Reichweite der Rechtskraft → § 325. Zu den sonstigen in Betracht kommenden Urteilswirkungen (Vollstreckbarkeit, Gestaltungswirkung, Tatbestandswirkung) → § 322 Rdnr. 8 ff.

7. Nichturteile, wirkungslose Urteile

28 Die *Wirksamkeit* eines Urteils wird in aller Regel von materiell-rechtlichen oder verfahrensrechtlichen Fehlern nicht berührt; diese müssen vielmehr, um die *Aufhebung* des Urteils zu erreichen, mit Rechtsmitteln bzw. Rechtsbehelfen, nach Rechtskrafteintritt mit der Wiederaufnahmeklage geltend gemacht werden, → vor § 578 Rdnr. 22. Zu den Fällen, in denen ausnahmsweise ein **Nichturteil** bzw. ein **wirkungsloses Urteil** anzunehmen ist, → vor § 578 Rdnr. 1 ff. Zu diesen seltenen Fällen gehört auch ein Urteil, an dem ein nicht mehr im Amt befindlicher Richter mitgewirkt hat[15].

29 Über die entsprechende Anwendung dieser Grundsätze auf **Beschlüsse** und **Verfügungen** → § 329.

---

[15] *BezG Leipzig* DtZ 1993, 27.

§ 300 [Endurteil]

(1) Ist der Rechtsstreit zur Endentscheidung reif, so hat das Gericht sie durch Endurteil zu erlassen.
(2) Das gleiche gilt, wenn von mehreren zum Zwecke gleichzeitiger Verhandlung und Entscheidung verbundenen Prozessen nur der eine zur Endentscheidung reif ist.

Gesetzesgeschichte: Bis 1900 § 272 CPO.

I. Begriff und Notwendigkeit des Endurteils	1
1. Pflicht zum Erlaß der Endentscheidung	1
2. Endentscheidung durch Urteil	5
3. Begriff des Endurteils	6
II. Entscheidungsreife	7
1. Allgemeine Voraussetzungen	7
2. Stattgebendes Urteil	9
3. Klageabweisendes Urteil	10
4. Zusammentreffen mehrerer Abweisungsgründe	14
a) Konkurrenz prozessualer und sachlicher Abweisungsgründe	14
b) Konkurrenz prozessualer Abweisungsgründe	17
c) Eventualaufrechnung, eventuelle Berufung auf Zahlung	18
III. Die Grundlagen der Entscheidung, maßgebender Zeitpunkt	20
1. Maßgebender Zeitpunkt für den Prozeßstoff	20
2. Maßgebender Zeitpunkt für das anzuwendende Recht	25
IV. Endurteil nach Verbindung von Prozessen (Abs. 2)	28

I. Begriff und Notwendigkeit des Endurteils[1]

1. Pflicht zum Erlaß der Endentscheidung

In § 300 ist zunächst ausgesprochen, daß das Endurteil grundsätzlich unter Ausschluß jedes Ermessens (anders §§ 301 ff.) ergehen **muß**[2], wenn der Prozeß zur **Endentscheidung reif ist**, also in jeder Lage des Rechtsstreits, sobald irgendein Endurteil möglich ist (→ Rdnr. 7 ff.), auch bei abgesonderter Verhandlung nach § 146, → § 146 Rdnr. 12. Zu eventuellen Verhandlungen ist das Gericht nicht berufen, und eventuelle Erwägungen gehören weder in sein Urteil, noch nehmen sie an dessen Rechtskraft teil, → § 264 Fn. 57, → § 322 Rdnr. 182. Es darf daher bei Entscheidungsreife auch keine Aussetzung mehr angeordnet werden[3]. Ebensowenig kann bei Entscheidungsreife nach mündlicher Verhandlung das *schriftliche Verfahren* nach § 128 Abs. 2 oder 3 angeordnet werden, wenn eine Ergänzung des bereits vollständig mündlich vorgetragenen und gegebenenfalls auch aktenkundigen Prozeßstoffs nicht mehr erforderlich ist. Bei dieser Prozeßlage ist vielmehr die Entscheidung aufgrund der mündlichen Verhandlung durch Endurteil zu erlassen und dieses Urteil nach § 310 Abs. 1 noch im gleichen oder einem nicht über drei Wochen hinaus anzusetzenden Termin zu verkünden[4], → auch § 128 Rdnr. 59, 79.   1

Eine Ausnahme besteht bei der **einstweiligen Zulassung eines Vertreters**, → § 89 Rdnr. 4.   2

Zu **devisenrechtlichen** und **außenwirtschaftlichen Genehmigungspflichten** → Einl. [20. Aufl.] Rdnr. 990 ff.   3

Eine Ausnahme in dem Sinne, daß der Erlaß eines Endurteils im Ermessen des Gerichts steht, findet sich bei der Entscheidung nach Lage der Akten, → § 251 a Rdnr. 10.   4

---

[1] Lit. → Fn. 1 vor § 300.
[2] S. auch *E. Schneider* MDR 1980, 726.
[3] S. auch *RGZ* 18, 383 f.; 61, 150; SeuffArch 54 (1899), 345.
[4] *BGHZ* 17, 118, 120; *BAGE* 3, 52.

2. Endentscheidung durch Urteil

5   Aus Abs. 1 folgt, daß die **Endentscheidung** in allen Fällen, in denen sie aufgrund mündlicher Verhandlung (oder, was dem gleichsteht, § 128 Abs. 2 u. 3, § 251 a) zu fällen ist, **als Urteil zu ergehen hat**, wenn der Prozeß nicht anderweitig erledigt wird (durch Zurücknahme der Klage, § 269, Prozeßvergleich, § 794 Abs. 1 Nr. 1, oder übereinstimmende Erledigungserklärung, § 91 a). Das Endurteil ist daher auch dann die zutreffende Form der Beendigung, wenn sich **Mängel des Verfahrens** ergeben, die jede weitere Verhandlung ausschließen, also endgültige Mängel der Klageerhebung (→ § 253 Rdnr. 171 ff.) oder der sonstigen Prozeßvoraussetzungen (→ Einl. [20. Aufl.] Rdnr. 311 ff.), worin auch immer sie bestehen mögen. Für eine Einstellung des weiteren Verfahrens durch Beschluß ist in keinem Falle Raum. Das ist auch schon der Kosten und der Anfechtung wegen geboten. → auch § 56 Rdnr. 13a.

3. Begriff des Endurteils

6   Endurteil ist dasjenige Urteil, das den **Prozeß für die Instanz erledigt**, wenn auch nur aus prozessualen Gründen. Ein Endurteil muß entweder durch Abweisung der Klage als **unzulässig** die weitere Verhandlung ablehnen oder durch Abweisung der Klage als **unbegründet** die erbetene Rechtsschutzhandlung verweigern oder der **begründeten Klage stattgeben**. Dagegen sind Urteile, die nur einzelne Elemente der Entscheidung enthalten, stets nur *Zwischenurteile*. Endurteile sind insbesondere auch die Urteile auf Zurückverweisung, §§ 538 ff., 565, 566 a, sowie die Vorbehaltsurteile, → § 302 Rdnr. 11. Vgl. auch die Zusammenstellung der Endurteile → § 511 Rdnr. 3. Wegen der **Anfechtung inkorrekter Entscheidungen** → Allg. Einl. vor § 511 Rdnr. 37 ff.

II. Entscheidungsreife

1. Allgemeine Voraussetzungen

7   Zur Endentscheidung reif ist der Rechtsstreit, sobald das Gericht ein Endurteil in dem bei Rdnr. 6 erläuterten Sinn erlassen kann. Dieses kann die beantragte Rechtsschutzhandlung gewähren (der Klage stattgeben), sie jetzt oder überhaupt aus sachlichen Gründen verweigern (Abweisung der Klage als unbegründet) oder die weitere Verhandlung als unzulässig ablehnen (Abweisung der Klage als unzulässig). Soweit für diese Entscheidung der vorgetragene Sachverhalt von Bedeutung ist, muß er vollständig aufgeklärt sein, insbesondere durch Erfüllung der Fragepflicht (näher → § 139). Dagegen braucht die Erledigung von Beschwerden über prozessuale Vorentscheidungen nicht unbedingt abgewartet zu werden, doch kann dies im Einzelfall angemessen bzw. ein Gebot prozessualer Fairneß sein, → auch § 148 Rdnr. 45, § 252 Rdnr. 3, § 575 Rdnr. 2. Die Rechtskraft eines *Zwischenurteils* nach § 280 Abs. 2 oder eines *Grundurteils* nach § 304 braucht nicht vorzuliegen, sofern das Gericht die Verhandlung zur Hauptsache bzw. über den Betrag angeordnet hat, → § 280 Rdnr. 24 ff., 27 ff., → § 304 Rdnr. 46 ff.

8   Die **Entscheidungsreife fehlt**, solange noch einzelne Angriffs- und Verteidigungsmittel, die für die Entscheidung in Betracht kommen (und nicht etwa wegen Verspätung zurückzuweisen sind), unaufgeklärt sind; eine Entscheidung unter Vorbehalt der weiteren Verhandlung oder einzelner Verteidigungsmittel ist nur in den Fällen der §§ 302, 599 und eine Verweisung ein-

zelner Punkte in die Vollstreckungsinstanz oder in einen zweiten Prozeß nur beim Vorbehalt der beschränkten Haftung des Erben, §§ 305, 780 statthaft[5].

2. Stattgebendes Urteil

Im übrigen ist nach dem Inhalt des in Betracht kommenden Endurteils zu unterscheiden: Zu einem der Klage stattgebenden (bejahenden, verurteilenden) Erkenntnis ist der Rechtsstreit erst dann reif, wenn das Gericht alle *prozessualen Bedingungen* eines Sachurteils (→ Einl. [20. Aufl.] Rdnr. 311ff.) festgestellt hat und die *sachliche Begründung* des klägerischen Vorbringens als gegeben, alle dagegen vorgebrachten sachlichen Einwendungen aber als unbegründet ansieht[6]. Ferner ist der Klage stattzugeben, wenn ein **Anerkenntnis** gegeben ist (näher → § 307) sowie (unter den Voraussetzungen des § 331) bei **Säumnis des Beklagten** (näher → § 331), sofern nicht Gründe entgegenstehen, den Erlaß eines Anerkenntnis- oder Versäumnisurteils abzulehnen. In den Fällen der §§ 274, 322 Abs. 2, § 348 BGB führt eine Einrede ausnahmsweise nicht zur Klagabweisung, sondern nur zur Verurteilung zur Leistung Zug um Zug, wenn die Klageforderung begründet ist. Hat der Kläger mehrere Klagegründe oder Klageanträge eventuell gehäuft (→ § 260 Rdnr. 8, 15ff.), so ist das eventuell Vorgebrachte erst entscheidungsreif, wenn die Bedingung eingetreten ist[7], → § 260 Rdnr. 22. Anders ist es bei rein kumulativer Häufung, → § 260 Rdnr. 12ff.

9

3. Klageabweisendes Urteil

Der Rechtsstreit ist zur Entscheidung durch klageabweisendes Endurteil reif, 10

a) wenn ein endgültiger **Mangel der Prozeßvoraussetzungen** vorliegt oder ein nicht zu beseitigendes **Prozeßhindernis** besteht (näher → Einl. [20. Aufl.] Rdnr. 314ff.); 11

b) wenn der Tatbestand sich als des geforderten Rechtsschutzes überhaupt oder zur Zeit nicht fähig oder nicht bedürftig erweist. Hierher gehören die Fälle **fehlender Rechtsschutzvoraussetzungen** oder bestehender *Rechtsschutzhindernisse*(→ vor § 253 Rdnr. 81ff.), namentlich Mängel der Voraussetzungen der Leistungsklage nach § 257 bis § 259, fehlende Klagbarkeit, fehlendes Rechtsschutzbedürfnis oder der Mangel des rechtlichen Interesses; 12

c) wenn die geltend gemachte Rechtsfolge **unbegründet** ist, so auch wenn die Klage *nicht schlüssig begründet* (substantiiert) ist (→ § 139 Rdnr. 34) oder wenn der dem Kläger obliegende Beweis der rechtsbegründenden Tatsachen (→ § 286 Rdnr. 38, 59ff.) nicht geführt ist, sowie dann, wenn eine Einrede des Beklagten (im Sinne der ZPO, d.h. das Vorbringen rechtshindernder, rechtshemmender oder rechtsvernichtender Tatsachen, → § 146 Rdnr. 4, einschließlich der Einreden im Sinne des BGB, → vor § 128 Rdnr. 81) durchgreift. Vgl. auch § 597 Abs. 1. Ist der Anspruch auf mehrere kumulativ oder eventuell gehäufte Klagegründe gestützt, so liegt Entscheidungsreife für ein abweisendes Urteil erst bei Versagen *sämtlicher* Gründe vor[8]. Eine Klage auf Feststellung des Nichtbestehens zweier Ansprüche kann nicht mit der Begründung abgewiesen werden, daß mindestens einer bestehe[9]. – Dazu treten die Fälle der **Säumnis des Klägers**, § 330, und des **Verzichts**, § 306. 13

---

[5] S. auch *RG* JW 1900, 151; Gruchot 45 (1901), 94; JW 1902, 75; SeuffArch 62 (1907), 45. S. auch *RGZ* 55, 228 und → § 253 Fn. 78.

[6] Werden Ansprüche des Klägers durch Grundurteil (§ 304) nur zu einem Teil dem Grunde nach für gerechtfertigt erklärt, so ist der restliche Teil der Klage durch Endurteil als unbegründet abzuweisen, → § 304 Rdnr. 8.

[7] *BGH* LM Nr. 1.

[8] Vgl. *RG* JW 1927, 843; JW 1931, 2482.

[9] *RGZ* 158, 380.

4. Zusammentreffen mehrerer Abweisungsgründe

14 a) Konkurrieren Mängel **prozessualer** Art mit **sachlichen** Mängeln, so ist *nur die Prozeßabweisung* zulässig. Das Gericht darf also weder nach Feststellung eines solchen Mangels, noch etwa unter Offenlassung der prozessualen Frage in der Sache selbst – auch nicht hilfsweise – entscheiden (näher → Einl. [20. Aufl.] Rdnr. 326f.). Für die *Sachentscheidung*, auch die abweisende, ist die Entscheidungsreife grundsätzlich erst *nach Feststellung aller prozessualen Vorbedingungen* gegeben[10].

15 Bei den **Rechtsschutzvoraussetzungen** (Klagbarkeit, Rechtsschutzfähigkeit, Rechtsschutzbedürfnis, Feststellungsinteresse, näher → Einl. [20. Aufl.] Rdnr. 333f., → vor § 253 Rdnr. 81ff.) besteht jedoch eine **Ausnahme**, weil bei ihnen ein *klagabweisendes Sachurteil* ergehen kann, ohne daß das Vorliegen einer solchen Voraussetzung feststeht, → vor § 253 Rdnr. 129f. Für das *stattgebende Sachurteil* müssen dagegen die Rechtsschutzvoraussetzungen festgestellt sein, so daß sich insoweit kein Unterschied zu den Prozeßvoraussetzungen ergibt.

16 Unzulässig ist es ferner, die Klage unter Offenlassen der Klageänderung abzuweisen, → § 264 Rdnr. 42, oder das Rechtsmittel als unzulässig zu verwerfen und gleichzeitig als unbegründet zurückzuweisen, → auch Allg. Einl. vor § 511 Rdnr. 8. Über die Behandlung eines Urteils, das die Klage als unzulässig und unbegründet abgewiesen hat, in der Berufungsinstanz → § 537 Rdnr. 17f.

17 b) Auch bei **Konkurrenz von prozessualen Mängeln** der unter Rdnr. 11 und 12 genannten Art ist nur die Prozeßabweisung zulässig[11]. Das Gericht darf nicht bei Zweifelhaftigkeit des Vorliegens einer Rechtsschutzvoraussetzung *sachlich* entscheiden, solange nicht das Bestehen der Prozeßvoraussetzungen geklärt ist. Zur Frage, in welcher Reihenfolge die Prozeßvoraussetzungen zu prüfen sind, und zum Fehlen mehrerer Prozeßvoraussetzungen → Einl. [20. Aufl.] Rdnr. 325. Auf jeden Fall muß das Urteil, schon wegen der Rechtskraft, **klar erkennen lassen, aus welchem Grunde es abweist**[12], → auch § 256 Rdnr. 62 bei Fn. 128. Denn z.B. bei gleichzeitiger Abweisung wegen behebbarer *und* nicht behebbarer prozessualer Mängel wäre es ungewiß, ob die Klage erneut (nach Behebung des Mangels) zulässig erhoben werden darf.

18 c) Besondere Grundsätze gelten dann, wenn die Verteidigungen des Beklagten im **Eventualverhältnis** stehen und von verschiedener Tragweite sind. Dies ist der Fall, wenn der Beklagte neben anderen Verteidigungsmitteln **hilfsweise** (eventuell, → § 145 Rdnr. 50) die **Aufrechnung** geltend macht. Der wesentliche Unterschied zwischen der Aufrechnung und anderen Verteidigungsmitteln besteht darin, daß der Beklagte bei ihr die Klageabweisung mit dem Verlust seiner Gegenforderung erkauft, → dazu § 322 Rdnr. 166ff. Daraus folgt, wie allgemein anerkannt ist, daß es hier dem Richter nicht gestattet sein kann, zwischen der Abweisung wegen Nichtbestehens des Klageanspruchs und der Abweisung wegen begründeter Gegenforderung zu wählen, und daß folgeweise, solange die **Begründetheit der Klageforderung nicht feststeht, eine Abweisung aufgrund der Gegenforderung nicht zulässig ist** (sog. Beweiserhebungstheorie gegen Klagabweisungstheorie)[13]. Eine Entscheidung, die den Klageanspruch »als un-

---

[10] So *BGH* LM § 268 Nr. 1; RG in ständiger Rsp., *RGZ* 70, 187; 45, 381; 111, 212; 132, 305; 153, 219. Zur Gegenansicht → Einl. [20. Aufl.] Rdnr. 326. – A.M. *E. Schneider* MDR 1989, 807, weil es Fälle gebe, in denen die Prozeßökonomie den Vorrang vor der Dogmatik verdiene. Jedoch steht dem – abgesehen von den → Rdnr. 15 genannten Ausnahmen – regelmäßig der Zweck der Prozeßvoraussetzungen entgegen.

[11] Vgl. *Pagenstecher* Eventualaufrechnung im Prozeß (1922), 17.

[12] *RG* JW 1931, 2482. S. auch *RGZ* 132, 305 (Abweisung wegen Unzulässigkeit der Aufrechnung *oder* Unbegründetheit der Gegenforderung ist fehlerhaft).

[13] Wie hier (für die *Beweiserhebungstheorie*) auch *BGH* ZZP 69 (1956), 429; NJW 1974, 2002; *BGHZ* 80, 97, 99; *OLG Stuttgart* NJW 1970, 1690; *RGZ* 37, 403; 42, 363; 80, 165; *A. Blomeyer* ZPR² § 60 I 2; *Jauernig*²⁴ § 45 II 1; *Rosenberg-Schwab-Gottwald*¹⁵ § 105 II 2; *Baumbach-Lauterbach-Hartmann*⁵⁶ Rdnr. 10; *Thomas-Putzo*²⁰ Rdnr. 3; *Zöller-Vollkommer*²⁰ Rdnr. 4; *Zöller-Greger*²⁰ § 145 Rdnr. 13; *Wieczorek*² C III b 3. – A.M. (für die *Klagabweisungstheorie*) *Stölzel* Schulung für die zivilisti-

begründet *oder* als durch die Aufrechnung mit der Gegenforderung erloschen« abwiese, wäre zum Teil eine sententia incerta (ungewisse Entscheidung), die die Parteianträge nur der Form, nicht der Sache nach vollständig erledigt. Sie ist zwar fähig, materielle Rechtskraft darüber zu schaffen, daß die Klageforderung jedenfalls nicht mehr besteht. Sie schafft aber über den »dahingestellten« Verbrauch der Gegenforderung keine Rechtskraft (näher → § 322 Rdnr. 170). Ein derartiges Verfahren wäre selbst bei Einverständnis der Parteien nicht zulässig und müßte zur Aufhebung nach § 539 führen, → auch Fn. 12. Im Urkunden- und Wechselprozeß ergeben sich gewisse Besonderheiten, näher → § 598 Rdnr. 4f.

Die **eventuelle Berufung auf eine Zahlung,** insbesondere eine solche unter Vorbehalt des Bestehens der Forderung, steht insofern der eventuell geltend gemachten Aufrechnung gleich, als hier der Beklagte ebenfalls einen Anspruch, den auf Rückforderung des Geleisteten, seiner Verteidigung opfert. Für die Rechtskraftwirkung der Entscheidung macht es einen Unterschied, ob die Klage wegen Nichtentstandenseins der Forderung oder wegen Erlöschens infolge Erfüllung abgewiesen wird; denn im zweiten Fall steht die Rechtskraft einer Rückforderung der Leistung entgegen. Daher hat das Gericht auch in einem solchen Fall die Eventualstellung zu beachten[14], allgemein → vor § 128 Rdnr. 215. 19

III. Die Grundlagen der Entscheidung, maßgebender Zeitpunkt

1. Maßgebender Zeitpunkt für den Prozeßstoff

Grundlage der Entscheidung ist der **gesamte Prozeßstoff,** der **beim Schluß der mündlichen Verhandlung** (→ § 296a Rdnr. 8) vorliegt. Bei Entscheidung ohne mündliche Verhandlung nach § 128 Abs. 2 oder 3 setzt das Gericht den entsprechenden Zeitpunkt fest, → § 128 Rdnr. 83f., 94, 116, 119. Zur Entscheidung nach Aktenlage → § 251a Rdnr. 17. 20

Die Schlüssigkeit der Klage ist nach dem Vorbringen des Klägers zum Zeitpunkt der letzten mündlichen Tatsachenverhandlung zu beurteilen, wobei Tatsachenvortrag nicht allein deshalb unberücksichtigt bleiben darf, weil er mit früherem Vorbringen in Widerspruch steht[15]. 21

Der Klagegrund besteht aus den Tatsachen, die den gestellten Klageantrag rechtfertigen, und kann nur als Einheit behandelt werden. Maßgebend ist daher **für alle Tatsachen der Schluß der mündlichen Verhandlung** in der letzten Tatsacheninstanz, nicht der Zeitpunkt der Klageerhebung[16]. Dies gilt insbesondere für den nachträglichen Eintritt der Fälligkeit des Leistungsanspruchs[17], für den Eintritt der Bedingung[18], den Erwerb des Titels für die Anfechtung außerhalb des Konkurses[19], weiter für rechtshindernde und rechtsvernichtende Tatsachen[20] 22

---

sche Praxis[5] (1913) (passim); *ders.* ZZP 24 (1898), 50ff., 415ff.; *ders.* ZZP 42 (1912), 443ff. Die sofortige Abweisung wird nur in dem Sonderfall der Aufrechnung mit einer verjährten, nach § 390 Satz 2 BGB aber noch aufrechenbaren Gegenforderung, zuzulassen sein, wenn die Verjährungseinrede erhoben ist, da hier die Gegenforderung (wenn feststeht, daß sie nicht auch noch gegenüber einer anderen Forderung aufrechenbar ist) außerhalb dieses Prozesses ohnedies wirtschaftlich unverwertbar ist. Hieran anknüpfend *LG Oldenburg* MDR 1977, 928 (Klagabweisung ohne Beweisaufnahme zum Klaganspruch, wenn der aufgerechnete Anspruch außerhalb des Prozesses wirtschaftlich nicht zu verwerten ist).

[14] Ebenso *Baumbach-Lauterbach-Hartmann*[56] Rdnr. 10; *Wieczorek*[2] C III b 3.

[15] *BGH* NJW-RR 1995, 1340 = WM 1995, 1775 = MDR 1996, 309.

[16] Grundsätzlich übereinstimmend *RGZ* 19, 412; 43, 18; 47, 188; 64, 291; 97, 162; 99, 172ff.; *Hellwig* Anspruch und Klagrecht (1900/1924, Neudruck 1967), 136ff.; *ders.* Lb. 1, 186f.; jetzt allg.M. – A.M. *RGZ* 60, 194 (→ aber Fn. 22); 67, 349; Gruchot 45 (1901), 93; *BayObLGZ* 6, 272f.; *LG Nürnberg-Fürth* MDR 1953, 429, die in den Fällen der folgenden Fn. nur Ausnahmen erblickten.

[17] *RGZ* 1, 426; 57, 46 u.a.

[18] *RGZ* 8, 415; RG Gruchot 31 (1887), 1050; SeuffArch 50 (1895), 96; JW 1897, 229.

[19] *RGZ* 8, 415; Gruchot 31 (1887), 1050; SeuffArch 41 (1886), 684ff.; JW 1898, 474, 480. Verschieden davon ist die Frage, wann der Titel für § 4 AnfG ergangen sein muß, *RGZ* 68, 70.

[20] Vgl. *RGZ* 100, 165; LeipZ 1914, 1366; s. auch *RGZ* 27, 426.

und für den Fortfall rechtsbegründender Tatsachen[21]. Allgemein gilt dieser Grundsatz sowohl für die *Entstehungstatsachen der geltend gemachten Rechtsfolge*[22], namentlich auch für die Sachlegitimation[23], als auch für den *Umfang* der geschuldeten oder vom Gericht festzusetzenden Leistung[24], sowie für *rechtserhaltende Tatsachen* (Repliken)[25]. Es genügt daher auch beim *Scheidungsantrag*, wenn die *Trennungsfristen* nach § 1566 Abs. 1 oder 2 BGB zum Zeitpunkt des Schlusses der mündlichen Verhandlung in der letzten Tatsacheninstanz abgelaufen sind[26]. Der Schluß der mündlichen Verhandlung ist auch in der Berufungsinstanz (§ 525) und beim Widerspruch gegen den Arrest (§ 925) maßgebend. Eine nur scheinbare Ausnahme besteht bei Klagen, die auf Schaffung gewisser Einrichtungen abzielen, § 908 BGB: die Herstellung solcher Einrichtungen während des Prozesses kann hier nicht zur Abweisung der Klage führen[27], weil damit der auf einen dauernden Zustand gerichtete Anspruch nicht befriedigt wäre, ausgenommen den Fall, daß die Möglichkeit von Störungen damit *endgültig* entfällt[28]. Eine weitere nur scheinbare Ausnahme ergibt sich bei den Klagen im *Verteilungsverfahren*, § 878, ZVG § 115, falls man diese als Feststellungsklagen über die Berechtigung des erhobenen Widerspruchs zum Zeitpunkt des Verteilungstermins ansieht, weil es dann auf später entstandene Tatsachen nicht mehr ankommt, → § 263 Rdnr. 35, → aber dagegen § 878 Rdnr. 29f. Vgl. ähnlich § 146 Abs. 4 KO (§ 181 InsO) und § 246 Abs. 1 AktienG (→ § 263 Rdnr. 35). Wegen der Kosten bei während des Prozesses eingetretenen Änderungen →§ 91 Rdnr. 14. – Auf der anderen Seite ist der Schluß der mündlichen Verhandlung auch insofern maßgebend, als eine lediglich künftig mögliche tatsächliche oder rechtliche Entwicklung nicht zu berücksichtigen ist[29] (soweit nicht nach dem anwendbaren materiellen Recht eine Prognose anzustellen ist).

23 Für die **Prozeßvoraussetzungen** (→ Einl. [20. Aufl.] Rdnr. 311 ff.) gilt nichts Besonderes; es ist erforderlich und genügend, daß sie in dem für die Entscheidung maßgebenden Zeitpunkt, also regelmäßig **bei Schluß der mündlichen Verhandlung** (zu § 128 Abs. 2 und 3 → Rdnr. 20) vorliegen[30], → Einl. (20. Aufl.) Rdnr. 324. Dabei ist zu beachten, daß die Zulässigkeit des Rechtswegs und die Zuständigkeit gemäß § 261 Abs. 3 Nr. 2 fortdauern, wenn sie bei Begründung der Rechtshängigkeit gegeben waren, näher → § 261 Rdnr. 73 ff. Zum maßgeblichen Zeitpunkt in der **Revisionsinstanz** → Einl. (20. Aufl.) Rdnr. 324 sowie ausführlich → § 561 Rdnr. 7 ff. Auf den Schluß der mündlichen Verhandlung kommt es auch für das Vorliegen des Rechtsschutzbedürfnisses an[31] (→ vor § 253 Rdnr. 127), ebenso für das Interesse bei der Feststellungsklage (→ § 256 Rdnr. 122 ff.) sowie für die Prozeßführungsbefugnis (→ vor § 50 Rdnr. 19 ff.). Eine Ausnahme in dem Sinne, daß sie in jedem Stadium des Verfahrens gegeben sein müssen, besteht jedoch hinsichtlich derjenigen Prozeßvoraussetzungen, die Eigenschaften der Prozeßbeteiligten betreffen, insbesondere also der Parteifähigkeit, der Prozeßfähigkeit und der gesetzlichen Vertretung; denn durch ihr Vorhandensein ist die Wirksamkeit des Handelns der Prozeßbeteiligten bedingt (**Prozeßhandlungsvoraussetzungen,** → vor § 128

---

[21] *RGZ* 70, 61 f. (Scheidung der Ehe während des Prozesses um Aufhebung des Güterstandes); JW 1900, 160 f. – A.M. für Eheanfechtung *RG* JW 1905, 167.

[22] So *RG* ständig zu den durch das EheG aufgehobenen §§ 1567, 1568 BGB früherer Fassung, *RGZ* 83, 62 (ausdrücklich gegen *RGZ* 60, 194 [→ Fn. 16]); *RGZ* 98, 153; 103, 326; *RG* JW 1908, 42; 14, 149; WarnRspr 1914 Nr. 22; HRR 1929 Nr. 1644.

[23] So auch *RG* SeuffArch 49 (1894), 222. – A.M. *RG* SeuffArch 54 (1899), 100; JW 1899, 741.

[24] *RGZ* 64, 291 (zu § 343 BGB); 102, 384.

[25] Vgl. *RGZ* 27, 376 f. a.E.

[26] *MünchKomm-A. Wolf* BGB³ § 1565 Rdnr. 17, 53, § 1566 Rdnr. 7, 71.

[27] *RGZ* 36, 128; JW 1898, 610; JW 1899, 757; SeuffArch 57 (1902), 62; JW 1902 Beil. 203; JW 1906, 97; *KG* OLG Rsp 13 1906), 104; *Hellwig* (Fn. 16) 137; *Stein* Über die Voraussetzungen des Rechtsschutzes, insbesondere bei der Verurteilungsklage (1903), 45 f.

[28] *RG* SeuffArch 66 (1911), 106.

[29] *BVerwG* NJW 1989, 118, 119.

[30] *RGZ* 107, 305; 113, 27; 149, 385 (394); *Preuß. Kompetenzkonfliktsgerichtshof* JW 1927, 478 (sämtliche zur Zulässigkeit des Rechtswegs); s. ferner *RGZ* 101, 423 ff. (426); 102, 201 ff. (203); 151, 105 u.a. – A.M. *RG* WarnRsp 1925 Nr. 174 (Zulässigkeit des Rechtswegs in Pachtsachen).

[31] *RGZ* 82, 59; 84, 146 (zur Wiederholungsgefahr bei Unterlassungsklagen).

Rdnr. 183). Hier besteht aber in weitem Umfang die Möglichkeit der **Heilung anfänglicher Mängel**. – Im einzelnen zu Gerichtsstandsvereinbarungen nach Klageerhebung → § 38 Rdnr. 58, zur Zuständigkeitsbegründung durch rügeloses Verhandeln → § 39 Rdnr. 1 ff., zur Fortdauer der Zulässigkeit des Rechtswegs und der Zuständigkeit → § 261 Rdnr. 73 ff., zur Parteifähigkeit → § 50 Rdnr. 40 f., zur Prozeßfähigkeit und zur gesetzlichen Vertretung → § 56 Rdnr. 3, zur Prozeßvollmacht → § 89 Rdnr. 13 ff., zum Wegfall der Einrede der Rechtshängigkeit → § 261 Rdnr. 51 bei Fn. 80.

Der Grundsatz, daß dem Urteil die Sachlage, wie sie am Schluß der mündlichen Verhandlung besteht, zugrunde zu legen ist, wird durch verschiedene **prozessuale Schranken** modifiziert. Dahin gehören die Beschränkungen der Klageänderung, § 263, und die Vorschriften über die Zurückweisung nachträglichen Vorbringens, → §§ 296, 527 ff. Weiter ist in der Revisionsinstanz, → § 561 Rdnr. 1 f., zu neuem tatsächlichem Vorbringen kein Raum. 24

2. Maßgebender Zeitpunkt für das anzuwendende Recht

Auf den Prozeßstoff, der nach den zu Rdnr. 20 bis 24 dargelegten Grundsätzen bei der Entscheidung zu berücksichtigen ist, hat das Gericht, sofern es sich um das **Verfahrensrecht** handelt, dasjenige **Recht anzuwenden, das im Zeitpunkt der Entscheidung gilt**. Eine Gesetzesänderung, die in die Zeit zwischen der letzten mündlichen Verhandlung und der Verkündung des Urteils fällt, ist demnach zu berücksichtigen[32]. 25

Für das **in der Revisionsinstanz anzuwendende materielle Recht** wurde früher aus §§ 549, 550 gefolgert, daß die Prüfung, ob das Berufungsgericht ein Gesetz nicht oder nicht richtig angewendet habe, grundsätzlich auf das zur Zeit des Erlasses des Berufungsurteils geltende Recht abzustellen sei. Richtig erscheint aber, daß auch das Revisionsgericht das **bei der Verkündung seiner Entscheidung geltende Recht** anzuwenden und auf dieser Grundlage das angefochtene Urteil zu prüfen hat. Entscheidend ist letztlich immer, ob das neue Gesetz das streitige Rechtsverhältnis nach seinem zeitlichen Geltungswillen erfaßt oder nicht[33]. Daß die Vorinstanz das neue Recht noch nicht berücksichtigen konnte, spielt dagegen keine Rolle[34]. Näher → §§ 549, 550 Rdnr. 17 ff. 26

Zur Frage der richterlichen Nachprüfung des geltenden Rechts → § 293 Rdnr. 17 ff. 27

IV. Endurteil nach Verbindung von Prozessen (Abs. 2)

Hat das Gericht nach § 147 die *Verbindung mehrerer Prozesse* derselben oder verschiedener Parteien *angeordnet,* so soll, weil hier die Verbindung unabhängig vom Parteiwillen besteht, die Entscheidung des einen Prozesses durch den anderen nicht verzögert werden. Deshalb ist hier, wenn **einer der verbundenen Prozesse zur Entscheidung reif** ist, nach Abs. 2 unter Ausschluß des in ähnlichen Fällen bestehenden *Ermessens* (vgl. § 301 Abs. 2) **sofort** ein Endurteil zu erlassen[35], das kein Teilurteil darstellt, näher → § 147 Rdnr. 23. 28

Der **Termin zur Fortsetzung des Verfahrens** ist von Amts wegen zu bestimmen, → auch vor § 214 Rdnr. 5. 29

---

[32] Grundlegend *Wach* Hdb § 18 II. Vgl. auch *RGZ* 102, 151, 161; Gruchot 45 (1901), 93; JW 1915, 409.

[33] Wie hier auch *BGHZ* 9, 101 = JZ 1953, 381 = NJW 1953, 941 unter Aufgabe der gegenteiligen Rechtsprechung des *RG.* Ebenso *BGH* LM § 549 Nr. 42; *BGHZ* 36, 348, 350 (dies gilt auch für ausländisches Recht); *BGHZ* 37, 233, 236; *BAGE* 2, 226; *Meiß* ZPP 65 (1952), 114 ff.; *Bettermann* ZZP 88 (1975), 365, 370; *Thomas-Putzo*[20] Rdnr. 6; *Baumbach-Lauterbach-Hartmann*[56] Rdnr. 7; *Rosenberg-Schwab-Gottwald*[15] § 143 VIII. So kann z.B. auch ein inzwischen aufgehobenes Gesetz auf ein Rechtsverhältnis noch anwendbar sein, *BGHZ* 24, 253 = NJW 1957, 1236 = ZZP 71 (1958), 244.

[34] *BGH* NJW 1986, 2832; NJW-RR 1989, 130.

[35] Sind beide Prozesse entscheidungsreif, so muß das Urteil einheitlich ergehen, vgl. *RGZ* 49, 401; *BGH* NJW 1957, 183, → auch § 147 Rdnr. 22 a.E.

§ 301 [Teilurteil]

(1) Ist von mehreren in einer Klage geltend gemachten Ansprüchen nur der eine oder ist nur ein Teil eines Anspruchs oder bei erhobener Widerklage nur die Klage oder die Widerklage zur Endentscheidung reif, so hat das Gericht sie durch Endurteil (Teilurteil) zu erlassen.

(2) Der Erlaß eines Teilurteils kann unterbleiben, wenn es das Gericht nach Lage der Sache nicht für angemessen erachtet.

Gesetzesgeschichte: Bis 1900 § 273 CPO.

I. Allgemeines 1	a) Kein Teilurteil bei Gefahr
1. Wesen des Teilurteils 1	sich widersprechender Ent-
2. Zweck des Teilurteils 2	scheidungen 8
3. Anwendungsbereich 3	b) Teilurteil bei Aufrechnung 8b
II. Voraussetzungen eines Teilurteils 4	c) Teilurteil als Vorbehalts-
1. Teilbarkeit 4	oder Grundurteil 9
a) Objektive Klagehäufung,	d) Maßgebender Prozeßstoff 9a
einfache Streitgenossen-	3. Unzulässigkeit bei notwendiger
schaft 4	Streitgenossenschaft 10
b) Entscheidungsreife der Kla-	4. Unzulässigkeit bei mehreren
ge bei Widerklage 5	Klagegründen sowie über ein-
c) Entscheidungsreife der Wi-	zelne Angriffs- oder Verteidi-
derklage 6	gungsmittel 11
d) Teil eines Klage- oder Wi-	5. Teilurteil bei Eventualanträgen 12
derklageanspruchs 7	6. Rechtsfolgen bei unzulässigem
2. Spruchreife, Unabhängigkeit	Teilurteil 13
von der Entscheidung über den	III. Gerichtliches Ermessen 15
Rest 8	IV. Das weitere Verfahren 18
	V. Arbeitsgerichtliches Verfahren 20

I. Allgemeines[1]

1. Wesen des Teilurteils

1   Das **Teilurteil** ist ein Endurteil über einen **quantitativ begrenzten Teil des Streitgegenstandes** (→ Rdnr. 4ff.), der vor dem übrigen Teil spruchreif geworden ist; es setzt deshalb ein weiteres *nachfolgendes Urteil* (Schlußurteil, → vor § 300 Rdnr. 20) voraus, durch das der Rest des Streitgegenstandes zu erledigen ist[2]. Der Wille des Gerichts, zunächst nur über einen Teil zu entscheiden, muß aus der Entscheidung (am besten durch deren Bezeichnung als Teilurteil), zumindest aber aus den Begleitumständen hervorgehen[3]. Das Teilurteil muß erkennen lassen, über welchen Teil des Rechtsstreits entschieden wird[4]. Das Teilurteil unterliegt selbständig der Berufung und Revision; seine Rechtskraft ist regelmäßig unabhängig von dem noch nicht erledigten Teil des Streitgegenstandes und berührt diesen nicht.

---

[1] Lit.: *Furtner* Das Urteil im Zivilprozeß[5] (1985), 290ff.; *de Lousanoff* Zur Zulässigkeit des Teilurteils gem. § 301 ZPO (1979); dazu *Prütting* ZZP 94 (1981), 103; *Musielak* Zum Teilurteil im Zivilprozeß, Festschr. für Lüke (1997), 561; *Prütting-Weth* Teilurteil zur Verhinderung der Flucht in die Widerklage? ZZP 98 (1985), 131; *Rimmelspacher* Teilurteile über unselbständige Anschlußberufungen, Festschr. für Odersky (1996), 623; *E. Schneider* Die Zulässigkeit des Teilurteils, MDR 1976, 93.

[2] Der Unterschied des Teilurteils zum *Zwischenurteil* liegt darin, daß dieses über eine im Prozeß aufgetauchte Streitfrage endgültig entscheidet, über den gesamten Streitgegenstand wird im übrigen weiterverhandelt. Beim Teilurteil wird dagegen ein Teil des Streitgegenstandes für die Instanz erledigt. Zur Umdeutung eines Zwischenurteils in ein Teilurteil → § 303 Rdnr. 5 Fn. 12.

[3] BGH NJW 1984, 1543 (zum Versorgungsausgleich). S. auch VGH Mannheim NJW 1971, 109 (ein Teilurteil liegt auch ohne entsprechende Bezeichnung vor, wenn das Gericht bewußt über das Klagebegehren nicht vollständig entschieden hat).

[4] OLG Schleswig ZfS 1996, 93.

2. Zweck des Teilurteils

Das Teilurteil spaltet den Prozeß in *zwei voneinander unabhängige Teile*[5], als ob von vornherein zwei verschiedene Verfahren anhängig gewesen wären. Sein Erlaß **vereinfacht das Verfahren,** verschafft wenigstens teilweise Rechtsklarheit und gibt die Möglichkeit **alsbaldiger Vollstreckung spruchreifer Teile**. Andererseits schließt diese Trennung unter Umständen die Rechtsmittel aus, da die Rechtsmittelsumme, §§ 511 a, 546, selbst bei gleichzeitigen Rechtsmitteln gegen mehrere Teilurteile (bzw. gegen Teil- und Schlußurteil) für jedes von ihnen selbständig zu berechnen ist[6]. Dies soll nach Ansicht des BGH[7] selbst dann gelten, wenn der Erlaß des Teilurteils unzulässig war, da die Möglichkeit eines inhaltlichen Widerspruchs zum Schlußurteil bestand (→ Rdnr. 8). Dies widerspricht aber dem Grundsatz, durch Fehler des Gerichts dürften die Rechtsmittel der Parteien nicht verkürzt werden. Zur Ermessensausübung im Hinblick auf die Rechtsmittelfrage → Rdnr. 15. Auch kann die gleichzeitige Verhandlung in mehreren Instanzen zu Problemen führen. In der Praxis bereitet die Anwendung des § 301 mancherlei Schwierigkeiten, wie die reichhaltige Rechtsprechung zur Zulässigkeit des Teilurteils, vor allem unter dem Gesichtspunkt der »Unabhängigkeit« (→ Rdnr. 8ff.) beweist. Das Teilurteil vermag wegen dieser Komplikationen den Zweck, das Verfahren zu vereinfachen, nur bedingt zu erreichen. Zur Anfechtung *inkorrekter Teilurteile* → Rdnr. 13 sowie →Allg. Einl. vor § 511 Rdnr. 55.

2

3. Anwendungsbereich

Teilurteile sind grundsätzlich in jeder Prozeßart möglich[8]. Bei Entscheidung durch Beschluß gilt § 301 entsprechend[9] (Teilbeschluß). In der **Berufungs-** und **Revisionsinstanz** ist § 301 ebenfalls anwendbar, §§ 523, 566. Über eine unselbständige Anschlußberufung kann jedoch wegen deren Abhängigkeit von der Berufung nicht vorab entschieden werden[10], → § 522 Rdnr. 7, → § 522 a Rdnr. 23. Auch im Verfahren über den **Versorgungsausgleich** ist (soweit nicht die Regeln des Verfahrensverbunds entgegenstehen) eine Teilentscheidung zulässig, wenn sie sich auf einen aussonderbaren Teil des Verfahrensgegenstands bezieht und von der Entscheidung über den Rest nicht berührt wird[11]. Unter diesen Voraussetzungen ist ein Teilurteil auch dann möglich, wenn eine Herabsetzung des Ausgleichsbetrags aufgrund einer Härteklausel in Betracht kommt[12]. – Zur Entscheidung über einen Teil des Anspruchs im **strafprozessualen Adhäsionsverfahren** (§ 406 Abs. 1 S. 2 StPO) → § 318 Rdnr. 14.

3

---

[5] Auch für §§ 211 ff. BGB, dazu *BGHZ* 65, 127, 136 = NJW 1976, 39.

[6] *BGH* LM § 147 Nr. 6 = NJW 1977, 1152; NJW 1989, 2757; NJW 1998, 686. – Für die Beschwer durch ein Teilurteil kommt es nur auf dessen Urteilsausspruch an, nicht auf etwaige Feststellungen in den Urteilsgründen, die sich erst bei der Schlußentscheidung nachteilig auswirken, *OLG Zweibrücken* FamRZ 1983, 1046.

[7] *BGH* NJW 1996, 3216 = LM Nr. 54 (*Reischl*); NJW 1998, 686; s. auch *BayObLG* WuM 1997, 399 (zum Wohnungseigentumsverfahren).

[8] *Wieczorek*[2] A III a.

[9] *BGH* NJW 1994, 2235 = LM Nr. 50.

[10] Nach *BGH* NJW 1994, 2235, 2236 = LM Nr. 50 gilt dies auch bei nicht heilbarer Unzulässigkeit der Anschlußberufung; insoweit a.M. *Grunsky* → § 522 a Rdnr. 23; *Rimmelspacher* (Fn. 1).

[11] *BGH* LM § 1587 BGB Nr. 20 (mwN) = FamRZ 1983, 38 = MDR 1983, 209; LM § 1587 BGB Nr. 24 = NJW 1983, 1311; FamRZ 1984, 1214 = MDR 1985, 306. Einem (mangels Abtrennbarkeit des Teils) unzulässigerweise ergangenen, aber formell rechtskräftigen Teilurteil versagt *OLG Zweibrücken* FamRZ 1986, 174 die materielle Rechtskraftwirkung, weil man sonst bei der Endentscheidung zu einem offensichtlich gesetzwidrigen Ergebnis gelange. Dies mag angesichts der Besonderheiten des Versorgungsausgleichs unausweichlich sein, darf aber jedenfalls nicht verallgemeinert werden.

[12] *BGH* LM § 1587 BGB Nr. 26 = FamRZ 1983, 890 = NJW 1984, 120.

II. Voraussetzungen eines Teilurteils

1. Teilbarkeit

Ein Teilurteil darf nach § 301 **nur erlassen werden:**

4 a) Wenn im Falle der kumulativen objektiven Häufung von (prozessualen) Ansprüchen (§ 260, zur eventuellen Häufung → Rdnr. 12) lediglich **einer der mehreren in einer Klage geltend gemachten Ansprüche** (d.h. der prozessualen Begehren auf Ausspruch einer Rechtsfolge, → Einl. [20. Aufl.] Rdnr. 288, → § 253 Rdnr. 45) oder bei der **Zwischenfeststellungsklage** nach § 256 Abs. 2 nur diese[13] zur Endentscheidung reif (→ § 300 Rdnr. 7 ff.) ist[14]. Bei einer reinen Leistungsklage kann aber nicht durch ein feststellendes Teilurteil entschieden werden; hier kommt nur ein Grundurteil nach § 304 in Betracht[15]. Auch bei der **einfachen Streitgenossenschaft** als einer subjektiven Klagenhäufung (§§ 59 ff.) ist § 301 anwendbar[16]. Ein Teilurteil verbietet sich aber auch bei einfacher Streitgenossenschaft, wenn die Beweisaufnahme nicht trennbar ist[17] oder wenn die Entscheidung vom selben Beweisthema abhängt, für das hinsichtlich der anderen Streitgenossen eine erneute Zeugenvernehmung angeordnet wurde[18].

5 b) Wenn bei erhobener **Widerklage** (§ 33) nur die **Klage** oder **einer der mehreren Klageansprüche**, oder

6 c) nur die **Widerklage** oder einer von mehreren Widerklageansprüchen oder die Zwischenfeststellungswiderklage nach § 256 Abs. 2 zur Entscheidung reif ist. Rechtlicher Zusammenhang zwischen Klage- und Widerklageanspruch hindert zwar die Verhandlung in getrennten Prozessen nach § 145 Abs. 2, nicht aber die Entscheidung durch Teilurteil aufgrund bisher ungetrennter Verhandlung[19]. Der Erlaß eines klageabweisenden Teilurteils wird durch eine Zwischenfeststellungswiderklage nicht ausgeschlossen, wenn der Klageanspruch abweisungsreif ist, ohne daß es zugleich einer Entscheidung auf das Zwischenfeststellungsbegehren bedarf[20]. Dagegen ist ein **Teilurteil ausgeschlossen**, wenn Klage und Widerklage sich auf **dasselbe Rechtsverhältnis** beziehen (oder wenn in gegenläufiger Form derselbe Gegenstand begehrt wird) und deshalb die Unabhängigkeit (→ Fn. 33) fehlen würde[21]. Dies gilt z.B., wenn mit der Abänderungsklage (§ 323) die Erhöhung, mit der Widerklage die Herabsetzung einer Unterhaltsrente begehrt wird[22]; ebenso, wenn mit den jeweiligen Berufungen eine Erhöhung oder eine Herabsetzung des in erster Instanz zugesprochenen Unterhaltsbetrags angestrebt wird[23], desgleichen, wenn sowohl die Klage als auch die Widerklage auf Einwilligung des Gegners in die Auszahlung eines hinterlegten Betrages gerichtet sind[24], ferner im Scheidungsprozeß für die Scheidungsanträge beider Ehegatten, → § 610 Rdnr. 5, § 611 Rdnr. 2. Zur sonstigen Problematik von Teilurteilen in Ehesachen → § 610 Rdnr. 5, 6, 8 sowie → Fn. 85. Ein Teilurteil über die Widerklage ist nicht zulässig, wenn die Widerklage nur hilfsweise für den Fall des Erfolgs oder des Mißerfolgs der Klage erhoben wurde, → § 33 Rdnr. 27, § 145 Rdnr. 44, 66. Ein

---

[13] *RGZ* 102, 174.
[14] Vgl. auch *BGH* BB 1961, 348.
[15] *OLG Karlsruhe* Justiz 1988, 154.
[16] A.M. *RGZ* 55, 310 bei Säumnis eines Streitgenossen. Näher → § 61 Rdnr. 12. Zur notwendigen Streitgenossenschaft → Rdnr. 10. Bei einer Hauptintervention wird ein Teilurteil gegen einen der Beklagten in der Regel nicht in Betracht kommen, vgl. *RG* JW 1928, 1742.
[17] Vgl. *OLG München* NJW-RR 1994, 1279.
[18] *BGH* LM § 286 (D) Nr. 10 = MDR 1992, 411 = NJW-RR 1992, 253.
[19] Vgl. auch *RGZ* 101, 40. – Interessant *BGH* NJW 1987, 3138 (*Walter*) = WM 1987, 1114 = ZIP 1987, 1081 (bei einer parteierweiternden Unterlassungswiderklage gegen als Zeugen benannte Dritte ist Abweisung durch Teilurteil angezeigt, um danach diese Widerbeklagten im Verfahren über die Klage als Zeugen zu vernehmen).
[20] *RG* DR 1939, 879.
[21] *OLG Frankfurt* MDR 1983, 498 (Klage und Widerklage betreffen den Bestand ein und desselben Vertrages).
[22] *BGH* NJW 1987, 441 (für abweisendes Teilurteil gilt dies jedenfalls, wenn es einem Rechtsmittel unterliegt); *OLG Zweibrücken* FamRZ 1981, 483; *OLG Celle* FamRZ 1993, 1220.
[23] *OLG Koblenz* FamRZ 1989, 770 = NJW-RR 1989, 960.
[24] *BGH* LM Nr. 48 = NJW-RR 1992, 1339.

Teilurteil über die Widerklage scheidet auch aus, wenn der Widerklageanspruch von derselben Voraussetzung (z.B. Abnahme des Werkes) abhängt wie der Klageanspruch[25]. Zu Problemen bei Aufrechnung und Widerklage → Rdnr. 8b.

d) Wenn nur ein quantitativer, zahlenmäßig oder sonst[26] bestimmter[27] und individualisierter[28] **Teil eines Klage- oder Widerklageanspruchs** zur Entscheidung reif und der Streitgegenstand rechtlich teilbar ist. Dies setzt voraus, daß der Anspruchsteil auch im Wege einer Teilklage geltend gemacht und daß darüber durch Vollendurteil entschieden werden könnte[29]. Auch unselbständige Rechnungsposten eines einheitlichen Schadensersatzanspruchs können Gegenstand eines Teilurteils sein, wenn der Anspruchsgrund nicht im Streit ist (andernfalls nur in Verbindung mit einem Grundurteil, → Rdnr. 8a) und die Entscheidung über den Teil unabhängig vom Ausgang des Streits über den Rest ist[30], nicht aber, wenn der im Teilurteil verbeschiedene Abrechnungsposten für das Schlußurteil wiederum entscheidungserheblich ist[31]. – Unzulässig ist ein Teilurteil über eine von mehreren rechtlichen Grundlagen desselben prozessualen Anspruchs, → Rdnr. 11.

2. Spruchreife, Unabhängigkeit von der Entscheidung über den Rest

a) Kein Teilurteil bei Gefahr sich widersprechender Entscheidungen

In allen diesen Fällen (→ Rdnr. 4 bis 7), auch bei einfacher Streitgenossenschaft[32] sowie bei Klage und Widerklage (→ auch Rdnr. 6), ist aber ein Teilurteil **nur zulässig,** wenn die Entscheidung über den Teil **unabhängig davon ist, wie der Streit über den Rest ausgehen wird**[33]. Ein Teilurteil ist dann unzulässig, wenn die Gefahr besteht, daß es im Teil- und im Schlußurteil **zu einander (in der Begründung) widersprechenden Entscheidungen** kommt[34]. Das Erfordernis der Unabhängigkeit von der Entscheidung über den Rest ergibt sich weitgehend schon aus der Notwendigkeit der *Entscheidungsreife*[35], soweit nämlich die Entscheidung im Teilurteil von

---

[25] *BGH* NJW 1997, 455.
[26] Auch bei einem Unterlassungsanspruch (z.B. nach dem UWG) ist ein Teilurteil möglich, *BGH* NJW 1966, 982 = GRUR 1966, 333.
[27] Vgl. *BGH* VersR 1965, 878; RGZ 37, 174; *OLG Celle* OLGZ 1965, 48; *OLG Hamburg* MDR 1957, 747, 748. Zum Teilurteil bei Schmerzensgeldansprüchen aus zwei aufeinanderfolgenden Unfällen *OLG Oldenburg* VersR 1986, 926; zum Teilurteil über Schmerzensgeld für einen bestimmten Zeitabschnitt *OLG Koblenz* VRS Bd. 77 (1989), 427; grundsätzlich gegen eine zeitliche Aufteilung eines Schmerzensgeldanspruchs (es sei denn, die zukünftige Entwicklung wäre noch nicht übersehbar) *OLG Schleswig* ZfS 1996, 93, 94.
[28] RGZ 22, 400; 66, 396f.; 96, 11. Sind mehrere Ansprüche eingeklagt, so muß das Teilurteil erkennen lassen, auf welchen Anspruch der Teilbetrag entfällt, *BAG* NJW 1978, 2114 = SAE 1979, 77 (*Weitnauer*); *RG* HRR 1932 Nr. 553; s. auch *BGH* MDR 1953, 164; RGZ 143, 170.
[29] BGHZ 72, 34, 37 (Fn. 60); *BGH* LM Nr. 26 = WM 1978, 1103 = MDR 1979, 38; BGHZ 97, 264, 266 = NJW 1986, 2245 (Aufspaltung eines Anspruchs auf Übereignung in zwei Ansprüche auf Übereignung je eines Miteigentumsanteils von 1/2 zulässig); *BGH* NJW-RR 1989, 1149; *Baumbach-Lauterbach-Hartmann*[56] Rdnr. 5.
[30] *BGH* NJW 1992, 1769, 1770 = LM Nr. 45.
[31] *BGH* NJW-RR 1991, 1468 = LM Nr. 40 (zum Verhältnis frustrierte Aufwendungen – entgangener Gewinn).
[32] Dazu *OLG München* NJW-RR 1994, 1278, 1279.

[33] Vgl. BGHZ 20, 311 = NJW 1956, 1030; *BGH* ZZP 67 (1954), 471 = VersR 1954, 428; NJW 1964, 205 = LM Nr. 16; VersR 1965, 878; NJW 1987, 441; RGZ 6, 57; 14, 202; 36, 429; 151, 381; OGHZ 3, 24; *OLG München* VersR 1960, 1002; *OLG Köln* OLGZ 1976, 244 = MDR 1976, 408 (kein Teilurteil, wenn das noch zu klärende Mitverschulden auch dem Teilanspruch entgegenstehen kann), *OLG Zweibrücken* MDR 1982, 1026 (zu einer aus zahlreichen streitigen Positionen errechneten Werklohnforderung); *E. Schneider* MDR 1976, 93; *E. Schumann* Festschr. für Larenz (1983), 571, 588 (z.B. keine Verurteilung zur Einräumung der Gesellschafterrechte durch Teilurteil, wenn die Widerklage auf Ausschluß aus der Gesellschaft noch nicht entschieden werden kann). Ein Teilurteil über die Sachbefugnis ist nicht möglich, BGHZ 8, 383, 384.
[34] *BGH* NJW 1991, 570; *OLG Hamm* JMBl NRW 1965, 279; *OLG Stuttgart* FamRZ 1984, 273, 274 (zum Zugewinnausgleich); *OLG Hamburg* FamRZ 1984, 1235; RGZ 151, 382, 384. Besteht diese Gefahr widersprüchlicher Entscheidungen nicht, dann kann auch über eine negative Feststellungsklage durch Teilurteil entschieden werden, OGHZ 3, 20. S. ferner *OLG Hamburg* MDR 1957, 747, 748.
[35] Dies betont *de Lousanoff* (Fn. 1) z.B. 38, 85, 116. Jedoch gilt dies nicht in allen hier in Betracht kommenden Fällen, vgl. *Prütting* ZZP 94 (1981), 103, 105f.; a.M. *Musielak* (Fn. 1), 568ff.

Umständen abhängt, die erst noch im Verfahren über den Rest zu klären sind. So kann über einen Teil eines Anspruchs auf **Zugewinnausgleich** nicht entschieden werden, wenn Anfangs- und Endvermögen im Schlußurteil möglicherweise anders zu bewerten sind und davon auch der Teilanspruch abhängt[36]. Ein Teil eines **Unterhaltsanspruchs** für denselben Zeitraum kann nicht durch Teilurteil (sog. horizontales Teilurteil) zugesprochen werden, wenn die Entscheidung über den Rest von Umständen abhängt, die auch für den zugesprochenen Teil relevant sind, so daß auch neuer Vortrag noch zu einer abweichenden Beurteilung führen kann[37]; dieselbe Grenze gilt auch, wenn über einen teilweise bezifferten Zahlungsantrag im Rahmen einer Stufenklage durch Teilurteil gleichzeitig mit dem Urteil über den Auskunftsanspruch entschieden werden soll[38]. Ein Teil des Klageanspruchs kann nicht vorweg zugesprochen werden, wenn ein noch durch Beweisaufnahme zu klärendes Zurückbehaltungsrecht geltend gemacht wird, das den gesamten Klageanspruch umfassen kann[39], oder wenn über die Nichtigkeit eines Vertrages erst im Schlußurteil entschieden werden soll, eine bereicherungsrechtliche Rückabwicklung aber auch den im Teilurteil wegen Wegfalls der Geschäftsgrundlage zugesprochenen Betrag tangieren kann[40]. Ebenso ist ein Teilurteil unzulässig, das einen Teil eines Mietzinsanspruchs zuspricht, obwohl über die Voraussetzungen einer geltend gemachten Mietzinsminderung noch Beweis zu erheben ist und sich daraus eine Minderung unter die Grenze des Zugesprochenen ergeben kann[41]. Dagegen ist nach Ansicht des BGH[42] ein Teilurteil zulässig, wenn das Gericht einen entsprechenden Mindestbetrag des Schadens nach § 287 schätzt und (nur) hinsichtlich des darüber hinausgehenden Schadens Sachverständigenbeweis anordnet; dies erscheint fraglich, weil sich die Beweiserhebung kaum auf den überschießenden Betrag begrenzen läßt.

8a Was die Gefahr sich widersprechender Entscheidungen angeht, muß berücksichtigt werden, daß das Teilurteil für das weitere Verfahren nur hinsichtlich des **Schlußausspruchs** nach § 318 **bindend** ist, nicht dagegen hinsichtlich der Entscheidungsbegründung[43], → § 318 Rdnr. 12. Wenn also die Entscheidung über den Rest von denselben Vorfragen abhängt wie die Teilentscheidung, ist nicht ausgeschlossen, daß darüber – sei es aus rechtlichen oder tatsächlichen Gründen[44] – später abweichend entschieden wird. Dies soll durch die Anforderungen an den Erlaß eines Teilurteils vermieden werden[45]. Dabei steht es dem Erlaß eines Teilurteils bereits entgegen, wenn sich die Gefahr sich widersprechender Entscheidungen durch die Möglichkeit abweichender Urteile im Instanzenzug ergeben kann[46]. Aus diesen Gründen darf ein Teil eines einheitlichen Anspruchs, dessen Anspruchsgrund streitig ist, nur dann durch Teilurteil zugesprochen werden, wenn zugleich ein **Grundurteil über den gesamten Anspruch** ergeht[47] (und die Entscheidung über den Betrag des Restanspruchs nur noch von Fragen abhängt, die für den bereits zugesprochenen Anspruchsteil nicht erheblich waren). Dem Grund- und dem Teilurteil muß jeweils ein bestimmter, individualisierter Teil des Streitgegenstandes zugeord-

---

[36] *BGHZ* 107, 236, 242 = NJW 1989, 2821, 2822. Weitergehend hält *OLG Köln* FamRZ 1989, 296 ein Teilurteil beim Anspruch auf Zugewinnausgleich generell für unzulässig.
[37] *OLG Schleswig* FamRZ 1988, 1293; *OLG Hamm* FamRZ 1993, 1215; *OLG Brandenburg* FamRZ 1997, 504.
[38] *OLG Nürnberg* FamRZ 1994, 1594; *OLG Schleswig* SchlHA 1997, 134.
[39] *BGH* NJW 1992, 1632 = LM Nr. 44.
[40] *BGH* NJW 1997, 2184.
[41] *OLG Düsseldorf* MDR 1990, 930.
[42] *BGH* NJW 1996, 1478 = LM Nr. 53 = JZ 1996, 1189 (krit. *G. K. Müller*).
[43] *BGH* NJW 1991, 570, 571; *OLG Hamm* VersR 1992, 208, 209; *OLG Köln* FamRZ 1992, 832, 833.
[44] Vgl. *OLG München* NJW-RR 1994, 1278.
[45] *BGH* NJW 1997, 453, 455.
[46] *BGH* LM § 565 Abs. 3 Nr. 18 (zust. *Wax*) = NJW-RR 1994, 379; *OLG Düsseldorf* NJW-RR 1997, 659, 660.
[47] *BGHZ* 107, 236, 242 = NJW 1989, 2821, 2822; *BGH* NJW 1992, 511 = LM Nr. 42; NJW 1995, 2106, 2107; *OLG Köln* FamRZ 1992, 832, 833; *OLG München* NJW-RR 1995, 575; *OLG Düsseldorf* MDR 1985, 942. – Die Ansicht, § 301 nehme unterschiedliche Ergebnisse zum Anspruchsgrund in Kauf (so *OLG Koblenz* NJW-RR 1988, 532), ist mit der h.M. nicht vereinbar.

net werden⁴⁸. Bei objektiver Klagehäufung von Zahlungs- und Feststellungsansprüchen darf nicht durch Teilurteil allein über den Grund der Zahlungsansprüche entschieden werden, sofern das Schlußurteil über die Feststellungsansprüche damit möglicherweise in Widerspruch geraten kann⁴⁹. Bei selbständigen Ansprüchen – z.B. auf Ersatz materiellen und immateriellen Schadens sieht der BGH⁵⁰ dagegen in einer »gewissen Abhängigkeit« der Ansprüche (etwa darin, daß die Haftungsquote für beide Ansprüche erheblich ist) keinen Grund, um die Entscheidung durch Teilurteil für unzulässig zu halten.

b) Teilurteil bei Aufrechnung

Verteidigt sich der Beklagte durch **Aufrechnung** mit einem streitigen Gegenanspruch, so kann hinsichtlich der Klageforderung kein Teilurteil ergehen, solange über die Gegenforderung nicht entschieden werden kann⁵¹. Selbst wenn das Gericht hinsichtlich der Gegenforderung Entscheidungsreife annimmt, nicht aber hinsichtlich der gesamten Klageforderung, so kann nicht über einen Teil der Klageforderung (stattgebend oder abweisend) entschieden werden, wenn es sowohl für diesen Teil als auch für den Rest des Klageanspruchs auf die Beurteilung der Gegenforderung ankommt⁵²; der Ausweg eines Grundurteils ist hier versperrt, da über die zur Aufrechnung gestellte Forderung ein Grundurteil nicht zulässig ist, → § 304 Rdnr. 6. Ebenso scheidet ein Teilurteil über einen Teil der Klageforderung aus, wenn dieser die Aufrechnung mit mehreren streitigen Gegenforderungen entgegengesetzt wird, die insgesamt den Betrag der Klageforderung übersteigen⁵³. Es kann auch nicht durch Teil- und Grundurteil über den mit der Widerklage geltend gemachten Gegenanspruch entschieden werden, wenn dieser Anspruch zu einem anderen Teil zur Aufrechnung gestellt ist und über die Klageforderung noch nicht geurteilt werden kann⁵⁴, oder wenn gegen die Widerklageforderung mit einem Teil der Klageforderung aufgerechnet wurde⁵⁵. Wird dieselbe Forderung sowohl zur (hilfsweisen) Aufrechnung als auch zur Widerklage verwendet, so kann die Widerklage durch Teilurteil abgewiesen werden, wenn die Forderung unbegründet oder verjährt ist; gemäß § 318 ist das Gericht dann bei der Entscheidung über die Klage an die Feststellung der Unbegründetheit der Gegenforderung gebunden⁵⁶. Wenn umgekehrt die Klageforderung bereits feststeht und die sowohl aufgerechnete als auch zum Gegenstand einer Widerklage gemachte Gegenforderung auf jeden Fall die Klageforderung übersteigt, so kann die Klage abgewiesen und die Widerklage dem Grunde nach (§ 304) für gerechtfertigt erklärt werden⁵⁷. Betrifft die Aufrechnung mit einer streitigen, noch nicht entscheidungsreifen Gegenforderung nur einen Teil der Klageforderung, so kann über den anderen Teil nur dann ein Teilurteil ergehen, wenn zugleich hinsichtlich des Restes ein Vorbehaltsurteil (§ 302) erlassen wird⁵⁸.

8b

---

⁴⁸ *BGH* JZ 1988, 1080 (*Walter*) = NJW-RR 1988, 1405; NJW 1989, 2745, 2746.

⁴⁹ *BGH* NJW 1997, 1709. – S. auch *BGH* NJW 1997, 3447, 3448 (keine Entscheidung nur über einen Feststellungsanspruch, wenn aus demselben Klagegrund ein Zahlungsanspruch und ein weiterer Feststellungsanspruch hergeleitet werden).

⁵⁰ *BGH* NJW 1989, 2757, 2758 = LM Nr. 36.

⁵¹ *OLG Düsseldorf* NJW-RR 1995, 575 (wird nach Eventualaufrechnung die Gegenforderung zum Gegenstand einer Widerklage gemacht, so handelt es sich um eine Eventualwiderklage, die nichts an der Beachtlichkeit der Aufrechnung ändert).

⁵² *OLG Frankfurt* MDR 1975, 321; *OLG Düsseldorf* NJW 1970, 2217; *OLG Hamm* NJW-RR 1989, 827; *de Lousanoff* (Fn. 1) 90ff., 95ff.

⁵³ *OLG Düsseldorf* NJW 1972, 1474; *de Lousanoff* (Fn. 1) 103ff.

⁵⁴ *BGH* NJW 1992, 511, 512.

⁵⁵ *BGH* LM § 565 Abs. 3 Nr. 18 (*Wax*) = NJW-RR 1994, 379.

⁵⁶ *BGH* LM Nr. 22.

⁵⁷ *OLG Köln* NJW-RR 1994, 917.

⁵⁸ *BGH* NJW 1996, 395 = LM Nr. 52.

c) Teilurteil als Vorbehalts- oder Grundurteil

9 Im übrigen kann das Teilurteil auch als **Vorbehaltsurteil** ergehen, desgleichen als **Grundurteil** hinsichtlich eines Anspruchsteils oder eines der prozessualen Ansprüche bei Klagehäufung oder Klage und Widerklage[59], nicht dagegen als Grundurteil über einzelne Begründungen (Anspruchsgrundlagen)[60], → § 304 Rdnr. 32 ff., 37.

d) Maßgebender Prozeßstoff

9a Die Frage der **Entscheidungsreife** ist nach demjenigen Prozeßstoff zu entscheiden, der zur Zeit des Erlasses des Teilurteils vorliegt (→ § 300 Rdnr. 20), ohne Rücksicht auf die Möglichkeit weiteren Vorbringens im späteren Verlauf des Prozesses[61]. Eine **Zurückweisung verspäteten Vorbringens** ist bei Erlaß eines Teilurteils dann zulässig, wenn sich dieses Vorbringen *nur* auf den Gegenstand des Teilurteils bezieht, näher → § 296 Rdnr. 60. Ist der Anspruch der Höhe nach noch wesentlich durch Weiterungen aus dem gegenwärtigen Rechtsstreit beeinträchtigt, so ist insoweit ein Teilurteil unzulässig[62]. Das gleiche gilt, wenn dem durch ein Teilurteil ziffernmäßig zuerkannten Zahlungsanspruch oder einem in vollem Umfang zugesprochenen Feststellungsanspruch die unerledigte Einwendung des mitwirkenden Verschuldens entgegensteht[63]. Zur Unzulässigkeit eines Teilurteils bei der **unselbständigen Anschlußberufung** → Rdnr. 3. – Dem Erlaß eines Teilurteils steht nicht entgegen, daß dieselben **Zulässigkeitsvoraussetzungen** sowohl für den entschiedenen als auch für den noch offenen Teil des Streitgegenstands von Bedeutung sind[64]; jedoch wird in der Regel ein Zwischenurteil nach § 280 zu empfehlen sein.

3. Unzulässigkeit bei notwendiger Streitgenossenschaft

10 Im Falle der notwendigen Streitgenossenschaft darf über die Klage nur einheitlich entschieden werden. Ein Teilurteil gegen **lediglich einen notwendigen Streitgenossen** ist daher **unzulässig**[65] und wäre ein von Amts wegen zu beachtender Verfahrensmangel[66]. Gleichwohl erwächst ein verfahrenswidrig gegenüber einzelnen notwendigen Streitgenossen ergangenes Urteil in formelle und materielle Rechtskraft; die Rechtskraft wirkt jedoch nicht gegenüber den anderen notwendigen Streitgenossen[67]. Eine Ausnahme von der Unzulässigkeit eines Teilurteils besteht lediglich dann, wenn schon die Klage gegen einzelne notwendige Streitgenossen möglich gewesen wäre, weil sich z.B. die übrigen schon vor Klageerhebung zur Leistung verpflichtet haben. In diesem Fall ist ein Teilurteil gegen einzelne notwendige Streitgenossen zulässig[68]. Auch erscheint es in den Fällen des § 62 Abs. 1, 1. Alternative (→ § 62

---

[59] Offenlassend *BGH* LM Nr. 47 = NJW-RR 1992, 1053 (aber jedenfalls nicht bei fehlender Unabhängigkeit von der noch ausstehenden Entscheidung).
[60] BGHZ 72, 34 = NJW 1978, 1920 = LM Nr. 25 (LS, *Dunz*).
[61] Vgl. *RGZ* 98, 308; SeuffArch 48 (1893), 463; Gruchot 46 (1902), 423 u. für den Fall einer facultas alternativa *RG* JW 1891, 6. – A.M. *OGHZ* 3, 24.
[62] *OLG Oldenburg* VRS 10 (1956), 164 = VersR 1956, 559 = MDR 1956, 98. Das ist etwa dann der Fall, wenn das Gericht über den Schadensersatz wegen Verdienstausfalls durch Teilurteil vorabentscheiden möchte, ohne daß es darüber abschließende Feststellungen getroffen hat.
[63] *OLG München* VersR 1960, 1021. Wegen der hier ähnlichen Problematik beim Grundurteil → § 304 Rdnr. 23 ff.

[64] *OLG Köln* NJW-RR 1992, 892.
[65] *BGHZ* 131, 376 = NJW 1996, 1060 = LM § 62 Nr. 22 (zust. *Grunsky*); *BGH* NJW 1974, 2124; NJW 1975, 1457, 1459; *RGZ* 132, 349.
[66] *BGH* NJW 1962, 1722 = LM § 62 Nr. 10; NJW 1991, 101; *OGH* NJW 1950, 597; vgl. auch *BVerwG* 3, 208, 211 und *Haueisen* NJW 1961, 2329, 2332; offenlassend *BGH* NJW 1974, 2124. Dabei handelt es sich aber um einen Verstoß gegen § 62, nicht gegen § 301, → Rdnr. 13.
[67] *BGH* NJW 1996, 1060 (Fn. 65).
[68] *BGH* ZZP 76 (1963), 96 = NJW 1962, 1722; s. auch *BGH* NJW 1975, 1457, 1459; NJW 1996, 1060 (Fn. 65); *Thomas-Putzo*[20] Rdnr. 2; *Zöller-Vollkommer*[20] Rdnr. 4; *Baumbach-Lauterbach-Hartmann*[56] Rdnr. 27. – Das Teilurteil enthält dann auch ausnahmsweise eine Kostenentscheidung, *BGH* LM Nr. 11 = NJW 1960, 484; → auch § 91 Rdnr. 7a.

Rdnr. 4ff.) möglich, Klagen einzelner Streitgenossen bzw. gegen einzelne Streitgenossen durch Teilurteil als *unzulässig* abzuweisen. – Zur **einfachen Streitgenossenschaft** → Rdnr. 4, → § 61 Rdnr. 12.

4. Unzulässigkeit bei mehreren Klagegründen sowie über einzelne Angriffs- und Verteidigungsmittel

Unzulässig ist ferner ein Teilurteil über eine von **mehreren rechtlichen Grundlagen** desselben prozessualen Anspruchs[69], auch bei eventuell gehäuften Klagegründen, → § 260 Rdnr. 18, oder wenn ein lediglich begründender »Antrag« neben dem eigentlichen Klageantrag gestellt wird, → § 260 Rdnr. 7[70], ebenso über **einzelne Angriffs-oder Verteidigungsmittel** anderer Art, wie z.B. eine zur *Aufrechnung* geltend gemachte Gegenforderung[71] (→auch Rdnr. 9) oder **bloße Elemente** einer einheitlichen Wertberechnung oder Schadensersatzforderung[72] oder einzelne Posten eines Kontokorrents[73], über den Zeitpunkt der Fälligkeit[74], über einen Teil der Minderung aufgrund ein und desselben Reisemangels[75].

11

5. Teilurteil bei Eventualanträgen

Über einzelne der im **Eventualverhältnis stehenden Anträge kann durch Teilurteil entschieden werden,** so daß erst ein den Hauptantrag abweisendes Teilurteil, sodann ein den Hilfsanspruch betreffendes Schlußurteil erlassen werden darf[76]. Die Zulässigkeit folgt hier daraus, daß nach Abweisung des Hauptantrages die Entscheidung über den hilfsweise gestellten Antrag unabhängig von der Teilentscheidung ergehen kann. Die Gefahr widersprüchlicher Entscheidungen läßt sich dadurch vermeiden, daß das Gericht das Verfahren bis zur Rechtskraft des Teilurteils **aussetzt**[77]. Unzulässig ist es dagegen, zuerst durch Teilurteil über den Hilfsanspruch zu entscheiden[78]. Auch kann nicht durch Teilurteil über einen von zwei

12

---

[69] *BGHZ* 49, 33, 36 = *NJW* 1968, 351; *BGHZ* 72, 34, 36 (Fn. 60); *BGH NJW* 1984, 615 = *JR* 1984, 113 (zust. Linnenbaum); *NJW* 1992, 511; *BAG DB* 1988, 2212 (LS); *OLG Frankfurt WM* 1986, 1144, 1150.

[70] *BGH VersR* 1964, 164 = *VRS* 26 (1964), 191; *RGZ* 72, 223; *LG München ZMR* 1964, 374; 1965, 83; *LG Düsseldorf ZMR* 1956, 95.

[71] Vgl. *RGZ* 42, 356; *OLG Hamm OLG Rsp* 5 (1902), 58; *LAG Baden-Württemberg RdA* 1963, 208.

[72] *BGH LM* Nr. 26 (Fn. 29) (unzulässiges Teilurteil über einzelne Berechnungsfaktoren eines einheitlichen Anspruchs auf Enteignungsentschädigung); *NJW* 1992, 511; *NJW-RR* 1989, 1149 = *LM* Nr. 35; *OLG Celle NJW* 1980, 224 (ebenso zum Anspruch auf Enteignungsentschädigung).

[73] *RGZ* 22, 400; *JW* 1893, 16; *Gruchot* 50 (1906), 431.

[74] A.M. *Riedinger JW* 1930, 521; 1931, 2452, der bei Anerkennung künftiger Fälligkeit, aber auch sonst, ein Teilurteil auf Leistung zu dem künftigen Fälligkeitstermin zulassen will.

[75] *LG Frankfurt NJW* 1989, 1935; s. auch *LG Frankfurt NJW-RR* 1990, 189.

[76] *BGH NJW* 1995, 2361 = *LM* Nr. 51 unter Bestätigung von *BGHZ* 56, 79 = *LM* § 260 Nr. 11 (LS, *Rietschel*) = *NJW* 1971, 1316 = *JR* 1971, 331 (*Bähr*); *BGH LM* § 91 BEG 1956 Nr. 1 = *MDR* 1972, 603; *BGH WM* 1986, 237 = *NJW-RR* 1986, 579; *Brox* in: Recht im Wandel, Festschr. 150 Jahre Carl Heymanns Verlag (1965), 121, 128f.; *Merle ZZP* 1983 (1970), 436, 447; *Kion* Eventualverhältnisse im Zivilprozeß (1971), 165ff.; *Rosenberg-Schwab-Gottwald*[15] § 99 IV 3 b; *A. Blomeyer ZPR*[2] § 84 III; *Baumbach-Lauterbach-Hartmann*[56] Rdnr. 17. – A.M. *de Lousanoff* (Fn. 1) 135 (es sei denn, das Teilurteil werde sofort rechtskräftig); *Zöller-Vollkommer*[20] Rdnr. 8. → auch § 260 Rdnr. 22.

[77] Daß sich die Akten, wenn ein Rechtsmittel gegen das Teilurteil eingelegt ist, beim Rechtsmittelgericht befinden (darauf verweisen *BGHZ* 56, 79, 81 [Fn. 76]; *A. Blomeyer ZPR*[2] § 84 III), schließt eine Weiterführung des Verfahrens durch die erste Instanz nicht notwendig aus, da Zweitakten angelegt werden können, vgl. *OLG Düsseldorf NJW* 1972, 1475; *de Lousanoff* (Fn. 1) 129f. Die Aussetzung erscheint daher angemessen. – Im übrigen handelt es sich beim Schlußurteil über einen Hilfsanspruch um ein *auflösend bedingtes Endurteil*. Wenn auf Rechtsmittel gegen das Teilurteil der Hauptanspruch zuerkannt wird, wird das Schlußurteil gegenstandslos, so auch *BGHZ* 106, 219, 221 = *NJW* 1989, 1486, 1487 = *JR* 1989, 328 (zust. *Orfanides*); *BGH NJW* 1995, 2361; *Kion* (Fn. 76); *Bähr JR* 1971, 333; *Rosenberg-Schwab-Gottwald*[15] § 99 IV 3 e. Es kann vom Rechtsmittelgericht »aufgehoben« werden, vergleichbar der »Aufhebung« des Urteils auf Eventualwiderklage (*BGHZ* 21, 13), der »Aufhebung« im Fall des § 280 (→ § 280 Rdnr. 33 bei Fn. 44) oder des § 304 (→ § 304 Rdnr. 55). Eine solche deklaratorische Aufhebung des gegenstandslosen Schlußurteils empfiehlt sich aus Gründen der Rechtsklarheit, *BGHZ* 106, 219, 221.

[78] *BGH NJW-RR* 1989, 650.

prozessual selbständigen Ansprüchen entschieden werden, wenn die jeweiligen Klagegründe zugleich wechselseitig im Alternativverhältnis geltend gemacht werden[79].

6. Rechtsfolgen bei unzulässigem Teilurteil

13   Ist ein Teilurteil in unzulässiger Weise ergangen, so ist es auf Berufung (§ 539)[80] oder Revision (§ 554 Abs. 3 Nr. 3 b, § 559 Abs. 2 S. 2)[81] aufzuheben, → auch Allg. Einl. vor § 511 Rdnr. 55. Die h.M. gibt dem Berufungsgericht nach unzulässigem Teilurteil die Kompetenz, den in erster Instanz anhängig gebliebenen Teil an sich zu ziehen und darüber mit zu entscheiden[82], → aber dagegen § 540 Rdnr. 7. War der Erlaß des Teilurteils wegen der Gefahr sich widersprechender Entscheidungen unzulässig, so wird dieser Mangel geheilt, wenn das Rechtsmittelgericht die gegen Teil- und Schlußurteil eingelegten Rechtsmittel zu gemeinsamer Verhandlung und Entscheidung verbindet[83]. Die Revision setzt eine Verfahrensrüge des Beschwerten, § 554 Abs. 3 Nr. 3 b, voraus[84]; anders in Ehesachen, wenn sich der Erlaß des Teilurteils gleichzeitig als ein von Amts wegen zu berücksichtigender Mangel der Urteilsfindung darstellt[85], →auch § 610 Rdnr. 5ff., oder im Fall des Teilurteils gegen einzelne notwendige Streitgenossen, → Rdnr. 10. Fehlt es dem Teilurteil an der notwendigen Bestimmtheit, so daß auch der Umfang der Rechtskraft ungewiß wäre, so ist dieser Mangel ebenfalls von Amts wegen zu beachten[86].

14   Wegen des **Anerkenntnisurteils** mit nachfolgendem *selbständigem Kostenurteil* → § 307 Rdnr. 40. Wegen der **Stufenklage** nach § 254 → Rdnr. 17 sowie → § 254 Rdnr. 19.

III. Gerichtliches Ermessen

15   Nach § 301 Abs. 1 »hat« zwar das Gericht in den Fällen Rdnr. 4 bis 7 ein Teilurteil »zu erlassen«; durch die in **Abs. 2** enthaltene Einschränkung ist jedoch an die Stelle einer Pflicht das **sachgemäße Ermessen des Gerichts** gesetzt[87], wobei aber der Erlaß des Teilurteils immerhin die Regel bilden soll[88]. Dies gilt auch im Versäumnisverfahren[89]. Das Gericht kann und soll deshalb namentlich auf die Möglichkeit der Rechtsmittel (→ Rdnr. 2) oder sonstige Erschwerungen des Verfahrens Rücksicht nehmen[90]. Keinesfalls darf Teilurteil erlassen werden, *um* ein Rechtsmittel auszuschließen. Soweit es um die Aufteilung eines **einheitlichen (prozessualen)**

---

[79] Vgl. *BGH* NJW 1992, 2080, 2081 (läßt aber die Frage letztlich dahingestellt) = LM Nr. 46 (krit. *Wax*); darauf verweisend *BGH* NJW 1995, 2361; *Zöller-Vollkommer*[20] Rdnr. 8.
[80] OGHZ 3, 24. – OLG Celle FamRZ 1993, 1220 hält auch die Berufung gegen ein zweites Versäumnisurteil für zulässig, das ein unzulässiges Teilurteil darstellt.
[81] *RG* JW 1914, 986; *RAGE* 10, 93.
[82] *BGH* NJW 1960, 339; NJW 1983, 1311, 1313; NJW 1984, 120; *OLG Hamm* VersR 1992, 208; *OLG Köln* FamRZ 1992, 832; *OLG Düsseldorf* NJW-RR 1997, 659, 660.
[83] *BGH* NJW 1991, 3036 = LM Nr. 41; NJW 1992, 2080, 2082 (Fn. 79).
[84] *BGH* NJW 1991, 2082; BGHZ 16, 71 = NJW 1955, 337 = LM Nr. 4; *BGH* WM 1963, 310; *RGZ* 152, 292, 297. – A.M. *MünchKommZPO-Walchshöfer* § 559 Rdnr. 16; *Wax* LM § 565 Abs. 3 Nr. 18; *Musielak* (Fn. 1), 580; dazu tendierend auch *BGH* LM § 565 Abs. 3 Nr. 18 = NJW-RR 1994, 379.
[85] *RGZ* 107, 350. – Auch sonst hat die Rsp bei besonderen Gegebenheiten des sachlichen Rechts, die dem Erlaß eines Teilurteils entgegenstehen, gelegentlich einen von Amts wegen zu prüfenden Fehler angenommen, so *BGH* LM Nr. 19 = MDR 1969, 661 (zum BEG).
[86] *BAG* NJW 1978, 2114 (Fn. 28).
[87] Eine Pflicht zum Erlaß eines den gesamten Rechtsstreit erledigenden Urteils besteht aber dann, wenn der Rechtsstreit insgesamt entscheidungsreif ist, *OLG Köln* JMBl NRW 1966, 188. Parteiabreden (z.B. in Versicherungsverträgen) sind ohne Einfluß, *RGZ* 32, 342.
[88] Dies betont *E. Schneider* MDR 1976, 93. Zur allzu zurückhaltenden Praxis vgl. *Musielak* (Fn. 1), 561ff.
[89] *Schultzenstein* ZZP 17 (1892), 142f. – A.M. *RGZ* 55, 310 (bei Säumnis eines einfachen Streitgenossen, → Fn. 16).
[90] Nach *Rosenberg-Schwab-Gottwald*[15] § 59 II 2b (a.E.); *A. Blomeyer* ZPR[2] § 84 IV; *Zöller-Vollkommer*[20] Rdnr. 12, kann ein »nobile officium« des Gerichts bestehen, das Teilurteil nicht zu erlassen, wenn durch die Aufteilung ein Rechtsmittel wegen Nichterreichens der Rechtsmittelsumme unzulässig werden würde, ähnlich *Jauernig* ZPR[24] § 59 VI 2. Vgl. auch *Hanack* ZZP 72 (1959), 357, der eine geschickte Befragung der Parteien empfiehlt, ob sie im Falle einer etwa ungünstigen Entscheidung ein Rechtsmittel einlegen würden.

Anspruchs geht, erscheint es zwar nicht generell unzulässig, Teilurteile zu erlassen, wenn dadurch die Rechtsmittelsumme (→ Rdnr. 2) nicht erreicht wird[91], doch wird gerade hier der Rechtsmittelgesichtspunkt häufig Anlaß geben, von einem Teilurteil abzusehen. Eine Teilabweisung mag seltener angemessen erscheinen als ein Teilstattgeben, doch geht es zu weit, in einer Teilabweisung im Regelfall keine sinnvolle Prozeßförderung zu sehen[92] – es ist auch an das Interesse des Beklagten an wenigstens teilweiser Klarheit über den Prozeßausgang zu denken.

Eine *Beschwerde wegen Nichterlasses* eines Teilurteils ist nicht zulässig, da das Gericht über die Angemessenheit eines solchen nur aufgrund mündlicher Verhandlung entscheiden kann (§ 567)[93]. → auch § 336 Rdnr. 2. Das zur **Nachprüfung des Teilurteils** berufene Gericht kann grundsätzlich nur über die *Zulässigkeit,* nicht auch über die *Angemessenheit* des Erlasses entscheiden, zumal der nicht erledigte Teil nicht mit dem abgeurteilten Teil in die Rechtsmittelinstanz gekommen ist[94]. Aus diesem Grunde besteht auch grundsätzlich keine Zuständigkeit des Rechtsmittelgerichts zur Entscheidung über den beim unteren Gericht anhängig gebliebenen Teil des Streitgegenstands[95]. Dagegen kann das Berufungsgericht nach Ansicht des BGH[96] (dagegen → § 540 Rdnr. 7) den im ersten Rechtszug anhängig gebliebenen Teil des Rechtsstreits an sich ziehen und nach § 540 darüber mitentscheiden, wenn das Gericht des ersten Rechtszuges ein *unzulässiges Teilurteil* erlassen hat. Die Anfechtung eines Teilurteils kann nicht damit begründet werden, daß über einen größeren Teil des erhobenen Anspruchs hätte entschieden werden können[97].

16

In den Fällen der **Stufenklage** (→ § 254 Rdnr. 19), nach gerichtlicher **Verbindung** von Prozessen (→ § 300 Rdnr. 28) sowie bei **Anerkenntnis** und **Verzicht** (§§ 306, 307) gilt Abs. 2 nicht; hier **muß das Teilurteil erlassen werden,** → § 306 Rdnr. 11, → § 307 Rdnr. 37. – Zur Notwendigkeit eines Teilurteils bei begründeter **Besitzschutzklage** und noch nicht entscheidungsreifer petitorischer Widerklage → § 33 Rdnr. 13 a.E.

17

IV. Das weitere Verfahren

Durch das **Teilurteil** werden **alle Ansprüche, über die darin nicht entschieden ist,** stillschweigend der späteren Entscheidung vorbehalten[98]. Dies gilt insbesondere für die **Prozeßkosten,** über die **im Teilurteil nicht zu entscheiden** ist[99], näher → § 91 Rdnr. 7, zur Anfechtung → § 99 Rdnr. 4 bei Fn. 21. Ausnahmen bestehen zum Teil bei Streitgenossenschaft, → § 100 Rdnr. 23 ff. Zur **Anfechtung der Kostenentscheidung im Schlußurteil** → § 99 Rdnr. 9 ff. Vor dem Schlußurteil kann ein Antrag auf Ergänzung des Urteils im allgemeinen nicht gestellt werden, → § 321 Rdnr. 6, → aber § 321 Rdnr. 2. Der **Termin zur Fortsetzung der Verhandlung** über den restlichen Streitgegenstand ist von Amts wegen zu bestimmen, vor § 214 → Rdnr. 5.

18

---

[91] So aber *de Lousanoff* (Fn. 1) 151 f. Um diesen Verfahrensfehler geltend machen zu können, müßte man dann konsequenterweise das Rechtsmittel ohne Erreichung der Rechtsmittelsumme zulassen, *de Lousanoff* (Fn. 1) 152.
[92] So *LG Frankfurt* NJW 1989, 1935, 1936. Bedenken gegen die Angemessenheit eines ausschließlich klageabweisenden Teilurteils äußert auch *Bezirksgericht Cottbus* WuM 1992, 301, 302.
[93] *RG* Gruchot 30 (1886), 1151; *OLG Dresden* OLG Rsp 12 (1906), 271; s. auch *OLG Braunschweig* Seuff-Arch 47 (1892), 342.
[94] *RG* JW 1900, 523; JW 1910, 622.
[95] *BGHZ* 30, 213 = NJW 1959, 1824 (mwN aus der älteren Rsp); *BGH* LM § 1587 BGB Nr. 24 (Fn. 11) u. Nr. 26 (Fn. 12); *BAGE* 14, 212 = NJW 1963, 2142 (LS). Anders bei Einverständnis der Parteien, *BGH* NJW 1986, 2108, 2112; *OLG Frankfurt* JR 1984, 290, → § 537 Rdnr. 3.
[96] *BGH* NJW 1960, 339 = LM § 540 Nr. 5; LM § 1587 BGB Nr. 24 (Fn. 11) u. Nr. 26 (Fn. 12); zust. *E. Schneider* MDR 1976, 93, 95; offenlassend *BGH* LM Nr. 26 (Fn. 29); a.M. *OLG Köln* OLGZ 1976, 244 = MDR 1976, 408; vgl. auch *Mattern* JZ 1960, 385, 386.
[97] *RAG* 20, 271.
[98] *RGZ* 5, 391.
[99] *BGHZ* 20, 397, 399; vgl. aber zu Ausnahmefällen → Rdnr. 10 Fn. 68. Für Zulässigkeit einer Kostenentscheidung im Teilurteil im arbeitsgerichtlichen Verfahren *LAG Berlin* MDR 1978, 345; BB 1984, 1362 (LS). – Erledigt sich der anhängig gebliebene Teil ohne gerichtliche Ent-

§ 301 IV, V, § 302   2. Buch. Verfahren im ersten Rechtszuge. 1. Abschnitt. Landgerichte

Daß das Teilurteil angefochten ist, rechtfertigt allein nicht, die Bestimmung eines Termins zu verweigern[100]. Zur Aussetzung bei Haupt-und Hilfsantrag → Rdnr. 12.

19   Auch bei **gleichzeitiger Anfechtung** von Teil- und Schlußurteil muß die **Rechtsmittelsumme** für jedes Urteil gegeben sein[101], → Rdnr. 2.

V. Arbeitsgerichtliches Verfahren

20   § 301 gilt auch im arbeitsgerichtlichen Verfahren. Wegen der **Streitwertfestsetzung** bei Teilurteilen → § 2 Rdnr. 118 u. 140, zur **Kostenentscheidung** → Fn. 99. Bei der **Kündigungsschutzklage** nach § 4 KSchG muß nach Ansicht des BAG über den Eventualantrag des Beklagten auf Auflösung des Arbeitsverhältnisses nach § 9 KSchG gleichzeitig mit dem Klagebegehren entschieden werden; eine Aufteilung der Entscheidung in ein Teilurteil (wegen Unwirksamkeit der Kündigung) und ein Schlußurteil (wegen Auflösung) sei grundsätzlich nicht zulässig[102]. Jedoch erscheint der grundsätzliche Ausschluß eines Teilurteils in diesen Fällen nicht geboten[103]. – Wird durch Teilurteil die **Unwirksamkeit einer fristlosen Kündigung** festgestellt, so ist der Arbeitgeber im weiteren Verfahren über den Gehaltsanspruch mit dem (neuen) Vortrag ausgeschlossen, die fristlose Kündigung sei in eine wirksame ordentliche Kündigung umzudeuten[104].

21   Auch im **Beschlußverfahren** sind Teilentscheidungen (Teilbeschlüsse) entsprechend § 301 zulässig[105].

§ 302   [Vorbehaltsurteil]

(1) Hat der Beklagte die Aufrechnung einer Gegenforderung geltend gemacht, die mit der in der Klage geltend gemachten Forderung nicht in rechtlichem Zusammenhang steht, so kann, wenn nur die Verhandlung über die Forderung zur Entscheidung reif ist, diese unter Vorbehalt der Entscheidung über die Aufrechnung ergehen.

(2) Enthält das Urteil keinen Vorbehalt, so kann die Ergänzung des Urteils nach Vorschrift des § 321 beantragt werden.

(3) Das Urteil, das unter Vorbehalt der Entscheidung über die Aufrechnung ergeht, ist in betreff der Rechtsmittel und der Zwangsvollstreckung als Endurteil anzusehen.

(4) [1]In betreff der Aufrechnung, über welche die Entscheidung vorbehalten ist, bleibt der Rechtsstreit anhängig. [2]Soweit sich in dem weiteren Verfahren ergibt, daß der Anspruch des Klägers unbegründet war, ist das frühere Urteil aufzuheben, der Kläger mit dem Anspruch abzuweisen und über die Kosten anderweit zu entscheiden. [3]Der Kläger ist zum Ersatz des Schadens verpflichtet, der dem Beklagten durch die Vollstreckung des Urteils oder durch eine zur Abwendung der Vollstreckung gemachte Leistung entstanden ist. [4]Der Beklagte kann den Anspruch auf Schadensersatz in dem anhängigen Rechtsstreit geltend machen; wird der Anspruch geltend gemacht, so ist er als zur Zeit der Zahlung oder Leistung rechtshängig geworden anzusehen.

---

scheidung, ist nach *LAG Hamm* MDR 1972, 900 über die Kosten von Amts wegen durch Ergänzungsurteil entsprechend § 321 zu entscheiden.

[100] *OLG Frankfurt* JurBüro 1982, 613.
[101] *BGH* LM § 147 Nr. 6 (Fn. 6); *RGZ* 163, 252.
[102] *BAG* AP Nr. 1 (zust. *Herschel*) = NJW 1957, 1047 = BAGE 4, 90; BAGE 24, 57 = AP Art. 56 ZA-Nato-Truppenstatut Nr. 3 (*Beitzke*); anders aber bei Teilanerkenntnis über die Unwirksamkeit der Kündigung, *BAG* NJW 1982, 1118 = AP § 9 KSchG 1969 Nr. 6 (*Herschel*) = SAE 1982, 98 (*Corts*); *LAG Köln* MDR 1997, 1132.
[103] *Corts* SAE 1982, 98, 104f.

[104] *BAG* AP § 13 KSchG 1969 Nr. 3 (*Vollkommer*) = SAE 1976, 31 (*Meisel*) = BB 1975, 137 = DB 1975, 212. Das *BAG* folgert dies aus »Grundsätzen der Präklusion«, hält es aber andererseits für zulässig, innerhalb der Klage auf Feststellung der Unwirksamkeit einer Kündigung zunächst durch Teilurteil nur die Unwirksamkeit einer Kündigung als *fristlose* Kündigung festzustellen und die Entscheidung über die Wirksamkeit als *ordentliche* Kündigung dem weiteren Verfahren zu überlassen.
[105] *BAG* AP § 92 ArbGG 1953 Nr. 14; *LAG Berlin* DB 1978, 1088; *Grunsky* ArbGG[7] § 80 Rdnr. 45.

Gesetzesgeschichte: Bis 1900 § 274 CPO. Änderung durch die Novelle 1898.

I. Normzweck	1	2. Der Vorbehalt	13
II. Voraussetzungen des Vorbehaltsurteils	2	3. Bindungswirkung	15
		4. Vollstreckbarkeit	16
1. Aufrechnung mit nicht konnexer Gegenforderung, Anwendungsbereich	2	5. Anfechtung	17
		IV. Das Nachverfahren	19
		1. Zuständigkeit für das Nachverfahren	21
2. Entscheidungreife der Klageforderung	7	2. Terminsbestimmung	22
3. Keine Entscheidungsreife der Gegenforderung	8	3. Abhängigkeit vom Bestand des Vorbehaltsurteils	23
4. Gerichtliches Ermessen	9	4. Gegenstand des Nachverfahrens	24
5. Anwendbarkeit in der Berufungsinstanz	10	5. Bindung im Nachverfahren	25
III. Das Vorbehaltsurteil	11	6. Säumnisverfahren	26
1. Rechtsnatur	11	7. Kosten	27
		V. Der Schadensersatzanspruch	28

I. Normzweck[1]

Die Möglichkeit, zunächst ohne Berücksichtigung solcher **Aufrechnungseinreden** zu entscheiden, die mit der Klageforderung nicht in rechtlichem Zusammenhang stehen, soll ebenso wie die Trennungsbefugnis, → § 145 Rdnr. 63ff., das Verfahren sinnvoll gliedern und zugleich einer Prozeßverschleppung entgegenwirken[2]. Das **Vorbehaltsurteil** gemäß § 302 entspricht in der Art dem im Urkundenprozeß (§ 599) zugelassenen Urteil. § 302 regelt sowohl den Erlaß des *Vorbehaltsurteils* als auch das *Nachverfahren* und gibt dem Beklagten zum Ausgleich einen *Schadensersatzanspruch*, wenn sich der Anspruch des Klägers später aufgrund der Aufrechnung als unbegründet erweist. 1

II. Voraussetzungen des Vorbehaltsurteils

1. Aufrechnung mit nicht konnexer Gegenforderung, Anwendungsbereich

Zu den allgemeinen Fragen der Aufrechnung im Zivilprozeß → § 145 Rdnr. 26ff. Damit ein Vorbehaltsurteil erlassen werden kann, muß der Beklagte[3] die Aufrechnung einer Gegenforderung[4] geltend machen, die mit der Klageforderung **nicht in rechtlichem Zusammenhang** steht, d.h. weder aus demselben Rechtsverhältnis stammt noch mit ihr in einem Bedingungsverhältnis steht[5]. Der Begriff des rechtlichen Zusammenhanges[6] ist hier der gleiche wie in § 273 BGB. Konnexität ist auch dann gegeben, wenn Anspruch und Gegenanspruch verschiedenen Rechtsverhältnissen entspringen, nach Zweck und Verkehrsanschauung (unter Berücksichtigung von Treu und Glauben) *wirtschaftlich* aber als ein Ganzes erscheinen[7], → auch § 33 2

---

[1] Lit. zur Aufrechnung im Prozeß → § 145 Fn. 40.
[2] Dazu *Mager* JZ 1969, 548.
[3] Bei einer Gegenaufrechnung durch den Kläger (dazu → § 145 Rdnr. 28a) kommt ein Vorbehaltsurteil hinsichtlich der Kläger-Gegenforderung nicht in Betracht, insoweit übereinstimmend *Pawlowski* ZZP 104 (1991), 249, 270.
[4] Die Forderung kann auch in einem prozessualen Kostenerstattungsanspruch aus einem anderen Prozeß bestehen, jedenfalls wenn die Kosten unstreitig oder rechtskräftig festgesetzt sind, so *BGH* MDR 1963, 388 = BB 578 = LM § 104 Nr. 5; näher →§ 104 Rdnr. 16.
[5] So auch *RG* JW 1926 Nr. 1664.
[6] Gegen eine zu weite Auslegung, die dem Erlaß eines Vorbehaltsurteils und damit der Verfahrensbeschleunigung entgegensteht, wendet sich *Mager* JZ 1969, 549. – *KG* OLG Rsp 19 (1909), 102f. will hier den Begriff des rechtlichen Zusammenhangs enger fassen als in § 33.
[7] *BGH* DB 1953, 312; *BGHZ* 25, 360 = NJW 1958, 18 = LM Nr. 5; *BGH* WM 1965, 827; *OLG Düsseldorf* OLGZ

Rdnr. 18. Bei Aufrechnung mit einer konnexen Gegenforderung kann einer Prozeßverschleppung nur durch Zurückweisung der Aufrechnung nach § 296 (→ § 145 Rdnr. 54 ff., § 296 Rdnr. 37), nicht durch Erlaß eines Vorbehaltsurteils begegnet werden. Gleichgültig ist, ob die Aufrechnung bereits vor dem Prozeß oder erst im Prozeß erklärt wurde, ob sie allein oder neben anderen Verteidigungsmitteln nur eventuell geltend gemacht wird (→ § 145 Rdnr. 50), ob mit einer eigenen oder einer abgetretenen Forderung aufgerechnet wird, und ob bereits eine Trennung der Verhandlung nach § 145 Abs. 3 stattgefunden hat. Die *Rechtshängigkeit* der Gegenforderung steht der Aufrechnung nicht entgegen, → § 145 Rdnr. 43.

3   Die **Zuständigkeit** des Gerichts braucht für die Gegenforderung grundsätzlich nicht gegeben zu sein; auch die Zuständigkeit der Arbeitsgerichte steht einer Aufrechnung vor dem ordentlichen Gericht nicht entgegen, näher → § 145 Rdnr. 32. Ebenso erscheint vor dem Prozeßgericht die Aufrechnung mit Forderungen zulässig, für die das *Familiengericht* zuständig ist, ohne daß hier (wie bei den öffentlich-rechtlichen Forderungen, → Rdnr. 5) ein *Zwang* zur Aussetzung (um eine Entscheidung des Familiengerichts herbeizuführen) angezeigt erscheint[8], → § 145 Rdnr. 32.

4   Problematisch ist der Fall, daß eine mit **Schiedsgerichtsklausel** versehene Gegenforderung zur Aufrechnung gestellt wird, weil hier die sachlich-rechtliche und die prozessuale Seite auseinanderfallen können. Materiell-rechtlich bewirkt die Aufrechnung das Erlöschen der Klageforderung und der Gegenforderung (wenn nicht in der Schiedsgerichtsklausel ein Aufrechnungsverbot zu sehen ist), während die Berücksichtigung im Prozeß die Schiedsgerichtsklausel außer Acht läßt. Nach neuerer überwiegender Ansicht ist es dem staatlichen Gericht verwehrt, über die Gegenforderung zu entscheiden, wenn sich der Aufrechnungsgegner auf die Schiedsgerichtsklausel beruft. Jedoch ist bei nicht konnexer Gegenforderung ein Vorbehaltsurteil möglich und das Nachverfahren erst durchzuführen, wenn das Schiedsgericht über die Gegenforderung entschieden hat. Näher → § 1025 Rdnr. 37 (auch zum umgekehrten Fall der Aufrechnung vor dem Schiedsgericht mit einer nicht der Schiedsvereinbarung unterfallenden Gegenforderung).

5   Wird eine (nicht konnexe) **öffentlich-rechtliche Gegenforderung** zur Aufrechnung gestellt, für die der Zivilrechtsweg nicht gegeben ist, dann ist ein Vorbehaltsurteil möglich, sofern die Aufrechnung materiell-rechtlich zulässig ist[9]. Das Nachverfahren ist aber, wenn die Gegenforderung weder unstreitig noch rechtskräftig festgestellt ist, wegen § 322 Abs. 2 auszusetzen, ohne daß § 17 Abs. 2 S. 1 GVG hieran etwas geändert hätte; näher zu dieser derzeit sehr umstrittenen Frage → § 145 Rdnr. 33 f. Sind aber für eine der hinsichtlich der Gegenforderung in Frage kommenden Anspruchsgrundlagen die ordentlichen Gerichte zuständig, so ist nach § 17 Abs. 2 GVG auch über Anspruchsgrundlagen aus anderen Rechtswegen zu entscheiden[10]. Bei Aussetzung des Nachverfahrens ist die Klage beim Gericht der allgemeinen oder besonderen Verwaltungsgerichtsbarkeit auf Feststellung des Bestehens der Gegenforderung zu richten. Erst nach Rechtskraft des verwaltungsgerichtlichen Urteils ist das Nachverfahren vor dem ordentlichen Gericht durchzuführen. Näher → § 145 Rdnr. 33a ff.

6   Über den Fall, daß die Forderung gleichzeitig zur *Widerklage* verwendet wird, → § 145

1985, 76 = MDR 1985, 1960 (laufende Geschäftsbeziehung kann den rechtlichen Zusammenhang begründen); OLG *Düsseldorf* NJW 1990, 2000; NJW-RR 1993, 476. – Durch Verabredung der Aufrechnung wird ein rechtlicher Zusammenhang noch nicht hergestellt, OLG *Hamburg* SeuffArch 73 (1918), 34.

[8] OLG *Düsseldorf* FamRZ 1987, 705, 706 (jedoch Aussetzung des Nachverfahrens bis zur rechtskräftigen Entscheidung des Familiengerichts, wenn der Rechtsstreit über die Gegenforderung beim Familiengericht bereits anhängig ist). Für Zulässigkeit der Aufrechnung auch OLG *München* FamRZ 1985, 84, auch zur Zulässigkeit der Aussetzung. Ob ein Aussetzungs*zwang* besteht, ließ das Gericht offen.

[9] *BGHZ* 16, 124 = NJW 1955, 497 = LM § 148 Nr. 2 (Lindenmaier). Weitere Nachw. → § 145 Fn. 66.

[10] Vgl. *FG Baden-Württemberg* NVwZ-RR 1993, 61, 62 (zur entsprechenden Frage im Verhältnis Finanzgerichte – ordentliche Gerichte).

Rdnr. 66. Auf andere rechtsverfolgende Einreden ist § 302 nicht anwendbar, → § 145 Rdnr. 63. Zur Anwendbarkeit des § 302 im **Urkundenprozeß** → § 598 Rdnr. 3.

2. Entscheidungsreife der Klageforderung

Weiter ist vorausgesetzt, daß die Klageforderung **zur Entscheidung reif** ist, d.h. daß sie an sich begründet und außer der Aufrechnung alle anderen Einwendungen[11] gegen sie erledigt sind, → § 300 Rdnr. 7ff. Denn ist die Klageforderung unbegründet, so ergeht Endurteil nach § 300 auf Abweisung der Klage, und die übrigen Einwendungen müssen, von der Eventualstellung der Aufrechnung (→ § 145 Rdnr. 50ff.) ganz abgesehen, schon deshalb vorher beseitigt sein, weil der Rechtsstreit nach Abs. 4 S. 1 *nur in betreff der Aufrechnung anhängig bleibt* und der Erlaß des Vorbehaltsurteils für dieselbe Instanz jedes weitere auf die Forderung bezügliche Vorbringen abschneidet. Zur Zulässigkeit eines **Anerkenntnisvorbehaltsurteils** (bei Anerkennung unter dem Vorbehalt der Aufrechnung) → § 307 Rdnr. 4. Daß die Klageforderung nur **dem Grunde nach** feststeht, genügt bei **nicht-konnexen Gegenforderungen** zur Anwendung des § 302 i.V.m. § 304, also zum Erlaß eines Vorbehaltsurteils über den Klagegrund (→ § 304 Rdnr. 21); denn § 302 setzt eine Verurteilung nicht voraus[12]. Zur Frage eines **Grundurteils** bei Aufrechnung mit **konnexen Forderungen** → § 304 Rdnr. 22. Wird mit der Gegenforderung nur gegenüber einem Teil der Klageforderung aufgerechnet, so kann nur zusammen mit einem Vorbehaltsurteil ein Teilurteil über den nicht von der Aufrechnung betroffenen Teil des Klageanspruchs erlassen werden[13], → auch § 301 Rdnr. 8b.

3. Keine Entscheidungsreife der Gegenforderung

Die Gegenforderung darf noch nicht spruchreif sein (zur Anfechtung eines insoweit fehlerhaften Vorbehaltsurteils → Rdnr. 17 bei Fn. 29). Ist die Aufrechnung schon nach dem Sachvortrag des Beklagten offensichtlich unzulässig oder umgekehrt das Bestehen der Gegenforderung bereits festgestellt, so ist die Anwendung des § 302 ausgeschlossen[14]. Bei *Säumnis* des Beklagten erscheint ein Vorbehaltsurteil nicht zulässig, vielmehr ist über die Klage insgesamt zu entscheiden, näher → § 145 Rdnr. 70. Wurde die Aufrechnung materiell-rechtlich wirksam *ausgeschlossen*, so steht dies auch einer Berücksichtigung der Aufrechnung im Wege von Vorbehaltsurteil und Nachverfahren entgegen[15]. Eine Vorabentscheidung über den Grund der Gegenforderung nach § 304 ist unzulässig, → § 304 Rdnr. 6 bei Fn. 25. Ist *nur* die Gegenforderung spruchreif, so ist kein Endurteil möglich, näher → § 300 Rdnr. 18.

4. Gerichtliches Ermessen

Auch beim Vorliegen der Voraussetzungen des Abs. 1 steht es im **Ermessen** des Gerichts, ob es das Vorbehaltsurteil erlassen oder die Entscheidung bis zum Endurteil aufsparen will; eines Antrags des Klägers bedarf es dazu nicht[16]. Parteivereinbarungen können diese Ermessensent-

---

[11] Auch solche, die mit der Aufrechnung zuammenhängen, *RGZ* 57, 268.
[12] *BGH* NJW 1953, 1589 = ZZP 67 (1954), 62; *BGH* VersR 1959, 515; *RGZ* 61, 413; 170, 283; Gruchot 47 (1903), 1162; JW 1904, 39f.; HRR 1940 Nr. 415; *Oertmann* Die Aufrechnung im deutschen Zivilprozeßrecht (1916), 195; *Baumbach-Lauterbach-Hartmann*[56] Rdnr. 7; *Zöller-Vollkommer*[20] Rdnr. 4; *Thomas-Putzo*[20] Rdnr. 3. – A.M. *RG* Gruchot 45 (1901), 1110. Vgl. auch *RG* JW 1937, 232 (Grundurteil in Verbindung mit Vorbehalt nach § 302 ist unzulässig, jedoch keine Beschwer des Klägers).
[13] *BGH* NJW 1996, 395 = LM § 301 Nr. 52.
[14] *BGHZ* 25, 360 (Fn. 7); *BGH* NJW 1961, 1721; *RGZ* 158, 204, 206.
[15] A.M. *OLG München* VersR 1982, 884.
[16] *BGH* WM 1965, 1250.

scheidung des Gerichts nicht beeinflussen[17]. Wegen der Nachprüfung des Ermessens in der höheren Instanz → Rdnr. 17.

5. Anwendbarkeit in der Berufungsinstanz

10 In der **Berufungsinstanz** gilt § 302 nach § 523 sowohl für die schon in erster Instanz geltend gemachte als auch für die erst hier geltend gemachte Aufrechnung, wenn diese nach § 530 Abs. 2 zugelassen ist. Näher →Rdnr. 18.

III. Das Vorbehaltsurteil

1. Rechtsnatur

11 Das Urteil, das unter Vorbehalt der Aufrechnung ergeht, ist ein **auflösend bedingtes Endurteil,** wie in §§ 599 f. (→ § 599 Rdnr. 7). Es ist kein Zwischenurteil[18], denn es enthält eine Rechtsschutzhandlung (→ § 300 Rdnr. 6) und ist nicht dazu bestimmt, ein Element des künftigen Schlußurteils vorweg festzustellen, da es ja in diesem aufgehoben werden kann; es ist aber ebensowenig ein Teilurteil, da die Einrede der Aufrechnung kein selbständiges Rechtsschutzbegehren, keinen Anspruch i.S. der ZPO bildet (→ § 145 Rdnr. 30) und die dem Teilurteil charakteristische Spaltung des einheitlichen Rechtsstreits in zwei voneinander unabhängige Teile (→ § 301 Rdnr. 2) hier gerade fehlt[19]. Vgl. auch § 219 BGB. Es ist ein Endurteil i.S. des § 146 Abs. 6 KO (§ 179 Abs. 2 InsO); das gleiche muß für die §§ 729, 738, 744 f. gelten.

12 Daß Vorbehaltsurteile **nicht in materielle Rechtskraft** erwachsen (→ § 322 Rdnr. 56), beruht darauf, daß sie nicht unbedingt sind und daher keine endgültige Klärung schaffen. – In dem Vorbehaltsurteil muß auch über die **Kosten** entschieden werden[20], vgl. das »anderweit« in Abs. 4, → Rdnr. 27.

2. Der Vorbehalt

13 Der Vorbehalt ist, ohne daß es eines Antrags bedarf (→ Rdnr. 9), **in die Formel aufzunehmen**[21]. Ist dies nicht geschehen, so kann nach Abs. 2 die *Ergänzung des Urteils* in den Formen und in der Frist des § 321 stattfinden. Zu der Frage, ob der Beklagte daneben den Weg des Rechtsmittels hat, → § 321 Rdnr. 15.

14 Der Vorbehalt hat die Gegenforderung(en) so **genau zu bezeichnen,** daß ihre Identität für das Nachverfahren außer Frage steht; denn es wird nicht etwa dem Beklagten die Aufrechnung schlechthin, sondern nur dem Gericht die Entscheidung über die *konkrete geltend gemachte Aufrechnung* vorbehalten. Es kann also im Nachverfahren nicht mit anderen Forderungen aufgerechnet werden[22]. In der Formel des Urteils kann hinsichtlich der Bezeichnung der Gegenforderung(en) eine Verweisung auf den Tatbestand genügen.

---

[17] *BGH* LM § 355 HGB Nr. 12; *Baumbach-Lauterbach-Hartmann*[56] Rdnr. 9. Dazu auch *OLG Düsseldorf* DB 1966, 458.

[18] Anders *Rosenberg-Schwab-Gottwald*[15] § 59 V 4: Das Vorbehaltsurteil ist ein »Zwischenurteil besonderer Art«.

[19] Vgl. *RGZ* 49, 163 u.a.

[20] *BGH* MDR 1988, 227, 228.

[21] *RGZ* 47, 365; JW 1904, 39. – A.M. *Oertmann* (Fn. 12) 194 f.

[22] *BGH* WM 1971, 130. – Dies schließt auch die Berücksichtigung einer (konnexen oder nicht konnexen) Gegenforderung im Nachverfahren aus, die erstmals im Rechtsmittelverfahren gegen das Vorbehaltsurteil zur Aufrechnung gestellt wurde und deren Geltendmachung vom Berufungsgericht nicht gemäß § 530 Abs. 2 für sachdienlich erachtet wurde. A.M. jedoch *OLG München* MDR 1975, 324 (das Nachverfahren in erster Instanz soll sich dann auch auf die erst im Berufungsverfahren eingebrachte konnexe Gegenforderung erstrecken).

3. Bindungswirkung

Der Vorbehaltsausspruch enthält insoweit eine nach § 318 bindende Entscheidung über die **Zulässigkeit der Aufrechnung,** als hierüber entschieden worden ist[23]. Im übrigen hat die Entscheidung für das Nachverfahren bindende Wirkung hinsichtlich des Bestehens der Klageforderung, → Rdnr. 25.

15

4. Vollstreckbarkeit

Das Vorbehaltsurteil ist nach allgemeinen Grundsätzen für **vorläufig vollstreckbar** zu erklären; es wird wie ein gewöhnliches Endurteil vollstreckt. Die Zulässigkeit einer **einstweiligen Einstellung der Zwangsvollstreckung** auf Antrag ergibt sich ausdrücklich aus § 707 Abs. 1 S. 1, näher → § 707, insbes. Fn. 2. Mit Eintritt der **formellen Rechtskraft** wird das Vorbehaltsurteil (ungeachtet seiner Abhängigkeit vom Nachverfahren) **endgültig vollstreckbar**[24], → § 709 Rdnr. 9.

16

5. Anfechtung

Die **Rechtsmittel gegen das Vorbehaltsurteil** folgen den allgemeinen Grundsätzen. Die *Unzulässigkeit seines Erlasses,* z.B. wegen rechtlichen Zusammenhanges der Gegenforderung mit der Klageforderung, kann mit der Berufung (unter Anwendung von § 539) wie mit der Revision geltend gemacht werden[25], jedoch nicht durch den insoweit nicht beschwerten Kläger[26]. Dagegen ist die Ausübung des *Ermessens* (→ Rdnr. 9) der Nachprüfung der höheren Instanz hier ebenso entzogen wie im Fall des § 301 Abs. 2, → § 301 Rdnr. 16[27]. Allerdings ist in der höheren Instanz (auch noch in der Revisionsinstanz) auf Rüge zu prüfen, ob die Voraussetzungen eines Vorbehaltsurteils gegeben sind, und damit ist auch die Nachprüfung möglich, ob die Ausübung des Ermessens durch den Tatrichter überhaupt zulässig war[28]. Der obsiegende Kläger kann das Vorbehaltsurteil nicht mit der Begründung anfechten, daß der Streit über die Gegenforderung schon spruchreif gewesen sei[29]. Soweit aber das Vorbehaltsurteil mit Bindungswirkung für das Nachverfahren über die Zulässigkeit der Aufrechnung entschieden hat (→ Rdnr. 15), ist der Kläger auch beschwert und kann Rechtsmittel gegen das Vorbehaltsurteil ergreifen[30].

17

Ist das Vorbehaltsurteil zu Recht erlassen worden, so darf das Berufungsgericht **nicht über die Gegenforderung entscheiden**[31]. Es hat bei Zurückweisung der Berufung den Rechtsstreit deklaratorisch an die erste Instanz zurückzuverweisen[32], → § 538 Rdnr. 29. **Fehlt** es dagegen an den **gesetzlichen Voraussetzungen** für ein Vorbehaltsurteil, weil z.B. Klageforderung und Aufrechnungsforderung in rechtlichem Zusammenhang stehen, dann gelangt ausnahmsweise

18

---

[23] *BGHZ* 35, 248 = NJW 1961, 1721 = ZZP 74 (1961), 389 = LM Nr. 9/10 (LS, *Rietschel*); *BGH* WM 1965, 1250 (Bindung, soweit das Gericht über die Zulässigkeit der Aufrechnung hat *entscheiden wollen*); *BGH* LM Nr. 14 (dagegen keine Bindung hinsichtlich der Frage, ob der Beklagte Inhaber der Gegenforderung ist) = NJW 1979, 1046; *RGZ* 158, 204, 208. Für die grundsätzliche Bindungswirkung auch *Baumbach-Lauterbach-Hartmann*[56] Rdnr. 13; *Thomas-Putzo*[20] Rdnr. 7; *Rosenberg-Schwab-Gottwald*[15] § 59 V 5 a, c; *Zöller-Vollkommer*[20] Rdnr. 7. – A.M. 18. Aufl. dieses Kommentars; *Böttcher* JZ 1962, 213; im Anschluß an Böttcher auch *A. Blomeyer* ZPR[2] § 85 II 3; *Wieczorek*[2] C I a.

[24] *BGHZ* 69, 270, 272 = WM 1977, 1275 = NJW 1978, 43 (zum Wechselvorbehaltsurteil), → auch § 599 Rdnr. 5.

– A.M. *P. Tiedemann* ZZP 93 (1980), 23, 43.

[25] *OLG Hamburg* OLG Rsp 20 (1910), 317 (Berufung); vgl. *RGZ* 24, 425; 97, 30; 144, 118; JR 1926 Nr. 1664 (Revision).

[26] *BGH* LM Nr. 14 (Fn. 23). Zur Anschlußberufung des Klägers *OLG Karlsruhe* NJW-RR 1987, 254.

[27] *RGZ* 97, 30; 144, 118; SeuffArch 77 (1923), 248; *KG* OLG Rsp 20 (1910), 318; *OLG München* OLG Rsp 31 (1915), 48. – A.M. *BayObLG* OLG Rsp 17 (1908), 171; *OLG Hamburg* OLG Rsp 37 (1918), 137.

[28] *BGH* DB 1953, 312.

[29] *OLG Jena* HRR 1928 Nr. 1939.

[30] *BGHZ* 35, 248 (Fn. 23); LM Nr. 14 (Fn. 23).

[31] *BGH* LM Nr. 4.

[32] *OLG Düsseldorf* MDR 1973, 856.

mit dem Rechtsmittel gegen das Vorbehaltsurteil der *gesamte Streitstoff* – auch soweit die Entscheidung vorbehalten worden war – in die *Rechtsmittelinstanz*. Da in diesem Fall ein Verfahrensmangel vorliegt, kann das Berufungsgericht das Verfahren in die erste Instanz zurückverweisen oder selbst **auch über die zur Aufrechnung gestellte Gegenforderung entscheiden** (§§ 539, 540)[33]. Dann ist dem Gericht, das den Vorbehalt ausspruch, das *Nachverfahren entzogen*.

IV. Das Nachverfahren

19   Der **Rechtsstreit** bleibt nach Erlaß des Vorbehaltsurteils **anhängig.** Dem Versuch des Beklagten, in einem *weiteren Prozeß* die *Gegenforderung* geltend zu machen, steht weder der Einwand der Rechtshängigkeit, noch der von Treu und Glauben entgegen[34]. Die Parteien können den anhängigen Prozeß aber wie sonst durch Vergleich usw. beenden[35] und damit eine Aussetzung des neuen Rechtsstreits vermeiden. Bei einer wirksamen **Klagerücknahme** im Nachverfahren verliert das Vorbehaltsurteil selbst bei formeller Rechtskraft (und insoweit über § 269 Abs. 3 Satz 1 hinausgehend) eben wegen des Vorbehalts von selbst seine Wirksamkeit.

20   Das Nachverfahren hat nur die »**Entscheidung über die Aufrechnung**« zum Gegenstand, also das Verteidigungsmittel des Beklagten gegen die Klageforderung und damit insoweit den Klageanspruch selbst, nicht die Gegenforderung als solche[36]. Vgl. auch Abs. 4, wonach bei Erfolg des Aufrechnungseinwands der Anspruch des Klägers für unbegründet zu erklären und die Klage abzuweisen ist. Die Parteirollen bleiben also unverändert, zum Versäumnisverfahren → aber Rdnr. 26.

1. Zuständigkeit für das Nachverfahren

21   Das Nachverfahren bleibt bei dem **Gericht anhängig,** das den **Vorbehalt ausspricht.** Hat die erste Instanz die Klage wegen Nichtbestehens der Klageforderung abgewiesen und erst das **Berufungsgericht** das Vorbehaltsurteil erlassen, so erscheint die entsprechende Anwendung des § 538 Abs. 1 Nr. 4 angezeigt, so daß im Regelfall (s. aber § 540) der Rechtsstreit hinsichtlich des Nachverfahrens an die erste Instanz **zurückzuverweisen** ist[37], näher → § 538 Rdnr. 29. Zum Fall des *unzulässigen Vorbehaltsurteils* → Rdnr. 18.

2. Terminsbestimmung

22   Die **Fortsetzung des Verfahrens** erfolgt durch Anberaumung des Termins **von Amts wegen,** § 216. Diese ist *vor* der formellen Rechtskraft, auch vor der Zustellung des Vorbehaltsurteils zulässig. Wenn auch eine ausdrückliche Bestimmung, wie etwa in § 280 Abs. 2 S. 2, § 304 Abs. 2, fehlt, so ist doch entsprechend § 312 Abs. 2 von der Regel auszugehen, daß ein anhängiger Rechtsstreit auch verhandelt werden kann[38].

---

[33] *BGH* LM Nr. 4; *RGZ* 92, 318, 321; 144, 116, 118; *OLG Karlsruhe* NJW-RR 1987, 254. – A.M. *Grunsky* → § 540 Rdnr. 7 a.E.
[34] *Wieczorek*[2] C I c 1. – Anders *KG* OLG Rsp 17 (1908), 180: Es stehe die Rechtshängigkeit entgegen. Nach h.M. wird aber bei der Prozeßaufrechnung die aufzurechnende Forderung gerade nicht rechtshängig, → § 145 Rdnr. 42. Als Rechtsmißbrauch, → vor § 128 Rdnr. 231, kann man die Klageerhebung des Beklagten generell ebenfalls nicht ansehen. Jedoch wird die *Aussetzung* eines der beiden Verfahren nach § 148 notwendig werden, → § 145 Rdnr. 43, → § 148 Rdnr. 27.
[35] *KG* OLG Rsp 15 (1907), 272.
[36] Vgl. *OLG Hamm* OLG Rsp 7 (1903), 330 (zu § 919).
[37] *OLG Düsseldorf* MDR 1973, 856; *LAG Düsseldorf* DB 1975, 2040.
[38] Vgl. *RG* Gruchot 44 (1900), 457; JW 1901, 158.

3. Abhängigkeit vom Bestand des Vorbehaltsurteils

Das Nachverfahren ist vom Rechtsbestand des Vorbehaltsurteils sachlich und formell abhängig: Nur unter der Voraussetzung des Bestehens der Klageforderung ist die Abweisung der Klage *aufgrund der Aufrechnung* zulässig, → § 300 Rdnr. 18. Daraus folgt, daß die zu § 280 Rdnr. 27 ff. dargestellten Grundsätze über die Gleichzeitigkeit der Verhandlung in zwei Instanzen entsprechend anwendbar sind: Das Endurteil im Nachverfahren (gleich ob es auf Aufrechterhaltung des Vorbehaltsurteils unter Wegfall des Vorbehalts oder auf Klageabweisung lautet, → Rdnr. 25) ergeht immer nur unter dem stillschweigenden **Vorbehalt der Rechtskraft des Vorbehaltsurteils** und wird mit der in höherer Instanz ausgesprochenen Klageabweisung wegen unbegründeter Klageforderung **von selbst hinfällig**[39]. 23

4. Gegenstand des Nachverfahrens

Die **Verhandlung beschränkt sich** als Folge der Bindungswirkung **auf die Aufrechnung** der im Vorbehaltsurteil bezeichneten (→ Rdnr. 14) Gegenforderung. Angriffs- und Verteidigungsmittel, die sich auf die Gegenforderung beziehen, sind nach Maßgabe der für das Nachverfahren geltenden §§ 296, 296 a, 525 ff. statthaft; solche, die sich auf die Forderung beziehen, schlechthin ausgeschlossen; denn über die Forderung ist im übrigen bereits im Vorbehaltsurteil entschieden[40]. Dagegen bildet der Prozeß auch jetzt noch die geeignete Grundlage für *Widerklage* und *Streithilfe*, auch soweit sie sich auf die Klageforderung beziehen, da diese nach wie vor Gegenstand des Verfahrens ist[41]. Aus den gleichen Erwägungen ist eine *Klageerweiterung* im Nachverfahren möglich. Ebenso wie im Wege der Widerklage die Einführung neuer Ansprüche in den Prozeß möglich ist, muß die Klageerweiterung zulässig sein[42]. Soweit die Klageerweiterung statthaft ist, sind auch im Nachverfahren neue Angriffs- und Verteidigungsmittel hinsichtlich der Klageforderung möglich[43]. 24

5. Bindung im Nachverfahren

Das Gericht ist im Nachverfahren hinsichtlich des **Bestehens der Forderung,** abgesehen von der Aufrechnung, an die im Vorbehaltsurteil enthaltene Entscheidung **gebunden** (§ 318) (wegen der Bindungswirkung hinsichtlich der Frage der Zulässigkeit der Aufrechnung → Rdnr. 15). Es hat demgemäß entweder das Vorbehaltsurteil aufrecht zu erhalten oder unter Aufhebung desselben die Klage ganz oder zum Teil abzuweisen (Abs. 4 Satz 2)[44]. Die Gegenforderung bleibt Verteidigungsmittel (→ Rdnr. 20); es kann daher nicht über Teile der Gegenforderung nach § 301 entschieden werden[45]. 25

6. Säumnisverfahren

Wird im Nachverfahren ein Termin versäumt, so sind die **Vorschriften über das Versäumnisverfahren** und das Versäumnisurteil, §§ 330 ff., **anwendbar,** obwohl dies nicht wie in § 600 Abs. 3 noch besonders vorgeschrieben ist. Die Säumnisfolgen beschränken sich jedoch auf die 26

---

[39] Vgl. dazu *Mattern* JZ 1960, 385, 386. – Dies gilt auch hinsichtlich der Entscheidung über die Gegenforderung im Schlußurteil, *Zöller-Vollkommer*[20] Rdnr. 15 entgegen *AK-ZPO-Fenge* Rdnr. 25.
[40] Vgl. auch *Stein* Der Urkunden- und Wechselprozeß (1887), 218; *BGH* WM 1965, 1250.
[41] A.M. *KG* OLG Rsp 23 (1911), 84; auch *LG Köln* und *Oertmann* JW 1921, 1261.
[42] *BGHZ* 37, 131 = LM Nr. 11 (LS, *Johannsen*) = NJW 1962, 1249; *Rosenberg-Schwab-Gottwald*[15] § 59 V 5 a.
[43] *Zöller-Vollkommer*[20] Rdnr. 7; *Baumbach-Lauterbach-Hartmann*[56] Rdnr. 12.
[44] Wegen der vorläufigen Vollstreckbarkeit des Schlußurteils vgl. *Furtner* DRiZ 1957, 184, 185.
[45] *OLG Hamm* OLG Rsp 5 (1902), 58 f.

vorbehaltene Aufrechnung, da nur insoweit der Rechtsstreit noch anhängig ist. Hier tritt eine **Rollenvertauschung** ein, so daß der *Beklagte* die Rolle des Angreifers hat; denn das Urteil ist auflösend bedingt durch das Bestehen einer Gegenforderung des Beklagten. Bleibt er also aus, so wird in entsprechender Anwendung des § 330 die vorbehaltene Gegenforderung zurückgewiesen, also ausgesprochen, daß das frühere Urteil aufrecht zu erhalten sei. Bleibt dagegen der *Kläger* aus, so sind in analoger Anwendung des § 331 die zur Begründung der Gegenforderung mündlich vorgetragenen und zuvor schriftlich mitgeteilten Behauptungen als zugestanden anzunehmen, und es ist, soweit danach der Antrag auf Aufhebung des früheren Urteils begründet erscheint, dem Antrag des Beklagten durch Versäumnisurteil stattzugeben[46].

7. Kosten

27 Für die anderweitige **Kostenentscheidung** (bei Aufhebung des Vorbehaltsurteils und Klageabweisung) im Nachverfahren gilt das zu § 91 Rdnr. 14 (bei Fn. 16) über die Abweisung aufgrund der Aufrechnung Gesagte, d. h. dem Kläger sind die gesamten Verfahrenskosten aufzuerlegen. Die Kostenentscheidung im Vorbehaltsurteil ist ebenso auflösend bedingt wie die Entscheidung zur Hauptsache, → § 91 Rdnr. 5. Bleibt dagegen das Vorbehaltsurteil (unter Wegfall des Vorbehalts) aufrechterhalten, so sind dem Kläger auch die *weiteren* Kosten des Rechtsstreits aufzuerlegen. Zum Streitwert für die Gerichtsgebühren s. § 19 Abs. 3 GKG. In erster Instanz bleibt es auch bei Erlaß von Vorbehalts- und Schlußurteil bei der einheitlichen Verfahrensgebühr (GKG Kostenverzeichnis Nr. 1201). In zweiter Instanz lösen das Vorbehaltsurteil (GKG Kostenverzeichnis Nr. 1223) 1,5 Gebühren, das Schlußurteil (GKG Kostenverzeichnis Nr. 1224, 1225) ebenfalls 1,5 Gebühren (ohne Begründung 0,75 Gebühren) aus. Für die Anwaltsgebühren bildet das Nachverfahren keine neue Instanz (vgl. § 37 BRAGO); § 39 BRAGO findet auf das Nachverfahren nach § 302 keine Anwendung[47].

V. Der Schadensersatzanspruch

28 Durch Abs. 4 S. 3, 4 wird dem Beklagten, der den im Vorbehaltsurteil festgestellten Anspruch freiwillig erfüllt hat, oder gegen den dieses Urteil, gleichviel ob *vor oder nach seiner formellen Rechtskraft*, vollstreckt wurde, im Falle der Aufhebung aufgrund der Aufrechnung ein *vom Verschulden des Klägers unabhängiger* materiell-rechtlicher **Anspruch auf vollen Schadensersatz** gewährt[48]. Eine Einschränkung für OLG-Urteile wie in § 717 Abs. 3 gilt hier nicht[49]. Dieser Anspruch entsteht mit der Verkündung des aufhebenden Urteils im Nachverfahren[50] und ist unabhängig davon, ob etwa das Vorbehaltsurteil vorläufig vollstreckbar war und durch seine Aufhebung im Instanzenzug ein gleichartiger Anspruch nach § 717 entsteht. Der Anspruch kann im Nachverfahren durch einfachen **Inzidentantrag**[51] geltend gemacht werden, obwohl der Sache nach damit eine Widerklage erhoben wird, → § 33 Rdnr. 24. Der Anspruchsgegner (Kläger) kann sich durch Aufrechnung mit einer anderen Forderung vertei-

---

[46] Ebenso *Baumbach-Lauterbach-Hartmann*[56] Rdnr. 16.
[47] *OLG Schleswig* SchlHA 1987, 190 = JurBüro 1987, 1189.
[48] Vgl. *Kuttner* Die privatrechtlichen Nebenwirkungen der Zivilurteile (1908), 16 ff.
[49] *Rosenberg-Schwab-Gottwald*[15] § 59 V 5 d; *Zöller-Vollkommer*[20] Rdnr. 14; *Thomas-Putzo*[20] Rdnr. 17.
[50] A.M. *Baumbach-Lauterbach-Hartmann*[56] Rdnr. 17: Entstehung des Anspruchs aufschiebend bedingt mit Beitreibung oder Abwendungsleistung. Anders auch *Wieczorek*[2] D I a: Entstehung des Anspruchs mit Durchsetzung der Vollstreckung bzw. Beschaffung der Mittel zu ihrer Abwendung. – Die *Verjährung* beginnt jedenfalls erst mit der Aufhebung des Urteils, BGH LM § 717 Nr. 1 = NJW 1957, 1926; BGH LM § 717 Nr. 14 (Fn. 52), näher → § 717 Rdnr. 24 mwN.
[51] Vgl. *Pecher* Die Schadensersatzansprüche aus ungerechtfertigter Vollstreckung (1967), 60, 210 f., 218, 224 f.

digen[52]. Der Inzidentantrag kann auch noch in der Revisionsinstanz gestellt werden[53] und unterliegt in der Berufungsinstanz nicht der Beschränkung des § 530 Abs. 1. Der in Satz 3 aufgestellte materiell-rechtliche Satz gilt jedoch unabhängig davon, ob von der Befugnis nach Satz 4 Gebrauch gemacht wird, und ist daher auch zur Begründung einer selbständigen Klage geeignet, nur daß dann die im letzten Halbsatz angeordnete **Vordatierung der materiellen Rechtshängigkeitswirkungen** (zu diesen → § 262 Rdnr. 1 ff.) nicht eintritt. Prozessuale Wirkungen der Rechtshängigkeit (→ § 261 Rdnr. 42 ff.) werden von der Vordatierung nicht erfaßt, → auch § 717 Rdnr. 41.

Der **Schadensersatz** ist nach §§ 249 ff. BGB zu berechnen[54], näher dazu → § 717 Rdnr. 24 ff.   29

§ 303 [Zwischenurteil]

Ist ein Zwischenstreit zur Entscheidung reif, so kann die Entscheidung durch Zwischenurteil ergehen.

Gesetzesgeschichte: Bis 1900 § 275 CPO. Änderung durch die Novelle 1924.

I. Zweck und Begriff des Zwischenurteils	1	II. Anwendungsbereich des § 303	5
1. Begriff und Arten der Zwischenurteile	1	III. Weiteres Verfahren	6
2. Gerichtliches Ermessen	2	1. Zustellung	6
3. Zwischenentscheidungen gegenüber Dritten	3	2. Bindungswirkung	7
4. Erlaß durch den Einzelrichter	4	3. Anfechtbarkeit	9
		IV. Arbeitsgerichtliches Verfahren	10

I. Zweck und Begriff des Zwischenurteils[1]

1. Begriff und Arten der Zwischenurteile

Zwischenurteil ist die aufgrund obligatorischer mündlicher Verhandlung (oder was dem gleichsteht, § 128 Abs. 2 und 3, § 251 a) ergehende **Entscheidung** über einen **Teil der Streitpunkte (§ 537) des Prozesses (nicht aber des Streitgegenstandes),** *die als Grundlage des späteren Endurteils vorweggenommen wird.* Es ist dem Endurteil (→ § 300 Rdnr. 6) und Teilurteil (§ 301) gegenüber negativ dadurch bestimmt, daß es niemals eine gänzliche oder auch nur teilweise Beendigung des Prozesses enthält, sei es durch Abweisung der Klage oder durch Ge-   1

---

[52] BGH LM § 717 Nr. 14 = NJW 1980, 2527 = ZZP 94 (1981), 444 (mit Anm. *Pecher,* der die Zulässigkeit der Aufrechnung verneint).
[53] RGZ 27, 44; 34, 384.
[54] Bei Erzwingung der eidesstattlichen Offenbarungsversicherung im Wege der Haft aufgrund eines Vorbehaltsurteils kann nach Aufhebung des Urteils im Nachverfahren ein Schadensersatz wegen immateriellen Schadens grundsätzlich nicht geltend gemacht werden, *OLG Hamburg* MDR 1965, 202.

[1] Lit.: *Bettermann* Zwischenurteil über materiellrechtliche Vorfragen? ZZP 79 (1966), 392; *Reinicke* Zwischenurteile in der Revisionsinstanz NJW 1967, 513; *Tiedtke* Das unzulässige Zwischenurteil ZZP 89 (1976), 64; vgl. auch *Holzhammer* Zur Lehre vom Zwischenurteil ÖJurBl 1962, 592; *Braun* Prozeßhindernde Einreden und Zwischenstreit im Verfahren vor dem Gerichtshof der Europäischen Gemeinschaften (1964).

währung eines Rechtsschutzes[2]. Die Vorbehaltsurteile der §§ 302, 599 sind deshalb keine Zwischenurteile, → § 302 Rdnr. 11. Andererseits ist das Zwischenurteil seinem positiven Inhalt nach eine (regelmäßig auf Verfahrensfragen beschränkte) *Vorentscheidung für das künftige Endurteil*. Sein Wert liegt darin, daß es vermöge des § 318 den vorabentschiedenen Prozeßstoff zum endgültigen und bindenden Abschluß bringt (→ Rdnr. 7); die darin liegende Gliederung des Verfahrens schließt aber andererseits die Gefahr unerwünschter Verzögerungen in sich. Durch die Novelle 1924 wurde daher das Zwischenurteil für selbständige Angriffs- und Verteidigungsmittel beseitigt[3]. Seit der Vereinfachungsnovelle 1976 ist die Erledigung durch Zwischenurteil nur noch in drei Fällen möglich: Bei Streitigkeiten um Zulässigkeitsvoraussetzungen der Klage nach § 280 (→ § 280 Rdnr. 2), beim Zwischenstreit unter den Parteien über sonstige verfahrensrechtliche Fragen nach § 303 sowie bei der Entscheidung über den Grund des Anspruchs nach § 304.

2. Gerichtliches Ermessen

2 Für ein **Zwischenurteil** ist **kein Raum,** wenn neben der Entscheidungsreife über den Streitpunkt zugleich der **Rechtsstreit als ganzer** nach § 300 entscheidungsreif ist[4]. Aber auch bei Entscheidungsreife nur des Streitpunktes steht es im **pflichtgemäßen Ermessen** des Gerichts, ob es ein Zwischenurteil nach § 303 erlassen oder die darin zu gebende Entscheidung lediglich in das Endurteil aufnehmen will, → auch § 280 Rdnr. 5, → § 304 Rdnr. 40.

3. Zwischenentscheidungen gegenüber Dritten

3 Zwischenurteile nennt das Gesetz ferner die **Entscheidungen gegen Dritte** in den Fällen der §§ 71, 135, 387 (402), 372 a Abs. 2 mit 387. Sie haben aber mit den anderen Zwischenurteilen nur den Namen gemein, da sie niemals Elemente der Endentscheidung sind. Verschieden davon sind die echten Zwischenurteile, die über den Eintritt oder Nichteintritt eines Dritten als Partei, besonders nach §§ 239 ff., 265 f., ergehen (→ Rdnr. 5 und → § 280 Rdnr. 17).

4. Erlaß durch den Einzelrichter

4 Der *Einzelrichter erster Instanz* nach § 348 ist als Prozeßgericht unbeschränkt entscheidungsbefugt. Für den *Vorsitzenden der Kammer für Handelssachen* ist die Vorschrift des § 349 Abs. 2 Nr. 2 als Entsprechung zu § 349 Abs. 1 Nr. 2 a.F. auf die Fälle des § 303 analog anzuwenden[5]. Hingegen wird dem *Einzelrichter zweiter Instanz* nach § 524 eine entsprechende Entscheidungskompetenz weder über den Wortlaut noch die Entstehungsgeschichte eingeräumt. Zur Möglichkeit der Entscheidung im Einverständnis der Parteien nach § 524 Abs. 4 → dort Rdnr. 20.

II. Anwendungsbereich des § 303

5 Ein **Zwischenstreit unter den Parteien** (vgl. auch § 347 Abs. 2) ist ein **Streit über eine das Verfahren betreffende Frage,** nachdem durch die Novelle 1924 der materiell-rechtliche Streit über selbständige Angriffs- und Verteidigungsmittel dem Anwendungsbereich des § 303 entzogen wurde[6]. Kein Zwischenstreit ist daher ein Streit, der unmittelbar einen Bestandteil der

---

[2] S. auch *RG* JW 1901, 327; 1902, 128; *Thomas-Putzo*[20] Rdnr. 1: Zwischenurteil ist seiner Natur nach Feststellungsurteil; ebenso *Rosenberg-Schwab-Gottwald*[15] § 59 III vor 1; *Wieczorek*[2] A II.
[3] *Volkmar* JW 1924, 345, 353.
[4] S. *RG* SeuffArch 57 (1902), 422. Vgl. dazu auch *BAGE* 2, 228, 230 = NJW 1956, 240 (LS) = AP § 300 Nr. 1 (*Wieczorek*); *Thomas-Putzo*[20] Rdnr. 2.
[5] *Thomas-Putzo*[20] § 349 Rdnr. 7.
[6] Zur Entstehungsgeschichte *Bettermann* ZZP 79 (1966), 392, 393 ff.

Sachentscheidung bildet, wie z.B. der über die Sachlegitimation[7], oder über eine von mehreren konkurrierenden Anspruchsgrundlagen[8]. Auch über den Streit darüber, ob die Hauptsache erledigt ist, ist nicht durch Zwischenurteil zu entscheiden, näher zu den hier in Betracht kommenden Entscheidungen → § 91 a Rdnr. 41 ff. **Beispiele** für einen Zwischenstreit sind der Streit über Fragen der Beweisaufnahme vor dem beauftragten oder ersuchten Richter, § 366 Abs. 2, über die Vorlegung von Urkunden[9], über die Zulässigkeit eines Beweismittels, über eine Beweiseinrede, über die Echtheit von Urkunden, den Widerruf eines Geständnisses (§ 290) oder anderer Prozeßhandlungen (→ vor § 128 Rdnr. 219 ff.). Praktisch kommen derartige Zwischenurteile allerdings nur recht selten vor. Von Wert ist die Vorabentscheidung durch Zwischenurteil dagegen bei solchen prozessualen Streitigkeiten, von denen abhängt, ob und wie das Verfahren *fortzusetzen* ist. Hierher gehört der Streit über diejenigen prozessualen Erfordernisse, die **nicht die Zulässigkeit der Klage betreffen** und daher von § 280 Abs. 1 nicht erfaßt werden (→ § 280 Rdnr. 2, 3), so der Streit über die Zulässigkeit der Rechtsmittel, des Einspruchs, der Wiedereinsetzung[10], der Aufnahme des Verfahrens nach §§ 239 ff.[11], auch der Streit über die Wirksamkeit eines Prozeßvergleichs[12], der Klagerücknahme (→ § 269 Rdnr. 43)[13] oder der Klageänderung (→ § 280 Rdnr. 3)[14]. Dabei kommt ein Zwischenurteil jeweils nur in Betracht, wenn das Gericht die Zulässigkeit des weiteren Verfahrens bejaht; andernfalls ist durch Endurteil zu entscheiden. Bejaht z.B. das Gericht die Wirksamkeit des umstrittenen Prozeßvergleichs, so hat es durch Endurteil auszusprechen, daß der Rechtsstreit durch den Prozeßvergleich erledigt ist[15]. Kein Fall des § 303, sondern des § 280 ist der Streit über die Zulässigkeit des Parteiwechsels, soweit es um die Einbeziehung eines neuen Beklagten geht (→ § 264 Rdnr. 129, → § 280 Rdnr. 3)[16]. Ein Zwischenurteil über die Verpflichtung eines ausländischen Klägers zur Leistung von Prozeßkostensicherheit sollte ebenfalls dem § 280 zugeordnet werden, näher (insbesondere zur abweichenden Ansicht des BGH) → § 280 Rdnr. 18.

---

[7] *BGHZ* 8, 383, 385 = *NJW* 1953, 702 (*Schönke*); *RG HRR* 1931 Nr. 1597; *JW* 1932, 650, 651. Ebenso ist ein Zwischenurteil über einen unselbständigen Teil des Klagegrundes unzulässig, *OVG Lüneburg ZZP* 68 (1955), 85.

[8] *BGH JR* 1984, 113, 114 (*Linnenbaum*).

[9] Selbst wenn der Antrag sich als Widerklage bezeichnet, *RG Gruchot* 54 (1910), 437, 438. Vgl. auch *Köln MDR* 1983, 321.

[10] Vgl. *BGH AnwBl* 1972, 185; *RGZ* 12, 373, 374; 136, 275, 277. – Die Zulässigkeit eines Rechtsmittels kann auch (ohne mündliche Verhandlung) durch *Beschluß* bejaht werden (→ § 519 b Rdnr. 21), ebenso die Zulässigkeit des Einspruchs, *Demharter NJW* 1986, 2754. – Auch über die Zulässigkeit der Anrufung des Großen Senats des *BAG* kann entsprechend § 303 vorab durch Beschluß entschieden werden, *BAGE* 44, 211 = *NJW* 1990 (LS) = *SAE* 1985, 81 (*Leipold*) = *AP* § 45 ArbGG 1979 Nr. 1 = *EzA* § 45 ArbGG Nr. 1, allerdings unter Berufung auf § 303 und § 280, dagegen → § 280 Rdnr. 4.

[11] Vgl. *RGZ* 34, 381, 384; 54, 120, 122; 86, 235, 238 und → § 239 Rdnr. 41; *A.Blomeyer ZPR*[2] § 28 II 1 a.E. Für den Fall des § 266 → § 266 Fn. 14.

[12] *OLG Karlsruhe JW* 1932, 115; *Jauernig ZPR*[24] § 48 VII; → auch § 794 Rdnr. 48. Nach anderer Ansicht soll hier § 280 gelten, woraus sich dann die selbständige Anfechtbarkeit des Zwischenurteils ergeben würde, dagegen → § 280 Rdnr. 3 bei Fn. 4. Wird die Unwirksamkeit des Prozeßvergleichs zum Gegenstand einer Zwischenfeststellungs(wider)klage gemacht, so kann darüber durch selbständig anfechtbares Teilurteil entschieden werden, und selbst bei Bezeichnung als Zwischenurteil kann ein solches Teilurteil anzunehmen sein, *OLG Köln NJW-RR* 1996, 122; s. zur Umdeutung in ein Teilurteil, wenn der Richter die selbständige Nachprüfbarkeit der Entscheidung erreichen wollte und die Parteianträge eine genügende Handhabe dafür bieten *BAG NJW* 1967, 647 = *AP* § 275 Nr. 1 (*Zeuner*). Zur Zulässigkeit der Zwischenfeststellungsklage → § 794 Rdnr. 50. – Gegen ein Zwischenurteil über die Wirksamkeit eines Prozeßvergleichs *Wieczorek*[2] A II b 1, weil es sich dabei um eine Entscheidung über den außerprozessualen Anspruch handle.

[13] *A. Blomeyer ZPR*[2] § 63 III 3; *Jauernig ZPR*[24] § 42 III. Anderes (Entscheidung durch Beschluß) gilt für die Berufungsrücknahme, → § 515 Rdnr. 32.

[14] *A. Blomeyer ZPR*[2] § 48 IV; *Jauernig ZPR*[24] § 41 IV.

[15] *BGH NJW* 1996, 3345 = *LM* Nr. 11.

[16] So für den Fall des Beklagtenwechsels in der Berufungsinstanz *BGH NJW* 1981, 989 = *LM* § 303 Nr. 10; für die Einbeziehung weiterer Beklagter in der Berufungsinstanz *BGH LM* § 264 ZPO 1976 Nr. 10; ebenso *Roth NJW* 1988, 2977, 2984; *Thomas-Putzo*[20] § 280 Rdnr. 3; *Zöller-Vollkommer*[20] Rdnr. 5. – A.M. *Franz NJW* 1982, 15, 16 (nicht anfechtbares Zwischenurteil nach § 303).

III. Weiteres Verfahren

1. Zustellung

6   Die Zustellung des Zwischenurteils erfolgt nach § 317 Abs. 1 S. 1, § 270 Abs. 1 **von Amts wegen**. Damit wird die Rechtsmittelfrist in den Fällen der §§ 280, 304 und die Einspruchsfrist im Falle des § 347 Abs. 2 in Lauf gesetzt. Wegen der Bestimmung des Termins zur Fortsetzung des Verfahrens → vor § 214 Rdnr. 5.

2. Bindungswirkung

7   Da das **Gericht** nach § 318 **an die in seinen Zwischenurteilen enthaltene Entscheidung gebunden** ist, erledigt das Zwischenurteil den darin entschiedenen Streitpunkt für die Instanz. Späteres Vorbringen in bezug auf das Entschiedene darf grundsätzlich nicht mehr berücksichtigt werden[17]. Jedoch gilt dies nicht für erst später eingetretene Tatsachen, die zu einer Änderung der Rechtslage nach Erlaß des Zwischenurteils führen[18]. Die Bindungswirkung tritt außerdem nur dann ein, wenn die gesetzlichen Voraussetzungen für ein Zwischenurteil vorlagen. An ein unzulässigerweise erlassenes Zwischenurteil ist das Gericht *nicht gebunden*[19]; der Ausschluß neuen Vorbringens aufgrund eines solchen Urteils stellt einen wesentlichen Mangel des Verfahrens (§ 539) dar[20]. Hat das Berufungsgericht ein zulässigerweise ergangenes Zwischenurteil nach § 303 unzulässigerweise (da dieses Urteil nicht selbständig anfechtbar ist) durch Urteil bestätigt, so ist auch das Berufungsgericht an seine Entscheidung nicht gebunden[21]. Darüber, ob es der in dem Zwischenurteil ergangenen Entscheidung für das Endurteil bedarf, wird erst durch letzteres entschieden.

8   Da unter Umständen auch noch in der *Revisionsinstanz* ein Bedürfnis besteht, über streitige prozessuale Fragen vorab zu entscheiden, kann ein Zwischenurteil auch noch in der Revisionsinstanz ergehen[22], z.B. über die Zulässigkeit einer Revision[23].

3. Anfechtbarkeit

9   Das Zwischenurteil kann, von den beiden Ausnahmefällen der §§ 280[24] und 304 abgesehen, erst mit dem Endurteil durch **Rechtsmittel** angefochten werden (§§ 512, 548). Dies gilt auch für ein Zwischenurteil, das die Zulässigkeit der Berufung bejaht, → § 519 b Rdnr. 34. Es ist auch keine Ausnahme für den Fall anzuerkennen, daß das Zwischenurteil unzulässigerweise, z.B. über ein selbständiges Angriffs- oder Verteidigungsmittel (§ 303 a.F.), ergangen[25] war; denn die prozessuale Unzulässigkeit nimmt ihm nicht den Charakter als Zwischenurteil. Die gegen ein Zwischenurteil nach § 303 eingelegte Berufung und Revision sind durch Prozeßurteil zu verwerfen[26]. Wird die Berufung gegen ein Zwischenurteil durch Sachurteil, das seinem

---

[17] Vgl. *RG* JW 1898, 46 (Nr. 7); *RG* Gruchot 48 (1904), 1120, 1121; *RGZ* 86, 235, 238f.
[18] So auch *Baumbach-Lauterbach-Hartmann*[56] Rdnr. 10.
[19] *RG* WarnRsp 1912 Nr. 459; 1914, Nr. 66; JR 1926 Nr. 1076; JW 1931, 3548, 3549; *RGZ* 117, 43, 45; *BGHZ* 3, 244, 247; 8, 383, 385 = NJW 1953, 702: keine Rechtskraftwirkung hinsichtlich der Sachbefugnis einer Partei, wenn über diese Frage ein unzulässiges Zwischenurteil erging. Vgl. auch *Schönke* NJW 1953, 702.
[20] Vgl. *RGZ* 82, 206, 210.
[21] *BGHZ* 3, 244, 247, vgl. *Paulsen* in LM § 511 Nr. 2. Zur Anfechtung in diesem Fall → Rdnr. 9 bei Fn. 27.
[22] *BAGE* 9, 319, 324 = NJW 1960, 2211, 2212 = AP § 794 Nr. 8 (*Zeuner*) = RdA 1961, 137 (LS). Vgl. dazu auch *Reinicke* NJW 1967, 513; *Tiedtke* Die innerprozessuale Bindungswirkung von Urteilen der obersten Bundesgerichte (1976), 17ff.
[23] *BAG* AP § 212a Nr. 1 (*Zeuner*) = RdA 1961, 88 (LS).
[24] Nach *LAG Frankfurt* SAE 1954 Nr. 3 kann bei Verletzung der Bestimmungen des § 275 Abs. 2 (aF) beim Erlaß des Zwischenurteils das Urteil trotzdem mit der Berufung angegriffen werden.
[25] *RG* JW 1927, 1637; *BGHZ* 8, 383, 385; *Tiedtke* ZZP 89 (1976), 64, 75. – A.M. *OVG Lüneburg* ZZP 68 (1955), 85, allerdings in Anwendung der MRVO Nr. 165.
[26] *BGH* VersR 1985, 44, 45.

Inhalt nach ebenfalls Zwischenurteil ist, zurückgewiesen und die Revision zugelassen, dann ist diese gleichwohl als unzulässig zu verwerfen[27], → auch Rdnr. 7 bei Fn. 21 sowie → Allg. Einl. vor § 511 Rdnr. 57. – Ein Zwischenurteil des OLG, durch das der Antrag auf Wiedereinsetzung wegen Versäumung der Berufungsfrist abgelehnt wird, kann selbständig mit der Revision angefochten werden, zumindest hinsichtlich der Anfechtung sind diese Urteile als Endurteile anzusehen[28]; dafür spricht, daß auch Beschlüsse des OLG, durch die ein Antrag auf Wiedereinsetzung wegen Versäumung der Berufungsfrist abgelehnt wird, mit der sofortigen Beschwerde angefochten werden können (→ § 238 Rdnr. 9). Für Urteile gleichen Inhalts kann dann die selbständige Anfechtung nicht versagt werden.

Über die Bedeutung der Zwischenurteile im Versäumnisverfahren → § 332 Rdnr. 4, über das Versäumniszwischenurteil → § 347 Rdnr. 6, über die Entscheidung im Kostenpunkt → § 91 Rdnr. 6.

9a

IV. Arbeitsgerichtliches Verfahren

Im **arbeitsgerichtlichen Verfahren** gilt § 303 ebenfalls, § 46 Abs. 2, § 64 Abs. 6, § 72 Abs. 5 ArbGG. Eine Entscheidung im Beschlußverfahren ergeht aufgrund entsprechender Anwendung des § 303 durch *Zwischenbeschluß*[29]. Wegen der Grundzwischenurteile und des Ausschlusses selbständiger Anfechtung → § 304 Rdnr. 56 ff. Zur Vorabentscheidung über die Zulässigkeit der Anrufung des Großen Senats des BAG → Fn. 10.

10

§ 304 [Grundurteil]

(1) Ist ein Anspruch nach Grund und Betrag streitig, so kann das Gericht über den Grund vorab entscheiden.
(2) Das Urteil ist in betreff der Rechtsmittel als Endurteil anzusehen; das Gericht kann jedoch, wenn der Anspruch für begründet erklärt ist, auf Antrag anordnen, daß über den Betrag zu verhandeln sei.

Gesetzesgeschichte: Bis 1900 § 276 CPO.

I. Normzweck 1	4. Bestreiten des Grundes und des Betrages, Entscheidungsreife des Grundes 7
1. Zweck des Grundurteils 1	
2. Die Abgrenzung zwischen Grund und Betrag 2	5. Bejahung des Grundes durch das Gericht (sonst Klageabweisung) 8
II. Voraussetzungen des Grundurteils 4	
1. Geeigneter Anspruchsgegenstand 4	6. Bejahung eines Betrages 9
2. Bezifferung des Antrags 5	7. Geeignetes Prozeßstadium 10
3. Klageweise Geltendmachung des Anspruchs 6	

---

[27] BGHZ 3, 244, 246 = ZZP 65 (1952), 204, 206 (zust. *Rosenberg*); ebenso *Rosenberg-Schwab-Gottwald*[15] § 59 III vor 1.
[28] BGHZ 47, 289, 291 = NJW 1967, 1566; bestätigt in BGH VersR 1979, 960. → auch § 238 Rdnr. 5 sowie BAGE 2, 228, 230 = AP § 300 Nr. 1 (*Wieczorek*) und BAG AP § 232 Nr. 5; danach handelt es sich um ein fälschlicherweise als Zwischenurteil bezeichnetes Endurteil. Auch *Jauernig* ZPR[24] § 31 III sieht hierin ein Endurteil.
[29] BAG DB 1974, 1728.

III. Die Abgrenzung zwischen Grund und Betrag im einzelnen	12	2. Eventuelle Anspruchshäufung	39
1. Allgemeines	12	V. Das Grundurteil und seine Anfechtung	40
a) Grundsatz der vollständigen Erledigung des Klagegrundes	12	1. Die Entscheidung über den Erlaß eines Grundurteils	40
b) Berücksichtigung prozeßökonomischer Gesichtspunkte	13	2. Rechtsnatur und Fassung des Grundurteils	41
c) Einwendungen und Einreden	14	3. Selbständige Anfechtbarkeit des Grundurteils	43
d) Notwendigkeit des Vorbehalts	15	VI. Das Nachverfahren	45
2. Einzelfragen	16	1. Durchführung des Betragsverfahrens nach formeller Rechtskraft des Grundurteils	45
a) Anspruchstatbestand, Kausalität	16	2. Durchführung des Betragsverfahrens vor formeller Rechtskraft des Grundurteils	46
b) Abtretung, gesetzlicher Forderungsübergang	19	3. Die Bindungswirkung des Grundurteils im Nachverfahren	47
c) Aufrechnung	21	a) Rechtsnatur und Umfang der Bindungswirkung	47
d) Mitwirkendes Verschulden, Mitverursachung, Vorteilsausgleichung	23	b) Zulässiges Vorbringen im Nachverfahren	51
e) Kapital oder Rente, Anfangs- und Endtermin, Fälligkeit, Zinspflicht	27	c) Klageerweiterung	53
		4. Bedingtheit des Endurteils	55
f) Zurückbehaltungsrecht, Pfändung, Ersetzungsbefugnis	28	VII. Kosten und Gebühren	55a
		VIII. Arbeitsgerichtliches Verfahren	56
h) Verjährung	31	1. Zulässigkeit des Grundurteils	56
3. Häufung mehrerer rechtlicher Begründungen	32	2. Keine selbständige Anfechtbarkeit	57
IV. Das Grundurteil bei Anspruchshäufung	37	3. Rechtsnatur und Bindungswirkung	59
1. Objektive (kumulative) Anspruchshäufung	37	IX. Grundurteil über zivilrechtliche Ansprüche im Strafprozeß	60

I. Normzweck[1]

1. Zweck des Grundurteils

1 Die Vorabentscheidung über den Grund eines nach Grund und Betrag streitigen Anspruchs soll es ersparen, langwierige und teuere Beweisaufnahmen über den Betrag vorzunehmen, die bei anderer (nämlich verneinender) Beurteilung des Grundes in der höheren Instanz gegenstandslos werden würden[2]. Das Grundurteil ist für selbständig anfechtbar erklärt, damit über

---

[1] Lit.: *Türpe* Probleme des Grundurteils, insbesondere seiner Tenorierung MDR 1968, 453 (I), 627 (II); *Schwab* Die Bedeutung der Entscheidungsgründe, Festschr. für Bötticher (1969), 321; *E. Schneider* Die Selbständigkeit des Höheverfahrens beim Grundurteil JurBüro 1976, 1137f.; *ders.* Probleme des Grundurteils in der Praxis MDR 1978, 705, 793; *Schilken* Die Abgrenzung zwischen Grund- und Betragsverfahren, ZZP 95 (1982), 45; *Becker* Die Voraussetzungen für den Erlaß eines Grundurteils nach § 304 Abs. 1 ZPO, Diss. Augsburg 1983; *Furtner* Das Urteil im Zivilprozeß[5] (1985), 315ff.; *Lohner* Die Aufteilung eines einheitlichen Rechtsstreites durch Grundurteil nach § 304 ZPO bei einer Mehrheit von Klageansprüchen innerhalb eines Streitgegenstandes, Diss. Regensburg 1985; *Kürschner* Zur Zulässigkeit eines Grundurteils (§ 304 ZPO) über eine Klage auf künftige Leistung (§ 259 ZPO) ZfBR 1987, 113; *Arnold* Das Grundurteil (1996); speziell für den Haftpflichtprozeß *Geigel-Kolb* Haftpflichtprozeß[22] (1997), 1477ff.

[2] Vgl. *BGH* LM § 301 Nr. 35 = NJW-RR 1989, 1149.

den Grund des Anspruchs vorweg eine abschließende Entscheidung erzielt werden kann. Trotz der prozeßökonomischen Zielsetzung der Regelung ist nicht zu verkennen, daß der Erlaß eines Grundurteils auch Nachteile für die Parteien mit sich bringen kann[3]. Für den Kläger besteht die Gefahr der Prozeßverzögerung bis zur Erlangung eines rechtskräftigen Urteils, da das Verfahren in zwei Teile mit jeweils vollständigem Rechtsmittelzug aufgespalten wird. Für den Beklagten bringt das Grundurteil ein erhöhtes Kostenrisiko[4] mit sich, wenn er den Anspruch nach Grund und Betrag unter Nutzung aller Rechtsmittelmöglichkeiten bestreiten will, da er sich gegen die Bejahung des Grundes und gegen die spätere Festsetzung des Betrages mit zweimaliger Rechtsmitteleinlegung wehren muß und mit den Kosten eines erfolglosen Rechtsmittels gegen das Grundurteil auch dann belastet bleibt, wenn er im Betragsverfahren ganz oder weitgehend obsiegt, → § 97 Rdnr. 3 (bei Fn. 6). Der prozeßökonomische Ertrag wird außerdem durch die schwierige Abgrenzung zwischen Grund und Betrag beeinträchtigt und auch durch die recht unübersichtliche Rechtsprechung nicht gerade gefördert.

2. Die Abgrenzung zwischen Grund und Betrag

Die Anwendung des § 304 wird, wie auch die sehr umfangreiche Kasuistik zeigt, dadurch erschwert, daß sich die Begriffe Grund und Betrag nicht klar voneinander abgrenzen lassen. Das materielle Recht kennt keinen Begriff des Anspruchsgrundes, in dem nicht auch bereits die Voraussetzungen der Höhe des Anspruchs enthalten wären. Ebensowenig sind die prozeßrechtlichen Begriffe des »Grundes des Anspruchs« (§ 253 Abs. 2 Nr. 2) bzw. des »Klagegrundes« (§ 264) verwertbar; denn auch dazu gehört die Begründung für den gesamten Anspruch, einschließlich der Höhe (→ § 253 Rdnr. 138). Zu einer einigermaßen klaren Abgrenzung könnte man gelangen, wenn man den Grund des Anspruchs rein negativ umschreiben würde: Alles was nicht nur den Betrag (die Höhe) der Forderung betrifft, wäre danach zum Grund des Anspruchs zu rechnen[5]. Diese Unterscheidung ist vor allem bei Schadensersatzansprüchen möglich und sinnvoll. Hier läßt sich von der Frage, ob überhaupt die Voraussetzungen eines Schadensersatzanspruchs gegeben sind, die weitere Frage trennen, welche genaue Höhe der zu ersetzende Schaden hat. Im Vertragsrecht findet man Umstände, die nur die Höhe betreffen, etwa dann, wenn die taxmäßige oder übliche Vergütung geschuldet wird (§ 612 Abs. 2, § 632 Abs. 2 BGB).

Das Nachverfahren erhält allerdings, wenn man es auf die nur für die Höhe des Anspruchs relevanten Fragen beschränkt, einen verhältnismäßig engen Zuschnitt. Demgegenüber hat die Praxis dem Bedürfnis Rechnung getragen, die Grenze zwischen Grund und Betrag flexibler zu ziehen. So läßt man es heute zu, dem Betragsverfahren auch Fragen zu überlassen, die sich streng genommen nicht allein auf den Betrag des Anspruchs beziehen. Die Abgrenzung wird damit, wie der BGH[6] hervorhebt, wesentlich von **Gesichtspunkten der Prozeßwirtschaftlichkeit** bestimmt. Mag auch dieses Streben nach einer im konkreten Fall prozeßwirtschaftlich sinnvollen Gliederung des Verfahrens berechtigt erscheinen, so ist doch auch stets sorgfältig zu prüfen, ob der Erlaß eines Grundurteils und die jeweilige Grenzziehung zwischen Grund und Betrag den Interessen beider Parteien Rechnung trägt.

---

[3] Kritisch zum Wert des Grundurteils u.a. *Pawlowski* ZZP 78 (1965), 307, 319f.; *Otto* Die Präklusion (1970), 55; *R. Bruns* ZPR² Rdnr. 215 (zu f).

[4] Vgl. *Schilken* ZZP 95 (1982), 45; *Becker* (Fn. 1) 26ff.

[5] Für eine derartige Beschränkung des Nachverfahrens auf die reine Betragsermittlung *Becker* (Fn. 1) 126f.

[6] LM Nr. 35 = MDR 1974, 558; *BGHZ* 79, 45, 46 = NJW 1981, 1369 = LM § 906 BGB Nr. 65; *BGH* NJW-RR 1991, 599, 600.

II. Voraussetzungen des Grundurteils

1. Geeigneter Anspruchsgegenstand

4   Mit der Klage muß ein Anspruch im Sinne des § 194 Abs. 1 BGB geltend gemacht werden, der einen **quantitativ bestimmten Betrag Geld oder anderer vertretbarer**[7] **Sachen** oder Leistungen (Befreiung von Geldschulden)[8] oder ähnliches betrifft[9]. Ob der Anspruch persönlicher oder dinglicher Natur ist, ob er auf Erfüllung, Schadensersatz, sonstigen Wertersatz[10] oder Herausgabe einer ungerechtfertigten Bereicherung[11] gerichtet ist, spielt keine Rolle.

2. Bezifferung des Antrags

5   Solange – sei es zu Recht oder zu Unrecht (→ § 253 Rdnr. 61 ff.) – die Bezifferung noch nicht erfolgt ist, insbesondere bei einem unbezifferten Feststellungsantrag, entfällt die Anwendung des § 304[12]. Als Ersatz der Bezifferung genügt es jedoch in Ausnahmefällen (und damit auch für § 304), wenn die Höhe ins richterliche Ermessen gestellt ist und ausreichende tatsächliche Grundlagen für die Feststellung des Betrags vorgetragen sind, → § 253 Rdnr. 81 ff.[13]. – Steht neben dem bezifferten Leistungsantrag ein selbständiger[14] *unbezifferter Feststellungsantrag*, so kann die Entscheidung hinsichtlich des letzteren nur als End- (Teil-) Urteil nach § 301 Abs. 1, hinsichtlich des ersteren als Zwischenurteil über den Grund ergehen[15]. Ein Grundurteil über einen unbezifferten Feststellungsantrag kann deshalb nicht ergehen, weil § 304 Abs. 1 voraussetzt, daß Grund und Betrag streitig sind[16]. Läßt aber das Grundurteil über den Leistungsantrag keine Beschränkung auf diesen erkennen, dann kann die Entscheidung in solchen Fällen dahingehend ausgelegt werden, daß das Gericht auch dem Feststellungsbegehren stattgegeben habe[17]. Bei einer Feststellungsklage, die sich auf einen bezifferten Anspruch bezieht, ist ein Grundurteil zulässig, ebenso wenn sich bei einer Feststellungsklage auch ohne bereits vorliegende Bezifferung schon jetzt zwischen der Haftung dem Grund nach und der Höhe der Haftung unterscheiden läßt[18].

---

[7] Daher kein Grundurteil bei einer Klage auf Vornahme von Bau- oder Instandsetzungsarbeiten, *RG* JW 1936, 3047; *LG Berlin* JR 1956, 187; ferner kein Grundurteil über einen auf Einwilligung in die Vereinbarung einer Wertsicherungsklausel gerichteten Antrag, *BGH* NJW 1979, 2250.

[8] *RG* JW 1935, 2954. Wie *BGH* LM Nr. 37 = NJW 1975, 1968 f. betont, ist aber Voraussetzung, daß der Anspruch, von dem befreit werden soll, seinerseits Gegenstand eines Grundurteils sein kann; also muß dieser Anspruch seinerseits beziffert sein, *BGH* NJW-RR 1987, 756; NJW 1990, 1366 = LM Nr. 52.

[9] *RGZ* 60, 368; 73, 426. – Der Anspruch auf Bestellung eines Erbbaurechts kann auch als Schadensersatzanspruch (auf Naturalrestitution) nicht Gegenstand eines Grundurteils sein, *BGH* LM Nr. 30 = NJW 1969, 2241. Auch über den erbbaurechtlichen Heimfallanspruch kann kein Grundurteil ergehen, *BGH* NJW 1984, 2213 = WM 1984, 1514, 1515; 1986, 1093.

[10] Z.B. Zahlungsanspruch aufgrund Konkursanfechtung, *BGH* NJW 1995, 1093; *RGZ* 138, 84.

[11] *BGHZ* 53, 17, 23 = MDR 1970, 133 = WM 1970, 71; *Walchshöfer* ZZP 80 (1960), 148 gegen *OLG Celle* ebenda 145.

[12] *BGH* NJW-RR 1987, 756; NJW 1991, 1896 = LM Nr. 54; NJW 1994, 319; NJW 1977, 3176.

[13] *RGZ* 93, 154; 140, 211; *RG* JW 1911, 459; 1913, 750, 928; 1931, 2483. Unzureichend ist aber ein Antrag, der nicht erkennen läßt, ob Kapitalabfindung oder Rente verlangt wird, *RGZ* 141, 304.

[14] Anders bei nur begründendem Antrag (→ § 5 Rdnr. 4); *RG* JW 1909, 663.

[15] *BGHZ* 7, 333 = NJW 1953, 184 = LM § 75 Einl. Preuß. ALR Nr. 4; *RGZ* 90, 239; 122, 284, 290; *OLG Köln* VersR 1954, 196; *OLG Braunschweig* MDR 1953, 740; *OLG Stuttgart* NJW 1950, 54; *OLG Karlsruhe* Justiz 1988, 154, 155 (auch zur entsprechenden Auslegung eines Urteils); zur Formulierung des Tenors in diesen Fällen vgl. *Bode* DRiZ 1956, 57.

[16] *BGH* DRiZ 1965, 97; VersR 1985, 154, 155; NJW 1991, 1896 = LM Nr. 54; vgl. auch *OLG Celle* MDR 1965, 919 = NJW 1965, 1866; *OLG Frankfurt* VersR 1955, 30; 1984, 168; *OLG Hamm* VersR 1992, 208.

[17] *BGH* VersR 1959, 904.

[18] *BGH* NJW 1994, 3295 = JZ 1995, 468 (*Teske*) = LM § 675 BGB Nr. 205 (*Ehricke*).

3. Klageweise Geltendmachung des Anspruchs

Der Anspruch muß durch **Klage** oder **Widerklage** auf Verurteilung (zur Zahlung, Einwilligung in die Auszahlung[19], Duldung der Zwangsvollstreckung usw.) oder Feststellung[20] erhoben sein. Die Sachurteilsvoraussetzungen müssen erfüllt sein[21]. Auch bei der negativen Feststellungsklage ist eine Vorabentscheidung nach § 304 zulässig, sofern das Klagebegehren auch auf die Feststellung des Nichtbestehens wenigstens hinsichtlich eines Teilbetrages der Forderung gerichtet ist, → § 256 Rdnr. 168[22]. Über einen Anspruch, der nur als Gegenleistung[23] oder als Einrede[24] geltend gemacht wird, und folglich über die zur Aufrechnung geltend gemachte *Gegenforderung,* die bloßes Verteidigungsmittel ist, kann eine Vorabentscheidung nach § 304 nicht ergehen[25]. Wird dieselbe Gegenforderung durch Widerklage und zur Aufrechnung geltend gemacht, so ist die Vorabentscheidung (Grundurteil hinsichtlich der Widerklage) nur bezüglich des überschießenden Betrags[26] zulässig, aber auch insoweit wegen der Schwierigkeiten bei der Anfechtung und der Zurückverweisung in aller Regel unzweckmäßig[27], → § 538 Rdnr. 18ff. Zum Grundurteil hinsichtlich des Klageanspruchs im Falle der Aufrechnung durch den Gegner → Rdnr. 21 f.

6

4. Bestreiten des Grundes und des Betrages, Entscheidungsreife des Grundes

Der Anspruch muß nach Grund (d. h. Existenz vorbehaltlich der Feststellung der Höhe) *und* Betrag bestritten sein – nicht nur dem Betrag[28] oder nur dem Grunde nach[29]. Außerdem muß, sei es nach vorheriger Beschränkung der Verhandlung gem. § 145, sei es ohne solche[30], die Frage des Grundes *ohne* die des Betrages **entscheidungsreif** sein. Ist ein ziffernmäßig bestimmter Teil der Forderung bereits entscheidungsreif, so darf kein Grundurteil über die Gesamtforderung erlassen werden, doch sind Teilendurteil und Teilgrundurteil zulässig[31]. Wegen eines auf den Grund beschränkten Anerkenntnisses → § 307 Rdnr. 8. – Zur **Zurückweisung verspäteten Vorbringens** wegen Verzögerung des Grundurteils →§ 296 Rdnr. 53.

7

5. Bejahung des Grundes durch das Gericht (sonst Klageabweisung)

Ein Grundurteil darf nur ergehen, wenn der geltend gemachte Anspruch dem Grunde nach bejaht wird. Gelangt das Gericht dagegen zu dem Ergebnis, daß der Anspruch schon dem Grunde nach **nicht besteht**, so ist die **Klage** bzw. Widerklage nach Maßgabe des § 300 Abs. 1 **durch Endurteil abzuweisen,** auch wenn zuvor eine abgesonderte Verhandlung über den Grund angeordnet war. Ist der Anspruch nur **teilweise dem Grunde nach berechtigt,** so ist hin-

8

---

[19] *RG* JW 1912, 400.
[20] *RGZ* 8, 362; 77, 132; 93, 152; *RG* JW 1931, 2483; JW 1936, 2093; *BAG* NJW 1971, 774 (LS) = JuS 1971, 267 f.; → aber Rdnr. 5 zum *unbezifferten* Feststellungsantrag.
[21] *BGH* NJW 1990, 1366, 1367 = LM Nr. 52 (zur Bestimmtheit des Antrags).
[22] *RG* HRR 1930 Nr. 1661.
[23] *RGZ* 60, 368; *RG* JR 1925 Nr. 824; WarnRsp 1926 Nr. 89. – A.M. *RGZ* 54, 341.
[24] *RG* JW 1904, 296.
[25] *BGH* NJW 1992, 511, 512; *RGZ* 6, 422; 12, 363; 49, 338; 90, 23; 101, 40; *RG* JW 1901, 616; 1903, 399.
[26] *RGZ* 77, 137; *RG* JW 1901, 616, 839; 1913, 750.
[27] Vgl. *RGZ* 47, 416 f.; *RG* JW 1901, 616, 839; 1902, 217. → auch § 145 Rdnr. 66.
[28] *BGH* LM § 301 Nr. 35 = NJW-RR 1989, 1149. – Am Streit über den Grund fehlt es regelmäßig bei Streitigkeiten über die Enteignungsentschädigung, *RGZ* 8, 362; 74, 287; 86, 402; *RG* HRR 1929 Nr. 1934. U.U. kann sich aber auch hier ein Streit über den Grund ergeben (z. B. über die Vollwertigkeit einer Ersatzanlage, *RGZ* 129, 395, oder über die Beschaffenheit des Grundstücks, von der der Entschädigungsanspruch in seiner konkreten Ausdehnung abhängt, *BGH* WM 1975, 141, 142).
[29] *RGZ* 58, 232 a.E.; vgl. auch *RG* JW 1913, 750; *OLG München* NJW 1953, 348. – Ist ohne Streit über den Betrag ein Zwischenurteil ergangen, so beruht es auf einem wesentlichen Verfahrensfehler i.S. des § 539, das Berufungsgericht kann aber bei in der Sache unbegründeter Berufung auch zur Höhe entscheiden, *OLG Frankfurt* MDR 1986, 945; → § 538 Rdnr. 25.
[30] *RGZ* 8, 361; 10, 429; *RG* JW 1986, 445.
[31] *OLG Frankfurt* NJW-RR 1988, 640.

sichtlich des einen Teils ein Grundurteil möglich, hinsichtlich des anderen Teils muß dagegen Klageabweisung durch Endurteil erfolgen[32]. Eine Abweisung »dem Grunde nach« ist nicht zulässig[33], → auch Rdnr. 23. Wenn die Abweisung erkennbar nur wegen fehlenden Grundes ergangen ist, so ist die Sache bei begründeter Berufung in der Regel nach § 538 Abs. 1 Nr. 3 an die untere Instanz zurückzuverweisen, gleichviel, ob in der Vorinstanz über den Grund abgesondert verhandelt worden war oder nicht, → dazu § 538 Rdnr. 18 ff.

6. Bejahung eines Betrages

9   Soll das Urteil einen Anspruch dem Grunde nach bejahen, so darf nicht schon jetzt feststehen, daß er mangels eines Betrages nicht besteht. Insbesondere muß daher bei Schadensersatzansprüchen das Gericht prüfen, ob nach der gegenwärtigen Sachlage überhaupt ein **Schaden entstanden** ist[34] und zwar bei mehreren Handlungen für jede[35] und ebenso für jeden der erhobenen Ansprüche[36]. Ein Grundurteil über *künftig* etwa noch entstehende Ansprüche ist unzulässig, solange nicht Beweis erhoben ist über die Behauptung des Beklagten, daß keinerlei Ansprüche bestünden oder noch entstehen könnten[37]. Andererseits greift diese Vorprüfung der Entscheidung über den Betrag nicht vor (s. Rdnr. 47 Fn. 142), sie hat nur summarischen Charakter[38], wobei es genügt, daß **mit hoher Wahrscheinlichkeit der Anspruch in irgendeiner Höhe besteht**[39], → auch Rdnr. 14, 22. Wenn die Höhe des Anspruchs durch einen Schiedsgutachter festgestellt werden soll, darf das Grundurteil nicht erlassen werden, bevor das Schiedsgutachten dem Gericht vorliegt[40].

7. Geeignetes Prozeßstadium

a) Instanzen

10 Die Vorabentscheidung über den Grund kann nicht nur in erster Instanz, sondern auch erstmalig in der **Berufungs-**, aber auch in der **Revisionsinstanz**[41] erfolgen, selbst wenn in der ersten bzw. zweiten Instanz auch über den Betrag verhandelt und entschieden worden war[42], → § 537 Rdnr. 19. Wurde in erster Instanz eine Klage gegen einen von zwei Streitgenossen abgewiesen, gegen den anderen für dem Grunde nach gerechtfertigt erklärt, so kann der Kläger Berufung mit dem Antrag einlegen, auch gegenüber dem zweiten Beklagten die Haftung als Gesamtschuldner dem Grunde nach festzustellen[43]. Durch ein Grundurteil der zweiten Instanz wird ein auf Zahlung lautendes Urteil der ersten Instanz nicht aufgehoben oder abgeändert[44]. – Wenn das Berufungsgericht im Gegensatz zur Vorinstanz zu dem Ergebnis gelangt,

---

[32] *BGH* LM Nr. 48 = NJW 1985, 1959 (nicht zulässig ist ein Grundurteil, das den Anspruch nur hinsichtlich eines Teils des geltend gemachten Sachverhalts dem Grunde nach für gerechtfertigt erklärt) (gegen *OLG Celle* VersR 1982, 598); *OLG Koblenz* VRS 68 (1985), 179; *OLG Köln* VRS 13 (1957), 321.
[33] Vgl. *BayObLGZ* 1994, 276, 277.
[34] *BGH* NJW 1951, 195; VersR 1955, 308 = VRS 9 (1955), 109; VersR 1961, 151; VRS 23 (1962), 334; VersR 1969, 733, 734; *BGHZ* 53, 17, 23; *BGH* NJW 1977, 1538 f.; VersR 1979, 281, 282; *RGZ* 63, 198; 64, 346; 103, 406; 151, 5. Für den Fall der Rente ebenso *BGH* VersR 1961, 23 = LM Nr. 16 = ZZP 74 (1961), 279 (*Wagemeyer*). – A.M. *Grunsky*[2] § 46 II 4 a (S. 475, dort Fn. 55).
[35] *RG* Gruchot 37 (1893), 1243; vgl. *RG* JW 1895, 518.
[36] *RGZ* 58, 232; 63, 198; *RG* JW 1906, 339; 1913, 99; 1932, 778; 1934, 2974; 1936, 323, 655.
[37] *OLG München* VersR 1966, 667.
[38] *BGH* VRS 4 (1952), 88.
[39] So durchweg der *BGH*, z.B. *BGHZ* 53, 17, 23; *BGH* NJW-RR 1991, 613.
[40] *BGH* JZ 1988, 1080 (zust. *Walter*) = NJW-RR 1988, 1405 = LM Nr. 49.
[41] *BGH* NJW 1995, 1093, 1095; *BAG* AP § 66 BetrVG Nr. 20.
[42] *RGZ* 5, 413; 14, 357; *OLG Köln* JW 1927, 191. Dies gilt selbst nach Zurückverweisung im Fall des § 565, *RG* JW 1895, 183.
[43] *BGH* NJW 1994, 2835.
[44] *BGH* NJW 1990, 1302.

daß der Anspruch dem Grunde nach gerechtfertigt ist, so hat es ein Grundurteil zu erlassen. Eine Erörterung in den Entscheidungsgründen unter Zurückverweisung an die erste Instanz hinsichtlich der Anspruchshöhe reicht nicht[45]. Näher → § 538 Rdnr. 23. Für das Revisionsgericht ist das Grundurteil Endentscheidung i.S. des § 565 Abs. 3 (→ § 565 Rdnr. 26)[46].

b) Versäumnisverfahren

Dagegen kann ein Urteil nach § 304 **nicht als Versäumnisurteil ergehen,** selbst dann nicht, wenn vorher die abgesonderte Verhandlung über den Grund beschlossen war, → § 146 Rdnr. 12[47].   **11**

III. Die Abgrenzung zwischen Grund und Betrag im einzelnen

1. Allgemeines

a) Grundsatz der vollständigen Erledigung des Klagegrundes

Vor Erlaß des Grundurteils muß der Klagegrund insgesamt geprüft und bejaht werden. **Unstatthaft** ist ein Urteil, das sich nur über **einzelne Elemente des Klagegrundes**[48] oder unter **Offenhaltung weiterer Beweisaufnahmen**[49] oder nur über **Grundsätze der Entscheidung**[50] ausspricht.   **12**

b) Berücksichtigung prozeßökonomischer Gesichtspunkte

Wann im einzelnen die Entscheidungsreife über den Grund gegeben ist (anders ausgedrückt: welche Punkte in dem Verfahren und Urteil über den Grund zu erledigen sind, welche dem Nachverfahren vorbehalten werden dürfen), läßt sich schwer durch eine allgemein gültige Formel bestimmen. Während die frühere Rechtsprechung dazu neigte, den Satz, es dürfe außer dem Betrag der Klageforderung nichts mehr zu entscheiden bleiben[51], in dem Sinne beim Wort zu nehmen, daß dem Nachverfahren tunlichst nur das Zahlenmaterial verbleibe, ist die neuere Praxis großzügiger. Sie gestattet es, aus prozeßökonomischen Gründen auch einzelne Fragen dem Nachverfahren vorzubehalten, bei denen es nicht (oder nicht nur) um die ziffernmäßige Bestimmung des Anspruchsinhalts geht. Damit wird die Abgrenzung mehr nach praktischen als nach abstrakten Gesichtspunkten vorgenommen[52]. Auf der anderen Seite ist ein Grundurteil ausgeschlossen, wenn die für Grund und Höhe relevanten Tatsachen im wesentlichen dieselben sind bzw. in einem besonders engen, eine getrennte Beurteilung nicht zulassenden Zusammenhang stehen[53]. Unzulässig ist ein Grundurteil in **Unterhaltssachen,**   **13**

---

[45] *BGH* LM Nr. 10 = ZMR 1957, 105; *BGHZ* 71, 226, 232 = NJW 1978, 1430, 1431; *Rosenberg-Schwab-Gottwald*[15] § 59 IV 4 b. – Entsprechendes gilt hinsichtlich des Zahlungsanspruchs auch bei einer in erster Instanz abgewiesenen Stufenklage, wenn der Anspruch auf Auskunft und Rechnungslegung in zweiter Instanz für erledigt erklärt wird, *BGH* NJW 1991, 1893.

[46] *RGZ* 50, 224; *RG* JW 1903 Beilage 67; JW 1904, 448f.

[47] *RGZ* 36, 428; *OLG Kassel* OLG Rsp 21 (1910), 85. – A.M. *Bergenroth* NJW 1953, 51.

[48] *BGH* LM Nr. 43 = VersR 1980, 867; VersR 1985, 154, 155. Die einzelnen Posten des Kontokorrents sind nur Elemente, *RG* JW 1929, 588, diejenigen bei sonstigen Abrechnungen selbständige Ansprüche, vgl. *RG* Gruchot 52 (1908), 1136f., → auch Rdnr. 38.

[49] *RG* JW 1894, 180.

[50] *RGZ* 86, 305; *RG* Gruchot 37 (1893), 1242f.

[51] *RGZ* 31, 361; 86, 308; 97, 29; *RG* JW 1894, 424; 1895, 379; 1896, 204, 690; 1898, 69; 1899, 433 usw. Ähnliche Formulierungen bei *A. Blomeyer* ZPR[2] § 83 V 3 und *R. Bruns* ZPR[2] § 41 (Rdnr. 215a).

[52] *BGH* WM 1965, 846; *OLG Karlsruhe* FamRZ 1994, 1121; ebenso *Baumbach-Lauterbach-Hartmann*[56] Rdnr. 6; wohl auch *Wieczorek*[2] B II. Zusammenstellung der Rechtsprechung bei *Rosenberg-Schwab-Gottwald*[15] § 59 IV 2.

[53] *BGH* LM Nr. 21 = MDR 1964, 214; *BGH* LM Nr. 18;

wenn sich die hinsichtlich Grund und Betrag maßgeblichen Punkte nicht hinreichend voneinander trennen lassen[54].

c) Einwendungen und Einreden

14   Alle Einwendungen und Einreden, die den Bestand des Anspruchs, nicht nur dessen Betrag betreffen, müssen grundsätzlich bei Erlaß der Vorabentscheidung erledigt sein. Jedoch läßt es die Rsp zu, die Entscheidung über Einwendungen und Einreden dann dem Betragsverfahren vorzubehalten, wenn feststeht oder zumindest – bei summarischer Prüfung – eine hohe Wahrscheinlichkeit dafür spricht[55], daß diese Einwendungen oder Einreden jedenfalls einen Teil des geltend gemachten Anspruchs unberührt lassen[56]. Es sollte aber stets sorgfältig geprüft werden, ob eine solche Verlagerung in das Betragsverfahren wirklich angezeigt ist.

d) Notwendigkeit des Vorbehalts

15   Sollen in dieser Weise bestimmte Fragen, die an sich bereits den Grund des Anspruchs betreffen, erst im Nachverfahren abschließend geklärt werden, so muß dies durch einen entsprechenden Vorbehalt im Urteilstenor oder jedenfalls in den Entscheidungsgründen des Grundurteils klar zum Ausdruck gebracht werden[57]. Das Grundurteil muß gerade in solchen Fällen eindeutig ergeben, inwieweit es den Streit bereits entscheidet bzw. welche Fragen dem Betragsverfahren vorbehalten bleiben[58].

2. Einzelfragen

a) Anspruchstatbestand, Kausalität

16   Zum Grund sind jedenfalls diejenigen anspruchsbegründenden Tatsachen zu rechnen, von denen es abhängt, ob überhaupt ein Anspruch (gleich welcher Höhe) entstanden ist. Was dazu jeweils gehört, ist aufgrund des materiellen Rechts, je nach der Rechtsnatur des eingeklagten Anspruchs[59], zu entscheiden.

17   Neben der **haftungsbegründenden Kausalität** kann auch die **haftungsausfüllende Kausalität** zum Grund gehören, soweit davon abhängt, ob überhaupt ein Schaden entstanden ist[60]. Dagegen braucht vor Erlaß des Grundurteils nicht schon geprüft zu werden, ob das schadenstiftende Ereignis für *alle* einzelnen Schadensposten ursächlich war, wenn jedenfalls mit hoher Wahrscheinlichkeit überhaupt ein Schadensersatzanspruch entstanden ist[61]. Ähnlich kann bei einem einheitlichen **Bereicherungsanspruch** ein Grundurteil ergehen, ohne daß bereits ge-

---

LM Nr. 40 = VersR 1979, 25; LM § 301 Nr. 47 = NJW-RR 1992, 1053; NJW-RR 1993, 91; *OLG Hamm* VersR 1994, 301; NZV 1995, 403; → auch Rdnr. 26a. Schwierigkeiten treten hier auch beim **Ausgleichsanspruch des Handelsvertreters** nach § 89b HGB auf, vgl. dazu *BGH* NJW 1967, 2153 = VersR 1967, 703; NJW 1982, 1757, 1758 = VersR 1982, 647, 649; VersR 1986, 1072 (sämtliche Voraussetzungen des § 89b Abs. 1 HGB müssen vorliegen, der Unternehmer muß mit hoher Wahrscheinlichkeit auch nach Beendigung des Vertragsverhältnisses erhebliche Vorteile aus der Vermittlungstätigkeit haben).
[54] Vgl. *OLG Düsseldorf* FamRZ 1980, 1012. – Zur Möglichkeit eines Grundurteils über die Dauer der Mitgliedschaft und die Höhe der Beteiligungsquote bei einem **Abfindungsanspruch eines Gesellschafters** *BGH* LM

Nr. 29 = NJW 1969, 1118 (LS) = MDR 1969, 643 = WM 1969, 669, 670.
[55] Dagegen *Schilken* ZZP 95 (1982), 45, 59, 60, 63.
[56] Gegen dieses Erfordernis *Grunsky*[2] § 46 II 4a (S. 475).
[57] *BGH* NJW-RR 1996, 700, 701; *OLG Köln* OLGZ 1976, 87 = VersR 1976, 791.
[58] *BGH* NJW-RR 1987, 1277 (zur Kausalität); MDR 1996, 846 = NJW-RR 1996, 700 = LM Nr. 65.
[59] *BGH* LM Nr. 43 = JZ 1980, 578 = MDR 1980, 925 = VersR 1980, 867.
[60] *BGH* LM Nr. 43 (Fn. 59); NJW-RR 1991, 599, 600.
[61] *BGH* LM Nr. 32 = NJW 1970, 608; BayObLGZ 1995, 95, 102.

klärt werden muß, ob alle geltend gemachten Rechnungsposten von der Zweckrichtung her einen Bereicherungsanspruch ergeben[62]. Wird Ersatz des Vertrauensschadens wegen unrichtiger Angaben beim Vertragsschluß verlangt, so gehört die Frage, ob der Betroffene ohne die Täuschung vom Vertragsschluß abgesehen hätte oder einen günstigeren Preis hätte durchsetzen können, zum Grund des Anspruchs und kann nicht dem Betragsverfahren überlassen bleiben[63].

Bei einer **Amtshaftungsklage** gehört die Unmöglichkeit anderweitiger Ersatzerlangung zum Anspruchsgrund, doch genügt es für den Erlaß eines Grundurteils, wenn feststeht, daß die anderweitige Ersatzmöglichkeit den Schaden jedenfalls nicht voll ausgleichen kann[64]. Beim **Bürgschaftsanspruch** gehört zum Anspruchsgrund auch, daß die verbürgte Hauptverbindlichkeit dem Grunde nach besteht[65]. Bei einem **gesellschaftsrechtlichen Abfindungsanspruch** kann über die Dauer der Mitgliedschaft des Klägers und über die Höhe seiner Beteiligungsquote durch Grundurteil entschieden werden[66]. 18

b) Abtretung, gesetzlicher Forderungsübergang

Zum Klagegrund gehört auch die **Sachlegitimation**[67]. Ob der ursprüngliche Anspruchsinhaber durch eine Abtretung oder durch einen gesetzlichen Forderungsübergang (z.B. nach § 116 SGB X [früher § 1542 RVO], § 67 VVG) die Gläubigerstellung verloren hat, ist daher grundsätzlich im Verfahren über den Grund zu klären, ebenso umgekehrt bei einer Klage des neuen Gläubigers die Frage, ob dieser den Anspruch erworben hat[68]. Ist im Grundurteil die Verpflichtung des Beklagten festgestellt, an den Kläger Schadensersatz zu leisten, ohne daß ein möglicher Forderungsübergang auf einen Dritten erörtert wurde, so kann dieser Forderungsübergang im Betragsverfahren nicht mehr geltend gemacht werden[69]. 19

Jedoch kann, wenn der Forderungsübergang auf einen Dritten eingewendet wurde, **gleichwohl ein Grundurteil** erlassen werden, wenn nach Auffassung des Gerichts feststeht oder jedenfalls mit hoher Wahrscheinlichkeit[70] anzunehmen ist, daß auch bei Berücksichtigung des Forderungsübergangs ein **Anspruch für den Kläger verbleibt,** wobei es genügt, dies in den Entscheidungsgründen des Grundurteils zum Ausdruck zu bringen[71]. Ebenso reicht für ein Grundurteil zugunsten des neuen Anspruchsinhabers die Feststellung aus, daß **jedenfalls ein teilweiser Anspruchsübergang** auf den neuen Gläubiger stattgefunden hat[72]. 20

c) Aufrechnung

Da die begründete Aufrechnung zum Erlöschen des Klageanspruchs führt, ist die Entscheidung über Grund und Betrag der Gegenforderung an sich zur Entscheidung über den Grund des klägerischen Anspruchs zu rechnen. Die im Verfahren über den Grund unterbliebene Aufrechnung kann daher nicht im Betragsverfahren nachgeholt werden[73]. Gleichwohl kann die Aufrechnungsfrage weithin **dem Betragsverfahren vorbehalten** werden. Bei einer Aufrech- 21

---

[62] *BGHZ* 108, 256 = *NJW* 1989, 2745.
[63] *BGH NJW* 1977, 1538.
[64] *BGH WM* 1976, 873.
[65] *BGH NJW* 1990, 1366, 1367 = LM Nr. 52.
[66] *BGH* LM Nr. 29 = *NJW* 1969, 1118 (LS) = *MDR* 1969, 643.
[67] Dagegen kann über die Sachlegitimation *allein* kein Grundurteil ergehen, *BGHZ* 8, 384.
[68] *BGH* LM Nr. 14 zu § 1542 RVO; LM Nr. 2; *RGZ* 62, 337, 339; 123, 40, 41; 170, 281, 283; *OGHZ* 4, 16, 19.

[69] *BGH VersR* 1968, 69.
[70] Dazu krit. *MünchKommZPO-Musielak* Rdnr. 19 f., der ein Grundurteil dann für unzulässig hält, wenn triftige Gründe für die Möglichkeit sprechen, daß die Klage mangels Restbetrags abzuweisen ist.
[71] *BGH VersR* 1968, 1161, 1162; *NJW* 1956, 1236.
[72] *BayObLGZ* 1965, 468, 473 = *MDR* 1966, 422.
[73] *BGH MDR* 1965, 822, → Fn. 148 f.

nung mit einer **nicht-konnexen Forderung** ergibt sich dies aus der Möglichkeit, ein Vorbehaltsurteil nach § 302 mit einem Grundurteil nach § 304 in der Weise zu verbinden, daß nur über den Grund der Klageforderung entschieden und dem Nachverfahren sowohl die Entscheidung über den Betrag als auch über die Gegenforderung vorbehalten bleibt[74].

22   Bei der Aufrechnung mit einer **konnexen Forderung** wurde früher die Verlagerung in das Betragsverfahren überwiegend abgelehnt, weil sich aus § 302 ergebe, daß solche Gegenforderungen nicht in ein Nachverfahren verwiesen werden dürften[75]. Später hat es die Rsp (→ Fn. 76) auch hier zugelassen, die Entscheidung über die Gegenforderung dem Nachverfahren vorzubehalten. Dies kann allerdings nur dann gelten, wenn feststeht oder zumindest aufgrund summarischer Prüfung mit hoher Wahrscheinlichkeit anzunehmen ist, daß ungeachtet der Aufrechnung ein Betrag der Klageforderung verbleibt[76]. Außerdem erscheint die Verlagerung in das Betragsverfahren nur zulässig, wenn ohnehin ein Betragsverfahren über die Höhe der Klageforderung als solche nachzufolgen hat. Würde man dagegen im Grundurteil die Klageforderung schon nach Grund und Betrag feststellen (wenn auch ohne Leistungsausspruch) und dann allein wegen der aufgerechneten Gegenforderung das Betragsverfahren nachfolgen lassen, so stünde dies in Widerspruch mit dem erklärten Zweck des § 302, nur bei nicht-konnexen Forderungen eine solche Trennung zuzulassen. Zu Aufrechnung und Widerklage → Rdnr. 37.

d) Mitwirkendes Verschulden, Mitverursachung, Vorteilsausgleichung

23   Die Frage des **mitwirkenden Verschuldens,** § 254 BGB, einschließlich der etwaigen Verteilung des Schadens, rechnet die Praxis überwiegend zum Grund des Anspruchs[77]. Beim **Schmerzensgeld** ist das Mitverschulden einer der Umstände, die bei der Bemessung zu beachten sind, so daß nicht ein Bruchteil eines angemessenen Schmerzensgelds geschuldet wird, sondern ein Schmerzensgeld, das unter Berücksichtigung der Beteiligungsquote angemessen ist[78]. In dieser Form kann aber bereits im Grundurteil die Mitverantwortungsquote als Faktor festgelegt werden[79]. Für eine gleichzeitige teilweise Klageabweisung (auch nicht »dem Grunde nach«) ist dann aber kein Raum[80]. Die Frage des mitwirkenden Verschuldens kann dem Nachverfahren vorbehalten werden, wenn (nach summarischer Prüfung) davon auszugehen ist, daß die Berücksichtigung eines mitwirkenden Verschuldens im Ergebnis allenfalls zur Minderung, nicht zur Beseitigung des Anspruchs führen wird[81]. Der Vorbehalt muß aber im Urteilstenor oder jedenfalls in den Entscheidungsgründen deutlich zum Ausdruck gebracht wer-

---

[74] *BGH* NJW 1953, 1589 (LS) = ZZP 67 (1954), 62; BGHZ 11, 63, 65 = ZZP 67 (1954), 157; *BGH* VersR 1959, 515; *RGZ* 61, 413; 170, 281, 283; weitere Nachw. → § 302 Fn. 12.
[75] So u.a. *BGH* NJW 1953, 1589 (Fn. 74); *RG* JW 1904, 39; *RGZ* 123, 6; 170, 281; *RG* WarnRsp 1938 Nr. 81.
[76] BGHZ 11, 63, 65 (Fn. 74); NJW 1954, 1197 = VersR 1954, 304 = LM § 303 Nr. 3; LM Nr. 19; VersR 1966, 540; *OLG München* VersR 1960, 377. – Ohne die im Text genannte Einschränkung *OLG Stuttgart* MDR 1956, 618 u. VersR 1961, 931 (dagegen *BGH* LM Nr. 19); *OLG Braunschweig* NJW 1973, 473 = OLGZ 1973, 246; *E. Schneider* MDR 1978, 793, 796.
[77] *RGZ* 53, 117; 62, 148; *RG* JW 1904, 448; 1907, 199; 1908, 558. Ebenso *BGH* VersR 1964, 45 = WM 1963, 1253; NJW 1980, 1579; *BAG* VersR 1970, 648, 650. Generell für eine Berücksichtigung des Mitverschuldens im Nachverfahren jedoch *Pfeiffer* NJW 1964, 1262.
[78] *BGH* VersR 1970, 624; BGHZ 18, 149 = VersR 1955, 615.
[79] *OLG Düsseldorf* VersR 1975, 1052; *OLG Köln* VersR 1975, 543 = MDR 1975, 148; VersR 1989, 206 (es muß aber klargestellt werden, daß damit noch keine endgültige Quotierung des Schmerzensgeldanspruchs eintritt). – A.M. *MünchKommZPO-Musielak* Rdnr. 9.
[80] *BayObLGZ* 1994, 276, 282.
[81] BGHZ 1, 36 = NJW 1951, 188; BGHZ 63, 119 = NJW 1975, 106, 108; *BGH* WM 1975, 948, 951; NJW 1980, 1579; VersR 1959, 920; 1974, 1172, 1173 (auch insoweit, als es die Entstehung einzelner Schäden betrifft); MDR 1997, 774 = NJW 1997, 3176; *OLG Hamm* NJW-RR 1993, 914; *OLG Köln* OLGZ 1976, 87 = VersR 1976, 791; *OLG Schleswig* VersR 1980, 656.

den[82]. Dagegen darf die Frage eines Mitverschuldens des Geschädigten dann nicht dem Betragsverfahren vorbehalten werden, wenn zwei wesentlich verschiedene haftungsbegründende Verläufe alternativ in Frage stehen und noch ungeklärt sind[83].

Beim Erlaß eines **Feststellungsurteils** (Endurteils) über den Grund des Anspruchs darf dagegen wegen der im Vergleich zum Grundurteil weiterreichenden Rechtskraftwirkung die Frage des mitwirkenden Verschuldens nicht offengelassen werden[84].   24

Ähnlich wie beim Mitverschulden wurde es bei einem Anspruch aus § 906 BGB zugelassen, die Frage einer **Mitverursachung** durch den Kläger dem Betragsverfahren vorzubehalten, wenn mit hoher Wahrscheinlichkeit anzunehmen ist, daß gleichwohl der Klageanspruch wenigstens in irgendeiner Höhe bestehen bleibt[85]. Auch sonst kann bei **Verursachung des Schadens durch mehrere** die Feststellung des Anteils dem Betragsverfahren überlassen bleiben[86].   25

Auch die Ausgleichung von Schaden und Nutzen (**Vorteilsausgleichung**) gehört an sich zum Anspruchsgrund[87], kann aber, soweit dadurch der Anspruch allenfalls gemindert, nicht beseitigt wird, dem Betragsverfahren vorbehalten werden[88].   26

Beruft sich der Versicherer auf Leistungsfreiheit wegen arglistiger Täuschung über die Schadenshöhe, so ist wegen des Zusammenhangs mit der Feststellung des Schadens ein Grundurteil im allgemeinen nicht möglich[89].   26a

e) Kapital oder Rente, Anfangs- und Endtermin, Fälligkeit, Zinspflicht

Ob Schadensersatz durch **Kapital oder Rente** zu leisten ist, muß in der Regel im Verfahren über den Grund erörtert und im Grundurteil entschieden werden[90], doch gestattet man auch hier, die Frage in geeigneten Fällen dem Betragsverfahren vorzubehalten[91]. Dasselbe – an sich Zugehörigkeit zum Grund, aber Zulässigkeit der Verlagerung in das Nachverfahren – gilt bei Unterhalts- und ähnlichen Ansprüchen hinsichtlich des **Anfangs- und Endtermins**[92], besonders der mutmaßlichen Lebensdauer in § 844 Abs. 2 BGB[93]. Die **Fälligkeit** gehört im Regelfall zum Grund des Anspruchs. Das steht aber bei einer Klage auf künftige Leistung einem Grundurteil nicht entgegen[94], weil es hier nach dem Gegenstand der Klage auf die bestehende Fälligkeit nicht ankommt. Die Erörterung des Beginns und der Höhe der **Zinspflicht** kann grundsätzlich dem Betragsverfahren überlassen bleiben[95].   27

---

[82] *BGH* NJW-RR 1996, 700, 701; *BGHZ* 110, 196, 202 = NJW 1990, 1106, 1108; *OLG Köln* OLGZ 1976, 87 (Fn. 81).
[83] *BGH* NJW 1979, 1933, 1935 = LM § 823 BGB (Aa) Nr. 43.
[84] *BGH* NJW 1978, 544 = MDR 1978, 384; MDR 1997, 774; *OLG Düsseldorf* MDR 1985, 61.
[85] *BGHZ* 79, 45, 46 (Fn. 6).
[86] *RG* Gruchot 47 (1903), 1167. – *RGZ* 53, 114, 117 verlangte dagegen die Entscheidung darüber im Grundurteil.
[87] *RGZ* 65, 57, 59f.; *RG* JW 1938, 3306.
[88] Die Verweisung in das Nachverfahren gestattet *RGZ* 103, 406. S. auch *RG* JW 1928, 109; 1936, 655. Die Herabsetzung einer *Vertragsstrafe* rechnet zum Nachverfahren *RG* Gruchot 59 (1915), 499.
[89] *BGH* LM § 301 Nr. 47 = NJW-RR 1992, 1053; VersR 1992, 1465 = NJW-RR 1993, 91; s. auch *OLG Hamm* VersR 1994, 301.
[90] *RG* Gruchot 50 (1906), 1070; 51 (1907), 598, 923; *RG* JW 1906, 359f.; 1911, 185f.
[91] *BGHZ* 59, 139, 147 = LM § 148 Preuß. Allg. BergG Nr. 12 = NJW 1972, 1943; *RG* JW 1908, 558; WarnRsp 1911 Nr. 292; 1913 Nr. 177; 1914 Nr. 134. Vgl. auch *RGZ* 141, 304, 306.
[92] *RGZ* 71, 246, 247; 98, 222; *RG* JW 1906, 710f.; 1907, 366; 1913, 137f.; DR 1943, 997, zur Frage der Zulässigkeit eines Grundurteils in Unterhaltssachen → Rdnr. 13 a.E.
[93] Den Vorbehalt für das Nachverfahren gestattet aus Zweckmäßigkeitsgründen *BGHZ* 11, 181 = NJW 1954, 716 = LM § 253 Nr. 9 (*Pagenlarm*), aber nur sofern diese Frage dem Nachverfahren ausdrücklich vorbehalten wurde. Vgl. auch *BGH* VersR 1956, 387; 1957, 321; 1964, 1113; 1965, 84; 1967, 1002 (zur Frage von Beginn und Dauer der Rentenzahlung); *OLG Stuttgart* VersR 1958, 649.
[94] *BGHZ* 5, 342, 344; ausführlich *Kürschner* ZfBR 1987, 113.
[95] *BGH* VersR 1961, 253 und *OLG Köln* JMBlNRW 1963, 144. – Über den Grund des Zinsanspruchs ist dagegen im Grundurteil zu entscheiden, wenn es sich nicht um eine einfache Rechtslage handelt, *BGH* WM 1985, 1166, 1167.

f) Zurückbehaltungsrecht, Pfändung, Ersetzungsbefugnis

28   Das **Zurückbehaltungsrecht** berührt den Bestand des Anspruchs nicht und ändert nur die Leistung, so daß es zum Betragsverfahren zu rechnen ist[96]. Dasselbe wird für **Pfändungen** des Anspruchs angenommen[97].

29   Dagegen ist über die Befugnis des Schuldners, an Stelle der geschuldeten Leistung eine andere zu erbringen (**Ersetzungsbefugnis**), schon im Grundurteil zu entscheiden[98].

g) Haftungsbeschränkung

30   Die beschränkte oder unbeschränkte Haftung (z.B. des Erben oder des Reeders) gehört in das Grundverfahren[99], → § 780 Rdnr. 5. Dies gilt für den Vorbehalt der beschränkten Erbenhaftung auch dann, wenn nicht die bereits eingetretene beschränkte Haftung, sondern die beschränkbare Haftung geltend gemacht wird[100]. Der Vorbehalt muß nicht ausdrücklich im Tenor des Grundurteils enthalten sein, wenn schon der Klageantrag den Vorbehalt umfaßte[101].

h) Verjährung

31   Ein Grundurteil kann nur ergehen, wenn das Gericht die geltend gemachte Verjährungseinrede für nicht durchgreifend erachtet. Jedoch kann die Entscheidung über die Verjährungseinrede dann dem Betragsverfahren vorbehalten bleiben, wenn sie nur gegen einen **Teilbetrag** des Anspruchs erhoben ist und zu erwarten ist, daß dem Kläger aus dem übrigen Teil des Klageanspruchs ein Betrag zuzusprechen sein wird[102].

3. Häufung mehrerer rechtlicher Begründungen

32   Wird ein und derselbe prozessuale Anspruch auf mehrere rechtliche Begründungen gestützt, so besteht Entscheidungsreife für den Erlaß eines Grundurteils im allgemeinen erst **nach Prüfung sämtlicher Gründe,** da sich in dem weiteren Verfahren über die Höhe des Anspruchs Unterschiede ergeben können, je nachdem ob der Anspruch auf den einen oder den anderen Grund gestützt wird. Andernfalls besteht die Gefahr, daß über einen Klagegrund, der einen weitergehenden Anspruch gewährt, nicht entschieden wird[103].

33   Wenn allerdings die Verschiedenheit der Begründungen für die Höhe des geltend gemachten[104] Betrages **ohne jede Bedeutung** ist, kann das Grundurteil auch ohne diese Prüfung sämtlicher Begründungen ergehen[105].

34   Wenn dagegen über mehrere Klagegründe teils bejahend, teils verneinend befunden wird und deren **Gleichwertigkeit** für das Betragsverfahren **nicht außer Zweifel** steht, dann sollte das Gericht von einem Zwischenurteil über den Grund absehen[106]. Wird nämlich bei mehrfa-

---

[96] *RGZ* 123, 6; SeuffArch 65 (1910), 118.
[97] *RGZ* 170, 283.
[98] *BGH* LM Nr. 33 = NJW 1972, 1202.
[99] *BGH* LM § 780 Nr. 3; *RGZ* 104, 338, 340; 61, 293, 294; *OLG Köln* VersR 1968, 380; *E. Schneider* MDR 1978, 793, 795.
[100] Insoweit a.M. *OLG Schleswig* SchlHA 1969, 231, das den Vorbehalt der *beschränkbaren* Erbenhaftung noch im Nachverfahren zuläßt. Dagegen *E. Schneider* MDR 1978, 793, 795; *Becker* (Fn. 1) S. 112 f.
[101] *OGHZ* 4, 194, 204 f.; *E. Schneider* MDR 1978, 793, 795.
[102] *BGH* LM Nr. 27 = NJW 1968, 2105.
[103] S. auch *BGH* LM Nr. 5; ZZP 73 (1960), 102 = VersR 1959, 857; *BGH* VRS 19 (1960), 90; *OGHZ* 4, 271 = NJW 1951, 112; *RGZ* 131, 343; 140, 392; *RG* JW 1927, 843; 1936, 46, 323, 655; *OLG Stuttgart* VersR 1959, 746; ebenso *Lohner* (Fn. 1) S. 31 ff.
[104] Wie *MünchKommZPO-Musielak* Rdnr. 30 f. besonders betont, genügt die Bejahung einer Anspruchsgrundlage, wenn sie den Klageanspruch in vollem Umfang deckt.
[105] *BGH* LM Nr. 32 = NJW 1970, 608; *BGHZ* 72, 34, 36 = NJW 1978, 1920; *OLG München* VersR 1992, 375 (LS).
[106] Vgl. *RG* JW 1935, 3463 (*Jonas*); JW 1937, 232. S. auch *RG* JW 1938, 821 (*Bach*).

cher Begründung eines Anspruchs die Klage aus einem dieser Gründe dem Grunde nach für gerechtfertigt erklärt, dann liegt in dieser Einschränkung zwar keine Klageabweisung im übrigen, die der materiellen Rechtskraft fähig wäre. Der Verneinung der anderen rechtlichen Begründungen desselben prozessualen Anspruchs kommt allenfalls eine innerprozessuale Bindungswirkung zu (→ Rdnr. 52 bei Fn. 153)[107]. Damit erhält aber das Grundurteil den Charakter eines Zwischenurteils über einzelne Angriffsmittel (→ § 303 Rdnr. 1), das durch die Novelle 1924 abgeschafft wurde.

Richtig erscheint deshalb vielmehr der Erlaß eines ziffernmäßig bestimmten **Teilendurteils** 35 hinsichtlich des nicht durchgreifenden Teils des Klageanspruchs (damit ist die Klagebegründung, die den geltend gemachten prozessualen Anspruch voll rechtfertigen würde, *insoweit* ausgeschieden) in Verbindung mit einem Grundurteil über den Restanspruch (also mit Höchstbetragsgrenze; ein »Teilgrundurteil« als Urteil über einzelne Teile der Begründung des prozessualen Anspruchs ist nämlich unzulässig). Damit ist dann die Qualifizierung des Klageanspruchs auf einen bestimmten Klagegrund ohne Bedeutung für die Höhe[108]. Beispiel: A klagt gegen B auf Zahlung von DM 600.000.- Schadensersatz aufgrund Gefährdungshaftung und unerlaubter Handlung. Mangels Verschuldens ist eine unerlaubte Handlung nicht gegeben, der vom Gericht bejahte Anspruch aus Gefährdungshaftung kann aber höchstens DM 500.000.- betragen (§ 12 Abs. 1 Nr. 1 StVG). Dann wird die Klage durch **Teilendurteil** insoweit abgewiesen, als sie den Betrag von DM 500.000.- übersteigt; außerdem kann **Grundurteil** über den Anspruch aus Gefährdungshaftung ergehen.

Werden hinsichtlich desselben prozessualen Antrags als Begründung zwei selbständige ma- 36 teriell-rechtliche Ansprüche geltend gemacht und ist der Antrag entweder nur aus dem einen oder nur aus dem anderen Grund gerechtfertigt (**Alternativbegründung**), dann kann das Zwischenurteil über den Grund solange nicht ergehen, als nicht geklärt ist, welche der beiden Begründungen zutrifft[109].

IV. Das Grundurteil bei Anspruchshäufung

1. Objektive (kumulative) Anspruchshäufung

Das Grundurteil kann hinsichtlich eines von mehreren kumulativ geltend gemachten pro- 37 zessualen Ansprüchen – also bei objektiver Klagenhäufung (→ § 260 Rdnr. 12f.) im Gegensatz zur Häufung von Begründungen für denselben Antrag (→ Rdnr. 32) – als **Teilurteil** ergehen, wenn die Voraussetzungen eines solchen nach § 301 Abs. 1 vorliegen[110], insbesondere über die Klage oder die Widerklage, soweit diese voneinander unabhängig sind[111] (→ § 301 Rdnr. 6 bei Fn. 21)[112]. Wird mit der Widerklageforderung zugleich gegen die Klageforderung **aufge-**

---

[107] *BGH* NJW 1959, 1918 = MDR 1959, 1002 (dazu *Pohle* MDR 1960, 129) = JZ 1960, 256 = LM Nr. 12. Ablehnend dazu *Bötticher* JZ 1960, 240.

[108] So *Bötticher* JZ 1960, 240, 242; *Schilken* ZZP 95 (1982), 45, 53. S. auch *BGHZ* 72, 34, 36 = NJW 1978, 1920 = JZ 1978, 650. Vielfach wird dagegen die Ansicht vertreten, es genüge, die nicht gegebene Anspruchsgrundlage im Tenor oder in den Entscheidungsgründen des Grundurteils zu verneinen, so *Schwab* (Fn. 1) 339f.; *Rosenberg-Schwab-Gottwald*[15] § 59 IV 2 i; *Zöller-Vollkommer*[20] Rdnr. 10; *Thomas-Putzo*[20] Rdnr. 14. Wird so vorgegangen, ist eine Beschwer des Klägers auch ohne Teilabweisung zu bejahen, *OLG Frankfurt* MDR 1987, 62; ebenso *Lohner* (Fn. 1) S. 67 und 71f.

[109] *BGH* LM Nr. 23 = NJW 1964, 2414.

[110] Vgl. *RGZ* 51, 248; 58, 232; *RG* JW 1909, 22; 1910, 1007; 1934, 2974; *OLG Köln* JMBlNRW 1951, 204; *Zöller-Vollkommer*[20] Rdnr. 12; *Schilken* ZZP 95 (1982), 45, 55; offenlassend *BGH* LM § 301 Nr. 47 = NJW-RR 1992, 1053. - A.M. *AK-ZPO-Fenge* Rdnr. 13.

[111] Im konkreten Fall verneinend *BGH* LM § 301 Nr. 47 (Fn. 110).

[112] *RG* JW 1906, 202f.

rechnet, so kann ein Grundurteil hinsichtlich der Widerklage erlassen werden, wenn die Gegenforderung die Höhe der Klageforderung in jedem Fall übersteigen wird[113].

38 Umgekehrt kann bei einem sich aus mehreren (prozessualen) Teilansprüchen zusammensetzenden Klagebegehren ein **einheitliches Grundurteil** nur ergehen, wenn feststeht, daß *jeder* der Teilansprüche dem Grunde nach gerechtfertigt ist[114]. Handelt es sich hingegen bei den »Teilansprüchen« nur um unselbständige Rechnungsposten eines einzigen materiell-rechtlichen wie prozessualen Anspruchs, so kann die Frage, ob die Ursächlichkeit des schadenstiftenden Ereignisses hinsichtlich *aller* einzelnen Schadensposten zu bejahen ist, dem Betragsverfahren vorbehalten werden[115]. Bei der Einklagung mehrerer Teilbeträge einer Forderung zugunsten *verschiedener Personen* kann ein Grundurteil ergehen, sobald das Gericht eine Forderung in Höhe der insgesamt geltend gemachten Beträge für möglich hält[116]. Bei einer Teilklage ist ein Grundurteil möglich, wenn sich der Gesamtanspruch aus mehreren Forderungen zusammensetzt und zu erwarten ist, daß jedenfalls auf einzelne davon ein Betrag zugesprochen wird[117].

2. Eventuelle Anspruchshäufung

39 Bei eventueller Anspruchshäufung (→ § 260 Rdnr. 15 ff.) kann ein Grundurteil über den Hilfsantrag erst ergehen, wenn der Hauptantrag für unbegründet erklärt und durch *Teilurteil* gemäß § 301 Abs. 1 abgewiesen ist[118] (→ § 301 Rdnr. 12). Es ist auch nicht zulässig, in einem Grundurteil alternativ entweder den Hauptantrag oder den Hilfsantrag für dem Grunde nach gerechtfertigt zu erklären, weil dann der Umfang der Bindungswirkung dieses Urteils unklar wäre[119]. Hebt das Revisionsgericht die Abweisung des Hauptanspruchs auf und verweist es die Sache an das Berufungsgericht zurück, so hat es das (nicht angefochtene) Grundurteil über den Hilfsanspruch nicht aufzuheben, vielmehr bleibt dies dem Berufungsgericht vorbehalten[120].

V. Das Grundurteil und seine Anfechtung

1. Die Entscheidung über den Erlaß eines Grundurteils

40 Auch wenn die Voraussetzungen eines Grundurteils gegeben sind, muß das Gericht nicht notwendigerweise ein Grundurteil erlassen. Vielmehr kann das Gericht nach pflichtgemäßem **Ermessen** von Amts wegen über den Grund vorab entscheiden oder aber die Entscheidung bis zum Endurteil aufsparen[121]. Die Vorabentscheidung soll namentlich dann unterbleiben, wenn

---

[113] *OLG Köln* NJW-RR 1994, 917.

[114] *BGHZ* 89, 383 = NJW 1984, 1226; zust. *Stürner* JZ 1984, 525 sowie *Kornblum* JuS 1986, 600; *BGH* NJW 1990, 1366, 1367 = LM Nr. 52; *RGZ* 158, 34; *OLG Düsseldorf* NJW 1957, 1483; *OLG München* VersR 1958, 424.

[115] *BGH* NJW 1961, 1465 = LM § 318 Nr. 4; NJW 1968, 1968; LM Nr. 32 = NJW 1970, 608. – Zur Zulässigkeit eines einheitlichen Grundurteils über Ansprüche eines Frachtführers aus einer Vielzahl von Transporten *BGH* LM Nr. 35 = MDR 1974, 558 = VersR 1974, 587.

[116] *BGH* NJW 1960, 2336 = FamRZ 1960, 483 = LM Nr. 15 = ZZP 74 (1961), 202 (krit. *Baumgärtel*).

[117] *BGH* NJW 1993, 1779, 1782 = LM § 675 BGB Nr. 186.

[118] *BGH* MDR 1975, 1007; LM § 249 (A) BGB Nr. 93 = MDR 1992, 755; s. auch *BGH* WM 1998, 333 (zu Gewährleistungsbürgschaft aufgrund von Hauptforderungen und hilfsweise benannten Forderungen).

[119] *BGH* LM Nr. 30 = NJW 1969, 2241.

[120] *BGHZ* 106, 219 = NJW 1989, 1486 = JR 1989, 328 (*Orfanides*). Die Aufhebung durch das Berufungsgericht ist deklaratorisch, da die Entscheidung über den Hilfsanspruch auflösend bedingt ist, *BGH* aaO; → § 301 Fn. 77.

[121] Gänzlich unzulässig ist ein Endurteil über den Grund unter Verweisung des Betrages in einen besonderen Prozeß, *RG* JW 1898, 141.

sie ohne Erhebungen über den Betrag nicht möglich ist[122]. Andernfalls würde das Gericht zweimal mit derselben Frage befaßt.

2. Rechtsnatur und Fassung des Grundurteils

Das Urteil des § 304 ist seiner Natur nach ein **Zwischenurteil**[123], weil es nicht über den Anspruch selbst, sondern nur über einen Streitpunkt entscheidet (→ § 303 Rdnr. 1)[124]. Es muß deshalb in seiner Fassung[125] den Anschein vermeiden, als ob bereits eine endgültige Rechtsschutzhandlung gewährt oder eine Entscheidung über die Grenzen des erhobenen Anspruchs hinaus (→ Rdnr. 53 bei Fn. 155) gegeben würde[126]. Es hat daher weder auf Verurteilung noch auf Feststellung etwa der Schadensersatzpflicht schlechthin zu lauten, sondern nur **den erhobenen Anspruch seinem Grunde nach für gerechtfertigt zu erklären**[127]. Das Grundurteil kann dagegen nicht den Anspruch für teilweise nicht gerechtfertigt erklären, vielmehr ist dann neben dem Grundurteil eine teilweise Klageabweisung geboten[128]. Dabei ist aber eine Begrenzung auch des Umfangs durch Angabe der dafür maßgebenden Tatsachen[129] oder die Angabe der Verteilung im Falle des § 254 BGB usw. nicht ausgeschlossen[130].

41

Über die **Kosten** darf erst im Endurteil entschieden werden, → § 91 Rdnr. 6, zu den Rechtsmittelkosten → aber § 97 Rdnr. 3 (dort Fn. 6). Das Grundurteil enthält auch keinen Ausspruch über die **vorläufige Vollstreckbarkeit**[131].

42

3. Selbständige Anfechtbarkeit des Grundurteils

Das Zwischenurteil über den Grund gilt nach Abs. 2 **hinsichtlich der Rechtsmittel als Endurteil** (→ aber Rdnr. 57); es kann daher nur selbständig, nicht aber mit dem Endurteil (§§ 512, 548), im Wege der Berufung und Revision angefochten werden[132] und ist gesonderter formeller Rechtskraft fähig. Zur Frage, ob das Berufungsgericht zurückzuweisen hat oder selbst (und in welchem Umfang) entscheiden kann → § 538 Rdnr. 18ff. Die Frage der Zulässigkeit des Grundurteils ist vom Revisionsgericht **von Amts wegen zu prüfen,** → § 559 Rdnr. 17[133]. **Nichtigkeits- und Restitutionsgründe** sind nach formeller Rechtskraft des Grundurteils grundsätzlich im noch anhängigen Nachverfahren geltend zu machen, näher → § 578 Rdnr. 7.

43

Wegen der Anfechtung **inkorrekter Entscheidungen** → Rdnr. 50 sowie → Allg. Einl. vor § 511 Rdnr. 37. Zur **Wirkung der Aufhebung** eines Zwischenurteils in der höheren Instanz auf ein inzwischen ergangenes Endurteil → Rdnr. 55.

44

---

[122] *RG* Gruchot 44 (1900), 974f.; *OLG Kassel* ZZP 41 (1911), 204.
[123] S. auch *RGZ* 66, 10f.; 90, 238. A. Blomeyer ZPR² § 83 V 4 bezeichnet das Grundurteil seinem Inhalt nach als Feststellungsurteil, seinem Wesen nach als Zwischenurteil. *Rosenberg-Schwab-Gottwald*[15] § 59 IV sieht im Grundurteil ein Zwischenurteil besonderer Art, ebenso *Thomas-Putzo*[20] Rdnr. 1; *Zöller-Vollkommer*[20] Rdnr. 1.
[124] Über den Unterschied zwischen einem Schadensersatz-Grundurteil und einem vorausgegangenen Schadensersatz-Feststellungsurteil s. *BGH* NJW 1978, 544; *OLG Düsseldorf* MDR 1985, 61; *RG* JW 1939, 650.
[125] Zur Fassung des Tenors im Grundurteil vgl. *Scheld* DRiZ 1953, 222; *Wittmann* NJW 1967, 2387; *Schmitt* NJW 1968, 1127; *Türpe* MDR 1968, 453.
[126] S. auch *RG* JW 1906, 689f.
[127] Vgl. *RGZ* 56, 35f.; 60, 314; *RG* JW 1903, 387; 1904, 119; 1905, 284, 288; 1906, 472; 1907, 7.
[128] *BGH* LM Nr. 48 (Fn. 32) gegen *OLG Celle* VersR 1982, 598.
[129] Vgl. z.B. *RGZ* 13, 405; 16, 387; *RG* JW 1897, 108; 1900, 828.
[130] Näher hierzu *Reinicke* NJW 1951, 93.
[131] *MünchKommZPO-Musielak* Rdnr. 11.
[132] Zur Frage, wann sich aus dem Grundurteil eine *Beschwer* für den Beklagten ergeben kann, vgl. *OLG Celle* VersR 1960, 260. S. weiterhin *Wittmann* NJW 1967, 2387.
[133] *BGH* VersR 1985, 154, 155; NJW 1975, 1968; *RG* JW 1935, 518.

VI. Das Nachverfahren

1. Durchführung des Betragsverfahrens nach formeller Rechtskraft des Grundurteils

45   Mit dem Erlaß der Vorabentscheidung über den Grund gelangt das Verfahren bis zur formellen Rechtskraft des Grundurteils im Regelfall in tatsächlichen Stillstand. Erst nach der formellen Rechtskraft des Grundurteils oder der Zurückverweisung durch das Rechtsmittelgericht, wenn dieses das Grundurteil erlassen und für das Betragsverfahren gemäß § 538 Abs. 1 Nr. 3 zurückverwiesen hat (→ § 538 Rdnr. 35), hat das Gericht **von Amts wegen** (§ 216, → vor § 214 Rdnr. 4, → § 280 Rdnr. 23) **Termin zur Verhandlung über den Betrag des Anspruchs zu bestimmen**[134]. Unterbleibt dies, so ist für den Stillstand des Verfahrens die Untätigkeit des Gerichts, nicht ein Nichtbetreiben seitens der Parteien verantwortlich, so daß die Verjährung nicht gemäß § 211 Abs. 2 BGB erneut zu laufen beginnt[135]. Daß gegen ein rechtskräftiges Grundurteil **Verfassungsbeschwerde** eingelegt wurde, nötigt nicht dazu, das Betragsverfahren bis zur Entscheidung des Verfassungsgerichts auszusetzen[136].

2. Durchführung des Betragsverfahrens vor formeller Rechtskraft des Grundurteils

46   Das Gericht kann aber ohne Rücksicht auf die Anfechtung des Grundurteils nach Abs. 2 auf **Antrag** einer der Parteien die **Fortsetzung der Verhandlung über den Betrag** des Anspruchs anordnen. Für diesen Antrag, für die Entscheidung darüber und für das Nachverfahren vor Rechtskraft des Grundurteils gilt das → § 280 Rdnr. 24 ff. Ausgeführte entsprechend. Gegen eine Entscheidung des Gerichts, *nicht* vor Rechtskraft des Grundurteils über den Betrag zu verhandeln, ist in entsprechender Anwendung von § 252 die **Beschwerde** zulässig[137], ebenso umgekehrt gegen eine dem Antrag stattgebende Entscheidung[138], da diese mit einer Ablehnung der Aussetzung vergleichbar ist. Der Eintritt des erstinstanzlichen Gerichts in die Verhandlung über den Betrag ist auch dann zulässig (nach Zurückverweisung), wenn das Grundurteil erstmalig in der Berufungsinstanz ergangen ist.

3. Die Bindungswirkung des Grundurteils im Nachverfahren

a) Rechtsnatur und Umfang der Bindungswirkung

47   In dem Nachverfahren bindet das Zwischenurteil gemäß § 318[139], nicht aufgrund der materiellen Rechtskraft nach § 322, die es nicht besitzt[140] (→ auch § 322 Rdnr. 58), und daher ohne Rücksicht auf seine formelle Rechtskraft. Die Bindung erstreckt sich auch auf die **rechtliche**

---

[134] *BGH* LM Nr. 42 = NJW 1979, 2307 = ZZP 93 (1980), 177 (*Grunsky*); *Rosenberg-Schwab-Gottwald*[15] § 59 IV 5 a; *Zöller-Vollkommer*[20] Rdnr. 19. – A.M. *Baumbach-Lauterbach-Hartmann*[56] Rdnr. 25.

[135] *BGH* LM Nr. 42 (Fn. 134) (anders u. U., wenn der Kläger es außergewöhnlich und unverständlich lang versäumt, das Gericht an die Pflicht zur Terminierung zu erinnern); *Palandt-Heinrichs*[57] § 211 BGB Rdnr. 4; *MünchKomm-Feldmann*[3] § 211 BGB Rdnr. 7. – A.M. *Grunsky* ZZP 93 (1980), 179 (für Anwendung der zu § 270 Abs. 3 entwickelten Grundsätze).

[136] *OLG Nürnberg* MDR 1990, 451.

[137] *OLG Köln* NJW 1956, 555 = ZZP 69 (1956), 49; *KG* MDR 1971, 588; *Zöller-Vollkommer*[20] Rdnr. 19; *MünchKommZPO-Musielak* Rdnr. 33; → auch § 252 Rdnr. 2 (bei Fn. 4), → § 280 Rdnr. 25.

[138] So auch *Rosenberg-Schwab-Gottwald*[15] § 59 IV 5 a. – A.M. *OLG München* NJW 1974, 1514 = OLGZ 1975, 48; *OLG Frankfurt* MDR 1985, 149 (für ein Zwischenurteil gem. § 280 Abs. 1); *MünchKommZPO-Musielak* Rdnr. 33.

[139] So auch *BGHZ* 35, 223, 226; *BGH* WM 1987, 940; *RGZ* 132, 16; *OLG Köln* JW 1930, 3334; *OLG Bremen* ZZP 65 (1952), 281; *Schwab* (Fn. 1) 339 und der Sache nach *RGZ* 90, 238, 240, das jedoch ungenau von Rechtskraft spricht; ebenso *BAG* NJW 1976, 774 (Fn. 166). – Hat das Berufungsgericht ein Grundurteil erlassen, so bleibt es daran in einem zweiten Berufungsverfahren in derselben Sache gebunden, *BGH* LM § 318 Nr. 14 = NJW-RR 1987, 1196 = WM 1987, 940.

[140] *BGH* LM § 318 Nr. 14 (Fn. 139).

Einordnung des Anspruchs im ganzen[141]. Diese Bindung gilt auch für die höheren Instanzen des Nachverfahrens (→ auch Fn. 139 a.E.). Die Bindung schließt nicht aus, daß jetzt die Klage deshalb abgewiesen wird, weil **kein Betrag nachgewiesen** ist[142], oder weil der Kläger **im Nachverfahren säumig** ist, → § 332 Rdnr. 4.

Die Bindungswirkung geht grundsätzlich nicht weiter, als es dem im Grundurteil objektivierten **Willen** des das Zwischenurteil erlassenden Gerichts entspricht[143]. Dabei sind zur Erläuterung der Urteilsformel die Entscheidungsgründe mit heranzuziehen[144]. 48

Die Bindungswirkung schließt auch nicht aus, daß die Klage im Nachverfahren **als unzulässig abgewiesen** wird, weil eine Prozeßvoraussetzung fehlt[145]. Die Bindungswirkung kann lediglich den Grund des Anspruchs betreffen, die Prozeßvoraussetzungen sind dagegen in jeder Lage des Verfahrens zu prüfen. 49

Im übrigen gilt die Bindung auch **im Versäumnisverfahren**, → § 347 Rdnr. 3f. Sie besteht auch dann, wenn das Grundurteil ohne seine Voraussetzungen und deshalb in Widerspruch zu § 304 ergangen ist[146]. Soweit sich jedoch das Urteil über den Grund auch **schon mit dem Betrag befaßt,** z.B. für die Bemessung desselben Richtlinien aufstellt, ist es prozessual *unzulässig* und für das Nachverfahren *nicht bindend*[147]; jedoch ist der Partei gleichwohl das Recht zuzubilligen, diesen Mangel mit den Rechtsmitteln gegen das Grundurteil geltend zu machen. 50

b) Zulässiges Vorbringen im Nachverfahren

Die Bindung bewirkt, daß nur solche Angriffs- und Verteidigungsmittel geltend gemacht werden können, die sich auf den **Betrag** des Anspruchs beziehen, z.B. die Anrechnung gemachten oder entgangenen Gewinns (§§ 324, 552, 615 BGB), → auch Rdnr. 26. **Einwendungen und Einreden gegen den Grund des Anspruchs** sind dagegen grundsätzlich **unstatthaft**[148], es sei denn, daß sie erst **nach dem Urteil entstanden** sind[149]. Geltend gemacht werden kann demgemäß auch die nachträgliche Veränderung der Verhältnisse im Sinne des § 323[150]. Für die Zulässigkeit weiteren Vorbringens ist jedoch nicht maßgebend, was nach dem → Rdnr. 12ff. Dargelegten in dem Verfahren über den Grund hätte erledigt werden *sollen*. Hat das Gericht – zu Recht oder Unrecht – ein bestimmtes Vorbringen, seien es weitere Klagegründe oder weitere Einwendungen, ersichtlich dem Nachverfahren **vorbehalten,** so ist dies 51

---

[141] *BGH* VersR 1960, 248; *OLG Hamm* NJW-RR 1993, 693 (vertraglicher Anspruch); *OLG Bremen* ZZP 65 (1952), 281 = VRS 4 (1952), 301 = VersR 1952, 127; *Schwab* (Fn. 1) 339. → aber Fn. 152.

[142] S. auch *BGH* VersR 1965, 1173; *RGZ* 89, 119; 110, 160; 132, 21; 151, 5, 9; *RG* JW 1938, 693.

[143] *BGH* NJW-RR 1997, 188 (maßgebend ist das »wirklich Erkannte«); LM Nr. 21 (zu 2.) = MDR 1964, 214; WM 1968, 1380, 1382.

[144] *BGH* NJW-RR 1997, 1898. Vgl. auch *BGH* LM Nr. 21 (Fn. 143); NJW 1961, 1465 = LM § 318 Nr. 4. – Problematisch *OLG Hamm* NJW-RR 1993, 914, 918, wonach eine lediglich in den Gründen erfolgte Verneinung von Mitverschulden keine Bindungswirkung entfalte; so daß insoweit auch bei abweichender Beurteilung durch das Berufungsgericht das Grundurteil nicht abzuändern sei. Wenn aber das Gericht erkennbar über den Mitverschuldenseinwand bereits im Grundurteil entscheiden wollte, greift auch die Bindungswirkung für das Betragsverfahren ein.

[145] Ebenso *MünchKommZPO-Musielak* Rdnr. 12.

[146] *RGZ* 63, 195 f.; *RG* JW 1911, 102, 157, 372; 1931, 3545.

[147] *BGHZ* 10, 361 = NJW 1953, 1867 = LM § 11 RLG Nr. 1 (*Pagendarm*); *BGH* VersR 1960, 248 (251); LM Nr. 21 (Fn. 143); *RG* JW 1925, 1491; 1927, 1637; *MünchKommZPO-Musielak* Rdnr. 12. – A.M. *Grunsky*[2] § 46 II 4 a (S. 475); *Tiedtke* ZZP 89 (1976), 64, 77, 79.

[148] *BGH* VersR 1968, 69, 70; NJW 1965, 1763 = LM Nr. 24; *OLG Hamm* NJW-RR 1993, 693; *RGZ* 62, 338; 63, 195; 138, 212; 147, 376. Nach dieser Rsp ist die Aufrechnung nicht mehr möglich, wenn sie im Grundverfahren hätte geltend gemacht werden können. – A.M. hinsichtlich der Aufrechnung *Oertmann* Die Aufrechnung im deutschen Zivilprozeßrecht (1916), 106f. → auch Fn. 149.

[149] *RGZ* 121, 182; *RG* JW 13, 137; *OLG Düsseldorf* JW 1930, 1984 (Abtretung nach Erlaß des Zwischenurteils). – Spätere Kenntniserlangung genügt ebensowenig wie im Fall des § 767 (→ § 767 Rdnr. 30); *RGZ* 138, 212. Die Frage, auf welchen Zeitpunkt es bei Gestaltungsrechten ankommt (Entstehung des Gestaltungsrechts oder Ausübung), wird man ebenso beurteilen müssen wie zu § 767 Abs. 2. Vorzuziehen ist die Ansicht, die auf die Ausübung abstellt, näher (auch zum weitgehend abweichenden Standpunkt der Rsp) → § 322 Rdnr. 246 sowie → § 767 Rdnr. 32ff.

[150] *RG* JW 1921, 1082.

für das Nachverfahren *maßgebend*[151]; ein derartiger Ausspruch in den Gründen der Vorabentscheidung genügt[152].

52 Die Bindung an das Grundurteil besteht aber dann und insoweit nicht, als das Berufungsgericht die Berufung gegen ein auf mehrere Begründungen gestütztes Grundurteil unter **Übergehung eines Teils dieser Gründe** zurückweist. Die Entscheidung über die übergangenen Klagegründe kann dann im Nachverfahren ohne Rücksicht auf § 318 ergehen, weil diesbezüglich nicht Stellung genommen worden ist[153] und im übrigen über einzelne Klagegründe des einheitlichen prozessualen Anspruchs nicht mit bindender Wirkung entschieden werden kann (→ Rdnr. 34).

c) Klageerweiterung

53 Eine **Erweiterung des Antrags** seinem Betrage nach ist in den Grenzen des § 264 Nr. 2 zulässig[154]. Die bindende Wirkung des Ausspruchs über den Grund erstreckt sich aber immer nur auf denjenigen Betrag des Anspruchs, der **zur Zeit der Vorabentscheidung** vom Kläger oder Widerkläger gefordert worden war[155].

54 Der Kläger ist durch das Grundurteil nicht gehindert, im Nachverfahren eine **Klageänderung** vorzunehmen und einen anderen prozessualen Anspruch geltend zu machen[156]. Inwieweit das Grundurteil dann noch eine Bindung entfalten kann, muß im Nachverfahren geprüft werden und hängt von dem neuen Anspruch ab.

4. Bedingtheit des Endurteils

55 Da das Zwischenurteil selbständig anfechtbar ist, kann der Fall eintreten, daß gleichzeitig in verschiedenen Instanzen prozessiert wird[157]. Ein **Endurteil im Betragsverfahren** ergeht aber immer nur unter der stillschweigenden **auflösenden Bedingung** der Aufrechterhaltung des Zwischenurteils über den Grund[158]. Bis zur rechtskräftigen Aufhebung des Grundurteils ist das Endurteil jedoch voll wirksam; es ist auch vorläufig vollstreckbar. Die endgültige Vollstreckbarkeit tritt aber infolge der Abhängigkeit von der Rechtskraft des Zwischenurteils erst mit Rechtskraft des Grundurteils ein[159], näher → § 704 Rdnr. 3. Analog § 717 Abs. 2 führt die Vollstreckung bei späterem Wegfall des Grundurteils zu einem Schadensersatzanspruch des Vollstreckungsgegners[160]. Einer *ausdrücklichen Aufhebung* dieses Endurteils bei Wegfall des Grundurteils bedarf es nicht; der in der höheren Instanz über das Zwischenurteil entscheidende Richter wäre dazu auch nicht in der Lage, da die Sache insoweit bei ihm nicht anhängig ist,

---

[151] Vgl. *RG* JW 1903, 291; 1909, 13; WarnRsp 1909 Nr. 540, sowie die Entscheidungen in Fn. 81, 91 bis 93.
[152] *RG* JW 1909, 13. – A.M. *RG* SeuffArch 62 (1907), 245. – Nach *RG* JW 1936, 1968 bezieht sich die Bindung in jedem Fall nur auf den eigentlichen Spruch, nicht auf die rechtliche Beurteilung im einzelnen, → aber auch Fn. 141.
[153] *BGH* LM § 318 Nr. 2 = ZZP 67 (1954), 295. Vgl. auch *BGH* VersR 1957, 18. So wohl auch *Bötticher* JZ 1960, 240, 242.
[154] Vgl. *RGZ* 56, 36.
[155] *BGH* NJW 1985, 496 = MDR 1984, 649; *OLG Stuttgart* NJW-RR 1996, 1085; *RGZ* 109, 288, 290; 112, 98; 124, 131.
[156] *OLG Stuttgart* NJW-RR 1996, 1085; *OLG Nürnberg* VersR 1968, 1196.
[157] Vgl. *BGH* MDR 1983, 1014 = VersR 1983, 735, wonach das Berufungsgericht im Rahmen der Berufung gegen das Grundurteil die Entscheidung über den haftungsausfüllenden Zusammenhang zwischen einer Körperverletzung und weiteren Gesundheitsschäden an sich ziehen darf, auch wenn das erstinstanzliche Gericht diese Frage ausdrücklich ausgeklammert hat, sofern dies prozeßökonomisch erscheint. Zur Möglichkeit der Miterledigung eines vorinstanzlichen Prozeßrests durch das Berufungsgericht s. auch *Mattern* JZ 1960, 385.
[158] Ebenso *Rosenberg-Schwab-Gottwald*[15] § 59 IV 5 d; *MünchKommZPO-Musielak* Rdnr. 35.
[159] So im Ergebnis auch *Baumbach-Lauterbach-Hartmann*[56] Rdnr. 31; *Thomas-Putzo*[20] Rdnr. 23 mit § 280 Rdnr. 10; *Rosenberg-Schwab-Gottwald*[15] § 59 IV 5 d. – A.M. *Gelhaar* VersR 1964, 206, 207.
[160] → § 717 Rdnr. 60. Ebenso *Rosenberg-Schwab-Gottwald*[15] § 59 IV 5 d; *MünchKommZPO-Musielak* Rdnr. 35.

→ auch § 280 Rdnr. 29[161]. Gleichwohl ist eine deklaratorische »Aufhebung« nicht ausgeschlossen, ebensowenig eine (ebenfalls deklaratorische) Feststellung der Gegenstandslosigkeit des Endurteils.

VII. Kosten und Gebühren

Zum Kostenausspruch → Rdnr. 42. Hinsichtlich der **Gerichtsgebühren** in erster Instanz ändert die Aufteilung in Grund- und Betragsverfahren nichts an der einheitlichen Gebühr, GKG Kostenverzeichnis Nr. 1201. In zweiter Instanz entstehen für das Grundurteil 1,5 Gebühren (GKG Kostenverzeichnis Nr. 1223), für das Urteil im Betragsverfahren ebenfalls 1,5 (ohne Begründung 0,75) Gebühren (GKG Kostenverzeichnis Nr. 1224f.). Für die **Rechtsanwaltsgebühren** bilden Grund- und Betragsverfahren eine einheitliche Instanz. § 15 BRAGO gilt, wenn das Grundurteil durch das Berufungsgericht aufgehoben und die Sache an die erste Instanz zurückverwiesen wird[162]. Aber auch wenn das Grundurteil durch die Berufungsinstanz bestätigt und das Verfahren zur Höhe des Anspruchs vor dem Erstgericht weitergeführt wird, liegt eine Zurückverweisung i.S. des § 15 BRAGO vor, die zum Neuanfall der Gebühren (außer der Prozeßgebühr) führt[163]. 55a

VIII. Arbeitsgerichtliches Verfahren

1. Zulässigkeit des Grundurteils

Im arbeitsgerichtlichen Verfahren ist das Grundurteil unter denselben Voraussetzungen zulässig wie im Zivilprozeß. Es kann in erster oder zweiter Instanz (dazu auch → § 538 Rdnr. 40), aber auch noch in der Revisionsinstanz ergehen[164]. 56

2. Keine selbständige Anfechtbarkeit

Im Vergleich zum Zivilprozeß besteht ein wesentlicher Unterschied: Das Grundurteil (sowohl der ersten als auch der zweiten Instanz) ist hinsichtlich der Rechtsmittel nicht als Endurteil anzusehen (§ 61 Abs. 3 ArbGG bzw. § 64 Abs. 7 mit § 61 Abs. 3 ArbGG), kann also **nicht selbständig angefochten** werden, → auch § 511 Rdnr. 13. Ob diese (aus dem früheren § 50 GewerbegerichtsG übernommene) Regelung auf zutreffenden gesetzgeberischen Erwägungen beruht, kann allerdings bezweifelt werden[165]. 57

Die Anfechtung des arbeitsgerichtlichen Grundurteils hat daher nach §§ 512, 548 mit den ordentlichen Rechtsmitteln gegen das das Verfahren **abschließende Endurteil** (das Betragsurteil) zu erfolgen[166]. Auch ein Ausspruch im Grundurteil, durch den die Berufung oder die Revision ausdrücklich zugelassen wird (§ 64 Abs. 2, § 72 Abs. 1 ArbGG), würde die selbständige 58

---

[161] *Schiedermair* JuS 1961, 212, 214 – A.M. *Bettermann* ZZP 88 (1975), 365, 392 unter 5 b) aa) und 395.
[162] *OLG Hamm* Rpfleger 1972, 110; *Riedel-Sußbauer* BRAGO⁷ § 15 Rdnr. 3; *MünchKommZPO-Musielak* Rdnr. 38.
[163] *OLG Hamm* Rpfleger 1972, 110; *OLG Düsseldorf* MDR 1995, 323; *OLG Koblenz* MDR 1996, 533; *Riedel-Sußbauer* BRAGO⁷ § 15 Rdnr. 3; *Gerold/Schmidt-Madert* BRAGO¹² § 15 Rdnr. 4; *MünchKommZPO-Musielak* Rdnr. 38; *Zöller-Vollkommer*²⁰ Rdnr. 28; str.

[164] *BAGE* 12, 174, 184 = AP § 66 BetrVG Nr. 20.
[165] Ebenso *Germelmann-Matthes-Prütting* ArbGG² § 61 Rdnr. 43. – Vgl. auch *Pagenstecher* JR 1927, 321.
[166] *BAG* NJW 1976, 774 = AP § 61 ArbGG Grundurteil Nr. 2; *RAG* ArbRsp 1930, 274. – Hatte das *LAG* entgegen § 61 Abs. 3 auf die Berufung gegen das Grundurteil sachlich erkannt, so verfällt das Urteil der Aufhebung, auch wenn der Mangel nicht gerügt ist, *RAG* ArbRsp 1932, 32.

Anfechtung des Grundurteils nicht eröffnen[167]. Ausnahmsweise wird man allerdings die Anfechtung des Grundurteils dann zulassen müssen, wenn das Grundurteil einheitlich mit einem über den Anspruch im übrigen entscheidenden rechtsmittelfähigen Feststellungsendurteil ergangen ist[168].

3. Rechtsnatur und Bindungswirkung

59   Das Urteil entspricht einem Zwischenurteil nach Art desjenigen nach § 303[169] (genaugenommen nach § 303 aF, da es sich um ein materiell-rechtliches Zwischenurteil handelt). Es **bindet** das Gericht nach § 318, so daß weitere Angriffs- und Verteidigungsmittel hinsichtlich des Grundes für die Instanz abgeschnitten sind. *Materielle Rechtskraft* kann das Zwischenurteil über den Grund dagegen nicht erlangen[170] (→ § 322 Rdnr. 58); in Rechtskraft kann allein das nachfolgende Endurteil erwachsen, in dem der Anspruch auch noch in vollem Umfang abgewiesen werden kann.

IX. Grundurteil über zivilrechtliche Ansprüche im Strafprozeß

60   Seit der Neuregelung durch das Opferschutzgesetz (vom 18. XII. 1986, BGBl I S. 2496, in Kraft getreten am 1. IV. 1987)[171] kann im strafprozessualen Adhäsionsverfahren über einen vom Verletzten geltend gemachten vermögensrechtlichen Anspruch (insbesondere Schadensersatzanspruch) gegen den Angeklagten aus der Straftat auch durch ein **Urteil** entschieden werden, das sich auf den **Grund des geltend gemachten Anspruchs** beschränkt, § 406 Abs. 1 S. 2 StPO. Die Entscheidung kann nur im positiven Sinn (Bejahung des Grundes) ergehen, wie auch aus § 406 Abs. 1 S. 1 StPO hervorgeht. Hält das Gericht den Anspruch für unbegründet, hat es von einer Entscheidung abzusehen, § 405 S. 1 StPO.

61   Gegen die Entscheidung über den Grund des Anspruchs stehen dem Angeklagten die nach der StPO zulässigen **Rechtsmittel** zu, wobei die Entscheidung auch ohne den strafrechtlichen Teil angefochten werden kann, § 406a Abs. 2 S. 1 StPO; zur Entscheidung durch Beschluß im Fall einer solchermaßen begrenzten Anfechtung s. § 406a Abs. 2 S. 2 StPO.

62   Wenn der Grund des Anspruchs durch das Strafgericht rechtskräftig bejaht ist, findet gemäß § 406 Abs. 3 S. 3 StPO »die Verhandlung über den Betrag nach § 304 Abs. 2 der Zivilprozeßordnung vor dem zuständigen Zivilgericht statt.« Wie das **Verfahren über den Betrag** an das zuständige Zivilgericht gelangt, sagt das Gesetz nicht ausdrücklich. In Übereinstimmung mit einer Bemerkung in der Gesetzesbegründung[172] erscheint dazu ein **Antrag** erforderlich, der vom Verletzten (dazu äußert sich die Gesetzesbegründung nicht) auszugehen hat[173]. Es muß dem Verletzten überlassen bleiben, das örtlich und sachlich zuständige Zivilgericht anzurufen, gegebenenfalls unter Ausübung des Wahlrechts zwischen mehreren zuständigen Gerichten, § 35. Eine Verhandlung über den Betrag vor Rechtskraft des strafprozessualen Grundurteils kann nicht angeordnet werden.

---

[167] Ebenso *Grunsky* ArbGG[7] § 61 Rdnr. 17; *Germelmann-Matthes-Prütting* ArbGG[2] § 61 Rdnr. 42.
[168] *BAGE* 20, 40 f. = MDR 1967, 1041 = AP § 61 ArbGG Grundurteil Nr. 1 (*Baumgärtel-Mes*); RAGE 18, 216, dazu *Jonas* JW 1937, 2313.
[169] *BAG* NJW 1976, 774 (Fn. 166).
[170] A.M. (aber wohl nur in ungenauer Formulierung) *BAG* NJW 1976, 774 (Fn. 166).
[171] Dazu *Weigend* NJW 1987, 1170; zum Gesetzentwurf der Bundesregierung *Schünemann* NStZ 1986, 193.

– Bei der vom Rechtsausschuß des Deutschen Bundestages durchgeführten Sachverständigenanhörung wurden zur Zweckmäßigkeit eines Grundurteils im strafprozessualen Adhäsionsverfahren recht unterschiedliche Auffassungen geäußert, s. Protokoll Nr. 85 des Rechtsausschusses des Deutschen Bundestages, 10. Wahlperiode, über die 85. Sitzung am 15. V. 1986.
[172] Begr. zum Gesetzentwurf der Bundesregierung, BT-Drucks. 10/5305, S. 16.
[173] Ebenso *MünchKommZPO-Musielak* Rdnr. 4.

Im übrigen richtet sich das **weitere Verfahren** nach der ZPO, wobei das Gericht die Akten des Strafprozesses beizuziehen hat. Die Antragstellung im Strafprozeß hat gemäß § 404 Abs. 2 StPO dieselben Wirkungen wie die Erhebung der Klage im Zivilprozeß. 63

Für die **Bindungswirkung** des strafprozessualen Grundurteils, das § 406 Abs. 3 S. 1 StPO einem im bürgerlichen Rechtsstreit ergangenen Urteil gleichstellt, ordnet § 406 Abs. 1 S. 2 StPO die entsprechende Anwendung des § 318 ZPO an. Dem strafprozessualen Urteil kommen also im Verfahren über den Betrag dieselben Wirkungen zu wie einem zivilprozessualen Grundurteil (→ Rdnr. 47 ff.). → auch § 318 Rdnr. 14. 64

Das strafprozessuale Grundurteil ist nach Maßgabe des EuGVÜ **anerkennungsfähig**, etwa wenn der Streit über den Betrag vor dem Gericht eines anderen Staates geführt wird[174]. 65

§ 305 [Urteil unter dem Vorbehalt der beschränkten Haftung]

(1) Durch die Geltendmachung der dem Erben nach den §§ 2014, 2015 des Bürgerlichen Gesetzbuchs zustehenden Einreden wird eine unter dem Vorbehalt der beschränkten Haftung ergehende Verurteilung des Erben nicht ausgeschlossen.

(2) Das gleiche gilt für die Geltendmachung der Einreden, die im Falle der fortgesetzten Gütergemeinschaft dem überlebenden Ehegatten nach dem § 1489 Abs. 2 und den §§ 2014, 2015 des Bürgerlichen Gesetzbuchs zustehen.

Gesetzesgeschichte: Eingefügt durch die Novelle 1898.

I. Die Rechtslage bis zur Annahme der Erbschaft[1]

Nach dem Anfall der Erbschaft kann ein Anspruch, der sich *gegen den Nachlaß richtet* (vgl. § 1967 BGB und → § 28 Rdnr. 2), **bis zur Annahme der Erbschaft** gegen den Erben nicht gerichtlich geltend gemacht werden, § 1958 BGB. Damit wird nicht die Passivlegitimation des Erben verneint[2]; denn das würde voraussetzen, daß nicht er, sondern ein anderer der richtige (d. h. materiell-rechtlich verpflichtete) Beklagte ist. Vielmehr wird hier wie in § 239 Abs. 5 (→ § 239 Rdnr. 18) lediglich der *Rechtsschutz* durch Verurteilung, Feststellung, Arrest oder Zwangsvollstreckung zeitweilig für **unzulässig** erklärt[3] (→ auch § 727 Rdnr. 22, § 778 Rdnr. 3 ff.), also die *Prozeßführungsbefugnis* des Erben verneint. Diese Unzulässigkeit ist **von Amts wegen zu beachten**[4] und führt zur **Abweisung der Klage als (zur Zeit) unzulässig**[5], sofern nicht vertagt wird. Auch die **Aufnahme schwebender Prozesse** gegen den Erben ist nach § 239 Abs. 5 bis zur Annahme unzulässig. Darüber hinaus folgt aus § 1958 BGB auch, daß der 1

---

[174] *Kohler* Adhäsionsverfahren und Brüsseler Übereinkommen 1968, in: *Will* (Hrsg.) Schadensersatz im Strafverfahren, Rechtsvergleichendes Symposium zum Adhäsionsprozeß (1990), 74, 76; allg. zur Anerkennungsfähigkeit strafprozessualer Adhäsionsentscheidungen *Kropholler* Europäisches Zivilprozeßrecht[5] Art. 25 Rdnr. 9.

[1] Dazu *Reichel* Festschr. für Thon (1911), 101 ff.; *Kipp* Festgabe für Brunner (1914), 311 ff.; *Furtner* Das Urteil im Zivilprozeß[5] (1985), 195 ff.

[2] So *RGZ* 60, 179 f.; 79, 203.

[3] So auch *Kipp-Coing* Erbrecht[14] § 90 III 4; *Erman-Schlüter* BGB[9] § 1958 Rdnr. 11; *MünchKomm-Leipold*[3] § 1958 Rdnr. 10; *Staudinger-Marotzke* BGB[13] § 1958 Rdnr. 1 bis 3.

[4] *RGZ* 60, 179, 181 sowie die Nachw. in Fn. 3. – A.M. *Brox* Erbrecht[16] Rdnr. 306 (S. 207); *Quaatz* DJZ 1903, 219.

[5] So auch *Thomas-Putzo*[20] Rdnr. 1; *Zöller-Vollkommer*[20] Rdnr. 1. – A.M. *Baumbach-Lauterbach-Hartmann*[56] Rdnr. 3; *Wieczorek*[2] A I: Abweisung durch Sachurteil.

Erbe bis zur Annahme seinerseits ebenfalls nicht aufnahmeberechtigt ist[6], → § 239 Rdnr. 28. Das Fehlen der Prozeßführungsbefugnis des Erben ist auch in diesen Fällen *von Amts wegen* zu beachten, → § 239 Rdnr. 20.

II. Der sog. Dreimonatseinwand nach Annahme der Erbschaft[7]

1. Inhalt

2 Das BGB gewährt aber dem Erben auch **nach der Annahme der Erbschaft** noch Zeit, um sich durch Errichtung des Inventars und Aufgebot der Nachlaßgläubiger (§§ 989 ff. ZPO) über den Wert des Nachlasses und die Notwendigkeit von Schritten zur Beschränkung seiner Haftung zu vergewissern. Während dieser zweiten Frist (zu Dauer und Berechnung s. §§ 2014, 2015 BGB), hat der Erbe eine *aufschiebende Einrede (sog. Dreimonatseinwand)*[8] gegen die Berichtigung der Nachlaßverbindlichkeiten, soweit er nicht allen oder dem klagenden Gläubiger gegenüber bereits unbeschränkt haftet, § 2016 Abs. 1 BGB, oder der Gläubiger als Realgläubiger nach § 1971 BGB durch das Aufgebot nicht betroffen wird, § 2016 Abs. 2 BGB. Die Einrede bezweckt nicht, den Erben vor dem Zugriff der Gläubiger zu schützen, sondern ihm die Beschränkung der Haftung offenzulassen. Die Wirkung ihrer Geltendmachung (dazu → vor § 128 Rdnr. 81) ist deshalb nicht eine befristete Verurteilung, sondern lediglich die, daß der Vorbehalt der beschränkten Haftung in das Urteil, und zwar in dessen Formel[9], aufzunehmen ist; denn damit wird der im Sinne des Erben günstigsten Lösung des Schwebezustandes Rechnung getragen. Eine Entscheidung über das Bestehen der Beschränkung liegt darin nicht, weil sie zur Zeit der Verurteilung noch objektiv ungewiß ist. Das Gericht kann aber, wenn schon jetzt feststeht, daß die Einrede wegen § 2016 BGB nicht begründet ist, unbeschränkt verurteilen. Aufgrund des Vorbehalts kann der Erbe nach § 782[10] die Beschränkung der Vollstreckung auf Arrestmaßregeln verlangen, näher → § 782.

2. Verfahren

3 Der **Vorbehalt ist von Amts wegen** in den Urteilstenor aufzunehmen, sobald der *Erbe die Einrede erhoben hat*[11]. Im Versäumnisverfahren gegen den Beklagten bleibt er daher außer Betracht, sofern nicht der Kläger selbst den Antrag auf Verurteilung unter Vorbehalt gestellt hat, was zulässig ist. Wird der Vorbehalt übersehen, so ist eine *Ergänzung des Urteils* in entsprechender Anwendung des § 321 zulässig; zur Frage der Konkurrenz mit den *Rechtsmitteln* gegen das inhaltlich falsche Urteil → § 321 Rdnr. 15. § 305 setzt eine Verurteilung des *Erben* voraus. Gegenüber einem Titel, der gegen den *Erblasser* ergangen ist, kann die beschränkte Erbenhaftung geltend gemacht werden, ohne daß es eines Vorbehalts bedarf (→ § 781 Rdnr. 1). Daher ist § 305 auf ein solches Urteil nicht entsprechend anzuwenden, ebensowenig

---

[6] *MünchKomm-Leipold*³ § 1958 Rdnr. 14; *Staudinger-Marotzke* BGB¹³ § 1958 Rdnr. 8.

[7] Vgl. zum folgenden *Böhm* Gruchot 42 (1898), 690; *Eccius* Gruchot 43 (1899), 608 f.; *Hellwig* Anspruch und Klagrecht (1900, Neudruck 1967) 378. – Eine analoge Anwendung von § 2014 BGB, §§ 305, 780 ff. ZPO zur Geltendmachung der Masseunzulänglichkeit (§ 60 KO) durch den Konkursverwalter befürwortet *Henckel* Anm. zu BAG AP § 60 KO Nr. 1 (zu IV 2).

[8] Ob dadurch der Verzug des Erben ausgeschlossen wird, ist streitig. Verneinend *RGZ* 79, 204 ff. (mit umfangreichen Nachweisen); *OLG München* OLG Rsp 30 (1915), 203; *MünchKomm-Siegmann*³ § 2014 Rdnr. 5; *Palandt-Edenhofer* BGB⁵⁷ § 2014 Rdnr. 3. – Dagegen *Kipp* (Fn. 1) 329 ff.; *Brox Erbrecht*¹⁶ Rdnr. 677.

[9] Dazu auch → § 780 Rdnr. 10. – A.M. für § 780 KG OLG Rsp 7 (1903), 134.

[10] § 783 kommt hier nicht in Betracht; denn den hier bezeichneten Gläubigern kann der Erbe die Einrede des § 2014 im Prozeß nicht entgegensetzen.

[11] Ein ausdrücklicher Antrag des Erben ist nicht erforderlich, *Wolff* ZZP 64 (1951), 101.

auf den in einem derartigen Fall gegenüber dem Erben ergehenden Kostenfestsetzungsbeschluß[12]. Wird der Rechtsstreit, nachdem ein Urteil gegen den Erblasser ergangen ist, noch in der unteren Instanz aufgenommen und ein sog. Zusatzurteil (→ § 239 Rdnr. 32) erlassen, so ist darin auf Antrag des Erben der Vorbehalt aufzunehmen[13]. Stirbt der zur Zahlung verurteilte Beklagte nach der Revisionseinlegung, so kann der Erbe nach Aufnahme des Rechtsstreits die Einrede auch noch in der Revisionsinstanz geltend machen[14], → auch § 780 Rdnr. 5. Die Revision ist jedoch unzulässig, wenn der Erbe lediglich den Antrag auf Vorbehalt der beschränkten Erbenhaftung stellt[15]; in einem solchen Fall kann die Haftungsbeschränkung auch ohne Vorbehalt im Berufungsurteil geltend gemacht werden.

3. Nachlaßverwaltung, Testamentsvollstreckung

Wenn die Einrede von dem Nachlaßverwalter oder Testamentsvollstrecker geltend gemacht wird, denen sie an sich nach §§ 2017, 2213 BGB zusteht, bedarf es des Vorbehalts wegen § 780 Abs. 2 nicht. 4

III. Vorbehalt bei fortgesetzter Gütergemeinschaft (Abs. 2)

Nach § 1489 BGB haftet der **überlebende Ehegatte** persönlich für die *Gesamtgutsverbindlichkeiten* der fortgesetzten Gütergemeinschaft. Aber insoweit, als ihn die Haftung nur infolge des Eintritts der fortgesetzten Gütergemeinschaft trifft, haftet er *nur wie ein Erbe*, d.h. mit der Möglichkeit der Beschränkung auf die Haftung mit dem Bestand des Gesamtguts, den es zur Zeit des Eintrittes der fortgesetzten Gütergemeinschaft hatte. Er kann daher auch nach Abs. 2 die **Einrede** der §§ 2014f. BGB mit den → Rdnr. 2f. dargelegten Wirkungen geltend machen. → auch § 786. 5

IV. Kosten

Wegen des Kostenausspruchs im Fall der Verurteilung unter Vorbehalt der beschränkten Haftung → § 92 Rdnr. 1. *Erkennt* der Erbe seine beschränkte Haftung *sofort an*, so treffen ihn die Kosten nicht, näher →§ 93 Rdnr. 4, 17 (dort Fn. 80), 20 (zur Veranlassung der Klage bei vorheriger Aufforderung, eine vollstreckbare Urkunde auszustellen). Die Haftungsbeschränkung ergreift nur diejenigen Prozeßkosten, die bereits in der Person des *Erblassers* entstanden sind[16], → vor § 91 Rdnr. 10a (dort Fn. 23), → § 780 Rdnr. 11. 6

---

[12] *OLG Hamm* Rpfleger 1982, 354.
[13] *OLG Düsseldorf* NJW 1970, 1689.
[14] BGHZ 17, 69 = NJW 1955, 788 = LM § 21 RNotO Nr. 3 (LS, *Pagendarm*); ebenso *Thomas-Putzo*[20] Rdnr. 2;
Baumbach-Lauterbach-Hartmann[56] § 780 Rdnr. 3; *Zöller-Vollkommer*[20] Rdnr. 3.
[15] BGHZ 54, 204 = NJW 1970, 1742.
[16] *OLG Köln* NJW 1952, 1145.

§ 305 a [Vorbehalt der beschränkten Haftung für Seeforderungen]

[1]Unterliegt der in der Klage geltend gemachte Anspruch der Haftungsbeschränkung nach § 486 Abs. 1 oder 3, §§ 487 bis 487 d des Handelsgesetzbuchs und macht der Beklagte geltend, daß

1. aus demselben Ereignis weitere Ansprüche, für die er die Haftung beschränken kann, entstanden sind und
2. die Summe der Ansprüche die Haftungshöchstbeträge übersteigt, die für diese Ansprüche in Artikel 6 oder 7 des Haftungsbeschränkungsübereinkommens (§ 486 Abs. 1 des Handelsgesetzbuchs) oder in den §§ 487, 487 a oder 487 c des Handelsgesetzbuchs bestimmt sind,

so kann das Gericht das Recht auf Beschränkung der Haftung bei der Entscheidung unberücksichtigt lassen, wenn die Erledigung des Rechtsstreits wegen Ungewißheit über Grund oder Betrag der weiteren Ansprüche nach der freien Überzeugung des Gerichts nicht unwesentlich erschwert wäre. [2]In diesem Fall ergeht das Urteil unter dem Vorbehalt, daß der Beklagte das Recht auf Beschränkung der Haftung geltend machen kann, wenn ein Fonds nach dem Haftungsbeschränkungsübereinkommen errichtet worden ist oder bei Geltendmachung des Rechts auf Beschränkung der Haftung errichtet wird.

Gesetzesgeschichte: § 305 a wurde ebenso wie § 786 a durch das Zweite Seerechtsänderungsgesetz vom 25.VII.1986, BGBl. I S.1120, eingefügt. Gemäß Art. 11 Abs. 1 dieses Gesetzes treten beide Bestimmungen an dem Tag in Kraft, an dem das Londoner Übereinkommen über die Beschränkung der Haftung für Seeforderungen vom 19.XI.1976, BGBl. 1986 II S. 786 für die Bundesrepublik Deutschland in Kraft tritt. Dies ist am **1.IX.1987** geschehen (Bekanntmachung vom 17.VII.1987, BGBl. II S.407).

I. Normzweck	1	IV. Verurteilung ohne Vorbehalt	7
II. Anwendungsbereich	3	V. Die beschränkte Haftung in der Zwangsvollstreckung	8
III. Das Urteil unter Vorbehalt der Haftungsbeschränkung	5		

I. Normzweck[1]

1   Die Haftung für Seeforderungen, die aus demselben Ereignis entstanden sind, kann nach Maßgabe des Londoner Haftungsbeschränkungsübereinkommens (vom 19.XI.1976, BGBl. 1986 II S. 786) und der ergänzenden Bestimmungen in § 486 Abs. 1 und 3, §§ 487 bis 487 d HGB (idF des Zweiten Seerechtsänderungsgesetzes vom 25.VII.1986, BGBl. I S. 1120) auf bestimmte **Haftungshöchstbeträge** beschränkt werden[2]. Das Haftungsbeschränkungsübereinkommen (Art. 6 u. 7, ergänzt durch § 487 HGB) sieht eine jeweils gesonderte Berechnung der Haftungshöchstbeträge für verschiedene Schadensarten vor. Übersteigt die Gesamtheit der jeweiligen Ansprüche diese Höchstbeträge, so führt die Haftungsbeschränkung zu einer lediglich anteiligen (quotenmäßigen) Berücksichtigung der festgestellten Ansprüche.

2   § 305 a und § 786 a regeln die zivilprozessuale **Geltendmachung dieser Haftungsbeschränkung**. Der Betrag, mit dem der einzelne Anspruch schließlich zu erfüllen ist, kann erst bestimmt werden, wenn auch die Höhe der übrigen Ansprüche feststeht. Um dem Gläubiger die Erlangung eines Urteils nicht unzumutbar zu erschweren, erlaubt § 305 a, die Wirkungen der

---

[1] Vgl. Begr. zum Regierungsentwurf des Zweiten Seerechtsänderungsgesetzes, BT-Drucks. 10/3852, S. 13ff., 35ff. sowie Anlage 2 (Stellungnahme des Bundesrats) S. 44f.; Stellungnahme des Bundestagsrechtsausschusses BT-Drucks. 10/5539, S. 18ff., 26. – S. zur Neuregelung des Seerechts Herber Das Zweite Seerechtsänderungsgesetz, Transportrecht 1986, 249, 326.

[2] Dazu eingehend *Herber* (Fn. 1). Ausführlich zu den §§ 486ff. *HGB* und zum Haftungsbeschränkungsübereinkommen *Prüßmann-Raabe* Seehandelsrecht[3] (1992) § 486; *Puttfarken* Seehandelsrecht (1997) Rdnr. 817ff.

Haftungsbeschränkung im Erkenntnisverfahren unberücksichtigt zu lassen, indem ein **Urteil unter Vorbehalt der Haftungsbeschränkung** erlassen wird. Die Regelung ist dem § 305 (Haftungsbeschränkung des Erben) nachgebildet[3], weist jedoch erhebliche Besonderheiten auf. Ergeht das Urteil unter Vorbehalt, so muß dem Schuldner die Geltendmachung der Haftungsbeschränkung in der Zwangsvollstreckung offen stehen. Voraussetzung dafür ist die Errichtung eines **Fonds** nach Maßgabe des Haftungsbeschränkungsübereinkommens durch den Schuldner. § 786a regelt, wie die Haftungsbeschränkung in der Zwangsvollstreckung geltend zu machen ist und stellt zugleich die Verbindung zum **Seerechtlichen Verteilungsverfahren**[4] her, in dem die Befriedigung der Ansprüche aus dem Fonds durchgeführt wird.

II. Anwendungsbereich

Die Regelung der §§ 305a, 786a gilt in erster Linie für die Haftungsbeschränkung bei **Seeforderungen**. Diese richtet sich nach dem Haftungsbeschränkungsübereinkommen, auf das § 486 Abs. 1 HGB verweist. §§ 487 bis 487d HGB enthalten Ergänzungen zu den Regeln des Haftungsbeschränkungsübereinkommens. 3

§ 486 Abs. 3 HGB erklärt für bestimmte Ansprüche wegen **Verschmutzungsschäden**[5] das Haftungsbeschränkungsübereinkommen für entsprechend anwendbar und regelt das Zusammentreffen solcher Ansprüche mit Seeforderungen; dementsprechend sind diese Fälle auch in den Anwendungsbereich der §§ 305a, 786a einbezogen worden. 4

III. Das Urteil unter Vorbehalt der Haftungsbeschränkung

Das Urteil unter Vorbehalt der Haftungsbeschränkung ist dann sinnvoll, wenn mit der Möglichkeit gerechnet werden muß, daß die Haftungsbeschränkung gegenüber dem geltend gemachten Anspruch durchgreift, wenn aber die Klärung der weiteren in Betracht kommenden Ansprüche das gegenwärtige Verfahren zu sehr erschweren würde. Voraussetzung ist, daß der **Beklagte vorträgt,** es seien weitere Ansprüche entstanden und die Summe der Ansprüche übersteige die jeweiligen Haftungshöchstbeträge. Sind diese Ansprüche nach Grund oder Betrag ungewiß und nicht ohne wesentliche Erschwerung (vor allem: Verzögerung) des jetzigen Prozesses zu klären, so braucht das Gericht diese Ansprüche und die Folgen für die Haftungsbegrenzung nicht zu prüfen. Vielmehr kann es die Verurteilung unter dem im Gesetz genannten Vorbehalt der Haftungsbeschränkung aussprechen. Bei der Fassung dieses Vorbehalts sollte die gesetzliche Formulierung übernommen werden. 5

Ob das Gericht in dieser Weise vorgeht, steht in seinem **Ermessen**[6], wobei es über die Erschwerung des gegenwärtigen Prozesses nach seiner freien Überzeugung zu befinden hat. In aller Regel wird es sich empfehlen, von der Möglichkeit des Vorbehalts Gebrauch zu machen, da es nicht sinnvoll ist, über die Ansprüche von Gläubigern, die nicht am Prozeß beteiligt sind, als Vorfragen zu entscheiden. Diese Entscheidung hätte auch keine Rechtskraftwirkung gegenüber diesen Dritten[7]. Eines besonderen *Antrags* auf Beifügung des Vorbehalts bedarf es 6

---

[3] Begr. (Fn. 1) 36.
[4] Zum Verfahren nach der Seerechtlichen Verteilungsordnung (neugefaßt durch Gesetz vom 25.VII.1986, BGBl. I S. 1130) *Prüßmann-Raabe*[3] (Fn. 2) Anh. § 487e; *Puttfarken* (Fn. 2) Rdnr. 850ff.; → auch § 786a Rdnr. 2.
[5] Es handelt sich um Ansprüche, die nicht vom Ölschadensgesetz vom 30.IX.1988 (BGBl. I S. 1770), geändert durch Gesetz vom 25.VII.1994 (BGBl. I S. 1802) i.V.m. dem Haftungsübereinkommen 1992 (BGBl. 1996 II S. 671, in Kraft seit 30.V.1996, BGBl. II S. 670) erfaßt werden. Für die Haftungsbeschränkung nach diesem Abkommen, auf das § 1 Abs. 1 des Ölschadensgesetzes idFv. 25.VII.1994 und § 486 Abs. 2 HGB verweisen, gelten die §§ 305a, 786a nicht. Maßgebend ist vielmehr Art. V des Haftungsübereinkommens von 1992, nach dessen Abs. 3 die Haftungsbeschränkung von der Fondserrichtung abhängt; dazu § 1 Abs. 3 S. 1 Nr. 4 Seerechtliche Verteilungsordnung.
[6] Vgl. Begr. (Fn. 1) 36.
[7] So auch Begr. (Fn. 1) 36; *Herber* (Fn. 1) 331.

nicht. Das Gericht wird aber, wenn die Parteien nicht schon von sich aus die Möglichkeit des Vorbehalts angesprochen haben, die Parteien auf die von ihm in Erwägung gezogene Anwendung des § 305 a hinweisen müssen, damit sich die Parteien dazu äußern können[8].

IV. Verurteilung ohne Vorbehalt

7   Macht das Gericht nicht von der Möglichkeit des § 305 a Gebrauch, so müssen – sofern sich die Klageforderung als begründet erweist – der Haftungshöchstbetrag sowie Bestand und Höhe der sonstigen in Betracht kommenden Ansprüche geklärt werden. Aufgrund dieser Feststellungen ist, wenn die Haftungsbegrenzung eingreift, der Betrag der Haftung für die jetzt eingeklagte Forderung zu ermitteln[9]. Die **Verurteilung** hat nur auf diesen Betrag zu lauten. Die Berücksichtigung der Haftungsbegrenzung in dieser Form (also bereits im Erkenntnisverfahren) hängt nicht von der Errichtung eines Fonds durch den Beklagten ab (§ 487 e Abs. 2 S. 1 HGB)[10]. Kommt es nach rechtskräftiger Entscheidung zur Errichtung eines Fonds, so kann der Gläubiger gleichwohl den vollen Betrag seines Anspruchs anmelden, § 13 Abs. 1 S. 2 Seerechtliche Verteilungsordnung (zu dieser → § 786 a Rdnr. 2).

V. Die beschränkte Haftung in der Zwangsvollstreckung

8   Wie sich aus der Verweisung des § 786 a Abs. 1 auf § 780 Abs. 1 ergibt, kann die Haftungsbeschränkung **in der Zwangsvollstreckung nur geltend gemacht werden,** wenn dies im Urteil vorbehalten ist, wenn also das Urteil den Vorbehalt gemäß § 305 a S. 2 enthält. Die Haftungsbeschränkung bleibt außerdem solange unberücksichtigt, bis der Schuldner Einwendungen gegen die Vollstreckung erhebt, § 786 a Abs. 1 i.V. mit § 781. Wurde die Haftungsbegrenzung schon im Erkenntnisverfahren berücksichtigt, so spielt diese Frage in der Zwangsvollstreckung keine Rolle mehr. Wenn dagegen die Haftungsbeschränkung im Prozeß überhaupt nicht geltend gemacht war, so kann dies im Vollstreckungsverfahren nicht mehr nachgeholt werden.

9   Enthält das Urteil den **Vorbehalt,** so kann die Haftungsbeschränkung gegenüber der Zwangsvollstreckung nur geltend gemacht werden, wenn es im Inland oder in einem anderen Vertragsstaat zur Errichtung eines **Fonds** nach Art. 11 ff. Haftungsbeschränkungsübereinkommen kommt. Zu den Einzelheiten → die Kommentierung zu § 786 a.

§ 306   [Verzicht]

Verzichtet der Kläger bei der mündlichen Verhandlung auf den geltend gemachten Anspruch, so ist er auf Grund des Verzichts mit dem Anspruch abzuweisen, wenn der Beklagte die Abweisung beantragt.

Gesetzesgeschichte: Bis 1900 § 277 CPO.

---

[8] Dies hebt die Begr. (Fn. 1) 36 unter Hinweis auf den Anspruch auf rechtliches Gehör besonders hervor.

[9] Das Gericht hat also »ein hypothetisches Verteilungsverfahren durchzurechnen«, so *Herber* (Fn. 1) 331.

[10] Der deutsche Gesetzgeber hat insoweit nicht von der Möglichkeit des Art. 10 Abs. 1 S. 2 Haftungsbeschränkungsübereinkommen Gebrauch gemacht, die Haftungsbeschränkung von der Fondserrichtung abhängig zu machen, vgl. Begr. (Fn. 1) 35 f. Ausführlich zum Verhältnis des § 305 zum Seerechtlichen Verteilungsverfahren, den Vor- und Nachteilen beider Verfahren und den Möglichkeiten der Haftungsbeschränkung *Stahl* Transportrecht 1987, 205.

I. Begriff, Zweck und Rechtsnatur	1	2. Prozessuale Voraussetzungen	12
1. Begriff und Zweck	1	3. Ablehnende Entscheidung	13
2. Rechtsnatur	3	4. Fehlender Antrag	14
II. Wirkung und Wirksamkeit	6	5. Gerichtsgebühren	15
1. Wirkung	6	IV. Widerruf und Anfechtung	16
2. Wirksamkeit	7	V. Das arbeitsgerichtliche Verfahren	17
III. Das Urteil	11		
1. Grundlagen und Abfassung des Urteils	11		

I. Begriff, Zweck und Rechtsnatur[1]

1. Begriff und Zweck

Der Verzicht beruht ebenso wie sein prozessuales Gegenstück, das Anerkenntnis, auf der den Zivilprozeß beherrschenden Dispositionsmaxime (→ vor § 128 Rdnr. 68ff.) und gibt den Parteien die Möglichkeit, eine Beendigung des Prozesses durch Urteil, aber ohne gerichtliche Sachprüfung herbeizuführen. **Verzicht**[2] ist die vor dem Prozeßgericht abgegebene *Erklärung des Klägers oder Widerklägers,* daß er den **geltend gemachten** (prozessualen) **Anspruch aufgebe,** gleichviel aus welchem Beweggrund, also auch, wenn dies kraft eines Wahlrechts geschieht[3]. Unter Anspruch ist dabei, wie auch sonst (→ § 253 Rdnr. 45 und Einl. Rdnr. 288), die geltend gemachte Rechtsfolge zu verstehen, → § 307 Rdnr. 1. § 306 ist daher auch bei den »Ansprüchen« auf Ehescheidung, Nichtigerklärung einer Ehe u. dgl. anwendbar (→ Rdnr. 10). Wesentlich ist, daß der Kläger seinen Anspruch ganz oder zu einem größenmäßig bestimmten Teil aufgibt. – Auch im Verfahren über **Arrest** und **einstweilige Verfügung** ist ein Verzicht zulässig, → vor § 916 Rdnr. 24, → vor § 935 Rdnr. 19.   1

Vom Verzicht zu unterscheiden sind das Fallenlassen *einzelner* Angriffs- oder Verteidigungsmittel und die Zurücknahme der Klage sowie die Erledigungserklärung nach § 91 a. Der Verzicht ist die Erklärung, *von vornherein* nicht im Recht gewesen zu sein; die Klagerücknahme bedeutet den Willen, keinerlei Urteil (aus welchen Gründen auch immer) mehr zu begehren, also lediglich das Absehen von der Geltendmachung des Anspruchs *im anhängigen Prozeß* (§ 269)[4]. Die Erledigungserklärung nach § 91a behauptet, daß die ehedem erfolgreiche Klage durch ein später eingetretenes Ereignis um den Erfolg gebracht wurde, ist also der Vortrag, *nicht mehr* im Recht zu sein. Am Wort »Verzicht« in der einzelnen Erklärung des Klägers darf (wenigstens im Parteiprozeß, der ohne Anwalt geführt wird) nicht gehaftet werden. Oft will der Kläger schon im Hinblick auf die Rechtskraftwirkung eines Verzichtsurteils nur die Klage zurücknehmen oder sogar nur eine Erledigungserklärung abgeben (→ auch Fn. 22). – Bei der Beschränkung des Klageantrags nach § 264 Nr. 2 ist durch Auslegung festzustellen, ob Teilverzicht oder Teilzurücknahme vorliegt, → § 264 Rdnr. 67. In der Zurücknahme des Auflösungsantrages nach § 9 KSchG durch eine Partei sah das BAG[5] früher grundsätzlich einen Klageverzicht, der nicht der Zustimmung der anderen Partei bedarf; nach der neueren Rechtsprechung[6] ist aber die Rücknahme schon als Beschränkung des Klageantrags (§ 264 Nr. 2) ohne Einwilligung des Gegners zulässig, so daß ein Verzicht nur noch anzunehmen ist, wenn im   2

---

[1] Lit. → § 307 Fn. 1. Ferner: *Lent* Der Klageverzicht, DRZ 1948, 9ff.; *Kisch* Recht 1924, 1ff.; *Walsmann* Der Verzicht im Privatrecht (1912).
[2] Um Wiederholungen zu vermeiden, sind die für Anerkenntnis und Verzicht gemeinsamen Fragen bei dem praktisch wichtigeren § 307 behandelt; hier wird lediglich darauf verwiesen.
[3] *RG* JW 1898, 139.
[4] Vgl. *RGZ* 100, 125. Zur Abgrenzung von Klagerücknahme und Klageverzicht vgl. auch *BGHZ* 22, 267, 271; *OLG Düsseldorf* NJW 1957, 1641.
[5] *BAGE* 10, 340 = AP § 7 KSchG 1951 Nr. 8 = SAE 1961, 190 (*Pohle*).
[6] *BAG* NJW 1980, 1484 = AP § 9 KSchG 1969 Nr. 5

Wege der Auslegung ein Verzichtswille erkennbar ist. Über den Verzicht auf Rechtsmittel → § 514, wegen des sog. Verzichts bei Prozeßmängeln → § 295.

2. Rechtsnatur

3   Der Verzicht ist Willens-, nicht Wissenserklärung (→ vor § 128 Rdnr. 177ff.); er ist **reine Prozeßhandlung** und in seinen Wirksamkeitsvoraussetzungen **allein nach Prozeßrecht** zu beurteilen. Daher ist z.B. der vom gesetzlichen Vertreter eines Minderjährigen ausgesprochene Klageverzicht grundsätzlich auch **ohne vormundschaftsgerichtliche Genehmigung** wirksam, selbst wenn nach materiellem Recht eine solche erforderlich ist[7], es sei denn, daß eine auf Schädigung des Minderjährigen abzielende und daher rechtsmißbräuchliche Verhaltensweise erkennbar wäre[8]. Der Verzicht *kann* allerdings zugleich *auch Rechtsgeschäft* über den materiellen Prozeßgegenstand sein (→ vor § 128 Rdnr. 255ff.). Die Lehre von der *Doppelnatur des Verzichts ist abzulehnen*, weil dadurch der Willensäußerung einer Partei eine Bedeutung beigelegt wird, die ihr keineswegs in allen Fällen zukommt[9]. Darüber → auch vor § 128 Rdnr. 255, 257 und § 307 Rdnr. 11.

4   Soweit zugleich ein materiell-rechtlicher Verzicht gewollt ist und dieser (wie z.B. der Erlaß einer Forderung nach § 397 BGB) einen Vertrag erfordert, kann der Antrag auf Erlaß des Verzichtsurteils als Annahme des Angebots angesehen werden[10].

5   Hinsichtlich der Erklärung des Verzichts gilt das zu § 307 Bemerkte. Der Verzicht ist unabhängig vom Einverständnis des Gegners (→ § 307 Rdnr. 18)[11]. Zum **schriftlichen Vorverfahren** → § 307 Rdnr. 51.

II. Wirkung und Wirksamkeit

1. Wirkung

6   Die **Wirkung des Verzichts** ist nicht die Beendigung des Prozesses, → § 307 Rdnr. 20; vielmehr besteht sie darin, daß das Gericht weder berechtigt noch verpflichtet ist, das Bestehen oder Nichtbestehen der behaupteten Rechtsfolge zu *prüfen*[12].

2. Wirksamkeit

7   Die prozessuale Möglichkeit des Verzichtsurteils darf nicht zu materiell-rechtlichen Folgen führen, die gesetzlich verboten oder sittenwidrig sind (→ § 307 Rdnr. 22). Unwirksam ist daher z.B. ein Verzicht auf Unterhalt für die Zukunft (§ 1614 BGB). Unerheblich ist dagegen, ob die materiell-rechtliche Wirksamkeit des Verzichts an besondere Voraussetzungen geknüpft

---

(*Grunsky*) = SAE 1980, 57 (*Sieg*); *KR-Spilger*[4] § 9 Rdnr. 22ff.; *Hueck/v. Hoyningen-Huene* KSchG[12] § 9 Rdnr. 27f.

[7] Vgl. *BGH* JZ 1956, 62 = ZZP 69 (1956), 34 = FamRZ 1955, 359 = LM Nr. 1; dazu *Pohle* JZ 1956, 53; *Henckel* Prozeßrecht und materielles Recht (1970), 138ff.; *ders.* JZ 1992, 645, 655; *Rosenberg-Schwab-Gottwald*[15] § 133 IV 4b; *Zöller-Vollkommer*[20] Rdnr. 3; *Thomas-Putzo*[20] Rdnr. 2. Ferner → § 54 Rdnr. 4.

[8] Dazu (etwas weitergehend) *Brüggemann* FamRZ 1989, 1137, 1142f., der bei Verdacht auf einen manipulatorischen Klageverzicht zu Lasten des Mündels eine Einschaltung des Vormundschaftsgerichts empfiehlt.

[9] Ebenso *Lent* (Fn. 1) 10; *Pohle* (Fn. 7); *Baumgärtel* (§ 307 Fn. 1) 142ff.; *Arens* (§ 307 Fn. 1) 220; *Rosenberg-Schwab-Gottwald*[15] § 133 V 2 e; *A. Blomeyer* ZPR[2] § 62 IV 2; *Jauernig* ZPR[24] § 47 VI; *Bernhardt* ZPR[3] § 33 II 2; *Nikisch* ZPR[2] § 66 I 2; *Baumbach-Lauterbach-Hartmann*[56] Einf. vor §§ 306 Rdnr. 1f.; *Zöller-Vollkommer*[20] vor §§ 306, 307 Rdnr. 5. – A.M. *OLG Düsseldorf* NJW 1957, 1641; *Thomas* ZZP 89 (1976), 80ff.

[10] S. auch *RGZ* 165, 85, 87.

[11] Auch wenn durch einen teilweisen Verzicht der Restbetrag unter die Berufungs- oder Revisionssumme sinkt, vgl. *RGZ* 139, 221. Vgl. für den Verzicht auf den Scheidungsanspruch auch *OLG Düsseldorf* NJW 1957, 1641; *OLG Karlsruhe* FamRZ 1980, 1121, 1123.

[12] *OLG Frankfurt* FamRZ 1982, 809, 812.

ist. So kann der Kläger z.B. bei einer auf Feststellung seines Eigentums an einem Grundstück gerichteten Klage auf den geltend gemachten Anspruch verzichten, obwohl materiell-rechtlich ein Verzicht (Aufgabe des Eigentums) die Eintragung in das Grundbuch voraussetzt (§ 928 BGB)[13].

Voraussetzung für einen wirksamen Verzicht ist aber immer, daß der Kläger überhaupt über den geltend gemachten Anspruch disponieren kann. Unwirksam ist die Erklärung des Verzichts daher, wenn dem Kläger zu dem Verzicht die *Verfügungsbefugnis* fehlt, wie z.B. einem einzelnen notwendigen Streitgenossen (§ 62 Rdnr. 24). S. auch § 42 Abs. 3 SGB X, ferner wegen des Streitgehilfen → § 67 Rdnr. 10 und wegen des Falles der Veräußerung des Streitgegenstandes → § 265 Rdnr. 40. Bei den Verbandsklagen bejaht die h.M.[14] die Möglichkeit eines Verzichts; dies erscheint im Hinblick auf den Zweck dieser Klage nicht unzweifelhaft[15]. – Die *Formvorschriften* des materiellen Rechts sind jedoch *ohne Bedeutung*. 8

Als unwirksam ist auch der Verzicht anzusehen, der vom Kläger erklärt wurde, obwohl er sich dem *Beklagten gegenüber verpflichtet* hat, *keinen Verzicht auszusprechen* oder allgemein ein streitiges Urteil zu nehmen. Vor allem sind **Musterprozeßvereinbarungen** dahin zu interpretieren, daß der Kläger nicht Verzicht erklären darf (näher → § 307 Rdnr. 26). Allerdings wird man in den zuletzt genannten Fällen *keine Unwirksamkeit* annehmen dürfen, wenn der Beklagte durch seinen Antrag auf Erlaß eines Verzichtsurteils zu erkennen gibt, daß er an der Beachtung der zu seinen Gunsten eingerichteten Unwirksamkeit nicht interessiert ist (→ näher auch § 307 Rdnr. 26). 9

Der Verzicht ist aber **wirksam,** wenn die Rechtsfolge dem öffentlichen Recht angehört, z.B. bei der Klage auf Vollstreckungsurteil (§ 722). Dies gilt im Regelfalle auch in **Ehe- und Kindschaftssachen**[16]; denn § 617, auf den in § 640 verwiesen wird, schließt einen Verzicht nicht aus. Eine Ausnahme hiervon gilt aber für die *Ehenichtigkeitsklage* (§ 631), die Klage auf *Feststellung des Bestehens oder Nichtbestehens der Ehe* (§ 638) und die Klagen in *Kindschaftssachen* nach § 640 Abs. 2 Nr. 1 bis 4, weil § 635 hier (vgl. §§ 638, 640 Abs. 1) beim Ausbleiben des Klägers die durch ein *Versäumnisurteil* eintretende endgültige Klageabweisung wegen der sonst eintretenden allgemeinen Rechtskraftwirkung (§§ 636 a, 638, 640 h) verbietet und nur erlaubt, die *Klage für zurückgenommen* zu erklären. Zu demselben Ergebnis muß auch ein Verzicht in diesen Verfahren führen, vorbehaltlich des Falles einer in dem Verzicht liegenden Bestätigung (§ 18 Abs. 2 EheG). → auch § 635 Rdnr. 1 a.E. (Nach dem im Januar 1998 beschlossenen, am 1. Juni 1998 in Kraft tretenden **Gesetz zur Neuordnung des Eheschließungsrechts** (BT-Drucks. 13/4898 u. 13/9416) ergibt sich Ähnliches aus § 632 Abs. 4 ZPO nF; zur Bestätigung einer aufhebbaren Ehe § 1315 Abs. 1 BGB nF.) 10

III. Das Urteil

1. Grundlagen und Abfassung des Urteils

Abgesehen von den oben (→ Rdnr. 8 – 10) hervorgehobenen Ausnahmefällen ist das Gericht (nach Übertragung der Sache der Einzelrichter, § 348 Abs. 1) verpflichtet, **auf Antrag des** 11

---

[13] A.M. 19. Aufl. II 1.
[14] *Staudinger-Schlosser* BGB[12] § 15 AGBG Rdnr. 5; *MünchKomm-Gerlach* BGB[3] § 15 AGBG Rdnr. 2; *Wolf-Horn-Lindacher* AGBG[3] § 15 Rdnr. 3; *Hensen* in Ulmer-Brandner-Hensen AGBG[7] § 15 Rdnr. 19.
[15] Die Möglichkeit eines Verzichts verneinen *Reinel* Die Verbandsklage nach dem AGBG (1979), 137 (zu § 13 AGBG); *Göbel* Prozeßzweck der AGB-Klage und herkömmlicher Zivilprozeß (1980), 142; *Marotzke* ZZP 98 (1985), 160, 194 Fn. 175 (zu § 13 UWG). Bedenken klingen auch bei *Häsemeyer* AcP 188 (1988), 140, 156 f. an.
[16] *BGH* FamRZ 1986, 655, 656 = NJW 1986, 2046; *RGZ* 115, 374, 376. Wegen der Einlegung eines Rechtsmittels seitens des Obsiegenden zum Zwecke des Verzichts → Allg. Einl. vor § 511 Rdnr. 101. Zur Beendigung des Eherechtsstreits in der Berufungsinstanz vgl. *Cebulka* NJW 1952, 1005.

Beklagten den Kläger mit dem Anspruch abzuweisen. Bei der *Kammer für Handelssachen* entscheidet der Vorsitzende (§ 349 Abs. 2 Nr. 4); bei Zuweisung an den *Einzelrichter in der Berufungsinstanz* ist dieser zuständig (§ 524 Abs. 3 Nr. 2). Über den Antrag → § 297 Rdnr. 10 und § 307 Rdnr. 29. Die *Grundlage des Urteils* bildet die durch den Verzicht eingetretene Prozeßrechtslage, nicht der ursprünglich behauptete und verhandelte Tatbestand[17], seinen Gegenstand der durch die Klage erhobene Anspruch (§ 322). Bezieht sich der Verzicht auf einen zum Erlaß eines **Teilurteils** geeigneten Gegenstand (→ § 301 Rdnr. 4ff.), so *muß* das *Teilurteil* erlassen werden; § 301 Abs. 2 gilt hier nicht. – In dem Urteil, das nach § 311 auch vor der schriftlichen Abfassung der Formel verkündet und in der abgekürzten Form des § 313 b erlassen werden darf, ist der Kläger als unterliegender Teil in die **Prozeßkosten** zu verurteilen[18], → auch § 91 Rdnr. 13, 14. Das Urteil ist nach § 708 Nr. 1 ohne Sicherheitsleistung für vorläufig vollstreckbar zu erklären.

2. Prozessuale Voraussetzungen

12   Da das **Verzichtsurteil Sachurteil** ist, bedarf es der Prozeßvoraussetzungen (→ Einl. [20. Aufl.] Rdnr. 314ff.)[19], und da der Beklagte allein an dem Erlaß dieses Urteils interessiert ist, hat er die von Amts wegen zu prüfenden unverzichtbaren Prozeßvoraussetzungen (→ Einl. Rdnr. 318ff.) darzulegen und gegebenenfalls zu beweisen. Prozeßhindernde Einreden i.e.S. (→ Einl. Rdnr. 317) werden ebenso wie materiell-rechtliche Einreden hier nicht vorliegen, weil sie mit dem Antrag des Beklagten in Widerspruch ständen. (Anders freilich bei fehlendem Antrag des Beklagten, → Rdnr. 14, so daß dann möglicherweise prozessuale Einreden durchgreifen.) Fehlt es an einer Prozeßvoraussetzung, so ist nach § 300 der Rechtsstreit zu einer Endentscheidung im Sinne der *Prozeß*abweisung reif. Fehlt allerdings eine *bedingte Sachurteilsvoraussetzung* (zu ihnen → vor § 253 Rdnr. 81ff.: Klagbarkeit, Rechtsschutzfähigkeit, Rechtsschutzbedürfnis), so kann *trotzdem Verzichtsurteil ergehen;* denn das Fehlen einer solchen Voraussetzung würde auch den Erlaß eines streitigen klagabweisenden Sachurteils nicht hindern, → vor § 253 Rdnr. 129, 130. Vor allem hindert das Fehlen des *Rechtsschutzbedürfnisses* und damit auch des rechtlichen Interesses bei der Feststellungsklage nicht den Erlaß eines Verzichtsurteils (→ § 256 Rdnr. 120)[20].

3. Ablehnende Entscheidung

13   **Verneint** dagegen das Gericht das Vorliegen eines **Verzichts** (→ Rdnr. 2) oder seine **Wirksamkeit** (→ Rdnr. 7ff.), so kann nur der Antrag auf Erlaß des Verzichtsurteils abgelehnt werden (entsprechend § 335), und der Prozeß ist fortzusetzen. Die Ablehnung kann auch durch ein unter § 303 fallendes Zwischenurteil erfolgen.

---

[17] Zu der theoretischen Frage, ob hier ein selbständiger Rechtsschutzanspruch des Bekl. auf Abweisung besteht, → Einl. (20. Aufl.) Rdnr. 214ff.; *Stein* Voraussetzungen des Rechtsschutzes (1903), 19f.; *Hellwig* Klagrecht (1905), 47ff.; *Pagenstecher* AcP 97 (1905), 17ff.; *Goldschmidt* (§ 307 Fn. 1) 272. Vgl. auch *Schwab* ZZP 81 (1968), 412.
[18] Keine Anwendung des § 93, → § 91 Rdnr. 13; *OLG Hamm* MDR 1982, 676; *OLG Koblenz* NJW-RR 1986, 1443; s. auch *OLG Hamburg* GRUR 1989, 296 (Verzicht nach Erhebung der Verjährungseinrede kann jedenfalls nicht dazu führen, daß der Kläger anders als nach § 91a der Kostenlast entgeht). – A.M. für den Fall des Verzichts des Arrestklägers wegen Wegfall des Arrestgrundes *LG Hamburg* NJW-RR 1987, 381.
[19] So auch *Zöller-Vollkommer*[20] Rdnr. 6; *Baumbach-Lauterbach-Hartmann*[56] Rdnr. 6.
[20] Wie hier im Ergebnis *BGHZ* 12, 308, 316 = LM § 563 Nr. 5 (*Fischer*); *A. Blomeyer* ZPR² § 37 VI 1; zweifelnd *Zöller-Vollkommer*[20] Rdnr. 6.

4. Fehlender Antrag

Stellt der **Beklagte** trotz des Verzichts den im Gesetz vorgesehenen **Antrag nicht,** *ergeht* **14** *gleichwohl Verzichtsurteil*[21], sofern die Prozeßvoraussetzungen (→ Rdnr. 12) gegeben sind und der Verzicht nicht unbeachtlich ist (→ Rdnr. 7ff.). Ein Anspruch des Beklagten auf ein streitiges Urteil trotz Verzichtserklärung des Klägers besteht nur dort, wo der konkrete Zivilprozeß rechtlich relevante Bedeutung für andere Rechtsstreitigkeiten besitzt (*Musterprozeß-Vereinbarung*) oder wo sonst der Kläger *treuwidrig* den Verzicht erklärte, obwohl er mit dem Beklagten vereinbarte, ein streitiges Urteil zu nehmen. Aber in beiden Fällen ist bereits die Erklärung des Verzichts unbeachtlich, da *unwirksam* (→ Rdnr. 9), so daß ohnehin kein Verzichtsurteil ergehen darf (→ Rdnr. 13). Da es Aufgabe des Zivilprozesses ist, konkrete Streitfälle, nicht aber rein theoretische Rechtsfragen zu entscheiden (→ § 256 Rdnr. 32), ist ein Anspruch des Beklagten auf streitiges Urteil (über die soeben genannten Fälle unwirksamen Verzichts hinaus) nicht anzuerkennen. Seinem Rechtsschutzanspruch (→ Fn. 17) wird durch ein Verzichtsurteil genügt (→ auch näher § 307 Rdnr. 30), so daß es auch ohne seinen Antrag ergehen darf[22].

5. Gerichtsgebühren

Die Verfahrensgebühr erster Instanz ermäßigt sich bei Verzichtsurteil auf 1,0, wenn nicht **15** bereits ein Urteil vorausgegangen ist (GKG Kostenverzeichnis Nr. 1202). In zweiter und dritter Instanz ermäßigen sich die jeweiligen Urteilsgebühren, soweit das Verzichtsurteil keine Begründung enthält (näher s. GKG Kostenverzeichnis Nr. 1225, 1227, 1237).

IV. Widerruf und Anfechtung

Für den **Widerruf** und die **Anfechtung** des Verzichts gilt das zu § 307 Rdnr. 43ff. Ausgeführ- **16** te entsprechend.

V. Das arbeitsgerichtliche Verfahren

Im **arbeitsgerichtlichen Verfahren** erster Instanz erläßt der Vorsitzende das aufgrund des **17** Verzichts ergehende Urteil allein, § 55 Abs. 1 Nr. 2 ArbGG.

Wegen der im arbeitsgerichtlichen Verfahren entstehenden **Gerichtsgebühren** → § 307 **18** Rdnr. 53, wegen des Verzichts auf **Tariflohn** und wegen des Verzichts auf den gesetzlichen Urlaubsabgeltungsanspruch → § 307 Rdnr. 54, wegen des Antrags nach **§ 9 KSchG** → Rdnr. 2. Zum **Beschlußverfahren** → § 307 Rdnr. 52.

---

[21] Wie hier (mit teilw. anderer Begründung) *BGHZ* 49, 213 = LM Nr. 2 = NJW 1968, 503 = JZ 1968, 797 (*Bötticher*); *BGHZ* 76, 50, 53 = LM Nr. 3 = NJW 1980, 838; *Zöller-Vollkommer*[20] vor §§ 306, 307 Rdnr. 13 (fehlendes Rechtsschutzbedürfnis); *Thomas-Putzo*[20] Rdnr. 3; *A. Blomeyer* ZPR[2] § 62 II 2 a; für den Fall von § 307 ebenso *BGHZ* 10, 333 = NJW 1953, 1830 = LM § 307 Nr. 1 (LS, *Johannsen*); JZ 1954, 242 (abl. *Bötticher*) = ZZP 66 (1953), 454. Krit. auch *Baur* JZ 1954, 630, 633; *Heyn* NJW 1957, 1140.

[22] Unrichtig ist es, bei fehlendem Antrag des Beklagten eine Erledigung der Hauptsache anzunehmen (so aber 18. Aufl. dieses Kommentars; *Bruns* ZPR[2] Rdnr. 160; *OLG München* SeuffArch 65 [1910] 379; *OLG Nürnberg* HEZ 3, 33. – So offenbar auch *BGHZ* 20, 208). Um eine *übereinstimmende Erledigungserklärung* (→ § 91a Rdnr. 13ff.) handelt es sich deshalb nicht, weil der Beklagte durch sein Bestehen auf dem Erlaß eines streitigen Urteils nicht erklärt, das Verfahren ohne Hauptsacheentscheidung beenden zu wollen. Aber auch eine *einseitige Erledigungserklärung* (→ § 91a Rdnr. 37ff.) ist nicht gegeben, weil der Kläger gerade nicht vorträgt, sein ehedem erfolgreicher Prozeß sei durch ein nach Klageerhebung eingetretenes Ereignis erfolglos geworden. »Verzichtet« freilich der Kläger, weil sein begründetes Begehren durch Zahlung des Beklagten unbegründet wurde, liegt prozessual ohnedies kein Verzicht i.S.v. § 306 vor, sondern eine Erledigungserklärung (→ Rdnr. 2).

§ 307 [Anerkenntnis]

(1) Erkennt eine Partei den gegen sie geltend gemachten Anspruch bei der mündlichen Verhandlung ganz oder zum Teil an, so ist sie auf Antrag dem Anerkenntnis gemäß zu verurteilen.

(2) ¹Erklärt der Beklagte auf eine Aufforderung nach § 276 Abs. 1 Satz 1, daß er den Anspruch des Klägers ganz oder zum Teil anerkenne, so ist er auf Antrag des Klägers ohne mündliche Verhandlung dem Anerkenntnis gemäß zu verurteilen. ²Der Antrag kann schon in der Klageschrift gestellt werden.

Gesetzesgeschichte: Bis 1900 § 278 CPO. Abs. 2 wurde durch die Vereinfachungsnovelle 1976 angefügt. – Zu gegenwärtigen Reformvorhaben → Fn. 57 u. 96.

I. Begriff, Zweck und Rechtsnatur	1
1. Begriff, Zweck und Gegenstand	1
2. Umfang des Anerkenntnisses	3
a) Anerkenntnisvorbehaltsurteil	4
b) Beschränkte Erbenhaftung	5
c) Anerkenntnis einer modifizierten (eingeschränkten) Verurteilung	6
d) Anerkenntnis neben Klageabweisungsantrag	7
3. Beschränktes Anerkenntnis	8
4. Abgrenzung zum Geständnis und zum Anerkennungsvertrag	10
5. Rechtsnatur	11
II. Die Erklärung des Anerkenntnisses	13
1. Anforderungen	13
2. Formelle Voraussetzungen	16
3. Zeitpunkt der Erklärung und Erklärungsempfänger	17
4. Rechtsnatur	18
5. Protokollierung	19
III. Die Wirkung des Anerkenntnisses und die tatsächlichen und rechtlichen Anforderungen an seine Wirksamkeit	20
1. Wirkung	20
2. Tatsächliche Anforderungen	21
3. Rechtliche Anforderungen	22
a) Materiell-rechtliche Anforderungen	22
b) Mangelnde Dispositionsfreiheit	24
c) Prozeßrechtliche Klagen	25
d) Entgegenstehende Parteivereinbarungen	26
e) Verfügungsbefugnis	26a
4. Unwirksames Anerkenntnis	27
IV. Antrag, Entscheidungsgrundlagen und Urteil	28
1. Notwendigkeit und Grundlagen des Urteils	28
2. Antrag	29
3. Fehlender Antrag	30
4. Prüfungspflicht des Gerichts	32
a) Prozeßvoraussetzungen	32
b) Sonstige Voraussetzungen und ablehnende Entscheidung	36
5. Das Urteil	37
6. Kosten	39
7. Rechtsmittel	41
V. Die Beseitigung des Anerkenntnisses	43
VI. Das Anerkenntnis im schriftlichen Vorverfahren	46
VII. Das arbeitsgerichtliche Verfahren	52

I. Begriff, Zweck und Rechtsnatur[1]

1. Begriff, Zweck und Gegenstand

Anerkenntnis ist die vor dem Prozeßgericht abgegebene **Erklärung des Beklagten** (bzw. Widerbeklagten), daß der vom Kläger (bzw. Widerkläger) geltend gemachte (prozessuale) **Anspruch ganz oder zum Teil begründet** sei. Der prozessuale Anspruch ist dabei, wie auch sonst (→ § 253 Rdnr. 45), im Sinne der durch die Klage geltend gemachten *Rechtsfolge* zu verstehen[2]; auch das behauptete Rechtsverhältnis bei der positiven und das geleugnete Rechtsverhältnis bei der negativen Feststellungsklage sowie der begehrte richterliche Ausspruch bei den **Gestaltungsklagen** fallen darunter[3] und können anerkannt werden. So ist z.B. im aktienrechtlichen Beschlußanfechtungsverfahren ein Anerkenntnis der beklagten AG zulässig[4]; zum streitgenössischen Nebenintervenienten → Rdnr. 26a. Auch bei einem Klageantrag auf **Feststellung der Erledigung** ist ein Anerkenntnis zulässig[5]; aufgrund des ungereimten Gerichtskostenrechts hat dies gegenüber einer übereinstimmenden Erledigungserklärung Kostenvorteile zur Folge[6]. Die Zulässigkeit des Anerkenntnisses ist Bestandteil der **Dispositionsmaxime**, → vor § 128 Rdnr. 68 ff. Im strafprozessualen **Adhäsionsverfahren** ist ein Anerkenntnisurteil unzulässig[7]. Zu den Ehe- und Familiensachen → Rdnr. 24. 1

Das Anerkenntnis muß sich auf den zur Entscheidung stehenden Streitgegenstand beziehen. Ändert sich der Streitgegenstand, geht der Kläger z.B. vom Feststellungsanspruch zum Leistungsanspruch über, wirkt das Anerkenntnis nicht fort[8]. – Das Anerkenntnis ist auch im Verfahren über **Arrest** und **einstweilige Verfügung** zulässig, → vor § 916 Rdnr. 22, → § 922 Rdnr. 13, → vor § 935 Rdnr. 19. 1a

Die Verpflichtung zur **Kostentragung** kann Gegenstand des Anerkenntnisses nur sein, wenn die Kosten zur Hauptsache geworden sind. Allerdings ist es zulässig, nach Erledigung der Hauptsache (§ 91 a) der die Kostentragungspflicht anerkennenden Partei diese Kosten in Anwendung des Grundgedankens aus § 307 ohne weitere Sachprüfung aufzuerlegen[9]. 2

---

[1] Vgl. aus der Lit.: *Arens* Willensmängel bei Parteihandlungen im Zivilprozeß (1968), 205 ff.; *Baumgärtel* Wesen und Begriff der Prozeßhandlung einer Partei im Zivilprozeß (1957), 142 ff.; *Baur* Vereinbarungen der Parteien über präjudizielle Rechtsverhältnisse im Zivilprozeß, Festschr. für Bötticher (1969), 1 ff.; *Bork* Das Anerkenntnis im aktienrechtlichen Beschlußanfechtungsverfahren ZIP 1992, 1205; *Degenkolb* Anerkenntnisurteil (1902); *ders.* Beiträge zum Zivilprozeßrecht (1905), 109 ff.; *Goldschmidt* Prozeß als Rechtslage (1925), 312 ff.; *Hegler* Beiträge zur Lehre vom gerichtlichen Anerkenntnis (1903); *Henckel* Prozeßrecht und materielles Recht (1970), 134 ff.; *Joswig* Nichtbestreiten, Geständnis und Anerkenntnis im Klauselerteilungsverfahren Rpfleger 1991, 144; *Knöpfel* Der Antrag auf Erlaß des Anerkenntnisurteils ZZP 68 (1955), 450; *Lehmann* Die Rechtsnatur des Anerkenntnisses, Bonner Festg. für P. Krüger (1911), 215; *Lent* Die rein prozessuale Bedeutung des Anerkenntnisses, Festg. für Rosenberg (1949), 123 ff.; *Müller* Wesen und Wirkung des Anerkenntnisses (1911); *Münzberg* Geständnis, Geständnisfiktion und Anerkenntnis im Klauselerteilungsverfahren NJW 1992, 201; *Neuner* Privatrecht und Prozeßrecht (1925), 134 ff.; *Orfanides* Die Berücksichtigung von Willensmängeln im Zivilprozeß (1982), 45 ff.; *Pagenstecher* Zur Lehre von der materiellen Rechtskraft (1905), 145 f., 276 ff.; *Schilken* Zum Handlungsspielraum der Parteien beim prozessualen Anerkenntnis ZZP 90 (1977), 157 ff.; *Schlosser* Einverständliches Parteihandeln im Zivilprozeß (1968), 1 ff.; *Schwarz* Anerkenntnis und Vorbehalt im Urkundenprozeß JR 1995, 1; *ders.* Die Verwahrung gegen die Kostenlast im Urkundenprozeß ZZP 110 (1997), 181; *Süß* Die Wirkungsgrenzen des Anerkenntnisses im deutschen Reichs-Zivilprozeßrecht (1921); *Thomas* Die Auswirkungen der im Aktiengesetz enthaltenen materiellen Verzichts- und Vergleichsbeschränkungen auf Prozeßvergleich, Klageanerkenntnis und Klageverzicht, Diss. Göttingen 1974, 104 ff.; *ders.* Zur Doppelnatur von Klageanerkenntnis und Klageverzicht ZZP 89 (1976), 80 ff.; *M. Wolf* Das Anerkenntnis im Prozeßrecht (1969); *Würthwein* Umfang und Grenzen des Parteieinflusses auf die Urteilsgrundlagen im Zivilprozeß (1977); *Ziemssen* Über die dispositive Natur von Verzicht und Anerkenntnis (1908).

[2] *OLG Hamm* NJW-RR 1995, 1073; *OLG Düsseldorf* OLGZ 1977, 250, 252.

[3] S. *LG Köln* MDR 1977, 322; *Hegler* (Fn. 1) 5 ff.; *Hellwig* Anspruch und Klagrecht (1924), 157 u.a.; zur Gestaltungsklage → vor § 253 Rdnr. 39 ff.

[4] *LG Hannover* ZIP 1992, 1236, 1239; *Bork* ZIP 1992, 1205, 1210.

[5] *OLG Hamm* NJW-RR 1995, 1073 (eine übereinstimmende Erledigungserklärung war hier nicht gewollt).

[6] *LG Tübingen* MDR 1995, 860; *Seutemann* MDR 1995, 122.

[7] *BGHSt* 37, 263 = NJW 1991, 1244 = JR 1991, 296 (zust. *Wendisch*).

[8] *OLG Frankfurt* MDR 1978, 583.

[9] *BGH* JZ 1985, 853 = MDR 1985, 914.

§ 307 I   2. Buch. Verfahren im ersten Rechtszuge. 1. Abschnitt. Landgerichte

2a   Die Entscheidung über die **vorläufige Vollstreckbarkeit** ist von Amts wegen zu treffen und kann nicht Gegenstand eines Anerkenntnisses sein[10]. Zum Anerkenntnis bei vollstreckungsrechtlichen Klagen → Rdnr. 25.

2. Umfang des Anerkenntnisses

3   Ein Anerkenntnis liegt nur vor, wenn der Beklagte sich jeder Verteidigung gegen den Anspruch begibt, also die Ableitung der Rechtsfolge aus dem vom Kläger behaupteten Tatbestand zugibt[11]. Dieser Grundsatz ist jedoch mit folgenden Einschränkungen zu versehen:

a) Anerkenntnisvorbehaltsurteil

4   Möglich ist auch ein Anerkenntnis unter dem **Vorbehalt der Aufrechnung** mit einer nicht konnexen Gegenforderung oder unter **Vorbehalt der Rechte im Urkundenprozeß**[12], → § 599 Rdnr. 3. Ein solches Anerkenntnis ist zwar an sich systemwidrig, da der Beklagte sich dem geltend gemachten prozessualen Anspruch nicht vollständig unterwirft, jedoch sind keine schutzwürdigen Belange des Klägers ersichtlich, die dem Erlaß eines für den Beklagten wesentlich kostengünstigeren (es entsteht nur eine 5/10-Anwaltsgebühr, vgl. § 33 Abs. 1 S. 1 BRAGO; zu den Gerichtsgebühren → Rdnr. 39) Anerkenntnisvorbehaltsurteils im Wege stehen sollten[13]. – Zum Anerkenntnis bei konnexer Gegenforderung → Rdnr. 8.

b) Beschränkte Erbenhaftung

5   Ein Anerkenntnisurteil kann auch dann ergehen, wenn das Anerkenntnis unter dem **Vorbehalt der beschränkten Erbenhaftung** erklärt wird, denn dieser Vorbehalt bezieht sich nicht auf den prozessualen Anspruch[14].

c) Anerkenntnis einer modifizierten (eingeschränkten) Verurteilung

6   Auch wenn mit dem Anerkenntnis eine Einwendung verbunden wird, die nur zu einer **modifizierten Verurteilung** führt, namentlich bei Verurteilung zu einem späteren Fälligkeitszeitpunkt (→ auch Rdnr. 37) oder Zug um Zug, liegt ein wirksames Anerkenntnis vor[15]. Hinsichtlich der Wirkung ist zu unterscheiden. Ein Anerkenntnisurteil kann nur ergehen, wenn der Kläger seinen Klageantrag entsprechend anpaßt, also z.B. nur noch Verurteilung Zug um Zug verlangt. Andernfalls wirkt das Anerkenntnis als beschränktes Anerkenntnis i.S. des zu Rdnr. 8 Ausgeführten, d.h. das Gericht hat zwar durch streitiges Endurteil zu entscheiden, aber dabei die anerkannte Rechtsfolge ungeprüft zugrunde zu legen[16]. Stellt sich heraus, daß die Einwendung des Beklagten **begründet** ist, ist er in der gemäß seinem Anerkenntnis eingeschränkten Form (z.B. Zug um Zug) zu verurteilen und die Klage im übrigen abzuweisen. Er-

---

[10] *OLG Nürnberg* NJW 1989, 842.
[11] Vgl. *RG* Gruchot 59 (1915), 501; auch JW 1914, 693.
[12] Ebenso *Schwarz* JR 1995, 1; s. auch *ders.* ZZP 110 (1997), 181 (bei bloßer Verwahrung gegen die Kostenlast sind Teilanerkenntnisurteil und vorbehaltloses Schlußurteil über die Kosten zulässig). Weitere Nachw. → § 599 Fn. 9.
[13] *OLG München* MDR 1963, 603; wohl auch *BAG* NJW 1972, 1216; *Schriever* MDR 1979, 24; *Schopp* ZZP 69 (1956), 1; *Wolf* (Fn. 1) 90ff.; *Schilken* ZZP 90 (1977), 157, 180; *Zeiss* ZPR[9] Rdnr. 420; *Schellhammer* ZPR[7] Rdnr. 1848; *Thomas-Putzo*[20] Rdnr. 3. – A.M. *LG Hannover* NJW-RR 1987, 384; *Furtner* Das Urteil im Zivilprozeß[5] 186; *Baumbach-Lauterbach-Hartmann*[56] Rdnr. 4; *Rosenberg-Schwab-Gottwald*[15] § 163 III 5 d.
[14] *OLG Bremen* OLGZ 1989, 365; *Baumbach-Lauterbach-Hartmann*[56] Rdnr. 4; *Thomas-Putzo*[20] Rdnr. 3.
[15] BGHZ 107, 142 = NJW 1989, 1934 = ZZP 103 (1990), 309 (*Schilken*).
[16] BGHZ 107, 142, 147 (Fn. 15); *Schilken* ZZP 103 (1990), 213, 215f. S. auch *OLG Düsseldorf* OLGZ 1990, 124 = MDR 1990, 59; MDR 1989, 825.

weist sich die Einwendung als **unbegründet**, ist uneingeschränkt zu verurteilen. Ein Teilanerkenntnisurteil kann in diesen Fällen nicht ergehen, → Rdnr. 37, → auch § 301 Rdnr. 11 bei Fn. 74. – Auch ein eingeschränktes Anerkenntnis ist bindend; macht der Beklagte später weitere Gegenrechte geltend, so liegt darin ein grundsätzlich unbeachtlicher Widerruf[17], → Rdnr. 43.

d) Anerkenntnis neben Klageabweisungsantrag

Ein Anerkenntnis kann auch **hilfsweise neben einem Klagabweisungsantrag** für den Fall erklärt werden, daß die Rüge einer von Amts wegen zu beachtenden **Prozeßvoraussetzung** (→ Einl. [20. Aufl.] Rdnr. 311 ff.) keinen Erfolg hat[18], denn über diese kann der Beklagte ohnehin nicht disponieren. Zu diesen Prozeßvoraussetzungen sind auch die **Zuständigkeitsvorschriften** zu zählen; denn auch diese sind von Amts wegen zu prüfen. Möglich ist deshalb ein Anerkenntnis für den Fall, daß die Rüge der internationalen Zuständigkeit erfolglos bleibt[19]. Dasselbe gilt für die Rechtsschutzvoraussetzungen (→ vor § 253 Rdnr. 81 ff.), insbesondere für das rechtliche Interesse bei der Feststellungsklage[20], näher → Rdnr. 34 f.

7

3. Beschränktes Anerkenntnis

Von den Anerkenntnissen, die ein Anerkenntnisurteil zur Folge haben, sind die sog. **beschränkten Anerkenntnisse** zu unterscheiden. Gemeint sind damit Anerkenntnisse, die nicht den prozessualen Anspruch als solchen, sondern lediglich den *Grund* des erhobenen Anspruchs, einen durch *Einrede* erhobenen Anspruch[21] oder sonstige *präjudizielle Rechtsverhältnisse* anerkennen. Solche Anerkenntnisse sind dann zulässig, wenn sie sich auf Rechtsfolgen beziehen, die auch zum Gegenstand einer selbständigen **Leistungs- oder Feststellungsklage** gemacht werden könnten, und haben die Wirkung, daß das Gericht die anerkannte Rechtsfolge seinem Urteil **ungeprüft** zugrunde legen muß[22], → § 288 Rdnr. 8. Hierher gehört auch das Anerkennen der Klageforderung, wenn zugleich die Aufrechnung mit einer konnexen Gegenforderung geltend gemacht wird. Zum Anerkenntnis bei nicht konnexer Gegenforderung → Rdnr. 4. Zur Frage eines auf Arrestanspruch bzw. Arrestgrund beschränkten Anerkenntnisses → vor § 916 Rdnr. 22.

8

Nur zu einem beschränkten Anerkenntnis, nicht zu einem »Anerkenntnisgrundurteil« führt auch das Anerkenntnis des Anspruchsgrundes[23]. § 304 setzt gerade voraus, daß der Anspruch auch dem Grunde nach streitig ist. Dies ist aber dann nicht der Fall, wenn der Beklagte den Anspruchsgrund anerkennt. Das Anerkenntnis des Anspruchsgrundes ist bindend (in den zu Rdnr. 43 erläuterten Grenzen), ohne daß es dazu eines Anerkenntnisgrundurteils bedarf. – Zum Anerkennungs- (Feststellungs)vertrag → Rdnr. 10.

9

---

[17] *BGHZ* 107, 142 (Fn. 15).
[18] *BGH* LM Nr. 3 = JZ 1976, 607 (*Mummenhoff*); *OLG Karlsruhe* WRP 1979, 223; *Zöller-Vollkommer*[20] Rdnr. 9; *Thomas-Putzo*[20] Rdnr. 3; *Rosenberg-Schwab-Gottwald*[15] § 133 IV 2 a.E. – A.M. *Baumbach-Lauterbach-Hartmann*[56] Rdnr. 7.
[19] *BGH* (Fn. 18). – A.M. *Mummenhoff* ZZP 86 (1973), 293, 302.
[20] *BGH* FamRZ 1974, 246; *OLG Karlsruhe* WRP 1979, 223.
[21] S. auch *RG* JW 1897, 546.
[22] *BGH* NJW 1986, 2948, 2949 = JZ 1987, 355 (*Henckel*); *Schilken* ZZP 90 (1977), 157, 177; *Rosenberg-Schwab-Gottwald*[15] § 133 IV 2; *Thomas-Putzo*[20] Rdnr. 2 und die in § 288 Fn. 20 Genannten. – A.M. *Baumbach-Lauterbach-Hartmann*[56] Rdnr. 4; *Häsemeyer* ZZP 85 (1972), 207, 228; *MünchKommZPO-Musielak* Rdnr. 10 f.
[23] *Schilken* ZZP 90 (1977), 157, 181 f.; *Arnold* Das Grundurteil (1996), 210; *Baumbach-Lauterbach-Hartmann*[56] Rdnr. 6; *AK-ZPO-Fenge* § 304 Rdnr. 8; *MünchKommZPO-Musielak* Rdnr. 12. – A.M. *LG Mannheim* MDR 1992, 898; *Wolf* (Fn. 1) 92 ff.; *Arens* ZZP 83 (1970), 356, 362; *Zöller-Vollkommer*[20] Rdnr. 7; *Rosenberg-Schwab-Gottwald*[15] § 133 IV 2.

4. Abgrenzung zum Geständnis und zum Anerkennungsvertrag

10 Vom Anerkenntnis zu unterscheiden ist das Geständnis (§ 288), das sich stets nur auf einzelne Tatsachen bezieht und die Prüfung ihrer Wahrheit ausschließt, während die rechtliche Würdigung der Tatsache als Urteilsgrundlage dem Gericht vorbehalten bleibt[24]. Näher → § 288 Rdnr. 5ff. Auch eine *außerprozessuale* Vereinbarung, ein Recht oder Rechtsverhältnis anzuerkennen bzw. nicht bestreiten zu wollen, ist vom prozessualen Anerkenntnis zu unterscheiden. Jedoch sind auch solche **Anerkennungsverträge** (Feststellungsverträge) im Rahmen der Vertragsfreiheit zulässig und im Prozeß zu berücksichtigen[25] (→ auch § 138 Rdnr. 37), ohne aber zu einem Anerkenntnisurteil zu führen.

5. Rechtsnatur

11 Das Anerkenntnis ist *Willens-*, nicht Wissenserklärung (→ vor § 128 Rdnr. 177ff.); daß es wie das Geständnis im Regelfalle die Wahrheit bzw. Richtigkeit des gegnerischen Vorbringens bestätigen soll, ist wie dort (→ § 288 Rdnr. 4) nicht das Entscheidende. Das Anerkenntnis im Prozeß hat **keine Doppelnatur**; darüber → vor § 128 Rdnr. 255ff. Es ist **reine Prozeßhandlung**[26], denn die Erklärung wird abgegeben, um Urteilsgrundlage zu werden; seine Wirksamkeit richtet sich deshalb **allein nach Prozeßrecht** (→ auch § 306 Rdnr. 3). Das Anerkenntnis kann aber *auch* materielles Rechtsgeschäft über den Gegenstand des Rechtsstreits insoweit sein, als dieser Gegenstand dem bürgerlichen Recht angehört, mithin zivilrechtliches Rechtsgeschäft sein[27] (Doppeltatbestand, → vor § 128 Rdnr. 255). Die Annahme, daß deshalb das Anerkenntnis eine Doppelnatur habe, würde aber dem Willen der Beteiligten nicht in allen Fällen gerecht werden, ganz abgesehen davon, daß dann unklar bliebe, nach welchen Gesichtspunkten die Voraussetzungen der Wirksamkeit des Anerkenntnisses zu beurteilen sind, ob nach materiellem Recht oder nach Prozeßrecht.

12 Als Bewirkungshandlung des Prozeßrechts (→ vor § 128 Rdnr. 172, 174) ist das Anerkenntnis *dem Gericht gegenüber* zu erklären. Als materielles Rechtsgeschäft ist es *einseitige Willenserklärung* (§§ 208, 371, 380, 408, 1155, 1170, 1592, 1892 BGB) oder Vertragsangebot bzw. -annahme (§§ 397, 781, 1300 BGB) und allein nach den hierfür geltenden Vorschriften zu beurteilen. In seinem Bestand und seiner Wirksamkeit ist das Anerkenntnis weitgehend unabhängig von den tatsächlichen und rechtlichen Voraussetzungen des anerkannten Anspruchs, → Rdnr. 21ff. Aus dieser Auffassung des Anerkenntnisses als reiner Prozeßhandlung folgt auch, daß es im Prozeß wirksam erklärt werden kann, selbst wenn eine *materiell-rechtliche Genehmigung* oder ein Formerfordernis *fehlt* (→ auch § 306 Rdnr. 3, 8 a.E.).

II. Die Erklärung des Anerkenntnisses

1. Anforderungen

13 Die Erklärung des Anerkenntnisses (und des Verzichts) kann **ausdrücklich oder stillschweigend** erfolgen; nur liegt sie nicht schon in dem bloßen Schweigen, insbesondere dem Nichtver-

---

[24] Zum Verhältnis von Anerkenntnis und Geständnis *BGH* ZZP 71 (1958), 95 = VersR 1957, 720.
[25] *BGH* NJW 1986, 2948, 2949 (Fn. 22); zust. *Henckel* JZ 1987, 359.
[26] Wie hier *BGHZ* 80, 389, 391 = NJW 1981, 2193 = LM Nr. 5; NJW 1981, 686; *LG Heidelberg* MDR 1965, 583 = FamRZ 1965, 452; *Baumgärtel* (Fn. 1) 142ff.; *Henckel* JZ 1987, 359 (klarstellend zu *BGH* NJW 1986, 2948 = JZ 1987, 355); *Rosenberg-Schwab-Gottwald*[15] § 133 IV 7; *A. Blomeyer* ZPR[2] § 62 IV 2; *Jauernig* ZPR[24] § 47 VI; *Bernhardt* ZPR[3] § 33 II 2; *Baumbach-Lauterbach-Hartmann*[56] Einf. vor §§ 306, 307 Rdnr. 2; *Zöller-Vollkommer*[20] vor §§ 306, 307 Rdnr. 5; *MünchKomm-ZPO-Musielak* Rdnr. 4. – A.M. 18. Aufl. mwN.
[27] *BGHZ* 80, 389, 391 (Fn. 26); *OLG Düsseldorf* FamRZ 1983, 721, 724.

handeln über einzelne Teile des Anspruchs oder in der vorbehaltlosen Erfüllung der geltend gemachten Forderung außerhalb des Prozesses[28], so auch nicht im bloßen Auszug des Mieters während der Rechtshängigkeit der Räumungsklage[29]. Unerheblich ist (insbesondere bei der im Parteiprozeß nicht durch einen Rechtsanwalt vertretenen Partei), ob genau die Bezeichnung Anerkenntnis verwendet wird; wie umgekehrt nicht jedes »Anerkennen« ein Verhalten nach § 307 bedeutet. Oftmals ist mit einem Anerkenntnis nur die Zustimmung zum prozessualen Vorgehen des Klägers (etwa zur Klagerücknahme nach § 269, zu einer Erledigungserklärung nach § 91 a, zu einer Klage- oder Parteiänderung) gemeint. Entscheidend ist allein, ob der Beklagte erklären will, *daß der ihm gegenüber geltend gemachte prozessuale Anspruch begründet ist.* Ein Anerkenntnis bzw. Teilanerkenntnis kann auch vorliegen, wenn die Erklärung des Beklagten nicht wörtlich dem Klageantrag entspricht[30]. Unerheblich ist die prozessuale Stellung des Beklagten in der Rechtsmittelinstanz.

Die Erklärung muß unbedingt sein[31]; zu den zulässigen inhaltlichen Einschränkungen → Rdnr. 3 ff. Dies gilt aber nur für die Erklärung zur Hauptsache; auch das Anerkenntnis unter Verwahrung gegen die Kostenlast ist ein echtes Anerkenntnis[32]. Die Erklärung kann sich auch auf einen zur Erledigung durch Teilurteil geeigneten (→ § 301 Rdnr. 4 ff.) *Teil* des oder der Ansprüche beziehen. Ein Anerkenntnis der Kostenpflicht hat nur dann Bedeutung, wenn *nur* über die Kosten zu entscheiden ist, → Rdnr. 2, § 269 Rdnr. 66 a.E.   **14**

Wie jede Prozeßhandlung ist auch das Anerkenntnis der Auslegung fähig[33], → vor § 128 Rdnr. 192.   **15**

2. Formelle Voraussetzungen

Die Erklärung muß von der **prozeßfähigen Partei** oder ihrem gesetzlichen Verteter ausgehen und unterliegt unter den Voraussetzungen des § 78 dem **Anwaltszwang**, → § 93 Rdnr. 5. Die Prozeßvollmacht enthält nach § 81 die Befugnis zu Anerkenntnis und Verzicht, wenn sie nicht ausdrücklich ausgeschlossen ist, § 83. Ein Widerrufsrecht der Partei besteht nicht; das Anerkenntnis ist keine Tatsachenerklärung (§ 85 S. 2), näher → § 85 Rdnr. 6. Zu Streitgenossen und Nebenintervention → Rdnr. 26a.   **16**

3. Zeitpunkt der Erklärung und Erklärungsempfänger

Die Erklärung kann in jeder Lage des Rechtsstreits, auch in der *Berufungs- und Revisionsinstanz*[34] erfolgen, und zwar dem Gericht gegenüber (→ Rdnr. 12) **in der mündlichen Verhandlung**. In den Fällen der *Entscheidung ohne mündliche Verhandlung*, § 128 Abs. 2 und 3, und derjenigen nach Lage der Akten, § 251 a, (näher → § 128 Rdnr. 89, § 251 a Rdnr. 14, 20) ist jedoch auch die schriftsätzliche – ursprünglich nur angekündigte – Erklärung zu berücksichti-   **17**

---

[28] *BGH* NJW 1981, 686 = MDR 1981, 399; *LG Leipzig* NJW-RR 1997, 571.
[29] *Merz* ZMR 1983, 365.
[30] *BGH* NJW 1989, 1673, 1675 (zur Anerkennung eines Anspruchs auf Unterlassung der Verwendung von AGB-Klauseln).
[31] *BGH* NJW 1985, 2713, 2716; *OLG Düsseldorf* OLGZ 1977, 250, 252. – A.M. RGZ 42, 320 f. (zulässig sei ein Anerkenntnis der Klageforderung unter der Bedingung, daß die aufgerechnete Gegenforderung als begründet angesehen werde).
[32] *OLG Düsseldorf* NJW 1974, 1517, 1518; *OLG Hamm* JMBl NRW 1951, 131; *Baumbach-Lauterbach-Hartmann*[56] Rdnr. 6.
[33] *BAGE* 35, 30 = AP § 9 KSchG (1969) Nr. 6 = NJW 1982, 1118; *OLG Stuttgart* FamRZ 1985, 607, 609; *OLG Schleswig* VersR 1980, 276, das davon ausgeht, daß ein Haftpflichtversicherer ein Anerkenntnis zum Haftungsgrund auch ohne ausdrückliche Erwähnung nur im Rahmen seiner gesetzlichen Leistungspflicht abgibt.
[34] *BGHZ* 10, 333, 334; *RG* SeuffArch 66 (1911), 291; JW 1913, 1047; 1915, 148; 1917, 44 (sämtlich Verzicht). Wenn aber z.B. der Kläger in der Berufungsinstanz als Berufungsbeklagter den Berufungsantrag des Beklagten (= Berufungsklägers) »anerkennt«, dann gibt er damit kein Anerkenntnis, sondern eine Verzichtserklärung ab (*OLG Braunschweig* NdsRpfl 1969, 245). Umgekehrt anerkennt der berufungsführende Beklagte, wenn er »Verzicht« erklärt, es sei denn, er will Rechtsmittelverzicht erklären.

gen. Dasselbe gilt für das **Anerkenntnis im schriftlichen Vorverfahren,** → Rdnr. 46 (nicht dagegen für den *Verzicht,* → Rdnr. 51).

4. Rechtsnatur

18   Anerkenntnis und Verzicht nach §§ 306, 307 sind **einseitige Erklärungen;** einer Annahme der Erklärung bedarf es daher nicht[35], eine *Ablehnung ist prozessual ohne Bedeutung.* Die in der mündlichen Verhandlung abgegebenen Erklärungen sind sofort – nicht erst mit dem Urteilsantrag oder dem Schluß der mündlichen Verhandlung – bindend. Zur einvernehmlichen Beseitigung → Rdnr. 45.

5. Protokollierung

19   Die in der mündlichen Verhandlung abgegebene Erklärung ist von Amts wegen durch Aufnahme in das Sitzungsprotokoll festzustellen (§ 160 Abs. 3 Nr. 1); doch ist dies keine Bedingung ihrer Gültigkeit; die Feststellung im Tatbestand genügt[36]. Ist das Anerkenntnis oder der Verzicht entgegen § 162 Abs. 1 nicht vorgelesen und genehmigt worden, ist das Anerkenntnis trotzdem als Prozeßhandlung wirksam[37], → auch § 159 Rdnr. 28.

III. Die Wirkung des Anerkenntnisses und die tatsächlichen und rechtlichen Anforderungen an seine Wirksamkeit

1. Wirkung

20   Die **Wirkung des Anerkenntnisses** besteht nicht in der Beendigung des Prozesses; dieser bleibt vielmehr anhängig, und die weitere Verhandlung folgt (auch in bezug auf die Zulässigkeit neuen Vorbringens) den allgemeinen Regeln[38]. Nur insofern ist das Begehren für das Gericht erledigt, § 160 Abs. 3 Nr. 1, als die sonst dem Gericht obliegende Prüfung, ob sich die in der Klage behauptete Rechtsfolge aus dem tatsächlichen Vorbringen des Klägers ableiten läßt, die *Prüfung der Schlüssigkeit* (§ 331 Abs. 2), ausgeschlossen ist. Es ist damit eine **Prüfung sowohl in tatsächlicher wie in rechtlicher Hinsicht grundsätzlich ausgeschlossen**[39]. Nach beiden Richtungen ist aber je eine Einschränkung zu machen:

2. Tatsächliche Anforderungen

21   Ist das Klagevorbringen wegen *Verstoßes gegen die subjektive Wahrheitspflicht* – also bei einer für das Gericht offenkundigen Prozeßlüge – unbeachtlich, so wird dieser Mangel nicht dadurch behoben, daß der Gegner anerkennt. Allerdings setzt solche Unbeachtlichkeit die Feststellung der objektiven und subjektiven Unwahrheit voraus, was regelmäßig gerade nicht feststehen wird.

---

[35] *RGZ* 115, 374, 376; *RG* JW 1913, 1047; 1915, 148.
[36] *RGZ* 10, 366; *RG* Gruchot 42 (1898), 915; *OLG München* OLG Rsp 35 (1917), 127.
[37] *BGH* FamRZ 1984, 372 = NJW 1984, 1465; *OLG Karlsruhe* FamRZ 1984, 401; *OLG Frankfurt* NJW-RR 1988, 574. – A.M. *OLG Düsseldorf* FamRZ 1983, 721.

[38] Vgl. *RGZ* 45, 409 (Anschließung nach Verzicht). – A.M. *Wolf* (Fn. 1) 36.
[39] *BGH* NJW 1985, 2713, 2715; FamRZ 1974, 246; *OLG Hamm* VersR 1990, 1025; *OLG München* NJW 1969, 1815; *OLG Hamm* NJW 1983, 1983, 1984.

3. Rechtliche Anforderungen

a) Materiell-rechtliche Anforderungen

In **rechtlicher Hinsicht** bleibt unberührt die gerichtliche Prüfung, ob der Wille der Parteien überhaupt imstande ist, die Rechtsfolge, so wie sie der Kläger für sich in Anspruch nimmt, zu erzeugen[40]. Wann dieser Fall vorliegt, kann nur durch Prüfung der einzelnen Rechtsinstitute festgestellt werden. Als **unbeachtlich**[41] wird man das **Anerkenntnis** (→ auch § 306 Rdnr. 7 zum Verzicht) – ansehen müssen, wenn die Leistung, die das Anerkenntnis zum Gegenstand hat, *gesetzlich verboten oder sittenwidrig ist oder gegen den ordre public verstößt*[42]. Ist die **anerkannte Rechtsfolge** an sich zulässig, stehen aber dem vom Kläger seinem Anspruch **zugrundegelegten Rechtsgeschäft** Unwirksamkeitsgründe entgegen, die der Parteidisposition entzogen sind (§§ 125, 313, 134, 138, 656, 762 BGB), ist ein Anerkenntnis nur dann unbeachtlich, wenn der **Schutzzweck der Vorschrift** auch im Falle eines prozessualen Anerkenntnisses Beachtung erfordert; denn an sich soll durch das Anerkenntnis dem Gericht die materielle Prüfung des Anspruchs gerade entzogen werden. Unwirksam ist ein Anerkenntnis jedenfalls dann, wenn das Grundgeschäft **sittenwidrig** ist oder gegen ein **gesetzliches Verbot** verstößt[43], so etwa bei einer Klage auf Zahlung eines erkennbar als Kuppellohn oder als Spielgewinn geforderten Betrages.

Der Wirksamkeit eines Anerkenntnisses steht es grundsätzlich nicht entgegen, daß das zugrunde liegende Rechtsgeschäft einer **vormundschaftsgerichtlichen Genehmigung** bedarf[44], doch muß anderes gelten, wenn eine Umgehung der Genehmigungsvorschriften zum Schaden des Minderjährigen (bzw. des sonstigen gesetzlich Vertretenen) erkennbar ist. Ist für das zugrunde liegende Rechtsgeschäft im öffentlichen Interesse eine behördliche Genehmigung erforderlich, so wird deren Fehlen einem Anerkenntnisurteil entgegenstehen; denn das geschützte allgemeine Interesse untersteht nicht der Parteidisposition.

Da Inhalt eines Anerkenntnisses nicht die Veränderung der materiellen Rechtslage, sondern das prozessuale Einverständnis mit der Verurteilung ist, brauchen diejenigen Voraussetzungen, von denen das materielle Recht die Entstehung oder den Erwerb des klägerischen Rechts abhängig macht, nicht vorzuliegen. So kann z.B. anerkannt werden, daß der nicht im Grundbuch eingetragene Kläger Eigentümer des Grundstücks ist[45], und zwar unabhängig davon, welchen Erwerbsgrund der Kläger behauptet hat. Bei einer Klage auf Auflassung ist ein wirksames Anerkenntnis möglich, auch wenn der Kaufvertrag nicht der Form des § 313 BGB entsprach[46].

b) Mangelnde Dispositionsfreiheit

Unbeachtlich ist ein Anerkenntnis aber dann, wenn das materielle Rechtsverhältnis der Parteidisposition nicht untersteht. Wann dies der Fall ist, ergibt sich teilweise ausdrücklich aus

---

[40] S. auch *RG* JW 1926, 2740.
[41] Vgl. dazu *Hegler* (Fn. 1) 251 ff.; *Pagenstecher* (Fn. 1) 290 ff.; *Reichel* AcP 104 (1909), 83 ff.; *Süß* (Fn. 1) 178 ff.
[42] *Orfanides* (Fn. 1) 57; *Würthwein* (Fn. 1) 115; *Rosenberg-Schwab-Gottwald*[15] § 133 IV 3 b; *Baumbach-Lauterbach-Hartmann*[56] Rdnr. 11; *Zöller-Vollkommer*[20] vor §§ 306, 307 Rdnr. 10. Vgl. *RG* JW 1926, 2740 (Anerkenntnis der Verpflichtung zur Grundstücksübereignung bei fehlender behördlicher Genehmigung). S. auch *LG Aachen* JMBl NRW 1952, 118 = ZMR 1952, 168 (LS); *OLG Hamburg* MDR 1955, 238.
[43] *OLG Stuttgart* NJW 1985, 2272, 2273; *OLG Köln* NJW 1986, 1350, 1352; *OLG Nürnberg* NJW 1986, 361, alle zu § 826 BGB. Wie hier auch *Orfanides* (Fn. 1) 57; *Zeiss* ZPR[9] Rdnr. 418; *Baumbach-Lauterbach-Hartmann*[56] Rdnr. 11 f. – A.M. *Henckel* (Fn. 1) 178; *Rosenberg-Schwab-Gottwald*[15] § 133 IV 3 c; *Schellhammer* ZPR[7] Rdnr. 295, die auch in diesen Fällen den Erlaß eines Anerkenntnisurteils zulassen.
[44] Nachw. → § 306 Fn. 7.
[45] *Rosenberg-Schwab-Gottwald*[15] § 133 IV 3 c. – A.M. *Baumbach-Lauterbach-Hartmann*[56] Rdnr. 14.
[46] *Rosenberg-Schwab-Gottwald*[15] § 133 IV 3 c; *Zöller-Vollkommer*[20] vor §§ 306, 307 Rdnr. 10.

dem Gesetz, z. B. für Ehe[47]- und Kindschaftssachen aus den §§ 617, 640, ansonsten folgt dies aus dem materiellen Recht, d. h. dem Sinn und Zweck der anzuwendenden Norm. Unbeachtlich ist deshalb das Anerkenntnis einer Nichtkonkursforderung durch den Konkursverwalter[48] oder ein Anerkenntnis, das die Bemessung des Vorsorgeunterhalts im Verhältnis zum Elementarunterhalt betrifft[49]. Möglich ist dagegen das Anerkenntnis des Anspruchs, den Erben für erbunwürdig zu erklären[50]. Zum Adhäsionsverfahren im Strafprozeß → Rdnr. 1.

c) Prozeßrechtliche Klagen

25   Bei den **prozeßrechtlichen Klagen** wird ebenfalls die Untersuchung nicht schon dadurch erspart, daß es sich um »öffentlich-rechtliche Vorschriften« handelt. Während das Anerkenntnis z. B. *wirkungslos* ist bei der Wiederaufnahme der Verfahrens, → §§ 579 Rdnr. 13, 581 Rdnr. 7, und bei der Klage auf Erlaß des Vollstreckungsurteils nach den §§ 722f. (→ § 722 Rdnr. 19a), wird man bei Klagen auf Erteilung der Vollstreckungsklausel nach den §§ 731, 738 jedenfalls ein beschränktes Anerkenntnis (hinsichtlich der Voraussetzungen, die der Parteidisposition unterliegen) zulassen können[51], → § 731 Rdnr. 9. Gegen ein Anerkenntnis bestehen dann keine Bedenken, wenn es lediglich die Aufgabe einer erworbenen Rechtsposition bedeutet, wie z. B. bei Klagen, die den Ausspruch der Unzulässigkeit der Zwangsvollstreckung herbeiführen sollen, besonders bei den Klagen des § 771 und des § 767, → auch § 93 Rdnr. 22ff. Zur vorläufigen Vollstreckbarkeit → Rdnr. 2a.

d) Entgegenstehende Parteivereinbarungen

26   *Unwirksam* ist ferner das Anerkenntnis, wenn es erklärt wird, obwohl der Beklagte mit dem Kläger vereinbart hat, *kein Anerkenntnis auszusprechen* oder allgemein nur ein streitiges Urteil anzustreben; vor allem sind **Musterprozeß-Vereinbarungen** dahin zu interpretieren, daß die Parteien nicht Anerkenntnis oder Verzicht erklären dürfen, weil sonst das Ziel solcher Musterprozesse vereitelt wäre, für eine Vielzahl von anderen Rechtsstreitigkeiten ein rechtlich begründetes Präjudiz zu schaffen[52]. In diesen Fällen haben sich die Parteien in prozessual zulässiger Weise zur Unterlassung der Erklärung von Anerkenntnis oder Verzicht verpflichtet. Die Nichterfüllung dieser Unterlassungspflicht führt zur Unbeachtlichkeit der trotzdem vorgenommenen Erklärung (näher → vor § 128 Rdnr. 246ff.). Allerdings wird solch ein Vertragsbruch nur beachtet, *wenn sich der Gegner auf ihn beruft* (→ vor § 128 Rdnr. 247 bei Fn. 183), so daß im Antrag des Klägers, ein Anerkenntnisurteil zu erlassen, zugleich der Verzicht auf die Geltendmachung der Unwirksamkeit des Anerkenntnisses liegt; dann hat das Anerkenntnisurteil zu ergehen.

e) Verfügungsbefugnis

26a Das Anerkenntnis ist unwirksam, wenn es dem Beklagten an der *Verfügungsmacht* fehlt; wer über fremdes Vermögen rechtlich nicht verfügen darf, kann dies auch nicht auf dem Umwege

---

[47] Dies gilt auch bei Klage auf Feststellung des Rechts zum Getrenntleben, *OLG Frankfurt* FamRZ 1984, 1123; *OLG Karlsruhe* FamRZ 1991, 1456 (eine fehlerhaft auf § 93 gestützte Kostenentscheidung ist isoliert anfechtbar).
[48] *OLG Düsseldorf* NJW 1974, 1517; *Kalter* KTS 1978, 7.
[49] *BGH* NJW 1985, 2713, 2716 = MDR 1985, 1008.
[50] *KG* FamRZ 1989, 675 = NJW-RR 1989, 455; *LG Köln* MDR 1977, 322 = NJW 1977, 1783. – A.M. *LG Aachen* MDR 1988, 240; *A. Blomeyer* MDR 1977, 674.
[51] *Joswig* Rpfleger 1991, 144, 147; *Münzberg* NJW 1992, 201, 206.
[52] Wie hier grundsätzlich auch *Kempf* ZZP 73 (1960), 342ff., 346ff.; *Lindacher* JA 1984, 404, 405; *Zöller-Vollkommer*[20] vor §§ 306, 307 Rdnr. 13. – A.M. *MünchKommZPO-Musielak* Rdnr. 19; *AK-ZPO-Fenge* Rdnr. 16.

des Anerkenntnisses⁵³. Wegen der notwendigen Streitgenossen → § 62 Rdnr. 34, wegen des Nebenintervenienten → § 67 Rdnr. 10. Der streitgenössische Nebenintervenient kann dem Anerkenntnis der unterstützten Partei widersprechen und dadurch eine streitige Verhandlung und Entscheidung erzwingen⁵⁴, →§ 69 Rdnr. 9.

4. Unwirksames Anerkenntnis

Ein danach unwirksames Anerkenntnis kann jedoch u. U. als Beweismoment verwertet werden (→ § 286 Rdnr. 10)⁵⁵. 27

IV. Antrag und Urteil

1. Notwendigkeit und Grundlagen des Urteils

Die **richterliche Entscheidung** des Rechtsstreits wird durch das Anerkenntnis *nicht erübrigt*; denn es erzeugt weder Rechtskraft noch Vollstreckbarkeit. Wohl aber erhält das Gericht jetzt eine andere Aufgabe. Wenn auch nach wie vor über den ursprünglich erhobenen Anspruch zu entscheiden bleibt, so ist doch über ihn zu entscheiden nach Maßgabe der Prüfung, ob er durch das Anerkenntnis festgestellt ist, *ohne Zurückgreifen auf die ursprüngliche Klagebegründung* (→Rdnr. 20)⁵⁶. Dies bedeuten die Worte »dem Anerkenntnis gemäß«. 28

2. Antrag

Das Gesetz verlangt, daß der **Kläger** diese **Verurteilung** durch einen **besonderen Antrag herbeiführt**; der ursprüngliche Klageantrag genügt nach dem Gesetzeswortlaut nicht⁵⁷. Auch der Antrag auf Anerkenntnisurteil im schriftlichen Vorverfahren (→ Rdnr. 48) stellt nicht zugleich den Antrag nach Abs. 1 dar; dieser ist in der mündlichen Verhandlung zu stellen. Über die Verlesung dieses Antrags → § 297 Rdnr. 5 ff., 10. Ob das Anerkenntnis in derselben oder in einer früheren mündlichen Verhandlung abgegeben ist, macht keinen Unterschied, da eine prozessuale Erklärung vorliegt, die für den ganzen Prozeß wirkt⁵⁸, → § 128 Rdnr. 38. Bleibt der *Kläger* in einer späteren mündlichen Verhandlung aus, so steht das Anerkenntnis dem Erlaß eines Versäumnisurteils gegen den Kläger nach § 330 nicht entgegen. Bleibt dagegen der *Beklagte* aus, so ist, da durch das Anerkenntnis ein Zurückgreifen auf die ursprüngliche Klagebegründung ausgeschlossen und demgemäß für die im § 331 Abs. 1 bezeichneten Geständniswirkungen der Säumnis kein Raum ist, ein Versäumnisurteil nicht möglich; es kann vielmehr nur ein Anerkenntnisurteil als sog. unechtes Versäumnisurteil, → vor § 330 Rdnr. 29, 29

---

⁵³ *RGZ* 44, 349 f.; *OLG Celle* OLG Rsp 27 (1913), 65. – A.M. *Henckel* (Fn. 1) 138, der ein Anerkenntnis im Hinblick auf die eingeschränkte Rechtskraftwirkung für unbedenklich hält; anders nur für Fälle der Prozeßführungsmacht kraft Rechtsscheins.

⁵⁴ So z.B. ein der AG beigetretener Aktionär im Beschlußanfechtungsverfahren, *OLG Schleswig* MDR 1994, 460 = NJW-RR 1993, 930; *LG Hannover* ZIP 1992, 1236, 1239; *Bork* ZIP 1992, 1205, 1211.

⁵⁵ Vgl. auch *RGZ* 86, 440 (Patentnichtigkeitssache); *LG Heidelberg* MDR 1965, 583 = FamRZ 1965, 452: Verwertung als Geständnis.

⁵⁶ Über die theoretische Frage, ob dieses Urteil »deklarativ« sei, vgl. *Degenkolb* Beiträge (Fn. 1) 113 ff.; *Hegler* (Fn. 1) 112 ff. und dazu *OLG Bamberg* OLG Rsp 3 (1901), 323.

⁵⁷ *RGZ* 44, 350; 60, 315 f.; 90, 186. Nach *BGHZ* 10, 333, 336, handelt es sich jedoch um den wiederholten Klageantrag. Ebenso *A. Blomeyer* ZPR² § 62 II 2 a. – Der Entwurf eines Gesetzes zur Vereinfachung des zivilgerichtlichen Verfahrens und des Verfahrens der freiwilligen Gerichtsbarkeit, BT-Drucks. 13/6398, sieht vor, in Abs. 1 die Wörter »auf Antrag« zu streichen.

⁵⁸ *RGZ* 90, 186; JW 1926, 2740; *OLG Marienwerder* OLG Rsp 25 (1912), 128; soweit in den Vorinstanzen ein wirksames prozessuales Anerkenntnis erklärt worden und das Anerkenntnis nicht wirksam widerrufen ist, kann auch noch in der Revisionsinstanz der Antrag auf Erlaß eines Anerkenntnisurteils gestellt werden, *BAG* RdA 1974, 252.

oder als Entscheidung nach Lage der Akten ergehen[59], → dazu auch § 331 a Rdnr. 11. Sind beide Parteien ausgeblieben, so kann ebenfalls ein Anerkenntnisurteil als Entscheidung nach Aktenlage erlassen werden. Der Antrag auf Erlaß des Anerkenntnisurteils (zum Fehlen des Antrags → Rdnr. 30) bedarf als lediglich verfahrensrechtlicher Antrag (→ § 297 Rdnr. 10) nicht der vorherigen Mitteilung unter Wahrung der Frist des § 132.

3. Fehlender Antrag

30   Wird **vom Kläger der Antrag nicht gestellt,** *ergeht trotzdem Anerkenntnisurteil*[60], sofern die Prozeßvoraussetzungen (→ Rdnr. 32 ff.) gegeben sind und das Anerkenntnis nicht unbeachtlich ist (→ Rdnr. 21 ff.). Dies gilt auch dann, wenn der Beklagte nur teilweise anerkennt[61]. Ein *Anspruch des Klägers* auf ein *streitiges Urteil* trotz des Anerkenntnisses des Beklagten besteht grundsätzlich *nicht*[62]. Nur dann hat der Kläger trotz der Anerkenntniserklärung des Beklagten einen Anspruch auf ein streitiges Urteil, wenn der konkrete Prozeß eine rechtlich relevante Bedeutung für andere Rechtsstreitigkeiten besitzt (*Musterprozeß*-Vereinbarung) oder wo sonst der Beklagte *treuwidrig das Anerkenntnis ausspricht,* obwohl er mit dem Kläger vereinbarte, daß ein streitiges Urteil ergehen soll. In solchen Fällen ist bereits die *Erklärung des Anerkenntnisses unbeachtlich* (→ Rdnr. 26), so daß ohnehin kein Anerkenntnisurteil ergehen darf. Da es Aufgabe des Zivilprozesses ist, konkrete Streitfälle zu entscheiden, nicht aber, theoretische Rechtsauskünfte zu erteilen (→ § 256 Rdnr. 32), kann ein Anspruch des Klägers auf eine streitige Entscheidung (über die genannten Fälle unbeachtlicher Anerkenntniserklärung hinaus) nicht anerkannt werden. Dem Rechtsschutzanspruch des Klägers ist genügt, wenn er ein Sachurteil erhält, das seiner Klage entspricht[63]. Auf Rechtsausführungen und urteilsmäßige Begründung seines Begehrens hat er regelmäßig keinen Anspruch, so daß ein Anerkenntnisurteil ergehen darf, auch wenn es am Antrag des Klägers fehlt.

31   Da demgemäß ein Anerkenntnisurteil ergehen darf, auch wenn der Kläger nicht den Antrag auf dessen Erlaß gestellt hat, kann *nicht* davon gesprochen werden, der Rechtsstreit habe sich *in der Hauptsache* erledigt, falls der Kläger den genannten Antrag nicht gestellt hat[64]. Wollen jedoch die Parteien, nachdem der Kläger den Antrag nicht zu stellen bereit ist, den antraglosen Erlaß eines Anerkenntnisurteils vermeiden, haben sie die Möglichkeit, das *Anerkenntnis einverständlich zu beseitigen* (→ Rdnr. 45).

4. Prüfungspflicht des Gerichts

a) Prozeßvoraussetzungen

32   Aufgrund des Antrags hat das Gericht, da ein Sachurteil erlassen werden soll, zunächst zu **prüfen,** ob die von Amts wegen zu beachtenden **Prozeßvoraussetzungen,** → Einl. (20. Aufl.)

---

[59] Vgl. *Wach* Gruchot 36 (1892), 20f.; *Püschel* DJZ 1914, 226; *Reinberger* JW 1930, 657 (zu *OLG Breslau* das.). So auch *OLG Schleswig-Holstein* SchlHA 1966, 14. – A.M. *Baumbach-Lauterbach-Hartmann*[56] Rdnr. 15.
[60] A.M. *Ohr* NJW 1955, 251, der darauf abstellen will, ob der Kläger ein schutzwürdiges Interesse an dem streitigen Urteil hat; *RG* WarnRsp 1910 Nr. 96; *LG Stuttgart* ZZP 69 (1956), 418; vgl. dazu auch *Heyn* NJW 1957, 1140; *OLG Stuttgart* Die Justiz 1969, 21.
[61] *LG Mainz* VersR 1972, 78; *Rosenberg-Schwab-Gottwald*[15] § 133 IV 5 b; *Zöller-Vollkommer*[20] vor §§ 306, 307 Rdnr. 13. – A.M. *Mes* ZZP 85 (1972), 334, 346 mit der Begründung, daß der Gläubiger nach § 266 BGB zur Annahme von Teilleistungen nicht verpflichtet sei.
[62] Im Ergebnis ebenso, aber mit anderer Begründung

(fehlendes Rechtsschutzbedürfnis) *BGHZ* 10, 333 = NJW 1953, 1830 = JZ 1954, 242 (abl. *Bötticher*: Das streitige Urteil darf wegen der streitbeendigenden Wirkung des Anerkenntnisses nicht erlassen werden; eine Folge eines fehlenden Rechtsschutzbedürfnisses sei das nicht; → aber Rdnr. 20) = LM Nr. 1 (LS; *Johannsen*) = ZZP 66 (1953), 454; zust. auch *Arndt*, DRiZ 1954, 163; *A. Blomeyer* ZPR[2] § 62 II 2 a; *Thomas-Putzo*[20] Rdnr. 11. Dazu *Kempf* ZZP 73 (1960), 342, 348 ff. Auch *Knöpfel* (Fn. 1) arbeitet hier mit dem Rechtsschutzbedürfnis. Ebenso zum Verzicht *BGHZ* 76, 50, 53.
[63] Ein Teilunterliegen des Klägers i.S.d. § 92 ist darin nicht zu sehen. – A.M. jedoch *BGHZ* 76, 50, 53 (zum Verzicht); dagegen auch *Zöller-Vollkommer*[20] vor §§ 306, 307 Rdnr. 13.
[64] → § 306 Fn. 22.

Rdnr. 318ff., → § 296 Rdnr. 116ff., gegeben sind[65]; andere können nicht in Betracht kommen. Liegt ein endgültiger Mangel (z.B. Unzulässigkeit des Rechtswegs) vor, so kann nur nach § 300 auf Abweisung erkannt werden[66].

In der **Rechtsmittelinstanz** müssen auch die Rechtsmittelvoraussetzungen vorliegen; sie sind von Amts wegen zu prüfen[67]. 33

Zu den von Amts wegen zu beachtenden Prozeßvoraussetzungen gehören an sich auch die **Rechtsschutzvoraussetzungen** der **Klagbarkeit**, der **Rechtsschutzfähigkeit** und des **Rechtsschutzbedürfnisses** (→ vor § 253 Rdnr. 81ff.). Wegen ihrer Nähe zum materiellen Recht stellen sie aber nur bedingte Sachurteilsvoraussetzungen dar (→ vor § 253 Rdnr. 129f.), die bei gültigem Anerkenntnis nicht zu prüfen sind[68]. Deshalb hat vor allem auch ein Anerkenntnisfeststellungsurteil zu ergehen, ohne daß das rechtliche Interesse zu prüfen ist (→ vor § 253 Rdnr. 130, → § 256 Rdnr. 116, 120), wenn der Beklagte vorbehaltlos anerkennt. 34

Der Beklagte hat aber auch die Möglichkeit, das Fehlen einer Rechtsschutzvoraussetzung zu rügen und hilfsweise für den Fall, daß das Gericht deren Vorliegen bejaht, anzuerkennen, → Rdnr. 7. In diesem Fall hat das Gericht das Vorliegen der Rechtsschutzvoraussetzungen zu prüfen. 35

b) Sonstige Voraussetzungen und ablehnende Entscheidung

Das Gericht hat zu **prüfen**, ob ein **gültiges Anerkenntnis** des Klageanspruchs (→ Rdnr. 21ff.) **vorliegt**. Ist dies zu bejahen, so bildet das Anerkenntnis die Grundlage des Urteils. Liegt ein Anerkenntnis inhaltlich nicht vor oder ist es nicht ordnungsmäßig erklärt (→ Rdnr. 13ff.) oder unwirksam (→ Rdnr. 21ff.) oder wirksam widerrufen (→ Rdnr. 43ff.), so kann das Gericht nur den Erlaß des Anerkenntnisurteils durch Beschluß entsprechend § 335 oder im Streitfalle durch Zwischenurteil nach § 303 *ablehnen*[69], und der Prozeß ist fortzusetzen. 36

5. Das Urteil

Das **Anerkenntnisurteil** kann je nach dem Gegenstand des Prozesses auf Verurteilung, Feststellung usw. lauten, → Rdnr. 1[70]. Liegen die Voraussetzungen eines *Teilurteils* vor, so besteht kein Ermessen nach § 301 Abs. 2, wie durch den Wortlaut in § 307 (»oder zum Teil«) klargestellt ist. Ein Anerkenntnisurteil auf künftige Leistung unter Vorbehalt eines Schlußurteils auf sofortige Leistung ist nicht möglich, → § 301 Rdnr. 11 bei Fn. 74. Das Anerkenntnisurteil kann nach § 311 Abs. 2 S. 2 auch vor schriftlicher Abfassung verkündet und nach § 313 Abs. 2 in abgekürzter Form erlassen werden. Es ist nach § 708 Nr. 1 ohne Rücksicht auf den Gegenstand der Verurteilung ohne Sicherheitsleistung von Amts wegen für vorläufig vollstreckbar zu erklären. 37

Zum *Einzelrichter* → 306 Rdnr. 11. 38

---

[65] *BGH* FamRZ 1974, 246; *KG* FamRZ 1988, 310; *RG* Gruchot 51 (1907), 1047 (Zulässigkeit des Rechtswegs); *BAG* NJW 1972, 1216.

[66] Dadurch wird dem Anerkenntnis die prozessuale, nicht – sofern überhaupt gegeben – die zivilrechtliche Wirksamkeit genommen. S. auch *Stein* Urkunden- und Wechselprozeß (1887), 182ff.

[67] *BGH* NJW 1994, 944, 945; *Thomas-Putzo*[20] Rdnr. 10; *Zöller-Vollkommer*[20] Rdnr. 4. – A.M. *Rosenberg-Schwab-Gottwald*[15] § 133 IV 5 a.

[68] *BGH* BB 1969, 1017; *LG Koblenz* MDR 1961, 605; *Wieser* Das Rechtsschutzinteresse des Klägers im Zivilprozeß (1971), 216, 220; *Münzberg* JuS 1971, 344, 345; *MünchKommZPO-Musielak* Rdnr. 22. – A.M. *BGH* FamRZ 1974, 246; *KG* OLGZ 1978, 114, 116; *OLG Köln* VersR 1977, 938; *Mummenhoff* ZZP 86 (1973), 293, 304; *Rosenberg-Schwab-Gottwald*[15] § 133 IV 5 a; wohl auch *OLG Karlsruhe* WRP 1979, 223.

[69] So auch *OLG Köln* OLG Rsp 18 (1909), 150. – A.M. *KG* OLG Rsp 13 (1906), 83 (beide zu § 62).

[70] *RG* Gruchot 51 (1907), 1045f. – Eine Klagabweisung kann das Anerkenntnisurteil nicht enthalten, *OLG Zweibrücken* OLGZ 1987, 371.

6. Kosten

39 Wegen der **Kosten** → § 93. Die Verfahrensgebühr in erster Instanz ermäßigt sich bei Anerkenntnisurteil auf 1,0, wenn nicht bereits ein Urteil vorausgegangen ist (GKG Kostenverzeichnis Nr. 1202 b). In zweiter und dritter Instanz sind die jeweiligen Urteilsgebühren ermäßigt, soweit das Anerkenntnisurteil keine Begründung enthält (näher s. GKG Kostenverzeichnis Nr. 1225, 1227, 1237).

40 Macht die Verwahrung des Beklagten gegen die Kostenlast, § 93, eine nicht sofort zu erledigende Beweisaufnahme erforderlich, so ergibt sich die Unstimmigkeit, daß einerseits das Anerkenntnisurteil nach § 307 zu erlassen ist, d.h. bei Vorliegen des Anerkenntnisses und des Antrags *sofort* zu erlassen ist, andererseits die an sich in dem Urteil zu treffende Kostenentscheidung in dem fraglichen Zeitpunkt noch nicht ergehen kann. Vor allem praktische Erwägungen sprechen dafür, hier trotz gewisser formaler Bedenken die **Abtrennung der Kostenentscheidung** zuzulassen[71], so daß Teil-Anerkenntnisurteil und später Schlußurteil über die Kosten ergeht. Auch in diesem Fall ist die Ermäßigung der Gerichtsgebühr nach GKG KV Nr. 1202 b) anzuwenden[72]. Die Anfechtbarkeit der Kostenentscheidung mit der *sofortigen Beschwerde* ergibt sich aus § 99 Abs. 2.

7. Rechtsmittel

41 Das Anerkenntnisurteil ist mit den gewöhnlichen **Rechtsmitteln** anfechtbar. Erfolg hat das Rechtsmittel aber nur, wenn das Urteil aus einem der oben angegebenen Gründe hätte abgelehnt werden müssen oder wenn jetzt das Anerkenntnis wirksam widerrufen (→ Rdnr. 43 ff.) wird[73], z.B. wegen eines Restitutionsgrundes nach § 580 Nr. 7 b[74], sowie bei späterem Erlöschen des Anspruchs. Lag kein (wirksames) Anerkenntnis vor, so ist das Anerkenntnisurteil aufzuheben und der Rechtsstreit analog § 538 Abs. 1 Nr. 5 zurückzuverweisen[75].

42 Die Anfechtung kann nach § 99 Abs. 2 *auf die Prozeßkosten beschränkt* werden; sie erfolgt in diesem Fall durch **sofortige Beschwerde**. Näher → § 99 Rdnr. 6 ff. Auch bei **Mischentscheidungen** (Teilanerkenntnisurteil und Schlußurteil über die Gesamtkosten) kann die Kostenentscheidung, soweit sie auf dem Anerkenntnis beruht, mit der sofortigen Beschwerde angefochten werden, näher → § 99 Rdnr. 11 ff.[76]; dagegen greift § 99 Abs. 2 nicht ein, wenn sich das Anerkenntnis nur auf ein präjudizielles Rechtsverhältnis (→ Rdnr. 8) bezieht[77].

V. Die Beseitigung des Anerkenntnisses

43 Mit dem Anerkenntnis übernimmt der Beklagte das Beurteilungsrisiko bezüglich der dem Anerkenntnis zugrunde liegenden tatsächlichen und rechtlichen Vorstellungen[78]. **Anerkenntnis und Verzicht** können nach dem Wirksamwerden (zum Zeitpunkt → Rdnr. 18) grundsätzlich **nicht mehr widerrufen werden**. § 85 Abs. 1 S. 2 gilt hier nicht, → § 85 Rdnr. 6. Gegen eine entsprechende Anwendung des § 290[79] spricht entscheidend, daß eine Erklärung über Rechtsfolgen nicht durch Beweise widerlegt werden kann; denn der Beweis hat nur die Tatsachen zum Gegenstand, → § 284 Rdnr. 9 ff. Eine befriedigende Lösung erfordert durchaus nicht den

---

[71] *OLG Köln* HEZ 2, 61; *OLG München* NJW 1965, 447; *Schwarz* ZZP 110 (1997), 181, 183f. (auch im Urkundenprozeß).
[72] *OLG Karlsruhe* MDR 1997, 399.
[73] Nach *LG Nürnberg-Fürth* NJW 1975, 633 soll das Berufungsgericht in diesen Fällen entsprechend § 538 Abs. 1 Nr. 2 zurückverweisen.
[74] *KG* NJW-RR 1995, 958.
[75] *OLG München* MDR 1991, 795; → § 538 Rdnr. 30.
[76] Ebenso *OLG Koblenz* MDR 1986, 1032; *OLG Düsseldorf* OLGZ 1990, 124 = MDR 1990, 59. Weitere Nachweise → § 99 Fn. 65 ff.
[77] *LG Kiel* WuM 1993, 540.
[78] *OLG München* FamRZ 1992, 698.
[79] Gegen die Analogie u.a. *BGHZ* 80, 389, 393 = LM Nr. 5 = NJW 1981, 2193; *OLG Frankfurt* NJW-RR 1988,

Rückgriff auf die Lehre von der Doppelnatur[80]. Eine auch nur analoge Anwendbarkeit der Vorschriften des BGB über Nichtigkeit und Anfechtbarkeit scheidet wegen der fehlenden Rechtsähnlichkeit der materiellen und der prozessualen Lage aus[81], näher → vor § 128 Rdnr. 228ff. Soweit ausdrückliche Vorschriften in der ZPO über Widerruf und Zurücknahme von Prozeßhandlungen fehlen, sind die Besonderheiten des Zivilprozesses bei der Lückenausfüllung zu beachten[82]. So wird etwa der Fall der Anfechtung nach § 123 BGB dadurch erfaßt, daß der Widerruf des Anerkenntnisses bei Vorliegen eines **Restitutionsgrundes** i.S.d. § 580 stets zuzulassen ist[83]. Auch die Divergenz des Willens von der Erklärung (§ 119 Abs. 1 BGB) ist bei Prozeßhandlungen allein nach Prozeßrecht zu behandeln, → vor § 128 Rdnr. 230. Offenbare, auf einem Verschreiben oder einem ähnlichen Versehen[84] beruhende Unrichtigkeiten können nachträglich richtiggestellt werden[85]. Gleiches hat zu gelten, soweit es sich um ein Anerkenntnis von Rechtsfolgen des öffentlichen Rechts handelt (→ Rdnr. 25). Beruht das Anerkenntnis auf einem vom Gegner erkannten Irrtum, kann die Berufung auf das Anerkenntnis als Verstoß gegen Treu und Glauben **rechtsmißbräuchlich** sein[86]. Der Berufung auf Rechtsmißbrauch steht es aber entgegen, wenn das Anerkenntnis auf nachlässiger Prozeßführung des Beklagten beruht[87]. Betrifft das Anerkenntnis einen Anspruch, der nach § 323 abänderbar ist, ist das Anerkenntnis im anhängigen Rechtsstreit insoweit widerruflich, wie ein entsprechendes Urteil abgeändert werden könnte[88]. Entsprechend § 323 Abs. 3 ist in einem solchen Fall die Abänderung des Anerkenntnisurteils nur für die Zeit nach Zustellung der Widerrufserklärung zulässig[89].

Nach Erlaß des Anerkenntnis- bzw. Verzichtsurteils kann der Mangel nur im Wege der Berufung oder Revision und, wenn ein Rechtsmittel nicht möglich ist, nur im Wege und in den Grenzen der Restitutionsklage nach § 580 geltend gemacht werden; letztere ist nicht nur unter den Voraussetzungen des § 580 Nr. 4 gegeben, sondern auch dann, wenn die irrtümliche Anerkenntnis- oder Verzichterklärung durch Unkenntnis einer später aufgefundenen Urkunde, § 580 Nr. 7 b, veranlaßt war[90]. Für eine Vollstreckungsgegenklage ist dagegen kein Raum[91]. Ebensowenig kommt eine sog. Kondiktion des Anerkenntnisses nach § 812 Abs. 2 BGB in Be-

44

574; *OLG München* FamRZ 1992, 698; *OLG Saarbrücken* NJW-RR 1997, 252; *M. Wolf* (Fn. 1) 69; *Rosenberg-Schwab-Gottwald*[15] § 133 IV 6; *A. Blomeyer* ZPR[2] § 62 IV 2 a; *Jauernig*[24] § 47 VI; *Thomas-Putzo*[20] Rdnr. 8. – Dafür aber *OLG Nürnberg* MDR 1963, 419; *Wach* AcP 64 (1881), 253f.; *Hellwig* Prozeßhandlung und Rechtsgeschäft (1910), 65; *Lehmann* Der Prozeßvergleich (1911), 140; *Orfanides* (Fn. 1) 81. – Für freie Widerruflichkeit bis zum Antrag des Gegners oder bis zum Schluß der mündlichen Verhandlung *AK-ZPO-Fenge* § 306 Rdnr. 11.

[80] A.M. 18. Aufl. dieses Kommentars.

[81] BGHZ 80, 389, 393 (Fn. 79); KG OLGZ 1978, 114; *OLG Hamm* MDR 1987, 592; *OLG Saarbrücken* NJW-RR 1997, 252. – A.M. *OLG Hamburg* OLG Rsp 35 (1917), 71; *OLG Düsseldorf* SJZ 1948, 460; *OLG Saarbrücken* SJZ 1950, 128; *Arens* (Fn. 1) 205ff.; *Orfanides* (Fn. 1) 45ff.

[82] Vgl. dazu auch *Reichel* (Fn. 41) 97ff., der Unwiderruflichkeit annimmt, und *Hegler* (Fn. 1) 295f., der die Entscheidung in das Ermessen des Richters stellen will.

[83] *OLG Frankfurt* NJW-RR 1988, 574; *KG* NJW-RR 1995, 958; *OLG Saarbrücken* NJW-RR 1997, 252 (beim Restitutionsgrund nach § 580 Nr. 3 muß die Falschaussage kausal für das Anerkenntnis sein und es müssen die Voraussetzungen des § 581 gegeben sein); *LAG Baden-Württemberg* DB 1978, 1358; *A. Blomeyer* ZPR[2] § 62 IV 2 a; *Jauernig* ZPR[24] § 47 VI; *Thomas-Putzo*[20] Rdnr. 8; *Zöller-*

Vollkommer[20] vor §§ 306, 307 Rdnr. 6; näher → vor § 128 Rdnr. 226.

[84] Vgl. zu erkennbaren Rechenfehlern *König* MDR 1989, 706, 707.

[85] RGZ 81, 177, 178f.; 105, 351, 356; *OLG Karlsruhe* MDR 1974, 588; *A. Blomeyer* ZPR[2] § 62 IV 2 a; *MünchKommZPO-Musielak* Rdnr. 20.

[86] BGHZ 80, 389, 399 (Fn. 79); BGH VersR 1977, 574; *OLG Frankfurt* NJW-RR 1988, 574; *OLG München* FamRZ 1992, 698, 699 (aber nicht bei bereits vorsehbaren Änderungen).

[87] *OLG Hamm* FamRZ 1993, 78.

[88] *OLG Bamberg* FamRZ 1993, 1093; *OLG Schleswig* FamRZ 1994, 766; *Staudigl* FamRZ 1980, 221; offenlassend BGHZ 80, 389, 397 (Fn. 79); wohl auch *OLG Hamburg* FamRZ 1984, 706, 708, das allerdings das in erster Instanz abgegebene prozessuale Anerkenntnis in ein materiell-rechtliches Anerkenntnis umdeutet, weil es nicht zu einem Anerkenntnisurteil geführt habe. – A.M. *OLG Karlsruhe* FamRZ 1989, 645 = NJW-RR 1989, 1468, sofern die nach dem Erlaß des Anerkenntnisurteils eingetretene Veränderung der Verhältnisse mit der Berufung geltend gemacht werden soll.

[89] *OLG Schleswig* SchlHA 1996, 72.

[90] Vgl. RGZ 156, 70.

[91] *OLG Stuttgart* HRR 1928 Nr. 1522.

tracht⁹². Eine andere Frage ist, inwieweit aus einer arglistigen Herbeiführung des Anerkenntnisses Ersatzansprüche nach § 826 BGB erwachsen, → dazu § 322 Rdnr. 268ff.

45   Durch **Vereinbarung** der Parteien können die Wirkungen des Anerkenntnisses vor Erlaß des Anerkenntnisurteils beseitigt werden⁹³.

VI. Das Anerkenntnis im schriftlichen Vorverfahren (§ 307 Abs. 2)

46   § 307 Abs. 2 eröffnet die Möglichkeit, bereits im schriftlichen Vorverfahren ein Anerkenntnisurteil zu erlassen, wenn der Beklagte auf eine Aufforderung nach § 276 Abs. 1 S. 1 den Anspruch des Klägers ganz oder teilweise anerkennt. § 307 Abs. 2 verlangt nicht, daß das Anerkenntnis während der Zwei-Wochen-Frist des § 276 Abs. 1 S. 1 erfolgt. Anerkenntnisurteil kann vielmehr auch noch nach Ablauf dieser Frist bis zum Erlaß eines Versäumnisurteils nach § 331 Abs. 3 oder, wenn ein solches Versäumnisurteil nicht erlassen wird, bis zur Beendigung des schriftlichen Vorverfahrens ergehen. Das Anerkenntnisurteil im schriftlichen Vorverfahren kann auch noch ergehen, wenn das schriftliche Anerkenntnis erst nach einer Anzeige der Verteidigungsabsicht oder nach Einreichung der Klageerwiderung abgegeben wurde⁹⁴, nur ist es dann in der Regel kein sofortiges Anerkenntnis i. S. d. § 93 mehr, → Rdnr. 51. Ergeht im schriftlichen Vorverfahren kein Anerkenntnisurteil, so bleibt das Anerkenntnis gleichwohl wirksam, so daß auch noch nach Versäumnisurteil und Einspruch des Beklagten ein Anerkenntnisurteil ergehen kann⁹⁵.

47   Im schriftlichen Vorverfahren gemäß § 697 Abs. 2 ist ein Anerkenntnisurteil nach § 307 Abs. 2 ebenfalls möglich, → § 276 Rdnr. 44. Zur Erklärung des Anerkenntnisses gilt das in Rdnr. 13 ff. Gesagte, jedoch ist darauf hinzuweisen, daß **allein** in der Erklärung des Beklagten, sich nicht verteidigen zu wollen, kein Anerkenntnis gesehen werden kann, → § 276 Rdnr. 27.

48   Abweichend von Rdnr. 30 ist im Rahmen von § 307 Abs. 2 zu verlangen, daß der Kläger den **Antrag** auf Erlaß des Anerkenntnisurteils, der bereits in der Klageschrift (oder auch in einem weiteren Schriftsatz) gestellt werden kann, **ausdrücklich** stellt⁹⁶. Ansonsten könnte gegen den Willen des Klägers Anerkenntnisurteil erlassen werden, ohne daß dieser die Möglichkeit hatte, sein schutzwürdiges Interesse an einer streitigen Entscheidung darzulegen, → Rdnr. 30.

49   Im **Amtsgerichtsprozeß** ist § 499 zu beachten. Anerkenntnisurteil darf nur ergehen, wenn der **Beklagte** mit der Aufforderung nach § 276 auch über die Folgen eines schriftlichen Anerkenntnisses **belehrt** worden ist.

50   Nach § 310 Abs. 3 wird die Verkündung eines nach § 307 Abs. 2 erlassenen Anerkenntnisurteils durch dessen **Zustellung** ersetzt. Zum Lauf der Rechtsmittelfrist in diesen Fällen → § 310 Rdnr. 23.

51   Zur Anwendbarkeit des § 93 im schriftlichen Vorverfahren → § 93 Rdnr. 5⁹⁷. – **Verzicht** und Verzichtsurteil im schriftlichen Vorverfahren sind im Gesetz nicht vorgesehen und auch nicht in entsprechender Anwendung des Abs. 2 zuzulassen⁹⁸, zumal der Kläger in diesem Verfahrensstadium zur Klagerücknahme ohne Zustimmung des Beklagten berechtigt ist, → § 269 Rdnr. 8.

---

⁹² *RGZ* 156, 70; *JW* 1926, 2740; *KG JW* 1925, 1417; *Rosenberg-Schwab-Gottwald*¹⁵ § 133 IV 6.
⁹³ Vgl. *RG* Gruchot 42 (1898), 915ff.; *OLG Karlsruhe* BadRPr 1902, 301.
⁹⁴ *Bohlander* NJW 1997, 35.
⁹⁵ *BGH* NJW 1993, 1717 = LM Nr. 9.
⁹⁶ Der Entwurf eines Gesetzes zur Vereinfachung des zivilgerichtlichen Verfahrens und des Verfahrens der freiwilligen Gerichtsbarkeit, BT-Drucks. 13/6398, sieht dagegen vor, in Abs. 2 S. 1 die Wörter »auf Antrag des Klägers« sowie Abs. 2 S. 2 zu streichen.
⁹⁷ Gegen die h. M. (→ § 93 Fn. 22) halten ein nach Anzeige der Verteidigungsabsicht in der Klageerwiderung erklärtes Anerkenntnis noch für ein sofortiges i. S. d. § 93: *OLG Bamberg* FamRZ 1995, 1075 = NJW-RR 1996, 392; *Meiski* NJW 1993, 1904.
⁹⁸ A.M. *AK-ZPO-Fenge* § 306 Rdnr. 8.

VII. Das arbeitsgerichtliche Verfahren

Im arbeitsgerichtlichen Verfahren erster Instanz erläßt der **Vorsitzende** das Anerkenntnisurteil ohne Mitwirkung der ehrenamtlichen Richter, § 55 Abs. 1 Nr. 3 ArbGG. – Im **Beschlußverfahren** sind §§ 306, 307 entsprechend anzuwenden, soweit den Beteiligten die Verfügungsbefugnis über das streitige Recht zusteht[99]. 52

Wegen der **Gerichtsgebühren** s. § 12 Abs. 1 ArbGG i.V.m. Anlage 1 zum ArbGG. Danach hat das ohne streitige Verhandlung ergangene Anerkenntnisurteil im Verfahren erster Instanz Gebührenfreiheit (Nr. 9112 der Anlage), das Anerkenntnisurteil nach streitiger Verhandlung Halbierung der Gebühren (Nr. 9113 der Anlage) zur Folge. Im Berufungs- und Revisionsverfahren ermäßigt sich die Gebühr auf 4/10, wenn das Verfahren ohne streitige Verhandlung durch Anerkenntnisurteil beendet wird (Nr. 9122, 9132 der Anlage). Dasselbe gilt jeweils für das Verzichtsurteil. 53

Nach § 4 Abs. 4 S. 1 TVG ist ein Verzicht auf entstandene tarifliche Rechte (insbesondere auf Tariflohn) nur in einem von den Tarifvertragsparteien gebilligten Vergleich zulässig. Soweit danach der Verzicht auf den Anspruch unzulässig ist, kann er auch nicht im Prozeß durch Verzichtserklärung nach § 306 oder durch Anerkenntnis des negativen Feststellungsbegehrens wirksam erfolgen[100]. Hier liegt ein Fall mangelnder Dispositionsfreiheit i. S. d. zu Rdnr. 24 Ausgeführten vor. Soweit der gesetzliche Anspruch auf Urlaubsabgeltung (§ 7 Abs. 4, § 13 Abs. 1 BUrlG) nicht verzichtbar ist[101], hat für den prozessualen Verzicht dasselbe zu gelten. Auch eine **Verwirkung von tariflichen Rechten** ist ausgeschlossen, § 4 Abs. 4 S. 2 TVG. 54

§ 308 [Bindung des Gerichts an die Parteianträge]

(1) ¹Das Gericht ist nicht befugt, einer Partei etwas zuzusprechen, was nicht beantragt ist. ²Dies gilt insbesondere von Früchten, Zinsen und anderen Nebenforderungen.

(2) Über die Verpflichtung, die Prozeßkosten zu tragen, hat das Gericht auch ohne Antrag zu erkennen.

Gesetzesgeschichte: Bis 1900 § 279 CPO. – Zu gegenwärtigen Reformbestrebungen → Rdnr. 14a.

I. Bindung an die Parteianträge 1	a) Grundsätzliche Zulässigkeit 6
1. Zweck und Anwendungsbereich 1	b) Unzulässigkeit in besonderen Fällen 10
2. Begrenzung des Zuerkennens 2	5. Verstöße gegen § 308 Abs. 1 11
a) Nicht mehr zuerkennen 2	II. Die Kostenentscheidung 13
b) Nichts anderes zuerkennen 4	III. Der Ausspruch über die vorläufige Vollstreckbarkeit 15
3. Abweisung 5	
4. Zusprechen eines Weniger (insbesondere eines Teils) 6	

---

[99] *Grunsky* ArbGG⁷ § 80 Rdnr. 30; *Germelmann-Matthes-Prütting* ArbGG² § 80 Rdnr. 55.
[100] *Wiedemann-Stumpf* Tarifvertragsgesetz⁵ (1977), § 4 Rdnr. 328.
[101] Vgl. *BAG* NJW 1979, 566 (auch nicht in einem Prozeßvergleich).

I. Bindung an die Parteianträge[1]

1. Zweck und Anwendungsbereich

1 Die Vorschrift spricht die sich aus der *Dispositionsmaxime* ergebende **Bindung** des Gerichts **an die Anträge der Parteien** aus – ne eat iudex ultra petita partium, → vor § 128 Rdnr. 68. Der Satz gilt **in allen Verfahrensarten** des Erkenntnisverfahrens, im Kostenfestsetzungsverfahren[2], → § 104 Rdnr. 20, im Wiederaufnahmeverfahren[3], im selbständigen Beweisverfahren (Beweissicherungsverfahren)[4], bei Arresten und (mit Besonderheiten) bei der einstweiligen Verfügung[5], näher → vor § 935 Rdnr. 10ff., → § 938 Rdnr. 2, im schiedsgerichtlichen Verfahren und auch in Verfahren, in denen die Dispositionsmaxime eingeschränkt ist, wie etwa dem Verfahren in Familien-[6] und Kindschaftssachen[7], aber auch dem Patentnichtigkeitsverfahren[8], sowie **in allen Instanzen**, §§ 525, 536, 559, 573. § 308 Abs. 1 gilt jedoch **nicht im Versorgungsausgleichsverfahren**, gleichgültig, ob der Versorgungsausgleich öffentlich-rechtlicher oder schuldrechtlicher Natur ist[9], da es sich hierbei um Verfahren der freiwilligen Gerichtsbarkeit mit besonderer Interessenlage handelt. Auch im Verfahren der **Zwangsvollstreckung** gilt § 308, insbesondere soweit gerichtliche Entscheidungen von einem Antrag des Gläubigers abhängen. Beantragt der Gläubiger z.B. nur die Androhung eines Zwangsgeldes, so kann nicht sofort Zwangsgeld festgesetzt werden[10]. Die Ersatzordnungshaft nach § 890 Abs. 1 S. 1 ist dagegen von Amts wegen hinzuzufügen, auch wenn der Antrag nur auf Ordnungsgeld lautete[11], → § 890 Rdnr. 35. – Zu *Verstößen* gegen § 308, die gleichzeitig auch eine Verletzung des rechtlichen Gehörs, Art. 103 Abs. 1 GG, darstellen können, → Rdnr. 11.

---

[1] Lit.: *Grothe* Bindung an die Parteianträge und »Forderungsverrechnung« bei Fremdwährungsklagen IPRax 1994, 346; *Klette* Die rechtliche Behandlung von Verstößen gegen das Verbot »ne ultra petita« ZZP 82 (1969), 93; *Melissinos* Die Bindung des Gerichts an die Parteianträge nach § 308 I ZPO (1982); dazu Bespr. *Grunsky* ZZP 96 (1983), 395; *Musielak* Die Bindung des Gerichts an die Anträge der Parteien im Zivilprozeß, Festschr. für Schwab (1990), 349.

[2] *OLG Hamm* JurBüro 1969, 769 (*E. Schneider*); Rpfleger 1973, 370; *OLG Stuttgart* JurBüro 1973, 450; *OLG Zweibrücken* Rpfleger 1981, 455; *KG* Rpfleger 1978, 225; *OLG München* AnwBl 1987, 237 (Verstoß gegen § 308 ist durch Erweiterung des Antrags im Erinnerungs-/Beschwerdeverfahren heilbar); *OLG München* JurBüro 1995, 427 (auch bei der Festsetzung verauslagter Gerichtskosten besteht die Bindung an einen bestimmten Antrag).

[3] *Wieczorek*[2] A III b.

[4] *OLG Frankfurt* NJW-RR 1990, 1023 (zum früheren Beweissicherungsverfahren; bejaht zugleich die Anfechtbarkeit des Anordnungsbeschlusses wegen »greifbarer Gesetzwidrigkeit«).

[5] *Melissinos* (Fn. 1) S. 165 möchte hier § 308 Abs. 1 insoweit einschränken, als das Gericht auch berechtigt sein soll, ein aliud zuzuerkennen. – A.M. *Grunsky* ZZP 96 (1983), 399. – Gegen die Notwendigkeit eines bestimmten Antrags bei Unterlassungsverfügungen und gegen die Bindung an einen solchen Antrag *du Mesnil de Rochemont*, Die Notwendigkeit eines bestimmten Antrags bei der Unterlassungsverfügung im Wettbewerbsprozeß und die Bindung des Gerichts an einen solchen Antrag (1993).

[6] Auch in Ehesachen, *BayObLGZ* 1 (1948–51), Nr. 25.

[7] *OLG Düsseldorf* DAVorm 1972, 333.

[8] *BPatG* GRUR 1981, 349.

[9] Zum *öffentlich-rechtlichen Versorgungsausgleich* BGHZ 85, 180, 189 = NJW 1983, 173, 176 (auch unter Hinweis auf die Verfahrenseinleitung von Amts wegen, § 623 Abs. 3 S. 1); BGHZ 92, 5 = NJW 1984, 2879 (auch keine Bindung an Rechtsmittelanträge, jedoch Verbot der reformatio in peius); *OLG Frankfurt* FamRZ 1983, 1041. – Zum *schuldrechtlichen Versorgungsausgleich OLG Düsseldorf* FamRZ 1985, 720 (das Antragserfordernis nach § 1587 f a.E. BGB hat nur Bedeutung für die Verfahrenseinleitung); *Palandt-Diederichsen* BGB⁵⁷ § 1587 f Rdnr. 2.

[10] Ebenso → § 888 Rdnr. 24 (*Brehm*). – A.M. *OLG Köln* FamRZ 1996, 811 = NJW-RR 1995, 1405.

[11] BGH NJW-RR 1992, 1453.

2. Begrenzung des Zuerkennens

a) Nicht mehr zuerkennen

Der Richter darf einer Partei an Hauptsache oder Nebenforderungen wie Früchten, Zinsen[12], usw. (vgl. § 4), **nicht mehr zusprechen,** als die Partei *beantragt* hat[13]. Dies gilt auch da, wo der Richter einen Leistungsinhalt festzusetzen (→ § 253 Rdnr. 81ff.) oder einen Schaden frei zu schätzen hat (→ § 287 Rdnr. 27), wobei aber in den → § 253 Rdnr. 81ff. näher dargelegten Grenzen ein **unbezifferter Antrag** genügt[14]. Nennt der Kläger bei einem unbezifferten Schmerzensgeldanspruch einen Mindestbetrag oder eine Größenordnung, so ergeben sich daraus keine Grenzen für eine Abweichung nach oben[15]. Wird aufgrund eines unbezifferten Antrags ein bestimmter Schmerzensgeldbetrag zugesprochen und dagegen nur vom Beklagten Revision eingelegt, so ist (auch nach Zurückverweisung) nur ein Anspruch in dieser Höhe Gegenstand des Rechtsstreits, es sei denn, der Kläger würde den Antrag erhöhen[16]. Die Bindung an den Antrag gilt ebenso auch bei prozessualen Vorteilen, soweit sie durch Antrag bedingt sind[17], wie bei §§ 710ff. Es darf daher der Kläger ohne Widerklage oder Inzidentantrag nach §§ 302, 600, 717 nicht zu einer Leistung verurteilt werden; dem Rechtsmittelkläger gegenüber ist die Änderung zum Nachteil, die sog. reformatio in peius, ohne Anschließung verboten, §§ 536, 559. Wird mit der Abänderungsklage (§ 323) Herabsetzung der Unterhaltsverpflichtung beantragt, so darf nicht ein höherer Betrag festgesetzt werden[18]. Kein Hinausgehen über den Antrag liegt vor, wenn hinsichtlich *einzelner Rechnungsposten* (bei Enteignungs-, Schadensersatz- und ähnlichen Ansprüchen) über das Geforderte hinausgegangen wird, sofern nur die im Antrag begehrte Gesamtsumme nicht überschritten wird[19]. Ein auf konkrete Rechtsverletzungen gestützter Zahlungsanspruch darf aber nicht mit Beträgen aus einem noch nicht bezifferten Anspruch aufgefüllt werden, der Gegenstand einer gleichzeitig erhobenen Stufenklage ist[20]. In einem Rentenprozeß darf das Gericht innerhalb der einzelnen im Antrag unterschiedenen Zeitabschnitte nicht über die geltend gemachten Monatsbeträge hinausgehen[21].

Maßgebend sind die ausdrücklich **gestellten Anträge** (→ dazu § 297 Rdnr. 3ff.), deren Sinn erforderlichenfalls durch Auslegung (→ vor § 128 Rdnr. 192ff.)[22] und durch Befragung (§ 139) festzustellen ist[23]. Eventualanträge dürfen erst berücksichtigt werden, wenn sich das hauptsächliche Begehren als erfolglos erwiesen hat[24], → auch § 260 Rdnr. 22ff.

---

[12] Beispiel *BGH* VRS 29 (1965), 437.
[13] So kann z.B. bei einer Klage auf Lieferung Zug um Zug nicht auf uneingeschränkte Lieferung erkannt werden, da insofern über den ausdrücklich gestellten Antrag hinausgegangen wird, *BGH* BB 1980, 1117 = GRUR 1980, 125, 128f. Für Feststellungsanträge *BGH* WM 1980, 343.
[14] Aus § 308 folgt nicht, daß in diesen Fällen stets eine *bezifferte* Obergrenze angegeben werden müßte, a.M. *OLG München* NJW 1986, 3089.
[15] BGHZ 132, 341, 350ff. = NJW 1996, 2425 = JZ 1996, 1080 (zust. *Schlosser*) = MDR 1996, 886 (*Jaeger*). – *OLG München* VersR 1995, 1193 sowie *OLG Düsseldorf* NJW-RR 1995, 955 (Mindestbetrag darf nur um höchstens 20% überschritten werden) sind dadurch überholt; für eine Bindung noch *Röttger* NJW 1994, 368.
[16] *BGH* NJW-RR 1989, 1087.

[17] Nicht aber hinsichtlich anderer Fragen des Verfahrens, z.B. darüber, ob das Revisionsgericht selbst entscheidet oder zurückverweist, *RGZ* 58, 256; 94, 154.
[18] *OLG Zweibrücken* FamRZ 1992, 972.
[19] RGZ 2, 243; *RG* JW 1910, 1007; 1912, 147, 148, 801; *RG* WarnRsp 1914 Nr. 9. S. auch *OLG Koblenz* FamRZ 1989, 59, 61 (keine Bindung an den Antrag hinsichtlich der Aufteilung auf Altersvorsorgeunterhalt und Elementarunterhalt).
[20] *BGH* NJW-RR 1990, 997 = LM § 97 UrhG Nr. 27.
[21] *BGH* NJW-RR 1990, 380 = LM Nr. 15.
[22] *RG* JR 1925 Nr. 1683; *BGH* GRUR 1954, 404; NJW-RR 1997, 1000, 1001.
[23] Über Verbesserung offenbarer Versehen → vor § 128 Rdnr. 195.
[24] *BAGE* 5, 98, 100; *BGH* WM 1978, 194.

b) Nichts anderes zuzuerkennen

4 Das Gericht darf ferner keiner Partei **etwas anderes** zuerkennen, als beantragt ist, z.B. nicht die Nichtigkeit der Ehe aussprechen, wenn auf Scheidung geklagt ist[25], oder zur Zahlung in inländischer Währung verurteilen, wenn die Klage (nur) auf Zahlung in ausländischer Währung gerichtet ist[26]. Daß die Partei nach § 264 Nr. 2 oder 3 zu dem anderen Antrag *berechtigt* wäre, gestattet nicht, ohne diesen Antrag zu entscheiden. Das Gericht kann daher weder anstelle eines allgemein und umfassend gefaßten, aber unbegründeten Antrags über einen für begründet erachteten konkreten Antrag entscheiden[27], noch eine Ersatzleistung anderer Art als die geforderte zusprechen[28]. Wenn jedoch eine *Leistungsklage* erhoben und diese als solche unbegründet ist, darf das Gericht ein **Feststellungsurteil** statt des Leistungsurteils erlassen, sofern die Feststellung des streitigen Rechtsverhältnisses im Interesse der klagenden Partei liegt[29], da es sich in einem derartigen Fall bei der Feststellungsklage um ein Weniger gegenüber dem Leistungsbegehren handelt, → auch § 256 Rdnr. 107. Auch ist es kein Hinausgehen über den Antrag, wenn dieser aus anderen *rechtlichen* Gründen, als die Partei vorbrachte, zuerkannt wird (→ § 264 Rdnr. 34 und § 563); an eine bestimmte rechtliche Bewertung eines Sachverhalts durch eine der Parteien ist das erkennende Gericht nicht gebunden[30], → Einl. (20. Aufl.) Rdnr. 296 f., → vor § 128 Rdnr. 108; bzgl. der Anerkennung solcher Parteivereinbarungen, die sich unmittelbar auf eine Rechtsfolge oder sonstige präjudizielle Rechtsverhältnisse beziehen → § 288 Rdnr. 8, → § 307 Rdnr. 8. – Zur **Rechtskraft** einer Entscheidung über nicht erhobene Ansprüche → § 322 Rdnr. 190 ff. – Zum Erlaß eines kontradiktorischen Urteils trotz **Antrags auf Versäumisurteil** → vor § 330 Rdnr. 18.

3. Abweisung

5 § 308 ist auch verletzt, wenn einer Partei ein Anspruch aberkannt wird, den sie nicht oder nicht mehr zur Entscheidung gestellt hat[31]. Auf das **Aberkennen** eines geltend gemachten Anspruchs ist dagegen der § 308 *nicht anwendbar;* das Gericht ist auch ohne Antrag berechtigt und verpflichtet, einer Partei dasjenige abzusprechen, was sie nach *Maßgabe des Gesetzes* nicht verlangen kann (»zuzusprechen«, vgl. auch § 331 Abs. 2 Halbs. 2)[32]. Daher ist namentlich bei den Vorbehaltsurteilen der §§ 302, 599 der Vorbehalt von Amts wegen einzufügen und, wenn der Beklagte die Einreden i.S. der §§ 274, 322 BGB vorbringt, die Verurteilung zur Leistung **Zug um Zug**[33] und in den Fällen der §§ 305, 780 die Verurteilung unter Vorbehalt[34] auch *ohne darauf gerichteten Antrag* auszusprechen, s. auch § 10 AnfG. Eine solche Klage, die nur zu einer beschränkten Verurteilung führt, darf auch nicht deswegen abgewiesen werden, weil der Kläger ausdrücklich nur eine uneingeschränkte Verurteilung des Beklagten erstrebt, da es nicht vom Belieben des Klägers abhängen kann, ob ein dem Beklagten zustehendes Ge-

---

[25] Vgl. *RGZ* 9, 193; 11, 354. S. auch *RG* JW 1909, 486 f.: Kein Urteil auf Rücktritt vom Vertrag wegen Verzugs bei Antrag auf Feststellung der Vertragsnichtigkeit nach Anfechtung.
[26] *BGH* IPRax 1994, 366; dazu *Grothe* IPRax 1994, 346.
[27] *RG* JW 1932, 1208; *BAGE* 44, 226, 234.
[28] *RG* WarnRsp 1914 Nr. 173; vgl. auch *RGZ* 33, 98; *RG* JW 1913, 212.
[29] *BGH* NJW 1984, 2295 (krit. *Dunz*) = JZ 1984, 493; *BGH* WM 1986, 678, 679; *Thomas-Putzo*[20] Rdnr. 3; *Zöller-Vollkommer*[20] Rdnr. 4; *Schellhammer*[7] Rdnr. 740. – A.M. *Melissinos* (Fn. 1) 129 ff.

[30] *BAG* AP § 78 SeemG Nr. 1 = RdA 1961, 500 (LS); *BAG* BB 1975, 609 (LS); *Thomas-Putzo*[20] Rdnr. 4; *Baumbach-Lauterbach-Hartmann*[56] Rdnr. 6.
[31] *BGH* NJW 1991, 1683 = JR 1991, 505 (*K. Müller*) = LM Nr. 17; *OLG Köln* FamRZ 1995, 888 (bei Säumnis des Klägers keine Abweisung durch kontradiktorisches Urteil).
[32] A.M. *BAG* AP Nr. 1 (krit. *Schumann*) = NJW 1971, 1332.
[33] *BGH* NJW 1951, 517 = LM § 497 BGB Nr. 1; *BGHZ* 117, 1 = NJW 1992, 1172, 1173 = LM § 322 Nr. 133 (*Grunsky*).
[34] *KG* SeuffArch 59 (1904), 26.

genrecht vom Gericht berücksichtigt wird; dem Beklagten muß es freistehen, seinen Gegenanspruch einredeweise zu benutzen[35].

4. Zusprechen eines Weniger (insbesondere eines Teils)

a) Grundsätzliche Zulässigkeit

Die Bindung an den vom Kläger gestellten Antrag hindert das Gericht nicht, dem Antrag zum Teil stattzugeben und ihn zum Teil abzuweisen. Ebensowenig wie die Abweisung des gesamten Antrags braucht die Teilabweisung (bzw. das Teilzusprechen) besonders beantragt zu werden, vielmehr umfaßt der gesamte Streitgegenstand auch dessen Teile. Das gilt jedenfalls für ein zahlen- oder mengenmäßiges Minus. Aber auch in anderen Fällen kann eine beschränkte Verurteilung als im gesamten Antrag enthalten angesehen werden und daher die Verurteilung dazu (verbunden mit einer Teilabweisung im übrigen) ohne besonderen Antrag erfolgen[36]. Dies setzt aber voraus, daß das Zugesprochene nicht etwas der Art nach anderes als das Beantragte darstellt, sondern sich vom Sinn und Zweck des klägerischen Begehrens her in dessen Rahmen hält.

6

So ist eine **beschränkte Verurteilung** etwa in folgenden Fällen **zuzulassen**: Verurteilung zur künftigen statt zur sofortigen Leistung, → § 257 Rdnr. 5, Leistung Zug um Zug statt uneingeschränkter Leistung[37], Feststellung des streitigen Rechtsverhältnisses statt Verurteilung zur Leistung → Rdnr. 4, Hinterlegung statt Zahlung[38], Duldung der (vorrangigen) Zwangsvollstreckung statt Beseitigung der anfechtbar erworbenen Rechte[39], Herstellung der ehelichen Gemeinschaft »in einer von der Mutter des Klägers nicht mitbewohnten Wohnung« statt Herstellung der ehelichen Gemeinschaft als solcher[40], Freistellung von der Mietschuld gegenüber dem Vermieter statt Zahlung entsprechenden Trennungsunterhalts[41], Feststellung der Ausgleichsverpflichtung nach § 906 Abs. 2 S. 2 BGB statt der begehrten Feststellung einer Schadensersatzpflicht[42]. Genauso darf das Gericht eine Einstufung in die Tarifgruppe VII vornehmen, wenn das Begehren des Klägers auf Vergütung nach Tarifgruppe VI zu weit geht[43]. Das Gericht darf auch statt der Übertragung des vollen Eigentums einen Eigentumsanteil[44] oder nur ein Anwartschaftsrecht[45] zuerkennen.

7

Ein Verstoß gegen § 308 Abs. 1 liegt ebenfalls **nicht** vor, wenn an Stelle zweier höherer Gebühren aus einem niedrigeren Streitwert nur eine niedrigere Gebühr aus einem höheren Streitwert zugesprochen wird[46], d.h. das Gericht darf **Einzelposten verschieben**, solange die im Klageantrag genannte Summe nicht überschritten wird, → Rdnr. 2 a.E. Auch im Fall einer negativen Feststellungsklage kann eine beschränkte Verurteilung erfolgen; so kann festgestellt werden, daß der Beklagte berechtigt sei, die Leistung infolge der Verjährung des Anspruchs zu verweigern, statt der begehrten Feststellung, dem Kläger stehe ein weitergehender Anspruch nicht zu[47]. Dagegen kann bei einer Klage auf Abschluß eines Mietvertrags bestimmter

8

---

[35] *BGH* NJW 1951, 517, 518; *OLG Kiel* JW 1933, 1537 (im Erg. zust. *Jacobi*); *OLG Hamburg* MDR 1957, 169 (die die gegenteilige Auffassung als ungerechtfertigte Beschränkung der richterlichen Entscheidungsfreiheit und Überspannung der Verhandlungsmaxime ansehen); *Rosenberg-Schwab-Gottwald*[15] § 133 I 1 b; *Staudinger-Selb*[13] § 274 Rdnr. 4; *Melissinos* (Fn. 1) S. 140ff. *Wieczorek*[2] C III b; a.M. *Baumbach-Lauterbach-Hartmann*[56] Rdnr. 6.
[36] *RG* JW 1902, 91; 1906, 570f. – Enger *Musielak* (Fn. 1), 355f., der regelmäßig eine Klageänderung verlangt.
[37] *BGH* NJW 1992, 1172, 1173 (Fn. 33).
[38] *RGZ* 79, 275, 276. – A.M. *Melissinos* (Fn. 1) 119f.
[39] *BGH* NJW 1995, 2848, 2849.
[40] *KG* JW 1926, 1026.
[41] *OLG Frankfurt* FamRZ 1990, 49.
[42] *OLG Stuttgart* NJW 1989, 1224.
[43] *Melissinos* (Fn. 1) S. 134; zust. *Grunsky* (Fn. 1) S. 398.
[44] *Melissinos* (Fn. 1) S. 138; zust. *Grunsky* (Fn. 1) S. 398.
[45] *Melissinos* (Fn. 1) S. 138 mit Hinweis auf *BGH* LM Nr. 11a zu § 929 BGB.
[46] *OLG Nürnberg* JurBüro 1975, 771; *Zöller-Vollkommer*[20] Rdnr. 4; *Wieczorek*[2] Anm. B III a 1.
[47] *BGH* NJW 1983, 392f.

Dauer nicht zu einem Vertrag mit kürzerer Laufzeit verurteilt werden, jedenfalls wenn der Kläger trotz gerichtlichen Hinweises seinen Antrag nicht durch einen Hilfsantrag ergänzt hat[48]. Auch verstößt es gegen § 308 Abs. 1, wenn das Gericht bei einer Klage, die auf Entfernung eines Abmahnschreibens aus den Personalakten gerichtet ist, den Beklagten (neben der Verurteilung zur Entfernung) für berechtigt erklärt, erneut eine Abmahnung zu erteilen[49].

9   Wird nur ein Teil zugesprochen, so ist die **Klage im übrigen abzuweisen** mit der Konsequenz der Kostenverteilung nach § 92.

b) Unzulässigkeit in besonderen Fällen

10 In bestimmten Fällen[50] ist allerdings ein berechtigtes Interesse des Klägers anzuerkennen, **nur das Zusprechen des gesamten Klageziels** zu beantragen und dadurch eine Teilverurteilung des Beklagten unzulässig zu machen. Dies kommt in Betracht, wenn mit der Verurteilung zugleich eine Rechtseinbuße des Klägers verknüpft ist, wie z. B. im Fall der Klage auf vorzeitigen Erbausgleich nach § 1934 d BGB aF (Verlust des gesetzlichen Erb- und Pflichtteilsrechts, § 1934 e BGB aF)[51]. Stellt hier der Kläger *nur* den Antrag auf die von ihm gewünschte Gesamtsumme, so ist, wenn der Anspruch nicht begründet ist, die Klage abzuweisen. Die Rechtskraftwirkung bezieht sich dann allerdings nur auf die Verneinung des gesamten Anspruchs; der Beklagte könnte aber durch eine negative Feststellungsklage auch das Nichtbestehen des Anspruchs schlechthin zur Entscheidung bringen.

5. Verstöße gegen § 308 Abs. 1

11 **Verletzungen** des § 308 können nur im Wege der *Rechtsmittel* geltend gemacht werden, führen dagegen nicht zur Wirkungslosigkeit des Urteils, → vor § 578 Rdnr. 15 f. Eine Verletzung der Bestimmung ist aber ein von Amts wegen im Rechtsmittelverfahren zu beachtender Mangel[52]. Ist kein Rechtsmittel statthaft, z. B. weil sich der Beklagte zwar nicht gegen die Verurteilung zur Hauptsumme, aber gegen die Zuerkennung vom Kläger nicht beantragter und daher zuviel zugesprochener Zinsen wendet, die insgesamt die für die Einlegung eines Rechtsmittels erforderliche Berufungssumme nicht erreichen, so kann auch ein solcher Entscheidungsfehler nicht zu einer Beseitigung des Urteils über die gewöhnlichen Rechtsmittel hinaus führen. Geht jedoch die Urteilsformel aufgrund eines eindeutigen Versehens bei der Formulierung, das sich aus den Entscheidungsgründen ergibt, über den geltend gemachten Anspruch hinaus, so ist eine Berichtigung nach § 319 möglich, → auch § 322 Rdnr. 190[53]. Un-

---

[48] *OLG Köln* MDR 1992, 613.
[49] *BAG* NJW 1995, 1374.
[50] Weitergehend *Musielak* (Fn. 1), 353; *AK-ZPO-Fenge* Rdnr. 7, die dem Kläger allgemein das Recht zugestehen, nur die volle Verurteilung zu wünschen. Problematisch daran ist, daß auf diese Weise der Streit nur unvollständig beseitigt wird; man müßte dann generell dem Beklagten eine Widerklage auf Feststellung erlauben, auch nicht weniger zu schulden.
[51] BGHZ 96, 262, 274 = NJW 1986, 2190, 2193. – Eine Teilverurteilung ist zulässig, wenn der Kläger neben dem Gesamtbetrag hilfsweise eine niedrigere Summe beantragt. S. auch *MünchKomm-Leipold*³ § 1934 d Rdnr. 30. – Durch das ErbGleichG sind die §§ 1934 d, e für Erbfälle ab 1. IV. 1998 aufgehoben worden, wenn nicht vorher ein vorzeitiger Erbausgleich zustandekam, Art. 227 Abs. 1 EGBGB.
[52] *BGH* NJW-RR 1989, 1087; NJW-RR 1991, 1346;

MDR 1961, 395 = LM Nr. 7; *RGZ* 156, 372, 376; *OLG Hamm* MDR 1985, 241. – S. auch *BAG* ZIP 1986, 1333 (nach Rechtskraft kann ein Verstoß gegen § 308 nicht mehr geltend gemacht werden). Zur Frage des Streitwerts bei einem Verstoß gegen § 308 Abs. 1 vgl. *E. Schneider* MDR 1971, 437.
[53] A. M. *E. Schneider* NJW 1967, 23, der für den Fall der Vollstreckung eines solchen gegen § 308 verstoßenden Urteils die Klage aus § 767 zulassen will. Hiergegen *Johlen* NJW 1967, 1262 – für eine Ausweitung des inzwischen weggefallenen § 579 Abs. 3 S. 1 (Nichtigkeitsklage gegen Schiedsurteil bei Versagung rechtlichen Gehörs) – und *Klette* ZZP 82 (1969), 93, 100, der nur die analoge Anwendung des § 321 bei einem versehentlichen Verstoß des Gerichts für zulässig erachtet (zust. insoweit *Zöller-Vollkommer*²⁰ Rdnr. 6; *Rosenberg-Schwab-Gottwald*¹⁵ § 133 I 1 b, die die Lösung über die Urteilsergänzung für die praktikabelste halten; abl. *Musielak* [Fn. 1], 362, 365).

ter Umständen ist auch eine Verfassungsbeschwerde wegen Verletzung des rechtlichen Gehörs, Art. 103 Abs. 1 GG denkbar, wenn der Prozeßgegner keine Möglichkeit hatte, sich zu der betreffenden Sachfrage zu äußern[54], →auch vor § 128 Rdnr. 58. Der **Gebührenstreitwert** ist auch bei Überschreitung des Antrags allein am gestellten Antrag zu orientieren, während es für den *Rechtsmittelstreitwert* auf den Inhalt der getroffenen Entscheidung ankommt, mag diese auch § 308 verletzen[55].

Der Verstoß wird **nicht nach § 295 geheilt,** da er den Inhalt der Entscheidung, nicht aber das Verfahren betrifft, → § 295 Rdnr. 6[56]. Ein Verstoß gegen § 308 wird aber dadurch geheilt, daß die Partei, der zu viel oder etwas anderes (→ Rdnr. 4) zugesprochen ist, in der höheren Instanz die Klage erweitert bzw. ändert oder durch den Antrag auf Zurückweisung des Rechtsmittels zum Ausdruck bringt, an dem Zugesprochenen festhalten zu wollen[57]. In der Revisionsinstanz läßt sich ein Verstoß gegen § 308 Abs. 1 in der Regel nicht heilen, indem die betreffende Partei lediglich die Zurückweisung der Revision beantragt, da ansonsten eine in der Revisionsinstanz unzulässige Klageerweiterung möglich wäre[58]. Eine Ausnahme läßt der BGH zu, wenn auf der Grundlage des festgestellten und unstreitigen Sachverhalts ohne Beschränkung der Verteidigungsmöglichkeiten des Gegners eine abschließende Entscheidung möglich und sachdienlich ist[59]. → auch § 322 Rdnr. 190ff. zur Rechtskraft einer Entscheidung über nicht erhobene Ansprüche. Wegen des Falles der *Klagerücknahme ohne Einwilligung* des Gegners → § 269 Rdnr. 17.

12

II. Die Kostenentscheidung

Die Pflicht des Gerichts, über die **Prozeßkosten** *von Amts wegen* ohne und unabhängig von dem Antrag der Partei[60] bzw. ohne Rüge in der Rechtsmittelinstanz zu entscheiden, besteht auch mit Rücksicht auf die davon abhängigen fiskalischen Rechte, § 54 Nr. 1 GKG (Kostenschuldner der Staatskasse gegenüber ist neben dem jeweiligen Antragsteller auch derjenige, der zur Tragung der Kosten verurteilt ist)[61]. Sie setzt voraus, daß in der Sache selbst eine Entscheidung ergeht, die ein Unterliegen begründet, → § 91 Rdnr. 4ff., und gilt auch in der Rechtsmittelinstanz. Das Verbot der reformatio in peius gilt hier nicht[62]. Wegen der *Ergänzung* des Urteils → § 321, besonders wegen der Änderung der Kostenentscheidung auch ohne Anfechtung des Ergänzungsurteils → § 321 Rdnr. 21.

13

Soll die **Kostenentscheidung ohne Entscheidung in der Hauptsache** ergehen, so bedarf es im allgemeinen eines besonderen Antrags, → §§ 269 Rdnr. 66, 515 Rdnr. 33, 566 Rdnr. 5, anders jedoch bei übereinstimmender Erledigungserklärung, → § 91a Rdnr. 26. Bei der (isolierten) Anfechtung des Kostenbeschlusses nach § 91a ist aber das Gericht an den Rechtsmittelantrag gebunden[63]. – Werden Kosten als Schadensersatz (also aufgrund eines materiell-rechtlichen Anspruchs) gefordert, so ist ein Klage- oder Widerklageantrag erforderlich, näher → vor § 91 Rdnr. 19.

14

---

[54] *Baumbach-Lauterbach-Hartmann*[56] Rdnr. 14; *Zöller-Vollkommer*[20] Rdnr. 6; *Thomas-Putzo*[20] Rdnr. 5; *Rosenberg-Schwab-Gottwald*[15] § 133 II 1 b; *Musielak* (Fn. 1), 365.

[55] *Frank* Anspruchsmehrheiten im Streitwertrecht (1986), S. 26 ff.

[56] Vgl. *RGZ* 110, 150; 157, 23; *BayObLGZ* 1 (1948–51) Nr. 4.

[57] *BGH* NJW 1979, 2250; WM 1971, 1251; FamRZ 1986, 661; FamRZ 1986, 898; LM § 21 BEG Nr. 3; WM 1964, 385; *RGZ* 157, 23; *KG* MDR 1955, 494 (LS); *LG Kaiserslautern* NJW 1975, 1037 = FamRZ 429f.; *Musielak* (Fn. 1), 363.

[58] *BGH* NJW-RR 1989, 1087; NJW-RR 1991, 1346, 1347; *BAG* AP § 615 BGB Nr. 30 (teilw. zust. *Walchshöfer*) = RdA 1975, 152 (LS) = DB 1975, 892 (LS).

[59] *BGH* NJW 1991, 1683, 1684 (Fn. 31).

[60] *BGHZ* 20, 397, 398f.; *RG* WarnRsp 1914 Nr. 342; *Nissen* Gruchot 52 (1908), 840.

[61] A.M. *Kirchner* NJW 1972, 2295 (insbes. bei Fn. 10).

[62] *BGH* KostRsp § 308 Nr. 4; *RG* WarnRsp 14 Nr. 342; *BAG* AP § 705 BGB Nr. 1 = *BAGE* 26, 320. Zum Verbot der reformatio in peius im Kostenrecht vgl. vor allem *Kirchner* NJW 1972, 2295. – Die höhere Instanz darf aber nur abändern, wenn sie durch ein *zulässiges* Rechtsmittel befaßt ist; a.M. gelegentlich *BayObLG* ZZP 55 (1930), 424 (dagegen auch *Kraemer* das.).

[63] *KG* FamRZ 1994, 1608.

14a Im Entwurf eines Gesetzes zur Vereinfachung des zivilgerichtlichen Verfahrens der freiwilligen Gerichtsbarkeit, BT-Drucks. 13/6398, ist vorgesehen, dem Abs. 2 folgenden Satz anzufügen: »Ist nur noch über die Kosten zu entscheiden, kann die Entscheidung ohne mündliche Verhandlung ergehen.« Die Bundesregierung hat einen Zusatz vorgesehen, wonach auf Antrag mündlich verhandelt werden muß.

III. Der Ausspruch über die vorläufige Vollstreckbarkeit

15 Von Amts wegen erfolgt auch der Ausspruch über die **vorläufige Vollstreckbarkeit** nach Maßgabe der §§ 708, 709, → dort.

§ 308 a [Entscheidung ohne Antrag über die Fortsetzung eines Mietverhältnisses]

(1) ¹Erachtet das Gericht in einer Streitigkeit zwischen dem Vermieter und dem Mieter oder dem Mieter und dem Untermieter wegen Räumung von Wohnraum den Räumungsanspruch für unbegründet, weil der Mieter nach den §§ 556 a, 556 b des Bürgerlichen Gesetzbuchs eine Fortsetzung des Mietverhältnisses verlangen kann, so hat es in dem Urteil auch ohne Antrag auszusprechen, für welche Dauer und unter welchen Änderungen der Vertragsbedingungen das Mietverhältnis fortgesetzt wird. ²Vor dem Ausspruch sind die Parteien zu hören.

(2) Der Ausspruch ist selbständig anfechtbar.

Gesetzesgeschichte: Eingefügt durch Art. II Nr. 3 des 2. Mietrechtsänderungsgesetzes vom 14. VII. 1964 (BGBl I 457).

I. Zweck und Anwendungsbereich 1	IV. Die Entscheidung 10
II. Voraussetzungen 3	1. Die Hauptsacheentscheidung 10
1. Räumungsklage 3	2. Die Kostenentscheidung 11
2. Potentielles Fortsetzungsverlangen 4	3. Die vorläufige Vollstreckbarkeit 12
a) Auseinanderfallen von BGB und ZPO 4	4. Die Urteilsergänzung 13
b) Lösung des Widerspruches 6	5. Die Entscheidung bei Säumnis 14
c) Folgen eines Widerspruches ohne erklärtes Fortsetzungsverlangen des Mieters 8	V. Rechtsmittel 16
	1. Allgemeine Grundsätze 16
III. Das Recht auf Gehör 9	2. Selbständige Anfechtung des Ausspruches über die Fortsetzung des Mietverhältnisses 17

I. Zweck und Anwendungsbereich

1 Um dem Mieter die Möglichkeit zu eröffnen, die ihm durch § 556 a und § 556 b BGB eingeräumten Rechte auch prozessual durchzusetzen, wurde § 308 a ZPO eingefügt. Diese Vorschrift **durchbricht den** in § 308 normierten **Antragsgrundsatz**, der einen Bestandteil der Dispositionsmaxime (→ vor § 128 Rdnr. 68 ff.) darstellt und für den gesamten Bereich des Zivilprozesses gilt.

2 Ausgehend von dem Gedanken, daß einerseits das Mietverhältnis nach Abbau der Wohnraumbewirtschaftung auch ohne Zustimmung des Mieters auflösbar sein soll, daß andererseits aber der Wohnungsmarkt nicht dem freien Spiel von Angebot und Nachfrage überlassen werden darf, dient § 308 a dem Aus-

gleich sozialer Spannungen[1] und dem *Rechtsfrieden*[2]. Die Regelung soll verhindern, daß nach Abweisung des Räumungsbegehrens nunmehr der Streit wieder um die Dauer des Verbleibens in den Räumen aufkommt. Ob es dazu erforderlich war, eine Entscheidung von Amts wegen einzuführen, erscheint zweifelhaft[3].

II. Voraussetzungen

1. Räumungsklage

Zwischen **Vermieter und Mieter** oder zwischen **Mieter (als Untervermieter) und Untermieter** muß eine **Räumungsklage** anhängig sein, die mit Sachurteil abzuweisen ist, weil der Mieter (oder Untermieter) vom Vermieter (oder Untervermieter) die *Fortsetzung des Mietverhältnisses* verlangen kann. Wann und unter welchen Voraussetzungen ein solches Verlangen gerechtfertigt ist, bestimmt sich nach den Generalklauseln der §§ 556 a, 556 b BGB. Danach ist ein Fortsetzungsbegehren vor allem bei *unzumutbarer Härte* für den Mieter (Untermieter) begründet. Es ist z.B. nicht gerechtfertigt, wenn der Mieter selbst das Mietverhältnis gekündigt hat (§ 556 a Abs. 4 Nr. 1 BGB) oder wenn der Vermieter zur fristlosen Kündigung (§§ 553, 554 BGB) berechtigt ist (§ 556 a Abs. 4 Nr. 2 BGB), weil ihm die Fortsetzung des Mietverhältnisses aus diesen Gründen nicht zumutbar ist. – Die Vorschrift gilt auch bei *Werkmietwohnungen* (§ 565 b BGB) und *Werkdienstwohnungen* (soweit § 565 e BGB die § 565 a und § 565 b BGB für anwendbar erklärt; zur Zuständigkeit der ordentlichen Gerichte oder der Arbeitsgerichte → § 1 Rdnr. 171). 3

2. Potentielles Fortsetzungsverlangen

a) Auseinanderfallen von BGB und ZPO

Grundsätzlich genügt es, wenn der **Mieter** die **Fortsetzung** des Mietverhältnisses **verlangen kann**[4]. Nicht erforderlich ist das tatsächliche Verlangen der Fortsetzung. Allerdings ergeben sich gewisse Unklarheiten bei der Anwendung des § 308 a daraus, daß der Vermieter nach § 556 a Abs. 6 BGB berechtigt ist, die Einwilligung in die Fortsetzung des Vertrages zu *verweigern*, wenn der Mieter den Widerspruch gegen die Kündigung nach § 556 a Abs. 1 BGB nicht spätestens zwei Monate vor der Beendigung des Mietverhältnisses dem Vermieter gegenüber erklärt hat[5]. Im Ergebnis zwingt die Befristung des Widerspruchs den Mieter (Untermieter) zum fristgemäßen (und formbedürftigen, § 556 a Abs. 5 S. 1 BGB) *Widerspruch* gegen die Kündigung, verbunden mit dem Verlangen auf Fortsetzung des Mietverhältnisses. 4

Der Vermieter kann dann seinerseits bei verspätetem Widerspruch die Fortsetzung des Mietverhältnisses ablehnen (§ 556 a Abs. 6 S. 1) oder aber den verspäteten Widerspruch beachten und daraufhin das Mietverhältnis fortsetzen. Durch die Erhebung der Räumungsklage oder deren weitere Verfolgung hat der Vermieter allerdings zu erkennen gegeben, daß er eben damit nicht einverstanden sein wird. 5

---

[1] Vgl. Amtliche Begründung zum Entwurf des Gesetzes vom 5. XII. 1962, BT-Drucks. 4/806, 7.
[2] Vgl. Amtl. Begründung (Fn. 1) S. 13.
[3] Krit. *Thomas* NJW 1964, 1945; für Abschaffung des § 308 a *MünchKommBGB-Voelskow*[3] §§ 556 a–556 c Rdnr. 38.

[4] *Thomas-Putzo*[20] Rdnr. 2; *Zöller-Vollkommer*[20] Rdnr. 2. – A.M. *AK-ZPO-Fenge* Rdnr. 5.
[5] Auf die Möglichkeit des § 556 a Abs. 6 S. 2 BGB, in besonderen Fällen noch rechtzeitig im ersten Termin des Räumungsrechtsstreits den Widerspruch zu erklären, sei der Vollständigkeit wegen hingewiesen.

b) Lösung des Widerspruchs

6 Bedeutung hat nach dem oben Gesagten das potentielle Fortsetzungsverlangen demnach nur in den Fällen, in denen Entscheidungsreife der Räumungsklage eintritt, bevor der Mieter (Untermieter) seines Widerspruchsrechts nach § 556 a Abs. 6 BGB und damit seines Anspruchs auf Fortsetzung des Mietverhältnisses verlustig geht. Hier ist dann weder erforderlich, daß der Mieter der Kündigung bereits widersprochen hat, noch daß er vom Vermieter die Fortsetzung des Mietverhältnisses verlangt hat.

7 In allen anderen Fällen, in denen bei Entscheidungsreife der Räumungsklage die Frist des § 556 a Abs. 6 BGB bereits verstrichen ist (und das wird im Hinblick auf die eingeschränkten Möglichkeiten einer Klage auf künftige Leistung bei Räumung von Wohnungen, §§ 257, 259 [→ § 259 Rdnr. 11, 13 ff.], meist gegeben sein), muß der Mieter rechtzeitig und in erforderlicher Form der Kündigung widersprochen haben, damit das Gericht die Klage unter Neugestaltung (→ Rdnr. 10) des Mietverhältnisses abweisen kann.

c) Folgen eines Widerspruchs ohne erklärtes Fortsetzungsverlangen des Mieters

8 Hat der Mieter (Untermieter) zwar form- und fristgerecht Widerspruch gegen die Kündigung erhoben, erklärt er aber ausdrücklich, die Fortsetzung nicht zu verlangen, darf nicht etwa Abweisung der Räumungsklage ohne einen Fortsetzungsausspruch erfolgen. Denn § 308 a will auch im Interesse des Vermieters Klarheit über die Beendigung des Mietverhältnisses. Dementsprechend ist ein solches Verhalten des Mieters zu würdigen: Bedeutet sein Nichtstellen eines Fortsetzungsverlangens, daß er letztlich mit der Räumung einverstanden ist, dann erkennt er den Klageanspruch an, so daß (nach Befragung, § 139 Abs. 1) Anerkenntnisurteil (§ 307) ergehen kann. Will er jedoch mit dem Nichtstellen des Fortsetzungsverlangens nicht die Berechtigung der Klage anerkennen (sondern vielleicht nur deutlich unterstreichen, daß eine befristete Verlängerung des Mietverhältnisses wegen der Unzulässigkeit der Kündigung ausscheidet), ist eine Sachabweisung der Räumungsklage mit dem antraglosen Fortsetzungsausspruch zu verbinden, soweit für diesen Ausspruch die Voraussetzungen gegeben sind, → Rdnr. 4 ff. Bei der letzteren Fallgestaltung empfiehlt sich jedoch immer ein **hilfsweiser Antrag** für den Fall der Klageabweisung aus Gründen der §§ 556 a, 556 b BGB, womit der Beklagte dann auch in der Lage ist, sämtliche für den Fortsetzungsausspruch wichtigen Umstände eventualiter vorzutragen.

III. Das Recht auf Gehör

9 § 308 a Abs. 1 S. 2 legt nieder, daß die Parteien vor dem Verlängerungsausspruch gehört werden müssen. Angesichts der grundrechtlichen Garantie in Art. 103 Abs. 1 GG (näher → vor § 128 Rdnr. 9 ff.) wäre diese ausdrückliche Verankerung in der ZPO an sich nicht notwendig gewesen. Abs. 1 S. 2 will aber sichtlich mehr als eine Garantie des Grundrechts auf Gehör gewähren. Die Parteien sollen auch **auf die Möglichkeit des Verlängerungsausspruchs hingewiesen** werden. Zum Recht auf Gehör bei *Säumnis* einer der Parteien → Rdnr. 15; zur Frage, ob § 308 a Abs. 1 S. 2 das Gericht zu eigener Ermittlungstätigkeit zwingt, → Rdnr. 15.

IV. Die Entscheidung

1. Die Hauptsacheentscheidung

10 Die Räumungsklage muß als unbegründet abgewiesen werden, wenn das Fortsetzungsverlangen des Mieters (Untermieters) besteht. Das Gericht hat darüber hinaus, ohne daß es eines

Antrags bedürfte[6], durch **Gestaltungsurteil**[7] (→ auch vor § 253 Rdnr. 50 bei Fn. 77, Rdnr. 55 bei Fn. 89) im Tenor der Entscheidung auszusprechen, für welche Dauer und unter welchen Vertragsbedingungen das Mietverhältnis fortbesteht[8]. Im allgemeinen wird sich hier die Festsetzung eines bestimmten Kalendertages empfehlen[9]; ausdrücklich vorgeschrieben ist das aber nicht. Eine Fortsetzung auf unbestimmte Zeit wird nur ausnahmsweise in Betracht kommen.

2. Die Kostenentscheidung

Für die **Kostenentscheidung** enthält § 93 b Sonderregelungen, die – soweit einschlägig – den §§ 91 ff. vorgehen, → § 93 b Rdnr. 1 ff. – Bei der Streitwertberechnung sind § 16 Abs. 3 und 4 GKG zu beachten (keine Zusammenrechnung der Werte von Räumungs- und Fortsetzungsanspruch). 11

3. Die vorläufige Vollstreckbarkeit

Zum Ausspruch über die **vorläufige Vollstreckbarkeit** (§ 708 Nr. 7) → § 708 Rdnr. 21. 12

4. Die Urteilsergänzung

Liegen die Voraussetzungen der §§ 319 bis 321 vor, so kann der Ausspruch bezüglich der Fortsetzung des Mietverhältnisses berichtigt oder ergänzt werden[10]. Ist der Ausspruch nach § 308 a versehentlich unterblieben, rechtfertigt sich eine analoge Anwendung von § 321: Auf Antrag ist das **Urteil** durch nachträgliche Entscheidung zu **ergänzen**. 13

5. Die Entscheidung bei Säumnis

Im **Versäumnisverfahren**[11] gilt bei Säumnis des *Klägers* nichts besonderes, d.h. die Klage wird abgewiesen, § 330. – Zum Problem des in Abs. 1 S. 1 konkretisierten Rechts auf Gehör → Rdnr. 15. Bei Säumnis des *Beklagten* gilt zwar grundsätzlich ebenfalls nichts besonderes, daher ist von § 331 auszugehen. Hinzu kommt aber, daß die Klage auch auf ihre Schlüssigkeit i.S. der §§ 556 a, 556 b BGB zu prüfen ist. Nur wenn sich aus dem Vortrag des Klägers selbst keine Anhaltspunkte für das Vorliegen der Voraussetzungen der §§ 556 a, 556 b BGB ergeben, kann echtes Versäumnisurteil ergehen, § 331 Abs. 2. Trägt dagegen der Kläger selbst die Tatsachen (einschließlich eines Widerspruchs des Beklagten) vor, die eine Anwendung der Sozialklausel der §§ 556 a, 556 b BGB rechtfertigen, sei es auch nur hinsichtlich zu verändernder Vertragsbedingungen, dann hat das Gericht die Klage abzuweisen und § 308 a anzuwenden. 14

Der Entscheidung im Versäumnisverfahren steht nicht etwa Abs. 1 S. 2 entgegen, denn diese Bestimmung ist eine Konkretisierung des Grundsatzes über die Gewährung des rechtlichen Gehörs[12], der ohnehin ganz allgemein gilt und auch sonst einer Säumnisentscheidung nicht im Wege steht (→ vor § 128 Rdnr. 30a). Aktuell wird *hier* das Problem der Anhörung der Partei- 15

---

[6] Damit ist nicht gesagt, daß dem Mieter etwa der Antrag (analog § 717 Abs. 3 S. 2) oder eine Gestaltungswiderklage verwehrt wäre, vgl. *Zöller-Vollkommer*[20] Rdnr. 3; *Thomas-Putzo*[20] Rdnr. 8. – A.M. *MünchKommZPO-Musielak* Rdnr. 8, der für eine Widerklage das Rechtsschutzbedürfnis verneint.

[7] *Zöller-Vollkommer*[20] Rdnr. 3; *Thomas-Putzo*[20] Rdnr. 6; *Baumbach-Lauterbach-Hartmann*[56] Rdnr. 4; *Pergande* NJW 1964, 1925, 1934. Vgl. auch *AG Münchberg* WuM 1969, 94 = ZMR 1969, 283 (LS).

[8] *LG Hannover* WuM 1994, 430.

[9] So z.B. *LG Hannover* WuM 1994, 430, 431.

[10] *Thomas-Putzo*[20] Rdnr. 11; *Baumbach-Lauterbach-Hartmann*[56] Rdnr. 6; *Zöller-Vollkommer*[20] Rdnr. 4.

[11] Vgl. *Hoffmann* MDR 1965, 170, 171.

[12] *Thomas-Putzo*[20] Rdnr. 5.

en aber deshalb, weil der Kläger in den seltensten Fällen einen Tatsachenstoff vortragen wird, der eine klagabweisende Säumnisentscheidung unter Bestimmung der Fortsetzung des Mietverhältnisses ermöglichen wird. Vielmehr wird das Gericht die Tatbestandsvoraussetzungen der §§ 556 a, 556 b BGB im allgemeinen nur einem Tatsachenvortrag des Beklagten entnehmen können, der aber bei seiner Säumnis unbeachtlich ist. Eine Pflicht bzw. ein Recht zur Beachtung oder sogar zur *Ermittlung* solcher Tatsachen von Amts wegen begründet aber § 308 a für das Gericht nicht[13].

V. Rechtsmittel

1. Allgemeine Grundsätze

16 Hinsichtlich der Entscheidung über das Räumungsverlangen richtet sich die Zulässigkeit der **Berufung** (§ 511) nach **allgemeinen Grundsätzen**. Der *Kläger* kann die Abweisung der Klage und die Fortsetzungsentscheidung über das Mietverhältnis anfechten und weiterhin Räumung begehren. Der *Beklagte* kann die Verurteilung zur Räumung angreifen und Abweisung mit oder ohne[14] Fortsetzungsausspruch anstreben.

2. Selbständige Anfechtung des Ausspruches über die Fortsetzung des Mietverhältnisses

17 Darüber hinaus eröffnet aber Abs. 2 zur Vermeidung von Zweifeln die Möglichkeit der selbständigen Anfechtung des Ausspruches über die Fortsetzung des Mietverhältnisses[15]. Für diesen Fall wird die Berufung auf den Ausspruch nach § 308 a beschränkt.

18 Die **Beschwer des Klägers** liegt darin, daß in der Sache – abweichend von seinem Räumungsverlangen – zu seinen Ungunsten entschieden wurde: durch die Verlängerung des Mietverhältnisses überhaupt, eine zu ausgedehnte Verlängerung, unterbliebene Vertragsänderungen bzw. dem Kläger ungünstig erscheinende Vertragsänderungen wie eine zu geringe Erhöhung des Mietzinses usw.

19 Da der **Beklagte** insoweit keine Anträge stellen muß, scheidet für ihn eine formelle Beschwer durch den angefochtenen Ausspruch aus. Er muß materiell beschwert sein, sei es, daß ihm der Verlängerungszeitraum zu kurz ist oder daß die Erhöhung des Mietzinses seine finanziellen Möglichkeiten überschreitet[16]. Für die Zulässigkeit der Berufung des Beklagten reicht es also, daß er eine Abänderung zu seinen Gunsten verlangt.

---

[13] *Thomas-Putzo*[20] Rdnr. 7; *Zöller-Vollkommer*[20] Rdnr. 5.
[14] Wenn er etwa die Kündbarkeit des Mietverhältnisses leugnet und nur hilfsweise die soziale Härte nach § 556a einwendet.
[15] Amtl. Begründung BT-Drucks. 4/806, 13.
[16] Ebenso *Thomas-Putzo*[20] Rdnr. 10; *Zöller-Vollkommer*[20] Rdnr. 6.

§ 309 [Zur Entscheidung berufene Richter]

Das Urteil kann nur von denjenigen Richtern gefällt werden, welche der dem Urteil zugrunde liegenden Verhandlung beigewohnt haben.

Gesetzesgeschichte: Bis 1900 § 280 CPO.

I. Beratung und Abstimmung	1	6. Reihenfolge der Abstimmung	11
1. Mitwirkende Richter	3	7. Erneute Beratung und Abstimmung	13
2. Nichtöffentliche Beratung und Abstimmung	5	II. Zur Fällung des Urteils berufene Richter	14
3. Art und Weise der Abstimmung	8	III. Mitwirkung bei der Verkündung	16
4. Kein Weigerungsrecht des überstimmten Richters	9	IV. Entscheidung ohne mündliche Verhandlung	17
5. Bestimmung der Stimmenmehrheit	10	V. Arbeitsgerichtliches Verfahren	20

I. Beratung und Abstimmung

Die Vorschrift gehört zu den zahlreichen Normen, die das Verfassungsgebot des **gesetzlichen Richters** (Art. 101 Abs. 1 S. 2 GG) näher präzisieren. Zu diesem Gebot → Einl. (20. Aufl.) Rdnr. 480ff. § 309 sichert zu, daß kein Richter eine Entscheidung fällt, ohne an der ihr zugrundeliegenden Verhandlung teilgenommen zu haben. Er wird ergänzt durch die (hier zunächst erläuterten) Vorschriften über die **Beratung** und **Abstimmung** in §§ 192 bis 197 GVG. Im arbeitsgerichtlichen Verfahren gelten diese Vorschriften auch hinsichtlich der ehrenamtlichen Richter, § 9 Abs. 2 ArbGG.   1

Die **Verletzung** des § 192 GVG (→ Rdnr. 3) bildet einen absoluten Revisions- bzw. Nichtigkeitsgrund nach § 551 Nr. 1, § 579 Abs. 1 Nr. 1; im übrigen entscheidet, ob das Urteil auf dem Verstoß beruht[1]. Die endgültige Beratung und Beschlußfassung darf niemals vor dem Schluß der mündlichen Verhandlung stattfinden; sie braucht sich aber nicht unmittelbar an die Verhandlung anzuschließen, → auch § 310 Rdnr. 6ff. *Zwischenberatungen* in einem früheren Stadium des Prozesses sind zulässig, → auch § 278 Rdnr. 17.   2

1. Mitwirkende Richter

Bei der Entscheidung dürfen Richter nur in der **gesetzlichen Zahl** (vgl. §§ 22, 75, 105, 122, 139 GVG, § 10 EGGVG) mitwirken, § 192 GVG. Diese Zahl darf weder über- noch unterschritten[2] werden. Wegen der Entscheidungen des Großen Senats des Bundesgerichtshofes und der Vereinigten Großen Senate s. § 132 GVG. Wegen der Entscheidungen des Gemeinsamen Senats der obersten Gerichtshöfe des Bundes vgl. § 3 RsprEinhG vom 19. VI. 1968 (BGBl I S. 661), dazu → Einl. (20. Aufl.) Rdnr. 188, 578.   3

Ergänzungsrichter können nach dem Ermessen des Vorsitzenden zugezogen werden, § 192 Abs. 2 GVG. Sie treten nur bei Verhinderung eines Mitgliedes als Richter ein und müssen geschäftsplanmäßig berufen sein[3]. Es ist nicht zulässig, daß Ergänzungsrichter schon in der Verhandlung das Fragerecht der Beisitzer (§ 139 Abs. 3, § 396 Abs. 3) ausüben[4], da sie (noch)   4

---

[1] Vgl. *RG* JW 1902, 588.
[2] Vgl. *BGHZ* 36, 144, 153 = NJW 1962, 583 (Nichtzuziehung eines dritten Richters als Amtspflichtverletzung).
[3] Näher s. *Kissel* GVG[2] (1994), § 192 Rdnr. 12.
[4] A.M. zum Strafprozeß *BVerfGE* 30, 149, 156 = NJW 1971, 1029, 1030; *RGSt* 27, 172; *OLG Celle* NJW 1973, 1054 = MDR 1973, 690 (Strafprozeß); *Kissel* (Fn. 3) § 192 Rdnr. 17; *Zöller-Gummer*[20] § 192 GVG Rdnr. 2; *Baum-*

nicht Mitglied des Spruchkörpers sind und eine jede Einflußnahme von ihnen auf Verhandlung oder Entscheidung zu einer Entziehung des gesetzlichen Richters führen würde (→ Einl. [20. Aufl.] Rdnr. 480 ff.). Keinesfalls auch dürfen sie der Beratung und Beschlußfassung beiwohnen, da sie (noch) nicht »zur Entscheidung berufen sind« (→ Rdnr. 5)[5]. Fällt während der Beratung ein Richter weg, ist die Beratung neu zu beginnen und erst jetzt der Ergänzungsrichter für das verhinderte Mitglied hinzuzuziehen.

2. Nichtöffentliche Beratung und Abstimmung

5   Nach § 193 GVG ist eine öffentliche Beratung und Abstimmung nicht zulässig; damit ist jedoch eine Beratung im Sitzungssaal nicht ausgeschlossen, wenn sie so leise stattfindet, daß andere Personen nichts davon verstehen[6]. Die Dauer der Beratung ist nicht gesetzlich vorgeschrieben[7]. Bei der Beratung und Abstimmung dürfen außer den zur Entscheidung berufenen Richtern nur die bei demselben Gericht zu ihrer juristischen Ausbildung beschäftigten Personen (**Rechtsreferendare**)[8] und (seit der Änderung des § 193 GVG durch Gesetz vom 24.VI.1994, BGBl. I S. 1374) die bei dem Gericht beschäftigten **wissenschaftlichen Hilfskräfte** anwesend sein, sofern der Vorsitzende ihre Anwesenheit gestattet, **nicht** aber die **Ergänzungsrichter** (→ Rdnr. 4) sowie nicht die mit der *Justizaufsicht* beauftragten Personen, *andere Gerichtsmitglieder* und der bei der Verhandlung fungierende *Urkundsbeamte der Geschäftsstelle*. **Rechtsstudenten,** die ein Praktikum absolvieren, gehören nicht zu den Personen, denen die Anwesenheit gestattet werden kann[9], da sie nicht bei dem Gericht in dem von § 193 GVG gemeinten Sinn *zur Ausbildung beschäftigt* sind und – anders als die Rechtsreferendare – keinen dienstrechtlichen Sanktionen[10] unterliegen. Seit der oben erwähnten Gesetzesänderung 1994 können ausländische Berufsrichter, Staatsanwälte und Anwälte, die dem Gericht zur Ableistung eines Studienaufenthalts zugewiesen sind, bei Beratung und Abstimmung zugegen sein, wenn der Vorsitzende dies gestattet, § 193 Abs. 2 S. 1 GVG, wobei eine Verpflichtung zur Geheimhaltung auszusprechen ist, näher s. § 193 Abs. 3 u. 4 GVG. Dasselbe gilt für ausländische Juristen, die im Entsendestaat in einem Ausbildungsverhältnis stehen, § 193 Abs. 2 S. 2 GVG. – Das Beratungs- und Abstimmungsgeheimnis darf nicht dadurch umgangen werden, daß die Akten vor der eigentlichen Beratung bei anderen Mitgliedern des Gerichts zur Äußerung umlaufen[11].

6   Die Verletzung des § 193 GVG, also die Anwesenheit unbefugter Personen bei Beratung und Abstimmung, stellt keinen absoluten Revisions- oder Nichtigkeitsgrund dar[12], da die Be-

---

bach-Lauterbach-Albers[56] § 192 GVG Rdnr. 1. – Zulässig dürfte aber eine Tätigkeit sein, die keinerlei Gestaltung der Prozeßleitung oder der Sachleitung mit sich bringt, wie z. B. die Verlesung von Schriftstücken durch den Ergänzungsrichter (*RGSt* 27, 172) u. ä.
[5] So auch *BGHSt* 18, 331; *RGSt* JW 1926, 1227; *Kissel* (Fn. 3) § 192 GVG Rdnr. 6, 17; *Baumbach-Lauterbach-Albers*[56] § 192 GVG Rdnr. 1. – Anders die 18. Aufl. dieses Kommentars mit der Begründung, die Ergänzungsrichter wären »eventuell« zur Entscheidung berufen. Aber solange der Verhinderungsgrund nicht eingetreten ist, sind sie eben nicht dazu berufen. Andernfalls könnten sämtliche zum Vertreter anderer Richter bestellte Richter bei der Beschlußfassung anwesend sein, da sie ebenfalls »eventuell« berufen sind. – Im übrigen widerspricht eine solche Hinzuziehung der Ergänzungsrichter dem § 193 GVG, → Rdnr. 5.
[6] *BGHSt* 19, 156; 24, 170, 171; *RGSt* 22, 396; 30, 230; 43, 51.
[7] *BGH* NJW 1991, 50 (zum Strafprozeß).
[8] Jedoch nur während der Dauer der Zuweisung an das

Gericht, *BVerwG* NJW 1982, 1716. Etwas weitergehend *BGH* GoltdArch 65 (1918), 93 (noch nach Ablauf der förmlichen Zuweisung, wenn dies zur Nachholung einer für die Ableistung des Vorbereitungsdienstes notwendigen Arbeit erforderlich ist). – Ausführlich zur Teilnahme von Referendaren *E. Schneider* MDR 1968, 973.
[9] *BGHSt* 41, 119 = NJW 1995, 3645; *OLG Bremen* NJW 1959, 1145; *OLG Karlsruhe* NJW 1969, 628; *E. Schneider* MDR 1968, 973, 974; *Baumbach-Lauterbach-Albers*[56] § 193 GVG Rdnr. 2. – A.M. *Kreft* NJW 1969, 1784 (gegen *OLG Karlsruhe* aaO); *Kissel* (Fn. 3) § 193 Rdnr. 22; *Zöller-Gummer*[20] § 193 GVG Rdnr. 4.
[10] § 6 Abs. 3 JAPrO Baden-Württemberg (Fassung vom 7.V.1993, GBl. S. 314) sieht immerhin eine förmliche Verpflichtung (insbesondere zur Verschwiegenheit) nach Maßgabe des Verpflichtungsgesetzes (vom 2.III.1974, BGBl. I S. 547) vor.
[11] Vgl. v. *Coelln* Das Beratungsgeheimnis (1931).
[12] *BAGE* 19, 285 = NJW 1967, 1581; *RG* JW 1926, 1227; *Zöller-Gummer*[20] § 193 GVG Rdnr. 8; *Baumbach-Lauterbach-Albers*[56] § 193 GVG Rdnr. 3. – A.M. *VGH*

setzung des Gerichts davon unberührt bleibt, jedoch wird sich eine Beeinflussung des Gerichts oft nicht ausschließen lassen und daher die Ursächlichkeit des Verfahrensfehlers im allgemeinen zu bejahen sein[13], → § 551 Rdnr. 5.

Die Pflicht zur **Amtsverschwiegenheit** über die Beratung und Abstimmung setzt das GVG   7
als selbstverständlich voraus, vgl. auch §§ 43, 45 Abs. 1 S. 2 DRiG[14]. Damit ist grundsätzlich ausgeschlossen, Vorgänge bei der Beratung und Abstimmung zum Gegenstand der Beweisaufnahme, insbesondere des Zeugenbeweises zu machen, es sei denn, daß dies besonderen Interessen der Rechtsverfolgung und Rechtsverteidigung, wie bei Untersuchungen wegen Rechtsbeugung und Rückgriffsprozessen, notwendig machen[15]. Näher → § 383 Rdnr. 108.

3. Art und Weise der Abstimmung

Das *Stellen der Fragen* durch den Vorsitzenden, § 194 GVG, hat nur die Bedeutung eines   8
Vorschlags. Ob nach *Gründen* (Elementen) oder nur nach dem *Gesamtergebnis* abgestimmt wird, überläßt das Gesetz der Entscheidung des Gerichts[16]. Aber die Notwendigkeit, die Entscheidungsgründe durch das Kollegium bis ins einzelne (§ 551 Nr. 7, → § 551 Rdnr. 25ff.) festzustellen (§§ 311, 313), nötigt zur Abstimmung über die Elemente des Urteils, die auch allein eine erschöpfende Beweiswürdigung und eine zutreffende Anwendung der Rechtssätze aufgrund einer wirklichen Analyse des Falles gewährleistet[17]. Eine Kontrolle über die Art der Abstimmung ist jedoch nach der ZPO nicht möglich[18], da ein Abstimmungs-(Beratungs-)Protokoll, wie sich schon aus der Ausschließung des Urkundsbeamten der Geschäftsstelle (→ Rdnr. 5) ergibt, nicht geführt wird und das Urteil keine Angaben darüber oder über das Stimmverhältnis usw. enthält. – Die Abstimmung erfolgt mündlich, eine schriftliche Abstimmung im Umlauf findet nicht statt.

4. Kein Weigerungsrecht des überstimmten Richters

Kein Richter (auch kein ehrenamtlicher) darf die *Abstimmung über eine nachfolgende Frage* deshalb verweigern, weil er bei der Abstimmung über die vorhergehende Frage in der Minderheit geblieben ist, § 195 GVG, wenngleich das Mehrheitsvotum über die Vorfrage ihn dabei nicht bindet. Verweigert ein Richter die Beteiligung bei der Abstimmung, so muß, um die ordnungsgemäße Besetzung zu wahren, sein Vertreter herangezogen und wegen § 309 die Verhandlung wieder eröffnet werden[19]. – Auch der überstimmte Richter ist zur Unterschrift verpflichtet[20]. Zur Notwendigkeit der Unterschrift näher → § 315.

5. Bestimmung der Stimmenmehrheit

Die Abstimmungen erfolgen stets nach der **absoluten Mehrheit** der Stimmen, § 196 Abs. 1   10
GVG; → auch § 1038 und → § 291 Rdnr. 3. Die Mehrheit muß und kann immer, nötigenfalls

---

Kassel NJW 1981, 599; Kissel (Fn. 3) § 193 Rdnr. 30; s. auch BVerwGE 5, 85.
[13] BAGE 19, 285 (Fn. 12); s. auch BGHSt 18, 165, 331.
[14] Vgl. ferner ob. bei § 383 Rdnr. 108.
[15] So RGZ 89, 13. S. hierzu Kohlhaas NJW 1953, 401. Ferner → Fn. 18.
[16] Dazu vgl. Löwe-Rosenberg-Schäfer StPO[24] § 194 GVG Rdnr. 2ff.; Eb. Schmidt Lehrkommentar zur StPO, III, § 194 GVG Rdnr. 11ff.; Kleinknecht/Meyer-Gaßner StPO[43] § 194 GVG Rdnr. 1.
[17] S. auch Stein Kunst der Rechtsprechung (1900), 16f. Für Abstimmung nach den Elementen der Entscheidung auch Zöller-Gummer[20] § 196 GVG Rdnr. 1.

[18] RGZ 38, 410, 412 (keine Anfechtung eines Urteils mit der Behauptung, es liege keine ordnungsgemäße Abstimmung zugrunde, es sei denn, der Verstoß wäre im Urteil selbst festgestellt). – Für Zulässigkeit einer Beweiserhebung über das Abstimmungsergebnis dagegen Kissel (Fn. 3) § 193 Rdnr. 12 (mwN); § 196 Rdnr. 10; § 197 Rdnr. 7; Baumbach-Lauterbach-Albers[56] § 196 GVG Rdnr. 1, → auch Rdnr. 7; Wieczorek-Schreiber[3] § 196 GVG Rdnr. 7, § 197 GVG Rdnr. 6.
[19] Kissel (Fn. 3) § 195 Rdnr. 2; Baumbach-Lauterbach-Albers[56] § 195 GVG Rdnr. 1.
[20] BGHSt 26, 92, 93 = NJW 1975, 1177.

durch wiederholte Abstimmung erzielt werden. Stimmengleichheit ist, abgesehen von dem besonders geregelten Fall des § 320 Abs. 4, wegen der ungeraden Zahl der abstimmenden Mitglieder nicht denkbar. Für die **Abstimmung in Beziehung auf Summen** gibt § 196 Abs. 2 GVG eine Sonderregelung für den Fall, daß sich mehr als zwei Meinungen bilden und keine davon die (absolute) Mehrheit für sich hat. Hier sind die für die größte Summe abgegebenen Stimmen den für die zunächst geringere abgegebenen solange hinzuzurechnen, bis sich eine Mehrheit ergibt. Mit *Summen* sind absolute Beträge gemeint, mögen sie sich aus der Klagebegründung oder aus Einreden ergeben oder z. B. die Faktoren einer Abrechnung bilden, soweit sich jeweils die Abstimmung *lediglich* auf die Summe erstreckt.

6. Reihenfolge der Abstimmung

11 Das für die Reihenfolge der Abstimmung nach § 197 S. 1 GVG maßgebende Dienstalter[21] bestimmt sich nach § 20 DRiG. Bei gleichem Dienstalter ist das Lebensalter entscheidend. Es hat jeweils der nach Dienst- bzw. Lebensalter jüngere Richter vor dem älteren abzustimmen. Wurde ein *Berichterstatter* bestellt, so stimmt er zuerst ab, § 197 S. 3 GVG. Der *Vorsitzende* hat zuletzt abzustimmen, § 197 S. 4 GVG, auch wenn er zugleich Berichterstatter ist[22].

12 Soweit **ehrenamtliche Richter** bei der Entscheidung mitwirken, § 105 Abs. 1 GVG (Kammer für Handelssachen) sowie § 16 Abs. 2, § 35 Abs. 2, § 41 Abs. 2 ArbGG, stimmen sie (nach dem Berichterstatter) *vor* den berufsrichterlichen Mitgliedern des Kollegiums ab, und zwar der an Lebensalter jüngere ehrenamtliche Richter zuerst.

7. Erneute Beratung und Abstimmung

13 Nach Schluß der Beratung und Abstimmung kann, solange das Urteil nicht durch Verkündung oder Zustellung bereits existent (→ § 310 Rdnr. 1, 21) geworden ist, der Vorsitzende jederzeit die Kammer wieder zusammentreten lassen und muß dies, wenn die Mehrheit es verlangt, um über eine **neue Beratung** und gegebenenfalls **Abstimmung** zu befinden. Die Wiederholung der Beratung und Abstimmung[23] setzt jedoch einen **Mehrheitsbeschluß** voraus; auch hierbei ist § 309 zu beachten[24]. Nach der Verkündung des Urteils ist nur eine Berichtigung nach § 319 möglich.

II. Zur Fällung des Urteils berufene Richter

14 Daß nach § 309 nur diejenigen Richter das Urteil fällen dürfen, die an der ihm zugrundeliegenden Verhandlung (also der **letzten mündlichen Verhandlung**) teilgenommen haben, ist auch ein Folgesatz der Mündlichkeit (§ 128) und der Unmittelbarkeit, → vor § 128 Rdnr. 111. § 309 ist eine unverzichtbare Verfahrensbestimmung[25]. Wegen der Entscheidung ohne mündliche Verhandlung → Rdnr. 17 sowie → § 128 Rdnr. 97. Bei Verhinderung[26] des Richters bzw. bei Richterwechsel[27] muß erneut eine mündliche Verhandlung stattfinden, → § 128 Rdnr. 36, → § 156 Rdnr. 7. Entsprechendes hat für die nur vorübergehende Abwesenheit eines Richters während der mündlichen Verhandlung zu gelten[28], wobei aber die Beweiskraft des Protokolls

---

[21] Ein noch nicht auf Lebenszeit angestellter Richter stimmt dabei vor den anderen Richtern ab, da er noch kein Dienstalter hat, *Kissel* (Fn. 3) § 197 GVG Rdnr. 4; *Zöller-Gummer*²⁰ § 197 GVG Rdnr. 1.
[22] *BVerwG* VerwRspr 31 (1980), 508 = BayVBl 1980, 305.
[23] Von deren Zulässigkeit geht auch *BGH* NJW 1974, 143, 144 aus.
[24] *BGH* NJW 1974, 143, 144.
[25] *OLG Stuttgart* ZZP 68 (1955), 94.
[26] Zu diesem Begriff *Vollkommer* NJW 1968, 1310.
[27] *Vollkommer* NJW 1968, 1311.
[28] *BAGE* 5, 170 = NJW 1958, 924 = AP § 164 Nr. 1 (*Lukes*).

(§ 165) zu beachten ist[29]. Bei der Wiederholung muß aber von der Verhandlung alles ausgenommen werden, was bereits durch Zwischenurteil endgültig erledigt ist, s. zur Bindung des Gerichts § 318. Frühere Beschlüsse, insbesondere Beweisbeschlüsse werden nicht von selbst hinfällig, sondern bleiben solange bestehen, bis sie etwa von dem anders besetzten Gericht aufgehoben werden. Wegen der Wiederholung der *Beweisaufnahme* → § 285 Rdnr. 6. Das Parteivorbringen aus der früheren mündlichen Verhandlung bleibt wirksam, ebenso behalten Geständnis, Anerkenntnis, Verzicht sowie der Verlust von Rügen, eingetretene Verspätungsfolgen u. ä. ihre Wirkung, → § 128 Rdnr. 38. Eine Wiederholung der *Anträge* erscheint nicht erforderlich (str.[30], näher → § 128 Rdnr. 38).

Bei **Verletzung von § 309** ist das Gericht nicht vorschriftsmäßig besetzt und daher ein **absoluter Revisions- und Nichtigkeitsgrund** nach § 551 Nr. 1, § 579 Abs. 1 Nr. 1 gegeben[31], → § 551 Rdnr. 5. Ein Verstoß gegen § 309 in *erster Instanz* ist dagegen *revisionsrechtlich* nur von Bedeutung, wenn auch das Urteil der zweiten Instanz davon beeinflußt sein kann[32]. Ein Verstoß gegen § 309 liegt nicht vor, wenn eine fehlerhafte Angabe der Richter, die an der Verhandlung teilgenommen haben, gemäß § 319 berichtigt wird[33].

15

III. Mitwirkung bei der Verkündung

§ 309 gilt **nicht für die Verkündung** des Urteils, an der daher auch *andere* Richter teilnehmen dürfen[34]. Zwar bringt erst die Verkündung das Urteil zur rechtlichen Existenz (→ § 310 Rdnr. 1), aber es besteht schon von seiner vollständigen Abfassung an als ein Akt, dessen Verkündbarkeit durch das Ausscheiden eines beteiligten Richters nicht berührt wird[35]. Dazu auch → § 310 Rdnr. 13. Zur Verkündung durch den Vorsitzenden in Abwesenheit der übrigen Richter → § 311 Rdnr. 9.

16

IV. Entscheidung ohne mündliche Verhandlung

Die Geltung des § 309 entfällt, sofern das Urteil **nicht aufgrund mündlicher Verhandlung** ergeht, also bei der Entscheidung ohne mündliche Verhandlung nach § 128 Abs. 2 und 3[36], auch wenn nach einer mündlichen Verhandlung in das schriftliche Verfahren übergegangen wurde[37], näher → § 128 Rdnr. 97, ferner bei § 307 Abs. 2, § 331 Abs. 3, und ebenso bei **Entscheidung nach Lage der Akten,** §§ 251 a, 331 a[38], → auch § 251 a Rdnr. 26. Das Gericht beschließt demgemäß in diesen Fällen in seiner geschäftsverteilungsmäßigen Besetzung im **Zeitpunkt der Beschlußfassung,** die im Fall der §§ 251 a, 331 a zwischen dem Verhandlungs- und

17

---

[29] → § 165 Rdnr. 8 Fn. 4. – Anders *BAGE* 5, 170, 172 (Fn. 28), wonach sich die Beweiskraft des Protokolls nicht auf die *ununterbrochene* Teilnahme an der Verhandlung erstrecken soll; s. auch *OGHZ* 1, 286, 288 (vom Protokoll abweichende Feststellungen über die Person der an der Verhandlung teilnehmenden Richter; hier war aber das Protokoll ohnehin berichtigt worden).
[30] Offenlassend *BGH FamRZ* 1986, 898.
[31] *OGHZ* 1, 286, 289; *Zöller-Vollkommer*[20] Rdnr. 5; *Thomas-Putzo*[20] Rdnr. 3.
[32] *BGH FamRZ* 1986, 898 (im konkreten Fall keine Ursächlichkeit, da das Berufungsgericht aufgrund eigener sachlicher Prüfung entschieden hat).
[33] *BayObLGZ* 1986, 398, 399.
[34] *BGH NJW* 1974, 143, 144; *RG JW* 1903, 383 und in Fn. 18; *Vollkommer NJW* 1968, 1311; *Baumbach-Lauterbach-Hartmann*[56] Rdnr. 5.
[35] *RG JW* 1901, 250; *WarnRsp* 1911 Nr. 56 (Verkündung durch andere Richter nach Zurückverweisung wegen der fehlenden Verkündung).
[36] Vgl. *BGHZ* 11, 27 = *NJW* 1954, 266 = *LM* § 128 Nr. 2 (LS, *Johannsen*); *BGH FamRZ* 1957, 370; *BAGE* 12, 56, 58; *Volmer NJW* 1970, 1300. Ebenso *Rosenberg-Schwab-Gottwald*[15] § 109 I 2c (2); *Thomas-Putzo*[20] Rdnr. 2; *Zöller-Vollkommer*[20] Rdnr. 6. – A.M. *Auernhammer ZZP* 67 (1954), 256, 261. – Weitere Nachw. → § 128 Fn. 121ff.
[37] *BGH NJW-RR* 1992, 1065 = *LM* Nr. 3 (*Wax*).
[38] *RGZ* 132, 330; *Rosenberg-Schwab-Gottwald*[15] § 108 III 1; *Baumbach-Lauterbach-Hartmann*[56] Rdnr. 3; *Thomas-Putzo*[20] Rdnr. 2; *Zöller-Vollkommer*[20] Rdnr. 6; offenlassend *BGHZ* 11, 27 (Fn. 36). – A.M. *de Boor* Entscheidung nach Lage der Akten (1924), 41f.; *Kersting KGBl* 1926, 4; *Auernhammer ZZP* 67 (1954), 256f. (mit Lit.); *A. Blomeyer ZPR*[2] § 55 III 1.

dem Verkündungstermin liegt; daß das Gericht etwa die Entscheidung nur in derselben Besetzung wie im Verkündungstermin erlassen dürfte, läßt sich dem Gesetz nicht entnehmen.

18   Aus dem Dargelegten folgt auch, daß die Kammer (bzw. der Senat) nach Übergang der Sache vom **Einzelrichter** an sie in der Lage ist, im ersten vor ihr stattfindenden Verhandlungstermin ein Urteil nach Lage der Akten zu erlassen[39]. Heute kommt diese Situation vor allem beim Einzelrichter in der Berufungsinstanz (§ 524) in Betracht.

19   Zum Verfahren bei Einräumung einer Frist zur **Nachreichung eines Schriftsatzes** → § 283 Rdnr. 29. – Zur Geltung des § 309 für **Beschlüsse** → § 329 Rdnr. 4.

V. Arbeitsgerichtliches Verfahren

20   Über die **Besetzung** des Arbeitsgerichts s. § 16 Abs. 2 ArbGG, des Landesarbeitsgerichts § 35 Abs. 2 ArbGG, des Bundesarbeitsgerichts § 41 Abs. 2 ArbGG. Das zum Verfahren vor den ordentlichen Gerichten Ausgeführte gilt hier entsprechend, § 9 Abs. 2 ArbGG, besonders → Rdnr. 1 und 12.

§ 310   [Termin zur Verkündung des Urteils]

(1) ¹Das Urteil wird in dem Termin, in dem die mündliche Verhandlung geschlossen wird, oder in einem sofort anzuberaumenden Termin verkündet. ²Dieser wird nur dann über drei Wochen hinaus angesetzt, wenn wichtige Gründe, insbesondere der Umfang oder die Schwierigkeit der Sache, dies erfordern.

(2) Wird das Urteil nicht in dem Termin, in dem die mündliche Verhandlung geschlossen wird, verkündet, so muß es bei der Verkündung in vollständiger Form abgefaßt sein.

(3) Bei einem Anerkenntnisurteil und einem Versäumnisurteil, die nach § 307 Abs. 2, § 331 Abs. 3 ohne mündliche Verhandlung ergehen, wird die Verkündung durch die Zustellung des Urteils ersetzt.

Gesetzesgeschichte: Bis 1900 § 281 CPO. Änderungen durch die Novelle 1950 und durch die Vereinfachungsnovelle 1976. – Zu einer derzeit vorgeschlagenen Änderung → Rdnr. 19a.

I. Normzweck	1
II. Der Erlaß des Urteils	2
1. Grundsätzliche Notwendigkeit der Verkündung	2
2. Voraussetzungen eines wirksamen Urteils, Bedeutung von Verstößen	3
III. Zeitpunkt der Verkündung	5
1. Verkündung im Termin der letzten mündlichen Verhandlung	5
2. Verkündung in einem besonderen Termin	6
a) Bestimmung des Verkündungstermins	6
b) Fehlerhafte Bekanntgabe des Verkündungstermins	7
c) Zeitpunkt des Verkündungstermins	8
d) Vollständige Abfassung des Urteils bei Verkündung	9
e) Inhalt des Verkündungstermins	10
3. Entscheidung nach Lage der Akten	11
4. Verkündung bei Unterbrechung usw.	12
IV. Durchführung der Verkündung	13
1. Zuständigkeit und Besetzung des Gerichts	13

---

[39] So auch *de Boor* (Fn. 38) 42, der insoweit eine Ausnahme annimmt. → auch § 251 a Rdnr. 26.

a) Anforderungen	13	ropäischen Menschenrechts-	
b) Kollegium und Einzelrichter, Verstöße	14	konvention	20
2. Keine Notwendigkeit der Parteianwesenheit	15	3. Inhalt und Wirkungen der Zustellung	21
3. Öffentlichkeit	16	4. Maßgeblicher Zeitpunkt	23
4. Inhalt	17	5. Verstöße	24
5. Protokollierung	18	a) Fehler bei der Zustellung	24
V. Ersetzung der Verkündung durch Zustellung des Urteils (Abs. 3)	19	b) Zustellung statt Verkündung (bzw. umgekehrt)	26
1. Anwendungsbereich	19	VI. Arbeitsgerichtliches Verfahren	29
2. Vereinbarkeit mit Art. 6 der Eu-		1. Verkündung	29
		2. Zustellung	34

I. Normzweck

Die Vorschrift regelt den **Erlaß** des Urteils, also den gerichtlichen Akt, durch den das Urteil existent wird. Erst das erlassene Urteil kann rechtliche Wirkungen erzeugen. Mit dem Erlaß des Urteils ist – soweit der Entscheidungsgegenstand des Urteils reicht – die Entscheidungstätigkeit in der Instanz beendet und das erkennende Gericht nach § 318 an sein Urteil gebunden. Um den Zeitpunkt, von dem an das Urteil erlassen ist, nach außen klar erkennbar zu machen, ist als regelmäßige Form des Erlasses die **öffentliche Verkündung des Urteils** vorgeschrieben. Nur bei den **Anerkenntnis-** und **Versäumnisurteilen**, die innerhalb eines **schriftlichen Vorverfahrens** ergehen, wird die Verkündung gemäß Abs. 3 durch **Zustellung der Urteile** ersetzt. Soweit die Verkündung des Urteils im selben Termin erfolgt, in dem die mündliche Verhandlung geschlossen wurde, erfüllt sie zugleich die Aufgabe, die Parteien rasch über den Inhalt der Entscheidung zu informieren. Jedoch läßt es das Gesetz, um eine gründliche Beratung und Erarbeitung des Urteils zu ermöglichen, ebenso zu, das Urteil in einem besonderen Termin zu verkünden. Dann muß das Urteil jedoch bei Verkündung vollständig abgefaßt sein, Abs. 2.

1

II. Der Erlaß des Urteils

1. Grundsätzliche Notwendigkeit der Verkündung

Abgesehen von den in Abs. 3 genannten Fällen sind **alle Urteile** durch Verkündung zu erlassen. Das gilt auch für Urteile nach Lage der Akten (§§ 251 a, 331 a, → § 251 a Rdnr. 21, 29 ff.) und (seit der Vereinfachungsnovelle 1976) auch für Urteile, die nach § 128 Abs. 2 oder 3 ohne mündliche Verhandlung ergehen. **Beschlüsse,** die aufgrund mündlicher Verhandlung ergehen, sind ebenfalls zu verkünden, wobei § 310 Abs. 1 entsprechend anzuwenden ist, § 329 Abs. 1 S. 1 und 2. Andere Beschlüsse werden dagegen teils durch Zustellung, teils durch formlose Mitteilung erlassen, § 329 Abs. 2 S. 1 und 2. Näher → § 329 Rdnr. 23 ff.

2

2. Voraussetzungen eines wirksamen Urteils, Bedeutung von Verstößen

Der Verkündungsakt (genauer: seine Beendigung) ist der Zeitpunkt des »Erlasses« des Urteils i.S. des § 318[1]. Ist das »Urteil« weder verkündet noch nach Abs. 3 zugestellt, so ist es nur ein Urteilsentwurf, kein Urteil selbst[2]. Ist aber der Anschein eines Urteils entstanden, so kann

3

---

[1] RGZ 17, 420; JW 1886, 164; Gruchot 45 (1901), 93; 50 (1906), 1086; *OLG Bamberg* OLG Rsp 3 (1901), 143; s. aber auch *RGZ* 26, 393. – Vgl. auch *Wurzer* Nichturteil und nichtiges Urteil (1927), 142 ff.

[2] S. besonders *BGHZ* (Großer Senat für Zivilsachen) 14, 39, 44; ferner z.B. *BGHZ* 10, 327 u. 346; *OGHZ* 1 (1949), 2.

dieses Scheinurteil angefochten werden, näher → § 311 Rdnr. 10. Fehlt es an einer wirksamen Verkündung, so wird die Fünfmonatsfrist nach § 516 oder § 552 nicht in Lauf gesetzt[3]. Das Fehlen eines wirksamen Verkündungsaktes ist von Amts wegen zu beachten[4]. Eine Heilung dieses Mangels durch Verzicht der Parteien oder unterlassene Rüge (§ 295) ist nicht möglich[5]. Die Verkündung kann aber (ohne Rückwirkung) nachgeholt werden[6].

4 Eine andere Frage ist, wie sich Mängel bei der Verkündung bzw. bei der Zustellung nach Abs. 3 oder ein Fehlgriff (Zustellung statt Verkündung bzw. umgekehrt) auswirken. Während das RG[7] bei derartigen Verstößen *für den Regelfall* davon ausging, es komme kein wirksames Urteil zustande, führen nach heutiger Auffassung keineswegs alle Verfahrensfehler bei der Verlautbarung des Urteils zu der schwerwiegenden Folge, ein Nichturteil (Scheinurteil) anzunehmen. Vielmehr kommt es auf die Bedeutung der verletzten Formvorschrift an; nur bei Nichteinhaltung der **Mindestanforderungen an die Verlautbarung des Urteils** wird das Urteil nicht existent[8]. Die Einhaltung dieser Mindestanforderungen unterliegt auch nicht dem Rügeverzicht; nur durch eine erneute Verkündung (bzw. Zustellung nach Abs. 3) kann in solchen Fällen der Mangel behoben und das Urteil existent werden. Minder schwere Verfahrensverstöße sind dagegen nicht Ursache eines Scheinurteils[9]. Doch können derartige Verfahrensfehler ein Rechtsmittel begründen, soweit die Entscheidung auf dem Fehler beruhen kann und nicht etwa der Fehler durch Unterlassung der Rüge seine Bedeutung verloren hat. Die Abgrenzung zwischen den Mindestanforderungen und den minder schweren Fehlern wird allerdings durch die allgemeine von der Rechtsprechung entwickelte Formulierung kaum erleichtert; man muß sich hier in erster Linie an der Kasuistik orientieren. Als Leitlinie sollte gelten, daß solche Mängel das Existentwerden verhindern, bei denen entweder das Gericht überhaupt kein Urteil erlassen *wollte* oder bei denen der (gewollte) Erlaß des Urteils nach außen hin nicht mit hinreichender Deutlichkeit in Erscheinung getreten ist. Die Einzelfragen sind im jeweiligen Sachzusammenhang angesprochen.

III. Zeitpunkt der Verkündung

1. Verkündung im Termin der letzten mündlichen Verhandlung

5 Das Urteil kann (als sog. Stuhlurteil) sogleich in dem Termin verkündet werden, in dem die mündliche Verhandlung geschlossen wird, Abs. 1 S. 1. Über den Schluß der mündlichen Verhandlung → § 136 Rdnr. 5. Das Urteil ist in diesem Fall stets durch Verlesung der Urteilsformel zu verkünden, § 311 Abs. 2 S. 1 (näher → § 311 Rdnr. 2–6); es braucht noch nicht in vollständiger Form abgefaßt zu sein. Zur Verzögerung der vollständigen Abfassung → Rdnr. 9. Die Verkündung in unmittelbarem Anschluß an die letzte mündliche Verhandlung dient der Verfahrensbeschleunigung und (vor allem, wenn die Parteien persönlich anwesend sind) der Anschaulichkeit des Verfahrens, doch besteht in komplizierteren Fällen die Gefahr, daß erst bei der späteren Abfassung der Entscheidung andere Gesichtspunkte erkannt werden, die zu einem abweichenden Entscheidungsausspruch geführt hätten, denen aber dann nicht mehr

---

[3] *BGH* NJW 1985, 1782, 1783; *BGHZ* 42, 94, 97 = NJW 1964, 1857.

[4] *BGHZ* 41, 249, 252, 254.

[5] Vgl. (grundsätzlich) *RGZ* 161, 61, 63 (→ aber Fn. 24).

[6] Dazu einleuchtend *OLG Frankfurt* NJW-RR 1995, 511: ein Jahr später und nach Richterwechsel sowie bei Anhängigkeit in der Berufungsinstanz erscheint die Nachholung der Verkündung nicht mehr zweckmäßig.

[7] Vgl. etwa *RGZ* 90, 296; 133, 215; 135, 118; 148, 151; JW 1936, 3313 (abl. *Jonas*); JW 1937, 1664 (abl. *Jonas*). Anders *RGZ* 161, 61; *RG* HRR 1931 Nr. 623. Eine zusammenfassende Darstellung der Rechtsprechung des RG gibt *BGHZ* 14, 39.

[8] Grundlegend *BGHZ* (Großer Senat für Zivilsachen) 14, 39 = NJW 1954, 1281; ebenso *BGHZ* 41, 337, 339 = NJW 1964, 1523 = LM § 310 Abs. 2 Nr. 8 (LS, *Johannsen*); *BGH* NJW 1985, 1782, 1783. Ausführlich *Jauernig* Das fehlerhafte Zivilurteil (1958), 42 ff.

[9] *BGHZ* 41, 249 = NJW 1964, 1568 = MDR 659.

Rechnung getragen werden kann. Wird der Termin der Sache nach nur zum Zweck der Verkündung am übernächsten Tag fortgesetzt, so ist die Verkündung gleichwohl wirksam, auch wenn das Urteil noch nicht vollständig abgesetzt war[10].

2. Verkündung in einem besonderen Termin

a) Bestimmung des Verkündungstermins

Die Verkündung des Urteils in einem besonderen Termin steht nach Abs. 1 S. 1 gleichberechtigt neben der Verkündung im Anschluß an die letzte mündliche Verhandlung. Welcher Weg beschritten wird, entscheidet sich nach dem pflichtgemäßen Ermessen des Vorsitzenden. Der Verkündungstermin ist sofort, also am Schluß der mündlichen Verhandlung anzuberaumen. Wird der Termin erst danach anberaumt, so bleibt aber die Wirksamkeit der Verkündung davon unberührt. Es genügt, einen Termin zur Verkündung einer »Entscheidung« anzuberaumen[11]. Der Termin kann von Amts wegen verlegt oder vertagt werden (§ 227)[12].

6

b) Fehlerhafte Bekanntgabe des Verkündungstermins

Ist der Verkündungstermin, in dem das Urteil in ordnungsgemäßer Form verkündet ist, den Parteien **nicht** oder nicht ordnungsgemäß **bekanntgegeben,** so betrifft der Mangel nicht die Form der Verkündung, sondern deren Voraussetzungen. Das Urteil ist also wirksam verkündet[13], der Mangel kann, wenn das Urteil auf ihm beruht[14], mit Rechtsmitteln geltend gemacht werden, in der Revisionsinstanz muß er nach § 554 Abs. 3 Nr. 3 b gerügt werden.

7

c) Zeitpunkt des Verkündungstermins

Der Verkündungstermin hat nach Abs. 1 S. 2 im Regelfall nicht später als drei Wochen nach dem Schluß der mündlichen Verhandlung stattzufinden. Es handelt sich dabei um eine sog. uneigentliche Frist, → vor § 214 Rdnr. 30. Diese zeitliche Vorgabe wurde durch die Vereinfachungsnovelle 1976 in eine Mußvorschrift umgewandelt, wobei statt der früher vorgesehenen einen Woche nun ein Zeitraum von höchstens drei Wochen nach Schluß der mündlichen Verhandlung[15] bestimmt wurde[16]. Da aber aus wichtigen Gründen, vor allem (aber nicht nur) wegen des Umfangs oder der Schwierigkeit der Sache, von der zeitlichen Begrenzung abgewichen werden darf, ist der Unterschied zu einer Sollvorschrift gering. Gegen eine eindeutig den Abs. 1 S. 2 verletzende Terminsbestimmung sollte analog § 252 die Beschwerde zugelassen werden.

8

---

[10] *OLG Frankfurt* NJW-RR 1988, 128.
[11] Vgl. *BGH* VersR 1983, 1082 (auch dann muß die Partei auf die Verkündung eines *Urteils* gefaßt sein).
[12] Ergeht die Verfügung über die Terminsverlegung schriftlich, so ist sie nach § 329 Abs. 2 S. 2 zuzustellen. – S. auch *RG* JW 1938, 692 (Verkündungstermin erst nach Monaten, nach Scheitern von Vergleichsverhandlungen; ein praktisch wenig zweckmäßiges und überdies rechtswidriges Verfahren).
[13] *BGHZ* (Großer Senat für Zivilsachen) 14, 39 = NJW 1954, 1281; *BGHZ* 10, 327 = NJW 1953, 1829; *OLG Hamburg* MDR 1956, 234 (Verkündung im Beratungszimmer statt im Sitzungssaal); ebenso eingehend *Jauernig* (Fn. 8) 65 ff. – A. M. früher *BGHZ* 10, 346 = JZ 1954, 99 (zust. *Rosenberg* JZ 1954, 71) = NJW 1954, 109 (LS; zust. *Rosenberg*) = LM § 310 Abs. 1 Nr. 2; *RG* JW 1936,

3313 (abl. *Jonas*); JW 1937, 1665 (abl. *Jonas*). – S. auch *OLG Frankfurt* AnwBl 1987, 235 (Verkündung am nächsten Tag nach »Unterbrechung« der Sitzung zwar bedenklich, aber im Ergebnis unschädlich).
[14] Z. B. im Falle des § 251 a, insbesondere wenn das Urteil versehentlich *vor* dem ursprünglich bestimmten Termin verkündet wird. Im allgemeinen beruht das Urteil dagegen nicht auf derartigen Mängeln.
[15] Bei Einräumung einer Schriftsatzfrist, § 283, beginnt erst mit deren Ablauf die dreiwöchige Frist, *Raabe* DRiZ 1979, 135, 136.
[16] Die Neufassung geht auf einen Vorschlag des Bundestags-Rechtsausschusses zurück, wobei die Begründung von dem Streben nach Beschleunigung geprägt ist, sich aber zur Bedeutung von Verstößen nicht äußert, s. BT-Drucks. 7/5250 S. 10.

Wurde das Urteil in einem später als drei Wochen angesetzten Termin verkündet, so ist die Verkündung auch dann als wirksam anzusehen, wenn das Hinausschieben des Termins nicht durch Abs. 1 S. 2 gedeckt war. Es liegt dann zwar ein Verfahrensfehler vor, der aber das Urteil in aller Regel inhaltlich nicht wird beeinflussen können und daher im allgemeinen kein Rechtsmittel zu begründen vermag. Anders ist es aber, wenn die Verzögerung so groß ist, daß mit einem Verblassen der Erinnerung an die mündliche Verhandlung bzw. an die Beweisaufnahme gerechnet werden muß; daraus kann sich die Kausalität des Verfahrensfehlers ergeben[16a].

d) Vollständige Abfassung des Urteils bei Verkündung

9   Anders als bei Verkündung im unmittelbaren Anschluß an die letzte mündliche Verhandlung muß das Urteil bei der Verkündung im besonderen Termin vollständig abgefaßt vorliegen, also den Anforderungen der §§ 313 – 313 b entsprechen und gemäß § 315 Abs. 1 von den bei der Entscheidung mitwirkenden Richtern unterschrieben sein[17]. Diese Vorschrift wurde durch die Vereinfachungsnovelle 1976 eingefügt, um auf eine beschleunigte Absetzung der Urteile hinzuwirken[18]. Wird dagegen verstoßen, so ist, zumal der Mangel für die Parteien jedenfalls zunächst nicht zu erkennen ist, gleichwohl eine wirksame Verkündung anzunehmen[19]. Zu den Rechtsfolgen, wenn die vollständige Abfassung des Urteils, insbesondere der Entscheidungsgründe auch nach Verkündung unterbleibt bzw. verzögert wird, → § 315 Rdnr. 23 sowie → § 551 Rdnr. 33 ff. Nach der Rechtsprechung[20] liegt ein Urteil ohne Entscheidungsgründe i.S. des § 551 Nr. 7 vor, wenn die Entscheidung nicht binnen **fünf Monaten** ab Verkündung vollständig abgesetzt wird (teils a.M. → § 551 Rdnr. 35 [*Grunsky*]: schon bei Nichtabsetzung innerhalb von drei Monaten kann ein absoluter Revisionsgrund vorliegen).

e) Inhalt des Verkündungstermins

10   Der Verkündungstermin ist nur zur Verkündung einer Entscheidung (zur Art und Weise der Verkündung → Rdnr. 13 ff.), **nicht zur mündlichen Verhandlung oder Beweisaufnahme bestimmt** und geeignet (anders § 87 Abs. 3 ZVG). Über die Wiedereröffnung der mündlichen Verhandlung in diesem Termin → § 156 Rdnr. 17 ff.

3. Entscheidung nach Lage der Akten

11   Wegen der besonderen Regelung bei einem Urteil, das als Entscheidung nach Lage der Akten ergeht, → § 251 a Rdnr. 29 ff. Zur Verkündung *vor* dem ursprünglich bestimmten Termin → Rdnr. 7 Fn. 14.

[16a] Vgl. auch *OLG Hamm* FamRZ 1997, 1166 (LS): Verkündung des Urteils in einer Familiensache erst 11 Monate nach der mündlichen Verhandlung rechtfertigt Aufhebung und Zurückverweisung.
[17] Diktat auf Tonband und Unterschrift unter Rubrum und Tenor genügen nicht, *OLG München*, OLGZ 1985, 491 = MDR 1986, 62 (Aufhebung und Zurückverweisung, da Tatbestand und Entscheidungsgründe erst nach Berufungseinlegung und Ablauf der Berufungsbegründungsfrist zugestellt wurden).
[18] Die Bestimmung beruht auf einem Vorschlag des Bundestags-Rechtsausschusses, s. BT-Drucks. 7/5250, S. 10.
[19] *BGH* NJW 1988, 2046; NJW 1989, 1156, 1157; NJW 1994, 3358.
[20] *Gemeinsamer Senat der Obersten Gerichtshöfe des Bundes* NJW 1993, 2603.

4. Verkündung bei Unterbrechung usw.

Die Unterbrechung des Verfahrens hindert die Verkündung nicht, § 249 Abs. 3, anders aber die Aussetzung, → § 249 Rdnr. 26, und die Anordnung des Ruhens des Verfahrens, → § 251 Rdnr. 10.

IV. Durchführung der Verkündung

1. Zuständigkeit und Besetzung des Gerichts

a) Anforderungen

Die Verkündung hat durch den **Vorsitzenden** (§ 136 Abs. 4, → auch § 311 Rdnr. 4) zu geschehen, und zwar bei Verkündung **im letzten Verhandlungstermin** vor ordnungsgemäß besetztem Gericht. Jedoch brauchen nicht diejenigen Richter an der Verkündung teilzunehmen, die das Urteil gefällt haben[21]; selbst wenn keiner von ihnen beteiligt ist, bedeutet dies keinen Fehler bei der Verkündung[22], → § 309 Rdnr. 16. Die Verkündung **im besonderen Verkündungstermin** kann nach § 311 Abs. 4 S. 1 durch den Vorsitzenden in Abwesenheit der anderen Mitglieder des Spruchkörpers erfolgen; die Verkündung durch einen an der Fällung nicht beteiligten Richter ist unschädlich, auch bei Verstoß gegen den Geschäftsverteilungsplan[23].

b) Kollegium und Einzelrichter, Verstöße

Urteile der Kammer sind durch den Vorsitzenden, Urteile des Einzelrichters durch diesen zu verkünden. Bei nicht vorschiftsmäßiger Besetzung, also bei Verkündung des einzelrichterlichen Urteils durch das Kollegium oder (umgekehrt) des vom Kollegium erlassenen Urteils durch den Einzelrichter oder allein durch den Vorsitzenden der Kammer für Handelssachen, liegt zwar ein Verfahrensfehler (i.S. des § 554 Abs. 3 Nr. 3 b) vor, doch ist gleichwohl eine wirksame Verkündung anzunehmen[24]. Der Mangel stellt keine nicht vorschriftsmäßige Besetzung gemäß § 551 Nr. 1, § 579 Abs. 1 Nr. 1 dar, da die bei der Verkündung mitwirkenden Richter nicht das »erkennende« Gericht sind. Sogar bei der Verkündung eines Urteils der Kammer (bzw. des Senats) für Baulandsachen durch eine Zivilkammer (Zivilsenat) desselben Gerichts wurde nicht der Fall eines Scheinurteils, sondern ein minder schwerer Verfahrensverstoß (in der Revision nur auf Rüge gemäß § 554 Abs. 3 Nr. 3 b zu beachten) angenommen[25].

2. Keine Notwendigkeit der Parteianwesenheit

Die Parteien brauchen bei der Verkündung nicht anwesend zu sein, § 312 Abs. 1 S. 1; andererseits macht selbst die Abwesenheit beider Parteien die Verkündung nicht entbehrlich[26]. Sind im Verkündungstermin die Parteien nicht erschienen, so kann die sonst erforderliche Verlesung der Urteilsformel durch Bezugnahme auf die Formel ersetzt werden, § 311 Abs. 4 S. 2.

---

[21] *BGH* NJW 1974, 143, 144.
[22] *RGZ* 161, 61, 63.
[23] *LAG Frankfurt* LAGE § 311 Nr. 1.
[24] *OLG Düsseldorf* MDR 1977, 144 (bereits zu § 348 nF); *RGZ* 161, 61 (wenn die Parteien den Mangel nicht rügen); weiter *RG* HRR 1931 Nr. 623; *OLG Naumburg* JW 1925, 1531; *OLG Karlsruhe* JW 1926, 853; *OLG Stuttgart* JW 1933, 1542. – A.M. *RGZ* 135, 118.
[25] *BGHZ* 41, 249 = NJW 1964, 1568.
[26] *RGZ* 26, 384; JW 1915, 592.

3. Öffentlichkeit

16 Die Verkündung hat nach § 173 Abs. 1 GVG stets öffentlich zu geschehen (allgemein zur Öffentlichkeit → vor § 128 Rdnr. 114ff.), auch dann, wenn für die Verhandlung selbst die Öffentlichkeit kraft Gesetzes (→ vor § 128 Rdnr. 117f.) oder durch Gerichtsbeschluß (→ vor § 128 Rdnr. 119ff.) ausgeschlossen war oder wenn für die etwaige Verkündung der Urteilsgründe die Öffentlichkeit nach § 173 Abs. 2 GVG ausgeschlossen wird (→ vor § 128 Rdnr. 124).

4. Inhalt

17 Die Verkündung geschieht im allgemeinen durch Vorlesung der Urteilsformel[27], § 311 Abs. 2 S. 1. Näher, auch zur Verkündung durch Bezugnahme auf die Formel sowie zur (fakultativen) Verkündung der Entscheidungsgründe → § 311.

5. Protokollierung

18 Die Verkündung ist durch das Protokoll festzustellen (§ 160 Abs. 3 Nr. 7; näher → § 160 Rdnr. 26f.) und gehört zu den »für die mündliche Verhandlung vorgeschriebenen Förmlichkeiten« i.S. des § 165[28], → § 165 Rdnr. 8. Ob die Verkündung durch Vorlesung der Urteilsformel (§ 311 Abs. 2) oder durch Bezugnahme auf die Urteilsformel (§ 311 Abs. 4 S. 2) erfolgt ist, braucht im Protokoll nicht festgehalten zu werden[29]. Der Gegenstand der Verkündung muß aber aus dem Protokoll oder einer beigefügten und im Protokoll bezeichneten Anlage hervorgehen[30]. Der Vermerk im Protokoll, das anliegende Urteil sei verkündet worden, erbringt den Beweis einer Verkündung aufgrund schriftlich fixierter Urteilsformel, auch wenn die Anlage mit der Urteilsformel erst nach der Sitzung hergestellt wurde[31]. Der Beweis wird nicht erbracht, wenn das Protokoll entgegen § 163 Abs. 1 S. 1 nur vom Richter, nicht vom Urkundsbeamten der Geschäftsstelle unterzeichnet ist[32]. Ist die Verkündung nicht im Protokoll festgestellt, so ist das Urteil zwar nicht unwirksam[33], es kann aber wegen § 165 der *Nachweis*, daß das »Urteil« wirksam erlassen und nicht ein bloßer Entwurf ist, nicht geführt werden[34]. Die fehlende Protokollierung wird nicht durch den Verkündungsvermerk auf dem Urteil ersetzt[35]. Davon zu unterscheiden ist der Fall, daß das vorhanden gewesene Verkündungsprotokoll gegenwärtig nicht bei den Akten ist[36]. Der Mangel des fehlenden oder fehlerhaften Protokolls kann, auch wenn die Sache in der Zwischenzeit in die Rechtsmittelinstanz gelangt ist, im Wege der **Protokollberichtigung** oder -ergänzung behoben werden[37], → § 164, wobei die Wirkung des Urteils bereits von der Verkündung an eintritt[38]. Ist seit der Verkündung bereits ein längerer Zeitraum vergangen, so scheidet eine Nachholung der Protokollierung aus, wenn die daran Beteiligten (§ 163) keine hinreichend sichere Erinnerung mehr haben[39].

---

[27] Diese muß schriftlich vorliegen, *BGH* NJW 1985, 1782, 1783 – A.M. *Jauernig* NJW 1986, 117.
[28] *BGH* NJW 1985, 1782, 1783.
[29] *BGH* NJW 1985, 1782, 1783.
[30] *BGH* FamRZ 1990, 507.
[31] *BGH* NJW 1985, 1782, 1783 (auch zu den Anforderungen an den Gegenbeweis der Protokollfälschung).
[32] *BGH* VersR 1989, 604.
[33] *LG Kiel* SchlHA 1976, 94.
[34] *RGZ* 148, 151; *RG* JW 1936, 1903 (dazu *Jonas* JW 1935, 2813; 1936, 1904); *OGHZ* 1 (1949), 2; s. aber *OGHZ* 1 (1949), 236.
[35] *BGH* VersR 1989, 604; FamRZ 1990, 507; *OLG Zweibrücken* FamRZ 1992, 972, 973; *OLG Frankfurt* NJW-RR 1995, 511; *LAG Köln* AnwBl 1995, 159.
[36] Hier kann der Beweis, daß es vorhanden war, in jeder Weise geführt werden, *RG* JW 1915, 592.
[37] *BGH* NJW 1958, 1237 (Nachholung der Unterzeichnung des Verkündungsprotokolls durch den Vorsitzenden); *OLG Celle* MDR 1949, 619.
[38] *LG Kiel* SchlHA 1976, 94.
[39] *OLG Zweibrücken* FamRZ 1992, 972 bezweifelt mit Recht, ob nach Ablauf von mehr als zweieinhalb Jahren noch eine Nachholung der Protokollierung möglich ist.

V. Ersetzung der Verkündung durch Zustellung des Urteils (Abs. 3)

1. Anwendungsbereich

Seit der Neuregelung durch die Vereinfachungsnovelle 1976 wird die Verkündung nur noch im **schriftlichen Vorverfahren** (§ 276) bei den dort ergehenden **Anerkenntnisurteilen** (§ 307 Abs. 2) und den **Versäumnisurteilen** gegen den Beklagten (§ 331 Abs. 3, bei Versäumung der Frist zur Erklärung der Verteidigungsabsicht, näher → § 276 Rdnr. 26 ff.) durch **Zustellung des Urteils** ersetzt. Wenn man allerdings (entgegen der hier vertretenen Auffassung, → § 276 Rdnr. 34) im schriftlichen Vorverfahren auch ein sog. unechtes Versäumnisurteil gegen den Kläger zuläßt, erscheint es konsequent, auf dessen Erlaß Abs. 3 analog anzuwenden. Dagegen kommt eine Anwendung auf Urteile im **schriftlichen Verfahren** nach § 128 Abs. 2 oder Abs. 3 **nicht in Betracht,** da es, wie auch § 128 Abs. 2 S. 2, Abs. 3 S. 2 deutlich zeigen, die Absicht des Gesetzgebers war, in diesen Verfahren einen **Verkündungstermin** zu verlangen, näher → § 128 Rdnr. 82, 104, 116, 122. Bis zur Vereinfachungsnovelle 1976 wurden dagegen Urteile, die nach § 128 Abs. 2 aF ohne mündliche Verhandlung ergingen, durch Zustellung der Urteilsformel erlassen, § 310 Abs. 2 aF.

19

Nach dem Entwurf eines Gesetzes zur Vereinfachung des zivilgerichtlichen Verfahrens und des Verfahrens der freiwilligen Gerichtsbarkeit (BT-Drucks. 13/6398) sollen Zustellung an die beschwerte Partei, formlose Mitteilung an die nicht beschwerte Person zum Erlaß der von Abs. 3 erfaßten Urteile genügen. Die Bundesregierung hat dagegen jedoch Bedenken geäußert, → auch § 317 Rdnr. 8a.

19a

2. Vereinbarkeit mit Art. 6 der Europäischen Menschenrechtskonvention

Als öffentliche Verkündung, wie sie Art. 6 Abs. 1 S. 2 der Europäischen Menschenrechtskonvention (MRK) (dazu → Einl. [20. Aufl.] Rdnr. 206, 654, 684) an sich vorschreibt, kann man den Urteilserlaß nach Abs. 3, da nur die Parteien Kenntnis vom Urteil erhalten, kaum ansehen[40]. Jedoch wird man Art. 6 Abs. 1 S. 2 MRK so auslegen dürfen, daß die Urteilsverkündung nur dann öffentlich sein muß, wenn eine öffentliche Verhandlung vorausging[41]. Das schriftliche Vorverfahren erscheint seinerseits mit der Garantie der öffentlichen Verhandlung in Art. 6 Abs. 1 S. 1 MRK vereinbar, weil es den Anspruch der Parteien auf eine öffentliche Verhandlung nicht beseitigt, sondern nur bei bestimmten Parteierklärungen bzw. bestimmtem Parteiverhalten (Anerkenntnis oder Nichterklärung der Verteidigungsabsicht sowie Antrag auf Anerkenntnisurteil oder Versäumnisurteil) den Prozeß ohne mündliche und damit öffentliche Verhandlung abschließt. Bei dieser Betrachtungsweise bestehen dann auch gegen den Ersatz der Verkündung durch Zustellung keine Bedenken.

20

3. Inhalt und Wirkungen der Zustellung

Nach Abs. 3 ist nicht bloß die Formel (so Abs. 2 aF), sondern das **Urteil zuzustellen,** also eine Ausfertigung des vollständig abgefaßten Urteils, gegebenenfalls in der abgekürzten Form des

21

---

[40] Nach dem *Europäischen Gerichtshof für Menschenrechte* NJW 1986, 2177 (zur Kassation des italienischen Rechts) ist – in der Revisionsinstanz – bei Zustellung des Urteilstenors an die Parteien den Anforderungen an eine öffentliche Verkündung genügt, wenn die mündliche Verhandlung öffentlich ist und wenn jedermann Einsicht in das Urteil nehmen oder eine Kopie des Urteils erhalten kann. Diese Voraussetzungen sind aber nach deutschem Prozeßrecht – zur Urteilseinsicht → § 299 Rdnr. 23a – nicht erfüllt.

[41] So zu § 310 Abs. 2 aF – Zustellung statt Verkündung bei schriftlichem Verfahren mit Zustimmung der Parteien – BGHZ 25, 60 (unter Ablehnung gegenteiliger Ansichten) = NJW 1957, 1480 = ZZP 71 (1958), 420 = LM § 775 Nr. 1 (LS, *Johannsen*); *Jauernig* (Fn. 8) 57. Zur Vereinbarkeit von § 128 Abs. 2 und 3 mit der Europäischen Menschenrechtskonvention → § 128 Rdnr. 8. Für den Urteilserlaß bestehen, da jetzt die Verkündung vorgeschrieben ist, → Rdnr. 19, in diesen Verfahren keine Probleme mehr.

§ 313 b (zur Ausfertigung in diesem Fall s. § 317 Abs. 4). Es gelten also an sich dieselben Anforderungen wie bei der Urteilszustellung nach § 317 (die, abgesehen von den Fällen des § 310 Abs. 3, der Verkündung nachfolgt). Mit der **Zustellung** wird die **Entscheidung existent**[42], wobei die Bindung des Gerichts (insbesondere das Verbot der Aufhebung oder Abänderung) schon mit der ersten Zustellung eintritt, → § 318 Rdnr. 1. Zum Beginn der Rechtsmittelfristen → Rdnr. 23. Ein **Verzicht** der Parteien auf die Zustellung ist **ausgeschlossen,** ebenso eine Heilung dieses Mangels durch Nichtrüge[43]. Zum **Zustellungsvermerk** (§ 315 Abs. 3) → § 315 Rdnr. 28.

22 Die Zustellung nach Abs. 3 stellt zugleich die Zustellung i.S. des § 317 dar, § 317 Abs. 1 S. 2. Mit der Zustellung nach Abs. 3 werden daher auch die Rechtsmittelfristen (Monatsfristen) nach §§ 516, 552 in Lauf gesetzt. Jedoch treten bei **Verstößen** unterschiedliche Rechtsfolgen hinsichtlich des Urteilserlasses und der sonstigen Zustellungswirkungen ein, → Rdnr. 24.

4. Maßgeblicher Zeitpunkt

23 Da das Urteil im Verhältnis zu *beiden* Parteien ergehen muß, andererseits aber die Zustellung allein an die eine Partei dem Gegner gegenüber Rechtswirkungen nicht haben kann, muß angenommen werden, daß das Urteil erst mit Bewirkung beider Zustellungen, also bei Zustellung zu verschiedenen Zeitpunkten **erst mit der zweiten Zustellung** mit allen Rechtswirkungen (zur Bindung des Gerichts → Rdnr. 21) existent wird; daher können die Monatsfristen nach §§ 516, 552 für beide Parteien erst mit der zweiten Zustellung beginnen[44]. Auch die **Einspruchsfrist** bei einem im schriftlichen Vorverfahren erlassenen Versäumnisurteil beginnt erst mit der letzten Zustellung[45]; der Einspruch ist aber bereits von der ersten Zustellung an zulässig, → § 339 Rdnr. 8, ebenso (zur Beseitigung des Rechtsscheins), wenn eine Ausfertigung des nicht existenten Versäumnisurteils erteilt wurde[46]. Auch ein Urteil, das ein nicht wirksam erlassenes Versäumnisurteil aufrecht erhält, ist mit der Berufung anfechtbar[47]. Wurde vor der zweiten Zustellung ein Rechtsmittel eingelegt und erfolgt dann die zweite Zustellung, so ist das Rechtsmittel nunmehr als zulässig anzusehen; es führt zur sachlichen Nachprüfung des jetzt wirksam erlassenen Urteils, → auch § 516 Rdnr. 17. – Bei **notwendigen Streitgenossen** (§ 62) wird man als Voraussetzung eines wirksamen Erlasses die Zustellung an alle Streitgenossen verlangen müssen[48], während bei **einfachen Streitgenossen** die Zustellung an den einzelnen Streitgenossen das Urteil *ihm* gegenüber wirksam macht.

5. Verstöße

a) Fehler bei der Zustellung

24 Auch beim Erlaß des Urteils durch Zustellung hat nicht jeder Verfahrensfehler bei der Zustellung zur Folge, daß das Urteil als nicht wirksam erlassen anzusehen ist; vielmehr hängt dies von der Bedeutung der verletzten Formvorschrift ab[49]. Wo die Grenze zu ziehen ist, erscheint

---

[42] BGHZ 8, 303, 305; 32, 370, 371; RGZ 90, 295; 120, 243; 123, 333; JW 1931, 197. *LG Stuttgart* AnwBl 1981, 197 nimmt dagegen an, das Urteil sei schon von der Übergabe an die Geschäftsstelle an nicht mehr abänderbar. § 331 Abs. 3 S. 1, auf den sich das Gericht vor allem beruft, ergibt aber nur, daß eine jetzt noch eingehende Erklärung der Verteidigungsabsicht nicht mehr zu berücksichtigen ist.
[43] RGZ 90, 295.
[44] *OLG Nürnberg* NJW 1978, 832 (abl. *E. Schneider*); *OLG Frankfurt* NJW 1981, 291 (LS); zu § 310 Abs. 2 aF BGHZ 8, 303, 305, 309; 32, 370, 371 (Fn. 52); BGH VersR 1961, 251; JR 1955, 384 = LM § 98 BEG Nr. 4;

RGZ 123, 333; KG ZZP 54 (1929), 465. Ebenso *Hartmann* NJW 1978, 1457, 1462; *Baumbach-Lauterbach-Hartmann*[56] Rdnr. 11; *Thomas-Putzo*[20] Rdnr. 3. Offenlassend BGH VersR 1980, 928.
[45] BGH NJW 1994, 3359; *LG Kiel* NJW-RR 1997, 1021 (formlose Übergabe einer vollstreckbaren Ausfertigung genügt nicht); *Zugehör* NJW 1992, 2261.
[46] *OLG Brandenburg* NJW-RR 1996, 766.
[47] BGH NJW 1996, 1969 = JZ 1996, 978 (*Braun*).
[48] *Baumbach-Lauterbach-Hartmann*[56] Rdnr. 12.
[49] BGHZ 41, 337, 339 = NJW 1964, 1523 = LM § 310 Abs. 2 Nr. 8 (LS; *Johannsen*).

allerdings hier besonders zweifelhaft. Als *wirksam* wurde die Zustellung z.B. auch dann angesehen, wenn die Unterschrift des Rechtsanwalts auf dem Empfangsbekenntnis fehlt, aber der Empfang des Urteils unstreitig ist[50]. Dagegen führt es zur Unwirksamkeit des Erlasses, wenn die Zustellung nicht an den richtigen Adressaten erfolgte[51] oder wenn bei der Zustellung durch Aufgabe zur Post (§ 175 Abs. 1 S. 2 und 3) der Vermerk des Urkundsbeamten über die Zustellung (§ 213) unterblieben ist[52]; erst recht ist das Urteil nicht erlassen, wenn die Voraussetzungen des § 175 nicht vorlagen[53]. Bei der Verwertung der früheren Rechtsprechung muß berücksichtigt werden, daß seit der Vereinfachungsnovelle 1976 **nicht bloß** die **Urteilsformel**, sondern das **Urteil zuzustellen** ist. Daß die Unterschriften ohnedies nicht zugestellt werden müssen[54], trifft daher nicht mehr zu. Man wird es aber für die *Wirksamkeit* des Urteilserlasses als ausreichend ansehen können, wenn nur ein Urteil ohne Unterschriften oder auch nur die Formel zugestellt ist, → auch § 128 Rdnr. 105. Sollte allerdings das Urteil selbst, d.h. die Urschrift (oder wenigstens die Urschrift der Formel) zum Zeitpunkt der Zustellung noch nicht von den Richtern unterschrieben sein, so führt die Zustellung nicht zu einem wirksamen Urteil[55]. Auch weiterhin ist eine Zustellung als wirksam (für den Urteilserlaß) anzusehen, wenn nur eine einfache Abschrift, also weder eine beglaubigte Abschrift noch eine Ausfertigung des Urteils zugestellt wurde[56]. Allerdings liegt in diesen Fällen ein Verfahrensfehler vor, der es verbietet, zugleich eine wirksame Zustellung im Hinblick auf § 317 und §§ 516, 552 anzunehmen, so daß das Urteil durch eine derartige fehlerhafte Zustellung zwar existent wird, aber die Einmonatsfrist für die Rechtsmitteleinlegung damit nicht in Lauf gesetzt wird. Jedoch beginnt, da durch die Zustellung die Verkündung ersetzt wird, nach §§ 516, 552 die Rechtsmittelfrist fünf Monate nach der fehlerhaften, aber zum Urteilserlaß ausreichenden Zustellung[57].

Der Mangel der unterlassenen oder wegen Verletzung einer wesentlichen Formvorschrift 25 nicht wirksamen Zustellung kann durch **Nachholung** – jedoch ohne Rückwirkung – behoben werden[58]. Diese Nachholung wird nicht dadurch ausgeschlossen, daß der Mangel in der Zwischenzeit im Wege eines Rechtsmittels gerügt ist[59]. Wenn fehlerhafterweise bereits ein Rechtsmittelurteil ergangen ist, ohne daß erkannt wurde, daß kein wirksames Urteil der ersten Instanz vorlag, wird dieser Mangel durch nachträglichen wirksamen Erlaß des Urteils erster Instanz nicht geheilt[60]; denn das Berufungsgericht hat dann fehlerhaft über ein unwirksames Urteil entschieden.

b) Zustellung statt Verkündung (bzw. umgekehrt)

Obgleich heute die Zustellung des Urteils nur noch in den Sonderfällen des Abs. 3 als Ersatz 26 für die Verkündung vorgesehen ist, wird man das Urteil auch dann als erlassen anzusehen haben, wenn es statt der Verkündung beiden Parteien zugestellt ist[61]. Voraussetzung ist allerdings, daß die Zustellung für die Parteien erkennbar an Verkündungs Statt erfolgt. Wenn da-

---

[50] *BGHZ* 41, 337 (Fn. 49).
[51] *OLG Dresden* OLG-NL 1996, 143 (im Passivrubrum war versehentlich eine falsche juristische Person eingesetzt).
[52] *BGHZ* 32, 370, 374 = NJW 1960, 1763 = ZZP 73 (1960), 441 (*Jauernig*) = LM Nr. 6 (LS; *Johannsen*).
[53] *OLG München* IPRax 1988, 164; dazu *Hausmann* IPRax 1988, 140.
[54] So *BGHZ* 42, 94.
[55] *BGH* NJW 1953, 622; *BGHZ* 42, 94, 96.
[56] So – allerdings zu § 310 Abs. 2 aF – *BGHZ* 15, 142; 42, 94.
[57] Vgl. – zu § 310 Abs. 2 aF – *BGHZ* 42, 94.
[58] *BGHZ* 32, 370 (Fn. 52).

[59] *BGHZ* 32, 370 (Fn. 52) (über das bereits eingelegte Rechtsmittel ist dann sachlich zu entscheiden); *RG* JW 1937, 1664; dazu *Jonas* JW 1937, 1665; s. auch *Jonas* JW 1936, 3315.
[60] *BGHZ* 32, 370, 374 (Fn. 52).
[61] *OLG Frankfurt* MDR 1980, 320; *LAG Hamm* ZIP 1998, 163; s. auch *OLG Köln* Rpfleger 1982, 113 (zum Zuschlagsbeschluß). Ebenso die Rsp zu § 310 Abs. 2 aF, *BGHZ* 17, 118 = NJW 1955, 988 = LM § 128 Nr. 6 (LS, *Johannsen*); *BAGE* 17, 286 = NJW 1966, 175; so auch *Jauernig* (Fn. 8) 57f. – A.M. *OLG Frankfurt* FamRZ 1978, 430 (dagegen → § 128 Fn. 134); *OLG Schleswig* SchlHA 1978, 161.

gegen die Zustellung aufgrund einer bereits als geschehen betrachteten Verkündung durchgeführt wird (während in Wirklichkeit das Urteil nicht wirksam verkündet ist), so wird durch diese Zustellung das Urteil nicht existent[62].

27   Sollte in den Fällen des Abs. 3 unrichtigerweise ein Verkündungstermin anberaumt und darin das **Anerkenntnis- oder Versäumnisurteil verkündet** werden, so liegt ebenfalls ein wirksamer Urteilserlaß vor[63].

28   Bei Erlaß durch Zustellung statt der eigentlich vorgeschriebenen Verkündung oder umgekehrt liegt zwar ein **Verfahrensfehler** vor, auf dem das Urteil aber in der Regel nicht beruhen wird und der überdies auch verzichtbar erscheint.

VI. Arbeitsgerichtliches Verfahren

1. Verkündung

29   Im arbeitsgerichtlichen Verfahren erster (§ 60 Abs. 1 ArbGG) und zweiter Instanz (§ 69 Abs. 1 S. 2 ArbGG) hat die Verkündung **grundsätzlich am Schluß der mündlichen Verhandlung** zu erfolgen; die Bestimmung eines besonderen Verkündungstermins ist nur ausnahmsweise (bei Vorliegen besonderer Gründe, insbesondere weil die Beratung nicht mehr am Tag der Verhandlung stattfinden kann) gestattet. Über **drei Wochen** hinaus darf der Verkündungstermin nur aus wichtigen Gründen (vor allem: Umfang oder Schwierigkeit der Sache) angesetzt werden. Zur Bedeutung eines Verstoßes → Rdnr. 8. Das in einem besonderen Termin verkündete Urteil muß bei der Verkündung **in vollständiger Form abgefaßt** sein, § 60 Abs. 4 S. 2, § 69 Abs. 1 S. 2.

30   Für das Urteil in der **Revisionsinstanz** enthält das ArbGG keine Bestimmungen über den Verkündungstermin, so daß es hier bei der Geltung des § 310 Abs. 1 und 2 verbleibt.

31   Die **ehrenamtlichen Richter** brauchen bei der Urteilsverkündung **nicht zugegen** zu sein, § 60 Abs. 3 S. 1, § 69 Abs. 1 S. 2, § 75 Abs. 1 S. 1 ArbGG. Für diesen Fall ist aber – und zwar gleichviel, ob der Vorsitzende das Urteil allein verkündet oder in Gegenwart anderer ehrenamtlicher Richter – in § 60 Abs. 3 S. 2, § 69 Abs. 1 S. 2, § 75 Abs. 1 S. 2 ArbGG bestimmt, daß die Urteilsformel vorher von *sämtlichen Mitgliedern des Spruchkörpers* zu **unterschreiben** ist. Es soll also im Zeitpunkt der Verkündung die beschlossene Formel urkundlich festliegen. Auch hier handelt es sich trotz der Fassung nur um Ordnungsvorschriften. Die fehlende Unterschrift unter der Urteilsformel führt nicht zur Unwirksamkeit der Verkündung und könnte für sich allein die Anfechtung der Entscheidung ebenso wenig begründen, wie sie umgekehrt etwa das Verkündungsprotokoll ersetzen könnte. Im übrigen → § 315 Rdnr. 29. – Die **Berufsrichter** müssen dagegen bei der Verkündung anwesend sein[64].

32   Die Verkündung der Entscheidung hat in allen Instanzen (vgl. § 52, § 64 Abs. 7, § 72 Abs. 6 ArbGG) grundsätzlich **öffentlich** zu erfolgen, → Rdnr. 16.

33   Zur Durchführung der Verkündung → § 311 Rdnr. 11, zur Übergabe des vollständig abgefaßten Urteils an die Geschäftsstelle → § 315 Rdnr. 31.

2. Zustellung

34   Soweit der Vorsitzende allein ohne mündliche Verhandlung entscheiden kann (bei Anerkenntnis, § 55 Abs. 1 Nr. 3, Abs. 2 ArbGG, sowie mit Zustimmung der Parteien bei Verzicht, § 55 Abs. 1 Nr. 2, Abs. 2 S. 2 ArbGG), wird man § 310 Abs. 3 analog anwenden können, so daß hier die Verkündung durch Zustellung des Urteils zu ersetzen ist[65]. (Für eine unmittelbare Anwendung des Abs. 3 ist kein Raum, da es im arbeitsgerichtlichen Verfahren kein schriftliches Vorverfahren gibt, § 46 Abs. 2 S. 2 ArbGG.)

---

[62] *BGH* VersR 1984, 1192; *OLG Frankfurt* NJW-RR 1995, 511.

[63] A.M. *Baumbach-Lauterbach-Hartmann*[56] Rdnr. 11; *AK-ZPO-Wassermann* Rdnr. 9.

[64] *Grunsky* ArbGG[7] § 75 Rdnr. 2 (für die Revisionsinstanz).

[65] *Grunsky* ArbGG[7] § 60 Rdnr. 2.

§ 311 [Art und Weise der Urteilsverkündung]

(1) Das Urteil ergeht im Namen des Volkes.

(2) [1]Das Urteil wird durch Vorlesung der Urteilsformel verkündet. [2]Versäumnisurteile, Urteile, die auf Grund eines Anerkenntnisses erlassen werden, sowie Urteile, welche die Folge der Zurücknahme der Klage oder des Verzichts auf den Klageanspruch aussprechen, können verkündet werden, auch wenn die Urteilsformel noch nicht schriftlich abgefaßt ist.

(3) Die Entscheidungsgründe werden, wenn es für angemessen erachtet wird, durch Vorlesung der Gründe oder durch mündliche Mitteilung des wesentlichen Inhalts verkündet.

(4) [1]Wird das Urteil nicht in dem Termin verkündet, in dem die mündliche Verhandlung geschlossen wird, so kann es der Vorsitzende in Abwesenheit der anderen Mitglieder des Prozeßgerichts verkünden. [2]Die Verlesung der Urteilsformel kann durch eine Bezugnahme auf die Urteilsformel ersetzt werden, wenn in dem Verkündungstermin von den Parteien niemand erschienen ist.

Gesetzesgeschichte: Bis 1900 § 282 CPO. Änderungen durch die Novelle 1898, neu bekanntgemacht aufgrund der Novelle 1933. Weitere Änderungen durch die Novelle 1950. Abs. 4 wurde durch die Vereinfachungsnovelle 1976 angefügt. – Zu einer derzeit geplanten Gesetzesänderung → Fn. 5a.

I. Die Überschrift und die Form der Verkündung 1	e) Öffentlichkeit der Verkündung 6
1. Überschrift 1	II. Verkündung der Entscheidungsgründe 7
2. Form der Verkündung 2	III. Erleichterung der Verkündung im besonderen Verkündungstermin (Abs. 4) 9
a) Vorlesung der Urteilsformel 2	
b) Verkündung ohne Vorlesung 3	
c) Verkündung durch den Vorsitzenden 4	IV. Mängel 10
d) Ersatz durch Zustellung 5	V. Arbeitsgerichtliches Verfahren 11

I. Die Überschrift und die Form der Verkündung

1. Überschrift

Die Urteile erhalten eine Überschrift, die auf den Träger der Gerichtshoheit hinweist: »Im Namen des Volkes«[1]. Das Fehlen der Überschrift berührt nicht die Wirksamkeit des Urteils[2] und rechtfertigt keine Anfechtung.

2. Form der Verkündung

a) Vorlesung der Urteilsformel

Die Verkündung des Urteils (zur Notwendigkeit der Verkündung und zum Verkündungstermin → § 310 Rdnr. 2 ff., 5 ff.) erfolgt durch **Vorlesung der Urteilsformel**, § 313 Abs. 1 Nr. 4; diese muß deshalb schon **schriftlich vorliegen**. Fehlt es an einer schriftlichen Fixierung der For-

---

[1] Diese Formel hat im Laufe der Zeit mehrfach gewechselt: 1879–1919 Im Namen des Reichs (beim Reichsgericht), Im Namen des regierenden Landesherrn (in den deutschen Staaten); 1920 – 1934 Im Namen des Reichs bzw. Volkes; 1934–1945 Im Namen des deutschen Volkes; 1946 – 1950 Im Namen des Rechts. Vgl. zur Geschichte *Müller-Graff* ZZP 88 (1975), 442.

[2] *LG Dortmund* WuM 1995, 548.

mel, so ist die Verkündung nicht wirksam[3]. Der Nachweis wird durch das Protokoll geführt, auch wenn die *beigefügte* Anlage mit der Urteilsformel erst nach der Sitzung hergestellt wurde; denn die in der Sitzung vorhandene schriftliche Niederlegung braucht nicht im Original mit dem Protokoll verbunden zu werden[4], obgleich dies zweckmäßig erscheint. Durch die schriftliche Niederlegung der Formel wird eine Garantie für die Übereinstimmung des verkündeten Urteils mit dem später zu den Akten gebrachten geschaffen, so wie § 315 die umgekehrte Übereinstimmung gewährleisten soll, → § 315 Rdnr. 1. Die Urteilsformel muß als solche äußerlich erkennbar abgefaßt sein, wogegen die *Unterschrift der Richter* für die Wirksamkeit der Verkündung ebensowenig erforderlich ist wie der Verkündungsvermerk des Urkundsbeamten der Geschäftsstelle (→ § 315 Rdnr. 27)[5]. Die Vorlesung der Urteilsformel kann, wenn die Verkündung im Termin der letzten mündlichen Verhandlung erfolgt, nicht durch die Bezugnahme auf das sie enthaltende Schriftstück ersetzt werden[5a]; eine entsprechende Anwendung des für die mündliche Verhandlung geltenden § 137 Abs. 3 ist ausgeschlossen, da diese Vorschrift nur solche Schriftstücke im Auge hat, die allen Prozeßbeteiligten bekannt oder wenigstens zugänglich sind. Dies folgt nunmehr auch im Wege des Umkehrschlusses aus Abs. 4 S. 2. Jedoch ist die Verkündung auch dann *wirksam,* wenn sie durch Bezugnahme auf die Urteilsformel ersetzt wurde, obwohl die Voraussetzungen des Abs. 4 S. 2 nicht gegeben waren (also z. B. im Termin der letzten mündlichen Verhandlung)[6].

b) Verkündung ohne Vorlesung

3   Durch Abs. 2 S. 2 ist die Verkündung ohne vorherige schriftliche Abfassung der Urteilsformel und folglich **ohne Vorlesung** (sondern durch rein mündliche Erklärung) in gewissen besonders einfachen Fällen gestattet. Es gehören hierher die **Versäumnisurteile** (→ vor § 330 Rdnr. 23), die Urteile aufgrund **Verzichts** (§ 306) und **Anerkenntnisses** (§ 307) sowie die Urteile, welche die Folge der Zurücknahme der Klage aussprechen (→ § 269 Rdnr. 42). Eine entsprechende Anwendung der Bestimmung auf die nach Zurücknahme des Einspruchs und der Rechtsmittel ergehenden Urteile (§ 346, § 515 Abs. 3, § 566) ist zulässig.

c) Verkündung durch den Vorsitzenden

4   Die Verkündung geschieht durch den **Vorsitzenden,** § 136 Abs. 4. Das besagt aber nicht, daß die Vorlesung der Urteilsformel unbedingt durch ihn selbst zu erfolgen hätte; auch die Vorlesung durch den Protokollführer auf Anordnung des Vorsitzenden und in dessen Beisein ist eine Verkündung durch den Vorsitzenden.

5   **d) Ersatz durch Zustellung.** – Zum Ersatz der Verkündung durch Zustellung in den Fällen des § 310 Abs. 3 → dort Rdnr. 19 ff.

---

[3] *BGH* NJW 1985, 1782 = VersR 1985, 45. – A.M. *Jauernig* NJW 1986, 117. Offenlassend *OLG Frankfurt* AnwBl 1987, 235 = NJW-RR 1988, 128.
[4] *BGH* NJW 1985, 1782 (auch zum Nachweis einer Protokollfälschung); NJW 1994, 3358.
[5] *BGHZ* 10, 327, 329.

[5a] Der Entwurf eines (weiteren) Rechtspflegevereinfachungsgesetzes, BT-Drucks. 13/6398 schlägt vor, die Verkündung durch Bezugnahme auf die Urteilsformel generell zuzulassen, wenn von den Parteien niemand erschienen ist.
[6] *BGH* NJW 1985, 1782, 1783; NJW 1994, 3358.

e) Öffentlichkeit der Verkündung

Die Verkündung des Urteilstenors hat in jedem Fall unter Wahrung der **Öffentlichkeit** zu erfolgen, § 173 Abs. 1 GVG, näher → § 310 Rdnr. 16. Zur Öffentlichkeit bei bloßer Bezugnahme auf die Formel → Rdnr. 9.

II. Verkündung der Entscheidungsgründe

Die Verkündung der Entscheidungsgründe steht im Gegensatz zum Strafprozeß im **Ermessen des Vorsitzenden,** ebenso ihre Form durch mündliche Mitteilung oder Vorlesung, die auch durch den Urkundsbeamten der Geschäftsstelle erfolgen kann. Es kann deshalb auf die Nichtübereinstimmung der mündlich vorgetragenen mit den später schriftlich abgefaßten Gründen (§ 315 Abs. 2) eine Anfechtung nicht gegründet werden. Der *Tatbestand* (§ 313 Abs. 1 Nr. 5) wird nicht verkündet.

Wegen der Verkündung des Ausspruchs über die **Zulassung eines Rechtsmittels** → § 546 Rdnr. 18.

III. Erleichterung der Verkündung im besonderen Verkündungstermin (Abs. 4)

Abs. 4 wurde durch die Vereinfachungsnovelle 1976 eingefügt, um die Verkündung des Urteils zu vereinfachen und zu erleichtern[7]. Wird das Urteil nicht in dem Termin verkündet, in dem die mündliche Verhandlung geschlossen wurde, so kann es nach Abs. 4 S. 1 der **Vorsitzende allein** – also ohne die berufsrichterlichen Beisitzer und ohne die ehrenamtlichen Richter bei der Kammer für Handelssachen – verkünden. Außerdem kann das Urteil im besonderen Verkündungstermin statt durch *Vorlesung* der Formel durch **Bezugnahme auf die Formel** verkündet werden, wenn von den Parteien niemand (also weder ein Prozeßbevollmächtigter noch eine Partei persönlich) erschienen ist, Abs. 4 S. 2. Sollte ohne das Vorliegen dieser Voraussetzungen die Verkündung statt durch Vorlesung durch Bezugnahme erfolgen, so ist die Verkündung gleich wohl als wirksam anzusehen, → Rdnr. 2. Im Protokoll (§ 160 Abs. 3 Nr. 7) muß nicht angegeben werden, welche der beiden Verkündungsarten (Vorlesung der Formel oder Bezugnahme auf die Formel) gewählt wurde[8]. Die Formel muß zum Zeitpunkt der Verkündung durch Bezugnahme **schriftlich vorliegen;** anderenfalls ist das Urteil nicht wirksam erlassen[9]. Nimmt die Formel ausnahmsweise (→ § 313 Rdnr. 19) auf Anlagen Bezug, so brauchen diese nicht körperlich mit der Formel verbunden zu sein[10]. Darüber hinaus muß nach § 310 Abs. 2 das **gesamte Urteil schriftlich abgefaßt** sein, jedoch ist bei einem Verstoß *dagegen* dennoch eine wirksame Verkündung anzunehmen, → § 310 Rdnr. 9. Die Bezugnahme braucht nicht durch ausdrückliche mündliche Erklärung zu erfolgen, vielmehr genügt der (dann allerdings für die Wirksamkeit der Verkündung notwendige) Vermerk darüber im Protokoll[11]. Von der Substanz einer **öffentlichen Verkündung** des Urteils (§ 173 Abs. 1 GVG, → § 310 Rdnr. 16) bleibt bei der Verkündung durch Bezugnahme wenig übrig; denn »öffentlich« ist dann nur noch die Tatsache, daß überhaupt ein Urteil erlassen wurde, nicht dagegen dessen Inhalt, auch nicht der Inhalt der Formel. Ob damit noch dem Erfordernis einer öffentlichen Verkündung nach Art. 6 Abs. 1 S. 2 der Europäischen Menschenrechtskonvention genügt ist (dazu → § 310 Rdnr. 20), erscheint sehr zweifelhaft.

---

[7] Abs. 4 S. 1 beruht auf dem Regierungsentwurf, zur Begründung s. BT-Drucks. 7/2729, S. 77, wobei die Regelung im arbeitsgerichtlichen Verfahren (→ § 310 Rdnr. 31) als Vorbild diente. Abs. 4 S. 2 geht auf einen Vorschlag des Bundestags-Rechtsausschusses zurück, s. BT-Drucks. 7/5250, S. 10 sowie BR-Drucks. 386/76, S. 6.

[8] *BGH* NJW 1985, 1782, 1783; NJW 1994, 3358.
[9] *BGH* NJW 1985, 1782, 1783; insoweit ebenso *Jauernig* NJW 1986, 117, 118.
[10] *BGHZ* 94, 276, 291 = NJW 1986, 192, 197.
[11] *Jauernig* NJW 1986, 117, 118; *Thomas-Putzo*[20] Rdnr. 5.

IV. Mängel

10 Ist keine der Form des § 311 Abs. 2 entsprechende Verkündung erfolgt, kann allenfalls durch Zustellung des Urteils anstelle der Verkündung gemäß § 310 Abs. 3 das Urteil existent werden (→ § 310 Rdnr. 19, zu Verstößen → § 310 Rdnr. 24 ff.). Sonst bleibt eine dem § 313 entsprechende zu den Akten gebrachte Schrift nur ein *Urteilsentwurf,* keine Urteilsurschrift (→ auch § 310 Rdnr. 3). Von ihr dürfen Ausfertigungen nicht erteilt werden, und die Zustellung einer Ausfertigung oder Abschrift vermag die Rechtsmittel- oder Einspruchsfrist nicht in Lauf zu setzen[12]. Ebensowenig beginnt bei einer nicht wirksamen Verkündung der Lauf der Fünfmonatsfrist nach §§ 516, 552[13]. Ist aber von einer derartigen äußerlich als Urteil erscheinenden Schrift eine Ausfertigung erteilt (gleichviel, ob auch zugestellt oder nicht), so muß es den Parteien schon im Hinblick auf die Vollstreckung möglich sein, den Mangel geltend zu machen; dies kann nur mit den ordentlichen Rechtsmitteln geschehen[14]. Auch wenn durch eine Zustellung der Anschein eines wirksam erlassenen Urteils entsteht, ist die Anfechtung mit dem bei wirksamer Verkündung statthaften Rechtsmittel zulässig[15], ebenso, wenn der Richter einer Partei den Urteilstenor formlos mitgeteilt hat[16]. Die Formulierung des BGH[17], ein nicht verkündetes Urteil könne auch dann mit der Berufung angefochten werden, wenn deren Zulässigkeitsvoraussetzungen im übrigen nicht gegeben sind, erscheint dagegen nicht einleuchtend.

10a Eine Heilung des Mangels nach § 295 ist ausgeschlossen[18]. Wegen der **Behebung des Mangels** durch nachträgliche Verkündung bzw. durch nachträgliche Anfertigung eines Verkündungsprotokolls → § 310 Rdnr. 3, 18. Ferner → § 315 Rdnr. 11 ff. über Mängel bei der Unterschriftsleistung.

V. Arbeitsgerichtliches Verfahren

11 Zum **Verkündungstermin** und zur Verkündung **in Abwesenheit der ehrenamtlichen Richter** (nicht auch der Berufsrichter) → § 310 Rdnr. 29 ff. Für das Verfahren vor den **Arbeitsgerichten** und **Landesarbeitsgerichten** ist in § 60 Abs. 2 S. 1, § 69 Abs. 1 S. 2 ArbGG die abweichende Regelung getroffen, daß der Vorsitzende, sofern nicht beide Parteien abwesend sind, den wesentlichen Inhalt der **Entscheidungsgründe** bei der Verkündung **mitzuteilen** hat. Auch hier (→ § 310 Rdnr. 31) handelt es sich trotz der Fassung nur um eine *Soll*vorschrift, durch deren Verletzung die Wirksamkeit der Verkündung nicht berührt wird und auf die eine Anfechtung der Entscheidung nicht gestützt werden kann[19]. Sind **beide Parteien abwesend,** so genügt die **Bezugnahme auf die unterschriebene Urteilsformel,** § 60 Abs. 2 S. 2, § 69 Abs. 1 S. 2 ArbGG. Im Verfahren vor dem **Bundesarbeitsgericht** bleibt es hinsichtlich des Inhalts der Verkündung bei den Vorschriften des § 311, s. § 72 Abs. 5, § 75 ArbGG.

---

[12] S. dazu *RGZ* 140, 348.
[13] *BGH* NJW 1985, 1782, 1783. Bei anderen Zustellungsmängeln, die nicht zur Unwirksamkeit des Erlasses führen, wird zwar nicht die Einmonatsfrist, wohl aber die Fünfmonatsfrist nach §§ 516, 552 ausgelöst, *BGHZ* 42, 94, 97 = NJW 1964, 1857.
[14] *RGZ* 90, 296; 107, 142; 120, 245; 133, 215; 135, 118; 140, 348, 350; *OGHZ* 1, 3; *OLG Zweibrücken* OLGZ 1987, 371.
[15] *OLG Frankfurt* NJW-RR 1995, 511.
[16] *OLG Frankfurt* OLGZ 1991, 252 = FamRZ 1991, 100 = MDR 1991, 63.
[17] *BGH* NJW 1995, 404.
[18] *RGZ* 90, 295.
[19] *BAGE* 2, 358, 361.

§ 312 [Abwesenheit der Parteien bei der Urteilsverkündung]

(1) ¹Die Wirksamkeit der Verkündung eines Urteils ist von der Anwesenheit der Parteien nicht abhängig. ²Die Verkündung gilt auch derjenigen Partei gegenüber als bewirkt, die den Termin versäumt hat.

(2) Die Befugnis einer Partei, auf Grund eines verkündeten Urteils das Verfahren fortzusetzen oder von dem Urteil in anderer Weise Gebrauch zu machen, ist von der Zustellung an den Gegner nicht abhängig, soweit nicht dieses Gesetz ein anderes bestimmt.

Gesetzesgeschichte: Bis 1900 § 283 CPO.

I. Wirksamkeit der Verkündung trotz Abwesenheit der Parteien

Die **Verkündung** ist eine für die Parteien bestimmte, aber nicht notwendig an sie gerichtete Mitteilung; sie ist daher **auch in Abwesenheit der Parteien unerläßlich** (→ § 310 Rdnr. 15) und trotz der Abwesenheit wirksam[1]. Die Verkündung wirkt auch dann, wenn der Verkündungstermin den Parteien nicht ordnungsgemäß bekanntgegeben war, näher → § 310 Rdnr. 7. 1

Bei **Entscheidung nach Lage der Akten**, § 251 a, gilt insoweit nichts Abweichendes, → 251a Rdnr. 21, 29 ff. Ebenso sind Urteile, die nach § 128 Abs. 2 oder 3 **ohne mündliche Verhandlung** ergehen, zu verkünden, → § 128 Rdnr. 104, 122 sowie → § 310 Rdnr. 2. 2

Mit der Verkündung gilt das Urteil als zur Kenntnis der Parteien gebracht, auch wenn sie nicht anwesend waren. Von da an können die Parteien das Urteil – vorbehaltlich der bei Rdnr. 4 ff. genannten Ausnahmen – nach jeder Richtung hin **verwerten,** insbesondere die **Kostenfestsetzung** beantragen, → § 103 Rdnr. 18. Zur Zuwiderhandlung gegen richterliche Unterlassungsgebote → § 890 Rdnr. 20. 3

II. Notwendigkeit der Zustellung

Neben der Verkündung ist für folgende Wirkungen die Zustellung des Urteils erforderlich: 4

1. Für den Beginn des Laufs der **Notfristen** für **Einspruch** (§ 339) und **Rechtsmittel** (§§ 516, 552, 577 Abs. 2 S. 1), vorbehaltlich der Bestimmungen in den Schlußhalbsätzen der §§ 516 und 552. 5

2. Für den Beginn der Frist für einen Antrag auf **Urteilsberichtigung** nach § 320 Abs. 2 S. 1. 6

3. Für die Eröffnung der Frist zum Antrag auf **Ergänzung** eines Endurteils nach § 321 Abs. 2. 7

4. Für die **Zulässigkeit der Zwangsvollstreckung** aus dem Urteil (§ 750 Abs. 1), näher → § 750 Rdnr. 28. Wegen der Zwangsvollstreckung aus dem auf dem Urteil beruhenden **Kostenfestsetzungsbeschluß** dagegen → § 104 Rdnr. 67. 8

Die **Zustellung der Urteile** erfolgt von Amts wegen, näher → § 317 Rdnr. 1. Wird durch die Zustellung eine Frist in Lauf gesetzt, so wirkt die Zustellung an jede Partei für diese gesondert, → § 221 Rdnr. 2. 9

Wegen der Beschlüsse → § 329 Rdnr. 23 ff. 10

---

[1] Vgl. *BGHZ* 10, 346, 347.

§ 313 [Inhalt des Urteils]

(1) Das Urteil enthält:
1. die Bezeichnung der Parteien, ihrer gesetzlichen Vertreter und der Prozeßbevollmächtigten;
2. die Bezeichnung des Gerichts und die Namen der Richter, die bei der Entscheidung mitgewirkt haben;
3. den Tag, an dem die mündliche Verhandlung geschlossen worden ist;
4. die Urteilsformel;
5. den Tatbestand;
6. die Entscheidungsgründe.

(2) ¹Im Tatbestand sollen die erhobenen Ansprüche und die dazu vorgebrachten Angriffs- und Verteidigungsmittel unter Hervorhebung der gestellten Anträge nur ihrem wesentlichen Inhalt nach knapp dargestellt werden. ²Wegen der Einzelheiten des Sach- und Streitstandes soll auf Schriftsätze, Protokolle und andere Unterlagen verwiesen werden.

(3) Die Entscheidungsgründe enthalten eine kurze Zusammenfassung der Erwägungen, auf denen die Entscheidung in tatsächlicher und rechtlicher Hinsicht beruht.

Gesetzesgeschichte: Bis 1900 § 284 CPO. Änderung durch die Novellen 1898, 1909, 1924 und durch die Vereinfachungsnovelle 1976.

I. Inhalt und Bedeutung der Vorschrift	1	b) Streitiges Vorbringen des Klägers	33
1. Inhalt und Anwendungsbereich	1	c) Anträge	36
2. Bedeutung	6	d) Gegenvorbringen des Beklagten	38
3. Sonstiger Inhalt des Urteils	7	e) Erwiderung des Klägers	39
4. Rechtsmittelbelehrung	7a	f) Prozeßgeschichte	40
II. Der Urteilskopf (Rubrum)	8	g) Versäumnisurteil	44
1. Die Bezeichnung der Parteien, der gesetzlichen Vertreter und der Prozeßbevollmächtigten	8	h) Berufungsurteil	45
		i) Revisionsurteil	47
a) Parteien	8	4. Bezugnahme	48
b) Gesetzliche Vertreter	12	a) Im Urteil der ersten Instanz	48
c) Prozeßbevollmächtigte	13	b) Im Berufungsurteil	53
2. Die Bezeichnung des Gerichts	15	c) Bezugnahme auf vorausgehende Urteile derselben Instanz	54
3. Angabe des Schlusses der mündlichen Verhandlung	16	5. Trennung des Tatbestands von den Entscheidungsgründen	55
III. Die Urteilsformel	17	6. Mängel des Tatbestands	56
1. Inhalt	17	V. Entscheidungsgründe	59
2. Formulierung im einzelnen	20	1. Inhalt	59
3. Unvollständige oder unbestimmte Formel	23	2. Mängel	66
4. Währung	24	VI. Arbeitsgerichtliches Verfahren	67
5. Devisenrecht	26	1. Urteilsverfahren	67
IV. Der Tatbestand	27	a) Festsetzung des Wertes des Streitgegenstands	68
1. Zweck und Gegenstand	27	b) Rechtsmittelbelehrung	69
2. Grundlage	29	2. Beschlußverfahren	72
3. Darstellung des Tatbestands	30		
a) Unstreitiger Sachverhalt	31		

I. Inhalt und Bedeutung der Vorschrift[1]

1. Inhalt und Anwendungsbereich

§ 313 schreibt in Abs. 1 Nr. 1 bis 6 die **Bestandteile** vor, die im Regelfall jedes in vollständiger Form abgefaßte Urteil, auch das Zwischenurteil, zu enthalten hat. Näher erläutert wird in Abs. 2 der Inhalt des Tatbestands, in Abs. 3 der Inhalt der Entscheidungsgründe. Im Interesse der Arbeitsentlastung der Gerichte ist dabei besonders zu einer **kurzen Fassung** aufgerufen[2]. Wegen der abgekürzten Versäumnis-, Anerkenntnis- und Verzichtsurteile → § 313 b.

Textbausteine oder gespeicherte Daten können zur Abfassung eines Urteils verwendet werden[3], müssen aber in vollem Umfang in das Urteil einbezogen werden, während eine bloße Verweisung auf gespeicherte Texte nicht genügt[4]. Ein Formular, in dem der Richter Textbausteine angekreuzt hat, genügt als endgültige, vom Richter zu unterschreibende Fassung des Urteils in der Regel nicht[5]. Der Richter muß vielmehr das aufgrund einer Ankreuzmethode o.ä. von der Geschäftsstelle gefertigte Urteil überprüfen und unterschreiben[6]. Die Gerichtssprache und damit auch die im Urteil zu verwendende Sprache[7] ist **deutsch** (§ 184 GVG), was aber den Gebrauch von Fremdwörtern usw. nicht ausschließt (näher → vor § 128 Rdnr. 148 ff.) und auch die Verwendung mathematischer Formeln in der Entscheidungsbegründung nicht verbietet[8]. Eine Abfassung des Urteils in Versform ist gesetzlich nicht verboten[9], kommt aber nur in Ausnahmefällen in Betracht und darf nicht den Eindruck erwecken, das Gericht mache sich über die Parteien lustig. Sollten die Parteien, vor allem der Kläger, den Rechtsstreit eher zum Scherz betreiben, so ist eine Abweisung der Klage wegen mißbräuchlicher Inanspruchnahme der Rechtspflege in Erwägung zu ziehen.

Die Anfertigung des vollständigen Urteils ist eine **Amtspflicht des Gerichts**. Wer den Entwurf des Urteils fertigt, bestimmt der Vorsitzende; entstehen Meinungsverschiedenheiten über die schriftliche Fassung, so ist darüber zu beraten und abzustimmen[10]. Auch der *überstimmte Berichterstatter* ist verpflichtet, die Entscheidungsgründe gemäß der Mehrheitsmei-

---

[1] Aus der Lit.: *Balzer* Schlanke Entscheidungen im Zivilprozeß NJW 1995, 2448; *Berg* Auswirkungen der Neufassung des § 313 auf die zivilrechtlichen Ausbildungs- und Prüfungsarbeiten des Referendars, JuS 1984, 363; *Berg-Zimmermann* Gutachten und Urteil[16] (1994); *Bischof* Der Zivilprozeß nach der Vereinfachungsnovelle (1980), Rdnr. 307 ff.; *Fischer* Bezugnahmen – insbesondere pauschale Bezugnahmen – in Tatbeständen und Schriftsätzen im Zivilprozeß sowie damit zusammenhängende Fragen (1994); *Förschler* Praktische Einführung in den Zivilprozeß[5] (1992) Rdnr. 586 ff.; *Furtner* Das Urteil im Zivilprozeß[5] (1985); *Hartmann* Das Urteil nach der Vereinfachungsnovelle, JR 1977, 181; *Hartwieg-Hesse* Die Entscheidung im Zivilprozeß (1981); *M. Huber* Das Zivilurteil (1995); *Kuster* Die gerichtliche Urteilsbegründung. Grundlagen und Methodik (Zürich 1980); *Meyke* Entscheidungsgründe – Pflicht zur Kürze DRiZ 1990, 58; *Pukall* Der Zivilprozeß in der gerichtlichen Praxis[5] (1992) Rdnr. 291 ff.; *Raabe* Die neuen Vorschriften über das Zivilurteil in der Praxis, DRiZ 1979, 135; *Sattelmacher-Sirp* (Bearb. *Schuschke*) Bericht, Gutachten und Urteil[32] (1994); *Schellhammer* Die Arbeitsmethode des Zivilrichters[12] (1997), Rdnr. 263 ff.; *E. Schneider* Nochmals: Tatbestand und Entscheidungsgründe des Zivilurteils nach neuem Recht, JuS 1978, 334; *ders.* Beiträge zum neuen Zivilprozeßrecht (Teil IV), MDR 1978, 1; *Schnei-*

der-Teubner Typische Fehler in Gutachten und Urteil[3] (1990); *Siegburg* Einführung in die Urteils- und Relationstechnik[4] 1989; *Sprung-König* (Hrsg.) Die Entscheidungsbegründung in europäischen Verfahrensrechten und im Verfahren vor internationalen Gerichten (Wien 1974); *Steines* Tatbestand und Entscheidungsgründe des Zivilurteils nach neuem Recht, JuS 1978, 34, 614; *Weitzel* Tatbestand und Entscheidungsqualität (1990); *Womelsdorf* Die Fassung des Tenors im Zivilurteil, JuS 1983, 855.

[2] Dazu *Balzer* NJW 1995, 2448.

[3] *OLG Celle* FamRZ 1990, 419. – Vgl. *Zitscher* NJW 1984, 2377, 2379 ff.

[4] Vgl. *VGH Kassel* NJW 1984, 2429.

[5] *OLG Celle* FamRZ 1990, 419.

[6] *OLG Celle* NJW-RR 1990, 123.

[7] Zur Bedeutung der Rechtschreibreform *Kissel* NJW 1997, 1097.

[8] Dazu *Groh* MDR 1984, 195, der mit Recht empfiehlt, soweit wie möglich bei einer verbalen Wiedergabe zu bleiben. → auch Rdnr. 19 zum Urteilstenor.

[9] Vgl. *OLG Karlsruhe* NJW 1990, 2009 (eine Entscheidung aus dem Jahre 1956); *Beaumont* NJW 1990, 1969; mit Recht skeptisch zu sog. humoristischen Urteilen *Sendler* NJW 1995, 847.

[10] *Kissel* GVG² § 195 Rdnr. 4 f., → auch § 309 Rdnr. 8.

nung zu entwerfen, ohne dabei seinen abweichenden Standpunkt zum Ausdruck bringen zu dürfen[11].

4 Von der **Pflicht zur vollständigen Abfassung des Urteils** wird das Gericht grundsätzlich durch Parteivereinbarung, Parteiverzicht (§ 295) oder dadurch, daß eine vollständige Ausfertigung nicht beantragt wird, § 317 Abs. 2 S. 1, nicht befreit. Jedoch können die Parteien bei *unanfechtbaren* Urteilen nach Maßgabe des § 313 a auf die Entscheidungsgründe **verzichten**.

5 § 313 gilt für Urteile aller Instanzen, wird jedoch für **Berufungsurteile** durch § 543, für **Revisionsurteile** durch § 565 a modifiziert.

2. Bedeutung

6 Die in § 313 aufgezählten Bestandteile sind zwar notwendiger Bestandteil eines Urteils, andererseits aber auch nicht schlechthin Bedingungen der Existenz des Urteils, da dieses schon mit der Verkündung erlassen ist, → § 310 Rdnr. 3. Es ist daher bei jedem der Bestandteile des Urteils gesondert zu prüfen, welche Folgen sein Mangel hat. – Zum **Unmöglichwerden** der vollständigen Abfassung durch Verhinderung des Amtsrichters oder des Einzelrichters → § 315 Rdnr. 9.

3. Sonstiger Inhalt des Urteils

7 Zu dem in § 313 geforderten Inhalt treten hinzu[12]: Die **Überschrift** »Im Namen des Volkes« (§ 311 Abs. 1), die **Bezeichnung der Art des Urteils** (z.B. als »Vorbehaltsurteil«, »Teilurteil« usw.; zu den Anerkenntnis-, Verzichts- und Versäumnisurteilen → § 313 b Rdnr. 10) sowie die **Unterschriften**, § 315. Die Entscheidung sollte, auch von den erwähnten Sonderfällen abgesehen, als »Urteil« gekennzeichnet werden; das Fehlen dieser Bezeichnung ändert aber nichts an der Wirksamkeit und an der Geltung der Rechtsmittelregeln, wenn erkennbar ist, daß es sich um ein Urteil handelt[13]

4. Rechtsmittelbelehrung

7a Eine **Rechtsmittelbelehrung** hat der Gesetzgeber für zivilprozessuale Urteile bisher **nicht vorgeschrieben**[14] (anders im arbeitsgerichtlichen Verfahren, → Rdnr. 69 ff.). Nach Ansicht des BVerfG[15] ist die Erteilung einer Rechtsmittelbelehrung für Zivilurteile auch von Verfassungs wegen – jedenfalls derzeit noch – nicht geboten. Allerdings meint das BVerfG, wenn die Rechtsmittelbelehrung in den anderen Zweigen der Gerichtsbarkeit noch umfassender vorgeschrieben werde, könne ihr Fehlen im Bereich der Zivilgerichtsbarkeit gegen den Gleichheitssatz verstoßen. Das BVerfG verweist im übrigen auf den Anwaltszwang bei Berufung und Revision und darauf, die Partei könne bei dem Gericht, das die Entscheidung erlassen habe, Auskunft über die Rechtsmittelmöglichkeiten einholen. Dem Zug der Zeit entsprechend wird der

---

[11] Vgl. *Kissel* GVG² § 195 Rdnr. 3–5; *Zöller-Gummer*²⁰ § 195 GVG Rdnr. 1 f.
[12] Die vielfach übliche auf den Tenor folgende Schlußformel »Von Rechts wegen« ist gesetzlich nicht vorgeschrieben. Vorgesehen ist diese Formel in § 12 der Geschäftsordnung des *BGH* (vom 3. III. 1952, BAnz Nr. 83, S. 9) und in § 11 der Geschäftsordnung des *BAG* (abgedruckt bei *Grunsky* ArbGG⁷ Anhang 5).
[13] *OLG Frankfurt* AgrarR 1996, 379; *OLG Oldenburg* MDR 1991, 159 (auch keine Wiedereinsetzung wegen fehlender Bezeichnung als Urteil).

[14] Dazu rechtspolitisch *Bischof* ZRP 1978, 104. – *AK-ZPO-Wassermann* Rdnr. 41 will das Erfordernis einer Rechtsmittelbelehrung aus Art. 19 Abs. 4 GG herleiten. S. auch *AK-ZPO-Menne* Anhang nach § 510 b (mit ausführlichen Mustern).
[15] *BVerfGE* 93, 99 = NJW 1995, 3173. *Kühling* vertritt dagegen in einem Sondervotum aaO die Ansicht, Urteile im Parteiprozeß müßten kraft Verfassung mit einer Rechtsmittelbelehrung versehen sein. Wie das *BVerfG* auch *BGH* NJW 1997, 1989; *OLG Dresden* FamRZ 1997, 824 (zum familiengerichtlichen Verfahren).

Gesetzgeber wohl nicht umhin können, auch für den Zivilprozeß die Rechtsmittelbelehrung vorzuschreiben[16].

II. Der Urteilskopf (Rubrum)

1. Die Bezeichnung der Parteien, der gesetzlichen Vertreter und der Prozeßbevollmächtigten

a) Parteien

Zu nennen sind die Parteien, einschließlich der Streitgehilfen (§ 66), nicht die Streitverkündungsempfänger[17]. Wie die Bezeichnung zu erfolgen hat[18], ist seit der Vereinfachungsnovelle 1976 im Gesetz nicht mehr ausdrücklich gesagt. Da der Zweck der Bezeichnung in der möglichst eindeutigen Identifizierung der Parteien liegt, erscheinen die Angaben des Familien- und des Vornamens sowie im Regelfall auch des Wohnortes (genauer: der Anschrift) notwendig, die Angabe des Standes (Berufs) oder Gewerbes und der Parteistellung zweckmäßig. Näher zur Parteibezeichnung → § 253 Rdnr. 31 ff.; zur Firma des Einzelkaufmanns, die als Bezeichnung ausreicht, → § 50 Rdnr. 18. Bei einem klagenden nichtrechtsfähigen Verein sind (soweit nicht ausnahmsweise die aktive Parteifähigkeit besteht, → § 50 Rdnr. 15f.) die Mitglieder aufzuführen (→ aber § 50 Rdnr. 27).

Als Parteien sind die Personen zu bezeichnen, die **beim Schluß der mündlichen Verhandlung** (→ § 296a Rdnr. 8, zur Maßgeblichkeit für den Prozeßstoff → § 300 Rdnr. 20ff.) die Stellung als Partei (→vor § 50 Rdnr. 1, 7 ff.) einnehmen, also die neu eingetretene Partei in den Fällen der Parteiänderung, → § 264 Rdnr. 91 ff., und des Eintritts nach §§ 75 ff., 239 ff., 265 f.[19], wogegen im Falle bloßer Veräußerung der streitbefangenen Sache nach § 265 der Rechtsvorgänger als Partei zu benennen ist, → § 265 Rdnr. 33. Beim Auftreten eines Vertreters ohne Vollmacht ist gleichwohl im Urteil die Partei zu benennen, → § 88 Rdnr. 13, zur Bezeichnung des vollmachtlosen Vertreters → Rdnr. 14.

Die Bezeichnung folgt zunächst der in der **Klageschrift** gegebenen (→ § 253 Rdnr. 31 ff.). Zu den Rechtsfolgen fehlerhafter Parteibezeichnung in der Klageschrift → § 253 Rdnr. 185. Ist im Laufe des Prozesses die ursprüngliche Bezeichnung durch die Parteien in zulässiger Weise **berichtigt** worden, → vor § 50 Rdnr. 8f., → § 264 Rdnr. 60ff., so hat das Gericht dem zu folgen. Unabhängig davon hat aber auch das Gericht *von Amts wegen* solche Mängel der Bezeichnung, die sich aus der Verhandlung ergeben, richtig zu stellen; dies gilt auch für die Gerichte der höheren Instanzen und wurde vom Reichsgericht ständig geübt[20]. Zur Form der Entscheidung über die Berichtigung → § 264 Rdnr. 63.

Ergibt das Urteil nicht, wer die Parteien sind, so leidet es an einem wesentlichen Mangel (§ 539); es ist der materiellen Rechtskraft unfähig und zur Zwangsvollstreckung ungeeignet. Es kann dann entweder durch ein Rechtsmittel oder durch eine neue Klage (→ § 322 Rdnr. 200, → vor § 704 Rdnr. 31) ein brauchbares Urteil erreicht werden[21]. Wegen des Urteils gegen eine nicht existierende Partei → § 50 Rdnr. 42. Ungenauigkeiten, die aus dem übrigen

---

[16] So die Empfehlung im Sondervotum *Kühling* (Fn. 15).
[17] *RG* SächsArch 15 (1905), 493.
[18] Zur Grammatik der Parteibezeichnung vgl. *Petersen* DRiZ 1957, 266, 312. Allgemein zum Rubrum auch *Bull* Rpfleger 1959, 82; *E. Schneider* MDR 1966, 811; *ders.* JurBüro 1969, 205 (eigene Ziffer für jeden Streitgenossen).
[19] Ob daneben die frühere Partei noch als solche bezeichnet wird, ist gleichgültig.
[20] *RGZ* 67, 56, 61; JW 1910, 828; 1912, 147.
[21] Vgl. *RG* JW 1905, 233.

Inhalt des Urteils[22] oder sonst einwandfrei aufgeklärt werden können, schaden nicht; sie können nach § 319 berichtigt werden[23], → § 319 Rdnr. 9 Fn. 35.

b) Gesetzliche Vertreter

12 Neben den Parteien sind die gesetzlichen Vertreter (→ § 51 Rdnr. 22, 29 ff.) zu bezeichnen, auf deren genaue Angabe daher das Gericht gegebenenfalls hinwirken muß, → § 51 Rdnr. 24, da sie in der Klageschrift nicht notwendigerweise benannt werden müssen, → § 253 Rdnr. 36.

c) Prozeßbevollmächtigte

13 Dazu tritt die Bezeichnung des (gegebenenfalls der mehreren) Prozeßbevollmächtigten, d.h. wie sonst (→ vor § 78 Rdnr. 2 und → § 176 Rdnr. 17) derjenigen Personen, die *tatsächlich* als Prozeßbevollmächtigte aufgetreten sind. Die Bezeichnung im Urteil ist daher kein zwingender Beweis der Vollmacht[24] und steht dem Nachweis eines anderen Sachverhalts nicht entgegen[25]. Aber sie genügt nach freier Würdigung regelmäßig auch dann, wenn ein Nichtrechtsanwalt tätig wird, → § 80 Rdnr. 36, → § 88 Rdnr. 6.

14 Hat der als bevollmächtigt Aufgetretene den geforderten **Nachweis der Vollmacht** nicht erbracht, ist er im Rubrum nicht als Prozeßbevollmächtigter zu bezeichnen, sondern mit dem Vermerk zu nennen, daß er als Vertreter aufgetreten ist[26]. Über die Folgen unrichtiger Angaben im Urteilsrubrum für die Zustellung → § 176 Rdnr. 15. Das Fehlen der Angaben kann auch hier ein Verfahrensmangel (§ 539) sein[27].

2. Die Bezeichnung des Gerichts

15 Erforderlich ist sowohl die Bezeichnung des **Gerichts**, d.h. der Behörde und der erkennenden Abteilung[28] (Kammer usw., bei Entscheidung durch den Einzelrichter ist dies zusätzlich anzugeben), als auch die Angabe der **Namen der Richter**, die bei der *Entscheidung* mitgewirkt haben, § 309. Die Verweisung auf die Unterschriften (»durch die unterzeichneten Richter«) wird genügen[29]; es kann auch von einer stillschweigenden Verweisung auf die Unterschriften ausgegangen werden, wenn kein Zweifel besteht, daß es sich um dieselben Richter handelt, die das Urteil erlassen haben[30]. Die Namen der Richter und des Urkundsbeamten der Geschäftsstelle, die bei der *Verkündung* mitgewirkt haben, sind aus den Sitzungsprotokollen zu entnehmen (§ 160 Abs. 1 Nr. 2, Abs. 3 Nr. 7). Die Vorschrift ist von Bedeutung wegen der §§ 309, 315 Abs. 1, 320 Abs. 4 S. 1, 551 Nr. 1 bis 3, 579 Abs. 1 Nr. 1 bis 3. Wegen der unrichtigen Aufführung eines Richters im Urteilskopf → § 315 Rdnr. 12.

3. Angabe des Schlusses der mündlichen Verhandlung

16 Mit Rücksicht auf § 767 Abs. 2 und auf die zeitlichen Grenzen der Rechtskraft (→ § 322 Rdnr. 236) ist durch Abs. 1 Nr. 3 die Angabe des Zeitpunktes der letzten mündlichen Verhandlung vorgeschrieben. Dagegen ist der Tag der Beschlußfassung oder der schriftlichen Feststellung unerheblich; der Tag der *Verkündung* ist aus der Beurkundung des Urkundsbeamten der

---

[22] *RG* JW 1902, 393.
[23] *KG* JR 1950, 602.
[24] *RG* Gruchot 44 (1900), 1175 f.
[25] Vgl. *RGZ* 38, 389.
[26] *OLG Köln* Rpfleger 1970, 355 = JurBüro 1970, 798 = MDR 1971, 54; → auch § 88 Rdnr. 13.
[27] *RG* JW 1902, 310.

[28] Die besondere Bezeichnung der Sache mit dem Aktenzeichen ist nicht erforderlich, *OLG Celle* NdsRpfl 1951, 47, aber regelmäßig üblich und auch nützlich.
[29] So auch *OLG Breslau* OLG Rsp 26 (1913), 394. S. auch *RGZ* 50, 16, 22.
[30] *BGH* FamRZ 1977, 124.

Geschäftsstelle nach § 315 Abs. 3 ersichtlich. Bei **Entscheidung ohne mündliche Verhandlung** ist der nach § 128 Abs. 2 S. 2 (→ § 128 Rdnr. 84, 94) bzw. nach § 128 Abs. 3 S. 2 (→ § 128 Rdnr. 116) festgesetzte Schlußzeitpunkt anzugeben.

III. Die Urteilsformel

1. Inhalt

Die Urteilsformel[31] hat in **möglichst kurzer und genauer Fassung** die Entscheidung des Gerichts zu enthalten. Daß die Urteilsformel **von Tatbestand und Entscheidungsgründen äußerlich zu sondern** ist, steht zwar seit der Vereinfachungsnovelle 1976 nicht mehr ausdrücklich im Gesetz, doch hat diese Anforderung nach wie vor zu gelten. Dies folgt einerseits aus dem Zweck der Formel, die Entscheidung klar zum Ausdruck zu bringen, andererseits aber auch aus § 317 Abs. 2 S. 2, der für den Regelfall die abgekürzte Ausfertigung der Urteile (ohne Tatbestand und Entscheidungsgründe) vorsieht.   17

Die deklarative Form, »der Beklagte wird verurteilt ...«[32], »die Klage wird abgewiesen«, »es wird festgestellt ...«, ist gegenüber der imperativen Ausdrucksweise (»die Klage ist abzuweisen«), die in §§ 330, 343 gelegentlich vorkommt, vorzuziehen, da die letztgenannte Entscheidungsform die Unklarheit aufkommen lassen könnte, als sei noch nicht endgültig entschieden.   18

Die Formel muß die gestellten Anträge, über die das Urteil entscheidet[33], **erschöpfen** (zur Urteilsergänzung → § 321); sie muß mit Rücksicht auf die abgekürzten Ausfertigungen, § 317 Abs. 2 S. 2, aus sich heraus verständlich sein und darf insbesondere keine Bezugnahme (etwa bei Aufzählungen) auf andere Teile des Urteils oder andere (dem Urteil als Anlagen angeschlossene) Schriftstücke enthalten. Eine Ausnahme ist nur anzuerkennen, wenn eine Aufnahme in den Tenor praktisch unmöglich ist, etwa weil eine verbale Umschreibung des Verbotsgegenstands nicht genügt[34]. Wird in solchen Fällen z.B. auf Konstruktionszeichnungen oder Computerprogramme Bezug genommen, so müssen diese als Anlage zum Urteil genommen und mit ausgefertigt werden[35]. Eine *Begründung* irgendwelcher Art, z.B. den Schuldgrund oder den Abweisungsgrund (Einreden, Abweisung als unzulässig oder als unbegründet oder als derzeit unbegründet[36] usw.) in die Formel aufzunehmen, ist im allgemeinen nicht nötig und nicht empfehlenswert.   19

2. Formulierung im einzelnen

Wie im einzelnen Fall die Formel zu lauten hat und was darin aufzunehmen ist, ergibt die konkrete Sachlage. Ein Festhalten an einem festen sprachlichen Schema empfiehlt sich nicht. Stets muß **unmißverständliche Klarheit** angestrebt werden. Daß die Qualifizierung der jeweiligen Klage als Leistungs-, Feststellungs- und Gestaltungsklage (→ vor § 253 Rdnr. 4ff.) auch von Bedeutung für die Abfassung des Tenors ist, darf zwar nicht übersehen werden, doch steht die unzutreffende Qualifizierung eines Begehrens nicht der Verbindlichkeit der Formel entgegen, wenn sich nur zweifelsfrei erkennen läßt, was das Gericht sachlich mit ihr aussagen   20

---

[31] Vgl. *E. Schneider* MDR 1967, 94; *Wormelsdorf* JuS 1983, 855; zur Urteilsformel bei Unterlassungsklagen *Schubert* JR 1972, 177.

[32] Die Formulierung »Der Beklagte ist schuldig ...« kann dagegen Zweifel aufkommen lassen, ob ein Leistungs- oder ein Feststellungsurteil vorliegt, vgl. BGH DRiZ 1969, 256.

[33] Nicht auch Eventualanträge, *Bucerius* ZZP 37 (1908), 227.

[34] Vgl. BGHZ 94, 276, 291 = NJW 1986, 192, 197; BGH LM § 79 PatG 1981 Nr. 1 = MDR 1989, 909.

[35] BGHZ 94, 276, 291 (Fn. 34).

[36] Vgl. BGH WM 1969, 209.

wollte. Bei Leistungsurteilen ist besonders darauf zu achten, daß der Tenor eine präzise Grundlage für die Zwangsvollstreckung bietet. Daher ist bei einer Verurteilung zur Unterlassung der Gegenstand des Verbots deutlich zu bezeichnen[37].

21 Im allgemeinen empfiehlt es sich, bei Entscheidungen aufgrund prozessualer Spezialvorschriften die **Formulierung der einschlägigen Vorschrift** bei der Abfassung des Tenors zu benutzen. Zu Einzelfragen → z.B. § 91a Rdnr. 41 (Erledigungserklärung), → § 113 Rdnr. 4 (Klage für zurückgenommen erklärt), → § 139 Rdnr. 34 (Abweisung als unbegründet bei mangelnder Substantiierung), → § 280 Rdnr. 11 (Abweisung als unzulässig), →§ 302 Rdnr. 13f., → § 599 Rdnr. 4 (Vorbehalt in der Formel), → § 305 Rdnr. 3 sowie → § 780 Rdnr. 10 (ebenfalls zum Vorbehalt), → § 304 Rdnr. 41 (Vorabentscheidung über den Grund), → §§ 341, 519b (Verwerfung).

22 Besondere Anforderungen stellt § 17 AGBG für die Urteilsformel (zur Veröffentlichungsbefugnis § 18 AGBG) auf, wenn eine **Verbandsklage**[38] nach **§ 13 AGBG** Erfolg hat. Die Vorschrift lautet:

§ 17 Urteilsformel

Erachtet das Gericht die Klage für begründet, so enthält die Urteilsformel auch:
1. die beanstandeten Bestimmungen der Allgemeinen Geschäftsbedingungen im Wortlaut;
2. die Bezeichnung der Art der Rechtsgeschäfte, für die die den Unterlassungsanspruch begründenden Bestimmungen der Allgemeinen Geschäftsbedingungen nicht verwendet werden dürfen;
3. das Gebot, die Verwendung inhaltsgleicher Bestimmungen in Allgemeinen Geschäftsbedingungen zu unterlassen;
4. für den Fall der Verurteilung zum Widerruf das Gebot, das Urteil in gleicher Weise bekanntzugeben, wie die Empfehlung verbreitet wurde.

3. Unvollständige oder unbestimmte Formel

23 Ist die Formel unvollständig, weil ein Anspruch ganz oder teilweise übergangen wurde, so ist die **Ergänzung des Urteils** nach § 321 zulässig, näher → § 321. Offenbare Unrichtigkeiten können nach Maßgabe des § 319 **berichtigt** werden, näher → § 319 vor allem Rdnr. 6, 7, 9. Wenn die Formel in ihrem Inhalt auch unter Heranziehung des sonstigen Urteilsinhalts[39] **unbestimmt** oder **widerspruchsvoll**[40] bleibt, so erzeugt das Urteil insoweit weder Rechtskraft noch Vollstreckbarkeit. Es ist dann ein neuer Prozeß notwendig und zulässig, → § 322 Rdnr. 194, 200, → vor § 704 Rdnr. 31.

4. Währung

24 Für die auf **Verurteilung zu einer Geldleistung** lautenden Urteile enthält die ZPO keine näheren Vorschriften über die anzuwendenden Wertmaßstabe. Danach steht dem Gericht prozessual an sich jeder Wertmaßstab frei, der geeignet ist, die zu bewirkende Summenleistung eindeutig zu bestimmen, neben inländischer Währung also auch eine ausländische. Für die Rechtsbeziehungen zwischen Bewohnern der Bundesrepublik Deutschland kommen aber wegen § 3 S. 1 WährungsG[41] regelmäßig nur Verbindlichkeiten in *Deutscher Mark* in Betracht. In Verfahren mit Ausländern oder Auslandsbeziehungen ist aber, soweit § 3 S. 1 WährungsG

---

[37] *BGH* NJW 1992, 1691.
[38] Zur Verbandsklage nach dem AGBG → Einl. (20. Aufl.) Rdnr. 527, → vor § 50 Rdnr. 40, → vor § 253 Rdnr. 64, → § 322 Rdnr. 257, → § 325 Rdnr. 75f.
[39] Zur Auslegung der Urteilsformel → § 322 Rdnr. 179ff.
[40] *BGHZ* 5, 240 = NJW 1952, 818.
[41] Zu § 3 WährungsG ausführlich *Staudinger-K. Schmidt*, BGB[13] Rdnr. D 191ff. vor § 244.

nicht eingreift, dem Gericht nicht etwa verwehrt, die Geldleistung in ausländischer Währung festzulegen[42]. Zur Vollstreckung[43] → vor § 704 Rdnr. 161 f.

Sog. **wertbeständige Titel** sind dagegen regelmäßig unzulässig, da § 3 S. 2 WährungsG die Vereinbarung von Gleitklauseln und damit die Schaffung »wertbeständiger« Verbindlichkeiten genehmigungspflichtig gemacht hat. Soweit diese Genehmigung fehlt, darf deshalb auch der im Urteil enthaltene Betrag in Deutscher Mark nicht durch eine Relation zu einer anderen Währung, zum Goldpreis oder zu dem Preis anderer Güter oder Leistungen bestimmt werden.

5. Devisenrecht

Devisenrechtliche Beschränkungen müssen im Urteilstenor berücksichtigt werden; der Urteilstenor muß deshalb gemäß § 32 AWG einen **Vorbehalt** enthalten, wenn die Genehmigung noch nicht erteilt wurde (näher → Einl. [20. Aufl.] Rdnr. 990, 992).

IV. Der Tatbestand

1. Zweck und Gegenstand

Der Tatbestand[44] (Abs. 1 Nr. 5 sowie Abs. 2) ist nach dem System der ZPO (→ § 160 Rdnr. 7) die eigentliche **Beurkundung des Parteivorbringens,** vgl. § 314; er ist deshalb vom Gericht festzustellen. Über die Berichtigung des Tatbestandes → § 320.

Der **Gegenstand** des Tatbestandes war in § 313 Abs. 1 Nr. 3 aF umschrieben als »gedrängte Darstellung des Sach- und Streitstandes auf Grundlage der mündlichen Vorträge der Parteien unter Hervorhebung der gestellten Anträge«. Obgleich diese Definition durch die Vereinfachungsnovelle aus § 313 (vgl. aber § 543 Abs. 2 S. 1) gestrichen wurde, ergibt doch der heutige Abs. 2, daß sich der Gegenstand des Tatbestands – bei aller Betonung der Knappheit der Darstellung – nicht geändert hat[45]: Der Tatbestand hat den Sach- und Streitstand, vor allem die erhobenen Ansprüche und die dazu vorgebrachten Angriffs- und Verteidigungsmittel zum Inhalt. Er soll den tatsächlichen **Prozeßstoff** umfassen, und zwar so, wie er sich **am Schluß der mündlichen Verhandlung** (→ § 296 a Rdnr. 8, → § 300 Rdnr. 20) gestaltet hat[46]. Zum entsprechenden Zeitpunkt bei Entscheidungen ohne mündliche Verhandlung (§ 128 Abs. 2 und 3) → § 128 Rdnr. 84, 94, 116; zur Entscheidung nach Aktenlage → § 251 a Rdnr. 18. Nicht in den Urteilstatbestand gehören die *Tatsachenfeststellungen* des Gerichts; sie sind vielmehr Bestandteil der Entscheidungsgründe, → Rdnr. 59 ff.

2. Grundlage

Die Grundlage des Tatbestandes bilden in erster Linie die **mündlichen Vorträge der Parteien,** § 128 Abs. 1. Die **Schriftsätze** – auch die sog. bestimmenden, → § 129 Rdnr. 4 – sind dann

---

[42] *K. Schmidt* ZZP 98 (1985), 32, 41; *Staudinger-K. Schmidt,* BGB[13] § 244 Rdnr. 108 ff.

[43] Dazu *K. Schmidt* ZZP 98 (1985), 32, 46.

[44] Vgl. die Lit. in Fn. 1 sowie *Blomeyer* in Reichsgerichtsfestgabe Bd. VI (1929), S. 309; weiter auch § 13 der Geschäftsordnung des *BGH* sowie § 12 der Geschäftsordnung des *BAG* (Fundstellen → Fn. 12). Lit. zu der zeitweilig viel erörterten Frage der Abschaffung des Tatbestandes bei *Kann* ZZP 39 (1909), 226; ferner *Weinmann, Levin* JW 1920, 887 f.

[45] Die Kontinuität betonen *Steines* JuS 1978, 34, 614;

Huber JuS 1984, 615; *Berg* JuS 1984, 363; *Furtner* (Fn. 1) 381. – Dagegen entnimmt *E. Schneider* JuS 1978, 334 aus der Gesetzesänderung grundlegend andere Anforderungen für die Abfassung des Tatbestands. Für erhebliche Verkürzung des Tatbestands *Hartmann* JR 1977, 181, 184; *Raabe* DRiZ 1979, 135, 137 f.; *Siegburg* (Fn. 1) 86.

[46] Nach Schluß der mündlichen Verhandlung eingereichte Schriftsätze und abgelehnte Anträge auf Wiedereröffnung der mündlichen Verhandlung sind nicht in den Tatbestand aufzunehmen, OLG Köln JurBüro 1969, 1108; MDR 1991, 988 = NJW-RR 1991, 1536.

(und nur dann) bedeutsam, wenn auf sie in der mündlichen Verhandlung zulässigerweise Bezug genommen wurde, § 137 Abs. 3, oder sie in den Fällen der Entscheidung ohne mündliche Verhandlung, § 128 Abs. 2 und 3, oder nach Lage der Akten, § 251 a, nach den zu → § 128 Rdnr. 87 ff., 119 und zu → § 251 a Rdnr. 14 dargelegten Grundsätzen Prozeßstoff geworden sind. Die Erwähnung einer Parteibehauptung im Tatbestand beweist nach § 314 in der tatsächlichen Wirkung fast unwiderleglich, daß sie durch mündlichen Vortrag oder Bezugnahme Prozeßstoff geworden ist; wegen § 128 Abs 2 und 3 und § 251 a → § 314 Rdnr. 7. Daneben sind zum Teil eigene Handlungen des Gerichts sowie sonstige äußere Vorgänge der mündlichen Verhandlung in den Tatbestand aufzunehmen.

3. Darstellung des Tatbestandes

30 Die im folgenden zugrunde gelegte Reihenfolge ist nicht gesetzlich vorgeschrieben, hat sich aber für den Regelfall als zweckmäßig erwiesen[47], weil sie das Verständnis der Entscheidung erleichtert, der Überprüfbarkeit durch das Rechtsmittelgericht dient und den für die Urteilswirkungen (insbesondere für die materielle Rechtskraft) wichtigen Gegenstand des Parteibegehrens klar herausstellt. Es empfiehlt sich, auch nach der Gesetzesänderung durch die Vereinfachungsnovelle 1976 an diesem Aufbau festzuhalten[48] und die Abkürzung durch Bezugnahme (→ Rdnr. 48) innerhalb der einzelnen Teile des Tatbestandes zu bewirken[49]. Ein auf wenige zusammenfassende Sätze beschränkter Tatbestand (für den dann allerdings das herkömmliche Schema nicht mehr zu passen braucht) wird nur bei besonders einfach gelagertem Prozeßstoff in Frage kommen. Das in der Begründung zur Vereinfachungsnovelle 1976 gegebene Beispiel[50] eines sehr knappen Tatbestandes zeigt zwar die rechtliche Möglichkeit einer solchen Kurzfassung auf, ist aber mit Recht kritisiert worden, weil die *wesentlichen Elemente* des Parteivorbringens nicht klar genug hervortreten[51]. Auf eine hinreichend ausführliche Darstellung des Parteivorbringens ist besonders zu achten, wenn eine Geltendmachung des Urteils im **Ausland** in Betracht kommt[52].

a) Unstreitiger Sachverhalt

31 Die Darstellung des Streitstandes beginnt mit der Anführung des unstreitigen Sachverhalts[53]. Dieser Satz gilt nur als Grundsatz, so daß nicht sämtliche unstreitigen Tatsachen vor den streitigen zu bringen sind, etwa soweit sie als Einreden, Repliken usw. an eine spätere Stelle (→ Rdnr. 39) gehören. Umgekehrt kann sich bisweilen empfehlen, die Bestrittenheit einer einzelnen Tatsache im Rahmen eines sonst unstreitigen Sachverhalts kurz anzudeuten. Unwesentliche, nicht entscheidungserhebliche Einzelheiten sind nicht aufzunehmen, es sei denn, die Entscheidungsgründe legen gerade dar, daß diese Tatsachen für die Entscheidung ohne Bedeutung sind.

32 Zum unstreitigen Sachverhalt zählt vor allem der **übereinstimmende Tatsachenvortrag** der Parteien. Unstreitig sind weiterhin die von einer Partei ausdrücklich oder konkludent (→

---

[47] Vgl. *Furtner*[5] (Fn. 1) 381 ff.; *Sattelmacher-Sirp*[52] (Fn. 1) 41 ff.; *Berg-Zimmermann*[16] (Fn. 1) 128 ff.; *Schellhammer*[12] (Fn. 1) Rdnr. 107; *Siegburg*[4] (Fn. 1) Rdnr. 119 ff.; *M. Huber* (Fn. 1) Rdnr. 162 ff.; *Thomas-Putzo*[20] Rdnr. 15.
[48] *Berg* JuS 1984, 363, 364; *Steines* JuS 1978, 34, 35; *Huber* JuS 1984, 786, 787. – A.M. *Bender-Belz-Wax* Das Verfahren nach der Vereinfachungsnovelle und vor dem Familiengericht (1977), 86 ff. Dazu krit. *Baur* ZZP 91 (1978), 79, 80.
[49] Zur Notwendigkeit einer konkreten Bezugnahme → Rdnr. 49.
[50] BT-Drucks 7/2729 S. 131 (Bestandteil der Stellungnahme des Bundesrates, auf dessen Vorschlag die Änderung des § 313 zurückgeht), auch wiedergegeben bei *Bischof* (Fn. 1) Rdnr. 308, der sich selbst dazu kritisch äußert (Rdnr. 310).
[51] *Berg* JuS 1984, 363, 364.
[52] *Rauscher-Weber* Festschr. für Rothoeft (1994), 111, 125 ff.
[53] Vgl. *RG* JW 1905, 319, 320.

§ 138 Rdnr. 30, → § 288 Rdnr. 10) **zugestandenen** bzw. **nicht bestrittenen** (→ § 138 Rdnr. 31) Erklärungen der anderen Partei. Im Hinblick auf §§ 290, 532 ist das ausdrücklich oder konkludent Zugestandene von dem nur infolge unterlassener Erklärung unbestritten Gebliebenen zu unterscheiden. Zum unstreitigen Sachverhalt gehören aber *nicht* die *Rechtsausführungen* der Parteien, auch wenn sie übereinstimmen. Gleiches gilt von ihren Meinungsäußerungen, z.B. über die Beweisergebnisse, § 285.

b) Streitiges Vorbringen des Klägers

Hieran schließen sich die bestrittenen Tatsachenbehauptungen des Klägers an, d.h. die vom Beklagten bis zum Schluß der mündlichen Verhandlung – auch nach der Beweisaufnahme – noch bestrittenen Behauptungen des Klägers. Als bestritten zu behandeln sind auch solche Behauptungen, auf die sich der Beklagte gemäß § 138 Abs. 4 zulässig mit Nichtwissen erklärt, → § 138 Rdnr. 34. Anzugeben sind lediglich die auf die Anträge (→ Rdnr. 36) bezüglichen tatsächlichen Behauptungen und Erklärungen des Klägers[54], nicht aber offensichtlich abwegige und ohne Beziehung zu der Entscheidung stehende Behauptungen[55]. 33

In diesem Abschnitt sind ferner die **Beweisantritte des Klägers** anzugeben, es sei denn, daß sie im Laufe des Rechtsstreits durch Geständnis gegenstandslos geworden oder durch Beweisaufnahme (→ Rdnr. 41) erledigt sind, sowie die Erklärungen über die Beweismittel, insbesondere über die Urkunden und Anträge auf Parteivernehmung. Unerledigte Beweisantretungen dürfen also nicht etwa nach richterlichem Ermessen beiseite gelassen werden[56]. 34

Soweit dies zum Verständnis des Streitstandes erforderlich ist, können hier die vom Kläger geäußerten **Rechtsansichten** gebracht werden. Das Gericht muß aber auch hier eine zweckentsprechende Auswahl treffen und ist nicht verpflichtet, alle vom Kläger vorgebrachten Ansichten darzulegen[57]. 35

c) Anträge

Es folgen die von den Parteien *zuletzt gestellten* Anträge, d.h. diejenigen **Sachanträge** (→ § 297 Rdnr. 3 ff.), über die das Urteil jeweils entscheidet. Die Anträge zur Kostenentscheidung und zur vorläufigen Vollstreckbarkeit brauchen wegen § 308 Abs. 2, §§ 708, 709, 711 nicht aufgenommen zu werden[58]. Dagegen sind Anträge, durch die der Ausspruch über die vorläufige Vollstreckbarkeit von den Parteien beeinflußt werden kann (§ 710, § 711 S. 2, § 712) im Tatbestand wiederzugeben (vgl. auch § 714). 36

Zunächst ist der *Antrag des Klägers*, im unmittelbaren Anschluß hieran der *Antrag des Beklagten* einschließlich seines etwaigen **Widerklageantrags** anzuführen. Wegen der Bezugnahme → Rdnr. 52. Zweckmäßig sind die Anträge durch *Einrückung* im Text besonders hervorzuheben. 37

d) Gegenvorbringen des Beklagten

An den Antrag des Beklagten schließt sich sein **Verteidigungsvorbringen** an, und zwar zunächst die Behauptungen, die geeignet sind, das tatsächliche klagebegründende Vorbringen 38

---

[54] Aber nicht Behauptungen, die sich nur mittelbar aus vorgelegten Urteilen ergeben, *OLG Hamburg* GRUR 1949, 430.
[55] S. auch *RG* SeuffArch 71 (1916), 292.
[56] Weitzel JuS 1990, 923. Teils a.M. Puhle JuS 1990, 296, 298.
[57] Vgl. *FG Hamburg* MDR 1996, 852 (daher kommt insoweit in der Regel keine Tatbestandsberichtigung in Betracht).
[58] *Berg-Zimmermann*[16] (Fn. 1) 136 f. – A.M. *Wieczorek*[2] B III b 4.

des Klägers zu erschüttern bzw. zu widerlegen. Wird nur über Rechtsfragen gestritten, so sind, soweit erforderlich, die Rechtsausführungen des Beklagten darzulegen. Es folgen Einwendungen und Einreden (rechtshindernde, rechtsvernichtende, rechtshemmende) gegen den Klageanspruch. Mit Rücksicht auf die Rechtsmittelinstanzen (§§ 525, 528 in Verbindung mit § 97 Abs. 2 und § 561 Abs. 1) sind auch solche Verteidigungsmittel aufzunehmen, auf die das Gericht vom Standpunkt seiner Entscheidung einzugehen keinen Anlaß hatte. Gegebenenfalls schließen sich die vom Kläger bestrittenen tatsächlichen Behauptungen zur Begründung der Widerklage an. Den Schluß dieses Abschnitts bilden die **nicht erledigten Beweisangebote** des Beklagten, schließlich etwaige Darlegungen über die **Rechtsansicht** des Beklagten, wenn sie für das Verständnis des Tatbestands notwendig sind.

e) Erwiderung des Klägers

39 Hat der Kläger diesem Vorbringen des Beklagten substantiierte Behauptungen entgegengesetzt, so folgen sie anschließend an die vorgenannten Punkte. Gleiches gilt für rechtserhaltende Einwendungen des Klägers und für sein Verteidigungsvorbringen gegen die Widerklage.

f) Prozeßgeschichte

40 Den Schluß bildet die Prozeßgeschichte, für die der Tatbestand nicht die eigentliche Beurkundung bildet, → § 314 Rdnr. 5f. Hierzu gehören alle diejenigen Förmlichkeiten, über deren Einhaltung im Urteil entschieden wird, sei es aufgrund einer Prüfung von Amts wegen, sei es infolge einer Rüge[59]. Prozessuale Vorgänge, hinsichtlich derer das Rügerecht verloren gegangen ist (§ 295) oder die sonst endgültig erledigt sind, brauchen nicht aufgenommen zu werden, es sei denn, die Parteien streiten über die Wirksamkeit eines Verzichts auf die Rüge und das Urteil entscheidet diese Frage.

41 Anzugeben sind der **Parteiwechsel, prozeßleitende Anordnungen,** die noch von Interesse sind (z.B. Prozeßtrennung und -verbindung, §§ 145, 147), frühere Entscheidungen wie vor allem **Beweisbeschlüsse.** Die **Beweisergebnisse** sind aufzuzeigen, nicht aber ist die Beweiswürdigung schon hier vorzunehmen. Das bedeutet also, daß die Aussagen von Zeugen, die Vorlage der Beweisurkunden (u.U. auch ihr Vortrag, wenn man ihn für erforderlich hält, dagegen → § 128 Rdnr. 31)[60] hier zu vermerken sind. Dabei sind die einzelnen Urkunden bzw. ihre Teile[61] genauestens zu bezeichnen, soweit sich dies nicht aus den Gründen ergibt[62]. Tatsächliche Feststellungen des Gerichts, z.B. aufgrund eines Augenscheins, oder auch der Inhalt der Urkunden[63] sind dagegen nicht niederzulegen.

42 Es wird zur Wiedergabe der Beweisergebnisse regelmäßig die **Bezugnahme auf Protokolle** (→ Rdnr. 48) ausreichen. Wurde dagegen nach § 161 Abs. 1 **von der Protokollierung** der Aussagen bzw. des Ergebnisses einer Augenscheinseinnahme **abgesehen,** so ist der wesentliche Inhalt der Beweisaufnahme **in den Tatbestand aufzunehmen**[64]; § 161 befreit davon nicht, → § 161 Rdnr. 14. Beweisaufnahmen, die durch spätere Erklärungen der Parteien gegenstandslos geworden sind, bedürfen höchstens der Erwähnung.

---

[59] Jedoch genügt hier die Feststellung im Protokoll, RGZ 47, 402.
[60] S. z.B. RG JW 1902, 92; Gruchot 48 (1904), 1115, 1117 f.
[61] RG Gruchot 51 (1907), 939; Berg-Zimmermann[16] (Fn. 1) 142; Siegburg[4] (Fn. 1) 86.
[62] RG JW 1907, 392.
[63] RGZ 47, 402f.

[64] So zur Augenscheinseinnahme BAGE 4, 291 = NJW 1957, 1492 = AP § 161 Nr. 2 (*Baumgärtel*). Bei Aufnahme in die Urteilsgründe muß das Ergebnis der Augenscheinseinnahme in Form einer Tatsachenfeststellung mitgeteilt werden, es darf nicht mit der rechtlichen Würdigung vermengt werden. Zur Zeugenvernehmung s. BAGE 14, 1, 3 = NJW 1963, 1078 = AP § 161 Nr. 3 (*Wieczorek*).

Soweit bei einer **Parteihandlung** der **Zeitpunkt** ihrer Vornahme im Prozeß von Bedeutung ist, z.B. bei Zurückweisung nach § 296, muß auch der Zeitpunkt festgestellt werden. 43

g) Versäumnisurteil

Ist ein Versäumnisurteil erlassen worden, so weicht der Tatbestand der Entscheidung nach Einspruch im Aufbau von den sonstigen Urteilen deshalb ab, weil gemäß § 343 über die Aufrechterhaltung oder Aufhebung des Versäumnisurteils befunden wird. Da dementsprechend die Parteianträge anders lauten müssen (Aufrechterhaltung bzw. Aufhebung des Versäumnisurteils), empfiehlt es sich, den Erlaß des Versäumnisurteils *vor den Anträgen der Parteien zu erwähnen*; ebenso müssen die für die Beurteilung der Zulässigkeit des **Einspruchs** notwendigen Tatsachen (Adressat und Zustellung des Versäumnisurteils, Eingang und Form des Einspruchs) angegeben werden. Insoweit ähnelt der Aufbau dieses Urteils einem Urteil in der Berufungsinstanz (→ Rdnr. 45). 44

h) Berufungsurteil

Das Berufungsurteil kann, wenn es nicht der Revision unterliegt, nach § 543 Abs. 1 **ohne Tatbestand** abgefaßt werden, → § 543 Rdnr. 3. Wenn dagegen die Revision stattfindet, soll der Tatbestand nach § 543 Abs. 2 S. 1 eine gedrängte Darstellung des Sach- und Streitstandes auf der Grundlage der mündlichen Vorträge der Parteien enthalten. Zur **Bezugnahme** auf den Tatbestand des angefochtenen Urteils sowie auf Schriftsätze, Protokolle usw. → Rdnr. 53. Das Fehlen des Tatbestandes im revisiblen Urteil führt in der Regel zur Aufhebung im Revisionsverfahren, es sei denn, daß sich der Sach- und Streitstand in ausreichendem Umfang aus den Entscheidungsgründen ergibt[65], → § 543 Rdnr. 7. 45

Der Tatbestand des Berufungsurteils wird zweckmäßigerweise **nach Instanzen unterteilt**. Ohne die Benutzung der historischen Methode – also der Darstellung der Rechts- und Tatfragen in der Reihenfolge des Auftauchens innerhalb des Prozeßverlaufs – wird ein Berufungsurteil oft nicht verständlich sein. Nach dem *unstreitigen Sachverhalt* (nach Maßgabe der Berufungsverhandlung[66]) werden daher die streitig gebliebenen Tatsachenbehauptungen des Klägers aus der ersten Instanz wiedergegeben. Darauf folgt der vom Kläger in erster Instanz gestellte Antrag, dann der Gegenantrag des Beklagten und dessen Vorbringen (eventuell anschließend Erwiderung des Klägers, weitere Erwiderung des Beklagten), darauf die Beweisaufnahme erster Instanz, die Entscheidung erster Instanz (Formel und Entscheidungsgründe, soweit für das Verständnis des Berufungsurteils notwendig), Formalitäten der Berufungseinlegung, sodann die Begründung der Berufung mit dem Berufungsantrag und Antrag des Berufungsbeklagten mit Begründung, eventuell anschließend Entgegnungen, Beweisaufnahme und etwaige Prozeßgeschichte zweiter Instanz[67]. 46

i) Revisionsurteil

Der Tatbestand des Revisionsurteils folgt den Grundsätzen, wie sie soeben für das Berufungsurteil entwickelt wurden. Da neues tatsächliches Vorbringen regelmäßig unzulässig ist, 47

---

[65] *BGH* NJW 1991, 3038; NJW-RR 1997, 1486; *BAG* NJW 1988, 843; NZA 1998, 279 = ZIP 1997, 1675.

[66] War ein tatsächliches Vorbringen in erster Instanz unstreitig, während es in zweiter Instanz bestritten wurde, so ist beides kenntlich zu machen, *OLG Köln* JurBüro 1972, 262 = MDR 1972, 428 (LS).

[67] Aufbau im wesentlichen übereinstimmend mit *Sattelmacher-Sirp*[32] (Fn. 1) 73 ff.; *Furtner*[5] (Fn. 1) 480 ff.; *Berg-Zimmermann*[16] Gutachten (Fn. 1) 145 f.

unterscheidet sich das Revisionsurteil vom Berufungsurteil vor allem durch die Anführung der Formalien der Revisionseinlegung. Zur Unzulässigkeit einer Tatbestandsberichtigung → § 320 Rdnr. 1.

4. Bezugnahme[68]

a) Im Urteil der ersten Instanz

48   Bei der Darstellung des Tatbestands soll nach Abs. 2 S. 2 wegen der Einzelheiten des Sach- und Streitstandes auf **vorbereitende Schriftsätze** verwiesen werden, soweit sie ordnungsgemäß vor Schluß der mündlichen Verhandlung (→Rdnr. 28 Fn. 46) oder dem entsprechenden Zeitpunkt bei Entscheidung ohne mündliche Verhandlung (→ § 128 Rdnr. 94, 119, → § 251 a Rdnr. 18) übergeben sind und soweit ihr Inhalt durch Vortrag, Bezugnahme (§ 137 Abs. 3) oder kraft Gesetzes (§ 128 Abs. 2 u. 3, § 251 a) Prozeßstoff geworden ist. Ferner soll auf die zum **Sitzungsprotokoll** (des Kollegiums oder des Einzelrichters) oder zum **Protokoll des beauftragten oder ersuchten Richters**[69] erfolgten Feststellungen (§§ 160, 297) Bezug genommen werden. Die Bezugnahme dient als *Ersatz*, nicht nur als Ergänzung der Darstellung[70].

49   Der Tatbestand muß hierbei in einer für die Parteien wie für die höhere Instanz zweifelsfreien und widerspruchslosen Weise **erkennen lassen, worauf verwiesen ist**[71]; unzulässig ist es daher, lediglich allgemein »auf die Akten«[72] oder auf Beiakten[73] zu verweisen oder die einzelnen Schriftstücke nur nach den den Parteien nicht bekannten Blattzahlen der Gerichtsakten zu bezeichnen[74]. Eine **pauschale Bezugnahme** auf die von den Parteien eingereichten Schriftsätze genügt nicht und ist neben einer hinreichend konkreten Bezugnahme weder erforderlich noch sinnvoll[75]. Problematisch ist allerdings, ob noch uneingeschränkt an der negativen Beweiswirkung des Tatbestands festgehalten werden kann, → § 314 Rdnr. 8, doch kann dies jedenfalls nicht von einer pauschalen Verweisung abhängig gemacht werden.

50   Die Ergänzung der Darstellung durch Bezugnahme auf **andere bei den Akten befindliche Urkunden**, insbesondere Verzeichnisse usw., und auf Akten von Vorprozessen läßt Abs. 2 S. 2 seit der Vereinfachungsnovelle 1976 ausdrücklich zu (»andere Unterlagen«); sie ist von der Praxis von jeher mit Recht für zulässig erachtet worden. Auch hier gilt aber, daß aus der Bezugnahme klar und zweifelsfrei ersichtlich sein muß, welche Urkunden im einzelnen in Bezug genommen wurden[76].

51   Voraussetzung ist, daß die in Bezug genommenen Schriften den Sach- und Streitstand zu

---

[68] Vgl. dazu eingehend *Döllerer* DRiZ 1964, 158; *Weitzel* (Fn. 1) 45ff.; *Fischer* (Fn. 1) 23ff.
[69] *RG* Gruchot 48 (1904), 395.
[70] BGH LM Nr. 1 = JZ 1977, 232 = MDR 1977, 480.
[71] Eine solche konkrete Verweisung ist auch nach der Vereinfachungsnovelle 1976 erforderlich, *Berg* JuS 1984, 363, 364f.; *Berg-Zimmermann*[16] (Fn. 1) 143; *Rosenberg-Schwab-Gottwald*[15] § 60 II 2 d; *Furtner*[5] (Fn. 1) 389, 393; *Sattelmacher-Sirp*[32] (Fn. 1) 66, 326; *Schellhammer*[12] (Fn.) Rdnr. 369 (S. 228); *Bischof* (Fn. 1) Rdnr. 314f.; *AK-ZPO-Wassermann* Rdnr. 29; *Fischer* (Fn. 1) 28ff.; im wesentlichen auch *Weitzel* (Fn. 1) 50ff. Dagegen hält *Huber* (Fn. 1) Rdnr. 159 eine Pauschalverweisung auf die Schriftsätze bei komplizierten Prozessen geradezu für notwendig; differenzierend *Siegburg* (Fn. 1) Rdnr. 189ff., 193 (pauschale Bezugnahme hinsichtlich desjenigen Tatsachenvortrags zulässig, auf den es nach den Entscheidungsgründen ersichtlich nicht ankommt). Zu weit geht es jedenfalls, eine konkludente Bezugnahme anzunehmen, so

aber *Bender-Belz-Wax* (Fn. 48) Rdnr. 128; *E. Schneider* JuS 1978, 334, 335; *ders.* MDR 1978, 1, 4; dagegen *Weitzel* (Fn. 1) 54. – Vor der Vereinfachungsnovelle 1976 für die Notwendigkeit einer genauen Bezugnahme BGH MDR 1960, 484 = LM § 313 Abs. 2 Nr. 4; OLG Düsseldorf JMBlNRW 1965, 172; BVerwG DVBl 1958, 545 = DÖV 1959, 156; *Döllerer* DRiZ 1964, 160.
[72] Vgl. *RG* JW 1938, 1272; OLG Kiel OLG Rsp 41 (1921), 270. – Ausnahmsweise mag es genügen, wenn jede Partei nur einen Schriftsatz eingereicht hat, RGZ 91, 62.
[73] BGH LM § 295 Nr. 9.
[74] Vgl. RGZ 94, 164; JW 1918, 562.
[75] OLG Oldenburg NJW 1989, 1165; OLG Hamburg NJW 1988, 2678; LG München NJW 1990, 1488; *Schwöbermeyer* NJW 1990, 1451; *Berg-Zimmermann*[16] (Fn. 1) 143.
[76] BGH MDR 1964, 748 = WM 1964, 487 = LM § 313 Abs. 2 Nr. 7.

dem für die Entscheidung maßgebenden Zeitpunkt richtig und vollständig wiedergeben[77]; das Gericht kann sich demnach, wenn die Partei ihr Vorbringen im Laufe des Rechtsstreits geändert hat, nicht auf eine chronologische Aufführung ihrer Schriftsätze beschränken[78].

Die gestellten **Anträge** sollen, wie sich aus Abs. 2 S. 1 ergibt, im allgemeinen im Tatbestand wiedergegeben werden. Auch hier erscheint eine Bezugnahme (vor allem bei sehr umfangreichen Anträgen) nicht schlechthin ausgeschlossen[79]; doch sollte von dieser Möglichkeit nur in Ausnahmefällen Gebrauch gemacht werden. Der **wesentliche Inhalt** der erhobenen **Ansprüche** sowie der **Angriffs- und Verteidigungsmittel** ist stets darzustellen (Abs. 2 S. 1), also nicht durch Bezugnahme ersetzbar. Vor allem muß der erhobene Anspruch so genau gekennzeichnet werden, daß er von anderen Ansprüchen unterschieden werden kann[80]. Insgesamt sollte die Darstellung so erfolgen, daß das **Urteil aus sich heraus verständlich** bleibt.

52

b) Im Berufungsurteil

Bei der Abfassung des Tatbestands im (revisiblen) Urteil der Berufungsinstanz (zur Notwendigkeit des Tatbestands → Rdnr. 45 sowie → § 543 Rdnr. 7ff.) ist nach § 543 Abs. 2 S. 2 eine **Bezugnahme**[81] auf das **Urteil der unteren Instanz** zulässig, sofern dieses einen gehörig abgefaßten Tatbestand enthält[82] und der Prozeßstoff der oberen Instanz daneben ordnungsgemäß und ohne Widersprüche dargestellt wird[83]. Seit der Vereinfachungsnovelle 1976 ist gemäß § 543 Abs. 2 S. 2 die Bezugnahme auf das angefochtene Urteil sowie auf Schriftsätze, Protokolle und sonstige Unterlagen nur noch insoweit zulässig, als hierdurch die Beurteilung des Parteivorbringens durch die Revisionsinstanz nicht wesentlich erschwert wird[84], → § 543 Rdnr. 10. Angriffs- und Verteidigungsmittel, welche die Parteien im Berufungsverfahren **neu vorgebracht** haben, müssen aus dem Tatbestand des Berufungsurteils ersichtlich sein[85].

53

c) Bezugnahme auf vorausgehende Urteile derselben Instanz

Die dargestellte Regelung ist entsprechend dahin anzuwenden, daß in den gleichen Grenzen bei einem späteren Urteil derselben Instanz auf den Tatbestand **früherer Teil- und Zwischenurteile** verwiesen werden darf[86]. Hat dagegen das Gericht einem Beschluß, insbesondere einem Beweisbeschluß, einen Tatbestand beigegeben, so genügt die Verweisung nicht, weil ein solcher Tatbestand weder der Kontrolle des § 320 unterliegt noch die Beweiskraft des § 314 hat[87].

54

5. Trennung des Tatbestands von den Entscheidungsgründen

Die **äußerliche Trennung** des Tatbestands von den Entscheidungsgründen **empfiehlt sich dringend** mit Rücksicht auf §§ 314, 319, 320, 561 Abs. 1. Eine in den Entscheidungsgründen enthaltene Feststellung kann gleichwohl als Ergänzung des Tatbestands aufgefaßt werden, nur

55

---

[77] *BGH* LM Nr. 1 (Fn. 70).
[78] Vgl. *RG* JW 1933, 2393, 2394.
[79] Vgl. *Stanicki* DRiZ 1983, 264, 270; s. auch *RGZ* 96, 10.
[80] *BGH* LM Nr. 1 (Fn. 70) (zu § 313 aF, doch erscheint diese Anforderung nach wie vor zutreffend).
[81] Dazu genügt nach *BAG* NJW 1988, 843 nicht die Formulierung, es werde von der weiteren Darstellung des Tatbestands nach § 543 Abstand genommen.
[82] Vgl. *RGZ* 4, 432; 17, 363; JW 1898, 47; Gruchot 43 (1899), 1115.

[83] *RGZ* 55, 411 f.; JW 1896, 3; 1900, 14; 1915, 1024.
[84] Wie *BGHZ* 73, 248, 251 = NJW 1979, 927 betont, hat die Gesetzesänderung insofern strengere Anforderungen an den Tatbestand des Berufungsurteils mit sich gebracht.
[85] *RAG* DR 1941, 1112.
[86] *RGZ* 56, 30 (dort Anm.); 57, 149.
[87] *RGZ* 56, 28; JW 1903, 385; 1904, 94; Gruchot 48 (1904), 1115.

muß dann aus den Gründen die Absicht der Feststellung hervorgehen[88]; die bloße Bezugnahme der Entscheidungsgründe auf Anträge oder Tatsachen, die im Tatbestand weder ausdrücklich noch in der Form der Bezugnahme nach Abs. 2 S. 2 enthalten sind oder gar mit ihm in Widerspruch stehen, ist keine Feststellung[89], ebensowenig etwa eine Bezugnahme auf einen zu den Akten gegebenen schriftlichen Vermerk des Berichterstatters[90]. Auch wenn das Urteil keinen gesonderten Tatbestand enthält (z.B. nach § 543 Abs. 1), können sich in den Entscheidungsgründen tatbestandliche Feststellungen finden, die an der Beweiskraft des § 314 teilhaben und der Berichtigung nach § 320 unterliegen[91].

6. Mängel des Tatbestandes

56 Fehlt der Tatbestand[92] oder läßt er infolge unzulässiger, unvollständiger oder widerspruchsvoller[93] Angaben oder Verweisungen nicht zweifelsfrei erkennen, welchen tatsächlichen Streitstoff das Gericht seiner Entscheidung zugrunde gelegt hat, so liegt darin eine Verletzung der Vorschriften über das Verfahren, die die Berufung (§ 539)[94] und die Revision (§ 549) begründet[95].

57 Der Mangel ist auch in der **Revisionsinstanz von Amts wegen**[96] zu berücksichtigen, wenn die Entscheidungsgründe infolgedessen Tragweite oder Grundlage der Entscheidung nicht erkennen lassen, → § 559 Rdnr. 17. Das Fehlen des Tatbestands im Berufungsurteil führt demnach im Regelfall zur **Aufhebung** der Entscheidung durch das Revisionsgericht[97], es sei denn, daß sich der Sach- und Streitstand hinreichend deutlich aus den *Entscheidungsgründen* ergibt[98] oder daß, obwohl der Tatbestand an sich unzulänglich ist, zur Klärung der allein noch umstrittenen Rechtsfragen hinreichende tatsächliche Angaben enthalten sind[99].

58 Sind im Tatbestand getroffene **Feststellungen unrichtig**, sind z.B. Zeugenaussagen unrichtig wiedergegeben, so ist der Antrag auf Berichtigung des Tatbestandes nach § 320 der allein gegebene Weg; eine Revisionsrüge kann daraus nicht hergeleitet werden[100]. Das gleiche gilt, wenn ein in sich widerspruchsfreier und klarer Tatbestand nur lückenhaft ist, z.B. weil er nicht alles in den Schriftsätzen angekündigte Vorbringen der Parteien wiedergibt oder in Bezug nimmt[101].

---

[88] Vgl. *RGZ* 145, 390; 149, 312; HRR 1930 Nr. 1764; JW 1935, 2050; *RAG* 14, 176. – A.M. *Weitzel* (Fn. 1) 107f., der aber nicht genügend beachtet, daß der Tatbestand das Vorbringen, nicht die Tatsachen feststellt.
[89] Vgl. *RGZ* 2, 396 vgl. mit 422; 36, 195; 102, 328, 330.
[90] *RG* DJ 1937, 201.
[91] *BGH* NJW 1997, 1931.
[92] Vgl. *RGZ* 85, 17. – Zur Revision gegen ein Berufungsurteil, bei dem ohne Vorliegen der Voraussetzungen des § 543 Abs. 1 der Tatbestand weggelassen wurde, *BGH* NJW 1987, 1200; *E. Schneider* MDR 1984, 17.
[93] *BGH* NJW-RR 1994, 1340 (streitiges oder unstreitiges Vorbringen); *RGZ* 10, 73; 55, 411f.; SeuffArch 36 (1881), 473; *OLG Kiel* SchlHA 1949, 210; s. auch *BAG* AP Nr. 5 (zust. *Pohle*) = RdA 1958, 359.
[94] Vgl. *RGZ* 4, 432; 17, 361; JW 1897, 631; 1899, 38; 1900, 412: *KG* JW 1925, 804, 2339.

[95] *BGH* MDR 1991, 36 = NJW-RR 1990, 1269. So *RG* ständig, *RGZ* 2, 423; 4, 188; 6, 350; 10, 75, 317; 71, 131; *OGHZ* 4, 23.
[96] *BGHZ* 40, 84, 87; 73, 248, 252 (Fn. 84); *BAGE* 22, 383 = NJW 1970, 1812 = AP § 72 ArbGG 1953 Beschwerdewertrevision Nr. 1 (*Grunsky*).
[97] *BGHZ* 73, 248 (Fn. 84); *BGH* NJW 1987, 1200; *BAGE* 46, 179 = AP § 543 ZPO 1977 Nr. 4 = MDR 1985, 169 (dies gilt auch, wenn die Revision erst durch das BAG zugelassen wurde); ebenso *BAG* SAE 1985, 135 (LS) = NZA 1985, 436 (LS). → auch Fn. 92.
[98] *BGH* NJW 1983, 1901; VersR 1981, 1180.
[99] *BGH* NJW 1981, 1848.
[100] So auch *RAG* LeipZ 1930, 1195.
[101] *OGHZ* 3, 3; 4, 23.

V. Entscheidungsgründe

1. Inhalt

In einem Rechtsstaat bedarf grundsätzlich jede gerichtliche Entscheidung einer Begründung[102], soll sie dem Rechtssuchenden gegenüber nicht als Willkür erscheinen. Die erkennbare Tendenz, aus Gründen der Entlastung der Gerichte begründungslose Entscheidungen einzuführen (z.B. die Beschlüsse über die Nichtannahme der Revision[103]), erscheint höchst bedenklich. Erst recht gilt die Begründungspflicht für Urteile. Erwünscht ist dabei eine präzise, jede Weitschweifigkeit vermeidende Abfassung[104]. 59

Die Entscheidungsgründe[105] (Nr. 6 sowie Abs. 3) sollen diejenige tatsächliche und rechtliche Würdigung des Parteivorbringens und der Beweisaufnahmen zur Darstellung bringen, aufgrund deren das Gericht zu seinem Urteil gelangt ist. Zur Begründungspflicht bei **Beschlüssen** → § 329 Rdnr. 7ff. Angaben über Beratung und Abstimmung (→ § 309 Rdnr. 8) sind weder nötig noch angemessen[106]. 59a

Form und Anordnung sind dem Ermessen des Gerichts überlassen. Üblicherweise werden jedoch die prozeßrechtlichen Erörterungen an die Spitze gestellt[107]. Die materiell-rechtlichen Ausführungen beginnen mit der Angabe des Rechtssatzes, der das im Tenor ausgedrückte Ergebnis der Entscheidung trägt[108]. Über die Trennung vom Tatbestand → Rdnr. 55. 60

Wiederzugeben sind die **tragenden Erwägungen** sowohl in **tatsächlicher** als auch in **rechtlicher** Hinsicht. Abs. 3 betont dabei besonders die **Pflicht zur Kürze**. Es genügt jedoch nicht, an zentraler Stelle nur den Wortlaut des Gesetzes wiederzugeben[109]. Die tragenden Gründe der Entscheidung müssen für die Parteien nachvollziehbar dargestellt werden[110]. Auch müssen die Entscheidungsgründe in dem Sinn **vollständig** sein, daß sie sich zu allen erhobenen Ansprüchen äußern. Dies gilt auch für Nebenfragen wie **Kosten** und **vorläufige Vollstreckbarkeit**, doch werden hier zumeist ganz kurze Angaben genügen. 61

Einer zu weit gehenden Verkürzung der Entscheidungsgründe werden durch den **Anspruch auf rechtliches Gehör** Grenzen gesetzt, → vor § 128 Rdnr. 39. Das **BVerfG** entnimmt daraus zwar nicht die Pflicht des Gerichts, sich im Urteil mit *sämtlichem* Parteivorbringen ausdrücklich auseinanderzusetzen[111], verlangt aber doch, daß die **wesentlichen, der Rechtsverfolgung und Rechtsverteidigung dienenden Tatsachenbehauptungen in den Entscheidungsgründen verarbeitet werden**[112]. 62

Für die **Beweiswürdigung** verlangt § 286 Abs. 1 S. 2 die Angabe der für die richterliche Überzeugung leitenden Gründe, näher → § 286 Rdnr. 12ff. 63

Das **Fehlen der Gründe** stellt nach § 551 Nr. 7 einen absoluten Revisionsgrund dar. Daraus ergeben sich Mindestanforderungen für die Vollständigkeit und Klarheit der Gründe, da ein 64

---

[102] Ausführlich zu den verfassungsrechtlichen Anforderungen **Lücke** Begründungszwang und Verfassung (1987). Die vom Wortlaut des § 313 Abs. 3 nahegelegte starke Verkürzung der Begründung hält *Lücke* (aaO 161ff., 221) aus verfassungsrechtlicher Sicht nur dann für zulässig, wenn die wesentlichen Gründe schon in der mündlichen Verhandlung mit den Parteien erörtert und in das Protokoll aufgenommen wurden.
[103] Dazu krit. *Kroitzsch* NJW 1994, 1032.
[104] Dazu *Meyke* DRiZ 1990, 58; *Balzer* NJW 1995, 2448.
[105] Vgl. hierzu *Scheuerle* ZZP 78 (1965), 32; *Huber* JuS 1987, 213.
[106] Vgl. *RG* JW 1902, 588.
[107] Vgl. *E. Schneider* MDR 1965, 632.
[108] Vgl. *Thomas-Putzo*[20] Rdnr. 31.
[109] Vgl. *OLG Schleswig* SchlHA 1949, 286.

[110] Dies gilt auch bei Entscheidungen über den Versorgungsausgleich, *OLG Saarbrücken* FamRZ 1993, 1098. – Zum Mindestinhalt auch *BSG* NJW 1989, 1758.
[111] *BVerfGE* 47, 182, 187.
[112] *BVerfGE* 47, 182, 189; 54, 43, 46; 58, 353, 357 = NJW 1982, 30; ebenso zur Beschwerdeentscheidung *OLG Köln* Rpfleger 1981, 408. Zur Begründungspflicht bei letztinstanzlichen Entscheidungen *BVerfG* NJW 1987, 1619. – S. auch *E. Schneider* MDR 1981, 462. – Der Gesichtspunkt des *Geheimnisschutzes* kann bei der Formulierung der Entscheidungsgründe mitberücksichtigt werden, darf aber nicht dazu führen, den Parteien die tragenden Gründe vorzuenthalten. Vgl. zu dieser Problematik *Lachmann* NJW 1987, 2206, 2210 gegen *Stürner* Die Aufklärungspflicht der Parteien des Zivilprozesses (1976), 227.

Revisionsgrund nach der genannten Vorschrift nicht nur beim völligen Fehlen der Entscheidungsgründe, sondern auch bei fundamentalen inhaltlichen Mängeln bejaht wird, näher → § 551 Rdnr. 25 ff., so z.B., wenn in Fällen mit Auslandsberührung das Urteil nicht erkennen läßt, welche Rechtsordnung zugrunde gelegt wurde[113].

65 Zur **Bezugnahme** auf die Gründe des erstinstanzlichen Urteils (§ 543 Abs. 1) → § 551 Rdnr. 32. **Verweisungen auf andere Entscheidungen** sind zulässig, wenn sie zwischen denselben Parteien ergangen sind oder, soweit sie andere Parteien betrafen, Gegenstand der mündlichen Verhandlung waren[114], → § 551 Rdnr. 32.

2. Mängel

66 Wesentliche Fehler der Gründe (dazu → § 286 Rdnr. 14a) sind Verfahrensmängel und begründen die Berufung nach § 539[115] sowie unter den Voraussetzungen des § 551 Nr. 7 unbedingt die Revision (→ § 551 Rdnr. 25 ff.). Zur verspäteten vollständigen Abfassung des Urteils → § 310 Rdnr. 9. Auch das vollständige Fehlen der Entscheidungsbegründung eröffnet keine weitere (im Gesetz nicht vorgesehene) Instanz[116].

VI. Arbeitsgerichtliches Verfahren

1. Urteilsverfahren

67 Im arbeitsgerichtlichen Verfahren richtet sich die Form des Urteils ebenfalls nach § 313, wobei aber folgende Bestandteile hinzutreten:

68 a) Die Festsetzung des **Wertes des Streitgegenstandes,** § 61 Abs. 1 ArbGG (näher → § 2 Rdnr. 114 ff.) und gegebenenfalls die **Zulassung des Rechtsmittels,** § 64 Abs. 2, 3, § 72 Abs. 1, 2 ArbGG, näher → § 511a Rdnr. 41 ff., § 546 Rdnr. 18 ff.

b) Rechtsmittelbelehrung

69 Nach § 9 Abs. 5 S. 1 ArbGG müssen *alle* mit einem befristeten Rechtsmittel **anfechtbaren Entscheidungen** (Urteile und Beschlüsse) eine **Rechtsmittelbelehrung** enthalten. Ist ein Rechtsmittel *nicht* gegeben, so muß darüber eine Belehrung erteilt werden, § 9 Abs. 5 S. 2 ArbGG. Die Belehrung ist in das Urteil aufzunehmen und muß dementsprechend grundsätzlich (→ aber Rdnr. 70 bei Fn. 118) in der von Amts wegen zuzustellenden Ausfertigung enthalten sein. Da die Rechtsmittelbelehrung Bestandteil des Urteils ist, muß sie von dem (bzw. den) dafür zuständigen Richter(n) (→ § 315 Rdnr. 29 f.) **unterzeichnet** sein; andernfalls wird die Rechtsmittelfrist nicht in Lauf gesetzt[117].

70 Die **Rechtsmittelfrist** beginnt nur zu laufen, wenn die Partei über das Rechtsmittel und darüber, bei welchem Gericht, in welcher Frist und Form es einzureichen ist, schriftlich belehrt wurde, § 9 Abs. 5 S. 3 ArbGG. Wenn die Belehrung, ohne auf der Ausfertigung selbst vermerkt zu sein, doch in eine so enge Verbindung mit ihr gebracht wird, daß die Partei über Sinn und

---

[113] *BGH* NJW 1988, 3097; → § 551 Rdnr. 29.
[114] *BGH* VersR 1978, 961.
[115] Vgl. auch *RGZ* 85, 17; *OLG Schleswig* SchlHA 1949, 286; *OLG Hamm* MDR 1979, 322 (zum Versorgungsausgleich); *OLG Saarbrücken* FamRZ 1993, 1098, 1099 (zum Versorgungsausgleich).

[116] *BGH* NJW 1989, 2758.
[117] *BAGE* 33, 63 = AP § 9 ArbGG 1979 Nr. 1; *BAG* NZA 1984, 98; *Grunsky* ArbGG[7] § 9 Rdnr. 27.

Zweck der Rechtsmittelbelehrung nicht im Zweifel sein kann[118], beginnt die Frist zu laufen. Die Belehrung erstreckt sich nicht auf die *Begründung* des Rechtsmittels und die Begründungsfrist[119]. Eine die Zulässigkeit eines Rechtsmittels fehlerhaft verneinende[120] oder eine *unvollständige Belehrung*[121] setzen die Frist nicht in Lauf; die unzutreffende Bejahung eines nicht statthaften Rechtsbehelfs vermag aber nicht zur Anfechtbarkeit einer an sich unanfechtbaren Entscheidung zu führen[122]. Jedoch genügt eine entsprechende (mitverkündete) Rechtsmittelbelehrung als Zulassung der Revision[123].

Fehlen oder Mängel der Rechtsmittelbelehrung haben nicht zur Folge, daß die Zustellung schlechthin unwirksam ist. Ein Jahr nach der Zustellung beginnt im Regelfall auch die Rechtsmittelfrist zu laufen, § 9 Abs. 5 S. 4 ArbGG, allerdings dann nicht, wenn die Einlegung des Rechtsmittels vor Ablauf eines Jahres durch höhere Gewalt unmöglich war oder wenn die Belehrung fehlerhaft dahin lautete, ein Rechtsmittel sei *nicht* gegeben. Im Fall der höheren Gewalt muß entsprechend § 234 Abs. 1 u. 2, § 236 Abs. 2 ein Wiedereinsetzungsantrag gestellt werden[124]. Fehlt die Zustellung des Urteils überhaupt, so gilt § 9 Abs. 5 S. 4 neben §§ 516, 552 (kumulativ), so daß das Rechtsmittel erst nach Ablauf von 17 Monaten unzulässig wird[125].

71

2. Beschlußverfahren

Beschlüsse sind nach § 84 S. 2, § 91 Abs. 1 S. 3 ArbGG **schriftlich abzufassen.** Aus § 84 S. 2, § 60 Abs. 4 ArbGG ist zu entnehmen, daß der Beschluß – neben dem ohnehin selbstverständlichen **Entscheidungstenor** – **Tatbestand, Entscheidungsgründe** und die **Unterschrift des Vorsitzenden** aufzuweisen hat. Damit ergeben sich, wenn auch § 313 nicht ausdrücklich für anwendbar erklärt ist, ähnliche Anforderungen wie an die Abfassung eines Urteils. Das Fehlen eines Tatbestands im Beschluß des LAG führt zur Aufhebung durch das BAG, auch wenn die Rechtsbeschwerde erst aufgrund einer Nichtzulassungsbeschwerde zugelassen wurde[126]. Die **Rechtsmittelbelehrung** (§ 9 Abs. 5 ArbGG, → Rdnr. 69) ist auch für Beschlüsse vorgeschrieben. Ferner → § 313 a Rdnr. 20, → § 313 b Rdnr. 27.

72

---

[118] Beigefügter loser Zettel reicht, *BAGE* 1, 232 = AP § 9 ArbGG Nr. 2 (*Wieczorek*) = SAE 1955, 175 (*Mertz*); dazu auch Anm. *Thiele* ArbuR 1955, 370. – Nach *BAG* aaO entfällt die Berufung auf Mängel überhaupt, wenn die Partei die Belehrung unstreitig erhalten und richtig verstanden hat. Die Entscheidung ist allerdings zum früheren Recht ergangen, als die Aufnahme der Rechtsmittelbelehrung *in* das Urteil noch nicht vorgeschrieben war. Jedoch spricht § 9 Abs. 5 S. 3 ArbGG auch jetzt von einer schriftlichen Belehrung, so daß es zulässig erscheint, eine in der Ausfertigung fehlende Belehrung durch eine schriftliche Belehrung zu ersetzen. Fehlt die Belehrung *im Urteil* oder ist sie unrichtig, ist eine Berichtigung entsprechend § 319 zulässig, *Grunsky* ArbGG[7] § 9 Rdnr. 30.

[119] *BAG* AP § 9 ArbGG Nr. 1; bestätigt in BAG AP § 9 ArbGG Nr. 12 (*Pohle*); *BAG* AP § 519 Nr. 6 (*Hofmann*) = BB 1958, 84 = DB 1958, 56.

[120] *BAGE* 50, 179, 187 = AP § 2 TVG Tarifzuständigkeit Nr. 4 (*Reuter*).

[121] *BAGE* 33, 63, 65 (Fn. 117) (zum Fehlen der vollständigen postalischen Anschrift des Gerichts, bei dem das Rechtsmittel einzulegen ist).

[122] *BAGE* 53, 396, 397 f. = MDR 1987, 523; *BAG* NJW 1989, 2644. Jedoch ist dann auf die Kosten des zu Unrecht eingelegten Rechtsmittels § 8 GKG (Nichterhebung von Kosten) anwendbar, *BAG* AP § 8 GKG 1975 Nr. 1 = RdA 1987, 128 (LS) = ArbuR 1987, 149 (LS) (Aufgabe von *BAG* AP § 6 GKG Nr. 1).

[123] *BAG* NJW 1991, 1197.

[124] *Grunsky* ArbGG[7] § 9 Rdnr. 33.

[125] *BAG* NZA 1985, 195; NJW 1995, 2508; *Grunsky* ArbGG[7] § 9 Rdnr. 32.

[126] *BAG* AP § 92 ArbGG 1979 Nr. 2 = EzA § 91 ArbGG 1979 Nr. 1 = NZA 1985, 636 (LS). § 543 gilt dabei entsprechend, *BAG* aaO, *Grunsky* ArbGG[7] § 91 Rdnr. 3.

§ 313 a [Urteil ohne Tatbestand und Entscheidungsgründe]

(1) ¹Des Tatbestandes bedarf es nicht, wenn ein Rechtsmittel gegen das Urteil unzweifelhaft nicht eingelegt werden kann. ²Das gleiche gilt für die Entscheidungsgründe, sofern die Parteien zusätzlich spätestens am zweiten Tag nach dem Schluß der mündlichen Verhandlung verzichten.

(2) Absatz 1 ist nicht anzuwenden
1. in Ehesachen, mit Ausnahme der eine Scheidung aussprechenden Entscheidungen;
2. in Kindschaftssachen;
3. im Falle der Verurteilung zu künftig fällig werdenden wiederkehrenden Leistungen;
4. wenn zu erwarten ist, daß das Urteil im Ausland geltend gemacht werden wird; soll ein ohne Tatbestand und Entscheidungsgründe hergestelltes Urteil im Ausland geltend gemacht werden, so gelten die Vorschriften über die Vervollständigung von Versäumnis- und Anerkenntnisurteilen entsprechend.

Gesetzesgeschichte: Eingefügt durch die Vereinfachungsnovelle 1976. Abs. 1 neugefaßt durch Gesetz zur Entlastung der Rechtspflege vom 11.I.1993, BGBl. I S. 50. Abs. 2 Nr. 3 aF (Entmündigungssachen) aufgehoben durch BetreuungsG vom 12.IX.1990, BGBl. I S. 2002, zugleich wurden die bisherigen Nrn. 4 und 5 zu Nrn. 3 und 4. – Zu einer derzeit beabsichtigten Änderung → Fn. 17a.

I. Normzweck	1
II. Erfaßte Entscheidungen	3
III. Ausgenommene Bereiche (Abs. 2)	4
1. Ehesachen (Nr. 1)	4
2. Kindschaftssachen (Nr. 2)	5
3. Verurteilung zu künftig fällig werdenden wiederkehrenden Leistungen (Nr. 3)	6
4. Zu erwartende Geltendmachung des Urteils im Ausland (Nr. 4)	7
IV. Urteil ohne Tatbestand	9
1. Unanfechtbarkeit des Urteils	9
2. Ermessen des Gerichts	10
V. Urteil ohne Entscheidungsgründe	11
1. Verzicht	11
2. Rechtsfolgen des Verzichts	14
a) Gerichtliches Ermessen	14
b) Fassung des abgekürzten Urteils	15
3. Gebührenermäßigung	16
VI. Verstöße	17
VII. Arbeitsgerichtliches Verfahren	19

I. Normzweck

1 Die Vorschrift[1] wurde durch die Vereinfachungsnovelle 1976 im Interesse der **Arbeitserleichterung für das Gericht** eingeführt[2]. Seit der Änderung 1993 kann das Gericht bei unanfechtbaren Urteilen von sich aus den Tatbestand weglassen. Nur wenn auch die Entscheidungsbegründung entfallen soll, bedarf es noch eines Verzichts der Parteien. Der Gesetzgeber übersah nicht völlig, daß die Wirkungen eines Zivilurteils von den Entscheidungsgründen mit bestimmt werden und daß auch ein Interesse Dritter oder der Allgemeinheit an der Kenntnis

---

[1] Zu den verfassungsrechtlichen Bedenken *Lücke* Begründungszwang und Verfassung (1987), 184ff., 222f. Nach *Lückes* Ansicht verstößt die Regelung gegen das Prinzip der Rechtssicherheit und damit gegen das Rechtsstaatsgebot, weil sie Entscheidungen ermögliche, denen es hinsichtlich des Umfangs der Rechtskraft an Klarheit fehle. Diese Schlußfolgerung erscheint indes zu weitgehend. Auch wenn das Gericht davon abgesehen hat, durch ausführlichere Fassung des Tenors für Klarheit zu sorgen (→ Rdnr. 15), so kennen die Parteien doch jedenfalls den Prozeßgegenstand und die Prozeßakten, woraus der Umfang der Rechtskraft erschlossen werden kann. Immerhin unterstreichen die verfassungsrechtlichen Zweifel die auch hier (→ Rdnr. 2) vorgetragene rechtspolitische Kritik an § 313 a.

[2] Vgl. Begr. des Regierungsentwurfs BT-Drucks. 7/2729, S. 44, 77; Stellungnahme des Bundestagsrechtsausschusses BT-Drucks. 7/5250, S. 4.

der Gründe bestehen kann. Aus solchen Erwägungen wurde in Abs. 2 für eine Reihe besonderer Fälle die Zulässigkeit der Urteilsabkürzung ausgeschlossen.

Als Anreiz für die Parteien, auf die schriftliche Begründung zu verzichten, war 1976 die jeweilige Urteilsgebühr im Falle des Verzichts auf die Hälfte ermäßigt worden. Gleichwohl gewann die Regelung nur geringe praktische Bedeutung. Seit dem Kostenrechtsänderungsgesetz 1994 gibt es in erster Instanz keinen Kostenvorteil mehr. Im allgemeinen wird es daher erst recht nicht zu einem Parteiverzicht auf die Begründung kommen[3]. Ein Urteil ohne Gründe ist für die Rechtsbeziehungen der Parteien nur von begrenztem Wert, erst recht vermag es keine über den Streit der Parteien hinausreichenden Wirkungen zu entfalten. Im Hinblick auf Zweck und Funktion der Rechtsprechung war die Regelung von Anfang an als wenig glücklich zu bezeichnen; erst recht gilt dies seit den Änderungen 1993 und 1994.

II. Erfaßte Entscheidungen

Die Regelung gilt nicht nur für Urteile der **ersten Instanz,** sondern auch für **Berufungs-** und **Revisionsurteile.** Für Berufungsurteile ist daneben § 543 zu beachten, der hinsichtlich des Tatbestands als lex specialis die Anwendung des § 313 a ausschließt[4]. Für Urteile der Amtsgerichte in Prozessen mit Streitwert bis 1200 DM gilt neben § 313 a auch § 495 a Abs. 2[5]. Bei Versäumnis-, Anerkenntnis- und Verzichtsurteilen gilt § 313 a nicht, da diese schon nach § 313 b (also ohne die Voraussetzungen des § 313 a) in abgekürzter Form abgefaßt werden können. Nach dem Wortlaut erfaßt § 313 a nur Urteile; die Bestimmung ist aber jedenfalls auf **Beschlüsse nach § 91 a** entsprechend anzuwenden[6].

III. Ausgenommene Bereiche (Abs. 2)[7]

1. Ehesachen (Nr. 1)

In Ehesachen (§ 606 Abs. 1) hat der Gesetzgeber § 313 a für nicht anwendbar erklärt, weil hier im öffentlichen Interesse eine schriftliche Urteilsbegründung erforderlich sei[8]. Nur bei Urteilen, die eine Scheidung aussprechen, gilt § 313 a, und zwar nur hinsichtlich des Scheidungsausspruchs und hinsichtlich der zivilprozessualen Folgesachen[9]; denn diese sind keine Ehesachen und würden auch bei nicht verbundener Entscheidung von § 313 a Abs. 1 erfaßt. Dagegen gilt § 313 a nicht für die mit dem Scheidungsausspruch verbundenen Entscheidungen in Folgesachen aus dem Bereich der Freiwilligen Gerichtsbarkeit (§ 621 a Abs. 1), etwa über den Versorgungsausgleich[10]. Wird der Scheidungsantrag *abgewiesen,* gilt § 313 a ebenfalls nicht. Zur Geltendmachung von Scheidungsurteilen im Ausland → Rdnr. 7.

---

[3] *Städing* MDR 1995, 1102, 1104.
[4] Vgl. Begr. zum RechtspflegeentlastungsG 1993, BT-Drucks. 12/1217, S. 23.
[5] Zum Verhältnis von § 313 a Abs. 1 zu § 495 a Abs. 2 *Städing* MDR 1995, 1102.
[6] Dies ergab sich früher ausdrücklich aus den Kostenregelungen (s. jetzt noch GKG Kostenverzeichnis Nr. 1229 u. 1239), vgl. Begr. der Bundesregierung, BT-Drucks. 7/2729, S. 44, bzw. Gegenäußerung der Bundesregierung – aaO S. 141 – zum klarstellenden Vorschlag des Bundesrats, BT-Drucks. 7/2929, S. 127. Für Anwendbarkeit des § 313 a auch *OLG Hamm* NJW-RR 1996, 509 (der Verzicht auf eine Begründung enthält auch den Verzicht auf die sofortige Beschwerde nach § 91 a Abs. 2); ebenso *OLG Brandenburg* MDR 1995, 743. Nach anderer Ansicht liegt dagegen im Verzicht auf die Begründung kein Verzicht auf die sofortige Beschwerde, so *OLG Schleswig* MDR 1997, 1154; *OLG Hamm* NJW-RR 1995, 1213; NJW-RR 1996, 63.
[7] Zur Frage, ob § 313 a Abs. 2 bei Berufungsurteilen dem § 543 vorgeht, → § 543 Rdnr. 1; zu Unterhaltsurteilen *Riegner* FamRZ 1994, 610 (Tatbestand bei entsprechender Gestaltung der Entscheidungsgründe entbehrlich).
[8] BT-Drucks. 7/2729, S. 78.
[9] Daher ist es nicht exakt, wenn man § 313 a bei Verbundentscheidungen nur auf den Scheidungsausspruch für anwendbar erklärt.
[10] *BGH* FamRZ 1981, 947, 948; *OLG Hamm* NJW 1979, 434 = FamRZ 1979, 168; *OLG Stuttgart* FamRZ 1983, 81 (zumindest müsse der Verzicht von allen Beteiligten, einschließlich der Versicherungs- und Versorgungsträger, erklärt werden); *Walter* FamRZ 1979, 663, 679.

2. Kindschaftssachen (Nr. 2)

5   In allen Kindschaftssachen (§ 640 Abs. 2 Nr. 1 bis 4) ist § 313a unanwendbar.

3. Verurteilung zu künftig fällig werdenden wiederkehrenden Leistungen (Nr. 3)

6   Hier wurde § 313a ausgeschlossen, weil bei einer Abänderungsklage nach § 323 anhand der Gründe des Ersturteils geprüft werden muß, ob eine wesentliche Veränderung der Verhältnisse eingetreten ist[11]. Nr. 3 ist auch auf die Entscheidung über eine Abänderungsklage gem. § 323 anzuwenden[12]. Ist die Klage auf künftige wiederkehrende Leistung *abgewiesen*, so erlaubt dagegen das Gesetz den Verzicht auf Tatbestand und Entscheidungsgründe.

4. Zu erwartende Geltendmachung des Urteils im Ausland (Nr. 4)

7   Sofern mit einer Geltendmachung im Ausland, d. h. mit einer Vollstreckung im Ausland oder mit einer Berufung auf die Anerkennung des Urteils im Ausland, zu rechnen ist, schließt Nr. 4 die Anwendung des Abs. 1 aus. Dies beruht auf der Erwägung, daß die Geltendmachung im Ausland nach den Regelungen des internationalen Rechtsverkehrs im allgemeinen ein vollständig begründetes Urteil voraussetzt[13]. Nr. 4 erfaßt auch Scheidungsurteile[14], an denen ein Ausländer beteiligt ist, selbst wenn dieser daneben die deutsche Staatsangehörigkeit besitzt[15]. Auch sonst wird im allgemeinen vor allem dann mit einer Geltendmachung im Ausland zu rechnen sein, wenn ein Ausländer beteiligt ist, daneben auch dann, wenn der Streitgegenstand erkennbare Bezüge zum Ausland aufweist.

8   Da mit der naheliegenden Möglichkeit zu rechnen ist, daß die Geltendmachung im Ausland zunächst nicht vorauszusehen ist, erlaubt Abs. 2 Nr. 4 S. 2 die **Vervollständigung** des Urteils entsprechend den für Versäumnis- und Anerkenntnisurteile geltenden Vorschriften, dazu → § 313b Rdnr. 25 f. Allerdings kann die Rekonstruktion der Gründe eines kontradiktorischen Urteils sehr viel größere Schwierigkeiten mit sich bringen als beim Anerkenntnis- und Versäumnisurteil, vor allem wenn seit dem Erlaß des Urteils längere Zeit verstrichen ist und wenn etwa der Spruchkörper inzwischen mit anderen Richtern besetzt ist. Gleichwohl darf aber die Vervollständigung nicht abgelehnt werden.

IV. Urteil ohne Tatbestand

1. Unanfechtbarkeit des Urteils

9   Die Voraussetzung, daß ein Rechtsmittel gegen das Urteil unzweifelhaft nicht eingelegt werden kann, ist gegeben, wenn gegen das Urteil seiner Art nach kein Rechtsmittel statthaft ist (Berufungsurteile des LG, Urteile des BGH), aber auch dann, wenn die Rechtsmittelsumme nicht erreicht ist, wenn in vermögensrechtlichen Streitigkeiten mit einer Beschwer unter 60 000.- DM oder in nicht vermögensrechtlichen Streitigkeiten das OLG die Revision nicht zuläßt, und schließlich auch dann, wenn beide Parteien wirksam auf Rechtsmittel verzichtet haben[16]. Wenn dagegen nur die beschwerte Partei auf Rechtsmittel verzichtet, wird das Merk-

---

[11] BT-Drucks. 7/2729, S. 78.
[12] *Baumbach-Lauterbach-Hartmann*[56] Rdnr. 15.
[13] BT-Drucks. 7/2729, S. 78.
[14] Über die Nichtanerkennung eines deutschen Scheidungsurteils ohne Tatbestand und Entscheidungsgründe in Italien wegen Verstoßes gegen den ordre public berichtet *Jayme* IPRax 1988, 309.
[15] BT-Drucks. 7/2729, S. 78.
[16] Vgl. BT-Drucks. 7/2729, S. 78, zur Auslegung eines solchen Verzichts BGH FamRZ 1981, 947; OLG Köln FamRZ 1986, 482.

mal des »unzweifelhaft« nicht gegebenen Rechtsmittels wohl verneint werden müssen, da über das Vorliegen der Beschwer unterschiedliche Auffassungen möglich sind.

2. Ermessen des Gerichts

Auch wenn die Voraussetzungen des Abs. 1 S. 1 vorliegen, ist das Gericht berechtigt, dem Urteil einen Tatbestand beizugeben[17], → auch Rdnr. 14. Es kann dies durchaus zweckmäßig sein, um auf diese Weise die Entscheidungsbegründung zu entlasten. Entfällt der Tatbestand, so werden die Entscheidungsgründe das Parteivorbringen in den zentralen Punkten wiedergeben müssen. 10

V. Urteil ohne Entscheidungsgründe

1. Verzicht

Beide Parteien müssen den Verzicht auf die Entscheidungsgründe erklären. Der gewöhnliche Nebenintervenient braucht nicht zuzustimmen, dagegen erscheint der Verzicht des streitgenössischen Nebenintervenienten erforderlich, weil ihm § 69 die Befugnisse eines Streitgenossen zubilligt. Ohne Parteiverzicht dürfen auch bei nicht anfechtbaren Urteilen der ersten Instanz die Entscheidungsgründe nicht entfallen, doch kann die Erleichterung nach § 495a Abs. 2 S. 2 (Aufnahme des wesentlichen Inhalts in das Protokoll) eingreifen[17a]. 11

Das Gericht kann auf die Möglichkeit des § 313a hinweisen, ist dazu aber nicht verpflichtet[18]. In erster Instanz macht der Hinweis ohnehin kaum noch Sinn, → Rdnr. 2. Der Verzicht kann nicht nur in der mündlichen Verhandlung, sondern, wie sich aus der **Zwei-Tages-Frist** ergibt, auch noch danach erklärt werden, also schriftlich gegenüber dem Gericht. Die Verzichtserklärung unterliegt auch dann dem Anwaltszwang[19]. Eine *Bedingung* in dem Sinne, daß der Verzicht nur für den Fall des Obsiegens oder des Unterliegens erklärt wird, erscheint nicht ausgeschlossen[20], da es sich um eine innerprozessuale Bedingung handelt und der Gegner in seiner Entscheidung, ob er ebenfalls einen Verzicht erklären will, dadurch nicht beeinträchtigt wird. Der beiderseits erklärte Verzicht ist nicht widerruflich, während man, solange der Gegner noch nicht verzichtet hat, den Widerruf zulassen sollte, → auch vor § 128 Rdnr. 225[21]. 12

Wird die Verzichtserklärung erst **später** als zwei Tage nach dem Schluß der mündlichen Verhandlung (bzw. nach dem im schriftlichen Verfahren gleichstehenden Schlußzeitpunkt, → § 128 Rdnr. 84, 94, 119) abgegeben, so haben die Parteien jedenfalls *keinen Anspruch* darauf, daß das Gericht durch Abfassung eines abgekürzten Urteils die Gebührenermäßigung (nur noch in zweiter und dritter Instanz, → Rdnr. 16) herbeiführt. Wird bei verspäteter Erklärung das Urteil vollständig abgefaßt, so treten keine Gebührenermäßigungen (→ Rdnr. 16) ein. Jedoch sollte man das Gericht auch bei einem verspätet eingehenden Verzicht für *berechtigt* halten, nach § 313a Abs. 1 zu verfahren[22], da das Ziel der Arbeitserleichterung auch dann noch erreicht werden kann, wenn das Urteil bis dahin noch nicht schriftlich abgefaßt ist. Auch dann kommt es in zweiter und dritter Instanz zur Gebührenermäßigung, weil dafür ohnehin das *Fehlen* der Entscheidungsgründe ausreicht (→ Rdnr. 16). 13

---

[17] *Städing* MDR 1995, 1102.
[17a] Der Entwurf eines (weiteren) Gesetzes zur Vereinfachung des gerichtlichen Verfahrens, BT-Drucks. 13/6398, will diese Regelung durch Ergänzung des § 313a Abs. 1 S. 2 auf alle nicht rechtsmittelfähigen Urteile ausdehnen.
[18] So auch *Baumbach-Lauterbach-Hartmann*[56] Rdnr. 1.
[19] *E. Schneider* MDR 1985, 906.

[20] Ebenso *MünchKommZPO-Musielak* Rdnr. 3. – Generell gegen die Zulässigkeit einer Bedingung *Baumbach-Lauterbach-Hartmann*[56] Rdnr. 9.
[21] Generell für Unwiderruflichkeit *OLG Frankfurt* NJW 1989, 841.
[22] *E. Schneider* MDR 1985, 906, 907; *Thomas-Putzo*[20] Rdnr. 4; *MünchKommZPO-Musielak* Rdnr. 4. – A.M. *Baumbach-Lauterbach-Hartmann*[56] Rdnr. 10.

2. Rechtsfolgen des Verzichts

a) Gerichtliches Ermessen

14   Auch wenn ein wirksamer Parteiverzicht nach § 313a Abs. 1 vorliegt, ist es dem Gericht nicht verwehrt, gleichwohl das Urteil samt Entscheidungsgründen (und Tatbestand, → Rdnr. 10) abzufassen[23], wodurch dann allerdings die Gebührenvorteile in zweiter und dritter Instanz entfallen (→ Rdnr. 16). Dies wird in Betracht kommen, wenn Entscheidungsgründe zur Kennzeichnung des Umfangs der materiellen Rechtskraft erforderlich sind[24], aber auch dann, wenn das Gericht der Begründung eine über den Einzelfall hinausreichende Bedeutung zumißt, was insbesondere bei Revisionsurteilen zu bedenken ist. Bei aufhebenden und zurückverweisenden Berufungs- und Revisionsurteilen erfordert die Funktion solcher Urteile stets eine Begründung der Entscheidung, auch wenn die Voraussetzungen des § 313a Abs. 1 vorliegen[25].

b) Fassung des abgekürzten Urteils

15   Die übrigen Bestandteile des Urteils (Urteilskopf, Urteilstenor, Unterschriften) bleiben unberührt. Nicht selten wird es sich empfehlen, den Tenor etwas ausführlicher zu gestalten, damit die Entscheidung wenigstens im Ergebnis verständlich bleibt[26]. Eine Rechtspflicht des Gerichts in dieser Richtung ist aber nicht gegeben, zumal aus den Schriftsätzen und Protokollen die gestellten Anträge rekonstruierbar sind.

3. Gebührenermäßigung

16   In erster Instanz sind mit dem Wegfall von Tatbestand und Entscheidungsgründen keine Gebührenvorteile mehr verbunden. Bei Berufungsurteilen ist dagegen die Gerichtsgebühr auf die Hälfte ermäßigt, wenn das Urteil keine Begründung enthält, GKG Kostenverzeichnis Nr. 1225, 1227; dasselbe gilt für Beschlüsse nach § 91 a, GKG Kostenverzeichnis Nr. 1229. Auch in der Revisionsinstanz sind bei Urteilen und bei Beschlüssen nach § 91a die Gebühren auf die Hälfte ermäßigt, wenn die Entscheidungen keine Begründung enthalten, GKG Kostenverzeichnis Nr. 1237, 1239. Entscheidend ist jeweils das Fehlen der Entscheidungsgründe, nicht des Tatbestands. Ob die Entscheidungsgründe zu Recht oder Unrecht weggelassen wurden, spielt keine Rolle; andererseits genügt es (anders als nach den bis 1994 geltenden Gebührentatbeständen) nicht, daß das Urteil keine Begründung zu enthalten braucht[27]. Enthält also die Entscheidung trotz Parteiverzicht eine Begründung, so treten die Kostenvorteile nach dem Wortlaut der Gebührenregelung nicht ein (anders im arbeitsgerichtlichen Verfahren, → Rdnr. 19; dies könnte auch für den Zivilprozeß zu einer entsprechenden – sinnvolleren – Auslegung der Gebührentatbestände Anlaß geben).

VI. Verstöße

17   Enthält das Urteil keinen Tatbestand oder keine Entscheidungsgründe, obwohl die Voraussetzungen des § 313a nicht gegeben waren, so liegt darin ein Verfahrensfehler i.S. des § 539[28]

---

[23] So auch BT-Drucks. 7/5250, S. 5; *Keller* MDR 1995, 435, 436.
[24] Der Bundestagsrechtsausschuß BT-Drucks. 7/5250, S. 5 wies auf den Fall der Aufrechnung hin.
[25] *Keller* MDR 1992, 435; *Zöller-Gummer*[20] § 539 Rdnr. 24.
[26] Vgl. *Bender-Belz-Wax* Das Verfahren nach der Vereinfachungsnovelle und vor dem Familiengericht (1977), 101; *E. Schneider* MDR 1978, 1, 3; *Baumbach-Lauterbach-Hartmann*[55] Rdnr. 2; *Zöller-Stephan*[20] Rdnr. 3.
[27] *Hartmann* Kostengesetze[27] GKG KV 1225 Rdnr. 9; *Markl-Meyer* GKG[3] GKG KV Rdnr. 23.
[28] Vgl. *OLG Hamm* NJW 1979, 434 = FamRZ 1979, 168 (zum Versorgungsausgleich).

bzw. ein absoluter Revisionsgrund gemäß § 551 Nr. 7 (→ § 313 Rdnr. 66, → § 551 Rdnr. 25ff.). Die Berufungsfrist wird durch die Zustellung eines Urteils, das unter fehlerhafter Berufung auf § 313a ohne Tatbestand oder Entscheidungsgründe abgefaßt wurde, nicht in Lauf gesetzt[29], → § 313 b Rdnr. 22 zum entsprechenden Fall bei Fehlanwendung des § 313 b.

Eine **Nachholung** des Tatbestands oder der Entscheidungsgründe, falls das Gericht zunächst zu Unrecht einen Fall des § 313a annahm, sollte man zulassen[30]; § 318 steht nicht entgegen, weil über die Voraussetzungen des § 313a im Urteil nicht entschieden wird. Es gibt auch sonst Fälle, in denen nachträglich Tatbestand und Entscheidungsgründe zu fertigen sind, so bei Versäumnis- und Anerkenntnisurteilen im internationalen Rechtsverkehr, → § 313b Rdnr. 25f. Die Frage, ob durch eine Nachholung der Begründung der absolute Revisionsgrund nach § 551 Nr. 7 wegfällt, sollte ähnlich beantwortet werden, wie bei sonstiger verspäteter Abfassung der Gründe, → § 551 Rdnr. 33ff.   **18**

VII. Arbeitsgerichtliches Verfahren

Die Vorschrift ist auch auf **Urteile** sowie auf **Beschlüsse nach § 91 a** im Verfahren der Arbeitsgerichtsbarkeit aller Instanzen anwendbar, wie sich auch aus der Gebührenermäßigung im Gebührenverzeichnis ergibt (Anlage 1 zum ArbGG, Nr. 9113, 9118, 9125, 9127, 9129, 9134, 9139). Die Gebührenermäßigung ist jeweils daran geknüpft, daß das Urteil (oder der Beschluß nach § 91 a) entweder keine schriftliche Begründung enthalten oder sie nach § 313a nicht zu enthalten brauchen.   **19**

Im **Beschlußverfahren** ist dagegen die Anwendung des § 313a zu **verneinen**[31], weil hier keine allgemeine Verweisung auf die ZPO-Vorschriften vorliegt, sich auch aus § 84 in Verbindung mit § 60 ArbGG nicht die Anwendbarkeit des § 313a ergibt und schließlich angesichts der Gebührenfreiheit (§ 12 Abs. 5 ArbGG) ohnehin kein Raum für eine Gebührenermäßigung ist. Zum Zweck des Beschlußverfahrens, das regelmäßig einen größeren Kreis von unmittelbar oder mittelbar Beteiligten angeht, würden Beschlüsse ohne Begründung auch kaum passen[32]. In geeigneten Fällen kann durch eine gegebenenfalls sehr knappe Begründung die Arbeit des Gerichts erleichtert werden.   **20**

§ 313 b [Versäumnis-, Anerkenntnis- und Verzichtsurteil in abgekürzter Form]

(1) ¹Wird durch Versäumnisurteil, Anerkenntnisurteil oder Verzichtsurteil erkannt, so bedarf es nicht des Tatbestandes und der Entscheidungsgründe. ²Das Urteil ist als Versäumnis-, Anerkenntnis- oder Verzichtsurteil zu bezeichnen.

(2) ¹Das Urteil kann in abgekürzter Form nach Absatz 1 auf die bei den Akten befindliche Urschrift oder Abschrift der Klage oder auf ein damit zu verbindendes Blatt gesetzt werden. ²Die Namen der Richter braucht das Urteil nicht zu enthalten. ³Die Bezeichnung der Parteien, ihrer gesetzlichen Vertreter und der Prozeßbevollmächtigten sind in das Urteil nur aufzunehmen, soweit von den Angaben der Klageschrift abgewichen wird. ⁴Wird nach dem Antrag des Klägers erkannt, so kann in der Urteilsformel auf die Klageschrift Bezug genommen wer-

---

[29] A.M. *OLG Stuttgart* FamRZ 1983, 81.
[30] Ebenso *Baumbach-Lauterbach-Hartmann*[56] Rdnr. 4 (entspr. §§ 320, 321). – A.M. *E. Schneider* MDR 1985, 906, 907 (unter Hinweis auf § 318); *Zöller-Stephan*[20] Rdnr. 12.
[31] *Dütz* RdA 1980, 81, 99; *Baumbach-Lauterbach-Hartmann*[56] Rdnr. 3; *MünchKommZPO-Musielak* Rdnr. 2. – A.M. *Grunsky* ArbGG[7] § 84 Rdnr. 2. – *Germelmann-*

Matthes-Prütting ArbGG[2] § 84 Rdnr. 11 halten eine Anwendung für möglich, wenn alle Beteiligten auf Rechtsmittel und auf Tatbestand und Entscheidungsgründe verzichten.
[32] Vgl. *Wlotzke-Schwedes-Lorenz* Das neue Arbeitsgerichtsgesetz 1979, § 84 Rdnr. 2, § 91 Rdnr. 1. – Gegen diese Begründung *Dütz* RdA 1980, 81, 99.

den. ⁵Wird das Urteil auf ein Blatt gesetzt, das mit der Klageschrift verbunden wird, so soll die Verbindungsstelle mit dem Gerichtssiegel versehen oder die Verbindung mit Schnur und Siegel bewirkt werden.

(3) Absatz 1 ist nicht anzuwenden, wenn zu erwarten ist, daß das Versäumnisurteil oder das Anerkenntnisurteil im Ausland geltend gemacht werden soll.

Gesetzesgeschichte: Eingefügt durch die Vereinfachungsnovelle 1976; die Vorschrift ersetzte § 313 Abs. 3 aF. – Abs. 3 angefügt durch Gesetz zur Ausführung zwischenstaatlicher Anerkennungs- und Vollstreckungsverträge in Zivil- und Handelssachen (AVAG) vom 30.V.1988, BGBl. I S. 662.

I. Normzweck 1	a) Auf die Klageschrift gesetztes Urteil 17
II. Anwendungsbereich 4	b) Urteil auf einem mit der Klageschrift verbundenen Blatt 18
III. Ermessen des Gerichts 6	c) Protokollierung 19
IV. Weglassen von Tatbestand und Entscheidungsgründen, Bezeichnung des Urteils (Abs. 1) 9	4. Ausfertigung 20
1. Abkürzung des Urteils 9	5. Ergänzung und Berichtigung 21
2. Bezeichnung des Urteils 10	VI. Verstöße 22
V. Auf die Klageschrift gesetztes bzw. mit dieser verbundenes Urteil (Abs. 2) 12	VII. Geltendmachung im Ausland 23
1. Entbehrliche Angaben 12	1. Vollständige Abfassung des Urteils 23
2. Bezugnahme auf die Klageschrift in der Urteilsformel 13	2. Nachträgliche Vervollständigung 25
3. Herstellung des Urteils 17	VIII. Arbeitsgerichtliches Verfahren 27

I. Normzweck

1 Die Vorschrift dient der **Arbeitsentlastung der Gerichte** und erlaubt die **rasche Abfassung** der nichtstreitigen Urteile. Tatbestand und Entscheidungsgründe sind hier entbehrlich, weil diese Urteile im wesentlichen auf dem Parteiverhalten (Säumnis) bzw. auf den Parteierklärungen (Anerkenntnis, Verzicht) beruhen. Allerdings muß, wenn Tatbestand und Entscheidungsgründe fehlen, zur Ermittlung des Entscheidungsinhalts gegebenenfalls auch das Parteivorbringen herangezogen werden, → § 322 Rdnr. 193.

2 Über die schon zuvor geltende Regelung in § 313 Abs. 3 aF hinaus hat die Vereinfachungsnovelle 1976 auch die **Verzichtsurteile** und die **Versäumnisurteile gegen den Kläger** einbezogen. Außerdem ist seither nicht nur für das auf die Klageschrift gesetzte bzw. damit verbundene Urteil (Abs. 2), sondern auch für das **gesondert abgefaßte** Urteil die verkürzte Form ohne Tatbestand und Entscheidungsgründe zulässig (Abs. 1).

3 Die **Gebührenfreiheit** bzw. -ermäßigung der Versäumnis-, Anerkenntnis- und Verzichtsurteile ist nicht von der verkürzten Form abhängig, → Rdnr. 6.

II. Anwendungsbereich

4 Die Regelung gilt für **Versäumnisurteile** gegen den Kläger (§ 330) oder gegen den Beklagten (§ 331), auch im schriftlichen Vorverfahren, § 331 Abs. 3, nicht dagegen für kontradiktorische Urteile, die *trotz Säumnis* einer Partei ergehen (sog. unechte Versäumnisurteile, → vor § 330 Rdnr. 27 ff.)[1]. Soweit man daher im schriftlichen Vorverfahren eine Entscheidung gegen den

---

[1] *BGH* LM § 516 Nr. 28 = NJW-RR 1991, 255.

Kläger für zulässig hält (dagegen → § 276 Rdnr. 34, → § 331 Rdnr. 66 ff.), ist die abgekürzte Form nach § 313 b nicht zulässig[2]. Auch *Entscheidungen nach Aktenlage* (§§ 251 a, 331 a) fallen nicht unter § 313 b. Auf **Verzichtsurteile** (§ 306) und **Anerkenntnisurteile** (§ 307) ist § 313 b anwendbar, auch wenn es sich um Teilverzichts- bzw. Teilanerkenntnisurteile handelt. Ebenso gilt die Regelung für Versäumnis-, Anerkenntnis- und Verzichtsurteile, die (als Teilurteile) über die *Widerklage* entscheiden.

Welchen **Inhalt** die Urteile haben (Leistungs-, Feststellungs-, Gestaltungsurteile), spielt keine Rolle. Auch Urteile nach Einspruch (§§ 343, 345) werden von § 313 b erfaßt. Die Regelung gilt **in allen Instanzen**; sie ist auch nach vorausgegangenem Mahnverfahren anwendbar (s. § 697 Abs. 5). Der Ausnahmekatalog des § 313 a Abs. 2 greift hier nicht ein. Jedoch bestehen Besonderheiten bei zu erwartender **Vollstreckung** oder sonstiger Geltendmachung **im Ausland**, → Rdnr. 23 ff.   5

III. Ermessen des Gerichts

Auch wenn die Voraussetzungen des § 313 b erfüllt sind, braucht das Gericht nicht von den   6
Abkürzungsmöglichkeiten des Abs. 1 oder Abs. 2 Gebrauch zu machen. Gebührenrechtliche Folgen sind damit nicht verknüpft, da die **Gebührenermäßigung** bei Anerkenntnis- und Verzichtsurteilen erster Instanz (GKG Kostenverzeichnis Nr. 1202) sowie der Wegfall der Urteilsgebühr in den höheren Instanzen bei Versäumnis-, Anerkenntnis- und Verzichtsurteilen (GKG Kostenverzeichnis Vorbemerkung zu Teil 1, vor Nr. 1100) auch dann eintreten, wenn solche Urteile mit Tatbestand und Entscheidungsgründen abgefaßt wurden.

Das Weglassen von Tatbestand und Entscheidungsgründen kann vor allem dann **unzweck-**   7
mäßig sein, wenn die Akten unübersichtlich sind und der Streitstoff daraus nicht präzise genug erkannt werden kann. Die Notwendigkeit einer Begründung kann sich beim Anerkenntnisurteil auch daraus ergeben, daß die Parteien zur Kostenfrage (§§ 91, 93) unterschiedliche Behauptungen aufgestellt und Beweise angeboten haben, mit denen sich das Gericht dann schriftlich auseinandersetzen muß, um dem Beschwerdegericht die Überprüfung zu ermöglichen[3]. Ein besonderer Umfang der Klageschrift braucht dagegen nicht von der Anwendung des § 313 b abzuhalten, zumal die Ausfertigung des Urteils, auch wenn es nach Abs. 2 erging, nicht notwendigerweise die Verwendung einer Abschrift der Klageschrift erfordert, § 317 Abs. 4 S. 1.

Ob das Urteil **gesondert abgefaßt** wird (Abs. 1) oder nach Abs. 2 **auf die Klageschrift** gesetzt   8
bzw. damit verbunden wird, steht ebenfalls im gerichtlichen Ermessen.

IV. Weglassen von Tatbestand und Entscheidungsgründen, Bezeichnung des Urteils (Abs. 1)

1. Abkürzung des Urteils

Nach Abs. 1 S. 1 können Tatbestand und Entscheidungsgründe weggelassen werden. Die   9
Bezeichnung der Parteien, der gesetzlichen Vertreter und der Prozeßbevollmächtigten (§ 313 Abs. 1 Nr. 1), des Gerichts (§ 313 Abs. 1 Nr. 2) und des Schlusses der mündlichen Verhandlung (§ 313 Abs. 1 Nr. 3) sowie die vollständige Urteilsformel (§ 313 Abs. 1 Nr. 4) bleiben erforderlich, wenn nicht von der Form des Abs. 2 Gebrauch gemacht wird. Ebenso sind die Unterschriften der Richter (§ 315) unentbehrlich.

---

[2] *OLG Frankfurt* OLGZ 1984, 179 = MDR 1984, 322.   [3] *OLG Bremen* NJW 1971, 1185.

2. Bezeichnung des Urteils

10 Das Urteil ist gemäß Abs. 1 S. 2 als Versäumnis-, Anerkenntnis- oder Verzichtsurteil zu bezeichnen. Der jetzige Wortlaut (es fehlen die Wörter »in diesem Fall« wie in § 313 Abs. 3 S. 2 aF) spricht trotz der Stellung des Abs. 1 S. 2 dafür, die Bezeichnung **allgemein als vorgeschrieben anzusehen,** auch wenn das Urteil Tatbestand und Entscheidungsgründe enthält. Die Bezeichnung ist im Interesse der Klarheit auch in diesem Fall sinnvoll.

11 Jedoch entscheidet über die Rechtsnatur des Urteils nicht die Bezeichnung, sondern der Inhalt[4]. Daher hat das **Fehlen der Bezeichnung** auch beim abgekürzten Urteil keine unmittelbaren Rechtsfolgen, wenn die Art des Urteils für die Parteien gleichwohl erkennbar ist[5]. Sollte allerdings wegen des Fehlens der Bezeichnung in Verbindung mit den sonstigen Umständen die Rechtsnatur des Urteils für die Partei nicht klar erkennbar sein und dadurch ein nicht zu vertretender Irrtum über das zulässige Rechtsmittel (vor allem beim Versäumnisurteil) entstehen, so wird dies der Partei, die das an sich falsche Rechtsmittel gewählt hat, im Sinne der Meistbegünstigungstheorie (näher dazu → Allg. Einl. vor § 511 Rdnr. 38 ff.) zugutekommen müssen[6]. Wird also den Parteien eine Ausfertigung eines im schriftlichen Vorverfahren erlassenen Versäumnisurteils zugestellt, das keinen Tatbestand und keine Entscheidungsgründe enthält, aber nicht als Versäumnisurteil bezeichnet ist, so findet dagegen bei einem nicht zu vertretenden Irrtum nicht nur der Einspruch, sondern auch die Berufung statt[7].

V. Auf die Klageschrift gesetztes bzw. mit dieser verbundenes Urteil (Abs. 2)

1. Entbehrliche Angaben

12 Über den Wegfall des Tatbestands und der Entscheidungsgründe hinaus sind, wenn nach Abs. 2 vorgegangen wird, auch die sonst für den Urteilskopf vorgeschriebenen Angaben (§ 313 Abs. 1 Nr. 1 bis 3) im allgemeinen entbehrlich. Die Bezeichnung des Gerichts und der mitwirkenden Richter (Abs. 2 S. 2) ist nicht notwendig, weil sie durch das Protokoll und durch die auch hier nach § 315 Abs. 1 erforderlichen Unterschriften ersetzt wird. Die Bezeichnung der Parteien, ihrer gesetzlichen Vertreter und der Prozeßbevollmächtigten ist nur bei Abweichungen von den Angaben in der Klageschrift notwendig, Abs. 2 S. 3. Nicht ausdrücklich erwähnt ist in Abs. 2 die Angabe des Schlusses der mündlichen Verhandlung (§ 313 Abs. 1 Nr. 3); sie erscheint aber, da der Tag der letzten mündlichen Verhandlung aus dem Protokoll hervorgeht, angesichts des auf äußerste Verkürzung des Urteils gerichteten Zwecks des Abs. 2 gleichfalls entbehrlich.

2. Bezugnahme auf die Klageschrift in der Urteilsformel

13 Bei der Formel kann nach Abs. 2 S. 4 auf die Klageschrift Bezug genommen werden (»Erkannt nach dem Antrag der Klageschrift« o. ä.), wenn **nach dem Antrag des Klägers erkannt** wurde. Dies setzt voraus, daß über den in der Klageschrift enthaltenen Antrag, nicht über einen später geänderten Antrag entschieden wird, und verlangt weiter, daß dem in der Klageschrift enthaltenen Antrag **vollinhaltlich** entsprochen wird. Im übrigen, auch bei nur geringen

---

[4] *BGH* VersR 1976, 251.
[5] *OLG Düsseldorf* MDR 1985, 678 lehnt bei einem Versäumnisurteil, das nicht ausdrücklich als solches gekennzeichnet war, die Wiedereinsetzung in den vorigen Stand wegen Irrtums über die Rechtsbehelfsfrist ab, weil es die Partei – im Anwaltsprozeß – unterlassen hatte, sich anwaltlich vertreten zu lassen bzw. sich über die Rechtsbehelfsfrist zu vergewissern.
[6] Ebenso *MünchKommZPO-Musielak* Rdnr. 7.
[7] *OLG Hamm* NJW-RR 1995, 186 (zugleich für Aufhebung und Zurückverweisung wegen der fehlenden Bezeichnung; richtiger wäre Abgabe zur Durchführung des Einspruchsverfahrens gewesen, → Allg. Einl. vor § 511 Rdnr. 62).

Abweichungen, läßt die Sicherheit der Vollstreckung und der Rechtskraft die Herstellung einer vollständigen Urteilsformel geboten erscheinen.

Jedoch kann von Abs. 2 S. 4 Gebrauch gemacht werden, wenn dem in der Klageschrift enthaltenen Klageantrag in der Hauptsache (einschließlich Nebenforderungen) entsprochen wurde und nur wegen der **Kosten** und der **vorläufigen Vollstreckbarkeit** über den Antrag hinausgehende **Zusätze** gemacht werden. Wenn hinsichtlich der Kosten und der vorläufigen Vollstreckbarkeit von in der Klageschrift enthaltenen Anträgen des Klägers **abgewichen** wird (z. B. wenn ihm entgegen seinem Antrag gemäß § 93 die Kosten auferlegt werden), sollte die Formel vollständig abgefaßt werden, um Unklarheiten zu vermeiden. 14

Die **Zulässigkeit der Abkürzung im übrigen** (sowohl nach Abs. 1 S. 1 als auch in den sonstigen in Abs. 2 genannten Punkten) bleibt ohnehin unberührt. 15

Bei der Entscheidung über die **Widerklage** durch Teilurteil ist Abs. 2 S. 4 entsprechend anwendbar, wenn eine Widerklageschrift samt Widerklageantrag vorliegt (vgl. § 261 Abs. 2, 2. Alternative). 16

3. Herstellung des Urteils

a) Auf die Klageschrift gesetztes Urteil

Im Fall des Abs. 2 wird die **Urschrift des Urteils** in der Weise hergestellt, daß sein notwendiger Inhalt *auf* die bei den Gerichtsakten befindliche Urschrift der Klage oder Abschrift der Klage gesetzt wird, zweckmäßig durch Stempelaufdruck bzw. Ausfüllung eines aufzustempelnden Vordrucks. Bei **vorausgegangenem Mahnverfahren** tritt die Urschrift des Mahnbescheids bzw. – bei maschineller Bearbeitung – der maschinell erstellte Aktenausdruck an die Stelle der Klageschrift, § 697 Abs. 5. 17

b) Urteil auf einem mit der Klageschrift verbundenen Blatt

Das Urteil gemäß Abs. 2 kann aber auch auf ein mit dem Aktenexemplar der Klage *zu verbindendes Blatt* gesetzt werden; es soll dann nach Abs. 2 S. 5 die Verbindungsstelle mit dem Gerichtssiegel versehen oder die Verbindung mit Schnur und Siegel bewirkt werden. Unterbleibt die Verbindung bzw. entspricht sie nicht diesen Anforderungen, so ändert dies nichts an der Wirksamkeit und Rechtmäßigkeit des Urteils (Sollvorschrift). 18

c) Zur **Protokollierung** → § 160 Rdnr. 24. 19

4. Zur **Ausfertigung** des Urteils → § 317 Rdnr. 21 ff. 20

5. Ergänzung und Berichtigung

Für das Berichtigungsverfahren nach § 319 und die Ergänzung nach § 321 bildet das abgekürzte Urteil mit der Klageschrift eine Einheit, so daß auch der Inhalt der Klageschrift die Grundlage der Berichtigung oder der Ergänzung liefern kann. Jedoch kann auf diese Weise nur das abgekürzte Urteil selbst berichtigt oder ergänzt werden, nicht die Klageschrift als solche[8]. Das Verfahren zur Tatbestandsberichtigung nach § 320 kommt nicht in Frage. 21

---

[8] Vgl. *OLG München* OLG Rsp 27 (1913), 88 (zu § 319): Der Kläger kann nicht nachträglich den als zugestanden geltenden Inhalt der Klageschrift ändern.

VI. Verstöße

22 Wurde § 313b Abs. 1 oder 2 angewandt. obwohl die Voraussetzungen nicht vorlagen, ist das Urteil gleichwohl wirksam[9]; es unterliegt jedoch gegebenenfalls der Berufung (§ 539)[10] und der Revision (§ 551 Nr. 7). Die Berufungsfrist wird aber durch Zustellung eines fehlerhaft nicht mit Tatbestand und Entscheidungsgründen versehenen Urteils (z.B. eines sog. unechten Versäumnisurteils) nicht in Lauf gesetzt[11].

VII. Geltendmachung im Ausland

1. Vollständige Abfassung des Urteils

23 Ist zu erwarten, daß das Urteil im Ausland vollstreckt oder sonst geltend gemacht wird, so schließt Abs. 3 (eingefügt durch das AVAG 1988, → Gesetzesgeschichte) die abgekürzte Form aus. Zuvor ergab sich für einen weiten Bereich dasselbe aus den Ausführungsgesetzen zum EuGVÜ und zu bilateralen Anerkennungs- und Vollstreckungsabkommen, näher s. 20. Aufl. dieses Kommentars, § 313b Rdnr. 24.

24 Eines besonderen Antrags auf vollständige Abfassung des Urteils bedarf es nicht. Es genügt, wenn sich aus dem Parteivorbringen, vor allem dem des Klägers, ergibt, daß mit der Geltendmachung im Ausland zu rechnen ist[12].

2. Nachträgliche Vervollständigung

25 Soweit das Urteil in abgekürzter Form erlassen wurde und später die Geltendmachung im jeweiligen ausländischen Vertragsstaat beabsichtigt ist, gibt **§ 32 AVAG** (Text → Anh. zu § 723 C I Rdnr. 332) im Anwendungsbereich dieses Gesetzes (§ 35 AVAG), insbesondere des EuGVÜ, den Parteien ausdrücklich einen **Anspruch auf Vervollständigung des Urteils**. Der Antrag kann (bei dem Gericht, um dessen Urteil es geht) schriftlich oder durch Erklärung zu Protokoll der Geschäftsstelle gestellt werden; über ihn ist ohne mündliche Verhandlung zu entscheiden.

26 Auch die Ausführungsgesetze zu bilateralen Anerkennungs-und Vollstreckungsverträgen (→ Anh. zu § 723 C IV bis IX) enthalten zum Teil entsprechende Bestimmungen. Darüberhinaus ist den Parteien aber **generell** (d.h. auch außerhalb des Anwendungsgebiets der genannten Ausführungsgesetze zu multi- und bilateralen Abkommen) zum Zweck der Geltendmachung (insbesondere der Vollstreckung) im Ausland ein **Anspruch auf Vervollständigung** des abgekürzten Urteils zuzubilligen[13], wobei auch hinsichtlich der Einzelfragen eine analoge Anwendung des § 32 AVAG angezeigt erscheint. **Gerichtsgebühren** entstehen durch die Vervollständigung nicht, ebenso wenig besondere Anwaltsgebühren (§ 37 Nr. 6a BRAGO: die Vervollständigung gehört zum Rechtszug).

VIII. Arbeitsgerichtliches Verfahren

27 Hier ist § 313b in allen Instanzen des **Urteilsverfahrens** anzuwenden. Im **Beschlußverfahren** gibt es keine Versäumnisentscheidungen[14]. Soweit Anerkenntnis- und Verzichtsentscheidungen in Betracht kommen (→ § 307 Rdnr. 52), erscheint gleichwohl § 313b mangels einer

---

[9] Vgl. *RGZ* 85, 17.
[10] *OLG Frankfurt* OLGZ 1984, 179 = MDR 1984, 322.
[11] *BGH* LM § 516 Nr. 28 = NJW-RR 1991, 255; → auch § 516 Rdnr. 4.
[12] Vgl. Begr. BT-Drucks. 10/5711, S. 35.
[13] *OLG Hamm* DAVorm 1985, 167; *Zöller-Stephan*[20] Rdnr. 5.
[14] *Grunsky* ArbGG[7] § 83 Rdnr. 8.

allgemeinen Verweisung auf die ZPO-Vorschriften und im Hinblick auf den Zweck des Beschlußverfahrens unanwendbar[15] (ähnlich wie zu § 313 a, → § 313 a Rdnr. 20).

§ 314 [Beweiskraft des Tatbestandes]

¹Der Tatbestand des Urteils liefert Beweis für das mündliche Parteivorbringen. ²Der Beweis kann nur durch das Sitzungsprotokoll entkräftet werden.

Gesetzesgeschichte: Bis 1900 § 285 CPO.

I. Die Beweiskraft 1	4. Berufungs- und Revisionsurteile 10
1. Gegenstand der Beweiskraft 3	II. Die Widerlegung 12
2. Negative Beweiskraft 8	1. Durch das Sitzungsprotokoll 12
3. Verhältnis zur Berichtigung und zur Aufhebung des Urteils 9	2. Sonstige Entkräftung 14

I. Die Beweiskraft[1]

Die Beweiskraft des **Tatbestandes** (zu dessen Inhalt und Aufbau → § 313 Rdnr. 27 ff.; zur Bedeutung von Mängeln des Tatbestandes → § 313 Rdnr. 56 ff.) als öffentlicher Urkunde wird in § 314 durch eine gesetzliche Beweisregel, § 286 Abs. 2, angeordnet und durch die Erschwerung des Gegenbeweises (→ Rdnr. 12 ff.) über das sonstige Maß (§ 418) gesteigert. Als Ausgleich hierfür besteht die Möglichkeit der Tatbestandsberichtigung nach § 320[2]. Die Vorschrift gilt nicht für **Beschlüsse** → § 329 Rdnr. 10. 1

Die Beweiskraft kommt in erster Linie dem als Tatbestand gekennzeichneten Teil des Urteils zu. Dies gilt auch bei einem Urteil ohne (gesonderten) Tatbestand nach § 543 Abs. 1[3]. Eine Feststellung des Parteivorbringens in den **Entscheidungsgründen** nimmt jedoch ebenfalls an der Beweiskraft gemäß § 314 teil, da es nicht auf die äußere Einordnung in das Urteil ankommt[4], näher → § 313 Rdnr. 55. Ein eindeutiger (formeller) Tatbestand geht aber davon abweichenden Angaben in den Entscheidungsgründen vor[5]; der Wiedergabe von Sachvortrag in den Entscheidungsgründen kommt dann die Tatbestandswirkung nach § 314 nicht zu[6]. 2

1. Gegenstand der Beweiskraft

Die Beweiskraft bezieht sich auf das mündliche Vorbringen der Parteien, d.h. auf das Vorbringen in der mündlichen Verhandlung ohne Unterschied zwischen dem Vorgetragenen und dem nach § 137 Abs. 3 in Bezug Genommenen. Wird im Tatbestand *auf Schriftsätze Bezug genommen*, so erbringt dies den Beweis, daß der Inhalt der Schriftsätze Gegenstand der mündlichen Verhandlung war[7], dem aber abweichende konkrete Feststellungen im Tatbestand 3

---

[15] Ebenso *MünchKommZPO-Musielak* Rdnr. 2.

[1] Vgl. *K. Blomeyer* RG-Praxis im deutschen Rechtsleben VI, 309 (Reichsgerichtsfestgabe 1929).
[2] *BAG* AP § 7 KSchG Nr. 2 (*Hueck*) = RdA 1956, 119 (LS).
[3] *BGH* NJW 1997, 1931.
[4] *BGH* VersR 1974, 1021; 1984, 946, 947; NJW 1986, 248; *BAG* AP § 91 a Nr. 13 = NJW 1967, 2226 (LS); *BVerwG* NVwZ 1985, 337, 338.
[5] *BAG* NJW 1972, 789; *BAG* AP §§ 22, 23 BAT Nr. 42.
[6] *BGH* NJW 1989, 898.
[7] *RG* JW 1929, 325, 326 (*Roquette*).

vorgehen[8], → Rdnr. 14. Die Beweiskraft des Tatbestandes gilt insbesondere auch für die Rüge der Zulässigkeit des Rechtsweges[9] oder der Zuständigkeit[10], für Anerkenntnisse, Verzichtleistungen[11] und Vergleiche (§ 160 Abs. 3 Nr. 1), für Einwilligung oder Widerspruch zu Klageänderung und Parteiwechsel[12], für die Bezeichnung der Beweismittel, ferner namentlich auch für die *Reihenfolge* des Parteivorbringens, soweit sie rechtlich bedeutsam ist (§ 282 Abs. 3, § 295 usw.)[13].

4   Die Beweiskraft bezieht sich auch auf den Inhalt der gestellten **Anträge**, wenn diese in den Tatbestand aufgenommen wurden. Enthält der Tatbestand insoweit eine Bezugnahme, so wird hinsichtlich der Anträge nur die Tatsache der Verlesung bezeugt, während für den Inhalt der ausweislich des Protokolls verlesene Antrag aus dem Schriftsatz bzw. aus der Anlage zum Protokoll (§ 297 Abs. 1 S. 2) maßgebend ist[14]. Das Sitzungsprotokoll geht für den Inhalt des Antrags dem Urteilstatbestand vor[15].

5   Auch für die **Feststellung der Beweisergebnisse** ist nicht der Tatbestand, sondern das Protokoll (§ 160 Abs. 3 Nr. 4, 5) maßgebend[16]. Wird im Fall des § 161 von der Protokollierung abgesehen und (→ § 161 Rdnr. 14, → § 313 Rdnr. 42) der wesentliche Inhalt der Vernehmung oder des Augenscheins in den Urteilstatbestand aufgenommen, so haben diese Feststellungen keine Beweiskraft nach § 314, sondern es gilt § 418 mit der uneingeschränkten Möglichkeit des Gegenbeweises nach § 418 Abs. 2[17].

6   Nicht unter die verstärkte Beweiskraft des Tatbestandes fallen Angaben (oder das Schweigen) über das **bloße Prozeßgeschehen** (z.B. die Verlängerung einer Erklärungsfrist)[18].

7   Bei der **Entscheidung ohne mündliche Verhandlung** (§ 128 Abs. 2 u. 3) und derjenigen **nach Lage der Akten** (§ 251 a) gilt die Beweisregel des § 314 nur hinsichtlich des durch Vortrag in einer früheren mündlichen Verhandlung zum Prozeßstoff gewordenen Vorbringens (§ 128 Rdnr. 88)[19], nicht dagegen hinsichtlich des Inhalts der bei den Akten befindlichen und demgemäß eines Beweises überhaupt nicht bedürftigen Schriftsätze[20].

2. Negative Beweiskraft

8   Bezüglich des mündlichen Parteivorbringens (→ Rdnr. 3) liefert der Tatbestand den vollen Beweis auch dafür, daß seitens einer Partei eine **Behauptung nicht vorgebracht** oder eine **Erklärung nicht abgegeben** wurde[21], ohne daß diese negativen Umstände einer ausdrücklichen Hervorhebung im Tatbestand bedürfen – allerdings vorbehaltlich der frei zu würdigenden Feststellung des Gegenteils aus dem Zusammenhang des Tatbestandes und den sonstigen Verhandlungen[22]. Die Beweiskraft greift auch ein, wenn im Tatbestand festgestellt ist, daß eine Tatsache nicht bestritten wurde[23]. Das hindert aber nicht das Bestreiten in der Berufungsinstanz, das – vorbehaltlich einer Zurückweisung wegen Verspätung – vom Berufungsgericht zu berücksichtigen ist[24]. Die negative Beweiskraft des Tatbestands ist auch im Rahmen des § 561

---

[8] A.M. *Weitzel* (§ 313 Fn. 1), 57 ff.
[9] BGH DtZ 1996, 50.
[10] Auch für die Rüge der internationalen Zuständigkeit, *OLG Düsseldorf* NJW 1991, 1492.
[11] RGZ 10, 366, 367; Gruchot 42 (1898), 915, 918 f. – Die Beweiskraft gilt auch für ein *Geständnis*, ohne daß gerade dieser Ausdruck verwendet werden müßte, *OLG Köln* ZIP 1985, 436.
[12] BVerwG NJW 1988, 1228.
[13] RG JW 1894, 11, 12.
[14] RG JW 1904, 488, 489; JR 1926, Nr. 1302.
[15] OLG Düsseldorf OLGZ 1966, 178; *OLG Stuttgart* WRP 1974, 172; *BAG* NJW 1971, 1332.
[16] RGZ 13, 418, 422; 14, 379, 381; 17, 344, 347 f.

[17] RGZ 149, 312, 316; *OLG Celle* NJW 1970, 53, 54 (bejaht die Zulässigkeit einer Berichtigung nach § 320).
[18] BGH NJW 1983, 2030, 2032 = LM § 224 Nr. 8.
[19] BGH NJW 1956, 945; BGH Warn 1972 Nr. 71.
[20] KG NJW 1966, 601; BFH BB 1983, 755.
[21] BGH NJW 1981, 1848 = LM § 561 Nr. 47, LM Nr. 4 = NJW 1983, 885; OGHZ 4, 22, 24 = NJW 1950, 696, 697. R. *Bruns* ZPR[2] Rdnr. 210 b hebt die negative Beweiswirkung des Tatbestands besonders hervor.
[22] Vgl. RG Gruchot 36 (1892), 127, 128.
[23] BGH NJW 1994, 517, 519 (auch wenn die Feststellung in den Entscheidungsgründen enthalten ist). – A.M. *OLG Düsseldorf* OLGZ 1988, 465.
[24] BGH NJW-RR 1992, 1214; *E. Schneider* MDR 1988, 807.

Abs. 1 (Grundlagen der Nachprüfung durch das Revisionsgericht) zu beachten[25]. Je knapper allerdings der Tatbestand gefaßt wird, umso problematischer wird dessen negative Beweiskraft. Sie kann jedenfalls nicht hinsichtlich der Einzelheiten des Vorbringens gelten, das im Kern im Tatbestand wiedergegeben ist.

3. Verhältnis zur Berichtigung und zur Aufhebung des Urteils

Die Beweiskraft des Tatbestandes ist, solange eine Berichtigung nach § 320 nicht erfolgt ist, unabhängig davon, ob eine Berichtigung noch statthaft oder beantragt ist[26]. Die Beweiskraft wird nicht dadurch berührt, daß das Urteil von dem Gericht höherer Instanz aufgehoben wird; denn die Aufhebung beseitigt nur die *entscheidende* Wirkung des Urteils[27]; anders bei gleichzeitiger Aufhebung des Verfahrens, § 539.

9

4. Berufungs- und Revisionsurteile

Der Tatbestand des Berufungsurteils erbringt den Beweis für das Vorbringen in der Berufungsinstanz. Soweit der Tatbestand des Berufungsurteils das Vorbringen in der ersten Instanz wiedergibt, kommt ihm dagegen die Beweiskraft des § 314 nicht zu[28]. Wenn es darum geht, ob ein Vorbringen in der Berufungsinstanz neu war (§ 528), ist für das Revisionsgericht der Tatbestand des erstinstanzlichen Urteils maßgebend[29]. Für die Frage, ob die Rüge der Unzuständigkeit der Arbeitsgerichtsbarkeit in der ersten Instanz erhoben wurde oder nicht, liefert nur der Tatbestand des erstinstanzlichen, nicht der des Berufungsurteils Beweis[30].

10

Wegen des Tatbestandes bei den Urteilen des **Revisionsgerichts** → § 320 Rdnr. 1. Zu dem für das Revisionsgericht maßgeblichen Prozeßstoff → § 561 Rdnr. 2 ff.

11

II. Die Widerlegung

1. Durch das Sitzungsprotokoll

Der durch den Tatbestand erbrachte Beweis kann nur durch eine *ausdrückliche*[31] Feststellung im Sitzungsprotokoll entkräftet werden[32], wogegen dessen *Schweigen* ohne Bedeutung ist, → auch § 165 Rdnr. 13[33]. Die stärkere Beweiskraft des Sitzungsprotokolls gilt ferner nur bezüglich der unter § 160 Abs. 3 Nr. 1 und 2 fallenden mündlichen Parteierklärungen, die gemäß § 162 den Parteien vorzulesen und von ihnen zu genehmigen sind, einschließlich der

12

---

[25] *Schwöbbermeyer* NJW 1990, 1451, 1453 gegen OLG Oldenburg NJW 1989, 1165; *C.-D. Schumann* NJW 1993, 2786, 2787 gegen BGH NJW 1992, 2148, der für den Regelfall davon ausgeht, der gesamte Akteninhalt sei durch Antragstellung und Verhandlung zum Gegenstand der mündlichen Verhandlung gemacht worden. – Dem BGH zustimmend *Oehlers* NJW 1994, 712.

[26] Vgl. OLG Stuttgart NJW 1969, 2055, 2056 (Berufung beseitigt die Wirkung des Tatbestands nicht).

[27] RGZ 77, 29, 31.

[28] BGH DtZ 1996, 50; OLG Stuttgart NJW 1973, 1049.

[29] BAGE 8, 156, 159 = NJW 1960, 166.

[30] BAG NJW 1962, 836 (LS) = AP Nr. 2 (*Pohle*); BAG AP Nr. 1 (*Pohle*). Nach heutiger Rechtslage kann die Revision ohnehin nicht mehr darauf gestützt werden, daß die Zuständigkeit der ordentlichen Gerichte gegeben sei, § 73 Abs. 2 ArbGG.

[31] So auch *BVerwG* NJW 1988, 1228.

[32] Bei Widerspruch zwischen Tatbestand und Sitzungsprotokoll ist letzteres maßgebend, BAG AP § 7 KSchG Nr. 2 (*Hueck*) = RdA 1956, 119 (LS) = DB 1956, 114 (LS); BGH VersR 1959, 853, 854; RG DR 1940, 207; BayObLGZ 1 (1948–51), 18, 19. Ist der Tatbestand des angefochtenen Urteils bereits in sich widersprüchlich, so fehlt ihm insoweit die Beweiskraft, BGH LM Nr. 2 = NJW 1969, 190 (LS) = MDR 1969, 133; BAG AP § 91a Nr. 13 (Fn. 4). → auch § 561 Rdnr. 31.

[33] RGZ 10, 366 f.; RG JW 1898, 418; 1927, 1931 (*Lemberg*); HRR 1933 Nr. 252; BayObLGZ 1 (1948–51), 4, 7, 18, 19. – Sind also die im Tatbestand bezeugten Vorgänge im Sitzungsprotokoll nicht wiedergegeben, obwohl dies bei korrekter Abfassung der Fall sein sollte, so wird dadurch der Beweis durch den Tatbestand nicht widerlegt, RG JW 1894, 315. – Wegen derjenigen Feststellungen (Zeugenaussagen usw.), für die der Tatbestand keine Beweiskraft hat, → Fn. 16.

Anlagen im Sinne der §§ 160 Abs. 5, 297 Abs. 1 S. 2[34] und der Fälle des § 510 a. Weitergehende Feststellungen haben nicht die verstärkte Beweiskraft des § 314 S. 2[35]. Dies gilt namentlich von etwaigen Bemerkungen über den Vortrag des Inhalts von vorbereitenden Schriftsätzen[36]. Endlich entfällt die stärkere Beweiskraft des Sitzungsprotokolls insoweit, als es selbst seiner Beweiskraft durch Gegenbeweis nach §§ 415 ff. entkleidet ist. Zur Berichtigung des Protokolls → § 164.

13 Soweit die Feststellung zum Sitzungsprotokoll reicht, hat der Tatbestand nicht etwa eine geringere, sondern gar **keine Beweiskraft**, so daß eine Abwägung beider nicht in Frage kommt[37].

2. Sonstige Entkräftung

14 Jede **andere Beweisführung** zur Widerlegung des Tatbestandes ist dagegen **ausgeschlossen**. Feststellungen im Tatbestand können insbesondere nicht dadurch entkräftet werden, daß *daneben* im Tatbestand auf vorbereitende Schriftsätze Bezug genommen wird, die abweichendes Vorbringen enthalten[38]. Auch durch ein Zugestehen oder Anerkennen der Unrichtigkeit des Tatbestandes seitens der Parteien kann die Beweisregel des § 314 nicht außer Kraft gesetzt werden[39], →auch § 320 Rdnr. 12 (kein bindendes Geständnis im Verfahren über die Berichtigung des Tatbestandes).

§ 315 [Unterschrift der Richter, Abfassung des Urteils, Verkündungsvermerk]

(1) ¹Das Urteil ist von den Richtern, die bei der Entscheidung mitgewirkt haben, zu unterschreiben. ²Ist ein Richter verhindert, seine Unterschrift beizufügen, so wird dies unter Angabe des Verhinderungsgrundes von dem Vorsitzenden und bei dessen Verhinderung von dem ältesten beisitzenden Richter unter dem Urteil vermerkt.

(2) ¹Ein Urteil, das in dem Termin, in dem die mündliche Verhandlung geschlossen wird, verkündet wird, ist vor Ablauf von drei Wochen, vom Tage der Verkündung an gerechnet, vollständig abgefaßt der Geschäftsstelle zu übergeben. ²Kann dies ausnahmsweise nicht geschehen, so ist innerhalb dieser Frist das von den Richtern unterschriebene Urteil ohne Tatbestand und Entscheidungsgründe der Geschäftsstelle zu übergeben. ³In diesem Falle sind Tatbestand und Entscheidungsgründe alsbald nachträglich anzufertigen, von den Richtern besonders zu unterschreiben und der Geschäftsstelle zu übergeben.

(3) Der Urkundsbeamte der Geschäftsstelle hat auf dem Urteil den Tag der Verkündung oder der Zustellung nach § 310 Abs. 3 zu vermerken und diesen Vermerk zu unterschreiben.

Gesetzesgeschichte: Bis 1900 § 286 CPO. Änderungen durch die Novelle 1924, die VO vom 30.XI.1927 und die Vereinfachungsnovelle 1976.

I. Die Unterzeichnung	1		4. Ersetzung abhanden gekommener gerichtlicher Urkunden	5
1. Zweck und Inhalt	1		II. Verhinderung	6
2. Pflicht zur Unterzeichnung, mitwirkende Richter	3		1. Voraussetzungen der Verhinderung	6
3. Berichtigung	4			

---

[34] *RG* JW 1903, 65; JW 1907, 146. U.U. ist aber zur Auslegung des Sitzungsprotokolls der Tatbestand heranzuziehen, *BAG* AP § 56 BetrVG Nr. 26 (*Fahrtmann*).
[35] Wie hier *Baumbach-Lauterbach-Hartmann*[56] Rdnr. 7; *Zöller-Stephan*[20] Rdnr. 2; *Wieczorek*[2] B III.
[36] *RGZ* 2, 401, 402 f.; *RG* JW 1893, 485 f.
[37] Vgl. *RG* JW 1897, 344.
[38] *BGH* VersR 1983, 1160, 1161; NJW 1994, 517, 519; DtZ 1996, 50.
[39] *OLG Frankfurt* HRR 1932 Nr. 2310; *Baumbach-Lauterbach-Hartmann*[56] Rdnr. 8. – A.M. wohl *RGZ* 4, 418, 421.

2. Auswirkungen bei Kollegialgerichten	7	1. Die 3-Wochen-Frist zur vollständigen Abfassung	19
3. Auswirkungen beim einzeln entscheidenden Richter	9	2. Urteil ohne Tatbestand und Entscheidungsgründe	21
III. Verstöße gegen Abs. 1	11	3. Nachträgliche Anfertigung des Tatbestands und der Entscheidungsgründe	22
1. Fehlerhafte Bezeichnung der Richter im Rubrum	12	V. Der Verkündungsvermerk (Abs. 3)	25
2. Fehlen der Unterzeichnung, Wirkung der Zustellung bei Mängeln	13	VI. Arbeitsgerichtliches Verfahren	29
		1. Unterzeichnung	29
IV. Vollständige und ausnahmsweise unvollständige Urteilsurschrift (Abs. 2)	19	2. Vollständige Abfassung	31
		3. Rechtsmittelbelehrung	35

I. Die Unterzeichnung

1. Zweck und Inhalt

Die Unterzeichnung des Urteils soll die Übereinstimmung der Formel des schriftlichen Urteils mit der verkündeten Entscheidung und die Feststellung des Tatbestandes und der Entscheidungsgründe durch das Gericht bezeugen. Sie ist *handschriftlich* – und zwar mit dem *vollen Familiennamen,* nicht nur mit dessen Anfangsbuchstaben – von *sämtlichen Richtern* zu vollziehen, die bei der Beschlußfassung (nicht etwa bei der Verkündung) mitgewirkt haben. Die Unterschriften brauchen nicht lesbar zu sein, wenn die Namen der beteiligten Richter in Maschinenschrift angegeben sind[1]. Es darf sich aber nicht bloß um ein Handzeichen (Paraphe) handeln[2]. Die Rechtsprechung stellt dieselben Anforderungen wie bei der Unterzeichnung bestimmender Schriftsätze, dazu → § 129 Rdnr. 22ff. 1

Zu unterschreiben ist die **Urschrift** des – im Regelfalle (anders im Fall des Abs. 2 S. 2) – vollständig abgefaßten Urteils. Die Unterzeichnung des Protokolls mag genügen, wenn das Urteil in der vollen Form des § 313 darin enthalten ist und alle Richter unterzeichnet haben. 2

2. Pflicht zur Unterzeichnung, mitwirkende Richter

Überstimmte Richter dürfen die Unterschrift nicht verweigern, → § 309 Rdnr. 9. Die Unterzeichnung des Urteils ist ein gerichtsverfassungsmäßig unselbständiger Akt, der ausschließlich durch die Mitwirkung bei der Beschlußfassung bedingt ist; es entscheidet daher für die Frage, ob bezüglich der Person des Unterzeichners das Gericht vorschriftsmäßig besetzt war, ausschließlich der Zeitpunkt der Beschlußfassung, nicht der der Unterzeichnung. Zur Verhinderung bei Ausscheiden aus dem Amt → Rdnr. 6. 3

3. Berichtigung

Über die Berichtigung des Urteils, insbesondere bei Widerspruch zwischen der verkündeten und der späteren Formel, → § 319 Rdnr. 7. Im übrigen sind Änderungen nach der Unterzeichnung unstatthaft[3]. Zur Nachholung der Unterzeichnung → Rdnr. 13. 4

---

[1] *BGH* VersR 1983, 874.
[2] *KG* NJW 1988, 2807; *OLG Oldenburg* NJW 1988, 2812.
[3] S. auch *RGSt* 28, 54; 44, 120.

§ 315 I, II   2. Buch. Verfahren im ersten Rechtszuge. 1. Abschnitt. Landgerichte

5   **4.** Über die **Ersetzung zerstörter oder abhanden gekommener gerichtlicher oder notarieller Urkunden** → vor § 415 Rdnr. 16.

II. Verhinderung

1. Voraussetzungen der Verhinderung

6   Die Verhinderung kann auf tatsächlichen Ursachen (Tod, Krankheit, Urlaub) oder auf rechtlichen Gründen beruhen. Jedoch steht es der Unterzeichnung nicht entgegen, wenn der Richter nunmehr einem **anderen Spruchkörper** desselben Gerichts angehört[4]. Wurde der Richter an ein anderes Gericht **versetzt,** so sollte man die Verhinderung zumindest aus tatsächlichen Gründen bejahen dürfen[5]. Erst recht ist beim **Ausscheiden aus dem Richterdienst** (z.B. Wechsel zur Staatsanwaltschaft, Ausscheiden aus dem Staatsdienst, Beendigung der Stellung als ehrenamtlicher Richter, § 108 GVG) eine Verhinderung (und zwar aus rechtlichen Gründen) anzunehmen, da die Unterzeichnung ein richterlicher Akt ist und daher nur durch einen Richter vorgenommen werden kann[6], → auch § 163 Rdnr. 3 zur selben Frage bei der Unterzeichnung des Protokolls. Die *Verweigerung* der Unterschrift durch einen Richter stellt keinen Verhinderungsgrund dar[7].

2. Auswirkungen bei Kollegialgerichten

7   Ist ein Richter verhindert, so wird bei den Kollegialgerichten seine Unterschrift durch den **Vermerk** nach Abs. 1 S. 2 **ersetzt**[8]. Diesen hat der Vorsitzende, bei dessen Verhinderung der älteste[9] beisitzende Richter anzufertigen. Bei dem Vermerk[10] genügt die allgemeine Angabe des Verhinderungsgrundes; nicht erforderlich ist z.B. die Angabe der Krankheitsart. In diesem Fall reicht es dann aus, daß die angegebene Tatsache einen Verhinderungsgrund darstellen *kann*. Ob sie objektiv einen Verhinderungsgrund darstellte, kann nicht nachgeprüft werden[11]. Zur fehlenden Angabe des Verhinderungsgrundes → Rdnr. 18.

8   Wenn sowohl der Vorsitzende als auch der älteste Beisitzer verhindert sind, genügt die Unterschrift des jüngeren Beisitzers mit Verhinderungsvermerk für die beiden anderen Richter[12]. Sind bei einem Kollegialgericht **sämtliche Richter** an der Unterschriftsleistung **verhindert,** ist die Rechtslage nicht anders als beim Amtsgericht oder Einzelrichter: Das Urteil muß *ohne* Unterschrift bleiben (näher und zum weiteren Verfahren → Rdnr. 9).

---

[4] *BayObLG* VRS 64 (1983), 209 = BayJMBl 1983, 32 (LS).
[5] So auch *BGH* VersR 1981, 552; *Baumbach-Lauterbach-Hartmann*[56] Rdnr. 5 mit § 163 Rdnr. 5; allgemeiner für Verhinderung *OLG Stuttgart* OLGZ 1976, 241, 243 = Rpfleger 1976, 257. – A.M. *Vollkommer* Rpfleger 1976, 258, 259; *Thomas-Putzo*[20] Rdnr. 1.
[6] *BayObLG* NJW 1967, 1578; *OLG München* OLGZ 1980, 465; *OLG Stuttgart* OLGZ 1976, 243 (Fn. 5); *BVerwG* NJW 1991, 1192; *Baumbach-Lauterbach-Hartmann*[56] Rdnr. 6; *Thomas-Putzo*[20] Rdnr. 1; zust. *Kissel* NJW 1988, 2097, 2098. – A.M. *RAG* ArbRsp 1932, 256; *Vollkommer* NJW 1968, 1309, 1310.
[7] *BGH* NJW 1977, 765.
[8] Der Vermerk des Vorsitzenden kann etwa lauten: »Zugleich für den infolge Erkrankung (Urlaubs usw.) an eigener Unterschriftsleistung verhinderten Richter am Landgericht ...«; vgl. NdsRpfl 1949, 118. Stellt den Vermerk der Beisitzer aus, so braucht der Grund der Verhinderung des Vorsitzenden (der selbst das Urteil bereits unterschrieben hat), den Vermerk auszustellen, nicht angegeben zu werden, *RG* JW 1911, 188f. – Der Vermerk sollte durch die Unterschrift abgeschlossen werden. Es genügt aber auch, wenn der Vermerk unmittelbar unter der Unterschrift steht und sich daraus sowie aus der Formulierung (zugleich für...) ergibt, daß der Vermerk vom Vorsitzenden stammt, *BGH* VersR 1984, 287. Zur Wiedergabe des Ersetzungsvermerks in der Urteilsausfertigung → § 317 Rdnr. 15.
[9] Dem Wortlaut folgend (und der Einfachheit halber) nach Lebensjahren; nach anderer Auffassung soll analog § 21f Abs. 2 S. 2, § 21h GVG das Dienstalter entscheiden, so *Zöller-Stephan*[20] Rdnr. 1; *Roth* →§ 163 Rdnr. 10.
[10] Zur Fassung vgl. *Fischer* DRiZ 1994, 95, 96.
[11] *BGH* NJW 1961, 782 = LM Nr. 5; NJW 1980, 1849, 1850; *BGHSt* NJW 1983, 1745 (zur Verhinderung »aus dienstlichen Gründen«); *Zöller-Stephan*[20] Rdnr. 1; *Wieczorek*[2] A II a 1.
[12] *BGH* VersR 1992, 1155 (dabei ist unerheblich, wenn der unterschreibende Richter nur Richter auf Probe ist).

3. Auswirkungen beim einzeln entscheidenden Richter

Beim **Amtsgericht** und beim **Einzelrichter** ist ein **Ersatz der Unterschrift nicht zulässig**[13]. Wird deshalb die vollständige Abfassung überhaupt unmöglich (weil der Amts- oder Einzelrichter oder alle Richter eines Kollegialgerichts verhindert sind), so ist davon auszugehen, daß das (verkündete) Urteil bereits mit der Verkündung rechtlich existent (→ § 310 Rdnr. 3) und bindend (§ 318) geworden ist, so daß eine Zurücknahme und Wiedereröffnung der Verhandlung ausgeschlossen ist. Bei der Verkündung muß die Urteilsformel schriftlich abgefaßt sein, so daß der Inhalt des Urteils feststeht. Das Urteil ist, wie es vorliegt (d.h. ohne Unterzeichnung durch einen Richter, bzw., wenn es überhaupt nicht zur einer Absetzung von Tatbestand und Entscheidungsgründen kommt[14], ohne diese Bestandteile), *auszufertigen, zuzustellen* und gegebenenfalls *zu vollstrecken*[15]. Der unterlegenen Partei bleibt es dann überlassen, das Urteil durch Rechtsmittel wegen Verletzung der §§ 313 und 315 anzufechten[16]; das Berufungsgericht kann dann die Sache nach § 539 zurückverweisen[17]. Nichtigkeitsklage findet nicht statt (§ 579).

9

War jedoch die **Verkündung** entgegen § 311 Abs. 2 S. 1 **vor der schriftlichen Abfassung der Formel** erfolgt, so ist das Urteil mangels wirksamer Verkündung nicht existent geworden, → § 311 Rdnr. 2, 10; es kann und muß dann *von neuem verhandelt und entschieden* werden. § 318 steht dem nicht entgegen.

10

III. Verstöße gegen Abs. 1

Bei Verstößen gegen § 315 Abs. 1 und den damit in unmittelbarem Zusammenhang stehenden[18] § 313 Abs. 1 Nr. 2 ist zu unterscheiden:

11

1. Fehlerhafte Bezeichnung der Richter im Rubrum

Ist in dem Urteilskopf ein Richter aufgeführt, der bei der Entscheidung nicht mitgewirkt hat, so kann das Urteil nach § 319 jederzeit berichtigt werden, → § 319 Rdnr. 9 Fn. 34.

12

2. Fehlen der Unterzeichnung, Wirkung der Zustellung bei Mängeln

Ist dagegen gegen § 315 Abs. 1 verstoßen, sei es, daß eine **Unterschrift** überhaupt **fehlt** (bzw. der sie ersetzende Vermerk nach § 315 Abs. 1 S. 2) oder von einem *unbeteiligten Richter geleistet* ist, so liegt noch keine fertige Urteilsurschrift vor; die fehlende Unterschrift kann **jederzeit nachgeholt** werden; die bereits erfolgte Erteilung einer Ausfertigung schließt diese Nachholung nicht aus, ebensowenig die Zustellung oder die Einlegung eines Rechtsmittels[19]. Zugleich mit der Nachholung der Unterschrift ist die Unterschrift des »falschen« Richters zu

13

---

[13] *OLG Koblenz* VersR 1981, 688.
[14] Z.B. durch Tod des Richters am Amtsgericht nach Verkündung, aber vor schriftlicher Absetzung des Urteils, dazu *Matzke* AnwBl 1981, 11.
[15] Ebenso *Thomas-Putzo*[20] Rdnr. 2; *Wieczorek*[2] A II a 3; *Zöller-Vollkommer*[20] Rdnr. 4.
[16] *OLG München* HRR 1940, 1310. Nach *Rosenberg-Schwab-Gottwald*[15] § 60 II 4a kann, wenn die Urteilsurkunde fehlt und nicht herstellbar ist, *jede* Partei das Urteil anfechten. In der Tat wird man im völligen Fehlen von Tatbestand und Entscheidungsgründen eine Beschwer (→ Allg. Einl. vor § 511 Rdnr. 70ff.) auch der in der Sache voll obsiegenden Partei sehen können.

[17] Vgl. *RAG* ArbRsp 1931, 129 und → Fn. 19; *LAG Frankfurt* AP Nr. 2.
[18] *RGZ* 58, 122; 90, 175.
[19] *BGHZ* 18, 354 = NJW 1955, 1919; 1956, 344 (LS, *Geißler*) = LM § 140 HGB Nr. 5 = LM § 319 Nr. 3 (LS, *Fischer*) = JZ 1956, 248 (*Reinhardt*) = MDR 1957, 342 (*Bötticher*); MDR 1998, 336; *BAG* AP Nr. 1 (Fn. 36); *OLG Frankfurt* NJW 1983, 2395; s. auch *RGZ* 150, 148 (das Berufungsgericht hat von Amts wegen auf Nachholung der Unterschrift hinzuwirken; notfalls ist nach § 539 zu verfahren).

streichen und die fehlerhafte Angabe über seine Mitwirkung durch Berichtigungsbeschluß zu korrigieren[20]. Die Wirksamkeit der Verkündung wird durch falsche Unterschriften oder das Fehlen der Unterschriften nicht beeinträchtigt, auch nicht im Fall des § 310 Abs.2[20a].

14 Wird die Unterschrift bis zur Entscheidung des Rechtsmittelgerichts **nicht nachgeholt,** ist das Urteil allein wegen dieses Mangels aufzuheben[21], → auch §551 Rdnr. 31.

15 Ob die **Zustellung** eines mit einem Mangel dieser Art behafteten Urteils wirksam ist (insbesondere für die Inlaufsetzung der Rechtsmittelfrist), hängt von der **Gestalt der Urteilsausfertigung** ab, da lediglich diese – nicht die Urteilsurschrift – für die Parteien in Erscheinung tritt und die Grundlage ihres weiteren Handelns bildet[22].

16 Weist die **Ausfertigung** im Urteilskopf und als Unterschriften die der ordnungsmäßigen Besetzung des Gerichts entsprechende Zahl übereinstimmender Namen auf, so stellt sich die Ausfertigung äußerlich als die einer formgerechten Urteilsurkunde dar und die Zustellung ist wirksam[23].

17 Stimmen dagegen in der Ausfertigung die im Urteilskopf aufgeführten Richternamen mit den Unterschriften *nicht überein* (→ auch § 317 Rdnr. 14), so liegt für die Parteien erkennbar eine **mangelhafte Urteilsausfertigung** vor, deren Zustellung wirkungslos und nicht geeignet ist, den Lauf der Rechtsmittelfrist in Gang zu setzen[24]. Hierbei kann es – da für die Parteien nicht erkennbar – keinen Unterschied machen, ob der Mangel auf einem solchen der *Urteilsurschrift* oder auf einem Versehen bei Herstellung der *Ausfertigung* beruht. Es macht ferner keinen Unterschied, ob es sich um eine Zustellung auf Betreiben der Parteien oder – heute die Regel (→ § 317) – von Amts wegen[25] handelt; denn auch bei letzterer tritt die Urteilsurschrift nicht unmittelbar in Erscheinung.

18 Zu den Anforderungen an die **Wiedergabe der Unterschriften in der Ausfertigung** → § 317 Rdnr. 14. Ein **Ersetzungsvermerk,** der den Verhinderungsgrund nicht angibt, genügt dem Unterschriftserfordernis nicht; die Zustellung einer Ausfertigung mit einem solchen unwirksamen Ersetzungsvermerk vermag die Rechtsmittelfrist nicht in Lauf zu setzen[26].

IV. Vollständige und ausnahmsweise unvollständige Urteilsurschrift (Abs. 2)

1. Die 3-Wochen-Frist zur vollständigen Abfassung des Urteils

19 Die Vorschrift des Abs. 2 S. 1, daß das fertige Urteil **binnen drei Wochen nach der Verkündung** der Geschäftsstelle zu übergeben ist, ist eine bloße Ordnungsvorschrift (anders im Strafprozeß, wo es nach § 338 Nr. 7 StPO einen absoluten Revisionsgrund darstellt, wenn die Entscheidungsgründe nicht rechtzeitig zu den Akten gebracht werden); es handelt sich um eine uneigentliche Frist, → vor § 214 Rdnr. 30.

20 Abs. 2 S. 1 betrifft nur Urteile, die in **unmittelbarem Anschluß an die letzte mündliche Verhandlung verkündet** wurden; denn bei Verkündung in einem besonderen Termin muß das Urteil bereits vollständig abgefaßt[27] vorliegen, § 310 Abs. 2.

---

[20] *OLG Düsseldorf* NJW-RR 1995, 636.
[20a] BGH NJW 1989, 1156, 1157, MDR 1998, 336.
[21] *BGH* NJW 1977, 765 (gemäß § 551 Nr. 7).
[22] So RGZ 82, 422 (VZS); *OLG Kassel* JR 1950, 603; *OLG Frankfurt* NJW 1983, 2395; *Thomas-Putzo*[20] Rdnr. 3.
[23] RGZ 82, 422 (VZS), s. dort auch die Übersicht über die früheren Entscheidungen des *RG*.
[24] So auch *RGZ* 29, 366; 90, 173; 159, 25; Gruchot 46 (1902), 1078; JW 1903, 383. Vgl. auch *RG* SeuffArch 77 (1923), 23. S. auch *BGH* NJW 1961, 782; *OLG Nürnberg* MDR 1967, 311. – Die Einlegung des Rechtsmittels ist aber (anders als früher) schon vor der Zustellung des Urteils zulässig, → § 516 Rdnr. 16.
[25] Dazu *OGHZ* 3, 149 = NJW 1950, 309 (die von Amts wegen erfolgende Zustellung eines nicht vollständig unterschriebenen Urteils setzt die Rechtsmittelfrist nicht in Lauf).
[26] *BGH* NJW 1980, 1849 (gegen *OLG Frankfurt* MDR 1979, 678 = VersR 1979, 453); VersR 1984, 586.
[27] Zu den Anforderungen *OLG München* OLGZ 1985, 491 = MDR 1986, 62 (Diktat auf Tonbandkassette und Unterschrift unter Rubrum und Tenor genügen nicht).

2. Urteil ohne Tatbestand und Entscheidungsgründe

Ist die Einhaltung der Frist (→ Rdnr. 19) **ausnahmsweise,** d. h. aus schwerwiegenden Gründen, wie außergewöhnlicher Umfang der Sache, Erkrankung des Urteilsverfassers, **nicht möglich,** so hat nach Abs. 2 S. 2 das Gericht eine **abgekürzte Urteilsurschrift,** die die für eine abgekürzte Ausfertigung notwendigen Bestandteile zu enthalten hat, innerhalb der Frist von drei Wochen der Geschäftsstelle zu übergeben. Diese Verpflichtung ist unabhängig von einem *Antrag auf Erteilung einer Urteilsausfertigung.* Von der abgekürzten Urschrift können alsbald Ausfertigungen erteilt werden, die den von dem vollständigen Urteil erteilten abgekürzten Ausfertigungen, § 317 Abs. 2 S. 2, *in jeder Hinsicht gleich stehen.* Wegen der Einlegung und Begründung der Berufung und wegen der Revision → §§ 516, 519, 552.

3. Nachträgliche Anfertigung des Tatbestands und der Entscheidungsgründe

Für die **Nachlieferung** des Tatbestands und der Entscheidungsgründe hat Abs. 2 S. 3 keine festumrissene Frist gesetzt. Das Gesetz spricht lediglich von einer »alsbald« zu erstellenden vollständigen Urteilsfassung. Damit ist aber der Zeitpunkt der Erstellung nicht in das freie Belieben des Gerichts gestellt; vielmehr hat angesichts des Ausnahmecharakters (vgl. »ausnahmsweise« in Abs. 2 S. 2) einer Verkündung ohne vorliegenden Tatbestand, ohne abgefaßte Entscheidungsgründe und ohne vollständige Übergabe binnen drei Wochen (vgl. Abs. 2 S. 1) die Anfertigung des vollständigen Urteils **unverzüglich** zu erfolgen, damit die Parteien die Möglichkeit etwaiger Tatbestandsberichtigung (§ 320 Abs. 2 S. 3: Frist höchstens drei Monate nach Verkündung, → § 320 Rdnr. 11) besitzen. Bei einer vollständigen **Ausfertigung** eines derartigen Urteils wird es der Aufnahme der doppelten Richterunterschriften nicht bedürfen; die das vollständige Urteil deckenden Unterschriften unter den Entscheidungsgründen reichen aus.

Zur **Anfechtung des Urteils** bei einer über drei Monate hinausgehenden Verzögerung → § 320 Rdnr. 11 sowie → § 551 Rdnr. 33 ff. Ein Fall des § 551 Nr. 7 wird jedenfalls dann angenommen, wenn die Urteilsgründe **5 Monate nach Verkündung** des Urteils noch nicht vorliegen[28], da dann gemäß § 552 die Revisionsfrist zu laufen beginnt und durch das Fehlen der Gründe der Partei die Möglichkeit der inhaltlichen Prüfung des Urteils und einer darauf gegründeten Entscheidung über die Einlegung der Revison genommen bzw. verkürzt wird. Das gilt auch dann, wenn das vollständige Urteil erst vier Tage vor Ablauf der (5 Monate nach Verkündung in Lauf gesetzten) Revisionsfrist zugestellt und die Revision nach der Zustellung eingelegt wurde[29].

Wird das Urteil innerhalb der fünf-Monats-Frist abgesetzt, so ist auch keine Verletzung des Rechts auf Gehör oder des Anspruchs auf faires Verfahren gegeben[30]. Bei Überschreitung der fünf-Monats-Grenze darf nicht erneut mündliche Verhandlung anberaumt und ein zweites Endurteil erlassen werden; vielmehr ist das erste Urteil mit Entscheidungsgründen zu versehen[31]. – Zweifelhaft ist die Ansicht, es liege ein Verstoß gegen den Grundsatz der Mündlichkeit vor, wenn das Urteil erst mehr als sechs Monate nach der mündlichen Verhandlung begründet wird[32]. – Eine zusätzliche (gesetzlich nicht vorgesehene) Instanz wird selbst beim völligen Fehlen der Entscheidungsgründe nicht eröffnet[33].

---

[28] *Gemeinsamer Senat der Obersten Gerichtshöfe des Bundes* NJW 1993, 2603; BGHZ 7, 155 = NJW 1952, 1335 = LM Nr. 1; *BGH* NJW 1984, 2828; NJW 1987, 2446.
[29] *BGH* NJW 1986, 2958 = MDR 1987, 46.
[30] *BVerfG* (Kammerentscheidung) NJW 1996, 3203. – Zu erfolglosen Verfassungsbeschwerden gegen ein Urteil, dessen Entscheidungsgründe erst ein Jahr und neun Monate nach Verkündung abgesetzt wurden, *BVerfG* NJW 1994, 719; *BayVerfGH* NJW 1994, 719.
[31] *BFH* NJW 1996, 1919, 1920.
[32] So *OLG Stuttgart* VersR 1989, 863.
[33] *BGH* NJW 1989, 2758.

V. Der Verkündungsvermerk (Abs. 3)

25 Der Vermerk des Tages der Verkündung ist auf die vollständige, bzw. die nach Abs. 2 S. 2 gefertigte abgekürzte Urteilsschrift, nicht schon auf das bei der Verkündung vorgelesene Schriftstück (→ § 311 Rdnr. 2) zu setzen. Er soll bezeugen, daß die Formel des abgefaßten Urteils mit der aus dem Protokoll oder dessen Anlage ersichtlichen verkündeten Formel identisch ist.

26 Daß der Vermerk von dem **Urkundsbeamten der Geschäftsstelle** ausgeht, der bei der Verkündung mitgewirkt hat, verlangt das Gesetz nicht. Demgemäß braucht auch nicht etwa in dem Fall, daß bei der Verkündung kein Urkundsbeamter zugezogen ist, § 159 Abs. 1 S. 2, der Verkündungsvermerk von dem Vorsitzenden ausgestellt zu werden. Der Vermerk ersetzt aber nicht die Feststellung der Verkündung im Protokoll (§ 160 Abs. 3 Nr. 7) (zum Fehlen der Protokollierung → § 310 Rdnr. 18).

27 Steht nach dem Protokoll die Identität des verkündeten Urteils fest, so begründet das **Fehlen des Verkündungsvermerks** für sich keinen Mangel des Urteils und die Zustellung einer den Vermerk nicht enthaltenden Urteilsausfertigung ist nicht etwa unwirksam[34].

28 In den Fällen des § 310 Abs. 3 wird die Verkündung durch die **Zustellung des Urteils** ersetzt, und zwar ist, wenn die Zustellung an beide Parteien an verschiedenen Tagen erfolgt ist, die *spätere* maßgebend, → § 310 Rdnr. 23. Es genügt danach, wenn der Urkundsbeamte der Geschäftsstelle in diesem Fall anstelle der Verkündung lediglich den Tag der *späteren* Zustellung auf dem Urteil vermerkt. – Der mit der Vollstreckung beauftragte Gerichtsvollzieher hat die Zustellung nicht zu überprüfen, auch wenn auf der Ausfertigung der Zustellungsvermerk fehlt[35].

VI. Arbeitsgerichtliches Verfahren

1. Unterzeichnung

29 Die Urteile der **Arbeitsgerichte** werden **nur von dem Vorsitzenden unterschrieben**, § 60 Abs. 4 S. 1 ArbGG. Zu beachten ist, daß im Fall des § 60 Abs. 3 S. 2 ArbGG bei Verkündung des Urteils in Abwesenheit der bei der Entscheidung beteiligten ehrenamtlichen Richter eine von ihnen mit unterzeichnete Urteilsformel vorliegen muß (→ § 310 Rdnr. 31) und daß die von den ehrenamtlichen Richtern unterzeichnete Urteilsformel nicht mit der nach § 315 zu fertigenden Urteilsschrift identisch zu sein braucht; zwischen beiden Schriften darf lediglich keine inhaltliche Divergenz bestehen. Auch falls ein besonderer Verkündungstermin angesetzt wird, genügt es, wenn das Urteil lediglich die Unterschrift des Vorsitzenden trägt. Die ehrenamtlichen Richter können in erster Instanz bei Verhinderung des Vorsitzenden dessen Unterschrift nicht ersetzen[36].

30 Die Urteile des **Landesarbeitsgerichts** und des **Bundesarbeitsgerichts** bedürfen dagegen der Unterschrift *sämtlicher* Mitglieder des Kollegiums, § 69 Abs. 1 S. 1, § 75 Abs. 2 ArbGG, also auch der ehrenamtlichen Richter. Hier kann auch ein ehrenamtlicher Richter gemäß § 315 Abs. 1 S. 2 (anwendbar über § 64 Abs. 6, § 72 Abs. 5 ArbGG) anstelle des verhinderten Vorsitzenden unterschreiben[37]. Zur Abgabe der Unterschriften sind die ehrenamtlichen Richter wie die Berufsrichter auch außerhalb der Sitzung verpflichtet, und die Unterzeichnung der Formel nach § 69 Abs. 1 S. 2 in Verbindung mit § 60 Abs. 3 S. 2 ArbGG (→ Rdnr. 29) bzw. nach

---

[34] *BGHZ* 8, 303 = LM § 310 Abs. 2 Nr. 1 (LS, *Lersch*); BGH VersR 1987, 680.
[35] *AG Neukölln* DGVZ 1995, 11.
[36] *BAG* AP Nr. 1 (*Pohle*) = NJW 1957, 725; AP § 9 ArbGG 1953 Nr. 15 (*Grunsky*) = RdA 1971, 318 (LS) = DB 1971, 1776.
[37] Vgl. die Entscheidungen des *BAG* in Fn. 36.

§75 Abs. 1 S. 2 ArbGG enthebt sie dieser Verpflichtung nicht. Bei Verhinderung eines ehrenamtlichen Richters, der die grundlose beharrliche Weigerung gleichzustellen ist, ist nach § 315 Abs. 1 S. 2, → Rdnr. 7, zu verfahren. Außerdem würde die grundlose Weigerung ebenso wie die Verzögerung durch Ordnungsstrafe in Geld nach § 28, § 37 Abs. 2, § 43 Abs. 3 ArbGG zu ahnden sein (Mindestbetrag 5 DM, Höchstbetrag 1 000 DM, Art. 6 Abs. 1 EGStGB).

2. Vollständige Abfassung

§ 315 Abs. 2 ist für das arbeitsgerichtliche Verfahren erster Instanz durch die inhaltlich übereinstimmenden Vorschriften des § 60 Abs. 4 S. 3 u. 4 ArbGG ersetzt, wonach im Regelfall (vgl. § 60 Abs. 1 S. 1 ArbGG, → § 310 Rdnr. 29) der sofortigen Urteilsverkündung die Urteilsschrift binnen *drei Wochen* nach der Verkündung in vollständiger Abfassung der Geschäftsstelle übergeben werden soll. 31

Für die ausnahmsweise zulässige Übergabe des Urteils **ohne Tatbestand und Entscheidungsgründe** an die Geschäftsstelle enthält § 60 Abs. 4 S. 3 u. 4 ArbGG dieselben Regeln wie § 315 Abs. 2. Der Verstoß gegen die Verpflichtung zur alsbaldigen vollständigen Abfassung des Urteils kann die Revision begründen, wenn der Rechtsmittelkläger dadurch gehindert war, fristgemäß einen Antrag auf Tatbestandsberichtigung zu stellen, der für sein Rechtsmittel wesentlich war[38], → Rdnr. 22 f., → § 320 Rdnr. 11 und → § 551 Rdnr. 33 ff. Eine später als fünf Monate nach Verkündung des Urteils erfolgte Zustellung des mit Entscheidungsgründen versehenen Urteils ist als Urteil ohne Gründe zu bewerten, → Rdnr. 23. 32

§ 60 Abs. 4 S. 3 u. 4 gilt auch in **zweiter Instanz**, wobei aber die Frist zur vollständigen Abfassung des Urteils **vier Wochen** beträgt, § 69 Abs. 1 S. 2 ArbGG. Im Verfahren vor dem **Bundesarbeitsgericht** gilt dagegen (über § 72 Abs. 5 ArbGG) die Vorschrift des § 315 Abs. 2 (Frist von **drei Wochen**). 33

Wird das Urteil **in einem gesonderten Termin verkündet,** so muß es zu diesem Zeitpunkt vollständig abgefaßt sein, § 60 Abs. 4 S. 2, § 69 Abs. 1 S. 2 ArbGG; für die Revisionsinstanz folgt dies aus § 310 Abs. 2 (anwendbar nach § 72 Abs. 5 ArbGG). 34

3. Rechtsmittelbelehrung

Nach § 9 Abs. 5 S. 1 ArbGG müssen alle mit einem befristeten Rechtsmittel anfechtbare Entscheidungen eine Belehrung über das Rechtsmittel enthalten, näher → § 313 Rdnr. 69 ff. 35

§ 316 [Aufgehoben]

Gesetzesgeschichte: Bis 1900 § 287 CPO. Aufgehoben durch die Novelle 1924. Die Vorschrift betraf Anfertigung und Aushang eines **Verzeichnisses der verkündeten und unterschriebenen Urteile.** Dieses Verzeichnis war bereits durch die EntlastungsVO 1915 beseitigt worden.

---

[38] *BGHZ* 7, 155; *BGH* LM § 320 Nr. 1 = JR 1955, 183 (*Blomeyer*); *BAGE* 2, 194 = AP § 60 ArbGG Nr. 1 (*Pohle*); ferner *BAG* AP § 60 ArbGG Nr. 2.

§ 317 [Zustellung und Ausfertigung der Urteile]

(1) ¹Die Urteile werden den Parteien, verkündete Versäumnisurteile nur der unterliegenden Partei zugestellt. ²Eine Zustellung nach § 310 Abs. 3 genügt. ³Auf übereinstimmenden Antrag der Parteien kann der Vorsitzende die Zustellung verkündeter Urteile bis zum Ablauf von fünf Monaten nach der Verkündung hinausschieben.

(2) ¹Solange das Urteil nicht verkündet und nicht unterschrieben ist, dürfen von ihm Ausfertigungen, Auszüge und Abschriften nicht erteilt werden. ²Die von einer Partei beantragte Ausfertigung eines Urteils erfolgt ohne Tatbestand und Entscheidungsgründe; dies gilt nicht, wenn die Partei eine vollständige Ausfertigung beantragt.

(3) Die Ausfertigung und Auszüge der Urteile sind von dem Urkundsbeamten der Geschäftsstelle zu unterschreiben und mit dem Gerichtssiegel zu versehen.

(4) ¹Ist das Urteil nach § 313 b Abs. 2 in abgekürzter Form hergestellt, so erfolgt die Ausfertigung in gleicher Weise unter Benutzung einer beglaubigten Abschrift der Klageschrift oder in der Weise, daß das Urteil durch Aufnahme der in § 313 Abs. 1 Nr. 1 bis 4 bezeichneten Angaben vervollständigt wird. ²Die Abschrift der Klageschrift kann durch den Urkundsbeamten der Geschäftsstelle oder durch den Rechtsanwalt des Klägers beglaubigt werden.

Gesetzesgeschichte: Bis 1900 § 288 CPO. Änderungen durch die Novelle 1909, die Novelle 1924, die VO vom 30.XI.1927 und die Vereinfachungsnovelle 1976. – Zu einer derzeit vorgeschlagenen Änderung → Rdnr. 8a.

I. Zustellung der Urteile von Amts wegen	1
1. Normzweck, Verhältnis zur Parteizustellung	1
2. Inhalt und Bedeutung der Zustellung	2
3. Zustellungsempfänger	8
4. Bedeutung des Parteiantrags	9
II. Erteilung von Ausfertigungen	11
1. Begriff und Erteilung	11
2. Inhalt der Ausfertigung	13
III. Abgekürzte Ausfertigungen	17
1. Ausfertigung ohne Tatbestand und Entscheidungsgründe	17
2. Abgekürzte Versäumnis-, Anerkenntnis- und Verzichtsurteile	21
a) Ausfertigung auf der Klageschrift	22
b) Ausfertigung durch vervollständigende Angaben	25
IV. Fehlerhafte Ausfertigungen	26
V. Kosten	28
VI. Arbeitsgerichtliches Verfahren	30
1. Zustellung von Amts wegen	30
2. Zuzustellende Ausfertigung	32
3. Rechtsmittelbelehrung	34

I. Zustellung der Urteile von Amts wegen

1. Normzweck, Verhältnis zur Parteizustellung

1   Seit der Vereinfachungsnovelle 1976 werden **alle Urteile von Amts wegen** (§ 270 Abs. 1) **zugestellt**, während nach § 317 Abs. 1 aF die Zustellung der Urteile noch auf Betreiben der Parteien erfolgte. Die Amtszustellung wurde vor allem eingeführt, um das Verfahren zu straffen und zu beschleunigen, um den Zeitpunkt der Zustellung aus den Gerichtsakten ersichtlich zu machen und um anwaltlich nicht vertretene Parteien davor zu bewahren, daß durch unterlassene Zustellung das Urteil zunächst nicht rechtskräftig wird[1]. Näher zur Reform und zur Abgrenzung der Zustellung von Amts wegen von der Zustellung im Parteibetrieb → vor § 166 Rdnr. 5f., 12ff.

---

[1] BT-Drucks. 7/2729, S. 43.

2. Inhalt und Bedeutung der Zustellung

Zuzustellen sind **Ausfertigungen** des Urteils[2], nicht lediglich beglaubigte Abschriften (anders bei der Parteizustellung, → § 170 Rdnr. 18). Zu den anzuwendenden Vorschriften → § 208 Rdnr. 2 ff. Gegebenenfalls ist auch der Weg der öffentlichen Zustellung von Amts wegen zu beschreiten[3].

Der **Erlaß** der Urteile erfolgt in der Regel durch **Verkündung**, näher → § 310 Rdnr. 1.

Auch **Urteile ohne mündliche Verhandlung** (§ 128 Abs. 2 u. 3) oder nach Aktenlage (§§ 251 a, 331 a) sind zuzustellen. Bei den **Versäumnisurteilen und Anerkenntnisurteilen im schriftlichen Vorverfahren**, die gemäß § 310 Abs. 3 nicht durch Verkündung, sondern durch Zustellung erlassen werden (→ § 310 Rdnr. 19 ff.), bewendet es bei dieser Zustellung, Abs. 1 S. 2.

Auch Urteile im Verfahren des **Arrests und der einstweiligen Verfügung** sind dem Antragsteller und dem Antragsgegner von Amts wegen zuzustellen (→ § 922 Rdnr. 26, anders bei Beschlüssen, → § 922 Rdnr. 5 b). Die Zustellung an den Gegner von Amts wegen genügt jedoch **nicht zur fristwahrenden** (§ 929 Abs. 2) **Vollziehung** des Arrests bzw. der einstweiligen Verfügung; vielmehr ist dazu (gegebenenfalls neben anderen Voraussetzungen, → § 929 Rdnr. 10 ff., → § 938 Rdnr. 29 ff., 36 ff.) eine (zusätzliche) **Parteizustellung erforderlich**[4], → § 929 Rdnr. 21, → § 938 Rdnr. 30.

Mit der Zustellung von Amts wegen beginnen die **Rechtsmittelfristen** (§§ 516, 552), die **Einspruchsfristen** (§ 339 Abs. 1) sowie die Frist zur Einlegung der Verfassungsbeschwerde an das BVerfG[5] (§ 93 Abs. 1 S. 2 BVerfGG).

Zur **Einleitung der Zwangsvollstreckung** ist keine nochmalige Zustellung im Parteibetrieb nötig, wenn das Urteil von Amts wegen zugestellt war[6], → § 750 Rdnr. 29.

3. Zustellungsempfänger

Adressat der Zustellung sind im Regelfall **beide Parteien**, und zwar jeweils sämtliche Streitgenossen. Davon ist nur bei den verkündeten Versäumnisurteilen eine Ausnahme gemacht: Diese sind nur der unterliegenden Partei zuzustellen, Abs. 1 S. 1. Dem **einfachen Streitgehilfen** ist das Urteil nicht zuzustellen[7], → § 67 Rdnr. 20, wohl aber dem **streitgenössischen Nebenintervenienten**[8] → § 69 Rdnr. 10. – Zuzustellen ist an den Prozeßbevollmächtigten, bei fehlender Vollmacht bis zur Zurückweisung[9], → § 176 Rdnr. 22. Ist eine notwendige Beiladung unterblieben, muß der beizuladenden Person gleichwohl das Urteil zugestellt werden[10].

Der Entwurf (des Bundesrates) eines Gesetzes zur Vereinfachung des zivilgerichtlichen Verfahrens und des Verfahrens der freiwilligen Gerichtsbarkeit (BT-Drucks. 13/6398) sieht vor, Urteile nur noch der beschwerten Partei förmlich zuzustellen, sie der anderen Partei dagegen formlos nach § 270 Abs. 2 mitzuteilen. Die Bundesregierung hat dagegen jedoch wegen der Schwierigkeit der Feststellung für die Geschäftsstelle Bedenken erhoben.

4. Bedeutung des Parteiantrags

Zur Durchführung der Zustellung bedarf es keines Parteiantrags, doch können die Parteien umgekehrt beantragen, die **Zustellung bis zu fünf Monaten nach Verkündung hinauszuschieben**, Abs. 1 S. 3. Dadurch soll vor allem für Bemühungen um gütliche Einigung zwischen den Instanzen hinreichend Zeit zur Verfügung gestellt werden[11]. Voraussetzung ist ein **überein-**

---

[2] *BAG* AP Nr. 1 (Fn. 13).
[3] *LG Zweibrücken* MDR 1978, 851 (LS).
[4] Nachweise → § 929 Fn. 72; § 938 Fn. 78; str.
[5] BVerfGE 50, 32 = JZ 1979, 23.
[6] So auch *OLG München* OLGZ 1982, 101.
[7] BGH NJW 1986, 257.
[8] BGHZ 89, 121, 125 = NJW 1984, 353.
[9] Danach ist an die Partei selbst zuzustellen, *OLG Zweibrücken* MDR 1982, 586.
[10] BGHZ 89, 121 (Fn. 8) (zu § 640 e).
[11] BT-Drucks. 7/2729, S. 43; 7/5250, S. 10.

stimmender Antrag beider Parteien. Da diese Regelung allein im Parteiinteresse liegt, wird man trotz des gesetzlichen Ausdrucks »kann« eine Verpflichtung des Vorsitzenden annehmen müssen, dem übereinstimmenden Antrag Rechnung zu tragen[12]. Falls die Parteien übereinstimmend eine bestimmte Zeitspanne der Hinausschiebung beantragen, wird der Vorsitzende dem zu entsprechen haben, andernfalls steht die Bestimmung des Zeitraums in seinem Ermessen. Bei abweichenden Anträgen muß die Zustellung jedenfalls um die Zeitspanne hinausgeschoben werden, für die sich die Anträge decken. In keinem Fall kann die Zustellung länger als bis fünf Monate nach Verkündung des Urteils hinausgeschoben werden. Im Fall des § 310 Abs. 3 ist für eine Anwendung des Abs. 1 S. 3 kein Raum, da hier die Zustellung für den Erlaß des Urteils unentbehrlich ist.

10   In Ehesachen (§ 618), Familiensachen (§ 621 c) und Kindschaftssachen (§ 640 Abs. 1, § 618) ist Abs. 1 S. 2 ausdrücklich für **unanwendbar** erklärt; dasselbe gilt in der Arbeitsgerichtsbarkeit (§ 50 Abs. 1 S. 2 ArbGG), → auch Rdnr. 31.

II. Erteilung von Ausfertigungen

1. Begriff und Erteilung

11   Über den Begriff der Ausfertigung und zu den Anforderungen an den Ausfertigungsvermerk → § 170 Rdnr. 7ff., über vollstreckbare Ausfertigungen → §§ 724 ff. Die **Erteilung** der Ausfertigungen erfolgt durch die Geschäftsstelle desjenigen Gerichts, bei dem sich die *Prozeßakten* befinden, auch wenn das Urteil in einer anderen Instanz ergangen ist[13], → § 706 Rdnr. 4. Ausfertigungen dürfen nach Abs. 2 S. 1 nur von dem vollständig oder nach § 315 Abs. 2 S. 2 vorläufig unvollständig abgefaßten (→ § 315 Rdnr. 21) und *unterschriebenen* Urteil[14] erteilt werden, und zwar erst *nach* der Verkündung bzw. der Zustellung des Urteils nach § 310 Abs. 3. Dies gilt auch für die Ausfertigung ohne Tatbestand und Entscheidungsgründe, → Rdnr. 17.

12   Wird entgegen Abs. 2 S. 1 **vor Verkündung des Urteils** eine Ausfertigung erstellt und zugestellt, aus der sich ergibt, daß der Ausfertigungsvermerk vor der Verkündung angebracht wurde, so ist die Zustellung unwirksam[15].

2. Inhalt der Ausfertigung

13   Die von Amts wegen zuzustellende Ausfertigung muß das Urteil **vollständig und wortgetreu wiedergeben** (→ § 170 Rdnr. 8), also einschließlich des Tatbestands und der Entscheidungsgründe. Unwesentliche Abweichungen der Ausfertigung von der Urschrift führen jedoch nicht zur Unwirksamkeit der Zustellung[16].

14   Auch die **Unterschriften** der Richter müssen in der Ausfertigung wiedergegeben werden. Der Vermerk »gez. Unterschriften« genügt dazu nicht[17], → § 170 Rdnr. 9. Auch eine beglaubigte Abschrift muß die Unterschrift enthalten[18]. Empfehlenswert ist es, die Angabe »gez.«

---

[12] So auch *Thomas-Putzo*[20] Rdnr. 1; *Zöller-Stephan*[20] Rdnr. 2.
[13] *RGZ* 11, 411 f.; JW 1898, 437. – Nach *BAG* AP Nr. 1 = EzA Nr. 1 = NJW 1986, 1008 (LS) genügt es, wenn überhaupt ein Urkundsbeamter der Geschäftsstelle (auch eines anderen als des erkennenden Gerichts) in dieser Eigenschaft die Ausfertigung erteilt hat. – Wegen der Ausfertigung von Urteilen der Gerichte, an deren Sitz deutsche Gerichtsbarkeit nicht mehr ausgeübt wird, s. § 4 ZuständigkeitsergänzungsG vom 7.VIII.1952 (BGBl. I S. 407).
[14] Ein Verhandlungsprotokoll mit dem Inhalt der verkündeten Urteilsformel ist daher keine Urteilsausfertigung, *OLG Hamm* OLGZ 1987, 458.

[15] *BGH* NJW-RR 1993, 956 = MDR 1994, 206.
[16] *BGH* VersR 1982, 70; 1985, 551; *OLG Brandenburg* MDR 1997, 1063 (auch nicht die erkennbar fehlerhafte Überschrift »Beschluß«).
[17] *RGZ* 159, 25.
[18] Vgl. *LG Heilbronn* VersR 1971, 138 (Unterschriften müssen auf der beglaubigten Ablichtung des Urteils deutlich sichtbar sein). – Der Beglaubigungsvermerk ersetzt ebensowenig wie der Ausfertigungsvermerk das Erfordernis der Wiedergabe der Unterschriften, s. die Entscheidungen in den folgenden Fn. – A.M. *LG Göttingen* NdsRpfl 1959, 35.

zusammen mit den Namen der Richter zu verwenden. Dagegen genügt es nicht, wenn die Namen der Richter, die an dem Urteil mitgewirkt haben, nur *in Klammern* angegeben sind, ohne einen Hinweis darauf, ob sie das Urteil unterschrieben haben[19]. Eine Angabe der Namen der Richter in Maschinenschrift ohne Klammern wird dagegen als ausreichend angesehen[20], ebenso eine Wiedergabe des Namens zwischen Binde- oder Gedankenstrichen[21].

Bei Verhinderung eines Richters ist sowohl der **Ersetzungsvermerk** nach § 315 Abs. 1 S. 2 als auch der Name des Richters, der diesen Vermerk unterzeichnet hat, in der Ausfertigung wiederzugeben[22], zur Abfassung des Ersetzungsvermerks → § 315 Rdnr. 7, zu den Auswirkungen von Mängeln → § 315 Rdnr. 18. Die bloße Angabe der Namen der Richter in Maschinenschrift (ohne Klammern) genügt im Fall des Ersetzungsvermerks nicht, wenn auf diese Weise aus der Ausfertigung nicht erkennbar ist, wer von den genannten Richtern das Urteil unterzeichnet hat[23]. 15

Wird auf die zuzustellenden Ausfertigungen der Name der Empfänger gesetzt, so führt eine **Vertauschung der Ausfertigungsexemplare** nicht zur Unwirksamkeit der Zustellung[24]. 16

III. Abgekürzte Ausfertigungen

1. Ausfertigung ohne Tatbestand und Entscheidungsgründe

Im Interesse der Verminderung der Schreibarbeiten erfolgt nach Abs. 2 S. 2 die von einer Partei beantragte Ausfertigung der Urteile unter **Weglassung von Tatbestand und Entscheidungsgründen.** Die Partei hat aber das Recht, eine vollständige Ausfertigung zu beantragen. Solange nur eine abgekürzte Urteilsurschrift nach § 315 Abs. 2 S. 2 (→ § 315 Rdnr. 21) vorliegt, kommt eine andere Ausfertigung als die abgekürzte ohnehin nicht in Frage. Ist das Urteil nach § 313 b Abs. 2 in abgekürzter Form, d.h. ohne Tatbestand und Entscheidungsgründe hergestellt, so greift die besondere Regelung in Abs. 4 ein, → Rdnr. 21 ff. 17

Die Ausfertigung enthält in diesen Fällen also regelmäßig nur den sog. **Kopf** und die **Formel,** § 313 Abs. 1 Nr. 1, 2, 3, 4, nebst den **Unterschriften,** dazu näher → Rdnr. 14. 18

Die **Zustellung der abgekürzten Ausfertigung** genügt für die Zwangsvollstreckung, § 750 Abs. 1 S. 2. Ebenso ist die abgekürzte Ausführung für § 518 Abs. 3, § 553 Abs. 1 als ausreichend anzusehen. Anders als nach Abs. 2 S. 3 aF hat aber die Zustellung der abgekürzten Ausfertigung nicht mehr *generell* die volle Wirkung der Urteilszustellung. Die Berufungsfrist (§ 516) und die Revisionsfrist (§ 552) werden nur durch Zustellung des in *vollständiger Form abgefaßten Urteils* (und zwar nur durch Zustellung von Amts wegen, → § 516 Rdnr. 4) in Lauf gesetzt[25], ebenso die Frist für die *Tatbestandsberichtigung,* § 320 Abs. 2 S. 1. 19

Bei der Zustellung im Parteibetrieb genügt die **Übergabe einer beglaubigten Abschrift**[26], → § 170 Rdnr. 18. Zur Zustellung einer abgekürzten Abschrift der vollständigen Urteilsausfertigung → § 170 Rdnr. 12. 20

2. Abgekürzte Versäumnis-, Anerkenntnis- und Verzichtsurteile

Für die abgekürzte Ausfertigung der nach § 313 b Abs. 2 in abgekürzter Form hergestellten **Versäumnis-, Anerkenntnis- und Verzichtsurteile** hat die Geschäftsstelle (nicht der Richter) 21

---

[19] *BGH* LM Nr. 11 = NJW 1975, 781 = ZZP 88 (1975), 330 (*Vollkommer*); VersR 1980, 741; NJW-RR 1987, 377. Zur schwachen, gleichwohl ausreichenden Erkennbarkeit der Unterschrift auf einer Kopie s. *BGH* VersR 1983, 874.
[20] *BGH* VersR 1980, 741; 1981, 576; 1994, 1495; *Fischer* DRiZ 1994, 95, 96.
[21] *BGH* VersR 1973, 965; FamRZ 1990, 1227 = VersR 1991, 326.
[22] *BGH* VersR 1981, 576; s. auch *BGH* VersR 1984, 287.
[23] *BGH* NJW 1978, 217 = LM Nr. 12.
[24] *OVG Münster* NJW 1976, 643.
[25] Der Zustellungsempfänger muß das in vollständiger Form abgefaßte Urteil behalten können, *BGH* LM § 198 Nr. 1.
[26] S. auch *RG* JW 1926, 2574; vgl. auch *RGZ* 101, 253.

gemäß Abs. 4 die **Wahl zwischen zwei Formen**. Maßgebend wird dabei in der Regel sein, ob der Umfang der Klage und ihrer Anlagen, die Zahl der Streitgenossen usw. nicht den ersten Weg unangemessen verteuern.

a) Ausfertigung auf der Klageschrift

22   Die Ausfertigung kann **auf eine beglaubigte Abschrift der Klageschrift** (oder des Mahnbescheids bzw. des maschinell erstellten Aktenausdrucks, § 697 Abs. 5) **gesetzt** werden, oder wie sich aus den Worten »in gleicher Weise« ergibt, auf ein damit gemäß § 313b Abs. 2 S. 1 zu verbindendes Blatt.

23   Überreicht die Partei die **Abschrift,** sei es mit der Klage oder mit dem Antrag auf Erteilung der Ausfertigung, so genügt es, daß sie »durch den Rechtsanwalt des Klägers« **beglaubigt** ist (Abs. 4 S. 2), d.h. durch seinen prozeßbevollmächtigten Anwalt im Gegensatz zum Terminsvertreter usw. (→ § 176 Rdnr. 14), sofern nicht der Prozeßbevollmächtigte Untervollmacht zur Beglaubigung erteilt hat. Wegen der Prüfung der Vollmacht → § 88 Rdnr. 4ff. Die von dem Anwalt beglaubigte Abschrift nachzuprüfen, ist die Geschäftsstelle nicht verpflichtet. Hat die Partei keine oder eine nicht beglaubigte Abschrift überreicht, so muß der Urkundsbeamte, wenn er nicht den Weg zu b vorzieht, die Abschrift herstellen lassen bzw. beglaubigen.

24   Auf die Abschrift wird das Urteil genau **in der Form der Urschrift**, schriftlich oder durch Stempeldruck, übertragen.

b) Ausfertigung durch vervollständigende Angaben

25   Der zweite Weg besteht darin, daß die Geschäftsstelle ein Urteil in der sonst üblichen Form des § 317 Abs. 1 herstellt, dem nur Tatbestand und Gründe fehlen, indem sie den Kopf, den Tag der letzten mündlichen Verhandlung, die Urteilsformel (§ 313 Abs. 1 Nr. 1 bis 4) sowie die Unterschriften aus dem abgekürzten Urteil und der in ihm in Bezug genommenen Klageschrift entnimmt. Diese Tätigkeit der Geschäftsstelle ist eine rein beurkundende. Unzulässig wäre es, irgendwelche *Änderungen* am Rubrum oder der Formel vorzunehmen, selbst wenn sie nur in der Verbesserung offenbarer Schreibfehler bestanden; diese sind vielmehr zunächst nach § 319 vom *Gericht* in der *Urschrift* zu berichtigen.

IV. Fehlerhafte Ausfertigungen

26   Kommen bei der Herstellung der Ausfertigung *Fehler*[27] vor, insbesondere Abweichungen von der Urschrift des Urteils, so ist die Geschäftsstelle ohne weiteres befugt, sie zu berichtigen, wie sich a potiori aus § 319 ergibt[28]. Wird dies abgelehnt, so ist die **Entscheidung des Gerichts** nach § 576 anzurufen. Dasselbe gilt bei anderen *Fehlern des Verfahrens,* zum Beispiel der Benutzung einer nicht ordnungsmäßig beglaubigten Abschrift (→ Rdnr. 22ff.). Gegen die Entscheidung des Gerichts findet die **einfache Beschwerde** nach § 576 auch dann statt, wenn die Ausfertigung als vollstreckbare erteilt ist, → § 724 Rdnr. 16 (auch zur Verweigerung der Ausfertigung durch den Rechtspfleger).

27   Das **Fehlen des Vermerks** »als Urkundsbeamter der Geschäftsstelle« macht die Ausfertigung des Urteils nicht unbedingt fehlerhaft[29]; nur bei völligem Fehlen oder unklarem (→

---

[27] Fehlerhaft ist zum Beispiel auch ein Ausfertigungsvermerk »F. d. R. d. A.«, er läßt nämlich nicht erkennen, ob die Richtigkeit der Abschrift oder der Ausfertigung bescheinigt wird, *BGH* NJW 1959, 2117 = LM Nr. 3 = ZZP 73 (1960), 248.

[28] S. auch *KG* OLG Rsp 17 (1908), 155; *Pohle* MDR 1952, 515 Fn. 16; *Baumbach-Lauterbach-Hartmann*56 Rdnr. 14.

[29] *BGH* NJW 1961, 783 (LS) = VersR 1961, 325 = LM Nr. 6.

Fn. 27) *Ausfertigungsvermerk* wird § 170 nicht Genüge getan[30], ebenso beim Fehlen der *Unterschrift des Urkundsbeamten*[31]. An die Unterschrift des Urkundsbeamten sind dieselben Anforderungen zu stellen, wie sie die Rechtsprechung zur Unterzeichnung bestimmender Schriftsätze durch Rechtsanwälte herausgearbeitet hat[32], näher → § 129 Rdnr. 21 ff. Es braucht nicht angegeben zu werden, woraus sich die Legitimation der Person, die als Urkundsbeamter der Geschäftsstelle unterschrieben hat, ergibt, auch wenn maschinenschriftlich eine andere Person genannt ist[33]. Zur Wiedergabe der Unterschriften der Richter → Rdnr. 14 f. Im übrigen → § 315 Rdnr. 13 ff.

V. Kosten

Jede Partei kann **ohne Erhebung von Schreibauslagen** eine vollständige Ausfertigung oder Abschrift des Urteils, eine Ausfertigung ohne Tatbestand und Entscheidungsgründe sowie bei Vertretung durch einen Bevollmächtigten eine weitere vollständige Ausfertigung oder Abschrift beanspruchen, GKG Kostenverzeichnis Nr. 9000 zu 3. 28

Dem Anwalt stehen im Fall des § 317 Abs. 4 dann **Schreibauslagen** zu, wenn die Abschrift im Einverständnis des Auftraggebers zusätzlich angefertigt war, § 27 Abs. 1 Nr. 3 BRAGO. 29

VI. Arbeitsgerichtliches Verfahren

1. Zustellung von Amts wegen

Die Urteile sind **in allen Instanzen** beiden Parteien **von Amts wegen** zuzustellen, § 50 Abs. 1 S. 1, § 64 Abs. 7, § 72 Abs. 6 ArbGG. Dasselbe gilt im Beschlußverfahren, § 80 Abs. 2 ArbGG. Zur Zustellung durch den Gläubiger in der Zwangsvollstreckung → § 750 Rdnr. 43. 30

Die Zustellung hat nach § 50 Abs. 1 S. 1 ArbGG **binnen drei Wochen** seit Übergabe an die Geschäftsstelle zu erfolgen. Ein Antrag der Parteien, die Zustellung hinauszuschieben, ist nicht zulässig, da § 50 Abs. 1 S. 2 ArbGG ausdrücklich § 317 Abs. 1 S. 3 für unanwendbar erklärt. 31

2. Zuzustellende Ausfertigung

Die Zustellung der arbeitsgerichtlichen Urteile von Amts wegen erfolgt durch Übergabe einer **vollständigen Ausfertigung**. Für die von den Parteien beantragten Ausfertigungen gilt § 317 Abs. 2 S. 2 (→ Rdnr. 17). 32

Wegen der Zustellung an *Gehilfen* im Geschäftslokal eines **Verbandsvertreters** und gegen *Empfangsbekenntnis* eines Verbandsvertreters s. § 183 Abs. 2, § 212 a, die nach § 50 Abs. 2 ArbGG entsprechend gelten, → § 183 Rdnr. 15, → § 212 a Rdnr. 1. 33

3. Rechtsmittelbelehrung

Nach § 9 Abs. 5 S. 1 ArbGG müssen *alle* mit einem befristeten Rechtsmittel **anfechtbaren Entscheidungen** (Urteile und Beschlüsse) eine **Rechtsmittelbelehrung** enthalten. Näher → § 313 Rdnr. 69 ff. 34

---

[30] *BGH* NJW 1963, 1307 = LM § 198 Nr. 13; *OLG München* NJW 1965, 447.
[31] *BAGE* 13, 45 = MDR 1962, 685; daß diese Ausfertigung unterschrieben ist, § 317 Abs. 2, muß sich auch aus der zugestellten Urteilsabschrift ergeben, *BGH* LM Nr. 8 = MDR 1964, 916 = VersR 1964, 848.
[32] *BGH* NJW 1988, 713.
[33] *BGH* DtZ 1993, 54 = LM Nr. 16 (allerdings auch im Hinblick auf Besonderheiten im Beitrittsgebiet).

§ 318 [Bindung des Gerichts an die von ihm erlassenen Urteile]

Das Gericht ist an die Entscheidung, die in den von ihm erlassenen End- und Zwischenurteilen enthalten ist, gebunden.

Gesetzesgeschichte: Bis 1900 § 296 CPO.

I. Die innerprozessuale Bindungswirkung	
1. Voraussetzungen 1	
2. Reichweite 2	
3. Beschlüsse 5	
II. Aufhebungs- bzw. Änderungsverbot 6	
III. Abweichungsverbot 11	
IV. Teil- und Grundurteile im strafprozessualen Adhäsionsverfahren 14	

I. Die innerprozessuale Bindungswirkung[1]

1. Voraussetzungen

1 Die **Bindung des Gerichts an die von ihm erlassenen Urteile** bedeutet innerhalb der Instanz dasselbe, was die sog. materielle Rechtskraft für den Richter eines zweiten Prozesses besagt[2], → § 322 Rdnr. 9 ff. Sie wird daher vielfach, wenn auch ungenau, als Rechtskraft bezeichnet, → § 280 Fn. 36, → § 304 Fn. 139. Aber die Wirkung gemäß § 318 beginnt *ohne Rücksicht auf die formelle Rechtskraft* (§ 705) schon mit dem *Erlaß* des Urteils, d.h. seiner Verkündung bzw. der Zustellung des Urteils bei Anerkenntnis- und Versäumnisurteil im schriftlichen Vorverfahren (§ 310 Abs. 3)[3], wobei die Bindungswirkung bereits mit Zustellung des Urteils an *eine* Partei eintritt, weil damit bereits eine »Kundgabe« vorliegt[4]. Wegen Nichtbindung an unzulässigerweise erlassene Zwischenurteile[5] → § 303 Rdnr. 7, → § 304 Rdnr. 50. – Eine Bindung an gerichtlich geäußerte Ansichten, die nicht in einer formellen Entscheidung niedergelegt sind, besteht nicht[6].

2. Reichweite

2 § 318 **gilt ohne Rücksicht auf spätere Veränderungen in der Besetzung** des Gerichts. Auch ist die Kammer, wenn der Rechtsstreit an sie zurückgelangt, an die End- und Zwischenurteile des *Einzelrichters* gebunden[7], →auch § 348 Rdnr. 51[8]. Die Bestimmung gilt für *alle Instanzen*

---

[1] Lit.: *Götz* Die innerprozessuale Bindungswirkung von Urteilen im Zivil-, Arbeits- und Verwaltungsprozeßrecht, JZ 1959, 681; *Schmidt* Innenbindungswirkung, formelle und materielle Rechtskraft, Rpfleger 1974, 177; *Schröder* Die Bindung an aufhebende Entscheidungen im Zivil- und Strafprozeß, Festschr. für Nikisch (1958), 205; *Tiedtke* Die innerprozessuale Bindungswirkung von Urteilen der obersten Bundesgerichte (1976); *Werner* Rechtskraft und Innenbindung zivilprozessualer Beschlüsse im Erkenntnis- und summarischen Verfahren (1983). – Zur Geltung im Verfahren der *freiwilligen Gerichtsbarkeit: Habscheid* NJW 1966, 1787; *OLG Hamm* NJW 1970, 2118; zur Geltung im *patentgerichtlichen Beschwerde- und Rechtsbeschwerdeverfahren BGHZ* 47, 132, 134 f. = NJW 1967, 2116; im *Schiedsgerichtsverfahren Rosenberg-Schwab-Gottwald*[15] § 175 I 3c (S. 1104).

[2] *BGH* LM Nr. 7; LM § 301 Nr. 22; *BGHZ* 51, 131 = NJW 1969, 1253.

[3] A.M. *Baumbach-Lauterbach-Hartmann*[56] Rdnr. 4: Eingang auf der Geschäftsstelle.

[4] *BGHZ* 32, 370, 375 zu § 310 aF; *A. Blomeyer* ZPR[2] § 81 I 2b (S. 431); *Wieczorek*[2] A; vgl. auch *BSG* AP § 318 ZPO Nr. 5. – A.M. *Jauernig* ZPR[24] § 58 I 2 b (S. 211) (Unabänderbarkeit erst mit Zustellung an die letzte Partei und damit dem Erlaß des Urteils).

[5] *BGHZ* 8, 383; *BVerwG* NJW 1980, 2268; *Tiedtke* Das unzulässige Zwischenurteil ZZP 89 (1976), 64, 73 ff.

[6] *BGH* NJW 1995, 2106, 2107.

[7] So auch *KG* JW 1925, 1799.

[8] Ebenso ist die Berufungskammer an die Beschlüsse der Beschwerdekammer desselben Gerichts gebunden, § 318 analog; *BAGE* 42, 295, 300 = NJW 1984, 255 (LS) =

und wird ergänzt durch §§ 512, 548, welche die Bindung des Rechtsmittelgerichts an gewisse Entscheidungen der unteren Instanz regeln, nicht aber ihrerseits Ausfluß der Bindungswirkung des § 318 sind[9].

Von § 318 zu unterscheiden ist auch die **Bindung** der Vorinstanz an die rechtliche Beurteilung durch das Rechtsmittelgericht **nach Aufhebung und Zurückverweisung**, näher → § 538 Rdnr. 36, → § 565 Rdnr. 8 ff. 3

Wird nach einer Zurückverweisung durch die Berufungs- oder Revisionsinstanz **erneut ein Rechtsmittel eingelegt,** dann hat das Berufungs- oder Revisionsgericht bei seiner Entscheidung die rechtliche Begründung des in derselben Sache bereits erlassenen **Berufungs- oder Revisionsurteils** zu beachten[10], es sei denn, in der Zwischenzeit ist eine wesentliche Veränderung der Sach- oder Rechtslage eingetreten[11] oder es hat inzwischen eine Änderung der höchstrichterlichen Rechtsprechung in dieser Frage stattgefunden[12]. Mittelbar ergibt sich diese grundsätzliche Bindung aus dem auch in § 565 Abs. 2 enthaltenen Prinzip des Vertrauensschutzes und aus dem Rechtsstaatsprinzip[13], nicht aber unmittelbar aus der innerprozessualen Bindungswirkung 80 des § 318[14], da diese Bindungswirkung nur hinsichtlich des Entscheidungstenors, nicht hinsichtlich der Begründung besteht (→ Rdnr. 12) und mit einer die jeweilige Instanz beendigenden Entscheidung bedeutungslos wird[15]. Näher → § 538 Rdnr. 37; → § 565 Rdnr. 17f. 4

3. Wegen der Bindungswirkung von **Beschlüssen** → § 329 Rdnr. 12 ff.[16]; zur Gegenvorstellung bei Verletzung des Rechts auf Gehör → Rdnr. 10 a. E. 5

II. Aufhebungs- bzw. Änderungsverbot

Die Bindung bedeutet zunächst, daß das Gericht **sein Urteil nicht selbst aufheben oder abändern** kann, sei es durch Widerruf der Verkündung oder durch eine neue Entscheidung[17], 6

AP § 5 KSchG 1969 Nr. 4 (zust. *Grunsky*), und das Patentamt gemäß § 318 an Beschwerdeentscheidungen des Beschwerdegerichts, sofern zwar an die »Vorinstanz« die erforderliche Anordnung übertragen wird (§ 575 ZPO), das Beschwerdegericht aber selbst gewissermaßen dem Grunde nach in der Sache bereits entschieden hat, Patentsenat BGHZ 51, 131, 137ff. = NJW 1969, 1253 = LM PatG § 36 p Nr. 1(LS, zust. *Löscher*).
[9] *Zöller-Vollkommer*[20] Rdnr. 14.
[10] H.M., vgl. *BVerfGE* 4, 1, 5 = JZ 1954, 548 mwN; *BAGE* 3, 193 = JZ 1957, 281 = NJW 1957, 478 = AP § 554a ZPO Nr. 2 (zust. *Pohle*); *BAGE* 7, 237; *BAGE* 12, 278, 284; *BGHZ* 25, 200, 204; *Gemeinsamer Senat der obersten Gerichtshöfe des Bundes BGHZ* 60, 392, 396 ff. = NJW 1973, 1273; *BGH* NJW 1992, 2831; *Schröder* (Fn. 1) 205, 209; *Götz* JZ 1959, 681, 682; *Rosenberg-Schwab-Gottwald*[15] § 146 III 4 (S. 893 f.). – A.M. *Bettermann* DVBl 1955, 22; *Sommerlad* Die innerprozessuale Bindung an vorangegangene Urteile der Rechtsmittelrichte (1974), 143ff., insbes. 179f.; *ders.* NJW 1974, 123; *Schönke* ZZP 58 (1934), 380, 392; *Tiedtke* (Fn. 1) 241ff., 271.
[11] *BVerwG* JZ 1959, 220 (abl. *Schmitt* S. 222) = NJW 1958, 1841 = *BVerwGE* 7, 159; *BVerwGE* 6, 297 = JZ 1958, 511; ähnlich auch *BSG* NJW 1968, 1800.
[12] *Gemeinsamer Senat der obersten Gerichtshöfe des Bundes BGHZ* 60, 392, 396 ff. = NJW 1973, 1273; *Tiedtke* (Fn. 1) 259f. – A.M. *Grunsky* → § 565 Rdnr. 18: ausnahmslose Bindung, es sei denn, neue Tatsachen sind zulässigerweise festgestellt oder ein neues Gesetz findet Anwendung, ebenso *Rosenberg-Schwab-Gottwald*[15] § 146 III 4 (S. 893 f.).

[13] *BVerwG* JZ 1960, 228 = DVBl 1959, 857 = DÖV 1959, 954; aus der Bindung der Vorinstanz gem. § 565 Abs. 2 nach Ansicht des *Gemeinsamen Senats der obersten Gerichtshöfe des Bundes BGHZ* 60, 392, 396 f. = NJW 1973, 1273.
[14] So aber *RGZ* 58, 286, 289; 149, 157, 163; *Götz* JZ 1959, 681, 682; *Rosenberg-Schwab-Gottwald*[15] § 146 III 4 (S. 893); *Otto* Die Präklusion (1970), 64f. sowie *Grunsky* → § 565 Rdnr. 17. Wie hier *Zöller-Vollkommer*[20] Rdnr. 14; *Schröder* (Fn. 1) 205, 209f.; *A. Blomeyer* ZPR[2] § 87 I 1 b (a.E.). Im Ergebnis ebenso *BGHZ* 25, 200, 204 = JZ 1958, 277 (abl. *Schiedermair*); *BAGE* 7, 237 = MDR 1959, 525 = AP Nr. 1 (*Pohle*) (unter Offenlassung, ob die Bindung aus § 318 oder aus dem Grundsatz des Vertrauensschutzes folgt). Die Bindung des Rechtsmittelgerichts an ein von ihm erlassenes *Grundurteil* in einem zweiten Berufungsverfahren in derselben Sache folgt dagegen aus § 318, *BGH* WM 1987, 940 = LM Nr. 14; → auch § 304 Rdnr. 47.
[15] A.M. *Werner* (Fn. 1) 20f.; *Schmidt* Rpfleger 1974, 177ff.; *Jauernig* MDR 1982, 286 (gegen *BGH* MDR 1981, 1007).
[16] Dazu *BGH* FamRZ 1992, 663: grundsätzlich keine Bindung an Beschlüsse, z.B. nicht an einen Beschluß, in dem das Rechtsmittelgericht die Beschwer einer Partei festsetzt. Bindend ist aber ein Verwerfungsbeschluß nach § 519b, *BGH* NJW-RR 1995, 765 (spätere »Berichtigung« durch Aufhebung des Beschlusses ist unwirksam).
[17] *RG* Gruchot 50 (1906), 1086; *BGHZ* 44, 395, 397; *OLG Frankfurt* MDR 1969, 1016f.

§ 318 II, III   2. Buch. Verfahren im ersten Rechtszuge. 1. Abschnitt. Landgerichte

auch nicht mit Zustimmung der Parteien[18]. Ausnahmen gelten für die Fälle des Einspruchs[19] (§§ 338, 342) und des Wiederaufnahmeverfahrens (§§ 584, 590 Abs. 1), der Wiedereinsetzung in den vorigen Stand (§ 233) sowie bei den Vorbehaltsurteilen nach § 302 (näher → § 302 Rdnr. 15, 25) und nach §§ 599f. (näher → § 600 Rdnr. 12f.).

7   Eine weitere Ausnahme gilt für **Zwischenurteile über Prozeßvoraussetzungen,** die nur über die *jeweilige* Sachlage entscheiden, so daß bei Änderung der für sie maßgebenden Verhältnisse im Laufe des Prozesses eine neue Entscheidung notwendig und zulässig wird, → z.B. § 112 Rdnr. 9, sowie schließlich bei durch Urteil angeordnetem **Arrest** oder **einstweiliger Verfügung** bei Änderung der Verhältnisse. Die Bindung des Schadensersatzrichters an Entscheidungen im Arrestverfahren (§ 945) ist umstritten[20].

8   Ferner ist **nach Unterbrechung** durch den Tod einer Partei zwischen Urteilserlaß und Rechtsmitteleinlegung ein die Rechtsnachfolge klärendes Zusatzurteil als **ergänzender Urteilsnachtrag** für zulässig angesehen worden[21].

9   Die **Berichtigung** und **Ergänzung** nach §§ 319–321 bilden nur eng begrenzte Ausnahmen von § 318, weil eine Abänderung der Entscheidung in ihrer Substanz dabei nicht erfolgt.

10 Im übrigen ist das Gericht **nicht befugt,** sein Urteil, wenn es an Dunkelheit, Unvollständigkeit oder Unmöglichkeit der darin auferlegten Leistung leidet, nachträglich zu erläutern oder zu verbessern[22]. Vielmehr sind zu diesem Zweck von den Parteien Rechtsmittel zu ergreifen, gegebenenfalls ist auch eine Feststellungsklage auf Feststellung des Inhalts des Urteils zulässig (→ § 256 Rdnr. 35). Nichts anderes gilt auch von einer Ergänzung im Kostenpunkt. Diese Rechtslage folgt auch aus der *Unzulässigkeit jedes weiteren tatsächlichen Vorbringens* der Parteien in bezug auf den durch das Urteil erledigten Prozeßstoff, → § 296a Rdnr. 10, § 303 Rdnr. 7, § 304 Rdnr. 51. Auch bei Verletzung des Rechts auf Gehör gilt jedenfalls bei Urteilen keine Ausnahme von der Bindung des erkennenden Gerichts, → vor § 128 Rdnr. 54c; → § 567 Rdnr. 28. Bei unanfechtbaren und an sich unabänderlichen Beschlüssen sollte eine Aufhebung bzw. Änderung zugelassen werden[23], wenn eine *eindeutige* Verletzung des Rechts auf Gehör vorliegt, näher → vor § 128 Rdnr. 54e ff.; → § 567 Rdnr. 28.

III. Abweichungsverbot

11 Die Bindung bedeutet ferner, daß das **Gericht** im weiteren Verlauf der Instanz von der früheren Entscheidung **nicht abweichen** darf, und daß es ihren Inhalt der späteren Entscheidung zugrunde zu legen hat[24]. Soweit aber nunmehr über einen anderen Sachverhalt zu entscheiden ist, z.B. über eine innerhalb der Rechtsmittelfrist erneut eingelegte Berufung, besteht keine Bindung (hier an die Verwerfung der ersten Berufung als unzulässig mangels rechtzeitiger Begründung)[25]. Hinsichtlich des Umfanges der Bindung beim Grundurteil → § 304 Rdnr. 47ff., wobei wegen der Bindung des Grundurteils oder der möglichen Bindung bei unklarer Urteilsfassung eine Beschwer gegebenenfalls zu bejahen ist und daher dagegen Rechtsmittel eingelegt werden können[26].

12 Das Abweichungsverbot gilt jedoch wie im Fall des § 322 **nur bezüglich der Entscheidung selbst**[27] (also des Schlußausspruchs), nicht bezüglich der sog. Urteilselemente[28] (tatsächliche

---

[18] *OLG Bamberg* OLG Rsp 3 (1901), 143; *KG* OLG Rsp 17 (1908), 321; *Baumgärtel* MDR 1969, 173. – A.M. *Schlosser* Einverständliches Parteihandeln im Zivilprozeß (1968), 16ff.
[19] *KG* NJW 1967, 1865.
[20] Näher → § 945 Rdnr. 23ff.
[21] *Vereinigte Zivilsenate* RGZ 68, 247, 256.
[22] S. auch *OLG Braunschweig* SeuffArch 44 (1889), 363 (Nr. 226).
[23] So für Wiedereinsetzungsbeschlüsse *BGHZ* 130, 97 = NJW 1995, 2497 = JZ 1996, 374 (zust. *H. Roth*) = JR 1996, 197 (abl. *Hoeren*).
[24] *BGHZ* 51, 131 = NJW 1969, 1253.
[25] *BGH* NJW 1991, 1116.
[26] *BGH* LM § 304 Nr. 28 = NJW 1968, 68. – Keine selbständige Anfechtbarkeit im arbeitsgerichtlichen Verfahren, s. *BAG* NJW 1976, 774.
[27] Auch hier sind, wie im Fall des § 322 (→ dort

und rechtliche Vorfragen), so daß z.B. tatsächliche Feststellungen, die zum Zwecke der Entscheidung über die Zuständigkeit getroffen sind, das Endurteil nicht präjudizieren. Über die Auslegung der Urteilsformel → § 322 Rdnr. 179 ff.

Auch kann das Gericht später eine Entscheidung bezüglich des noch nicht erledigten Prozeßstoffs treffen, durch die die frühere *unerheblich* wird, namentlich im Versäumnisverfahren bei Säumnis des Klägers (§ 332), → auch § 304 Rdnr. 47 a.E. Bei einer **Stufenklage** bindet die Verurteilung zur Auskunftserteilung oder Rechnungslegung nicht bezüglich des Rechtsgrundes des Hauptanspruchs[29]. Insoweit ist daher auch weiteres Vorbringen der Parteien in bezug auf das schon Entschiedene zulässig. Die Gebundenheit gilt für **Zwischenurteile** auch dann, wenn ein späteres Endurteil aufgehoben, das Zwischenurteil aber bei Bestand gelassen wird[30]. 13

IV. Teil- und Grundurteile im strafprozessualen Adhäsionsverfahren

Über den Anspruch des Verletzten auf Entschädigung gegen den Angeklagten kann das Strafgericht gemäß § 406 Abs. 1 S. 2 StPO auch eine auf den Grund (dazu → § 304 Rdnr. 60 ff.) oder auf einen Teil des geltend gemachten Anspruchs beschränkte Entscheidung erlassen. § 406 Abs. 1 S. 2 StPO a.E. erklärt darauf **§ 318 ZPO für entsprechend anwendbar.** Damit soll zum Ausdruck gebracht werden[31], daß das Zivilgericht an das strafprozessuale Urteil gebunden ist, wenn es später über einen anderen Teil des Anspruchs bzw. über den Betrag[32] des Anspruchs zu einem Rechtsstreit vor dem Zivilgericht kommt. Die subjektiven Grenzen dieser Bindungswirkung sind entsprechend § 325 auf den Verletzten und den Angeklagten (bzw. deren Rechtsnachfolger) zu begrenzen. 14

§ 319 [Berichtigung des Urteils]

(1) Schreibfehler, Rechnungsfehler und ähnliche offenbare Unrichtigkeiten, die in dem Urteil vorkommen, sind jederzeit von dem Gericht auch von Amts wegen zu berichtigen.
(2) ¹Über die Berichtigung kann ohne mündliche Verhandlung entschieden werden. ²Der Beschluß, der eine Berichtigung ausspricht, wird auf dem Urteil und den Ausfertigungen vermerkt.
(3) Gegen den Beschluß, durch den der Antrag auf Berichtigung zurückgewiesen wird, findet kein Rechtsmittel, gegen den Beschluß, der eine Berichtigung ausspricht, findet sofortige Beschwerde statt.

Gesetzesgeschichte: Bis 1900 § 289 CPO.

I. Zweck und Anwendungsbereich	1	II. Voraussetzungen der Berichtigung	5
1. Zweck	1	1. Unrichtigkeit	5
2. Anwendungsbereich	2	2. Offenbare Unrichtigkeit	6

Rdnr. 179 ff., 184 ff.), Tatbestand und Entscheidungsgründe zur Auslegung der Urteilsformel heranzuziehen, *BGH* LM Nr. 7 = NJW 1967, 1231 = ZZP 81 (1968), 286.
[28] *RGZ* 7, 354, 355; 10, 406, 408; *RG* JW 1903, 399, 400; Gruchot 48 (1904), 821, 825; JW 1935, 39, 40; *BGH* LM Nr. 7 = NJW 1967, 1231 = ZZP 81 (1968), 286 (*Lindacher*).

[29] *BGH* LM § 254 Nr. 10 = JZ 1970, 226 (abl. *Grunsky*); → § 254 Rdnr. 36 Fn. 56.
[30] *RGZ* 35, 407.
[31] Vgl. Begr. BT-Drucks. 10/5305, S. 16.
[32] Nach einem Grundurteil im Strafprozeß findet die Verhandlung über den Betrag gemäß § 406 Abs. 3 S. 3 StPO vor dem zuständigen Zivilgericht statt, dazu → § 304 Rdnr. 62.

3. Zur Abweichung zwischen verkündetem und schriftlich abgesetztem Urteil	7	IV. Der Berichtigungsbeschluß	14
		1. Wirkung	14
		2. Fehlerhafte Berichtigungsbeschlüsse	15
4. Unerheblichkeit der Ursache der Unrichtigkeit, insbesondere des Verschuldens	8	V. Anfechtung des Beschlusses	17
		1. Zurückweisender Beschluß	17
5. Einzelfälle	9	2. Sofortige Beschwerde gegen den Berichtigungsbeschluß	18
III. Verfahren	10		
1. Verfahrenseinleitung, Zuständigkeit	10	3. Keine weitere Beschwerde gegen die Aufhebung des Berichtigungsbeschlusses	19
2. Antrag, Verfahren	11		
3. Entscheidung	12	VI. Gebühren	20
4. Verhältnis zur Rechtsmitteleinlegung	13	VII. Arbeitsgerichtliches Verfahren	21
		1. Allgemeines	21
		2. Streitwertfestsetzung und Rechtsmittelzulassung	22

I. Zweck und Anwendungsbereich[1]

1. Zweck

1 Unbeschadet seiner Bindung an die Entscheidung selbst, § 318, darf das Gericht **offenbare Unrichtigkeiten** seines Urteils berichtigen, damit der Wille, den das Gericht bei der Beschlußfassung über das Urteil hatte, gegenüber den Zufälligkeiten des äußeren Ausdrucks zur Geltung gelangt. Dem Zweck, dem Gericht die Beseitigung offensichtlicher Fehler im äußeren Ausdruck des Urteils zu ermöglichen, entspricht es, daß die Berichtigung (anders als in den Fällen der §§ 320, 321) **von Amts wegen** erfolgt. Andererseits darf durch die Berichtigung das Urteil nicht in seiner Substanz geändert werden, will man nicht die **Rechtssicherheit** und – bei unanfechtbaren Urteilen – die **Rechtskraft** gefährden. Dies spricht gegen eine zu weite Auslegung des Begriffs der offenbaren Unrichtigkeit → Rdnr. 5, 6.

2. Anwendungsbereich

2 Während es bei der Berichtigung nach § 319 neben den Schreib- und Rechenfehlern vor allem um Formulierungsversehen oder offensichtliche Widersprüche (gleich in welchem Teil des gesamten Urteils) geht, sind Lücken oder Unrichtigkeiten des **Tatbestands** nach § 320 behebbar. Ein Tatbestandsberichtigungsbeschluß kann seinerseits bei offenbarer Unrichtigkeit nach § 319 berichtigt werden (während eine Berichtigung nach § 320 nicht in Betracht kommt)[2]. **Unterlassene Entscheidungen** können nur durch **Urteilsergänzung** nach § 321 nachgeholt werden. Eine Berichtigung von **Protokollen**, insbesondere auch in das Protokoll aufgenommener Vergleiche nach § 319 ist ausgeschlossen[3]; vielmehr richtet sich die Berichtigung des Protokolls nach § 164. – Um eine Berichtigung nach § 319 handelt es sich nicht, wenn (zulässigerweise) ein Versehen bei der *Verkündung* vor deren Abschluß **richtiggestellt** wird[4].

---

[1] Vgl. *Kleinschmidt* Das Berichtigungsverfahren nach deutschem und österreichischem Zivilprozeß, Untersuchungen zur deutsch-österreichischen Rechtsangleichung Bd. 11 (1932); *Thalmann* JurBüro 1954, 99; JurBüro 1954, 129; *Gäbelin* JZ 1955, 260; *Burkhardt* JurBüro 1960, 137; *Bull* DRiZ 1956, 180; *ders.* Rpfleger 1957, 401; *Lindacher* ZZP 88 (1975), 64; *Mümmler* JurBüro 1978, 167; *E. Schneider* MDR 1986, 377; *Braun* JuS 1986, 364, 366.

[2] *BGH* LM Nr. 14 = NJW-RR 1988, 407.

[3] BAGE 17, 21, 27; für beschränkte Anwendbarkeit des § 319 auf die Protokollberichtigung *Baumbach-Lauterbach-Hartmann*[56] Rdnr. 3. Zu den Grenzen der Protokollberichtigung beim Prozeßvergleich *OLG Hamm* OLGZ 1983, 89 = MDR 1983, 410; *OLG Frankfurt* MDR 1986, 152.

[4] S. *Pohle* zu BAG AP Nr. 3 = BAGE 2, 358 = RdA 1956, 240. Zur Berichtigung hinsichtlich der Rechtsmittelzulassung → Rdnr. 6.

Wegen der Berichtigung von **Beschlüssen** → § 329 Rdnr. 17 ff., von **Verweisungsbeschlüssen** → § 281 Rdnr. 22, von **Schiedssprüchen** → § 1039 Rdnr. 22. Auch eine Berichtigung von **Vollstreckungsbescheiden** ist analog § 319 zulässig[5], während eine Berichtigung der Parteibezeichnung im Mahnbescheid durch den Antragsteller selbst zu erfolgen hat[6].

Auch Entscheidungen über den **Versorgungsausgleich** können nach § 319 berichtigt werden[7]. Als **allgemeiner Grundsatz des Verfahrensrechts** ist § 319 der analogen Anwendung außerhalb der ZPO fähig[8], freilich u.U. modifiziert durch Besonderheiten der anderen Verfahrensordnungen. Eine Berichtigung entsprechend § 319 ist auch im Verfahren der **Freiwilligen Gerichtsbarkeit** zulässig[9], wobei die neuere Rsp[10] auch § 319 Abs. 3 (Anfechtbarkeit) entsprechend anwendet.

II. Voraussetzungen der Berichtigung

1. Unrichtigkeit

Es muß sich um einen **Widerspruch des erkennbar Gewollten und des dem Buchstaben nach Ausgesprochenen** handeln. Hat daher das Gericht bei seiner Beschlußfassung einen Anspruch oder den Teil eines solchen oder den Kostenpunkt übergangen (wegen Auslassungen lediglich in der Urteilsformel → jedoch Fn. 42), so ist nur § 321, nicht § 319 anwendbar[11], und ebensowenig ist die Berichtigung ein Mittel, um ein inhaltliches Versehen der Beschlußfassung wiedergutzumachen[12], so etwa, wenn sich das Gericht mit einer geltend gemachten Aufrechnung nach Tenor und Gründen nicht befaßt hat[13]. Es braucht sich zwar nicht um bloße *Formulierungsfehler*[14] zu handeln, zumal auch die in § 319 genannten Rechenfehler meist nicht bloße Formulierungsfehler sind, aber es muß sich doch um eine *im* Urteil selbst enthaltene Unrichtigkeit (Ungenauigkeit, Widersprüchlichkeit usw.) handeln, *nicht* um einen bereits bei der *Willensbildung* geschehenen Irrtum des Gerichts[15] im Sinne einer fehlerhaften Rechtsanwendung oder Tatsachenfeststellung.

---

[5] *OLG Frankfurt* Rpfleger 1990, 201 (zuständig ist nach Rücknahme des Einspruchs wieder der Rechtspfleger); *LG Münster* JurBüro 1988, 1728; *LG Stuttgart* Rpfleger 1996, 166.
[6] *OLG München* OLGZ 1990, 195 = MDR 1990, 60.
[7] So bei offensichtlichem Rechenfehler, *OLG Zweibrücken* FamRZ 1985, 614 (→ auch Fn. 62); nicht dagegen, wenn der Beschluß sachlich unrichtig (widersprüchlich) ist, *OLG Zweibrücken* FamRZ 1982, 1030; *OLG Schleswig* FamRZ 1981, 372; so auch keine Berichtigung, wenn schon bei der Beschlußfassung weitere Rentenanwartschaften übersehen wurden, *OLG Oldenburg* FamRZ 1982, 1092; *OLG Schleswig* SchlHA 1980, 213; anders, wenn die Entscheidungsbegründung ergibt, daß diese weiteren Anwartschaften einbezogen werden sollten, *OLG Düsseldorf* FamRZ 1982, 1093. Eine Berichtigung ist auch nicht möglich, wenn eine Parteivereinbarung übersehen wurde, *OLG Köln* FamRZ 1997, 569. S. auch *K. Maier-Herrmann* NJW 1980, 11 (krit. zu einer zu weitgehenden Anwendung des § 319).
[8] So *BGH* MDR 1977, 751 = LM § 30 PatG Nr. 7 (Anwendung auf Bekanntmachungsbeschluß des Patentamts).
[9] *BGHZ* 106, 370 = NJW 1989, 1281 (Wohnungseigentumssache); *OLG Düsseldorf* OLGZ 1970, 126; *OLG Frankfurt* OLGZ 1979, 390; *Habscheid* Freiwillige Gerichtsbarkeit[7] § 27 II 1 a. – Auch in *Landwirtschaftssachen* ist die Berichtigung entsprechend § 319 zulässig,
OLG Düsseldorf JMBl NRW 1955, 89; *OLG Schleswig-Holstein* SchlHA 1956, 153.
[10] *BGHZ* 106, 370 (Fn. 9) (im Gegensatz zur bis dahin ü.M.); *BayObLG* NJW-RR 1997, 57.
[11] *RG* JW 1901, 58; *BayObLG* NS 19, 273; *KG* OLG Rsp 19 (1909), 105. Gleiches gilt, wenn das Gericht infolge eines Irrtums gewolltermaßen zuviel zuspricht, *OLG Köln* NJW 1960, 1471. Zur Abgrenzung von Tatbestandsberichtigung und Urteilsergänzung vgl. auch *Kleinschmidt* (Fn. 1) 148 ff.
[12] Vgl. aus der älteren RG-Rsp JW 1899, 36, 225; Gruchot 43 (1899), 12; 46, 146; 48, 397 u. vor allem die umfassende Zusammenstellung in *RGZ* 23, 399; s. ferner *KG* OLG Rsp 13 (1906), 92; *OLG Karlsruhe* OLG Rsp 13 (1906), 151; *OLG Kiel* OLG Rsp 37 (1918), 140; *OLG Neustadt* ZZP 69 (1956), 420.
[13] *OLG Frankfurt* NJW-RR 1989, 640.
[14] Ebenso *BGH* LM Nr. 12 = JZ 1984, 539 = MDR 1984, 824 = NJW 1985, 742.
[15] Sehr klar *RGZ* 23, 399, 402, 411; s. auch *LG Wuppertal* DGVZ 1990, 189. – Letztlich offenlassend *BGHZ* 127, 74, 79 (Fn. 78). – A.M. (für freiere Auslegung des § 319) *OLG Dresden* DR 1940, 1483 (zust. *Schönke*) = ZZP 62 (1941), 385 (zu Recht abl. *Köst*): Abweisung wegen Aufrechnung unter versehentlicher Nichtberücksichtigung, daß die zur Aufrechnung gestellte Forderung bereits anderweitig getilgt ist; hier mit Dresden die Berichtigung zuzulassen, geht jedoch entschieden zu weit. Gegen

2. Offenbare Unrichtigkeit

6 Soweit sich der Fehler im schriftlich abgefaßten Urteil befindet, gilt es gleich, in welchem Teil des Urteils er steht. Die Berichtigung falscher *Ausfertigungen* gehört nicht unter § 319; sie ist von der Geschäftsstelle zu erledigen, → § 317 Rdnr. 26[16]. Bei Angaben zu den Parteien kann sich die Offenkundigkeit der Unrichtigkeit aus einem öffentlichen Register ergeben[17]. Soweit es um eine **Berichtigung des Tenors** geht, ist die Unrichtigkeit jedenfalls dann offenbar, wenn eine Abweichung zwischen dem verkündeten und dem schriftlich abgesetzten Urteil besteht[18], → Rdnr. 7. Zweifelhaft kann dagegen sein, was unter »offenbarer« Unrichtigkeit des Tenors in den Fällen zu verstehen ist, in denen die Entscheidung auch falsch verkündet war. Hier ist die Berichtigungsbefugnis auf die Fälle zu beschränken, in denen sich das Versehen **aus dem Zusammenhang des Urteils** oder mindestens **aus den Vorgängen bei Erlaß und Verkündung des Urteils** ergibt[19] und damit auch für die *Parteien* von vornherein ersichtlich ist[20]. Ist diese Voraussetzung nicht erfüllt, so kann ein zwar beschlossener, aber weder im verkündeten noch im schriftlich abgesetzten Urteil *enthaltener* Ausspruch, z.B. über die **Zulassung der Revision** (im arbeitsgerichtlichen Verfahren auch über die Zulassung der Berufung), nicht im Wege der Berichtigung gemäß § 319 zur Geltung gebracht werden[21], → auch § 546 Rdnr. 20. Jedoch sollte man im Falle der unterbliebenen Entscheidung über die Revisionszulassung § 321 anwenden, → § 321 Rdnr. 11. Im **arbeitsgerichtlichen Verfahren** verlangt das BAG in ständiger Rechtsprechung die Verkündung der Rechtsmittelzulassung[22] (anders als die h.M. im Zivilprozeß, → § 546 Rdnr. 18). Um Einwänden des BVerfG[23] Rechnung zu tragen, es verstoße gegen das Recht auf faire Verfahrensgestaltung, wenn eine gewollte, aber versehentlich unterbliebene Rechtsmittelzulassung nicht nachgeholt werden könne, läßt es das BAG[24] nunmehr jedenfalls genügen, wenn die beschlossene, aber versehentlich nicht verkündete

---

die Entscheidung des *OLG Dresden* auch *OLG Celle* Jur-Büro 1969, 456 (*E. Schneider*) (keine Berichtigung, wenn das Gericht eine unstreitig geleistete Zahlung übersehen hat). Den Rahmen des § 319 verläßt *LG Stade* NJW 1979, 168 (abl. *Pruskowski* NJW 1979, 931; abl. auch *Lüke* JuS 1986, 553, 556), das eine Berichtigung zuläßt, wenn über eine in Wahrheit nicht eingelegte Berufung entschieden wurde. Gegen die Ansicht, *Willensbildungsmängel* würden nicht von § 319 erfaßt, wenden sich z.B. *LAG München* MDR 1985, 170; *OLG Hamm* MDR 1986, 594. Der Begriff erscheint aber zur Abgrenzung durchaus brauchbar. – Gegen eine zu weitgehende Anwendung des § 319 auch *Braun* JuS 1986, 364, 366 (unter Hinweis auf den sonst entstehenden Konflikt mit der Rechtskraft).

[16] *LG Stuttgart* ZZP 69 (1956), 222. S. dazu auch BGHZ 67, 284 (Fn. 68).
[17] *LG Stuttgart* Rpfleger 1996, 166 (Geschlecht der Partei nach Einwohnermelderegister).
[18] Zum Begriff der »offenbaren Unrichtigkeit« auch *OLG Düsseldorf* JMBl NRW 1955, 89 u. 1966, 149.
[19] BGHZ 20, 188, 192; 78, 22 (Fn. 21); LM § 256 Nr. 101 = NJW 1972, 2268; LM Nr. 12 (Fn. 14); RGZ 23, 411; 122, 332; 129, 161; 153, 252 (beide zum ZVG); JW 1901, 58; Gruchot 46 (1902), 146; BAG AP § 616 BGB Nr. 45 (*Herschel*). – Abweichungen in der nach Verkündung eines sog. Stuhlurteils abgefaßten schriftlichen Begründung genügen daher allein nicht, *OLG München* OLGZ 1986, 484 = MDR 1987, 63. – Unrichtigkeiten im *Rubrum* oder in der *Unterschrift* können nicht aus dem Urteil hervorgehen und brauchen dies auch nicht, BGHZ 18, 354 = LM Nr. 2 (*Fischer*) = NJW 1955, 1919 (dazu *Geissler* NJW 1956, 344).

[20] RGZ 129, 155, 161. – BGHZ 78, 22, 23 (Fn. 21); LM § 256 Nr. 101 (Fn. 19); LM Nr. 12 (Fn. 14) verweisen besonders auf die notwendige Erkennbarkeit für andere Richter, da solche bei dem Berichtigungsbeschluß mitwirken können (→ Rdnr. 12). Die Unrichtigkeit braucht nicht für jedermann offensichtlich zu sein: *OLG Hamburg* MDR 1978, 583 stellt bei einem Rechenfehler zutreffend darauf ab, ob ein *mit dem Streitstoff Vertrauter* ohne jeden Zweifel erkennen kann, daß das Urteil zu einem anderen Tenor durch einen bloßen Rechenfehler beeinflußt ist; *OLG Düsseldorf* BB 1977, 471 (krit. *Runge*) läßt mit Recht die Berichtigung zu, wenn der *Rechtskundige* den Willen des Gerichts erkennen kann.
[21] BGHZ 20, 188; BGHZ 78, 22 = NJW 1980, 2813 = LM Nr. 10 (LS, *Weber*) (es genügt aber, wenn das Versehen aus am selben Tag verkündeten Entscheidungen in Parallelverfahren offenkundig hervorging); BAG AP Nr. 4 = BAGE 9, 205 = NJW 1960, 1635; BAGE 22, 53 = AP Nr. 15 (*Grunsky*) = NJW 1969, 1871 = ArbuR 1970, 63 (*Baumgärtel*); AP Nr. 17 = SAE 1974, 57 (*Otto*) = BB 1973, 1262 (LS); NJW 1987, 1221; *Lässig* Die fehlerhafte Rechtsmittelzulassung und ihre Verbindlichkeit für das Rechtsmittelgericht (1976), 64 f.
[22] Z.B. BAGE 52, 242, 247; 52, 375. – A.M. *Grunsky* ArbGG[7] § 72 Rdnr. 23; *Germelmann-Matthes-Prütting* ArbGG[2] § 72 Rdnr. 27; *Dütz-Paur* Anm. zu BAG AP § 72 ArbGG 1979 Nr. 27; *Lißeck*SAE 1996, 404.
[23] BVerfG EzA § 64 ArbGG 1979 Nr. 29; NJW 1992, 1496 = BB 1992, 644.
[24] BAGE 78, 294 = NJW 1996, 674 = EzA § 72 ArbGG 1979 Nr. 17 (zum grundsätzlichen Festhalten am Verkündungserfordernis krit. *Brehm*) = AP § 72 ArbGG 1979 Nr. 27 (*Dütz-Paur*) = SAE 1996, 400 (*Lißeck*).

Rechtsmittelzulassung erst in den später abgefaßten (nicht verkündeten) Entscheidungsgründen enthalten ist. Weitergehend hält das BAG (1. Senat) die Zulassung in den Entscheidungsgründen auch dann für ausreichend, wenn die Verkündung nicht lediglich versehentlich unterblieben ist[25]. – Auch sonst lassen sich Unrichtigkeiten, die unter die Erfordernisse des §319 nicht zu subsumieren sind, eventuell nach §320 oder §321 beheben. Außerdem kommt bei Unrichtigkeiten der Urteilsformel, die nicht nach §319 behebbar sind, eine Klage auf Feststellung des rechtskräftigen Urteilsinhalts in Betracht[26].

3. Zur Abweichung zwischen verkündetem und schriftlich abgesetztem Urteil

§319 kommt – unter der → Rdnr. 6 bei Fn. 19 genannten Voraussetzung – sowohl bei richtiger Verkündung, aber falscher Absetzung des Urteils, als auch bei falscher Verkündung in Betracht. Im letzteren Fall ist die fehlerhafte verkündete Formel in das schriftliche Urteil aufzunehmen und zugleich zu berichtigen; denn wenn ohne Berichtigungsbeschluß die wirklich gemeinte Formel in das schriftlich abgefaßte Urteil aufgenommen würde, so wäre dies kein Verfahren nach §319, sondern es läge ein neues, nicht verkündetes Urteil vor, das eben wegen dieses Mangels im Instanzenzug aufgehoben werden müßte[27]. Weicht umgekehrt die Formel des schriftlich abgefaßten Urteils versehentlich von der richtigen verkündeten Formel ab, so liegt ebenfalls der Fall des §319 vor, da das Gericht hinsichtlich der Formel nur die Aufgabe wortgetreuer Übertragung hat[28].

7

4. Unerheblichkeit der Ursache der Unrichtigkeit, insbesondere des Verschuldens

Ob die Unrichtigkeit, insbesondere der Rechenfehler auf einem Versehen des Gerichts oder auf unverändert übernommenen *Angaben der Parteien* beruht[29], ist gleichgültig, da die Frage des *Verschuldens* nicht aufzuwerfen ist[30]. Lehnt man in solchen Fällen die Berichtigung ab, so zwingt man die Parteien zu neuer Prozeßführung[31].

8

5. Einzelfälle

Unter den dargelegten Voraussetzungen fallen unter §319 außer den Schreib- und Rechenfehlern[32] oder vergleichbaren Ungenauigkeiten[33] besonders: Unrichtige Angaben über die *Person der Richter*[34] (→ auch §315 Rdnr. 12f.) oder der *Parteien*[35] (→ §313 Rdnr. 8ff., allge-

9

---

[25] *BAG* (1. Senat) NZA 1996, 499 = AP §72 ArbGG Nr. 29. – Offenlassend *BAG* (4. Senat) AP §§22, 23 BAT Sozialarbeiter Nr. 29.
[26] *BGH* LM §256 Nr. 101 (Fn. 19) (zur unrichtigen Bezeichnung des herauszugebenden Gegenstands, so daß eine Vollstreckung nicht möglich ist).
[27] RGZ 5, 357f.
[28] RGZ 55, 278f.
[29] *LG Bonn* JurBüro 1991, 125 (unrichtige Stockwerksbezeichnung der vom Beklagten bewohnten und herauszugebenden Wohnung).
[30] Vgl. *KG* GRUR 1951, 71; *LAG Frankfurt* MDR 1974, 77; *LAG München* MDR 1985, 170. – Zur gelegentlich zu engen Praxis vgl. *Schalhorn* JurBüro 1971, 745. – Dagegen kann das Recht auf Berichtigung u.U. verwirkt werden, → Fn. 52.
[31] *LG Bonn* JurBüro 1991, 125; *Stein* Voraussetzungen des Rechtsschutzes (1903), 96f.
[32] Dazu *OLG Schleswig* SchlHA 1971, 40 (Berichtigung zulässig, wenn die Urteilssumme von dem Betrag abweicht, der sich aus der Abrechnung in den Gründen ergibt); *OLG Hamm* FamRZ 1986, 1136, 1138 (Rechenfehler in den Entscheidungsgründen bei Ermittlung des Zugewinnausgleichsanspruchs); *OLG Düsseldorf* FamRZ 1997, 1407 (Hochrechnung des Anfangsvermögens mit falscher Indexzahl für den Kaufkraftschwund).
[33] Vgl. *OLG Zweibrücken* OLGZ 1994, 581 = MDR 1994, 831 (Hinterlegungsstelle des LG zu berichtigen in Hinterlegungsstelle des AG).
[34] BGHZ 18, 350 = NJW 1955, 1919 (dazu *Geissler* NJW 1956, 344); BayObLGZ 1986, 398, 399; RGZ 58, 122.
[35] Vgl. *BGH* Warn 1969 Nr. 363; RGZ 99, 270; *BAG* AP Nr. 18; *OLG Dresden* JW 1932, 3637; *KG* JR 1950, 602 (Inhaber einer kaufmännischen Firma); *OLG Köln* NJW 1964, 2424 (vom Kläger verursachte unrichtige Firmenbezeichnung des Beklagten); *LAG Frankfurt* MDR 1974, 77 (Schreibweise des Namens des Beklagten); *OLG Hamm* WM 1975, 46 (Gesellschafter persönlich statt einer noch in Gründung befindlichen GmbH u. Co. KG);

mein zur Berichtigung der Parteibezeichnung → vor § 50 Rdnr. 8f.), sofern nur ihre Identität feststeht und unverändert bleibt (→ auch Rdnr. 14), oder ihrer *Vertreter*[36], Auslassungen[37], z.B. bei Streitgenossen[38], unrichtige Wiedergabe des *Klageantrags*, des *Klagegegenstandes*[39] oder der *Kostenverteilung* in der Formel des Urteils[40], sowie Verstümmelungen und Unvollständigkeiten der **Formel**[41], einschließlich der versehentlichen Auslassung der Entscheidung über einzelne Ansprüche (über die nach dem in der Entscheidungsbegründung zutage getretenen Willen *entschieden* wurde)[42]. Die Abweisung als derzeit unbegründet mangels Fälligkeit braucht jedoch nicht in den Tenor aufgenommen zu werden[43], → auch § 322 Rdnr. 248. Auch Auslassungen oder Fehler im **Kostenpunkt**[44] (zur Mitberichtigung → bei Fn. 48, zur Änderung der Streitwertfestsetzung → bei Fn. 49), etwa die auf einem offenbaren Rechenfehler beruhende falsche Quotelung[45], oder im Ausspruch über die **vorläufige Vollstreckbarkeit**[46] können berichtigt werden, wenn die Unrichtigkeit aus den Gründen hervorgeht. Im Wege der Berichtigung kann dagegen die zwar beschlossene, aber versehentlich nicht in das Urteil aufgenom-

---

OLG Düsseldorf MDR 1977, 144 (GmbH u. Co. KG statt OHG); *OLG Frankfurt* JurBüro 1980, 1893 (Berichtigung der Firma); *OLG Frankfurt* Rpfleger 1990, 201 (Gesellschafter einer BGB-Gesellschaft statt nicht existierender GmbH); *OLG Dresden* OLG-NL 1996, 119 (auch bei einstweiliger Verfügung, Namensverwechslung zwischen Vater und Sohn); *OLG Koblenz* NJW-RR 1997, 1352 (Verwechslung der Bezeichnung, weil falscher Handelsregisterauszug übersandt worden war), *OLG Jena* MDR 1997, 1030 (Großgemeinde statt bei Klageerhebung bereits aufgelöster früherer Gemeinde); *AG Hagen* NJW-RR 1995, 486 (Einzelinhaberschaft statt von Anfang an nicht mehr bestehender OHG); *LG Stuttgart* Rpfleger 1996, 166 sowie *LG Köln* Rpfleger 1987, 508 (geschlechtsbezeichnende Anrede); *LG Dresden* JurBüro 1996, 95 (Korrektur der Geschlechtsbezeichnung und der Endung des Vornamens des von Anfang an gemeinten Inhabers). – Es kann dann auch der anfänglich angegebene Künstlername in den wirklichen Namen geändert werden, s. *Seuffert* BlfRA 1871, 637ff.; ferner *Hörle* ZZP 44 (1914), 65. – A.M. KG OLG Rsp 13 (1906), 152ff.; *Kisch* Parteiänderung (1912), 596. – Aber keine Unterschiebung einer **anderen** Partei (statt nicht existierender GmbH ein Einzelkaufmann), *LG Hamburg* NJW 1956, 1761 = ZZP 69 (1956), 422 (*Bull*); *LG Düsseldorf* MDR 1960, 406; *OLG Zweibrücken* ZMR 1987, 232; keine Streichung einer bereits vor Rechtshängigkeit verstorbenen Partei, *LG Frankfurt* Rpfleger 1991, 426. S. auch *OLG Düsseldorf* OLGZ 1983, 351 (eine gegen »derzeit nicht bekannte Personen«, die sich in einem besetzten Gebäude aufhalten, erlassene einstweilige Verfügung kann nicht im Wege der Berichtigung gegen bestimmte Personen gerichtet werden). Keine Berichtigung bei nach Erlaß des Urteils erfolgter Namensänderung einer Partei infolge Heirat, *LG Köln* JurBüro 1969, 447; *AG Frankfurt* DGVZ 1964, 190.
[36] Vgl. *RGZ* 25, 404; 38, 389; *OLG Hamm* JMBl NRW 1963, 229; *LAG München* MDR 1985, 170.
[37] *RGZ* 55, 278.
[38] *RG* JW 1898, 661.
[39] Z.B. Bezeichnung eines herauszugebenden Geräts mit einer falschen Fabrikationsnummer, *OLG Hamm* JurBüro 1989, 693.
[40] *RGZ* 4, 210; *SeuffArch* 59 (1904), 288. S. auch *RGZ* 23, 410f.
[41] *RG* JW 1900, 714; s. auch *RG* JW 1905, 87 und JW 1918, 222 (falscher Senat bei Zurückverweisung nach § 565).

[42] *BGH* NJW 1964, 1858 = LM Nr. 5 (unterlassene Abweisung der Widerklage im Tenor, während sich die Abweisung aus den Gründen ergibt); *LG Freiburg* ZZP 68 (1955), 308 (ebenfalls zur Widerklage); *RG* JW 1903, 372; 1929, 101; *OLG Stuttgart* FamRZ 1984, 402 (nur in den Entscheidungsgründen, nicht in der Formel zum Ausdruck gebrachte teilweise Klageabweisung); *LAG Frankfurt* ArbuR 1984, 122 (LS); *Rosenberg-Schwab-Gottwald*[15] § 61 I 4 vor a. – A.M. *BAGE* 8, 20, 23 = NJW 1959, 1942 = AP § 3 KSchG Nr. 19 (*Bötticher*): Bedenken wegen des Umfangs der Rechtskraftwirkung, daher sei § 321 anzuwenden (s. dagegen *BGH* aaO). Zur Frage, inwieweit bei Divergenzen zwischen Urteilstenor und Entscheidungsgründen auch ohne Berichtigung des Tenors die aus den Gründen ersichtliche Entscheidung in Rechtskraft erwächst, s. *Lindacher* ZZP 88 (1975), 64, 72, der mit Recht die Berichtigung des Tenors in diesen Fällen weitgehend für nur deklaratorisch hält.
[43] *LG Freiburg* MDR 1997, 396.
[44] Vgl. *RGZ* 23, 403; *RG* JW 1903, 373; *OLG Hamm* MDR 1986, 594 (Kostenentscheidung versehentlich auf der Grundlage des höheren Streitwerts der ersten Instanz getroffen); *OLG Hamburg* JurBüro 1985, 1560 (unvollständiger Kostenausspruch bei Streitgenossenschaft). Die Berichtigung ist auch zulässig, wenn die *mitverkündete* Kostenentscheidung im Tenor des schriftlichen Urteils fehlt, *OLG Hamm* NJW-RR 1986, 1444, oder wenn die im Tenor fehlende Kostenentscheidung in den Entscheidungsgründen enthalten ist, *LAG Bremen* MDR 1996, 1069. Wenn dagegen der Kostenausspruch schlechthin fehlt und sich auch aus den Gründen darüber nichts ergibt, kommt nur die Ergänzung nach § 321 in Betracht, s. auch *OLG Celle* JurBüro 1976, 1254. Auch kann nicht nachträglich §91a berücksichtigt werden, wenn das Urteil darüber nichts erkennen läßt, *KG* JurBüro 1981, 614; dasselbe gilt für § 281 Abs. S. 2, *OLG Hamm* MDR 1970, 1018, jedoch kommt hier eine Urteilsergänzung (§ 321) in Betracht, → § 281 Rdnr. 42, → § 321 Rdnr. 5.
[45] *OLG Köln* FamRZ 1993, 456.
[46] *LG Göttingen* NdsRpfl 1948, 87; *OLG Düsseldorf* BB 1977, 471 (krit. *Runge*). – Jedoch keine Berichtigung, wenn nicht nur der Ausspruch über die vorläufige Vollstreckbarkeit in der Urteilsformel, sondern auch die dazu gegebene Entscheidungsbegründung falsch ist, *OLG Celle* NJW 1955, 1843. Keine nachträgliche Aufteilung der Sicherheitsleistung auf die einzelnen Ansprüche, *OLG Frankfurt* OLGZ 1970, 172 = MDR 1969, 1016 = Rpfleger 1969, 395.

mene und auch sonst nicht zum Ausdruck gekommene Zulassung der Revision, § 546, nicht nachgeholt werden, → Rdnr. 6 sowie zum arbeitsgerichtlichen Verfahren → Rdnr. 22. Selbst die **ganze Urteilsformel** kann berichtigt werden, wenn sie versehentlich ins Gegenteil verkehrt ist[47], → auch § 519 b Rdnr. 32 über die Berichtigung der versehentlichen Verwerfung einer Berufung. Werden durch solche Berichtigungen andere Teile der Formel nunmehr unrichtig, z.B. die Kostenentscheidung, so können sie *mitberichtigt* werden[48]. Wird nach Erlaß eines Urteils die **Festsetzung des Gebührenstreitwerts geändert** (zur Zulässigkeit → § 2 Rdnr. 84) und erweist sich deshalb die Kostenentscheidung im Urteil (bei Kostenverteilung gemäß § 92) als unrichtig, so liegt an sich kein Fall des § 319 vor, da das Urteil für sich gesehen nicht offenbar unrichtig war. Jedoch wäre das Ergebnis, es trotz der geänderten Streitwertfestsetzung bei der alten Kostenverteilung zu belassen, so evident ungerecht (jedenfalls dann, wenn nicht noch in der Rechtsmittelinstanz eine Korrektur möglich ist), daß man in analoger Anwendung des § 319 eine Berichtigung des Kostenausspruchs zulassen sollte[49], → auch § 2 Rdnr. 84. Die geänderte Streitwertfestsetzung ist wie ein Teil des Urteils selbst zu behandeln, und wenn auf dieser Basis der ursprüngliche Kostenausspruch unter Berücksichtigung der dafür gegebenen Begründung offensichtlich falsch ist, erscheint die Berichtigung zulässig. Eine Berichtigung des **Kostenfestsetzungsbeschlusses** wird zugelassen, wenn versehentlich ein bereits abgeänderter Streitwertbeschluß zugrunde gelegt worden war[50].

III. Verfahren

1. Verfahrenseinleitung, Zuständigkeit

Die Berichtigung kann sowohl auf **Antrag** als auch **von Amts wegen** und zwar **jederzeit** (Abs. 1) erfolgen, also auch *nach Einlegung eines Rechtsmittels* – einschließlich der Revision – (vgl. Fn. 63, 92)[51] oder *nach der Rechtskraft* des Urteils[52]; wegen der Wiedereinsetzung → Fn. 69. Berichtigen kann immer dasjenige **Gericht, das das Urteil erlassen** hatte. Der *Einzelrichter* (§§ 348, 524) bzw. der Vorsitzende der Kammer für Handelssachen (§ 349) sind zur Berichtigung der von ihnen erlassenen Urteile befugt, auch wenn die Sache danach an das Kollegium abgegeben wurde, → § 348 Rdnr. 2. Neben dem Gericht, von dem das Urteil stammt, kann auch das **Rechtsmittelgericht** berichtigen, soweit es sich das Urteil sachlich zu eigen macht[53] und solange es mit der Sache befaßt ist[54]; die Gefahr, daß in zwei Instanzen

10

---

[47] *RGZ* 23, 399ff.; JW 1927, 1638; *BAG* AP § 616 BGB Nr. 45 (*Herschel*) = RdA 1975, 150 (LS) (Abänderung des erstinstanzlichen Urteils und Klageabweisung kann in Zurückweisung der Berufung geändert werden, wenn nach den Entscheidungsgründen dies gewollt war).

[48] *RG* SeuffArch 59 (1904), 288; *OLG Hamm* MDR 1975, 765.

[49] *OLG Frankfurt* NJW 1970, 436; *OLG Köln* MDR 1980, 761 (unter Ausdehnung auf eine wegen Nichtbeachtung des § 269 Abs. 3 S. 3 falsche Kostenentscheidung, dagegen *E. Schneider* MDR 1980, 762); *LG Hechingen* VersR 1975, 93; *LG Köln* NJW-RR 1987, 955; überzeugend *Markl-Meyer* GKG³ (1996), § 25 Rdnr. 37; ebenso *Speckmann* NJW 1972, 232, 235f.; *Baumbach-Lauterbach-Hartmann*⁵⁶ Rdnr. 5; *Hartmann* Kostengesetze²⁷ § 25 GKG Rdnr. 40; *Zöller-Vollkommer*²⁰ Rdnr. 18. – A.M. *BGH* MDR 1977, 925 (der *BGH* lehnt daher die Änderung des Streitwerts ab, wenn dadurch die Kostenentscheidung unrichtig würde); *OLG Köln* FamRZ 1994, 56 = *OLGZ* 1993, 446; *KG* NJW 1975, 2107; *LG Frankfurt* MDR 1997, 407; *LG Bamberg* NJW 1970, 1610; *E.*

Schneider NJW 1969, 1237; MDR 1980, 763; *Thomas-Putzo*²⁰ Rdnr. 3.

[50] *OLG München* JurBüro 1993, 680.

[51] *BGHZ* 18, 350, 356; *OGHZ* 1, 286; *RG* SeuffArch 47 (1892), 348.

[52] *OLG München* OLGZ 1983, 368, 369; *OLG Hamm* FamRZ 1986, 1136, 1138. – Zur möglichen Verwirkung des Anspruchs auf Urteilsberichtigung vgl. *OLG München* aaO; *BSG* NJW 1966, 125; *OLG Hamm* aaO.

[53] *BGH* NJW 1964, 1858; *BAG* NJW 1964, 1874 = AP Nr. 13 (*Pohle*); RGZ 4, 208, 210; JW 1907, 147; *OLG Köln* JMBl NRW 1983, 64; *KG* GRUR 1951, 71; *Baumbach-Lauterbach-Hartmann*⁵⁶ Rdnr. 27. Dasselbe gilt im Rechtsmittelverfahren gegen Beschlüsse, *BayObLG* FamRZ 1989, 1348, vorausgesetzt, daß der Beschluß unmittelbarer Gegenstand des Rechtsmittelverfahrens ist, *BayObLG* FamRZ 1992, 1326.

[54] *OLG Düsseldorf* MDR 1991, 789 = NJW-RR 1991, 1471 (sein eigenes Urteil kann das Rechtsmittelgericht auch nach Beendigung des Rechtsmittelverfahrens berichtigen).

gleichzeitig einander widersprechende Entscheidungen über dieselbe Berichtigungsfrage ergehen, wiegt geringer als das für das Rechtsmittelgericht zu bejahende praktische Bedürfnis nach der Berichtigungsmöglichkeit. Sicherlich kann das Rechtsmittelgericht dann berichtigen, wenn es sich um eine in *seinem* Urteil vorhandene Unrichtigkeit handelt; für diese ist es allerdings unerheblich, ob sie sich daneben auch in dem früheren Urteil findet[55].

2. Antrag, Verfahren

11   Der Antrag ist **frist- und formfrei**. Er kann auch durch schriftliches Gesuch erfolgen, das vor den Kollegialgerichten dem **Anwaltszwang** unterliegt[56]; das von der Partei selbst eingereichte Gesuch kann aber Anlaß zu einer Berichtigung von Amts wegen geben. Das Verfahren ist **fakultativ mündlich** (Abs. 2 S. 1) und folgt den → § 128 Rdnr. 39 ff. dargestellten Grundsätzen. Die fakultative Mündlichkeit entbindet aber nicht von der Verpflichtung, den Parteien grundsätzlich (von bloßen Formalien abgesehen) **rechtliches Gehör** zu gewähren, gleich ob die Berichtigung auf Antrag oder von Amts wegen erfolgen soll[57]. Eine Beweisaufnahme, um Rechenfehler oder dergleichen aufzudecken, ist nicht ausgeschlossen.

3. Entscheidung

12   Die Entscheidung, an der auch andere als die früher erkennenden Richter teilnehmen können, ergeht als **Beschluß**, der nach § 329 zu verkünden bzw. den Parteien von Amts wegen mitzuteilen ist, und zwar im Fall der Berichtigung durch förmliche Zustellung, während bei Ablehnung des Antrags formlose Übersendung genügt, § 329 Abs. 3. Außerdem ist der Beschluß, der die Berichtigung ausspricht, auf der Urschrift und auf den Ausfertigungen des Urteils zu **vermerken**[58], Abs. 2 S. 2. Hierzu sind die den Parteien ausgehändigten Ausfertigungen von Amts wegen durch die Geschäftsstelle einzufordern. Zwangsmittel, um diese Vorlegung zu bewirken, sind im Gesetz nicht vorgesehen, und die Ausführung des Vermerks ist für die Wirksamkeit des Berichtigungsbeschlusses *nicht* erforderlich.

4. Verhältnis zur Rechtsmitteleinlegung

13   Anstatt des Antrags nach § 319 oder neben ihm[59] kann die Partei[60] nach der überwiegenden Rechtsprechung die Beseitigung der Unrichtigkeit, soweit sie dadurch beschwert ist, **auch durch Rechtsmittel herbeiführen**[61]. Nach Ablehnung eines Berichtigungsantrags ist dies der einzige Weg; vorher fehlt einem Rechtsmittel im allgemeinen nicht das *Rechtsschutzbedürfnis*[62], (dazu allg. → vor § 253 Rdnr. 101 ff.), → § 321 Rdnr. 15, zumal sonst bei Berichtigung und späterer Aufhebung des Berichtigungsbeschlusses Rechtsschutzlücken entstehen können, da gegen die Aufhebung des Berichtigungsbeschlusses keine weitere Beschwerde statthaft ist, → Rdnr. 19. Wenn das Rechtsmittelgericht die Unrichtigkeit beseitigt, so kann dies ei-

---

[55] Vgl. *RGZ* 25, 404.
[56] *RGZ* 25, 404. – Soweit es sich um seine eigene Person handelt, kann ein Prozeßbevollmächtigter auch aus eigenem Recht die Berichtigung beantragen, *LSG Saarbrücken* NJW 1981, 1232.
[57] *BVerfGE* 34, 1, 7 f.; *LG Köln* Rpfleger 1987, 508.
[58] Dies erfordert zumindest eine als amtlich erkennbare Verbindung des Berichtigungsbeschlusses mit dem Titel, *LG Hannover* JurBüro 1970, 886 (dieses Erfordernis gilt auch für den Vollstreckungsbescheid nach Berichtigung des Mahnbescheids).
[59] *RG* SeuffArch 47 (1892), 348.

[60] Ebenso ein Dritter, der im Rubrum zu Unrecht als Partei genannt ist, *BGH* MDR 1978, 307.
[61] *RGZ* 110, 429; *BayObLG* OLG Rsp 25 (1912), 130. – A.M. *OLG Marienwerder* OLG Rsp 23 (1911), 433; *OLG Zweibrücken* JW 1919, 696; teils auch *Lindacher* ZZP 88 (1975), 64, 72.
[62] Vgl. *BGH* MDR 1978, 307. – A.M. (und im konkreten Fall berechtigt) *OLG Zweibrücken* FamRZ 1985, 614 (zur Beschwerde gegen eine Versorgungsausgleichsentscheidung bei offensichtlichem – und inhaltlich minimalem – Rechenfehler).

ne Entscheidung über das Rechtsmittel oder eine Berichtigung nach § 319 sein (→ auch Fn. 53). Ergeht der **Berichtigungsbeschluß nach Einlegung des Rechtsmittels,** so wird wegen der Rückwirkung des Berichtigungsbeschlusses (→ Rdnr. 14) das Rechtsmittel unzulässig[63], soweit durch die Berichtigung die Beschwer entfällt und der Berichtigungsbeschluß unanfechtbar ist. Doch ist jedenfalls in diesem besonderen Fall (zur allgemeinen Problematik → § 91a Rdnr. 52f.) eine Erledigungserklärung hinsichtlich des Rechtsmittels zuzulassen und (bei beiderseitiger Erledigungserklärung) über die Kosten des Rechtsmittelverfahrens nach billigem Ermessen (§ 91a Abs. 1 S. 1) zu entscheiden[64]. Dabei ist es zu Lasten des Rechtsmittel- bzw. Erinnerungsführers zu berücksichtigen, wenn die Einlegung angesichts der zweifellos gegebenen Berichtigungsmöglichkeit von vornherein unnötig war[65].

IV. Der Berichtigungsbeschluß

1. Wirkung

Die Wirkung der Berichtigung besteht darin, daß der berichtigte Text des Urteils als der **von Anfang an gültige,** daher auch für die Zulässigkeit der Rechtsmittel, die Rechtskraft und die Zwangsvollstreckung maßgebende erscheint[66]. Dies gilt jedoch nicht, wenn eine vom AG als Familiengericht erlassene Entscheidung dahin »berichtigt« wird, das Gericht habe als allgemeine Zivilabteilung entschieden; andernfalls würde auch die »formelle Anknüpfung« des Rechtsmittels (→ § 281 Rdnr. 45b) unterlaufen[67]. Der Lauf der **Rechtsmittelfrist** wird durch den Berichtigungsbeschluß im allgemeinen **nicht berührt**[68]; nur wenn das berichtigte Urteil in der Fassung, in der es zugestellt ist, nicht hinreichend klar genug war, um die Grundlage für die Entschließungen und das weitere Handeln der Parteien zu bilden, läuft die Rechtsmittelfrist erst von der *Zustellung des Berichtigungsbeschlusses* an[69]. Dies gilt z. B., wenn das nicht berichtigte Urteil die Partei nicht beschwert; jedoch wird in diesem Fall auch ein bereits zuvor eingelegtes Rechtsmittel mit der Berichtigung zulässig, wie umgekehrt ein Rechtsmittel unzulässig wird, wenn eine Berichtigung die bisher gegebene Beschwer beseitigt, → Rdnr. 13. Auch wenn erst durch die Berichtigung eine weitere Beschwer hinzutritt (jetzt vollständige Klageabweisung anstelle teilweiser Stattgabe), beginnt die Frist erst mit Zustellung des Berichtigungsbeschlusses[70]. Wird der Betrag der Verurteilung zuerst durch einen mit dem Urteil zugestellten Berichtigungsbeschluß herabgesetzt und später der Berichtigungsbeschluß wieder

14

---

[63] BGHZ 127, 74, 82 (Fn. 78). – Anders RGZ 110, 429, das die trotz Wegfall der Beschwer aufrechterhaltene Revision als *unbegründet* zurückweist.

[64] OLG Bamberg Rpfleger 1995, 289; LG Bochum ZZP 97 (1984), 215 (*Waldner*). Im konkreten Fall wurden die Rechtsmittelkosten gegeneinander aufgehoben. – Gegen Anwendung des § 91a, jedenfalls im konkreten Fall, BGHZ 127, 74, 82f. (Fn. 78; insoweit abl. *Pfeiffer* EWiR 1994, 1149), der immerhin nach § 8 GKG die Nichterhebung von Gerichtskosten für das Rechtsmittelverfahren anordnete. Zu § 8 GKG nach Rücknahme eines Rechtsmittels infolge des Berichtigungsbeschlusses OLG Hamm FamRZ 1986, 1139 (im konkreten Fall nicht von der Kostenerhebung absehend).

[65] OLG Bamberg Rpfleger 1995, 289 (zur Erinnerung gegen einen Kostenfestsetzungsbeschluß).

[66] BGH NJW 1985, 742; BayObLGZ 1986, 398; RGZ 29, 403, 405f.; 90, 231.

[67] BGH NJW 1993, 1399; FamRZ 1994, 1520 (anders, wenn ein aus dem Urteil oder den Vorgängen bei Erlaß oder Verkündung klar erkennbarer Schreibfehler vorliegt).

[68] BGH LM Nr. 6 = MDR 1970, 757; BGHZ 89, 184 = LM Nr. 11 (LS, *Hagen*) = NJW 1984, 1041; BGH FamRZ 1990, 988; BGHZ 113, 228, 230 = NJW 1991, 1834 = JR 1991, 421 (*Nowack*); OLG Hamm Rpfleger 1977, 456 (dies gilt auch für die Berichtigung eines Vergütungsfestsetzungsbeschlusses); NJW-RR 1986, 1444. – So wohl auch BAG NJW 1967, 1439 (LS). S. auch BGHZ 67, 284 = LM Nr. 8 (LS, *Weber*) = NJW 1977, 297 sowie BGH VersR 1996, 214 (wenn nur die zugestellte *Ausfertigung* richtigzustellen ist, gelten dieselben Grundsätze). Ausführlich zur Rsp *E. Schneider* MDR 1986, 377.

[69] BGH NJW 1995, 1033; BGHZ 113, 228, 231 (Fn. 68); BGHZ 17, 151 = LM Nr. 2 (LS, *Johannsen*); BGH VersR 1981, 548; RG DR 1943, 249. – Der sonst zulässigen Wiedereinsetzung (dafür die frühere Rsp, s. RGZ 116, 13; JW 1930, 1001) bedarf es danach nicht.

[70] BGH NJW 1995, 1033 = LM § 516 Nr. 37 (zust. *Grunsky*). Anders als der BGH aaO in einem obiter dictum meint, sollte dann allerdings (mit *Grunsky* aaO) die neue Berufungsfrist auch für die Anfechtung des nicht geänderten Teils gelten.

aufgehoben, so beginnt hinsichtlich dieser höheren Beschwer der Lauf der Rechtsmittelfrist erst mit der Zustellung des Aufhebungsbeschlusses[71]. Auch wenn erst durch den Berichtigungsbeschluß völlig klar wird, gegenüber welcher Person als Partei das Urteil ergangen ist und gegen wen daher das Rechtsmittel zu richten ist, läuft die Berufungsfrist erst mit Zustellung des Berichtigungsbeschlusses[72], für die richtige Partei erst mit Zustellung an diese[73]. Die Einstellung der durch die Berichtigung unberechtigt gewordenen **Zwangsvollstreckung** ist nach § 766 zu erreichen[74]. Bei Berichtigung eines vorläufig vollstreckbaren Urteils zuungunsten des Klägers gilt für die Rückforderung eines zu Unrecht beigetriebenen Betrages bzw. für den Ersatz sonstigen Schadens § 717 Abs. 2 analog, → § 717 Rdnr. 63, doch kann der zu Unrecht beigetriebene Betrag nur im Wege besonderer Klage, nicht nach § 717 Abs. 2 S. 2 zurückgefordert werden[75].

2. Fehlerhafte Berichtigungsbeschlüsse

15   Der Berichtigungsbeschluß bestimmt sowohl gegenüber den Parteien als auch gegenüber dem Rechtsmittelgericht den Inhalt des Urteils. Wird der Beschluß nicht angefochten, so kann ihn auch das Rechtsmittelgericht als solchen nicht überprüfen, ihm also die berichtigende Wirkung nicht absprechen[76]. Die inhaltliche Überprüfung des berichtigten Urteils bleibt davon unberührt. Durch »Berichtigung« können nicht vorherige Verfahrensfehler aus der Welt geschafft werden[77]. Eine **Unwirksamkeit** des Berichtigungsbeschlusses kommt, ebenso wie bei sonstigen Entscheidungen, nur bei ganz außergewöhnlichen Mängeln in Betracht. Näher zu den seltenen Fällen von Nichturteilen oder nichtigen (wirkungslosen) Urteilen → vor § 578 Rdnr. 1 ff. . Daß das Gericht die Voraussetzungen einer Entscheidung zu Unrecht bejaht hat, führt nach diesen allgemeinen Grundsätzen nicht zur Unwirksamkeit. Daß dieser Grundsatz auch bei Berichtigungsbeschlüssen gilt, hat der BGH[78] nunmehr bestätigt und zutreffend hervorgehoben, daß ein formell rechtskräftiger Berichtigungsbeschluß nicht schon deswegen unwirksam ist, weil das Gericht (unzulässigerweise) einen Fehler bei seiner Willensbildung berichtigt hat.

16   Die Rechtsprechung läßt jedoch **Ausnahmen von der Bindung** an fehlerhafte Berichtigungsbeschlüsse zu. Vor allem werden Berichtigungsbeschlüsse, die eine nachträgliche Rechtsmittelzulassung aussprachen[79] oder durch eine Änderung der Streitwertfestsetzung die Rechtsmittelfähigkeit bewirkten[80], für unverbindlich (für das Rechtsmittelgericht) erklärt, wenn – mangels offenbarer Unrichtigkeit in dem → Rdnr. 5, 6 erläuterten Sinn – der Berichtigungsbeschluß nicht hätte ergehen dürfen. Diese Durchbrechung des Grundsatzes, daß auch fehler-

---

[71] *BGH* JZ 1985, 907 = MDR 1985, 835 = NJW 1986, 935.
[72] *BGHZ* 113, 228 (Fn. 68).
[73] Vgl. *OLG Düsseldorf* MDR 1990, 930. Im konkreten Fall ging es aber nicht mehr um eine Berichtigung der Parteibezeichnung, sondern um eine Auswechslung der Partei, so daß der Berichtigungsbeschluß unzulässig und wirkungslos war, *Vollkommer* MDR 1992, 642; → auch Rdnr. 9.
[74] *OLG Dresden* OLG Rsp 16 (1908), 288.
[75] *OLG Hamburg* SeuffArch 55 (1900), 109.
[76] Vgl. (jedenfalls was den Grundsatz angeht) *BGH* LM Nr. 12 (Fn. 14).
[77] *BGH* NJW 1993, 1399, 1400 (zur nachträglichen Änderung der Kennzeichnung des Spruchkörpers – allgemeine Zivilabteilung statt Familiengericht), → auch Rdnr. 14.

[78] *BGHZ* 127, 74, 76 = NJW 1994, 2832 = LM Nr. 19 (*Heinrich*) = EWiR 1994, 1149 (*Pfeiffer*). Auch *BGH* NJW 1995, 1033 betont die grundsätzliche Bindungswirkung.
[79] *BGHZ* 20, 188, 190; 78, 22, 23 (Fn. 21); *BGH* LM Nr. 12 (Fn. 14); *RG* JW 1936, 102 (*Jonas*); *BAGE* 2, 358 = AP Nr. 3 (*Pohle*); *BAGE* 3, 21 = AP Nr. 1 (*Pohle*); *BAG* AP Nr. 2 (*Pohle*); AP Nr. 14 (*E. Schumann*) = SAE 1969, 202 (*Baumgärtel*); AP Nr. 15 (*Grunsky*) (Fn. 21); AP Nr. 17 (Fn. 21). Ebenso *Rosenberg-Schwab-Gottwald*[15] § 62 IV 2 d; *Zöller-Vollkommer*[20] Rdnr. 7, 29. Nach *Lässig* (Fn. 21) 113 f. ist die Rechtsmittelzulassung durch fehlerhafte Berichtigung dann unwirksam, wenn sie in die bereits eingetretene Rechtskraft eingreift, also insbesondere, wenn nach Ablauf der Rechtsmittelfrist erfolgt.
[80] *RAG* 26, 229 = ArbRS 45, 257 (krit. *Volkmar*).

hafte gerichtliche Entscheidungen als wirksam anzusehen sind, erscheint bedenklich[81]. Es handelt sich im wesentlichen um eine Sonderrechtsprechung zur nachträglich herbeigeführten Zulässigkeit von Rechtsmitteln. Mit dem BGH[82] ist die Einschränkung der Bindungswirkung zumindest auf diesen Bereich zu beschränken. Zur Begründung für die Ausnahme von der Bindung verweist der BGH darauf, es sollten nicht die zwingenden Vorschriften über die prozessualen Instanzen unterlaufen werden. Richtig ist, daß der Berichtigungsbeschluß keine weitergehende Wirkung haben kann als eine bereits im Urteil ausgesprochene Rechtsmittelzulassung[83]. Falls also das Rechtsmittelgericht befugt ist, eine Rechtsmittelzulassung als unverbindlich anzusehen, weil die Voraussetzungen der Zulassung offensichtlich nicht gegeben waren, gilt dies auch gegenüber der Zulassung durch Berichtigungsbeschluß. Dies ist aber etwas anderes als die Unverbindlichkeit des Berichtigungsbeschlusses, nur weil die *Berichtigungs*voraussetzungen nicht vorgelegen haben[84]. Im übrigen bestehen gegen eine inhaltliche Überprüfung der Zulassung selbst in den Fällen eines offenkundigen Fehlers schwerwiegende Bedenken. Dies gilt erst recht seit die Bindung des Revisionsgerichts an die Rechtsmittelzulassung ausdrücklich im Gesetz verankert ist (§ 546 Abs. 1 S. 3), → § 546 Rdnr. 21 f., zur Bindung an die Nichtzulassung → § 546 Rdnr. 23.

V. Anfechtung des Beschlusses

1. Zurückweisender Beschluß

Gegen den Beschluß, durch den ein Berichtigungsantrag als **unbegründet zurückgewiesen wird,** findet kein selbständiges Rechtsmittel statt[85]. Die Partei ist vielmehr lediglich auf die etwa noch zulässigen Rechtsmittel gegen das Urteil selbst angewiesen. Wird dagegen der Antrag ohne sachliche Prüfung als **unzulässig abgelehnt,** so ist die einfache Beschwerde statthaft[86]. Dasselbe gilt, wenn ein Antrag auf Urteilsergänzung (§ 321) fehlerhaft als Berichtigungsantrag behandelt und als solcher abgewiesen wurde[87]. 17

2. Sofortige Beschwerde gegen den Berichtigungsbeschluß

Der Beschluß, der die Berichtigung ausspricht, ist mit der sofortigen Beschwerde anfechtbar. An einer Beschwer fehlt es nicht, wenn durch eine Berichtigung des Rubrums klargestellt wird, daß sich der Kostenentscheid gegen einen vollmachtlosen Vertreter richtet[88]. Nachzuprüfen sind die prozessualen Voraussetzungen der Berichtigung, nicht die sachliche Richtigkeit des Berichtigungsergebnisses[89]. Die sofortige Beschwerde ist nicht gegeben, wenn der Berichtigungs- 18

---

[81] Krit. zur Rsp *Jonas* JW 1931, 1291; 1936, 102; *Volkmar* ArbRS 45, 257, 259; *Pohle* Anm. zu BAG AP Nr. 1, 2 u. 3; *Baumgärtel* SAE 1960, 171; 1969, 202; *ders.* ArbuR 1970, 63; *E. Schumann* Anm. zu BAG AP Nr. 14; *Grunsky* Anm. zu BAG AP Nr. 15; *ders.* ArbGG[7] § 72 Rdnr. 21.

[82] BGHZ 127, 74, 76 (Fn. 78).

[83] BAG AP Nr. 17 (Fn. 21).

[84] Entgegen der Argumentation in BAG AP Nr. 17 (Fn. 21).

[85] RGZ 38, 389.

[86] OLG Hamm FamRZ 1986, 1136, 1137; LG Köln NJW-RR 1987, 955; *MünchKommZPO-Musielak* Rdnr. 20; *Zöller-Vollkommer*[20] Rdnr. 27; *Thomas-Putzo*[20] Rdnr. 10 ; vgl. dieselbe Unterscheidung → § 320 Rdnr. 16 und → § 707 Rdnr. 23. – Die Rsp, z.B. LAG München MDR 1985, 170; LG Bonn JurBüro 1991, 125; LG Frankfurt NJW-RR 1991, 1470; LG Dresden JurBüro 1996, 95 billigt recht weitgehend die Beschwerde auch dann zu, wenn der Antrag aufgrund einer Verkennung des Begriffs der »ähnlichen offenbaren Unrichtigkeit« ohne Prüfung der tatsächlichen Voraussetzungen zurückgewiesen wurde, ebenso *Zöller-Vollkommer*[20] Rdnr. 27; *Thomas-Putzo*[20] Rdnr. 10; offenlassend KG NJW 1975, 2107; abl. OLG Brandenburg MDR 1997, 497 = FamRZ 1997, 1162; *MünchKommZPO-Musielak* Rdnr. 20; für Zulässigkeit der (sofortigen!) Beschwerde bei »greifbarer Gesetzwidrigkeit« OLG Koblenz FamRZ 1991, 100.

[87] OLG Frankfurt OLGZ 1990, 75.

[88] A.M. OLG Karlsruhe FamRZ 1996, 1335 (mit insoweit abl. Anm. *Vollkommer-Schwaiger*).

[89] Vgl. OLG Hamburg JurBüro 1985, 1560 (keine Überprüfung der berichtigten Kostenentscheidung auf ihre sachliche Angemessenheit); ebenso OLG Köln FamRZ 1993, 456; BayObLG NJW-RR 1997, 57.

beschluß vom Landgericht als Berufungs- oder Beschwerdegericht erlassen wurde, § 567 Abs. 3. Ebensowenig ist ein Berichtigungsbeschluß des Oberlandesgerichts (oder des Landesarbeitsgerichts) anfechtbar[90], § 567 Abs. 4 S. 1 ZPO, § 78 ArbGG. Durch die Einlegung eines Rechtsmittels gegen das Urteil wird diese Beschwerde nicht gegenstandslos; denn die Berichtigung, d.h. die Feststellung des Inhalts des angefochtenen Urteils, ist als solche unabhängig von dem auf die Anfechtung des Urteils gerichteten Verfahren (→ aber Rdnr. 10 bei Fn. 53)[91]; demgemäß ist auch in letzterem für eine Anfechtung des Berichtigungsbeschlusses kein Raum[92]. Die Fristen der verschiedenen Rechtsmittel laufen daher unabhängig voneinander[93]. War zunächst erfolglos Berichtigung beantragt und wird dann aufgrund einer Anschlußberufung das Urteil der ersten Instanz abgeändert, so handelt es sich um ein Urteil über den Antrag im Rechtsmittelverfahren, nicht um einen Berichtigungsbeschluß, und daher ist dagegen die Beschwerde nach § 319 nicht gegeben[94]. Ist die Frist für die Beschwerde *versäumt* oder die Beschwerde *unzulässig*, so unterliegt der Berichtigungsbeschluß als solcher nicht mehr der Beurteilung des höheren Richters (§§ 512, 548); er bindet ihn, auch wenn der Beschluß in der geschehenen Weise nicht hätte ergehen dürfen, näher (auch zu Ausnahmen) → Rdnr. 15 f.

3. Keine weitere Beschwerde gegen die Aufhebung des Berichtigungsbeschlusses

19 Wird auf die Beschwerde die Berichtigung wieder beseitigt, so ist eine weitere Beschwerde gleichwohl (seit der Änderung des § 568 durch das RechtspflegevereinfachungsG 1990) nicht statthaft, § 568 Abs. 2 S. 1[94a]. Um zu vermeiden, daß ein Rechtsmittel am inzwischen erfolgten Fristablauf scheitert, wird vorsorglich in Zweifelsfällen neben dem Berichtigungsantrag das Rechtsmittel gegen die unberichtigte Entscheidung eingelegt werden müssen, → Rdnr. 13.

VI. Gebühren

20 **Gerichtskosten** werden für den Beschluß über die Berichtigung[95] nicht erhoben. Die Tätigkeit des **Anwalts** wird durch die Regelgebühr für den Rechtszug abgegolten, §§ 31, 37 Nr. 6 BRAGO.

VII. Arbeitsgerichtliches Verfahren

1. Allgemeines

21 § 319 gilt auch im arbeitsgerichtlichen Verfahren, § 46 Abs. 2, § 64 Abs. 6, § 72 Abs. 5 ArbGG. Der nicht aufgrund mündlicher Verhandlung ergehende Beschluß nach § 319 wird in sämtlichen Instanzen von **dem Vorsitzenden allein** erlassen, § 53 Abs. 1 ArbGG bzw. § 64 Abs. 7, § 72 Abs. 6 mit § 53 Abs. 1 ArbGG[96]. Der Berichtigungsbeschluß des Landesarbeitsgerichts ist ebenso unanfechtbar wie der des Oberlandesgerichts → Rdnr. 18.

---

[90] *BGH* NJW-RR 1990, 893 (im konkreten Fall auch keine Anfechtbarkeit wegen »greifbarer Gesetzwidrigkeit«); NJW 1989, 2625 = LM Nr. 16 (eine Anfechtung des Berichtigungsbeschlusses wegen »greifbarer Gesetzwidrigkeit« kommt jedenfalls dann nicht in Betracht, wenn weder das unberichtigte noch das berichtigte Urteil anfechtbar ist).
[91] *RG* Gruchot 29 (1885), 1090; SeuffArch 47 (1892), 348.
[92] S. auch *RG* JW 1928, 709 (keine Anfechtung des OLG-Beschlusses mit der Revision).
[93] RGZ 29, 403; JW 1903, 180.

[94] *RG* JW 1897, 286 f.
[94a] S. auch *BGH* JR 1997, 427 (eine außerordentliche weitere Beschwerde kommt allenfalls bei »greifbarer Gesetzwidrigkeit« der Beschwerdeentscheidung, nicht der Ausgangsentscheidung, in Betracht).
[95] Zum Gebührenstreitwert der sofortigen Beschwerde gegen einen Berichtigungsbeschluß *OLG Saarbrücken* JurBüro 1989, 522.
[96] *LAG Hamm* MDR 1969, 170; im Ausgangspunkt auch *Miara* NZA 1996, 184, die aber den Vorsitzenden für befugt hält, auch bei Entscheidung ohne mündliche Verhandlung die ehrenamtlichen Richter hinzuzuziehen.

2. Streitwertfestsetzung und Rechtsmittelzulassung

Ist die ausdrückliche **Festsetzung des Streitwerts** im Urteil (§ 61 Abs. 1 ArbGG, zur heutigen Problematik → § 2 Rdnr. 114) unterblieben, aber aus Tatbestand und Entscheidungsgründen zu entnehmen oder jedenfalls im Protokoll vermerkt, so ist eine Berichtigung nach § 319 zulässig, → § 2 Rdnr. 117. Ebenso kann eine erfolgte Streitwertfestsetzung berichtigt werden, wenn die Unrichtigkeit aus dem Zusammenhang des Urteils selbst oder aus den Vorgängen bei Erlaß oder Verkündung des Urteils ohne weiteres erkennbar ist[97]. Sind die genannten Voraussetzungen nicht erfüllt, kann die unterbliebene Streitwertfesetzung nach § 321 nachgeholt werden, → § 2 Rdnr. 117. Die beschlossene, aber im Urteil in ausdrücklicher Form nicht enthaltene **Rechtsmittelzulassung** kann nur dann im Wege der Berichtigung nachgeholt werden, wenn die beschlossene Zulassung im Urteil bzw. bei Erlaß des Urteils (etwa in Verbindung mit dem Protokoll) zum Ausdruck gekommen ist[98], näher → Rdnr. 6. Zur Frage einer Urteilsergänzung → § 321 Rdnr. 11. Die Nichtzulassungsbeschwerde ist nach Maßgabe des § 72a ArbGG statthaft. – Der versehentlich in das Urteil aufgenommene Zulassungsausspruch kann durch Berichtigungsbeschluß wieder beseitigt werden[99], doch muß auch hier die Unrichtigkeit des Urteils offenbar sein, → Rdnr. 6. – Wird der Zulassungsausspruch nachgeholt, so läuft die Rechtsmittelfrist erst von der Zustellung einer ergänzten Urteilsausfertigung bzw., wenn das Urteil schon zugestellt war, von derjenigen des Berichtigungsbeschlusses an[100]. Wird der Berichtigungsbeschluß erst nach Einlegung der Berufung nachgeholt und die Berufung demgemäß erst von diesem Zeitpunkt an zulässig, so braucht weder die Berufungseinlegung noch die etwa bereits stattgefundene Berufungsverhandlung wiederholt zu werden[101]. – Eine nachträgliche Rechtsmittelzulassung ohne die Voraussetzungen für eine Berichtigung hält die h.M. für unwirksam (→ aber dagegen Rdnr. 16), so daß das Rechtsmittelgericht dann nicht an die Zulassung gebunden ist[102].

22

§ 320 [Berichtigung des Tatbestandes]

(1) Enthält der Tatbestand des Urteils Unrichtigkeiten, die nicht unter die Vorschriften des vorstehenden Paragraphen fallen, Auslassungen, Dunkelheiten oder Widersprüche, so kann die Berichtigung binnen einer zweiwöchigen Frist durch Einreichung eines Schriftsatzes beantragt werden.

(2) ¹Die Frist beginnt mit der Zustellung des in vollständiger Form abgefaßten Urteils. ²Der Antrag kann schon vor dem Beginn der Frist gestellt werden. ³Die Berichtigung des Tatbestandes ist ausgeschlossen, wenn sie nicht binnen drei Monaten seit der Verkündung des Urteils beantragt wird.

(4) ¹Das Gericht entscheidet ohne Beweisaufnahme. ²Bei der Entscheidung wirken nur diejenigen Richter mit, die bei dem Urteil mitgewirkt haben. ³Ist ein Richter verhindert, so gibt bei Stimmengleichheit die Stimme des Vorsitzenden und bei dessen Verhinderung die Stimme des ältesten Richters den Ausschlag. ⁴Eine Anfechtung des Beschlusses findet nicht statt. ⁵Der Beschluß, der eine Berichtigung ausspricht, wird auf dem Urteil und den Ausfertigungen vermerkt.

---

[97] *BAG* AP Nr. 4, 15, 17 (Fn. 21).
[98] *BAG* 9, 205 = NJW 1960, 1635 = AP Nr. 4; *BAG* AP Nr. 17; *Grunsky* ArbGG⁷ § 72 Rdnr. 21; ferner → Fn. 21.
[99] *RAG* JW 1930, 1528 (*Jonas*).

[100] *RAG* ArbRS 39, 193 (*Volkmar*); *LAG Zweibrücken* ArbRS 43, 83. – A.M. *RAG* 14, 33, 39; dagegen *Jonas* ArbRsp 1930, 38.
[101] *RAG* 14, 33, 39.
[102] Nachw. → Fn. 79.

(5) Die Berichtigung des Tatbestandes hat eine Änderung des übrigen Teils des Urteils nicht zur Folge.

Gesetzesgeschichte: Bis 1900 § 291 CPO. Änderungen durch die Novellen 1898, 1924, 1950 und die Vereinfachungsnovelle 1976.

I. Zweck und Gegenstand der Berichtigung	1	IV. Verfahren	12
1. Zweck	1	1. Die mündliche Verhandlung und ihr Gegenstand	12
2. Gegenstand der Berichtigung	3	2. Besetzung des Gerichts	13
3. Wirkung der Berichtigung	4	3. Säumnis einer Partei	14
4. Anwendungsbereich	5	4. Beschluß	15
II. Antrag	6	5. Berichtigung des Berichtigungsbeschlusses	15a
1. Form	6	V. Anfechtung	16
2. Rechtliches Interesse	8	VI. Kosten	17
III. Frist	9	VII. Arbeitsgerichtliches Verfahren	18
1. Die Frist von zwei Wochen	9		
2. Ausschluß der Berichtigung nach drei Monaten	11		

I. Zweck und Gegenstand der Berichtigung[1]

1. Zweck

1 Das Verfahren zur **Berichtigung des Tatbestandes** (zum Inhalt des Tatbestandes → § 313 Rdnr. 27ff.) soll es den Parteien ermöglichen, die unrichtige Beurkundung ihres Vorbringens (§ 314) oder des sonstigen Prozeßstoffes[2] richtigzustellen. Das kann geschehen, um einer Ergänzung des Urteils nach § 321 den Weg zu öffnen oder um für die höheren Instanzen den Umfang und Inhalt des Parteivorbringens mit Rücksicht auf § 97 Abs. 2, §§ 528, 532, 533, 561 klarzustellen[3]. Bei **Revisionsurteilen** ist im allgemeinen eine Tatbestandsberichtigung ausgeschlossen, da dem Tatbestand des Revisionsurteils für die Feststellung des tatsächlichen Prozeßstoffes keine selbständige Bedeutung zukommt[4], § 561 Abs. 1. Anders ist es bei Parteivorbringen gemäß § 554 Abs. 3 Nr. 3 b und bei in der Revisionsverhandlung abgegebenen Parteierklärungen, für die der Tatbestand im Rahmen des Verfahrens nach Zurückverweisung Beweiskraft gemäß § 314 besitzt[5].

2 Der Antrag bedarf auch bei **rechtskräftigen Urteilen** nicht der Darlegung eines besonderen Interesses, das übrigens mit Rücksicht auf die Tragweite der Rechtskraft, die Wiederaufnahme des Verfahrens und auf Nachprozesse (§§ 323, 767 usw.) stets vorliegen würde. Nicht erforderlich ist das Verfahren nur insoweit, als die Feststellung im Tatbestand durch das Sitzungsprotokoll widerlegt wird, → § 314 Rdnr. 12[6], aber auch hier ist der Berichtigungsantrag für zulässig zu halten, damit nicht die immer denkbare Zweifelhaftigkeit eines Widerspruchs zwi-

---

[1] Lit.: *Fischer* Bezugnahmen – insbesondere pauschale Bezugnahmen in Tatbeständen und Schriftsätzen im Zivilprozeß sowie damit zusammenhängende Fragen (1994), 85ff.; *Hirte* Richterwechsel nach Urteilsverkündung JR 1985, 138; *B. Schmidt* Der Richterwegfall im Tatbestandsberichtigungsverfahren des Zivilprozesses JR 1993, 457; *Weitzel* Tatbestand und Entscheidungsqualität (1990), 79ff.

[2] Gegen eine Beschränkung der Tatbestandsberichtigung auf die von § 314 erfaßten Teile eingehend *Weitzel* (Fn. 1), 80ff.

[3] *BAG* AP § 7 KSchG Nr. 2 (*Hueck*).

[4] *BGH* NJW 1956, 1480 = LM Nr. 2 = ZZP 69 (1956), 425; *BAGE* 38, 316 = AP Nr. 4 = RdA 1982, 389 (LS) (Umdeutung in einen Antrag nach § 319 ist denkbar); *BAG* AP Nr. 5 = ArbuR 1986, 30 (LS) = SAE 1988 (LS) *RGZ* 80, 172; *BVerwG* MDR 1960, 609 (LS). Zu dem für das Revisionsgericht maßgeblichen Tatbestand → § 561 Rdnr. 2ff.

[5] *BGHR* ZPO § 320 Revisionsurteil 1 u. 2.

[6] *RGZ* 13, 418, 423f.

schen Protokoll und Tatbestand zu Lasten der antragsberechtigten Partei ausgeht. Aus ähnlichen Erwägungen heraus sollte das Rechtsschutzbedürfnis für den Berichtigungsantrag auch nicht schon deshalb verneint werden, weil gegen das zu berichtigende Urteil kein Rechtsmittel gegeben ist und auch keine Urteilsergänzung in Betracht kommt[7]; denn darüber können Zweifel bestehen und außerdem kann die richtige Wiedergabe des Parteivorbringens auch noch in anderem Zusammenhang, z.B. zur Ermittlung der Rechtskraftwirkung (näher → § 322 Rdnr. 179, 184) oder zur Begründung einer Verfassungsbeschwerde[8] Bedeutung gewinnen. Nur wenn die Berichtigung von Fehlern verlangt wird, die offensichtlich in keiner Hinsicht Bedeutung haben können, wird das Rechtsschutzbedürfnis wegen Rechtsmißbrauchs (allgemein → vor § 253 Rdnr. 117) zu verneinen sein. Richtet sich der Antrag auf die Ergänzung unerheblicher Punkte, so ist er *unbegründet*, da im Tatbestand nach § 313 Abs. 2 nur der *wesentliche Inhalt* knapp darzustellen ist. – Soweit es sich um offenbare Unrichtigkeiten des Urteils im Sinne des § 319 handelt, ist die Berichtigung nach § 320 abzulehnen und nach § 319 zu verfahren, was wegen der Beschwerde von Bedeutung ist.

2. Gegenstand der Berichtigung

Den Gegenstand der Berichtigung bilden im Gegensatz zu den Widersprüchen zwischen der gewollten und der ausgesprochenen Entscheidung (§ 319) die **Mängel der Feststellung des Tatbestandes**, insbesondere Unrichtigkeiten (aber nicht die Verwendung anderer, jedoch synonymer Wörter[9], Auslassungen erheblicher Punkte[10], Dunkelheiten und Widersprüche hinsichtlich solcher Punkte, die in den Tatbestand gehören, mag auch die Feststellung ausnahmsweise (→ § 313 Rdnr. 55) in die *Entscheidungsgründe* aufgenommen sein[11]. Auch wenn das Urteil **keinen (gesonderten) Tatbestand** (§ 313a Abs. 1 S. 1, § 543 Abs. 1) enthält, ist eine Berichtigung zulässig, wenn in den Entscheidungsgründen Parteivorbringen mit Tatbestandswirkung wiedergegeben ist[12]. Zu Rechtsausführungen → § 313 Rdnr. 35. Auch nach § 161 nicht protokollierte, aber in den Tatbestand (oder die Entscheidungsgründe) aufgenommene (→ § 161 Rdnr. 14) *Aussagen von Zeugen oder Sachverständigen* können nach § 320 berichtigt werden[13]. Widersprüche zwischen Tatbestand und Entscheidungsgründen des Urteils sind (soweit nicht § 319 eingreift) nur im Wege der Rechtsmitteleinlegung zu beseitigen[14]. Ebenso kann eine fehlerhafte Feststellung bzw. Würdigung des *Sachverhalts* (also der Tatsachen als solcher) nicht durch das Verfahren nach § 320 korrigiert werden[15]. Im Wege der Tatbestandsberichtigung kann nicht die Feststellung verlangt werden, das Gericht habe einen rechtlichen Hinweis unterlassen[16]. Auf den sog. *Kopf* des Urteils ist § 320 nicht anwendbar. – Die Berichtigung von **Protokollen** richtet sich nach § 164.

---

[7] So aber *LAG Berlin* AP Nr. 3 = DB 1981, 592 (LS); *LAG Köln* MDR 1985, 171 (richtet sich der Berichtigungsantrag gegen ein Berufungsurteil, in dem die Revision nicht zugelassen wurde, so ist nach *LAG Köln* das Berichtigungsverfahren auszusetzen, bis feststeht, ob eine Nichtzulassungsbeschwerde eingelegt ist und Erfolg hat).
[8] Darauf weist *Zöller-Vollkommer*[20] Rdnr. 10 hin.
[9] *AG Hattingen* MDR 1990, 729.
[10] Dies gilt auch für Beweisantritte, OGHZ 4, 23. Daß nicht auf die vorbereitenden Schriftsätze Bezug genommen wurde, stellt keine Unrichtigkeit dar, wenn ein vollständiger Tatbestand gefertigt wurde, *OLG Schleswig* SchlHA 1971, 18. Eine pauschale Verweisung auf die Schriftsätze ist überflüssig und kann auch nicht im Wege der Berichtigung verlangt werden, *OLG Hamburg* NJW 1988, 2678; *OLG Oldenburg* NJW 1989, 1165; → § 313 Rdnr. 49.
[11] Vgl. *RG* SeuffArch 61 (1906), 117.
[12] *BGH* NJW 1997, 1931. – A.M. *OLG Köln* OLGZ 1989, 78 = MDR 1988, 870.
[13] *OLG Celle* NJW 1970, 53.
[14] *RGZ* 80, 172, 174. – A.M. *Weitzel* (§ 313 Fn. 1), 99; → auch § 313 Rdnr. 55.
[15] Vgl. *LAG Köln* MDR 1985, 171; *KG* Wirtschaft und Wettbewerb 1977, 113.
[16] *FG Baden-Württemberg* EFG 1996, 330.

3. Wirkung der Berichtigung

4 Die Berichtigung des Tatbestandes hat, auch wenn dadurch dem Urteil die Grundlage entzogen wird, **keine Abänderung der übrigen Teile des Urteils, also vor allem des Entscheidungsausspruchs selbst,** zur Folge, Abs. 5. Eine derartige Änderung kann vielmehr nur im Wege des Rechtsmittels, nicht bereits im Revisionsannahmeverfahren[17], oder der Ergänzung nach § 321 herbeigeführt werden, deren Fristen durch das Berichtigungsverfahren nicht berührt werden[18]. Nur nötigenfalls die Verhandlung darüber bis zur Erledigung des Berichtigungsverfahrens zu vertagen. Insoweit das Gericht im Berichtigungsbeschluß unter Überschreitung des Abs. 5 in eine Würdigung des Parteivorbringens eintritt, würde es sich um einen unzulässigen und unbeachtlichen (ähnlich → § 304 Rdnr. 50) Urteilsnachtrag handeln[19].

4. Anwendungsbereich

5 Eine entsprechende Anwendung der Bestimmung im Verfahren der **Freiwilligen Gerichtsbarkeit** ist möglich (wobei weder gegen die berichtigende noch gegen eine die Berichtigung aus sachlichen Gründen ablehnende Entscheidung die Beschwerde zulässig ist)[20]. Für die Berichtigung des Tatbestands **zivilprozessualer Beschlüsse** gelten die Schranken des § 320 nicht, soweit ohne mündliche Verhandlung entschieden wurde[21]. Im patentgerichtlichen Verfahren, auch im Berufungsverfahren in Patentnichtigkeitssachen[22], gilt nicht § 320, sondern § 96 Abs. 1 PatG.

II. Antrag

1. Form

6 Der Antrag, den jede Partei[23] stellen kann, muß im **Anwaltsprozeß** in einem *Schriftsatz* enthalten sein, der dem *Anwaltszwang* unterliegt. Der Schriftsatz hat bestimmende Bedeutung und muß hinreichend substantiiert sein[23a]. Die Berichtigung eines im Schriftsatz nicht aufgeführten Teils kann nach Analogie zu § 263 in der mündlichen Verhandlung aufgrund eines dort gestellten erweiterten Antrags vorgenommen werden, wenn der Gegner einwilligt oder das Gericht die Erledigung der weiter begehrten Berichtigung für sachdienlich hält[24], was praktisch wohl stets der Fall sein wird. Im **Amtsgerichtsprozeß** kann der Antrag auch mündlich zum Protokoll der Geschäftsstelle erklärt werden, § 496.

7 Der den Antrag enthaltende Schriftsatz (bzw. das Protokoll) ist dem Gegner nach vorgängiger Terminsbestimmung (§ 216) unter Einhaltung der Ladungsfrist (§ 217) zusammen mit der Ladung **von Amts wegen zuzustellen,** Abs. 3 S. 2. Für die Wahrung der Frist ist die *Einreichung* des Schriftsatzes maßgebend.

8 **2. Zum rechtlichen Interesse** für den Antrag → Rdnr. 2.

---

[17] *BGH* LM Nr. 9 = MDR 1995, 739.
[18] S. auch *RG* LeipzZ 1925, 1079.
[19] *RG* JR 1926 Nr. 845. *RGZ* 122, 332 nimmt dies auch dann an, wenn die nachträgliche Würdigung des im ursprünglichen Tatbestand nicht festgestellten Vorbringens in einem aufgrund des § 319 erlassen Berichtigungsbeschluß nachgeholt ist (bedenklich).
[20] *OLG Hamm* NJW 1967, 1619; *BayObLGZ* 1965, 137.
[21] So auch *OLG Köln* MDR 1976, 848. Anders bei vorausgehender mündlicher Verhandlung, *BGH* NJW 1975, 1837, 1839 (zur Berichtigung des Tatbestands in einer Beschwerdeentscheidung nach dem GWB).
[22] *BGH* LM § 96 Nr. 1 PatG = NJW-RR 1997, 232.
[23] Auch der Gemeinschuldner trotz der durch Konkurseröffnung eingetretenen Unterbrechung, *OLG Schleswig* SchlHA 1971, 18 (entsprechende Anwendung des § 249 Abs. 3).
[23a] *LAG Bremen* DB 1997, 1088 (LS).
[24] Ebenso *Baumbach-Lauterbach-Hartmann*[56] Rdnr. 6.

III. Frist

1. Die Frist von zwei Wochen

Der Berichtigungsantrag kann gestellt werden, sobald das Urteil in vollständiger Form vor- 9
liegt. Mit der förmlichen[25] Zustellung des *vollständigen* Urteils beginnt, unabhängig von der Berufungsfrist, eine **zweiwöchige Frist,** für deren Wahrung die *Einreichung* des Antrags (→ Rdnr. 7) maßgebend ist. Dabei ist, seit die Urteile von Amts wegen zuzustellen sind (→ § 317 Rdnr. 1), für jede Partei die an sie gerichtete Zustellung maßgebend. Für den Steithelfer beginnt die Frist mit der Urteilszustellung an die von ihm unterstützte Partei[26]. Eine *unwesentliche* Beeinträchtigung der zweiwöchigen Frist durch verspätete Zustellung des Urteils (im Hinblick auf Abs. 2 S. 3) begründet keine Revision[27].

Durch die Zustellung einer abgekürzten Ausfertigung, § 317 Abs. 4, wird die Frist dagegen 10
nicht in Lauf gesetzt. Die Frist ist keine Notfrist, sie kann nicht verlängert werden, § 224 Abs. 2; eine Wiedereinsetzung in den vorigen Stand findet nicht statt, → § 233 Rdnr. 26.

2. Ausschluß der Berichtigung nach drei Monaten

Die Berichtigung ist ausgeschlossen, wenn der Antrag erst nach Ablauf von **drei Monaten** 11
seit der Verkündung, in den Fällen des § 310 Abs. 3 seit Zustellung des Urteils, bei Gericht eingereicht ist. Der Zeitraum von drei Monaten ist eine uneigentliche Frist, → vor § 214 Rdnr. 32; die Möglichkeit einer Verlängerung besteht nicht, auch dann nicht, wenn das Urteil erst so spät am Ende der Dreimonatsfrist zugestellt wird, daß die Zweiwochenfrist des Abs. 1 diese Frist überschreiten wird, → auch Fn. 27. Wiedereinsetzung in den vorigen Stand ist nicht möglich[28], → § 233 Rdnr. 26. Daraus ergibt sich für das Gericht die Notwendigkeit, auch in umfangreichen Sachen das vollständige Urteil so zu den Akten zu bringen, daß die Wahrung der Frist möglich ist. Die Beeinträchtigung bzw. Entziehung der Frist ist allerdings nicht schon nach § 551 Nr. 7 ein Revisionsgrund[29], sondern es liegt dann höchstens der Tatbestand einer Gesetzesverletzung i.S. von § 549 vor[30], so daß eine Aufhebung des angefochtenen Urteils nur dann erfolgen kann, wenn ein rechtzeitig berichtigter Tatbestand zu einer anderen Entscheidung geführt hätte[31]. – Zur Verzögerung der Anfertigung des Tatbestands →§ 315 Rdnr. 23.

IV. Verfahren

1. Die mündliche Verhandlung und ihr Gegenstand

Über den Antrag ist (abgesehen von den Fällen § 128 Abs. 2 oder 3) gemäß Abs. 3 S. 1 **nach** 12
mündlicher Verhandlung[32] zu entscheiden, und zwar abweichend von der Regel (→ vor § 300 Rdnr. 9) durch *Beschluß.* Das Gericht kann sich hierbei, abgesehen von etwaigen Feststellun-

---

[25] Irrig *LG Flensburg* NJW 1958, 466 (abl. *Lent*).
[26] Vgl. *BGH* LM Nr. 5 = NJW 1963, 1251.
[27] *BAGE* 12, 220 = NJW 1962, 1413 = AP § 626 BGB (Druckkündigung) Nr. 8 (*Herschel*): Das Urteil war erst gegen Ende der Dreimonatsfrist des § 320 Abs. 2 S. 3 zugestellt worden, so daß sich die (damals einwöchige) Frist des § 320 Abs. 1 um *einen* Tag verkürzte. – Bei erheblicher Verkürzung der zweiwöchigen Frist oder bei Unmöglichkeit einer Berichtigung, da die Dreimonatsfrist schon verstrichen ist, sind allerdings Rechtsbehelfe gegeben, → Rdnr. 11.
[28] *BGHZ* 32, 17 = LM § 551 Ziff. 7 Nr. 4 (LS, *Fischer*) = NJW 1960, 866; a.M. *A. Blomeyer* JR 1955, 184.

[29] *BGH* JR 1955, 183 (*A. Blomeyer*) = ZZP 68 (1955), 307 = LM Nr. 1; *BAGE* 4, 81 = NJW 1957, 1165 = SAE 1958, 104 (*Bötticher*) = AP § 60 ArbGG Nr. 2 (*Pohle*); *BAGE* 2, 195 = NJW 1956, 39 = AP § 60 ArbGG Nr. 1 (zust. *Pohle*); *Zöller-Vollkommer*[20] Rdnr. 8.
[30] *BGH* JR 1955, 183 (Fn. 29).
[31] Im Ergebnis ebenso *BGHZ* 32, 17 (Fn. 28); *BAG* AP § 81 ArbGG Nr. 6 (*Pohle*); *BAGE* 4, 81 (Fn. 29); *BAG* AP Nr. 1; → auch § 551 Rdnr. 36.
[32] Der Termin ist vom Vorsitzenden des zur Entscheidung über die Berichtigung berufenen Spruchkörpers anzuberaumen, *B. Schmidt* JR 1990, 457, 458.

gen zum Sitzungsprotokoll, nur auf die *persönliche Erinnerung* der einzelnen Richter und etwaige Notizen stützen; aber die Richter sind nicht etwa Zeugen, sondern als entscheidende Richter tätig. Eine Beweisaufnahme oder ein bindendes (§ 288) Geständnis hinsichtlich der zu berichtigenden Prozeßvorgänge[33] ist ausgeschlossen[34], Abs. 4 S. 1. Zum Vorbringen neuer Angriffs- und Verteidigungsmittel oder für ein Zugestehen oder Bestreiten ist in der mündlichen Verhandlung wegen ihres auf die Berichtigung des Tatbestandes begrenzten Gegenstandes kein Raum[35]. Es versteht sich, daß § 314 (Beweiswirkung des Tatbestands) im Verfahren zur Berichtigung des Tatbestands keine Anwendung findet[36].

2. Besetzung des Gerichts

13 Über die Berichtigung dürfen nach Abs. 4 S. 2 nur diejenigen Richter entscheiden, die bei dem Urteil mitgewirkt haben. Bei Verhinderung einzelner Richter entscheidet der Spruchkörper in der verbleibenden, reduzierten Besetzung. Die Bestimmungen in Abs. 4 S. 2 und 3 bilden eine Abweichung von den §§ 192 und 75, 105, 122 GVG[37]. Bei Urteilen des Einzelrichters ist – auch nach Abgabe an das Kollegium – nur dieser zur Tatbestandsberichtigung befugt[38], → § 348 Rdnr. 2. Die Bestimmungen über die *Richterablehnung* finden auch im Verfahren der Tatbestandsberichtigung Anwendung[39]. Sind sämtliche Richter, die bei der Verhandlung mitgewirkt haben, oder ist der Einzelrichter oder der Amtsrichter verhindert (→ § 315 Rdnr. 9f.)[40] oder abgelehnt, so muß die **Berichtigung unterbleiben**[41]. Kann aus diesem Grund über einen vom Revisionskläger vor dem Berufungsgericht gestellten Berichtigungsantrag nicht mehr entschieden werden, so muß das Revisionsgericht prüfen, ob der Antrag Erfolg gehabt hätte und ob das Urteil auf dem berichtigungsbedürftigen Teil beruht[42]. Im Hinblick auf diese Konsequenzen einer erfolgreichen Ablehnung kann man einem von der Partei, die den Berichtigungsantrag gestellt hat, gegen sämtliche Richter gerichteten Ablehnungsantrag nicht das Rechtsschutzbedürfnis absprechen[43]. Ist der Vorsitzende einer **Kammer für Handelssachen** verhindert, so entscheiden die Handelsrichter allein[44].

3. Säumnis einer Partei

14 Bleibt in dem Termin eine Partei aus, so findet ein Versäumnisverfahren nach §§ 330 ff. nicht statt, weil ein Versäumnisurteil zur Sache nicht mehr möglich (§ 318) und ein selbständiges Versäumnisverfahren lediglich in Beziehung auf den Antrag, der nur gegen die Abfassung des Tatbestandes gerichtet und kein Sachantrag, sondern Prozeßantrag ist[45], mit den §§ 330 ff. unvereinbar wäre. Die Berichtigung ist daher **auch bei Abwesenheit** einer oder beider Parteien auszusprechen.

---

[33] *RG* SeuffArch 58 (1903), 372.
[34] *OLG Schleswig* JR 1952, 29.
[35] Unklar insoweit *RGZ* 4, 418, 421.
[36] *BGH* LM § 319 Nr. 14 = NJW-RR 1988, 407.
[37] Vgl. *RG* SeuffArch 77 (1923), 23.
[38] Vgl. *OLG Köln* MDR 1974, 238 (LS).
[39] *BGH* NJW 1963, 46 = ZZP 76 (1963), 118 = LM § 42 Nr. 4.
[40] Dabei ist der Verhinderungsgrund anzugeben, *Hirte* JR 1985, 138, 140; *B. Schmidt* JR 1993, 457, 459. – Die Zuteilung des Richters zu einer anderen Kammer ist für sich allein noch keine Verhinderung; a.M. wohl *ArbG Hanau* BB 1996, 539. Bei der Versetzung an ein anderes Gericht und erst recht beim Ausscheiden aus dem Richteramt wird man dagegen eine Verhinderung annehmen müssen, *B. Schmidt* JR 1993, 457, 458; a.M. *Hirte* JR 1985, 138, 139 f. Zur selben Frage bei der Unterzeichnung des Protokolls bzw. des Urteils → § 163 Rdnr. 3, → § 315 Rdnr. 6.
[41] *BAG* AP Nr. 2 = NJW 1970, 1624 (LS).
[42] *BAG* AP Nr. 2 (Fn. 41).
[43] A.M. *OLG Frankfurt* MDR 1979, 940; *BFH* BB 1990, 271.
[44] Ebenso *Zöller-Vollkommer*[20] Rdnr. 12.
[45] *OLG Celle* MDR 1963, 852.

4. Beschluß

Der Beschluß muß eine Berichtigung **aussprechen** oder **ablehnen**; die bloße Feststellung der widerstreitenden Parteibehauptungen müßte als Ablehnung der Berichtigung gelten[46], da keine Berichtigung vorgenommen wurde. Zur Notwendigkeit einer Begründung → Rdnr. 16. Der Beschluß ist nach § 329 Abs. 1 zu verkünden und im Fall der Berichtigung wie der des § 319 (→ § 319 Rdnr. 12) auf der Urschrift des Urteils und den Ausfertigungen zu vermerken.

15

5. Berichtigung des Berichtigungsbeschlusses

Ein Berichtigungsbeschluß kann nicht seinerseits wieder nach § 320 berichtigt werden; dagegen ist eine Berichtigung bei offenbaren Unrichtigkeiten nach § 319 möglich[47].

15a

V. Anfechtung

Eine Anfechtung des Beschlusses findet nicht statt, wenn der Antrag als unbegründet zurückgewiesen oder die Berichtigung ausgesprochen ist. Der Beschluß kann auch nicht mittels eines Rechtsmittels gegen das Urteil angefochten werden, zumal der höhere Richter den Tatbestand des Unterrichters mangels des persönlichen Eindrucks (→ Rdnr. 12) nicht feststellen kann. Wohl aber findet **Beschwerde** statt, wenn der Antrag ohne sachliche Prüfung aus prozessualen Gründen als **unzulässig** verworfen ist[48]. Die Angabe von **Gründen** ist deshalb im Beschluß erforderlich, da sonst nicht erkenntlich ist, aus welchen Gründen der Antrag abgelehnt wurde. Doch muß das Beschwerdegericht alsdann wegen des Abs. 4 nach § 575 zurückverweisen[49]; denn auch in diesem Fall fehlt dem Beschwerdegericht die persönliche Kenntnis. Die Beschwerde ist weiter dann zulässig, wenn bei der Entscheidung über den Antrag ein **anderer Richter** als bei dem Urteil mitgewirkt hat und dadurch § 320 Abs. 4 S. 2 verletzt wurde; es fehlt dann ein wesentliches Erfordernis für eine Sachentscheidung nach § 320[50].

16

VI. Kosten

Das Verfahren ist **gerichtsgebührenfrei**. Die Anwaltstätigkeit ist durch die Gebühren für die Instanz abgegolten, § 37 Nr. 6, § 31 BRAGO. Kostenrechtlich gehört das Berichtigungsverfahren zu der Instanz, deren Urteil berichtigt werden soll[51]; eine Kostenentscheidung enthält der Beschluß daher nicht.

17

VII. Arbeitsgerichtliches Verfahren

Im arbeitsgerichtlichen Verfahren ergeben sich bei Anwendung des § 320 aus dem geschäftsplanmäßigen **Wechsel der ehrenamtlichen Richter** insofern praktische Unzuträglichkeiten, als die an der Entscheidung beteiligten ehrenamtlichen Richter u.U. zu einer besonderen Sitzung bestellt werden müssen; denn darin, daß sie zufällig auf absehbare Zeit geschäftsplanmäßig nicht zum Sitzungsdienst vorgesehen sind, könnte eine Verhinderung i.S. des Abs. 4 S. 3 nicht erblickt werden; eine solche würde vielmehr erst gegeben sein, wenn die Beschlußfassung in einen Zeitabschnitt fällt, für den die betreffenden Personen nicht mehr zu ehrenamtlichen Richter bestellt sind. Ist der Vorsitzende verhindert, so haben über die Berichti-

18

---

[46] Vgl. *RG* JW 1899, 32.
[47] *BGH* LM § 319 Nr. 14 = NJW-RR 1988, 407.
[48] *RGZ* 47, 397; SeuffArch 52 (1897), 101; JW 1899, 673; *OVG Münster* ZMR 1955, 223; *OVG Lüneburg* DVBl 1959, 788. Vgl. § 319 Rdnr. 17.
[49] *RGZ* 47, 400f.
[50] *OLG Düsseldorf* NJW 1963, 2032.
[51] Vgl. *LAG Leipzig* ArbRS 30 (1937), 123.

gung die ehrenamtlichen Richter allein zu entscheiden[52] (entsprechend dem → Rdnr. 13 zur Kammer für Handelssachen Gesagten). Ein Wechsel im Vorsitz ist nicht als Verhinderung anzusehen, wenn der bisherige Vorsitzende weiterhin demselben Gericht angehört[53], → Rdnr. 13, Fn. 40.

19 Auch im arbeitsgerichtlichen **Beschlußverfahren** nach §§ 80ff. ArbGG ist ein Antrag auf Tatbestandsberichtigung zulässig[54].

§ 321 [Ergänzung des Urteils]

(1) Wenn ein nach dem ursprünglich festgestellten oder nachträglich berichtigten Tatbestand von einer Partei geltend gemachter Haupt- oder Nebenanspruch oder wenn der Kostenpunkt bei der Endentscheidung ganz oder teilweise übergangen ist, so ist auf Antrag das Urteil durch nachträgliche Entscheidung zu ergänzen.

(2) Die nachträgliche Entscheidung muß binnen einer zweiwöchigen Frist, die mit der Zustellung des Urteils beginnt, durch Einreichung eines Schriftsatzes beantragt werden.

(3) ¹Auf den Antrag ist ein Termin zur mündlichen Verhandlung anzuberaumen. ²Dem Gegner des Antragstellers ist mit der Ladung zu diesem Termin der den Antrag enthaltende Schriftsatz zuzustellen.

(4) Die mündliche Verhandlung hat nur den nicht erledigten Teil des Rechtsstreits zum Gegenstande.

Gesetzesgeschichte: Bis 1900 § 292 CPO. Änderungen durch die Novelle 1950 und die Vereinfachungsnovelle 1976.

I. Zweck und Anwendungsbereich der Urteilsergänzung		1	II. Der Antrag	12
1. Zweck		1	1. Form und Frist	13
2. Das Ersturteil		2	2. Verhältnis zu den Rechtsmitteln bei übergangenen Ansprüchen und zur erneuten Klage	14
3. Die Übergehung		3		
	a) Nichtentscheidung	3	3. Verhältnis zu den Rechtsmitteln bei Übergehung unselbständiger Teile	15
	b) Anhängigkeit und Versehen	6		
4. Weitere Anwendung		8		
	a) Kraft ausdrücklicher Vorschrift	8	III. Verfahren	17
	b) Analoge Anwendung	9	IV. Rechtsmittel	20
			V. Gebühren	22
			VI. Arbeitsgerichtliches Verfahren	23

I. Zweck und Anwendungsbereich der Urteilsergänzung[1]

1. Zweck

1 Die Prozeßzwecke, insbesondere der Schutz subjektiver Rechte, die Schaffung von Rechtsgewißheit und Rechtsfrieden (näher → Einl. [20. Aufl.] Rdnr. 4ff.) können nicht voll erreicht werden, wenn über die Hauptsache oder über Nebenfolgen keine vollständige Entscheidung

---

[52] *ArbG Hanau* BB 1996, 539. – A.M. Vorauft.
[53] A.M. wohl *ArbG Hanau* BB 1996, 539.
[54] *BAG* AP § 92 ArbGG Nr. 7 (*Pohle*); *BAG* AP § 81 ArbGG Nr. 6 (*Pohle*).

[1] *Peter* Das Ergänzungsurteil (1914).

ergeht. Da es auch nicht Aufgabe der Rechtsmittelgerichte ist, in solchen Fällen erstmals zu entscheiden, kann nach § 321 in der ursprünglichen Instanz die Ergänzung des Urteils durch eine nachträgliche Entscheidung verlangt werden. Anders als in den Fällen von § 319 und § 320 handelt es sich dabei nicht um eine Berichtigung innerhalb des zunächst ergangenen Urteils, sondern um eine zu diesem Urteil hinzutretende Entscheidung über vom Ersturteil nicht erfaßte Teile des Streitgegenstandes oder über Nebenfolgen, wie insbesondere den Kostenpunkt. Von § 321 zu unterscheiden ist das Zusatz- oder Ergänzungsurteil[2] nach Unterbrechung des Verfahrens zwischen den Instanzen, → § 239 Rdnr. 32.

2. Das Ersturteil

Die Ergänzung eines Urteils kann beantragt werden, wenn es nach Inhalt oder Form (Bezeichnung) für sich in Anspruch nimmt, den Rechtsstreit *seinem ganzen Umfang nach* zu entscheiden, jedoch nach der Behauptung des Antragstellers einen geltend gemachten **Haupt- oder Nebenanspruch oder den Kostenpunkt übergangen** hat. Eine Ergänzung einer als *Vollendurteil* oder *Schlußurteil* (zu den Begriffen → vor § 300 Rdnr. 20) erlassenen Entscheidung findet deshalb statt, wenn es in Wirklichkeit nur einen Teil des Streitgegenstands erledigt hat[3]; ein *Teilurteil* ist auf Antrag zu ergänzen, wenn es den Schein erweckt, einen größeren Teil des Rechtsstreits zu entscheiden, als es in Wirklichkeit tut; → auch Rdnr. 6. - § 321 ist auch auf **Beschlüsse**, auch des Rechtspflegers, entsprechend anwendbar[4], → § 329 Rdnr. 19. 2

3. Die Übergehung

a) Nichtentscheidung

Das Urteil muß über einen **Haupt- oder Nebenanspruch** (§ 4) oder über die **Prozeßkosten**[5] (→ § 308 Rdnr. 13), auch die der Nebenintervention (→ Rdnr. 13), ganz oder zum Teil nicht entschieden haben. Dahin gehört es auch, wenn einem einzelnen Streitgenossen gegenüber keine Entscheidung erfolgt ist[6]. 3

Ansprüche (→ § 253 Rdnr. 45) sind die durch Klage, Widerklage oder Inzidentklage zur Entscheidung gebrachten Rechtsfolgen. Die zur **Aufrechnung** geltend gemachte Gegenforderung ist reines Verteidigungsmittel, → § 145 Rdnr. 30, und darauf wie auch sonst auf einzelne Angriffs- und Verteidigungsmittel, namentlich auch auf einzelne Klagegründe, bezieht sich § 321 nicht[7]. 4

Der Fall der Ergänzung der **Kostenentscheidung** ist sinngemäß auch dann als gegeben anzusehen, wenn die Kostenentscheidung streng genommen nicht unvollständig, sondern deswegen sachlich falsch ist, weil ein besonderer Ausspruch über abzutrennende Teile der Kosten unterblieben ist, wie bei unterbliebener Verurteilung des Klägers in die Mehrkosten bei Verweisung nach § 281 Abs. 3 S. 2, wobei aber auch eine Behebung des Mangels im Kostenfestsetzungsverfahren zugelassen werden sollte, näher → § 281 Rdnr. 42 mit Nachw. zu dieser wei- 5

---

[2] Bzw. ein Ergänzungsbeschluß in einem Beschlußverfahren, vgl. *OLG Frankfurt* FamRZ 1990, 296.
[3] Vgl. *RG* JR 1927 Nr. 1151; *OLG Frankfurt* Rpfleger 1953, 50; *OLG Düsseldorf* FamRZ 1997, 1407, 1408 sowie die Entscheidungen Fn. 46.
[4] *OLG Stuttgart* ZZP 69 (1956), 428; *OLG Düsseldorf* JurBüro 1970, 780 = JMBl NRW 1971, 78; *OLG Zweibrücken* FamRZ 1980, 1144; *OLG Frankfurt* JurBüro 1980, 778 (Pfändungsbeschluß); *OLG Nürnberg* JurBüro

1981, 803; *OLG München* Rpfleger 1987, 262, 263 (Kostenfestsetzungsbeschluß); *LG Essen* NJW 1970, 1688.
[5] *OLG Nürnberg* Rpfleger 1959, 63.
[6] *RG* Gruchot 48 (1904), 401f.
[7] *BGH* LM Nr. 7 = NJW 1980, 840; WM 1956, 1155; *OLG Frankfurt* NJW-RR 1989, 640. *BGH* WM 1995, 634 = WuB § 765 ZPO 1.95 (*Münzberg*) hält eine entsprechende Anwendung des § 321 auf die übergangene Aufrechnung anscheinend nicht für ausgeschlossen.

terhin umstrittenen Frage[8]; bei unterbliebener Auferlegung der durch die Säumnis veranlaßten Kosten nach § 344[9], → § 344 Rdnr. 11, ähnlich auch in den Fällen der §§ 94 bis 96. Dazu auch → Rdnr. 15f.

b) Anhängigkeit und Versehen

6   Der übergangene Anspruch muß nach dem ursprünglichen oder dem berichtigten Tatbestand (§ 320) **erhoben** und **noch anhängig** gewesen sein sowie in der Entscheidung, d. h. regelmäßig in der Formel des Urteils[10], **versehentlich** übergangen worden sein[11]. Beim Kostenpunkt kommt es wegen § 308 Abs. 2 nicht darauf an, ob ein Antrag gestellt war. Die Ergänzung findet nicht statt, wenn der Anspruch nicht ordnungsgemäß erhoben war oder seine Rechtshängigkeit wirksam durch Klagerücknahme, Prozeßvergleich oder übereinstimmende Erledigungserklärung beseitigt wurde, ebensowenig, wenn das Gericht über einen Anspruchsteil nicht entschieden hat, weil es das Begehren der Partei (wenn auch unrichtig) enger ausgelegt hat[12]. Eine Ergänzung scheitert ferner, falls durch richtige Auslegung ein Übergehen des Anspruchs im Urteil vermieden wird, z.B. das Urteil nach dem erkennbaren Willen des Gerichts als Teilurteil anzusehen ist, sollte dies auch nicht ausdrücklich ausgesprochen sein[13]. Von einem versehentlichen Übersehen kann auch nicht gesprochen werden, wenn das Urteil den Anspruch ausdrücklich für erledigt erklärt oder sich an der Entscheidung darüber rechtlich verhindert glaubt[14] oder den Kostenpunkt einem anderen Urteil vorbehält[15].

7   Hat das Gericht über den Anspruch in den **Gründen** entschieden, aber nur versehentlich den **Ausspruch im Tenor unterlassen,** so ist eine offenbare Unrichtigkeit des Urteils (zu den Voraussetzungen → § 319 Rdnr. 6 u. 9) gegeben und daher § 319 anzuwenden[16].

4. Weitere Anwendung

a) Kraft ausdrücklicher Vorschrift

8   Durch ausdrückliche Vorschrift ist ferner § 321 für anwendbar erklärt in Fällen, in denen ein »Anspruch« nicht in Frage steht, nämlich für die Ergänzung des **Vorbehalts** in §§ 302, 599, was für § 923 (→ § 923 Rdnr. 3) entsprechend zu gelten hat, für die der Entscheidung über die **vorläufige Vollstreckbarkeit**[17] in § 716 und über die **Räumungsfrist** in § 721.

b) Analoge Anwendung

9   § 321 ist aber auch ohne ausdrückliche Vorschrift analog anwendbar. Daß er nicht auf Fälle vergessener Entscheidungen über den Streitgegenstand beschränkt ist, sagt er selbst durch die

---

[8] Gegen eine Änderung im Kostenfestsetzungsverfahren und für § 321 *OLG Oldenburg* NdsRpfl 1997, 14. – Für eine Berücksichtigung bei der Kostenfestsetzung und gegen § 321 *OLG Schleswig* SchlHA 1995, 223.
[9] *OLG Stuttgart* Justiz 1984, 19.
[10] *RG* Gruchot 42 (1898), 1195.
[11] Wurde ein Anspruch rechtsirrtümlich nicht beschieden, so ist er nicht übergangen, *BGH* MDR 1953, 165. Ebenso *OLG Celle* NdsRpfl 1952, 151.
[12] *BGH* LM Nr. 7 (Fn. 7).
[13] *RG* WarnRsp 1908 Nr. 415.
[14] Vgl. *RG* JW 1993, 14; Gruchot 48 (1904), 401f.
[15] *KG* KGBl 1906, 17.

[16] Nachw. → § 319 Fn. 42, 44.
[17] Dies gilt auch, wenn die Schutzanordnung nach § 711 unterblieben ist, *BGH* MDR 1978, 127 = WM 1977, 1174 = JurBüro 1977, 1701 (bei Versäumung der Frist für den Ergänzungsantrag liegt kein unabwendbarer Nachteil i.S.d. § 719 Abs. 1 vor). Hat das *OLG* von der Anordnung zugunsten des Schuldners nach § 711 abgesehen, weil es davon ausging, die Beschwer übersteige nicht 40 000 DM (jetzt 60 000 DM), so beginnt die Frist für den Antrag auf Urteilsergänzung erst mit der Zustellung des Beschlusses, durch den das Revisionsgericht den Wert der Beschwer auf mehr als 40 000 DM (jetzt 60 000 DM) festgesetzt hat, *BGH* NJW 1984, 1240.

Regelung der Ergänzung des Kostenpunktes; daß über § 321 eine Reihe von Nebenentscheidungen einer Ergänzung zugänglich sind, zeigen die im vorstehenden Absatz genannten Bestimmungen. Wesentlich ist nur, daß das Gericht zu einer Entscheidung (von Amts wegen oder wegen des gestellten Antrags) *verpflichtet* war und dies versehentlich unterließ.

Demgemäß ist § 321 **analog anwendbar**: auf die **Fristbestimmung** im Falle des § 255 (→ **10** § 255 Rdnr. 12), auf die Entscheidung über die Dauer und Gestaltung des **Mietverhältnisses** nach § 308 a Abs. 1, auf den **Vorbehalt beschränkter Haftung des Erben** sowohl im Fall des § 305 (→ § 305 Rdnr. 3) als auch sonst (→ § 780 Rdnr. 10), auf die Haftungsbeschränkung (Deckungssumme) des Versicherers in einem Feststellungsurteil[18], auf die Abwendungsbefugnis des Vollstreckungsschuldners nach § 711[19], auf die **Abwendung der Vernichtung** durch Zahlung einer Entschädigung nach § 101 Abs. 1 UrheberrechtsG, schließlich auch auf den Fall der **Bekanntmachungsbefugnis** nach § 23 UWG. Auch bei Unterlassung des **Vorbehalts** nach § 10 AnfG bestehen keine Bedenken gegen die entsprechende Anwendung des § 321[20]. Wegen dieser Fälle → auch Rdnr. 15. Auch bei uneingeschränkter Verurteilung statt der beantragten Verurteilung **Zug um Zug** dürfte die entsprechende Anwendung möglich sein[21].

Ebenso kann – entgegen der h.M., vor allem in der höchstrichterlichen Rechtsprechung[22] – **11** die Entschließung über die **Zulassung der Revision** (§ 546 Abs. 1) im Wege des Ergänzungsurteils nachgeholt werden[23]. Dies gilt sowohl dann, wenn die Zulassung der Revision zwar beschlossen, aber nicht im Urteil ausgesprochen wurde (und kein Fall einer offenbaren Unrichtigkeit im Sinne des § 319 vorliegt, → § 319 Rdnr. 6), als auch dann, wenn das Gericht überhaupt keinen Beschluß über die Zulassung gefaßt hat. Die erwähnte Rechtsprechung verneint nicht nur die Zulässigkeit der Urteilsergänzung, sondern hält eine nach § 321 nachträglich ausgesprochene Rechtsmittelzulassung überdies für *unwirksam*, ähnlich wie im Fall der Rechtsmittelzulassung durch unzulässigen Berichtigungsbeschluß, näher, auch zu den Bedenken dagegen, → § 319 Rdnr. 15 f. Zugunsten der h.M. ist geltend gemacht worden, daß durch die in einem Ergänzungsurteil ausgesprochene Rechtsmittelzulassung rückwirkend die bereits eingetretene formelle Rechtskraft beseitigt werde. Jedoch hätte z.B. eine Wiedereinsetzung in den vorigen Stand nach Ablauf der Rechtsmittelfrist dieselben Folgen. Außerdem tritt die Rechtskraft, auch wenn keine Zulassung ausgesprochen wurde, bei Urteilen der Oberlandesgerichte in der Regel (Ausnahme § 545 Abs. 2) erst nach Fristablauf (→ § 705 Rdnr. 3a), bei Urteilen der Landesarbeitsgerichte nach Ablauf der Frist für die Nichtzulassungsbeschwerde bzw. mit deren Ablehnung (§ 72a Abs. 5 S. 6 ArbGG) ein. Das Interesse des Gegners, sich auf

---

[18] *BGH* LM Nr. 11 (*Voit*) = NJW-RR 1996, 1238 = MDR 1996, 1061.
[19] *BGH* FamRZ 1993, 50.
[20] So auch *Jaeger* Die Gläubigeranfechtung² (1938) § 10 Anm. 4 (S. 306); *Böhle-Stamschräder/Kilger* AnfG⁷ § 10 Anm. 6; *Warneyer-Bohnenberg* AnfG⁴ § 10 (S. 220).
[21] *Wolff* ZZP 64 (1951), 105.
[22] BAGE 2, 358 = AP § 319 Nr. 3; BAGE 3, 21, 23; BAGE 9, 205, 209f. = AP § 319 Nr. 4; BAG § 319 Nr. 14 (*E. Schumann*) = SAE 1969, 202 (*Baumgärtel*); BAG AP § 321 ZPO 1977 Nr. 1 = RdA 1981, 63 (LS) = BB 1981, 616 (LS); BGHZ 44, 395 = NJW 1966, 931 = LM Nr. 5 (LS, *Schneider*), BAG LM Nr. 8 = NJW 1981, 2755 (Neufassung des § 546 hat nichts geändert; dasselbe gilt für die unterbliebene Zulassung der weiteren Beschwerde nach § 621 e Abs. 2); LAG Berlin NJW 1967, 271; OLG Koblenz NJW 1977, 2218; OLG Karlsruhe OLGZ 1978, 487. Ebenso *Boldt* RdA 1949, 50; *Wieczorek*² § 321 Anm. B II b 3; *Zöller-Gummer*²⁰ § 546 Rdnr. 55; *Thomas-Putzo*²⁰ Rdnr. 8; *Rosenberg-Schwab-Gottwald*¹⁵ § 142 I 1 d; *A. Blomeyer* ZPR² § 104 II 1; *Grunsky* ArbGG⁷ § 72

Rdnr. 22; *Lässig* Die fehlerhafte Rechtsmittelzulassung und ihre Verbindlichkeit für das Rechtsmittelgericht (1976), 66 ff.; *Prütting* Die Zulassung der Revision (1977), 268; *Gerhardt* Festschr. f. Beitzke (1979), 191, 199 ff.; →auch § 546 Rdnr. 19 (*Grunsky*).
[23] So *Carl* gegen RG JW 1935, 2814; *Pohle* gegen BAG AP § 319 Nr. 1; *ders.* zu BAG AP § 319 Nr. 3 und AP § 321 Nr. 2; *E. Schumann* zu BAG AP § 319 Nr. 14; *Roquette* gegen RG JW 1935, 3464; *H. Schneider* ZZP 65 (1952), 472; *Paulus* ZZP 71 (1958), 188, 203; *Krämer* FamRZ 1980, 971, 975; *Walter* Der Prozeß in Familiensachen (1985), 155 (zu den besonderen Problemen in Familiensachen, mit dem Vorschlag, dann auch die Wiedereinsetzung gegen die Versäumung der Frist nach § 321 Abs. 2 zuzulassen); *Brehm* Anm. zu BAG EzA § 72 ArbGG 1979 Nr. 17; *Jauernig* ZPR²⁴ § 74 II 3 (bei willkürlicher Verletzung des Zulassungsgebots nach § 546 Abs. 1 S. 2); *Baumbach-Lauterbach-Albers*⁵⁶ § 546 Rdnr. 21; *LAG Hannover* AP 1950 Nr. 163; ferner KG JR 1951, 377 (bei Rückwirkung eines den Zulassungsausspruch vorsehenden Gesetzes); *OLG Hamburg* MDR 1964, 603.

die Nichtzulassung verlassen zu können, sollte daher nicht so hoch bewertet werden, daß es einer Urteilsergänzung im Falle einer unterlassenen Entscheidung über die Zulassung entgegensteht. Besser wäre es im übrigen, im Urteil des OLG bzw. des LAG immer (also auch im Fall der Nichtzulassung) einen ausdrücklichen Ausspruch zu treffen[24]; denn dann wäre bei Schweigen des Urteils deutlich, daß die Entscheidung über die Zulassung fehlt, so daß dann wohl keine Bedenken gegen die analoge Anwendung des § 321 bestünden.

II. Der Antrag

12 Die Ergänzung erfolgt nur auf den **rechtzeitig gestellten Antrag** einer der Parteien, nicht notwendig derjenigen, die den Anspruch erhoben hat[25]. Eine Ergänzung *von Amts wegen* ist in jedem Fall, auch bezüglich des Kostenpunktes oder anderer von Amts wegen in einer Entscheidung zu berücksichtigenden Punkte, *ausgeschlossen*[26], → auch § 318 Rdnr. 10.

1. Form und Frist

13 Für den Antrag und die Ladung gilt das → § 320 Rdnr. 6 f. Bemerkte entsprechend. Der Antrag setzt keine vorherige Zustellung des Urteils voraus. Die **Frist** des Abs. 2 (zwei Wochen) beginnt für jede der Parteien mit der **Zustellung des Urteils** an sie, → § 221 Rdnr. 4. Setzt die Ergänzung des Urteils die vorherige Tatbestandsberichtigung voraus, so beginnt die Frist für die Urteilsergänzung erst mit der Zustellung des Berichtigungsbeschlusses, nicht schon mit der Zustellung des Urteils[27]. Im Gegensatz zu § 320 genügt hier die Zustellung einer abgekürzten Ausfertigung (§ 317 Abs. 4), sofern sich daraus unzweideutige Schlüsse über die Ergänzungsbedürftigkeit ziehen lassen[28]. Ist die Entscheidung über die **Kosten der Nebenintervention** unterblieben, dann beginnt die Frist von zwei Wochen erst mit der Zustellung des Urteils an den Nebenintervenienten[29]. Im übrigen wegen der Frist → § 320 Rdnr. 9.

2. Verhältnis zu den Rechtsmitteln bei übergangenen Ansprüchen und zur erneuten Klage

14 Mittels eines Rechtsmittels oder der Anschließung an ein solches kann die **Ergänzung nicht herbeigeführt** werden; denn die Rechtsmittel erstrecken sich nur auf Ansprüche, die Gegenstand des erstinstanzlichen Urteils waren (§ 537)[30]. Anders ist es in den Fällen des Fehlens unselbständiger Teile, → Rdnr. 15. Die Partei kann aber den übergangenen Anspruch in der Berufungsinstanz auch als *neuen Anspruch* durch Klageänderung unter den Voraussetzungen des § 263 und, soweit es sich um Anspruchsteile handelt, durch Erweiterung des Klageantrags nach § 264 Nr. 2 geltend machen[31]. In der Revisionsinstanz ist das ausgeschlossen, § 561. Im übrigen ist die Partei auf den Weg **neuer Klage** verwiesen; mit der Versäumung der Frist oder der Zurückweisung des Ergänzungsantrags hört die Rechtshängigkeit des übergangenen Anspruchs auf, → § 261 Rdnr. 95[32]. Dasselbe gilt, wenn die Ergänzung daran scheitert, daß auch

---

[24] Dies empfiehlt auch *Baumbach-Lauterbach-Albers*[56] § 546 Rdnr. 19; für erwägenswert hält es *Zimmer* NJW 1996, 499, 500. – Dagegen zu Unrecht BAG AP § 321 ZPO 1977 Nr. 1 (Fn. 22). – Ähnlich wie hier *Brehm* Anm. zu BAG EzA § 72 ArbGG 1979 Nr. 17 (man solle den Parteien zumindest die Möglichkeit zusprechen, durch einen Antrag auf Zulassung eine ausdrückliche Entscheidung herbeizuführen).
[25] OLG Karlsruhe OLG Rsp 11 (1905), 178 f.
[26] OLG Celle JurBüro 1976, 1254.
[27] BGH LM § 716 Nr. 3 = NJW 1982, 1821.
[28] OLG Hamburg MDR 1962, 313.
[29] BGH LM Nr. 6 = NJW 1975, 218; OLG Köln NJW 1960, 2150; OLGZ 1992, 244 = MDR 1992, 301 (dies gilt auch nach Rechtskraft des Urteils); LG Heidelberg MDR 1963, 224. Dies folgt aus § 101, der eine eigenständige Kostenentscheidung für die Nebenintervention verlangt, → § 101 Rdnr. 3.
[30] BAG NJW 1994, 1428, 1429; OLG Zweibrücken FamRZ 1994, 972; RGZ 23, 422; 59, 130; 75, 293.
[31] RGZ 59, 128 f.; RG HRR 1928 Nr. 1516.
[32] BGH NJW 1991, 1683, 1684 = JR 1991, 505 (*K. Müller*) = LM § 308 Nr. 17; BAGE 8, 20 = NJW 1959, 1942 = AP § 3 KSchG Nr. 19 (*Bötticher*); OLG Düsseldorf

der Tatbestand des Urteils unrichtig ist und dessen Berichtigung wegen Verhinderung des damaligen Richters (→ § 320 Rdnr. 13) nicht mehr möglich ist[33].

3. Verhältnis zu den Rechtsmitteln bei Übergehung unselbständiger Teile

In den Fällen, in denen § 321 bei Übergehung unselbständiger Teile der Entscheidung gilt, namentlich bei den Vorbehaltsurteilen, der Entscheidung über die vorläufige Vollstreckbarkeit und die Kosten, → Rdnr. 8ff., ist das lückenhafte Urteil **zugleich inhaltlich falsch**; hier ist also eine Anfechtung durch Rechtsmittel möglich[34]. Ein Rechtsmittel ist nicht schon deshalb unzulässig, weil auch die Möglichkeit der Ergänzung nach § 321 besteht[35]. Vor allem ist regelmäßig die Frist des § 321 Abs. 2 abgelaufen, wenn das Rechtsmittelgericht über die Zulässigkeit des Rechtsmittels entscheidet, so daß dem Rechtsmittelführer kein einfacherer Weg angeboten werden kann. Hat er aber beide Wege gewählt (Ergänzungsantrag und Rechtsmittel), dann wird in der Regel über den Ergänzungsantrag schneller entschieden worden sein, so daß sich sein Rechtsmittel erledigt hat (ähnlich → § 319 Rdnr. 13), da nachträglich die Entscheidung richtig wurde.

Die **unterbliebene Kostenentscheidung** kann jedoch nicht mit einem *allein* auf den Kostenpunkt gerichteten Rechtsmittel herbeigeführt werden[36]. Ein Mangel im Kostenpunkt kann vom Rechtsmittelrichter vielmehr nur dann beseitigt werden, wenn das Rechtsmittel in der Sache Erfolg hat, weil dann über die Kosten des ganzen Rechtsstreits zu erkennen ist, im einzelnen → § 97 Rdnr. 7. Selbständige Einklagung des Kostenanspruchs ist ausgeschlossen, → vor § 91 Rdnr. 11.

III. Verfahren

Über den Ergänzungsantrag ist aufgrund **mündlicher Verhandlung**[37] durch **Urteil** zu entscheiden, auch bei *Zurückweisung* aus formellen oder materiellen Gründen[38]. Unter den Voraussetzungen von § 128 Abs. 2 und 3 kann ohne mündliche Verhandlung entschieden werden. Stets ist vor der Entscheidung das **rechtliche Gehör** zu gewähren[39].

Die Verhandlung erstreckt sich sowohl auf die *Zulässigkeit des Ergänzungsurteils*, die in jedem Fall von Amts wegen zu prüfen ist, als auch auf den *nicht erledigten Anspruch* selbst. Erscheint der Antrag zulässig, so wird die Verhandlung über den Anspruch, aber nur über ihn (Abs. 4), in vollem Umfang (ähnlich wie im Fall des § 156, → § 156 Rdnr. 20) wieder eröffnet. Eben deshalb können hier an der Verhandlung auch **andere Richter** teilnehmen, so daß die Rechtslage anders ist als bei § 320, der nur die ursprünglichen Richter zur Entscheidung beruft. Durch die nachfolgende Entscheidung kann an der früheren, die jetzt als Teilurteil erscheint, über die zu Rdnr. 3ff. dargelegten Grenzen hinaus nichts geändert werden, § 318. Bleibt eine der Parteien im Termin aus, so hat die erschienene Partei wie sonst die Wahl zwischen dem Antrag auf **Versäumnisurteil** und auf Entscheidung nach Lage der Akten, § 331 a, bei der dann der Inhalt der früheren Verhandlung sowie das in etwaigen späteren Schriftsätzen, insbesondere in dem mit der Ladung zugestellten Schriftsatz vorgetragene (angekündigte) neue Vorbringen als Prozeßstoff zu berücksichtigen ist. Bei **Ausbleiben beider Parteien** kann das Gericht nach Aktenlage über den Antrag entscheiden, § 251 a.

OLGZ 1966, 178; *OLG Oldenburg* MDR 1986, 62. – Auch ein bei der Kostenfestsetzung übergangener Posten kann erneut geltend gemacht werden, *OLG München* Rpfleger 1987, 262.
[33] *AG Castrop-Rauxel* ZMR 1993, 228.
[34] *RGZ* 10, 348; 75, 293; *RG* JW 1912, 78.
[35] So aber *Wolff* ZZP 64 (1951), 107, der dem Rechtsmittel das Rechtsschutzbedürfnis abspricht.

[36] *OLG Düsseldorf* JurBüro 1970, 780 (Fn. 4); *LG Essen* NJW 1970, 1688 (beide zur Beschwerde).
[37] Anders bei der entsprechenden Anwendung des § 321 auf ohne mündliche Verhandlung ergangene Beschlüsse, *OLG Zweibrücken* FamRZ 1980, 1144; *OLG Frankfurt* JurBüro 1980, 778 (Pfändungsbeschluß).
[38] *BGH* WM 1982, 491; *RGZ* 30, 342; *RAG* 26, 254.
[39] *BVerfG* RdL 1988, 157.

19   Der **Einzelrichter** ist zur Ergänzung seiner Entscheidung befugt, jedoch nicht mehr nach einer Abgabe bzw. Rückübertragung an das Kollegium, a.M. → § 348 Rdnr. 2 (*Schumann*) (20. Auflage).

IV. Rechtsmittel

20   Gegen das positive Ergänzungsurteil als Teilurteil und ebenso gegen ein Urteil, das die Ergänzung ablehnt[40], finden die **regelmäßigen Rechtsmittel**[40a] statt, und zwar völlig selbständig hinsichtlich der Rechtsmittelsumme (§§ 511 a, 546)[41] bzw. der Rechtsmittelzulassung[42] und hinsichtlich der Notfristen. Mit der Zustellung eines Ergänzungsurteils innerhalb der ursprünglichen Rechtsmittelfrist beginnt auch die Berufungs- bzw. Revisionsfrist (→ § 517 Rdnr. 2) gegen das *erste* Urteil von neuem[43], § 517. Das Ergänzungsurteil unterliegt grundsätzlich nicht der Beurteilung des Rechtsmittelgerichts, wenn nur gegen das *zuerst* erlassene Urteil ein Rechtsmittel eingelegt ist[44], und auch durch eine Anschließung des Rechtsmittelgegners an dieses Rechtsmittel wird das Ergänzungsurteil nicht devolviert[45]; denn die Anschließung setzt Identität der angefochtenen Urteile voraus.

21   Hinsichtlich der **Kostenentscheidung** steht aber die Rechtsprechung[46] aus praktischen Erwägungen mit Recht auf dem Standpunkt, das Ergänzungsurteil ebenso wie ein Schlußurteil gegenüber einem Teilurteil zu behandeln. Sie nimmt demgemäß an, daß zusammen mit der Anfechtung des zuerst erlassenen Urteils auch die in dem Ergänzungsurteil getroffene Kostenentscheidung angefochten werden kann, ähnlich wie in den → § 99 Rdnr. 9, 10 behandelten Fällen. Dasselbe muß sinngemäß in den Fällen gelten, in denen das Ergänzungsurteil lediglich den unselbständigen Ausspruch über die **vorläufige Vollstreckbarkeit** enthält[47]. Es muß dann aber insoweit auch die Anschließung statthaft sein.

V. Gebühren

22   Wegen der Gerichtsgebühren s. § 21 GKG. Der Anwalt erhält nach § 37 Nr. 6 BRAGO keine besondere Gebühr, sondern nur die Regelgebühr des § 31 BRAGO.

VI. Arbeitsgerichtliches Verfahren

23   Im arbeitsgerichtlichen Verfahren einschließlich des **Beschlußverfahrens**[48] gilt § 321 entsprechend[49]. Wegen der entsprechenden Anwendung bei **Unterlassung der Streitwertfestsetzung**[50] → § 2 Rdnr. 117 und → § 517 Rdnr. 7, bei unterbliebener Entscheidung über die **Zulassung der Berufung oder der Revision** gemäß § 64 Abs. 2, 3 bzw. § 72 Abs. 1, 2 ArbGG → Rdnr. 11. Die **Nichtzulassungsbeschwerde** ist nach Maßgabe des § 72a ArbGG statthaft.

24   In den oben bei Fn. 46f. behandelten Fällen deckt die Zulassung des Rechtsmittels gegen die Hauptentscheidung auch die gegen das Ergänzungsurteil[51].

---

[40] Vgl. *BGH* WM 1982, 491.
[40a] Zum Meistbegünstigungsprinzip (auch sofortige Beschwerde statthaft), wenn durch Beschluß statt durch Urteil entschieden wurde, *OLG Zweibrücken* FamRZ 1997, 1163.
[41] *RG* WarnRsp 1909 Nr. 254; JR 1927 Nr. 313, Nr. 1151.
[42] *BGH* LM Nr. 7 (Fn. 7) (anders aber, wenn es sich in Wirklichkeit nicht um ein Ergänzungsurteil handle).
[43] *BGH* VersR 1981, 57.
[44] *RG* JW 1902, 252.

[45] Vgl. *RGZ* 23, 423.
[46] *RGZ* 46, 393f.; 68, 301f.; WarnRsp 1909 Nr. 425; JW 1937, 2784; *RAGE* 18, 246.
[47] *RGZ* 151, 305, 310; dazu *Jonas* JW 1936, 2926.
[48] *BAGE* 4, 268.
[49] Vgl. *BAG* NJW 1994, 1428, 1429 (offenlassend, ob § 321 gilt, wenn im Kündigungsschutzprozeß das Arbeitsverhältnis allein auf den Antrag des Arbeitgebers aufgelöst wird).
[50] Unentschieden *BAGE* 9, 205, 210.
[51] Vgl. *RAGE* 18, 246; *Jonas* JW 1937, 2863.

§ 322 [Materielle Rechtskraft]

(1) Urteile sind der Rechtskraft nur insoweit fähig, als über den durch die Klage oder durch eine Widerklage erhobenen Anspruch entschieden ist.

(2) Hat der Beklagte die Aufrechnung einer Gegenforderung geltend gemacht, so ist die scheidung, daß die Gegenforderung nicht besteht, bis zur Höhe des Betrages, für den die Aufrechnung geltend gemacht worden ist, der Rechtskraft fähig.

Gesetzesgeschichte: Bis 1900 § 293 CPO. Änderung durch die Novelle 1898.

	Rn.
I. Formelle und materielle Rechtskraft	1
1. Begriffe	1
2. Formelle Rechtskraft	3
a) Rechtskraftfähigkeit	3
b) Eintritt	4
c) Wirkung	5
II. Die verschiedenen Urteilswirkungen; Zusammenhang mit der formellen Rechtskraft	8
1. Materielle Rechtskraft	9
2. Innerprozessuale Bindungswirkung	10
3. Gestaltungswirkung	13
4. Vollstreckbarkeit	15
5. Tatbestandswirkung	16
6. Urteil als Rechtsquelle	18
III. Das Wesen der materiellen Rechtskraft	19
1. Prozessuale Rechtskrafttheorie	19
2. Materielle Rechtskrafttheorie	23
3. Bedeutung des Theorienstreits	26
4. Zweck der Rechtskraft	30
5. Zweifache Wirkung der Rechtskraft	34
a) Materielle Wirkung	34
b) Prozessuale Wirkung	39
c) Rechtskraft und Rechtskraftwirkungen	41
IV. Die anzuwendenden Rechtssätze	45
1. Allgemeines	45
2. Ausländische Urteile	48
3. Urteile vor Erlaß der ZPO	49
4. Vorbehaltenes Landesrecht	50
V. Die rechtskraftfähigen Entscheidungen	51
1. Allgemeines	51
2. Endurteile, Vorbehaltsurteile, zurückverweisende Urteile	56
3. Zwischenurteile	58
4. Beschlüsse	60
5. Nichtstreitige Urteile	61
6. Prozeßurteile, rechtsmittelverwerfende, verweisende Urteile und Beschlüsse	62
7. Gestaltungsurteile	65
8. Entscheidungen über den Versorgungsausgleich	68
9. Arrest, einstweilige Verfügung	69
10. Vollstreckungsbescheid	70
VI. Der Gegenstand der Rechtskraft	74
1. Allgemeines	74
2. Juristischer Obersatz	81
3. Tatsächliche Feststellungen	84
4. Vorfragen	89
a) Bedingende Rechtsverhältnisse	90
b) Gegenrechte	95
5. Entscheidung über den Anspruch	99
a) Der Streitgegenstand als Ausgangspunkt	99
b) Begrenzung des Urteilsgegenstands durch den vorgetragenen Tatsachenkomplex	103
c) Bedeutung der rechtlichen Würdigung	108
6. Der Gegenstand der Rechtskraft bei der Sachentscheidung	113
a) Rechtskräftige Feststellung bei den verschiedenen Klagearten	113
b) Die rechtliche Qualifikation einer bejahten Rechtsfolge	123
7. Die Rechtskraft der Entscheidung über die Zulässigkeit	136
a) Prozeßurteil	136
b) Bejahung der Zulässigkeit	145
c) Abweisung als unzulässig und unbegründet	147
8. Teilklagen, Nachforderungen	150
a) Teilklagen	150
b) Teilurteil	155
c) Nachforderungen	156
aa) Grundsätzliche Zulässigkeit	156
bb) Besondere Fälle	161
cc) Sonstige Würdigung des Verhaltens des Klägers	164

VII. Die Aufrechnung	166
1. Nichtmehrbestehen der Gegenforderung	168
2. Teilbetrag	173
3. Urteilsformel	174
4. Gegenforderung aus anderem Rechtsweg	175
5. Aufrechnung durch den Kläger	177
VIII. Die Ermittlung des rechtskräftigen Entscheidungsgehalts	179
1. Allgemeines	179
2. Bedeutung des Tatbestands und der Entscheidungsgründe	184
3. Nicht beschiedene Ansprüche	188
4. Entscheidung über nicht erhobene Ansprüche	190
5. Nichtstreitige Urteile	193
6. Nicht behebbare Unklarheit	194
IX. Die Wirkung der Rechtskraft in späteren Prozessen	196
1. Bei Identität des Streitgegenstandes	196
a) Voraussetzungen	196
b) Prozeßabweisung	199
c) Zulässige neue Klagen	200
2. Wirkung bei Präjudizialität	204
a) Beispiele	205
b) Wiederholung des angegriffenen Aktes	209
3. Weitergehende Rechtskraftwirkung	212
4. Berücksichtigung von Amts wegen	221
5. Parteivereinbarungen	222
6. Zweites rechtskräftiges Urteil	226
X. Präklusion von Tatsachen; zeitliche Grenzen der Rechtskraft	228
1. Ausschluß von Tatsachen und Beweismitteln	228
2. Bedeutung der Kenntnis der Parteien	234
3. Neuentstandene Tatsachen	236
4. Umfang der Neuprüfung	247
5. Nichtstreitige Urteile	253
6. Zulässigkeit und Begründetheit	255
7. Änderung von Rechtsprechung und Gesetzgebung	256
8. Anfangszeitpunkt der rechtskräftigen Feststellung	260
XI. Rechtskraft und Urteilsmängel; zivilrechtliche Ausgleichsansprüche	262
1. Allgemeines	262
2. Einwand des Scheinprozesses (Simulation)	265
3. Bereicherungsansprüche	266
4. Sittenwidrige Erwirkung oder Verwendung einer rechtskräftigen Entscheidung	268
a) Allgemeine Voraussetzungen	268
b) Klage aus § 826 BGB gegenüber rechtskräftigen Vollstreckungsbescheiden	276
c) Rechtsfolgen	282
XII. Urteilswirkungen und Rechtsweggrenzen	284
1. Allgemeines	284
2. Arbeitsgerichtsbarkeit	292
3. Freiwillige Gerichtsbarkeit	293
4. Verwaltungs-, Finanz- und Sozialgerichtsbarkeit	295
5. Strafgerichtsbarkeit	300
6. Verfassungsgerichtsbarkeit	306
7. Internationale Gerichtsbarkeit	321
XIII. Arbeitsgerichtliches Verfahren	322
1. Urteilsverfahren	322
2. Beschlußverfahren	324

Stichwortverzeichnis zu § 322

Abstrakte Urteilskraft: → Rdnr. 18
Abtretung: → Rdnr. 231, 240
Adhäsionsverfahren: → Rdnr. 302
Aktiengesellschaft: Rdnr. 209 ff.
Allgemeine Geschäftsbedingungen: → Rdnr. 257
Amtshaftungsklage: → Rdnr. 109a, 240 Fn. 347, Rdnr. 296
Anerkenntnisurteil: → Rdnr. 61, 193, 253 f.
Anfangszeitpunkt: → Rdnr. 260 f.
Anfechtung des Vaterschaftsanerkenntnisses: → Rdnr. 122

Anfechtungsklage: → Rdnr. 297
Anspruchskonkurrenz: → Rdnr. 109
Antrag: → Rdnr. 102
Anwaltsgebühren (Festsetzungsbeschluß): → Rdnr. 60, 202a
Anwendbares Recht: → Rdnr. 45 ff.
Arbeitsgerichtsbarkeit: → Rdnr. 292, 322 ff.
Arbeitsverhältnis: → Rdnr. 90, 322
Arglistige Urteilserwirkung: → Rdnr. 268 ff.
Arrest: → Rdnr. 69
Aufhebendes Urteil: → Rdnr. 57

Auflassung: → Rdnr. 91
Auflösend bedingte Urteile: → Rdnr. 6
Aufrechnung: → Rdnr. 166ff.
Aufrechnung durch den Kläger: → Rdnr. 177f.
Aufrechnungsverbot: → Rdnr. 128, 131
Auseinandersetzung einer Gesellschaft: → Rdnr. 91
Ausgleichsansprüche: → Rdnr. 262ff.
Auskunftsanspruch: → Rdnr. 94, 215
Ausländische Urteile: → Rdnr. 48, 203, 227
Auslandsvollstreckung: → Rdnr. 202a
Auslegung der Entscheidungsformel: → Rdnr. 179 Fn. 230, Rdnr. 181
Ausschluß aus der OHG: → Rdnr. 67
Ausschluß aus der Rechtsanwaltschaft: → Rdnr. 9 Fn. 4
Ausschluß von Tatsachen: → Rdnr. 228ff.

Bedingende Rechtsverhältnisse: → Rdnr. 90ff.
Beiträge: → Rdnr. 90
Bereicherungsanspruch: → Rdnr. 206f., 266f.
Berücksichtigung von Amts wegen: → Rdnr. 221
Beschlußverfahren (Arbeitsgerichtsbarkeit): → Rdnr. 324f.
Beschlüsse: → Rdnr. 3, 60, 324f.
Beschwer: → Rdnr. 76, 126
Besitzschutzklagen: → Rdnr. 112
Betriebsverfassungsrecht: → Rdnr. 324
Beweislastentscheidung: → Rdnr. 118
Beweismittel: → Rdnr. 228
Bundesverfassungsgericht: → Rdnr. 306ff.
Bürgschaft: → Rdnr. 196 Fn. 250

Dingliches Recht: → Rdnr. 205f.
Drittwiderspruchsklage: → Rdnr. 93, 207

Echtheit einer Urkunde: → Rdnr. 85
Eheliche Abstammung: → Rdnr. 86
Ehelichkeitsanfechtungsklage: → Rdnr. 86
Eigentum: → Rdnr. 91, 95, 106, 197, 215, 220, 248
Einstweilige Verfügung: → Rdnr. 69
Endurteil: → Rdnr. 56
Enteignungsentschädigung: → Rdnr. 159
Entschädigung des Verletzten: → Rdnr. 302
Entscheidungsgründe: → Rdnr. 179ff., 184ff.
Entstehungszeitpunkt: → Rdnr. 260f.
Erbrecht: → Rdnr. 94, 294 Fn. 483
Erbschaftsteuer: → Rdnr. 299
Erfüllungseinwand: → Rdnr. 267
Erfüllungsort: → Rdnr. 94
Ergänzung des Urteils: → Rdnr. 189
Erlaß: → Rdnr. 165
Erlöschen der Rechtsfolge: → Rdnr. 241
Ersetzung der Urteilsurschrift: → Rdnr. 201
Erweiterte Präklusion: → Rdnr. 235
Erwerbsgründe: → Rdnr. 104, 106, 235

Erwerbsunfähigkeit: → Rdnr. 240 Fn. 347
Evidente Unrichtigkeit: → Rdnr. 271

Fälligkeit: → Rdnr. 145, 248
Feststellungsinteresse: → Rdnr. 62 Fn. 48
Feststellungsklage: → Rdnr. 80, 106, 116ff., 177, 205
Finanzgerichtsbarkeit: → Rdnr. 295ff.
Formelle Rechtskraft: → Rdnr. 3ff., 224
Freistellungsanspruch: → Rdnr. 206
Freiwillige Gerichtsbarkeit: → Rdnr. 293ff.
Früheres rechtskräftiges Urteil: → Rdnr. 226f.

Gegenforderung aus anderem Rechtsweg: → Rdnr. 175f.
Gegenforderung: → Rdnr. 168ff.
Gegenrechte: → Rdnr. 95ff.
Gegenseitiger Vertrag: → Rdnr. 90, 95, 215, 217
Gegenstand der Rechtskraft: → Rdnr. 74ff.
Gehaltsanspruch: → Rdnr. 90
Geldersatz: → Rdnr. 206
Gerichtsstand der unerlaubten Handlung: → Rdnr. 111
Gesellschaftsvertrag: → Rdnr. 91
Gesetzesänderung: → Rdnr. 258f., 325
Gesetzeskraft: → Rdnr. 313
Gestaltungsgründe: → Rdnr. 235
Gestaltungsklage: → Rdnr. 65, 104, 121, 235
Gestaltungsrechte: → Rdnr. 246
Gestaltungsurteil: → Rdnr. 66f., 209
Gestaltungswirkung: → Rdnr. 13f., 286, 294, 299, 303, 319
Grober Undank: → Rdnr. 128
Grundbuchberichtigungsklage: → Rdnr. 92, 94, 206, 220
Gründe: → Rdnr. 180
Grundurteil: → Rdnr. 58, 135

Handelsregistergericht: → Rdnr. 294 Fn. 483
Hauptversammlungsbeschluß: → Rdnr. 209ff., 240 Fn. 347
Haustürwiderrufsgesetz: → Rdnr. 246, 281
Herausgabeklage: → Rdnr. 91, 95, 106, 206, 215, 220, 248, 261
Herstellung des ehelichen Lebens: → Rdnr. 240 Fn. 347
Hinterlegung: → Rdnr. 95
Hypothek: → Rdnr. 92

Identität der Streitgegenstände: → Rdnr. 44, 196ff.
Innerprozessuale Bindungswirkung: → Rdnr. 10, 57
Internationale Gerichtsbarkeit: → Rdnr. 321
Interventionswirkung: → Rdnr. 87

Kapitalforderung: → Rdnr. 90
Kaufpreisrückzahlung: → Rdnr. 240 Fn. 347

Kenntnis von Tatsachen: → Rdnr. 234
Kerntheorie: → Rdnr. 115
Klageabweisung: → Rdnr. 114, 116ff., 184ff.
Klägeraufrechnung: → Rdnr. 177f.
Konkretisierung der Rechtsfolge: → Rdnr. 37f.
Konkursvorrecht: → Rdnr. 134
Kontradiktorisches Gegenteil: → Rdnr. 197f.
Kostenfestsetzungsverfahren: → Rdnr. 139
Kostenfestsetzungsbeschluß: → Rdnr. 60
Kündigung: → Rdnr. 90, 209ff.
Kündigungsschutzklage: → Rdnr. 209ff., Rdnr. 322f.
Künftige wiederkehrende Leistungen: → Rdnr. 163

Landesrecht: → Rdnr. 50
Lebenssachverhalt: → Rdnr. 232
Leistungsklage: → Rdnr. 114

Mahnverfahren: → Rdnr. 71, 276ff.
Materielle Rechtskrafttheorie: → Rdnr. 23ff.
Materielle Wirkung: → Rdnr. 34ff.
Materiell-rechtlicher Anspruch: → Rdnr. 100
Mietvertrag: → Rdnr. 90, 125, 205 Fn. 272, Rdnr. 254 Fn. 384
Minderung: → Rdnr. 96f.
Miteigentumsanteil: → Rdnr. 159
Musterprozeß: → Rdnr. 81

Nachehelicher Unterhalt: → Rdnr. 110
Nachforderungen: → Rdnr. 156
Naturalrestitution: → Rdnr. 206
Nebenwirkung: → Rdnr. 16
Ne-bis-in-idem-Lehre: → Rdnr. 22
Negative Feststellungsklage: → Rdnr. 117ff., 177
Negatorische Unterlassungspflicht: → Rdnr. 215, 219
Neue Tatsachen: → Rdnr. 128, 211
Nicht erhobene Ansprüche: → Rdnr. 190ff.
Nicht beschiedene Ansprüche: → Rdnr. 188f.
Nicht vorgetragene Tatsachen: → Rdnr. 229
Nichteheliche Vaterschaft: → Rdnr. 206
Nichtstreitige Urteile: → Rdnr. 61, 193, 253f.
Nießbrauchsrecht: → Rdnr. 95
Nutzungen: → Rdnr. 206

OHG: → Rdnr. 67
Optionsrecht: → Rdnr. 246

Parteivereinbarungen: → Rdnr. 222ff.
Pfandrecht: → Rdnr. 95
Pfändung von Arbeitseinkommen: → Rdnr. 134
Planfeststellungsbeschluß: → Rdnr. 297
Positive Feststellungsklage: → Rdnr. 116
Präjudizialität: → Rdnr. 43, 132, 204ff.
Präklusion von Tatsachen: → Rdnr. 228ff.
Prognose: → Rdnr. 243

Prozeßabweisung wegen Rechtskraft: → Rdnr. 39f., 199
Prozeßurteil: → Rdnr. 27, 62ff., 136
Prozeßvergleich: → Rdnr. 140f.
Prozessuale Wirkung: → Rdnr. 39f.
Prozessuale Rechtskrafttheorie: → Rdnr. 19ff.
Prozessualer Anspruch: → Rdnr. 100ff.
Prüfung von Amts wegen: → Rdnr. 221

Räumungsklage: → Rdnr. 90, 240 Fn. 347
Rechnungslegungsanspruch: → Rdnr. 215, 240 Fn. 347
Recht der Materie: → Rdnr. 25, 27
Rechtliche Qualifikation: → Rdnr. 123ff.
Rechtliche Würdigung: → Rdnr. 108
Rechtsänderung: → Rdnr. 258f., 325
Rechtsentscheid in Mietsachen: → Rdnr. 12
Rechtsfortbildung: → Rdnr. 18
Rechtskraftfähigkeit: → Rdnr. 51ff.
Rechtskrafttheorien: → Rdnr. 19ff.
Rechtsmittelverwerfung: → Rdnr. 63, 138
Rechtsprechungsänderung: → Rdnr. 256f.
Rechtsquelle: → Rdnr. 16
Rechtsschutzbedürfnis: → Rdnr. 40, 139, 147
Rechtsschutzvoraussetzungen: → Rdnr. 147, 199 Fn. 258
Rechtsweg: → Rdnr. 175f.
Rechtsweggrenzen: → Rdnr. 284ff.
Restitutionsklage: → Rdnr. 270, 282
Rücktritt: → Rdnr. 198 Fn. 257
Rückwirkung: → Rdnr. 258, 325

Sachurteil: → Rdnr. 113ff.
Sachverhalt: → Rdnr. 103ff.
Schadensersatz: Rdnr. 111, 243 Fn. 355
Schadensersatz wegen Nichterfüllung: → Rdnr. 205
Scheck: → Rdnr. 112
Scheidungsrecht: → Rdnr. 240 Fn. 347
Scheidungsurteil: → Rdnr. 299
Schenkungsversprechen: → Rdnr. 128, 130
Schiedsspruch: → Rdnr. 223
Schiedsvertrag: → Rdnr. 62 Fn. 48, Rdnr. 143
Schluß der mündlichen Verhandlung: → Rdnr. 236ff.
Schlüssigkeitsprüfung: → Rdnr. 71f., 278, 281
Schmerzensgeld: → Rdnr. 161
Simulation: → Rdnr. 265
Sinnzusammenhang: → Rdnr. 214, 216
Sittenwidrige Schädigung: → Rdnr. 268ff.
Sozialgerichtsbarkeit: → Rdnr. 295ff.
Sparbuch: → Rdnr. 91
Statusklage: → Rdnr. 122
Strafgerichtsbarkeit: → Rdnr. 300ff.
Strafurteil: → Rdnr. 300ff.
Streitgegenstand: → Rdnr. 99ff., 238
Subsumtionsschluß: → Rdnr. 79

Tariffähigkeit: → Rdnr. 324
Tarifzuständigkeit: → Rdnr. 32
Tatbestand der materiellen Normen: → Rdnr. 233
Tatbestand: → Rdnr. 179, 184
Tatbestandswirkung: → Rdnr. 16f., 285, 294, 299, 303, 319
Tatsachen: → Rdnr. 228ff.
Tatsachenkomplex: → Rdnr. 103ff., 184, 211, 230
Tatsächliche Feststellungen: → Rdnr. 84ff.
Teilklagen: → Rdnr. 150ff.
Teilurteil: → Rdnr. 155
Tenor: → Rdnr. 179ff.
Testament: → Rdnr. 94
Treu und Glauben: Rdnr. 274

Unbestimmtes Urteil: → Rdnr. 200
Unbezifferter Klageantrag: → Rdnr. 162
Unechtheit einer Urkunde: → Rdnr. 85
Unerlaubte Handlung: → Rdnr. 128, 130, 134
Ungerechtfertigte Bereicherung: → Rdnr. 109, 266f.
Unklares Urteil: → Rdnr. 194
Unrichtiges Urteil: → Rdnr. 24, 38, 262ff.
Unterbrechung der Verjährung: → Rdnr. 202
Unterhaltsanspruch: → Rdnr. 94, 110, 154, 163, 206, 240 Fn. 347, Rdnr. 259, 275
Unterlassungspflicht: → Rdnr. 206
Unterlassungsurteil: → Rdnr. 115
Unwiderlegbare Vermutung: → Rdnr. 25
Urkunde: → Rdnr. 85
Urteile vor Erlaß der ZPO: → Rdnr. 49
Urteilsersetzung: → Rdnr. 201
Urteilsformel: → Rdnr. 174, 179ff.
Urteilsgegenstand: → Rdnr. 105
Urteilskraft: → Rdnr. 8
Urteilsmängel: → Rdnr. 262ff.
Urteilstenor: → Rdnr. 179ff.
Urteilsverfahren (Arbeitsgerichtsbarkeit): → Rdnr. 322f.

Vaterschaftsanerkenntnis: → Rdnr. 122
Verbandsklage: → Rdnr. 257
Verdeckte Teilklage: → Rdnr. 156ff.
Verein: → Rdnr. 90
Verfassungsbeschwerde: → Rdnr. 314, 317f.
Verfassungsgerichtsbarkeit: → Rdnr. 306ff.
Vergleich: → Rdnr. 128, 130, 140f.
Verjährungsunterbrechung: → Rdnr. 202
Verletzungsform: → Rdnr. 115

Verlorengegangenes Urteils: → Rdnr. 201
Versäumnisurteil: → Rdnr. 61, 193, 253f.
Versorgungsausgleich: → Rdnr. 68
Versteigerungserlös: → Rdnr. 207
Vertrag (Wirksamkeit): → Rdnr. 90, 205
Vertragliche Leistungspflicht: → Rdnr. 132
Vertragliche Unterlassungspflicht: → Rdnr. 206, 260f.
Vertragsstrafe: → Rdnr. 205
Verwaltungsakt: → Rdnr. 209 Fn. 288, Rdnr. 296, 298
Verwaltungsgerichtsbarkeit: → Rdnr. 295ff.
Verwandtschaft: → Rdnr. 94
Verweisungsbeschluß: → Rdnr. 64
Verweisungsurteil: → Rdnr. 64
Verwirkung: → Rdnr. 165
Verzicht: → Rdnr. 165
Verzichtsurteil: → Rdnr. 61, 193, 253f.
Verzug: → Rdnr. 205
Verzugsschaden: → Rdnr. 206 Fn. 280
Vollstreckbarkeit: → Rdnr. 15
Vollstreckungsbescheid: → Rdnr. 70ff., 276ff.
Vollstreckungsgegenklage: → Rdnr. 93, 97, 177, 207
Vorbehaltsurteil: → Rdnr. 6, 56
Vorfragen: → Rdnr. 89ff.

Wandelung: → Rdnr. 96
Wechsel: → Rdnr. 112
Wettbewerbsrecht: → Rdnr. 115
Widerruf (HWiG): → Rdnr. 246
Widersprüchlicher Tenor: → Rdnr. 187
Wiederaufnahmeverfahren: → Rdnr. 5, 72, 264, 270, 282
Wiedereinsetzung in den vorigen Stand: → Rdnr. 9
Wiederkaufsrecht: → Rdnr. 91
Wucherähnliches Darlehen: → Rdnr. 280ff.

Zeitliche Grenzen der Rechtskraft: → Rdnr. 228ff.
Zession: → Rdnr. 231
Zinsanspruch: → Rdnr. 90
Zug-um-Zug-Verurteilung: → Rdnr. 95
Zulässigkeit: → Rdnr. 136ff., 145ff.
Zurückbehaltungsrecht: → Rdnr. 95
Zurückverweisendes Urteil: → Rdnr. 57
Zuständigkeit: → Rdnr. 94, 142
Zweck der Rechtskraft: → Rdnr. 30ff.
Zweites rechtskräftiges Urteil: → Rdnr. 226f.
Zwischenfeststellungsklage: → Rdnr. 80
Zwischenurteil: → Rdnr. 58f.

I. Formelle und materielle Rechtskraft[1]

1. Begriffe

1   Mit dem Wort »Rechtskraft« bezeichnet die ZPO sowohl die *Unanfechtbarkeit* einer Entscheidung in dem anhängigen Rechtsstreit wie auch die *inhaltliche Maßgeblichkeit* der Entscheidung über den anhängigen Rechtsstreit hinaus. Beide Aspekte müssen jedoch scharf

---

[1] Lit. (ferner zu den *subjektiven* Grenzen der Rechtskraft → § 325 Fn. 1; ältere Lit. s. Vorauﬂ.; zum Streitgegenstand → Einl. [20. Aufl.] Rdnr. 263): *Arens* Streitgegenstand und Rechtskraft im aktienrechtlichen Anfechtungsverfahren (1960); *Bader* Zur Tragweite der Entscheidung über die Art des Anspruchs bei Verurteilungen im Zivilprozeß (1966); *Batsch* Zur materiellen Rechtskraft bei »Teilklagen« und zur Repräsentationswirkung des Klageantrags; ZZP 86 (1973), 254; *Baumgärtel-Scherf* Ist die Rechtsprechung zur Durchbrechung der Rechtskraft nach § 826 BGB weiterhin vertretbar? JZ 1970, 316; *Bender* Nochmals: Zur Rechtskraft des Vollstreckungsbescheids, JZ 1987, 503; *Bernatzik* Rechtsprechung und materielle Rechtskraft (Wien 1886, Neudruck 1964); *Bettermann* Der Gegenstand des Kündigungsstreits nach dem Kündigungsschutzgesetz, ZfA 16 (1985), 5; *Binder* Prozeß und Recht (1927), 310; *A. Blomeyer* Zum Urteilsgegenstand im Leistungsprozeß, Festschr. für Lent (1957), 43; *J. Blomeyer* Zum Streit über Natur und Wirkungsweise der materiellen Rechtskraft, JR 1968, 407; *ders.* Rechtskraft und Rechtsmittel bei Klagabweisung, NJW 1969, 587; *Böttcher* Kritische Beiträge zur Lehre von der materiellen Rechtskraft im Zivilprozeß (1930); *ders.* Streitgegenstand und Rechtskraft unter besonderer Berücksichtigung der Wiederholung der Ehescheidungsklage, FamRZ 1957, 409; *Braun* Die Aufrechnung des Klägers im Prozeß, ZZP 89 (1976), 93; *ders.* Rechtskraft und Restitution, Teil 1: Der Rechtsbehelf gem. § 826 BGB gegen rechtskräftige Urteile (1979), Teil 2: Grundlagen des geltenden Restitutionsrechts (1985); *ders.* Rechtskraft und Rechtskraftdurchbrechung von Titeln über sittenwidrige Ratenkreditverträge (1986); *ders.* Rechtskraft und Rechtskraftbeschränkung im Zivilprozeß, JuS 1986, 364; *ders.* Zur Rechtskraft des Vollstreckungsbescheides, WM 1986, 781; *ders.* Ungeschriebene Voraussetzungen uneingeschränkter Rechtskraft, JZ 1987, 789; *ders.* Rechtskraftdurchbrechung bei rechtskräftigen Vollstreckungsbescheiden, ZIP 1987, 687; *Bruns* Streifzüge durch die schwedische Rechtskraftlehre, Festschr. für Böttcher (1969), 77; *Brox* Die objektiven Grenzen der materiellen Rechtskraft im Zivilprozeß, JuS 1962, 121; *v. Dickhuth-Harrach* »Gerechtigkeit statt Formalismus«. Die Rechtskraft in der nationalsozialistischen Privatrechtspraxis (1986); *Dieckmann* Zur Rechtskraftwirkung eines Zug-um-Zug-Urteils, Gedächtnisschr. für Arens (1993), 43; *Dietrich* Zur materiellen Rechtskraft des klageabweisenden Urteils, ZZP 83 (1970), 201; *Dölle* Die sachliche Rechtskraft der Gestaltungsurteile, ZZP 62 (1941), 281; *Eckardt* Die »Teilklage« – Nachforderungsmöglichkeit und Rechtskraftbindung bei Klagen auf einmalige und wiederkehrende Leistungen Jura 1996, 624; *Engelmann-Pilger* Die Grenzen der Rechtskraft des Zivilurteils im Recht der Vereinigten Staaten (1974); *Ernst* Gestaltungsrechte im Vollstreckungsverfahren, NJW 1986, 401; *Fenge* Über die Autorität des Richterspruchs, Festschr. für Wassermann (1985), 659; *Fischer* Objektive Grenzen der Rechtskraft im internationalen Zivilverfahrensrecht, Festschr. für Henckel (1995), 199; *Flieger* Rechtskraftwirkung bei mehrfacher Abtretung, MDR 1978, 534; *Foerste* Zur Rechtskraft in Ausgleichszusammenhängen, ZZP 108 (1995), 167; *Gaul* Materielle Rechtskraft, Vollstreckungsabwehr und zivilrechtliche Ausgleichsansprüche, JuS 1962, 1; *ders.* Negative Rechtskraftwirkung und konkursmäßige Zweittitulierung, Festschr. für Friedrich Weber (1975), 155; *ders.* Die Entwicklung der Rechtskraftlehre seit Savigny und der heutige Stand, Festschr. für Flume (1978), 443; *ders.* Die Erstreckung und Durchbrechung der Urteilswirkungen nach §§ 19, 21 AGBG, Festschr. für Beitzke (1979), 997; *ders.* Möglichkeiten und Grenzen der Rechtskraftdurchbrechung, Thrazische Juristische Abhandlungen (Athen-Komotini 1986); *ders.* Rechtskraft nach Verwirkung, Festschr. für Schwab (1990), 235; *ders.* Die Ausübung privater Gestaltungsrechte nach rechtskräftigem Verfahrensabschluß – ein altes und beim »verbraucherschützenden« Widerrufsrecht erneut aktuell gewordenes Thema, Gedächtnisschr. für Knobbe-Keuk (1997), 135; *Geißler* Die Rechtskraft des Vollstreckungsbescheides auf dem Prüfstand des sittenwidrigen Ratenkreditgeschäfts, NJW 1987, 166; *Gilles* Verfahrensfunktionen und Legitimationsprobleme richterlicher Entscheidungen im Zivilprozeß, Festschr. für Schiedermair (1976), 183; *Goldschmidt* Der Prozeß als Rechtslage (1925, Neudruck 1962), 151; *Gottwald* Unvereinbare Prozesse nach einer Sicherungszession, JuS 1986, 715; *Grunsky* Rechtskraft von Entscheidungsgründen und Beschwer, ZZP 76 (1963), 165; *ders.* Zur Rechtskraft des Vollstreckungsbescheides, JZ 1986, 626; *ders.* Voraussetzungen und Umfang der Rechtskraftdurchbrechung nach § 826 BGB bei sittenwidrigen Ratenkreditverträgen, ZIP 1986, 1361; *Habscheid* Die Präklusionswirkung des rechtskräftigen Urteils, AcP 152 (1952/53), 169; *ders.* Zur materiellen Rechtskraft des Urteils gegen den siegreichen Kläger im internationalen Prozeßrecht, ZZP 75 (1962), 164; *ders.* Das Bundesarbeitsgericht und die Lehre von der materiellen Rechtskraft, Festschr. für Nipperdey I (1965), 895; *ders.* Rechtsvergleichende Bemerkungen zum Problem der materiellen Rechtskraft des Zivilurteils, Festschr. für Fragistas I (Thessaloniki 1967), 527; *ders.* Die Rechtskraft nach schweizerischem Zivilprozeßrecht, SchweizJZ 74 (1978), 201, 219; *ders.* Zur materiellen Rechtskraft des Unzuständigkeitsentscheids, Festschr. für Nakamura (Tokyo 1996), 203; *Hackspiel* Wirkung der Rechtskraft in die Vergangenheit, NJW 1986, 1148; *Häsemeyer* Parteivereinbarungen über präjudizielle Rechtsverhältnisse – zur Fragwürdigkeit der Parteidisposition als Urteilsgrundlage, ZZP 85 (1972), 207; *ders.* Die sogenannte »Prozeßaufrechnung« – eine dogmatische Fehlakzentuierung, Festschr. für Friedrich Weber (1975), 215; *Heintzmann* Zur Rechtskraft des Scheidungsausspruchs, FamRZ 1980, 112; *Hellwig* Wesen und subjektive Begrenzung der Rechtskraft (1901); *Henckel* Prozeßrecht und materielles Recht (1970), 96, 149; *Hönn* Dogmatische Kontrolle oder Verweigerung. Zur Rechtskraftdurchbrechung über § 826 BGB, Festschr.

voneinander unterschieden werden; dem eingebürgerten Sprachgebrauch folgend werden sie **formelle Rechtskraft (Unanfechtbarkeit)** und **materielle Rechtskraft**[2] **(Maßgeblichkeit)** genannt.

für Lüke (1997), 265; G. *Husserl* Rechtskraft und Rechtsgeltung (1925); *Jauernig* Verhandlungsmaxime, Inquisitionsmaxime und Streitgegenstand (1967); *Just* Rechtskraft bei Teilklagen NJW 1975, 436; *Kohte* Rechtsschutz gegen die Vollstreckung des wucherähnlichen Rechtsgeschäfts, NJW 1985, 2217; *Koshiyama* Rechtskraftwirkungen und Urteilsanerkennung nach amerikanischem, deutschem und japanischem Recht (1996); *Koussoulis* Beiträge zur modernen Rechtskraftlehre (1986); *Künzl* Zur Rechtskraft von Urteilen über negative Feststellungsklagen, JR 1987, 57; *Kuschmann* Die materielle Rechtskraft bei verdeckten Teilklagen in der Rechtsprechung des Bundesgerichtshofs, Festschr. für Schiedermair (1976), 351: *Kuttner* Die privatrechtlichen Nebenwirkungen der Zivilurteile (1908); *ders.* Urteilswirkungen außerhalb des Zivilprozesses (1914); *Lames* Rechtsfortbildung als Prozeßzweck (1993); *Lappe-Grünert* Ist der Vollstreckungsbescheid der Rechtskraft fähig? Rpfleger 1986, 161; *Leipold* Urteilswirkungen und Rechtsfortbildung, Ritsumeikan Law Review, International Edition, 1989, Nr. 4, 169; *ders.* Zur zeitlichen Dimension der materiellen Rechtskraft, Keio Law Review, 1990, Nr. 6, 277; *ders.* Einige Bemerkungen zu den zeitlichen Grenzen der Rechtskraft, Festschr. für Mitsopoulos (1993), 797; *ders.* Teilklagen und Rechtskraft, Festschr. für Zeuner (1994), 431; *Lenenbach* Die Behandlung von Unvereinbarkeiten zwischen rechtskräftigen Zivilurteilen nach deutschem und europäischem Zivilprozeßrecht (1997); *Lent* Die Gesetzeskonkurrenz im bürgerlichen Recht und im Zivilprozeß II (1916), 165; *ders.* Die sachliche Rechtskraft der Gestaltungsurteile, ZZP 61 (1939), 279; *Lindacher* Divergenzen zwischen Urteilstenor und Entscheidungsgründen, ZZP 88 (1975), 64; *ders.* Unterlassungs- und Beseitigungsanspruch, GRUR 1985, 423; *Lipp* Doppelzahlung und Rechtskraft, Festg. für Pawlowski (1997), 359; G. *Lüke* Die wiederholte Unterlassungsklage, Festschr. für Schiedermair (1976), 377; *ders.* Präjudizielle Bindungswirkung der materiellen Rechtskraft und nichtige Gesetzesnorm (BVerfG NJWE-MietR 1996, 121) JuS 1996, 782; *Mädrich* Rechtskraftprobleme bei Klagen aus dem Eigentum, MDR 1982, 455; *Marburger* Rechtskraft und Präklusion bei der Teilklage im Zivilprozeß, Gedächtnisschr. für Knabbe-Keuk (1997), 187; *Martens* Rechtskraft und materielles Recht, ZZP 79 (1966), 404; K. *Mayer* Anspruch und Rechtskraft im Deutschen Zivilprozeßrecht (1930); O. *Mayer* Zur Lehre von der materiellen Rechtskraft in Verwaltungssachen, AöR 21 (1907), 1; *Merkl* Die Lehre von der Rechtskraft, entwickelt aus dem Rechtsbegriff (1923); *Münzberg* Rechtskrafteintritt bei oberlandesgerichtlichen Urteilen, NJW 1977, 2058; *ders.* Rechtsschutz gegen die Vollstreckung des wucherähnlichen Rechtsgeschäfts nach § 826 BGB, NJW 1986, 361; *ders.* Die materielle Rechtskraft der Vollstreckungsbescheide, JZ 1987, 477; *ders.* Schlußwort, JZ 1987, 818; *ders.* Zur Rechtskraft des Vollstreckungsbescheids, WM 1987, 128; *Musielak* Zur Klage nach § 826 BGB gegen rechtskräftige Urteile, JA 1982, 7; *ders.* Einige Gedanken zur materiellen Rechtskraft, Festschr. für Nakamura (Tokyo 1996), 423; *Neuner* Die dogmatische Bedeutung der materiellrechtlichen und der prozessualen Rechtskrafttheorie, ZZP 54 (1929), 217; *Niklas* Die Klägeraufrechnung, MDR 1987, 96; *Oertmann* Ausbeutung der Rechtskraft, ArchBürgR 42 (1916), 1; *von Olshausen* Rechtskraftwirkung von Urteilen über Gegenforderungen bei der Forderungszession, JZ 1976, 85; *Pagenstecher* Zur Lehre von der materiellen Rechtskraft (1905); *ders.* Die praktische Bedeutung des Streites über das Wesen der Rechtskraft, ZZP 37 (1908), 1; *Peetz* Die materiellrechtliche Einordnung der Rechtsfolge und die materielle Rechtskraft der Sachentscheidung im Zivilprozeß (1976); *Peters* Materielle Rechtskraft der Entscheidungen im Vollstreckungsverfahren? ZZP 90 (1977), 145; *Pohle* Über die Rechtskraft im Zivil- und Strafprozeß, (öst)JurBl 1957, 113; *ders.* Gedanken über das Wesen der Rechtskraft, Scritti giuridici in memoria di P. Calamandrei II (1958), 377; *ders.* Erstreckung der Rechtskraft auf nicht vorbehaltene Nachforderungen des siegreichen Klägers? ZZP 77 (1964), 98; *Prütting* Der Streitgegenstand im Arbeitsgerichtsprozeß, Festschr. für Lüke (1997), 617; *Prütting-Weth* Rechtskraftdurchbrechung bei unrichtigen Titeln[2] (1994); *Rechberger* Rechtssicherheit, Entscheidungsharmonie und Bindung an Vorfragenentscheidungen, Festschr. für Nakamura (Tokyo 1996), 477; *Reinicke-Tiedtke* Rechtskraft und Aufrechnung, NJW 1984, 2790; *Rimmelspacher* Materiellrechtlicher Anspruch und Streitgegenstandsprobleme (1970); *Rüffer* Rechtskraftprobleme bei Ehescheidung im Verbundverfahren, FamRZ 1979, 405; *Rüßmann* Die Bindungswirkungen rechtskräftiger Unterlassungsurteile, Festschr. für Lüke (1997), 675; *Sauer* Grundlagen des Prozeßrechts[2] (1929), 234; *ders.* Zum Streit um die materielle Rechtskraft, Festg. für Richard Schmidt (1932), 308; *ders.* Allgemeine Prozeßrechtslehre (1951), 232; *Sax* Das unrichtige Sachurteil als Zentralproblem der allgemeinen Prozeßrechtslehre, ZZP 67 (1954), 21; *Eike Schmidt* Die Prozeßaufrechnung im Spannungsfeld von Widerklage und prozessualer Einrede, ZZP 87 (1974), 29; *Schneider* Der Eintritt der Rechtskraft oberlandesgerichtlicher Urteile, DRiZ 1977, 114; *Schumann* Fehlurteil und Rechtskraft, Festschr. für Bötticher (1969), 289; *Schwab* Die Bedeutung der Entscheidungsgründe, Festschr. für Bötticher (1969), 321; *ders.* Gegenwartsprobleme der deutschen Zivilprozeßrechtswissenschaft, JuS 1976, 69; *Schwerdtner* Die Präklusionswirkung von Urteilen im Kündigungsschutzprozeß, NZA 1987, 263; *Stein* Über die bindende Kraft der richterlichen Entscheidung (1897); *Tiedemann* Die Rechtskraft von Vorbehaltsurteilen, Überlegungen zum Begriff der formellen Rechtskraft, ZZP 93 (1980), 23; *Tiedtke* Zur Rechtskraft eines die negative Feststellungsklage abweisenden Urteils, NJW 1983, 2011; *ders.* Rechtskraftwirkungen eines die negative Feststellungsklage abweisenden Urteils, JZ 1986, 1031; *Thumm* Die Klage aus § 826 BGB gegen rechtskräftige Urteile in der Rechtsprechung des Reichsgerichts und des Bundesgerichtshofes (1959); *Wach* Vorträge über die Reichs-Civilprocessordnung[2] (1896), 133; *Wach-Laband* Zur Lehre von der Rechtskraft (1899); *Werner* Rechtskraft und Innenbindung zivilprozessualer Beschlüsse im Erkenntnis- und summarischen Verfahren (1983); *Wieling* Hereditatis petitio und res iudicata, JZ 1986, 5; *Zeiss* Rechtskrafterstreckung bei Teilklagen, NJW 1968, 1305; *Zeuner* Die objektiven Grenzen der Rechtskraft im Rahmen rechtlicher Sinnzusammenhänge (1959); *ders.* Rechtsvergleichende Bemerkungen zur objektiven Begrenzung der Rechtskraft im Zivilprozeß, Festschr. für Zweigert (1981), 603.

[2] Die Verwendung dieses Begriffs ist unabhängig von

2   Aus der nicht unterscheidenden Gesetzessprache der ZPO ergeben sich aber kaum Schwierigkeiten, weil jeweils aus dem Zusammenhang erkennbar ist, ob in einer Vorschrift die formelle Rechtskraft (so in der Mehrzahl der Fälle, z.B. in §§ 269 Abs. 3 S. 1, 578 Abs. 1, 586 Abs. 2, 704 Abs. 1, 705, 706 Abs. 1, 894 Abs. 1) oder die materielle Rechtskraft (so in §§ 69, 322) oder beides zusammen (so in §§ 11, 1055) gemeint ist.

2. Formelle Rechtskraft

a) Rechtskraftfähigkeit

3   Der formellen Rechtskraft fähig sind alle **Urteile** und **Beschlüsse**, die einer **befristeten selbständigen Anfechtung** unterliegen oder für **unanfechtbar** erklärt sind, also auch die Zwischenurteile nach §§ 280, 304, auch die nach § 302 Abs. 3, 599 Abs. 3 selbständig anfechtbaren Vorbehaltsurteile. Zu den unbefristet anfechtbaren Beschlüssen → § 705 Rdnr. 1a. Die weder unanfechtbaren noch selbständig anfechtbaren Zwischenentscheidungen (z.B. Zwischenurteile nach § 303) werden dagegen im Rahmen der Anfechtung des Endurteils überprüft (§§ 512, 548); sie werden also nicht formell rechtskräftig.

b) Eintritt

4   Die formelle Rechtskraft tritt bei anfechtbaren Entscheidungen **mit dem Ablauf der Rechtsmittel- oder Einspruchsfrist** oder mit der Abgabe eines (beiderseitigen) Rechtsmittelverzichts ein. Unanfechtbare Entscheidungen werden mit der Verkündung formell rechtskräftig. Zu den Einzelheiten → § 705.

c) Wirkung

5   Formell rechtskräftige Entscheidungen sind **nicht mehr** durch Rechtsmittel oder Einspruch **anfechtbar**. Sie können nach der ZPO nur im Wege der **Wiederaufnahme des Verfahrens** (§§ 578ff.) beseitigt werden. Ferner bleibt die Möglichkeit einer Verfassungsbeschwerde, → vor § 578 Rdnr. 43ff.. Zu den seltenen Fällen der *Nichturteile* und der *wirkungslosen Urteile* → vor § 578 Rdnr. 1ff. – Zur **Wiedereinsetzung in den vorigen Stand** → Rdnr. 9.

6   Formell rechtskräftige **Vorbehaltsurteile** können im Nachverfahren aufgehoben werden, § 302 Abs. 4 S. 2, § 600 Abs. 2. **Auflösend bedingte Endurteile** (Endurteile nach Zwischenurteil gemäß § 280, Urteile im Nachverfahren gemäß § 302 Abs. 4, § 600 und im Betragsverfahren, § 304 Abs. 2) können trotz formeller Rechtskraft mit Bedingungseintritt (Aufhebung des Zwischen- bzw. Vorbehaltsurteils) entfallen, → § 280 Rdnr. 28, → § 302 Rdnr. 23, → § 304 Rdnr. 55, → § 600 Rdnr. 7a.

7   Zum Verhältnis der formellen Rechtskraft zu den *Urteilswirkungen* → Rdnr. 8ff.

II. Die verschiedenen Urteilswirkungen; Zusammenhang mit der formellen Rechtskraft

8   Die heute allgemein anerkannte Unterscheidung der einzelnen Urteilswirkungen sollte deren inneren Zusammenhang nicht aus dem Blickfeld verschwinden lassen. Übergreifend könnte man die Gesamtheit der Wirkungen, die einer gerichtlichen Entscheidung zukommen können, als **Urteilskraft**, etwa in Gegenüberstellung zur *Gesetzeskraft*, kennzeichnen[3].

---

der Stellungnahme im Streit um das Wesen der Rechtskraft (→ dazu Rdnr. 19).

[3] Vgl. *Leipold* Urteilswirkungen und Rechtsfortbildung (Fn. 1), 165.

1. Materielle Rechtskraft

Die materielle Rechtskraft als **endgültige Maßgeblichkeit des Entscheidungsinhalts** setzt stets die formelle Rechtskraft der Entscheidung voraus. Wird gegen die Versäumung einer Rechtsmittelfrist **Wiedereinsetzung in den vorigen Stand** gewährt, so entfallen mit rückwirkender Kraft auch die materiellen Rechtskraftwirkungen und die Gestaltungswirkungen[4]. Neben der materiellen Rechtskraft stehen andere Urteilswirkungen → Rdnr. 10ff.; diese müssen von der materiellen Rechtskraft sorgfältig getrennt werden, da in den Voraussetzungen und dem Wirkungsbereich wesentliche Unterschiede bestehen.

9

2. Innerprozessuale Bindungswirkung

Die innerprozessuale Bindungswirkung entfalten Zwischen- und Endurteile bereits **vor Eintritt der formellen Rechtskraft**: Das Gericht kann die von ihm erlassene Entscheidung nicht mehr abändern und ist an ihren Inhalt gebunden, § 318. Diese Entscheidungswirkung ist mit der materiellen Rechtskraft verwandt; daher ist insbesondere ihr objektiver Umfang nach denselben Grundsätzen zu bestimmen. Zu den Einzelheiten s. die Bem. zu § 318.

10

Neben der Bindung des Gerichts an die von ihm selbst erlassenen Entscheidungen (dazu → § 318) ist die **Bindung der Vorinstanz** an die rechtliche Beurteilung durch das Rechtsmittelgericht nach Aufhebung und Zurückverweisung zu beachten, näher → § 538 Rdnr. 36, → § 565 Rdnr. 8ff.

11

Damit verwandt ist die Bindung an einen **Rechtsentscheid in Mietsachen**, näher → § 541 Rdnr. 31f.

12

3. Gestaltungswirkung

Gestaltungswirkung haben Urteile, die eine **Änderung der Rechtslage** herbeiführen. Die Gestaltung kann das materielle Recht (z.B. Ehescheidungsurteil, § 1564 S. 2 BGB) oder das Prozeßrecht (z.B. bei der Drittwiderspruchsklage nach § 771) betreffen. Zum Inhalt der Gestaltungswirkung → auch Fn. 6.

13

Der **Eintritt der Gestaltungswirkung** ist in der Regel (ohne daß dies begriffsnotwendig wäre) an die **formelle Rechtskraft** geknüpft und entfällt daher rückwirkend bei Wiedereinsetzung in den vorigen Stand, → Rdnr. 9 Fn. 4. Zu den Gestaltungsklagen und -urteilen näher → vor § 253 Rdnr. 39ff.

14

4. Vollstreckbarkeit

Die Vollstreckbarkeit einer Entscheidung bedeutet, daß ihr Inhalt mit Hilfe der **Zwangsmittel** des 8. Buches der ZPO **durchgesetzt** werden kann. Die Hauptsacheentscheidung ist nur bei Leistungsurteilen (einschließlich der Duldungs-und Haftungsurteile, → vor § 253 Rdnr. 17f.) vollstreckbar, bei Feststellungsurteilen, Gestaltungsurteilen und allen klagabweisenden Urteilen kommt eine Vollstreckbarkeit nur für die Kostenentscheidung in Betracht. Die Vollstreckbarkeit besitzen nicht nur formell rechtskräftige Urteile (§ 704 Abs. 1); denn nicht formell rechtskräftige Urteile werden regelmäßig gemäß §§ 708ff. für vorläufig vollstreckbar erklärt.

15

---

[4] *BGHZ* 98, 325 = NJW 1987, 327 = LM § 13 BRAO Nr. 1 (zum Ausschluß aus der Rechtsanwaltschaft). Dazu krit. *Vollkommer* JR 1987, 225 (im Hinblick auf die vom BGH bejahte Rückwirkung auch gegenüber Dritten).

5. Tatbestandswirkung

16 Von einer Tatbestandwirkung (auch Nebenwirkung[5]) spricht man, wenn bestimmte weitere Rechtsfolgen an den Erlaß eines Urteils geknüpft sind, wenn also das **Urteil als Tatbestandsmerkmal** in einer Rechtsnorm auftaucht[6]. Zivilurteile können Tatbestandswirkungen auf dem Gebiet des Zivilrechts (z.B. ist die rechtskräftige Verurteilung Voraussetzung der dreißigjährigen Verjährungsfrist des §218 BGB sowie der Fristsetzung nach §283 BGB, der Erlaß eines vollstreckbaren Urteils Voraussetzung des Befreiungsanspruchs nach §775 Abs. 1 Nr. 4 BGB), des Strafrechts (so ist z.B. die Nichtigerklärung oder Aufhebung der Ehe Voraussetzung der Strafverfolgung nach §238 Abs. 2 StGB) oder auf sonstigen Rechtsgebieten (→ auch Rdnr. 299) haben. Entscheidungen, die eine Verurteilung oder eine Arrestmaßnahme aufheben, haben nach §302 Abs. 4 S. 2, 3, §600 Abs. 2, §717 Abs. 2, 3, §945 Tatbestandswirkung für die Schadensersatz- und Bereicherungsansprüche.

17 Soweit einem Urteil **Tatbestandswirkung** beigelegt ist, kommt es nicht auf die materielle Rechtskraft und deren Grenzen an, → auch §325 Rdnr. 5f., → §325 Fn. 173. Vielmehr bestimmt allein die Rechtsnorm, in der das Urteil als Tatbestandsmerkmal vorkommt, welche Urteile in Betracht kommen und auch, ob die *formelle Rechtskraft* erforderlich ist (so in §§218, 283 BGB, nicht dagegen in §775 Abs. 1 Nr. 4 BGB). Darin liegt der entscheidende Unterschied zu jenen Fällen, in denen eine weitere Rechtsfolge (z.B. die Strafbarkeit wegen Diebstahls) unter anderem an eine bestimmte rechtliche Beziehung (hier z.B. an die zivilrechtliche Eigentumslage: »fremde Sache« in §242 StGB) geknüpft ist: Hier ist es ein *Problem der materiellen Rechtskraft*, ob ein Urteil über die Vorfrage auch bezüglich der weiteren Rechtsfolge Wirkungen ausübt, dazu → Rdnr. 304, 305.

6. Urteil als Rechtsquelle

18 Neben den Urteilswirkungen, die auf den konkreten Streit bezogen sind und daher in erster Linie die Parteien betreffen, steht die über den einzelnen Fall hinausreichende Wirkung der Urteile[7]. Sie liegt in dem Beitrag des Urteils zur Auslegung des Rechts, zum Teil aber auch geradezu in der **Fortentwicklung des Rechts**, dazu aus der Sicht der Prozeßzwecke → Einl. (20. Aufl.) Rdnr. 24f. Neben den konkreten Wirkungen der Urteile (konkrete Urteilskraft) läßt sich diese über den einzelnen Prozeß und seine Parteien hinausreichende Wirkung als *abstrakte Urteilskraft* kennzeichnen[8]. Sie ist keinesfalls mit der materiellen Rechtskraft identisch; hier kann diese Wirkung nicht näher erörtert werden.

---

[5] Grundlegend hierzu *Kuttner* Die privatrechtlichen Nebenwirkungen der Zivilurteile (1908).

[6] *A. Blomeyer* ZPR² §86 III 2 rechnet auch die Gestaltungswirkung zu den *Tatbestandswirkungen*. Das ist insofern richtig, als das Gestaltungsurteil Tatbestandsmerkmal jener Norm ist, die die Gestaltungswirkung anordnet. Die wesentliche (von *A. Blomeyer* nicht verkannte) Besonderheit der Gestaltungsurteile besteht aber darin, daß sie den Eintritt der Gestaltungswirkung unmittelbar bezwecken und daß diese (jedenfalls im Regelfall, zu den verdeckten Gestaltungsurteilen → vor §253 Rdnr. 60) ausdrücklich im Urteil ausgesprochen wird. Dies rechtfertigt die Unterscheidung von den Tatbestandswirkungen, s. näher *Schlosser* Gestaltungsklagen und Gestaltungsurteile (1966), 20ff. Aus demselben Grund ist umgekehrt ein Urteil nicht schon deshalb als *Gestaltungsurteil* zu betrachten, weil es Tatbestandswirkungen äußert, so zutreffend *Kisch* Beiträge zur Urteilslehre (1903), 36.

[7] *Rosenberg-Schwab-Gottwald*[15] §149 VII sprechen insoweit von der Präjudizienwirkung, die (allerdings nur als tatsächliche Wirkung verstanden) mit Recht in den Kreis der Urteilswirkungen einbezogen wird; so auch *MünchKommZPO-Gottwald* Rdnr. 23.

[8] Dazu *Leipold* Urteilswirkungen und Rechtsfortbildung (Fn. 1), 170ff. – *Lames* (Fn. 1), 33 bevorzugt (bei weitgehender inhaltlicher Übereinstimmung) die Bezeichnung Rechtsfortbildungswirkung.

III. Das Wesen der materiellen Rechtskraft

1. Prozessuale Rechtskrafttheorie

In dem alten Streit über die Frage, wie das Wesen der materiellen Rechtskraft theoretisch zu erklären ist, hat derzeit die sog. **prozessuale Rechtskrafttheorie** das Übergewicht. Diese Ansicht geht davon aus, daß es Aufgabe des Urteils sei, über das bestehende materielle Recht zu entscheiden, nicht – mit Ausnahme der Gestaltungsurteile – es zu ändern. Daher verneint die prozessuale Rechtskrafttheorie jeden Einfluß des rechtskräftigen Urteils auf die materielle Rechtslage und erblickt die Wirkung der materiellen Rechtskraft allein in der *Maßgeblichkeit des Entscheidungsinhalts für das Gericht in künftigen Prozessen*. 19

Bei der Beantwortung der Frage, wie diese rein prozessuale Wirkung näher zu erklären sei, gabelt sich die prozessuale Rechtskrafttheorie in zwei Spielarten. 20

Nach der einen Auffassung[9] besteht das Wesen der Rechtskraft in der **Bindung** des Richters des zweiten Prozesses an diejenige Entscheidung, die das rechtskräftige Urteil enthält. Die Rechtskraft ist danach also kein Prozeßhindernis; sie steht nicht der nochmaligen, sondern nur der widersprechenden Entscheidung entgegen. 21

Nach anderer Ansicht[10] liegt das Wesen der Rechtskraft dagegen in dem *Ausschluß jeder neuen Verhandlung und Entscheidung über die rechtskräftig festgestellte Rechtsfolge*. Diese Formulierung hat auch der BGH übernommen[11]. Die materielle Rechtskraft wirkt nach dieser **ne-bis-in-idem-Lehre** als negative Prozeßvoraussetzung, wenn der rechtskräftig entschiedene Streitgegenstand später erneut anhängig gemacht wird. Auch wenn der Gegenstand der rechtskräftigen Entscheidung in einem späteren Prozeß Vorfrage ist, macht die Rechtskraft jede erneute Verhandlung und Beurteilung dieser Frage *unzulässig*; erst als Folge davon ergibt sich, daß die *erkannte Rechtsfolge unangreifbar*[12] und daher das Gericht an die rechtskräftige Feststellung gebunden ist. 22

2. Materielle Rechtskrafttheorie

Die früher, auch vom Reichsgericht[13], überwiegend vertretene **materielle Rechtskrafttheorie**[14] entnimmt der Verbindlichkeit des Entscheidungsgehalts, daß nach Eintritt der Rechtskraft der Urteilsausspruch und die materielle Rechtslage notwendig übereinstimmen. 23

---

[9] *Stein* Über die bindende Kraft der richterlichen Entscheidungen nach der neuen österreichischen CPO (1897), 6; 18. Aufl. dieses Kommentars § 322 II 3; *Hellwig* Wesen und subjektive Begrenzung der Rechtskraft (1901), 12, 18; *ders.* System 1, 777; *Goldschmidt* Ungerechtfertigter Vollstreckungsbetrieb (1910), 42 (Dienstbefehl an den zweiten Richter); *Schönke-Schröder-Niese*[8] § 73 V 1; *Arens-Lüke*[6] Rdnr. 359. Der Bindungslehre entsprechen auch die Formulierungen in RGZ 160, 165; 167, 334; BGHZ 3, 85; BGH LM § 268 Nr. 1.

[10] *Schwartz* Festg. für Dernburg (1900), 332 ff.; *Bötticher* Kritische Beiträge zur Lehre von der materiellen Rechtskraft im Zivilprozeß (1930), 139 ff.; im Ausgangspunkt auch weiterhin *Rosenberg-Schwab-Gottwald*[15] § 151 II 3 (aber auch für unmittelbare Bindung der Parteien; für entsprechende Erweiterung der ne-bis-in-idem-Lehre auch *MünchKommZPO-Gottwald* Rdnr. 14); *Niese* Doppelfunktionelle Prozeßhandlungen (1950), 108 ff.; *Baumbach-Lauterbach-Hartmann*[56] Einf. §§ 322–327 Rdnr. 11; *Jauernig* ZPR[24] § 62 III 1 (bei Identität der Streitgegenstände); *Schönke-Kuchinke*[9] § 75 II 1 (S. 350); *Thomas-Putzo*[20] Rdnr. 8 ff. Offenlassend *Zeiss*[9] Rdnr. 563.

– *Gaul* Festschr. für Flume (Fn. 1) 512 ff. sowie Möglichkeiten und Grenzen der Rechtskraftdurchbrechung (Fn. 1) 20 vertritt eine »vermittelnde prozessuale Rechtskraftlehre«, die sowohl die negative Funktion (Verbot einer Klagewiederholung bei identischem Streitgegenstand) als auch die positive Funktion der Rechtskraft (Bindungsgebot in Fällen der Präjudizialität) anerkennt, aber beide Funktionen gleichermaßen als prozessuale Verhaltensnorm für den Richter auffaßt, s. *Gaul* Festschr. für Flume (Fn. 1) 524.

[11] So z.B. BGHZ 34, 337; 35, 338; 36, 365; 367; BGH NJW 1985, 2825, 2826; 1987, 371. Ebenso BAG NJW 1955, 476.

[12] So die Formulierung z.B. in BGH NJW 1960, 1460 = LM Nr. 27; NJW 1985, 2535 (*Dunz*) = FamRZ 1985, 580 = MDR 1986, 39 = LM Nr. 106.

[13] RGZ 46, 336; 71, 311; 75, 215; 78, 395; JW 1931, 1800 u.a.

[14] *Savigny* System des heutigen Römischen Rechts VI, § 280 (Fiktion der Wahrheit); *Kohler* Bürgerl. Recht I, 218; *ders.* Festschr. f. Klein (1914), 1; *Reichel* Festschr. f. Wach (1913), III, 5; *Neuner* ZZP 54 (1929), 217; beson-

24 Diese Lehre beseitigt die Möglichkeit einer doppelten Rechtsordnung (Diskrepanz zwischen Urteilsinhalt und wahrer materieller Rechtslage), indem sie der Rechtskraft eines *unrichtigen* Urteils die Wirkung beimißt, die bisherige materielle Rechtslage entsprechend zu ändern. Wird ein an sich bestehender Anspruch zu Unrecht verneint, so erlischt der materielle Anspruch auf Grund der Rechtskraft des Urteils. Wird umgekehrt eine Rechtsfolge entgegen dem materiellen Recht bejaht, so wird sie durch die Rechtskraft des Urteils zur Entstehung gebracht. Das *richtige* Urteil schafft dagegen einen *zusätzlichen Titel* für die festgestellte Rechtsfolge.

25 Zu den materiellen Rechtskrafttheorien ist auch die Ansicht zu zählen, das rechtskräftige Urteil begründe eine **unwiderlegbare Vermutung** dafür, daß die vom Urteil ausgesprochene Rechtsfolge zu Recht bestehe[15]. Auch hiernach liegt die Wirkung der Rechtskraft auf materiellem Gebiet; denn unwiderlegbare Vermutungen gehören jeweils zum *Recht der Materie* (→ Rdnr. 27): Sie stellen materielle oder prozessuale Normen dar, je nachdem, ob eine materielle oder prozessuale Rechtsfolge vermutet wird, → § 292 Rdnr. 5. Die Vermutungstheorie will vor allem deutlich machen, daß sich die Wirkung der materiellen Rechtskraft nicht auf das unrichtige Urteil beschränkt, sondern beim richtigen Urteil einen zusätzlichen Tatbestand für die ausgesprochene Rechtsfolge setzt.

3. Bedeutung des Theorienstreits

26 Die Bedeutung des Theorienstreits liegt **nicht auf praktischem Gebiet**[16]. Die Entscheidung der Einzelfragen über den Wirkungsbereich der Rechtskraft, insbesondere über ihre objektiven und subjektiven Grenzen, läßt sich nicht aus einer Rechtskrafttheorie ableiten. Maßgebend dafür sind vielmehr die positiven Vorschriften des Gesetzes sowie allgemeine Rechtsgrundsätze, die unter Berücksichtigung der widerstreitenden Interessen anzuwenden sind. Der Streit über das Wesen der Rechtskraft sollte daher nicht mehr in der Weise ausgetragen werden, daß jeweils der gegnerischen Theorie vorgeworfen wird, sie müsse zu Ergebnissen führen, die mit dem Gesetz nicht zu vereinbaren oder sonst unhaltbar seien.

27 So ist es z.B. unzutreffend[17], wenn der materiellen Rechtskrafttheorie entgegengehalten wird, sie vermöge die *Rechtskraft von Prozeßurteilen* und von Urteilen mit *öffentlich-rechtlichem* Streitgegenstand nicht zu begründen[18]. Dem liegt ein falsches Verständnis des hier verwendeten Begriffs des materiellen Rechts zugrunde. Wenn die Wirkung der Rechtskraft auf dem Gebiet des materiellen Rechts gesehen wird, so ist damit das »Recht der Materie« gemeint, jenes Recht also, das die vom Urteil erfaßte Rechtsfolge regelt[19]. Bei Prozeßurteilen ist dieses Recht der Materie, auf das die Rechtskraft gegebenenfalls einwirken soll, das Prozeßrecht; bei Urteilen mit öffentlich-rechtlichem Streitgegenstand ist es das öffentliche Recht.

28 Unrichtig ist es auch, wenn behauptet wird, die materielle Rechtskrafttheorie müsse not-

---

ders *Pagenstecher* Zur Lehre von der materiellen Rechtskraft (1905), z.B. 302ff.; ZZP 37 (1908), 1; RheinZ 6 (1914), 489. – In neuerer Zeit bejahten materiell-rechtliche Wirkungen der Rechtskraft – in unterschiedlicher Ausprägung – *Pohle* (s. folgende Fn.); *Larenz* Allgemeiner Teil des bürgerlichen Rechts (1967) § 10 III (in den neueren Auflagen nicht mehr enthalten); *Martens* ZZP 79 (1966), 404; *Nikisch* Lb² § 104 II (der daneben auch eine prozessuale Wirkung bejaht); teilweise auch *R. Bruns* Lb² § 43 Rdnr. 224 b, c (S. 353f.).

[15] *Pohle* Gedächtnisschr. für Calamandrei (1958, ital. Titel → Fn. 1) II, 377; (österr.) JBl 1957, 113 (118); AP Nr. 1 (Anm.); *J. Blomeyer* JR 1968, 409. Vgl. auch Art. 1350–1352 des franz. code civil, worin die Rechtskraftwirkung ebenfalls als gesetzliche Vermutung angesprochen wird.

[16] Ebenso *A. Blomeyer* ZPR² § 88 III 3; *Habscheid* ZZP 78 (1965), 424; *Schwab* ZZP 77 (1964), 132 (zur Drittwirkung); *J. Blomeyer* JR 1968, 407; *MünchKommZPO-Gottwald* Rdnr. 12. – A.M. *Martens* ZZP 79 (1966), 405.

[17] Zust. *MünchKommZPO-Gottwald* Rdnr. 26.

[18] So aber *Rosenberg* Lb⁹ § 148 II 1 a; 17./18. Aufl. dieses Kommentars § 322 II 1; *Hellwig* System 1, 781; *Jauernig* ZPR²⁴ § 62 II 3 b; *Schönke-Kuchinke*⁹ § 75 II 1 (S. 349).

[19] Derselbe Begriff des materiellen Rechts wird verwendet, wenn man die Ansicht vertritt, die Beweislastnormen gehörten zum materiellen Recht, → § 286 Rdnr. 54f.

wendig zu einer Wirkung der Rechtskraft inter omnes führen, sei also mit den *subjektiven Grenzen der Rechtskraft* nicht zu vereinbaren[20]. Sieht man nämlich die Wirkung der Rechtskraft auf materiellem Gebiet, so ändert dies nichts daran, daß es sich um eine Wirkung besonderer Art handelt, die insbesondere von der Wirkung eines Gesetzes oder eines Rechtsgeschäftes deutlich zu scheiden ist und deren subjektive Geltung daher durchaus anders bestimmt und auf die Parteien beschränkt werden kann.

Andererseits ginge es zu weit, die Frage nach dem Wesen der Rechtskraft als unfruchtbar gänzlich beiseite zu lassen. Aufgabe der Rechtswissenschaft ist es, das Wesen der rechtlichen Erscheinungen zu durchdringen, auch wenn sich daraus nicht immer konkrete Einzelfolgerungen ableiten lassen. Die Frage nach der Natur der Rechtskraft steht damit auf einer Stufe mit den Bemühungen um das Wesen des Rechts überhaupt oder um die Erklärung der Geltung von Gesetzen, der Verbindlichkeit von Rechtsgeschäften usw. Einer Theorie über das Wesen der Rechtskraft kommt vor allem **Lehr- und Erklärungsfunktion** zu; sie ist daher so zu wählen, daß sie dem Zweck der Rechtskraft und dem Wesen der Rechtsprechung gerecht wird.

4. Zweck der Rechtskraft

Um den **Zweck der materiellen Rechtskraft**[21] zu erkennen, ist auf den Zweck des Zivilprozesses überhaupt zurückzugreifen. Dieser liegt zunächst im Schutz subjektiver privater Rechte, in der Herstellung von Rechtsfrieden und Rechtsgewißheit. Mit der Erfüllung dieser Zwecke dient der Zivilprozeß ferner der Bewährung des objektiven Rechts und der Rechtsfortbildung (näher zu den Zwecken des Zivilprozesses → Einl. [20. Aufl.] Rdnr. 4ff.).

Schutz der Rechte, Rechtsfrieden und vor allem Rechtsgewißheit unter den Parteien könnten aber nicht erreicht werden, wenn ein Streit nie endgültig und verbindlich entschieden wäre, sondern stets von neuem vor Gericht anhängig gemacht werden könnte. Diese Prozeßzwecke sind also zugleich die Zwecke der materiellen Rechtskraft.

Damit erweist sich, daß die **Rechtskraft zunächst im Interesse der Parteien** geschaffen ist und dazu dient, deren streitige Beziehungen endgültig zu ordnen. Die Rechtskraft bezieht sich aber daneben auch auf das Verhältnis des rechtsuchenden Bürgers zum Staat als Träger der rechtsprechenden Gewalt: Endgültigkeit der Entscheidung heißt auch, daß der Justizgewährungsanspruch der Parteien erfüllt ist und deshalb keine neue Entscheidung in der Sache verlangt werden kann. Die Rechtskraft verhindert eine wiederholte Inanspruchnahme der Gerichte zur Entscheidung desselben Streits und dient damit auch (aber keineswegs in erster Linie) dem **öffentlichen Interesse**.

Dagegen ist es nicht als einer der Zwecke der Rechtskraft anzuerkennen, die Autorität des Staates und das Ansehen der Gerichte[22] zu fördern; diesem Anliegen könnte die Qualität und Schnelligkeit der Rechtsprechung dienen, nicht aber der von vornherein vergebliche Versuch, den nicht mehr anfechtbaren Gerichtsurteilen einen Anflug von Unfehlbarkeit zu verschaffen.

---

[20] So *Rosenberg-Schwab*[14] § 152 III 1 b; 18. Aufl. dieses Kommentars § 322 II 1; *Hellwig* System 1, 781.

[21] Dazu *E. Schumann* Festschr. für Bötticher (Fn. 1) 289, 319. – Krit. zur Bedeutung der Frage nach dem Zweck der Rechtskraft *Braun* Rechtskraft und Restitution, 2. Teil (Fn. 1), 37ff., der überdies (jedoch in keiner Weise überzeugend) die Frage nach dem Zweck des Zivilprozesses als Pseudometaphysik bezeichnet, aaO S. 42ff.

[22] So aber *BGHZ* 36, 367; *BAG* MDR 1967, 336; *Rosenberg-Schwab-Gottwald*[15] § 151 I; *Hellwig* System 1, 779. – Mit der hier vertretenen Auffassung im wesentlichen übereinstimmend *BGH* NJW-RR 1987, 831, 832 = WM 1987, 579, *BAG* NJW 1984, 1710, 1711 (Streitbeendigung und Schaffung von Rechtsfrieden als Sinn der Rechtskraft).

5. Zweifache Wirkung der Rechtskraft

a) Materielle Wirkung

34 Dem **primären Zweck der Rechtskraft,** die rechtlichen Beziehungen zwischen den Parteien endgültig festzulegen, wird eine **nur prozessuale Betrachtung der Rechtskraftwirkung nicht gerecht**[23]. Was im Urteil rechtskräftig ausgesprochen wurde, ist die Rechtslage, die nunmehr gelten soll und nach der sich die Parteien richten sollen. Die Vorstellung eines an sich bestehenden materiellen Rechts, das vom Urteil abweichen kann und völlig unberührt fortbesteht, ist damit nicht zu vereinbaren. Zutreffend ist hervorgehoben worden, daß »ein Recht«, dem durch das rechtskräftige Urteil (z.B. bei unrichtiger Abweisung eines Anspruchs) jede Schutz- und Durchsetzungsmöglichkeit genommen wird, eben von der Rechtsordnung selbst nach der Rechtskraft des Urteils nicht mehr als Recht ausgewiesen wird[24].

35 Ist sonach der Rechtskraft eine **Wirkung auf materiell-rechtlichem Gebiet**[25] zuzusprechen, so bedarf diese doch der näheren Präzisierung. Die Ansicht, das richtige Urteil schaffe einen zusätzlichen Tatbestand, das unrichtige bringe materielle Rechtsfolgen zur Entstehung bzw. zum Erlöschen, ist zu oberflächlich, da sie das Wesen der Rechtsprechung und den **Unterschied der Rechtslage vor und nach einem Urteil** nicht hinreichend beachtet.

36 Solange keine Entscheidung ergangen ist, bestehen zur Erkenntnis des Rechts lediglich *generelle Rechtsnormen*. Geht man davon aus, daß in ihnen die Regelung einer konkreten Streitigkeit bereits enthalten sei, daß also Rechte und Pflichten bereits unabhängig von einer richterlichen Entscheidung bestehen, so darf man doch nicht übersehen, daß die *Existenz der Rechte und Pflichten vor und nach einem gerichtlichen Ausspruch unterschiedlich ist*[26]. Die Rechtsnorm wendet sich nicht selbst an, es bedarf dazu stets eines erkennenden Subjekts. Die Rechtsanwendung in diesem Sinn geschieht schon außerhalb des Prozesses, vor allem durch die Parteien. Das Ergebnis, zu dem sie gelangen, bleibt aber unverbindlich und vermag, wenn die Rechtsansichten der Parteien nicht übereinstimmen, den Streit nicht beizulegen.

37 Die **richterliche Entscheidung** ist ebenfalls Anwendung der generellen Norm auf den konkreten Fall, sie ist aber dadurch ausgezeichnet, daß der gewonnenen konkreten Rechtsfolge durch die Rechtskraft **Verbindlichkeit** zukommt. Der Inhalt der Entscheidung wird gewonnen im Blick auf die generellen Rechtsnormen; die Geltung des Ausspruchs ist aber aufgrund der Rechtskraft unabhängig davon, ob der Entscheidungsinhalt mit dem Inhalt der generellen Normen übereinstimmt oder nicht. **Die Wirkung der Rechtskraft besteht also in der verbindlichen Festlegung einer konkreten Rechtsfolge.**

38 Diese Wirkung einer verbindlichen Konkretisierung[27] ist dem »richtigen« und dem »unrichtigen« rechtskräftigen Urteil gemeinsam[28]. Die Bejahung dieser Wirkung der Rechtskraft auf

---

[23] Zutr. *Nikisch* Lb § 104 II 1; *Larenz* (Fn. 14) 126. – Im Ausgangspunkt zustimmend *MünchKommZPO-Gottwald* Rdnr. 15.
[24] *Pohle* Gedächtnisschr. (Fn.15) 394f.; *Larenz* (Fn. 14) 127.
[25] D.h. auf dem Gebiet des Rechts der Materie → Rdnr. 27.
[26] Dies wird herausgearbeitet bei *W. Sauer* Festg. f. Rich. Schmidt Straf- und Prozeßrecht (1932), 324; *ders.* Allgemeine Prozeßrechtslehre (1951), 232ff.; *Nikisch* Lb² § 104 II 3; *Larenz* (Fn. 14), 127f.; *Martens* ZZP 79 (1966), 407ff.
[27] Diese Funktion des Urteils betonen vor allem *W. Sauer* (Fn. 26) sowie jene Lehren, die dem Richterspruch *rechtserzeugende Kraft* zusprechen, s. insbesondere *Bülow* Gesetz und Richteramt (1885); ZZP 31 (1903), 266ff.; sowie die Lehre vom Stufenbau der Rechtsordnung bei *Merkl* Die Lehre von der Rechtskraft (1923), 181ff. und *Kelsen* Reine Rechtslehre² (1960), 242ff. Zu weit geht es aber, die Existenz von konkreten Rechten und Pflichten *vor* der gerichtlichen Entscheidung überhaupt zu verneinen und die wesentliche Bedeutung der generellen materiellen Normen auf die Anweisung an den Richter zu beschränken (so *Binder* Der Adressat der Rechtsnorm und seine Verpflichtung [1927]; Prozeß und Recht [1927] 12, 104ff., 334; s. auch *Kelsen* a.a.O. 244f.). Dazu krit. *E. Schumann* Festschr. für Bötticher (Fn. 1) 289, 312ff. Die übliche Denkform, daß die materiellen Rechtsfolgen schon außerhalb eines Prozesses bestehen, ist gerechtfertigt, da die generellen Normen der Anwendung durch die Rechtssubjekte zugänglich sind und eine solche Anwendung auch zu intendieren.
[28] Damit entfällt der vielgebrauchte Einwand, eine materiell-rechtliche Betrachtung vermöge nur die Rechtskraft des unrichtigen Urteils zu deuten.

materiellem Gebiet bedeutet nicht, daß das rechtskräftige Urteil dadurch stets *richtig* würde[29] und so die Möglichkeit von rechtskräftigen Fehlurteilen auf ebenso einfache wie dubiose Weise aus der Welt geschafft wäre. Die Frage nach der Richtigkeit oder Unrichtigkeit des Urteils bezieht sich auf die *Gewinnung* des Urteils an Hand der abstrakten Rechtsnormen, sie kann auch nach der Rechtskraft mit Fug und Recht gestellt werden – nur ist die *Geltung* der konkreten festgelegten Rechtsfolge auf Grund der Rechtskraft nicht mehr von der Richtigkeit ihrer Herleitung abhängig und daher das *Vorbringen* der Unrichtigkeit im Rahmen der Rechtskraftgrenzen unbeachtlich.

b) Prozessuale Wirkung

Neben dieser materiellen Wirkung, die sich auf das Verhältnis zwischen den Parteien bezieht, ist aber auch eine **prozessuale Bedeutung** der Rechtskraft anzuerkennen[30]. Sie bezieht sich auf das Verhältnis der Parteien zum Gericht und ergibt sich aus dem oben (→ Rdnr. 32) bereits erwähnten Gedanken der **Einmaligkeit des zu gewährenden Gerichtsschutzes.** Diese prozessuale Wirkung kommt daher nur bei Identität des Streitgegenstandes in einem späteren Prozeß mit dem des bereits rechtskräftig entschiedenen Rechtsstreits zur Geltung: Eine neue Klage mit demselben Streitgegenstand ist als *unzulässig* abzuweisen, da der Rechtsschutz bereits gewährt wurde, das Gericht sich also nicht mehr mit der Sache zu befassen hat. Die Rechtskraft wirkt in diesem Fall – insoweit ist der ne-bis-in-idem-Lehre zuzustimmen – als Sachurteilshindernis. 39

Eine nur materielle Betrachtung der Rechtskraft wie auch die prozessuale Bindungslehre müßten dagegen eine erneute gleichlautende Entscheidung zulassen. Bei der Wiederholung einer rechtskräftig *abgewiesenen* Klage oder bei einer neuen Klage des Unterlegenen mag die erneute gleichlautende Entscheidung noch vertretbar erscheinen. Bei der Wiederholung einer *erfolgreichen* Klage dagegen eine erneute Verurteilung zuzulassen, erscheint schlechthin unvertretbar. Die Vertreter der materiellen Rechtskraftlehre und der Bindungstheorie pflegen denn auch bei Identität des Streitgegenstands das *Rechtsschutzbedürfnis* für die neue Klage zu verneinen und kommen so ebenfalls zu einer Abweisung als unzulässig[31]. Diese Deklarierung als Fehlen des Rechtsschutzbedürfnisses vermag aber nicht darüber hinwegzutäuschen, daß der entscheidende innere Grund der Prozeßabweisung eben doch in der bereits vorhandenen rechtskräftigen Entscheidung liegt, → auch vor § 253 Rdnr. 110. Dann aber erscheint es richtiger, diese Wirkung unmittelbar als Folge der materiellen Rechtskraft aufzufassen, die Einmaligkeit des Rechtsschutzes also dem Wesen der Rechtskraft zu integrieren[32]. 40

c) Rechtskraft und Rechtskraftwirkungen

Das Wesen der materiellen Rechtskraft insgesamt besteht in der verbindlichen konkreten Entscheidung über den Rechtsstreit der Parteien. Die Rechtskraft selbst ist weder dem mate- 41

---

[29] In diese Richtung geht z.B. die Behauptung *Pagenstechers* Materielle Rechtskraft (Fn. 1) 305: »Ist das, was der Richter deklariert, aber nicht die Wahrheit, so wird wahr, was er (als wahr) deklariert.« – Vgl. zum unrichtigen Urteil (im Hinblick auf den Prozeßzweck und die Rechtskraft) *Gaul* AcP 168 (1968), 53; *E. Schumann* Festschr. für Bötticher (Fn. 1) 289.
[30] Ebenso bereits *Nikisch* Lb² § 104 II 4.
[31] *Stein* Voraussetzungen des Rechtsschutzes (1903), 81ff.; *Hellwig* Lb 1, 170; Klagrecht und Klagmöglichkeit (1905), 71; 18. Aufl. dieses Kommentars vor § 253 IV 2 b, § 322 VIII 5; *Schönke-Schröder-Niese*⁸ § 73 V 1; *Pohle*

(Fn. 15) 401 (für Trennung des Wiederholungsverbots vom Rechtsschutzbedürfnis dagegen *Pohle* Festschr. für Lent [1957] 216); *Arens-Lüke*⁶ Rdnr. 353; *RG* WarnRsp 1926 Nr. 199. Dabei wird regelmäßig nur die Wiederholung einer *erfolgreichen* Klage erwähnt. Bei der Wiederholung einer rechtskräftig *abgewiesenen* Klage wäre auch nicht ersichtlich, wieso das Rechtsschutzbedürfnis fehlen sollte. Daß eine Klage keine Aussicht auf Erfolg hat, berührt das Rechtsschutzbedürfnis nicht, → vor § 253 Rdnr. 118b.
[32] Insoweit zutreffend *Bötticher* Kritische Beiträge (Fn. 1) 207ff.

riellen noch dem prozessualen Recht zuzuordnen, sondern steht *jenseits dieser Unterscheidung*, ebenso wie dies etwa für die Gesetzeskraft zu gelten hat[33]. Das schließt aber nicht aus, die *Wirkungen* der materiellen Rechtskraft genauer zu analysieren und diese teils dem »materiellen« Recht (im hier zugrundegelegten Sinne des Rechts der Materie, → Rdnr. 27), teils dem Prozeßrecht zuzuordnen.

42 Hat die Rechtskraft **materielle und prozessuale Wirkung,** so erweist sich, daß die **materielle und prozessuale Rechtskrafttheorie** in der bezeichneten Weise **zu verbinden** sind[34], da sie für sich gesehen jeweils nur einen Aspekt der Rechtskraftwirkungen erfassen. Die beiden Wirkungen der Rechtskraft stehen nebeneinander, brauchen aber nicht gleichmäßig wirksam zu werden.

43 Bei **Präjudizialität** kommt die materielle Wirkung der Rechtskraft zum Tragen und führt zur materiellen Bindung des zweiten Gerichts hinsichtlich der rechtskräftig entschiedenen Vorfrage.

44 Bei **Identität der Streitgegenstände** führt dagegen die prozessuale Komponente zur Unzulässigkeit der zweiten Klage. Hier kann aber die *prozessuale* Wirkung entfallen, wenn sich der bereits gewährte Rechtsschutz als nicht mehr wirksam erweist, näher (insbesondere zur erneuten Klage bei unbestimmten oder verlorengegangenen Urteilen) → Rdnr. 200, 201. Läßt sich in einem solchen Fall der Inhalt des früheren Urteils feststellen, so bleibt aber die *materielle* Wirkung der Rechtskraft bestehen, d.h. das neue Urteil ist inhaltlich übereinstimmend zu erlassen. Auch diese Fälle zeigen, daß es sinnvoll ist, von einem Nebeneinander materieller und prozessualer Wirkung zu sprechen.

IV. Die anzuwendenden Rechtssätze

1. Allgemeines

45 Auf Grund ihrer komplexen Wirkung entzieht sich die materielle Rechtskraft einer ausschließlichen Zuordnung zum Gebiet des materiellen oder des prozessualen Rechts. Dies ist auch nicht erforderlich, um Zweifelsfragen über die anzuwendenden Rechtssätze zu lösen.

46 Ob die Rechtskraft eines Urteils in einem späteren Verfahren **anzuerkennen** und ob sie von Amts wegen zu beachten ist, ist eine Frage, die das prozessuale Vorgehen des zweiten Gerichts betrifft und daher nach dem Recht zu beurteilen ist, das für den zweiten Prozeß gilt[35].

47 Welchen objektiven und subjektiven **Umfang** die Rechtskraft eines früheren Urteils hat, ist dagegen nach dem für den Erlaß jenes Urteils geltenden Recht zu bestimmen. Das ergibt sich aus dem engen sachlichen Zusammenhang zwischen der Umgrenzung der Rechtskraft und der Gestaltung des Verfahrens, das zu dem rechtskräftigen Urteil geführt hat[36].

---

[33] Vgl. *Leipold* Urteilswirkungen und Rechtsfortbildung (Fn. 1), 165 ff., 169.

[34] Zust. *Lüke* Festschr. für Schiedermair (Fn. 1) 387. Auch *Koussoulis* (Fn. 1) 34 ff., 189 ff. schreibt der Rechtskraft zwei Funktionen zu, nämlich eine materiellwirkende und eine prozessualwirkende. – Ablehnend zur hier vertretenen Ansicht *Gaul* Festschr. für Flume (Fn. 1) 515, 524. S. auch *Schwab* JuS 1976, 69, 73 f., der an der prozessualen Lehre (ne bis in idem) festhält, aber auch eine positive Seite der Rechtskraft anerkennt und eine Annäherung der prozessualen und der materiellen Lehre feststellt. *Rosenberg-Schwab-Gottwald*[15] § 151 II 3 b sowie *MünchKommZPO-Gottwald* Rdnr. 14 bejahen neben der prozessualen Wirkung eine unmittelbare Bindung der Parteien. Bemerkenswert auch *Mitsopoulos* ZZP 91 (1978), 113, 124 ff., der ein konstitutives Element des Urteils bejaht, es aber zur Erklärung des Wesens der materiellen Rechtskraft nicht für erforderlich hält, die materielle oder die prozessuale Theorie oder die Verbindung beider zu akzeptieren.

[35] Vgl. *RGZ* 3, 290 (Urteil aus anderem Bundesstaat); *OLG Hamm* SeuffArch 77 (1923), 222 (Urteil eines Sondergerichts).

[36] *RGZ* 6, 415.

2. Ausländische Urteile

Ob in einem deutschen Gerichtsverfahren ein **ausländisches rechtskräftiges Urteil** anzuerkennen ist, bestimmt sich also nach dem deutschen Recht, → § 328 mit Bem. Ist das Urteil danach anzuerkennen, so ist aber der persönliche und sachliche Umfang der Rechtskraft grundsätzlich nach dem Recht des ausländischen Gerichts zu bestimmen, näher → § 328 Rdnr. 7 ff. Zur Wirkung der Rechtskraft → Rdnr. 203. 48

3. Urteile vor Erlaß der ZPO

Ob die Rechtskraft eines **vor Inkrafttreten der ZPO** (bzw. ihrer heutigen Fassung) erlassenen Urteils zu beachten ist, ist nach jetzigem Recht zu beantworten (und zu bejahen). Über den objektiven und subjektiven Umfang der Rechtskraft entscheidet dagegen das Prozeßgesetz, das zu der Zeit gegolten hat, zu der die Rechtskraft des Urteils eingetreten ist[37]. 49

4. Vorbehaltenes Landesrecht

Auf den durch Art. 55 ff. EGBGB vorbehaltenen Gebieten bleibt das **Landesrecht** auch insoweit unberührt, als es Normen über den Umfang der Rechtskraft in persönlicher Beziehung (z.B. für Bergwerksinteressenten) enthält[38]. Diese *Auslegung des Vorbehalts* rechtfertigt sich aus der Erwägung, daß sowohl bei Erlaß der ZPO[39] wie bei Erlaß des BGB[40] die Vorschriften über die subjektiven Grenzen der Rechtskraft als privatrechtlich angesehen wurden. 50

V. Die rechtskraftfähigen Entscheidungen

1. Allgemeines

Welche gerichtlichen Entscheidungen der materiellen Rechtskraft fähig sind, ist in der ZPO nicht ausdrücklich geregelt. Wenn § 322 (ebenso wie §§ 323 bis 327) nur von *Urteilen* spricht, so wird damit weder gesagt, *welche* Urteile rechtskraftfähig sind, noch, daß die materielle Rechtskraft *nur* Urteilen zukommen kann. § 322 ist nämlich nicht dazu bestimmt, eine Aussage über die rechtskraftfähigen Entscheidungen zu treffen, sondern dazu, innerhalb des Urteilsinhalts die Grenzen der Rechtskraft festzulegen. Aus dem Sinn und Zweck der materiellen Rechtskraft lassen sich folgende **Voraussetzungen der Rechtskraftfähigkeit** ableiten: 51

1. Die gerichtliche Entscheidung muß der formellen Rechtskraft fähig sein. 52
2. Die Entscheidung muß nach ihrem Zweck und nach der Ausgestaltung des vorausgehenden Verfahrens als endgültig anzusehen sein. 53
3. Sie muß einen rechtskraftfähigen Inhalt haben, d.h. einen Inhalt, der sich nicht lediglich auf das anhängige Verfahren bezieht, sondern eine Wirkung über diesen Prozeß hinaus entfalten kann. 54

Zur Rechtskraft der **Schiedssprüche** → § 1040 mit Bem. (§ 1055 nF). 55

---

[37] *RGZ* 5, 337; 6, 415; 101, 173; *OLG Jena* SeuffArch 37 (1882), 346; *OLG Hamm* SeuffArch 77 (1923), 222; *Wach-Laband* Zur Lehre von der Rechtskraft (1899), 64.

[38] Ebenso *Wach-Laband* (Fn. 37) 61.

[39] Die CPO von 1877 enthielt nur eine Bestimmung über den *sachlichen* Umfang der Rechtskraft. Bezüglich des persönlichen Geltungsbereichs ging man von der Fortgeltung des Landesrechts aus; man sah es nicht als unter § 14 Abs. 1 EGZPO fallend an; vgl. *Wach-Laband* (Fn. 37) 60 f.; *RGZ* 46, 11. Entsprechend ist in § 69 von Vorschriften des *bürgerlichen Rechts* die Rede.

[40] Vgl. Mot. zum BGB 1, 371. Die zunächst im E I zum BGB enthaltenen Bestimmungen über die Rechtskraft wurden nur deshalb in die ZPO gesetzt, um die Materie an einheitlicher Stelle zu regeln, vgl. Prot. zum BGB 1, 254; *Pagenstecher* Materielle Rechtskraft (Fn. 1) 59 ff.

2. Endurteile, Vorbehaltsurteile, zurückverweisende Urteile

56 Rechtskraftfähig sind danach vor allem **Endurteile**. **Vorbehaltsurteile** sind nicht der materiellen Rechtskraft fähig. Sie können zwar formell rechtskräftig werden (§§ 302 Abs. 3, 599 Abs. 3), entscheiden aber nicht endgültig, da der Rechtsstreit im Nachverfahren anhängig bleibt. Die materielle Rechtskraft tritt erst ein, wenn das Vorbehaltsurteil im Nachverfahren formell rechtskräftig für vorbehaltslos erklärt wird.

57 Auch **aufhebende und zurückverweisende Urteile** der Rechtsmittelinstanz sind nicht der materiellen Rechtskraft fähig, da sie den Rechtsstreit anhängig lassen und nicht endgültig entscheiden. Diese Urteile entfalten lediglich eine innerprozessuale Bindungswirkung[41] nach § 565 Abs. 2, → § 538 Rdnr. 36 f., → § 565 Rdnr. 8 ff.

3. Zwischenurteile

58 Den **echten Zwischenurteilen** kommt zwar innerprozessuale Bindungswirkung zu, sie sind aber nicht der materiellen Rechtskraft fähig, da sie keinen endgültigen Ausspruch über die Klage enthalten. Das gilt auch für jene Zwischenurteile, die formell rechtskräftig werden können (§§ 280 Abs. 2, 304 Abs. 2). Zur Bindungswirkung des Grundurteils → § 304 Rdnr. 47 ff.

59 Dagegen können die **Zwischenurteile gegen Dritte** (sog. unechte Zwischenurteile, §§ 71, 135, 387, 402) in materielle Rechtskraft erwachsen, da sie der Sache nach Endurteile über den Zwischenstreit mit dem Dritten sind.

4. Beschlüsse

60 Auch **Beschlüsse**, bei denen die zu Rdnr. 1 genannten Voraussetzungen zutreffen, die also insbesondere formell rechtskräftig sind und einen rechtskraftfähigen Inhalt haben[42], sind der materiellen Rechtskraft fähig. Näher → § 329 Rdnr. 21. In Rechtskraft erwächst auch der **Kostenfestsetzungsbeschluß**[43] (→ § 103 Rdnr. 12 sowie → § 104 Rdnr. 63 ff.); ebenso die **Festsetzung der Anwaltsgebühren** nach § 19 BRAGO[44] und gerichtliche Entscheidungen über die notarielle Kostenberechnung (§ 156 KostO)[45]. Die Rechtskraft des Kostenfestsetzungsbeschlusses bezieht sich aber nur auf die Kostenerstattung nach prozessualem Kostenrecht, so daß die rechtskräftige Verneinung der Erstattungsfähigkeit einer Klage auf materiell-rechtlicher Grundlage (→ vor § 91 Rdnr. 14 ff.) nicht entgegensteht[46], näher → vor § 91 Rdnr. 20.

5. Nichtstreitige Urteile

61 Die materielle Rechtskraft setzt nicht voraus, daß die Entscheidung auf Grund streitiger Verhandlung ergangen ist; auch **Anerkenntnis-, Verzichts-** und **Versäumnisurteile**[47] sind rechtskraftfähig.

---

[41] Von Rechtskraft sprechen dagegen *OLG Bamberg* NJW 1963, 55 und *Schmidt* NJW 1963, 21.

[42] Vgl. (zu Beschlüssen im Zwangsvollstreckungsverfahren) *LG Wiesbaden* NJW 1986, 939. Näher zu Beschlüssen nach § 887 → dort Rdnr. 60, → § 890 Rdnr. 10, 43.

[43] *BGH* Rpfleger 1997, 231. – Dazu auch *OLG Karlsruhe* MDR 1986, 157 (wegen des anderen Anspruchs keine Rechtskraftwirkung des Kostenfestsetzungsbeschlusses für die Festsetzung der Anwaltsgebühren gegen den Mandanten); *OLG Hamburg* MDR 1986, 244 (ein Erstattungsanspruch, der nach rechtskräftiger Abweisung hinsichtlich derselben Kosten wiederholt wird, ist ohne sachliche Prüfung abzuweisen); *OLG München* Rpfleger 1987, 262 (Rechtskraft bezieht sich nur auf die geltend gemachten Posten).

[44] Dazu *BGH* NJW 1997, 743 = LM Nr. 147 (zust. *Walker*) (im Festsetzungsverfahren nach § 19 BRAGO abgelehnte Anrechnung einer außergerichtlichen bereits bezahlten Gebühr kann nicht im Wege der Vollstreckungsgegenklage geltend gemacht werden). – Zur Verfahrenswiederholung bei fehlender Vollstreckbarkeit im Ausland → Rdnr. 202 a.

[45] Dazu *OLG Düsseldorf* FGPrax 1996, 237 (nach rechtskräftiger Entscheidung keine Nachforderung wegen höheren Geschäftswerts).

[46] *BGHZ* 111, 168, 171 = NJW 1990, 2060.

[47] S. z. B. *BGHZ* 35, 338 (Fn. 381).

6. Prozeßurteile, rechtsmittelverwerfende, verweisende Urteile und Beschlüsse

Daß nicht nur Sachentscheidungen, sondern auch Urteile, die eine Klage auf Grund eines prozessualen Mangels als unzulässig abweisen (**Prozeßurteile**), der materiellen Rechtskraft fähig sind, ist heute allgemein anerkannt[48]. Der Zweck der materiellen Rechtskraft, die formell rechtskräftige Entscheidung im Verhältnis der Parteien und im Verhältnis zum Gericht endgültig, auch bei Wiederholung der Klage, verbindlich zu machen, greift hier ebenso durch wie bei Sachurteilen. Ein Indiz für die materielle Rechtskraft von Prozeßurteilen läßt sich übrigens daraus entnehmen, daß die ZPO verschiedentlich gerade bei Prozeßurteilen bzw. bei Beschlüssen prozessualen Inhalts eine *Bindung* des späteren Richters ausdrücklich anordnet, vgl. §§ 11, 281 Abs. 2 S. 5, § 506 Abs. 2 ZPO, § 17a Abs. 2 S. 3, § 102 S. 2 GVG, § 7 Abs. 3 EGZPO. Zum Inhalt der Rechtskraftwirkung → Rdnr. 136ff.

62

Wie den eine Klage als unzulässig abweisenden Urteilen ist auch Urteilen (oder Beschlüssen), die ein **Rechtsmittel als unzulässig verwerfen,** materielle Rechtskraft zuzuerkennen[49], → § 519b Rdnr. 15. Zur Reichweite der Rechtskraft solcher Entscheidungen → Rdnr. 138.

63

In **verweisenden Urteilen** oder Beschlüssen erklärt sich das verweisende Gericht für unzuständig; dieser Ausspruch stimmt der Sache nach mit der Abweisung einer Klage als unzulässig überein, nur kommt noch die Verweisung hinzu. Daher sollte auch bei den verweisenden Entscheidungen ebenso wie bei einer Prozeßabweisung die materielle Rechtskraft hinsichtlich der Unzulässigkeit der Klage vor dem ersten Gericht anerkannt werden. Dafür besteht auch ein praktisches Bedürfnis: Zwar ist die Bindung des *angewiesenen* Gerichts gesetzlich besonders angeordnet (§ 281 Abs. 2 S. 5 ZPO, § 17a Abs. 2 S. 3 GVG), die materielle Rechtskraft wirkt aber darüber hinaus bei einer Wiederholung der Klage vor dem *ersten* Gericht (etwa nach Klagerücknahme vor dem zweiten Gericht).

64

7. Gestaltungsurteile

Rechtskraftfähig sind neben den zusprechenden oder abweisenden Urteilen über Leistungs- und Feststellungsklagen auch Urteile, die eine **Gestaltungsklage abweisen**.

65

Dagegen wurde bei **Urteilen, die eine Gestaltung aussprechen,** die materielle Rechtskraft früher überwiegend verneint[50]. Die jetzt vorherrschende Lehre spricht aber mit Recht auch den **Gestaltungsurteilen** materielle Rechtskraft zu[51]. Zwar wird die Rechtsgestaltung selbst durch die Gestaltungswirkung herbeigeführt, ohne daß es dazu der Annahme einer materiellen Rechtskraft bedürfte. Werden aber z. B. Schadensersatz- oder Bereicherungsansprüche mit der Begründung erhoben, *die Gestaltung sei zu Unrecht erfolgt,* so steht dem die Gestaltungswirkung des ersten Urteils nicht entgegen. Richtiger Ansicht nach müssen aber diese An-

66

---

[48] *BGH* NJW 1985, 2535 (*Dunz*) = FamRZ 1985, 580 = LM Nr. 106 (wobei aber der Umfang der Rechtskraft zu weit erstreckt wurde, → Rdnr. 141); *RGZ* 40, 401; JW 1938, 3187 (beide zum Schiedsvertrag); *RGZ* 94, 178 (Feststellungsinteresse); 159, 176; JW 1938, 3308 (beide zur Zulässigkeit des Rechtswegs); JW 1913, 202; BAGE 1, 196 = AP § 11 ArbGG Nr. 7 = NJW 1955, 476 (beide zur Zuständigkeit); *Rosenberg-Schwab-Gottwald*[15] § 152 II; *Jauernig* ZPR[24] § 62 II 3 b; *Zöller-Vollkommer*[20] Rdnr. 1; *MünchKommZPO-Gottwald* Rdnr. 26. – A.M. *Wach* Vorträge[2] (1896), 100; *Kleinfeller* Festschr. für Wach (1913), II, 394ff.; teilweise auch *Sauer* Grundlagen des Prozeßrechts[2] (1929), 255, 261ff.; Allgemeine Prozeßrechtslehre (1951), 247. – Zum Zusammenhang mit den Rechtskrafttheorien → Rdnr. 27.

[49] *BGH* LM Nr. 89 = NJW 1981, 1962 = MDR 1981, 1007; *A. Blomeyer* ZPR[2] § 101 I 2.

[50] *Rosenberg* Lb[9] § 146 II 2; *Lent* ZZP 61 (1939), 279ff. (anders aber ZZP 66 [1953] 271); 18. Aufl. dieses Kommentars § 322 IV 3.

[51] *Dölle* ZZP 62 (1941), 281ff.; *Nikisch* Lb[2] § 105 I 1; *A. Blomeyer* ZPR[2] § 94 IV; *Rosenberg-Schwab-Gottwald*[15] § 94 III 2; *Schönke-Kuchinke*[9] § 75 II 5 b; *Zeuner* Die objektiven Grenzen der Rechtskraft im Rahmen rechtlicher Sinnzusammenhänge (1959), 116ff.; *Arens* Streitgegenstand und Rechtskraft im aktienrechtlichen Anfechtungsverfahren (1960), 39ff.; *Bötticher* Hundert Jahre deutsches Rechtsleben (1960), I, 517, 539; Festschr. f. Dölle (1963), I, 59 (anders früher, Kritische Beiträge [Fn. 10] ff.); *Schlosser* Gestaltungsklagen und Gestaltungsurteile (1966), 406ff.; *MünchKommZPO-Gottwald* Rdnr. 172. Auch *BGHZ* 40, 130 legt die materielle Rechtskraft eines Gestaltungsurteils zugrunde.

sprüche durch die materielle Rechtskraft des Gestaltungsurteils ebenso ausgeschlossen sein wie etwa die Rechtskraft des Leistungsurteils einer Rückforderung oder einem Schadensersatzanspruch wegen Nichtbestehens der Schuld entgegensteht.

67 Es ist also eine materielle Rechtskraft des Gestaltungsurteils anzuerkennen, durch die das Bestehen des Gestaltungsgrundes, d.h. die **Berechtigung zur Herbeiführung der Gestaltung**, festgestellt wird. Die Rechtskraft eines solchen Urteils wirkt dagegen nicht, soweit aus demselben Tatbestand (z.B. Pflichtverletzungen, die zum Ausschluß aus einer OHG führten) andere Rechtsfolgen (etwa Schadensersatzansprüche gegen den ausgeschlossenen Gesellschafter) hergeleitet werden; denn die zur Begründung des Gestaltungsurteils dienenden rechtlichen und tatsächlichen Feststellungen als solche erwachsen hier ebensowenig in Rechtskraft wie bei Leistungsurteilen, → Rdnr. 84ff., 89ff.

8. Entscheidungen über den Versorgungsausgleich

68 Der materiellen Rechtskraft fähig sind auch Entscheidungen über den öffentlich-rechtlichen[52] oder schuldrechtlichen[53] Versorgungsausgleich. Zur Abänderung solcher Entscheidungen → § 323 Rdnr. 77.

9. Arrest, einstweilige Verfügung

69 Zur materiellen Rechtskraft der Entscheidungen über **Arrest** und **einstweilige Verfügung** → vor § 916 Rdnr. 13ff., → vor § 935 Rdnr. 15ff., → § 945 Rdnr. 23ff.

10. Vollstreckungsbescheid

70 Ein Vollstreckungsbescheid, der nicht innerhalb der Einspruchsfrist (§ 339 Abs. 1) angefochten wird, erwächst in materielle Rechtskraft. Das ergibt sich aus der Gleichstellung des Vollstreckungsbescheids mit einem für vorläufig vollstreckbar erklärten Versäumnisurteil in § 700 Abs. 1 und wird durch § 796 Abs. 2 bestätigt, wonach mit der Vollstreckungsgegenklage gegen einen Vollstreckungsbescheid nur solche den Anspruch betreffende Einwendungen geltend gemacht werden können, die nach Zustellung des Vollstreckungsbescheids entstanden sind und nicht mehr durch Einspruch geltend gemacht werden können. Auch § 584 Abs. 2 (Wiederaufnahmeklage gegen Vollstreckungsbescheid) setzt die materielle Rechtskraft des Vollstreckungsbescheids voraus.

71 Daß der Mahnbescheid und damit auch der Vollstreckungsbescheid seit der Vereinfachungsnovelle 1976 grundsätzlich **ohne Schlüssigkeitsprüfung** ergeht (→ § 690 Rdnr. 2, zur eingeschränkten Plausibilitätskontrolle → § 691 Rdnr. 6ff.), rechtfertigt es entgegen einer vereinzelt vertretenen Ansicht[54] nicht, sich über das Gesetz hinwegzusetzen und die materielle Rechtskraft des unanfechtbar gewordenen Vollstreckungsbescheids zu verneinen[55]. Ob die

---

[52] *BGH* NJW 1982, 1646 = FamRZ 1982, 687. – Anders bei einer unzulässigen, aber formell rechtskräftigen Teilentscheidung über den Versorgungsausgleich, wenn deren Berücksichtigung bei der Endentscheidung zu einem offensichtlich gesetzwidrigen Ergebnis führen würde; *OLG Zweibrücken* FamRZ 1986, 174 (dazu auch → § 301 Fn. 11). – Widerruft der Träger der gesetzlichen Rentenversicherung nach Rechtskraft der darauf beruhenden Entscheidung (Beschluß) die erteilte Auskunft über die während der Ehe erworbenen Rentenanwartschaften, so verliert die Versorgungsausgleichsentscheidung trotz der Rechtskraft von selbst ihre Wirkungen,

wenn sie sich auf in Wirklichkeit überhaupt nicht bestehende Rentenanwartschaften bezieht, *OLG Düsseldorf* NJW 1986, 1763.

[53] *BGH* NJW 1984, 2364 = FamRZ 1984, 669 = MDR 1984, 922 = LM § 1587g BGB Nr. 3.

[54] *OLG Köln* (12. Zivilsenat) NJW 1986, 1350 = JZ 1986, 642 = MDR 1986, 859 (Gleichstellung mit vollstreckbarer Urkunde bzw. Prozeßvergleich); *Lappe-Grünert* Rpfleger 1986, 161, 164 (aufgrund verfassungsrechtlicher Erwägungen).

[55] *BGH* NJW 1987, 3256 u. 3259; NJW 1988, 971; *OLG Köln* NJW 1986, 2959 (LS) = NJW-RR 1986, 1237;

geltende Regelung rechtspolitisch geglückt ist, stellt eine andere Frage dar, wobei nicht außer acht gelassen werden sollte, daß die Schlüssigkeitsprüfung auch nach dem früher geltenden Recht im allgemeinen sehr summarisch gehandhabt wurde[56]. Den Anforderungen des Art. 103 Abs. 1 GG (Anspruch auf rechtliches Gehör, → vor § 128 Rdnr. 9ff.) und des Rechtsstaatsprinzips entspricht die geltende Regelung, indem sie dem Schuldner den Widerspruch gegen den Mahnbescheid und den Einspruch gegen den Vollstreckungsbescheid, gegebenenfalls auch die Wiedereinsetzung in den vorigen Stand (→ § 233) gegen die unverschuldete Versäumung der Einspruchsfrist gewährt. Eine Richtervorlage des OLG Stuttgart, mit der die Verfassungsmäßigkeit der gesetzlichen Regelung zur Überprüfung gestellt werden sollte, wurde vom BVerfG[57] als unzulässig zurückgewiesen, da das vorlegende Gericht seine Überzeugung von der Verfassungswidrigkeit nicht ausreichend begründet habe. Die Ausführungen des BVerfG lassen zugleich erkennen, daß das BVerfG gegen die materielle Rechtskraft des ohne Schlüssigkeitsprüfung ergangenen Vollstreckungsbescheids keine verfassungsrechtlichen Bedenken hat bzw. jedenfalls die Rechtskraftdurchbrechung über § 826 BGB (→ Rdnr. 276ff.) als hinreichendes Korrektiv betrachtet.

Ebenso wie die generelle Verneinung der Rechtskraftfähigkeit eines Vollstreckungsbescheids widerspricht dem geltenden Recht auch die Auffassung, ein rechtskräftiger Vollstreckungsbescheid sei auf Antrag einer »**nachträglichen Schlüssigkeitsprüfung**« zu unterziehen, wenn ihm ein gesetz- oder sittenwidriges Rechtsgeschäft zugrundeliege[58]. Auch eine nachträgliche »hypothetische Schlüssigkeitsprüfung« in einem *Wiederaufnahmeverfahren* analog § 580 Nr. 7 b (bei einem für den Gläubiger günstigen Ergebnis verbunden mit der Überprüfung, ob der Schuldner bei einer schlüssigen Begründung ebenfalls passiv geblieben wäre)[59] ist mit dem Verhältnis der materiellen Rechtskraft zur Wiederaufnahmeklage nicht vereinbar[60]. 72

Es bleibt daher nur die **Klage aus § 826 BGB**, soweit im Einzelfall der Vollstreckungsbescheid evident ungerecht und seine Erwirkung oder Ausnutzung als sittenwidrig anzusehen ist, näher → Rdnr. 276ff. 73

VI. Der Gegenstand der Rechtskraft

1. Allgemeines

Was den Gegenstand der Rechtskraft bildet, d.h. welche der in einem Urteil enthaltenen Feststellungen in Rechtskraft erwachsen können, läßt sich nicht aus dem Wesen der gerichtlichen Entscheidung oder der Natur der materiellen Rechtskraft oder gar aus rein logischen Erwägungen ableiten. Die Frage ist vielmehr der **positiv-rechtlichen Regelung zugänglich**; der Gesetzgeber kann die Grenzen der Rechtskraft weiter oder enger bestimmen. 74

NJW-RR 1987, 941; NJW-RR 1987, 942; *OLG Düsseldorf* MDR 1987, 760; *OLG Hamburg* NJW 1985, 749, 750; *LG Krefeld* MDR 1986, 418; *LG Köln* NJW-RR 1986, 1492; *Grunsky* JZ 1986, 626, 629; *ders.* ZIP 1986, 1361, 1365; *Münzberg* NJW 1986, 361; *ders.* JZ 1987, 477, 478 u. 818; *ders.* WM 1987, 128; *Gaul* Möglichkeiten und Grenzen der Rechtskraftdurchbrechung (Fn. 1) 46ff.; *Braun* JZ 1986, 1118; *ders.* WM 1986, 781, 783f.; *Geißler* NJW 1987, 166, 168; *MünchKommZPO-Gottwald* Rdnr. 29; *Thomas-Putzo*[20] Rdnr. 3. Für eingeschränkte Rechtskraft *Zöller-Vollkommer*[20] § 700 Rdnr. 17; *Grün* NJW 1991, 2860.

[56] *Münzberg* JZ 1987, 477, 481; *Braun* Rechtskraft und Rechtskraftdurchbrechung (Fn. 1) 83ff.

[57] *BVerfGE* 84, 160 = NJW 1991, 1412. – Verfassungsbeschwerden gegen die Abweisung von Klagen aus § 826 BGB gegen die Vollstreckung aus Vollstreckungsbescheiden (→ Rdnr. 276ff.) wurden mangels Erfolgsaussicht nicht zur Entscheidung angenommen, *BVerfG* NJW 1993, 1125; WM 1993, 1326.

[58] So aber *OLG Stuttgart* JZ 1986, 1116 (*Braun*) = NJW 1987, 444; s. auch *OLG Stuttgart* NJW 1985, 2272, 2273; *R. Bender* JZ 1987, 503. – Dagegen *Grunsky* ZIP 1986, 1361, 1365; *Münzberg* JZ 1987, 477 (dort Fn. 24), 482ff.; krit. auch *Braun* JZ 1986, 1118, 1119.

[59] Dafür *Braun* Rechtskraft und Rechtskraftdurchbrechung (Fn. 1) 96ff.; WM 1986, 783f.; JZ 1987, 789, 794 (entscheidend sei dabei, welche Behauptungen der Antragsteller ohne Verstoß gegen seine prozessuale Wahrheitspflicht hätte aufstellen können); ZIP 1987, 687.

[60] Ablehnend auch *Grunsky* JZ 1986, 626, 629; *Münzberg* JZ 1987, 477, 479 u. 818; WM 1987, 128.

75 Für eine *möglichst umfassende Rechtskraftwirkung* spricht, daß dadurch dem Zweck des Zivilprozesses, privatrechtliche Streitigkeiten zu bereinigen, Rechtsfrieden und Rechtsgewißheit zu schaffen (→ Einl. [20. Aufl.] Rdnr. 11ff., 17ff.) am besten gedient würde. Durch die Verhinderung zahlreicher Folgeprozesse kann eine weite Ausdehnung der Rechtskraft auch zu einer willkommenen Entlastung der Gerichtsbarkeit führen.

76 Ob solcher prozeßökonomischer Gewinn sich immer einstellt, erscheint indes fraglich, wenn man bedenkt, daß die Parteien bei einer weit erstreckten Rechtskraft sich genötigt sehen werden, schon den ersten Prozeß aus einem bestimmten Lebensverhältnis mit wesentlich größerer Sorgfalt auch hinsichtlich sämtlicher Vorfragen zu führen. Manche Einzelpunkte, die bei einer engen, nur auf das Ergebnis bezogenen Rechtskraft vielleicht kaum Beachtung finden, müßten dann wegen der möglichen Bedeutung für weiterreichende Rechtsfolgen mit aller Gründlichkeit geklärt werden. Rechtsmittel würden vielleicht auch dann eingelegt werden, wenn eine Partei zwar das Endergebnis hinnehmen will, aber mit den sonst getroffenen rechtlichen oder tatsächlichen Feststellungen nicht einverstanden ist. Hier ist der enge Zusammenhang zwischen den Grenzen der Rechtskraft und der **Bemessung der Beschwer** (näher → Allg. Einl. vor § 511 Rdnr. 70ff., 77) besonders zu betonen: Wie immer man die Rechtskraft bemißt, jedenfalls muß auch die Beschwer grundsätzlich im selben Umfang bejaht werden, in dem ein Urteil ungünstige rechtskraftfähige Feststellungen für eine Partei enthält.

77 **Gegen eine zu weite Rechtskraftbemessung** spricht auch, daß die Parteien dann von Feststellungen getroffen werden können, über die sie gar nicht gestritten hatten und deren Bedeutung für künftige Prozesse zum Zeitpunkt des ersten Verfahrens für sie gänzlich unerkennbar war. Gerade diese Erwägung, die Parteien vor Folgen zu bewahren, deren sie sich im ersten Prozeß nicht bewußt wurden, war für die Fassung des § 322 Abs. 1 von ausschlaggebender Bedeutung[61]. Mit der Begrenzung der Rechtskraft auf die Entscheidung über den durch die Klage oder Widerklage erhobenen Anspruch wurden **der Rechtskraft bewußt enge Schranken gezogen**[62].

78 Vor allem sollte durch die gewählte Fassung (»nur insoweit«) die Lehre Savignys[63] abgelehnt werden, wonach auch die sog. Urteilselemente, nämlich die bedingenden Rechte und die Gegenrechte, von der Rechtskraft erfaßt werden sollten. Diese Lehre war schon für das gemeine Recht von anderer Seite[64] mit guten Gründen verworfen worden. § 322 Abs. 1 beschränkt demgegenüber die Rechtskraft auf den **unmittelbaren Gegenstand des Urteils**, d.h. auf diejenige Rechtsfolge, die auf Grund einer Klage, Widerklage, Klageerweiterung, Klageänderung oder eines Inzidentantrags nach § 302 Abs. 4 S. 4, § 600 Abs. 2, § 717 Abs. 2 S. 2, Abs. 3 S. 4 (→ § 717 Rdnr. 37) beim Schluß der mündlichen Verhandlung den Gegenstand der Entscheidung bildet.

79 Der Standpunkt des Gesetzes läßt sich mit der Formel wiedergeben, den Gegenstand der Rechtskraft bilde der **Subsumtionsschluß als Ganzes,** nicht seine einzelnen Glieder – eine Wendung, deren Aussagekraft freilich nicht überschätzt werden sollte.

80 Den Ausgleich für die enge Rechtskraftumgrenzung soll die **Feststellungsklage** (§ 256 Abs. 1), insbesondere in Form der *Zwischenfeststellungsklage* (§ 256 Abs. 2) bilden[65]; sie gewährt den Parteien die Möglichkeit, rechtliche Vorfragen schon im ersten Prozeß rechtskräftig feststellen zu lassen.

80a Auch im Rahmen der gesetzlichen Entscheidung für eine enge Begrenzung der Rechtskraft

---

[61] Vgl. *Hahn* Mat. zur CPO 290ff. (mit Nachw. über die früheren Ansichten), 608f.
[62] Ebenso *BGH* NJW 1995, 967 = LM Nr. 139 (*Grunsky*).
[63] System des heutigen Römischen Rechts (1847), VI, 350, 429, 451. *Windscheid* Pandektenrecht³ I, 396 dehnte die Ansicht *Savignys* auch auf die Entscheidung über Tatsachen aus.

[64] *Wetzell* System des ordentlichen CP³ (1878), § 47 bei Fn. 94ff.; *Unger* System des allgemeinen österreichischen Privatrechts⁵ (1892), 2, 648. – S. zur Lehre *Savignys* und der damaligen Diskussion auch *R. Bruns* Lb² Rdnr. 229; zur Rechtskraft der Entscheidungsgründe nach gemeinem und partikularem Recht *Kerameus* AcP 167 (1967), 241 (krit. dazu *Gaul* AcP 168 [1968] 31 Fn. 19 a).
[65] Vgl. *Hahn* Materialien, 2. Bd., 1. Abt., 227.

bleiben jedoch **Auslegungsspielräume**. Solche Fragen brauchen nicht von vornherein im Sinne der engstmöglichen Betrachtung beantwortet zu werden. Gerade angesichts der Streitfreudigkeit der Bürger in der Gegenwart sollte in diesem Rahmen vielleicht doch der Beitrag, den die materielle Rechtskraft zur Vermeidung widersprüchlicher Entscheidungen und zur Konzentration der Prozesse leisten kann, etwas stärker gewichtet werden. Insbesondere braucht die Unterscheidung zwischen Schlußfrage und Vorfrage (über die nicht rechtskraftfähig entschieden wird) nicht auf die Spitze getrieben zu werden. Vielmehr kann in manchen Zusammenhängen in wertender Betrachtung die Rechtsfrage auf solche Aspekte erstreckt werden, die den Kern des entschiedenen Streits bildeten, mag man sie auch formal von der Schlußfrage unterscheiden können. Auch in ausländischen Rechtsordnungen[66] findet man häufig eine weiterreichende Erstreckung der Rechtskraft, die es vermeidet, eng zusammengehörende Fragen künstlich zu trennen. Näher zu einer (vorsichtigen) Erweiterung im Hinblick auf »Vorfragen« → z.B. Rdnr. 220 zur Grundbuchberichtigungsklage; ferner → Rdnr. 153 zur Rechtskraft bei abgewiesener Teilklage.

2. Juristischer Obersatz

Die Rechtskraft bedeutet **keine Bindung an den juristischen Obersatz** als solchen. Die Geltung einer Rechtsnorm, ihre Auslegung und ihre Anwendbarkeit auf einen bestimmten Tatbestand[67] werden für sich nicht rechtskräftig festgestellt. Die Rechtskraft ist damit ihrem Gegenstand nach von der in §§ 565 Abs. 2, 566a Abs. 6 angeordneten Bindung deutlich unterschieden. Die Rechtskraftwirkung führt nie dazu, daß gleichartige Tatbestände in späteren Prozessen genauso bewertet werden müßten. Dies gilt auch bei sog. **Musterprozessen** (Serienprozessen); daß die rechtliche Entscheidung des ersten Prozesses auch künftig wiederholt wird, ist nur eine tatsächliche Aussicht. 81

Auch der BGH ist an eine einmal von ihm geäußerte Rechtsansicht nicht gebunden (zur Selbstbindung des Rechtsmittelgerichts innerhalb eines laufenden Rechtsstreits → § 318 Rdnr. 4). 82

Zur Entscheidung durch den Großen oder die Vereinigten Großen Senate, wenn ein Senat des BGH von der Rechtsprechung eines anderen **abweichen** will, s. § 132 Abs. 2 GVG. Zum Gemeinsamen Senat der obersten Gerichtshöfe des Bundes s. § 2 RsprEinhG (v. 19. VI. 1968, BGBl I 661), → Einl. (20. Aufl.) Rdnr. 188, 578. 83

3. Tatsächliche Feststellungen

Auch die tatsächlichen Feststellungen erwachsen als solche **nicht in Rechtskraft**[68]. Wurde z.B. eine Klage auf eine vertragliche Leistung auf Grund einer Anfechtung wegen Irrtums oder arglistiger Täuschung rechtskräftig abgewiesen[69] oder die Auflösung des Vertrages durch Anfechtung wegen arglistiger Täuschung festgestellt[70], so steht die Tatsache des Irrtums oder der arglistigen Täuschung nicht für einen späteren Schadensersatzanspruch (§ 122, Verschulden beim Vertragsschluß, § 823 Abs. 2, § 826 BGB) fest. Geht es um andere Rechtsfolgen, so können in einem späteren Prozeß dieselben Beweise für dieselben Tatsachen anders gewürdigt werden. Auch Feststellungen über bloße **Rechnungsposten** erwachsen nicht isoliert in 84

---

[66] Insbesondere im US-amerikanischen Recht, vgl. C. T. *Smith* DRiZ 1995, 94, 96; *Engelmann-Pilger* (Fn. 1) 72 ff.; *Koshiyama* (Fn. 1) 37 ff.; *Schack* Einführung in das US-amerikanische Zivilprozeßrecht² (1995), VIII (S. 71 ff.). Zum englischen Recht *Fischer* Festschr. für Henckel, 199, 201.

[67] BGH LM Nr. 2 (→ Rdnr. 130 bei Fn. 145).
[68] BGH LM Nr. 2; NJW 1995, 967 = LM Nr. 139 (*Grunsky*); RGZ 7, 354; 56, 75; 126, 240.
[69] RGZ 94, 195.
[70] BGH NJW-RR 1988, 199. Zum Zeitpunkt der rechtskräftigen Feststellung → Rdnr. 261a.

Rechtskraft, so daß z.B., wenn in einem Folgeprozeß Mängelbeseitigungskosten hinsichtlich weiterer Maßnahmen geltend gemacht werden, auch andere »Sowieso-Kosten« (Kosten, die auch bei ordnungsgemäßer Ausführung des Werkes entstanden wären) abgezogen werden können[71]. Zur Reichweite der Tatsachenpräklusion bei Abrechnungen → auch Rdnr. 233a.

85 Eine **Ausnahme** besteht nur bei der **Klage auf Feststellung der Echtheit oder Unechtheit einer Urkunde** (§ 256 Abs. 1); diese führt zu einer rechtskräftigen Feststellung von Tatsachen, → § 256 Rdnr. 51 ff.

86 Zuweilen bereitet es Schwierigkeiten, zu unterscheiden, ob eine tatsächliche Feststellung oder eine von der Rechtskraft erfaßte Feststellung einer Rechtsfolge vorliegt. Ein rechtskräftiges Urteil, das einer **Ehelichkeitsanfechtungsklage** stattgibt, stellt zwar nicht die *Tatsache* der Nichterzeugung des Kindes durch den Ehemann der Mutter oder die Zeugung durch einen Dritten fest, wohl aber, daß **keine eheliche Abstammung** vom Ehemann der Mutter vorliegt[72]. Aufgrund der inter-omnes-Wirkung solcher Urteile (§ 640h Abs. 1) kann daher auch ein Dritter, der als Erzeuger in Anspruch genommen wird, nicht mehr geltend machen, das (nach der Eheschließung geborene) Kind stamme doch von dem Ehemann der Mutter ab.

87 Über die Rechtskraft hinaus geht die **Interventionswirkung** des § 68; hier tritt auch eine Bindung an die tatsächlichen Feststellungen ein, → § 68 Rdnr. 5.

88 Zur **Bindung des Revisionsrichters** an die Tatsachenfeststellungen des Berufungsgerichts → § 561 Rdnr. 31 f.

4. Vorfragen

89 Das Urteil kommt nur verhältnismäßig selten auf die einfache Weise zustande, daß nur über die Rechtsfolge *eines* Tatbestands zu entscheiden ist. Gewöhnlich erfordert die Entscheidung über den Klageanspruch auch die Entscheidung über **sonstige Rechtsfolgen,** namentlich über bedingende Rechtsverhältnisse und über Gegenrechte, die einredeweise geltend gemacht werden. Die *Feststellungen hierüber erwachsen für sich nicht in Rechtskraft.*

a) Bedingende Rechtsverhältnisse

90 Nicht rechtskräftig festgestellt werden z.B. die Kapitalforderung im Prozeß über den Zinsanspruch[73], der rechtswirksame Abschluß und der Fortbestand eines Vertrages, wenn Ansprüche auf vertragliche Leistungen[74], Schadensersatz-[75] oder Rückgewähransprüche[76] geltend gemacht werden. Zur Rechtskraft bei Ansprüchen aus einem gegenseitigen Vertrag → auch Rdnr. 95, 215. Nicht rechtskräftig entschieden wird auch über die Wirksamkeit eines Arbeitsvertrags[77] und die Unwirkamkeit einer Kündigung im Rechtsstreit über den Gehaltsanspruch[78], über die Gültigkeit eines Mietvertrags bei der Entscheidung über den Anspruch auf Zahlung des Mietzinses[79]. Die Abweisung einer Räumungsklage stellt nicht rechtskräftig fest, daß das Mietverhältnis durch die Kündigung nicht beendet wurde[80]. Bei der Klage auf Zahlung von Beiträgen wird über die Zugehörigkeit zum Verein nicht rechtskräftig entschieden[81];

---

[71] *BGH* LM § 633 BGB Nr. 69 = NJW-RR 1988, 1044.
[72] → § 640k Rdnr. 7; *OLG München* NJW 1977, 341; so auch *Deneke* ZZP 99 (1986), 101, 102f. – A.M. jedoch *BGHZ* 83, 391, 394 = NJW 1982, 1652 (daher keine Beiladung des Dritten nötig); *BGHZ* 92, 275, 278 = NJW 1985, 386 = JZ 1985, 338 (*Braun*) = ZZP 99 (1986), 98 (*Deneke*) (nach Ansicht des *BGH* führt daher ein Beitritt des angeblichen Erzeugers auf Seiten des Kindes nicht zur streitgenössischen Nebenintervention); *OLG Frankfurt* NJW 1988, 832; *MünchKommZPO-Gottwald* Rdnr. 90.
[73] *RGZ* 70, 27.
[74] *BGHZ* 42, 350; *RG* SeuffArch 56 (1901), 245; HRR 1932, 1604 = WarnRsp 1932 Nr. 146 (Abweisung eines vertraglichen Anspruchs wegen Anfechtung stellt nicht fest, daß Vertrag von Anfang an nichtig).
[75] Vgl. *RG* JW 1926, 791.
[76] *RG* JW 1927, 2121.
[77] *BAG* NJW 1996, 1299, 1300.
[78] *RAG* ArbRS 41, 322.
[79] *RG* JW 1894, 11; 1931, 3549.
[80] *BGHZ* 43, 144 = NJW 1965, 693 = MDR 1965, 479.
[81] Vgl. *RGZ* 69, 366 (Genossenschaft).

ebensowenig wird bei der auf einen Tarifvertrag gestützten Klage einer tarifvertraglichen Einrichtung gegen einen Arbeitgeber auf Auskunftserteilung über die Geltung des Tarifvertrags im Hinblick auf eine spätere Beitragsforderung rechtskräftig entschieden[82].

Die Verurteilung zur Mitwirkung bei der Auseinandersetzung einer Gesellschaft schafft keine Rechtskraft für das Bestehen des Gesellschaftsvertrags[83]. Bloße Vorfragen sind auch das Bestehen eines dinglichen Wiederkaufsrechts bei der Verurteilung zur Auflassung auf Grund dieses Rechts[84] und das Bestehen des Eigentums bei der Herausgabeklage gemäß § 985 BGB[85]. Die Verurteilung zur Herausgabe eines Sparbuchs stellt weder das vom Gericht als bestehend zugrunde gelegte Verwahrungsverhältnis noch die Gläubigerschaft am Sparguthaben fest[86]. 91

Dagegen wird bei der Entscheidung über den **Grundbuchberichtigungsanspruch** (§ 894 BGB) auch über das Bestehen des dinglichen Rechts rechtskräftig entschieden, → Rdnr. 220. Die rechtskräftige Abweisung einer Klage auf Löschung einer Hypothek wegen Zahlung stellt nur das dingliche Hypothekenrecht fest, nicht dagegen die Forderung, weil deren Bestand lediglich eine Vorfrage ist[87]. 92

Die Entscheidung über eine **Drittwiderspruchsklage** (§ 771) wirkt keine Rechtskraft bezüglich des Eigentums des Dritten[88], → auch § 771 Rdnr. 4. Wird eine **Vollstreckungsgegenklage** (§ 767) **abgewiesen,** so umfaßt die Rechtskraft nicht die Feststellung, daß der titulierte Anspruch materiell-rechtlich besteht[89]; vielmehr ist nur festgestellt, daß dem Titel die Vollstreckbarkeit nicht aufgrund des der Klage zugrundeliegenden Sachverhalts genommen werden darf[90] → § 767 Rdnr. 3 ff., 55, 57. Die rechtskräftige Abweisung einer Vollstreckungsgegenklage, weil der Beweis für die Abtretung einer Gegenforderung (mit der aufgerechnet wurde) nicht erbracht war, steht aber einer erneuten Vollstreckungsgegenklage, mit der neue Beweismittel vorgetragen werden, entgegen[91]. Zur erfolgreichen Vollstreckungsgegenklage → Rdnr. 97. Zur **Aufrechnung** bei der Vollstreckungsgegenklage → Rdnr. 177, zur **Minderung** → Rdnr. 97. 93

Die Rechtskraft erstreckt sich auch nicht auf das **Erbrecht** des Klägers, wenn über eine auf das Erbrecht gestützte Auskunftsklage entschieden ist[92], oder auf die **Wirksamkeit eines Testaments,** wenn aus diesem Grund eine Grundbuchberichtigungsklage gegen den Testamentserben abgewiesen wurde[93], ebensowenig auf die **Verwandschaft** in einem Prozeß wegen eines Unterhaltsanspruchs, auf das Bestehen des Hauptvertrags in dem Verfahren nach § 1045[94], oder auf den Erfüllungsort oder die Erbfolge bei der Entscheidung über die Zuständigkeit. Zur Entscheidung über die Beendigung eines Prozesses durch Prozeßvergleich → Rdnr. 140. Zur Rechtskraftwirkung der Entscheidung über eine negatorische Unterlassungsklage für einen späteren Schadensersatzprozeß → Rdnr. 219, zu aufeinanderfolgenden Klagen auf Naturalrestitution und Geldersatz → Rdnr. 206. Zur **Stufenklage** → § 254, Rdnr. 36. 94

---

[82] *BAG* NJW 1989, 1236.
[83] *RGZ* 144, 61.
[84] *RGZ* 135, 34.
[85] *RG* WarnRsp 1936 Nr. 173; *OLG Kiel* SeuffArch 72 (1917), 191; *Hellwig* Lb 3, 26; *Jaeger* ZZP 40 (1910), 139; *Rosenberg-Schwab-Gottwald*[15] § 153 III 2; *A. Blomeyer* ZPR[2] § 89 V 4 d; *Jauernig* ZPR[24] § 63 III 2. – A.M. *OLG Nürnberg* JW 1925, 2157; *Hölder* AcP 93 (1902), 23; *Wach* Vorträge[2] (1896), 136; eingehend *Zeuner* (Fn. 51) 143 ff. (dazu → Rdnr. 220); *R. Bruns* Lb[2] Rdnr. 234 (S. 370 bei Fn. 25).
[86] *BGH* LM § 256 Nr. 101 = NJW 1972, 2268 = MDR 1973, 132 = JR 112.
[87] *BGH* LM Nr. 16. – A.M. *Bruns* Lb[2] Rdnr. 235d (S. 373).

[88] *RGZ* 70, 25. – Zur Rechtskraftwirkung für eine spätere Bereicherungsklage auf den Versteigerungserlös → Rdnr. 207.
[89] *BGH* FamRZ 1984, 878 = LM § 767 Nr. 63; WM 1985, 703; NJW 1992, 1899, 1900; ausführlich → § 767 Rdnr. 3 ff., 6 mwN.
[90] *BGH* WM 1985, 703.
[91] *OLG Düsseldorf* NJW-RR 1992, 1216.
[92] *OLG Kiel* SchlHA 1908, 214.
[93] *BGH* NJW 1976, 1095 = JZ 1976, 243 = FamRZ 1976, 146 (zust. *Schwab* FamRZ 1976, 268) = LM Nr. 79.
[94] *RGZ* 145, 274; JW 1914, 773.

b) Gegenrechte

95   Zu den Gegenrechten, die nicht von der Rechtskraft erfaßt werden, gehören z.B. Ansprüche, mit denen die Einrede der **Zurückbehaltung**[95] oder des nicht erfüllten Vertrages begründet wird. Dies gilt selbst dann, wenn die Gegenforderung zu einer **Verurteilung Zug um Zug** geführt hat und deshalb ihrem Gegenstand oder Betrag nach in die Urteilsformel aufgenommen ist[96]. Die rechtskräftige Abweisung einer Klage auf Zustimmung zur Auszahlung eines hinterlegten Betrags stellt nicht rechtskräftig fest, daß dem Beklagten seinerseits ein Anspruch auf die hinterlegte Summe zusteht[97]. Auch über ein zur Abwehr eines Herausgabe- oder Unterlassungsanspruchs geltend gemachtes Eigentums-, Pfand- oder Nießbrauchrecht wird nicht rechtskräftig entschieden[98].

96   Wird gegenüber einer Erfüllungsklage die **Einrede der Wandelung oder Minderung** mit oder ohne Erfolg erhoben, so wird über das Bestehen oder Nichtbestehen des Wandelungs- oder Minderungsrechts oder den Vollzug der Wandelung nicht rechtskräftig entschieden[99]. Das Wandelungs- oder Minderungsrecht kann also im Hinblick auf *andere* Rechtsfolgen entgegen dem rechtskräftigen Urteil verneint oder bejaht werden. An der Rechtskraft der Entscheidung über den im Vorprozeß *beschiedenen Anspruch* ändert dies aber nichts; auch einer späteren Rückforderungsklage unter erneutem Vorbringen der Wandelung oder Minderung steht die Rechtskraft eines Urteils entgegen, das den Erfüllunganspruch trotz der erhobenen Einrede bejahte[100].

97   Ein der Vollstreckungsgegenklage stattgebendes Urteil beseitigt lediglich die Vollstreckbarkeit, entscheidet aber nicht rechtskräftig über das Bestehen der Einwendungen gegen den Anspruch[101]. War eine **Vollstreckungsgegenklage** des Käufers gegen einen Vollstreckungstitel über die Restkaufpreisforderung erfolgreich, weil ein Recht zur **Minderung** bejaht wurde, so kann sich der Verkäufer gegenüber einer Rückzahlungsklage wegen des bereits früher geleisteten Kaufpreisteils gleichwohl auf die kurze Verjährungsfrist des § 477 BGB berufen[102].

98   Wegen der positivrechtlichen Ausnahme für die **Aufrechnung** → Rdnr. 166 ff.

5. Die Entscheidung über den Anspruch

a) Der Streitgegenstand als Ausgangspunkt

99   Was positiv den Gegenstand der Rechtskraft bildet, läßt sich wesentlich schwieriger umschreiben als die eben getroffenen Feststellungen (→ Rdnr. 81 bis 97), welche Urteilsbestandteile jedenfalls *nicht* von der Rechtskraft erfaßt werden. Das rührt schon daher, daß der Gesetzgeber das Augenmerk in erster Linie auf eine negative Aussage gerichtet hat, → Rdnr. 78.

100 Weitgehende Einigkeit besteht zunächst darüber, daß mit dem »Anspruch« im Sinne des § 322 Abs. 1 der **prozessuale Anspruch,** nicht der *materiell-rechtliche Anspruch* im Sinne des § 194 Abs. 1 BGB gemeint ist[103]. Das folgt bereits daraus, daß es bei vielen Klagen überhaupt

---

[95] *BGH* JZ 1996, 636 = NJW-RR 1996, 828 = MDR 1996, 960; *BAG* AP § 314 Nr. 2; *RGZ* 158, 50.
[96] *BGH* NJW 1992, 1172, 1173 = LM Nr. 133 (*Grunsky*); *RGZ* 100, 197; 114, 87; JW 1926, 2568; 1929, 591; HRR 1929 Nr. 1164; *OLG Breslau*, *OLG Düsseldorf*, *KG*, *OLG Frankfurt* JW 1926, 209, 608, 843, 1353.
[97] *OLG Zweibrücken* OLGZ 1980, 237.
[98] Nur soweit das »Gegenrecht« nichts anderes ist als das kontradiktorische Gegenteil der mit der Klage geltend gemachten Rechtsfolge, wird auch darüber rechtskräftig entschieden, vgl. *BGH* LM Nr. 48 = NJW 1965, 42 (Sachabweisung einer Unterlassungsklage stellt fest, daß der Bekl. zu dem fraglichen Verhalten berechtigt ist); s.

auch *LG Hagen* MDR 1969, 851 (Rechtskraft der Verurteilung zur Unterlassung des Begehens und Befahrens eines Grundstücks steht einer Klage des Verurteilten auf Feststellung der Berechtigung zum Begehen und Befahren entgegen).
[99] *RGZ* 69, 385.
[100] Zutr. *Zeuner* (Fn. 51) 99; *A. Blomeyer* ZPR¹ § 90 IV 2 (gegen 18. Aufl. dieses Kommentars § 322 VIII 3 u. gegen *Schwab* Der Streitgegenstand im ZP [1954] 163).
[101] *BGH* NJW-RR 1990, 48 = KTS 1989, 979, 982.
[102] *BGHZ* 85, 367 = NJW 1983, 390 = LM § 465 BGB Nr. 5.
[103] *BGHZ* 42, 344; *BGH* NJW 1996, 3151, 3152 = LM

nicht um die Geltendmachung eines materiell-rechtlichen Anspruchs geht, so z.B. bei den Klagen auf Feststellung eines dinglichen Rechts oder der Wirksamkeit eines Vertrags sowie bei den Gestaltungsklagen (→ vor § 253 Rdnr. 41). Auch die über diese Klagen ergehenden Urteile werden aber materiell rechtskräftig.

Die Frage nach dem *prozessualen Anspruch* verweist zunächst auf die Frage nach dem **Streitgegenstand**[104], den die ZPO selbst nicht definiert und über dessen Umgrenzung noch immer tiefgreifende Meinungsverschiedenheiten bestehen. Nach der hier vertretenen Auffassung bildet den Streitgegenstand die Berechtigung des vom Kläger begehrten Ausspruchs einer Rechtsfolge, → Einl. (20. Aufl.) Rdnr. 288. Als Gegenstand der materiellen Rechtskraft könnte man daher zunächst die *Feststellung der Berechtigung oder Nichtberechtigung* des begehrten Ausspruchs einer Rechtsfolge betrachten. Diese Formulierung ließe aber außer acht, daß der Zivilprozeß mit dem rechtskräftigen Urteil wieder in die außerprozessual gedachte Rechtsordnung einmünden soll. Daher erscheint es richtiger, als **Gegenstand der Rechtskraft** unmittelbar **das Bestehen oder Nichtbestehen der geltend gemachten konkreten Rechtsfolge** anzusehen. Das stimmt mit der Betrachtung der materiellen Rechtskraft als verbindlicher Festlegung einer konkreten Rechtsfolge (→ Rdnr. 34 ff.) überein. 101

Um die geltend gemachte Rechtsfolge zu bestimmen, ist vom **Antrag** des Klägers auszugehen, → Einl. (20. Aufl.) Rdnr. 289. Vielfach genügt allein der Antrag, um die geltend gemachte Rechtsfolge so zu individualisieren, daß sie von anderen Rechtsfolgen unverwechselbar abzugrenzen ist. Dies ist bei Klagen auf Leistung individuell bestimmter Sachen, bei Gestaltungsklagen und bei den meisten Feststellungsklagen (z.B. bei Klage auf Feststellung eines dinglichen Rechts) der Fall. In anderen Fällen, insbesondere bei Zahlungsklagen und sonstigen Klagen auf nur der Gattung nach bestimmte Leistungen, ist zwar ebenfalls vom Antrag auszugehen, aber der vorgetragene *Sachverhalt zum Verständnis des Antrags heranzuziehen*, um zu ermitteln, um welche Rechtsfolge es sich handelt, → Einl. (20. Aufl.) Rdnr. 289 ff., → § 264 Rdnr. 32 ff. Entscheidend ist der wesentliche Kern des Antrags, so daß bloße Formulierungsunterschiede der Rechtskraftwirkung nicht entgegenstehen[105]. 102

b) Begrenzung des Urteilsgegenstands durch den vorgetragenen Tatsachenkomplex

Reicht diese Umgrenzung der Rechtsfolge aus, um sie unverwechselbar von anderen Rechtsfolgen zu unterscheiden, so ist damit noch nicht gesagt, daß sich auch der Gegenstand der Rechtskraft nur nach dieser Umschreibung zu richten hat. Für die Fragen der Rechtshängigkeit und der Klageänderung wurde in diesem Kommentar allerdings diese weite Umgrenzung gewählt und die – daraus folgende – Ansicht vertreten, daß keine engere Eingrenzung durch die vorgetragenen Tatsachen (oder Tatsachenkomplexe) stattfindet. Zum Streitgegenstand in dieser Sicht gehören also **alle Tatsachen**, die geeignet sind, den Antrag des Klägers zu rechtfertigen, → Einl. (20. Aufl.) Rdnr. 291, → § 264 Rdnr. 32 ff. Vielfach wird die Ansicht vertreten, der Streitgegenstand müsse an allen Stellen, wo er relevant werde, vor allem also bei Rechtshängigkeit, Klagehäufung, Klageänderung und Rechtskraft, übereinstimmend definiert werden[106]. Dem kann indes nicht gefolgt werden[107], näher → Einl. (20. Aufl.) Rdnr. 283. Ge- 103

---

§ 549 Nr. 116; *Rosenberg-Schwab-Gottwald*[15] § 95 III 1; *Brox* JuS 1962, 125.
[104] Lit. → Einl. (20. Aufl.) Rdnr. 263.
[105] Vgl. *BayObLGZ* 1988, 426, 430.
[106] So z.B. *Habscheid* Der Streitgegenstand im ZP (1956), 284; *Jauernig* (Fn. 1) 53; *Jauernig* ZPR[24] §§ 37 VII 3, 63 III 6; *Rosenberg-Schwab-Gottwald*[15] § 153 I; *Zöller-Vollkommer*[20] Rdnr. 39 vor § 322; *Georgiades* Die Anspruchskonkurrenz im Zivilrecht und Zivilprozeßrecht (1968), 252, 254; *MünchKommZPO-Gottwald* Rdnr. 104; s. auch *Lent* ZZP 65 (1952), 316 (in der Regel).
[107] Die Möglichkeit einer abweichenden Begrenzung des Urteilsgegenstands bejahen vor allem *Pohle* JR 1954, 437; AP Nr. 1 Anm.; *A. Blomeyer* Festschr. f. Lent (1957), 44 ff.; *ders.* ZPR[2] § 89 III vor 1; *Brox* JuS 1962, 124. Auch *Baumgärtel* JuS 1974, 69, 73 ff. bejaht die Relativität des

wiß besteht ein Zusammenhang insofern, als der für Rechtshängigkeit und Klageänderung maßgebende Streitgegenstandsbegriff auch für den Gegenstand der materiellen Rechtskraft jedenfalls die äußerste Grenze darstellt; was jenseits dieses Streitgegenstands liegt, kann auch von der Rechtskraft nicht erfaßt werden.

104 **Beim Gegenstand der Rechtskraft rechtfertigt sich aber eine engere Eingrenzung** aus der Eigenart der hier gegebenen Rechtsfolge und aus der anderen hier bestehenden Interessenlage, → schon Einl. (20. Aufl.) Rdnr. 285, 294. Bei Rechtshängigkeit und Klageänderung ist die Einbeziehung aller Tatsachen, die den Klageantrag rechtfertigen, insbesondere auch aller Erwerbsgründe bei einem dinglichen Recht und aller Gestaltungsgründe bei einer Gestaltungsklage, sachlich angebracht, da sie zur Konzentration der Prozesse führt und der Druck auf die Parteien, den möglichen Stoff im anhängigen Prozeß vorzutragen bzw. (bei der Frage der Klageänderung) den geänderten Vortrag als Prozeßstoff zu akzeptieren, durchaus zuzumuten ist. Bei der Bemessung des Gegenstands der Rechtskraft würde aber die Einbeziehung aller den Antrag begründenden Tatsachen zu wesentlich härteren Konsequenzen führen. Die Geltendmachung aller dieser Tatsachen würde abgeschnitten, auch wenn es sich um Tatsachenkomplexe (z.B. andere Gestaltungsgründe, andere Erwerbsgründe bei dinglichen Rechten) handelt, die einer Partei unbekannt und unerkennbar waren; denn der mit der Rechtskraft verbundene Ausschluß der alten Tatsachen besteht unabhängig davon, ob die Partei die Tatsachen geltend machen konnte oder nicht, näher → Rdnr. 234. Diese umfassende Rechtskraftwirkung erscheint unbillig und kann auch nicht im Interesse der anderen Partei gefordert werden.

105 Daher ist es zutreffend, den Gegenstand der Rechtskraft (hier Urteilsgegenstand genannt) auf das Bestehen oder Nichtbestehen der geltend gemachten **Rechtsfolge** auf Grund des vorgetragenen **Tatsachenkomplexes** zu beschränken. Hinsichtlich der Rechtskraft besteht daher Übereinstimmung mit dem von der Rechtsprechung, insbesondere vom BGH durchweg angewandten **zweigliedrigen Streitgegenstandsbegriff.** Danach wird der Streitgegenstand bestimmt durch den geltend gemachten (prozessualen) Anspruch und den zugehörigen Lebenssachverhalt, aus dem der Kläger den Anspruch herleitet[108]. – Stützt der Kläger seinen Antrag auf **verschiedene Lebenssachverhalte,** so muß im Urteil klargestellt sein, über welchen Sachverhalt entschieden ist; läßt sich die Unklarheit nicht durch Auslegung beheben, so kommt dem Urteil keine Rechtskraftwirkung zu[109]. – Zur Bedeutung des Lebenssachverhalts bei **Anspruchskonkurrenz** → Rdnr. 109; zu den Einzelheiten des Tatsachenausschlusses →Rdnr. 228ff.

106 Die Beschränkung des Urteilsgegenstandes auf den vorgetragenen Tatsachenkomplex gilt bei Leistungs-[110] und Gestaltungsklagen, aber auch bei positiven und negativen **Feststellungsklagen,** da die Interessenlage der Parteien insoweit durchaus übereinstimmend zu bewerten ist. Daß bei den Feststellungsklagen der Sachverhalt vielfach nicht zur Individualisierung nötig ist, rechtfertigt es nicht, hier etwa alle Rechtserwerbsgründe unabhängig vom Tatsachenvortrag als von der Rechtskraft erfaßt anzusehen[111]. Die Gegenansicht führt auch zu eigenartigen Diskrepanzen[112]: Die rechtskräftige Abweisung einer *Eigentumsfeststellungsklage* würde

---

Streitgegenstandsbegriffs, jedoch mit anderen Ergebnissen. Zu den Einzelheiten des Meinungsstandes → Einl. (20. Aufl.) Rdnr. 283.
[108] So u.a. *BGH* NJW 1990, 1795, 1796 = LM Nr. 126; NJW 1992, 1172, 1173 = LM Nr. 133 (*Grunsky*); NJW 1993, 2684, 2685 = LM Nr. 135 (*Grunsky*); NJW 1996, 3151, 3152 = LM § 549 Nr. 116; *BGHZ* 132, 240, 243 = NJW 1996, 1743 = LM § 209 BGB Nr. 84 (*Leipold*); BayObLGZ 1988, 426, 429f. Vgl. zur Begrenzung der Rechtskraft durch den zur Entscheidung gestellten Sachverhalt *BGHZ* 9, 28; LM Nr. 4, Nr. 79 = NJW 1976, 1095; LM Nr. 90 = NJW 1981, 2306; *BAG* AP Nr. 8. Zur Formel des *RG* → Rdnr. 232 bei Fn. 332.
[109] *OLG Hamm* NJW-RR 1992, 1279.
[110] Auch bei wettbewerbsrechtlichen Unterlassungsklagen, *OLG Karlsruhe* GRUR 1993, 509 = MDR 1993, 1016.
[111] Zutr. *Schwab* Der Streitgegenstand im ZP (1954), 174ff.; *Habscheid* (Fn. 106) 193ff. – A.M. *Lent* ZZP 65 (1952), 328; *Nikisch* Der Streitgegenstand im ZP (1935), 77; *AcP* 154 (1954), 294; *Henckel* Parteilehre und Streitgegenstand im ZP (1961), 284; *Jauernig* (Fn. 1) 71 (bei selbstabgegrenzten Feststellungsanträgen); *Baumgärtel* JuS 1974, 69, 75. → aber zu einer erweiterten Präklusion Rdnr. 235.
[112] Vgl. *Habscheid* (Fn. 106) 197. – Nach *Jauernig* ZPR[24] § 37 VIII 1 ergibt sich bei der *Herausgabeklage* die Begrenzung durch den Sachverhalt zwar nicht aus Grün-

alle nicht vorgetragenen Erwerbsgründe ausschließen, während eine rechtskräftig abgewiesene *Herausgabeklage* auf Grund Eigentums, auf andere Erwerbsgründe gestützt, wiederholt werden könnte. Man müßte dann konsequenterweise stets auf die Begrenzung durch den Tatsachenstoff verzichten, soweit dieser nicht zur Individualisierung der Rechtsfolge erforderlich ist.

Zur Frage, ob außerhalb des vorgetragenen Tatsachenkomplexes eine **weitergehende Tatsachenpräklusion** unter der Voraussetzung bejaht werden kann, daß diese Tatsachen der Partei bekannt waren, → Rdnr. 235.

107

c) Bedeutung der rechtlichen Würdigung

Der **Gegenstand der Rechtskraft** wird grundsätzlich **nicht davon bestimmt, welche Rechtsnormen die Parteien geltend gemacht haben und welche Rechtsnormen das Gericht geprüft hat.** Denn das Gericht hat grundsätzlich alle Rechtssätze zu beachten, die aufgrund des vorgetragenen Sachverhalts den Antrag als begründet erweisen können bzw. eine Einwendung zu rechtfertigen vermögen[113]. Kommt das Gericht dieser Pflicht nicht nach, so mag das Urteil unrichtig sein, doch rechtfertigt sich daraus keine Einschränkung der Rechtskraft.

108

Das Problem wird vor allem bei der **Anspruchskonkurrenz** aktuell. Auch wenn man annimmt, daß materiellrechtlich in solchen Fällen mehrere Ansprüche gleichen Inhalts nebeneinander stehen (z.B. **Schadensersatzansprüche** aus Vertrag, Gefährdungshaftung und Delikt)[114], so ergreift die Rechtskraft alle diese Ansprüche, soweit sie aus dem vorgetragenen Sachverhalt zur Begründung der geltend gemachten Rechtsfolge hergeleitet werden[115]. Wurde die Klage in einem solchen Fall rechtskräftig abgewiesen, wobei die Partei die Klage nur auf die vertragliche Begründung stützte oder das Gericht nur diese Begründung prüfte, so steht die Rechtskraft dennoch einer neuen Klage (mit demselben Antrag auf Grund desselben Sachverhalts) entgegen[116]. Anders ist es bei einer wesentlichen Unterscheidung des vorgetragenen Lebenssachverhalts, so daß etwa die rechtskräftige Abweisung einer Klage auf die vertragliche Gegenleistung, weil der Vertrag nicht mit dem Beklagten abgeschlossen worden sei, einer späteren auf **ungerechtfertigte Bereicherung** gestützten Klage nicht entgegensteht, mit der geltend gemacht wird, weder mit dem Beklagten noch mit einem Dritten sei ein Vertrag zustande gekommen[117]. Auch der **Pflichtteilsanspruch** und der Pflichtteilsergänzungsanspruch (§ 2325 BGB) bilden (bei entsprechend unterschiedlich vorgetragenem Lebenssachverhalt und auch schon wegen des unterschiedlichen Antrags[118]) zwei verschiedene Streitgegenstände[119].

109

Einheitlichkeit des Streitgegenstands bejahte der BGH im Verhältnis von Amtshaftungsan-

109a

---

den der Individualisierung, wohl aber aus der Verhandlungsmaxime. Folgt man dem, so bleibt unerfindlich, warum der Streitgegenstand einer *Feststellungsklage* mit selbstabgegrenztem Antrag nicht durch den Sachverhalt begrenzt werden soll (so aber *Jauernig* ZPR²⁴ § 37 VIII 3), gilt doch auch dafür die Verhandlungsmaxime.

[113] Vgl. *BGH* LM Nr. 94 = NJW 1982, 2257; *BAG* FamRZ 1991, 57, 58 = KTS 1991, 160.

[114] Auch materiell-rechtlich spricht hier vieles dafür, statt mehrerer selbständiger Ansprüche einen einheitlichen Anspruch mit mehrfacher Begründung anzunehmen. Dafür – auch um die zivilrechtliche Dogmatik mit dem Prozeßrecht wieder in Übereinstimmung zu bringen – *Nikisch* AcP 154 (1955), 282; *Larenz-Canaris* SchuldR II/2¹³ § 83 VI 1; *Georgiades* (Fn. 106) 147 ff., 239 ff. (»Anspruchsnormenkonkurrenz«).

[115] *BGH* NJW 1990, 1795 (Fn. 108); NJW 1995, 1757, 1758 = LM Nr. 142.

[116] *BGH* LM Nr. 54; VersR 1978, 59; s. auch *BGH* NJW 1985, 2411, 2412 (zur Klage mehrerer Kläger aus jeweils unterschiedlichen Anspruchsgrundlagen); *Rosenberg-Schwab-Gottwald*¹⁵ § 95 III 2; *Nikisch* Streitgegenstand (Fn. 111) 151; Lb² § 106 I 3; *Schwab* (Fn. 111) 151 f.; JuS 1965, 85; *Habscheid* (Fn. 106) 287 (anders, wenn zulässige Beschränkung der Rechtsfolgebehauptung, S. 285 mit 176). – A.M. *Lent* ZZP 65 (1952), 338 ff. (bei Anspruchskonkurrenz); teilweise auch *A. Blomeyer* Festschr. für Lent (1957), 70 ff.; ders. ZPR² § 89 III 3 (keine Rechtskraft, soweit konkurrierende Ansprüche des materiellen Rechts aus prozeßrechtlichen Gründen auch für den Urteilsgegenstand als selbständige Ansprüche anzusehen sind).

[117] *BGH* NJW 1990, 1795 (Fn. 108).

[118] Näher hierzu *Leipold* Anm. zu BGH LM § 209 BGB Nr. 84.

[119] BGHZ 132, 240 = NJW 1996, 1743 = LM § 209 BGB Nr. 84 (*Leipold*).

spruch und Anspruch aus enteignungsgleichem Eingriff[120], von Amtshaftung und polizeirechtlichem Entschädigungsanspruch[121], nicht dagegen bei einem Anspruch aus öffentlich-rechtlicher Aufopferung gegenüber Ansprüchen aus Gefährdungshaftung und aus Amtspflichtverletzung[122], weil (trotz gleichen Antrags) die materiell-rechtliche Regelung die zusammentreffenden Ansprüche erkennbar unterschiedlich ausgestaltet. Der zuletzt erwähnte Gedanke erscheint zutreffend und wichtig: die Identität des Antrags kann nicht allein aufgrund eines formalen Vergleichs des Wortlauts beurteilt werden, sondern muß den Inhalt der Rechtsfolgen mitberücksichtigen. Damit wird im notwendigen Umfang die materiell-rechtliche Regelung beachtet.

110   Die rechtskräftige Abweisung einer Klage auf **nachehelichen Unterhalt** erfaßt alle Unterhaltstatbestände der §§ 1570ff. BGB[123]; zur Urteilsabänderung wegen späterer Veränderung der Umstände → § 323 Rdnr. 10.

111   Ausnahmsweise kann aber der Urteilsgegenstand auf **bestimmte rechtliche Begründungsmöglichkeiten** beschränkt sein. Dies ist vor allem dann anzunehmen, wenn die Rechtswegs- und Zuständigkeitsvorschriften dem Gericht eine umfassende Sachprüfung verwehren, dazu eingehend → Einl. (20. Aufl.) Rdnr. 295. Wird also eine Klage auf Schadensersatz aus unerlaubter Handlung im Gerichtsstand des § 32 rechtskräftig abgewiesen, so bleibt die erneute Klage auf Grund Vertrags möglich[124], auch wenn es sich um denselben Tatsachenkomplex und den unveränderten Antrag handelt.

112   Dasselbe gilt, wenn das Gesetz die **Beschränkung** des Begehrens **auf bestimmte Gründe** gestattet, z.B. bei den **Besitzschutzklagen,** oder wenn sich das jedenfalls aus der Absicht des Gesetzes, mit der es einen bestimmten Anspruch gewährt, erschließen läßt (so bei den abstrakten Ansprüchen aus **Wechsel** oder **Scheck** im Verhältnis zum Anspruch aus dem Grundverhältnis, z.B. Kaufvertrag)[125]. Näher → Einl. (20. Aufl.) Rdnr. 296. Die Rechtskraft erfaßt hier nur den geltend gemachten Grund.

6. Der Gegenstand der Rechtskraft bei der Sachentscheidung

a) Rechtskräftige Feststellung bei den verschiedenen Klagearten

113   Die **Sachurteile** enthalten, je nach der Klageart, folgende rechtskraftfähigen Feststellungen[126]:

114   aa) Das Urteil auf **Leistungsklage** stellt bei Verurteilung das Bestehen der Leistungspflicht, bei Klageabweisung deren Nichtbestehen fest. Das klageabweisende Urteil stellt also seinem Inhalt nach ein *Feststellungsurteil* dar[127]. Die Rechtskraft wird entscheidend durch den **Abweisungsgrund** bestimmt, → Rdnr. 186, 247ff.

115   Die Rechtskraft eines **Unterlassungsurteils** bezieht sich auf die konkret beanstandete Verletzungsform, wirkt aber auch gegenüber solchen geänderten Handlungsweisen, die den **Kern**

---

[120] *BGH* NJW-RR 1992, 1119 = LM § 839 (D) BGB Nr. 42.
[121] *BGH* NJW 1995, 620 = LM § 839 (Fe) BGB Nr. 138; NJW 1996, 3151 = LM § 549 Nr. 116.
[122] *BGH* NJW 1993, 2173 = LM § 839 (Ca) BGB Nr. 87.
[123] *OLG Karlsruhe* FamRZ 1980, 1425.
[124] *BGH* VersR 1978, 59; *RGZ* VZS 27, 389; *OLG Freiburg* JZ 1953, 473; *Rosenberg* Lb⁹ § 88 II 3 c; *Schwab* (Fn. 111) 157; *Habscheid* (Fn. 106) 160. Weitergehend *A. Blomeyer* (Zit. s. Fn. 116), der vertragliche und deliktische Ansprüche wohl generell als verschiedene Urteilsgegenstände ansehen will.
[125] So (mit sehr unterschiedlicher Begründung) *RGZ* 26, 253; *Nikisch* AcP 154, 284; *Rosenberg-Schwab-Gottwald*[15] § 155 II 1; *Schwab* (Fn. 111) 173; *Habscheid* (Fn. 106) 215; *A. Blomeyer* ZPR² § 89 III 3 (S. 484). S. auch *RGZ* 160, 347 (zur Rechtshängigkeit).
[126] Vgl. *RGZ* 50, 417 (zur Leistungs- und negativen Feststellungsklage).
[127] *Lüke* JuS 1969, 301; *Jauernig* ZPR²⁴ § 34 I; *Braun* Rechtskraft und Restitution, Teil 2 (Fn. 1) 317.

der Verletzungsform unberührt lassen[128]. Bei dieser (vor allem im Wettbewerbsrecht bedeutsamen) sog. Kerntheorie (näher → § 890 Rdnr. 33) geht es um den Umfang der materiellen Rechtskraft, nicht nur um eine Ausdehnung der Vollstreckung[129], so daß im selben Umfang grundsätzlich auch eine wiederholte Klage unzulässig ist. Allerdings wird man davon in Fällen, in denen die Reichweite des Titels unklar ist, eine Ausnahme machen müssen[130].

bb) Das Urteil auf **positive Feststellungsklage** enthält bei Obsiegen des Klägers die Feststellung des Bestehens des behaupteten Rechtsverhältnisses, bei Klageabweisung die Feststellung des Nichtbestehens, → § 256 Rdnr. 167ff. Die Reichweite der Rechtskraft muß unter Berücksichtigung der Klagebegründung und der Entscheidungsgründe festgestellt werden. Wird auf Feststellung geklagt, jemand sei als Erbe eines Gesellschafters Kommanditist geworden und wird diese Klage rechtskräftig abgewiesen, so ist über eine originäre (vom Erbgang unabhängige) Kommanditistenstellung nicht entschieden[131]. 116

Das Urteil auf **negative Feststellungsklage** stellt beim Obsiegen des Klägers das Nichtbestehen des Rechtsverhältnisses, bei der Klageabweisung dagegen das Bestehen[132] fest (→ § 256 Rdnr. 167ff.), womit alle schon damals bestehenden Einwendungen (auch wenn sie nicht vorgetragen waren) präkludiert sind[133]. 117

Allerdings gilt dies nur, wenn die negative Feststellungsklage deshalb abgewiesen wurde, weil das Gericht in den Entscheidungsgründen das **Bestehen des Rechts feststellte,** nicht dagegen, wenn das Gericht fehlerhafterweise wegen Nichtfeststellbarkeit des Rechts die negative Feststellungsklage abgewiesen hat, dazu → § 256 Rdnr. 167 Fn. 351[134]. Eine Verkennung der Darlegungs- und Beweislast ändert zwar im allgemeinen nichts an der materiellen Rechtskraft einer aufgrund dieses Fehlers ergehenden Entscheidung. Wird aber im Fall der negativen Feststellungsklage dem Kläger fehlerhafterweise die Behauptungs- und Beweislast für das Nichtvorliegen der Voraussetzungen des von ihm bekämpften Rechts auferlegt, so liegt darin zugleich eine Verkennung des *Entscheidungsgegenstands* bei Abweisung einer negativen Feststellungsklage, wenn und soweit das Gericht davon ausging, die Abweisung setze keine positive Feststellung des vom Beklagten behaupteten Rechts voraus. Mehr als das Gericht zur Feststellung bringen *wollte* – und dafür sind neben dem Tenor auch die Entscheidungsgründe maßgebend – kann aber nicht in Rechtskraft erwachsen. 118

Wurde die **negative Feststellungsklage** – gerichtet auf Feststellung des Nichtbestehens eines Anspruchs – rechtskräftig **abgewiesen,** so erfaßt die Rechtskraft nicht die **Höhe** des vom Beklagten behaupteten Anspruchs, wenn der Anspruch vom Beklagten **noch nicht abschließend beziffert** wurde; vielmehr stellt dann das Urteil (ähnlich einem Grundurteil) nur das Bestehen des Anspruchs dem Grunde nach fest[135]. Weitergehend (allgemein gegen eine Feststellung der Höhe des Anspruchs) → § 256 Rdnr. 170. 119

---

[128] *BGHZ* 5, 189 = NJW 1952, 665 (LS) = GRUR 1952, 577; *BGHZ* 126, 287, 296 = NJW 1994, 2820, 2822 = LM § 12 BGB Nr. 63 (*Bokelmann*); OLG Frankfurt OLGZ 1985, 206, 207; *Baumbach-Hefermehl* Wettbewerbsrecht[19] Einl. UWG Rdnr. 485; *Pastor Der* Wettbewerbsprozeß[3] 851; *Rüßmann* (Fn. 1), 686.
[129] A.M. OLG Düsseldorf OLGZ 1994, 223 = GRUR 1994, 81. – Dagegen auch *Rüßmann* (Fn. 1), 684.
[130] *Rüßmann* (Fn. 1), 688f.
[131] BayObLGZ 1987, 325, 333.
[132] BGH WM 1985, 1408.
[133] BGH NJW 1995, 1757 = LM Nr. 142.
[134] Gegen BGH LM § 256 Nr. 123 = NJW 1983, 2032 (dagegen *Tiedtke* NJW 1983, 2011) = JZ 1983, 394 (mit letztlich zust. Anm. *Messer*) = JR 1983, 372 (abl. *Waldner*); dagegen auch *Koussoulis* (Fn. 1) 200. Der BGH hat jedoch (unter Aufhebung von OLG Hamm NJW-RR 1986, 1123, das der Gegenansicht gefolgt war) trotz der geäußerten Kritik an seiner Auffassung festgehalten, auch bei einer fehlerhaften Abweisung der negativen Feststellungsklage wegen Verkennung der Darlegungs- und Beweislast werde das Bestehen des Rechts festgestellt, BGH LM Nr. 111 = NJW 1986, 2508 = JZ 1986, 1060 = JuS 1987, 241 (LS, *K. Schmidt*); dagegen *Tiedtke* JZ 1986, 1031; *ders.* NJW 1990, 1697; *Künzl* JR 1987, 57; *Walter* ZBJV 1987, 553; *Lepp* NJW 1988, 806; *MünchKomm-ZPO-Gottwald* Rdnr. 170. Dem BGH zust. *Habscheid* NJW 1988, 2641; *Kapp* MDR 1988, 710.
[135] BGH LM § 256 Nr. 144 = NJW 1986, 2508 = JZ 1986, 650 = MDR 1986, 741 = JR 1986, 414 (zust. *Schubert*); NJW 1975, 1320 = MDR 1975, 739 = JR 1976, 18 (zust. *Schubert*) = LM § 218 BGB Nr. 4.

120 Für die **Präklusion von Tatsachen** gelten auch bei der negativen Feststellungsklage die allgemeinen Grundsätze[136], → Rdnr. 228 ff.

121 cc) Bei **Gestaltungsklagen** wird bei erfolgreicher Klage das Bestehen des Gestaltungsgrundes (→ Rdnr. 67), bei Klageabweisung das Nichtbestehen festgestellt (Feststellungsurteil, → Rdnr. 114).

122 Besondere Probleme treten bei den **Statusklagen** auf, dazu → § 640 h Rdnr. 1 ff. Zur Rechtskraft bei einer erfolgreichen **Ehelichkeitsanfechtungsklage** → Rdnr. 86. Ist eine Klage des Mannes auf Anfechtung des Vaterschaftsanerkenntnisses rechtskräftig als unbegründet abgewiesen worden, weil die Vaterschaft festgestellt bzw. die Vaterschaftsvermutung nicht widerlegt wurde, so erfaßt die Rechtskraft das Bestehen der Vaterschaft und steht damit auch einer Anfechtungsklage des Kindes entgegen[137]. Dazu, daß für den Fall eines non liquet im Statusprozeß keine Besonderheiten mehr anzuerkennen sind, → § 640 h Rdnr. 9 a.

b) Die rechtliche Qualifikation einer bejahten Rechtsfolge

123 Rechtskräftig festgestellt wird zunächst das Bestehen oder Nichtbestehen der Rechtsfolge in ihrem **gegenständlichen Gehalt** (Verpflichtung zur Herausgabe einer bestimmten Sache, zur Zahlung einer Geldsumme usw.). Bei Feststellungklagen wird ferner auch die **Art des Rechtsverhältnisses** von der Rechtskraft umfaßt, soweit der Feststellungsantrag darauf gerichtet war (z.B. Klage auf Feststellung eines bestimmten dinglichen Rechts – Eigentum, Nießbrauch usw. – oder auf Feststellung des Bestehens eines Miet- oder Arbeitsvertrags).

124 Ob die **Entscheidung über die Art des Anspruchs (rechtliche Qualifikation)** auch sonst bei einer Verurteilung zu einer Leistung (oder einem positiven Feststellungsurteil hinsichtlich des Anspruchs) in Rechtskraft erwächst, ist umstritten[138]. Die überwiegende Meinung[139] bejaht die Rechtskraft der zugrunde gelegten rechtlichen Qualifikation, weil der Subsumtionsschluß als Ganzes und damit auch die Herleitung der bejahten Rechtsfolge in Rechtskraft erwachse.

125 Diese Auffassung ist im Hinblick auf die gesetzgeberische Grundentscheidung, die Rechtskraft eng zu bemessen und sie auf die Entscheidung über die Schlußfrage zu beschränken, nicht unbedenklich. Zwar führt die Rechtskraft der rechtlichen Einordnung nicht dazu, den Entstehungsgrund der bejahten Rechtsfolge als solchen, etwa das *Bestehen eines Mietvertrages*, festzustellen; nur daß es sich z.B. um einen *mietvertraglichen* Anspruch handelt, soll unangreifbar feststehen. Aber es ist nicht zu verkennen, daß auch die Art des Anspruchs für die Entscheidung über das Bestehen der gegenständlichen Rechtsfolge *nur eine Vorfrage* darstellt, freilich eine solche, die mit der Schlußentscheidung besonders eng verknüpft ist.

126 Bejaht man die Rechtskraft der rechtlichen Qualifikation, so muß man auch ein *Rechtsmittel* zulassen, nur um die eine rechtliche Herleitung (z.B. deliktischer Anspruch) durch eine andere, u.U. günstigere (etwa vertraglicher Anspruch) zu ersetzen; d.h. man muß insoweit eine

---

[136] *OLG Celle* NdsRpfl 1976, 196.
[137] *Soergel-Gaul* BGB[12] § 1600 l Rdnr. 9; *Münch-Komm-Mutschler*[3] § 1600 l Rdnr. 13 f. – A.M. *OLG Düsseldorf* NJW 1980, 2760 = FamRZ 1980, 831.
[138] Lit.: *Bader* Zur Tragweite der Entscheidung über die Art des Anspruchs bei Verurteilungen im Zivilprozeß (1966).
[139] RGZ 126, 237; 144, 59; BGH LM § 325 Nr. 10; LM § 81 BEG 1956 Nr. 15; BGHZ 42, 349; *Lent* ZZP 65 (1952), 343 ff.; ZZP 73 (1960), 318; *Habscheid* (Fn. 106) 123; *Götz* JZ 1959, 681; *Arens* Streitgegenstand und Rechtskraft im aktienrechtlichen Anfechtungsverfahren (1960), 24 ff., 44. – Verneinend *Nikisch* Der Streitgegenstand im Zivilprozeß (1935), 148 ff.; *Jauernig* Das fehlerhafte Zivilurteil (1958), 115 ff. (132); *Georgiades* (Fn. 106) 261; *Brox* ZZP 81 (1968), 389; *LG Stuttgart* ZZP 69 (1956), 183; einschränkend *Henckel* Parteilehre und Streitgegenstand im Zivilprozeß (1961), 295 ff.; *Bader* (Fn. 138) (Bader bejaht die Rechtskraft – «Präjudizialitätsfunktion» – nur, wenn die Art des Anspruchs im rechtskräftig abgeschlossenen Prozeß Bestandteil des Urteilsgegenstandes war. Dies ist nach *Bader* nur dann der Fall, wenn es aus Gründen des materiellen oder prozessualen Rechts auf die Art des Anspruchs ankam); *Schwab* Festschr. für Bötticher (Fn. 1) 321, 329 ff. sowie *Rosenberg-Schwab-Gottwald*[15] § 153 III 4 (Rechtskraft aber nur in Verbindung mit dem Subsumtionsschluß selbst).

Beschwer trotz Obsiegens des Klägers (in der Hauptfrage) anerkennen[140]. Damit entsteht die Gefahr einer Prozeßverlängerung, nur weil es vielleicht später einmal auf die rechtliche Qualifikation ankommen könnte[141].

So ist gegenüber der Erstreckung der Rechtskraft auf die rechtliche Einordnung Vorsicht geboten; sie kann nur insoweit bejaht werden, als dies *in der Konsequenz der anerkannten Rechtskraftwirkungen* liegt. Um zu erkennen, inwiefern dies zutrifft, ist zwischen den verschiedenen Fällen zu unterscheiden, in denen die rechtliche Einordnung in einem späteren Verfahren von Bedeutung werden kann.

127

aa) Die rechtliche Qualifikation ist wesentlich, wenn **neue Tatsachen** geltend gemacht werden, die die rechtskräftig festgestellte Rechtsfolge nur bei einer bestimmten rechtlichen Einordnung zum Erlöschen bringen können: Z.B. vermag ein Widerruf wegen späteren groben Undanks (§ 530 BGB) nur einen Anspruch aus einem Schenkungsversprechen, nicht aus einem Vergleich in Wegfall zu bringen. Kann eine Vollstreckungsgegenklage mit Erfolg auf den späteren groben Undank gegründet werden, obwohl die Verurteilung auf Grund Vergleichs erfolgte, etwa mit dem Vorbringen, das Erstgericht habe zwar den Anspruch zu Recht bejaht, ihn aber unrichtig qualifiziert? Kann umgekehrt, wenn die Verurteilung aus Schenkungsversprechen erfolgte und später das Erlöschen wegen groben Undanks vorgebracht wird, entgegnet werden, in Wahrheit habe es sich um einen Anspruch aus Vergleich gehandelt[142]? Ähnliche Fragen ergeben sich, wenn der spätere Wegfall einer deliktischen Forderung, die aus vorsätzlicher unerlaubter Handlung zugesprochen worden war, auf Grund einer späteren Aufrechnung (zu den Voraussetzungen der Zulässigkeit → § 767 Rdnr. 33 ff.) geltend gemacht wird: Kann dann das *Aufrechnungsverbot* des § 393 BGB unbeachtet bleiben, weil die rechtskräftig zugesprochene Forderung entgegen der rechtlichen Qualifikation im Vorprozeß nicht aus unerlaubter Handlung oder nur aus fahrlässiger unerlaubter Handlung begründet sei[143]?

128

Zur Beantwortung der Frage, welche später eingetretenen Tatsachen die rechtskräftig bejahte Rechtsfolge beeinflussen können, ist auch sonst von der Begründung der rechtskräftigen Entscheidung auszugehen. Nur solche neue Tatsachen, die in Verbindung mit der Begründung der rechtskräftigen Entscheidung ein Erlöschen der bejahten Rechtsfolge ergeben, können zu einem Abgehen von der rechtskräftigen Feststellung führen. Die Bejahung oder Verneinung jener rechtlichen Voraussetzungen, auf die sich die neuen Tatsachen nicht beziehen, bleibt verbindlich, → Rdnr. 247 ff. Geht man davon aus, so erscheint es konsequent, in diesem Zusammenhang auch eine Bindung an die rechtliche Qualifikation zu bejahen. **Neue Tatsachen können demnach die rechtskräftige Feststellung nur beseitigen, wenn sie auf Grund der im rechtskräftigen Urteil vorgenommenen rechtlichen Einordnung relevant sind**[144].

129

In den erwähnten Beispielsfällen ist davon auszugehen, daß ein Anspruch aus Vergleich, Schenkung bzw. unerlaubter Handlung vorliegt. Dagegen dürfte es zu weit gehen, auch noch die Feststellung, daß *Vorsatz* vorliege, als bindend zu betrachten[145]. Zwar würde es sich auch dabei nicht um die Feststellung einer *Tatsache* als solcher handeln; denn bindend wäre, daß ein *Anspruch aus vorsätzlicher unerlaubter Handlung* vorliegt[146]. Aber nach materiellem Recht entsteht aus fahrlässigem wie aus vorsätzlichem Verhalten ein *deliktischer Anspruch*, es würde sich also nicht mehr um die Art des Anspruchs, sondern um die Herleitung aus einer bestimmten Tatsachenlage handeln. Vom Gegenstand des Streits, über den die Parteien eine bindende Entscheidung wünschen und erwarten, liegt dies noch weiter entfernt als die rechtliche Einordnung der schließlich bejahten Rechtsfolge selbst.

130

Die Bindung geht aber stets nur so weit, daß das Bestehen der bejahten rechtlichen Herleitung nicht *verneint* werden darf. Dagegen schließt es die Rechtskraft des verurteilenden Erkenntnisses nicht aus,

131

---

[140] Vgl. *Bader* (Fn. 138) 90 ff.; *Brox* ZZP 81 (1968), 389 sowie → Allg. Einl. vor § 511 Rdnr. 96. – A.M. *Schwab* Festschr. für Bötticher (Fn. 1) 321, 335 ff.

[141] *Götz* JZ 1959, 686f. will die Beschwer nur dann bejahen, wenn ein »substantieller Nachteil aus der rechtlichen Charakterisierung« bereits erkennbar ist. Aber dies ist ein reichlich unsicheres Kriterium; außerdem erscheint es ungerecht, das Rechtsmittel zu versagen, wenn ein künftiger Nachteil zwar derzeit nicht erkennbar, aber doch immerhin möglich ist. Zutreffend *Bader* (Fn. 138) 96 ff.

[142] So das Beispiel von *Pagenstecher* JW 1930, 3334.

[143] Gegen eine Bindung an die Feststellung, daß *vorsätzliches* Delikt vorliege: *Habscheid* (Fn. 106) 126 ff.; *A. Blomeyer* Festschr. f. Lent (1957), 57 ff. – Auch *Rosenberg* Lb⁹ § 88 II 3 c; *Lent* ZZP 65 (1952), 344; *Schwab* (Fn. 111) 142 bejahen wohl nur eine Bindung an die Zuerkennung eines deliktischen Anspruchs, nicht an die Feststellung der Verschuldensform.

[144] Ebenso *Pagenstecher* JW 1930, 3334; eingehend *Zeuner* (Fn. 51) 33 ff.; MDR 1956, 257; *Henckel* (Fn. 111) 296.

[145] Vgl. *BGH* LM Nr. 2 (in Rechtskraft erwächst nur, daß Anspruch *aus unerlaubter Handlung*).

[146] Vgl. *Bader* (Fn. 138) 48f. gegen *BGH* (vorige Fn.).

später vorzubringen, die Leistungspflicht ergebe sich *zusätzlich* noch aus anderen, konkurrierenden Gesichtspunkten (Anspruchskonkurrenz!), auf die im ersten Urteil nicht eingegangen wurde. Wer also eine Verurteilung auf Grund Vertrags erzielt hat, kann einer Vollstreckungsgegenklage immer noch entgegenhalten, sein Anspruch sei auch aus vorsätzlichem Delikt begründet und deshalb nach § 393 BGB aufrechnungsfest.

132   bb) Die rechtliche Qualifikation der bejahten Rechtsfolge wird ferner von Bedeutung, wenn diese in einem späteren Prozeß als **Vorfrage** erheblich ist. Die **Präjudizialität** als Voraussetzung der Rechtskraftwirkung in diesen Fällen besteht in dem materiell-rechtlichen Zusammenhang der rechtskräftig festgestellten Rechtsfolge mit der des neuen Prozesses, näher → Rdnr. 204 ff. Dieser Zusammenhang läßt sich aber nicht zwischen rechtlich ungefärbten Rechtsfolgen herstellen[147]: Präjudiziell für einen Schadensersatzanspruch wegen Nichterfüllung eines Vertrags ist z.B. nicht die Verpflichtung zu einer Leistung, sondern nur die *vertragliche* Leistungspflicht. Auch hier ist die getroffene rechtliche Einordnung als verbindlich anzusehen[148], da andernfalls die Rechtskraftwirkung weitgehend entwertet würde. Das zweite Gericht könnte sonst sagen, eine Leistungspflicht *aus Vertrag* bestehe nicht, daher sei die Klage auf Schadensersatz abzuweisen. Freilich ist man geneigt, dem zweiten Gericht diese Möglichkeit nur zuzubilligen, wenn es die rechtliche Begründung *durch eine andere ersetzt*, also z.B. ausführt, der Anspruch bestehe in Wahrheit aus ungerechtfertigter Bereicherung, damit jedenfalls der Einklang mit der festgestellten gegenständlichen Rechtsfolge gewahrt bleibt. Allein, wie soll das zweite Gericht verpflichtet sein, sich darüber, ob der festgestellte Anspruch aus einem *anderen* Grund besteht, überhaupt Gedanken zu machen, da es doch für seine Entscheidung nur darauf ankommt, ob ein Anspruch *aus Vertrag* besteht?

133   Auch bei der Präjudizialität schließt es die vorgenommene rechtliche Einordnung aber nicht aus, die bejahte Rechtsfolge *zusätzlich* noch aus einem anderen rechtlichen Gesichtspunkt herzuleiten; nur die *Verneinung* der bejahten rechtlichen Qualifikation ist durch die Rechtskraft verwehrt.

134   cc) Die rechtliche Einordnung ist auch dann relevant, wenn die *weitere prozessuale Behandlung* des bejahten Anspruchs (insbesondere seine Durchsetzung) davon abhängt, ob es sich um einen Anspruch bestimmter Art handelt, so z.B. bei der Frage eines **Konkursvorrechts** (§ 61 KO) oder der Bevorzugung des Anspruchs aus vorsätzlicher unerlaubter Handlung bei der **Pfändung** des Arbeitseinkommens (§ 850f Abs. 2). Die Annahme einer Bindung an die rechtliche Einordnung ist in diesen Fällen nicht erforderlich, um den Sinngehalt der rechtskräftigen Enscheidung zu sichern. Auch handelt es sich vom umstrittenen Gegenstand des rechtskräftig abgeschlossenen Prozesses her gesehen um recht entlegene Fragen. Das unterstützt jene Ansicht, die in solchen Fällen eine Bindung an die rechtliche Qualifikation *ablehnt*[149]. Dem ist jedenfalls für den Fall des Konkursvorrechts zuzustimmen. Dagegen spricht der Sinn des § 850f Abs. 2 für eine Bindung hinsichtlich des Vorliegens eines deliktischen Anspruchs, näher → § 850f Rdnr. 10ff. Der BGH[150] nimmt eine **Bindung des Vollstreckungsgerichts** an, wenn das Prozeßgericht einen Anspruch aus vorsätzlicher unerlaubter Handlung bejaht oder verneint. Hat das Prozeßgericht zur Frage des Vorsatzes nicht Stellung genommen, so ist eine Klage auf Feststellung zulässig, daß der rechtskräftig titulierte Anspruch auch unter dem Gesichtspunkt vorsätzlicher unerlaubter Handlung begründet ist[151].

135   dd) Zur Bindung an die rechtliche Einordnung beim **Grundurteil** → § 304 Rdnr. 47.

7. Die Rechtskraft der Entscheidung über die Zulässigkeit

a) Prozeßurteil

136   Wird eine Klage als unzulässig abgewiesen oder ein Rechtsmittel als unzulässig verworfen (**Prozeßurteil**), so bildet nur die *Zulässigkeitsfrage* den Gegenstand der Entscheidung. Hinweise für das weitere Verfahren, die ein Rechtsmittelgericht neben der Verwerfung des Rechtsmittels gibt, erwachsen nicht in Rechtskraft[152]. Rechtskräftig festgestellt (zur Rechts-

---

[147] Vgl. Lent ZZP 65 (1952), 344.
[148] Zutreffend daher *BGH* LM § 81 BEG 1956 Nr. 15. – A.M. *MünchKommZPO-Gottwald* Rdnr. 87.
[149] So *A. Blomeyer* (Fn. 116) 59; *Henckel* (Fn. 111) 299f.; *Jaeger-Weber* KO[8] § 146 Rdnr. 36 (alle zum Konkursvorrecht); *Frisinger* Privilegierte Forderungen in der Zwangsvollstreckung und bei der Aufrechnung (1967), 122ff. (zu § 850f). – A.M. *Rosenberg* Lb[9] § 88 II 3 c; auch *Grunsky* FamRZ 1968, 282 (zu § 850f, gegen Behandlung als Rechtskraftproblem).

[150] *BGHZ* 109, 275, 277 = NJW 1990, 834 (*Link*) = JZ 1990, 392 (*Brehm*) = ZZP 103 (1990), 355 (*Smid*) = Rpfleger 1990, 246 (*Münch*). Dazu *Hager* KTS 1991, 1 (gegen eine Bindung des Vollstreckungsgerichts, soweit nicht eine Feststellung aufgrund einer Zwischenfeststellungsklage erfolgt ist).
[151] *BGHZ* 109, 275 (Fn. 150).
[152] *BGH* FamRZ 1990, 282.

kraftfähigkeit → Rdnr. 62, 63) wird die **Unzulässigkeit** einer Klage oder eines Rechtsmittels **auf Grund des jeweiligen Zulässigkeitsmangels** (also wegen sachlicher Unzuständigkeit, mangelnder Prozeßfähigkeit usw.). Wurde die Abweisung auf *mehrere* Unzulässigkeitsgründe gestützt (→ Einl. [20. Einl.] Rdnr. 325, → § 300 Rdnr. 17), so erwächst die Unzulässigkeit wegen jedes dieser Gründe in Rechtskraft.

Einer *erneuten Klage* mit demselben Streitgegenstand[153] steht die Rechtskraft des Prozeßurteils nur dann nicht entgegen, wenn der prozessuale **Mangel nun behoben** ist (Klage vor einem anderen, zuständigen Gericht, durch den gesetzlichen Vertreter usw.)[154]. Systematisch handelt es sich dann um neue, rechtskraftfreie Tatsachen, → Rdnr. 236ff. Auch die rechtskräftige Abweisung eines geänderten Begehrens wegen unzulässiger Klageänderung (→ § 264 Rdnr. 42) hindert die erneute Klage nicht[155]. Die rechtskräftige Abweisung einer Klage bzw. eines Antrags als unzulässig, weil sich der Kläger zur Rücknahme verpflichtet habe (→ vor § 128 Rdnr. 162, 247, → § 269 Rdnr. 5), wirkt nicht bei einer erneuten Klage bzw. Antragstellung[156]. **137**

Ebenso steht die rechtskräftige Verwerfung eines Rechtsmittels einem nachher **erneut eingelegten Rechtsmittel** dann nicht entgegen, wenn der Zulässigkeitsmangel auf Grund veränderter Umstände (z.B. kein Formmangel bei der erneuten Einlegung) behoben ist[157]. Dasselbe gilt, wenn die erste Berufung mangels rechtzeitiger Begründung verworfen und danach das Rechtsmittel innerhalb der noch laufenden Frist erneut eingelegt wird[158]. Das Vorbringen, schon vor der verwerfenden Entscheidung habe eine (weitere) fehlerfreie Rechtsmitteleinlegung vorgelegen, kann dagegen die Rechtskraft der Verwerfungsentscheidung nicht ausschalten[159]. Dazu → § 519b Rdnr. 13, 15f. **138**

Wenn eine Klage auf Kostenerstattung wegen **fehlenden Rechtsschutzbedürfnisses** als unzulässig abgewiesen wurde, weil der einfachere Weg des **Kostenfestsetzungsverfahrens** zur Verfügung stehe (→ vor § 91 Rdnr. 20), aber danach im Kostenfestsetzungsverfahren die Erstattungsfähigkeit dieser Art von Kosten rechtskräftig verneint wird, wird man den Unzulässigkeitsgrund für die Klage als nachträglich weggefallen ansehen können, so daß die Klage erneut erhoben werden kann[160]. **139**

Ist durch rechtskräftiges Urteil ausgesprochen, daß ein Prozeß **durch Prozeßvergleich beendet** ist, so wird dadurch mit dem BGH[161] nicht nur die Unzulässigkeit der Prozeßfortführung, sondern auch die *materiell-rechtliche Wirksamkeit* des Vergleichs festgestellt. Zwar könnte man einwenden, die materielle Wirksamkeit des Vergleichs sei für die Prozeßbeendigung nur eine Vorfrage, über die als solche nicht rechtskräftig entschieden werde (→ Rdnr. 90ff.). Aufgrund der Doppelnatur des Prozeßvergleichs (→ vor § 128 Rdnr. 257, → § 794 Rdnr. 6, 46ff.) umfaßt aber die prozessuale stets auch die materielle Wirksamkeit, so daß eine Unterscheidung bei der Rechtskraftwirkung zu formal erscheint. Im umgekehrten Fall gilt dies freilich nicht; denn auch wenn ein Prozeßvergleich hinsichtlich der Prozeßbeendigung nicht wirksam ist, kann er gleichwohl materiell-rechtliche Wirkungen haben. **140**

---

153 Bei anderem Streitgegenstand steht die Rechtskraft des Prozeßurteils ohnehin nicht entgegen, vgl. *RG* JW 1913, 202; *A. Blomeyer* ZPR² § 89 II 2.
154 Ebenso *Zöller-Vollkommer*²⁰ Rdnr. 1.
155 *RGZ* 50, 279.
156 *OLG Karlsruhe* FamRZ 1980, 1117.
157 Wurde ein Rechtsmittel wegen *Fristablaufs* als unzulässig verworfen, so steht die Rechtskraft einem später wiederholten Rechtsmittel entgegen, weil (abgesehen vom Fall einer Wiedereinsetzung) keine nachträgliche Behebung des Mangels vorliegt. Die Wirksamkeit der Urteilszustellung und damit der Fristbeginn dürfen nicht erneut geprüft werden, so auch *BGH* LM Nr. 89 = NJW 1981, 1962 = MDR 1981, 1007; *OLG Frankfurt* NJW 1983, 2395. Unzutreffend *BAG* AP Nr. 9 = JZ 1963, 559, das die Rechtskraft der Verwerfungsentscheidung auf den konkreten Einlegungsakt (»die am 4. IV. eingelegte Berufung«) beschränken will. S. dagegen *Pohle* AP Nr. 9 Anm.; *Scheuerle* JZ 1963, 560.
158 *BGH* NJW 1991, 1116 = LM § 519b Nr. 39.
159 *BGH* LM § 233 (Ga) Nr. 5 = NJW 1966, 930.
160 *OLG Frankfurt* OLGZ 1985, 379 = AnwBl 1985, 210 = GRUR 1985, 328 (zu vorprozessualen Abmahnkosten); *OLG Nürnberg* JurBüro 1995, 592, 593.
161 *BGHZ* 79, 71 = NJW 1981, 823 = ZZP 97 (1984), 204 = LM Nr. 87 (LS, *Treier*). – A.M. *Pecher* ZZP 97 (1984), 139, 172; Voraufl.

141   In Rechtskraft erwächst auch beim Prozeßurteil **nicht der Unzulässigkeitsgrund als solcher** (d.h. vom Streitgegenstand losgelöst), so daß die Rechtskraft nicht für weitere prozessuale oder gar materielle Rechtsfolgen wirken kann, die sich aus dem Unzulässigkeitsgrund ableiten ließen. Wenn also eine Unterhaltsklage mangels Rechtsschutzinteresses als unzulässig abgewiesen wurde, weil der Kläger aus einem Prozeßvergleich vollstrecken könne, so ist damit wiederum nicht die Wirksamkeit des Prozeßvergleichs festgestellt[162].

142   Für das **Verhältnis der Amts- und der Landgerichte** (§ 11) hat der Gesetzgeber ausdrücklich eine **Bindung** angeordnet, um zu verhindern, daß jedes der Gerichte seine Zuständigkeit verneint, weil es die des anderen Gerichts für gegeben hält. Dazu → § 11 Rdnr. 1, 3. Wenngleich § 11 nur für die sachliche Zuständigkeit gilt, folgt doch aus der materiellen Rechtskraft eines Prozeßurteils, daß die rechtskräftige Abweisung einer Klage wegen örtlicher Unzuständigkeit auch in einem später wiederholten Prozeß mit demselben Streitgegenstand vor einem anderen Gericht zu beachten ist und eine Verweisung an das Erstgericht hindert[163]. Sollte die Verweisung dennoch geschehen, so wäre sie allerdings gleichwohl als neuere Entscheidung (→ zum Rechtskraftkonflikt Rdnr. 226) für das Erstgericht bindend[164], → § 281 Rdnr. 34.

143   Ferner hat die Rechtsprechung angenommen, daß durch die rechtskräftige Abweisung wegen der **Einrede des Schiedsvertrags** auch die Zulässigkeit des schiedsrichterlichen Verfahrens bindend festgestellt wird, also vor allem im Verfahren über die Vollstreckbarerklärung des Schiedsspruchs nicht mehr verneint werden kann[165]. Das ist zwar aus den allgemeinen Grundsätzen über die Rechtskraft kaum zu begründen[166], aber sachlich gerechtfertigt und daher als besonderer, die Bindung erweiternder Rechtssatz anzuerkennen. Zur Begründung kann der Grundgedanke des § 11 herangezogen werden. Dazu auch → § 11 Rdnr. 9, → § 1027a Rdnr. 21 (§ 1032 nF).

144   Zu weiteren Fällen einer **analogen Anwendung des § 11** (funktionelle Zuständigkeit usw.) → § 11 Rdnr. 9. – Zur Bindungswirkung der **Verweisungsentscheidungen** → § 281 Rdnr. 27ff., 94ff.

b) Bejahung der Zulässigkeit

145   Der rechtskraftfähige Inhalt des Prozeßurteils zeigt, daß zum Streitgegenstand auch die Frage der Zulässigkeit des begehrten Rechtsfolgeausspruchs gehört[167]. Das gilt aber genauso beim **in der Sache entscheidenden Urteil.** Die Abweisung einer Klage als unbegründet oder die Verurteilung in der Sache enthält die Feststellung der Zulässigkeit der Klage (abgesehen von dem → Rdnr. 147 erwähnten Sonderfall bei den Rechtsschutzvoraussetzungen). Dabei handelt es sich nicht um eine bloße Vorfrage für die Sachentscheidung, die in Parallele zu den materiellrechtlichen, nicht selbständig rechtskraftfähigen Vorfragen (→ Rdnr. 89ff.) stünde, sondern um einen selbständigen Teilausspruch des Urteils, der nur in der Formel nicht ausdrücklich

---

[162] A.M. *BGH* NJW 1985, 2535 (zutr. abl. *Dunz*) = FamRZ 1985, 580 = LM Nr. 106.
[163] A.M. *BGH* NJW 1997, 869.
[164] Insoweit besteht im Ergebnis Übereinstimmung mit BGH NJW 1997, 869.
[165] *RGZ* 40, 402; JW 1938, 3187; *RAGE* 12, 116; *OLG Breslau* JW 1930, 656; *Hein* Identität der Partei (1918), 1, 135. – A.M. *Kleinfeller* Festschr. für Wach (1913), II, 404 (aber Arglisteinrede).
[166] Vgl. *Zeuner* (Fn. 51) 72, der hier einen Fall des von der Rechtskraft zu wahrenden Sinnzusammenhangs annimmt (dazu → Rdnr. 212ff.); u. *A. Blomeyer* ZPR² § 89 V 3 (Rechtskraft, weil Fall einer zweigliedrigen Disjunktion).

[167] Dies betonen (in unterschiedlicher Weise) *A. Blomeyer* Festschr. der Jur. Fakultät Berlin zum 41. Dt. Juristentag (1955), 59; *ders.* ZPR² § 40 II (prozessualer und sachlicher Streitgegenstand); *Habscheid* (Fn. 106) 147 (Verfahrensbehauptung). Ebenso im Ausgangspunkt BayObLGZ 1988, 426, 432. – Mit dem folgenden Text (Sachurteil stellt zugleich Zulässigkeit der Klage fest) übereinstimmend *Hoffmann* KTS 1973, 149, 155; *Arens* Festschr. für Schiedermair (1976), 1, 9; zur internationalen Zuständigkeit (teils krit.) *Geimer* Internationales Zivilprozeßrecht³ Rdnr. 1844ff.; *ders.* WM 1986, 120. – A.M. *H. Roth* JZ 1987, 895, 901.

hervorgehoben ist. Daher erscheint es richtig, auch insoweit die **materielle Rechtskraft zu bejahen:** Das in der Sache entscheidende Urteil stellt **rechtskraftfähig** fest, daß die **Klage zulässig ist.** Wird die Klage sachlich abgewiesen (z.B. wegen mangelnder Fälligkeit) und später wiederholt (weil die Fälligkeit eingetreten sei), so kann wegen der Rechtskraft des ersten Urteils nicht mehr die Zulässigkeit der zweiten Klage verneint werden[168]. – Zur Bindungswirkung hinsichtlich Partei- und Prozeßfähigkeit im **Vollstreckungsverfahren** → vor § 704 Rdnr. 77a.

Natürlich gilt dies nur bei *unveränderter* Sachlage; enthält die zweite Klage einen Zulässigkeitsmangel, der der ersten Klage nicht anhaftete, so kann die Rechtskraft eine Prozeßabweisung nicht hindern, da es sich um neu entstandene Tatsachen handelt. 146

c) Abweisung als unzulässig und unbegründet

In der Sache darf nur entschieden werden, wenn das Gericht die Zulässigkeit der Klage bejaht, → § 300 Rdnr. 14. Eine Ausnahme davon ist bei den sog. **Rechtsschutzvoraussetzungen** (insbes. Rechtsschutzbedürfnis, Feststellungsinteresse) anzuerkennen: Hier darf die Klage als unbegründet abgewiesen werden, obwohl das Vorliegen der Rechtsschutzvoraussetzungen noch nicht geklärt ist, → vor § 253 Rdnr. 129f. Ein solches Urteil enthält eine rechtskraftfähige Sachentscheidung. 147

Wird dagegen in anderen Fällen eine Klage abgewiesen (ein Rechtsmittel zurückgewiesen) und dabei **offengelassen,** ob die **Zulässigkeit** der Klage oder des Rechtsmittels gegeben ist, also ausgeführt, die Klage sei entweder schon unzulässig oder jedenfalls unbegründet, so kann dieses Urteil wegen seines unklaren Inhalts **keine Rechtskraft** entfalten, weder hinsichtlich der Zulässigkeit noch der Begründetheit[169]. 148

Anders ist es, wenn die Klagabweisung darauf gestützt wird, die Klage sei **unzulässig und unbegründet.** Das ist zwar ebenfalls fehlerhaft, aber hier kommt im Urteil immerhin die Unzulässigkeit der Klage unbedingt zum Ausdruck. Deshalb wird in diesem Fall mit Recht die Rechtskraft der Abweisung als unzulässig bejaht und nur dem Ausspruch zur Begründetheit die Wirksamkeit versagt[170]. Vgl. auch (zur Behandlung in der Rechtsmittelinstanz) → § 537 Rdnr. 17f., →§ 538 Rdnr. 15. Zur entsprechenden Frage bei der Aufrechnung → Rdnr. 172. 149

8. Teilklagen, Nachforderungen

a) Teilklagen

Die Rechtskraft erstreckt sich auf den Anspruch **nur insoweit, als über ihn erkannt ist,** und dies bestimmt sich nach den gestellten Anträgen. Zur Überschreitung der Anträge → Rdnr. 190ff. Bei (offenen) **Teilklagen** (also Klagen, in denen zum Ausdruck gebracht wird, daß nur ein Teilbetrag eines Anspruchs eingeklagt wird, → § 253 Rdnr. 64, 67) beschränkt sich die Rechtskraft auf den im Klage- oder Widerklageantrag **geltend gemachten Betrag des An-** 150

---

[168] Vgl. *RG* WarnRsp 1912 Nr. 454 (Feststellung der Zulässigkeit des Rechtswegs bei Aufeinanderfolge von Feststellungs- und Leistungsklage). S. auch *RGZ* 159, 176 (zum Vorbehaltsurteil im Urkundenprozeß, legt aber eine allgemeine Rechtskraftwirkung der Zulässigkeitsbejahung zugrunde). *A. Blomeyer* ZPR[1] § 40 III 2 bejaht wohl nur die *innerprozessuale* Bindungswirkung; deutlicher gegen eine Rechtskraftwirkung *ders.* Festschr. (vorige Fn.) 58; ablehnend auch *Bötticher* FamRZ 1957, 410; *MünchKommZPO-Gottwald* Rdnr. 160.

[169] *RG* WarnRsp 1908 Nr. 670; *Jauernig* JZ 1955, 237. – A.M. *MünchKommZPO-Gottwald* Rdnr. 161 (rechtskräftiges Sachurteil).

[170] *BGHZ* 11, 225; *RG* WarnRsp 1936 Nr. 7; *Rosenberg-Schwab-Gottwald*[15] § 93 IV 1; § 96 V 6, § 136 I; *Jauernig* Das fehlerhafte Zivilurteil (1958), 191; *ders.* JZ 1955, 237. – Anders *Pohle* AP Nr. 1 Anm. (Verneinung der Rechtskraft des Sachausspruchs zweifelhaft).

spruchs[171]. Dies gilt nicht nur dann, wenn der Betrag einen nach Zeitabschnitten oder dgl. individualisierten Teil des Anspruchs (Mietzinsraten usw.) darstellt, sondern auch dann, wenn es an einer solchen Individualisierung dieses Teils fehlt, also etwa von einem einheitlichen Zahlungsanspruch ein Teilbetrag eingeklagt wird. Das klagabweisende Teilurteil kann jedoch keine Rechtskraft entfalten, wenn bei einer *Gesamtklage* (→ § 253 Rdnr. 67) keine ausreichende Abgrenzung der Einzelposten erfolgte, so daß nicht erkennbar ist, in welchem Umfang über die verschiedenen Ansprüche entschieden wurde[172]. Ein zusprechendes Urteil über eine Teilklage vermag keine materielle Rechtskraft zu äußern, wenn (auch durch Auslegung) nicht erkennbar ist, über welche der in Betracht kommenden Einzelforderungen entschieden wurde[173].

151 Hat also eine Klage in vollem Umfang Erfolg, bei der der Kläger deutlich macht[174], daß er vorerst nur einen Teil des Anspruchs geltend macht, so kann später auf weitere Teilbeträge geklagt werden. Dies gilt auch bei einer Teilklage auf Zugewinnausgleich[175]. Wird einer Teilklage in vollem Umfang stattgegeben, so erwachsen Feststellungen in den Gründen, die weiteren Teilbeträgen entgegenstehen, nicht in Rechtskraft[176]. Den positiven Feststellungen zum Grund des Anspruchs sollte man dagegen auch für spätere Klagen auf weitere Teilbeträge Rechtskraftwirkung zusprechen[177].

152 Nach h.M.[178] macht es hinsichtlich der Beschränkung der Rechtskraft auf den eingeklagten Betrag keinen Unterschied, ob das Urteil der Teilklage **stattgibt** oder den Anspruch als **unbegründet abweist.** Dem logischen Gegenargument, die Abweisung eines nur rechnungsmäßig bestimmten Teils aus einer größeren Quantität könne nur ausgesprochen werden, wenn die ganze Forderung nicht bestehe, wird der eindeutige Wortlaut des Gesetzes entgegengehalten, der keine Ausdehnung der Rechtskraft auf den gesamten Anspruch zulasse. Nach der h.M. kann daher trotz der rechtskräftigen Abweisung einer Teilklage eine spätere Klage auf einen weiteren Teilbetrag erhoben werden. Die Klage soll aber nur Erfolg haben können, soweit das Gericht im zweiten Verfahren einen Gesamtbetrag des Anspruchs bejaht, der den aberkannten Teil übersteigt[179].

153 Rechtsprechung und h.M. sollten diesen Standpunkt überdenken[180]. Mit der Abweisung eines (nicht individualisierten) Teils eines Anspruchs wird notwendigerweise über den gesamten Anspruch verneinend entschieden[181]. Daher setzt man sich mit dem Wortlaut des § 322 Abs. 1 im Grunde nicht in Widerspruch, wenn man die Rechtskraft der Klagabweisung auf den gesamten Anspruch bezieht. Bei der Ansicht der h.M. handelt sich eher um eine Überspitzung des engen Rechtskraftbegriffs, die ohne Not zur Vermehrung der Prozesse beiträgt. Die für eine

---

[171] Das gilt auch für die Feststellung der Unzulässigkeit in einem Prozeßurteil, *RG* JW 1938, 3308.
[172] *BGH* LM § 253 Nr. 7. S. dazu *Pawlowski* ZZP 78 (1965), 312.
[173] *BGH* NJW 1994, 460 = ZZP 107 (1994), 365 (*Foerste*).
[174] So auch, wenn der zunächst geltend gemachte Betrag als Vorschuß bezeichnet wird, *OLG Köln* VersR 1993, 1376.
[175] *BGH* NJW 1994, 3165 = FamRZ 1994, 1095 = LM § 1378 BGB Nr. 16.
[176] *BGH* LM Nr. 114 = NJW-RR 1987, 525 = MDR 1987, 574.
[177] Näher s. *Leipold*, Festschr. für Zeuner, 431, 445 ff. – Die entgegengesetzte h.M. verteidigt *Eckardt* Jura 1996, 624, 628.
[178] *BGH* WM 1986, 146 = JuS 1986, 484 (LS, *K. Schmidt*) (rechtskräftige Abweisung einer Teilklage besitzt auch dann keine Rechtskraft für einen weiteren Teilbetrag, wenn der Anspruchsgrund für den ganzen Anspruch erörtert und verneint wurde); LM § 521 Nr. 10 = NJW 1961, 1813; BGHZ 34, 337, 339 = NJW 1961, 917; BGHZ 36, 365, 367 = NJW 1962, 1109; BGHZ 93, 330, 334 = NJW 1985, 1340 = LM Nr. 104; BAG NJW 1971, 1768; RGZ 16, 355; 94, 236; 120, 317; 172, 125; *Eckardt* Jura 1996, 624, 631; *Marburger* Gedächtnisschr. für Knabbe-Keuk (Fn. 1) 187, 199; *MünchKommZPO-Gottwald* Rdnr. 118; *Thomas-Putzo*[20] Rdnr. 26; ebenso Voraufl. dieses Kommentars. – A.M. *Wach* Hdb. des CPR I (1885), 371; *R. Schmidt* Klagänderung (1888), 232; in neuerer Zeit *R. Bruns* Lb[2] Rdnr. 235; *Zeiss*[9] Rdnr. 581.
[179] *RGZ* 172, 126.
[180] Näher s. *Leipold*, Festschr. für Zeuner (1994), 431, 439 ff.
[181] Anders wäre es, wenn der Kläger mit der Teilklage nur den Spitzenbetrag geltend macht. Dies entspricht aber kaum jemals seiner Absicht; vielmehr soll die Teilklage Erfolg haben, wenn der Anspruch jedenfalls in Höhe dieses Betrags besteht.

grundsätzlich enge Bemessung der Rechtskraft sprechenden Argumente (→ Rdnr. 74 ff.) gelten hier nicht. Weder handelt es sich um eine Erstreckung der Rechtskraft auf eine Vorfrage noch kann der Kläger überrascht sein, wenn ihm durch ein rechtskräftiges Urteil, das nicht einmal den jetzt beanspruchten Teilbetrag zubilligt, der Weg zu einer wiederholten Klage insgesamt versperrt wird. Daß bei der Teilklage niedrigere Kosten anfallen und sich Zuständigkeit und Rechtsmittel nach dem Teilbetrag richten, hat mit der Rechtskraft unmittelbar nichts zu tun.

Eine Teilklage liegt auch vor, wenn eine über den **freiwillig bezahlten Betrag hinausgehende Unterhaltsrente** begehrt wird; durch die rechtskräftige Zuerkennung des Mehrbetrags wird nicht der Unterhaltsanspruch im Umfang der freiwilligen Zahlung festgestellt[182], → auch § 323 Rdnr. 5.   **154**

b) Teilurteil

Auch die Rechtskraft eines **Teilurteils** (§ 301) beschränkt sich auf den Anspruchsteil, über den entschieden wurde. Ausführungen in den Gründen, die sich auf den restlichen, nicht beschiedenen Anspruchsteil beziehen, erwachsen nicht in Rechtskraft[183], → auch § 301 Rdnr. 8a. Zur **Stufenklage** → § 254 Rdnr. 36.   **155**

c) Nachforderungen

aa) Grundsätzliche Zulässigkeit

Zweifelhaft ist, ob die Rechtskraft eines zusprechenden Urteils einer späteren Klage entgegensteht, mit der **weitere Beträge desselben Anspruchs (Nachforderungen)** geltend gemacht werden, wenn die erste Klage nicht als Teilklage gekennzeichnet war **(verdeckte Teilklage)**.   **156**

Es geht dabei nur um Fälle, in denen die für den zusätzlichen Anspruchsteil maßgebenden Tatsachen bereits zum Zeitpunkt des Erstprozesses vorlagen; denn später eingetretene Tatsachen (soweit sie nach materiellem Recht relevant sind) werden durch die Rechtskraft ohnedies nicht präkludiert, → Rdnr. 236.   **157**

Für die Rechtkraft spricht das Interesse des Beklagten, wenn dieser davon ausgehen darf, daß die gesamte Forderung geltend gemacht ist. Auch kann die Bejahung der Rechtskraft zur Konzentration der Prozesse beitragen, da sie den Kläger zwingt, entweder schon im Erstprozeß den gesamten Betrag geltend zu machen oder jedenfalls die Klage als Teilklage zu kennzeichnen, was dann dem Beklagten den Weg eröffnet, durch negative Feststellungswiderklage auch den vorbehaltenen Teil bereits zur Entscheidung zu stellen. Andererseits darf man das Interesse des Beklagten auch nicht einseitig auf Kosten des Klägers schützen[184]. Die Geltendmachung der Mehrforderung kann im Erstprozeß z. B. auch deswegen unterblieben sein, weil die entsprechenden Tatsachen dem Kläger noch nicht bekannt waren[185].   **158**

Die Rechtsprechung des BGH ist etwas schwankend. In früheren Entscheidungen bejahte der BGH die Rechtskraftsperre für den Fall eines zusätzlich geforderten Entschädigungsbe-   **159**

---

[182] *BGHZ* 93, 330 (Fn. 178); *BGH* FamRZ 1995, 729; *OLG Zweibrücken* FamRZ 1992, 972. Bei späteren Mehrforderungen des Unterhaltsgläubigers ist daher die Nachforderungsklage, nicht die Abänderungsklage (§ 323) gegeben.

[183] *BGH* NJW 1967, 1231: Im Teilurteil (kein Vorbehaltsurteil!) war ausgeführt worden, auch die restliche Klageforderung sei begründet, das Urteil darüber hänge aber noch von der Entscheidung über die Aufrechnung ab.

Der *BGH* verneint mit Recht eine bindende Feststellung des Bestehens der restlichen Klageforderung.

[184] Gegen eine Rechtskraftwirkung insbesondere *Pohle* ZZP 77 (1964), 98 mit ausführlicher Argumentation.

[185] Zust. *OLG Frankfurt* NJW-RR 1997, 700. – *Marburger* Gedächtnisschr. für Knabbe-Keuk (Fn. 1) 187, 198 läßt die Nachforderung nur zu, wenn der Kläger nachweist, daß er den höheren Betrag im Erstprozeß unverschuldet nicht geltend machen konnte.

trags (auf Grund Enteignung)[186] und ansatzweise auch bei einer Klage auf Übertragung eines weiteren Miteigentumsanteils (Herausgabe des aus einer Geschäftsbesorgung Erlangten)[187]. Danach steht die Rechtskraft späteren Nachforderungen entgegen, wenn kein Vorbehalt darüber hinausgehender Forderungsteile erkennbar war. Bei der Würdigung der in Fn. 186 genannten Entscheidung ist zu beachten, daß die Erstklage teilweise abgewiesen worden war. Nach der hier vertretenen Ansicht (→ Rdnr. 153) steht dies der späteren Geltendmachung weiterer Anspruchsteile selbst bei einer offenen Teilklage entgegen, und dasselbe muß bei diesem Ausgangspunkt bei völliger oder teilweiser Abweisung einer verdeckten Teilklage gelten. Die h.M. ist jedoch anderer Ansicht, und dann ist es konsequent (aber nicht überzeugend), auch bei Teilabweisung einer verdeckten Teilklage Nachforderungen zuzulassen[188].

160   Später betonte der *BGH* stärker, die Rechtskraft ergreife nur den geltend gemachten Anspruch im beantragten Umfang, ohne daß der Kläger erklären müsse, er behalte sich darüber hinausgehende Ansprüche vor[189]. Bei einer Klage auf Zugewinnausgleich bedarf es, um eine spätere zusätzliche Klage zu ermöglichen, nach Ansicht des *BGH*[190] keines förmlichen Vorbehalts der Nachforderung; vielmehr genügt es, wenn deutlich gemacht wurde, daß die Klage nicht den Gesamtbetrag umfaßte. Es geht im Grund nicht um ein striktes Entweder – Oder, sondern um die Bestimmung eines Regel-Ausnahmeverhältnisses, das für die Beurteilung der konkreten Fallkonstellation den Ausgangs-, nicht den Schlußpunkt bildet. Nach einer neueren Entscheidung des *BGH*[191] zu einer Klage auf Versicherungsleistung ist auch ohne erklärten Vorbehalt eine spätere Nachforderung grundsätzlich zulässig, wenn nicht ausnahmsweise der Klageantrag im Vorprozeß so zu verstehen war, daß bereits der gesamte Anspruch eingeklagt war. Einer solchen Bestimmung des Regel- und Ausnahmeverhältnisses ist zuzustimmen; sie läßt auch genügend Raum, um je nach Fallkonstellation das schutzwürdige Interesse des Beklagten zu berücksichtigen. In einem weiteren Urteil (zu einer Schadensersatzforderung) bejaht der *BGH*[191a] die Zulässigkeit der Nachforderung allerdings sehr allgemein (obwohl im konkreten Fall ohnehin ein Vorbehalt erkennbar war).

bb) Besondere Fälle

161   Beim **Schmerzensgeldanspruch** geht der *BGH* davon aus, daß mit einer uneingeschränkten Klage der gesamte Anspruch geltend gemacht wird. Die rechtskräftige Zuerkennung eines Schmerzensgeldes für eine Körperverletzung steht daher Nachforderungen entgegen, soweit

---

[186] *BGHZ* 34, 337 = NJW 1961, 917 = MDR 1961, 394. Die Entscheidung ist insofern widersprüchlich, als der *BGH* zunächst erklärt, der Kläger brauche bei einem bezifferten Anspruch grundsätzlich *keinen* Vorbehalt zu erklären, dann aber die Rechtskraft bejaht, weil kein Vorbehalt erkennbar war. Dazu → auch Fn. 189.

[187] *BGHZ* 36, 365 = NJW 1962, 1109 = FamRZ 1962, 359. Der *BGH* begründet die Rechtskraftwirkung in erster Linie damit, daß der Anspruch auf Einräumung eines Miteigentumsanteils wegen der Einheitlichkeit des Miteigentumsrechts überhaupt nicht im Wege einer Teilklage geltend gemacht werden könne (dagegen zutreffend *Brox* NJW 1962, 1203; *Habscheid* FamRZ 1962, 354: Nicht Einheitlichkeit, sondern Teilbarkeit entscheidend. S. auch *A. Blomeyer* JZ 1963, 177), schwenkt aber dann auf die Begründung ein, im ersten Prozeß sei keine Beschränkung auf einen Teil des Anspruchs erkennbar gewesen. Die allgemeine Frage nach der Begrenzung der Rechtskraft in solchen Fällen wurde offengelassen, *BGHZ* 36, 365, 368.

[188] So z.B. *OLG Frankfurt* NJW-RR 1997, 700. Hier war der im Erstprozeß in Höhe von 9,5% geltend gemachte Zinssatz für Verzugsschaden teilweise (soweit über 4% hinausgehend) abgewiesen worden, da der Kläger die Zinshöhe nicht belegt hatte. Im zweiten Prozeß wird ein Zinssatz von 14,5% beansprucht; nach Ansicht des *OLG Frankfurt* steht dem die Rechtskraft des Ersturteils nicht entgegen, soweit es um die Zinsspanne zwischen 9,5 und 14,5% ging.

[189] *BGH* NJW 1985, 2825, 2826 = LM §1011 BGB Nr. 3. Die Entscheidung *BGHZ* 34, 337 (Fn. 186) wird dabei als auf einen Sonderfall bezogen und nicht verallgemeinerungsfähig bezeichnet; ebenso *BGH* NJW 1997, 1990 (Fn. 191).

[190] *BGH* NJW 1994, 3165 = FamRZ 1994, 1095 = LM § 1378 BGB Nr. 16.

[191] *BGH* NJW 1997, 1990 = MDR 1997, 778 = LM Nr. 148 (*Leipold*) = JZ 1997, 1126; (*Jauernig*). – A.M. *OLG Celle* WM 1988, 353 das (zu einem Schadensersatzanspruch) auf den vorgetragenen Lebenssachverhalt abstellt und die Rechtskraftsperre bejaht, wenn der Kläger nicht zu erkennen gab, daß es sich um eine Teilklage handelte.

[191a] *BGH* NJW 1997, 3019 = MDR 1997, 966.

es sich um Verletzungsfolgen handelt, die damals bereits eingetreten und objektiv erkennbar waren, oder deren Eintritt bereits vorhergesehen und bei der Entscheidung berücksichtigt werden konnte[192]. Bei Verletzungsfolgen, die (aus objektiver Sicht) noch nicht derart naheliegend waren, hindert die Rechtskraft des zusprechenden Urteils nicht die Zubilligung eines weiteren Schmerzensgeldes[193].

Auch in den Fällen, in denen ein geltend gemachter **Schaden** gemäß § 287 zu **schätzen** ist, wird man im allgemeinen davon ausgehen dürfen, daß der gesamte Schaden geltend gemacht und Nachforderungen damit ausgeschlossen sind[194]. Wurde im ersten Prozeß ein **unbezifferter Klageantrag** erhoben (zur Zulässigkeit → § 253 Rdnr. 81ff.), so sind Nachforderungen ebenfalls regelmäßig ausgeschlossen, weil der gesamte Anspruch schon Gegenstand des ersten Prozesses war[195]. **162**

Besonderheiten ergeben sich ferner bei Klagen auf zukünftige wiederkehrende Leistungen, insbesondere **Unterhaltsklagen;** denn soweit § 323 (Abänderungsklage) Anwendung findet, ist eine sonstige Nachforderungsklage unzulässig[196], näher → § 323 Rdnr. 3ff. Der BGH[197] geht im Unterhaltsprozeß von einer Vermutung gegen eine Teilklage aus, so daß hier Nachforderungen in der Regel ausgeschlossen sind. Anders ist es nur, wenn der Kläger im Erstprozeß ausdrücklich nur einen Teilanspruch geltend machte oder sich wenigstens erkennbar Nachforderungen vorbehielt. **163**

cc) Sonstige Würdigung des Verhaltens des Klägers

Soweit nach dem Gesagten die materielle Rechtskraft Nachforderungen nicht ausschließt, ist nicht gesagt, daß das frühere Unterlassen des Vorbehalts im späteren Prozeß stets ohne jegliche Bedeutung wäre. Stützt sich die Nachforderung auf tatsächliches Vorbringen, das von den Behauptungen des Klägers im ersten Prozeß abweicht, ohne daß ein vernünftiger Grund dafür erkennbar wäre, so kann dies bei der **Beweiswürdigung** zum Nachteil des Klägers beachtet werden[198]. **164**

Kam bei der ersten Klage der Wille des Klägers zum Ausdruck, weitergehende Ansprüche auch in Zukunft nicht erheben zu wollen, so kann ein **materiell-rechtlicher Verzicht** (Erlaßvertrag, § 397 BGB) bezüglich der Mehrforderungen vorliegen[199]. Die zweite Klage würde dann als unbegründet abzuweisen sein. Ferner kann sich im Einzelfall aus dem Verhalten des Klägers eine **materiell-rechtliche Verwirkung** der weiteren Anspruchsteile aufgrund widersprüchlichen oder arglistigen Verhaltens ergeben[200]. **165**

VII. Die Aufrechnung[201]

Von der Regel des Abs. 1, daß sich die Rechtskraft auf die Entscheidung über den eingeklagten Anspruch beschränkt, → Rdnr. 89ff., enthält Abs. 2 zugunsten der zur Aufrechnung (dazu **166**

---

[192] *BGH* NJW 1988, 2300 = JZ 1988, 1035 = LM § 847 BGB Nr. 76; im wesentlichen ebenso bereits *BGH* NJW 1980, 2754 = VersR 1980, 975; dem BGH folgend *OLG Düsseldorf* OLGZ 1994, 546; *OLG Oldenburg* VersR 1997, 1541. – A.M. *MünchKommZPO-Gottwald* Rdnr. 123.
[193] *BGH* NJW 1995, 1614 = VersR 1995, 471 = LM § 847 BGB Nr. 95 (*Grunsky*).
[194] So *OLG Köln* ZIP 1994, 1170 = EWiR 1994, 931 (*Brink*) zum Anspruch einer Bank auf Verzugsschaden wegen anderweitiger Ausleihmöglichkeit in Abgrenzung von *BGH* NJW 1979, 720 = LM Nr. 83.
[195] So auch *Pohle* ZZP 77 (1964), 108; *Kuschmann* (Fn. 1), 375.
[196] So z.B. *BGHZ* 94, 145, 146 = NJW 1985, 1701 (Unterhalt); *BGH* LM Nr. 112 = NJW 1986, 3142 (Anspruch auf Versorgungsbezüge); *BGH* NJW-RR 1987, 642 (Unterhalt).
[197] *BGHZ* 94, 145, 147 (Fn. 196); *BGH* FamRZ 1990, 863 = NJW-RR 1990, 390.
[198] *Pohle* ZZP 77 (1964), 110.
[199] *BGH* LM Nr. 83 = NJW 1979, 720; hilfsweise auch *OLG Köln* ZIP 1994, 1170, 1171 (Fn. 194); *Pohle* ZZP 77 (1964), 109. – Für strenge Anforderungen an den Verzichtswillen *BGH* NJW 1997, 3019 = MDR 1997, 966.
[200] *Pohle* ZZP 77 (1964), 109; *Zeiss* NJW 1968, 1309.
[201] Lit.: *Redlich* ZZP 25 (1899), 357; *Stölzel* Schulung⁵ (1914), 2, 125, 152; *Oertmann* Die Aufrechnung im Deutschen ZPR (1916), 213; *Reinicke-Tiedtke* NJW 1984, 2790; *Zeuner* JuS 1987, 354; *Niklas* MDR 1987, 96. – Lit. zur Aufrechnung im allg. → § 145 Fn. 40.

→ § 145 Rdnr. 26 ff.) gebrachten **Gegenforderung** eine positiv-rechtliche Ausnahme. Sie beruht auf den Besonderheiten der **Aufrechnung** und kann daher nicht auf die Entscheidung über andere Gegenrechte (→ Rdnr. 95 ff.) ausgedehnt werden. So wird z.B. bei erfolgloser Geltendmachung eines Zurückbehaltungsrechts die Gegenforderung nicht rechtskräftig aberkannt[202]. Der Begriff der Aufrechnung ergibt sich aus §§ 387 ff. BGB; daß die Partei die Aufrechnung unter einen anderen rechtlichen Gesichtspunkt gestellt hat, ist unerheblich[203]. Zum **Streitwert** bei Aufrechnung → § 5 Rdnr. 44 ff. Eine Berücksichtigung von Gegenforderungen als bloße Rechnungsposten im Rahmen eines Abrechnungsverhältnisses fällt nicht unter § 322 Abs. 2[204]. Auch wenn das Urteil nicht erkennen läßt, ob und auf welche Weise einzelne Gegenforderungen in eine Abrechnung oder Aufrechnung einbezogen wurden, tritt keine Rechtskraftwirkung ein[205].

167 Ob der Beklagte eine von ihm bereits **außerhalb des Prozesses erklärte Aufrechnung** (→ § 145 Rdnr. 27) geltend macht oder die **Aufrechnung erst im Prozeß erklärt** (Prozeßaufrechnung, → § 145 Rdnr. 28), ist für die Rechtskraftwirkung nicht von Bedeutung. Zur Aufrechnung durch den **Kläger** → Rdnr. 177 f. sowie → § 145 Rdnr. 28a. Zur Aufrechnung mit einer rechtskräftig verneinten Forderung → Rdnr. 205. – § 322 Abs. 2 ist im Streitverfahren der **freiwilligen Gerichtsbarkeit** entsprechend anwendbar[206].

1. Nichtmehrbestehen der Gegenforderung

168 § 293 Abs. 2 aF sah die Ausnahme sowohl für den Fall der Feststellung des *Bestehens* wie des *Nichtbestehens* der Gegenforderung vor. In der Novelle 1898 ist aufgrund der Erwägung, daß bei der Aufrechnung die Gegenforderung durch diese getilgt werde und demgemäß für die Feststellung ihres Bestehens kein Raum mehr sei, der erste Fall gestrichen worden. Bei der jetzigen Fassung des Abs. 2 ergibt sich jedoch im Gegensatz zum früheren Recht[207] der Zweifel, ob auch die **Feststellung des Nichtmehrbestehens** der Gegenforderung als Feststellung des Nichtbestehens aufzufassen und ihr demgemäß Rechtskraft zuzuerkennen ist oder nicht.

169 Der Wortlaut ist mit beiden Auffassungen vereinbar; die Begründung zu der Neufassung[208] lehnt nur die rechtskräftige Feststellung des *Bestehens* ab und befaßt sich nicht mit der Feststellung des *Nichtmehrbestehens*. Für die erste, weitere Auslegung[209] spricht entscheidend, daß vom Standpunkt der engeren Auslegung dem Beklagten gegen das die Klage auf Grund der Aufrechnung (also unter Aufopferung der Gegenforderung) abweisende Urteil mangels Beschwer kein Rechtsmittel zustehen würde[210], und ferner, daß anderenfalls insofern eine empfindliche Lücke bestehen würde, als der Beklagte die zur Aufrechnung verwandte Forderung von neuem geltend machen könnte, ohne daß die Rechtskraft des ersten Urteils entgegenstünde. – Zur **Beschwer** → Allg. Einl. vor § 511 Rdnr. 98. – Wurde die Klage aufgrund Hilfsaufrechnung abgewiesen und legt nur der Kläger Rechtsmittel ein, so erwächst die Entscheidung hinsichtlich des ursprünglichen Bestehens der Klageforderung bereits in Rechts-

---

[202] *BGH* JZ 1996, 636 = NJW-RR 1996, 828 = MDR 1996, 960.
[203] *OLG Karlsruhe* OLG Rsp 11 (1905), 82.
[204] *BGH* NJW 1992, 317 = LM Nr. 131; NJW-RR 1997, 1157.
[205] *BGH* WM 1995, 634 = WuB VI.E § 767 ZPO 1.95 (*Münzberg*).
[206] *OLG Stuttgart* OLGZ 1989, 179 = NJW-RR 1989, 841.
[207] Vgl. *RGZ* 37, 403; 42, 364.
[208] Mat. zu den Reichs-Justizgesetznovellen (1898), I, 151. – Krit. zu der Gesetzesänderung *Redlich* ZZP 25 (1899), 385 ff. mit Nachw.
[209] Wie hier *BGHZ* 36, 319; *RGZ* 161, 167, 171 f.; *Stölzel* (Fn. 201) 215 ff.; *Oertmann* (Fn. 201) 243; *Pagenstecher* Über die Eventualaufrechnung im Prozeß (1922) bes. 54 f.; *Hagens* LeipZ 1922, 377 f.; *Zeuner* JuS 1987, 354, 355; *Rosenberg-Schwab-Gottwald*[15] § 153 III 3 b.
[210] *RGZ* 78, 398; 80, 164 lassen das Rechtsmittel des Bekl. allerdings trotz der engeren Auslegung zu; die Entscheidungen sind insoweit widersprüchlich.

kraft und kann daher, aber auch wegen des Verbots der reformatio in peius, insoweit nicht mehr geändert werden[211], näher → § 536 Rdnr. 12.

Die Vorschrift des Abs. 2 gilt nur für den Fall, daß **über die Gegenforderung** selbst durch Endurteil **entschieden** wurde. Wird die Forderung des Klägers schon unabhängig von der Aufrechnung abgewiesen, so ist hinsichtlich der Gegenforderung für eine Rechtskraftwirkung kein Raum. Das Gericht darf daher die **Frage, ob die Klageforderung besteht, nicht offenlassen** und die Klage abweisen, weil jedenfalls die Aufrechnung Erfolg habe, → § 300 Rdnr. 18. Geschieht dies dennoch, so wird zwar rechtskräftig festgestellt, daß die *Klageforderung* jedenfalls *nicht mehr* besteht[212], dagegen hat das Urteil *keine Rechtskraftwirkung hinsichtlich der aufgerechneten Gegenforderung*[213]. 170

Über das Bestehen der Gegenforderung kann das Gericht nur entscheiden, wenn es zuvor die **Zulässigkeit** der Aufrechnung bejaht hat. **Unzulässig** ist es, die Zulässigkeit der Aufrechnung **offenzulassen** und die Aufrechnung für erfolglos zu erklären, weil jedenfalls die Gegenforderung nicht bestehe[214]. Auch ein solches Urteil hat *keine Rechtskraft* hinsichtlich des Nichtbestehens der Gegenforderung[215]. Das gilt auch, wenn das Eingreifen eines vertraglichen Aufrechnungsverbots offengelassen und die Gegenforderung als jedenfalls unbegründet bezeichnet wird[216]. Dagegen liegt eine rechtskraftfähige Entscheidung über die Gegenforderung vor, wenn diese wegen fehlender Substantiierung aberkannt wird[217]. Anders ist es, wenn die Tatsachenangaben so unzureichend sind, daß nicht bestimmbar ist, mit welcher Gegenforderung aufgerechnet werden soll. In einem solchen Fall ist die Aufrechnung als unzulässig zurückzuweisen, und über das Bestehen einer Gegenforderung wird dann nicht rechtskraftfähig entschieden[218]. 171

Wurde die Aufrechnung für **unzulässig und zugleich für unbegründet** erklärt, so sind die Ausführungen zur Begründetheit als unverbindlich (wirkungslos) zu betrachten[219], → auch Rdnr. 149 zur Abweisung einer Klage als unzulässig und unbegründet. 172

2. Teilbetrag

Nach der ausdrücklichen Bestimmung des Abs. 2 gilt die Rechtskraft auch hier nur für denjenigen **Betrag** der Gegenforderung, der zur Aufrechnung verwendet wurde. Handelt es sich dabei nur um einen **Teil** der Gegenforderung, so wird nur das Nichtbestehen dieses Teils festgestellt[220]. Das → Rdnr. 150 ff. zur Rechtskraft bei Teilklagen Ausgeführte gilt hier entsprechend. Entschließt man sich dazu, entgegen der h.M. der Abweisung einer (hinsichtlich des Teilbetrags nicht individualisierten) Teilklage Rechtskraft hinsichtlich der gesamten Forderung zuzubilligen (näher → Rdnr. 152 f.), so muß dies auch bei der Aufrechnung gelten, wenn das ursprüngliche Nichtbestehen des aufgerechneten Teilbetrags festgestellt wird. Soweit das Nichtmehrbestehen des aufgerechneten Teilbetrags festgestellt wird (→ Rdnr. 169), bleibt die Rechtskraft auch nach dieser Auffassung auf den Teilbetrag begrenzt; die gesetzliche Einschränkung »bis zur Höhe des Betrags, für den die Aufrechnung geltend gemacht ist« würde also nicht ignoriert, 173

---

[211] *BGHZ* 109, 179, 189 = NJW 1990, 447.
[212] *BGH* LM Nr. 21; *Oertmann* (Fn. 201) 284.
[213] *BGH* LM Nr. 21.
[214] *BGH* NJW 1988, 3210 = LM § 546 Nr. 121; *OLG Stuttgart* OLGZ 1989, 179 = NJW-RR 1989, 841 (auch im FG-Streitverfahren). Das gilt auch dann, wenn die Gegenforderung neben der Aufrechnung mit einer Hilfswiderklage geltend gemacht wird, *BGH* LM § 33 Nr. 5 = NJW 1961, 1862. Dagegen darf die Zulässigkeit der Aufrechnung ausnahmsweise dann offen bleiben, wenn das Nichtbestehen der Gegenforderung bereits rechtskräftig feststeht, *BGH* WM 1964, 451.

[215] *BGH* NJW 1988, 3210 = LM § 546 Nr. 121.
[216] *BGH* NJW-RR 1991, 971.
[217] *BGH* NJW 1994, 1538 = LM Nr. 137.
[218] *BGH* NJW 1994, 1538 = LM Nr. 137.
[219] *BGH* LM Nr. 98 = NJW 1984, 128 = MDR 1983, 1018.
[220] *OLG Düsseldorf* NJW-RR 1994, 1279; *RGZ* 16, 356; 49, 403; *OLG Karlsruhe* OLG Rsp 11 (1905), 82; *Oertmann* (Fn. 201) 260 ff.

sondern restriktiv ausgelegt. – In welcher Höhe die Gegenforderung zur Aufrechnung verwendet wurde (und daher gegebenenfalls rechtskräftig aberkannt ist), bemißt sich nach der *im Urteil bejahten Höhe* der Klageforderung, nicht nach ihrer in der Klage geltend gemachten Höhe[221].

3. Urteilsformel

174   Einer ausdrücklichen Aufnahme der Entscheidung über die Gegenforderung in die **Urteilsformel** bedarf es auch hier (→ Rdnr. 185) nicht[222].

4. Gegenforderung aus anderem Rechtsweg

175   Weil § 322 Abs. 2 die Rechtskraft auf die aufgerechnete Gegenforderung erstreckt, bestehen Bedenken gegen die Entscheidungsbefugnis des Zivilgerichts, wenn für die **Gegenforderung der Zivilrechtsweg nicht gegeben** ist. Zu diesem Problem → § 145 Rdnr. 32 ff., → § 302 Rdnr. 5 und (zur Zuständigkeit eines Schiedsgerichts) → § 302 Rdnr. 4, → § 1025 Rdnr. 37. Soweit nach dem dort Gesagten das Zivilgericht über die Aufrechnungsforderung entscheiden darf – so z.B., wenn dafür die Zuständigkeit der Arbeitsgerichte gegeben wäre oder wenn über den Bestand der Gegenforderung kein Streit besteht –, tritt auch die Rechtskraftwirkung gemäß § 322 Abs. 2 ein.

176   Aber selbst wenn das Zivilgericht *zu Unrecht* über die Gegenforderung entscheidet, muß die Rechtskraft nach § 322 Abs. 2 bejaht werden, denn es handelt sich bei dem dann gegebenen Rechtsfehler (insbesondere Überschreitung des Rechtswegs) auch sonst nicht um einen Verstoß, der zur Wirkungslosigkeit des Urteils führt, → vor § 578 Rdnr. 23.

5. Aufrechnung durch den Kläger

177   § 322 Abs. 2 spricht nur von der Geltendmachung der Aufrechnung durch den Beklagten und geht damit von den Parteirollen bei der Leistungsklage als dem Regelfall aus. Die Rechtskraftwirkung ist aber nicht auf die Aufrechnung bei der Leistungsklage beschränkt, sondern auch z.B. bei einer *Feststellungsklage* hinsichtlich einer Forderung (zur Zulässigkeit → § 256 Rdnr. 87 ff.) anzuerkennen. Auch wenn eine *Vollstreckungsgegenklage* mit einer Aufrechnung begründet wird, ist § 322 Abs. 2 anzuwenden[223]. Daß die **Aufrechnung** hier **durch den Kläger** erfolgt, stellt keinen sachlichen Grund für eine andere Bemessung der Rechtskraft dar. Ebenso ist bei einer *negativen Feststellungsklage* (Klage auf Nichtbestehen einer Forderung des Beklagten) die Rechtskraftwirkung des § 322 Abs. 2 zu bejahen, wenn über eine *vom* Kläger erklärte Aufrechnung entschieden wurde[224]. Die Rechtskraft ist (wenn man der h.M. folgt, → aber Rdnr. 173) auch hier auf den zur Aufrechnung gestellten Betrag begrenzt[225].

178   Entgegen der Ansicht des BGH[226] sollte die Rechtskraftwirkung – Feststellung des Nichtmehrbestehens der Gegenforderung – auch dann bejaht werden, wenn sich der Beklagte einer Leistungsklage im Erstprozeß auf eine vom Kläger außerhalb dieses Prozesses erklärte Aufrechnung berufen hat und die Klage deshalb rechtskräftig abgewiesen wurde[227], → auch

---

[221] *OLG Hamburg* OLG Rsp (1911), 23, 173; *Oertmann* (Fn. 201) 263.

[222] *OLG München* MDR 1955, 174; *Oertmann* (Fn. 201) 236f. (der mit Recht die *Zulässigkeit* der Aufnahme in die Formel bejaht).

[223] *BGHZ* 48, 357 = NJW 1968, 156. – Dagegen wird durch rechtskräftige Abweisung der Vollstreckungsgegenklage nicht das materiell-rechtliche Bestehen des titulierten Anspruchs festgestellt, → Rdnr. 93 sowie → § 767 Rdnr. 3 ff.

[224] Insoweit übereinstimmend *BGH* NJW 1992, 982, 983 (Fn. 228). Zu dieser Entscheidung → Rdnr. 178 a.E.

[225] *BGH* LM § 19 GKG 1975 Nr. 7 = NJW-RR 1995, 508.

[226] *BGHZ* 89, 349 = NJW 1984, 1356 = LM Nr. 103 a. Dem *BGH* zustimmend *Reinicke-Tiedtke* NJW 1984, 2790 (aber Korrektur über das Verbot widersprüchlichen Verhaltens); *ders.* NJW 1992, 1473; *Haase* JR 1984, 331; *Niklas* MDR 1987, 96; *Thomas-Putzo*[20] Rdnr. 44.

[227] Dafür eingehend *Zeuner* JuS 1987, 354. Ebenso *MünchKommZPO-Gottwald* Rdnr. 180.

Rdnr. 167. Auch bei dieser Konstellation war im Erstprozeß über die Zulässigkeit der Aufrechnung und das Bestehen der *beiden* Forderungen zu entscheiden; daß der Beklagte nicht selbst aufgerechnet, sondern sich auf eine vom Kläger erklärte Aufrechnung berufen hat, rechtfertigt keine unterschiedliche Behandlung. Dieselben Erwägungen gelten, wenn der Kläger mit einem Teil der erstinstanzlich zuerkannten Klageforderung gegen eine (anderweitig titulierte) Gegenforderung aufrechnet, weshalb die Klage teilweise abgewiesen wird. Der BGH[228] ist anderer Ansicht und stützt sich vor allem darauf, § 322 Abs. 2 diene allein dem Interesse und dem Schutz des Aufrechnungsgegners[229]. Aufgrund der besonderen Konstellation ist aber hier der Aufrechnende genauso schutzwürdig, und daß eine erweiternde oder analoge Anwendung einer Vorschrift zu einer Erweiterung des Schutzbereichs führt, ist dem Vorgang geradezu immanent.

VIII. Die Ermittlung des rechtskräftigen Entscheidungsgehalts

1. Allgemeines

Um zu erkennen, welche Entscheidung das Gericht in dem rechtskräftigen Urteil getroffen hat, ist zunächst von der **Urteilsformel** (Tenor) auszugehen[230]. Soweit aber die Urteilsformel allein nicht ausreicht, um den rechtskräftigen Gehalt der Entscheidung zu erfassen, sind auch der **Tatbestand** und die **Entscheidungsgründe** (sowie erforderlichenfalls das Parteivorbringen) heranzuziehen[231]. Daß die Rechtskraft der getroffenen Entscheidungen nicht von der Aufnahme in die Urteilsformel abhängig ist, war im Entwurf der CPO (§ 283 Abs. 3) noch ausdrücklich gesagt. Mit der Streichung[232] dieser Vorschrift ist aber nicht das Gegenteil Gesetz geworden. Auch aus § 313 Abs. 1 Nr. 4 läßt sich keine Beschränkung des rechtskräftigen Entscheidungsgehalts auf die Formel herleiten, denn § 313 betrifft nur die äußere Form des Urteils. Bei Divergenzen zwischen Urteilsformel und Entscheidungsgründen gebührt dem Tenor jedenfalls dann der Vorrang, wenn die Entscheidungsgründe in sich widersprüchlich sind und einzelne Teile davon mit der Urteilsformel übereinstimmen[233]. 179

Zu **Mißverständnissen** kann die vielgebrauchte Wendung führen, die materielle Rechtskraft erfasse **nur den Urteilstenor,** nicht die Gründe. Dabei sind mit den »Gründen« die *rechtlichen und tatsächlichen Vorfragen* gemeint, auf denen die schließlich ergehende Entscheidung über die Klage aufbaut. Daß diese »Gründe« nicht in Rechtskraft erwachsen, ist → Rdnr. 84ff., 89ff. ausgeführt. Eine ganz andere Frage[234] ist es aber, welchen Standort die rechtskräftige Entscheidung *im äußerlichen Urteilsaufbau* hat; hier ist es falsch, ausschließlich den Urteilstenor zur Ermittlung der rechtskräftigen Entscheidung zu verwerten. 180

Darüber, daß mit der Urteilsformel allein nicht auszukommen ist, besteht auch weitgehende Einigkeit. Allerdings wird zum Teil nur gesagt, die Entscheidungsgründe dürften zur **Ausle-** 181

---

[228] *BGH* NJW 1992, 982 = LM Nr. 132 (krit. *Grunsky*). Dem *BGH* zust. *Tiedtke* NJW 1992, 1473; abl. *Zeuner* NJW 1992, 2870; *Foerste* NJW 1993, 1183. s. auch *OLG Koblenz* NJW-RR 1997, 1426 (dem *BGH* zust.).
[229] Dagegen *Zeuner* NJW 1992, 2870; *Foerste* NJW 1993, 1183.
[230] Zu den Grenzen einer einschränkenden Auslegung des Tenors *BGH* LM Nr. 94 (Fn. 113); NJW 1985, 2022 = JR 1985, 422 = MDR 1985, 661 = VersR 1985, 663 (Feststellungsurteil über die Verpflichtung zum Ersatz »jeden weiteren Schadens« bezieht sich auch auf immaterielle Schäden nach § 847 BGB).

[231] So z.B. *BGH* NJW 1987, 371 (mwN).
[232] Sie erfolgte, um Unklarheiten über den rechtskräftigen Gehalt zu vermeiden. Aber auch die Befürworter der Änderung waren sich darüber im klaren, daß für den Sinn der Entscheidung auch die Entscheidungsgründe von Bedeutung sind, vgl. *Hahn* Mat. zur CPO (1880), 608f. In der Begründung des Entwurfs wurde diese Bedeutung der Entscheidungsgründe besonders hervorgehoben, s. Mat. aaO 292.
[233] *BGH* NJW 1997, 3447 = LM § 313 Abs. 1 Nr. 12.
[234] Daß beide Fragen scharf zu trennen sind, betonte schon *Savigny* System (Fn. 63) VI, 352f.

gung der Entscheidungsformel herangezogen werden[235]. Daß dies zu eng ist, zeigt vor allem der Fall, daß die Entscheidung über einen prozessualen Anspruch sich *nur* in den Entscheidungsgründen findet, → Rdnr. 188f. Aber auch sonst kann man bei der Ermittlung des rechtskräftigen Entscheidungsgehalts an Hand der Entscheidungsgründe nicht immer von bloßer Auslegung des Tenors sprechen, wenn es sich um Entscheidungsbestandteile handelt, die in der Formel nicht zum Ausdruck kommen, → Rdnr. 184ff.

182 Die rechtskräftige Entscheidung kann aber immer nur dem entnommen werden, was **in dem Urteil erkennbar zum Ausdruck gebracht** wurde; maßgebend ist nur, was das Gericht gesagt hat, nicht, was es richtigerweise hätte sagen müssen[236]. Bloß *eventuelle Erwägungen* und Entscheidungen müssen ebenfalls außer Betracht bleiben, → § 264 Rdnr. 42 bei Fn. 57, → § 300 Rdnr. 1 sowie (zur Abweisung als unzulässig und unbegründet) → Rdnr. 149.

183 Soweit die Entscheidungsgründe zur Erkenntnis der rechtskräftigen Entscheidung heranzuziehen sind, ist von den Entscheidungsgründen des **Urteils der letzten Instanz** auszugehen[237]; die Entscheidungsgründe der Vorinstanzen sind nur insoweit maßgebend, als sie nicht modifiziert wurden.

2. Bedeutung des Tatbestands und der Entscheidungsgründe

184 Schon um zu erkennen, **über welchen prozessualen Anspruch**[238] die Entscheidung erging, müssen Tatbestand und Entscheidungsgründe herangezogen werden. Vielfach läßt der Tenor nicht erkennen, um welche geltend gemachte Rechtsfolge es geht (so bei den klagabweisenden Urteilen) bzw. wie die bejahte oder verneinte Rechtsfolge zu individualisieren, von anderen Rechtsfolgen abzugrenzen ist (z.B. Verurteilung zur Zahlung von 1.000 DM). Ferner ergibt sich nur aus Tatbestand und Entscheidungsgründen, auf Grund welchen **Tatsachenkomplexes** die geltend gemachte Rechtsfolge bejaht oder verneint wurde.

185 Auch die rechtskraftfähige Entscheidung über die **Aufrechnung** läßt sich meist nur den Entscheidungsgründen entnehmen, → Rdnr. 174. Bei den **klagabweisenden Urteilen** sind die Entscheidungsgründe ferner heranzuziehen, um zu erkennen, ob die Klage als *unzulässig* oder *unbegründet* abgewiesen wurde und welche prozessuale oder materielle Voraussetzung dabei verneint wurde.

186 Der **Abweisungsgrund** ist von entscheidender Bedeutung für die Grenzen der rechtskräftigen Entscheidung[239], vor allem auch für die Frage, welche neu eingetretenen Tatsachen die Geltung des rechtskräftigen Urteils beseitigen können, → Rdnr. 247ff. Wird eine Klage auf Erstattung von Mängelbeseitigungskosten wegen Verjährung rechtskräftig abgewiesen, so hindert die Rechtskraft nicht, dem Anspruch auf Restkaufpreis die Mängeleinrede entgegenzuhalten[240].

187 Auch zum Verständnis eines in sich **widerspruchsvollen Tenors** müssen die Entscheidungsgründe herangezogen werden[241]. Soweit die Rechtskraft hinsichtlich der **rechtlichen Qualifikation** bejaht wird, → Rdnr. 123ff., sind dafür ebenfalls meist die Entscheidungsgründe maßgebend.

---

[235] So z.B. *BGHZ* 2, 170; 7, 334; 34, 339; 36, 367; *BGH* LM Nr. 54; NJW 1985, 2825, 2826; NJW-RR 1997, 1157; *BAG* AP § 22 KO Nr. 2 (*Rimmelspacher*); *RGZ* 93, 158; JW 1902, 394. Richtiger erscheint die z.B. in *RGZ* 33, 4; 95, 5 gebrauchte Formulierung: Tenor und Gründe zusammen *bilden* die (rechtskräftige) Entscheidung, oder die Formulierung (*BGH* NJW 1987, 371), Tatbestand und Entscheidungsgründe seien ergänzend heranzuziehen.
[236] *BGH* LM § 1042 Nr. 8 = MDR 1962, 397 = JZ 1962, 287.
[237] *BGHZ* 7, 174 = LM § 335 HGB Nr. 3 = NJW 1952, 1412 = MDR 1953, 34.
[238] Maßgebend ist dabei, wie das Gericht den erhobenen Anspruch aufgefaßt hat, nicht wie es ihn hätte auffassen müssen. Vgl. *RGZ* 79, 232.
[239] Vgl. *BGHZ* 24, 284; 42, 355; *BGH* NJW 1987, 371 (Anspruch nur als derzeit unbegründet abgewiesen); NJW 1993, 3204, 3205 = LM Nr. 136 (*Grunsky*).
[240] *OLG Düsseldorf* NJW-RR 1992, 133.
[241] *RG* JW 1902, 394.

3. Nicht beschiedene Ansprüche

Hat das Gericht bewußt nur über einen Teil des geltend gemachten prozessualen Anspruchs oder einen von mehreren Ansprüchen entschieden, so liegt ein **Teilurteil** (→ § 301) vor, dessen Rechtskraft sich auf den beschiedenen Teil beschränkt. Anders ist es, wenn zwar die *Entscheidungsformel* nur einen Teil des Streitgegenstands erfaßt, die *Entscheidungsgründe* jedoch klar ergeben, daß das Gericht über den gesamten Anspruch bzw. alle Ansprüche entschieden hat. Dann erfaßt die rechtskräftige Entscheidung den gesamten Anspruch (bzw. alle Ansprüche); die Urteilsformel kann gemäß § 319 **berichtigt** werden[242], → § 321 Rdnr. 7.

188

Ergibt sich dagegen (ohne daß ein bewußtes Teilurteil erlassen worden wäre) *weder aus den Entscheidungsgründen noch aus der Formel* eine Entscheidung über einen geltend gemachten Anspruch (oder Anspruchsteil), so liegt darüber keine rechtskräftige Entscheidung vor. In diesem Fall kann die **Ergänzung** des Urteils gemäß § 321 beantragt werden; geschieht dies nicht innerhalb der Frist des § 321 Abs. 2, so endet insoweit die Rechtshängigkeit → § 261 Rdnr. 95, → § 321 Rdnr. 14 (auch zur dann zulässigen Klagewiederholung). Das gilt auch dann, wenn der Tenor die Klage *ohne Einschränkung abweist*, aber die Entscheidungsgründe klar ergeben, daß über einen Teil oder einen Anspruch (z.B. Hilfsanspruch)[243] nicht entschieden wurde. Ist im Tenor über die Klage *positiv in vollem Umfang entschieden* worden (Verurteilung in Höhe des vollen Betrags), während die Gründe ergeben, daß das Gericht über einen Teil des Anspruchs nicht oder anders (abweisend) entschieden hat, so kann die Formel nach § 319 berichtigt werden. Zu betonen ist aber, daß § 319 in allen Fällen nur dann angewandt werden kann, wenn klar und unzweifelhaft erkennbar ist, daß die Formulierung des Tenors auf einem **bloßen Versehen** beruht.

189

4. Entscheidung über nicht erhobene Ansprüche

Wird in der Urteilsformel **über einen Anspruch** oder Anspruchsteil **entschieden,** bezüglich dessen *im anhängigen Verfahren* ein **Klage-** oder **Widerklageantrag** oder ein Feststellungsantrag nach § 256 Abs. 2 überhaupt **nicht vorlag,** so könnte man die Rechtskraft deshalb verneinen, weil insoweit nicht über einen *erhobenen* Anspruch entschieden wurde[244]. Bei dieser Betrachtung wird aber übersehen, daß die Frage, *welcher* Anspruch erhoben wurde, ihrerseits zum Inhalt der gerichtlichen Entscheidung gehört, so daß es nicht einfach zur Nichtbeachtung der Rechtskraft führen kann, wenn eine Partei die Ansicht vertritt, ein beschiedener Anspruch sei in Wahrheit nicht oder nicht in diesem Umfang geltend gemacht worden. Vielmehr kann auch ein solcher Entscheidungsfehler nur mit den gewöhnlichen Rechtsmitteln geltend gemacht werden, nicht mehr dagegen nach Rechtskraft des Urteils[245], → § 308 Rdnr. 11, → vor § 578 Rdnr. 15. Greift die Formel auf Grund eines eindeutigen **Versehens** bei der Formulierung über den geltend gemachten Anspruch, wie ihn die Entscheidungsgründe sehen, hinaus, so ist auch hier eine *Berichtigung* nach § 319 möglich.

190

Nur wenn das Gericht *bewußt* über einen Anspruch entscheidet, der nicht geltend gemacht war (etwa mit der Begründung, es sei entgegen der Ansicht der Parteien besser, den Streit

191

---

[242] BGH NJW 1964, 1858; RG JW 1929, 101; Bader NJW 1965, 527. – A.M. BAG AP § 3 KSchG Nr. 19 (Bötticher) = NJW 1959, 1942 (für Anwendung des § 321). Grundsätzlich wie hier, jedoch einschränkend Lindacher ZZP 88 (1975), 64, 72 (Maßgeblichkeit der Entscheidungsgründe, soweit nicht Gesichtspunkte des Vertrauensschutzes – etwa Verlautbarung der Entscheidung an die betroffene Partei nur im Tenor – entgegenstehen), dazu auch → § 319 Fn. 42.

[243] BGH LM Nr. 54 = MDR 1966, 321 = JZ 1966, 187.

[244] Fuchs Gruchot 41 (1897), 123.

[245] Mit Recht bejahen die Rechtskraft BGHZ 34, 339; WM 1985, 1408; A. Blomeyer Festschr. für Lent (1957), 47ff.; ZPR² § 81 III 2 a; einschränkend Jauernig Das fehlerhafte Zivilurteil (1958,) 157 (Rechtskraft nur, soweit das Urteil zwar über den Sachantrag hinausgeht, aber sich noch in den Grenzen des »allgemeinen Prozeßziels« hält). – S. zum Verstoß gegen § 308 Abs. 1 Klette ZZP 82 (1969), 93, der eine entsprechende Anwendung des § 321 vorschlägt. →auch § 308 Fn. 53.

gleich umfassend zu bereinigen), liegt insoweit keine rechtskraftfähige Entscheidung, sondern ein wirkungsloses Urteil vor.

192   Wirkungslos ist ein Urteil ferner dann, wenn es nicht bloß über die Klage hinausgeht, sondern erlassen wird, **ohne daß überhaupt eine Klage rechtshängig war**, → vor § 578 Rdnr. 15.

5. Nichtstreitige Urteile

193   Soweit beim **nichtstreitigen Urteil** Entscheidungsgründe fehlen, bleibt nur der Rückgriff auf das Parteivorbringen, um Zweifel über den rechtskräftigen Entscheidungsinhalt zu beheben. Das gilt beim Urteil in abgekürzter Form (§ 313 a Abs. 1, § 313 b), aber auch in sonstigen Fällen. So sind beim *Anerkenntnisurteil* das Klagevorbringen und die Anerkenntniserklärung[246], beim *Verzichtsurteil* Klagevorbringen und Verzichtserklärung, beim *Versäumnisurteil* gegen den Kläger wie auch gegen den Beklagten[247] das Klagevorbringen heranzuziehen. Zu der damit zusammenhängenden Frage der zeitlichen Grenzen der Rechtskraft beim Versäumnisurteil gegen den Kläger sowie bei Anerkenntnis- und Verzichtsurteil → Rdnr. 253f.

6. Nicht behebbare Unklarheit

194   Ist der **Inhalt** des Urteils, insbesondere die Frage, über welchen Anspruch entschieden wurde[248], auch durch Auslegung **nicht zu ermitteln**, so ist das Urteil insoweit **wirkungslos**[249], → vor § 578 Rdnr. 12.

195   Wegen der Klage auf **Feststellung des Urteilsinhalts** → Rdnr. 200.

IX. Die Wirkung der Rechtskraft in späteren Prozessen

1. Bei Identität des Streitgegenstandes

a) Voraussetzungen

196   Die materielle Rechtskraft wirkt in einem späteren Prozeß, wenn der rechtskräftig entschiedene Streit zwischen denselben Parteien (zu den subjektiven Grenzen der Rechtskraft → § 325) wiederholt wird, genauer gesagt: wenn der **Streitgegenstand** des zweiten Prozesses **mit dem Urteilsgegenstand** oder einem Teil des Urteilsgegenstandes des ersten Prozesses **identisch** ist. Eine zur Rechtskraftwirkung führende Teilidentität muß nicht notwendig in quantitativem Sinne (Ansprüche auf höheren und niedrigeren Betrag) vorliegen; es kann auch sonst der Gegenstand des zweiten Prozesses im Urteilsgegenstand des ersten Prozesses enthalten sein[250]. Die rechtskräftige Abweisung einer Klage auf Unterlassung einer Werbeaussage steht auch einer erneuten Unterlassungsklage entgegen, die hinsichtlich der betroffenen Waren ge-

---

[246] *BGHZ* 5, 189, 192; *OLG Köln* FamRZ 1992, 1446.
[247] *BGH* LM § 256 Nr. 101 (Fn. 86); NJW-RR 1987, 831, 832 = WM 1987, 579; NJW 1994, 460 = ZZP 107 (1994), 365 (*Foerste*); *BAG* NJW 1995, 2310 (zur Auslegung des Antrags im Kündigungsschutzrechtsstreit, → auch Rdnr. 322).
[248] *BGH* NJW 1994, 460 = ZZP 107 (1994), 365 (*Foerste*) (die Zwangsvollstreckung kann analog § 767 für unzulässig erklärt werden, wobei § 767 Abs. 2 nicht gilt).
[249] *BGHZ* 5, 245; *BGH* NJW 1984, 2346, 2347 (mangelnde Bestimmtheit bei einer Teilklage); FamRZ 1985, 1123; *Grunsky* Anm. zu BAG AP § 313 Nr. 9; vgl. auch *BGH* LM § 1042 Nr. 8 (zu Schiedsspruch).
[250] *BGH* MDR 1987, 492 = KTS 1987, 356 = WM 1987, 367 = NJW-RR 1987, 683 = LM § 765 BGB Nr. 48 (im Streitgegenstand einer Klage des Hauptschuldners gegen den Gläubiger mit dem Antrag, den Bürgen aus der Bürgschaft zu entlassen und die Bürgschaftsurkunde herauszugeben, ist der Streitgegenstand einer später aufgrund derselben Sachlage erhobenen Klage des Hauptschuldners gegen den Gläubiger, die Inanspruchnahme des Bürgen zu unterlassen, bereits enthalten).

wisse Einschränkungen hinzufügt, sich aber gleichwohl innerhalb der Grenzen des Streitgegenstands des ersten Prozesses befindet[251].

Die Rechtskraftsperre greift ein, wenn eine Leistungs-, Feststellungs- oder Gestaltungsklage **vom Kläger wiederholt** wird, aber auch dann, wenn der **frühere Beklagte** nunmehr den Streit in seiner **Umkehrung** erneut anhängig macht (insbesondere negative Feststellungsklage nach rechtskräftiger Verurteilung auf Grund einer Leistungsklage oder positiven Feststellungsklage oder nach einer erfolgreichen Gestaltungsklage); denn die rechtskräftige Feststellung (Bestehen einer Rechtsfolge) enthält zugleich die Feststellung des Nichtvorliegens des **kontradiktorischen Gegenteils** (Nichtbestehen der Rechtsfolge)[252]. Wurde dem Kläger ein Recht zugesprochen, das nur *einer* Person zustehen kann, so ist damit zugleich festgestellt, daß der Beklagte nicht Inhaber des Rechts ist[253]. Daher steht die rechtskräftige Feststellung des Alleineigentums des Klägers der umgekehrten Klage des Beklagten auf Feststellung seines Eigentums entgegen[254]. Entsprechend ist bei rechtskräftiger Verurteilung zur Auflassung auch für einen gegengerichteten Auflassungsanspruch (aufgrund desselben Lebenssachverhalts) die Rechtskraftwirkung zu bejahen[255]. Auch hindert die Verurteilung des Beklagten in die Auszahlung eines hinterlegten Betrags eine entgegengesetzte Klage auf Einwilligung gegen den Kläger[256].

Dagegen liegt **kein Fall des kontradiktorischen Gegenteils** vor, wenn lediglich die für den zweiten Klageanspruch vorgetragene **Begründung** mit der Begründung der ersten, rechtskräftigen Entscheidung unvereinbar ist[257].

197

198

b) Prozeßabweisung

In solchen Fällen einer Wiederholung desselben Streits wirkt der Grundsatz der *Einmaligkeit des staatlichen Rechtsschutzes*, der in dem Institut der materiellen Rechtskraft verkörpert ist. Die Parteien haben kein Recht auf eine erneute Sachentscheidung; die zweite Klage ist daher als **unzulässig** abzuweisen (materielle Rechtskraft als negative Prozeßvoraussetzung)[258], → Rdnr. 39f.

199

---

[251] *BGH* NJW 1993, 333 = MDR 1993, 227 = LM Nr. 134.
[252] *BGHZ* 123, 137, 139f. = NJW 1993, 2684, 2685 = ZIP 1993, 1495 = LM Nr. 135 (*Grunsky*) (zu dieser Entscheidung → auch Rdnr. 233a); *BGH* NJW 1995, 1757 = LM Nr. 142.
[253] *BGHZ* 123, 137, 140 (Fn. 252).
[254] *Jauernig* ZPR[24] § 63 II (»mit der Feststellung einer Rechtsfolge wird zugleich das genaue mit ihr unvereinbare (»kontradiktorische«) Gegenteil verneint«); *A. Blomeyer* ZPR[2] § 89 V 3; *Bettermann* Rechtshängigkeit und Rechtsschutzform (1949), 23. Während über das Ergebnis Einigkeit herrscht, ist zweifelhaft, ob es sich hier um einen echten Fall des kontradiktorischen Gegenteils handelt; a.M. *Zeuner* (Fn. 51) 11f.; *A. Blomeyer* aaO. Aber die Aussage »B ist (Allein-)Eigentümer« enthält zugleich die Aussage »Andere Personen (auch A) sind nicht Eigentümer« und ist damit *einer der Fälle des kontradiktorischen Gegenteils* zur Aussage »A ist Eigentümer«. Im umgekehrten Fall, auf den *Zeuner* aaO überschwenkt, gilt dies freilich nicht: Zur Feststellung »A ist nicht Eigentümer« steht die Aussage »B ist nicht Eigentümer« nicht im kontradiktorischen Gegensatz. Trotz rechtskräftiger Verneinung des Eigentums des A kann immer noch auch das Eigentum des B verneint werden; deshalb wird in diesem Fall die Rechtskraftwirkung zutreffend abgelehnt (*Jauernig* aaO).

[255] *BGH* NJW 1995, 967 = LM Nr. 139 (*Grunsky*).
[256] *BGHZ* 35, 171. – Zur Rechtskraft der Abweisung einer solchen Klage → Rdnr. 95.
[257] Nicht einleuchtend daher *OLG Köln* MDR 1983, 411, wonach aus der rechtskräftigen Zuerkennung eines Anspruchs auf Kaufpreisrückzahlung (wegen Rücktritts vom Kauf eines Hundes) die Unzulässigkeit einer späteren Klage des Verkäufers auf Ersatz von Fütterungskosten folgen soll. Auch für eine Präjudizialitätswirkung der Rechtskraft ist hier kein Grund ersichtlich; denn durch die Verurteilung zur Kaufpreisrückzahlung wird das Bestehen des Rücktrittsrechts nicht rechtskräftig festgestellt, → Rdnr. 89ff.
[258] *BGHZ* 34, 339; 35, 340; 36, 367; *BGH* MDR 1987, 492; NJW 1993, 333, 334 (Fn. 251); *BAGE* 1, 203; AP Nr. 1; *BVerwG* MDR 1962, 427; *Bötticher* Krit. Beiträge (Fn. 1) 220; *Rosenberg-Schwab-Gottwald*[15] § 151 III 1 a; *Nikisch* Lb[2] § 104 II 4 b; *Jauernig* ZPR[24] § 62 III 1. – Steht die Unbegründetheit einer Klage fest, so sollte man eine Sachabweisung auch dann zulassen, wenn die Frage noch offen ist, ob die Klage wegen der Rechtskraft als unzulässig abzuweisen wäre, s. *Pohle* AP Nr. 10 Anm. (II 2). Die Rechtskraft wird damit wie die Rechtsschutzvoraussetzungen (→ vor § 253 Rdnr. 129f.) als *bedingtes* Sachurteilshindernis aufgefaßt.

c) Zulässige neue Klagen

200 Einer **Klage auf Feststellung des Urteilsinhalts** (→ § 256 Rdnr. 35, 81) oder der **Nichtigkeit** der Entscheidung (→ § 256 Rdnr. 35) steht die Rechtskraft schon deshalb nicht entgegen, weil diese Klagen einen anderen Streitgegenstand haben. Eine neue Klage ist auch zulässig, wenn der rechtskräftige Urteilsausspruch für die Vollstreckung **zu unbestimmt** ist und dieser Mangel auch nicht durch Auslegung seitens der Vollstreckungsorgane behoben werden kann[259], → vor § 704 Rdnr. 31.

201 Ferner entfällt das Prozeßhindernis der vorliegenden rechtskräftigen Entscheidung, wenn die Partei keine **Ausfertigung** der Entscheidung (mit Rechtskraftbescheinigung) besitzt und diese auch **nicht mehr beschafft werden kann**[260], weil z.B. die Akten verlorengegangen sind oder das Gericht nicht mehr existiert. Das Prinzip der Einmaligkeit des staatlichen Rechtsschutzes steht hier nicht entgegen, weil sich der gewährte Rechtsschutz als nicht mehr effektiv erweist. Daher hat die Partei Anspruch auf die Gewinnung eines neuen Titels (z.B. als Vollstreckungstitel, → vor § 704 Rdnr. 19, aber auch zum Nachweis der rechtskräftigen Entscheidung). Die neue Klage kann dann entweder auf Feststellung der rechtskräftigen Entscheidung gerichtet werden oder es kann die erste Klage wiederholt werden[261]. In beiden Fällen ist das Urteil inhaltlich übereinstimmend mit der Vorentscheidung zu erlassen, soweit der rechtskräftige Entscheidungsgehalt festgestellt werden kann. Denn der Verlust des Titels rechtfertigt zunächst nur den Fortfall der prozessualen, nicht den der materiellen Wirkung der Rechtskraft, → Rdnr. 44. Zumeist wird aber dann die *Ersetzung der Urschrift* möglich sein, → Fn. 260. Soweit der Inhalt der früheren Entscheidung nicht mehr festzustellen ist, ist gänzlich neu zu entscheiden.

202 Trotz Vorliegens eines rechtskräftigen Leistungsurteils (Verurteilung zu künftig fällig werdenden wiederkehrenden Leistungen) kann später eine Feststellungsklage über die fällig gewordenen Raten desselben Anspruchs erhoben werden, wenn dies erforderlich ist, um die **Verjährung**[262] **zu unterbrechen**[263].

202a Der an Bedeutung ständig zunehmende grenzüberschreitende Rechtsverkehr kann zu Konstellationen führen, in denen eine **deutsche Entscheidung** trotz Rechtskraft **im Ausland nicht anerkannt und vollstreckt** werden kann, weil das Verfahren nicht den Anforderungen des Anerkennungsrechts entspricht. Wenn es keinen anderen Weg zur Behebung dieses Mangels gibt, wird man im Interesse effektiven Rechtsschutzes eine Wiederholung des Verfahrens zulassen müssen. So gestattete das OLG Hamm[264] die erneute Durchführung der Festsetzung von Anwaltshonorar (§ 19 BRAGO, zur Rechtskraft → Rdnr. 60), weil der vorhandene rechts-

---

[259] *OLG Zweibrücken* FamRZ 1996, 749 (Auskunftsanspruch) = NJW-RR 1997, 1.

[260] *BGHZ* 4, 321 = NJW 1952, 705; *RGZ* 88, 269; *OLG Hamburg* SeuffArch 72 (1917), 391; *OGHZ* 1, 213 (zum Prozeßvergleich); *Rosenberg-Schwab-Gottwald*[15] § 151 III 1 b; *Pohle* Festschr. für Lent (1957), 200. S. auch *BGH* NJW 1957, 1111. – Sofern nach der VO vom 18. VI. 1942 (BGBl 395) in Verb. mit § 6 ZuständigkeitsergänzungsG vom 7. VIII. 1952 (BGBl I 407) die *Urschrift des Urteils ersetzt* werden kann, fehlt es an den Voraussetzungen einer zulässigen neuen Klage. Vgl. auch *LG Berlin* JR 1949, 56; *Grunz* JR 1950, 72.

[261] Bei einem rechtskräftigen *Gestaltungsurteil* kommt wohl nur eine Klage auf Feststellung der erfolgten Gestaltung in Betracht, da die Wiederholung der Gestaltung mit der Begründung, es liege schon eine rechtskräftige Gestaltung vor, in sich widersprüchlich wäre. Im Ergebnis ebenso *BGHZ* 4, 321 (vorige Fn.); *BGH* FamRZ 1958, 58.

[262] Trotz rechtskräftiger Verurteilung zu künftig fällig werdenden wiederkehrenden Leistungen bewendet es gemäß § 218 Abs. 2 BGB bei der kürzeren Verjährung.

[263] *BGHZ* 93, 287 = NJW 1985, 1711 = JR 1985, 62 (dazu *Olzen* JR 1986, 56) = LM Nr. 103 (LS, *Hagen*); → auch § 256 Fn. 195. Der *BGH* sieht darin mit Recht eine Ausnahme vom Wiederholungsverbot (a.M. *Jauernig* ZPR[24] § 62 III 1; *Koussoulis* [Fn. 1] 211f.); denn in der Verurteilung zur Leistung sei auch die Feststellung des Anspruchs enthalten, so daß der Streitgegenstand des zweiten Prozesses mit einem Teil des Urteilsgegenstandes des ersten Prozesses identisch ist, was an sich zur Unzulässigkeit der zweiten Klage führen würde, → Rdnr. 199. Ebenso *Gaul* Möglichkeiten und Grenzen der Rechtskraftdurchbrechung (Fn. 1) 22ff. – A.M. *AG Groß-Gerau* FamRZ 1989, 1102; *MünchKommBGB-v. Feldmann*[3] § 218 Rdnr. 11.

[264] *OLG Hamm* IPRax 1996, 414. Abl. *Tepper* IPRax 1996, 398. S. auch *OLG München* IPRax 1988, 164 (dazu *Hausmann* IPRax 1988, 140, 142), wo die erste Instanz einem mangels Klagezustellung nicht anerkennungsfähigen Versäumnisurteil zu Recht keine Sperrwirkung zumaß (in zweiter Instanz wurde dann schon der wirksame Erlaß des Versäumnisurteils verneint).

kräftige Festsetzungsbeschluß im Ausland mangels Zustellung des verfahrenseinleitenden Schriftstücks und Einlassung des Gegners (Art. 27 Nr. 2, Art. 46 Nr. 2 EuGVÜ) nicht vollstreckbar war.

Die Rechtskraft eines **ausländischen Urteils,** das nicht *anerkannt* werden kann (→ § 328 Rdnr. 39), steht einer Klage vor dem inländischen Gericht nicht entgegen und entfaltet auch keine Bindungswirkung. Zum Teil wird auch beim *anzuerkennenden* ausländischen Urteil die Zulässigkeit einer erneuten inländischen Klage bejaht. → auch § 722 Rdnr. 6. Dann müßte ein mit dem ausländischen Urteil inhaltlich übereinstimmendes Sachurteil erlassen werden[265]. Richtiger erscheint es, dem anzuerkennenden ausländischen Urteil die gleichen Rechtskraftwirkungen zuzumessen wie dem inländischen Urteil; dann ist eine erneute Klage mit demselben Streitgegenstand unzulässig[266]. A.M. → § 328 Rdnr. 13 (*Roth*). Zulässig ist jedoch eine *Feststellungsklage*, um über die Frage der Anerkennung Klarheit zu schaffen, → § 328 Rdnr. 38 sowie (zur besonderen Rechtslage bei ausländischen Eheurteilen) → § 328 Rdnr. 189. Ist der ausländische Titel zwar anerkennungsfähig, kann er aber im Inland nicht für vollstreckbar erklärt werden, so ist eine erneute Klage zulässig, die zu einer mit dem ausländischen Urteil übereinstimmenden Sachentscheidung zu führen hat[267]. Eine erneute Klage im Inland ist auch dann zuzulassen, wenn die Entscheidungsgründe eines (an sich anzuerkennenden) Urteils nicht erkennen lassen, ob die Klage als unbegründet oder wegen anderweitiger Rechtshängigkeit abgewiesen wurde[268].

203

2. Wirkung bei Präjudizialität

Die materielle Rechtskraft wirkt auch dann, wenn die festgestellte oder verneinte Rechtsfolge (oder das jeweilige Gegenteil) in einem späteren Prozeß als **Vorfrage** von Bedeutung ist. Ob eine **Präjudizialität** in diesem Sinn vorliegt, hängt von den materiell-rechtlichen Zusammenhängen der Rechtsfolgen ab; in dem späteren Prozeß ist auf der rechtskräftig festgelegten konkreten Rechtsfolge aufzubauen.

204

a) Beispiele

So ist z. B. die rechtskräftige Feststellung oder Verneinung eines **Vertrags** oder eines **dinglichen Rechts** zugrundezulegen, wenn Ansprüche aus dem Vertrag oder dem dinglichen Recht geltend gemacht werden. Die Feststellung der Wirksamkeit eines Vertrags gegenüber einer BGB-Gesellschaft umfaßt aber nicht die Frage, ob die Gesellschafter für die Vertragserfüllung mit ihrem Privatvermögen haften[269]. Die Entscheidung über eine positive oder negative **Feststellungsklage** hinsichtlich einer Forderung schafft Rechtskraft für eine spätere **Leistungsklage**[270]. Auch wenn eine Klage auf Feststellung der Verpflichtung zum Schadensersatz mangels Schlüssigkeit abgewiesen wurde, steht die Rechtskraft dieses Urteils dem Erfolg einer späteren Leistungsklage entgegen[271]. Die rechtskräftige Feststellung des Bestehens oder Nichtbestehens eines schuldrechtlichen Anspruchs wirkt auch für spätere **Ansprüche auf Schadenser-**

205

---

[265] So *BGH* NJW 1964, 1626 = MDR 1964, 587 = LM § 328 Nr. 13; *OLG Düsseldorf* FamRZ 1989, 97.
[266] *OLG Frankfurt* NJW 1989, 671; *LG Hamburg* IPRax 1992, 251 (zu einem aufgrund des deutsch-österreichischen Anerkennungsvertrages anzuerkennenden Einantwortungsbeschluß); dazu eingehend *Bungert* IPRax 1992, 225 (abl. zur Rechtskraftwirkung hinsichtlich eines Vermächtnisanspruches). – *MünchKommZPO-Gottwald* Rdnr. 45 verneint die Zulässigkeit einer erneuten Klage auf Leistung im Inland, soweit eine vereinfachte Klauselerteilung zulässig ist, nicht, wenn es der Klage auf Vollstreckbarerklärung (§ 722) bedarf. – Weitere Nachw. → § 328 Rdnr. 13.
[267] *BGH* NJW 1987, 1146.
[268] *OLG Hamm* FamRZ 1990, 535 (Unterhaltsklage).
[269] *BGH* LM Nr. 127 = MDR 1990, 815 = NJW-RR 1990, 701.
[270] *RGZ* 50, 419.
[271] *BGH* NJW 1989, 393 = LM Nr. 123 (anders allenfalls, wenn dem Urteil der Wille des Gerichts zu entnehmen wäre, dem Kläger eine erneute Klageerhebung vorzubehalten).

satz wegen Nichterfüllung oder Verzugs[272] oder auf eine Vertragsstrafe[273]. Die rechtskräftige Abweisung einer Klage auf Mängelbeseitigung stellt auch für einen späteren Schadensersatzanspruch wegen Nichtbeseitigung der Mängel das Nichtbestehen des hierfür präjudiziellen Beseitigungsanspruchs fest[274]. Wird die Klage (oder Widerklage) aus einer Forderung rechtskräftig abgewiesen, so steht dies der Aufrechnung mit derselben Forderung in einem anderen Verfahren entgegen[275].

206 Die **vertragliche Unterlassungspflicht** ist Vorfrage für einen Schadensersatzanspruch wegen Zuwiderhandlung[276], das Nichtbestehen eines dinglichen Rechts für den Grundbuchberichtigungsanspruch[277], das Bestehen des **Herausgabeanspruchs** des Eigentümers (§ 985 BGB) für den Anspruch auf Herausgabe der **Nutzungen** (§ 987)[278]. Die rechtskräftige Feststellung des Bestehens eines Anspruchs führt zur Verneinung eines **Bereicherungsanspruchs** (§ 812 Abs. 1 Satz 1 BGB), da damit der rechtliche Grund für die erbrachte Leistung feststeht[279]. Das Bestehen des Anspruchs auf Naturalrestitution (§ 249 Satz 1 BGB) ist nach dem Gesetz Voraussetzung eines Anspruchs auf Geldersatz gemäß § 249 Satz 2 BGB; die rechtskräftige Abweisung einer Klage auf **Naturalrestitution** steht also hier auch der Klage auf **Geldersatz** entgegen[280]. Ein vergleichbares Verhältnis besteht zwischen dem Anspruch auf Freistellung von einer Verbindlichkeit und dem Zahlungsanspruch, so daß die rechtskräftige Verurteilung zur Freistellung auch für einen nachfolgenden Zahlungsprozeß den Grund der Schadensersatzpflicht feststellt[281]. Die rechtskräftige Feststellung der **nichtehelichen Vaterschaft** (§ 1600a BGB) wirkt Rechtskraft für den Unterhaltsanspruch des nichtehelichen Kindes[282]; die erfolgreiche Anfechtung der Ehelichkeit nimmt der Unterhaltsklage gegen den Ehemann der Mutter die Begründetheit[283].

207 Die Abweisung einer **Vollstreckungsgegenklage** stellt die *Zulässigkeit* der Zwangsvollstreckung fest und steht damit einem Schadensersatzanspruch (Vollstreckung als *rechtswidrige* Schadenszufügung) entgegen[284]. Wurde eine **Drittwiderspruchsklage** rechtskräfig abgewiesen, so steht dem Dritten gegenüber die Berechtigung der Zwangsvollstreckung fest, so daß Bereicherungsansprüche auf Herausgabe des Versteigerungserlöses als unbegründet abzuweisen sind[285], → § 771 Rdnr. 6.

---

[272] *RGZ* 130, 119; *JW* 1910, 393. S. auch *OLG Celle ZMR* 1963, 312 (Räumungsanspruch ist Voraussetzung des Entschädigungsanspruchs wegen Vorenthaltung der Mietsache, § 557 BGB); *BGH NJW* 1969, 1064.
[273] *BGH LM* Nr. 23 = *NJW* 1958, 790 = *MDR* 419.
[274] *KG VersR* 1994, 600, 602.
[275] *OLG Schleswig* SchlHA 1997, 21 erklärt die Aufrechnung hier für unzulässig; richtig wäre, sie als unbegründet zu betrachten.
[276] *BGHZ* 42, 340, 351ff. = *NJW* 1965, 689 = *MDR* 1965, 272. Zur deliktischen Unterlassungspflicht → Rdnr. 219 bei Fn. 303.
[277] *RG JW* 1921, 1245.
[278] *BGH LM* § 987 BGB Nr. 3; *NJW* 1981, 1517 (dazu krit. *Mädrich MDR* 1982, 455); *NJW* 1983, 164 = *MDR* 1983, 42 = LM Nr. 95 (aber nicht für Nutzungen, die vor Rechtshängigkeit des Herausgabeanspruchs gezogen wurden, § 988 BGB); ebenso *BGH NJW* 1983, 1553; dagegen → Rdnr. 261. – S. dazu auch *Zeuner* Objektive Grenzen (Fn. 51) 16; *Gerhardt* Zivilprozeßrecht⁵ (Fälle und Lösungen nach höchstrichterlichen Entscheidungen) 43ff.
[279] *BGH LM* Nr. 10; *NJW-RR* 1987, 831 = *WM* 1987, 579; *RGZ* 1, 94; 36, 205; 39, 142; 46, 77; *JW* 1900, 440; *SeuffArch* 88 (1934) Nr. 140 = *WarnRsp* 1934 Nr. 119.
[280] So *BGH NJW* 1991, 2014 = LM § 218 BGB Nr. 10; *RGZ* 126, 401; *A. Blomeyer* Festschr. für Lent (1957), 83;

*ZPR*² § 89 V 4 b; *RGRK-Alff* BGB¹² § 249 Rdnr. 13; *Palandt-Heinrichs* BGB⁵⁷ § 249 Rdnr. 3; eingehend *Zeuner* (Fn. 51) 164ff. (auch für das Verhältnis §§ 249/251 BGB). S. auch *BGHZ* 5, 105, 109. – A.M. *Rosenberg* Festg. für Rich. Schmidt (1932) Straf- u. Prozeßrecht 256; *Rosenberg-Schwab-Gottwald*¹⁵ § 154 I; *Nikisch* Streitgegenstand (Fn. 111) 120; *Habscheid* Streitgegenstand (Fn. 106) 43. – Dagegen schließt die rechtskräftige Verneinung eines Anspruchs auf Ersatz eines Verzugsschadens in bestimmter Form (z.B. Beschaffung von Wertpapieren) eine spätere Klage auf Geldersatz nicht aus, *BAG* AP Nr. 6 (*Pohle*).
[281] *BGH NJW* 1991, 2014 (Fn. 280).
[282] Vgl. (zum früheren Recht) *OLG Braunschweig* NdsRpfl 1959, 20.
[283] *OLG Celle FamRZ* 1993, 437 (die anhängige Unterhaltsklage ist dann von Anfang an unbegründet, nicht erledigt; hier geht es allerdings genau genommen um die Gestaltungswirkung.
[284] *BGH LM* Nr. 27 = *NJW* 1960, 1460 = *MDR* 1960, 743 = *ZZP* 74 (1961), 187 (*Zeuner*: keine Präjudizialität, aber im Ergebnis zustimmend); *A. Blomeyer AcP* 165 (1965), 496.
[285] *RGZ* 70, 25; *Bötticher* Festschr. für Dölle (1963), I, 61; *A. Blomeyer* (vorige Fn.).

Zum Verhältnis der materiellen Rechtskraft zu Ansprüchen aus ungerechtfertigter Bereicherung oder § 826 BGB → Rdnr. 266 ff., 268 ff.   208

b) Wiederholung des angegriffenen Aktes

Daß bei einer erfolgreichen Gestaltungsklage der Gestaltungsgrund rechtskräftig festgestellt wird (→ Rdnr. 65 ff.), öffnet den Weg dazu, dem rechtskräftigen Urteil auch dann Wirkung zuzubilligen, wenn ein **durch Gestaltungsurteil aufgehobener Akt** (z. B. ein Beschluß der Hauptversammlung einer AG) **wiederholt wird**[286]. In gleicher Weise ist auch der **Feststellung der Nichtigkeit oder Unwirksamkeit einer Gestaltungserklärung** (z. B. der **Kündigung** eines Arbeitsverhältnisses, zu weiteren Rechtskraftfragen dabei → Rdnr. 322 f., allgemein zur Kündigungsfeststellungsklage → vor § 253 Rdnr. 156 ff.) Wirkung gegenüber der **Wiederholung** zuzuerkennen[287]. Freilich könnte man dem sowohl bei der Gestaltungsklage (Anfechtungsklage) wie bei der Feststellungsklage entgegenhalten, die rechtskräftige Feststellung beziehe sich nur auf die Anfechtbarkeit oder Nichtigkeit des *konkreten* ersten Aktes. Aber weder das Gesetz noch die Interessen der Parteien sprechen dafür, die Rechtskraft in diesen Fällen derart eng zu beschränken[288]. In den genannten Fällen wird durch die Gestaltungs- oder Feststellungsklage auch das *Recht des Gegners zum Erlaß des Beschlusses bzw. zur Kündigung* zum Streit- und Urteilsgegenstand[289]. Diese Frage ist nicht eine vom Begehren der Parteien gesonderte Vorfrage, sie bildet vielmehr den eigentlichen Kern des Streits. Die Gestaltungs- bzw. Feststellungsklage in bezug auf den konkreten Akt ist nur die Form, um diesen Streit auszutragen.   209

Der wiederholte Hauptversammlungsbeschluß muß aber gegebenenfalls **wiederum angefochten** werden[290]; denn wenn die Geltendmachung eines Mangels von der Rechtsordnung nur durch die Erhebung einer Klage zugelassen wird, so beruht dies auf Gründen der Rechtssicherheit, die genauso bei einer Aktwiederholung zu beachten sind. Man kann daher nicht einfach die Unwirksamkeit (Nichtigkeit) des wiederholten Beschlusses wegen des Widerspruchs zum rechtskräftigen Urteil annehmen[291]. Ebenso muß eine **wiederholte Kündigung erneut** durch eine fristgerechte Klage nach § 4 KSchG **angegriffen werden**. Die rechtskräftige Feststellung des ersten Urteils ist präjudiziell für diese erneuten Klagen und führt zu ihrem Erfolg, ohne daß eine wiederholte sachliche Prüfung des Kündigungsrechts usw. zulässig wäre[292].   210

Freilich wirkt die Rechtskraft entsprechend den allgemeinen Grundsätzen dann nicht gegenüber dem neuen Akt, wenn dieser auf einen **anderen Tatsachenkomplex** (→ Rdnr. 103 ff.) gestützt wird, der zur Begründung des ersten Aktes nicht herangezogen wurde und daher   211

---

[286] *Zeuner* Objektive Grenzen (Fn. 51) 121; *Arens* (Fn. 1) 106 ff.; *Bötticher* Hundert Jahre deutsches Rechtsleben (1960), I, 539; *Schlosser* Gestaltungsklagen und Gestaltungsurteile (1966), 409 ff.

[287] *BAG* AP § 626 BGB Nr. 113; *KR*⁴-*Friedrich* § 4 KSchG Rdnr. 271.; *Bötticher* Festschr. für Herschel (1955), 194; *Zeuner* MDR 1956, 257; Objektive Grenzen (Fn. 51) 132; *G. Lüke* JZ 1960, 207; *Schlosser* (Fn. 286) 409 ff.; *Hueck-v. Hoyningen-Huene* KSchG¹² § 4 Rdnr. 91; *Auffarth-Müller* KSchG § 3 Rdnr. 40. – A.M. *Nikisch* ArbR I³, 776; DB 1956, 1134; *Habscheid* RdA 1958, 99; *Hueck* Anm. zu BAG AP § 3 KSchG Nr. 5.

[288] Das gleiche Problem ergibt sich bei der Aufhebung eines Verwaltungsakts durch verwaltungsgerichtliches Urteil. Auch hier wird die Rechtskraftwirkung gegenüber der Wiederholung des Verwaltungsakts mit Recht bejaht, soweit die Sach- und Rechtslage unverändert geblieben ist, s. BVerwG 14, 359, 362; OVG Lüneburg DVBl 1952, 693 (zust. *Naumann*); *Wacke* AöR 79 (1953/54), 158, 175;, *Zeuner* (Fn. 51) 116 ff.; *Ule* Verwaltungsprozeßrecht⁹ 317; *Redeker-von Oertzen* VwGO¹² § 121 Rdnr. 10; *Eyermann-Rennert* VwGO¹⁰ § 121 Rdnr. 27.

[289] Vgl. *Bötticher* Festschr. für Dölle (1963), I, 59 ff.; *R. Bruns* ZZP 78 (1965), 273.

[290] *Pohle* Die Aktiengesellschaft 1957, 45; *von der Laden* DB 1962, 1300. Dafür spricht schon der Wortlaut des § 244 Satz 1 AktG, vgl. *Schlosser* (Fn. 286) 414; *Zöllner* ZZP 81 (1968), 135, 148 ff.; *Hüffer* in: Geßler/Hefermehl/Eckhardt/Kropff AktG § 244 Rdnr. 12, 23; *Hüffer* AktG 2. Aufl. § 244 Rdnr. 4. Abw. *Baumbach-Hueck* AktG¹³ § 244 Rdnr. 7. Auf die besonderen Probleme des aktienrechtlichen *Bestätigungsbeschlusses* kann hier nicht eingegangen werden, s. dazu *Zöllner* aaO mit Nachw.

[291] So, freilich zur Rechtslage vor der Aktienrechtsnovelle 1965, zu einem erneuten Beschluß während des anhängigen Rechtsstreits, BGHZ 21, 354 = JZ 1957, 179 (*Mestmäcker*) = NJW 1956, 1753 = Die Aktiengesellschaft 1956, 44.

[292] BAG AP § 626 BGB Nr. 112; LAG Hamm DB 1988, 2158 (LS).

nicht zum Urteilsgegenstand der ersten Entscheidung gehörte[293], oder wenn mittlerweile **neue Tatsachen** vorliegen, die hinsichtlich des zweiten Aktes eine andere Beurteilung der Rechtslage rechtfertigen (z.B. Vermeidung eines Formfehlers bei der Fassung des zweiten Hauptversammlungsbeschlusses, neu entstandener Kündigungsgrund[294], jetzt Anhörung des Betriebsrats usw.).

3. Weitergehende Rechtskraftwirkung

212   Bestimmend für den Wirkungsbereich der materiellen Rechtskraft ist einerseits ihre Beschränkung auf die Entscheidung über den erhobenen Anspruch (keine Rechtskraft hinsichtlich präjudizieller Rechte, → Rdnr. 89ff.), andererseits die Bejahung der Rechtskraft in einem späteren Prozeß bei Identität der Streitgegenstände und bei Präjudizialität. Ob mit diesen Kriterien die **objektiven Grenzen der Rechtskraft** abschließend zu umreißen sind, ist durch die Studie *Zeuners*[295] zweifelhaft geworden. Auch rechtsvergleichende Beobachtungen lassen daran zweifeln, ob die herkömmliche deutsche Rechtskraftlehre nicht doch zu restriktiv ist, → Rdnr. 80a.

213   *Zeuner* hält es für unbefriedigend, wenn die h.M. die Rechtskraftwirkung in einem künftigen Prozeß nur von der Präjudizialität im Sinne des rein konstruktiven Zusammenhangs abhängig macht. Den Weg zu einer erweiterten Anerkennung der Rechtskraftwirkung sucht *Zeuner* durch den Nachweis zu öffnen, daß die Gründe des Urteils auch sonst die Tragweite der in Rechtskraft erwachsenden Entscheidung über die geltend gemachte Rechtsfolge beeinflussen, vor allem bezüglich der rechtlichen Qualifikation und der Bedeutung neuer Tatsachen.

214   Den inneren Grund, warum bei Präjudizialität eine Rechtskraftwirkung anzuerkennen ist, sieht *Zeuner* in der *inhaltlichen Beziehung* zwischen dem Festgestellten und der anderen Rechtsfolge: Die Rechtskraft wird bejaht, »um eine bestimmte vom objektiven Recht her gegebene (positive oder negative) Sinnbeziehung zwischen dem rechtskräftig Festgestellten und der im neuen Prozeß in Frage stehenden Rechtsfolge zu wahren«[296]. Der Sinnzusammenhang soll in einem »teleologischen Richtungselement« liegen; er besteht zu solchen Rechtsfolgen, die zu der von der festgestellten Rechtsfolge »**intendierten Ordnung**« gehören. Dieses Kriterium soll nach *Zeuner* auch außerhalb der rein konstruktiven Präjudizialitätsverhältnisse gelten.

215   In der Anwendung dieser Gesichtspunkte auf einzelne Fälle bzw. Fallgruppen gelangt *Zeuner* in recht zahlreichen Fällen zur Bejahung einer Rechtskraftwirkung über die bisher anerkannten Grenzen hinaus: Das Urteil über die *negatorische Unterlassungspflicht* soll hinsichtlich der Frage, ob eine Rechtsverletzung vorliegt, auch für einen nachfolgenden Schadensersatzprozeß Rechtskraft wirken[297]. Wird über einen Anspruch aus einem *gegenseitigen Vertrag* entschieden, so soll die darin zugrunde gelegte Ansicht über die Gültigkeit des Vertrags auch für die Entscheidung über den Gegenanspruch gelten[298]. Die rechtskräftige Zuerkennung des *Herausgabeanspruchs aus § 985 BGB* stellt nach *Zeuner* auch das Eigentum bindend fest; die Abweisung wegen Fehlens des Eigentums enthält die rechtskräftige Verneinung des Eigentums[299]. Den Entscheidungen über die *Hilfsansprüche auf Auskunfterteilung und Rechnungslegung* wird bezüglich des Anspruchsgrundes Rechtskraftwirkung auch für den Hauptanspruch zugebilligt[300] usw.

---

[293] Folgt man dem → Rdnr. 235 erwähnten Gedanken einer erweiterten Präklusion, so kann die erneute Kündigung auch nicht mehr auf einen *anderen Vorgang* gestützt werden, sofern dieser dem Arbeitgeber bereits zur Zeit des Vorprozesses *bekannt* war. Für eine derartige Präklusion *Bötticher* (Fn. 287) 192; dagegen *Lüke* JZ 1960, 207.

[294] BAG AP § 626 BGB Nr. 11. – S. auch BAGE 47, 307 = NJW 1985, 3094 = AP § 626 BGB Ausschlußfrist Nr. 19 (rechtskräftige Unwirksamerklärung einer Verdachtskündigung wegen Nichteinhaltung der Frist nach § 626 Abs. 2 BGB hindert nicht eine erneute, auf Begehung der Tat gestützte Kündigung nach Abschluß des Strafverfahrens gegen den Arbeitnehmer) sowie BAG AP § 626 BGB Nr. 113 (ebenfalls zum Verhältnis der Verdachtskündigung zur Kündigung wegen begangener Straftat).

[295] Die objektiven Grenzen der Rechtskraft im Rahmen des materiellen Sinnzusammenhänge (1959).

[296] AaO 44.

[297] AaO 59.

[298] AaO 75. – Zust. A. *Blomeyer* ZPR² § 89 V 4 a; R. *Bruns* Lb² Rdnr. 234; *Schönke-Kuchinke*⁹ § 75 II 4 a. – Abl. *Brox* JuS 1962, 123; *Zöller-Vollkommer*²⁰ vor § 322 Rdnr. 36; *MünchKommZPO-Gottwald* Rdnr. 215.

[299] AaO 151.

[300] AaO 162. – Dagegen → § 254 Rdnr. 36.

Ein Hauptverdienst der Arbeit *Zeuners*[301] liegt in dem Nachweis, daß auch bei der Frage der 216
Rechtskraftgrenzen die Erforschung *inhaltlicher (sachlicher) Abgrenzungsgesichtspunkte* erforderlich ist. Allerdings sind die von *Zeuner* verwendeten Begriffe des *rechtlichen Sinnzusammenhangs* und der *intendierten Ordnung* sehr unbestimmt und in dieser Allgemeinheit mit der Gesetzeslage schwerlich vereinbar.

Mit der Beschränkung der materiellen Rechtskraft auf die Schlußentscheidung hat der Gesetzgeber ein Durchbrechen der intendierten Ordnung zwar keineswegs bezweckt, aber doch 217
in gewissem Umfang in Kauf genommen. Die *allgemeine* Garantie dafür, daß die Sinnzusammenhänge erhalten bleiben, liegt schon darin, daß alle Gerichte nach der objektiven Rechtslage zu entscheiden haben und daher in der Regel auch ohne Rechtskraft übereinstimmende, zusammenpassende Entscheidungen fällen werden[302]. So gesehen steht das Grundkriterium *Zeuners* im Widerspruch zur Gesetzeslage. Besonders deutlich ist das bei der von ihm anerkannten Rechtskraftwirkung beim *gegenseitigen Vertrag*. Die Gültigkeit des Vertrags ist hier ein geradezu typischer Fall einer gemeinsamen Vorfrage, deren rechtskräftige Feststellung der Gesetzgeber abgelehnt hat.

Man wird daher eine (auch hier befürwortete) vorsichtige Ausdehnung der Rechtskraft 218
eher in konkreten Fallkonstellationen entwickeln als auf die erwähnten allgemeinen Gesichtspunkte stützen können. Dabei dürfte es nur zu einem Teil um eine Anreicherung der Präjudizialität gehen, zum anderen Teil aber darum, die Unterscheidung zwischen Schlußfrage und Vorfrage nicht zu formal zu treffen, so daß diejenigen Streitpunkte, die in der entschiedenen Schlußfrage deutlichen Ausdruck finden, auch dann als rechtskräftig entschieden angesehen werden können, wenn man sie rein konstruktiv als Vorfragen betrachten könnte.

Überzeugend ist im Ergebnis z.B. die Bejahung der Rechtskraftwirkung bei der **negatorischen Unterlassungsklage** im Verhältnis zum Schadensersatzprozeß[303]. Man wird hier in der 219
Tat ein Präjudizialitätsverhältnis bejahen können, weil die Schadensersatzpflicht zwar rein konstruktiv als Verletzung des absoluten Rechts normiert ist, aber dem Sinn nach nichts anderes ist als die Sanktion für die Verletzung der Unterlassungspflicht, die einen Teilgehalt des absoluten Rechts bildet. Wird also im Urteil über die Unterlassungsklage die Rechtswidrigkeit einer bestimmten Verhaltensweise (Verletzung eines Rechts des Klägers) bejaht oder verneint, so ist davon auch bei der Entscheidung über die Schadensersatzpflicht auszugehen. Mit ähnlichen Erwägungen wird man der rechtskräftigen Abweisung einer Klage auf Duldung sowie auf Beseitigung von Absperrungen, die auf ein Fahrtrecht gestützt war, auch Rechtskraftwirkung hinsichtlich eines Schadensersatzanspruchs zubilligen können, der mit der Verletzung des Fahrtrechts begründet wird[304].

Ist es hier eine sachgerechte Beurteilung der Präjudizialität, die zu einer Bejahung der 220
Rechtskraft führt, so sind es andere Gründe, die die h.M. rechtfertigen, wonach die Entscheidung über den **Grundbuchberichtigungsanspruch** Rechtskraft auch für das umstrittene dingli-

---

[301] Den Ausführungen *Zeuners* weitgehend zustimmend *A. Blomeyer* ZPR² § 89 V 4; *Martens* ZZP 79 (1966), 441; *Schönke-Kuchinke*⁹ § 75 II 4 a. – Ablehnend *Brox* JuS 1962, 123; *Zöller-Vollkommer*²⁰ vor § 322 Rdnr. 36. – Kritisch *Lent* ZZP 73 (1960), 316; *Schwab* JZ 1959, 786; *Peters* ZZP 76 (1963), 229; *Habscheid* FamRZ 1963, 381; *Arens-Lüke*⁶ Rdnr. 365; s. auch *Jauernig* ZPR²⁴ § 63 III 2 (schlägt Lösung über § 242 BGB vor, zust. *Arens-Lüke* aaO); *MünchKommZPO-Gottwald* Rdnr. 49.

[302] Übereinstimmend *MünchKommZPO-Gottwald* Rdnr. 49. – Anders *Foerste* ZZP 108 (1995), 167, 190, der bei »Ausgleichszusammenhängen« eine Rechtskraftwirkung hinsichtlich des verbindenden Entscheidungsgrundes (z. B. der Wirksamkeit eines Vertrages) bejaht.

[303] *Zeuner* aaO 59; JuS 1966, 149; *A. Blomeyer* ZPR² § 89 V 2; *MünchKommZPO-Gottwald* Rdnr. 50. – A.M. RGZ 49, 33; 160, 163; JW 1937, 1895; MuW 1940, 135; *Schwab* JZ 1959, 787. BGHZ 42, 340 (Fn. 276) läßt die Frage für die negatorische Unterlassungsklage offen, bejaht aber die Rechtskraft bei der vertraglichen Unterlassungspflicht, → Rdnr. 206.

[304] BayObLGZ 1988, 426, 432.

[305] RG JW 1936, 3047 = ZZP 60 (1937), 339; RGZ 158, 43; *Zeuner* aaO 143 ff.; *A. Blomeyer* ZPR² § 89 V 4 d; *MünchKommZPO-Gottwald* Rdnr. 50. – A.M. *Jaeger* ZZP 60 (1937), 341; *Schönke-Schröder-Niese*⁸ § 73 III 2 a; *Nikisch* Lb² § 106 II 1 b; *Zöller-Vollkommer*²⁰ vor § 322 Rdnr. 36.

che Recht wirkt³⁰⁵. Hier geht es um das Verhältnis einer Vorfrage zur Schlußentscheidung. Zwar ist wiederum rein konstruktiv betrachtet das Bestehen des dinglichen Rechts nur Vorfrage für den Grundbuchberichtigungsanspruch. Die Frage, auf die es den Parteien ankommt und derentwegen sie den Prozeß führen, ist aber das Zustehen des dinglichen Rechts. Die Klage auf Berichtigung des Grundbuchs ist nur die *spezifische Form*, um das dingliche Recht zur Feststellung zu bringen, weil ja das Grundbuch, um dessen Inhalt es geht, selbst der Bekundung der Rechtslage dient. So kommt denn auch die Entscheidung über das dingliche Recht in der Schlußentscheidung über den Berichtigungsanspruch deutlich zum Ausdruck. Daher ist es gerechtfertigt, hier das Bestehen des dinglichen Rechts als Gegenstand der rechtskraftfähigen Entscheidung anzusehen. Bei der **Herausgabeklage** (§ 985 BGB) bestehen diese Besonderheiten nicht, so daß es hier näher liegt, an der Verneinung der Rechtskraft bezüglich des Eigentums als bloßer Vorfrage festzuhalten, → Rdnr. 91. Wurde allerdings über den zentralen und kennzeichnenden Inhalt eines absoluten Rechts im Gewande des Urteils über eine Leistungsklage rechtskräftig entschieden, etwa durch rechtskräftige Verneinung des geltend gemachten Duldungsanspruchs aus einem Fahrtrecht, so läßt es sich vertreten, damit auch das Fahrtrecht selbst als rechtskräftig verneint anzusehen, so daß auch einer späteren Klage auf Feststellung des Fahrtrechts die Rechtskraft entgegensteht³⁰⁶. Zur Rechtskraft bei der Abweisung wegen der *Schiedsgerichtseinrede* → Rdnr. 143 und zu den entgegengesetzten *Eigentumsfeststellungsklagen* → Rdnr. 197.

4. Berücksichtigung von Amts wegen

221 Sowohl bei Identität des Streitgegenstandes (→ Rdnr. 196 ff.) wie bei Präjudizialität (→ Rdnr. 204 ff.) ist die materielle Rechtskraft **von Amts wegen zu berücksichtigen.** Das ist allgemein anerkannt³⁰⁷ und folgt schon daraus, daß die Rechtskraft auch dem öffentlichen Interesse dient (Einmaligkeit des Gerichtsschutzes, → Rdnr. 39). Die unzutreffende Beurteilung der Rechtskraftwirkung begründet eine Sachrüge, nicht eine Verfahrensrüge (→ auch Rdnr. 226) und stellt daher auch keinen Verfahrensmangel nach § 566a Abs. 3 S. 2 dar³⁰⁸. Die *Tatsache*, daß ein rechtskräftiges Urteil vorliegt, darf (entsprechend dem → vor § 128 Rdnr. 95 Ausgeführten) auch durch das Gericht in den Prozeß eingeführt werden. Zu *Beweiserhebungen* über diesen Punkt ist das Gericht auch von Amts wegen berechtigt, aber nicht verpflichtet, → vor § 128 Rdnr. 97. Ob eine rechtskräftige Entscheidung vorliegt, darf das Gericht grundsätzlich *nicht dahingestellt sein lassen,* denn die Rechtskraft verwehrt die erneute sachlich-rechtliche Prüfung³⁰⁹. Kann aber die Frage nicht geklärt werden, so ist erneut in der Sache zu entscheiden³¹⁰.

5. Parteivereinbarungen

222 Bei der Frage, ob die Rechtskraft durch **Vereinbarungen der Parteien** beseitigt werden kann, ist zu unterscheiden: Über die rechtskräftig festgestellte oder verneinte **Rechtsfolge** können

---

³⁰⁶ Bleibt man dagegen dabei, daß das Bestehen des Fahrtrechts im Erstprozeß nur eine Vorfrage darstellte, über die nicht rechtskräftig entschieden wurde, so läßt sich eine Rechtskraftwirkung entgegen *BayObLGZ* 1988, 426, 433 hier nicht rechtfertigen.

³⁰⁷ *BGH* LM § 268 Nr. 1; § 21 VAG Nr. 2; FamRZ 1958, 58; 1978, 332; BGHZ 36, 367; BGH NJW 1991, 2014, 2015; *BAG* AP Nr. 1; *RG* SeuffArch 96 (1942) Nr. 20 (anders noch SeuffArch 81 (1927) Nr. 59); *Bülow* AcP 83 (1894), 1 (»absolute Rechtskraft«); *Kohler* Prozeßrechtliche Forschungen (1889), 94; *Pagenstecher* Materielle Rechtskraft (1905), 341; *Gaul* Festschr. für Flume (Fn. 1) 443, 512ff.; *Rosenberg-Schwab-Gottwald*¹⁵ § 151 III 4; *MünchKommZPO-Gottwald* Rdnr. 52.

³⁰⁸ *BGH* NJW 1991, 2014, 2015 = LM § 218 BGB Nr. 10.

³⁰⁹ *BGH* LM § 268 Nr. 1. – Zur Ausnahme, wenn die Unbegründetheit der Klage bereits feststeht, → Fn. 258 a.E.

³¹⁰ Vgl. *Rosenberg* Beweislast⁵ (1965), 391.

die Parteien verfügen, soweit dies nach materiellem Recht in ihrer Macht steht. So kann z.B. eine zuerkannte Forderung geändert oder aufgehoben, ein aberkanntes Recht begründet werden[311]. Auch kann sich der Gläubiger gegenüber dem Schuldner verpflichten, von einem (sei es auch rechtskräftigen) Vollstreckungstitel ganz oder teilweise keinen Gebrauch zu machen[312]. Solche Vereinbarungen beseitigen die Rechtskraft nicht, sondern bauen auf der rechtskräftig festgestellten Rechtslage auf. Dagegen kann die materielle Rechtskraft **nicht** in dem Sinn **durch Parteivereinbarung aufgehoben** werden, daß derselbe Streit nochmals zur gerichtlichen Entscheidung gebracht werden könnte[313]. Dem steht der Grundsatz der Einmaligkeit des staatlichen Rechtsschutzes entgegen. Durch die rechtskräftige Entscheidung ist die Rechtsgewißheit als Ziel des Zivilprozesses erreicht worden; eine einverständlich herbeigeführte »Rechts*un*gewißheit« vermag eine neue Klage nicht zu rechtfertigen.

Beim **Schiedsspruch** wird die Frage mit Recht überwiegend abweichend beantwortet, → § 1040 Rdnr. 5, da es dort nicht um eine erneute Inanspruchnahme der *staatlichen* Gerichte geht. 223

Auch die **formelle Rechtskraft** kann nicht durch Parteivereinbarung beseitigt werden; dies gilt grundsätzlich auch dann, wenn die Unanfechtbarkeit auf beiderseitigem Rechtsmittelverzicht beruht, näher → § 514 Rdnr. 25 ff. 224

Zur Vereinbarung der Rechtskraftwirkung eines **ausländischen Urteils** → § 328 Rdnr. 40. 225

6. Zweites rechtskräftiges Urteil

Wird die **Rechtskraft** eines früheren Urteils in einem späteren Prozeß zu Unrecht **nicht beachtet**, so ist dies ein inhaltlicher Mangel des zweiten Urteils[314], der durch Rechtsmittel geltend zu machen ist, die Restitutionsklage aber nur unter den Voraussetzungen des § 580 Nr. 7 a (→ § 580 Rdnr. 24 ff.) begründet. Ist er so nicht geltend gemacht, so folgt aus § 580 Nr. 7a, daß das zweite Urteil ungeachtet des ersten volle Rechtskraft erhält[315]. 226

Im Bereich des **internationalen Rechtsverkehrs**[316] billigt Art. 27 Nr. 5 **EuGVÜ** einer *früher* ergangenen Entscheidung aus einem *Drittstaat* den Vorrang zu, wenn sie ihrerseits im Anerkennungsstaat anerkennungsfähig ist. Dagegen erhält eine im *Anerkennungsstaat* ergangene Entscheidung durch Art. 27 Nr. 3 EuGVÜ den generellen Vorrang, unabhängig von der zeitlichen Reihenfolge der Urteile. Auch nach autonomem Recht (§ 328 Abs. 1 Nr. 3) hat das deut- 227

---

[311] *RG* SeuffArch 96 (1942) Nr. 20; *BSG* JZ 1961, 504; *Schwartz* Festg. für Dernburg (1900), 320; *Geib* Rechtsschutzbegehren und Anspruchsbetätigung (1909), 176.

[312] *BGH* NJW 1991, 2295 (solche vollstreckungsbeschränkende Vereinbarungen nach der letzten Tatsachenverhandlung sind entsprechend § 767 geltend zu machen).

[313] *RG* SeuffArch 96 (1942) Nr. 20; *BSG* JZ 1961, 504; *BVerwG* MDR 1962, 427; *Rosenberg-Schwab-Gottwald*[15] § 151 III 4; *Grunsky* Die Veräußerung der streitbefangenen Sache (1968), 26 f.; *MünchKommZPO-Gottwald* Rdnr. 53. – A.M. *Schlosser* Einverständliches Parteihandeln im Zivilprozeß (1968), 12 ff. (einverständlicher Verzicht auf materielle Rechtskraft wirksam, soweit beachtenswerte Gründe bestehen).

[314] Auch für § 559, *RG* JW 1910, 28.

[315] So auch *RGZ* 52, 218; *KG* HRR 1936 Nr. 1452; *Kohler* ZPP 10 (1887), 470 (auch im Verhältnis zu ausländischem Urteil); *Citron* Recht 1909, 834; *Schwartz* (Fn. 311) 342; *AK-ZPO-Fenge* Rdnr. 13; vgl. auch *Reichel* Festschr. für Wach (1913), III, 44 f. – A.M. *BGH* NJW 1981, 1517, 1518 (dazu krit. *Mädrich* MDR 1982, 455; dem BGH im Ergebnis zustimmend *Gerhardt* [Fn. 278]

49 f.) sowie *BAG* NJW 1986, 1831, 1832 (beide unter Berufung auf § 580 Nr. 7 a, der nach der hier vertretenen Ansicht jedoch gerade für das Gegenteil spricht; die Rechtskraft des zweiten Urteils muß erst durch Wiederaufnahmeklage beseitigt werden); *Gaul* Die Grundlagen des Wiederaufnahmerechts und die Ausdehnung der Wiederaufnahmegründe (1956), 95; *Lenenbach* (Fn. 1), 59 ff. (zweites Urteil ohne materielle Rechtskraft, aber mit sonstigen Urteilswirkungen); *Rosenberg-Schwab-Gottwald*[15] § 100 III 1 d; *Thomas-Putzo*[20] § 261 Rdnr. 15; *Zöller-Vollkommer*[20] vor § 322 Rdnr. 78; *MünchKommZPO-Gottwald* Rdnr. 58; *Baumbach-Lauterbach-Hartmann*[56] Einf. vor §§ 322–327 Rdnr. 19 (wenn der neue Prozeß unzulässig war). Vgl. auch *Bötticher* Kritische Beiträge (Fn. 10) 64, der den Geltungskonflikt ungelöst läßt; ähnlich *Dölle* DR 1943, 827 f. (zweites Urteil bis zur Aufhebung im Wiederaufnahmeverfahren wirksam, aber auch erstes Urteil nicht von selbst unwirksam; erneute Sachentscheidung, wenn keines der Urteile aufgehoben wird); sowie *E. Schumann* Verfassungs- und Menschenrechtsbeschwerde gegen richterliche Entscheidungen (1963), 278 ff. (mwN).

[316] Zu den Unvereinbarkeitsfragen eingehend *Lenenbach* (Fn. 1), 111 ff.

sche Urteil stets Vorrang, ein weiteres ausländisches Urteil dagegen nur, wenn es früher erlassen wurde. Näher → § 328 Rdnr. 117ff.

X. Präklusion von Tatsachen; zeitliche Grenzen der Rechtskraft

1. Ausschluß von Tatsachen und Beweismitteln

228 Die tatsächlichen Feststellungen in einer Entscheidung erwachsen für sich nicht in Rechtskraft, → Rdnr. 84ff. Die Rechtskraft der Entscheidung über den erhobenen Anspruch kann aber nicht mit dem Vorbringen überspielt werden, das rechtskräftige Urteil gründe sich auf **unrichtige tatsächliche Feststellungen**. Auch das Angebot **neuer Beweismittel** vermag nicht zu einer erneuten Prüfung der rechtskräftig bejahten oder verneinten Rechtsfolge zu führen. Das gilt auch dann, wenn es sich um Beweismittel handelt, die während des ersten Prozesses für die Partei nicht greifbar waren. Nur bei der späteren Auffindung einer *Urkunde* ist nach dem Gesetz die Restitutionsklage zulässig (§ 580 Nr. 7 b), dazu und zur Frage einer analogen Anwendung auf andere Beweismittel → § 580 Rdnr. 31, 38 (wissenschaftlich neue Beweisverfahren). Zur Restitutionsklage im **Kindschaftsprozeß** bei Vorlage **neuer Gutachten** → § 641 i.

229 Die Rechtskraftwirkung kann aber nicht darauf beschränkt werden, nur Angriffe gegen die Feststellung der *vorgetragenen* Tatsachen auszuschließen[317]. Würde man bei jeder **tatsächlichen Ergänzung** gegenüber dem Prozeßstoff im ersten Verfahren die Rechtskraftwirkung verneinen, so könnte das Ziel des Prozesses, Rechtsfrieden und Rechtsgewißheit zu schaffen, nur höchst unvollkommen erreicht werden. Einwendungen und Einreden, die sich auf **bereits zum Zeitpunkt des ersten Verfahrens** (näher → Rdnr. 236ff.) **bestehende Tatsachen** stützen, können also auch dann nicht zu einer Abweichung von der rechtskräftig festgestellten Rechtsfolge führen, wenn die zugrunde liegenden Tatsachen im ersten Prozeß **nicht vorgetragen** wurden[318]. Das läßt sich aus der in § 767 Abs. 2 für die Vollstreckungsgegenklage getroffenen Regelung ableiten. Ist die Verpflichtung zum Ersatz des aus einem bestimmten Ereignis resultierenden Schadens durch rechtskräftiges Feststellungsurteil uneingeschränkt bejaht worden, so kann der Einwand mitwirkenden Verschuldens oder eines Verstoßes gegen die Schadensminderungspflicht, gestützt auf schon damals gegebene Tatsachen, nicht mehr geltend gemacht werden[319]. Wurde im Vorprozeß (Wandelungsklage) die Klage auf uneingeschränkte Rückzahlung des Kaufpreises rechtskräftig abgewiesen und der Beklagte nur zur Rückzahlung Zug um Zug gegen Rückgewähr der Kaufsache verurteilt, so steht die Rechtskraft einer erneuten uneingeschränkten Rückzahlungsklage, mit der geltend gemacht wird, die Kaufsache sei zufällig untergegangen, dann entgegen, wenn der Untergang schon bei Schluß der Verhandlung im Vorprozeß erfolgt sein soll[320]. Auch nicht vorgetragene **klagebegründende Tatsachen** sind durch die Rechtskraft präkludiert, wenn sie nur eine Ergänzung des vorgetragenen Tatsachenstoffs darstellen. Das gilt auch bei der Abweisung einer Klage als unschlüssig. Die Rechtskraft

---

[317] Vgl. *Jauernig* Verhandlungsmaxime, Inquisitionsmaxime und Streitgegenstand (1967), 45. – A.M. *Brox* JuS 1962, 127f. Bei der *unschlüssigen* Klage will auch Brox nicht bei der Beschränkung der Rechtskraft auf den vorgetragenen Sachverhalt stehenbleiben; die Rechtskraft soll hier die »aus dem vorgetragenen Sachverhalt vernünftigerweise herzuleitende Rechtsfolge« erfassen. – Zu eng wäre auch die Formulierung von *Schwab* Streitgegenstand (Fn. 111) 171f., die Rechtskraft schließe Tatsachen aus, die eine *abweichende Feststellung* des Sachverhalts der ersten Entscheidung zum Ziel haben, aber Schwab stellt daneben auch auf den *Zusammenhang* der neu vorgebrachten Tatsachen mit dem Sachverhalt des ersten Prozesses ab.

[318] BGHZ 98, 353, 359 = NJW 1987, 1201 = JR 1987, 461 (*v. Olshausen*); BGH NJW 1993, 2684, 2685 = LM Nr. 135 (*Grunsky*); NJW 1993, 3204 = LM Nr. 136 (*Grunsky*); NJW 1995, 967 = LM Nr. 139 (*Grunsky*); NJW 1995, 1757 = LM Nr. 139 (*Grunsky*); RGZ 61, 218; 72, 145; 78, 395; 96, 21; 117, 66; 144, 220; ZZP 59 (1934), 424 = HRR 1935 Nr. 1246; Gruchot 48 (1904), 1150.

[319] BGH NJW 1989, 105 = LM Nr. 122.

[320] BGHZ 117, 1 = NJW 1992, 1172 = LM Nr. 133 (*Grunsky*). – A.M. *Dieckmann* Gedächtnisschr. für Arens (1993), 43ff.

greift auch dann ein, wenn die Einwendungen usw. vom Gericht nicht berücksichtigt wurden, so daß z.B. eine geltend gemachte Aufrechnung auch dann nicht der rechtskräftig gewordenen Entscheidung entgegengehalten werden kann, wenn im Erstprozeß über die Aufrechnung nicht entschieden wurde[321].

Ausgeschlossen sind also Tatsachen, die bei einer natürlichen, vom Standpunkt der Parteien 230 ausgehenden Betrachtungsweise zu dem durch den Vortrag des Klägers zur Entscheidung gestellten **Tatsachenkomplex** gehört hätten[322]. Erbvertrag und Übertragungsgeschäfte unter Lebenden können einen solchen einheitlichen Lebenssachverhalt darstellen, so daß die rechtskräftige Verurteilung zur Auflassung aufgrund Vermächtnisses einer entgegengesetzten Auflassungsklage aufgrund lebzeitiger Übertragung entgegensteht[323]. Bei einer Klage auf Feststellung der Verpflichtung zum Schadensersatz wegen Nichtberücksichtigung von Werbungskosten gehört die Gewinnerzielungsabsicht zum zur Entscheidung gestellten Lebenssachverhalt, gleich ob sie vorgetragen war oder nicht, so daß ein rechtskräftiges Feststellungsurteil nicht mit der Begründung angegriffen werden kann, die Absicht zur Erzielung von Einkünften sei im Erstprozeß nicht vorgetragen worden[324]. Wenn sich dagegen der im neuen Prozeß vorgetragene Sachverhalt »seinem Wesen nach« von dem des Vorprozesses unterscheidet, wirkt die materielle Rechtskraft trotz gleichen Klageziels *nicht* gegenüber der zweiten Klage, ohne daß es darauf ankommt, ob die jetzt vorgetragenen Tatsachen auch schon früher vorlagen und daher bereits im Vorprozeß hätten geltend gemacht werden können[325].

Eine Klage aus eigenem Recht, die rechtskräftig mit der Begründung abgewiesen wurde, der 231 Kläger sei nicht Vertragspartner des Beklagten geworden, kann daher, gestützt auf eine **Abtretung** des Anspruchs durch den richtigen Vertragspartner, wiederholt werden, auch wenn diese Abtretung zum Zeitpunkt der letzten mündlichen Verhandlung im Vorprozeß bereits erfolgt war[326]. Dagegen steht die Rechtskraft eines Urteils, durch das eine auf abgetretenes Recht gestützte Klage mangels wirksamer Abtretung abgewiesen wurde, einer erneuten Klage aus dieser Forderung entgegen, wenn sich der Kläger nunmehr auf eine **andere Abtretungserklärung** desselben Zedenten beruft, die der Kläger schon vor dem Schluß der mündlichen Verhandlung im Vorprozeß erhalten hatte[327]. Zur nachträglichen Abtretung → Rdnr. 240.

Der Abgrenzungsmaßstab wird unterschiedlich umschrieben. Die Abgrenzung nach dem **Lebenssach-** 232 **verhalt**[328] könnte dazu führen, die im Verfahren mit Verhandlungsmaxime entscheidende grundsätzliche Bestimmung des Prozeßstoffs durch die Parteien zu vernachlässigen [329]. Zudem ergeben sich insofern Un-

---

[321] Vgl. *BGH* WM 1995, 634 = WuB VI.E. §767 I.95 (*Münzberg*). Die Geltendmachung der Gegenforderung muß dann freilich unberührt bleiben, zutr. *Münzberg* aaO; → auch §145 Rdnr. 55ff. sowie → §767 Rdnr. 39 zur zurückgewiesenen Aufrechnung.
[322] So auch *BGH* NJW 1992, 1172, 1173 = LM Nr. 133 (insoweit krit. *Grunsky*); NJW 1995, 967, 968 = LM Nr. 139 (*Grunsky*); NJW 1996, 3151, 3152 = LM §549 Nr. 116.
[323] *BGH* NJW 1995, 967 = LM Nr. 139 (*Grunsky*, nach dessen Ansicht es aber hier auf die Identität des Sachverhalts nicht ankommt).
[324] *BGH* LM Nr. 145 = NJW-RR 1996, 826.
[325] *BGH* LM Nr. 90 = NJW 1981, 2306 = JZ 1981, 594 = MDR 1982, 45. In der Geltendmachung eines Anspruchs aus Übernahme des gesamten Vermögens (§419 BGB) sah der *BGH* aaO mit Recht einen anderen, von der Rechtskraft nicht erfaßten Streitgegenstand als den Anspruch aus einer rechtsgeschäftlichen Verpflichtungserklärung, auch wenn beidemale derselbe Vertrag zugrunde lag.
[326] *LG Wiesbaden* MDR 1979, 236.

[327] *BGH* LM Nr. 78 = WM 1975, 1181 = ZZP 89 (1976), 330 (abl. *Greger*). Dies hat (was der *BGH* offenlassen konnte) unabhängig davon zu gelten, ob der Kläger die zweite Abtretungserklärung im Vorprozeß *schuldhaft* nicht geltend gemacht hat, → Rdnr. 234. Insoweit a.M. *Flieger* MDR 1978, 534, der eine rechtskraftfremde, vom Verschulden abhängige Präklusion annimmt. Gegen die Entscheidung des BGH *Rosenberg-Schwab-Gottwald*[15] §155 II 1 a.E. (S. 934).
[328] *Habscheid* Streitgegenstand (Fn. 106) 206ff., 284ff. (als Grenze der neben der Rechtskraft stehenden Präklusion). – Nach *BGH* LM Nr. 90 (Fn. 352) (mwN) wird der Streitgegenstand bestimmt von dem Grund des zur Entscheidung gestellten Anspruchs und von dem zugehörigen Lebenssachverhalt, aus dem dieser Anspruch hergeleitet wird.
[329] Vgl. die Kritik durch *Jauernig* (Fn. 317) 7ff. Freilich ist nicht zu verkennen, daß auch der Verhandlungsgrundsatz nur die Richtlinie, nicht aber die endgültige Abgrenzung ergibt, weil die Rechtskraft auch im Verfahren mit Verhandlungsmaxime nicht auf die vorgetragenen Einzeltatsachen beschränkt werden kann, → Rdnr. 229.

klarheiten, als auch Lebenssachverhalte immer unter bestimmten Gesichtspunkten zusammengefaßt werden[330], ihr Umfang also mit dem Gesichtspunkt stark wechselt. Man kann aber die umstrittene *Rechtsfolge* als den maßgebenden Gesichtspunkt heranziehen. Richtig an der Abgrenzung nach dem Lebenssachverhalt erscheint, daß der lebensmäßigen Betrachtung Bedeutung zugemessen und (mit dem BGH[331]) eine unnatürliche Aufspaltung vermieden wird; die lebensmäßige Betrachtung ist maßgebend dafür, in welchen Richtungen die Parteien angesichts des Prozeßstoffs endgültige Rechtsgewißheit erwarten. Andere Abgrenzungsversuche, z.B. die Aussage, die Rechtskraft beziehe sich auf eine bestimmte Rechtsfolge **aus einem bestimmten Tatbestand**[332], die Rechtskraft wirke nicht, wenn der Anspruch auf einen **ganz anderen selbständigen Grund**[333] gestützt werde, lassen die entscheidenden Gesichtspunkte nicht klar genug hervortreten; vor allem bleibt offen, welche Rolle die Tatbestandsumgrenzung durch die materiellen Normen hier spielt.

233   Eine **Abgrenzung nach den Tatbeständen der materiellen Normen**[334] hat manches für sich, vor allem in der von *Jauernig*[335] vertretenen Formulierung, die Rechtskraft greife dann nicht ein, wenn ein Tatsachenkomplex den in Betracht kommenden materiellen Tatbestand völlig unabhängig von dem rechtskräftig beschiedenen Tatsachenstoff ausfülle. Doch wird die Präklusion damit wohl zu weit erstreckt, da die jeweiligen Tatsachenkomplexe sich vielfach in Einzelpunkten, die für die Subsumtion jeweils erforderlich sind, überschneiden, obwohl ihr Gesamtbild sie als gänzlich eigenständig erscheinen läßt[336]. Ähnliche Bedenken bestehen auch dagegen, die Rechtskraft jedenfalls dann, wenn die Parteien sich auf bestimmte Rechtsnormen beziehen, auf alle Tatsachen zu erstrecken, die Tatbestandsmerkmale dieser Normen darstellen können, so 19. Aufl. Einl. E IV 2 c. Auch danach würden unter Umständen entlegene Tatsachenkomplexe von der Rechtskraft erfaßt, nur weil sie zufällig dieselbe Rechtsnorm erfüllen können wie der vorgetragene Tatsachenstoff. An der Abgrenzung nach den materiellen Normen ist aber soviel richtig, daß ein neuer Sachverhalt vielfach dann (aber eben nicht nur dann) vorliegt, wenn er einen anderen gesetzlichen Tatbestand erfüllt. Denn auch das Gesetz hat typisch umgrenzte Lebensvorgänge häufig durch gesonderte Normen geregelt.

233a   Einzelne neuere Entscheidungen geben Anlaß, auf folgendes besonders hinzuweisen: Die Präklusion von Tatsachen ist nach den bisher anerkannten Rechtskraftgrundsätzen **keine unmittelbar auf die Tatsachen bzw. auf den Tatsachenkomplex bezogene Wirkung,** sondern gilt nur, soweit es um den bereits rechtskräftig entschiedenen **Anspruch** geht. Werden andere Rechtsfolgen aus demselben Tatsachenkomplex hergeleitet, so greift die Präklusion nicht ein. Wird dem Factor rechtskräftig eine Vergütung aufgrund beendeten Factorvertrages zugesprochen, so steht die Rechtskraft einer späteren Kaufpreisklage des Unternehmers nur entgegen, wenn solche Beträge in der Abrechnung nur unselbständige Rechnungsposten bildeten, so daß darüber (von der Rechtsfolge her gesehen) mit der rechtskräftigen Zuerkennung eines Betrags an den Factor bereits entschieden ist[337]. Ebenso steht die rechtskräftige Zubilligung eines Schadensersatzanspruchs der Geltendmachung eines gegengerichteten Bereicherungsanspruchs entgegen, wenn damit Vorteilsposten geltend gemacht werden, die bereits bei der Bestimmung der Schadenshöhe im Wege automatischer Saldierung zu berücksichtigen waren[338]. Werden dagegen, wenn auch aus demselben Sachverhalt, selbständige Gegenansprüche geltend gemacht, so wird dies durch die Rechtskraft des Ersturteils auch nicht in Form der Tatsachenpräklusion gehindert. Die rechtskräftige Zubilligung eines Werklohnanspruchs steht daher Schadensersatzansprüchen des Bestellers aufgrund von Werkmängeln nicht entgegen, auch wenn diese Ansprüche schon zum Zeitpunkt des ersten Prozesses hätten geltend ge-

---

[330] Vgl. *Lent* ZZP 65 (1952), 352.
[331] *BGH* NJW 1996, 3151, 3152 (Fn. 322).
[332] So die ständig gebrauchte Wendung des *RG*, z.B. RGZ 125, 161; 136, 163; 160, 165; HRR 1935 Nr. 1246.
[333] *Rosenberg* Lb⁹ § 88 II 3 c; § 150 I 3b.
[334] *Lent* ZZP 65 (1952), 353.
[335] (Fn. 317) 43ff. (für Leistungsklagen). – Vgl. auch *Jauernig* ZPR²⁴ § 37 VIII 1.

[336] Auch bei dem von *Jauernig* (Fn. 317) 44 gebrachten Beispiel zweier Herausgabeklagen, bei denen er zwei Streitgegenstände annimmt, besteht eine Überschneidung der Tatbestandsvoraussetzungen jedenfalls im Merkmal des gegenwärtigen Besitzes des Beklagten.
[337] BGHZ 123, 137 = NJW 1993, 2684 = LM Nr. 135 (*Grunsky*) bejaht die Präklusion. Klarstellend *Grunsky* aaO.
[338] OLG Koblenz WM 1992, 244.

macht und z. B. aufgerechnet werden können[339]. Anders wäre es nur, wenn solche Gegenansprüche nach materiellem Recht von selbst gegen die Werklohnforderung verrechnet würden, was wohl nicht der Fall ist. Eine weiterreichende, unmittelbar sachverhaltsbezogene Präklusion könnte allerdings einen Beitrag zur Verfahrenskonzentration leisten; es würde sich aber um eine Weiterentwicklung der bisherigen Rechtskraftregeln handeln, die als solche zu kennzeichnen wäre und mit der man die Parteien auch nicht überraschen dürfte.

2. Bedeutung der Kenntnis der Parteien

Soweit demnach Tatsachen und Beweismittel durch die Rechtskraft[340] ausgeschlossen sind, gilt dies unabhängig davon, ob die Partei die subjektive Möglichkeit des Vorbringens hatte. Daß es **nicht auf die Kenntnis der Partei ankommt**[341], ist aus § 767 Abs. 2 auch über die dort geregelte Vollstreckungsgegenklage hinaus zu entnehmen. Tatsachen, die einer Partei erst später bekannt wurden, können nur in den engen Grenzen und Formen der Wiederaufnahmeklage geltend gemacht werden. Gerade diese Schärfe der Präklusion ist maßgebend dafür, den Tatsachenausschluß nicht von vornherein weit zu erstrecken, → Rdnr. 103 ff. 234

Erwägenswert ist freilich, ob **über den vorgetragenen Tatsachenkomplex hinaus** eine Präklusion dann eintritt, wenn die Partei den anderen Tatsachenkomplex schon im ersten Prozeß **hätte vorbringen können**. Dieser Ausschluß könnte alle Tatsachen umfassen, die zum Streitgegenstand gehören, also vor allem **alle Erwerbsgründe** für dingliche Rechte und **alle Gestaltungsgründe** bei Gestaltungsklagen[342]. Eine solche an eine subjektive Voraussetzung geknüpfte Ausschlußwirkung findet sich in § 767 Abs. 3 sowie in § 145 PatentG, früher auch in § 616 aF und in § 17 MieterschutzG. Diese Vorschriften sind aber auf bestimmte Rechtsgebiete beschränkt. Es erscheint zu weitgehend, diesen vereinzelten Bestimmungen einen allgemeinen Rechtsgedanken zu entnehmen. Mit der Anerkennung einer erweiterten Präklusion unter der Voraussetzung des Vorbringenkönnens im Erstprozeß würde die Grenze der Ausschlußwirkung zudem an u. U. schwer feststellbare Umstände geknüpft und dadurch an Klarheit verlieren. 235

3. Neuentstandene Tatsachen

Die Rechtskraft hindert jedoch nicht die Berufung auf **Tatsachen,** die erst **nach dem Schluß der mündlichen Verhandlung entstanden** sind, in der diese Tatsachen im Vorprozeß spätestens hätten geltend gemacht werden müssen[343]. Dieser Grundsatz ist in § 767 Abs. 2 für die Einwendungen ausgesprochen, auf die eine Vollstreckungsklage gestützt werden soll; er bildet aber die **allgemeine zeitliche Grenze der Tatsachenpräklusion.** 236

---

[339] A.M. *OLG München* BauR 1996, 428 (abl. *A. O. Vogel-T. Vogel*).

[340] Die Wirkung der Rechtskraft auf die vorgetragenen Einzeltatsachen zu beschränken und den darüber hinausreichenden Ausschluß als eine *von der Rechtskraft zu sondernde* Präklusionswirkung zu betrachten (so *Habscheid* Streitgegenstand [Fn. 106] 291; AcP 152 (1952/53), 169; auch *Rosenberg* SJZ 1950, 314; dagegen *Schwab* Streitgegenstand [Fn. 111] 169; *Nikisch* AcP 156 (1957), 71, 76; *Bötticher* FamRZ 1957, 411; *Jauernig* [Fn. 317] 65) ist weder aus dogmatischen noch aus praktischen Gründen geboten, zumal, wenn auch für die weitergehende Ausschlußwirkung keine zusätzlichen Voraussetzungen bestehen. Bejaht man dagegen die → Rdnr. 235 erörterte *erweiterte* Präklusion unter der Voraussetzung des *Vorbringenkönnens*, dann hat es Sinn, diese über den Urteilsgegenstand hinausgehende Wirkung auch terminologisch zu sondern.

[341] *BGH* LM Nr. 27 = NJW 1960, 1460; NJW 1973, 1328; *RGZ* 144, 220; ZZP 59 (1934), 424 = HRR 1935 Nr. 1246. Offenlassend *BGH* LM Nr. 78 (dazu → Fn. 327).

[342] Vgl. *A. Blomeyer* ZPR² § 89 VII, der § 767 Abs. 3 sowie die damaligen § 17 MieterschutzG, § 54 PatentG (jetzt § 145 PatentG) auf Auflösungs-und Ausschließungsklagen bei OHG und GmbH entsprechend anwendet. Dem zust. *Schönke-Kuchinke*⁹ § 75 II 5 a (S. 354).

[343] *RGZ* 96, 21; 144, 222; SeuffArch 79 (1925), 371; HRR 1935 Nr. 1246 = ZZP 59 (1934), 424; *BGHZ* 37, 375, 377; *BGH* NJW 1984, 126, 127 = LM § 812 BGB Nr. 159; NJW 1985, 2825, 2826; 1986, 2645, 2646. S. auch *BVerfGE* 31, 199, 203 f.

237 Maßgebender Zeitpunkt ist in der Regel der **Schluß der letzten mündlichen Verhandlung** (→ § 136 Rdnr. 5f.) **in der Tatsacheninstanz;** soweit aber die neuen Tatsachen noch in der Revisionsinstanz vorgebracht werden konnten, → § 561 Rdnr. 11ff., gilt der Schluß der mündlichen Verhandlung über die Revision, näher → § 561 Rdnr. 29f. Zum entsprechenden Zeitpunkt im Verfahren ohne mündliche Verhandlung → § 128 Rdnr. 94, 116, 119. Tatsachen, die nach der letzten mündlichen Verhandlung, aber vor Eintritt der formellen Rechtskraft des erstinstanzlichen Urteils eingetreten sind, werden nicht präkludiert, wenn das Urteil nicht angefochten wurde; daß die neuentstandenen Tatsachen mittels Einlegung der Berufung hätten geltend gemacht werden *können*, führt nicht zur Präklusion[344].

238 Die **zeitlichen Grenzen der Rechtskraft** sind nicht identisch mit den Grenzen des *Streitgegenstands* im Vorprozeß; denn auch solche später eingetretenen Tatsachen, die – wenn sie schon damals vorgelegen hätten – zum Streitgegenstand des Vorprozesses gehört hätten, werden durch die Rechtskraft nicht ausgeschlossen. Die Zulässigkeit des Vorbringens neu entstandener Tatsachen hängt also entgegen einer in der Rsp. zum Teil anzutreffenden Betrachtungsweise[345] nicht davon ab, daß wegen dieser Tatsachenänderung ein »seinem Wesen nach anderer Sachverhalt« anzunehmen ist[346].

239 Diese Präzisierung erscheint wesentlich, weil – abgesehen vom Einfluß der neu entstandenen Tatsachen – die Rechtskraft der Erstentscheidung weiterhin bindende Wirkung äußert. Das Vorbringen (d.h. die Behauptung) einer Veränderung der Rechtslage durch neu entstandene Tatsachen genügt zwar, um eine erneute Klage mit demselben Streitgegenstand *zulässig* zu machen (→ Rdnr. 255), doch bleibt die Rechtskraft der Erstentscheidung im Rahmen der Begründetheit zu beachten; denn die Bedeutung neu entstandener Tatsachen ist auf der Basis des rechtskräftig Entschiedenen zu beurteilen, näher → Rdnr. 247ff. Wird dagegen die Klage im Zweitprozeß auf einen insgesamt anderen Tatsachenkomplex gestützt, so liegt ein neuer Streitgegenstand vor, für den die Rechtskraft des ersten Urteils keinerlei Wirkung entfaltet, → Rdnr. 230f.

240 Trotz der Verneinung einer Rechtsfolge durch ein rechtskräftiges Urteil kann also deren **spätere Entstehung**[347] oder der spätere Eintritt der Fälligkeit[348] geltend gemacht werden. Eine mangels Aktivlegitimation (keine wirksame Abtretung) rechtskräftig abgewiesene Klage kann wiederholt werden, wenn sie auf eine andere, nach Schluß der letzten mündlichen Verhandlung erklärte **Abtretung** gestützt wird[349].

241 Auch das **spätere Erlöschen**[350] oder die inhaltliche Änderung[351] einer Rechtsfolge ist trotz

---

[344] *BGH* WM 1971, 653.
[345] *BGH* NJW 1986, 1046 = LM Nr. 109; *BAG* NJW 1984, 1710 = AP Nr. 14 (*Leipold*) = BAGE 41, 316.
[346] Dazu eingehend *Leipold* Zur zeitlichen Dimension der materiellen Rechtskraft (Fn. 1), 279ff.; ders. Einige Bemerkungen zu den zeitlichen Grenzen der Rechtskraft (Fn. 1), 798ff. – A.M. *Musielak* Festschr. für Nakamura, 423, 440.
[347] Beispiele: *RG* SeuffArch 61 (1906), 174 (Klage auf Herstellung des ehelichen Lebens); RGZ 47, 370 (erneute Klage auf Rückzahlung des Kaufpreises nach erfolglosem Reparaturversuch des Verkäufers); BGHZ 44, 359; 45, 329 (Entstehung eines Scheidungsrechts); LM Nr. 39 (Fassung des erforderlichen Generalversammlungsbeschlusses für Regreßforderung); BGHZ 35, 338; 37, 375 (Wiederholung der Schadensersatzklage wegen Amtspflichtverletzung, nachdem Versuch mißlungen, anderweit Ersatz zu erlangen. A.M. aber *Zeuner* JZ 1962, 497; *Grunsky* ZZP 76 (1963), 165 Fn. 2: Keine neue *Tatsache*. Im Ergebnis dem BGH zustimmend *H. Baumann* AcP 169 (1969), 317, 337ff.; *BGH* LM Nr. 91 = NJW 1982, 1284 = FamRZ 1982, 479 = MDR 1982, 655 (Wiederholung einer abgewiesenen Unterhaltsklage wegen Eintritts der Erwerbsunfähigkeit, → auch § 323 Rdnr. 10); *BGH* NJW 1987, 371 (Wiederholung einer mangels Schadenseintritts abgewiesenen Klage mit der Begründung, nunmehr sei der Schaden entstanden), *BGH* NJW 1998, 374 (Wiederholung einer abgewiesenen Räumungsklage aufgrund erneuter fristloser Kündigung, die auch auf schon zum Zeitpunkt des Erstprozesses gegebene, aber dem Kündigenden danach nicht bekannte Tatsachen gestützt werden kann).
[348] *OLG Posen* SeuffArch 64 (1909), 119.
[349] *BGH* NJW 1986, 1046 = LM Nr. 109. Anders bei einer schon zum Zeitpunkt des Vorprozesses vorliegenden zweiten Abtretung, → Rdnr. 231.
[350] Auch der Einwand der *Verwirkung* durch späteres Verhalten kann gegenüber der rechtskräftig festgestellten Rechtsfolge begründet sein, BGHZ 5, 195.
[351] *BGH* NJW 1963, 49 = MDR 1963, 44 (Klage auf Leistung in anderer Art und Weise, weil sie in der im rechtskräftigen Urteil auferlegten Form wegen Versagung einer behördlichen Genehmigung nicht erbracht werden kann).

der rechtskräftigen Bejahung zu beachten; die Änderung der Rechtslage kann nicht nur mit der Vollstreckungsgegenklage, sondern auch mit einer negativen Feststellungsklage[352] oder einer Bereicherungsklage[353] geltend gemacht werden.

Die Änderung ist auch zu berücksichtigen, wenn die rechtskräftig festgestellte Rechtsfolge in einem späteren Prozeß als **Vorfrage** erheblich wird[354]. 242

Welche neu eingetretenen Tatsachen zu einer Änderung der Rechtslage führen können und daher ungeachtet der Rechtskraft geltend gemacht werden können, ist eine Frage des materiellen Rechts (bei Prozeßurteilen: des Prozeßrechts), → auch Rdnr. 156 ff. Hängt der Anspruch nach materiellem Recht von einer *Prognose* als solcher ab, so rechtfertigt die spätere andere Entwicklung kein Abgehen von der Rechtskraft[355]. Zur Abänderungsklage → § 323 Rdnr. 1. 243

Ob die nach materiellem Recht erforderliche Tatsache schon früher hätte *herbeigeführt* werden können, ist unerheblich[356]. Eine **abweichende** behördliche oder gerichtliche **Entscheidung über eine Vorfrage** der rechtskräftigen Entscheidung ist keine neue Tatsache, wenn sie nicht rechtsgestaltender Natur ist oder Tatbestandswirkung besitzt. Gleichwohl hat der BGH[357] in einem Fall, in dem das Bestehen einer altrechtlichen Dienstbarkeit verneint wurde, weil ein öffentlicher Weg vorliege, in der späteren verwaltungsgerichtlichen Entscheidung, es handle sich nicht um einen öffentlichen Weg, eine neue Tatsache gesehen, so daß ungeachtet der Rechtskraft erneut das Bestehen einer altrechtlichen Dienstbarkeit geltend gemacht werden könne. Das Ergebnis überzeugt, weniger aber die Begründung. Vielleicht kann man jedenfalls in dieser Konstellation von einer inhaltlichen Beschränkung der rechtskräftigen Aussage des ersten Urteils ausgehen, die nur unter der Prämisse gelten sollte, daß ein öffentlicher Weg vorliegt und nicht verwaltungsgerichtlich das Gegenteil festgestellt wird[358]. Auch eine Lösung über Treu und Glauben erscheint vertretbar[359]. 244

Nachträglich eingetretene Tatsachen werden auch dann nicht durch die Rechtskraft präkludiert, wenn sie zu einer auf die Zeit vor Erlaß des Ersturteils **zurückwirkenden Änderung der Rechtslage** führen[360], z.B. zu einem rückwirkenden Wegfall eines materiell-rechtlichen Anspruchs oder zum rückwirkenden Wirksamwerden eines Vertrags (etwa durch eine erforderliche Genehmigung). Das Ersturteil konnte nur über die Rechtslage aufgrund der damals gegebenen Tatsachen entscheiden. Daher bedeutet es keinen inhaltlichen Widerspruch mit dem Ersturteil (keine Behauptung der Unrichtigkeit dieses Urteils), wenn aufgrund einer späteren, aber rückwirkenden Veränderung der Sachlage auch für die damalige Zeit eine andere Rechtsfolgenfeststellung getroffen wird[361]. Ob eine derartige Rückwirkung eintritt, ist allein eine Frage des materiellen Rechts. 245

---

[352] *RG* SeufArch 59 (1904), 77. – Nicht dagegen durch Restitutionsklage, *RGZ* 48, 384. – Die Zulässigkeit der Vollstreckungsgegenklage steht einer negativen Feststellungsklage nicht entgegen, → § 767 Rdnr. 13. Allgemein zum Verhältnis der Feststellungs- zur Gestaltungsklage → § 256 Rdnr. 92.

[353] *BGH* NJW 1984, 126, 127 (Fn. 343). Vgl. *Schwartz* Das Billigkeitsurteil des § 829 BGB (1904), 53 ff.

[354] *RG* Gruchot 50 (1906), 1076.

[355] *BGH* NJW 1986, 2645 (zum Anspruch auf Neuwertentschädigung, weil Verwendung zum Erwerb eines neuen Fahrzeugs sichergestellt erschien); *BGH* NJW 1987, 3266, 3267 (gegen eine rechtskräftige Verurteilung zu Verzugszinsen bestimmter Höhe kann nicht im Wege der Vollstreckungsgegenklage die nachträgliche Veränderung des Zinsniveaus eingewendet werden), → aber § 323 Rdnr. 7 bei Fn. 21.

[356] *BGH* LM Nr. 39 = NJW 1962, 915 = MDR 1962, 376 = JZ 1962, 542 (Herbeiführung eines Generalversammlungsbeschlusses); *BGH* NJW 1984, 126, 127 (Fn. 343); NJW 1986, 1046, 1047.

[357] *BGH* NJW 1995, 2993 = JZ 1996, 423 (*Braun*) = ZZP 109 (1996), 395 (*Lenenbach*) = LM Nr. 143 (abl. *Grunsky*) = JuS 1996, 392 (*G. Lüke*). – Dem *BGH* zustimmend *Thomas-Putzo*[20] Rdnr. 43.

[358] Ähnlich *Braun* JZ 1996, 425. – *Lenenbach* ZZP 109 (1996), 405 nimmt eine Einschränkung der Rechtskraft wegen Zweckverfehlung an.

[359] Vgl. *Lenenbach* ZZP 109 (1996), 405.

[360] Davon geht auch *BGH* NJW 1984, 126, 127 f. (Fn. 343) aus.

[361] Zutr. bereits *Lent* DR 1942, 868, 869.

246 Von den dargelegten Grundsätzen ausgehend, hindert die Rechtskraft auch nicht die Berücksichtigung einer erst nachträglich erfolgten Rechtsänderung durch **Ausübung eines Gestaltungsrechts**, und zwar unabhängig davon, ob das *Gestaltungsrecht* schon zum Zeitpunkt des Erstprozesses vorlag und durch die Ausübung eine *rückwirkende* Änderung der Rechtslage eingetreten ist. Maßgebend ist allein, daß die Rechtslage erst durch die Gestaltungserklärung geändert wurde und *diese* Tatsache jenseits der zeitlichen Grenzen der Rechtskraft liegt. Näher → § 767 Rdnr. 32 ff. sowie → § 257 Rdnr. 1, → § 259 Rdnr. 13 ff. (zum Widerspruchsrecht des Mieters); zur nicht berücksichtigten Aufrechnung → Rdnr. 229 a.E. Die Rechtsprechung[362] stellt dagegen grundsätzlich auf den Zeitpunkt der Entstehung des Gestaltungsrechts ab, so daß insbesondere die Aufrechnung präkludiert ist, wenn die Aufrechnungslage bereits zum Zeitpunkt der letzten mündlichen Verhandlung in der Tatsacheninstanz gegeben war. Fehlt es dagegen an der Aufrechnungslage, so braucht kein Vorbehalt der Aufrechnung erklärt zu werden, so gegenüber einer Feststellungsklage hinsichtlich künftig entstehender Schäden[363]. Die nachträgliche Ausübung eines **Optionsrechts** des Mieters hat auch der BGH[364] trotz rechtskräftigen Räumungsurteils mit Recht zugelassen, weil hier die zeitliche Wahlfreiheit (die durch eine Präklusion verlorengehen kann) geradezu den Zweck des Gestaltungsrechts, nicht bloß eine Nebenfolge darstelle[365]. Im **Widerrufsrecht** nach § 1 Abs. 1 HWiG sieht der BGH[366] kein Gestaltungsrecht; vielmehr liege eine rechtshindernde Einwendung vor (noch bestehendes Widerrufsrecht mit der Folge der schwebenden Unwirksamkeit des Vertrages). Bei diesem Ausgangspunkt schließt die rechtskräftige Verurteilung zur vertraglichen Leistung eine Berufung auf einen späteren Widerruf aus, da keine neue Tatsache vorliegt[367].

4. Umfang der Neuprüfung

247 Die Berücksichtigung neu entstandener Tatsachen setzt nicht voraus, daß das Gericht im Erstprozeß bereits die Möglichkeit erkannt und im Urteil zum Ausdruck gebracht hat, die bejahte Rechtsfolge könne später erlöschen, die verneinte Rechtsfolge könne noch entstehen. Eine bewußte Abweisung als (nur) zur Zeit unbegründet ist also nicht erforderlich[368]. Ist also ein vorbeugender Unterlassungsanspruch wegen fehlender Erstbegehungsgefahr rechtskräftig als unbegründet abgewiesen worden, so kann später erneut auf Unterlassung geklagt werden, wenn neu eingetretene Umstände nunmehr den Unterlassungsanspruch rechtfertigen[369]. Andererseits kann die Rechtskraft nicht schon durch das Vorbringen irgendwelcher neuer Tatsachen beseitigt werden. Es muß sich um Tatsachen handeln, die zu einer Veränderung der rechtskräftig festgestellten Rechtslage geführt haben. Um dies zu beurteilen, ist **von den Feststellungen des rechtskräftigen Urteils auszugehen**[370]: Nur wenn aufgrund der neuen Tatsachen das Tatbestandsmerkmal jetzt vorliegt, aufgrund dessen die erste Klage abgewiesen wurde, darf von der rechtskräftigen Feststellung abgewichen werden[371].

248 Die wegen **mangelnder Fälligkeit** abgewiesene Klage[372] kann also mit dem Vorbringen wie-

---

[362] Für die Aufrechnung z.B. *BGH* NJW 1987, 1691 = JuS 1987, 749 (LS, *K. Schmidt*).
[363] *BGHZ* 103, 362 = NJW 1988, 2542 = LM Nr. 117.
[364] *BGHZ* 94, 29 = NJW 1985, 2481 = JZ 1985, 750 (*Arens*) = JR 1985, 468 (*Haase*) = LM Nr. 105.
[365] Ebenso *BGHZ* 103, 362, 366 (Fn. 363).
[366] *BGH* NJW 1991, 1052, 1053.
[367] *BGHZ* 131, 82 = NJW 1996, 57 = JZ 1996, 575 (abl. *Gottwald-Honold*); zust. *Boemke* AcP 197 (1997), 161, 186; gegen den *BGH* ausführlich *Gaul* Gedächtnisschr. für Knobbe-Keuk (Fn. 1), 135, 152 ff. – A.M. noch *OLG Stuttgart* NJW 1994, 1225.
[368] *Zeuner* Objektive Grenzen (Fn. 51) 34 Fn. 15; *Grunsky* ZZP 76 (1963), 166.
[369] *BGH* NJW 1990, 2469 = LM § 1 UWG Nr. 555.
[370] Eingehend *Zeuner* (Fn. 51) 33 ff.; *ders*. MDR 1956, 257; ebenso *Arens* Streitgegenstand und Rechtskraft im aktienrechtlichen Anfechtungsverfahren 72 ff., 116; *Henckel* Parteilehre (Fn. 139) 296; *Grunsky* ZZP 76 (1963), 167; *ders*. Veräußerung (Fn. 313) 128. – A.M. (für den Eheprozeß) *Habscheid* (Fn. 106) 294; *ders*. FamRZ 1963, 381; allg. *J. Blomeyer* NJW 1969, 588.
[371] Vgl. *BGHZ* 35, 338, 341 (Fn. 381); 24, 279, 284.
[372] Dabei braucht die Abweisung als zur Zeit unbegründet nicht im Tenor zum Ausdruck gebracht zu werden; es genügt, wenn sie sich aus den Entscheidungsgründen ergibt, *LG Freiburg* MDR 1997, 396.

derholt werden, die Fälligkeit sei nun eingetreten. Da aber aufgrund der Rechtskraft des Ersturteils feststeht, daß der Anspruch bis zum Schluß der damaligen mündlichen Verhandlung nicht fällig war, kann nunmehr nicht von einem früheren Fälligkeitszeitpunkt ausgegangen werden[373]. Wurde dagegen z.B. ein Kaufpreisanspruch mit der Begründung abgewiesen, der Kaufvertrag sei nichtig gewesen, so kann die Klage nicht mit dem Vorbringen wiederholt werden, die Vorentscheidung sei zwar im Ergebnis (Klageabweisung) richtig gewesen, aber in Wahrheit habe nur die Fälligkeit des Anspruchs gefehlt und diese sei nun eingetreten. Wenn eine Klage auf zahnärztliches Honorar mangels schlüssigen Vorbringens ohne Einschränkung rechtskräftig abgewiesen wurde, so kann sie nicht mit der Begründung erneut erhoben werden, nunmehr sei die für die Fälligkeit der Vergütung notwendige Rechnungserteilung erfolgt[374]. Eine mangels Eigentums abgewiesene Herausgabeklage kann mit dem Vorbringen wiederholt werden, der Kläger sei nachträglich Eigentümer der Sache geworden, nicht aber mit dem Vorbringen, in Wahrheit habe es am Besitz des Beklagten gefehlt und dieser sei nun erlangt worden[375].

Wurde im Vorprozeß die Klage aus *mehreren*, nebeneinander stehenden Gründen abgewiesen, so kann eine erneute Klage nur Erfolg haben, wenn hinsichtlich *aller* damals verneinten Tatbestandsmerkmale eine Veränderung des Sachverhalts eingetreten ist, die nunmehr zur Bejahung der Tatbestandsmerkmale führt[376]. **249**

Die Frage, **welche neuen Tatsachen** ein Abgehen von der rechtskräftigen Feststellung ermöglichen, kann also ohne eine **Bindungswirkung der Gründe** nicht sinnvoll beantwortet werden. Um eine selbständige Rechtskraft der Entscheidung über Vorfragen, die mit der Grundtendenz des § 322 Abs. 1 in Konflikt käme, handelt es sich aber dabei nicht; denn die Bindung tritt nur im Hinblick auf den rechtskräftig beschiedenen Anspruch ein[377]. **250**

Ist so zu Ungunsten der im Vorprozeß *unterlegenen* Partei von den Gründen des rechtskräftigen Urteils auszugehen und eine erneute Prüfung jener Punkte ausgeschlossen, auf die sich die neuen Tatsachen nicht beziehen, so muß dies gerechterweise auch gegenüber der im ersten Prozeß *siegreichen Partei* gelten[378]. Wenn also z.B. im rechtskräftigen Urteil festgestellt wurde, der Vertrag sei zwar wirksam zustande gekommen, aber der vertragliche Anspruch sei noch nicht fällig, so kann bei einer Wiederholung der Klage mit dem Vorbringen, die Fälligkeit sei eingetreten, der wirksame Abschluß des Vertrags nicht mehr verneint werden[379]. Ist eine Werklohnklage rechtskräftig mangels Fälligkeit abgewiesen worden, weil nicht aufgrund eines Pauschalpreises abgerechnet werden dürfe, so kann einer erneuten Klage aufgrund Abrechnung nach Einheitspreisen nicht entgegengehalten werden, es sei doch auf der Grundlage des Pauschalpreises abzurechnen[379a]. **251**

Zusammenfassend ergibt sich, daß die **erneute sachliche Prüfung nur insoweit** ermöglicht wird, **als die neu entstandenen Tatsachen die in der rechtskräftigen Entscheidung bejahten oder verneinten Tatbestandsmerkmale beeinflussen**[380]. Im übrigen bleibt die rechtskräftige Entscheidung verbindlich. Zu den Folgerungen, die sich hieraus für die Bemessung der **Beschwer** ergeben, → Allg. Einl. vor § 511 Rdnr. 95 ff. **252**

---

[373] BGH WM 1989, 1897.
[374] OLG Düsseldorf NJW 1993, 802.
[375] Vgl. *Zeuner* (Fn. 51) 34.
[376] Vgl. BAG AP Nr. 14 (*Leipold*) (Fn. 345).
[377] *Grunsky* ZZP 76 (1963), 175, 177.
[378] *Grunsky* ZZP 76 (1963), 170. – A.M. *H. Baumann* AcP 169 (1969), 317, 343 ff.

[379] *Grunsky* ZZP 76 (1963), 169 f.; *Zöller-Vollkommer*[20] vor § 322 Rdnr. 58. – A.M. *Brox* ZZP 81 (1968), 389.
[379a] OLG Naumburg OLG-NL 1997, 213.
[380] Übereinstimmend BGH NJW 1984, 126, 127 (Fn. 343); NJW 1986, 2645, 2646.

5. Nichtstreitige Urteile

253   Da es für die Bedeutung neu eingetretener Tatsachen in der dargelegten Weise entscheidend auf die Begründung des rechtskräftigen Urteils ankommt, ergeben sich Schwierigkeiten bei jenen **nichtstreitigen Urteilen,** die keine materielle Begründung enthalten, also beim Verzichts- und Anerkenntnisurteil sowie beim Versäumnisurteil gegen den Kläger. Sicher kann man nicht darauf abstellen, wie nach dem Sach- und Streitstand im Falle eines kontradiktorischen Urteils zu entscheiden gewesen wäre, und noch weniger darauf, aufgrund welcher Überlegungen zur Rechtslage die Anerkenntnis- oder Verzichtserklärung abgegeben oder ein Termin nicht wahrgenommen wurde[381].

254   Es bleibt nur die Alternative, entweder neue Tatsachen hier generell auszuschließen[382] oder *alle neuen Tatsachen zuzulassen,* die bei einer möglichen rechtlichen Begründung der Vorentscheidung zu einer anderen Rechtslage führen würden, das Urteil also wie eine Entscheidung zu behandeln, die offen läßt, welche der in Betracht kommenden Tatbestandsmerkmale zum Erfolg oder Mißerfolg der Klage geführt haben[383]. Anerkenntnis- und Verzichtserklärung und auch das Versäumen eines Termins durch den Kläger geben nicht nur die Möglichkeit, eine weiterhin für bestehend gehaltene Rechtsstellung bewußt *aufzugeben,* sondern sollen auch für den Fall, daß eine Partei die *Unrichtigkeit* ihres bisherigen Rechtsstandpunktes erkennt, einen raschen Abschluß des Prozesses ermöglichen. Für die Einschätzung der Rechtslage sind aber die tatsächlichen Verhältnisse zur Zeit des Vorprozesses entscheidend. Daher erscheint es unbillig, jede Geltendmachung einer späteren Rechtsänderung auszuschließen[384]. Es ist also der zweiten genannten Auffassung zuzustimmen.

6. Zulässigkeit und Begründetheit

255   Die negative Prozeßvoraussetzung der vorliegenden rechtskräftigen Entscheidung bei Wiederholung desselben Streits (→ Rdnr. 199) greift nicht ein, wenn *neu entstandene Tatsachen behauptet* werden und darauf gestützt eine Änderung der rechtskräftig festgestellten Rechtslage geltend gemacht wird. Fehlt schon die Behauptung neu eingetretener Tatsachen, so ist die zweite Klage **unzulässig.** Ob die behaupteten Tatsachen wirklich eingetreten sind, ist sicher bereits eine Frage der **Begründetheit.** Zweifeln kann man, ob es noch eine Voraussetzung der Zulässigkeit ist, daß die behaupteten Tatsachen zu einer Änderung der Rechtslage überhaupt geeignet sind. Da damit die Frage der materiell-rechtlichen Wirkung der Tatsachen (materielle Schlüssigkeit) angesprochen ist, erscheint es richtig, diesen Punkt bereits als Teil der *Begründetheitsprüfung* anzusehen[385].

7. Änderung von Rechtsprechung und Gesetzgebung

256   Ein **Wandel der Rechtsprechung** läßt die Rechtskraftwirkung früherer Urteile unberührt[386].

---

[381] *BGHZ* 35, 338 = NJW 1961, 1969 = MDR 1961, 1005 = JZ 1962, 496; *RGZ* 7, 395.
[382] So *BGH* und *RG* (vorige Fn.).
[383] Dafür *Zeuner* JZ 1962, 497; *ders.* (Fn.51) 35 Fn.18.
[384] Überzeugend das Beispiel *Zeuners* JZ 1962, 497: Wenn sich der Mieter gegenüber der Herausgabeklage des Vermieters auf den Fortbestand des Mietvertrags beruft und der Vermieter schließlich Versäumnisurteil gegen sich ergehen läßt, so darf die Rechtskraft dieses Urteils nicht jede spätere Geltendmachung des Rückgabeanspruchs wegen Beendigung des Mietvertrages ausschließen; ebenso *MünchKommZPO-Gottwald* Rdnr. 167.
[385] Vgl. *Habscheid* ZZP 73 (1960), 431; 81 (1968), 480. – A.M. *BAG* AP Nr. 14 (insoweit abl. *Leipold*) (Fn. 345).
[386] *BAG* FamRZ 1991, 57, 58 = KTS 1991, 160; *BAG* NZA 1996, 1058 (dasselbe gilt auch im arbeitsgerichtlichen Beschlußverfahren; dazu → Rdnr. 324f.); *RGZ* 125, 162; *OLG Kiel* JR 1926 Nr. 2293. – Anders für den Bereich der freiwilligen Gerichtsbarkeit *KG* OLG Rsp 12 (1906), 298.

Eine bemerkenswerte **Sonderregelung** enthält jedoch § 19 AGBG[387]. Danach kann ein **Verwender von AGB**, dem aufgrund einer Verbandsklage (§ 13 AGBG) der Gebrauch einer Bestimmung in **Allgemeinen Geschäftsbedingungen** untersagt worden ist, im Wege einer Klage nach § 767 einwenden, daß *nachträglich* eine Entscheidung des BGH oder des Gemeinsamen Senats der Obersten Gerichtshöfe des Bundes ergangen ist, welche die Verwendung derselben Bestimmung für dieselbe Art von Rechtsgeschäften *nicht untersagt*. Zusätzliche Voraussetzung der Klage ist, daß die Zwangsvollstreckung aus dem zuvor ergangenen Urteil den Verwender in unzumutbarer Weise in seinem Geschäftsbetrieb beeinträchtigen würde. Es handelt sich bei dieser Klage um ein Rechtsinstitut eigener Art, das (soweit gegen rechtskräftige Urteile gerichtet) nicht nur auf eine Beseitigung der Vollstreckbarkeit, sondern in ähnlicher Weise wie die Wiederaufnahmeklage auf die Aufhebung der rechtskräftigen Feststellung abzielt[388]. – Zur **subjektiven Erweiterung der Urteilswirkung** nach § 21 AGBG → § 325 Rdnr. 75 f.

257

Unerheblich ist grundsätzlich auch eine **Änderung der Gesetzgebung**[389]. Auch wenn dem neuen Gesetz materiell-rechtlich *Rückwirkung* beigelegt wird, so daß es auch Sachverhalte erfaßt, die sich vor Inkrafttreten des Gesetzes ereignet haben, ergreift das neue Gesetz in der Regel nur solche Fälle, über die noch nicht rechtskräftig entschieden ist[390]. Anders ist es, wenn in dem neuen Gesetz ausdrücklich *angeordnet* wurde, daß *auch rechtskräftig entschiedene Fälle* von der neuen Rechtslage erfaßt werden sollen[391], oder wenn sich dies aus dem Sinn der Neuregelung klar ergibt[392]. Zur Nichtigerklärung einer Norm → Rdnr. 314.

258

Eine Ausnahme besteht ferner bei solchen Ansprüchen, die sachlich in jedem Augenblick neu entstehen, aber vom Gesetz, sobald sie einmal entstanden sind, als einheitliche Ansprüche auf wiederkehrende Leistungen behandelt werden[393]. Hierher gehören vor allem die familienrechtlichen **Unterhaltsansprüche.** In diesen Fällen steht der der Klage stattgebende Anspruch der Sache nach unter der auflösenden Bedingung des Fortfalls der Voraussetzungen. Diese Bedingung kann auch durch eine Änderung der Gesetzgebung eintreten. Hier steht daher im Gegensatz zur Regel die Rechtskraft des Urteils der Geltendmachung der Veränderung der Rechtslage nicht entgegen[394]. Auch bei Ansprüchen auf dauernde Unterlassung (z.B. im Bereich des Wettbewerbsrechts) dürfte dies gelten[395]. Zur Rechtskraft von Beschlüssen über betriebsverfassungsrechtliche Fragen → Rdnr. 325.

259

---

[387] Dazu *Grunsky* Zur zeitlichen Wirkung eines Urteils auf Unterlassung der Verwendung bestimmter Klauseln in AGB, Gedächtnisschr. für Rödig (1978), 325; *Gaul* Die Erstreckung und Durchbrechung der Urteilswirkungen nach §§ 19, 21 AGBG, Festschr. für Beitzke (1979), 997; *Schlosser* in *Schlosser/Coester-Waltjen/Graba* AGBG (1977), § 19; *Lindacher* in *Wolf-Horn-Lindacher* AGBG³ (1994), § 19.

[388] Vgl. *Schlosser* (vorige Fn.) § 19 Rdnr. 3; *Lindacher* (vorige Fn.) § 19 Rdnr. 3.

[389] RGZ 46, 66; 147, 385; WarnRspr 1909 Nr. 13 (Zinsanspruch); *BGH* LM Nr. 10 (Legalinterpretation); eingehend (auch rechtsvergleichend) *Habscheid* ZZP 78 (1965), 401; zum entsprechenden Problem bei verwaltungsrechtlichen Entscheidungen s. *Kornblum* JZ 1962, 654.

[390] BGHZ 3, 83. – Für entsprechende Anwendung des § 79 BVerfGG bei rückwirkender Gesetzesänderung *Gaul* Die Grundlagen des Wiederaufnahmerechts usw. (1956), 213; dagegen *Habscheid* ZZP 78 (1965), 429.

[391] Zur Frage der verfassungsrechtlichen Zulässigkeit kann hier nicht Stellung genommen werden. Gemäß BVerfGE 7, 94 steht das Prinzip der Rechtssicherheit (Rechtsstaat) nicht schlechthin entgegen.

[392] Dies kommt z.B. in Betracht, wenn durch die rückwirkende Gesetzesänderung eine verfassungswidrige Rechtslage beseitigt werden soll, vgl. *E. Schumann* AöR 88 (1963), 370.

[393] Weitergehend *Habscheid* ZZP 78 (1965), 442ff. (bei »vorwirkenden« Urteilen, d.h. Urteilen über noch nicht voll aktualisierte Rechtsfolgen, sei Gesetzesänderung auch gegenüber rechtskräftigem Urteil zu beachten).

[394] Übereinstimmend RGZ 147, 385, 390. Ebenso zur durch das BGB beseitigten Unterhaltspflicht zwischen Geschwistern RGZ 46, 66; OLG Königsberg OLG Rsp 1 (1900), 148; OLG Marienwerder SeuffArch 55 (1900), 407; zum vor Inkrafttreten des EheG ergangenen Unterhaltsurteil zwischen geschiedenen Ehegatten RGZ 166, 303 (Gesetzesänderung gemäß § 323 geltend zu machen, dagegen → § 323 Rdnr. 45).

[395] So *Rüßmann* Festschr. für Lüke (Fn. 1), 698f.

8. Anfangszeitpunkt der rechtskräftigen Feststellung

260 Die Frage der zeitlichen Grenzen der Rechtskraft stellt sich nicht nur hinsichtlich des *Fortbestandes* der rechtskräftigen Feststellung, sondern auch in umgekehrter Richtung: Wird mit der rechtskräftigen Bejahung einer Rechtsfolge auch deren **Entstehungszeitpunkt** festgelegt? Von Bedeutung ist dies, wenn die rechtskräftige Feststellung Präjudizialitätswirkung hat, also z.B. Schadensersatzansprüche wegen Verletzung einer rechtskräftig festgestellten Unterlassungspflicht geltend gemacht werden. Bejaht man für die Präjudizialitätswirkung eine rechtskräftige Feststellung der *rechtlichen Herleitung der Rechtsfolge* (→ Rdnr. 123ff.), dann wird man entsprechend die **Festlegung des Entstehungstatbestandes** auch für die Frage des Anfangszeitpunkts anerkennen müssen[396].

261 Wird also z.B. eine Unterlassungspflicht aufgrund Vertrags bejaht (→ § 259 Rdnr. 9), so ist grundsätzlich auch festgestellt, daß diese Pflicht seit dem Vertragsschluß bestand[397]. Nicht festgestellt ist dagegen, in welchem Zeitpunkt (zu welchem Datum) der Vertragsschluß erfolgte. Auch bleiben Einwendungen, die *nur* die Vergangenheit betreffen, von der Rechtskraft unberührt[398]. Vorbringen, das die rechtskräftig festgestellte Rechtsfolge *auch* für den Zeitpunkt der letzten mündlichen Verhandlung ausschließen würde, ist dagegen präkludiert[399]. Durch eine Verurteilung zur Herausgabe kann – je nach der in der Entscheidungsbegründung bejahten Entstehung des Anspruchs – das Bestehen des Anspruchs auch für die Vergangenheit festgestellt werden, ohne daß der Beginn der Rechtshängigkeit eine notwendige Grenze bilden würde[400]. Ein Vortrag, aus dem sich ergibt, daß der Herausgabeanspruch erst zu einem bestimmten, vor der letzten mündlichen Verhandlung liegenden Zeitpunkt entstanden ist (der also *nur* die Vergangenheit betrifft), bleibt auch hier zulässig. Bei entsprechendem rechtlichem Interesse ist eine Feststellungsklage zulässig, um einen bestimmten Entstehungszeitpunkt einer Rechtsfolge festzulegen, da es sich dabei nicht um eine Tatsache, sondern um eine rechtliche Wirkung handelt. Zur Klage auf Feststellung eines in der Vergangenheit liegenden Rechtsverhältnisses → § 256 Rdnr. 47.

261a Die Frage nach dem Zeitpunkt der rechtskräftigen Feststellung stellt sich auch, wenn die **Auflösung** bzw. Beendigung eines **Rechtsverhältnisses** festgestellt ist. Man sollte den Beendigungsgrund auch für den zeitlichen Aspekt als festgestellt ansehen, so daß etwa mit rechtskräftiger Feststellung, ein Pachtverhältnis sei durch Anfechtung wegen arglistiger Täuschung aufgelöst, auch feststeht, daß die Auflösung ex tunc mit Wirkung auf den Vertragsschluß (§ 142 Abs. 1 BGB) erfolgte (nicht aber steht das Datum des Vertragsschlusses rechtskräftig fest). Der BGH[401] nimmt dagegen auch hier den engsten möglichen Standpunkt ein und hält nur für festgestellt, daß die Auflösungswirkung zum Zeitpunkt der letzten mündlichen Verhandlung eingetreten war.

---

[396] Eingehend *Zeuner* JuS 1966, 150 gegen BGH (folgende Fn.). – A.M. *Rüßmann* JuS 1988, 182, 183f. (Rechtskraft bezieht sich immer nur auf den Zeitpunkt der letzten mündlichen Verhandlung, wenn nicht eine besondere Feststellung aufgrund Zwischenfeststellungsklage getroffen wurde); ebenso *MünchKommZPO-Gottwald* Rdnr. 127.

[397] A.M. *BGHZ* 42, 340 = NJW 1965, 689 (Feststellung der Unterlassungsverpflichtung nur für die Zeit ab Klageerhebung); dem zust. *Musielak* Festschr. für Nakamura (Fn. 1), 423, 442f. – Auch dagegen *Rüßmann* (Fn. 396).

[398] *Zeuner* JuS 1966, 151.

[399] *Hackspiel* NJW 1986, 1148, 1150.

[400] A.M. BGH LM § 987 BGB Nr. 3; NJW 1983, 164 = MDR 1983, 42 = LM Nr. 95; NJW 1985, 1553. Dagegen *Hackspiel* NJW 1986, 1148 (die Rechtskraft reicht so weit in die Vergangenheit, wie der Lebenssachverhalt, der zu beurteilen war, in seinen entscheidungserheblichen Punkten unverändert geblieben ist). *Gerhardt* (Fn. 278) 46 bejaht dagegen die Rechtskraftwirkung nur für den Zeitpunkt der letzten Tatsachenverhandlung.

[401] BGH NJW-RR 1988, 199.

XI. Rechtskraft und Urteilsmängel; zivilrechtliche Ausgleichsansprüche

1. Allgemeines

Auch die beste Verfahrensordnung vermag nicht zu verhindern, daß ein Prozeß mit einem **unrichtigen Urteil** abgeschlossen werden kann. Fehlurteile können durch mangelhafte oder absichtlich böswillige Prozeßführung der Parteien, durch unzuverlässige Beweismittel oder durch Fehler der Richter verursacht werden. Auch dadurch, daß das Gesetz in gewissen Fällen vorschreibt, das Urteil ohne Sachprüfung auf ein bestimmtes Verhalten der Parteien zu gründen, kann es zu Entscheidungen kommen, die mit der außerprozessualen Rechtslage nicht übereinstimmen, so bei Versäumnis-, Anerkenntnis- und Verzichtsurteilen. An der Möglichkeit unrichtiger Urteile vermag auch die materielle Rechtskraft nichts zu ändern, → Rdnr. 38. Aber mit der Anordnung der materiellen Rechtskraft hat der Gesetzgeber dem Interesse an der Rechtsgewißheit für den Regelfall den Vorrang eingeräumt vor dem Interesse daran, behauptete Urteilsmängel unbegrenzt geltend machen zu können.

262

Die materielle Rechtskraft macht also grundsätzlich alle Mängel des früheren Verfahrens unbeachtlich (→ vor § 578 Rdnr. 22 ff.), mag es sich um eine fehlerhafte Tatsachenfeststellung oder um eine unrichtige Anwendung des materiellen oder prozessualen Rechts handeln[402]. Aufgrund der materiellen Rechtskraft ist sowohl **von der Geltung wie auch von der Richtigkeit der festgelegten konkreten Rechtslage auszugehen.** Daher kann zwischen den Personen, die von der Rechtskraft in subjektiver Hinsicht erfaßt werden, grundsätzlich auch ein Schadensersatzanspruch nicht darauf gestützt werden, der Schaden sei durch unrichtige Entscheidung des Vorprozesses entstanden[403]. Auch soweit die materielle Rechtskraft *Dritten* gegenüber wirkt, gibt es – anders als bei der Interventionswirkung, → § 68 Rdnr. 6 ff. – keinen Einwand der mangelhaften Prozeßführung.

263

Für jene Fälle, in denen besonders schwere Verfahrensmängel vorliegen oder in denen die Grundlagen des Urteils in besonders evidenter Weise erschüttert werden, muß freilich Vorsorge getroffen werden. Das tut aber die ZPO nicht in der Weise, daß dann das Urteil von vornherein keine bindende Wirkung hätte, nach Art der *sententia nulla* des römischen Rechts, sondern so, daß in solchen Fällen eine Beseitigung des Urteils im Wege der **Wiederaufnahme des Verfahrens** stattfindet, →vor § 578 Rdnr. 25 ff. Die sachlichen und zeitlichen Grenzen der Wiederaufnahme sind sonach grundsätzlich zugleich diejenigen, in denen die Unrichtigkeit des Urteils geltend gemacht werden kann. Eine Verneinung der Rechtskraft ohne Beseitigung des Urteils kann nur in seltenen Fällen anerkannt werden, zu den **Nichturteilen** und **wirkungslosen Urteilen** → vor § 578 Rdnr. 1 ff. Zu Ansprüchen aus § 826 BGB → Rdnr. 268 ff.

264

2. Einwand des Scheinprozesses (Simulation)

Gegenüber der materiellen Rechtskraft ist auch der Einwand unbeachtlich, es habe sich um einen Scheinprozeß gehandelt. Von einem »simulierten Judikat« könnte nur gesprochen werden, wenn der Richter sein Urteil nicht ernstlich gemeint hätte. In diesem rein theoretischen Fall wäre das sog. Urteil allerdings nichtig, weil es nicht in Ausübung der Gerichtsbarkeit erlassen wäre. Haben aber lediglich die Parteien unter sich im Einverständnis zum Schein gehandelt, so berührt dies die Gültigkeit des Urteils nicht[404]. Die Vorschriften des BGB über die Bedeutung

265

---

[402] Vgl. *BGH* NJW 1980, 2754 (Fn. 192).
[403] *BGH* NJW 1993, 3204, 3205 = LM Nr. 136 (*Grunsky*).
[404] Vgl. *RG* WarnRsp 1914 Nr. 273. Wie hier *Sintenis* ZZP 30 (1902), 395; *Hellwig* Klagrecht und Klagmöglichkeit (1905), 78; Anspruch und Klagrecht (1924), 211; Recht 1910, 716, 728; *Geib* Rechtsschutzbegehren und Anspruchsbetätigung (1909), 208; *Reichel* AcP 104 (1909), 118; *Hamburger* Die Ausbeutung der Rechtskraft gegen die guten Sitten (1909), 85; *Sauer* Grundlagen des Prozeßrechts² (1929), 464; *MünchKommZPO-Gottwald* Rdnr. 25. – A.M. *RGZ* 36, 249; 46, 334; JW 1898, 209 f.,

von Willensmängeln sind auf die Prozeßhandlungen der Parteien nicht anwendbar, → vor § 128 Rdnr. 228 ff. Außerdem fehlte zum Tatbestand des § 117 BGB, daß der andere, nämlich der Richter, an den sich die Anträge wenden, einverstanden ist. Von einem Scheinprozeß zu unterscheiden ist die Abrede, das Urteil nicht vollstrecken zu wollen, dazu → § 766 Rdnr. 21 ff.

3. Bereicherungsansprüche

266   Ansprüche auf Herausgabe der aufgrund der Verurteilung erbrachten oder durch Zwangsvollstreckung beigetriebenen Leistung aus § 812 Abs. 1 S. 1 BGB sind durch die Rechtskraft der Verurteilung ausgeschlossen, weil mit dem Bestand des Anspruchs auch das Vorliegen des rechtlichen Grundes für die Leistung feststeht, → Rdnr. 206 bei Fn. 279. Ebensowenig kann eine *Herausgabe des Titels* mit der Begründung verlangt werden, der darin verkörperte Vorteil sei zu Unrecht erlangt worden, denn die Rechtskraft macht das Vorbringen der Unrichtigkeit des Urteils unbeachtlich.

267   Zum Teil wird ein Bereicherungsanspruch auf Herausgabe einer **vor der letzten mündlichen Tatsachenverhandlung erbrachten Leistung** bejaht, wenn trotzdem erneut zu der gleichen Leistung verurteilt wurde. Aber auch dem steht die Rechtskraft des Leistungsurteils entgegen; denn die Geltendmachung dieses Rückgewähranspruchs wäre nichts anderes als eine Wiederholung des durch die Rechtskraft präkludierten Erfüllungseinwands[405]. Das gilt unabhängig davon, ob die Erfüllung im rechtskräftig abgeschlossenen Prozeß behauptet wurde oder nicht[406]. Abgesehen davon überzeugen auch die materiell-rechtlichen Konstruktionsversuche nicht. Die behauptete frühere Leistung wird nicht durch die erneute Verurteilung zu einer *rechtsgrundlosen* Leistung[407]; denn die Rechtskraft ändert nichts daran, daß die Leistung zur Erfüllung der Forderung erfolgt war. Aus § 812 Abs. 1 S. 2, 1. Alt. BGB läßt sich der Rückforderungsanspruch nicht begründen, weil *kein Wegfall des rechtlichen Grundes* vorliegt. Vom *Nichteintritt eines mit der Leistung bezweckten Erfolges*[408] kann nicht gesprochen werden, da § 812 Abs. 1 S. 2, 2. Alt. BGB die Vereinbarung eines besonderen, außerhalb des Schuldtilgungserfolgs liegenden Zwecks der Leistung voraussetzt[409]. Ein Rückgewähranspruch kann auch nicht mit der Begründung bejaht werden, in der Erwirkung eines rechtskräftigen Urteils trotz bereits erfolgter Leistung liege eine **positive Forderungsverletzung,** die zum Schadensersatz verpflichte[410]: Der Eintritt des Schadens könnte nämlich nur bejaht werden, wenn man von der *Unrichtigkeit* der rechtskräftigen Entscheidung ausgehen dürfte[411]. – Zur Rechtslage bei der erklärten, aber im Prozeß nicht vorgebrachten **Aufrechnung** → § 145 Rdnr. 62.

4. Sittenwidrige Erwirkung oder Verwendung einer rechtskräftigen Entscheidung (§ 826 BGB)

a) Allgemeine Voraussetzungen

268   Schon das **RG** ließ Schadensersatzansprüche der unterlegenen Partei wegen vorsätzlicher sittenwidriger Schädigung (§ 826 BGB) auch gegenüber rechtskräftigen Urteilen zu. Dies

---

372; *OLG Dresden* OLG Rsp 11 (1905), 107; *Wienstein* Recht 1910, 681; *Hein* Recht 1910, 812.
[405] *Gaul* JuS 1962, 10. Ebenso *MünchKommZPO-Gottwald* Rdnr. 197. – A.M. *Lipp* (Fn. 1), 359, 383 (aber Rückforderung nur, wenn durch die erste Leistung keine Erfüllungswirkung eintrat).
[406] A.M. *Zeuner* (Fn. 51) 96, der die Rechtskraftwirkung verneint, wenn der Erfüllungseinwand im Vorprozeß nicht erhoben wurde; ebenso *Braun* NJW 1979, 2380, 2381.

[407] So aber *Reichel* Festschr. für Wach (1913), III, 73 ff. – Dagegen *Gaul* JuS 1962, 8; *A. Blomeyer* ZPR² § 90 III 1.
[408] Erwogen von *OLG Frankfurt* NJW 1961, 1479.
[409] Vgl. *Gaul* JuS 1962, 11 sowie (allg.) *Larenz-Canaris* SchuldR II/2¹³ § 68 I 3 a; *Esser-Weyers* SchuldR⁷ II § 49 II.
[410] So aber *OLG Frankfurt* NJW 1961, 1479 (zum Vollstreckungsbefehl).
[411] Zutr. *Gaul* JuS 1962, 11.

wurde insbesondere mit dem Satz begründet: »Die Wirkung der Rechtskraft muß da zessieren, wo sie bewußt rechtswidrig zu dem Zweck herbeigeführt ist, dem, was nicht Recht ist, den Stempel des Rechts zu geben«[412]. Eine vorsätzliche sittenwidrige Schädigung wurde in der **arglistigen Erwirkung** (insbesondere Erschleichung) eines rechtskräftigen Urteils gesehen, z.B. bei planmäßigem Zusammenarbeiten mit falsch aussagenden Zeugen[413], bei absichtlicher Täuschung von Sachverständigen[414], bei wissentlich falschem Abschwören einer Tatsache[415], bei Erwirkung der öffentlichen Zustellung durch wissentlich falsches Vorbringen[416] sowie bei sittenwidrigem Druck auf den Gegner, sich nicht zu verteidigen[417]. Aber auch bei **sittenwidriger Ausnutzung** eines ordnungsgemäß erlangten, aber durch die Partei als unrichtig erkannten Urteils wurden Ansprüche aus § 826 BGB für möglich gehalten, wenn ganz besondere Umstände hinzukamen, aus denen sich der Verstoß gegen die guten Sitten ergab[418].

Der **BGH** ist der Rechtsprechung des RG gefolgt[419]. Auch nach heutiger Rechtsprechung kommen Ansprüche aus § 826 BGB gegenüber rechtskräftigen Urteilen sowohl bei sittenwidriger Erwirkung wie auch bei sittenwidriger Ausnutzung eines unrichtigen Urteils in Betracht.

In der Literatur fand die Zulassung der Klage aus § 826 BGB gegenüber einem rechtskräftigen Urteil von Anfang an geteilte Aufnahme[420]; auch in neuerer Zeit wird sie vielfach abgelehnt[421]. Ein Haupteinwand geht dahin, der Gesetzgeber habe schon in der ZPO für bestimmte Fälle einen Weg gewiesen, um die Rechtskraft eines Urteils zu beseitigen: bei evidenter Erschütterung der Urteilsgrundlagen ist nach § 580 die **Wiederaufnahme des Verfahrens** (Restitutionsklage)[422] zulässig. Die hinter dieser Regelung stehende Interessenabwägung, aber auch die einzelnen Voraussetzungen einer Wiederaufnahmeklage, sollten in der Tat nicht durch die Berufung auf § 826 BGB überspielt werden. Andererseits ist die Zulässigkeit der Restitutionsklage auf ganz bestimmte Sachverhalte beschränkt. Grundsätzlich sind allerdings auch die Bestimmungen über die Wiederaufnahmegründe einer **analogen Anwendung** auf in den entscheidenden Punkten ähnlich gelagerte Fälle durchaus zugänglich[423], →§ 580 Rdnr. 1. Die Recht-

---

[412] *RGZ* 61, 365. Sachlich übereinstimmend *RGZ* 78, 393; 132, 352.
[413] *RG* JW 1926, 1148.
[414] *RG* WarnRsp 1922 Nr. 45, 46.
[415] *RGZ* 46, 75.
[416] *RGZ* 61, 359; 78, 390. – Dazu, daß in diesen Fällen ein Betrug (und damit ein Restitutionsgrund) vorliegen kann, → § 580 Rdnr. 15.
[417] *RGZ* 132, 274.
[418] *RGZ* 155, 59; 156, 270; 163, 290; 165, 28; 168, 12; JW 1938, 1263; DJ 1938, 951; *KG* DR 1940, 646.
[419] *BGH* NJW 1987, 3256 (Fn. 428); *BGH* NJW 1987, 3266, 3267; früher bereits *BGH* NJW 1951, 759; LM § 826 BGB (Fa) Nr. 6 (Fn. 425), Nr. 7; *BGHZ* 26, 391 = NJW 1958, 826; LM § 826 BGB (Fa) Nr. 9, 10 (auch gegenüber rechtskräftiger Entscheidung der freiwilligen Gerichtsbarkeit); eingehend *BGHZ* 50, 115 = NJW 1968, 1275. – Auch das *BAG* folgt der Rsp des *RG*, s. *BAGE* 10, 88, 98 = NJW 1961, 573, 575; ebenso für die Sozialgerichtsbarkeit *BSG* NJW 1987, 2038 = BB 1987, 972 (*Smid*).
[420] Nachw. s. Voraufl., Fn. 346.
[421] So von *Reinicke* NJW 1952, 3; *Jauernig* ZZP 66 (1953), 398; NJW 1957, 403; *Gaul* Die Grundlagen des Wiederaufnahmerechts und die Ausdehnung der Wiederaufnahmegründe (1956), 99; FamRZ 1957, 241; JuS 1962, 2; JZ 1964, 515; Möglichkeiten und Grenzen der Rechtskraftdurchbrechung (Fn. 1) 40ff.; *Jauernig* ZPR[24] § 64 II; *A. Blomeyer* ZPR[2] § 107 II; *Arens-Lüke*[6] Rdnr. 370; *Baumbach-Lauterbach-Hartmann*[56] Einf. vor §§ 322–327 Rdnr. 30ff.; *Wieczorek*[2] C III b; *Larenz* Kennzeichen geglückter richterlicher Rechtsfortbildung

(1965), 11; *Prütting-Weth*[2] (Fn. 1) Rdnr. 280ff. (unzulässige richterliche Rechtsfortbildung); weitgehend auch *Thumm* Die Klage aus § 826 BGB gegen rechtskräftige Urteile (1959); *R. Bruns* ZPR[2] Rdnr. 298. S. auch *E. Schumann* Verfassungsbeschwerde (Fn. 315) 299 (gegen Anwendung des § 826 BGB gegenüber Entscheidungen, die für grundrechtswidrig erklärt wurden). – Dagegen bejahen die Anwendbarkeit des § 826 BGB u.a.: *Bernhardt* ZZP 66 (1953), 77; ZPR[3] § 54 IV; *Rosenberg-Schwab-Gottwald*[15] § 162 III; *Zöller-Vollkommer*[20] vor § 322 Rdnr. 76; *Thomas-Putzo*[20] Rdnr. 50; *MünchKommZPO-Gottwald* Rdnr. 204; *Soergel-Hönn* BGB[11] § 826 Rdnr. 232; *RGRK-Steffen* BGB[12] § 826 Rdnr. 75; *Musielak* JA 1982, 7, 11ff. (Richterrecht); ebenso *Münch-Komm-Mertens*[3] § 826 Rdnr. 171; *Grunsky* ZIP 1986, 1361, 1362; *Hönn* (Fn. 1). S. auch *Schönke-Kuchinke*[9] § 75 II 7 a (nicht Schadensersatz, aber Einwand der unzulässigen Rechtsausübung).
[422] Ausführlich zum Verhältnis der Anwendung des § 826 BGB zur Restitution *Braun*, Rechtskraft und Restitution, 1. Teil, Der Rechtsbehelf gem. § 826 BGB gegen rechtskräftige Urteile (1979). *Braun* betont die restitutionsrechtlichen Aspekte, die in der Anwendung des § 826 BGB durch die Rsp liegen und stellt eine enge Verbindung zum Restitutionsrecht her, nämlich zu der von ihm neben der »Verfahrensfehlerrestitution« bejahten »Ergebnisfehlerrestitution«. Dazu *Braun* Rechtskraft und Restitution, 2. Teil, Die Grundlagen des geltenden Restitutionsrechts (1985). – Abl. *Gaul* Rechtskraft und Rechtskraftdurchbrechung (Fn. 1) 43f.
[423] S. vor allem *Gaul* Grundlagen des Wiederaufnahmerechts (Fn. 421); zust. *Baumgärtel* AcP 156 (1957),

sprechung ist diesen Weg aber nicht gegangen, wohl unter dem Eindruck, daß § 826 BGB als Generalklausel es eher ermöglicht, die Besonderheiten des Einzelfalles zu berücksichtigen. Die Praxis zeigt, daß immer wieder Fälle auftauchen, in denen eine Aufrechterhaltung der Rechtskraft evident ungerecht wäre, die aber mit einer entsprechenden Anwendung des Wiederaufnahmerechts kaum zu bewältigen sind, weil sie sich von den im Gesetz genannten Fällen zu sehr unterscheiden, um eine Analogie zu rechtfertigen. Auch die recht unglückliche Fristregelung[424] des § 586 Abs. 2 S. 2 (fünf Jahre nach Rechtskrafteintritt keine Wiederaufnahmeklage mehr, anders bei Urteilen über die nichteheliche Vaterschaft, § 641 i Abs. 4) kann zu Situationen führen, in denen die Restitutionsklage nicht mehr zulässig ist, aber dennoch – insbesondere bei der Verurteilung zu wiederkehrenden Leistungen für einen langen Zeitraum – die Aufrechterhaltung der Rechtskraft angesichts des zutage getretenen Fehlers kaum erträglich wäre.

271 Verdient die Rechtsprechung demnach grundsätzlich Zustimmung, so sollte die Durchbrechung der Rechtskraft jedenfalls auf Fälle beschränkt werden, in denen sowohl die Unrichtigkeit eines Urteils als auch seine sittenwidrige Herbeiführung oder Ausnutzung **evident** sind.

272 Der BGH stellte klar, daß die Geltendmachung eines Anspruchs aus § 826 BGB jedenfalls nicht dazu führen könne, den im Vorprozeß beschiedenen Anspruch in tatsächlicher und rechtlicher Hinsicht wie in einem wiederaufgenommenen Verfahren erneut zu prüfen[425]. Ein Anspruch aus § 826 BGB kann nach Ansicht des BGH nicht damit schlüssig dargetan werden, daß sich die Partei für die Unrichtigkeit des Urteils auf das gleiche tatsächliche und rechtliche Vorbringen und auf die gleichen Beweismittel stützt wie im Vorprozeß; auch eine bloße Ergänzung der Ausführungen oder Beweisanträge wurde nicht für ausreichend erachtet[426].

273 Diese Einschränkungen sollen verhindern, daß durch die Geltendmachung von Ansprüchen aus § 826 BGB allzu leicht eine Neuaufrollung des abgeschlossenen Prozesses ermöglicht und damit die Rechtskraft praktisch beseitigt wird. Der BGH betont, daß an die Voraussetzungen des § 826 BGB **strenge Anforderungen** zu stellen sind; er erklärt den Eingriff in die Rechtskraft durch Zuerkennung eines Anspruchs aus § 826 BGB **nur in äußersten Fällen** für gerechtfertigt, um zu verhindern, »daß eine offenbare Lüge den Sieg über die gerechte Sache behalte«[427]. Die Anwendung des § 826 BGB auf rechtskräftige Titel muß auf besonders schwerwiegende, eng begrenzte Ausnahmefälle beschränkt werden, um nicht die Rechtskraft auszuhöhlen, Rechtssicherheit und Rechtsfrieden zu beeinträchtigen und Anreiz zum Versuch einer Neuaufrollung rechtskräftig entschiedener Prozesse zu schaffen[428]. Auch nach Ansicht des BGH[429] rechtfertigt die vorsätzliche Ausnutzung eines als unrichtig erkannten Titels (auch eines Versäumnisurteils[430]) allein nicht die Anwendung des § 826 BGB. Es genügt z.B. nicht, daß der Gläubiger aus dem unrichtigen Titel mehr erhält, als ihm bei richtiger Entscheidung zustünde[431]. Vielmehr müssen besondere Umstände hinzutreten, die es in hohem Maße unbillig und geradezu unerträglich erscheinen lassen, die Ausnutzung des Titels zu gestatten.

274 Den rechtlichen Ausgangspunkt bildet regelmäßig das Verbot sittenwidrigen Handelns,

---

554; *Lent* ZZP 70 (1957), 398; *E. Schumann* Verfassungsbeschwerde (Fn. 315) 309, 321 (zur für grundrechtswidrig erklärten Entscheidung); *Schlosser* ZZP 79 (1966), 187; *A. Blomeyer* ZPR² § 107 I. – BGHZ 40, 130 (Fn. 426) geht dagegen weiterhin von der Unzulässigkeit einer Ausdehnung der Wiederaufnahmebestimmungen aus.

[424] Vgl. *R. Bruns* FamRZ 1957, 203; *Thumm* (Fn. 421) 64ff.; *Gaul* FamRZ 1960, 251.

[425] *BGH* LM § 826 BGB (Fa) Nr. 6 = NJW 1956, 505 = FamRZ 1956, 144. Unter Berufung auf § 287 wird ausgeführt, der Richter habe nach freier Überzeugung zu entscheiden, ob ein Schaden entstanden sei; die Anordnung einer beantragten Beweiserhebung liege im Ermessen des Gerichts.

[426] BGHZ 40, 130 = NJW 1964, 349; *BGH* NJW 1964, 1277; LM § 826 BGB (Fa) Nr. 15 = NJW 1964, 1672.

[427] BGHZ 40, 130; NJW 1964, 1672 (beide vorige Fn.).

[428] BGHZ 101, 380, 383f. = NJW 1987, 3256; BGHZ 103, 44, 46 = NJW 1988, 971; BGHZ 112, 54, 58 = NJW 1991, 30, 31.

[429] *BGH* NJW 1986, 1751, 1753 im Anschluß an *BGH* NJW 1983, 2317; *BGH* NJW 1986, 2047, 2049; NJW 1987, 3256, 3257 (Fn. 428); NJW 1988, 971, 972 (Fn. 428); NJW 1996, 48, 49.

[430] *BGH* NJW 1996, 48, 49. → auch Rdnr. 281.

[431] BGHZ 112, 54 = NJW 1991, 30. Dies gilt auch bei

nicht der Grundsatz von Treu und Glauben. Soweit der BGH[432] in einer Entscheidung hinsichtlich der Durchbrechung der Rechtskraft beim Grundsatz von Treu und Glauben ansetzte, geschah dies wohl eher versehentlich und, wie aus dem Kontext der Entscheidung hervorgeht, nicht in der Absicht, die Voraussetzungen aufzulockern.

Ein Fall, in dem die Rechtskraft zurücktreten muß, kann auch vorliegen, wenn der Unterhaltsgläubiger (geschiedener Ehegatte) eine rechtskräftig zuerkannte **Unterhaltsrente weiterhin entgegennimmt,** ohne dem Verpflichteten die Aufnahme einer den Unterhaltsanspruch mindernden Erwerbstätigkeit mitzuteilen[433]. 275

b) Klage aus § 826 BGB gegenüber rechtskräftigen Vollstreckungsbescheiden

Besonders lebhaft wurde in neuerer Zeit diskutiert, ob Abwehrmöglichkeiten gegen die Durchsetzung von Vollstreckungsbescheiden bestehen, denen ein sittenwidriges, insbesondere wucherähnliches Darlehen[434] zugrundeliegt. Das Problem hing auch damit zusammen, daß die Rechtsprechung schrittweise den Anwendungsbereich des § 138 Abs. 1 BGB erweiterte. Es ist mittlerweile jedenfalls zum Teil dadurch entschärft worden, daß § 688 Abs. 2 Nr. 1 Mahnverfahren bei besonders hoch verzinslichen Krediten nicht mehr zuläßt[435], → § 688 Rdnr. 6 f. 276

Den Ausgangspunkt hat die **materielle Rechtskraft** zu bilden, die auch einem unanfechtbar gewordenen **Vollstreckungsbescheid** zukommt und die nicht grundsätzlich schwächer als diejenige eines Urteils ist, näher → Rdnr. 70 ff. Die Gesetz- oder Sittenwidrigkeit des Rechtsgeschäfts, aufgrund dessen der Vollstreckungsbescheid erwirkt wurde, rechtfertigt es allein nicht, sich über die Rechtskraft hinwegzusetzen. Im Rahmen der Anwendung des § 826 BGB sind jedoch die Besonderheiten des Vollstreckungsbescheids – Erlaß ohne Schlüssigkeitsprüfung – zu berücksichtigen. 277

Dem wird die **Rechtsprechung des BGH** gerecht. Der BGH[436] erklärte die Vollstreckung einer Forderung, die auf einem sittenwidrigen Ratenkreditvertrag beruht, aus einem vom Gläubiger als unrichtig erkannten Vollstreckungsbescheid dann für sittenwidrig, wenn der Gläubiger den Vollstreckungsbescheid erwirkte, obgleich er – nach dem Stand der Rechtsprechung im Zeitpunkt des Antrags auf Erlaß des Vollstreckungsbescheids (§ 699 Abs. 1)[437], richtiger wohl noch bis zur formellen Rechtskraft des Vollstreckungsbescheids[438] – **erkennen konnte,** daß bei einer Geltendmachung im Klageverfahren bereits die gerichtliche Schlüssigkeitsprüfung nach § 331 zu einer Ablehnung seines Klagebegehrens führen müßte. Auch eine auf die titulierten Verzugszinsen beschränkte Anwendung des § 826 BGB ist möglich, wenn nur insoweit die Erkennbarkeit gegeben war[439]. Dies gilt jedoch nicht, wenn sich der Schuldner unmittelbar nach Abschluß des Darlehensvertrages und auch im Mahnverfahren anwaltlich beraten und vertreten ließ[440]. Erforderlich ist, wie der BGH[441] klarstellte, das Zusammentreffen des sittenwidrigen Vertrages und der gezielten Inanspruchnahme des Mahnverfahrens zur erleichterten Erwirkung eines Titels gegenüber einem ungewandten und rechtlich nicht beratenen Schuldner. 278

Ratenkreditverträgen, insbesondere bei Vollstreckung aus Vollstreckungsbescheiden, → Rdnr. 280.
[432] *BGH* NJW 1993, 3204, 3205 = LM Nr. 136 (insoweit krit. *Grunsky*).
[433] Im konkreten Fall § 826 BGB bejahend *BGH* NJW 1986, 1751; ebenso *OLG Düsseldorf* FamRZ 1985, 599 (Vorinstanz hierzu); verneinend *BGH* NJW 1986, 2047. S. auch *OLG Koblenz* NJW-RR 1987, 1033 (zur Eingehung einer neuen Partnerschaft).
[434] Im Sinne der neueren Rsp des *BGH*, grundlegend *BGHZ* 80, 153; ferner u. a. *BGHZ* 98, 174; 104, 102; 110, 336.
[435] Dazu *Holch* NJW 1991, 3177, 3179 ff.

[436] *BGHZ* 101, 380 = NJW 1987, 3256 = JZ 1988, 44 (*Braun*); zust. *Grunsky* WM 1987, 1353; dem BGH folgend z. B. *OLG Schleswig* NJW 1991, 986.
[437] Vgl. *BGH* WM 1990, 391 (im konkreten Fall die Erkennbarkeit verneinend).
[438] So *LG Lübeck* NJW 1990, 2892.
[439] *BGH* WM 1990, 393; *LG Essen* NJW 1991, 2425. – Anders zu einem Vollstreckungsbescheid über Honorar für eine Partnerschaftsvermittlung, wenn nur die vertragliche Verzugszinsregelung sittenwidrig ist, *OLG Oldenburg* FamRZ 1992, 668.
[440] *BGH* NJW 1987, 3259 = JZ 1988, 47 (*Braun*).
[441] *BGHZ* 103, 44 = NJW 1988, 971, 973.

279   Außerhalb des Bereichs sittenwidriger Ratenkreditverträge kann daher die Anwendung des § 826 BGB gegenüber einem rechtskräftigen Vollstreckungsbescheid nicht allein damit begründet werden, daß der Titel unrichtig ist und der Gläubiger bei der Erwirkung des Titels die mangelnde Schlüssigkeit erkennen konnte, so z.B. nicht bei einem Vollstreckungsbescheid, der aufgrund Verbindlichkeiten einer KG gegen den (nicht haftenden) Kommanditisten erwirkt wurde[442]. Wenn aber besondere Umstände hinzutreten, kann auch auf sonstigen Rechtsgebieten (z.B. bei Honorar aus Partnerschaftsvermittlungsverträgen[443]) die Wahl des Mahnverfahrens unter den vom BGH herausgearbeiteten Kriterien die Klage aus § 826 BGB begründen.

280   Lagen die erwähnten Voraussetzungen bei Erwirkung des Vollstreckungsbescheides nicht vor, so stellt die weitere Vollstreckung auch in Ratenkreditfällen nicht schon deswegen eine **sittenwidrige Ausnutzung des Titels** dar, weil der Gläubiger auf diese Weise mehr erhält als ihm bei materiell richtiger Entscheidung zustünde[444]. In extremen Fällen kann jedoch auch die Höhe des titulierten Vertragszinses[445] oder des bereits Gezahlten eine Rolle spielen, so daß sich die weitere Vollstreckung z.B. dann als sittenwidrig erweist, wenn aufgrund eines wucherischen Darlehens über viele Jahre hinweg bereits fast das Dreieinhalbfache des Nettokredits zurückgezahlt wurde und gleichwohl keine Aussicht besteht, die Hauptschuld zu verringern[446]. Andererseits greift § 826 BGB insoweit nicht ein, als der Titelgläubiger wegen solcher Beträge Befriedigung verlangt, die ihm auch bei Nichtigkeit des Darlehensvertrages gegen den Ratenkreditnehmer zustehen[447].

281   Die Rechtsprechung zur Erwirkung eines Vollstreckungsbescheids kann nicht auf ein **Versäumnisurteil** mit Schlüssigkeitsprüfung übertragen werden[448], doch können besondere Umstände (z.B. weit überhöhter Zinssatz, öffentliche Zustellung[449]) auch hier die Anwendung des § 826 BGB rechtfertigen. Auch die Übertragung der Rechtsprechung zum Vollstreckungsbescheid auf einen Vergütungsfestsetzungsbeschluß nach § 19 BRAGO[450] überzeugt nicht, da der Schuldner vor diesem Beschluß gehört wird. Eine Klage aus § 826 BGB kann auch nicht darauf gestützt werden, bei dem zugrundeliegenden Vertragsschluß habe es sich um eine verbotene Kreditvermittlung im Reisegewerbe gehandelt[451] oder der Kreditnehmer könne noch nach § 1 HWiG widerrufen[452].

c) Rechtsfolgen

282   Die Rechtsfolgen aus § 826 BGB stehen nach der Rechtsprechung des BGH gegebenenfalls **neben** der Möglichkeit **einer Restitutionsklage**[453]; sie werden weder durch den Ablauf der Monatsfrist des § 586 Abs. 1 oder der 5-Jahresfrist des § 586 Abs. 2 S. 2 noch durch das Fehlen des in § 581 Abs. 1 geforderten Strafurteils ausgeschlossen[454]. Dagegen wendet der BGH[455] § 582 analog an.

---

[442] *BGHZ* 103, 44 (Fn. 441).
[443] *AG Bad Schwalbach* NJW 1991, 2426 (rechtlich unerfahrener ausländischer Staatsbürger).
[444] *BGHZ* 112, 54 = NJW 1991, 30 (abl. *Vollkommer*).
[445] *OLG Zweibrücken* MDR 1990, 630 (§ 826 BGB wegen Überschreitung des Marktzinses um 170%); *OLG Frankfurt* MDR 1990, 441 (weit überhöhter Zins und hohe aufgelaufene Summe gegen einen nur mitverpflichteten Schuldner).
[446] *OLG Frankfurt* NJW-RR 1996, 110 (auch unter Hinweis auf die neuere Rechtsprechung des BVerfG zu Bürgschaften Familienangehöriger, *BVerfGE* 89, 214).
[447] *BGH* NJW-RR 1989, 622 = MDR 1989, 429.
[448] *OLG Hamm* NJW 1991, 1361.
[449] *LG Köln* NJW 1991, 2427.
[450] So *ArbG Düsseldorf* Rpfleger 1991, 81.
[451] *OLG Köln* NJW-RR 1992, 304.
[452] *OLG Hamm* NJW-RR 1994, 1468. Eine neue, rechtskraftfreie Tatsache liegt im Widerruf nicht, → Rdnr. 246.
[453] *BGH* LM § 826 BGB (Fa) Nr. 7; *BGHZ* 50, 115 = NJW 1968, 1275 = MDR 1968, 661. – A.M. *OLG Celle* NJW 1966, 2020.
[454] *BGHZ* 50, 115 (s. vorige Fn.). – A.M. *BGH* LM § 826 BGB (Fa) Nr. 15 (Fn. 426): keine Durchbrechung der Rechtskraft über § 826 BGB, wenn strafbare Handlung behauptet und § 581 nicht erfüllt. Ebenso *OLG Celle* NJW 1966, 2020. S. auch *OLG Bamberg* NJW 1960, 1062: Klage aus § 826 ausgeschlossen, wenn Abwendung

Als **Rechtsfolge** der arglistigen Urteilserschleichung oder -ausnutzung billigt die Rechtsprechung einen schuldrechtlichen Anspruch auf **Schadensersatz** zu, z.B. auf Rückzahlung des in der Zwangsvollstreckung beigetriebenen Betrages oder der vom Schuldner aufgrund des Titels erbrachten Leistung[456]. Ferner wird ein **Anspruch auf Unterlassung der Zwangsvollstreckung** und auf Herausgabe des Titels bejaht[457]. Örtlich zuständig ist nach § 32 das Gericht, in dessen Bezirk die Zwangsvollstreckung voraussichtlich stattfinden wird[458]. Auch die *einredeweise* Geltendmachung des § 826 BGB wird – z.B. bei Präjudizialitätswirkung der rechtskräftigen Feststellung – für möglich gehalten[459]. Die einstweilige *Einstellung der Zwangsvollstreckung* sollte in analoger Anwendung der §§ 707, 719, 769 zugelassen werden, → § 707 Rdnr. 28.

XII. Urteilswirkungen und Rechtsweggrenzen

1. Allgemeines

Wenn § 322 den Zivilurteilen materielle Rechtskraftwirkung zuspricht, so ist dabei zunächst nur an die Wirkung in späteren *Zivilprozessen* gedacht. Entsprechendes gilt für jene Bestimmungen, die sich mit der Rechtskraft der in anderen Zweigen der Gerichtsbarkeit ergehenden Entscheidungen befassen (z.B. §§ 121 VwGO, 110 FGO, 141 SGG). Dagegen **fehlen allgemeine gesetzliche Regeln** für die Frage, inwieweit die Entscheidungen auch **über die Grenzen der Rechtswege oder Verfahrensordnungen hinaus** wirken, in denen sie erlassen wurden[460]: Wirkt ein Zivilurteil auch im Strafprozeß? Ist der Zivilrichter an ein rechtskräftiges Urteil des Verwaltungsgerichts gebunden? Dabei ist zwischen den **verschiedenen Urteilswirkungen** zu unterscheiden:

a) Ob die **Tatbestandswirkung** einer Entscheidung über die Rechtsweggrenzen hinaus zu beachten ist[461], ergibt sich aus der Norm, in der die Entscheidung als Tatbestandsmerkmal vorkommt. Hat der Richter des anderen Gerichtsbarkeitszweigs diese Bestimmung anzuwenden, so muß er auch von der Tatsache der Entscheidung ausgehen.

b) In gleicher Weise ist die **Gestaltungswirkung** stets dann zu beachten, wenn das Gericht die gestaltete Rechtslage (zumeist als Vorfrage seiner Entscheidung) zu prüfen hat. Ob die gestaltende Entscheidung im selben oder in einem anderen Rechtsweg ergangen ist, ist dafür ohne Bedeutung[462].

c) Ob der **feststellende Gehalt** einer Entscheidung über die Rechtsweggrenzen hinaus zu beachten ist, ist eine Frage der Tragweite der **materiellen Rechtskraft.** Hier eine gesonderte, neben der materiellen Rechtskraft stehende Bindungswirkung anzunehmen[463], erscheint wenig

---

des Schadens durch Rechtsmittel schuldhaft unterlassen, gegen *RGZ* 78, 393.

[455] *BGH* NJW 1974, 557; NJW 1989, 1285 (anders bei Schadensersatzanspruch gegen einen nicht von der Rechtskraft des Ersturteils erfaßten Beklagten). – A.M. *MünchKommZPO-Gottwald* Rdnr. 212.

[456] *BGH* NJW 1986, 1751.

[457] *BGHZ* 26, 391 = NJW 1958, 826 = MDR 1958, 413. – Kritisch zur Systemverträglichkeit des Urteils auf Titelherausgabe und seiner Vollstreckung *Münzberg* NJW 1986, 361.

[458] *OLG Hamm* NJW-RR 1989, 305.

[459] *BGH* NJW 1994, 1672 (Fn. 426). Die Form der Einrede ließ der *BGH* offen. – Einem rechtskräftigen Urteil, das einer Ehelichkeitsanfechtungsklage stattgibt, kann der nunmehr als Vater in Anspruch Genommene nicht entgegenhalten, das Urteil sei arglistig erschlichen worden, *AG Solingen* DAVorm 1990, 947.

[460] Lit.: *Baur* Die Bindung an Entscheidungen (1940); *Bötticher* Hundert Jahre deutsches Rechtsleben (1960), I, 511; *Brox* ZZP 73 (1960), 46: *H.-J. Bruns* Festschr. für Lent (1957), 107; *Geiger* Staatsbürger und Staatsgewalt, Jubiläumsschrift (1963), I, 183; *König* Die Bindung des Richters an präjudizielle Urteile anderer Gerichte (1934, Diss. Freiburg); *Kralik* Die Vorfrage im Verfahrensrecht (Wien 1953), 147; *Kuttner* Die privatrechtlichen Nebenwirkungen der Zivilurteile (1908), 7, 181; *ders.* Festg. für Gierke (1910), 2, 161; *ders.* Urteilswirkungen außerhalb des Zivilprozesses (1914); *Nicklisch* Die Bindung der Gerichte an gestaltende Gerichtsentscheidungen und Verwaltungsakte (1965); *Pohle* Festschr. für Apelt (1958), 197; *Schwab* ZZP 77 (1964), 152.

[461] *Kuttner* Nebenwirkungen (Fn. 460) 181; *Pohle* (Fn. 460) 197; *Bötticher* (Fn. 460) 514.

[462] *Lent* ZZP 61 (1939), 306; *Pohle* (Fn. 460) 197; *Bötticher* (Fn. 460) 514; *Nicklisch* (Fn. 460) 138; *Schlosser* Gestaltungsklagen u. Gestaltungsurteile (1966), 158.

[463] So z.B. *Jauernig* Das fehlerhafte Zivilurteil (1958), 142 Fn. 9; *Geiger* (Fn. 460) 204ff. Dagegen zutr. *Bötticher* (Fn. 460) 536; s. auch *H.-J. Bruns* (Fn. 460) 114.

förderlich. Für die **grundsätzliche Bejahung einer übergreifenden Rechtskraft**[464] sprechen sowohl Interessen der Beteiligten wie der Allgemeinheit: Der Zweck der Rechtskraft, den Parteien Rechtsgewißheit zu geben und eine Verdoppelung des Streits zu vermeiden, macht nicht an den Rechtsweggrenzen halt. Alle Gerichtsbarkeitszweige sind Teile einer einheitlichen rechtsprechenden Gewalt (Art. 92 GG) und zwar nach der heutigen Ausgestaltung *grundsätzlich gleichwertige Teile*[465]. Dies rechtfertigt eine umfassende Bindung. Daß auch der Gesetzgeber von der Gleichwertigkeit der Rechtswege und von der Möglichkeit einer weiterreichenden Maßgeblichkeit der Entscheidungen ausgeht, zeigen die Vorschriften, die den Entscheidungen über die *Zulässigkeit des Rechtswegs* und den *Verweisungen* bindende Wirkung auch für die Gerichte des anderen Rechtswegs zusprechen (§§ 17 bis 17b GVG iVm. § 48 Abs. 1 ArbGG, § 173 VwGO, § 155 FGO, § 202 SGG), → § 281 Rdnr. 74ff.

288   Trotz dieses Grundsatzes können aber tiefgreifende **Unterschiede** in der Zwecksetzung und in der Ausgestaltung der Verfahren die **Ablehnung einer Bindung** rechtfertigen. Das gilt vor allem im Verhältnis zwischen den Zivil- und Strafgerichten, → Rdnr. 300ff., nicht dagegen im Verhältnis der Zivil- und Verwaltungsgerichte, → Rdnr. 295ff.

289   **Bindende Wirkung** können stets nur solche Entscheidungen entfalten, die innerhalb ihres eigenen Rechtswegs materiell rechtskräftig sind und **nur in den objektiven und subjektiven Grenzen dieser Rechtskraft**. Daß an den subjektiven Grenzen der Rechtskraft auch dann festzuhalten ist, wenn es um die Wirkung über die Rechtsweggrenzen hinaus geht[466], nimmt zwar dem Grundsatz der umfassenden Bindung viel von seiner praktischen Bedeutung. Aber die Wertungen, die dafür sprechen, am Verfahren unbeteiligte Dritte von der Rechtskraft freizustellen (→ § 325 Rdnr. 1), gelten genauso, wenn es um die Wirkung in einem anderen Rechtsweg geht. Freilich kann die Zwecksetzung einer bestimmten Norm dafür sprechen, die Überprüfbarkeit der über eine bestimmte Voraussetzung ergangenen Entscheidung zu verneinen, obwohl die Prozeßparteien in beiden Verfahren nicht identisch sind. In solchen Fällen kann jener Entscheidung – im Wege der Auslegung der Rechtsnorm - *Tatbestandswirkung* zugemessen werden. Diese ist ihrer Natur nach nicht von den subjektiven Grenzen der Rechtskraft abhängig.

290   Im folgenden Überblick wird sowohl die **Bindung der Zivilgerichte** an die Entscheidungen anderer Gerichte wie auch die **Wirkung der Zivilurteile** in anderen Verfahren erörtert.

291   Zur Bindung der Zivilgerichte an **Verwaltungsakte** → Einl. (20. Aufl.) Rdnr. 555ff.

2. Arbeitsgerichtsbarkeit

292   Daß sämtliche Wirkungen der **arbeitsgerichtlichen Urteile** in gleicher Weise auch von den ordentlichen Zivilgerichten zu beachten sind und umgekehrt die **Urteile der ordentlichen Zivilgerichte** auch die Arbeitsgerichte binden, dürfte keinem Zweifel unterliegen. Zur Rechtskraft arbeitsgerichtlicher Urteile und Beschlüsse → Rdnr. 322ff., zur subjektiv erweiterten Rechtskraftwirkung arbeitsgerichtlicher Urteile nach § 9 TVG → § 256 Rdnr. 191ff.

---

[464] Dafür auch *Pohle* (Fn. 460) 199; *Bötticher* (Fn. 460) 535; *Schwab* ZZP 77 (1964), 152; *MünchKommZPO-Gottwald* Rdnr. 60, 66.

[465] Vgl. (zum Verhältnis der Zivil- und Verwaltungsgerichte) *BGHZ* 9, 332; 10, 227.

[466] *Pohle* (Fn. 460) 199; *Brox* ZZP 73 (1960), 58. – Für eine über die subj. Grenzen der Rechtskraft hinausgehende Bindung der Behörden und Gerichte dagegen *Kuttner* Urteilswirkungen (Fn. 460) 196ff.; *Bötticher* (Fn. 460) 537f.; *Martens* ZZP 79 (1966), 436; *Schwab* ZZP 77 (1964), 152ff. (»Drittwirkung«; → dazu §325 Rdnr. 78ff.); *Geiger* (Fn. 460) 208f.

3. Freiwillige Gerichtsbarkeit

a) Die **Entscheidungen der freiwilligen Gerichtsbarkeit** sind jedenfalls insoweit für den zivilprozessualen Streitrichter bindend, als ihnen eine **Tatbestandswirkung** zukommt[467]. Als Tatbestandswirkung wird man z.B. ansehen können, daß mit der Aufhebung der Nachlaßverwaltung oder des Nachlaßkonkurses auch für das Prozeßgericht im Rahmen des § 1990 BGB die Dürftigkeit des Nachlasses feststeht; dasselbe hat auch bei Ablehnung der Nachlaßverwaltung oder des Nachlaßkonkurses mangels kostendeckender Masse zu gelten[468]. Dasselbe gilt, wenn Entscheidungen **rechtsgestaltender Natur** sind, wie z.B. die Volljährigkeitserklärung (nach früherem Recht), die Eintragung eines Vereins[469], die Bestellung von Vorstandsmitgliedern gemäß § 29 BGB[470], die Bestellung des Vormundes, Betreuers oder Pflegers (→ § 51 Rdnr. 29), Anordnungen über die elterliche Sorge gemäß § 1671 BGB[471] oder Anordnungen zum Schutz des Kindes nach § 1666 BGB[472] oder der Beschluß über die Annahme als Kind (§ 1752 Abs. 1 BGB). Ob sonstigen (insbesondere feststellenden) Entscheidungen bindende Kraft zukommt, ist schon innerhalb des Verfahrens der freiwilligen Gerichtsbarkeit zweifelhaft[473]; für den Zivilrichter wurde eine Bindung im Regelfall abgelehnt[474]. Die neuere Gesetzgebung hat jedoch der freiwilligen Gerichtsbarkeit zahlreiche Aufgaben übertragen, die zu echten Streitentscheidungen in einem Parteiprozeß führen, → die Zusammenstellung Einl. (20. Aufl.) Rdnr. 451 unter c, d. Zahlreiche **Einzelgesetze** schreiben dabei eine Bindung ausdrücklich vor, so z.B. § 6 der 40. DVO zum UmstellungsG[475], § 16 Abs. 1 HausrVO, §§ 4 Abs. 4, 60 Abs. 2 WertpapierbereinigungsG, § 25 UmstellungsergänzungsG[476], § 45 Abs. 2 WEG, § 311 S. 2 UmwandlungsG. Meist handelt es sich zwar auch hier um rechtsgestaltende Anordnungen. Man wird aber nach der neueren Entwicklung die ordentlichen Gerichte jedenfalls an alle in den sog. **echten Parteistreitigkeiten** ergangenen rechtskräftigen Beschlüsse aus dem Bereich der freiwilligen Gerichtsbarkeit als **gebunden** ansehen müssen[477]. Über die Bindung entscheiden demnach wesentlich die *Art der Angelegenheit*, die der freiwilligen Gerichtsbarkeit übertragen ist, und der *Zweck der Übertragung*[478]. – In allen Fällen hat das Streitgericht zu prüfen, ob der Entscheidung aus der freiwilligen Gerichtsbarkeit etwa ein Mangel anhaftet, der zu ihrer **Nichtigkeit** führt. Es dürfte aber zu weit gehen, die *Kompetenzüberschreitung* durch den Richter der freiwilligen Gerichtsbarkeit (Entscheidung einer dem Streitgericht zugewiesenen Sache) schlechthin als Nichtigkeitsgrund anzusehen[479].

293

---

[467] So ist z.B. die Erteilung des Erbscheins Voraussetzung des gutgläubigen Erwerbs nach § 2366 BGB.

[468] BGH NJW-RR 1989, 1226, 1227 (unter Hinweis auf die Prozeßökonomie und den Sinn und Zweck des § 1990 BGB).

[469] RGZ 81, 210.

[470] BGHZ 24, 47 = ZPP 70 (1957), 327.

[471] Vgl. (zum früheren § 1635 Abs. 1 S. 2 BGB) RGZ 63 279; JW 1910, 114; KG OLG Rsp 24 (1912), 40.

[472] BGH NJW 1951, 309.

[473] Dafür *Schneider* ZZP 29 (1901), 153f.; *Kamm* ZZP 44 (1914), 84ff.; *Siegert* ZZP 54 (1929), 435 (grundsätzlich); einschränkend *Brauns* ZZP 44 (1914), 215ff.; s. auch *BayObLG* OLG Rsp 4 (1902), 350; *OLG Hamburg* OLG Rsp 12 (1906), 196f. – Dagegen *KG* OLG Rsp 12 (1906), 298ff.; 25 (1912), 406; *BayObLG* NJW 1996, 3217f.; *Unger* ZZP 37 (1908), 496; *Münzel* ZZP 66 (1953), 369, 373; *ders.* NJW 1952, 723. – Zu den Einzelheiten des Problems s. die Lb und Komm. zur FG (→ Fn. 477).

[474] Vgl. dazu *Berndt* Gruchot 38 (1894), 638ff.; *Schneider* (Fn. 473); *Kuttner* IherJb 59 (1911), 407; 61 (1912), 130; *Pagenstecher* ZZP 37 (1908), 26ff.; *Hellwig* Lb 2, 40; *ders.* System I, 61f. u. bes. die eingeh. Übersichten über Lit. u. Rspr. von *Josef* ZZP 30 (1902), 98ff.; 35 (1906), 530ff.; 40 (1910), 285ff.; 43 (1913), 365ff.; 47 (1918), 257ff. S. ferner *Seibert* DFG 1937, 136.

[475] Zum Umfang der Bindung s. *BGHZ* 5, 259 (auch bezüglich des Bestands der hypothekarisch gesicherten Forderung); a.M. *BayObLG* NJW 1951, 721; *OLG Hamm* MDR 1953, 47.

[476] Vom 21. IX. 1953 (BGBl I 1439).

[477] *Baur* FG 1, 44; *Habscheid* FG[7] §§ 28 IV, 29 I; *Pikart-Henn* FG 99, 106; *Bärmann* FG §§ 22 III 1, 23, I; *Keidel-Kuntze-Winkler* FG[13] § 1 Rdnr. 28; *BayObLGZ* 1984, 230, 233; offenlassend *BayObLG* NJW 1996, 3217f.

[478] RGZ 158, 159.

[479] Für Nichtigkeit *BGHZ* 29, 223, 228; *Baur* FG § 2 B V 1. S. auch *BGHZ* 24, 47, 51f. (Fn. 470) (Entscheidung der FG für den Zivilrichter nur bindend, wenn sachliche Zuständigkeit eingehalten). – Gegen Nichtigkeit eingehend *Habscheid* NJW 1966, 1792; ferner *Keidel-Kuntze-Winkler* FG[13] § 7 Rdnr. 24 a; *Bärmann* FG § 6 II 4; *Rosenberg-Schwab-Gottwald*[15] § 11 III 1 b.

294 b) Andererseits müssen die Organe der freiwilligen Gerichtsbarkeit nicht nur die **Tatbestands-** und **Gestaltungswirkung** (einschließlich der Verurteilungen zur Abgabe einer Willenserklärung nach § 894) der **Zivilurteile** (ausgenommen den theoretischen Fall absoluter Nichtigkeit) anerkennen[480], sondern sind auch an ihre **Rechtskraft** gebunden[481], und zwar selbst im Falle einer Grenzüberschreitung durch den Streitrichter, arg. § 17 a Abs. 1 GVG[482]. Die objektiven und subjektiven Grenzen der Rechtskraft und der in der freiwilligen Gerichtsbarkeit u.U. weiterreichende Streitgegenstand sind jedoch im Einzelfall jeweils sorgfältig zu prüfen[483]. Das Grundbuchamt ist z.B. an eine zwischen den Beteiligten des Grundbuchverfahrens ergangene rechtskräftige Entscheidung über die Wirksamkeit eines Kaufvertrags gebunden[484]. Im Auskunftserzwingungsverfahren (§ 166 Abs. 3 HGB) ist das Gericht der freiwilligen Gerichtsbarkeit an eine zwischen denselben Beteiligten ergangene rechtskräftige Entscheidung über das Bestehen der Kommanditbeteiligung gebunden[485].

4. Verwaltungs-, Finanz- und Sozialgerichtsbarkeit

295 a) Die ordentlichen Gerichte haben eine *Tatbestands-* oder *Gestaltungswirkung* **verwaltungs-, finanz-** oder **sozialgerichtlicher**[486] **Urteile** anzuerkennen. So ist insbesondere die **Aufhebung eines Verwaltungsakts** auf Anfechtungsklage auch für die Zivilgerichte maßgebend.

296 Aber auch die Bindung an die **materielle Rechtskraft** jener Urteile ist zu bejahen[487]. Die Verschiedenheit der Verfahrensgestaltung (vor allem: Verhandlungsmaxime im zivilprozessualen Regelverfahren, Untersuchungsmaxime in den verwaltungsgerichtlichen Verfahren) wird mit Recht nicht als Hinderungsgrund für eine gegenseitige Bindung angesehen[488], zumal auch in den verwaltungsgerichtlichen Verfahren nicht etwa jegliche Parteidisposition über den Streitgegenstand (z.B. Anerkenntnis, Verzicht)[489] ausgeschlossen ist. Der Zivilrichter ist also z.B. an die verwaltungsgerichtliche Verneinung des Bestands einer Konzession[490], an die rechtskräftige verwaltungsgerichtliche Feststellung der ruhegehaltsfähigen Dienstzeit für den Versorgungsausgleich[491] oder an die rechtskräftige Entscheidung eines Verwaltungsgerichts über eine öffentlichrechtliche Forderung gebunden, mit der im Zivilprozeß aufgerechnet wird[492]. Hält ein OVG im Normenkontrollverfahren (§ 47 VwGO) einen Bebauungsplan für

---

[480] Zur Gestaltungswirkung *BayObLG* Rpfleger 1982, 20.
[481] *Habscheid* FG⁷ § 19 V 4 c, bb; *Keidel-Kuntze-Winkler* FG¹³ § 1 Rdnr. 30; *OLG Zweibrücken* OLGZ 1984, 385; *BayObLGZ* 1987, 325 = MDR 1988, 65; *BayObLGZ* 1991, 334, 336; *LG Bonn* FamRZ 1963, 366.
[482] Ebenso *Baur* FG I, § 2 B V 1; *Bärmann* FG § 6 II 4.
[483] S. *Josef* (Fn. 474) und IherJb. 61 (1912), 197; *Baur* FG I, 45ff. – Die *Feststellung des Erbrechts* im Zivilprozeß bindet bei Erteilung des Erbscheins nur im Verhältnis der Parteien des Zivilprozesses, s. *Baur* FG I, 49 (mit Nachw.); *Kuttner* Festg. f. Gierke (1910), 2, 222; enger *Josef* ZZP 35 (1906), 561; 43 (1913), 369 u.a. – Zur Frage der Bindung des Handelsregisterrichters s. *Ehrenberg* IherJb 61 (1912), 423; *ders.* Hdb. des ges. HandelsR I (1913), 577; *Keidel-Kuntze-Winkler* FG¹³ § 12 Rdnr. 59, § 127 Rdnr. 46ff.; *Schlegelberger* FG⁷ § 127 Rdnr. 29.
[484] *BayObLG* Rpfleger 1995, 406 = DNotZ 1996, 30 (aber keine Löschung der Auflassungsvormerkung, wenn die Klage auf Feststellung der Wirksamkeit des Kaufvertrags nur als derzeit unbegründet abgewiesen wurde).
[485] *BayObLGZ* 1987, 325, 329ff.
[486] Eine besondere Bindung an Entscheidungen der Sozialgerichte ordnen §§ 108, 112 SGB VII u. § 118 SGB X an. Zur Bindung aufgrund des früheren § 638 RVO (jetzt §§ 108, 112 SGB VII) *BGHZ* 129, 195, 198f.

[487] *BGHZ* 9, 329; 10, 220; 15, 19; 16, 135; 20, 379; LM Nr. 35; *BGH* FamRZ 1991, 1415 und die in Fn. 494 bis 496 genannten Entscheidungen; *RGZ* 122, 96; *KG* NJW 1950, 31; *Bachof* SJZ 1950, 493; *ders.* ZZP 65 (1929), 28; *Bettermann* MDR 1950, 265; *ders.* 54, 7; *Naumann* DVBl 1954, 333; *Niese* JZ 1952, 354; *Pohle* (Fn. 460) 199; *Bötticher* (Fn. 460) 536; *Lüke* JuS 1980, 644, 649; *Bender* JZ 1986, 838, 846 (mwN); *Broß* VerwArch 1987, 91ff. Einen Überblick über die Rsp. des *BGH* (auch unveröffentlichter Urteile) gibt *Geiger* (Fn. 460) 183.
[488] Vgl. *Bötticher* (Fn. 460) 518, 536.
[489] Deren Zulässigkeit im verwaltungsgerichtlichen Verfahren bejahen z.B. *Schoch-Schmidt-Aßmann-Pietzner-Clausing* VwGO § 107 Rdnr. 8; *Redeker-von Oertzen* VwGO¹² § 86 Rdnr. 5; *Lüke* JuS 1961, 45; *BVerwG* JZ 1997, 263 = NJW 1997, 2127 (LS); WM 1963, 327; *OVG Hamburg* NJW 1977, 214; *VGH Mannheim* NJW 1991, 859; einschränkend *Kopp* VwGO¹⁰ § 86 Rdnr. 16; *Eyermann-J. Schmidt* VwGO¹⁰ § 107 Rdnr. 7. Ablehnend *Rupp* AöR 85 (1960), 195; *Lang* BayVBl 1958, 170.
[490] *BGHZ* 15, 19.
[491] *BGH* FamRZ 1991, 1415.
[492] *BGHZ* 16, 135.

gültig, so ist auch diese Entscheidung für die Zivilgerichte bindend[493]. Die rechtskräftige Aufhebung eines Verwaltungsakts durch das Verwaltungsgericht stellt die **Rechtswidrigkeit des Verwaltungsaktes** auch für den Zivilrichter fest, der später über eine Amtshaftungsklage zu entscheiden hat[494].

Wird in einem durch rechtskräftiges Verwaltungsgerichtsurteil bestätigten straßenrechtlichen Planfeststellungsbeschluß eine angemessene Ersatzzufahrt (§ 8 a Abs. 4 FStrG) vorgesehen und damit die gesetzliche Voraussetzung für einen Anspruch auf Entschädigung in Geld abgelehnt, sind die Zivilgerichte gehindert, unter enteignungsrechtlichen Gesichtspunkten eine **Entschädigung** zuzusprechen[495]. Dasselbe gilt, wenn das Flurbereinigungsgericht eine gegen den Flurbereinigungsplan gerichtete Anfechtungsklage rechtskräftig abgewiesen hat[496]. Die Bejahung dieser Bindung setzt voraus, daß die Frage der **Rechtswidrigkeit** zum Streit- und Urteilsgegenstand der verwaltungsgerichtlichen Anfechtungsklage gehört[497]. Geht man davon aus, dann liegt in der Abweisung der Anfechtungsklage aus sachlichen (d.h. eine Rechtsverletzung verneinenden) Gründen die **Verneinung der Rechtswidrigkeit** (= Bejahung der Rechtmäßigkeit) **des Verwaltungsaktes** gegenüber dem Kläger, die den Zivilrichter gleichfalls bindet[498]. 297

Zur **Bindung** der Zivilgerichte **an Verwaltungsakte** → Einl. (20. Aufl.) Rdnr. 555 ff 298

b) **Tatbestands-** und **Gestaltungswirkungen** (z. B. die vielfach auch im öffentlichen Recht relevante Ehescheidung) von **Zivilurteilen** gelten auch **für die Verwaltungs-, Finanz- und Sozialgerichte**[499]. Auch deren Bindung an die **materielle Rechtskraft** zivilgerichtlicher Entscheidungen ist zu bejahen[500]. Sie scheitert aber vielfach an den subjektiven Grenzen der Rechtskraft, sofern sich nämlich im Zivilprozeß die Beteiligten des zivilen Rechtsverhältnisses gegenüberstehen, während es vor dem Verwaltungsgericht um einen Anspruch des Staates oder gegen den Staat geht, der an jenes Rechtsverhältnis anknüpft. So kann die *materielle Rechtskraft* eines zwischen zwei Erbprätendenten ergangenen Zivilurteils über die Erbenstellung die Finanzbehörden und -gerichte bei der Beurteilung der Erbschaftsteuerpflicht nicht binden[501]. Daß die Zivilentscheidung dennoch regelmäßig maßgeblich sein wird[502], dürfte sich aber aus 299

---

[493] *BGH* NJW 1980, 2814.
[494] *BGHZ* 9, 329 = NJW 1953, 1103; *BGHZ* 10, 220 = NJW 1953, 1667; *BGHZ* 93, 87, 91; *BGH* MDR 1981, 473; VersR 1985, 279, 566, 588; 1986, 289, 290 (finanzgerichtliches Urteil); *BGH* VersR 1989, 594 (aufgehobene Baugenehmigung); *BGH* NVwZ 1992, 298, 299. Vgl. auch *BGH* NJW 1976, 1687, 1688 (*Pagenkopf* NJW 1977, 1519, 1520); *Niese* JZ 1952, 354; *Zeuner* (Fn. 51) 126; *Bötticher* (Fn. 460) 539; *Kellner* Juristenjahrb. Bd. 5 (1964/65) 105. Die Bindung erstreckt sich aber nach *BGHZ* 20, 379 u. *BGH* NJW 1983, 2241 nicht auf die Gründe, aus denen das Verwaltungsgericht die Rechtswidrigkeit des Verwaltungsaktes hergeleitet hat. Daran ist richtig, daß die Gründe nicht selbständig in Rechtskraft erwachsen. Die Feststellung der Rechtswidrigkeit verwehrt es aber dem Zivilgericht, die Rechtslage *im Hinblick auf den aufgehobenen Verwaltungsakt* anders zu beurteilen als das Verwaltungsgericht. Das wird vom *BGH* außer acht gelassen. Ablehnend auch *Lüke* JuS 1961, 188. *Detterbeck*, Streitgegenstand und Entscheidungswirkungen im Öffentlichen Recht (1994), 166 f. befürwortet eine Bindung wegen Präjudizialität, auch wenn er die Frage der Rechtswidrigkeit bei einer Anfechtungsklage nicht als deren Streitgegenstand betrachtet (s. Fn. 497).
[495] *BGHZ* 95, 28, 35 f. = NJW 1985, 3025 = JZ 1986, 180 (*Papier*).
[496] *BGH* NJW 1983, 1661, 1662.
[497] Dies verneint *Bettermann* DVBl 1953, 163, 202, der daher konsequent eine bindende Feststellung der Rechtswidrigkeit des Verwaltungsaktes ablehnt; MDR 1954, 9; ebenso mit Ausnahmen *Detterbeck* (Fn. 494)

156 ff. Dagegen ist nach h.M. die Rechtswidrigkeitsfrage Bestandteil des Streitgegenstandes, vgl. (im einzelnen unterschiedlich) *Niese* JZ 1952, 353; *Bachof* JZ 1954, 421; *Menger* System des verwaltungsgerichtlichen Rechtsschutzes (1954), 158 ff.; *Naumann* DVBl 1954, 334; *Ule* VerwaltungsprozeßR[9] § 35 II; *Schoch-Schmidt-Aßmann-Pietzner-Pietzcker* VwGO § 42 Rdnr. 3; *Eyermann-Rennert* VwGO[10] § 121 Rdnr. 12; *Redeker-von Oertzen* VwGO[12] § 121 Rdnr. 7; *Lerche* BayVBl 1956, 295; *BVerwG* JZ 1993, 572 = DVBl 1993, 258.
[498] *BGH* DVBl 1962, 753 = MDR 1962, 968; LM Nr. 35 (obiter dictum) = MDR 1962, 289 = JZ 1962, 252; *BGHZ* 90, 28; JZ 1986, 180, 182 (*Papier*) = NJW 1985, 3025; NJW 1987, 773; *Niese* JZ 1955, 354; *Naumann* DVBl 1954, 334; *Zeuner* (Fn. 51) 126. Zweifelnd *Bötticher* (Fn. 460) 539 Fn. 50.
[499] Vgl. *BSG* NJW 1991, 3237 (Übertragung von Rentenanwartschaften).
[500] *Bachof* SJZ 1949, 388; *ders.* JZ 1950, 493; *Niese* JZ 1952, 354; *Pohle* (Fn. 460) 199; *Bötticher* (Fn. 460) 536. S. auch *BGHZ* 9, 329; *RGZ* 70, 375; *HessVGH* NJW 1953, 39.
[501] *Pohle* (Fn. 460) 200; *Brox* (Fn. 460) 58. – A.M. *Kuttner* Urteilswirkungen (Fn. 460) 196 ff.; *Bötticher* (Fn. 460) 537; *Schwab* ZZP 77 (1964), 159 (»Drittwirkung«); *Martens* ZZP 79 (1966), 437. Unstreitig ist, daß das Finanzamt durch ein rechtskräftiges Urteil zwischen A und B nicht gehindert ist, einen Dritten zur Erbschaftsteuer heranzuziehen. Allgemein zur Bindung der Finanzgerichte *Heinlein* DStR 1970, 140, 200, 234, 272.
[502] So *RFHE* 1, 3; *RGZ* 48, 304; 69, 323, es sei denn, das Zivilurteil wäre zum Zweck der Steuerumgehung er-

einer Auslegung des Steuertatbestands (§ 1 Abs. 1 Nr. 1, § 3 Abs. 1 Nr. 1 ErbschaftsteuerG) ergeben, der seinem Sinn nach wohl auch die tatsächliche Erlangung einer Erbschaft aufgrund eines Urteils umfaßt. Soweit es nach dem anzuwendenden Recht noch auf den Schuldausspruch eines nach früherem Recht ergangenen Scheidungsurteils ankommt, ist dieser bindend[503]. Diese Bindung läßt sich zwar nicht aus der materiellen Rechtskraft herleiten; da es aber in diesen Fällen dem Sinn der Anknüpfung entspricht, vom Inhalt des Scheidungsurteils auszugehen und den Scheidungsrechtsstreit nicht vor dem Verwaltungs-, Finanz- oder Sozialgericht neu aufzurollen, ist dem Zivilurteil hier *Tatbestandswirkung*[504] zuzusprechen und seine Maßgeblichkeit für Verwaltungs-, Sozial-, Finanzgerichte und -behörden aus diesem Grund zu bejahen. → auch § 325 Rdnr. 6a.

5. Strafgerichtsbarkeit

300 a) Der **Zivilrichter** muß die **Tatbestandswirkung** (z.B. die Verurteilung als Voraussetzung der Restitutionsklage, § 581) und **Gestaltungswirkung** eines Strafurteils anerkennen; sie sind aber nur selten für sein Urteil erheblich. Daß der Zivilrichter dagegen nicht an **tatsächliche Feststellungen** eines Strafurteils gebunden ist[505], ergibt sich aus § 14 Abs. 2 Nr. 1 EGZPO, → § 14 EGZPO Rdnr. 2 (abgedruckt nach § 1048). Mit der materiellen Rechtskraft hat dies nichts zu tun, wenn man davon ausgeht, daß auch im Strafprozeß die dem Strafurteil zugrundeliegenden tatsächlichen Feststellungen nicht in Rechtskraft erwachsen[506].

301 Die Frage, ob die materielle Rechtskraft der Strafurteile neben der Sperrwirkung (ne bis in idem) auch eine der **Feststellungswirkung** des Zivilurteils entsprechende Wirkung enthält und worauf sich diese gegebenenfalls bezieht, wird unterschiedlich beantwortet. Geht man davon aus, daß die Feststellungswirkung nur das *Bestehen oder Nichtbestehen des staatlichen Strafanspruchs* erfaßt, so scheidet eine Bindung des Zivilgerichts schon deshalb aus, weil der Strafanspruch als solcher nicht präjudiziell für zivilrechtliche Rechtsfolgen ist[507]. Nimmt man dagegen an, daß die Rechtskraft des Strafurteils zur *Feststellung der begangenen Tat in ihrer rechtlichen Einordnung* (Begehung eines Diebstahls, einer Urkundenfälschung usw.) führt[508] und im *Strafprozeß* auch für Prozesse mit anderem Gegenstand *Präjudizialitätswirkung* entfaltet[509], so wäre auch eine Bindung des Zivilrichters denkbar. Sie käme dann in Betracht, wenn die

---

schlichen. Die Begründung dieser Entscheidungen steht dem obigen Text näher als einer Bejahung der materiellen Rechtskraft.

[503] Vgl. *VGH Kassel* NJW 1986, 2325.

[504] Zur Bejahung der Verbindlichkeit unabhängig von den subj. Grenzen der Rechtskraft führt es auch, wenn man den Schuldausspruch als Gestaltungsurteil auffaßt, so *BSG* NJW 1968, 960 (dazu *Grunsky* das. 1982) = FamRZ 1968, 156; NJW 1959, 1749; *Hildebrandt* Mitschuldklage (1933), 27; *Schlosser* (Fn. 462) 84 (unvollkommenes Gestaltungsurteil); s. auch *Nicklisch* (Fn. 460) 124 (Quasigestaltungswirkung). Dagegen spricht aber, daß der Schuldausspruch nicht auf eine Änderung der Rechtslage abzielt, sondern deklaratorisch gemeint ist. Vgl. zur Rechtsnatur des Schuldausspruchs auch *Gaul* FamRZ 1957, 240 (mit Nachw.). – Für *Tatbestandswirkung* auch *BSG* FamRZ 1969, 282. – Zur Tatbestandswirkung von Unterhaltsentscheidungen im Sozialrecht *BSG* MDR 1988, 82; *Hess. LSG* FamRZ 1990, 177; zur Tatbestandswirkung bei Obdachloseneinweisung *Ewer-v. Detten* NJW 1995, 353, 357.

[505] *BGH* NJW 1953, 499 (auch nicht an die rechtliche Beurteilung); *RG* DR 1941, 1838; *BAG* NJW 1993, 83, 84. – Anders z.B. § 268 österr. ZPO aF. Diese Bestimmung wurde aber durch den österr. VfGH JBl. 1991, 104 als verfassungswidrig aufgehoben, weil sie auch eine Bindung am Strafverfahren nicht beteiligter Dritter bewirkte. Dazu *Steininger*, Festschr. für Matscher (1993), 477; *OGH* JBl. 1996, 117 bejaht aber weiterhin die Bindung zu Lasten des strafrechtlich Verurteilten.

[506] So *H.-J. Bruns* (Fn. 460) 122; *ders.* Festschr. für Eb. Schmidt (1961), 619; *KMR-Sax* StPO (Stand 1997) Einl. XIII Rdnr. 15; *Roxin* StrafverfahrensR[25] § 50 Rdnr. 10; *Bettermann* MDR 1954, 8. – Eine Feststellungswirkung bezüglich der Tatsachen dagegen z.B. *H. Mayer* GerS 99 (1930), 36, 115; *Eb. Schmidt* Lehrkomm. zur StPO I[2] Rdnr. 318; *G. Schmidt* JZ 1966, 92; *Henkel* StrafverfahrensR[2] 391. Eine über den Verfahrensgegenstand hinausreichende Bindung wird aber von diesen Autoren nur zum Teil bejaht, → Fn. 509.

[507] *H.-J. Bruns* (Fn. 460) 123; *ders.* Festschr. für Eb. Schmidt 618.

[508] Dafür wohl *Binding* Strafrechtl. u. strafproz. Abhandlungen II (1915), 308; *G. Schmidt* JZ 1966, 92 (Rechtskraft des Schuldspruchs). S. auch *Pohle* ÖJBl 1957, 118.

[509] Eine solche Bindungswirkung wird aber zumeist schon für den Strafprozeß verneint, s. *H.-J. Bruns* (Fn. 460) 143; *ders.* Festschr. für Eb. Schmidt 610ff.; *Peters* Strafprozeß[4] § 54 II 2; *Eb. Schmidt* (Fn. 506) Rdnr. 322; *KMR-Sax* StPO (Fn. 506); *G. Schmidt* JZ 1966, 94; *OLG Hamm* NJW 1959, 1982; *RGSt* 33, 303; 44, 255; *GoltdArch* 37 (1890), 166. Dann dürfte eine Bindung des Zivilrichters erst recht nicht in Betracht kommen. – Für eine Bindungswirkung bei Präjudizialität im Strafprozeß *Grunsky* Festschr. für Kern (1968), 223; früher schon *H. Mayer* GerS 99 (1930), 111, 114; *Binding* (Fn. 508) 353; *Pohle* ÖJBl 1957, 120; in manchen Fällen auch *Henkel* StrafverfahrensR[2] 391; *Grünwald* Die Teilrechtskraft im Strafverfahren (1964), 37.

Begehung einer bestimmten Straftat Voraussetzung einer bürgerlichrechtlichen Rechtsfolge ist. Das ist etwa in § 2339 Abs. 1 Nr. 4 BGB (Erbunwürdigkeit bei Delikten nach §§ 267, 271, 274 StGB) der Fall; auch bei § 823 Abs. 2 BGB (Verstoß gegen ein Schutzgesetz) könnte man von einer Präjudizialitätswirkung der Entscheidung über die Straftat sprechen. Aber schon der Blick auf benachbarte Vorschriften (§ 2339 Abs. 1 Nr. 1, § 823 Abs. 1 BGB) zeigt, daß solche Anknüpfungen offenbar eine eher zufällige, der Abkürzung dienende Erscheinung sind. Sie rechtfertigen keine unterschiedliche Behandlung gegenüber jenen Fällen, in denen das bürgerliche Recht ebenfalls an dieselbe Handlung Rechtsfolgen knüpft wie das Strafrecht (z.B. an die schuldhafte Körperverletzung in § 823 Abs. 1 BGB), dabei aber den Tatbestand eigenständig, ohne Bezug auf das Strafrecht umschreibt. Eine Anerkennung der Bindung in den genannten Sonderfällen würde im Ergebnis doch auf eine Übernahme der tatsächlichen Feststellungen des Strafurteils hinauslaufen; das allgemeine Prinzip der Bindungsfreiheit (arg. § 14 Abs. 2 Nr. 1 EGZPO) steht auch hier einer Rechtskraftwirkung entgegen[510].

Die im sog. **Adhäsionsverfahren** ergangene Verurteilung zu einer **Entschädigung des Verletzten** bindet auch den Zivilrichter, da die *zuerkennende* Entscheidung ausdrücklich einem Zivilurteil gleichgestellt ist, § 406 Abs. 3 StPO. Zur Bindung des Zivilgerichts an **Grundurteile** aus dem strafprozessualen Adhäsionsverfahren → § 318 Rdnr. 14. **302**

b) Der **Strafrichter** muß die **Tatbestandswirkung** von Entscheidungen der Zivilgerichte anerkennen; dies ist ein Gebot der Norm, die das Zivilurteil in ihren Tatbestand aufnimmt. Auch die **Gestaltungswirkung** rechtskräftiger Zivilurteile muß der Strafrichter grundsätzlich hinnehmen[511]. So ist er z.B. an die rechtskräftige Feststellung der nichtehelichen Vaterschaft gemäß § 1600a BGB, 640ff. ZPO gebunden[512]. Er muß auch die *Vollstreckbarkeit* eines rechtskräftigen Zivilurteils anerkennen und darin einen Vermögenswert im Sinne des Betrugs oder einer Erpressung sein kann, auch wenn er das Urteil für ein Fehlurteil hält[513]. Die *Rückwirkung* eines Gestaltungsurteils darf sich aber nach Art. 103 Abs. 2 GG nicht zum Nachteil des Angeklagten auswirken (keine strafbare Doppelehe – § 171 StGB – trotz Aufhebung der Scheidung einer früheren Ehe im Wiederaufnahmeverfahren). **303**

Eine Bindung der Strafgerichte an die **materielle Rechtskraft der Zivilurteile** wird überwiegend abgelehnt[514]. Dieser Ansicht ist grundsätzlich zuzustimmen. Angesichts der einschneidenden Rechtsfolgen, um die es im Strafprozeß geht, kann auf die uneingeschränkte gerichtliche Wahrheitserforschung nicht verzichtet werden. Auch an der Erforschung zivilrechtlicher Vorfragen darf der Strafrichter nicht durch ein Zivilurteil gehindert sein. Dies kommt in § 262 StPO mittelbar zum Ausdruck. Gegen die Bindung spricht ferner, daß das Zivilurteil aufgrund der Verhandlungs- und Dispositionsmaxime in weitem Umfang durch das Parteiverhalten beeinflußt werden kann (Geständnis, Anerkenntnis, Verzicht), während der Strafprozeß aufgrund des ganz anderen Verfahrenszwecks solche Dispositionen der Beteiligten nicht zulassen kann[515]. Das Zivilurteil kann zudem auf zivilrechtlichen Beweislastregeln und Vermutungen beruhen, die im Strafprozeß auch dann nicht anwendbar sind, wenn es um zivilrechtliche Vorfragen geht[516]. Schließlich sprechen auch die *subjektiven Grenzen* der Rechtskraft des Zivilurteils (§ 325) gegen eine Bindung, da sich im Strafprozeß (abgesehen vom Privatklageverfahren) nicht dieselben Parteien wie im Zivilprozeß gegenüberstehen. Bei einem *nach der Tat ergangenen* Urteil stünde zudem der Verwertung zu Ungunsten des Angeklagten der Grundgedanke des Art. 103 Abs. 2 GG entgegen. **304**

Diese Ablehnung einer Rechtskraftwirkung gilt für vor und nach der Tat ergangene Zivilurteile. Unabhängig davon könnte aber einem vor der Tat ergangenen Urteil Tatbestandswirkung für die Beurteilung bestimmter Delikte zukommen. Es ist eine hier nicht näher zu erörternde Frage der **Auslegung der einzel- 305**

---

[510] Ebenso (die hier vertretene Ansicht unrichtig zitierend) *MünchKommZPO-Gottwald* Rdnr. 68. – Darauf, wie die *subjektiven Grenzen* der Rechtskraft eines Strafurteils zu ziehen wären, kommt es demnach nicht mehr an.

[511] *BGHSt* 5, 106, 110; *FamRZ* 1954, 171; *Peters* Strafprozeß[4] § 3 IV 2; *Kleinknecht/Meyer-Goßner* StPO[43] § 262 Rdnr. 3; *KK-Hürxthal* StPO[3] § 262 Rdnr. 5; *KMR-Paulus* StPO (Stand 1997) § 262 Rdnr. 11, 12. – S. auch *RGSt* 14, 262 (Patent); 48, 391 (Warenzeichen).

[512] *OLG Stuttgart* NJW 1973, 2305; *OLG Hamm* NJW 1973, 2306 (LS); zu Art. 12 § 3 Abs. 1 und 2 NEhelG s. *BGH* NJW 1975, 1232.

[513] Ob die Bestrafung an der fehlenden Rechtswidrigkeit oder an subjektiven Gründen scheitert, ist eine andere Frage.

[514] *BGHSt* 5, 106; *FamRZ* 1954, 170; *ZZP* 67 (1954), 375 (*Schwab*); *RGSt* 14, 374; *H.-J. Bruns* (Fn. 460) 125ff.; *Pohle* (Fn. 460) 198; *Bötticher* (Fn. 460) 523, 537; *Brox* ZZP 73 (1960), 58; *Peters* Strafprozeß[4] § 3 IV 1; *Eb. Schmidt* Lehrkomm. zur StPO II § 262 Rdnr. 20; *Löwe-Rosenberg-Gollwitzer* StPO[24] § 262 Rdnr. 1, 9ff.; *KMR-Paulus* StPO (Stand 1997) § 262 Rdnr. 1; *Kleinknecht/Meyer-Goßner* StPO[43] § 262 Rdnr. 4; *KK-Hürxthal* StPO[3] § 262 Rdnr. 3. – Teils a.M. *Kuttner* Urteilswirkungen (Fn. 460) 216; *Pagenstecher* ZZP 37 (1908), 25; RheinZ 6 (1914), 534; *Schwab* NJW 1960, 2169; ZZP 77 (1964), 155.

[515] Vgl. zum Wesensunterschied von Zivil- und Strafprozeß z.B. *Henkel* StrafverfahrensR[2] § 2 I 4, § 23 I.

[516] *Leipold* Beweislastregeln und gesetzliche Vermutungen (1966), 125.

nen Strafnorm, wieweit sie etwa die rechtskräftige Feststellung eines Rechts durch den Zivilrichter ebenso schützen will und darf wie das materiellrechtlich bestehende Recht[517], z.B. im Fall des §170b StGB[518] oder des §288 StGB[519]. Auch bei der Frage der strafrechtlichen Rechtswidrigkeit sollte im Einzelfall sorgfältig geprüft werden, wieweit nicht die Bindungswirkung des rechtskräftigen Urteils eine prozessuale Berechtigung schafft, die unter Umständen entgegen der materiellen Rechtslage Beachtung fordert. Die Zahl der Fälle, in denen die Rechtsordnung einen doppelten Boden hat, sollte möglichst eingeschränkt werden.

6. Verfassungsgerichtsbarkeit

306   a) Die **ordentlichen Gerichte** haben **verfassungsgerichtliche Entscheidungen** anzuerkennen. Dabei spielt es keine Rolle, ob es sich um Entscheidungen des Bundesverfassungsgerichts oder der Verfassungsgerichte (Verfassungsgerichtshöfe, Staatsgerichtshöfe) der Bundesländer (→ Einl. [20. Aufl.] Rdnr. 570) handelt.

307   b) Eine Bindung ergibt sich zunächst aus der auch den Entscheidungen des BVerfG und der anderen Verfassungsgerichte zukommenden **materiellen Rechtskraftwirkung**[520]. Diese bezieht sich aber nur auf die Entscheidungsformel und bindet nur in den Grenzen desselben Streitgegenstands.

308   c) Für Entscheidungen des BVerfG spricht §31 Abs.1 BVerfGG darüber hinaus eine **allgemeine Bindung** der »Verfassungsorgane des Bundes und der Länder« sowie aller »Gerichte und Behörden« an diese Entscheidungen aus[521]. Entsprechende Bestimmungen enthalten die verfassungsgerichtlichen Gesetze der Bundesländer, soweit diese über eine eigene Verfassungsgerichtsbarkeit verfügen[522].

309   **Diese Bindungswirkung verfassungsgerichtlicher Entscheidungen geht weiter als die Rechtskraftwirkung.** Das gilt zunächst **in subjektiver Hinsicht,** weil von der Bindung an die Entscheidungen der Verfassungsgerichte alle Verfassungsorgane, Gerichte und Behörden erfaßt werden, *auch wenn sie nicht Parteien des Verfassungsrechtsstreits waren*. Die ordentlichen Gerichte sind deshalb auch an solche Entscheidungen der Verfassungsgerichte gebunden, die zwischen *anderen Beteiligten* als zwischen den Parteien des vorliegenden Zivilprozesses ergingen[523].

---

[517] *Pohle* (Fn. 460) 198; *H.-J. Bruns* (Fn. 460) 147; *Bötticher* (Fn. 460) 525.
[518] Dafür bei *Verurteilung zur Unterhaltungszahlung* OLG Celle HRR 1928 Nr. 92; BayObLG HRR 1930 Nr. 81; OLG Königsberg HRR 1938 Nr. 1570 (sämtl. zum früheren §361 Nr. 10 StGB). Zu §170b StGB mit Recht ablehnend BGHSt 5, 109 (wesentlich auf Hervorhebung der »gesetzlichen« Unterhaltspflicht in §170b gestützt); BGH FamRZ 1954, 170; OLG Oldenburg NJW 1952, 118; OLG Hamm NJW 1954, 1340; OLG Celle NJW 1955, 563; OLG Bremen NJW 1964, 1286; *H.-J. Bruns* (Fn. 460) 145f., 148; *Leipold* (Fn. 516) 148; *KK-Hürxthal* StPO³ §262 Rdnr. 3. – Für Anerkennung des (vor der Tat ergangenen) *abweisenden Zivilurteils* OLG Dresden GoltdArch 61 (1914), 370; *Schwab* NJW 1960, 2172; *ders.* ZZP 77 (1964), 155; *Bötticher* (Fn. 460) 525; *Schönke-Schröder-Lenckner* StGB²⁵ §170b Rdnr. 13; dagegen BGHSt 5, 111 (mit Hinweis, daß Vorsatz nicht nachweisbar, wenn Urteil nicht durch Prozeßbetrug erschlichen); OLG Stuttgart NJW 1960, 2204; *H.-J. Bruns* (Fn. 460) 149.
[519] Vgl. *BayObLGSt* 1952, 224, das jedenfalls die Befugnis zum Zugrundelegen des Zivilurteils bejaht. Gegen eine Bindung z.B. *Schönke-Schröder-Eser* StGB²⁵ §288 Rdnr. 7; *H.-J. Bruns* (Fn. 460) 148.
[520] Für das *BVerfG*: BVerfGE 4, 31, 38; 20, 56, 86; 69, 92, 103; 78, 320, 328; *Schlaich* Das Bundesverfassungsgericht³ Rdnr. 443; *Benda-Klein* Verfassungsprozeßrecht (1991) Rdnr. 1210ff.; *Wischermann* Rechtskraft und Bindungswirkung verfassungsgerichtlicher Entscheidungen (1979), 19ff.; *Detterbeck* (Fn. 494), 328f.; *Umbach-Clemens-Rennert* BVerfGG §31 Rdnr. 34ff.; *Geiger* Einige Besonderheiten im verfassungsgerichtlichen Prozeß (1981), 26ff.; *Sachs* NJW 1979, 344 (mwN). → auch §148 Rdnr. 113.
[521] Lit.-Nachw. bei *Maunz-Bethge* in *Maunz-Schmidt-Bleibtreu-Klein-Ulsamer* BVerfGG (1997), §31 S.1ff.; *Hans G. Rupp* Festschr. f. Ed. Kern (1968), 403ff.; *Umbach-Clemens-Rennert* BVerfGG §31; *Lechner-Zuck* BVerfGG⁴ §31; *Schumann* Verfassungs- und Menschenrechtsbeschwerde gegen richterliche Entscheidungen (1963), 83ff. – Nachw. zur älteren Rechtsprechung des BVerfG bei *Leibholz-Rupprecht* BVerfGG (1968), §31.
[522] Art. 29 BayVerfGHG; §30 VerfGHG Berlin; §29 VerfGG Brandenburg; §15 HambVerfGG; §47 Abs.1 Hess. StGHG; §28 LVerfGG Mecklb.-Vorp.; §19 Nieders. StGHG; §26 VerfGHG Nordrhein-Westfalen; §19 Abs.2 Rheinl.-Pfälz. LandesG über den *VerfGH*; §10 Saarl. VerfGHG; §30 LVerfGG Sachs.-Anh.; §14 Sächs. VerfGHG; §25 Thür. VerfGHG; §23 Bad.-Württ. StGHG regelt die Gesetzeskraft der Entscheidungen. – Zu diesen Gesetzen näher → §148 Rdnr. 115.
[523] *Schlaich* (Fn. 520) Rdnr. 446; *Wischermann* (Fn. 520) 40; *Schnapp-Heckenötter* JuS 1994, 123ff.

Nach der ständigen Rechtsprechung des BVerfG erfaßt diese Bindungswirkung **in objekti-** 310
ver Hinsicht nicht nur – wie die materielle Rechtskraft – den Entscheidungsausspruch, sondern auch die **tragenden Gründe der Entscheidung**[524], soweit diese die Auslegung und Anwendung des Grundgesetzes betreffen[525]. Für Ausführungen, die sich *nur* auf die Auslegung sog. einfacher Gesetze beziehen, gilt die Bindungswirkung an sich nicht, doch bestimmt das BVerfG mit verbindlicher Wirkung die aus dem Verfassungsrecht abzuleitenden Maßstäbe oder Grenzen für die Auslegung eines einfachen Gesetzes. Dem kommt namentlich Bedeutung zu, wenn das BVerfG im Rahmen der verfassungskonformen Auslegung einer Norm in den Entscheidungsgründen festgestellt hat, daß gewisse, an sich mögliche Interpretationen dieser Norm mit dem Grundgesetz nicht vereinbar sind[526]. Die als verfassungswidrig bezeichnete Auslegung darf dann von keinem Gericht mehr seiner Entscheidung zugrundegelegt werden[527].

Diese extensive Auslegung des § 31 Abs. 1 BVerfGG durch das BVerfG ist in der Literatur teils auf Zustim- 311
mung[528], teils aber auch auf **Kritik**[529] gestoßen. U.a. wird eingewendet, es sei dem BVerfG bislang noch nicht gelungen, den Begriff der »tragenden Gründe« eindeutig zu klären und diese zu den obiter dicta – die nicht an der Bindungswirkung teilnehmen – abzugrenzen. Diese weite Bindungswirkung führe auch zu einer Erstarrung des Verfassungsrechts, die dem Grundgedanken von einem offenen und dynamischen Verfassungsrecht widerspräche. Das BVerfG begebe sich dadurch der Chance, seine eigenen Rechtsansichten aufgrund abweichender Ansichten der am Staatsleben beteiligten Staats- und Justizorgane zu überprüfen[530]. Diese Einwände sind nicht von der Hand zu weisen. Die Praxis legt jedoch den Standpunkt des BVerfG zugrunde[531]. Zur Erweiterung der Bindungswirkung nach § 95 Abs. 1 S. 2 BVerfGG → Rdnr. 318.

Die **Bindungswirkung** im dargelegten Umfang ist **sämtlichen Entscheidungen** der Verfas- 312
sungsgerichte eigen[532]. Eine Beschränkung der Wirkung auf Sachentscheidungen ist nicht anzunehmen[533]. Lediglich rein prozeßleitende Anordnungen fallen nicht unter die Bindungswirkung[534], ebenso wohl auch nicht die Entscheidungen der Kammern im Annahmeverfahren nach §§ 93 a, b BVerfGG[535].

---

[524] *BVerfGE* 1, 14, 37; 19, 377, 392; 20, 56, 87; 24, 289, 297; 40, 88, 93; 79, 256, 264. Vgl. hierzu aber den jüngsten Streit der Senate des BVerfG über den Begriff der tragenden Gründe (anhand des Problems »Kind als Schaden?«) *BVerfG* NJW 1998, 519, 522f. (1. Senat) sowie 523f. (2. Senat); krit. *Deutsch* NJW 1998, 510.
[525] *BVerfGE* 40, 88, 93, 94.
[526] *BVerfGE* (Fn. 525).
[527] *BVerfG* (Fn. 525).
[528] *Maunz-Bethge* in *Maunz* u. a. (Fn. 521) § 31 Rdnr. 16; *Lechner-Zuck* BVerfGG⁴ Rdnr. 30ff.; *Rupp* (Fn. 521) 405; *Geiger* (Fn. 520) 29ff.; *Leibholz-Rupprecht* (Fn. 521) § 31 Rdnr. 2; *Benda-Klein* (Fn. 520) Rdnr. 1243; *Detterbeck* (Fn. 494), 357ff.; *Umbach-Clemens-Rennert* BVerfGG § 31 Rdnr. 72.
[529] *Schlaich* (Fn. 520) Rdnr. 451ff.; *Pestalozza* Verfassungsprozeßrecht³ § 20 Rdnr. 90; *Stricker* DÖV 1995, 978, 983ff.; *Schenke* Verfassungsgerichtsbarkeit und Fachgerichtsbarkeit (1987), 60ff.; *ders.* JZ 1989, 653, 654f.; *Wischermann* (Fn. 520) 40ff.; *Stern* Staatsrecht II § 44 V 3 g ß (S. 1037f.); *Bettermann* DVBl 1982, 91, 95; s. auch *ders.* Die verfassungskonforme Auslegung, Grenzen und Gefahren (1986), 14ff.; *Gerhardt* ZZP 95 (1982), 467, 480ff.; *Schumann* Bundesverfassungsgericht, Grundgesetz und Zivilprozeß (1983), 50ff.
[530] Vgl. *Schlaich* (Fn. 520) Rdnr. 452; eingehend, auch unter Darstellung der vermittelnden Meinungen *Wischermann* (Fn. 520) 40ff. Der Streit der beiden Senate des BVerfG zur Frage obiter dictum oder tragender Grund (Fn. 524) macht die Abgrenzungsschwierigkeiten deutlich.
[531] Vgl. *BVerwG* NJW 1982, 779, 780; *BAG* NJW 1984, 1985, 1987; wohl auch *BGH* FamRZ 1983, 142, 143; anders noch *BGHZ* 13, 265, 277.
[532] *Leibholz-Rupprecht* (Fn. 521) Rdnr. 2 S. 98. Die Bindungswirkung kommt auch den Kammerbeschlüssen nach § 93c Abs. 1 S. 1 u. 2 BVerfGG zu, weil es sich hierbei um Sachentscheidungen handelt, die nach § 93c Abs. 1 S. 2 BVerfGG Senatsentscheidungen gleichstehen; *Schmidt-Bleibtreu-Winter* in *Maunz* u. a. (Fn. 521) § 93c Rdnr. 5. Gegen eine Bindungswirkung dieser Kammerentscheidungen *Lechner-Zuck* BVerfGG⁴ § 31 Rdnr. 28, wohl auch *Umbach-Clemens-Rennert* BVerfGG § 31 Rdnr. 70 (»nur Senatsentscheidungen«, allerdings bezogen auf die Gesetzesfassung von vor 1993).
[533] So auch *BVerfGE* 78, 320, 328 (ohne Begründung); *Geiger* BVerfGG (1952), § 31 Anm. 2; *Maunz-Bethge* in *Maunz* u. a. (Fn. 521) § 31 Rdnr. 18; *Umbach-Clemens-Rennert* BVerfGG § 31 Rdnr. 71; wie hier etwa *Detterbeck* (Fn. 494), 363 mwN; *Lechner-Zuck* BVerfGG⁴ § 31 Rdnr. 28.
[534] *Leibholz-Rupprecht* (Fn. 521) Rdnr. 2 S. 99; *Lechner-Zuck* BVerfGG⁴ § 31 Rdnr. 8; *Maunz-Bethge* in *Maunz* u. a. (Fn. 521) § 31 Rdnr. 18.
[535] So zutreffend für die früheren Annahmeausschüsse nach § 93a BVerfGG aF *BVerfGE* 23, 191, 207; 53, 336, 348; *Rupp* (Fn. 521) 405 in Fn. 5; *Leibholz-Rupprecht* (Fn. 521) § 93a Rdnr. 5. Dasselbe gilt heute für die An-

313   d) Entscheidungen über die **Gültigkeit von Normen** erwachsen gemäß § 31 Abs. 2 BVerfGG – bzw. nach den einschlägigen Vorschriften der Landesgesetze – in **Gesetzeskraft**[536]. Der Gesetzgeber wird aber weder durch die Bindungswirkung des § 31 BVerfGG noch durch die Rechtskraft einer normverwerfenden verfassungsgerichtlichen Entscheidung daran gehindert, eine inhaltsgleiche oder inhaltsähnliche Neuregelung zu beschließen[537]. § 31 Abs. 2 BVerfGG erfaßt Entscheidungen im Verfahren der (konkreten oder abstrakten) Normenkontrolle (→ § 148 Rdnr. 50 ff. sowie → § 293 Rdnr. 17 ff. und im Verfahren der Verfassungsbeschwerde (→ vor § 578 Rdnr. 43 ff.), soweit sie eine Rechtsnorm für verfassungsgemäß oder für nichtig erklären[538]; diese Erklärung muß aber in der **Entscheidungsformel** enthalten sein[539], die inzidente Bejahung der Gültigkeit oder Ungültigkeit bewirkt nicht Gesetzeskraft. Auch bei einer in der Formel enthaltenen Erklärung findet aber nicht etwa eine Bindung an die tragenden Entscheidungsgründe statt. Vielmehr enthält § 31 Abs. 2 BVerfGG nur eine besondere Konkretisierung der allgemeinen inter-omnes-Wirkung verfassungsgerichtlicher Entscheidungen, wie sie bereits § 31 Abs. 1 BVerfGG anordnet. Ein großer Unterschied zwischen beiden Absätzen des § 31 BVerfGG ist deshalb nicht zu beobachten[540].

314   Die Rechtskraft anderer als strafrechtlicher Urteile bleibt von der späteren Nichtigerklärung einer Norm grundsätzlich unberührt, § 79 Abs. 2 S. 1 BVerfGG. Erst recht wird die Rechtskraft eines Zivilurteils nicht durch eine vorherige Entscheidung des BVerfG gehindert[541]. Zur Bedeutung der Nichtigerklärung einer Norm für die **Vollstreckung von Zivilurteilen** (§ 79 Abs. 2 S. 3 BVerfGG) → näher § 767 Rdnr. 15. Zu einer Anwendung des § 79 Abs. 2 S. 3 BVerfGG iVm. § 767 ZPO kann es aber nur kommen, wenn nicht das Urteil auf Verfassungsbeschwerde hin aufgehoben worden ist (→ Rdnr. 317).

315   e) Im übrigen gelten für die Beachtung der Rechtskraft verfassungsgerichtlicher Entscheidungen keine Besonderheiten. Soweit es sich um Erkenntnisse handelt, die Strafurteilen ähneln (sog. **quasi-strafgerichtliche Verfahren**), richtet sich diese Bindung nach den → Rdnr. 300 ff. dargelegten Grundsätzen über das Verhältnis der Zivilgerichtsbarkeit zur Strafgerichtsbarkeit. Quasi-strafgerichtliche Verfahren[542] in diesem Sinn sind die verfassungsgerichtlichen Streitigkeiten wegen der Verwirkung von Grundrechten (Art. 18 GG), das Parteiverbotsverfahren (Art. 21 Abs. 2 GG) sowie die Anklageverfahren gegen den Bundespräsidenten (Art. 61 GG), gegen Bundesrichter (Art. 98 Abs. 2 GG) oder gegen Landesrichter (vgl. Art. 98 Abs. 5 S. 3 GG).

316   f) Soweit verfassungsgerichtliche Entscheidungen vorliegen, die die **Rechtmäßigkeit staatlichen Handelns** bestätigen, **staatliche Maßnahmen als rechtswidrig** feststellen oder die **Aufhebung von Staatsakten** enthalten, ist das Verhältnis der Zivilgerichtsbarkeit zu diesen Richtersprüchen vergleichbar dem Verhältnis zu Entscheidungen der Verwaltungsgerichtsbarkeit, so daß im allgemeinen hierfür die Anwendung der → Rdnr. 295 ff. dargelegten Grundsätze möglich ist. Darunter fallen sämtliche anderen Verfahren vor den Verfassungsgerichten, die

---

nahmebeschlüsse der Kammern nach §§ 93 a, b BVerfGG, *Winter* in *Maunz* u. a. (Fn. 521) § 93 b Rdnr. 11; *Umbach-Clemens-Rennert* BVerfGG § 31 Rdnr. 70; *Schlaich* (Fn. 520) Rdnr. 66; wohl auch *Lechner-Zuck* BVerfGG⁴ § 31 Rdnr. 28.

[536] Art. 94 Abs. 2 GG läßt eine solche Regelung ausdrücklich zu.

[537] BVerfGE 77, 84, 103 f. = NJW 1988, 1195.

[538] BVerfGE 1, 64.

[539] *Lechner-Zuck* BVerfGG⁴ § 31 Rdnr. 37; *Umbach-Clemens-Rennert* BVerfGG § 31 Rdnr. 103; *Maunz-Bethge* in *Maunz* u. a. (Fn. 521) § 31 Rdnr. 34; *Rupp* (Fn. 521) 409; *Detterbeck* (Fn. 494) 373. – Die Zurückweisung der Verfassungsbeschwerde wegen Gültigkeit der angegriffenen Norm führt deshalb nicht zur gesetzeskräftigen Feststellung der Gültigkeit dieser Norm.

[540] *Zweigert* JZ 1952, 327; ähnlich *Baring* Zeitschrift für BeamtenR 1954, 68; vgl. auch *Lechner-Zuck* (Fn. 539) Rdnr. 37; *Schumann* (Fn. 521) 85.

[541] BVerfG WuM 1996, 264 = NJWE-MietR 1996, 121. – A.M. *G. Lüke* JuS 1996, 782 (keine präjudizielle Bindungswirkung, wenn die Norm, auf das Urteil beruht, zuvor für nichtig erklärt worden war).

[542] Zur Einteilung der verfassungsgerichtlichen Verfahren: *Friesenhahn* Die Verfassungsgerichtsbarkeit in der Bundesrepublik Deutschland (1963), 23 ff.; *Schumann* (Fn. 521) 60 ff.

weder quasi-strafrechtlichen Charakter haben noch auch Normen-Kontrollfälle sind, z.B. die echten Verfassungsstreitigkeiten und die verfassungsgerichtlichen Beschwerdeverfahren[543].

Die **Aufhebung von Einzelakten** – vor allem von gerichtlichen Entscheidungen – durch das Verfassungsgericht im Rahmen eines Verfahrens der **Verfassungsbeschwerde** führt zur **Beseitigung der formellen und materiellen Rechtskraft** der aufgehobenen Entscheidungen. Soweit ein Rechtsstreit an die Fachgerichtsbarkeit zurückverwiesen wurde, hat diese die zur Aufhebung der gerichtlichen Entscheidung durch das Verfassungsgericht führenden Gründe zu beachten → vor § 578 Rdnr. 52. 317

g) Keine große praktische Bedeutung kommt § 95 Abs. 1 S. 2 BVerfGG zu. Nach dieser Bestimmung kann das BVerfG bei einer **begründeten Verfassungsbeschwerde** aussprechen, daß jede **Wiederholung der Maßnahme** das Grundgesetz verletzt. Nach der extensiven Auslegung des § 31 Abs. 1 BVerfGG sind alle Staatsorgane aber ohnehin an eine entsprechende Feststellung in den Entscheidungsgründen gebunden[544]. 318

h) Tatbestands- und Gestaltungswirkungen von **Zivilurteilen** sind umgekehrt **von den Verfassungsgerichten zu beachten**. Während aber für die Bindung an verfassungsgerichtliche Entscheidungen eine Erweiterung der subjektiven Grenzen (→ Rdnr. 309) stattfindet, gelten für die Beachtung zivilgerichtlicher Urteile die Ausführungen über die subjektiven Grenzen der Rechtskraft (→ Rdnr. 289). Da aber nun regelmäßig nicht die Parteien des Zivilrechtsstreits die Beteiligten des verfassungsgerichtlichen Verfahrens sind, hat die **materielle Rechtskraft der Zivilurteile** für die Verfassungsgerichte etwa eine ähnliche Bedeutung wie die → Rdnr. 299 dargestellte Wirkung von Zivilurteilen für die Verwaltungsgerichte. Deshalb bindet z.B. ein Zivilurteil, das dem Beschwerdeführer einer Verfassungsbeschwerde das Eigentum an einer Sache abspricht, nicht das BVerfG; es wäre dem BVerfG nicht verwehrt, im Gegensatz zu diesem Zivilurteil davon auszugehen, daß dem Beschwerdeführer das Eigentum zusteht, und etwa eine Verletzung des Eigentums des Beschwerdeführers zu bejahen. 319

Selbstverständlich entfällt die Bindung des Verfassungsgerichts an die Rechtskraft eines Zivilurteils, soweit sich eine **Verfassungsbeschwerde** gerade **gegen dieses Zivilurteil** richtet, → vor § 578 Rdnr. 43 ff. 320

7. Internationale Gerichtsbarkeit

Bei der herkömmlichen Trennung zwischen innerstaatlichen Urteilen und ausländischen Richtersprüchen bleiben diejenigen gerichtlichen Erkenntnisse unberücksichtigt, die weder von innerstaatlichen Gerichten gefällt wurden noch auch als ausländisches Urteil anzusprechen sind. Es handelt sich um den von Jahr zu Jahr bedeutsamer werdenden Kreis gerichtlicher Erkenntnisse, die von **internationalen** (supranationalen, völkerrechtlichen) **gerichtlichen Instanzen** gefällt werden und die kraft völkerrechtlicher Vereinbarung und innerstaatlicher gesetzlicher Transformation nationalen Richtersprüchen gleichgestellt sind. Dies sind vor allem die Entscheidungen des **Europäischen Gerichtshofs für Menschenrechte** in Straßburg sowie des **Gerichtshofs der europäischen Gemeinschaften** in Luxemburg[545]. Die Wirkungen der Entscheidungen dieser internationalen Spruchkörper ähneln sehr stark den Erkenntnissen deutscher Gerichte. Andererseits besteht ein so enger Zusammenhang zu Fragen des Völkerrechtes, daß die Entscheidungswirkungen dieser Instanzen zweckmäßigerweise bei § 328 zu besprechen sind, → § 328 Rdnr. 77 ff. 321

---

[543] Zu diesen Verfahrensarten *Friesenhahn; Schumann* (beide Fn. 542).
[544] Vgl. *Schmidt-Bleibtreu* in *Maunz* u. a. (Fn. 521) § 95 Rdnr. 20.
[545] Zum *EuGH* vgl. *MünchKommZPO-Gottwald* Rdnr. 74 f.; speziell zu Rechtskraft und Bindungswirkung von Urteilen in Vertragsverletzungsverfahren vor dem EuGH *Tsikrikas* Die Wirkungen der Urteile des Europäischen Gerichtshofs im Vertragsverletzungsverfahren (Art. 169 ff. EWGV) (1990), 44 ff.

XIII. Arbeitsgerichtliches Verfahren

1. Urteilsverfahren

322 Für die Rechtskraft arbeitsgerichtlicher **Urteile** gilt § 322 samt den dazu entwickelten Grundsätzen. Wie weit die Rechtskraft der Entscheidungen über **Kündigungsschutzklagen** (→ vor § 253 Rdnr. 155ff.) reicht, hängt von der umstrittenen Frage ab, wie der *Streitgegenstand* dieser Klagen zu umgrenzen ist. Das BAG folgt der sog. punktuellen Streitgegenstandstheorie. Danach bildet, wenn der Wortlaut der Klage dem § 4 S. 1 KSchG entspricht, den Streitgegenstand des Prozesses die Frage, ob ein Arbeitsverhältnis **aus Anlaß einer ganz bestimmten Kündigung zu dem beabsichtigten Termin aufgelöst** worden ist oder nicht[546]. Gleichwohl wird aber nach Ansicht des BAG mit der Rechtskraft eines Urteils, das einer solchen Klage stattgibt, zugleich **rechtskräftig festgestellt,** daß zum Zeitpunkt des Zugangs der Kündigung zwischen den Parteien ein **Arbeitsverhältnis bestanden** hat[547]. Dadurch ergibt sich eine gewisse Annäherung an diejenigen Auffassungen, die dem Kündigungsschutzprozeß einen *weitergehenden Streitgegenstand* (Fortbestehen des Arbeitsverhältnisses zum Zeitpunkt der letzten mündlichen Verhandlung) zubilligen. Zur Rechtskraft eines der Kündigungsschutzklage stattgebenden Urteils gegenüber einer **wiederholten Kündigung** → Rdnr. 209ff.

323 Im Verfahren über die **nachträgliche Zulassung** einer Kündigungsschutzklage (§ 5 KSchG) ist nur über diese Frage zu entscheiden, wobei es auf das Vorliegen einer Verspätung der Klage und das fehlende Verschulden ankommt; hinsichtlich anderer Fragen (Ausspruch einer Kündigung, Anwendbarkeit des KSchG) kann dem Beschluß keine Bindungswirkung für die Entscheidung über die Kündigungsschutzklage zukommen[548].

2. Beschlußverfahren

324 Auch Beschlüsse im arbeitgerichtlichen Beschlußverfahren sind der **formellen**[549] und der **materiellen Rechtskraft**[550] fähig. Die materielle Rechtskraft ist z.B. bejaht worden für Entscheidungen über die Frage, ob zwei Unternehmen einen gemeinsamen Betrieb bilden (§ 18 Abs. 2 BetrVG)[551], für Beschlüsse über die Durchführung der **Wahl der Arbeitnehmervertre-**

---

[546] BAG AP § 4 KSchG Nr. 19 = EzA § 4 KSchG n.F. Nr. 33 (zust. *Vollkommer/Weinland*); AP § 4 KSchG 1969 Nr. 28 = EzA § 4 KSchG n.F. Nr. 48 (abl. *Franzen*); EzA § 4 KSchG n.F. Nr. 51 = NJW 1995, 2310; NZA 1987, 273 (dazu krit. *Schwerdtner* NZA 1987, 263) = AP § 4 KSchG Nr. 17 = EzA § 4 KSchG n.F. Nr. 31 (krit. *Teske*) unter Bestätigung von *BAGE* 7, 36 = AP § 3 KSchG Nr. 17 (zust. *Habscheid*); *BAGE* 7, 51 = AP § 3 KSchG Nr. 18 (zust. *Habscheid*); *BAGE* 23, 139 = AP § 3 KSchG Nr. 40 (zust. *A. Hueck*); *BAG* AP § 4 KSchG 1969 Nr. 3 (krit. *Grunsky*) 19 = SAE 1979, 284 (krit. *Kuchinke*) = NJW 1977, 1895 = EzA § 4 KSchG n.F. Nr. 11; NJW 1996, 2179; dazu *Prütting* Festschr. für Lüke (Fn. 1), 617, 618ff. – Für den punktuellen Streitgegenstandsbegriff auch außerhalb des KSchG dagegen *OLG München* NJW-RR 1995, 740 (rechtskräftige Feststellung, daß ein Arbeitsverhältnis durch eine fristlose Kündigung nicht beendet wurde, schließt daher eine Umdeutung in eine wirksame ordentliche Kündigung nicht aus.

[547] BAG NZA 1987, 273, 274 im Anschluß an *BAG* AP § 4 KSchG 1969 Nr. 3 (Fn. 546). Die Rechtskraft führt nach Ansicht des BAG NZA 1987, 273, 274 dazu, daß in einer anderen noch anhängigen Klage über eine früher ausgesprochene Kündigung stattgegeben werden muß. – Abl. *Schwerdtner* NZA 1987, 263, 264ff.

[548] BAGE 45, 298 = AP § 5 KSchG 1969 Nr. 6 = NZA 1984, 123 = NJW 1984, 2488 (LS) = EzA § 5 KSchG Nr. 21 in Ergänzung von *BAGE* 42, 294 = AP § 5 KSchG 1969 Nr. 4 (zust. *Grunsky*) = EzA § 5 KSchG Nr. 20 (*Otto*) = MDR 1984, 83. – A.M. *LAG Hamm* MDR 1984, 611; 1986, 345 (Aufrechterhaltung dieser Ansicht entgegen BAG aaO).

[549] Zum Eintritt der formellen Rechtskraft bei mehreren Beteiligten *BAGE* 21, 210 = AP § 76 BetrVG Nr. 18 (*A. Hueck*) = SAE 1969, 232 (*Buchner*); *BAGE* 48, 96, 99f. = SAE 1986, 23, 24 (*Peterek*).

[550] Konzen Festschr. für Zeuner (1994), 401, 403; *Dütz* Festschr. für Kehrmann (1997), 349; *Wieser* Arbeitsgerichtsverfahren (1994) Rdnr. 621ff.; Germelmann-Matthes-Prütting ArbGG² § 84 Rdnr. 22; Grunsky ArbGG⁷ § 80 Rdnr. 50.

[551] BAG AP § 18 BetrVG 1972 Nr. 8.

ter im **Aufsichtsrat**[552], für die Feststellung der Verpflichtung des Arbeitgebers, einen Interessenausgleich zu versuchen und einen **Sozialplan** aufzustellen[553], für die Abweisung (wegen Tendenzschutzes) eines Antrags auf Feststellung, es sei ein **Wirtschaftsausschuß** zu bilden[554], für die **Ersetzung der Zustimmung des Betriebsrats** zur außerordentlichen Kündigung eines Betriebsratsmitglieds[555], für Entscheidungen über die **Bildung von Betriebsräten** in betriebsratsfähigen Einheiten[556] sowie über die Frage, ob eine geplante betriebliche Maßnahme Beteiligungsrechte des Betriebsrats auslöst[557], über den Inhalt einer Betriebsvereinbarung[558], über die Arbeitnehmereigenschaft als Voraussetzung der Wahlberechtigung bei Betriebsratswahlen[559], für Entscheidungen über die **Tariffähigkeit** einer Arbeitnehmervereinigung[560], über den Geltungsbereich eines Tarifvertrages[561] sowie über die **Tarifzuständigkeit** einer Gewerkschaft[562]. Den Entscheidungen über Tariffähigkeit und Tarifzuständigkeit wird **Rechtskraft gegenüber jedermann** zugebilligt[563].

Die **Rechtskraftgrenzen** sind entsprechend den für Urteile geltenden Grundsätzen zu bemessen. Die Rechtskraft beschränkt sich im allgemeinen (→ aber Rdnr. 324 bei Fn. 563 sowie → § 325 Rdnr. 103) auf die **Beteiligten des Beschlußverfahrens**[564] (zu denen im Verfahren nach § 103 BetrVG auch der betroffene Arbeitnehmer zählt, § 103 Abs. 2 S. 2 BetrVG), bezieht sich nur auf das konkret erhobene **Verfahrensbegehren**[565] und bewirkt eine Feststellung der Rechtslage zum **Zeitpunkt der letzten mündlichen Verhandlung**[566] (bzw. der letzten mündlichen oder schriftlichen Anhörung) in der (letzten) Tatsacheninstanz. Nach diesem Zeitpunkt[567] erfolgte **Veränderungen der Tatsachenlage** können gegenüber der rechtskräftigen Feststellung geltend gemacht werden[568], wobei jedoch eine Abweichung nur insoweit zulässig ist, als Sachverhaltsänderungen eingetreten sind[569], näher → Rdnr. 247 ff. Der bloße **Zeitablauf** ändert nichts an der bindenden Wirkung der rechtskräftigen Feststellung[570]. **Rechtsänderungen** sind gegenüber einer rechtskräftigen Feststellung jedenfalls dann beachtlich, wenn nach ausdrücklicher Vorschrift oder nach dem Sinn des neuen Gesetzes usw. das neue Recht mit Rückwirkung ausgestattet ist und auch bereits rechtskräftig entschiedene Fäl-

325

---

[552] BAGE 20, 280, 288 = AP § 76 BetrVG Nr. 16 (*Neumann-Duesberg*).
[553] BAG AP § 113 BetrVG 1972 Nr. 15 (*Leipold*).
[554] BAGE 21, 139, 143 = AP § 80 ArbGG 1953 Nr. 4 (*Neumann-Duesberg*) = SAE 1968, 264 (*Schmittner*) = NJW 1969, 155; BAGE 27, 301, 306 = AP § 118 BetrVG 1972 Nr. 3 (*Mayer-Maly*) = SAE 1976, 169.
[555] BAGE 27, 113, 119 = AP § 103 BetrVG 1972 Nr. 3 (*G. Hueck*) = EzA § 103 BetrVG 1972 Nr. 8 (*Dütz*) = NJW 1975, 1752 (LS). Nach Ansicht des BAG wird dadurch über das Vorliegen eines wichtigen Grundes zur außerordentlichen Kündigung mit bindender Wirkung für den Kündigungsschutzprozeß entschieden. Dazu auch BAGE 28, 233 = AP § 103 BetrVG 1972 Nr. 8 (*G. Hueck*) = SAE 1978, 96 (*Grasmann*) = NJW 1978, 72 (Kündigung kann erst nach Rechtskraft des Ersetzungsbeschlusses ausgesprochen werden). – Ein arbeitsgerichtlicher Beschluß nach § 99 Abs. 4 BetrVG (Ersetzung der Zustimmung des Betriebsrats zur Eingruppierung eines Arbeitnehmers) hat jedoch keine präjudizielle Wirkung in Bezug auf einen Eingruppierungsstreit des Arbeitnehmers, BAG AP § 59 HGB Nr. 24.
[556] BAGE 35, 1, 2 = AP § 80 ArbGG 1979 Nr. 2 (*Grunsky*) = NJW 1981, 2271 (LS).
[557] BAG AP § 113 BetrVG 1972 Nr. 15.
[558] BAG AP § 84 ArbGG 1979 Nr. 1.
[559] BAG NZA 1996, 1058 = MDR 1997, 71. Dazu → Rdnr. 325 a.E.
[560] BAGE 41, 316, 323 = AP Nr. 14 (*Leipold*) = EzA Nr. 4 = NJW 1984, 1710. Ausführlich zur Rechtskraft von Entscheidungen über die Tariffähigkeit und die Tarifzuständigkeit (§ 97 ArbGG) *Dütz* Kollektivrechtliche Fragestellungen im Arbeitsgerichtsverfahren, in: Das Arbeitsrecht der Gegenwart, Bd. 20 (1983), 33, 42ff.
[561] BAG AP § 2 TVG Tarifzuständigkeit Nr. 6.
[562] BAG NJW 1987, 514 = SAE 1987, 1 (*Martens*) = NZA 1986, 480 = DB 1986, 1235.
[563] BAG AP § 2 TVG Nr. 30; AP § 97 ArbGG 1953 Nr. 3; AP § 2 TVG Tarifzuständigkeit Nr. 6; *Löwisch* ZfA 1970, 295, 312; *Dütz* (Fn. 560) 42; *Grunsky* ArbGG⁷ § 97 Rdnr. 22.
[564] BAGE 21, 139, 143 (Fn. 554); 35, 1, 3 (Fn. 556); 41, 316, 323 (Fn. 560); BAG NZA 1996, 1058; *Otto* RdA 1989, 247, 250; *Prütting* RdA 1991, 257, 259; *Dütz* Festschr. für Kehrmann (1997), 349, 350; *Wieser* Arbeitsgerichtsverfahren (1994) Rdnr. 626ff.; *Germelmann-Matthes-Prütting* ArbGG² § 84 Rdnr. 25. – Für grundsätzlich engere Begrenzung (auf Antragsteller und Antragsgegner) *Grunsky* ArbGG⁷ § 80 Rdnr. 50; *ders.* Anm. zu BAG AP § 80 ArbGG 1979 Nr. 2.
[565] Vgl. BAGE 37, 102, 110 = SAE 1983, 246 (*Dütz*).
[566] BAGE 28, 233, 246 (Fn. 555).
[567] Sei es auch vor Eintritt der Rechtskraft, BAG NJW 1987, 514 (Fn. 562).
[568] BAGE 41, 316, 324ff. (Fn. 560); BAG AP § 2 TVG Tarifzuständigkeit Nr. 4. Dazu → Rdnr. 238 bei Fn. 345, → Rdnr. 249, → Rdnr. 255 bei Fn. 385.
[569] BAGE 35, 1, 5 (Fn. 556).
[570] BAGE 21, 139, 146 (Fn. 554).

le erfassen soll, → Rdnr. 258. Darüber hinaus wird – ähnlich wie bei den Ansprüchen auf wiederkehrende Leistungen, → Rdnr. 259 – bei Dauerrechtsverhältnissen, um die es sich bei den Verfahrensgegenständen des Beschlußverfahrens vielfach handelt, eine Rechtsänderung regelmäßig zu berücksichtigen sein[571], weil auch hier die Rechtsfolgen im Grunde ständig neu entstehen und sich die Rechtskraft der Entscheidung nur auf die damals gegebenen Rechtsfolgen bezieht. Eine **Änderung der Rechtsprechung** läßt auch hier (allgemein → Rdnr. 256) grundsätzlich die Rechtskraft unberührt, doch wird man bei Dauerrechtsverhältnissen – ebenso wie zu den Gesetzesänderungen ausgeführt – eine Ausnahme machen müssen[572]. Wenn das BAG[573] annimmt, die rechtskräftige Feststellung der Arbeitnehmereigenschaft einer bestimmten Beschäftigtengruppe (Rehabilitanden) bleibe für künftige Betriebsratswahlen gültig, auch wenn nach jetziger höchstrichterlicher Rechtsprechung Mitglieder dieser Personengruppe keine Arbeitnehmer seien, so wird dies zwar den für den Zivilprozeß entwickelten Rechtskraftgrundsätzen gerecht, paßt aber nicht recht zu einer solchen eher abstrakten Rechtsaussage[574], wie sie hier Gegenstand des Beschlusses war.

§ 323 [Abänderungsklage]

(1) Tritt im Falle der Verurteilung zu künftig fällig werdenden wiederkehrenden Leistungen eine wesentliche Änderung derjenigen Verhältnisse ein, die für die Verurteilung zur Entrichtung maßgebend waren, so ist jeder Teil berechtigt, im Wege der Klage eine entsprechende Abänderung des Urteils zu verlangen.

(2) Die Klage ist nur insoweit zulässig, als die Gründe, auf die sie gestützt wird, erst nach dem Schluß der mündlichen Verhandlung, in der eine Erweiterung des Klageantrages oder die Geltendmachung von Einwendungen spätestens hätte erfolgen müssen, entstanden sind und durch Einspruch nicht mehr geltend gemacht werden können.

(3) Das Urteil darf nur für die Zeit nach Erhebung der Klage abgeändert werden.

(4) Die vorstehenden Vorschriften sind auf die Schuldtitel des § 641 p, des § 642 c, des § 642 d in Verbindung mit § 642 c und des § 794 Abs. 1 Nr. 1 und 5, soweit darin Leistungen der im Absatz 1 bezeichneten Art übernommen worden sind, entsprechend anzuwenden.

(5) Schuldtitel auf Unterhaltszahlungen, deren Abänderung im Vereinfachten Verfahren (§§ 641 l bis 641 t) statthaft ist, können nach den vorstehenden Vorschriften nur abgeändert werden, wenn eine Anpassung im Vereinfachten Verfahren zu einem Unterhaltsbetrag führen würde, der wesentlich von dem Betrag abweicht, der der Entwicklung der besonderen Verhältnisse der Parteien Rechnung trägt.

Neue Fassung der Absätze 3 bis 5 ab dem 1. Juli 1998:

(3) Das Urteil darf nur für die Zeit nach Erhebung der Klage abgeändert werden. Dies gilt nicht, soweit die Abänderung nach § 1360 a Abs. 3, § 1361 Abs. 4 S. 4, § 1585 b Abs. 2, § 1613 Abs. 1 BGB zu einem früheren Zeitpunkt verlangt werden kann.

(4) Die vorstehenden Vorschriften sind auf Schuldtitel des § 794 Abs. 1 Nr. 1, Nr. 2a und Nr. 5, soweit darin Leistungen der im Absatz 1 bezeichneten Art übernommen oder festgesetzt worden sind, entsprechend anzuwenden.

---

[571] *BAGE* 27, 301, 307 (Fn. 554); *Dütz* Festschr. für Kehrmann (1997), 349, 352. Abl. *Mayer-Maly* Anm. zu AP § 118 BetrVG 1972 Nr. 3.

[572] So auch *Dütz* (Fn. 571), 353 f.

[573] *BAG* NZA 1996, 1058 = MDR 1997, 71.

[574] Das *BAG* aaO beschränkt die Reichweite des Beschlusses weder auf die damaligen Beschäftigten noch auf die damalige Betriebsratswahl.

(5) Schuldtitel auf Unterhaltszahlungen, deren Abänderung nach § 655 statthaft ist, können nach den vorstehenden Vorschriften nur abgeändert werden, wenn eine Anpassung nach § 655 zu einem Unterhaltsbetrag führen würde, der wesentlich von dem Betrag abweicht, der der Entwicklung der besonderen Verhältnisse der Parteien Rechnung trägt.

Gesetzesgeschichte: Eingefügt durch die Novelle 1898. Änderungen durch das Gesetz vom 13. VIII. 1919 (RGBl 1448), das Nichtehelichengesetz vom 19.VIII.1969 (BGBl. I 1243) und das Gesetz zur vereinfachten Abänderung von Unterhaltsrenten vom 29.VII.1976 (BGBl. I 2029).
Durch das Gesetz zur Vereinheitlichung des Unterhaltsrechts minderjähriger Kinder vom 6. IV. 1998 (BGBl. I 666) (**Kindesunterhaltsgesetz – KindUG**) wurden die Absätze 3 bis 5 neu gefaßt. Zugleich wurde das vereinfachte Verfahren über den Unterhalt Minderjähriger neu geregelt (Rdnr. 67aff.). Die Neuregelung tritt nach Art. 8 Abs. 1 KindUG vom 1. Juli 1998 in Kraft.

I. Allgemeines	1
1. Bedeutung der Vorschrift	1
2. Das Verhältnis der Abänderungsklage zur sog. Zusatzklage	3
II. Die einzelnen Voraussetzungen der Abänderungsklage	7
1. Künftige wiederkehrende Leistungen	7
2. Erstentscheidung	8
a) Urteile, einstweilige Anordnungen und Verfügungen	8
b) Schuldtitel aus anderen Verfahren	16
c) Ausländische Urteile	17
d) Titel aus der ehemaligen DDR	18
3. Wesentliche Änderung der Verhältnisse	19
a) Veränderungen in der Sphäre einer der Parteien	21
b) Veränderung der wirtschaftlichen Rahmenbedingungen	22
c) Rechtsprechungswandel und Änderungen der Gesetzgebung	23
d) Das Kriterium der Wesentlichkeit	26
4. Besondere Präklusion (Abs. 2)	27
5. Das Verhältnis der Abänderungsklage zu den Rechtsmitteln der Berufung und der Revision	30
6. Endgültig bestimmte Ansprüche	31
7. Klageberechtigung	33
III. Das Ziel der Abänderungsklage	34
1. Streitgegenstand, Rechtsnatur, Rechtskraft und Rechtshängigkeit	34
2. Die zeitliche Schranke der Abänderung gemäß Abs. 3	36
3. Das Verhältnis der Abänderungsklage zur Vollstreckungsgegenklage	41
4. Anderweitige Erhöhungsklage	48
IV. Die Klage auf Abänderung gerichtlicher Vergleiche, vollstreckbarer Urkunden sowie der Anpassungsbeschlüsse	49
1. Bedeutung und Anwendungsbereich des Abs. 4	49
2. Besonderheiten bei der Abänderung von Prozeßvergleichen und vollstreckbaren Urkunden	55
a) Voraussetzungen der Abänderung und Ziel der Klage	55
b) Keine Anwendung des Abs. 2	57
c) Keine Anwendung des Abs. 3	58
3. Die Abänderung der Anpassungsbeschlüsse (§ 641 p)	59
V. Das Verhältnis der Abänderungsklage zum Vereinfachten Verfahren zur Abänderung von Unterhaltstiteln	63
1. Anwendungsbereich des Vereinfachten Verfahrens	63
2. Eingeschränkte Zulässigkeit der Abänderungsklage, Abs. 5	64
3. Nebeneinander und Nacheinander von Abänderungsklage und Vereinfachtem Verfahren	67
VI. Abänderung von im Vereinfachten Verfahren ergangenen Unterhaltstiteln nach dem Kindesunterhaltsgesetz und die Abänderungsklage nach § 323	
1. Der dynamisierte Unterhalt	67a
2. Titulierung des Unterhalts	67c

3. Die besondere Anpassungsklage nach § 654 zur Anpassung an die individuellen Verhältnisse 67d
4. Der Anpassungsantrag nach § 655 und die Abänderungsklagen nach § 656 und § 323 .... 67e
5. Zulässigkeit der Abänderungsklage gegen vereinfachte Unterhaltsbeschlüsse und -urteile 67h
6. Dynamisierung von Unterhaltstiteln nach altem Recht 67i

VII. Verfahren 68
 1. Gerichtsstand 68
 2. Anpassung an die veränderten Verhältnisse, Bindung an die Beurteilung durch das Erstgericht, Beweislast 69
 3. Rückforderung, vorläufige Anordnungen 75
 4. Entscheidung 76
VIII. Abänderung von Entscheidungen über den Versorgungsausgleich 77

I. Allgemeines[1]

1. Bedeutung der Vorschrift

1 Die von § 323 erfaßten Ansprüche auf wiederkehrende Leistungen (insbesondere die Unterhaltsansprüche) entstehen *nach materiellem Recht* nicht als einmalige Rechtsfolge eines

---

[1] Lit.: *Adams* Zur Fortgeltung und Abänderung von DDR-Unterhaltstiteln nach der Wiederherstellung der Rechtseinheit, 1995; *Arnold* Das Gesetz zur vereinfachten Abänderung von Unterhaltsrenten, JR 1977, 137; *Baur* Die einstweilige Einstellung der Zwangsvollstreckung nach Erhebung der Abänderungsklage gem. § 323 ZPO, JR 1949, 256; *Becker-Eberhard* Zur Möglichkeit der Anpassung rechtskräftig titulierter Verzugszinsen aus § 286 Abs. 1 BGB an ein verändertes Zinsniveau, DZWiR 1993, 183; *Beger* Leibrenten und § 323 ZPO, DStR 1970, 613; *Behr* Aktuelle Probleme des vereinfachten Verfahrens zur Abänderung von Unterhaltstiteln §§ 641 l ff. ZPO, Rpfleger 1977, 432; *ders.* Die 12-Monatsfrist im vereinfachten Verfahren zur Abänderung von Unterhaltstiteln – Wartefrist oder Anpassungsausschluß, NJW 1979, 199; *Bereiter-Hahn* Abänderungsklage (§ 323 ZPO) oder Klage auf zusätzliche wiederkehrende Leistungen (§ 258 ZPO) ? FamRZ 1955, 94; *Bergmann* Neues aus dem Familienrecht (Abänderbarkeit von Prozeßvergleichen), AnwBl 1983, 122; *Binscus* Zur vereinfachten Abänderung von Unterhaltsrenten, Fürsorgewesen 1977, 244; *Böhm* Die Rechtsschutzformen im Spannungsfeld von lex fori und lex causae, in Festschrift für Fasching, 1988, 107; *Bosch* Familien- und Erbrecht als Themen der Rechtsangleichung nach dem Beitritt der DDR zur Bundesrepublik Deutschland, FamRZ 1991, 1370; *Braeuer* Das Schicksal der einstweiligen Anordnung auf Ehegattenunterhalt nach der Scheidung, FamRZ 1984, 10; *Braun* Rechtskraft und Rechtskraftdurchbrechung, NJW 1982, 148; *ders.* Rechtskraft und Rechtskraftdurchbrechung im Zivilprozeß, JuS 1986, 364; *ders.* Grundfragen der Abänderungsklage, 1994; *ders.* Zinstitel und Abänderungsklage, ZZP 108 (1995), 319; *ders.* Probleme des Vereinfachten Verfahrens zur Abänderung von Unterhaltstiteln (§§ 641 l ff. ZPO), DAVorm 1994, 905; *Brockhoff* Versorgungsrenten und die Abänderungsklausel nach § 323 ZPO, BB 1975, 1249; *Brox* Abänderungsklage (§ 323) oder Klage auf zusätzliche wiederkehrende Leistungen (§ 258 ZPO)? FamRZ 1954, 237; *ders.* Welche Einwendungen kann der Beklagte im Abänderungsrechtsstreit gemäß § 323 ZPO geltend machen? FamRZ 1955, 66; *ders.* Nochmals: Probleme der Abänderungsklage (§ 323 ZPO) und der »Unterhaltszusatzklage« (§ 258 ZPO), FamRZ 1955, 320; *Brudermüller* Zur Abänderung von DDR-Unterhaltstiteln. (Zugleich Anmerkung zu BGH 10. 11. 1993), FamRZ 1995, 915; *Brüggemann* Kommentar zur vereinfachten Abänderung von Unterhaltstiteln (1976), 62ff.; *ders.* Fragen zur Abänderungsklage gegen Regelunterhaltstitel, ZBlJR 1984, 174; *Brühl-Göppinger-Wax* Unterhaltsrecht[6] Rdnr. 2357; *Christian* Die Prozeßführung in Unterhaltssachen minderjähriger Kinder, DAVorm 1988, 343; *Deichfuß* Die sogenannten Zukunftszinsen, MDR 1992, 334; *Deisenhofer* Früheres Unterhaltsurteil und Scheidungsverbundverfahren, FamRZ 1978, 168; *Deisenhofer-Göhlich* Rückwirkende Abänderung gerichtlicher Unterhaltsvergleiche, FamRZ 1984, 229; *Derleder-Lenz* Konflikte zwischen Pauschalerhöhung und Individualerhöhung des Kindesunterhalts nach Veränderung von Unterhaltstabellen, FamRZ 1989, 558; *Diederichsen* Änderungen des Verfahrensrechts nach dem Unterhaltsrechtsänderungsgesetz, NJW 1986, 1462; *Eckardt* Die »Teilklage« – Nachforderungsmöglichkeiten und Rechtskraftbindung bei Klagen auf einmalige und wiederkehrende Leistungen, Jura 1996, 624; *Eckert* Das Verhältnis zwischen Abänderungsklage und unselbständiger Anschlußberufung im Erstprozeß, MDR 1986, 542; *Eschenbruch* Der Unterhaltsprozeß 1992; *Finger* Vollstreckbare Urkunde und Abänderungsklage nach § 323 ZPO, MDR 1971, 350; *Flieger* Das Verhältnis des § 620 b ZPO zu §§ 323, 767, MDR 1980, 803; *Gegenwart* Das Verhältnis der Abänderungs- zur Vollstreckungsgegenklage, Diss. Frankfurt 1962; *Georgiades* Die Abänderung ausländischer Urteile im Inland, Festschr. f. Zepos Bd. II (1973), 189; *Peter Gottwald* Abänderungsklage, Unterhaltsanspruch und materielle Rechtskraft, in Festschrift für Schwab 1990, 151; *ders.* Probleme der Abänderungsklage in Unterhaltssachen, FamRZ 1992, 1374; *Stefan Gottwald* Verzugszinsen – Zeitlich unbegrenztes Zahlungsurteil auch bei erhöhtem Zinssatz?, MDR 1996, 980; *Graba* Die Abänderung von Unterhaltsvergleich und Unterhaltsurteil, NJW 1988, 2343; *ders.* Die Vollstreckungsgegenklage bei Unterhaltsvergleich und Unterhaltsurteil, NJW 1989, 481; *ders.* Zur Abänderung eines DDR-Urteils über Geschiedenenunterhalt, DtZ 1993, 39; *ders.* Die Abänderung von Unterhaltstiteln, 1996; *Grasmeher* Die Lehre von der »Zusatz-

abgeschlossenen Tatbestands, um dann grundsätzlich unverändert zu bleiben. Sie sind vielmehr in ihrem künftigen Bestand von vornherein an die später bestehenden Verhältnisse ge-

klage« nach § 323 ZPO, FamRZ 1961, 241; *Grunsky* Veränderungen des Sachverhalts nach Verurteilung zu künftig fällig werdenden Leistungen, Gedächtnisschr. f. Michelakis (1972), 377; *Haase* Besondere Klagearten im Zivilprozeß, JuS 1967, 457; *Habscheid* Unterhaltsurteil, Änderung der Gesetzgebung und Wandel der Rechtsprechung, FamRZ 1954, 34; *ders.* Rezension zu Knecht Die Abänderungsklagen (Diss. Aarau 1954), FamRZ 1957, 15; *Hahne* Probleme der Abänderungsklage in Unterhaltssachen nach der Rechtsprechung des BGH, FamRZ 1983, 1189; *Hassold* Die Abänderung einstweiliger Anordnungen in Ehesachen, FamRZ 1981, 1036; *Hausmann-Jayme* Zur Abänderung österreichischer Unterhaltstitel in Deutschland, ZBlJugR 1979, 280, 295; *Heim* Die Feststellungswirkung (1912), 158; *Henrich* Die Abänderungsklage gegen ausländische Unterhaltsurteile, IPrax 1982, 140; *ders.* Zur Anerkennung und Abänderung ausländischer Unterhaltsurteile, die unter Nichtbeachtung früherer deutscher Unterhaltsurteile ergangen sind, IPRax 1988, 21; *Herr* Das Ende der Zukunftszinsen?, NJW 1988, 3137; *Hoppenz* Zum Verhältnis von Rechtsmittelverfahren und Abänderungsklage, FamRZ 1986, 226; *ders.* Zum Vorrang der Abänderungsklage vor der Vollstreckungsgegenklage, FamRZ 1987, 1097; *ders.* Die unterhaltsrechtliche Pflicht zur ungefragten Information, FamRZ 1989, 337; *v. Hornhardt* Versorgungsausgleich und nacheheliches Unterhaltsrecht, FamRZ 1979, 655; *Hummel* Hintereinander geschaltete Klagen auf Abänderung des Unterhalts, FamRZ 1972, 124; *Jäger* Die Umwandlungsklage (1898); *Jakoby* Das Verhältnis der Abänderungsklage gemäß 323 ZPO zur Vollstreckungsgegenklage gemäß § 767 ZPO, 1990; *Kahlert* Nochmals: Ende der Zukunftszinsen?, NJW 1990, 1715; *Klauser* Abänderung von Unterhaltstiteln, MDR 1981, 711; DAVorm 1982, 125; *Knecht* Die Abänderungsklagen, Diss. Aarau 1954; *Köhler-Luthin* Handbuch des Unterhaltsrechts[8] Rdnr. 929ff.; *ders.* Das Verhältnis der Abänderungsklage zur Vollstreckungsgegenklage, FamRZ 1980, 1088; *Kropholler* Die Abänderung von Unterhaltstiteln in Fällen mit Auslandsberührung, ZBlJugR 1977, 105, 107; *Krückmann* Die materielle Urteilswirkung, ZZP 47 (1918), 25; *Kuhlmann* Änderung der Verhältnisse bei Rentenansprüchen, Gruchot 65 (1921), 270; *Kuttner* Die privatrechtlichen Nebenwirkungen der Zivilurteile (1908); *Laier* Die Zeitschranke der Unterhaltsabänderungsklage gem. § 323 ZPO, AnwBl 1982, 419; *Leipold* Das anwendbare Recht bei der Abänderungsklage gegen ausländische Urteile, Festschr. f. Nagel (1987), 189; *Marl* Voraussetzungen der Abänderungsklage, JA 1986, 334; *Matsumoto* Die Abänderung ausländischer Unterhaltsentscheidungen, Diss. Regensburg 1986; *Maurer* Abänderung von Unterhaltsurteilen ab Zugang eines Prozeßkostenhilfegesuchs beim Abänderungsgegner?, FamRZ 1988, 445; *ders.* Versäumnisurteile und Abänderungsklage, FamRZ 1989, 445; *ders.* Zum Unterhaltsrecht im Beitrittsgebiet, DtZ 1993, 130; *ders.* Kindesunterhalt im Beitrittsgebiet, FamRZ 1994, 337; *Meister* Zum Verhältnis von Abänderungs-, Vollstreckungsabwehr- und Zusatz- (Nachforderungs-) klage, FamRZ 1980, 864; *Meyer* Der Zeitpunkt der »Erhebung der Abänderungsklage« gemäß § 323 III ZPO, FamRZ 1956, 67; *Möllers* Kann schon die Einreichung einer mit einem Armenrechtsgesuch verbundenen Abänderungsklage die Wirkung des Abs. III haben? DRiZ 1953, 221; *Münzel* Abänderungsklage und Vollstreckungsgegenklage, JR 1934, 175; *Niklas* Die »Tükken« der Abänderungsklage bei Veränderungen der bzw. innerhalb der Düsseldorfer Tabelle, DAVorm 1987, 1; *ders.* Nachschieben von »ursprünglichen Änderungen« trotz § 323 Abs. 2 ZPO?, FamRZ 1987, 869; *Nußbaum* Die Prozeßhandlungen, ihre Voraussetzungen und Erfordernisse (1908); *Oertmann* Zur Lehre von der Abänderungsklage (§ 323 ZPO), AcP 109 (1912), 265; *Ossenbach* Die Abänderungsklage, Diss. Rostock 1908; *Oppermann* Zur Lehre von der Abänderungsklage (§ 323 ZPO), ZZP 38 (1909), 445; *Passauer* Rechtsprobleme in Familiensachen mit polnischen Parteien und Beteiligten – eine Zusammenstellung für die Praxis, FamRZ 1990, 14; *Pentz* Abänderungsklage oder Zusatzklage bei vollstreckbaren Urkunden, FamRZ 1956, 271; *Petzoldt* Die Rechtskraft der Rentenurteile des § 258 ZPO und ihre Abänderung nach § 323 ZPO, 1992; *Puls* Umgang mit der vereinfachten Abänderung von Unterhaltsrenten – Vereinfachtes Verfahren oder Abänderungsklage, DAVorm 1978, 237; *dies.* Geltendmachung von Unterhaltsansprüchen für Kinder gegen ihre Eltern während und nach der Scheidung, DAVorm 1976, 538, 602; DAVorm 1977, 290; *Reerink* Beiträge zur Lehre von der gesetzlichen Unterhaltspflicht der Verwandten und Ehegatten nach dem deutschen Rechte, Gruchot 56 (1912), 730; *Roth* Richterliche Prognoseentscheidungen, Rechtskraftwirkung und materielle Gerechtigkeit im Fall der Sonderregelung des § 323 ZPO; *ders.* Die Reichweite der lex-fori-Regel im internationalen Zivilprozeßrecht, in Festschrift für Stree und Wessels, 1993, 1045; *Ruland* Zur Abänderung von Entscheidungen über den Versorgungsausgleich, NJW 1987, 345, 349; *Scheld* Zur Identität zwischen Trennungs- und Geschiedenenunterhalt, Rpfleger 1980, 321; *Scheffler* Vorläufige Vollstreckbarkeit bei Abänderung von Unterhaltstiteln nach § 323 ZPO, FamRZ 1986, 532; *Schlosser* Unterhaltsansprüche vor den Gerichten der Alt-EWG-Staaten, FamRZ 1973, 424; *ders.* Zur Abänderung ausländischer Unterhaltsentscheidungen, IPRax 1981, 120, 121; *Schwabe-Reichel* Familienrecht und deutsche Einheit, 1991; *Schwartz* Das Billigkeitsurteil des § 829 BGB (1904), insbes. 67ff.; *Seligsohn* Haftpflichtgesetz[2] Anhang zu § 7; *Siehr* Ausländische Unterhaltsentscheidungen und ihre Abänderung im Inland wegen veränderter Verhältnisse, Festschr. f. Bosch (1976), 927; *Simon* Das Verhältnis der §§ 323 und 767 ZPO zueinander bei Abänderung vollstreckbarer Rentenansprüche, JW 1932, 3168; *Spangenberg* Der Verfahrensstand der Unterhaltsabänderungsklage, DAVorm 1984, 797; *ders.* Die Einzelfallgerechtigkeit und § 323 ZPO, DAVorm 1984, 977; *Spellenberg* Abänderung ausländischer Unterhaltsurteile und Statut der Rechtskraft, IPRax 1984, 304; *Spielmanns* Die Abänderungsklage, die Vollstreckungsgegenklage und die Feststellungsklage, JR 1925, 192; *Stankewitsch* Kollisionsrechtliche Probleme bei der Abänderung von DDR-Urteilen auf Geschiedenenunterhalt, IPRax 1994, 103; *Staudigl* Zur Beseitigung des prozessualen Anerkenntnisses in Unterhaltssachen FamRZ 1980, 221; *Timm* Abänderungsklage und/oder vereinfachtes Verfahren für die Änderung von Unterhaltsrenten, NJW 1978, 745; *Tintelnot* Unterhaltsausgleich nach verheimlichter Besserstellung versus Rechtskraft, FamRZ 1988, 242; *Vogel* Temporäre Rechtsprobleme bei der Abänderung von früheren DDR-Unterhaltstiteln, DtZ 1991, 338; *Völp* Änderung der Rechts- oder

knüpft, entstehen also so gesehen in jedem Augenblick neu. Da die materielle Rechtskraft eines Urteils die Geltendmachung von Tatsachen, die nach dem Schluß der letzten mündlichen Tatsachenverhandlung entstanden sind und die Rechtslage verändert haben, nicht ausschließt (→ §322 Rdnr. 236), würde sich die durch §323 ermöglichte Berücksichtigung der künftigen Entwicklung durchaus nicht als Durchbrechung der Rechtskraft darstellen[2]. Aber durch die Zulassung der Klage auf künftig fällig werdende wiederkehrende Leistungen (§258) behandelt das Verfahrensrecht diese Ansprüche als einheitliche Rechte (→ §258 Rdnr. 2); es verlangt vom Richter, *auch die künftige Entwicklung der maßgebenden Tatsachen vorausschauend seinem Urteil zugrunde zu legen.* Die Geltendmachung einer anderen Entwicklung, als sie das Gericht im Erstprozeß angenommen hatte, ist daher in dieser Sicht nicht das Vorbringen einer neuen Tatsachenlage, über die das Gericht noch gar nicht zu befinden hatte, sondern ein Angriff gegen die *Richtigkeit* des ersten Urteils. Dem würde bei schematischer Übertragung der allgemeinen Grundsätze die Rechtskraft bzw. die Bindungswirkung[3] des ersten Urteils entgegenstehen, wenn sie nicht nach Maßgabe des §323 durchbrochen werden könnte[4].

2   Daß die *Billigkeit* eine solche Ausnahme von den allgemeinen Regeln der Rechtskraft erfordert, wurde schon frühzeitig erkannt[5]; die Notwendigkeit ergibt sich einfach aus der großen Unsicherheit, mit der eine Vorausbeurteilung der künftigen Sachlage naturgemäß stets behaftet ist. Die Vorschrift stellt, da sie die Grenze der Rechtskraft betrifft, einen **prozessualen,** keinen materiell-rechtlichen Rechtssatz dar, → Rdnr. 17 sowie → Rdnr. 31, 34. – Zur Konkurrenz des §323 mit §767 → Rdnr. 41ff., zum Verhältnis zur Feststellungsklage → Rdnr. 34, 74.

2. Das Verhältnis der Abänderungsklage zur sog. Zusatzklage

3   Eine von den Voraussetzungen des §323 unabhängige **Zusatzklage (Nachforderungsklage)** gemäß §258 ist nur dann zulässig, wenn die frühere Klage ausdrücklich als Teilklage gekenn-

---

Sachlage bei Unterlassungsurteilen, GRUR 1984, 486; *Voigt* Die Abänderungsklage des §323 ZPO, Diss. Jena 1933; *Wagenitz* Abschied von der Rechtskraft – Zur Abänderbarkeit rechtskräftiger Entscheidungen über den Versorgungsausgleich, JR 1987, 53; *Waldner* Kein Verstoß von §323 ZPO gegen das rechtliche Gehör, NJW 1993, 2085; *Walter* Die Zusatzklage im Unterhaltsrecht – Eine Auseinandersetzung mit der Rechtsprechung des BGH, DAVorm 1991, 977; *ders.* Vollstreckungsgegenklage, Abänderungsklage und Probleme der Rechtskraft, DAVorm 1993, 231; *Wandrey* Abänderungsklage und Vollstreckungsgegenklage, JR 1933, 102; *Wax* Anmerkungen zur Auslegung des §323 ZPO durch den BGH, FamRZ 1982, 347; *Weber* Der Umfang der Rechtskraft bei Abänderungs- und Nachforderungsklagen, FamRZ 1955, 232; *Wendl-Staudigl* Das Unterhaltsrecht in der familienrechtlichen Praxis[3] §8 Rdnr. 14; *Wolff* Abänderung rechtskräftiger Urteile wegen veränderter Umstände gemäß §323 der Zivilprozeßordnung, JW 1904, 569; *Zimmermann* Der Zins im Zivilprozeß, JuS 1991, 674.

[2] Die Deutung des §323 als Bestätigung und (wegen Abs. 3) als Verschärfung der Rechtskraftsätze findet sich vor allem bei *Schwartz* (Fn. 1) 69ff.; s. ferner *Schmidt* Lb[2] 757; *Kuttner* Die privatrechtlichen Nebenwirkungen (1908), 229; *Nußbaum* Prozeßhandlungen (1908), 54; *Bruns* Lb[2] Rdnr. 240 c. – *Knecht* (Fn. 1) 45ff. erblickt in §323 eine materiell-rechtliche Abänderungsnorm, dagegen *Habscheid* FamRZ 1957, 15; *Baumgärtel* AcP 155 (1956), 83; *Jakoby* (Fn. 1) 218ff.

[3] Gegen die h.M., die in §323 ein Mittel zur Beseitigung der Rechtskraft sieht, wendet sich *A. Blomeyer* ZPR[2] §87 IV 1 (zust. *Baur* Studien zum einstweiligen Rechtsschutz

(1967) 92 Fn. 41), weil der Urteilsspruch selbst geändert werde und die Klage aus §323 schon vor Rechtskraft des Urteils zulässig sei. Der letztere Hinweis belegt in der Tat, daß es zu eng wäre, §323 nur als Abweichung von der Rechtskraft aufzufassen, doch liegt darin seine Hauptbedeutung. Daß die Klage zur Änderung des früheren Urteilsspruchs führt, betrifft dagegen nur die *Form* der Abänderung. §323 greift insoweit über eine Rechtskraftdurchbrechung hinaus, da diese allein nur eine *abweichende,* dem ersten Urteil vorgehende Entscheidung, nicht aber eine *Abänderung* der Erstentscheidung ermöglichen würde.

[4] So auch die Betrachtungsweise der h.M., z.B. BGHZ 80, 246, 250 = NJW 1982, 578; BGH FamRZ 1984, 353, 354; NJW 1985, 1345; RGZ 47, 411; 75, 25; *Oppermann* ZZP 38 (1909), 456; *Hellwig* System I 811; *Nikisch* Lb[2] §107 II 1; *Baumgärtel* AcP 155 (1956), 83; *Haase* JuS 1967, 458; *Braun* JuS 1986, 364, 369. – S. auch *BGH* WM 1987, 1408, 1049; *Walter* DAVorm 1991, 977, 982ff.: Die Abgrenzung von Voll- und Teilklage beantworte sich danach, ob der gesamte Unterhaltsanspruch, wie er im Augenblick der letzten mündlichen Verhandlung bestanden habe, nicht voll ausgeschöpft worden sei. Immer wenn der letztere Fall vorliege, sei eine Zusatzklage zulässig.

[5] Dem war schon in §7 Abs. 2 HaftPflG und in den älteren Unfallversicherungsgesetzen Rechnung getragen; §323 stellt sich nach seiner Entstehungsgeschichte (vgl. *Schwartz* [Fn. 1] 80ff.) als Verallgemeinerung des §7 Abs. 2 HaftPflG dar, der demgemäß durch Art. 42 EGBGB gestrichen wurde. Vgl. auch *Preuß.* ALR §119 I 6, Cc Art. 209f. Zur Entstehungsgeschichte *Jakoby* (Fn. 1) 24ff.; *Braun,* Abänderungsklage, 97ff.

zeichnet war oder sich aus dem Klagevorbringen ergab, daß zunächst nur ein Teilbetrag der behaupteten Forderung geltend gemacht wurde[6]. Im übrigen kann, auch wenn der Kläger im Erstprozeß voll obsiegte, eine Erhöhung der zugesprochenen Beträge **nur** durch eine Klage nach § 323 erreicht werden[7], nicht durch eine Zusatzklage[8].

Die Rechtslage ist also insoweit anders zu beurteilen als bei den nicht unter § 323 fallenden Ansprüchen, → § 322 Rdnr. 156 ff., 163. Das ergibt sich daraus, daß für die Klagen auf wiederkehrende Leistungen das Gesetz selbst in § 323 einen besonderen Weg zur Abänderung des Urteils vorgesehen hat. Dieser ist einerseits für den Kläger *günstiger*, weil – über die sonstigen Grenzen der Rechtskraft hinaus – der Anspruchsgrund auch für den eventuell erhöhten Betrag verbindlich festgestellt bleibt, → Rdnr. 73, andererseits aber insofern *ungünstiger*, als § 323 Abs. 3 die Abänderung nur für die Zeit nach der Klageerhebung zuläßt. Zu den Ausnahmen nach Abs. 3 S. 2 nF → Rdnr. 39a. Zur Frage, inwieweit im Rahmen des Abänderungsverfahrens auf »Alttatsachen« zurückgegriffen werden kann, → Rdnr. 27, 72. Die gesetzliche Regelung darf nicht durch Gewährung einer von § 323 unabhängigen Zusatzklage umgangen werden. Diese Ansicht verdient auch deshalb den Vorzug, weil jedenfalls die Hauptfälle des § 323, nämlich Unterhaltsansprüche und Schadensrenten, ohnehin üblicherweise im vollen Betrag eingeklagt werden, so daß sich der Schuldner hier besonders darauf verläßt, daß die geltend gemachte Höhe der Rate (unter den damaligen Verhältnissen) den gesamten beanspruchten Betrag darstellt, wenn nichts anderes zum Ausdruck gebracht wurde[9]. – Zur erneuten Klage bei einer Änderung der Gesetzgebung → Rdnr. 24, 45 (bei Fn. 187), 48.

4

Die **zeitlich begrenzte** Geltendmachung von Unterhalt stellt jedoch im Zweifel[10] eine Teilklage dar; für die Folgezeit ist die erneute Leistungsklage zulässig[11]. Das Urteil, das eine Unterhaltsrente **über einen freiwillig gezahlten Betrag hinaus** zuspricht, entscheidet ebenfalls über eine Teilklage, so daß zur Titulierung des freiwillig gezahlten Betrages und zur *Erhöhung*

5

---

[6] Im Unterhaltsprozeß spricht eine Vermutung gegen eine Teilklage, *BGH* FamRZ 1990, 863; *OLG Hamm* NJW-RR 1997, 1159 (Rentenanspruch), – A.M. *Roth* NJW 1988, 1233, 1239f. Zur Umdeutung eines Leistungs- in einen Abänderungsantrag *BGH* FamRZ 1992, 298 = NJW 1992, 438. *OLG Frankfurt* FamRZ 1980, 894 (Unterhaltsrente); *OLG Düsseldorf* FamRZ 1981, 59; *OLG Schleswig* SchlHA 1979, 227. Gegen ein Teilanerkenntnisurteil des Unterhaltssockelbetrages ist nur die Abänderungsklage statthaft, *OLG Karlsruhe* FamRZ 1992, 199 = NJW-RR 1992, 260. Eine im Rahmen einer unselbständigen Anschlußberufung erklärten Teilklage wird durch die Zurücknahme der Berufung unbeachtlich, *OLG Hamm* FamRZ 1990, 299.

[7] *BGHZ* 34, 110 = NJW 1961, 871 = MDR 1961, 310 = JZ 1961, 546 (zust. *Pohle*) = FamRZ 1961, 263; *BGH* NJW 1986, 3142; *BGHZ* 94, 145 = NJW 1985, 1701 = MDR 1985, 654 = FamRZ 1985, 690 = JZ 1985, 579; FamRZ 1987, 368 = NJW-RR 1985, 642; *OLG Hamm* FamRZ 1980, 480; *OLG Stuttgart* NJW 1956, 1843; *LG München* FamRZ 1955, 185; *LG Braunschweig* MDR 1957, 100; *LG Lübeck* SchlHA 1957, 237; *LG Stuttgart* MDR 1956, 303; *LG Zweibrücken* FamRZ 1960, 74; *LG Hof* FamRZ 1961, 279; *LG Baden-Baden* FamRZ 1961, 279; *Bereiter-Hahn* FamRZ 1955, 94; *Weber* FamRZ 1955, 232; *Lent* NJW 1955, 1865; *Pohle* ZZP 77 (1964), 107; *Grasmeher* FamRZ 1961, 241; *Haase* JuS 1967, 458; *A. Blomeyer* ZPR² § 87 IV 5 a.

[8] Dafür aber *Pentz* NJW 1953, 1460; ZZP 69 (1956), 351; ZZP 73 (1960), 211; *Brox* FamRZ 1954, 237; 1955, 320; NJW 1961, 853; *Habscheid* FamRZ 1954, 56, 255; 1961, 266; *Bosch* FamRZ 1956, 25; *Petzoldt* (Fn. 1) 118 ff.; *LG Koblenz* FamRZ 1955, 328; 1957, 141 = NJW 1957, 679; *LG Kleve* FamRZ 1955, 331; *LG Aachen* FamRZ 1956, 24; *LG Kassel* MDR 1957, 365; *LG Fulda* FamRZ 1961, 278; *Eckardt* Jura 1996, 624, 631ff.

[9] *OLG Hamm* NJW-RR 1997, 1159. Eine Umdeutung einer unzulässigen Nachforderungsklage in eine zulässige Abänderungsklage wird für möglich gehalten. *BGH* FuR 1997, 152, 153; s. auch *BGH* NJW 1992, 438. – A.M. *OLG Koblenz* FamRZ 1990, 426 = NJW-RR 1990, 264 (wenn eindeutig nur ein Leistungsantrag gestellt wurde). Gleiches gilt für den umgekehrten Fall, *BGH* NJW 1983, 2200, 2201 = FamRZ 1983, 892; FamRZ 1986, 661. Wird dagegen eine eindeutig als Abänderungsklage gemäß § 323 erhobene Klage nach den Grundsätzen behandelt, die auf eine Erstklage anzuwenden sind, so liegt darin ein Verfahrensfehler, der zur Zurückverweisung gemäß § 539 ZPO führen kann, *OLG Zweibrücken* FamRZ 1982, 415. Eine Umdeutung einer Leistungs- in eine Abänderungsklage scheidet aus, wenn der Klagevortrag nicht den Erfordernissen zur Begründung einer Klage nach § 323 genügt, *OLG Zweibrücken* FamRZ 1992, 974. In der Regel ist eine Klageänderung einer unzulässigen Leistungs- in eine zulässige Abänderungsklage sachdienlich, *OLG Zweibrücken* FamRZ 1997, 837.

[10] Anders, wenn zeitlich unbegrenzt Unterhalt eingeklagt wurde, aber von Seiten des Gerichts in der Annahme, die Bedürftigkeit werde entfallen, die Unterhaltsrente nur für einen bestimmten Zeitraum zugesprochen worden ist, *OLG Hamm* FamRZ 1982, 920; *OLG Karlsruhe* FamRZ 1980, 1125; *OLG Karlsruhe* FamRZ 1992, 938.

[11] *OLG Koblenz* FamRZ 1986, 489.

des Gesamtbetrages eine Leistungsklage in Betracht kommt, die nicht an die Voraussetzungen des § 323 gebunden ist[12]. Die Abänderungsklage kommt nur zur *Herabsetzung* des bereits titulierten Betrages in Frage, ist jedoch erst dann begründet, wenn sich die Verhältnisse derart geändert haben, daß eine Einschränkung der freiwilligen Zahlungen nicht mehr ausreicht[13]. Das Gleiche gilt, wenn es sich bei dem Titel um einen Prozeßvergleich handelt[14].

6   Hat ein **getrennt lebender Ehegatte** einen Unterhaltstitel gegen den anderen Ehegatten erlangt und wird danach die Ehe **geschieden,** so bedarf der Unterhaltsgläubiger mangels Identität des ehelichen und des nachehelichen Unterhaltsanspruchs für die Vollstreckung wegen nachehelichen Unterhalts eines neuen Titels, den er sich durch eine »freie« Leistungsklage, nicht durch eine Abänderungsklage, verschaffen muß[15], → auch Rdnr. 45 bei Fn. 181. Gleiches gilt für die Zwangsvollstreckung bezüglich Unterhaltsleistungen zwischen nun getrennt lebenden Ehegatten, wenn der eine Ehegatte während des Zusammenlebens einen Titel über Haushaltsgeld erwirkt hat[16]: Der Unterhaltsberechtigte bedarf nach Beginn des Getrenntlebens eines neuen Vollstreckungstitels. Unternehmen die Ehegatten nach einer ersten Trennungsphase einen Versöhnungsversuch, entfällt ein titulierter Anspruch auf Trennungsunterhalt. Nach einer erneuten Trennung können daher wesentliche Veränderungen bezüglich des alten Titels nicht mit einer Abänderungsklage geltend gemacht werden; der Wegfall des Titels ist mittels Vollstreckungsgegenklage, der neue Anspruch durch neue Leistungsklage durchzusetzen[17]. Hinsichtlich des Unterhaltsanspruchs des Minderjährigen wird auch nach **Erreichung der Volljährigkeit** eine Identität der Unterhaltsansprüche angenommen, so daß eine Erhöhungsklage den Voraussetzungen des § 323 unterfällt[18]. Eine Leistungsklage auf Sonderbedarf nach § 1613 Abs. 2 BGB wird nicht durch einen Titel über regelmäßigen Unterhalt präkludiert, da verschiedene Streitgegenstände vorliegen[19]. Zur Bedeutung dieser Rechtsprechung für das Verhältnis der Abänderungs- und der Vollstreckungsgegenklage → Rdnr. 45.

II. Die einzelnen Voraussetzungen der Abänderungsklage gemäß Abs. 1

1. Künftige wiederkehrende Leistungen

7   Zunächst bedarf es einer Verurteilung zu **künftig fällig werdenden wiederkehrenden Leistungen**, § 258, ohne Beschränkung auf die Unterhaltsforderungen nach §§ 843 ff. oder §§ 1360 ff., 1601 ff., 1615 a ff. BGB. Es gehören daher an sich alle → § 258 Rdnr. 4 aufgezählten Ansprüche hierher, sofern nur eine Verurteilung auch wegen der *künftigen* Raten erfolgt ist[20]. Der Anspruch auf künftig wiederkehrende Leistungen darf **nicht von einer Gegenleistung abhängig** sein, → § 258 Rdnr. 3. Zu den nicht unter § 323 fallenden Ansprüchen → auch

---

[12] *BGHZ* 93, 330 = *NJW* 1985, 1341 = *MDR* 1985, 560 = *JR* 1985, 464 (*Wax*) = *FamRZ* 1985, 371; *BGH NJW* 1985, 1345 = *MDR* 1985, 478; *BGH FamRZ* 1986, 661, 662; *BGH FamRZ* 1991, 320 = *NJW* 1991, 429; vgl. auch *OLG Hamm FamRZ* 1981, 957; *OLG Hamm FamRZ* 1997, 619; *Gerber FamRZ* 1997, 230; *Roth NJW* 1988, 1233, 1235, der das Ergebnis mit der fehlenden richterlichen Prognoseentscheidung hinsichtlich des Sockelbetrages und der damit insoweit nicht vorhandenen Rechtskraft begründet.
[13] *BGH NJW* 1985, 1343 = *MDR* 1985, 581.
[14] *BGH NJW* 1993, 1995 = *FamRZ* 1993, 945 = *LM* Nr. 42 § 794 I Nr. 1 ZPO.
[15] *BGHZ* 78, 130 = *NJW* 1980, 2811 = *FamRZ* 1980, 1099 für die bis zum 30. VI. 1977 bestehende Rechtslage. Für die Übergangsfälle gemäß Art. 12 Nr. 7 d des 1. EheRG *BGH FamRZ* 1981, 441. Für die durch das 1. EheRG geschaffene Rechtslage *BGH FamRZ* 1981, 242; a.M. früher *OLG Koblenz FamRZ* 1978, 254; *OLG München FamRZ* 1979, 516. Wie der *BGH* bereits *OLG Karlsruhe NJW* 1979, 822. – Aus einem Prozeßvergleich über Trennungsunterhalt kann nicht durch außergerichtliche Vereinbarung ein Vollstreckungstitel über nachehelichen Unterhalt gemacht werden, *BGH NJW* 1982, 2072.
[16] *OLG München FamRZ* 1981, 450.
[17] *OLG Hamm FamRZ* 1993, 1476.
[18] *BGH NJW* 1984, 1613 = *FamRZ* 1984, 682 gegen *OLG Hamm FamRZ* 1983, 206; *BGH FamRZ* 1983, 582; *OLG Hamm FamRZ* 1983, 208; *KG FamRZ* 1983, 746; *AG Landstuhl FamRZ* 1983, 639 (LS).
[19] *OLG Hamm FamRZ* 1994, 1281 = *NJW* 1994, 2627.
[20] A.M. *KG OLG Rsp* 1 (1900), 280 u. *BayObLG NS* 1921, 400 (beide zum Unterhalt geschiedener Ehegatten nach preuß. Recht).

Rdnr. 31 f. Auch über den gesetzlichen Zinssatz festgesetzte Verzugszinsen, d.h. in Form von Zinsen pauschalierte Schadensersatzansprüche wegen Verzuges, fallen unter § 323[21]. Erfolgt die Verurteilung zu einer *einmaligen* Leistung, so ist § 323 nicht anwendbar[22]. Zahlung eines Kapitals in Raten ist keine *wiederkehrende* Leistung, Zahlung einer Rente bis zu einem vergangenen Zeitpunkt keine Verurteilung zu *künftig* fällig werdenden Leistungen. Gleichgültig ist dagegen, ob die Verurteilung auf Lebenszeit des Gläubigers geht oder anders (z.B. § 844 Abs. 2 BGB), insbesondere kalendermäßig, begrenzt ist.

2. Erstentscheidung

a) Urteile

Es muß über den Anspruch **schon einmal entschieden sein**[23]. Ob die Verurteilung durch kontradiktorisches Urteil oder auf Grund Anerkenntnis oder Säumnis erfolgt ist, gilt gleich[24]. Ist dagegen die frühere Klage *abgewiesen,* so ist zu unterscheiden. Geht es um eine Klage auf eine **Schadensersatzrente** und erfolgte die Abweisung, weil eine Haftung des Gegners nicht besteht, z.B. bei Ansprüchen aus dem HaftpflichtG, weil kein Betriebsunfall oder ein eigenes Verschulden des Klägers vorliegt, so scheitert eine auf denselben Tatbestand gestützte neue Klage ohne weiteres an der Rechtskraft des ersten Urteils. War dagegen in dem ersten Urteil die geltend gemachte Haftung ihrem Grunde nach bejaht und die **Abweisung** der Klage **nur wegen Fehlens von Schadensfolgen** ausgesprochen, so sprechen sowohl Gründe der prozessualen Gerechtigkeit wie dringende praktische Bedürfnisse dafür, trotz des zu engen Wortlautes des § 323 (»im Falle der Verurteilung«) eine erneute Klage im Rahmen des § 323 zuzulassen[25]. Die gegenteilige Auffassung würde dazu führen, daß die Geltendmachung späterer veränderter Verhältnisse von dem rein zufälligen Umstand abhängig wäre, daß in dem für das erste Urteil maßgebenden Zeitpunkt eine – wenn auch noch so geringe – Schadensfolge bestanden hat, und daß insoweit gerade das eintreten würde, was der § 323 vermieden wissen will, nämlich die endgültige Regelung eines Dauerzustandes nach den in einem bestimmten Zeit-

---

[21] Z.B. bei Senkung des allg. Zinsniveaus, vgl. *RGZ* 124, 146. Im konkreten Fall offengelassen *BGH* NJW 1987, 3266, 3267 = WM 1987, 1048, 1049 = EWiR § 767 ZPO 1/87, 835 (*Münzberg*) = ZZP 101 (1988), 449 (*Brehm*). Die prozessuale Behandlung von Verzugszinsen ist umstritten. Dabei greifen die Frage, ob und in welchem Umfang diese Zinsen überhaupt tituliert werden können und die Frage, wie verfahrensrechtlich eine Abänderung erfolgen kann, ineinander. Der Zinssatz sei in Relation zum Diskontsatz der Deutschen Bundesbank festzusetzen und die Abänderung erfolge nach § 323: *OLG Stuttgart* NJW-RR 1988, 308; *Zimmermann* JuS 1991, 676; *Kahlert* NJW 1990, 1715, 1716; *Becker-Eberhard* DZWiR 1993, 183, 189 f.; *Herr* NJW 1988, 3137; *ders.* MDR 1989, 778 mit dem Zusatz, daß festzustellen sei, der Beklagte habe an den Kläger die über die gesetzlichen Zinsen hinausgehenden Zinsen zu zahlen. Für die Zeit nach letzter mündlicher Verhandlung könne nur der gesetzliche Zinssatz festgesetzt werden, *KG* NJW 1989, 305. Die Festsetzung von Verzugszinsen sei auch für die Zukunft möglich und die Geltendmachung von Veränderung des Zinsniveaus erfolge nach § 323: *OLG Karlsruhe* NJW 1990, 1738 = JuS 1990, 847 (*K. Schmidt*). *Deichfuß* MDR 1992, 334, 335 ff. lehnt jegliche Rechtskraftwirkung von Titeln über Zukunftszinsen ab und bejaht für die Geltendmachung von Änderungen die Vollstreckungsgegenklage; *Braun* ZZP 108 (1995), 319 wendet § 323 auf Verzugszinsen an, schränkt aber § 323 aus Gründen des Schutzes des rechtlichen Gehörs des Schuldners in zwei Richtungen ein: Wesentlich im Sinne von § 323 Abs. 1 sei jede Änderung des Zinssatzes und § 323 Abs. 3 stehe einer rückwirkenden Abänderung punktuell auftretender Veränderungen nicht entgegen; *Gottwald* MDR 1996, 980 ff. gibt dem Gläubiger bezüglich der den gesetzlichen Zinssatz übersteigenden Zinsen nur einen Freistellungsanspruch, der mit der Leistungsklage geltend zu machen sei. Den Streit über die Zinshöhe verlagert er ins Vollstreckungsverfahren. – *OLG Frankfurt* NJW-RR 1997, 700 betrachtet nur die im Erstprozeß – mit Teilklage – beantragten Verzugszinsen als rechtskräftig abgeurteilt; darüber hinausgehende Zinsen können mit einer weiteren Leistungsklage verlangt werden.

[22] Also nicht bei Verurteilung zu Kapitalabfindung statt Rente, *BGHZ* 79, 187 = NJW 1981, 306 = MDR 1981, 306 = VersR 1981, 283 = BB 1981, 450 = DB 1981, 786 = LM § 843 BGB Nr. 28 (LS, mit Anm. *Weber*).

[23] Zur Anwendung des § 323 bei einer die Erhöhung geltend machenden Anschlußberufung nach rechtskräftiger Teilabweisung *BGH* LM Nr. 4.

[24] *OLG Jena* ZZP 38 (1909), 239; *OLG Dresden* OLG Rsp 17 (1908), 322.

[25] S. auch *RGZ* 162, 279. – A.M. *Brand* DR 1940, 406.

punkt zufällig bestehenden Umständen. Die neue Klage ist in jedem Fall, nicht nur wenn es sich um die Wiedergewährung einer ursprünglich zuerkannten, dann nach § 323 aberkannten Rente handelt, die Abänderungsklage nach § 323[26], sie unterliegt also allemal den in den Abs. 2, 3 vorgesehenen Beschränkungen, → Rdnr. 27 und 36 ff. Auch eine Auskunftsklage, die sich auf einen rechtskräftig aberkannten Unterhaltsanspruch bezieht, ist erst zulässig, wenn der Unterhaltstitel durch Abänderungsklage beseitigt wurde[27].

9   Wurde dagegen eine Forderung auf künftige wiederkehrende Leistungen deshalb abgewiesen, weil die künftigen für die Bemessung maßgebenden **Umstände noch nicht genügend überschaubar** waren, → § 258 Rdnr. 6, so fällt die Wiederholung der Klage nicht unter § 323; es ergeben sich also keine Bindungswirkungen aus dem früheren Urteil[28].

10 Für das **Unterhaltsrecht** vertritt der BGH die Ansicht, daß bei rechtskräftiger **Abweisung** der Unterhaltsklage **wegen fehlender Bedürftigkeit** nach Eintritt der zunächst fehlenden Voraussetzung eine neue von § 323 verschiedene Leistungsklage zulässig und erforderlich ist[29]. Wird eine Unterhaltsklage dagegen wegen des Einwands der Verwirkung abgewiesen, ist Abänderungsklage zu erheben, um den Wegfall des Verwirkungseinwandes geltend zu machen[30]. Ist einer Unterhaltsklage zunächst stattgegeben worden, die Unterhaltsrente in einem zweiten auf eine Abänderungsklage gestützten Prozeß wieder aberkannt oder herabgemindert worden, so kommt für eine erneute Unterhaltsklage bzw. -erhöhungsklage nur eine Abänderungsklage in Betracht[31].

11 Daß das Urteil des Vorprozesses (formell) **rechtskräftig** (→ § 322 Rdnr. 3 f.) sein müsse, ist weder im Gesetz gesagt noch aus der Stellung des Paragraphen nach § 322 zu folgern. Die Begrenzung des Zeitpunktes in Abs. 2 beweist zwingend das **Gegenteil**, → Rdnr. 30 sowie → Fn. 3.

12 Der **Schiedsspruch** steht dem gerichtlichen Urteil gleich, § 1055[32]. Zum Schiedsspruch mit vereinbartem Wortlaut (früher schiedsrichterlichem Vergleich) und zum vollstreckbaren Anwaltsvergleich → Rdnr. 53. Wegen der Urteile von **besonderen Gerichten** → Rdnr. 68 bei Fn. 245.

13 Bei der Frage, ob § 323 auch dann gilt, wenn im Vorprozeß nur ein **Feststellungsurteil** ergangen ist[33], ist zu unterscheiden: Wurde ein Anspruch auf betragsmäßig bestimmte wiederkehrende Leistungen festgestellt (zur ausnahmsweisen Zulässigkeit einer Feststellungsklage trotz möglicher Leistungsklage → § 256 Rdnr. 87 ff.), so kann die Änderung der Verhältnisse auch hier nur auf dem Weg des § 323 geltend gemacht werden[34]. Ist im Ersturteil dagegen nur die Leistungspflicht als solche (z. B. Unterhaltspflicht, Verpflichtung zum Ersatz allen Unfallschadens) festgestellt, so ist für eine Anwendung des § 323 kein Raum. → § 256 Rdnr. 171

---

[26] So auch *RGZ* 108, 413 (behandelt jedoch nur den Fall der Wiedergewährung einer ursprünglich zuerkannten, später aber wieder aberkannten Rente). – Die Erhebung einer selbständigen neuen Schadensersatzklage wollen *Förster-Kann*[3] 2 d bb; *Hellwig* System 1, 810; *Oppermann* ZZP 38 (1909), 452 f. zulassen; s. auch *OLG Breslau* OLG Rsp 33 (1916), 65.

[27] *OLG Köln* NJW-RR 1987, 834.

[28] *BGH* FamRZ 1967, 665 = NJW 1967, 2403 = MDR 1968, 40.

[29] *BGHZ* 82, 246 = NJW 1982, 578 = JuS 1982, 628 = MDR 1982, 392 = JR 1982, 244 (*Haase*) = FamRZ 1982, 259; *BGH* NJW 1982, 1284, 1285; *OLG Bremen* FamRZ 1981, 1075; *OLG Zweibrücken* FamRZ 1983, 1039; früher a.M. *OLG Karlsruhe* FamRZ 1980, 1125; 1981, 388; *KG* FamRZ 1980, 892; *Petzoldt* (Fn. 1) 107 ff. Gleiches gilt, wenn der Antrag auf Abänderung eines Prozeßvergleiches mangels Leistungsfähigkeit abgelehnt wird, *OLG Karlsruhe* FamRZ 1995, 893.

[30] *OLG Köln* FamRZ 1987, 616.

[31] *BGH* NJW 1985, 1345 = MDR 1985, 478 = FamRZ 1985, 376; *AG Schwäbisch-Hall* DAVorm 1995, 1166. Ebenso wenn eine zweite Klage auf Abänderung eines ersten Abänderungsurteils durch das ein titulierter Unterhaltsanspruch herabgesetzt oder aberkannt wurde, erhoben wird, *OLG Zweibrücken* FamRZ 1992, 974.

[32] *Jäger* (Fn. 1) 5. – A.M. *Förster-Kann*[3] 2 d.

[33] Bejahend *Rosenberg-Schwab-Gottwald*[15] § 158 II; *A. Blomeyer* ZPR[2] § 87 IV 2; s. auch *RGZ* 150, 247, 254; *OGHZ* 1, 62, 67. – Verneinend *RGZ* 74, 121, 124; *Petzoldt* (Fn. 1) 144 ff.

[34] *OLG Hamm* FamRZ 1994, 387 = NJW-RR 1994, 1417.

(Fn. 359). Ergeht auf Grund eines solchen Feststellungsurteils später ein Leistungsurteil über die künftigen Raten, so kann die Abänderung wiederum nur nach § 323 erlangt werden[35].

Eine entsprechende Anwendung des § 323 auf **Unterlassungsurteile** erscheint nicht veranlaßt[36]; denn Tatsachen, die zu einem nachträglichen Erlöschen des Anspruchs führen, werden hier schon nach allgemeinen Grundsätzen nicht von der Rechtskraft erfaßt (→ § 322 Rdnr. 236 ff., 241). Der Wegfall der Unterlassungspflicht kann mit der Vollstreckungsgegenklage oder mit einer negativen Feststellungsklage geltend gemacht werden. – Eine entsprechende Anwendung des § 323 auf **Gestaltungsurteile** wird ebenfalls nicht in Betracht kommen[37].

14

Ist die Verurteilung durch eine **einstweilige Anordnung** (§ 620) oder eine **einstweilige Verfügung** (§ 940) ausgesprochen worden, sei es durch Urteil oder Beschluß, so findet nicht die Klage des § 323, sondern die Aufhebung wegen veränderter Umstände nach §§ 927, 936, 620 b statt[38]. Wegen der im Verfahren über Erlaß einer einstweiligen Anordnung oder einer einstweiligen Verfügung geschlossenen **Vergleiche** → § 620 b Rdnr. 2 b, → § 794 Rdnr. 37, 44.

15

b) Schuldtitel aus anderen Verfahren

Auch eine entsprechende Anwendung des § 323 auf Schuldtitel über bürgerlich-rechtliche Ansprüche aus einem **Verfahren außerhalb des Zivilprozesses** ist möglich, soweit dem die Sonderregelung jenes Verfahrens nicht entgegensteht[39].

16

c) Ausländische Urteile

Bei anzuerkennenden **ausländischen Urteilen** ist eine Abänderungsklage gemäß § 323 zulässig[40], soweit ein inländischer Gerichtsstand gegeben ist. Da ein ausländisches Scheidungsverbundurteil erst nach Anerkennung der Scheidung nach Art. 7 § 1 FamRÄndG anerkannt werden kann, ist auch eine Abänderungsklage gegen einzelne Teile des Verbundurteils erst nach Anerkennung zulässig[41]. Um einen unzulässigen Eingriff in die ausländische Gerichtshoheit handelt es sich bei Abänderungsklagen gegen ausländische Titel nicht, da die Abänderung nur für das Inland erfolgt, während die Anerkennung im Ausland den Bestimmungen des ausländischen Staates vorbehalten bleibt. Die Abänderung sollte unabhängig davon zugelassen werden, ob das Recht des Urteilsstaates die Geltendmachung der veränderten Umstände gestattet[42]. Welche Umstände zu einer Änderung der Rechtslage führen, ist nach dem anzuwen-

17

---

[35] *BGH* NJW 1968, 2011 = MDR 1002 = DAR 1969, 18.
[36] Dafür jedoch *Völp* GRUR 1984, 486; dem folgend *Baumbach-Lauterbach-Hartmann*[56] Rdnr. 79; *Thomas-Putzo*[20] Rdnr. 9; *Rosenberg-Schwab-Gottwald*[15] § 158 II. 1; *MünchKommZPO-Gottwald* § 323 Rdnr. 11.
[37] Vgl. *Schlosser* Gestaltungsklagen u. Gestaltungsurteile (1966), 251.
[38] So zu § 620 *BGH* NJW 1983, 1330, 1331; *BGH* FamRZ 1991, 1175, 1176; *OLG Koblenz* FamRZ 1986, 999; *Hassold* FamRZ 1981, 1036, 1038; s. auch *RGZ* 132, 180; *OLG Karlsruhe* OLG Rsp 1 (1900), 37; *OLG Hamburg* OLG Rsp 35 (1917), 80; *KG* OLG Rsp 40 (1920), 377. – A.M. *OLG Frankfurt* FamRZ 1980, 175 (gegen einstweilige Anordnung nach § 620 sei nach Rechtskraft der Ehescheidung die Abänderungsklage gegeben).
[39] So *BGHZ* 28, 330 = NJW 1959, 292 = MDR 1959, 117, (Festsetzung einer Rente durch Entschuldungsamt). → auch Rdnr. 53 zu vollstreckbaren Urkunden und anderen auf dem Parteiwillen beruhenden Titeln.

[40] *BGH* FamRZ 1983, 806 = NJW 1983, 1976 = IPRax 1984, 320. Ebenso IPG (Gutachten zum internationalen und ausländischen Privatrecht) 66 Nr. 69 (*Freiburg*); *Georgiades* Festschr. f. Zepos II (1973), 189; *Geimer* RIW 1975, 81, 85; *Siehr* Festschr. f. Bosch (1976), 927; *Kropholler* ZBlJugR 1977, 105, 107; *Hausmann-Jayme* ZBlJugR 1979, 280, 295f.; *Schlosser* IPRax 1981, 120, 121; *Leipold* Festschr. f. Nagel (Fn. 1) 189f.; *Martiny*, Handbuch des Internationalen Zivilverfahrensrechts, Bd. III/1 (1984), Rdnr. 154, 304ff.; *Nagel* Internationales Zivilprozeßrecht³ Rdnr. 817ff.; *Matsumoto* (Fn. 1) 8; *Böhm* (Fn. 1) 125ff.
[41] *OLG Celle* FamRZ 1990, 1390 = NJW 1991, 1428 das jedoch darauf hinweist, daß mangels Anerkennung eine neue Leistungsklage ohne Bindungen an das ausländische Urteil möglich ist.
[42] Vgl. *Leipold* Festschr. f. Nagel (Fn. 1) 189, 193. – A.M. *OLG München* NJW-RR 1990, 649; *OLG Saarbrücken* IPRax 1989, 396; offenlassend *BGH* FamRZ 1983, 806, 807 und in *BGH* FamRZ 1992, 1060, 1062 = NJW-

§ 323 II   2. Buch. Verfahren im ersten Rechtszuge. 1. Abschnitt. Landgerichte

denden *Sachrecht* zu beurteilen, wobei es aber (entsprechend den → Rdnr. 69 ff. dargestellten Regeln) bei der in dem Ersturteil getroffenen Entscheidung über das anwendbare Recht bleibt[43] (falls sich nicht mittlerweile der für die jeweiligen Kollisionsnormen maßgebliche Sachverhalt geändert hat). Auch bei Anwendung ausländischen Sachrechts, insbesondere Unterhaltsrechts, erscheint es zweckmäßig, entsprechend dem Grundsatz der **lex fori** für die Abänderungsklage vor deutschen Gerichten § 323 (einschließlich der Absätze 2 und 3[44]) anzuwenden[45]. Diese Frage ist auch durch Art. 18 Abs. 4 EGBGB nicht im gegenteiligen Sinne entschieden worden[46]. Im Vollstreckbarerklärungsverfahren können nur Einwendungen, die nach § 767 zu erheben sind, nicht aber solche, die mit der Abänderungsklage geltend zu machen sind, vorgebracht werden[47], → § 723 Rdnr. 3, 4a. Zur Bedeutung von Wechselkursentwicklungen → Rdnr. 22.

RR 1993, 5; *OLG Hamm* FamRZ 1987, 1302, 1304, das die Anerkennungsfähigkeit des abzuändernden Urteils in Deutschland sowie die Abänderbarkeit nach dem Recht des Urteilsstaates prüft. Die im Text erwähnte, jetzt abgelehnte Einschränkung dürfte ohnehin kaum praktische Bedeutung haben, da die Berücksichtigung veränderter Umstände bei den hier in Betracht kommenden Ansprüchen, vor allem den Unterhaltsansprüchen, auch im Ausland durchweg zugelassen wird, vgl. *Henrich* IPRax 1982, 140, 141. Das *KG* beantwortet die Frage, ob ein türkischer Unterhaltstitel über Verwandtenunterhalt abänderbar ist, nach türkischem Recht. Da die mangelnde Abänderbarkeit gegen Art. 11 Abs. 1 Haager Unterhaltsübereinkommen verstößt, sieht das Gericht das Urteil dennoch als nach § 323 Abs. 1 für abänderbar an, *KG* FamRZ 1993, 976 = IPRax 1994, 455 (*Baumann*, 435).

[43] So auch *BGH* FamRZ 1983, 806, 808 (Fn. 40); *OLG Karlsruhe* FamRZ 1989, 1210; *OLG München* NJW-RR 1990, 649; Art. 18 Abs. 4 EGBGB (dazu → Fn. 46) gibt keinen Anlaß, diese (prozessuale) Frage jetzt anders zu beantworten, a.M. *Brühl-Göppinger-Wax* (Fn. 1) Rdnr. 3320; *Kartzke* NJW 1988, 104, 107. Die Beachtlichkeit eines nachträglichen Statutenwechsels bleibt ohnehin unberührt, da die Rechtskraft spätere Änderungen des Sachverhalts nicht erfaßt. Zum Wechsel des Unterhaltsstatutes *OLG Koblenz* FamRZ 1990, 426, 428. – Teilweise werden trotz Anwendung des ausländischen Rechts deutsche Unterhaltstabellen in modifizierter Form angewendet, *OLG Düsseldorf* FamRZ 1989, 97; *OLG Düsseldorf* FamRZ 1989, 1335 (ein Drittel des ausländischen Unterhalts für Polen); ebenso *OLG Hamm* FamRZ 1989, 1332; *OLG Celle* FamRZ 1990, 1390; *OLG Karlsruhe* FamRZ 1991, 600, 602; nach *OLG Schleswig* FamRZ 1993, 1483 = SchlHA 1993, 173 und *Passauer* FamRZ 1990, 14, 21 soll der in Polen benötigte Unterhalt ab 1993 zwei Drittel des Düsseldorfer Tabellensatzes betragen. Im Abänderungsverfahren kann ein DM-Betrag zugesprochen werden, auch wenn der abzuändernde Titel auf eine ausländische Währung lautet, *KG* FamRZ 1994, 759.

[44] Hinsichtlich Abs. 3 ebenso *OLG Hamm* FamRZ 1987, 1302, 1304; *OLG Hamm* FamRZ 1991, 718; *OLG Düsseldorf* FamRZ 1993, 346 = NJW-RR 1993, 136; *OLG Köln* IPRax 1988, 30; *Henrich* IPRax 1988, 21, 22. – A.M. *Gottwald* FamRZ 1992, 86 (Anm. zu *AG Hamburg-Altona* FamRZ 1992, 82); *MünchKommZPO-Gottwald* § 323 Rdnr. 98.

[45] Die Abänderungsklage nach § 323 ist erforderlich, auch wenn das ausländische Recht diese nicht kennt, *BGH* FamRZ 1992, 298 = NJW 1992, 438. – Für **Anwendung des § 323** bei Abänderung eines ausländischen Urteils auch *OLG Frankfurt* IPRax 1981, 136 (dazu *Schlos-*

ser IPRax 1981, 120); *LG Stuttgart* MDR 1964, 1011; *OLG Hamm* FamRZ 1987, 1302 = IPRax 1988, 115; *OLG Saarbrücken* IPRax 1989, 396; *Georgiades* (Fn. 34) 202; *Matscher* ZZP 86 (1973), 404, 408 f.; *Thomas-Putzo*[20] Rdnr. 7; ausführlich *Leipold* Festschr. f. Nagel (Fn. 1) 189 ff. – Für Anwendung des § 323 bei Abänderung eines deutschen Urteils, das nach ausländischem Sachstatut ergangen ist, *OLG Zweibrücken* IPRax 1984, 102 (abl. *Henrich*). – Vielfach wird dagegen eine materiell-rechtliche Qualifikation des § 323 bzw. der entsprechenden Regeln des ausländischen Rechts vorgeschlagen und das dem jeweils anwendbaren **Sachstatut** zugehörige Abänderungsrecht für anwendbar gehalten, so *OLG Nürnberg* FamRZ 1980, 925; *OLG Düsseldorf* FamRZ 1982, 631 = IPRax 1982, 152 (Vorinstanz zu *BGH* FamRZ 1983, 806 [Fn. 40]); *OLG Koblenz* NJW 1987, 2167; *Siehr* (Fn. 40) (mit Modifikationen); *MünchKomm-Siehr*[2] Bd. 7, Art. 18 EGBGB Anh. I, Rdnr. 323 ff.; *Kropholler* ZBlJugR 1977, 110; *Staudinger-v. Bar-Mankowski* BGB[13] Anh. I zu Art. 18 EGBGB Rdnr. 145 ff.; *Hausmann-Jayme* ZBlJugR 1979, 297; *Henrich* IPRax 1982, 140, 141; *ders.* IPRax 1984, 220; *Spellenberg* IPRax 1984, 304, 306; *Matsumoto* (Fn. 1) 45, 63, 77; *Gottwald* Festschr. für Schwab (1990), 151, 157 f., 160 (Justizgewährleistungsanspruch zwinge, § 323 Abs. 3 materiell-rechtlich zu qualifizieren), *BGH* FamRZ 1983, 806, 807 (Fn. 40) ließ offen, welcher dieser beiden Meinungen zu folgen sei. Ebenso *OLG Karlsruhe* FamRZ 1989, 1310. – Seltener vertreten wird eine dritte Ansicht, die das Abänderungsrecht desjenigen Staates anwenden will, aus dem das zu ändernde **Urteil** stammt, so wohl *Baumbach-Lauterbach-Hartmann*[56] Rdnr. 8; *Wieczorek*[2] F I a; s. auch *Schlosser* IPRax 1981, 120, 122 (dort Fn. 12), der diese Ansicht als an sich folgerichtig bezeichnet. Gegen diese Auffassung *BGH* FamRZ 1983, 806, 807 (Fn. 40). – Nach einer weiteren Ansicht ist grundsätzlich das Abänderungsrecht des Unterhaltsstatutes anzuwenden, § 323 ZPO sei aber zu beachten, wenn typische verfahrensrechtliche Regelungen in Frage stehen, *Henrich* IPRax 1989, 21, 22 und IPRax 1989, 53. – *Roth* Festschr. für Stree-Wessels (1993), 1045, 1059 vertritt eine »Kumulationstheorie«. Für die Abänderbarkeit sei das berufene Unterhaltsstatut maßgebend, jedoch setze sich § 323 durch, wenn er strengere Anforderungen an die Abänderbarkeit stelle als das ausländische Sachrecht.

[46] Nach Art. 18 Abs. 4 EGBGB, der mit Art. 8 des Haager Unterhaltspflichtübereinkommens von 1973 übereinstimmt, ist für die Abänderung von Entscheidungen über die Unterhaltspflicht zwischen geschiedenen Ehegatten das auf die Ehescheidung angewandte Recht maßgebend. Dadurch wird das materielle Unterhaltsstatut bestimmt, aber nichts darüber ausgesagt, welche Voraussetzungen

d) Titel aus der ehemaligen DDR

Bei der Abänderung von Titel der ehemaligen DDR stellen sich zwei Fragen: nach **welchem** **18** **Recht** richtet sich die **Abänderung** und **welches Sachrecht** ist im **Abänderungsverfahren** anzuwenden[48]. Nach Anlage I Kap. III Sachg. A Abschn. III Nr. 5 lit. i EinigungsV gilt für die vor dem 3.10. 1990 ergangenen rechtskräftigen Entscheidungen der Gerichte der ehemaligen DDR §323[49]. Umstritten ist, ob auch Abs. 3 auf alle Entscheidungen aus dem Beitrittsgebiet Anwendung findet, ein Streit, der in der Sache um die Frage der Qualifikation dieser Norm geht. Sieht man §323 Abs. 3 mit der in Rdnr. 17 vertretenen Ansicht als verfahrensrechtliche Vorschrift an, gilt diese Norm stets, wenn ein (Urteils-)Titel abzuändern ist[50]. Bundesdeutsche Unterhaltstitel werden unter Bindung an die Feststellungen des abzuändernden Urteils abgeändert(→ Rdnr. 69ff.). Wegen der tiefgreifenden Umwälzungen infolge der Wiedervereinigung sollte man von einer Bindung an die Feststellungen in DDR-Titeln absehen und den Unterhalt grundsätzlich neu festsetzen[51]. Vollstreckungstitel, die auf einer Parteivereinbarung beruhen, sind zwar auch in einem Verfahren nach §323 abzuändern, für sie gelten aber ebenso wie für bundesdeutsche Titel, die auf dem Parteiwillen beruhen, die Abs. 2 und 3 nicht (→ Rdnr. 49ff.); ihre Abänderung erfolgt nach den Grundsätzen über den Wegfall der Geschäftsgrundlage[52]. Eine vom Organ der Jugendhilfe erstellte vollstreckbare Urkunde nach §55 Abs. 3 DDR-FGB ist gemäß §323 abänderbar, wobei wie für vollstreckbare Urkunden nach §60 SGB VIII (→ Rdnr. 53) §323 Abs. 4 gilt, die Abs. 2 und 3 mithin nicht anwendbar sind[53]. Ist auf eine nach dem Recht der ehemaligen DDR vereinbarte Unterhaltsrente über Geschiedenenunterhalt weiterhin das Recht der ehemaligen DDR anwendbar, richtet sich der Umfang der Abänderung nach §§22, 20 Abs. 2, 33 DDR-FGB. Nach §33 S. 2 DDR-FGB ist eine Erhöhung des im Zeitpunkt der Scheidung festgesetzen Betrages nur möglich, wenn der Un-

---

einer Abänderungsklage mamteriell oder prozessual zu qualifizieren sind. – A.M. *Kartzke* NJW 1988, 104, 106.

[47] *BGH* FamRZ 1990, 504 = IPRax 1991, 111 (*Böhmer* 90) = *BGH* NJW 1990, 1419; *KG* FamRZ 1990, 1376 (*Gottwald*) = NJW 1991, 644. In einem deutschen Zweitverfahren, das auf Erlaß eines der ausländischen Entscheidungen inhaltlich entsprechenden Urteils gerichtet ist, können dagegen §323 unterfallende Umstände berücksichtigt werden, *OLG Hamm* FamRZ 1989, 1332; *OLG Hamm* FamRZ 1991, 718; dabei ist fraglich, welche Anträge gestellt werden müssen: nur der Leistungsantrag (*OLG Hamm* aaO), Leistungs- und Abänderungsantrag (*OLG Stuttgart* IPRax 1990, 49 (krit. *Baumann*, 28)) oder nur ein Abänderungsantrag (*OLG Karlsruhe* FamRZ 1991, 600). – A.M. *OLG Düsseldorf* FamRZ 1989, 1335.

[48] Welches Recht im Abänderungsverfahren anwendbar ist, bestimmt sich nach den intertemporalen Vorschriften des Einigungsvertrages, wobei hier insbesondere Art. 234 EGBGB von Bedeutung ist, und den danach anwendbaren Regeln des innerdeutschen Kollisionsrechts. Vergleiche zu den Einzelheiten *MünchKommBGB-Dörr*[3] Art. 234 EGBGB; *Palandt-Diedrichsen*[57] Art. 234 EGBGB; *Stankewitsch* IPRax 1994, 103, 107ff.; *Brudermüller* FamRZ 1994, 1022; *BGH* FamRZ 1993, 43; *BGH* FamRZ 1994, 160; *BGH* FamRZ 1994, 371; *OLG Düsseldorf* FamRZ 1994, 1344; *KG* DtZ 1992, 287; *KG* FamRZ 1993, 567.

[49] *BGH* FamRZ 1993, 43 = IPRax 1994, 134 (zust. *Stankewitsch*) = LM Nr. 67 §323 ZPO (*Geimer*) = MDR 1993, 148 für §323 Abs. 1 und Abs. 2; *OLG Hamm* FamRZ 1993, 1477; *OLG Düsseldorf* FamRZ 1994, 1344; *OLG Karlsruhe* FamRZ 1995, 937; *Graba* DtZ 1993, 39; *Maurer* DtZ 1993, 130, 130f.

[50] *OLG Hamm* FamRZ 1993, 1477; *Graba* DtZ 1993, 39, 40; *Adams* (Fn. 1), 344 (ausführlich zum Streitstand, 255ff.); offengelassen von *BGH* FamRZ 1993, 43 = Fn. 49 – Für materiellrechtliche Qualifikation: *Vogel* FamRZ 1991, 338, 339; *Staudinger-Kropholler*[12] Vor Art. 18 EGBGB Rdnr. 140; *MünchKommZPO-Gottwald* §323 Rdnr. 98; *ders.* Festschrift für Schwab, 157f.; aus Gründen des Vertrauensschutzes für Anwendung der FGB Abänderungsregeln *Stankewitsch* IPRax 1994, 103, 107. Bei materiellrechtlicher Qualifikation entscheidet das innerdeutsche Kollisionsrecht, ob §323 Abs. 3 oder die Vorschriften des DDR-FGB zur Anwendung gelangen.

[51] *Maurer* FamRZ 1994, 337, 346f.; für Prozeßvergleiche abweichend *BGH* DtZ 1994, 371, 373; *KG* FamRZ 1993, 567, 569 (Anpassung im Verhältnis der gestiegenen Lebenshaltungskosten).

[52] *BGH* DtZ 1994, 371, 372 = FamRZ 1994, 562 = LM Nr. 70 §323 ZPO (betont, daß eine tiefgreifende Änderung der Verhältnisse ausnahmsweise die Bindung an den Parteiwillen entfallen läßt, so daß eine Neufestsetzung nach den gesetzlichen Unterhaltsregeln möglich ist); die Entscheidung des BGH wird von *BVerfG* DtZ 1995, 244 bestätigt; *OLG Naumburg* DtZ 1997, 363 (wirtschaftliche Umwälzungen durch Wiedervereinigung führen zum Wegfall der Geschäftsgrundlage). – Eine in einem DDR-Scheidungsverfahren bestätigte Unterhaltsvereinbarung und nicht die gerichtliche Bestätigung ist der abzuändernde Titel, so daß die Abs. 2 und 3 nicht gelten, *BGH* DtZ 1994, 371, 372; *KG* DtZ 1992, 222; *Maurer* FamRZ 1994, 337, 344f.

[53] *Adams* (Fn. 1) 244ff.

terhaltspflichtige im Zeitpunkt der Scheidung ein sein normales Einkommen wesentlich unterschreitendes Einkommen hatte. §33 S. 2 DDR-FGB ist durch teleologische Reduktion dahin zu beschränken, daß er für die durch die historischen Umwälzungen des Beitritts verursachten einigungsbedingten Veränderungen des Einkommensniveaus nicht gilt[54]. Diese Veränderungen sind durch die Umrechnung des in der Vereinbarung festgesetzen Nominalbetrages auf die Kaufkraftverhältnisse nach dem Beitritt zu berücksichtigen. Die durch §31 DDR-FGB eröffnete Möglichkeit, befristete Unterhaltstitel über Ehegattenscheidungsunterhalt zu verlängern oder wiederaufzunehmen, besteht fort, soweit das Recht der ehemaligen DDR anwendbar ist[55]. Da der Titel den Unterhalt nur befristet festsetzte, ist der Anspruch aus §31 DDR-FGB mittels einer neuen Leistungsklage durchzusetzen. Ein in einem Scheidungsurteil eines DDR-Gerichts auf Antrag eines Elternteils in Prozeßstandschaft erwirkter Titel über Kindesunterhalt wirkt Rechtskraft für und gegen das Kind, so daß das Kind selbst Abänderungsklage gegen einen derartigen Titel erheben kann[56]. Zur Abänderung von DDR-Unterhaltstiteln im Vereinfachten Verfahren s. Rdnr. 63 a. E.

3. Wesentliche Änderung der Verhältnisse

19 Die Behauptung veränderter Tatsachen i.S.v. Abs. 1 ist Voraussetzung der *Zulässigkeit* der Abänderungsklage; ob die Tatsachen vorliegen und eine wesentliche Änderung darstellen, ist eine Frage der *Begründetheit*[57]. Es muß eine **wesentliche Änderung der Verhältnisse** eingetreten sein[58], die für die *Verurteilung* als solche, die *Höhe* oder die *Dauer* der Leistungen maßgebend waren. Dabei kommt es darauf an, welche Verhältnisse der Richter zu diesen drei Punkten nach dem den Anspruch beherrschenden bürgerlichen Recht in Betracht ziehen *mußte* und tatsächlich in Betracht gezogen *hat*. So ist z.B. die Vermögenslage des Klägers für eine Haftung nach dem Haftpflichtgesetz ganz unerheblich, nach §§1601ff. BGB entscheidend. Da nun bei Unterhaltsforderungen der Richter die Pflicht hat, zur Begrenzung und Bemessung der Rente, soweit möglich[59], auch die voraussichtliche künftige Gestaltung der Dinge, etwa die zunehmende Erwerbsfähigkeit eines verletzten Kindes oder die abnehmende im Alter usw., in Betracht zu ziehen[60], ist, soweit dies geschah, als Änderung der Verhältnisse nicht die erwartete[61], wohl aber eine andere als die vorausgesehene Entwicklung und daher unter Umständen die unvorhergesehene Nichtveränderung[62] (z.B. die gleichbleibende Erwerbsunfähigkeit des Kindes) zu betrachten. Veränderungen, die bereits im Zeitpunkt der letzten mündlichen Verhandlung voraussehbar waren, aber gleichwohl vom Gericht nicht im Wege der Prognose seiner Entscheidung zugrunde gelegt worden sind, können eine Abänderungsklage im Regelfall nicht stützen[63].

---

[54] *BGHZ* 128, 323 = *JZ* 1995, 829 (*Leipold*) = *FamRZ* 1995, 544 (krit. *Dieckmann* 1842) = *NJW* 1995, 1346. – A.M. *OLG Dresden* DtZ 1994, 75 (zust. v. *Mohrensfels* OLG-NL 1994, 91), das §33 S.2 DDR-FGB ohne Einschränkungen anwendet; für verfassungsrechtlich bedenklich halten §33 S.2 *KG* FamRZ 1993, 567 = DtZ 1992, 396; *Maurer* DtZ 1993, 135; *Bosch* FamRZ 1991, 1370, 1387.
[55] *Palandt-Diedrichsen*[57], Art. 234 §5 EGBGB Rdnr. 3; *Staudinger-Rauscher*[12], Art. 234 §5 EGBGB Rdnr. 35; *Eschenbruch*, Der Unterhaltsprozeß, 1992, Rdnr. 1132.
[56] *BGH* FuR 1997, 152, 153 (Der Titel wirkt fort, wenn die Eltern wieder geheiratet haben); *OLG Karlsruhe* FamRZ 1995, 937; *OLG Hamm* FamRZ 1988, 639; *OLG Frankfurt a.M.* FamRZ 1991, 1478; *Adams* (Fn.1) 243f.; *Brudermüller* FamRZ 1995, 915, 917. – A. M.: *Maurer* FamRZ 1994, 338, 344.

[57] *BGH* FamRZ 1984, 353, 355; 1985, 376, 378.
[58] Es reicht hierfür aber aus, daß die Prognose der künftigen Verhältnisse, die der Entscheidung zugrunde liegt, aus nachträglicher Sicht anders zu treffen wäre, *BGHZ* 1980, 389 = *NJW* 1981, 2193 = *FamRZ* 1981, 760 (LS) = *MDR* 1981, 924.
[59] *RG* JW 1906, 361; 1908, 141; 1909, 686; WarnRsp 1914 Nr. 32.
[60] *RGZ* 7, 51f.; 83, 65; 86, 181, 377; 90, 226; 145, 302, 308; JW 1905, 283, 493; 1906, 27, 204, 236f., 308f.; 1908, 140; 1913, 272; 1916, 836; WarnRsp 1908 Nr. 169; 13 Nr. 143, 292 usw.
[61] Vgl. *Jäger* (Fn. 1) 10 und die Entsch. in Fn. 59, sowie *OLG Kiel* OLG Rsp 21 (1910), 92.
[62] *OLG Naumburg* OLG Rsp 25 (1912), 102.
[63] *BGH* VersR 1981, 280, 281 und *OLG Frankfurt* FamRZ 1978, 715: Voraussehbar ist die andere steuerli-

Bei einem **Versäumnis- oder Anerkenntnisurteil** ist aus dem Vorbringen der Klage zu ent- 20
nehmen, welcher Sachstand für das Urteil maßgebend war[64]. Im übrigen ist es *ohne Bedeutung*, was im *Vorprozeß beansprucht* war; dem ursprünglichen Kläger ist die Klage aus § 323 demgemäß nicht deshalb versagt, weil er sich mangels Voraussehbarkeit der Entwicklung hinsichtlich der Höhe oder der Dauer der von ihm begehrten Rente eine Beschränkung auferlegt hatte, die sich hernach nicht als geboten erweist[65]. Die Zugestehensfiktion des § 331 Abs. 1 führt nicht zu einer zeitlich unbegrenzten Unterhaltsbedürftigkeit; Verstöße gegen die Erwerbsobliegenheit nach Ablauf der Einspruchsfrist können geltend gemacht werden[66]. Da der Anerkennende das Beurteilungsrisiko hinsichtlich der dem Anerkenntnis zugrunde liegenden rechtlichen und tatsächlichen Vorstellungen trägt, ist eine Abänderungsklage wegen bei Abgabe des Anerkenntnisses voraussehbarer Veränderungen nicht zulässig[67].

Neue Regelung durch das KindUG (→ Gesetzesgeschichte). Nach dem ab dem 1. Juli 1998 20a
geltenden § 1612a BGB kann ein minderjähriges Kind Unterhalt als Vomhundertsatz des Regelbetrages der sich aus § 1612a n.F. ergibt, vermindert oder erhöht um die nach den §§ 1612b und 1612c n.F. anzurechnenden Leistungen, verlangen (zum neuen vereinfachten Verfahren → Rdnr. 67a ff.). Der Unterhalt kann als Vomhundertsatz des jeweils geltenden Regelbetrags, d.h. des in der gültigen Regelbetrag-Verordnung verkündeten Betrages, im Urteil festgesetzt werden. Eine solche »Dynamisierung« des Unterhaltsbetrages hat zur Folge, daß sich der Unterhalt automatisch mit der Aktualisierung der Regelbetrag-Verordnung an die allgemeinen Einkommensverhältnisse anpaßt. Einer Abänderungsklage, die den Unterhalt lediglich an die geänderten allgemeinen Einkommensverhältnisse anpassen will, fehlt dann das Rechtsschutzbedürfnis. Zur Möglichkeit der »Dynamisierung« nach altem Recht ergangener Unterhaltstitel → Rdnr. 67i.

a) Veränderungen in der Sphäre einer der Parteien

Die veränderten Verhältnisse können **in der Person des Berechtigten oder des Verpflichte-** 21
ten liegen, wie Schwankungen in der Erwerbsfähigkeit[68] oder Erwerbsgelegenheit[69] des Be-

---

che Einstufung des Unterhaltsschuldners nach dessen Scheidung, so daß auf die später tatsächlich eingetretene Änderung die Abänderungsklage nicht mehr gestützt werden kann. Jedoch ist immer auf den Einzelfall abzustellen, *OLG Frankfurt* FamRZ 1986, 1130f. Vgl. auch *OLG Zweibrücken* FamRZ 1981, 1073.
[64] Vgl. zum Versäumnisurteil *OLG Stuttgart* FamRZ 1982, 91 sowie *OLG Zweibrücken* FamRZ 1983, 291 (LS); *OLG Jena* ZZP 38 (1909), 239; *OLG Dresden* OLG Rsp 17 (1908), 322f. – A.M. *OLG Karlsruhe* FamRZ 1983, 624; OLGZ 1983, 317 = MDR 1983, 585; *OLG Hamm* FamRZ 1984, 1123, 1125 (für Maßgeblichkeit der tatsächlichen Verhältnisse bei Urteilserlaß); ebenso *OLG Oldenburg* FamRZ 1990, 188 = NJW-RR 1990, 1095; *OLG Hamm* FamRZ 1990, 772; *OLG Hamm* NJW-RR 1990, 841. *Maurer* FamRZ 1989, 445 fordert bei klageabweisenden Versäumnisurteilen gegen den Kläger, daß die Urteilsgrundlagen des Urteils vom Abänderungsrichter festzustellen sind (aaO 447), während er für Versäumnisurteile gegen den Beklagten auf die tatsächlichen Verhältnisse bei Urteilserlaß abstellt (aaO 448). - Beim *Anerkenntnisurteil* wird man ebenfalls an das Klagevorbringen und (soweit es um die Bestimmung der Bindungswirkung geht, → Rdnr. 69ff.) an die möglichen rechtlichen Begründungen des festgestellten Anspruchs anknüpfen können (→ auch §322 Rdnr. 193, 253f.); *OLG Hamm* FamRZ 1992, 1201 sowie *OLG Köln* NJW-RR 1987, 834: Klageantrag, Klagevorbringen und Auffassung des Gerichts zur Bestimmung des Umfangs des Anerkenntnisurteiles sind heranzuziehen. – A.M. *OLG Bamberg* FamRZ 1986, 702, das dem Anerkenntnisurteil keine Bindungswirkung im Abänderungsverfahren zumißt.
[65] RGZ 86, 377.
[66] *OLG Hamm* FamRZ 1987, 1286.
[67] *OLG München* FamRZ 1992, 698.
[68] Vgl. RGZ 2, 5; 68, 353; JW 1911, 658; HRR 1930 Nr. 63.
[69] Vgl. *LG Karlsruhe* NJW 1977, 540 (LS) = FamRZ 1978, 259 (LS) = DAVorm 1978, 596 (LS) (dauernde Arbeitslosigkeit stellt regelmäßig eine Änderung der Verhältnisse i.S. von § 323 dar; im Hinblick auf eine möglicherweise kurzfristige Arbeitslosigkeit muß der Verpflichtete Rücklagen bilden). Vgl. auch *KG* FamRZ 1984, 1245 = NJW 1985, 869; *OLG Hamm* FamRZ 1987, 1286 (Versäumnisurteil). Ist die Leistungsfähigkeit des Schuldners fingiert worden, weil er sich nicht in ausreichendem Maße um Arbeit bemüht hat, so kann er nach angemessener Zeit mit einer Abänderungsklage geltend machen, daß er inzwischen ohne Erfolg ernsthaft nach Arbeit gesucht habe, *OLG Karlsruhe* FamRZ 1983, 931. Vgl. auch *RG* JW 1917, 604 (Verheiratung der wegen verminderter Erwerbsfähigkeit rentenberechtigten Frau rechtfertigt im allgemeinen eine Abänderung nicht), ebenso *RG* LeipZ 1926, 173. Schlechte Einkommensverhältnisse im Aus-

rechtigten, in seiner Bedürftigkeit[70], in der Adoption des Kindes des neuen Ehepartners[71], in der Leistungsfähigkeit, insbesondere den Bezügen des Verpflichteten[72], mögen diese Veränderungen dauernder oder, bei einer behandelten Trunksucht[73] oder bei einer Verurteilung des Unterhaltsberechtigten zu einer zeitigen Freiheitsstrafe, vorübergehender Art sein[74], und mögen sie eine Erweiterung oder Verminderung, sei es hinsichtlich der Höhe, sei es hinsichtlich der Dauer[75], oder den Fortfall des Anspruchs begründen.

b) Veränderung der wirtschaftlichen Rahmenbedingungen

22   Es kommen aber ebenso auch **allgemeine Verhältnisse** dieser Art in Betracht, wie z.B. Änderungen der wirtschaftlichen Verhältnisse[76], z.B. Steigerung der Lebenshaltungskosten[77], des Lebensstandards[78], Gehaltsveränderungen von Beamten[79] usw.[80]. Auch der *Währungsverfall* ist von der Rechtsprechung hierher gerechnet worden[81], nicht aber Wechselkursschwankungen[82]. Bloße Veränderungen in der tatsächlichen oder rechtlichen *Beurteilung* (Bewertung)[83] der Verhältnisse, die schon zur Zeit des früheren Urteils bestanden haben, reichen nicht aus, um die Klage aus § 323 zu begründen; die Abänderungsklage kann also nicht damit begründet werden, daß das Ersturteil unrichtig war[84]. Änderungen in den von der Rechtsprechung entwickelten **Berechnungstabellen,** wie insbesondere der »Düsseldorfer Tabelle« führen zwar regelmäßig, aber nicht schematisch in jedem Fall zu einer Abänderungsmöglichkeit[85]. Die Par-

---

land rechtfertigen keine Abänderung, wenn der Verpflichtete schon zur Zeit der ersten Entscheidung im Ausland tätig war und sich die Einkommensverhältnisse im Ausland nicht verschlechtert haben. *OLG Köln* FamRZ 1997, 1091.

[70] Z.B. durch dauernde oder schwere Erkrankung, *BGH* FamRZ 1960, 60 (zu § 844 Abs. 2 BGB).

[71] *OLG Hamm* FamRZ 1992, 321.

[72] Jedoch findet keine Herabsetzung der Unterhaltspflicht statt, wenn es der Unterhaltspflichtige unterläßt, seine Erwerbsmöglichkeiten voll auszuschöpfen, vgl. *BGH* FamRZ 1981, 341. Ebenso ist auf der Seite des Unterhaltsberechtigten gegebenenfalls von einem fiktiven Einkommen auszugehen, so z.B. *OLG Zweibrücken* FamRZ 1986, 811. Wegfall des Einwandes der Verwirkung gegenüber der Ehefrau, wenn die vorrangigen Unterhaltsansprüche der Kinder wegfallen, *OLG Köln* FamRZ 1987, 616.

[73] *OLG Hamburg* FamRZ 1998, 182.

[74] Die Herabsetzung bzw. der Wegfall der Unterhaltspflicht ist dann auf die voraussichtliche Dauer der Strafhaft zu beschränken, *BGH* NJW 1982, 1812 = FamRZ 1982, 792 = DAVorm 1982, 758, wobei wegen der regelmäßigen Aussetzung des Strafrestes zur Bewährung gemäß § 57 Abs. 1 StGB zwei Drittel der verhängten Strafe als Dauer anzurechnen sind, *BGH* FamRZ 1998, 44, 45. RGZ 1, 67 vgl. mit 23, 28; ferner SeuffArch 74 (1919), 35.

[75] Vgl. *RGZ* 1986, 377; HRR 1930 Nr. 63.

[76] Vgl. *RG* JW 1921, 1080.

[77] Das ergibt sich daraus, daß eine Verurteilung zu einer den allgemeinen Lebenshaltungskosten angepaßten »dynamischen« Rente unzulässig ist, *OLG Karlsruhe* Justiz 1969, 328 (LS) = VersR 1969, 1123. Die nach dem KindUG (→ Gesetzesgeschichte) mögliche »Dynamisierung« vom Unterhaltstitel (→ Rdnr. 67b) kommt dem aber sehr nahe. Der Eintritt der Volljährigkeit führt nicht ohne weiteres zu einem erhöhten Lebensbedarf *OLG Hamburg* FamRZ 1983, 211. Vgl. aber auch *OLG Oldenburg* DAVorm 1979, 497. Es ist nicht erforderlich, daß dieser Steigerung eine *allgemeine* Erhöhung der Arbeitseinkommen gegenübersteht; es genügt auch eine durchschnittliche Erhöhung, *LG Braunschweig* JZ 1951, 271; *LG Aachen* MDR 1950, 562; *LG Verden, Hildesheim, Bonn* MDR 1951, 43, 110, 302; *LG Göttingen* NdsRpfl 1951, 16; erst recht extreme Inflation, *LG Rottweil* DAVorm 1988, 195 (ausländischer Titel). – A.M. *LG Kassel* NJW 1950, 608; *LG Lübeck* MDR 1950, 490; *LG Lüneburg* MDR 1950, 561; wohl auch *Brüggemann* JZ 1951, 321. – Zusammenstellungen der zahlr. Entsch. bei *Rohwer-Kahlmann* NJW 1951, 173; *Mellwitz* JR 1951, 169; s. weiter *Buchholz* JR 1951, 14; *Kurtze* JR 1951, 171; *Riedel* DRiZ 1951, 124.

[78] *LG Hannover* MDR 1956, 103 (abl. *Holtfort*).

[79] *RGZ* 22, 90ff.; *BayObLG* OLG Rsp. 29 (1911) 29, 112.

[80] Vgl. *OLG Hamburg* LeipZ 1926, 598 (betr. den Fall, daß der Getötete in höhere Lohnstufe aufgerückt wäre).

[81] Vgl. *RGZ* 114, 192f.; 129, 316, 320; JW 1926, 52; WarnRsp 1926, 107. Die Währungsreform von 1948 rechtfertigte für sich allein aber keine Abänderung, *LG Stuttgart* NJW 1951, 241. – Über die Umstellung der RM-Unterhaltstitel von Ostgläubigern und §§ 323, 767 *Mellwitz* JZ 1951, 581. – Vertragshilfeverfahren und Abänderungsklage bestehen nebeneinander, *BGH* LM § 1 VHG Nr. 2.

[82] Denn für den Unterhaltsbedarf ist der Binnenwert einer Währung und nicht der Außenwert maßgeblich, *OLG Köln* FamRZ 1994, 763 = NJW-RR 1994, 649.

[83] Vgl. *BGH* FamRZ 1969, 212 = VersR 1969, 236; VersR 1981, 280, 281; NJW-RR 1986, 938; *RGZ* 126, 239; 120, 320; JW 1928, 1387; 1930, 3315; *OLG Dresden* OLG Rsp 19 (1909), 142.

[84] *BGH* FamRZ 1969, 212 = (Fn. 83); *OLG Karlsruhe* FamRZ 1980, 1125; *OLG Schleswig* SchlHA 1978, 198.

[85] *BGH* FamRZ 1994, 1100 = LM Nr. 71; *OLG Karlsruhe* FamRZ 1986, 582, 585; *KG* FamRZ 1983, 291; *OLG Hamm* FamRZ 1983, 1039; *OLG Frankfurt* FamRZ 1985, 489; vgl. aber *OLG Bamberg* FamRZ 1985, 1151 und *OLG Saarbrücken* FamRZ 1987, 615; *OLG Düsseldorf*

teien genügen grundsätzlich ihrer Darlegungslast hinsichtlich der Änderung der tatsächlichen Verhältnisse, wenn sie eine Änderung der Tabellensätze vortragen[86]. Soweit sich die Änderung der Tabellensätze in geänderten Anpassungsverordnungen widerspiegelt, kommt eine Anpassung im Vereinfachten Verfahren nach §§ 641 I ff. in Betracht[87]. Zur Abschaffung der §§ 641 Iff. → Rdnr. 67b; »zur Möglichkeit der nachträglichen Dynamisierung« alter Titel → Rdnr. 67i. Es kommt darauf an, ob ein reiner Bewertungswandel vorliegt oder ob sich – wie im Regelfall – auch die für die Bewertung maßgeblichen tatsächlichen Verhältnisse verändert haben. Bei reinem Bewertungswandel ist eine Abänderungsklage unzulässig[88], → auch Rdnr. 23. Zur Frage, ob im Abänderungsverfahren eine *Bindung* an die ursprünglich zugrundegelegte Tabelle o. ä. besteht, → Rdnr. 71.

c) Rechtsprechungswandel und Änderungen der Gesetzgebung

Auch auf einen **Wandel der Rechtsprechung** kann die Abänderungsklage nicht gestützt werden[89]; zur Begründung genügt also eine Änderung der Gerichtspraxis hinsichtlich der Unterhaltshöhe für sich gesehen ebensowenig[90] wie die Erhöhung der Richtsätze durch die Jugendämter[91]. Beide Umstände werden aber mit Recht als wesentliche **Indizien** für eine Änderung der *tatsächlichen* Verhältnisse betrachtet[92], → auch Rdnr. 22. 23

Änderungen der Rechtsvorschriften, insbesondere der Gesetze, sind bei familienrechtlichen Unterhaltsansprüchen[93] im allgemeinen auch dann zu beachten, wenn über den Anspruch bereits rechtskräftig entschieden ist, → § 322 Rdnr. 259. Gleiches gilt für eine vom bisherigen Verständnis einer Norm abweichende verfassungskonforme Interpretation dieser Norm[94]. Da es sich dabei aber nicht um eine Änderung der wirtschaftlichen Verhältnisse o. ä. handelt, sind solche Veränderungen nach der hier vertretenen Ansicht nicht mit der Klage des § 323, sondern bei Wegfall oder Herabsetzung des Anspruchs mit der Vollstreckungsgegenklage (§ 767, → Rdnr. 45 bei Fn. 181, → Rdnr. 48), bei Begründung oder Erhöhung des Anspruchs mit einer Leistungsklage geltend zu machen. 24

Jedoch kann das geänderte Recht eine abweichende Regelung über seinen zeitlichen Anwendungsbereich und über die Art und Weise der Geltendmachung der Rechtsänderung enthalten. Für die **Unterhaltsansprüche geschiedener Ehegatten** enthält Art. 6 Nr. 1 des Gesetzes zur Änderung unterhaltsrechtlicher, verfahrensrechtlicher und anderer Vorschriften (v. 20. II. 1986, BGBl I 301) eine **besondere Übergangsregelung**[95], die die Anwendung des geänderten Unterhaltsrechts auf frühere, vor der rechtskräftigen Entscheidung liegende Umstände auf 25

FamRZ 1988, 1085; *OLG Karlsruhe* FamRZ 1989, 92; *OLG Hamm* FamRZ 1989, 201 = NJW-RR 1989, 968; *OLG Oldenburg* FamRZ 1993, 1475; Vorrücken in höhere Altersstufe als tatsächliche Änderung der Verhältnisse, *OLG Hamburg* FamRZ 1989, 855; *OLG Frankfurt* FamRZ 1997, 434 (Eintritt der Volljährigkeit).
[86] *BGH* FamRZ 1995, 221 = NJW 1995, 534 = LM Nr. 72 (*Wax*).
[87] *Derleder/Lenz* FamRZ 1989, 558, 560.
[88] *OLG Frankfurt* FamRZ 1985, 489, 491; *OLG Hamm* NJW 1984, 315. Weiterführend hierzu *Niklas* DAVorm 1987, 1.
[89] *OLG Schleswig* SchlHA 1978, 162; *LG Bochum* FamRZ 1961, 390; *Habscheid* FamRZ 1954, 38. – A.M. *Braun*, Abänderungsklage, 218 ff.; *Graba* (Fn. 1), Rdnr. 277 f. für den Fall der Änderung der BGH-Rechtsprechung.
[90] Vgl. im einzelnen die Entscheidungen in Fn. 85, 88.
[91] *LG München* FamRZ 55, 184; *LG Lübeck* SchlHA 1957, 237 sowie die Entsch. in der folg. Fn. – A.M. *LG Hagen* MDR 1954, 553; *LG Amberg* BayJMBl 1955, 35; *OLG Frankfurt* DAVorm 1982, 475.
[92] Nachw. → Fn. 85, 88, aus der älteren Rsp *LG Kassel* FamRZ 1954, 87; *LG Tübingen* MDR 1955, 112; *LG Nürnberg-Fürth* FamRZ 1955, 182; *LG Bückeburg* NJW 1956, 994 = MDR 489. Dabei wird zutreffend hervorgehoben, daß die *nachträgliche* Änderung der Verhältnisse auch dann vorliegt, wenn eine Teuerung oder eine Erhöhung des Lebensstandards zwar schon vor Urteilserlaß einsetzte, aber sich erst nachher als *dauerhaft* erwies.
[93] § 1610 a BGB ist keine neue, eine Abänderungsklage rechtfertigende Unterhaltsnorm, sondern eine gesetzliche Vermutung, *OLG Bamberg* FamRZ 1992, 185.
[94] *BGH* FamRZ 1990, 1091 = NJW 1990, 3020, der allerdings die Abänderungsklage für einschlägig hält.
[95] *BGH* FamRZ 1991, 542 = NJW-RR 1991, 514 (notarielle Urkunde); *Jaeger* FamRZ 1986, 737 (zum Entwurf *Jaeger* FamRZ 1985, 865, 871); *Palandt-Diederichsen* BGB[57] Einf. vor § 1569 Rdnr. 19.

Fälle der Unzumutbarkeit begrenzt und für die Geltendmachung die entsprechende Anwendung des § 323 Abs. 1, 3 und 4 anordnet. Ist in einem Urteil der Einwand evidenten Fehlverhaltens nach § 1579 Nr. 4 BGB beurteilt worden oder kannte der Berechtigte die diesen Einwand rechtfertigenden Tatsachen sowie die Leitentscheidung des BGH zur alten Rechtslage bei Abschluß eines Prozeßvergleichs, kann das Fehlverhalten trotz Art. 6 Nr. 1 UÄndG nicht zur Begründung der Abänderungsklage herangezogen werden[96].

d) Das Kriterium der Wesentlichkeit

26   Bei der Frage, welche Veränderungen **wesentlich** sind, ist dem Gericht *ein gewisser Beurteilungsspielraum* zu zugestehen, um ein dem Einzelfall angemessenes Ergebnis zu gewährleisten[97]. Liegen bereits frühere Abänderungsentscheidungen vor, ist die Frage der Wesentlichkeit der Veränderung im Hinblick auf die zeitlich zuletzt erfolgte Abänderung und die von diesem Gericht ermittelten und festgestellten Umstände zu beantworten[98]. Als maßgebend ist anzusehen, ob eine nicht gar zu geringfügige Differenz[99] gegenüber der früheren Bemessung oder Dauer besteht, wobei die Lebensverhältnisse, die Bedürftigkeit und das Verhältnis zu der zuerkannten Rente in Betracht kommen[100]. Welche Bedeutung die Veränderung im übrigen für den Anspruch hat, ist nach bürgerlichem Recht zu beurteilen[101]. Die Erhöhung einer Schmerzensgeldrente ist wegen Veränderung des Lebenshaltungsindexes möglich, wobei die »Wesentlichkeitsschwelle« erheblich höher anzusetzen ist als bei Unterhaltsrenten[102].

4. Besondere Präklusion (Abs. 2)

27   Die veränderten Verhältnisse, auf die das Abänderungsbegehren gestützt wird, müssen gemäß Abs. 2 **nach dem Schluß der letzten Tatsachenverhandlung** (→ § 296a Rdnr. 8, → auch § 283 Rdnr. 30 zur Schriftsatznachreichung) eingetreten[103] und nicht bloß vorhersehbar[104] sein. Es darf für den **Kläger** des zweiten Prozesses zum Zeitpunkt des Schlusses der mündlichen Verhandlung über die Abänderungsklage[105] nicht mehr die Möglichkeit bestehen, den Minderungs- oder Erweiterungsanspruch im Vorprozeß im Einspruchsverfahren, gleichviel von welcher Seite ein Einspruch eingelegt worden war[106], zu verfolgen. Vorbringen, das be-

---

[96] *BGH* FamRZ 1987, 181.
[97] *RGZ* 145, 306 spricht von freiem Ermessen. Dagegen entschieden *Braun* Abänderungsklage, 247.
[98] *OLG Schleswig* SchlHA 1979, 110; *OLG Düsseldorf* FamRZ 1981, 59; *OLG Frankfurt* FamRZ 1979, 139.
[99] Vgl. *RG* JW 1917, 604. Zur Unterhaltspflicht geschiedener Ehegatten s. *RGZ* 166, 303. – *OLG Hamburg* FamRZ 1983, 932, 933 verlangt eine Veränderung des zu zahlenden Betrags von mindestens 10%; *LG Berlin* FamRZ 1968, 398 eine Steigerung des Einkommens des Verpflichteten von mindestens 10%; krit. *Ruthe* FamRZ 1968, 400; *Hummel* FamRZ 1972, 124, 125. Nach *OLG Oldenburg* DAVorm 1979, 497 kann schon eine Veränderung von 9% wesentlich sein. *BGH* NJW 1986, 2054, 2055 = FamRZ 790 lehnt das Erfordernis einer Mindestabweichung von 10% jedenfalls beim Prozeßvergleich ab; für Unterhaltsurteile wurde die Frage offen gelassen. Erhöhung um 7% wesentlich, wenn Unterhaltsschuldner in beengten wirtschaftlichen Verhältnissen lebt, *OLG Düsseldorf* FamRZ 1993, 1103 = NJW-RR 1994, 520; Erhöhung der Lebenshaltungskosten um 12%, *OLG Zweibrücken* FamRZ 1994, 1534 = NJW 1993, 527.
[100] Vgl. auch *RGZ* 22, 92; *Jäger* (Fn. 1) 12ff. – A.M. *Braun* Abänderungsklage, 264ff., der jede Änderung der materiellen Rechtslage als wesentlich ansieht, soweit diese beim abzuändernden Urteil noch nicht berücksichtigt wurde.
[101] Vgl. wegen BGB § 254 *RGZ* 68, 354f.
[102] *OLG Nürnberg* VersR 1992, 623 (10% nicht ausreichend).
[103] *LG Berlin* DAVorm 1975, 381. – A.M. *Braun*, Abänderungsklage, 232ff., der Abs. 2 auf rückwirkende Änderungen beschränkt; für Abänderungen noch fälliger, aber titulierter Leistungspflichten will er § 323 Abs. 2 aus Gründen des Schutzes des rechtlichen Gehörs nicht anwenden.
[104] *OLG Bamberg* FamRZ 1990, 187 = NJW-RR 1990, 74.
[105] Näher → § 767 Rdnr. 40. Die h.M. verlangt dagegen, daß die Einwendungen nach Ablauf der Einspruchsfrist entstanden sind, *BGH* NJW 1982, 1812 mwN.
[106] Die Fassung »*durch* Einspruch geltend gemacht« ist insofern zu eng, als sie nur das Abänderungsverlangen derjenigen Partei im Auge hat, die den Einspruch eingelegt hat bzw. einlegen kann. Vgl. *RGZ* 104, 229, das aber von der bei § 767 Rdnr. 40 abgelehnten Auffassung ausgeht, daß die Geltendmachung mittels Einspruchs *zur Zeit der Entstehung der Gründe* ausgeschlossen sein muß.

reits Gegenstand eines Prozeßkostenhilfegesuches zur Durchführung einer Anschlußberufung gegen das abzuändernde Urteil war, ist nicht präkludiert, wenn die Hauptberufung zurückgenommen wurde[107]. Eine die Präklusionswirkung auslösende Verhandlung setzt daher voraus, daß über einen den Klageantrag betreffenden Sachantrag verhandelt wurde und ein den Tatsachenstoff würdigendes Sachurteil ergeht. Eine Verhandlung nur über die Kosten genügt nicht[108]. Die Geltendmachung eines vor Schluß der mündlichen Verhandlung vorliegenden betrügerischen Verschweigens ist nicht ausgeschlossen, wenn das Verschweigen auch später noch fortwirkt[109]. Da die Praxis den Unterhalt in der Regel schematisch nach Unterhaltstabellen bemißt und Änderungen der (tatsächlichen) wirtschaftlichen Verhältnisse in diese erst nach einer gewissen Zeit einfließen, ist die Änderung in den Tabellen möglicherweise noch nicht berücksichtigt, wenn diese Veränderungen schon bei der letzten mündlichen Verhandlung vorliegen. Der Kläger ist mit derartigen Änderungen der wirtschaftlichen Verhältnisse nicht nach § 323 Abs. 2 präkludiert[110]. Wegen des dem Schluß der mündlichen Verhandlung entsprechenden Zeitpunkts bei der **Entscheidung ohne mündliche Verhandlung** (§ 128 Abs. 2 u. 3) → § 128 Rdnr. 94, 119; wegen der Entscheidung nach Lage der Akten → § 251a Rdnr. 18.
– Für den **Gegner der Abänderungsklage** ergibt sich aus Abs. 2 der Zwang, in einem ersten Abänderungsverfahren Abänderungswiderklage erheben zu müssen, um nicht in einem zweiten Abänderungsverfahren mit Gründen präkludiert zu sein, die im ersten Verfahren schon vorlagen (→ Rdnr. 28a). Stützt der Gegner einer ersten Abänderungsklage seine spätere Abänderungsklage aber auf neue Tatsachen, also auf solche, die im Zeitpunkt der Widerklagemöglichkeit noch nicht vorlagen, kann er auch die »Altgründe« dazu verwenden, das frühere Abänderungsurteil anzugreifen[111]. Der Beklagte eines Abänderungsverfahrens kann das Urteil des Erstprozesses auch mit Gründen verteidigen, die schon zur Zeit des Vorprozesses vorhanden, aber damals nicht vorgetragen waren[112]. Das gleiche dürfte auch für das Verhältnis eines ersten zu einem zweiten Abänderungsprozeß gelten. Zur Frage, ob auch der im Erstprozeß voll obsiegende *Kläger* im Rahmen einer zulässigen Abänderungsklage auf im Erstprozeß nicht vorgetragene »Alttatsachen« zurückgreifen kann, → Rdnr. 72. – Sind bereits Abänderungsverfahren vorausgegangen, so ist jedenfalls insoweit auf den Schluß der mündlichen Tatsachenverhandlung im letzten Abänderungsprozeß abzustellen[113], als die Veränderungen innerhalb des damaligen Streitgegenstands bereits geltend gemacht werden konnten, → auch Rdnr. 47. Maßgebend ist der Schluß der mündlichen Verhandlung **in der ersten Instanz,** wenn der Vorprozeß nicht in die Berufungsinstanz gelangt ist. Wurde dagegen zulässigerweise[114] **Berufung eingelegt,** so ist der Schluß der mündlichen Verhandlung in der Berufungsinstanz maßgebend[115], es sei denn, die Berufung wurde vor der mündlichen Verhandlung in der Berufungsinstanz zurückgenommen[116].

Schon seinem Wortlaut nach präkludiert § 323 Abs. 2 nicht nur im Erstprozeß tatsächlich vorgetragene Tatsachen, sondern läßt eine Abänderungsklage nur zu, wenn die Gründe, auf

---

[107] *OLG Köln* FamRZ 1996, 355 = NJW-RR 1996, 1349, 1350.
[108] *OLG Köln* FamRZ 1996, 354.
[109] *BGH* FamRZ 1990, 1095.
[110] *BGH* FamRZ 1995, 221; *OLG Koblenz* NJW-RR 1997, 1229.
[111] *BGH* NJW 1998, 161, 162 = LM Nr. 73 (*Leipold*) = FamRZ 1998, 99.
[112] *BGHZ* 98, 353, 360 = NJW 1987, 1201, 1203 = FamRZ 259 = LM Nr. 53; dazu *Niklas* FamRZ 1987, 869; *OLG Hamm* FamRZ 1994, 1591 = NJW-RR 1993, 389. – A.M. *Roth* NJW 1988, 1233, 1239.
[113] Vgl. *OLG Düsseldorf* FamRZ 1981, 59.
[114] Bei Verwerfung der Berufung als unzulässig bildet der Schluß der mündlichen Verhandlung in erster Instanz die Grenze, *OLG Düsseldorf* FamRZ 1984, 493.
[115] *BGHZ* 80, 389, 397 = NJW 1981, 2193, 2195; *BGHZ* 96, 205, 207 = LM Nr. 47 = NJW 1986, 383 = FamRZ 1986, 43 = MDR 1986, 216 = JR 1986, 331 (krit. *Wax*). – Zur entsprechenden Anwendung des § 323 auf eine Berufungserweiterung oder Anschlußberufung nach Aufhebung des Berufungsurteils und Zurückverweisung an die Berufungsinstanz *BGH* LM Nr. 4; NJW 1985, 2029.
[116] Bei Rücknahme nach diesem Zeitpunkt ist die letzte mündliche Verhandlung vor dem Berufungsgericht maßgebend, *OLG Zweibrücken* FamRZ 1989, 304 = MDR 1989, 462.

die sie gestützt wird, erst nach Schluß der letzten mündlichen Verhandlung, in der eine Erweiterung des Klageantrags oder die Geltendmachung von Einwendungen spätestens hätte erfolgen müssen, entstanden sind. Aus § 323 Abs. 2 sowie dem Gesichtspunkt der **Prozeßökonomie** und zur Abwendung der **Gefahr widersprechender Entscheidungen** über einen einheitlichen Lebenssachverhalt leitet die Rechtsprechung zunehmend **prozessuale Lasten** ab, die die Parteien erfüllen müssen, um der Ausschlußwirkung des Abs. 2 zu entgehen. So muß der Berufungsgegner durch **Anschließung** an die Berufung die nach Schluß der mündlichen Verhandlung in erster Instanz eingetretenen Veränderungen geltend machen; bei einer vom Unterhaltspflichtigen eingelegten Berufung hat sich also der Berufungsbeklagte (der Unterhaltsberechtigte) der Berufung anzuschließen und den Klageantrag zu erweitern, wenn er aus nach Schluß der mündlichen Verhandlung erster Instanz eingetretenen Veränderungen eine Erhöhung seines Anspruchs herleiten will[117]. Verliert die Anschließung durch Rücknahme der Berufung oder durch Verwerfung der Berufung als unzulässig ihre Wirkung (§ 522 Abs. 1), so ist allerdings wieder der Schluß der mündlichen Verhandlung in erster Instanz maßgebend[118]. Um den Berufungsgegner nicht zu benachteiligen, wird man dann bei einer Abänderungsklage die Abänderung vom Zeitpunkt der (später unwirksam gewordenen) Anschließung an zulassen müssen[119]. Diese »**Vorwirkung**« der **Abänderungsklage** auf den Zeitpunkt der Erhebung der Anschlußberufung findet ihre Einschränkung im Grundsatz von Treu und Glauben (§ 242 BGB); die Abänderungsklage muß in engem zeitlichem Zusammenhang zur Rücknahme der Berufung erhoben werden[120].

28a Ist nur einer von zwei in der ersten Instanz abgeurteilten Klageansprüchen in der Berufungsinstanz anhängig, braucht der Berufungsführer wegen neu eintretender Tatsachen hinsichtlich des zweiten Anspruchs nicht Berufung einzulegen oder die Berufung zu erweitern. Er hat die Wahl zwischen Berufung und Abänderungsklage in einem neuen Verfahren[121]. Ist bereits ein rechtskräftiges Teilurteil ergangen und gelangt der nicht abgeurteilte Teil in die Berufungsinstanz, hat der Berufungsbeklagte die freie Wahl, ob er Abänderungswiderklage erhebt oder in einem neuen Verfahren eine selbständige Abänderungsklage anstrengt[122]. Ebenso braucht der Beklagte des Ausgangsverfahrens, das mit einen rechtskräftigen Teilanerkennungsurteil endet, gegen dieses Urteil im weiter anhängigen Verfahren über den nichtanerkannten Teil keine Abänderungsklage zu erheben, um der Präklusionswirkung des § 323 Abs. 2 zu entgehen[123] Nach einer neuen Entscheidung des BGH muß dagegen der Beklagte in einem **ersten Abänderungsprozeß**, wenn es ihm **rechtlich möglich** und **zumutbar** ist, **Abänderungswiderklage** erheben, um sein dem klägerischen entgegenlaufendes Ziel (Erhöhung oder Herabsetzung) geltend zu machen. Versäumt er dies, ist eine spätere Abänderungsklage, die sich auf Gründe stützt, auf die die Widerklage schon hätte gestützt werden können, wegen Abs. 2 unzulässig[124]. Diese Rechtsprechung hat als Argumente die Verfahrenskonzentration und die Vermeidung widersprechender Entscheidungen zu einem einheitlichen Lebenssachverhalt für sich. Stimmt man ihr zu, so ist es aber wohl konsequent von den Parteien auch in

---

[117] *BGHZ* 96, 205, 209ff. (Fn. 115). – A.M. *Eckert* MDR 1986, 542, 543 mwN.
[118] *BGHZ* 96, 205, 211 (Fn. 115). *BGH* FamRZ 1988, 493 = NJW 1988, 2427; *OLG Köln* FamRZ 1997, 507, 508.
[119] *OLG Hamm* (3. Familiensenat) FamRZ 1987, 829 im Anschluß an die zu dieser Lösung neigenden Ausführungen in *BGHZ* 96, 205, 211f. (Fn. 115). So jetzt ausdrücklich *BGH* FamRZ 1988, 601 = MDR 1988, 658 = JR 1989, 110 (*Gottwald* für Abschaffung des § 323 Abs. 3) = NJW 1988, 1734. – A.M. *OLG Hamm* (5. Familiensenat) FamRZ 1987, 733; krit. auch *Hoppenz* FamRZ 1986, 226, 227.
[120] *BGH* FamRZ 1988, 601, 603 (Fn. 119); *BGH* NJW 1988, 2101.
[121] *KG* FamRZ 1990, 1122 (krit. *Diener* FamRZ 1991, 211). – A.M.: *OLG Hamm* FamRZ 1996, 1088 (Ist im Falle gleichzeitiger Geltendmachung von Ehegatten- und Kindesunterhalt nur ersterer mit der Berufung angefochten worden, muß Anschlußberufung gegen die Entscheidung zum Kindesunterhalt eingelegt werden, um die Präklusionswirkung nach § 323 Abs. 2 zu vermeiden).
[122] *BGH* FamRZ 1993, 941 = NJW 1993, 1795 = LM Nr. 68; *OLG Saarbrücken* FamRZ 1993, 1477.
[123] *OLG Hamm* FamRZ 1997, 890.
[124] *BGH* FamRZ 1998, 99= (Fn. 111).

Fällen, in denen nur ein Teil des erstinstanzlichen Streitgegenstandes in die Berufungsinstanz gebracht wird, zu verlangen, daß auch die übrigen (Teil-)Ansprüche durch Berufungserweiterung oder Widerklage zur Überprüfung gestellt werden, soweit sie denselben Lebenssachverhalt betreffen[125].

Den später eingetretenen stehen die lediglich **später bekannt gewordenen Umstände** nicht gleich[126], → auch § 322 Rdnr. 234.

29

5. Das Verhältnis der Abänderungsklage zu den Rechtsmitteln der Berufung und der Revision

Die noch bestehende Zulässigkeit der **Berufung** steht der Klage nicht entgegen[127]. Ist die Berufung noch anhängig, so fehlt für die Abänderungsklage das Rechtsschutzbedürfnis[128]. Die Zulässigkeit der **Revision** ist schon deshalb unerheblich, weil die neuen Tatsachen nach § 561 in der Revisionsinstanz nicht mehr vorgebracht werden können. Dies alles entspricht der Auslegung des § 767 Abs. 2 (→ § 767 Rdnr. 41), der nicht nur mit § 323 Abs. 2 sachlich gleichlautend ist, sondern ausdrücklich und absichtlich[129] zum Vorbild genommen worden ist. Das Urteil braucht demnach **nicht rechtskräftig** zu sein[130].

30

6. Endgültig bestimmte Ansprüche

§ 323 enthält **keine materiellrechtliche Norm**[131]. Daraus folgt einmal, daß die Klage nicht dadurch ausgeschlossen wird, daß sich der Anspruch nach ausländischem materiellem Recht beurteilt[132]. Für die Abänderungsklage gilt auch dann § 323, → auch Rdnr. 17. Weiter ergibt sich daraus, daß die Klage dann ausgeschlossen ist, wenn das Zivilrecht die Pflicht zur Leistung oder ihre Höhe oder Dauer ausschließlich von bestimmten *einmaligen Ereignissen* abhängig macht, so daß die späteren Veränderungen, *auch wenn sie vor der Verurteilung eingetreten und im Urteil berücksichtigt worden wären,* keinen Einfluß auf die genannten Entscheidungen gehabt hätten[133].

31

Aus diesem Grunde ist § 323 **unanwendbar** auf alle vertragsmäßig[134] oder gesetzlich *absolut bestimmten* Leistungen, wie z.B. Leibrenten, Zinsen[135] (→ aber Rdnr. 7 Fn. 21) u. dgl., sowie nach der ausdrücklichen Vorschrift in § 912 Abs. 2, § 917 Abs. 2 BGB auf die Überbau- und Notwegrente. Anders z.B. bei einer vertragsmäßigen Unfallversicherung, bei der das Maß der Erwerbsfähigkeit die Höhe der Rente bestimmt. Der Vorbehalt gleichbleibender Verhält-

32

---

[125] Der BGH lehnte dies bislang ab, da eine solche Last der Parteien unzumutbar sei und auch der Gesichtspunkt der Gefahr widersprechender Entscheidungen eine solche Belastung der Parteien nicht rechtfertige, *BGH* FamRZ 1993, 941, 943 (Fn. 122). Wie hier *OLG Hamm* FamRZ 1996, 1088 (Fn. 121).
[126] *RGZ* 5, 98 f.; *OLG Dresden* JW 1925, 381 und (zu § 767) *RG* JW 1894, 120. – A.M. *Jäger* (Fn. 1) 15. – *BGH* NJW 1987, 1201, 1202 (Fn. 112) nimmt dazu nicht Stellung.
[127] *OLG Bamberg* FamRZ 1990, 187.
[128] *Thomas-Putzo*[20] Rdnr. 14, → auch § 767 Rdnr. 41 zur vergleichbaren Frage bei der Vollstreckungsgegenklage.
[129] Begr. zur Novelle 1898, 108; *RGZ* 104, 229.
[130] Ebenso *Oertmann* (Fn. 1) 315; *Rosenberg-Schwab-Gottwald*[15] § 158 V 1; *A. Blomeyer* ZPR[2] § 87 I V 5 a. – A.M. *RG* 47, 410 f.; *Jäger* (Fn. 1) 17 ff.; *Kuhlmann*(Fn. 1) 281 ff.; *Seligsohn* (Fn. 1) Fn. 14; das Haftpflichtgesetz (→ Fn. 5) enthielt allerdings keine dem Abs. 2 entsprechende Bestimmung.
[131] *OGHZ* 1 (1949), 216; *BAG* NJW 1956, 485 (zum betriebl. Ruhegeld). – A.M. bes. *RGZ* 63, 118 (Fn. 146); auch 140, 167.
[132] *Seligsohn* (Fn. 1) Fn. 16; vgl. *KG* SeuffArch 72 (1917), 388.
[133] Vgl. *KG* OLG Rsp 9 (1904), 106, → auch Fn. 20.
[134] Anders, wenn sich aus dem Vertrag, so wie er nach Treu u. Glauben auszulegen ist, etwas anders ergibt, vgl. *RGZ* 125, 152. Weitergehend *OGHZ* 1 (1949), 67 (§ 323 auch anwendbar, soweit der Einwand der veränderten Geschäftsgrundlage durchgreift).
[135] Ebenso *Becker-Eberhard* DZWiR 1993, 183, 189. – A.M. *Braun* ZZP 108 (1995), 319, 324 f., 337 f. (§ 323 anwendbar, aber Vertragszinsen nur abänderbar, wenn die Änderung einen Wegfall der Geschäftsgrundlage darstellt).

nisse beherrscht übrigens nicht jeden Unterhaltsvertrag; ob es der Fall ist, ist eine Auslegungsfrage[136].

7. Klageberechtigung

33 Zur **Klage berechtigt** sind nur die beiden *Parteien* des früheren Prozesses sowie sonstige Personen (insbesondere *Rechtsnachfolger*[137]), auf die sich die Rechtskraft des Urteils erstreckt. Es handelt sich dabei um eine Frage der *Prozeßführungsbefugnis*, bei deren Fehlen die Klage als unzulässig abzuweisen ist[138]. Beim **Prozeßvergleich** ist über die Parteien hinaus auch solchen Dritten die Klageberechtigung zuzuerkennen, die im Vergleich in Form eines echten Vertrags zugunsten Dritter begünstigt sind und für die der Prozeßvergleich einen Vollstreckungstitel darstellt[139]. Solange den Eltern nach § 1629 Abs. 3 BGB[140] die Prozeßführungsbefugnis für Unterhaltsansprüche des Kindes zusteht (während des Getrenntlebens und während der Anhängigkeit einer Ehesache), gilt dies auch für Abänderungsklagen gegen ein in Prozeßstandschaft erwirktes Urteil bzw. gegen einen Prozeßvergleich; danach (also insbesondere nach Beendigung des Scheidungsverfahrens) ist allein das Kind für die Abänderungsklage (sei es als Kläger oder Beklagter) prozeßführungsbefugt[141].

III. Das Ziel der Abänderungsklage

1. Streitgegenstand, Rechtsnatur, Rechtskraft und Rechtshängigkeit

34 Durch die Klage des § 323 wird kein besonderer materieller Abänderungsanspruch an den Gegner, etwa ein Forderungsrecht, geltend gemacht, was besonders dann deutlich hervortritt, wenn der frühere Beklagte die Minderung der Leistung erstrebt[142]. Dem **Streitgegenstand** liegt vielmehr derselbe materielle Anspruch wie im Vorprozeß zugrunde[143], was namentlich für die Anwendung der §§ 10 f. KO (§§ 85 f. InsO) und des § 327 von Bedeutung ist. Die Klage ist auch nicht etwa eine Feststellungsklage, die die vom Eintritt der Veränderung an datierende Umwandlung des Anspruchs zur Geltung bringt[144]; denn nach Abs. 3 wirkt die Verände-

---

[136] Vgl. RGZ 145, 119; JW 1934, 3195, 3198.
[137] *BGH* NJW 1983, 684, 685 = FamRZ 1982, 587; *Bötticher* MDR 1950, 490 gegen *LG Hamburg* MDR 1950, 498. – Klageberechtigt ist also der Sozialversicherungsträger, auf den der Anspruch nach § 116 SGB X (früher § 1542 RVO) übergegangen ist, *BGH* NJW 1963, 2076 (Fn. 214) (zum Prozeßvergleich); ebenso der Sozialhilfeträger nach Anspruchsüberleitung, *OLG Zweibrücken* NJW 1986, 730; *LG Duisburg* MDR 1965, 668; *OLG Düsseldorf* FamRZ 1994, 764 (Abänderungsklage des Unterhaltsschuldners gegen Sozialhilfeträger). – A.M. *Künkel* MDR 1966, 335, zum Teil auch *Seetzen* NJW 1978, 1350, 1352. Ferner der Versicherer nach Forderungsübergang gem. § 67 VVG, ebenso der Abtretungsempfänger wegen der Rechtskraftwirkung nach § 325 bzw. beim Prozeßvergleich nach Titelumschreibung (→ § 795 Rdnr. 7), offenlassend *BGH* NJW 1983, 684 (zum Prozeßvergleich).
[138] *BGH* NJW 1983, 684, 685 (Fn. 137); FamRZ 1986, 254.
[139] → § 794 Rdnr. 36. Offenlassend (da jedenfalls kein vollstreckbarer Anspruch zugunsten des Kindes bestehe) *BGH* NJW 1983, 684, 685 (Fn. 137); FamRZ 1986, 254; *OLG Bamberg* FamRZ 1988, 1084. Diese Entscheidungen betreffen die Abänderung eines vor Inkrafttreten des 1. EheRG anläßlich der Ehescheidung zwischen den Ehegatten geschlossenen Prozeßvergleichs, in dem sich ein Ehegatte auch zu Unterhaltszahlungen zugunsten gemeinschaftlicher Kinder verpflichtet hatte. Auch wenn man dem Kind in solchen Fällen die Prozeßführungsbefugnis für die Abänderungsklage zubilligt, ist ihm doch auch das Recht zuzugestehen, seinen Anspruch im Wege einer Erstklage geltend zu machen, dazu neigend *BGH* FamRZ 1980, 342, 343; s. auch *OLG Köln* FamRZ 1983, 87 (nur Erstklage zulässig); *OLG Hamm* FamRZ 1990, 1375.
[140] § 43 S. 2 DDR-FGB entspricht § 1629 Abs. 3 BGB, so daß auch prozessual die Rechtslage identisch ist, *OLG Karlsruhe* FamRZ 1995, 937.
[141] *BGH* LM Nr. 35 = NJW 1983, 1976 = FamRZ 1983, 806; *OLG Karlsruhe* FamRZ 1980, 1059 u. 1149; *OLG Hamm* FamRZ 1980, 1060; 1981, 589; *OLG Frankfurt* FamRZ 1980, 1059.
[142] Vgl. RGZ 1, 315 ff.; KG SeuffArch 75 (1920), 200. – A.M. *Gottwald* Festschr. für Schwab (1990), 151, 163 f. (Gestaltungsklage zur Erhebung materiellen Anpassungsanspruchs).
[143] S. auch *OLG Karlsruhe* BadRPr 1904, 185. – A.M. *Schwartz* (Fn. 1) 103; *MünchKommZPO-Gottwald* § 323 Rdnr. 5 f.
[144] Ausdr. abgelehnt v. Mot. z. BGB 2, 790.

rung erst von der Klageerhebung an[145]. Die Klage ist vielmehr einerseits eine auf Abänderung des Urteils gerichtete prozessuale **Rechtsgestaltungsklage** (→ vor § 253 Rdnr. 50)[146], ähnlich wie bei der auf Beseitigung der Vollstreckbarkeit des Titels gerichteten Klage aus § 767 (→ § 767 Rdnr. 6), andererseits eine **Leistungsklage,** soweit eine erneute Verurteilung erstrebt wird. Dieser Doppelcharakter bestimmt den Umfang der **materiellen Rechtskraft,** die einer Abänderungsklage zukommt. Wie bei einem Gestaltungsurteil (→ § 322 Rdnr. 65 ff.) wird das Bestehen bzw. Nichtbestehen des (prozessualen) Gestaltungsrechts festgestellt. Als Leistungsklage äußert ein Abänderungsurteil die Urteilswirkungen wie in § 322 Rdnr. 8 ff., 34 ff. beschrieben, wobei die Besonderheiten der Urteile über wiederkehrende Leistungen zu beachten sind (→ Rdnr. 1)[147]. Durch eine lediglich auf *Feststellung* gerichtete Klage kann die Urteilsabänderung nicht erlangt werden, da für eine bloße Feststellungsklage das Rechtsschutzbedürfnis fehlt[148].

Die gestaltende Rechtsnatur äußert sich z.B. darin, daß eine Geltendmachung der Veränderung mittels Einrede dem Schuldner nicht zusteht[149], daß eine Loslösung dieses Anspruchs von dem zugrunde liegenden Rechtsverhältnis durch selbständige Abtretung nicht möglich ist[150], und daß die Klage einer Verjährung nach §§ 194 ff. BGB nicht unterliegt[151]. Sie bildet aber *insofern eine Kategorie für sich,* als das neue Urteil weder nur für die Zukunft wirkt, noch eine echte Rückwirkung äußert. Vielmehr ist nach Abs. 3 der Zeitpunkt der Klageerhebung[152] – mit Ausnahme des neuen Abs. 2 S. 2 (→ Rdnr. 39a) – für den Eintritt der Aufhebung, Erhöhung oder Minderung der Leistung maßgebend[153]. **35**

Nach neuer Rechtsprechung betreffen Klagen auf Abänderung desselben Unterhaltstitels mit gegenläufigen Klageanträgen derselben Parteien denselben Streitgegenstand i.S.d. § 261 Abs. 3, so daß der später erhobenen Klage die **Rechtshängigkeit** der ersten entgegensteht[154]. Sieht man mit der allgemeinen Meinung den Klageantrag als das den Streitgegenstand prägende Element an, haben eine Herabsetzungs- und eine Erhöhungsklage verschiedene Streitgegenstände, weshalb diese Rechtsprechung für die Rechtshängigkeit einer Abänderungsklage einen eigenständigen Streitgegenstandsbegriff aufstellt, der am Streitkomplex »Unterhaltsverhältnis« orientiert ist. Dieser Streitgegenstandsbegriff wird zwar nicht auch für die Feststellung des Umfangs der Rechtskraft eines Abänderungsurteils verwendet. Jedoch erreicht der BGH[155] ein der Rechtskraftwirkung ähnliches Ergebnis durch eine erweiternde Auslegung der besonderen Präklusionsvorschrift des § 323 Abs. 2, aus der er für den Beklagten einer Abänderungsklage die Notwendigkeit einer Abänderungswiderklage ableitet, wenn der Beklagte der Präklusion des Abs. 2 entgehen will (→ Rdnr. 28a). **35a**

---

[145] *Mendelssohn-Bartholdy* BlfRA 73 (1908), 818.
[146] So auch *Langheineken* Urteilsanspr. (1899), 260 ff.; *Hellwig* Klagrecht (1905), 34 f.; *Kisch* Urteilslehre (1903), 183 f.; *Mendelssohn-Bartholdy* BlfRA 73 (1908), 813 ff.; *Oppermann* (Fn. 1) 459 f.; *Oertmann* (Fn. 1) 318 u. a. – A.M. *Schwartz* (Fn. 1) 104 f.; *Kuhlmann* (Fn. 1) 293. Mit der »materiellrechtlichen« Natur der Vorschrift operiert in bedenklicher Unklarheit auch *RGZ* 63, 118 f.
[147] *OLG Karlsruhe* FamRZ 1987, 395 zur Rechtskraft eines klageabweisenden Abänderungsurteils.
[148] *BGH* NJW 1986, 3142, 3143 = MDR 1987, 52 = LM § 322 Nr. 112.
[149] *RG* JW 1907, 520. – Eine Ausnahme ergab sich in dem Sonderfall, daß der Geschädigte auf Aufwertung der Urteilssumme klagte, → Fn. 80, und der Bekl. seinerseits Veränderung der Verhältnisse, z.B. seiner Erwerbsfähigkeit geltend machte, s. auch *KG* JW 1927, 186. Auf andere Fälle kann diese Sonderbehandlung aber nicht erstreckt werden, a.M. *LG Osnabrück* NdsRpfl 1947, 107; *OGHZ* 1 (1949), 213, 216 f.
[150] *RGZ* 1, 315; *Seligsohn* (fn. 1) Fn. 15.
[151] A.M. *RGZ* 86, 181, 384; JW 1934, 1112. – Offenlassend *BGHZ* 34, 119; NJW 1963, 2079.
[152] Dieser Zeitpunkt gilt auch bei späterer Erweiterung der Abänderungsklage, *RGZ* 75, 24. Abw. *Meyer* FamRZ 1956, 67.
[153] Vgl. auch *RGZ* 114, 192.
[154] *BGH* FamRZ 1997, 488; *BGH* NJW 1998, 161, 162 = LM Nr. 74 (*Leipold,* auch zur Ähnlichkeit dieses Verständnisses der Rechtshängigkeit mit der von EuGH zu Art. 21 EuGVÜ entwickelten »Kernpunkttheorie«); *OLG Düsseldorf* FamRZ 1994, 1535.
[155] *BGH* NJW 1998, 161, 162 (Fn. 111).

2. Die zeitliche Schranke der Abänderung gemäß Abs. 3

36 Der Gesetzgeber wählte den Zeitpunkt der Rechtshängigkeit aus Rechtssicherheitsgründen wegen der angeblichen Schwierigkeit der Ermittlung[156] des tatsächlichen Veränderungszeitpunktes. Die Zeitschranke gilt auch dann, wenn der Abänderungsklage ein Prozeßkostenhilfeverfahren vorgeschaltet wird[157]. Dadurch entstehen auch der wirtschaftlich schwachen Partei keine Nachteile, da sie gemäß § 65 Abs. 7 Nr. 3 GKG von der Pflicht, einen Vorschuß auf die gerichtliche Verfahrensgebühr zu leisten, entbunden werden kann. Ist mit der Abänderungsklage dagegen eine Auskunftsklage im Wege einer Stufenklage nach § 254 ZPO verbunden worden, so wird die zunächst noch unbezifferte Abänderungsklage bereits mit der Auskunftsklage rechtshängig und zwar auch im Sinne von § 323[158]. Wird eine Leistungsklage in eine Abänderungsklage umgedeutet, ist (anders als bei einer bloßen Klageänderung) für § 323 Abs. 3 der Zeitpunkt der Zustellung der Leistungsklage maßgeblich[159]. Bei einer Ablehnung einer Befristung als »zur Zeit nicht angemessen«, steht Abs. 3 einer späteren Befristung des Unterhaltsanspruchs nicht entgegen[160]. Gelangt der Vorprozeß in die Berufungsinstanz, ist der Schluß der mündlichen Verhandlung in der Berufungsinstanz maßgeblich[161], es sei denn, die Berufung wurde vor der mündlichen Berufungsverhandlung zurückgenommen oder verworfen[162]. Die Maßgeblichkeit des Zeitpunkts der mündlichen Verhandlung der Berufungsinstanz gilt aber nur für Umstände, die aufgrund einer zulässigen Berufung ohnehin zur Überprüfung gelangen[163]. Ist eine Anschlußberufung des Berufungsgegners durch Rücknahme der Berufung unzulässig geworden, so ist im durch den Berufungsgegner später anhängig gemachten Abänderungsverfahren der Zeitpunkt der Anschließung und nicht der der Erhebung der Abänderungsklage für § 323 Abs. 2 maßgebend[164]. Wenn nur gegen den durch Teilurteil abgeurteilten Teil eines Anspruchs Berufung eingelegt wird, hat der Berufungsbeklagte die Wahl, ob er Abänderungswiderklage oder in einem neuen Verfahren Abänderungsklage erhebt. Ob dies allerdings noch gilt, nachdem der BGH den Beklagten einer Abänderungsklage die Last auferlegt hat, eine Widerklage zu erheben, um nicht nach § 323 Abs. 2 präkludiert zu sein, erscheint zweifelhaft (→ Rdnr. 28a). – Für den Zeitraum vor Rechtshängigwerden der Abänderungsklage ist auch eine **Rückforderung** ausgeschlossen, → Rdnr. 75. Der Widerruf eines in der ersten Instanz erklärten Anerkenntnisses in der Berufungsinstanz ist zulässig, wenn die Voraussetzungen des § 323 vorliegen, wobei eine Abänderung erst ab Zustellung der Widerrufserklärung zulässig ist[165] (→ § 307 Rdnr. 43 a. E.).

37 Auch wenn Herabsetzung oder Wegfall einer zuerkannten Rente verlangt wird, kann ein Titel ab dem Tag der Zustellung der Abänderungsklage und nicht erst ab dem auf die Zustellung

---

[156] Begr. zur Novelle 1898, 108. S. dag. *Stein* ZZP 24 (1898), 225; *Schwartz* (Fn. 1) 91f. Angesichts des mit Abs. 3 bewirkten Vertrauensschutzes für den Abänderungsgegner, der zumindest aus heutiger Sicht eine gewisse Rechtfertigung dieses Zeitpunktes darstellt (*BGH* FamRZ 1982, 365), kann man die Regelung nicht als willkürlich bezeichnen. Den Anstoß für diesen Zeitpunkt gaben RGZ 17, 24; SeuffArch 35 (1880), 308. *Jakoby* (Fn. 1) 211ff. hält die Erwägung der Beweisschwierigkeiten für nebensächlich; dem Gesetzgeber sei es um Billigkeitserwägungen und um den Schutz des Vertrauens des Abänderungsgegners gegangen.
[157] *BGH* NJW 1982, 1050 = MDR 1982, 565 = FamRZ 1982, 365 = JurBüro 1982, 701; *OLG Nürnberg* FamRZ 1985, 1152 = MDR 1982, 1033 = NJW 1987, 265; *OLG Düsseldorf* FamRZ 1980, 619; *OLG Hamm* NJW 1979, 726; *OLG Hamm* FamRZ 1980, 1126; *OLG Karlsruhe* FamRZ 1980, 1149; *OLG Köln* FamRZ 1979, 331; *Laier* AnwBl 1982, 419; *OLG Köln* FamRZ 1988, 1077; *OLG Bamberg* FamRZ 1993, 66 = NJW-RR 1992, 1413. – A.M. *OLG Köln* FamRZ 1980, 1144; *OLG Koblenz* FamRZ 1979, 294; *OLG Frankfurt* FamRZ 1979, 963; *LG Braunschweig* NJW 1972, 1240; NdsRpfl 1973, 252 und NJW 1974, 321, 322; weitere Nachw. bei *BGH* NJW 1982, 1050; *Maurer* FamRZ 1988, 445; *MünchKommZPO-Gottwald* § 323 Rdnr. 80.
[158] *OLG Schleswig* SchlHA 1981, 148; *OLG Köln* FamRZ 1983, 1047. Die Erhebung einer Abänderungsklage in Form einer Stufenklage ist zulässig; *BGH* FamRZ 1984, 1211, 1212; 1986, 560, 561; *OLG Köln* FamRZ 1983, 1047 gegen *OLG Hamburg* FamRZ 1982, 935.
[159] *OLG Hamm* FamRZ 1993, 1102 = NJW-RR 1994, 4.
[160] *OLG Düsseldorf* FamRZ 1996, 1416.
[161] Vgl. Fn. 115.
[162] Vgl. Fn. 118.
[163] *OLG Köln* FamRZ 1997, 507.
[164] Vgl. Fn. 119.
[165] *OLG Schleswig* SchlA 1996, 72.

folgenden Fälligkeitstag verlangt werden[166]. Ein Antrag, der auf laufende Unterhaltszahlungen in der Revisionsinstanz beschränkt wurde, kann nach Zurückweisung an das Berufungsgericht nur für die Zukunft erweitert werden[167].

Werden von seiten des Klägers oder des Beklagten Tatsachen geltend gemacht, die sich erst **nach der Klageerhebung** im zweiten Prozeß **ereignet** haben, z.B. der Verlust derjenigen Erwerbsfähigkeit, auf deren Steigerung die Klage auf Minderung der Rente gestützt wird, so ist eine andere Entscheidung, als daß *diese* Änderung vom Zeitpunkt ihres Eintritts an wirkt, nicht möglich. Eine erst zu erwartende Änderung hat aber stets außer Betracht zu bleiben; für eine entsprechende Anwendung des § 258 ist kein Raum[168]. 38

Die Regelung des Abs. 3 wird zum Teil als unbillig empfunden, zuweilen[169] sogar wegen Verstoßes gegen Art. 3 GG und Art. 19 Abs. 4 GG für verfassungswidrig gehalten. Letzteres überzeugt jedoch nicht[170]; die Regelung liegt durchaus noch im Rahmen des Ermessens, das dem Gesetzgeber zukommt. Auch eine analoge Anwendung der Wiedereinsetzungsvorschriften[171] auf die Regelung des § 323 Abs. 3 erscheint zu weitgehend. Vom BGH wird in besonderen Situationen auf § 826 BGB zurückgegriffen[172], dazu → § 322 Rdnr. 275. Dies dürfte als Ausweg in den Fällen genügen, in denen die Anwendung des Abs. 3 im Hinblick auf das Verhalten des Gegners zu evident ungerechtfertigten Ergebnissen führt. Man sollte allerdings überlegen, ob man Veränderungen, die allein in der Sphäre des Abänderungsgegners eintreten und dem Abänderungskläger nicht bekannt sind, vom Anwendungsbereich des § 323 Abs. 3 ausnimmt[173]. 39

In Abweichung vom Grundsatz des Abs. 3 S. 1 läßt der durch das **KindUG** (→ Gesetzesgeschichte) neu eingefügte **Satz 2**, der am 1. Juli 1998 in Kraft tritt, eine **Abänderung** von Unterhaltsurteilen auch für die Zeit **vor Klageerhebung zu**, wenn Unterhalt für die Vergangenheit nach den §§ 1360a Abs. 3, 1361 Abs. 4 S. 4, 1585b Abs. 2, 1613 Abs. 1 BGB verlangt werden kann. Die maßgebliche Vorschrift des § 1613 Abs. 1 BGB ermögliche schon bisher die Geltendmachung von Unterhalt für abgelaufene Zeiträume, in denen Verzug eingetreten oder der Anspruch rechtshängig gemacht worden war. Darüber hinaus kann der Berechtigte nach § 1613 Abs. 1 S. 1 BGB ab dem **Zeitpunkt** rückwirkend Unterhalt verlangen, ab dem er den Verpflichteten zum Zwecke der Geltendmachung des Unterhaltsanspruchs **aufgefordert** hat, über sein Vermögen und seine Einfünfte **Auskunft** zu erteilen. Der Unterhalt wird nach § 1613 Abs. 1 S. 2 BGB n.F. ab dem Ersten des Monats geschuldet, in dem die in Abs. 1 S. 1 bezeichneten Ereignisse fallen, wenn der Unterhaltsanspruch dem Grunde nach zu diesem Zeit- 39a

---

[166] *BGH* FamRZ 1990, 269, 270. – A.M. *OLG Stuttgart* FamRZ 1980, 393.
[167] *OLG Schleswig* SchlA 1993, 68.
[168] Vgl. *RGZ* 104, 230.
[169] *Meister* FamRZ 1980, 864, 869; *Gottwald* FamRZ 1996, 1090 gegen *OLG Dresden* FamRZ 1996, 1090, das § 323 Abs. 3 als zwingendes Recht ansieht; *ders.* Festschr. für Schwab (1990), 151, 157f.; *ders.* FamRZ 1992, 1374, 1376 mit dem Hinweis auf die seiner Meinung nach besonders geglückte Regelung des § 22 DDR-FGB.
[170] Gegen *Meister* zutreffend *Köhler* FamRZ 1980, 1088.
[171] Dafür *Braun* ZZP 97 (1984), 337, 346.
[172] Vgl. *BGH* NJW 1986, 1751 = FamRZ 1986, 450; NJW 1983, 2317 = FamRZ 1983, 995 = ZZP 97 (1984), 337 (*Braun*); nur im Ergebnis ablehnend *BGH* NJW 1986, 2047 = FamRZ 1986, 794 = LM § 826 BGB Nr. 28; FamRZ 1987, 368, 369; *OLG Celle* FamRZ 1992, 582; *OLG Oldenburg* FamRZ 1996, 804. – *AG Hersbruck* FamRZ 1985, 633 bejaht eine Rückforderung aufgrund »familienrechtlicher Loyalitätspflicht«, wenn der Unterhaltsanspruch durch Veränderung der Verhältnisse entfallen ist und der Unterhaltsgläubiger den Schuldner selbst bei eindeutiger Sachlage darüber nicht informiert hat. *Hoppenz* FamRZ 1989, 337 stützt den Schadensersatzanspruch auf die Verletzung einer Nebenpflicht aus dem Unterhaltsrechtsverhältnis und zieht als Anspruchsgrundlage § 286 Abs. 1 BGB heran. *Tintelnot* FamRZ 1988, 242, 244ff. lehnt eine weitergehende Rechtskraftwirkung von § 323 unterfallenden Urteilen ab, so daß die Rechtskraft Konditions- bzw. Schadensersatzansprüchen wegen Verletzung einer Informationspflicht nicht entgegenstehe.
[173] *Jakoby* (Fn. 1) 245ff. spricht sich für eine teleologische Reduktion des Abs. 3 in diesem Fall aus; ebenso *Graba* (Fn. 1), Rdnr. 420; *Braun* Abänderungsklage, 170ff., der aus Gründen des Schutzes des rechtlichen Gehörs stufenlos verlaufende Änderungen in der Sphäre des Abänderungsgegners aus dem Anwendungsbereich des Abs. 3 ausschließt; *MünchKommZPO-Gottwald* § 323 Rdnr. 81, der eine Abänderung ab dem Zeitpunkt zulassen will, ab dem bei pflichtgemäßer Information Abänderungsklage erhoben worden wäre.

punkt bestanden hat. Durch diese neue Möglichkeit, Unterhalt für die Vergangenheit zu verlangen, entfällt die Notwendigkeit, bei unbekannten Einkommens- und Vermögensverhältnissen stets Stufenklage erheben zu müssen, um zu verhindern, daß die Durchsetzung noch unbekannter Unterhaltsansprüche für die Vergangenheit an § 323 Abs. 3 S. 1 scheitert. Mit dem neuen Satz 2 dürften die Bedenken gegen das Verbot der rückwirkenden Änderung (→ Rdnr. 39), wie es Abs. 1 S. 1 aufstellt, teilweise beseitigt sein[174]. Allerdings besteht die im Hinblick auf das Rückwirkungsverbot problematischste Fallgruppe der nicht bekannten wesentlichen Änderung der Einkommens- und Vermögensverhältnisse, von denen der durch diese Änderung Begünstigte nichts weiß und auch nichts wissen konnte, weiter fort.

40 Zur Unanwendbarkeit des Abs. 3 auf Prozeßvergleiche und vollstreckbare Urkunden (Abs. 4) → Rdnr. 58.

3. Das Verhältnis der Abänderungsklage zur Vollstreckungsgegenklage

41 Bei Änderungen der Verhältnisse, die zu einer *Minderung* oder zum *Wegfall* des Anspruchs führen, würde die zeitliche Begrenzung des Abs. 3 (Abänderung des Urteils erst für die Zeit ab Klageerhebung) ihre Bedeutung verlieren, wenn diese Veränderungen auch mit der **Vollstreckungsgegenklage (§ 767)** geltend gemacht werden könnten. Zum Teil wird die Ansicht vertreten, daß in diesen Fällen die Klagen aus § 323 und aus § 767 **wahlweise** zur Verfügung stünden[175], während überwiegend den beiden Vorschriften gesonderte, sich **gegenseitig ausschließende** Anwendungsbereiche zugesprochen werden[176].

42 Die Schwierigkeit der Abgrenzung beruht zum einen auf der doppeldeutigen Natur der Abänderungsklage (Bestätigung oder Durchbrechung der Rechtskraftgrundsätze, → Rdnr. 1), zum anderen darauf, daß der Gesetzgeber dem Verhältnis beider Vorschriften keine Aufmerksamkeit gewidmet hat. Vom *Tatbestand* der beiden Bestimmungen her läßt sich die Abgrenzung allein nicht gewinnen. Gewiß erfaßt § 767 die *rechtsvernichtenden* und *rechtshemmenden* Einwendungen, so daß auf jeden Fall jene Umstände nur unter § 767, nicht unter § 323

---

[174] Verbessert wird die Stellung der Parteien eines Unterhaltsprozesses auch durch den neuen § 643, dem das Gericht in Abs. 2 das Recht einräumt, von Arbeitgebern, Versicherungen, Sozial- und Rentenversicherungsträgern und, wenn es um den Unterhaltsanspruch minderjähriger Kinder geht, vom Finanzamt Auskünfte über das Vermögen und die Einkünfte der Parteien einzuholen, wenn die Parteien einem gerichtlichen Auskunftsverlangen gemäß Abs. 1 nicht nachkommen und sie auf die Möglichkeit der Auskunftseinholung hingewiesen wurden.

[175] 18. Aufl. §§ 323 III 2, 767 II 1; *Bruns* Lb[2] § 45 Rdnr. 240 c; *Bruns-Peters*[3] § 15 IV 5; *Baumann-Brehm* Zwangsvollstreckung[2] § 13 III 2 c; *Reerink* Gruchot 56 (1912), 738; *LG Bremen* JW 1932, 125; *LG Köln* NJW 1948, 557; *LG Kiel* SchlHA 1953, 100; *LG Tübingen* MDR 1958, 523. S. ferner *Kuhlmann* Gruchot 65 (1921), 291 f. Nach *Meister* FamRZ 1980, 864 (866) stellt die Abänderungsklage keine eigenständige Klage, sondern einen speziellen Anwendungsfall einer Vollstreckungsgegenklage dar, für den neben § 767 nur zusätzliche, in § 323 geregelte Voraussetzungen, gelten würden mit Ausnahme des § 323 Abs. 3, den er für verfassungswidrig hält (aaO 869). Dagegen → Rdnr. 39.

[176] Aus der Lit.: *Baumbach-Lauterbach-Hartmann*[56] Rdnr. 4; *Oppermann* ZZP 38 (1909), 445; *Oertmann* AcP 109 (1912), 306; *Rosenberg-Schwab-Gottwald*[15] § 158 IV; *Nikisch* Lb[2] § 107 II 5; *Blomeyer* ZPR[2] § 87 IV 5 b; *Habscheid* FamRZ 1954, 36; *Brühl-Göppinger-Wax* (Fn. 1) Rdnr. 2450 ff.; *Dölle* FamR II (1965), § 86 VIII 2; *Zöller-Vollkommer*[20] Rdnr. 15; *Thomas-Putzo*[20] Rdnr. 2; *Baur-Stürner*[12] Zwangsvollstreckungs-, Konkurs- und Vergleichsrecht Band I Rdnr. 45.32; *Schlosser* Zivilprozeßrecht II § 5 III 4 c Rdnr. 122; *Grunsky* (Fn. 1) 377, 380; *Baumgärtel* FamRZ 1979, 791; *Klauser* MDR 1981, 711, 713 und DAVorm 1982, 125, 130; *Hahne* FamRZ 1983, 1189, 1191; *Jakoby* (Fn. 1) 210, 233 ff. (Die gegenseitige Ausschließlichkeit ergebe sich aus der gesetzgeberischen Intention, eine Berücksichtigung von Änderungen der leistungspflichtbestimmenden Faktoren eines Dauerschuldverhältnisses reichseinheitlich nach dem Vorbild des § 7 Abs. 2 RHaftpflG zu regeln). Aus der Rsp.: *OLG Köln* FamRZ 1962, 73 = MDR 319; *LG Hamburg* MDR 1969, 222; *OLG Düsseldorf* MDR 1972, 56; *KG* FamRZ 1978, 528; *OLG Zweibrücken* FamRZ 1979, 929 und FamRZ 1979, 930; *OLG Hamm* FamRZ 1980, 149, 150; FamRZ 1980, 249 und 1060, 1062; *OLG Bamberg* FamRZ 1980, 617; *OLG Düsseldorf* FamRZ 1981, 306, 307 und FamRZ 1981, 883, 885; *AG Hersbruck* FamRZ 1985, 633, 634. Der *BGH* hat die Frage allgemein offengelassen, FamRZ 1979, 573, 575. Vgl. aber die in Fn. 127 aufgeführten Entscheidungen, in denen der *BGH* offenbar von einem Ausschlußverhältnis ausgeht. Wegen der im Einzelfall bestehenden Schwierigkeiten bei der Wahl der richtigen Klageart hält der *BGH* eine Eventualklageverbindung für zulässig, FamRZ 1979, 573, 575 (dazu *Baumgärtel* FamRZ 1979, 791), → auch Rdnr. 46.

fallen, die den Entstehungstatbestand des Anspruchs auf die einzelnen Raten unberührt lassen, also insbesondere *Zahlung, Aufrechnung, Erlaß, Verjährung und Stundung.* Wenn aber gesagt wird, § 323 beschränke sich auf den *Wegfall oder die andere Entwicklung der rechtsbegründenden Tatsachen,* so wird übersehen, daß sich diese Umstände ebenfalls als rechtsvernichtende darstellen, sobald man – was ja der Ausgangspunkt des Gesetzes ist – den Anspruch auf wiederkehrende Leistungen als einheitlichen Anspruch betrachtet[177].

Löst man aber das nach den Tatbeständen gegebene Konkurrenzproblem dadurch, daß man § 323 für Änderungen der Verhältnisse, die den (künftigen) Gesamtanspruch betreffen, als *Sondervorschrift* betrachtet, die § 767 insoweit ausschließt, so würden Umstände unter § 323 gebracht, für die weder der Weg noch die Beschränkungen des § 323 passen und an die auch der Gesetzgeber bei der Schaffung des § 323 nicht gedacht hat, z.B. der spätere Tod des Unterhaltsberechtigten. Andererseits spricht gegen ein generelles Nebeneinander der beiden Klagemöglichkeiten, daß die Beschränkungen des § 323 (wesentliche Veränderung, Urteilsänderung nur für die Zeit ab Klagerhebung) dann bei Minderung oder Wegfall des Anspruchs illusorisch wären, also nur den Gläubiger (bei Erhöhung der Rentenforderung), nicht aber den Schuldner träfen[178]. 43

Man wird daher für die Abgrenzung **vom Sinn und Zweck des § 323 auszugehen** haben, wie er vor allem in den genannten Beschränkungen zum Ausdruck kommt, und von den **typischen Fällen**, die nach der gesetzgeberischen Intention von § 323 erfaßt werden sollten[179]. Es handelt sich dabei um solche Verhältnisse, die sich von vornherein als *wandelbar* darstellen, deren *Änderungen* sich aber *regelmäßig in der Zeit entwickeln* und denen von vornherein ein *quantitatives Element* zu eigen ist. Konkreter lassen sich die Fälle, auf die § 323 ersichtlich gemünzt ist, als **Änderungen in den wirtschaftlichen Verhältnissen** umschreiben[180], gleich ob sie in der Person einer Partei (Leistungsfähigkeit, Bedürftigkeit, Erwerbsfähigkeit) oder eines #Dritten (Wegfall der Unterhaltspflicht der Eltern der Bedürftigen, wenn dessen Abkömmling leistungsfähig geworden ist) oder in den allgemeinen Verhältnissen (Teuerung, Erhöhung des Lebensstandards) eintreten. Hier ist die Beschränkung auf wesentliche Veränderungen angebracht und (mit Einschränkungen) auch die zeitliche Begrenzung sinnvoll. Diese Umstände sind daher nur unter § 323, nicht unter § 767 zu subsumieren. 44

---

[177] Wie hier *OLG Düsseldorf* FamRZ 1981, 306, 307; *Baumgärtel* FamRZ 1979, 791; *Hahne* FamRZ 1983, 1189, 1191; *Klauser* MDR 1981, 711, 713. Daß die Abgrenzung mit den Begriffen Wegfall (andere Entwicklung) der rechtsbegründenden Tatsachen – rechtsvernichtende, rechtshemmende Tatsachen allein nicht zu bewältigen ist, zeigt sich auch darin, daß die Vertreter dieser Ansicht trotzdem (und im Ergebnis zutreffend) z.B. die Scheidung der Ehe unter § 767 bringen wollen, so etwa *Rosenberg-Schwab-Gottwald*[15] § 158 IV. Handelt es sich dabei nicht genauso um den Wegfall einer rechtsbegründenden Tatsache (Bestand der Ehe) wie z.B. bei Wegfall der Leistungsfähigkeit des Unterhaltsschuldners?

[178] Die Argumentation aus dieser Diskrepanz wird freilich dadurch geschwächt, daß auch das materielle Recht eine zeitliche Beschränkung nur zu Lasten des Gläubigers kennt, nämlich den Ausschluß einer Unterhaltsforderung für die Vergangenheit bei der Unterhaltspflicht zwischen Verwandten und Ehegatten, §§ 1360a Abs. 3, 1613 BGB. Zur Auflockerung dieser Rückwirkungssperre durch das KindUG (→ Gesetzesgeschichte), s. Rdnr. 39a.

[179] Vgl. die Abgrenzungen bei *Burghart* LeipZ 1926, 681; *Habscheid* FamRZ 1954, 36; *Blomeyer* ZPR[2] § 87 IV

5 b; *LG Darmstadt* NJW 1958, 1540; *OLG Düsseldorf* FamRZ 1981, 306, 307; *OLG Zweibrücken* FamRZ 1979, 929 und 930; *OLG Bamberg* FamRZ 1980, 617; *Klauser* MDR 1981, 711, 719 und DAVorm 1982, 125, 129f.; *Hahne* FamRZ 1983, 1189, 1191, die wie der obige Text vom Sinn des § 323 ausgehen und denen auch inhaltlich weitgehend zuzustimmen ist.

[180] So auch *BGHZ* 70, 151, 156f. = NJW 1978, 753, 755 = FamRZ 1978, 177, 179; *BGH* FamRZ 1977, 461, 462; *BGHZ* 83, 278 = NJW 1982, 1147, 1148; *BGH* NJW 1984, 2826, 2828; *BGH* FamRZ 1991, 1175 = NJW-RR 1991, 1154; *OLG Bamberg* FamRZ 1988, 640; *OLG Karlsruhe* FamRZ 1991, 352. *Graba* NJW 1989, 481, 484f.; *MünchKommZPO-Gottwald* § 323 Rdnr. 29; *Jakoby* (Fn. 1) 240ff. (Veränderungen des Dauerschuldverhältnisses als solchem, die zu dessen Untergang führen, seien mit der Vollstreckungsgegenklage zu erheben. Der Abänderungsklage seien die Änderungen zugewiesen, bei denen sich das Dauerschuldverhältnis als solches nicht ändere, die Veränderung aber nicht nur einzelne Leistungspflichten sondern mit hoher Wahrscheinlichkeit ein Mehrzahl künftig entstehender Leistungsverpflichtungen betreffe.)

45　　Dagegen erfaßt § 323 seinem Sinn nach **nicht** die scharf umrissenen (punktuellen) Ergebnisse, bei denen über den Einfluß auf den Anspruch und über den Zeitpunkt ihres Eintritts regelmäßig keine Unklarheit besteht, deren Beachtlichkeit gegenüber dem rechtskräftigen Urteil also auch ohne besondere Vorschrift außer Zweifel stünde. Nicht unter § 323, sondern nur unter § 767 fallen daher z.B. der *Tod des Unterhaltsberechtigten, die Scheidung der Ehe* gegenüber der Unterhaltsverurteilung bei Bestand der Ehe[181] (→ auch Rdnr. 6), die *Wiederverheiratung* des geschiedenen Ehegatten[182], der Wegfall eines Trennungsunterhaltsanspruchs wegen eines ernsthaften Versöhnungsversuchs[183], die Feststellung der Nichtehelichkeit des Kindes[184], Verwirkung gemäß § 66 EheG a. F.[185], das *Anrechnungsverlangen* nach § 1579 BGB[186], aber auch eine *Gesetzesänderung*, die den zuerkannten Anspruch mindert oder überhaupt in Wegfall bringt[187] (zur Beachtlichkeit von Gesetzesänderungen gegenüber der Rechtskraft bei Unterhaltsansprüchen → § 322 Rdnr. 259). Der Einwand, die *Bedürftigkeit vermindere* sich durch den Bezug einer auf dem *Versorgungsausgleich beruhenden Rente*, kann für die Zeit ab Klageerhebung mittels der Abänderungsklage, für die Zeit davor mit Hilfe der Vollstreckungsgegenklage geltend gemacht werden[188]. Gleiches gilt für eine *Herabsetzung* von fälligen Unterhaltsansprüchen nach §§ *1579, 1611 BGB*[189]. All diesen Einwendungen ist gemein, daß sie wandelbar sind und ihre Entwicklung nicht vorhersehbar ist, während ihre Wirkung in der Vergangenheit – Erfüllungswirkung der Rente, Untergang des Anspruchs bei Verwirkung – feststeht[190]. Damit läßt sich auch die unterschiedliche Zuordnung der Einwendungen zu § 323 oder § 767 erklären. Die gleiche Abgrenzung zwischen § 323 und § 767 gilt für den Einwand, aufgrund einer *Abänderungsvereinbarung* sei die im Titel getroffene Regelung für die Zukunft und Vergangenheit neu festgelegt worden[191] und den *Einwand des Erben*, die auf ihn übergegangene Unterhaltsverpflichtung sei nach *§ 70 Abs. 2 EheG a. F.* weggefallen[192].

46　　In Zweifelsfällen können, um Nachteile zu vermeiden, Abänderungsklage und Vollstreckungsgegenklage in der Weise miteinander **verbunden** werden, daß in erster Linie ein Antrag gem. § 767, hilfsweise ein Anspruch aus § 323 geltend gemacht wird oder umgekehrt[193].

---

[181] *BGH* FamRZ 1981, 441 für die Übergangsfälle gem. Art. 12 Nr. 7d des 1. EheRG. Für die durch das 1. EheRG geschaffene Rechtslage *BGH* FamRZ 1981, 242; *OLG Stuttgart* FamRZ 1982, 1012; *KG* FamRZ 1978, 420; aus der älteren Rsp *RG* WarnRsp 1914 Nr. 293; JW 1919, 503; *OLG Kiel* OLG Rsp 31, 158. – Auch wenn nach der Scheidung gleichfalls ein Unterhaltsanspruch (nach §§ 1569 ff. BGB) besteht, ist der alte Titel nicht nach § 323 der jetzigen Rechtslage anzupassen, da es sich dabei um einen neuen, aus einem anderen Tatbestand erwachsenden Anspruch handelt. Vgl. insbesondere die erwähnten Entscheidungen des *BGH*. Zur früheren Kontroverse vgl. wie hier *LG Frankfurt* FamRZ 1968, 397 (abl. *Bosch*), *Alberti*; *Grunz* JR 1949, 40; *Dölle* FamR I (1964), § 41 III 1 (mit Nachw. in Fn. 40). – A.M. *LG Köln* FamRZ 1960, 275; *LG Aachen* FamRZ 1962, 198; *OLG Koblenz* FamRZ 1979, 702; *OLG Oldenburg* FamRZ 1979, 619; *OLG Celle* FamRZ 1978, 814; *OLG Frankfurt* FamRZ 1979, 139; *Teplitzky* MDR 1962, 180. – *Brühl-Göppinger-Wax* Unterhaltsrecht[6] Rdnr. 2458, 2383 lehnt die hier vertretene Ansicht auch nach den Entscheidungen des *BGH* ab, da sie die Parteien mit Mehrkosten belaste, die aus dem Erfordernis entstünden, den nachehelich (womöglich in gleichem Umfang bestehenden) Unterhaltsanspruch neu einklagen zu müssen.

[182] *OLG Karlsruhe* HRR 1939, 1535; *LG Berlin* JR 1952, 283.

[183] *OLG Hamm* FamRZ 1993, 1476.

[184] *AG Lahnstein* FamRZ 1984, 1236.

[185] *BGH* FamRZ 1987, 259, 261; *OLG Karlsruhe* FamRZ 1991, 352, 353.

[186] Vgl. zum Anrechnungsverlangen nach § 1708 Abs. 1 S. 3 BGB aF, *LG Ulm* FamRZ 1964, 401; *Erting* FamRZ 1965, 67. – A.M. *Nixdorf* FamRZ 1964, 554. – § 323 würde dagegen gelten, wenn das Anrechnungsverlangen bereits im ersten Prozeß gestellt war, sich aber nachträglich die Einkommensverhältnisse des unehelichen Kindes verändert haben.

[187] *Habscheid* FamRZ 1954, 37; ZPR 78 (1965), 450; *A. Blomeyer* ZPR[2] § 87 IV 5 b. – A.M. *RGZ* 166, 303 (§ 323 bei Neuregelung der Unterhaltspflicht geschiedener Ehegatten duch EheG); *OLG Marienwerder* SeuffArch 55 (1900), 407 (§ 323 bei Wegfall der Unterhaltspflicht zwischen Geschwistern durch BGB).

[188] *BGH* FamRZ 1989, 159 = MDR 1989, 340 = NJW-RR 1989, 322; teilweise abweichend *BGHZ* 83, 278 = FamRZ 1982, 470; *OLG Karlsruhe* FamRZ 1988, 195.

[189] *BGH* FamRZ 1990, 1095; *OLG Bamberg* NJW 1992, 1112; *OLG Frankfurt* FamRZ 1988, 62; *KG* FamRZ 1990, 187.

[190] *Graba* NJW 1989, 481, 486f.

[191] *OLG Frankfurt* FamRZ 1991, 1328.

[192] *OLG Hamm* FamRZ 1992, 583. – Der Grund, warum die Rechtsprechung die Einwendungen für die Zukunft § 323, für die Vergangenheit § 767 zuordnet, dürfte in der gewollten Vermeidung der Rückwirkungssperre des § 323 Abs. 3 liegen.

[193] *BGH* FamRZ 1979, 573, 575 (dazu *Baumgärtel*

§ 323 enthält keine dem § 767 Abs. 3 entsprechende Vorschrift, die den Kläger ausdrücklich zu einer Häufung sämtlicher entstandener Änderungsgründe nötigen würde. Jedoch führt Abs. 2 zu ähnlichen Ergebnissen; denn jedenfalls dann, wenn eine erste Abänderungsklage abgewiesen ist, kann der Kläger mit einer erneuten Abänderungsklage nur solche Veränderungen geltend machen, die nach dem Schluß der mündlichen Verhandlung über die erste Abänderungsklage entstanden sind[194], → auch Rdnr. 27. Zudem kann den Beklagten einer Abänderungsklage die Last treffen, Abänderungsklage zu erheben, um in einem späteren Verfahren der Präklusionswirkung des § 323 Abs. 2 zu entgehen, → Rdnr. 28a. Auch wird die Präklusionswirkung des § 767 Abs. 3 durch eine frühere Abänderungsklage ausgelöst[195]. Ob der siegreiche Kläger einer Abänderungsklage in einem späteren Abänderungsverfahren auf schon früher eingetretene Umstände zurückgreifen kann, ist entsprechend dem → Rdnr. 72 Gesagten zu beurteilen.

47

5. Anderweitige Erhöhungsklage

Die Beschränkung des § 323 auf *Änderungen der wirtschaftlichen Verhältnisse* ist auch für solche Umstände zu beachten, die zu einer **Erhöhung** des zugesprochenen Anspruchs führen. Nicht unter § 323 fällt daher z.B. eine spätere Klage, wenn durch *Gesetzesänderung* die Dauer der Unterhaltsverpflichtung verlängert wurde[196]. Für eine solche Klage gilt die Beschränkung des Abs. 3 nicht[197].

48

IV. Die Klage auf Abänderung gerichtlicher Vergleiche, vollstreckbarer Urkunden sowie der Anpassungsbeschlüsse

1. Bedeutung und Anwendungsbereich des Abs. 4

Nach dem durch Gesetz vom 13. VIII. 1919 eingefügten Abs. 4 sind die Vorschriften der Abs. 1 bis 3 auf die Schuldtitel des § 794 Nr. 1 und 5 – die **gerichtlichen** und die vor einer Gütestelle abgeschlossenen **Vergleiche** sowie die **vollstreckbaren Urkunden** – entsprechend anzuwenden. Die Fassung der Vorschrift und ihre Stellung im Rahmen der Bestimmungen über die Rechtskraft, mit der sie schlechterdings nichts zu tun hat, erklärt sich aus der Unklarheit, die bei Schaffung der Vorschrift noch über die mit dem *Währungsverfall* im Zusammenhang stehenden Probleme herrschte. Da das – materiellrechtliche – Institut des Wegfalls der Geschäftsgrundlage im Jahre 1919 noch nicht entwickelt war, bezweckte der Gesetzgeber eine Erstreckung der Abänderungsmöglichkeit auf Prozeßvergleiche und vollstreckbare Urkunden gemäß § 794 Abs. 1 Nr. 5[198]. Seit Entwicklung und Anerkennung des Instituts des Wegfalls der

49

FamRZ 1979, 791); *OLG Karlsruhe* FamRZ 1985, 286, 288; *Graba* NJW 1989, 481, 486. Nach *OLG München* FamRZ 1992, 213 fehlt einer Vollstreckungsgegenklage, wenn sie kumulativ mit einer Abänderungsklage erhoben wird, wegen der weitergehenden Rechtskraftwirkung der Abänderungsklage das Rechtsschutzbedürfnis.

[194] Nicht eindeutig *OLG Kiel* OLG Rsp 15 (1907), 267. *Schmidt* MDR 1963, 187 läßt eine weitere Abänderungsklage aufgrund bereits zum Zeitpunkt der ersten Abänderungsklage eingetretener Umstände zu, wenn der Kläger bei der ersten Abänderungsklage einen entsprechenden Vorbehalt machte.

[195] *OLG Hamm* FamRZ 1993, 581, das dieses Ergebnis mit dem gleichen Zweck beider Regelungen und den identischen Präklusionsregeln der §§ 767 Abs. 2 und 323 Abs. 2 begründet.

[196] Ebenso (zur Ausdehnung der Unterhaltspflicht des Vaters eines unehelichen Kindes bis zum 18. Lebensjahr, § 1708 Abs. 1 S. 1 BGB aF) *AG Aachern* FamRZ 1962, 393; *LG Mönchengladbach* FamRZ 1962, 314; *AG Frankfurt* FamRZ 1963, 372 (dazu *Schlosser* FamRZ 1963, 455); *Bosch* FamRZ 1962, 138. – Für Anwendung des § 323 dagegen *LG Karlsruhe* FamRZ 1962, 269; *Baur* FamRZ 1962, 512; ebenso im Hinblick auf die Rechtsänderung durch das NichtehelichenG *LG Berlin* DAVorm 1972, 404; *AG Hamburg* DAVorm 1973, 199.

[197] Nachforderungen können aber nach materiellem Recht ausgeschlossen sein, vgl. §§ 1360a Abs. 3, § 1361 Abs. 4, § 1585b, § 1613 Abs. 1 BGB. Zu den Änderungen durch das KindUG (→ Gesetzesgeschichte) s. Rdnr. 39a.

[198] Vgl. Stenographische Berichte der Verhandlungen der Nationalversammlung 1919, S. 1552.

Geschäftsgrundlage würde Abs. 4 – wörtlich verstanden – den gesetzgeberischen Zweck in sein Gegenteil verkehren, da sich aus Abs. 2 und 3 eine Einschränkung der Abänderungsmöglichkeit ergeben würde. Da aber Abs. 4 eine »entsprechende Anwendung« vorschreibt, kann der Eigenart der genannten Schuldtitel durch modifizierte Anwendung der Absätze 1 bis 3 Rechnung getragen werden, → Rdnr. 55 ff.

50 Zu den im Verfahren wegen einer **einstweiligen Anordnung** oder einer **einstweiligen Verfügung** abgeschlossenen **Vergleichen** → § 620b Rdnr. 2 a, b, → § 794 Rdnr. 44.

51 Durch das NichtehelichenG (v. 19. VIII. 1969, BGBl I 1243) wurden in Abs. 4 die Schuldtitel nach § 642c sowie § 642d i.V. mit § 642c aufgenommen. Es handelt sich dabei um **Prozeßvergleiche** (oder vor einer Gütestelle geschlossene Vergleiche) oder um **vollstreckbare notarielle Urkunden**, in denen durch den Vater eines nichtehelichen Kindes die Verpflichtung zur **Zahlung des Regelunterhalts** (oder des Regelunterhalts mit Zuschlag oder Abschlag, § 642d) übernommen wurde. Für die Abänderung dieser Titel (d.h. der jeweiligen Grundtitel, nicht des Beschlusses auf Festsetzung des Regelunterhalts[199], § 642a) hat dasselbe zu gelten wie bei sonstigen Prozeßvergleichen und vollstreckbaren Urkunden, insbesondere was die **Nichtanwendung von Abs. 2 und 3** betrifft, → Rdnr. 57 f.

52 Das Gesetz zur vereinfachten Abänderung von Unterhaltstiteln (v. 29. VII. 1976, BGBl I 2029) fügte die Schuldtitel des § 641p hinzu. Dies sind **Anpassungsbeschlüsse,** die im Vereinfachten Verfahren zur Abänderung von Unterhaltstiteln (§§ 641l ff., dazu → Rdnr. 63) ergangen sind. Da es sich hierbei um gerichtliche Entscheidungen handelt, bedarf die Anwendung der Absätze 1 bis 3 gesonderter Betrachtung, → Rdnr. 59 ff.

52a Durch die **Neuregelung** des Vereinfachten Verfahrens durch das **KindUG** (→ Gesetzesgeschichte) werden die §§ 642c, 642d, 641p zum 1. Juli 1998 aufgehoben und der sich darauf beziehende Verweis in § 323 Abs. 4 durch eine Verweisung auf § 794 Abs. 1 Nr. 2a ersetzt. § 794 Abs. 1 Nr. 2a erklärt die Zwangsvollstreckung aus Beschlüssen für zulässig, die in einem vereinfachten Verfahren über Unterhalt Minderjähriger Unterhalt festsetzen, einen Unterhaltstitel abändern oder den Antrag zurückweisen. Für die Abänderung dieser Titel gilt § 323 Abs. 1 bis 3 entsprechend. Soweit im vereinfachten Verfahren Prozeßvergleiche geschlossen wurden, gelten die gleichen Besonderheiten wie für sonstige Prozeßvergleiche.

53 Da Abs. 4 die nach materiellem Recht gegebene Abänderbarkeit bei Prozeßvergleichen und vollstreckbaren Urkunden lediglich bestätigt (→ Rdnr. 56), erscheint auch die entsprechende Anwendung des Abs. 4 auf vollstreckbar erklärte **Schiedssprüche mit vereinbartem Wortlaut,** §§ 1053 Abs. 1 S. 2, 1060 Abs. 1 (nach altem Recht vollstreckbar erklärte schiedsrichterliche Vergleiche, § 1044a), und **Anwaltsvergleiche,** § 796a (im wesentlichen wie § 1044b a.F.) unbedenklich. Gleiches gilt für eine vom **Jugendamt** gemäß § 60 Abs. 1 i.V.m. § 59 Abs. 1 Nr. 3 SGB VIII (früher § 49 Abs. 1 Nr. 2 i.V.m. § 50 Abs. 1 JWG) im Einvernehmen des Verpflichteten und des Berechtigten[200] errichtete **vollstreckbare Urkunde**[201] und für **vollstreckbare Urkunden** des **Organs der Jugendhilfe** nach § 55 Abs. 3 DDR-FGB[202]. Eine in der ehemaligen

---

[199] Für die Abänderung dieses Beschlusses gilt vielmehr § 642b. Zu den dabei berücksichtigungsfähigen Umständen → § 642b Rdnr. 4. § 642c schließt nicht die Abänderungsklage gegen den Grundtitel aus, → § 642b Rdnr. 2. Aufgrund eines Abänderungsurteils hat dann wiederum eine Betragsfestsetzung nach § 642a (nicht nach § 642b) zu erfolgen, *LG Nürnberg* DAVorm 1976, 528, 529; *Kemper* FamRZ 1973, 520, 526; *Zöller-Philippi*[20] § 642a Rdnr. 2.

[200] Liegt der Errichtung der Urkunde keine Vereinbarung zugrunde, bindet sie nur den Verpflichteten, nicht aber den Berechtigten i.S. von § 323 Abs. 1. Die Erhöhungsklage des Berechtigten ist also keine Abänderungsklage, *OLG Stuttgart* FamRZ 1980, 919.

[201] *BGH* FamRZ 1982, 915; NJW 1985, 64; *OLG Karlsruhe* FamRZ 1983, 754; *OLG Stuttgart* FamRZ 1980, 919; 1981, 704 (LS) = DAVorm 957; *OLG Düsseldorf* FamRZ 1981, 587; *LG Dortmund* FamRZ 1992, 99. Für eine neben der Abänderungsklage bei einseitigem, schuldbestätigendem Anerkenntnis stets auch zulässige Zusatzklage, *AG Charlottenburg* FamRZ 1991, 858; differenzierend zwischen Zusatz- und Abänderungsklage *OLG Zweibrücken* FamRZ 1992, 840 = NJW 1992, 473.

[202] *Adams* (Fn. 1) 244 ff.

DDR geschlossene gerichtlich bestätigte Einigung über nacheheliche Unterhalt, aus der nach § 88 Abs. 1 Nr. 1 DDR-ZPO vollstreckt werden kann, steht einem Prozeßvergleich i.S.v. § 794 Abs. 1 Nr. 1 gleich, so daß auch § 323 Abs. 4 zur Anwendung gelangt[203]. Die Vereinbarung der Überlassung der Ehewohnung anstelle von Unterhalt ist ein nach § 323 ZPO abzuändernder Prozeßvergleich und unterliegt nicht den §§ 14 ff. HausratsVO[204].

Bei einem **außergerichtlichen Vergleich** ist dagegen mangels eines vollstreckbaren Schuldtitels für die Abänderungsklage des Abs. 4 kein Raum; hier kommt bei Wegfall oder Veränderung der Geschäftsgrundlage nur die gewöhnliche Leistungs- oder Feststellungsklage in Frage[205]. Der außergerichtliche Vergleich kann aber durch Vertrag der Regelung des § 323 unterstellt werden[206]. 54

2. Besonderheiten bei der Abänderung von Prozeßvergleichen und vollstreckbaren Urkunden

a) Voraussetzungen der Abänderung und Ziel der Klage

Zwischen dem Vergleich (bzw. dem vollstreckbaren Vertrag) und dem Urteil besteht der wesentliche Unterschied, daß die Rechtsgrundlage des ersteren ausschließlich der *Wille der Parteien* ist. »Die Verhältnisse«, von deren genauer Ermittlung und Feststellung beim Vergleich zudem vielfach abgesehen ist, können für den Vergleich rechtlich nicht »maßgebend« im Sinne des Abs. 1 gewesen sein[207]. Die Abänderbarkeit des Vergleichsinhalts ist nur nach den Vertragsgrundsätzen des *materiellen Rechts*[208] zu beurteilen; die Grundlage bildet die den Vereinbarungen regelmäßig (→ auch Rdnr. 32 a.E.) stillschweigend innewohnende clausula rebus sic stantibus[209]. Maßgebend sind also die heute anerkannten Regeln über die Veränderung oder den Wegfall der Geschäftsgrundlage[210] und zwar auch soweit es um eine rückwirkende Abänderung geht[211]. Dabei entscheidet der beim Vergleichsschluß zutagetretene Parteiwille darüber, welche Verhältnisse zu den Grundlagen des Vergleichs gehören und wie die Parteien diese Verhältnisse bewertet haben; von dieser Bewertung durch die Parteien ist bei der Anpassung an veränderte Umstände auszugehen[212]. Die Parteien können in dem Vergleich eigene, von den Regeln des Wegfalls der Geschäftsgrundlage abweichende Grundsätze festlegen, unter welchen Voraussetzungen und in welchem Umfang der Vergleich abänderbar 55

---

[203] *BGH* FamRZ 1994, 562 = LM Nr. 70; *OLG Naumburg* DtZ 1997, 363.
[204] *OLG Karlsruhe* NJW-RR 1995, 709.
[205] *RGZ* 106, 233; 141, 198 ff.; *OLG Braunschweig* FamRZ 1979, 928; *OLG Zweibrücken* FamRZ 1982, 302, 303.
[206] *BGH* FamRZ 1960, 60; *OLG Köln* FamRZ 1986, 1018.
[207] *RG* WarnRsp 1918 Nr. 140; JW 1921, 1080; *Heinsheimer* ebenda.
[208] Ebenso ist die Frage der Abänderlichkeit von Abfindungsverträgen ausschließlich eine solche des materiellen Rechts. Vgl. dazu *RGZ* 106, 396; 141, 198 ff.; JW 1925, 350; *OLG Köln* JW 1937, 2784, sowie die Lit.-Zusammenstellung JW 1922, 426.
[209] *RGZ* 106, 233; JW 1936, 927; *OLG Dresden* OLG Rsp 43 (1924), 363. – Jedoch ist die Abänderung nach § 323 nicht möglich, wenn und soweit im Prozeßvergleich darauf verzichtet wurde, *LG Hamburg* FamRZ 1975, 497.
[210] *BGHZ* (GSZ) 85, 64, 73 = NJW 1983, 228; *BGH* NJW 1986, 2054 = FamRZ 1986, 790; *BGH* FamRZ 1988, 156, 158; *BGH* FamRZ 1997, 811, 813; *BGH* FamRZ 1991, 542 (vollstreckbare Urkunde); *BGH* NJW 1997, 2176, 2177; *OLG Bamberg* FamRZ 1988, 640, 641; *OLG Koblenz* FamRZ 1997, 24, 25; *OLG Koblenz* FamRZ 1997, 1079.
[211] *BGH* NJW 1990, 2630 auch zur Beschränkung dieser rückwirkenden Änderung nach Treu und Glauben.
[212] *BGH* NJW 1986, 2054 (Fn. 210); s. auch *BGH* NJW 1985, 1026, 1028 f.; *BGH* FamRZ 1988, 156, 158; *BGH* NJW 1994, 1530, 1531; *BGH* NJW 1995, 1891; *OLG Hamm* NJW-RR 1997, 963; *OLG Koblenz* FamRZ 1997, 1073. Der Unterhaltsschuldner braucht sich nicht daran festhalten zu lassen, daß er trotz Kenntnis seiner Leistungsunfähigkeit einen hohen Ehegattenunterhalt anerkennt, *OLG Frankfurt* FamRZ 1988, 194; keine Abänderbarkeit, wenn Änderung auf eigener Entscheidung beruht, *LG Detmold* FamRZ 1988, 1302; Der Eintritt der Volljährigkeit wenige Monate nach Vergleichsschluß führt nicht zum Ausschluß der Abänderbarkeit, *OLG Karlsruhe* FamRZ 1989, 92.

ist²¹³. Ebenso wie beim Urteil erfolgt auch hier nicht etwa eine freie Neufestsetzung der Leistungen, → Rdnr. 69 ff.

56 Einen darüber hinausgreifenden materiellrechtlichen Satz hat Abs. 4, wie sich aus der andernfalls unverständlichen Beschränkung auf gerichtliche Vergleiche und vollstreckbare Urkunden ergibt und wie auch jetzt kaum mehr bestritten ist, nicht aufgestellt²¹⁴. Die Vorschrift ist ebenso wie diejenige des Abs. 1 eine prozessuale; ihre Bedeutung beschränkt sich auf die – an sich, jedenfalls vom Standpunkt der heutigen Erkenntnis aus, entbehrliche – Klarstellung, daß die Eigenschaft eines Vergleichs als eines gerichtlichen oder die eines Vertrags als eines vollstreckbaren der Abänderbarkeit aus materiellrechtlichen Gründen nicht gegegensteht²¹⁵. – Die Klage ist ebenso wie die des Abs. 1 (→ Rdnr. 34) eine Rechtsgestaltungsklage und (soweit Verurteilung begehrt wird) eine Leistungsklage. Zu den **klageberechtigten Personen** → Rdnr. 33. Vereinbaren die Parteien eine Neufestsetzung einer Unterhaltsrente nach einem bestimmten Zeitraum, ist eine erneute Leistungsklage und nicht die Abänderungsklage zu erheben²¹⁶.

b) Keine Anwendung des Abs. 2

57 Eine entsprechende Anwendung des Abs. 2 kommt für den Prozeßvergleich nicht in Frage, da die Grundlage des Vergleichs allein der Wille der Parteien ist und der Prozeßvergleich nicht in materielle Rechtskraft erwächst. Für die Vergangenheit bezahlte, aber nicht geschuldete Unterhaltsleistungen können auch zurückgefordert werden, wenn der Titel nicht nach § 323 abgeändert wurde²¹⁷. Prozeßvergleiche, die in einem Verfahren der einstweiligen Anordnung nach § 620 Abs. 1 Nr. 4, Nr. 6 geschlossen wurden, bilden wegen der nur summarischen Prüfung in diesem Verfahren und seiner Vorläufigkeit keinen Rechtsgrund i.S.v. § 812 BGB²¹⁸. Aus denselben Gründen wie beim Prozeßvergleich ist Abs. 2 auch auf die vollstreckbaren Urkunden nicht entsprechend anzuwenden²¹⁹, weshalb, anders als bei einem Urteil, für die Zeit vor Rechtshängigkeit nicht auf die Vollstreckungsgegenklage zurückzugreifen ist²²⁰. § 323 Abs. 2 ist anwendbar, wenn in einem zweiten Abänderungsverfahren ein erstes Abänderungsurteil, das einen Prozeßvergleich abänderte, Gegenstand des Verfahrens ist²²¹. Abs. 2 gilt dagegen nicht, wenn der Kläger der ersten abgewiesenen Abänderungsklage der Beklagte des zweiten Abänderungsverfahrens ist, da er sonst dem Gegner durch eine unzulässige oder unbegründete Klage die Möglichkeit der rückwirkenden Abänderung eines Vergleichs nehmen könnte²²².

c) Keine Anwendung des Abs. 3

58 Zu der umstrittenen Frage, ob die **Beschränkung** der Abänderung **auf die Zeit nach der Klageerhebung** (Abs. 3) auch bei der Abänderung von Prozeßvergleichen und vollstreckbaren Urkunden gilt, hat sich der BGH²²³ im Jahre 1982 in einer Grundsatzentscheidung geäußert.

---

²¹³ *OLG Hamburg* FamRZ 1988, 742.
²¹⁴ *BGH* LM § 1542 RVO Nr. 42 = NJW 1963, 2076 = MDR 1963, 997 = JZ 1963, 713 = FamRZ 1963, 558 = BB 1963, 995.
²¹⁵ *RGZ* 106, 233; 110, 101; 165, 26 ff.; WarnRsp 1925 Nr. 131; vgl. auch *Lucas* JW 1925, 737.
²¹⁶ *OLG Zweibrücken* FamRZ 1992, 839.
²¹⁷ *BGH* FamRZ 1991, 1175 = NJW-RR 1991, 1154; *OLG Karlsruhe* FamRZ 1991, 352, 354. – A.M. *OLG Köln* FamRZ 1988, 1185 = MDR 1988, 974; *KG* FamRZ 1988, 310 (stets Bereicherungsklage, wenn Vollstreckung beendet ist).

²¹⁸ *BGH* FamRZ 1991, 1175.
²¹⁹ *BGH* NJW 1985, 64, 65 = FamRZ 1984, 997 = DAVorm 1984, 888 = MDR 1985, 216 = LM Nr. 40; *Finger* MDR 1971, 350, 352 f.; *BGH* FamRZ 1990, 989. – A.M. *Boetzkes* (Fn. 1) 123 ff. (sowohl für Prozeßvergleiche als auch für vollstreckbare Urkunden).
²²⁰ *OLG Hamm* FamRZ 1995, 1151.
²²¹ *BGH* FamRZ 1988, 493 = NJW 1988, 2473.
²²² *BGH* FamRZ 1995, 221, 223.
²²³ *BGHZ* (GSZ) 85, 64, 73 = NJW 1983, 228 = FamRZ 1983, 22 = JR 1983, 198 (*Schreiber*) = JZ 1983, 397 = ZZP 96 (1983), 254 (krit. *Grunsky*); Vorlagebeschluß da-

Der BGH lehnt die entsprechende Anwendung des Abs. 3 ab, da sie der gesetzgeberischen Absicht angesichts der zwischenzeitlichen Rechtsentwicklung nicht gerecht werde; auch aus dem Grundsatz des Vertrauensschutzes ergebe sich nichts Gegenteiliges[224]. Dem ist zuzustimmen. Wie Abs. 4 einerseits keine zusätzliche sachlich-rechtliche Grundlage für die Abänderungsklage schafft, → Rdnr. 55f., so besteht andererseits kein Anhaltspunkt dafür, daß die materiell-rechtlichen Grundsätze in dieser Weise eingeengt werden sollten, zumal damit der gerichtliche Vergleich die Partei ungünstiger stellen würde als der außergerichtliche. Jedoch können die Parteien bei Abschluß des Prozeßvergleichs **vereinbaren**, daß eine Abänderung des Vergleichs erst ab Rechtshängigkeit einer Abänderungsklage möglich sein soll[225]. Wird in einem Prozeßvergleich die im Urteil ausgesprochene Regelung übernommen und deshalb die Berufung zurückgenommen, wird das Urteil aufrecht erhalten und § 323 Abs. 3 bleibt anwendbar[226]. – Wenn der Prozeßvergleich durch Urteil abgeändert wurde, so gilt bei einem späteren **erneuten Abänderungsprozeß**[227] die zeitliche Beschränkung des Abs. 3[228]. § 323 Abs. 3 ist dagegen nicht anwendbar, wenn eine Abänderungsklage abgewiesen wurde[229].

3. Die Abänderung der Anpassungsbeschlüsse (§ 641 p)

Beschlüsse nach § 641 p ändern Urteile und sonstige vollstreckbare Unterhaltstitel im Vereinfachten Verfahren (→ Rdnr. 63) nach Maßgabe der jeweiligen Anpassungsverordnung ab. Gemäß Abs. 4 ist der Anpassungsbeschluß seinerseits aufgrund einer Klage nach § 323 abänderbar. Damit können nach der Errichtung des ursprünglichen Schuldtitels eingetretene individuelle Veränderungen geltend gemacht werden, die eine Erhöhung oder Herabsetzung des im Anpassungsbeschluß festgesetzten Unterhalts rechtfertigen. Da aber der Abänderungsbeschluß auch der Abänderung im Vereinfachten Verfahren zugänglich ist (§ 641 l Abs. 2, s. auch Abs. 3 S. 2), ist die Abänderungsklage nach § 323 gegen diese Beschlüsse nur unter den einschränkenden Voraussetzungen des Abs. 5 (→ Rdnr. 64ff.) zulässig. 59

Neben § 323 steht die **spezielle Abänderungsklage des § 641 q**. Mit dieser kann der **Antragsgegner** des Vereinfachten Verfahrens binnen 1 Monats nach Zustellung des Abänderungsbeschlusses (§ 641 q Abs. 3) geltend machen, die Abänderung im Vereinfachten Verfahren habe zu einem Unterhaltsbetrag geführt, der wesentlich von dem Betrag abweicht, der der Entwicklung der besonderen Verhältnisse der Parteien Rechnung trägt (§ 641 q Abs. 1) bzw. es sei zwischen den Parteien eine abweichende Vereinbarung über die Anpassung getroffen worden, § 641 q Abs. 2. Mit dieser Klage können die besonderen Umstände zum Zeitpunkt des Abänderungsbeschlusses geltend gemacht werden. Dementsprechend wirkt das ergehende Urteil auf den im Abänderungsbeschluß bezeichneten Zeitpunkt zurück, § 641 q Abs. 4 S. 1. 60

Soweit dagegen die Abänderungsklage des § 323 gegen den Anpassungsbeschluß erhoben wird, ist Abs. 3 anwendbar und daher eine Abänderung erst vom Zeitpunkt der Klageerhe- 61

---

zu FamRZ 1982, 480. Abl. zu dieser Entscheidung *Deisenhofer-Göhlich* FamRZ 1984, 229; *Gottwald* JZ 1983, 523, 529; jetzt zustimmend *Rosenberg-Schwab-Gottwald*[15], 158 V 4 b. Vgl. auch die späteren Entscheidungen BGH DAVorm 1983, 367; FamRZ 1985, 362; FamRZ 1986, 790 = NJW 1986, 2054; BGH FamRZ 1990, 989; BGH FamRZ 1991, 542.
[224] BGHZ 85, 64, 68 (Fn. 223); BGH FamRZ 1990, 989, 990 sieht in § 818 Abs. 3 BGB den Vertrauensschutz hinreichend gewährleistet.
[225] BGH DAVorm 1983, 367; OLG Hamburg FamRZ 1988, 742; *Deisenhofer-Göhlich* FamRZ 1984, 229, 230.
[226] BGH FamRZ 1990, 269.
[227] Zu den in solchen Fällen für die Abänderung geltenden Maßstäben BGH FamRZ 1982, 684, 685; NJW 1983, 1118, 1119 = FamRZ 260); OLG Schleswig SchlHA 1981, 189; OLG Frankfurt FamRZ 1980, 894, 895; KG FamRZ 1988, 1171.
[228] OLG Schleswig SchlHA 1978, 117; *OLG Frankfurt* FamRZ 1980, 894; *OLG Hamm* FamRZ 1980, 1126. – Einschränkend OLG Düsseldorf MDR 1985, 233 (Abs. 3 nicht anzuwenden, wenn im ersten Abänderungsurteil keine rückwirkende Änderung erfolgte).
[229] FamRZ 1995, 221, 223 (für den Fall, daß die frühere Abänderungsklage von dem Gegner des jetzigen Abänderungsprozesses erhoben wurde). – A.M. *OLG Düsseldorf* FamRZ 1989, 1207 (*Vollkommer-Seidl*).

bung an zulässig[230], → § 641 q Rdnr. 8. Nicht erforderlich ist, daß die nach § 323 geltend gemachten besonderen Verhältnisse erst nach dem Abänderungsbeschluß eingetreten sind; Abs. 2 ist insoweit nicht anwendbar, weil die besonderen Verhältnisse bei Erlaß des Anpassungsbeschlusses von vornherein keine Berücksichtigung finden können[231]. Mit der Anpassungskorrekturklage nach § 641 q kann nur die durch den Anpassungsbeschluß erfolgte Anpassung, nicht aber der ganze Unterhaltstitel angegriffen werden (→ § 641q Rdnr. 1). Wird ein Wegfall der Unterhaltpflicht wegen veränderter Umstände geltend gemacht, kann daher stets Abänderungsklage unabhängig von § 323 Abs. 5 erhoben werden[232].

62 Die besondere Abänderungsklage nach § 641 q und die Abänderungsklage nach § 323 können miteinander **verbunden** werden[233], → § 641 q Rdnr. 1.

62a Das **KindUG** (→ Gesetzesgeschichte), das am 1. Juli 1998 in Kraft tritt, schafft das bisherige Vereinfachte Verfahren zur Anpassung von Unterhaltstitel und damit auch die §§ 641 p und 641 q ersatzlos ab. An die Stelle dieser Methode der erleichterten Anpassung von Unterhaltstiteln tritt die automatische Anpassung von Unterhaltstiteln minderjähriger Kinder an die allgemeinen Einkommensverhältniisse durch »Dynamisierung von Unterhaltstiteln« (→ Rdnr. 67b).

V. Das Verhältnis der Abänderungsklage zum Vereinfachten Verfahren zur Abänderung von Unterhaltstiteln

1. Anwendungsbereich des Vereinfachten Verfahrens

63 Im Vereinfachten Verfahren der §§ 641l ff. können Urteile (§ 641l Abs. 1) und sonstige Vollstreckungstitel (§ 641l Abs. 2), die auf künftig fällig werdende Unterhaltszahlungen für Minderjährige (seien es eheliche oder nichteheliche Kinder) lauten, auf Antrag des Berechtigten oder des Verpflichteten der allgemeinen wirtschaftlichen Entwicklung angepaßt werden. Wenn eine solche Änderung erforderlich ist, wird durch VO der Bundesregierung (**Anpassungsverordnung**) der Prozentsatz der Erhöhung oder Herabsetzung dieser Unterhaltsrenten bestimmt, § 1612 a Abs. 2 BGB. Im Vereinfachten Verfahren kann nur die Abänderung nach Maßgabe der Anpassungsverordnung verlangt werden. Zu den Einzelheiten des Verfahrens → die Kommentierung zu §§ 641l ff. Nachdem die neuen Bundesländer aufgrund der Ermächtigung des Art. 234 § 8 Abs. 1 S. 1 EGBGB Anpassungsverordnungen erlassen haben, kann nun gemäß Anlage 1 Kap. III Sachg. A Abschn. III Nr. 5 lit. e EinigungsV eine Anpassung des Kindesunterhalts in den neuen Bundesländern nach § 1612a BGB i.V.m. §§ 641l ff. im Vereinfachten Verfahren erfolgen[234]. Wegen der grundlegenden Änderung der wirtschaftlichen Verhältnisse infolge der Wiedervereinigung werden aber in der Regel, wenn Titel der ehemaligen DDR an bundesdeutsche Verhältnisse anzupassen sind, die Voraussetzungen des § 323 Abs. 5 erfüllt sein und daher eine Anpassung nicht im Vereinfachten Verfahren, sondern durch Abänderungsklage erfolgen[235] (Abänderung von Titel der ehemaligen DDR → Rdnr. 18).

---

[230] *OLG Karlsruhe* FamRZ 1994, 1537.
[231] Ebenso *Zöller-Philippi*[20] § 641 q Rdnr. 2a.
[232] *BGH* FamRZ 1982, 915, 916 = MDR 1004; *OLG Bremen* FamRZ 1982, 1035, 1036. – A.M. *OLG Celle* FamRZ 1981, 585; *Klauser* MDR 1981, 711, 714.
[233] Ebenso *Zöller-Philippi*[20] § 641 q Rdnr. 2a.
[234] *Adams* (Fn. 1) 246ff.; *Maurer* FamRZ 1994, 337, 345. – Es verstößt nicht gegen Art. 3 Abs. 1 GG, daß DDR-Titel über Kindesunterhalt vor Erlaß der Anpassungsverordnungen nicht im Wege des Vereinfachten Verfahrens, sondern nur gemäß § 323 abgeändert werden konnten, *BVerfG* FamRZ 1994, 751. Die vereinfachte Anpassungsmöglichkeit nach § 22a DDR-FGB, die am 1.10.1990 in Kraft und am 3.10.1990 außer Kraft trat, erlangte nie praktische Bedeutung, *Adams* (Fn. 1) 247; *Maurer* FamRZ 1994, 337, 339.
[235] *Adams* (Fn. 1) 248.

2. Eingeschränkte Zulässigkeit der Abänderungsklage, Abs. 5

Diese vereinfachte Abänderungsmöglichkeit schließt aber nicht das Recht des Berechtigten 64
oder des Verpflichteten aus, eine Änderung des Unterhalts auf der Grundlage der allgemeinen materiell-rechtlichen Vorschriften zu verlangen, § 1612a Abs. 5 BGB. Es bleibt also zulässig, die Änderung der individuellen Verhältnisse auf der Seite des Berechtigten (Bedürftigkeit) wie des Verpflichteten (Leistungsfähigkeit) geltend zu machen. Dies geschieht weiterhin mittels der Abänderungsklage des § 323.

Abs. 5 schränkt jedoch die Zulässigkeit solcher Abänderungsklagen ein, um nicht den Ver- 65
einfachungszweck der §§ 641l ff. zu gefährden[236]. Die Abänderungsklage ist daher nur dann zulässig, wenn die Anpassung im Vereinfachten Verfahren zu einem **wesentlich anderen Unterhaltsbetrag** führen würde als die Bemessung des Unterhalts nach Maßgabe der veränderten besonderen Verhältnisse der Parteien. Dieses Erfordernis tritt – den Anwendungsbereich des § 323 einschränkend – neben die Wesentlichkeit der Veränderung i.S. des Abs. 1. Zu vergleichen ist, welcher Betrag sich aufgrund der vereinfachten Abänderung nach Maßgabe der Anpassungsverordnung ergäbe und welcher Betrag bei einer Abänderung nach den Regeln des § 323 festzusetzen wäre. Die Abänderungsklage nach § 323 ist sowohl dann zulässig, wenn die individuelle Abänderung zu einem wesentlich höheren als auch dann, wenn sie zu einem wesentlich niedrigeren Betrag führt als die Anpassung im Vereinfachten Verfahren. Würde sich ein i.S.v. § 323 Abs. 5 wesentlich anderer Unterhaltsbetrag ergeben, wenn die – tatsächlich nicht vorliegenden – Voraussetzungen des Verzuges nach § 1613 BGB eingetreten wären, so macht der wegen des fehlenden Verzuges nicht bestehende wesentliche Unterhaltsunterschied die Abänderungsklage nicht unzulässig[237].

Bei der Beurteilung der »**Wesentlichkeit**« wird man einerseits eine gewisse absolute Min- 66
destdifferenz[238] verlangen, andererseits auf das Verhältnis der beiden Anpassungsbeträge (Erhöhungs- bzw. Minderungsbetrag im Vereinfachten Verfahren verglichen mit dem Erhöhungs- bzw. Minderungsbetrag nach Maßgabe der individuellen Verhältnisse) abstellen dürfen[239]. Insgesamt sollte man mit Hilfe des Wesentlichkeits-Kriteriums zwar bei Bagatelldifferenzen die Zulässigkeit der Abänderungsklage ausschließen, aber andererseits auch keine allzu hohen Anforderungen an die Abweichung stellen, um den Weg zu materiell möglichst richtigen Entscheidungen nicht unnötig zu beschränken.

3. Nebeneinander und Nacheinander von Abänderungsklage und Vereinfachtem Verfahren

Ist eine Abänderungsklage nach § 323 bereits rechtshängig, so ist der Antrag auf Anpassung 67
im Vereinfachten Verfahren unzulässig → § 641m Rdnr. 7, → § 641o Rdnr. 8. Wird zunächst die Anpassung im Vereinfachten Verfahren beantragt und danach die Abänderungsklage erhoben, so ist das Vereinfachte Verfahren nach § 641o Abs. 2 im Regelfall auszusetzen, näher → § 641o Rdnr. 8. Zulässig ist es, zunächst die Anpassung im Vereinfachten Verfahren zu be-

---

[236] *Braun* DAVorm 1994, 905, 915ff. spricht von §§ 323 Abs. 5, 641q Abs. 1 als »Entrechtungsvorschriften« und hält sie wegen Verstoßes gegen Art. 103 Abs. 1 GG für verfassungswidrig.
[237] OLG Karlsruhe FamRZ 1987, 847.
[238] Vgl. etwa *Puls* DAVorm 1978, 235 (damals: 10 DM monatlich).
[239] So OLG Hamburg FamRZ 1985, 729; OLG Hamm FamRZ 1987, 91, 93; OLG Schleswig DAVorm 1985, 808; *Puls* DAVorm 1978, 235, 237; *Brühl-Göppinger-Wax* (Fn. 1) Rdnr. 2478; OLG Hamm FamRZ 1987, 91 (50% Differenz). Keine Wesentlichkeit, wenn Unterhaltsrente für Kinder nur 5 Monate hinter der sich im Vereinfachten Verfahren ergebenden Rente zurückbleibt, OLG Hamburg FamRZ 1996, 1087; *Derleder/Lenz* FamRZ 1989, 558, 561. – Anders *Brüggemann* (Fn.1) § 323 Rdnr. 4; *Künkel* DAVorm 1985, 943, 955, die den Differenzbetrag in Beziehung zu dem im Vereinfachten Verfahren resultierenden angepaßten Betrag setzen und hierbei mindestens 10% Unterschied verlangen. – S. zur Konkretisierung der »wesentlichen Abweichung« auch OLG Karlsruhe FamRZ 1987, 847.

antragen und nach Erlaß des Anpassungsbeschlusses den Weg des § 323 zu beschreiten[240], näher zur Abänderung des Anpassungsbeschlusses → Rdnr. 59 ff.

VI. Abänderung von im vereinfachten Verfahren ergangenen Unterhaltstiteln nach dem Kindesunterhaltsgesetz und die Abänderungsklage nach § 323

1. Der dynamisierte Unterhalt

67a   Das Kindesunterhaltsgesetz (→ Gesetzesgeschichte), das am 1. Juli 1998 in Kraft tritt, gibt sowohl **ehelichen** wie **nichtehelichen minderjährigen Kindern** gegen einen Elternteil, mit dem sie nicht in einem gemeinsamen Haushalt leben, nach § 1612 a Abs. 1 BGB einen Anspruch auf den ihnen nach den §§ 1601 ff. BGB zustehenden **Unterhalt** in »**dynamisierter Form**«. Die Besonderheit dieses Anspruchs besteht darin, daß er als **Vomhundertsatz** eines in der Regelbetrag-Verordnung festgesetzten **Regelbetrags** ausgestaltet ist (§ 1612 a Abs. 1 BGB). Der Regelbetrag ist damit nur noch Bezugsgröße für die Dynamisierung des Individualunterhalts[241]. Grundlage des Unterhalts sind die in drei Altersstufen aufgegliederten Regelbeträge (§ 1612 a Abs. 3 BGB), die um bestimmte Beträge gemäß den §§ 1612 b, 1612 c BGB gekürzt oder erhöht werden. Die Regelbeträge werden am 1. Juli 1999 und danach alle zwei Jahre jeweils zum 1. Juli vom Bundesjustizministerium neu festgesetzt und im Bundesgesetzblatt bekanntgemacht, § 1612 a Abs. 4 BGB. Der minderjährige Unterhaltsberechtigte hat die Wahl, ob er seinen Unterhaltsanspruch in dynamisierter, oder, wie bisher, in statischer Form geltend macht.

67b   Die bisherigen Normen über das vereinfachte Verfahren über den Regelunterhalt nichtehelicher Kinder werden durch die neuen **§§ 645 bis 660** ersetzt. Mit dem Inkrafttreten der neuen Regeln **fällt** das **vereinfachte Verfahren zur Abänderung** von Unterhaltstiteln, §§ 641 l ff. a. F., ersatzlos **weg**. Es wird durch eine einfachere Methode der Anpassung, die **dynamisierte Tenorierung**, ersetzt. Wenn in dem Unterhaltstitel der Unterhalt in Form eines Vomhundertsatzes des jeweils geltenden Regelbetrags der entsprechenden Altersstufe (unter Berücksichtigung der Anrechnungsbeträge der §§ 1612 b, 1612 c BGB) tenoriert ist, so ändert sich mit der Anpassung der Regelbeträge automatisch der titulierte Betrag, ohne daß es einer neuen gerichtlichen Entscheidung bedürfte. Einer Abänderungsklage, die nur auf eine Anpassung des Unterhalts an die allgemeine Einkommensentwicklung zielt, wird daher das Rechtsschutzbedürfnis fehlen.

2. Titulierung des Unterhalts

67c   Zur Titulierung des Unterhaltsanspruchs gibt es mehrere Wege. Der **Unterhalt** nach § 1612 a BGB kann auf Antrag vom Rechtspfleger (§ 20 Nr. 10a RPflG) im **vereinfachten Verfahren** durch **Beschluß** als statischer oder dynamisierter Unterhalt festgesetzt werden, §§ 645 Abs. 1, 649 Abs. 1, soweit der Unterhalt vor Anrechnung der nach den §§ 1612 b, 1612 c BGB zu berücksichtigenden Leistungen das Eineinhalbfache des Regelbetrags nicht übersteigt. Im vereinfachten Verfahren ist aber nur die erstmalige Festsetzung von Unterhalt möglich. Ist bereits ein Unterhaltsverfahren anhängig oder existiert schon ein Unterhaltstitel, findet das Verfahren gemäß § 645 Abs. 2 nicht statt. Ferner kann nach § 653 im Rahmen des Vaterschaftsfeststellungsverfahrens Unterhalt in Höhe der Regelbeträge und gemäß den Altersstufen der Regelbetrag-Verordnung (vermindert oder erhöht um anzurechnende Leistungen nach § 1612 b

---

[240] *BGH* FamRZ 1982, 915, 916.   [241] BT-Drucks. 13/9596, 33.

und § 1612 c BGB) zugesprochen werden. Im übrigen besteht die Möglichkeit, den nach § 1612 a BGB vorgesehenen dynamisierten wie auch den statischen Unterhalt im Wege der gewöhnlichen Unterhaltsklage geltend zu machen.

3. Die besondere Anpassungsklage nach § 654 zur Anpassung an die individuellen Verhältnisse

Gegen eine **rechtskräftige Unterhaltsfestsetzung** nach § 649 Abs. 1 sowie eine rechtskräftige Verurteilung zur Zahlung von Unterhalt im Rahmen eines Vaterschaftsfeststellungsverfahrens (§ 653) kann die **Abänderungsklage gemäß § 654** erhoben werden. Diese Abänderungsklage räumt den Parteien die Möglichkeit ein, den im vereinfachten Verfahren festgesetzen Unterhalt an ihre individuellen Verhältnisse, die im vereinfachten Verfahren keine Berücksichtigung finden, anzupassen. Da Leistungsfähigkeit und Bedürftigkeit und andere Voraussetzungen des Unterhaltsanspruchs im vereinfachten Verfahren nicht überprüft werden, unterliegt die Klage nach § 654 **nicht** den **einschränkenden Bedingungen** einer Abänderungsklage nach § 323; es spielt insbesondere keine Rolle, ob die beanspruchten Änderungen wesentlich sind und ob sie nachträglich entstanden sind. Die Klage nach § 654 ist ihrer Funktion nach eine erste Leistungsklage auf Unterhalt, in deren Rahmen der im vereinfachten Verfahren festgesetzte Unterhalt darauf überprüft wird, ob er den besonderen Verhältnissen der Parteien entspricht. Eine **Änderung** des den Unterhalt festsetzenden Beschlusses ist nach § 654 Abs. 2 grundsätzlich auch **rückwirkend** möglich. Eine Klage auf Herabsetzung muß jedoch einen Monat nach dem Festsetzungsbeschluß erhoben werden; danach kann Abänderung nur ab Klageerhebung verlangt werden, § 654 Abs. 2 S. 1. Die Monatsfrist verlängert sich nach § 654 Abs. 2 S. 2 bis zur Beendigung einer auf Erhöhung gerichteten Abänderungsverfahrens des Kindes. Wegen ihrer Besonderheiten ist die Abänderungsklage nach § 654 als eine der allgemeinen Abänderungsklage gemäß § 323 vorgehende Sonderregelung anzusehen.

67d

4. Der Anpassungsantrag nach § 655 und die Abänderungsklagen nach § 656 und § 323

§ 655 sieht für alle auf **wiederkehrende Unterhaltsleistungen** gerichteten **Titel**, in denen eine nach §§ 1612 b, 1612 c BGB anzurechnende Leistung festgelegt ist, gleich ob sie auf altem oder neuem Recht beruhen[242], ein vereinfachtes Verfahren vor, in dem auf Antrag vom Rechtspfleger (§ 20 Nr. 10b RPflG) der Titel **abgeändert** werden kann, wenn sich ein für die Berechnung des **Anrechnungsbetrages maßgeblicher Umstand** geändert hat, da diese Änderungen nicht von der Anpassung der Regelbetrag-Verordnung erfaßt werden. Nach Abs. 3 dieser Vorschrift kann der Antragsgegner in diesem Verfahren nur Einwendungen gegen die Zulässigkeit des vereinfachten Verfahrens, gegen den Zeitpunkt der Abänderung oder gegen die Berechnung des Anrechnungsbetrages geltend machen. Der Anpassungsantrag nach § 655 kann nach Abs. 4 bis zur Erledigung eines Abänderungsverfahrens – nach § 323 oder § 654 – ausgesetzt werden, da dort in der Regel die Änderungen hinsichtlich der anzurechnenden Beträge schon berücksichtigt werden. Der Antrag auf Anpassung kann nicht auf Gründe gestützt werden, die schon in einem früheren Verfahren hätten erhoben werden können, § 655 Abs. 6 i.V.m. § 323 Abs. 2.

67e

Die **spezielle Abänderungsklage** des § 656, die der Klage nach § 641 q a.F. nachgebildet ist, ermöglicht eine **Abänderung** des nach § 655 ergehenden **Anpassungsbeschlusses**, wenn dieser zu einem Unterhaltsbetrag führt, der wesentlich von dem den besonderen Verhältnissen der

67f

---

[242] BT-Drucks. 13/7338, 43.

Parteien entsprechenden Betrag abweicht. Nach Abs. 2 S. 1 ist diese Abänderungsklage nur zulässig, wenn sie einen Monat nach Zustellung des Anpassungsbeschlusses erhoben wird. Außer dem »Wesentlichkeitskriterium« gelten die übrigen Beschränkungen einer Abänderungsklage nach § 323, insbesondere das Erfordernis einer nachträglichen Änderung, nicht.

67g Das Verhältnis der speziellen Abänderungsklage nach § 656 und der Abänderungsklage nach § 323 entspricht dem zwischen den Klagen nach § 641 q a. F. und § 323 (→ Rndr. 61, 62). § 323 Abs. 5 schränkt jedoch die **Zulässigkeit** einer Klage ein, die auf die Abänderung von **Schuldtiteln** gerichtet ist, deren **Abänderung nach § 655** statthaft ist, also aller auf wiederkehrende Unterhaltsleistungen gerichteten Titel, in denen eine nach §§ 1612 b, 1612 c BGB anzurechnende Leistung festgelegt ist, wenn sich ein für die Berechnung des Anrechnungsbetrages maßgeblicher Umstand ändert. Für diese Fälle ist das vereinfachte Anpassungsverfahren des § 655 vorgesehen. Um dessen Vereinfachungseffekt nicht zu gefährden, ist eine Abänderungsklage daher nur zulässig, wenn eine Anpassung nach § 655 zu einem Unterhaltsbetrag führen würde, der wesentlich von dem Betrag abweicht, der der Entwicklung der besonderen Verhältnisse der Parteien Rechnung trägt. Zur Auslegung des Begriffs der Wesentlichkeit s. Rdnr. 65, 66.

5. Zulässigkeit der Abänderungsklage nach § 323 gegen vereinfachte Unterhaltsbeschlüsse und -urteile

67h Soweit die Abänderungsklage nicht von der Klage nach § 654 verdrängt (→ Rdnr. 67d) oder bei dynamisiertem Unterhalt mangels Rechtsschutzbedürfnis unzulässig ist (→ Rdnr. 67b), kann der Berechtigte oder der Verpflichtete Änderung eines Titels über Unterhalt auf der Grundlage der allgemeinen materiell-rechtlichen Vorschriften verlangen. Es bleibt zulässig, die Änderungen der individuellen Verhältnisse geltend zu machen, die über die bloße Entwicklung der allgemeinen Einkommensverhältnisse hinausgehen. Letztere werden von der Dynamisierung des Unterhalts abgedeckt. Unter § 323 fallen dabei u. a. eine Abänderungsklage gegen einen auf § 655 beruhenden Anpassungsbeschluß (→ Rdnr. 67g) sowie eine Klage auf Abänderung eines nach § 654 ergehenden Abänderungsurteils, da § 654 nur für die erstmalige Abänderung eines den Unterhalt im vereinfachten Verfahren festsetzenden Beschlusses gilt. Die besonderen Beschränkungen des § 323 Abs. 5 gelten nur, wenn gegen den Titel eine Anpassungsklage nach § 655 zulässig wäre, nicht aber in sonstigen Fällen, in den ein Unterhaltsbeschluß oder -urteil, das im vereinfachten Verfahren ergangen ist, abgeändert werden soll.

6. Dynamisierung von Unterhaltstiteln nach altem Recht

67i Nach **altem Recht** ergangene **Unterhaltstitel** zugunsten eines Minderjährigen können gemäß Art. 5 § 3 Abs. 1, 2 KindUG in einem **vereinfachten Verfahren**, auf das die §§ 642, 645 Abs. 1, §§ 646–648 Abs. 1, 3, §§ 649, 652, 654, 657–660 und § 794 Abs. 1 Nr. 2 a entsprechend anzuwenden sind, dahin abgeändert werden, daß die Unterhaltsrenten durch Bindung an die Regelbeträge der neuen Regelbetrag-Verordnung **dynamisiert** werden. Die Abänderung ist erst ab der Antragstellung in dem vereinfachten Verfahren möglich, nicht aber rückwirkend.

VII. Verfahren

1. Zuständigkeit und Prozeßkostenhilfe

Eine besondere Zuständigkeit wie in § 767 ist hier nicht vorgeschrieben. Eine ausschließliche Zuständigkeit des früheren Prozeßgerichts besteht danach nicht. Die Klage kann jedenfalls nach den allgemeinen Zuständigkeitsregeln erhoben werden[243]. Das sollte aber dem nicht entgegenstehen, auch bei dem Prozeßgericht erster Instanz, entsprechend § 767 Abs. 1, eine Zuständigkeit anzunehmen[244]. Für die *sachliche Zuständigkeit* ist, auch wenn Minderung beantragt wird, § 9 maßgebend, soweit sich nicht die Zuständigkeit nach §§ 23 a, b GVG richtet (→ § 1 Rdnr. 61 ff.). Gehört der materielle Anspruch vor ein besonderes Gericht, so ist dieses auch für die Klage des § 323 zuständig[245]. Ab dem 1. Juli 1998 ordnet der durch das **KindUG** (→ Gesetzesgeschichte) neu gestaltete § 642 in Verfahren, die die gesetzliche Unterhaltspflicht eines Elternteils oder beider Elternteile betreffen, also auch für Abänderungsklagen, eine ausschließliche Zuständigkeit des Gerichts an, bei dem das Kind oder der Elternteil, der es gesetzlich vertritt, seinen allgemeinen Gerichtsstand hat, soweit nicht eine Partei ihren allgemeinen Gerichtsstand im Ausland hat. Für Unterhaltsabänderungsklagen gegen ein eheliches und ein nichteheliches Kind kann nach § 36 Nr. 3 ein einheitliches Gericht bestimmt werden[246]. Die Vollmacht des Vorprozesses genügt nicht; eine Zustellung der Klage an den Prozeßbevollmächtigten des Vorprozesses (→ § 178 Rdnr. 4) ist weder erforderlich noch genügend. Auch wenn die Möglichkeit der Berufungseinlegung der Abänderungsklage nicht die Zulässigkeit nimmt, kann die Abänderungsklage mutwillig i.S.v. § 114 sein, wenn das Klageziel durch Berufungseinlegung im Vorprozeß hätte erreicht werden können[247]. Nach dem ab 1. Juli 1998 geltenden § 93 d können einer Partei, die zu einem die Unterhaltspflicht betreffenden Verfahren durch Auskunftsverweigerung oder mangelhafte Auskunftserteilung Anlaß gegeben hat, die Kosten des Verfahrens in Abweichung von den allgemeinen Vorschriften, also auch im Falle des Sieges, auferlegt werden (**KindUG**, → Gesetzesgeschichte).

68

2. Anpassung an die veränderten Verhältnisse, Bindung an die Beurteilung durch das Erstgericht, Beweislast

Die **erneute Verhandlung** und Entscheidung über den Anspruch beschränkt sich bei der Klage aus Abs. 1 auf die neue Bemessung der Leistungen nach Maßgabe der jetzt bestehenden Verhältnisse[248], also auf die vom Kläger behaupteten Veränderungen und die dagegen vorgebrachte Verteidigung. Das Gericht hat dabei wiederum die künftige Entwicklung der Verhältnisse vorausschauend zu berücksichtigen[249]. Bei der neuen Festsetzung der Höhe der Leistungen ist zu beachten, daß die materielle Rechtskraft des Ersturteils nur insoweit durchbrochen werden darf, als gegenüber den damals zugrundegelegten tatsächlichen Verhältnissen eine nachträgliche und wesentliche Veränderung eingetreten ist. Die Abänderungsklage ermög-

69

---

[243] S. auch *RGZ* 1, 315; 52, 344; JW 1911, 548; *OLG Köln* OLG Rsp 3 (1901), 327; *OLG Hamm* OLG Rsp 5 (1902), 20 u.a.
[244] Zust. *A. Blomeyer* ZPR² § 87 IV 4; abl. *LG München* NJW 1961, 2265; *LG Hamburg* MDR 1969, 222 (zu Vergleich); *AG Coburg* DAVorm 1975, 46. – Beim Fehlen eines sonstigen Gerichtsstandes im Geltungsbereich der ZPO wird man sinngemäß ohnehin auf diesen abstellen müssen, s. dazu *Pagenstecher* RabelsZ Bd. 11 (1937), 407 f.; *Geimer* Internationales Zivilprozeßrecht³ (1997) Rdnr. 952, 1542, 1569. Dies gilt jedoch nicht im Anwendungsbereich des **EuGVÜ** (dazu → Einl. Rdnr. 781 ff., das

eine solche Annex-Zuständigkeit nicht kennt und damit auch nicht zuläßt, *Geimer* aaO Rdnr. 1555, 1569; *Kropholler* Europäisches Zivilprozeßrecht⁵ (1996) Art. 5 Rdnr. 42 ff.
[245] *OLG Köln* OLG Rsp 3 (1901), 327 (Rheinschifffahrtsgericht).
[246] *BGH* NJW 1998, 685.
[247] *OLG Bamberg* FamRZ 1990, 187 = NJW-RR 1990, 74.
[248] Vgl. *RGZ* 69, 306 (Berufswechsel); *BGH* VersR 1960, 346 (erhöhte Erwerbseinbuße).
[249] *BGH* NJW 1982, 1812.

licht daher keine freie, von der bisherigen Höhe unabhängige Neufestsetzung der Leistungen (insbesondere des Unterhalts), sondern lediglich eine **den veränderten Verhältnissen entsprechende Anpassung des Titels**[250]. An die Feststellungen in einem klageabweisenden Urteil besteht keine Bindung, da keine wiederkehrende Leistungspflicht tituliert wird[251].

70 Bei dieser Anpassung sind die **Grundlagen des abzuändernden Urteils zu wahren** (zum *Versäumnis-* und *Anerkenntnisurteil* → Rdnr. 20). Daraus ergibt sich eine **Bindung** des Gerichts der Abänderungsklage jedenfalls hinsichtlich solcher (unverändert gebliebener) tatsächlicher Verhältnisse, die das Gericht im Erstprozeß festgestellt und denen es Bedeutung für die Unterhaltsbemessung beigelegt hat[252]. Tatsachen, die im Vorprozeß vorgetragen, aber vom Gericht seiner Entscheidung nicht zu Grunde gelegt wurden, können grundsätzlich nicht mehr erfolgreich in einen Abänderungsprozeß eingeführt werden[253]. Die Nichtehelichkeit des in der Ehe geborenen Kindes kann stets geltend gemacht werden, wenn das die Nichtehelichkeit feststellende Urteil nach der letzten mündlichen Verhandlung des Unterhaltsprozesses ergeht, auch wenn die Nichtehelichkeit in diesem Verfahren schon vorgetragen wurde[254]. Führt die Nichtberücksichtigung allerdings zu grob unbilligen Ergebnissen, kann eine andere Beurteilung, d.h. Berücksichtigung der Alttatsachen im Abänderungsprozeß geboten sein[255]. Die **Bindung erfaßt** (soweit keine nachträgliche Änderung eingetreten ist) zB die im Vorprozeß vorgenommene Ermittlung der Einkommensverhältnisse und die Bestimmung der dabei zu berücksichtigenden Abzüge oder Zuschläge, die Einbeziehung fiktiver Einkünfte oder besonderer Belastungen, ferner Feststellungen zur Arbeitsfähigkeit, zur Bedürftigkeit oder zur Berücksichtigung weiterer Unterhaltspflichtiger oder -berechtigter[256]. – Zur Bindung hinsichtlich des **anwendbaren Rechts** → Rdnr. 17 (bei Fn. 43).

71 Hat also das Gericht den an den **ehelichen Lebensverhältnissen** orientierten Lebensbedarf des Unterhaltsgläubigers im Zeitpunkt der Scheidung in bestimmter Höhe oder in Form einer Einkommensquote festgestellt, so bleibt das Gericht des Abänderungsprozesses an diese Bemessungsgrundlage gebunden, da sie von nachträglichen Änderungen der Verhältnisse grundsätzlich nicht berührt wird[257]. Über die Höhe des **angemessenen Unterhalts** ist im Abänderungsverfahren unter Berücksichtigung der nach dem früheren Urteil maßgebenden Umstän-

---

[250] Grundlegend *BGH* NJW 1979, 1656 = FamRZ 1979, 694 = MDR 1979, 829 = LM Nr. 16; *BGHZ* 78, 130, 136 = NJW 1980, 2811 = FamRZ 1981, 341; *BGH* NJW 1983, 1118 = FamRZ 1983, 260; *BGH* NJW 1984, 1458 = FamRZ 1984, 374 = MDR 1984, 654; FamRZ 1987, 257, 258; *BGH* FamRZ 1990, 280 = NJW-RR 1990, 194. Zum Prozeßvergleich *BGH* NJW 1986, 2054 = FamRZ 1986, 790, dazu → Rdnr. 55. – A.M. *Gottwald* Festschr. für Schwab (1990), 151, 160ff.: Die Bindung an die tatsächlichen Verhältnisse sei eine dem deutschen Prozeßrecht unbekannte absolute Rechtskraft der tatsächlichen Verhältnisse, welche es weder in noch außerhalb des Anwendungsbereichs von §323 gebe; *MünchKommZPO-Gottwald* §323 Rdnr. 74: innerhalb einer zulässigen Abänderungsklage gebe es keine Rechtskraftbindung an die abzuändernde Entscheidung. Haben sich die Verhältnisse wesentlich geändert, könne das Urteil durch »Annexkorrektur« unter freier Neubeurteilung geändert werden.

[251] *OLG Hamm* FamRZ 1995, 1152 = NJW 1995, 2042.

[252] *BGH* NJW 1987, 1201, 1203 (Fn. 112). Der Umfang der Bindung an das Urteil kann in der Revisionsinstanz überprüft werden, *BGH* FamRZ 1990, 280 = NJW-RR 1990, 194.

[253] *BGH* (Fn. 112); *BGH* FamRZ 1987, 368; *OLG Schleswig* FamRZ 1988, 417, 418. – Keine Bindung besteht, wenn im Vorprozeß Aufwendungen bestimmter Art grundsätzlich als berücksichtigungsfähig, jedoch als nicht nachgewiesen angesehen wurden, *OLG Koblenz* FamRZ 1991, 210.

[254] *OLG Nürnberg* FamRZ 1996, 299.

[255] *OLG Schleswig* FamRZ 1988, 417: im Vorprozeß ließ das Amtsgericht die vorgetragene Tatsache, daß der Beklagte erneut geheiratet hat und ein Kind aus dieser Ehe existiert, bei der Berechnung des Unterhalts des Kindes aus erster Ehe außer Betracht.

[256] Alle diese Beispiele nennt *BGH* NJW 1984, 1458 (Fn. 250). Auch die Art der Unterhaltsberechnung nach den tatsächlichen Lebensverhältnissen oder nach einer Quote bestimmt den Bindungsumfang, *BGH* FamRZ 1990, 280 (Fn. 252); *OLG Hamm* FamRZ 1987, 1286: Bindung auch an eine Einkommensberechnung, die dem Versäumnisurteil zugrunde liegt; Bindung an ein klageabweisendes Urteil, das wegen mangelnder Darlegung der Einkommensverhältnisse ergeht, *OLG Düsseldorf* FamRZ 1989, 1207 (*Vollkommer-Seidl*); *OLG Hamm* FamRZ 1997, 889 (fiktive Einkünfte).

[257] *BGH* LM Nr. 42 = NJW 1985, 1343 = MDR 1985, 561. Dagegen besteht in dieser Hinsicht keine Bindung, wenn im Vorprozeß die für die Unterhaltsbemessung maßgeblichen Lebensverhältnisse nicht festgestellt wurden, *BGH* FamRZ 1987, 257 = MDR 1987, 392 = LM §58 EheG Nr. 18; *OLG Hamm* FamRZ 1987, 733.

de und der neu eingetretenen Veränderungen neu zu entscheiden. Eine Bindung an **Unterhaltsrichtlinien, Tabellen, Verteilungsschlüssel** oder **Berechnungsmethoden,** die bei der früheren Beurteilung angewendet wurden, besteht dabei nicht[258]. Ein künftiger Wechsel der Altersstufe in einer Tabelle braucht regelmäßig nicht bereits im Ausgangsverfahren geltend gemacht zu werden[259]. Zur Frage, ob die Änderung solcher Richtlinien, Tabellen usw. eine *Veränderung der Verhältnisse* i.S.v. Abs. 1 darstellt, → Rdnr. 22f.

Hat der Unterhaltskläger im Vorprozeß **voll obsiegt,** dabei aber (ohne eine Teilklage zu erheben) **weniger Unterhalt verlangt,** als ihm schon nach den damaligen Verhältnissen zustand, so kann er nach Eintritt der Voraussetzungen des § 323 verlangen, daß bei der Abänderungsklage der volle Unterhaltsanspruch zugrundegelegt wird[260]. Im Vorprozeß nicht verlangter **Vorsorgeunterhalt** kann im Rahmen eines Abänderungsverfahrens geltend gemacht werden[261]. Der Unterhaltsgläubiger, der im Vorprozeß voll obsiegt hat, aber im Nachverfahren geltend machen will, schon zum Zeitpunkt des Vorprozesses habe ihm ein höherer Unterhaltsanspruch zugestanden als damals verlangt, kann sich nach Ansicht des BGH auch auf schon damals gegebene, jedoch im Vorprozeß nicht vorgetragene Umstände stützen[262]. Diese Grundsätze lassen sich rechtfertigen, wenn man die Frage, inwieweit das Ersturteil eine Ausschlußwirkung entfaltet, an der Rechtskraftwirkung orientiert und dabei (in Übereinstimmung mit der zu → § 322 Rdnr. 156ff. näher dargelegten h. M.) davon ausgeht, daß die Rechtskraft immer nur den Anspruch in der geltend gemachten Höhe ergreift, also Nachforderungen des obsiegenden Klägers auch dann nicht entgegensteht, wenn er im Vorprozeß keinen Vorbehalt weiterer Ansprüche gemacht hat[263]. Allerdings bleibt es dabei, daß bei Verurteilung zu wiederkehrenden Leistungen zur Geltendmachung solcher weitergehender Ansprüche nur der Weg des § 323, aber keine davon unabhängige Zusatzklage zur Verfügung steht, näher → Rdnr. 3f. – Dazu, daß es dem **Gegner der Abänderungsklage** nicht verwehrt ist, sich auf schon zum Zeitpunkt des Vorprozesses vorliegende, aber damals nicht vorgetragene Tatsachen zu stützen, → Rdnr. 27.

72

Dagegen bleiben bei der Entscheidung über die Abänderungsklage die unverändert gebliebenen *einmaligen Ereignisse,* die den Anspruch abgesehen von seiner Höhe begründeten, außer Betracht, selbst wenn die Klage gerade den Bestand der Forderung angreift[264]. Die **Anspruchsgrundlage** bleibt also im übrigen **bindend festgestellt**[265]. Wird ein Unterhaltsanspruch auf der Grundlage von § 1573 BGB tituliert und stützt der Unterhaltsberechtigte seinen Anspruch im Abänderungsverfahren auf § 1572 BGB, kann der Unterhaltsschuldner den Einwand kurzer Ehedauer nach § 1579 Nr. 1 BGB im Verfahren nach § 323 erheben[266]. Mit der Abänderungsklage kann eine Korrektur einer bereits zum Zeitpunkt der Erstentscheidung unrichtigen Entscheidung nicht begehrt werden[267]. Ob einem Umstande in dem früheren Ur-

73

---

[258] *BGH* NJW 1984, 1458 (Fn. 250); *BGH* FamRZ 1985, 374, 375; 1987, 257, 258; *BGH* FamRZ 1994, 1100 = LM Nr. 71 § 323 ZPO; *OLG Koblenz* FamRZ 1991, 210. – Anders zum Prozeßvergleich *AG Lahnstein* FamRZ 1985, 487, 488 (Bindung an die von den Parteien zugrundegelegte Berechnungsweise, jedenfalls wenn der Vergleich erst vor eineinhalb Jahren geschlossen wurde). Die Frage stellt sich beim Prozeßvergleich in der Tat anders dar, da hier in erster Linie vom Parteiwillen auszugehen ist (→ auch Rdnr. 55), der auch eine Einigung über den Verteilungsschlüssel usw. umfassen kann.

[259] *OLG Düsseldorf* FamRZ 1988, 1085 (Unterhaltsurteil). – A.M. *OLG Köln* FamRZ 1980, 398; *OLG Karlsruhe* FamRZ 1989, 92 (Vergleich); *KG* FamRZ 1990, 1122, wenn der Wechsel der Altersstufe in nächster Zukunft eintritt.

[260] *BGH* NJW 1984, 1458 (Fn. 250); NJW 1987, 1551, 1553 = MDR 1987, 653 = LM § 1577 BGB Nr. 12 (jedoch nur im Rahmen einer aufgrund Veränderung der Verhältnisse zulässigen Abänderungsklage). *BGH* FuR 1997, 152, 153. – A.M. *OLG Koblenz* FamRZ 1984, 185, 186.

[261] *BGHZ* 94, 145 = LM Nr. 45 = NJW 1985, 1701 = MDR 1985, 654 = JZ 1985, 579.

[262] *BGH* NJW 1987, 1201, 1202 (Fn. 112). Dagegen *v. Olshausen* JR 1987, 464.

[263] S. zu diesen Zusammenhängen auch *Niklas* FamRZ 1987, 869ff.

[264] *RGZ* 2, 3ff.; SeuffArch 35 (1880), 308.

[265] *BGHZ* 34, 110 (Fn. 7); *BGH* NJW 1986, 3142, 3143; *Weber* FamRZ 1955, 232; *Pohle* ZZP 77 (1964), 107f. – A.M. *Brox* FamRZ 1954, 66 (alle Einwendungen können erneut geltend gemacht werden).

[266] *OLG Hamm* FamRZ 1992, 842.

[267] *OLG Schleswig* SchlHA 1978, 198; *OLG Hamm*

teil die maßgebende Bedeutung mit Recht beigelegt ist, kann jetzt nicht nachgeprüft werden[268], → auch Rdnr. 22 bei Fn. 83 f. § 323 darf nicht dazu führen, das frühere Urteil ganz beiseite zu schieben und verwirkte Einreden oder Beweismittel jetzt zur Geltung zu bringen. – Daß der Kläger für die maßgebenden Umstände der Erstentscheidung sowie die behaupteten Veränderungen und deren Zeitpunkt die **Beweislast** trägt[269], folgt aus den allgemeinen Beweislastgrundsätzen. Jedoch hat der beklagte Unterhaltsgläubiger darzulegen und zu beweisen, daß die Unterhaltsforderung aufgrund eines anderen als im Titel festgestellten Unterhaltsanspruchs gerechtfertigt ist[270]. Der Kläger hat auch nachzuweisen, daß er keine zumutbare Arbeit finden konnte, wenn im Ersturteil eine Erwerbsobliegenheit nicht angenommen wurde, diese aber wegen veränderter Umstände im Zeitpunkt der Abänderungsklage zumutbar erscheint[271]. Sind für die Höhe einer Unterhaltsrente Umstände maßgebend, die für den abzuändernden Titel keine Bedeutung hatten, gelten die üblichen Beweislastregeln[272].

74 Um den *Anspruchsgrund,* insbesondere die Unterhaltspflicht oder die Verpflichtung zum Ersatz des aus einem Unfall entstehenden Schadens, auch für später (den veränderten Umständen entsprechend) erhöhte Unterhalts- oder Schadensrenten bindend festzulegen, bedarf es also **keiner Feststellungsklage neben der ursprünglichen Leistungsklage** oder nach der Erlangung eines Rentenurteils, so daß für die Feststellungsklage in diesen Fällen das rechtliche Interesse fehlt[273].

3. Rückforderung, vorläufige Anordnungen

75 Da das Urteil nur für die Zeit seit der Klageerhebung wirkt (Abs. 3), ist sowohl eine *Nachforderung* wie eine *Zurückforderung* für die Vergangenheit ausgeschlossen (anders bei § 767)[274]; das gilt auch für Prozeßvergleiche[275]. Zur Ausnahme nach Abs. 3 S. 2 n. F. → Rdnr. 39 a. Bei der nahen Verwandtschaft der Klagen aus § 323 und § 767 erscheint es systematisch unbedenklich und praktisch dringend geboten, **vorläufige Anordnungen** nach § 769 in demselben Umfange wie bei der Vollstreckungsgegenklage zuzulassen[276]. Die Einstellung der Zwangsvollstreckung nach § 769 kann schon vor Zustellung der Abänderungsklage erfolgen,

---

NJW-RR 1997, 1159; *OLG Köln* FamRZ 1987, 846: auch damals schon vorgelegene, aber erst jetzt erkannte Tatsachen können nicht berücksichtigt werden. – A.M. *Braun,* Abänderungsklage, 238; *Graba* (Fn. 1), Rdnr. 378 ff., 513, wenn der ursprüngliche Fehler zu untragbaren Ergebnissen führe, was in der Regel der Fall sei, wenn beim Prozeßvergleich die Grundsätze des Wegfalls der Geschäftsgrundlage eine Abänderung rechtfertigen würden.
[268] *BGH* NJW 1979, 1656 (Fn. 250); 1983, 1118, 1119 (Fn. 250); *OLG München* FamRZ 1979, 237; *OLG Köln* FamRZ 1987, 846; *RG* JW 1909, 194.
[269] *BGH* NJW 1987, 1201 (Fn. 112); *OLG Düsseldorf* FamRZ 1981, 587; *OLG Zweibrücken* FamRZ 1984, 728; *OLG Karlsruhe* FamRZ 1987, 504; *OLG Hamburg* FamRZ 1989, 855. Bevor die Grundsätze der Beweislastvereitelung eingreifen, ist der Unterhaltsgläubiger in der Regel gehalten, durch Auskunfts- oder Stufenklage die erforderlichen Informationen zu erhalten, die er zur Behebung seiner Beweisnöte benötigt, *OLG Karlsruhe* FamRZ 1990, 521. Erhebt der Vater nach Eintritt der Volljährigkeit des Kindes Abänderungsklage, liegt die Beweislast für die Höhe eines fortbestehenden Unterhaltsanspruchs beim Kind, *KG* FamRZ 1994, 765. – A.M. *OLG Hamburg* FamRZ 1993, 1475.
[270] *BGH* FamRZ 1990, 496; *OLG Zweibrücken* FamRZ 1989, 1192.
[271] *OLG Hamm* FamRZ 1996, 1219.

[272] *KG* FamRZ 1989, 1206.
[273] *BGHZ* 5, 314 = NJW 1952, 740; *BGH* NJW 1961, 871; 1986, 3142; *Weber* FamRZ 1955, 234. Abweichend *BGH* LM § 256 Nr. 36 = NJW 1956, 1479; *Brox* (Fn. 228).
[274] *BGH* FamRZ 1982, 470; *OLG Karlsruhe* FamRZ 1983, 716, 717.
[275] *OLG Karlsruhe* FamRZ 1991, 352, 354; *BGH* FamRZ 1991, 1175 = NJW-RR 1991, 1154. – A.M. *OLG Köln* FamRZ 1988, 1185. Eine Bereicherungsklage nach Beendigung der Zwangsvollstreckung, ohne die Notwendigkeit eine Abänderungsklage zu erheben, halten für zulässig *KG* FamRZ 1988, 310; *OLG Zweibrücken* FamRZ 1995, 175.
[276] *BGH* LM Nr. 1; *BGH* FamRZ 1986, 793, 794; *OLG Frankfurt* FamRZ 1978, 460 (LS) u. 529; *OLG Köln* FamRZ 1987, 964; *OLG Schleswig* JR 1949, 88; 1950, 733; *OLG Celle* NdsRpfl 1950, 7; *OLG Köln* NJW 1951, 849; *OLG Celle* Rpfleger 1962, 25; *OLG Düsseldorf* JMBl NRW 1966, 113. Vgl. weiter *Greiser, Jonas* JW 1935, 3145 f., 3592 (gegen *LG Görlitz*); *LG Nürnberg* JW 1937, 580; *Clasen* DJ 1942, 816; *Baur* JR 1949, 256. Früher suchte die Rsp hier mit einer einstw. Verf. nach § 940 zu helfen, vgl. *OLG Stettin* OLG Rsp 13 (1906), 190; *OLG Breslau* u. *OLG Hamburg* OLG Rsp 20 (1910), 320; *KG* JW 1932, 1156; *OLG Kiel* HRR 1932 Nr. 1590 u. a.; so noch *Auerbach* JR 1949, 88.

wenn entweder die Klage demnächst zugestellt wird oder sichergestellt ist, daß das Recht des Gläubigers, die Zwangsvollstreckung zu betreiben, wieder auflebt[277]. Sind während des Prozesses inzwischen fällig gewordene Raten beigetrieben, so begründet dies keinen Schadensersatzanspruch nach § 717 Abs. 2, wenn das Urteil rechtskräftig war; der Bereicherungsanspruch kann nur nach § 260 durch nachträgliche Klagenhäufung (→ § 264 Rdnr. 11) geltend gemacht werden. Gelingt dies nicht, so ist selbständige Klage deshalb zu erheben[278]. Um der Gefahr zu entgehen, daß die Bereicherungsklage an der möglichen Entreicherung des Empfängers gemäß § 818 Abs. 3 BGB scheitern könnte[279], ist anzuraten, unverzüglich Leistungsklage zu erheben oder die einstweilige Einstellung der Zwangsvollstreckung gemäß § 769 zu beantragen[280]. Ist allerdings ein vorläufig vollstreckbares Abänderungsurteil ergangen, so fehlt im Umfang der Abänderung das Rechtsschutzinteresse für eine einstweilige Einstellung der Zwangsvollstreckung nach § 769[281]. Wird dem unterhaltsberechtigten Ehegatten für die Zeit, in der er Unterhalt erhalten hat, nachträglich eine Erwerbsunfähigkeitsrente gewährt, so kann dem Unterhaltsschuldner aus § 242 BGB ein Erstattungsanspruch zustehen, den er mit einer Leistungsklage geltend machen kann, ohne daß die Beschränkungen des § 323 eingreifen[282].

4. Entscheidung

Das Urteil sollte, wenn es die Zahlungspflicht beseitigt oder herabsetzt, das **frühere Urteil** stets insoweit auch ausdrücklich **aufheben**[283], schon damit der Schuldner auf dem einfachen Wege des § 775 Nr. 1 gegen jede weitere Zwangsvollstreckung[284] daraus geschützt wird, → auch § 725 Rdnr. 7 (dort Fn. 36). Es kann im übrigen, wenn es die Leistungspflicht erhöht oder herabsetzt, immer nur auf Rentenzahlung lauten[285] und ist gemäß § 708 Nr. 8 für vorläufig vollstreckbar zu erklären[286]. Soweit ein Abänderungsurteil das abgeänderte Urteil aufrechterhält, tritt die Vollstreckbarkeit der in dem abgeänderten Urteil titulierten Ansprüche nicht i.S.d. §§ 717 Abs. 1, 775 außer Kraft, da der Vollstreckungsgläubiger sonst seinen Rang verlieren würde[287]. Eine Herabsetzung kann, wenn auf Erhöhung geklagt ist, nur auf Widerklage ausgesprochen werden, § 308, und umgekehrt. Ein **Teilurteil** über die Klage oder die Widerklage ist allerdings **unzulässig**[288], ein abweisendes Teilurteil jedenfalls dann, wenn es einem Rechtsmittel unterliegt[289]. Begehren der Unterhaltsberechtigte und der Unterhaltsverpflich-

76

---

[277] KG FamRZ 1988, 313. – Eine befristete Einstellung ist in dringenden Fällen schon in einem Prozeßkostenhilfeverfahren zulässig, wenn das Gesuch mit der Abänderungsklage verbunden wird, nicht dagegen im isolierten Prozeßkostenhilfeverfahren, *OLG Schleswig* FamRZ 1990, 303.
[278] So auch RGZ 44, 364f.
[279] Nach Ansicht des *BGH* führt die Erhebung der Abänderungsklage noch nicht zu einer Haftungsverschärfung gemäß § 818 Abs. 4 BGB, da diese Vorschrift eine Klage auf Herausgabe voraussetze und angesichts ihres Ausnahmecharakters keiner erweiternden Auslegung zugänglich sei, BGHZ 93, 183 = NJW 1985, 1074 = JuS 1985, 555 Nr. 5; NJW 1986, 2057 = FamRZ 1986, 793 = JuS 1986, 909 (LS, *K. Schmidt*) = JZ 1986, 863, ebenso *OLG Köln* FamRZ 1987, 964; *OLG Hamm* FamRZ 1997, 433.
[280] Das über den Einstellungsantrag entscheidende Gericht wird im Hinblick auf § 323 Abs. 3 und den denkbaren Entreicherungseinwand gemäß § 818 Abs. 3 BGB für den Fall einer nicht gleichzeitig parallel zur Abänderungsklage erhobenen Bereicherungsklage, dem Einstellungsantrag bei nicht offensichtlich aussichtsloser Abänderungsklage stattzugeben haben. Vgl. ähnlich *OLG Frankfurt* FamRZ 1986, 1131. Auch der *BGH* verweist auf die besondere Verantwortung bei der Prüfung des Einstellungsantrags, BGH FamRZ 1986, 793, 794. *OLG Zweibrücken* FamRZ 1995, 175 zur Frage, wann eine verschärfte Haftung nach §§ 819 Abs. 1, 820 Abs. 1 S. 2 BGB eintritt.
[281] *OLG Zweibrücken* FamRZ 1986, 376.
[282] BGH FamRZ 1990, 269, 272.
[283] So auch *Seligsohn* (Fn. 1) Fn. 22.
[284] Zur Vollstreckung aus dem alten oder dem neuen Titel vgl. *Furtner* NJW 1961, 1053.
[285] A.M. *Oertmann* (Fn. 1) 313 (auch auf Kapitalabfindung statt bisherige Rente).
[286] A.M. für den Fall der Herabsetzung der Verpflichtung *Scheffler* FamRZ 1986, 532 (für Anwendung von § 708 Nr. 11, § 709).
[287] *OLG Karlsruhe* FamRZ 1988, 859 (→ § 725 Rdnr. 7).
[288] BGH FamRZ 1987, 151 = NJW 1987, 441 = MDR 1987, 301 = LM § 301 Nr. 33; *OLG Zweibrücken* FamRZ 1981, 483.
[289] *BGH* (Fn. 288).

tete die Abänderung des Unterhaltstitels für denselben Zeitraum vor demselben Gericht, aber in unterschiedlicher Weise in getrennten Verfahren, darf nicht über eine Abänderungsklage allein entschieden werden. Die Klagen sind gemäß § 643a Abs. 4 S. 1 analog zu verbinden und zusammen zu entscheiden[290]. Zur **Rechtshängigkeit** zweier Abänderungsklagen → Rdnr. 35a. Ist der Rentenanspruch, wie in § 8 HaftpflG, §§ 843f. BGB, ein einheitlicher, so ist eine Ausgleichung unter den einzelnen Posten zulässig[291].

VIII. Abänderung von Entscheidungen über den Versorgungsausgleich

77 Eine Abänderung rechtskräftiger Entscheidungen über den Versorgungsausgleich erlaubt § 10a des Gesetzes zur Regelung von Härten im Versorgungsausgleich vom 21. II. 1983 (BGBl I 105) i.d.F. des Gesetzes über weitere Maßnahmen auf dem Gebiet des Versorgungsausgleichs vom 8. XII. 1986 (BGBl I 2317)[292] in einer Reihe von Fällen (z.B. abweichende Ermittlung des Wertunterschieds der Versorgungsanwartschaften, Änderungen in der Verfallbarkeit, Änderungen der Ausgleichsform). § 323 ist hierauf nicht anwendbar, vielmehr enthält das erwähnte Gesetz eine eigenständige Regelung.

§ 324 [Nachträgliche Klage auf Sicherheitsleistung]

Ist bei einer nach den §§ 843 bis 845 oder §§ 1569 bis 1586b des Bürgerlichen Gesetzbuchs erfolgten Verurteilung zur Entrichtung einer Geldrente nicht auf Sicherheitsleistung erkannt, so kann der Berechtigte gleichwohl Sicherheitsleistung verlangen, wenn sich die Vermögensverhältnisse des Verpflichteten erheblich verschlechtert haben; unter der gleichen Voraussetzung kann er eine Erhöhung der in dem Urteil bestimmten Sicherheit verlangen.

Gesetzesgeschichte: Eingefügt durch die Novelle 1898 (→ Einl. Rdnr. 113). Änderung durch das 1. EheRG vom 14.VI.1976 (→ Einl. Rdnr. 157).

I. Bedeutung der Nachklage auf Sicherheitsleistung	1	3. Analoge Anwendung bei Verbesserung der Vermögensverhältnisse	4
II. Voraussetzungen der Klage des § 324	2	4. Nachträgliche Veränderung	5
1. Verurteilung zur Zahlung einer Geldrente	2	III. Ziel der Klage	7
		IV. Verfahren	8
2. Verschlechterung der Vermögensverhältnisse	3		

I. Bedeutung der Nachklage auf Sicherheitsleistung

1 Bei der *Verurteilung zur Entrichtung einer Geldrente* in den Fällen der Tötung, Körperverletzung oder Freiheitsberaubung, §§ 843ff. BGB, bei Verletzung des Dienstverpflichteten, § 618 Abs. 3 BGB, § 62 Abs. 3 HGB, hat das Gericht nach § 843 Abs. 2 S. 2 BGB nach freiem Ermessen darüber zu entscheiden, ob, in welcher Art (§ 232 BGB) und für welchen Betrag der

---

[290] *OLG Zweibrücken* FamRZ 1988, 420; ebenfalls zur Notwendigkeit der Verbindung und einheitlichen Entscheidung *OLG Zweibrücken* FamRZ 1993, 440; zur Behandlung einer Verfahrenslage, in der ein mit der Berufung angefochtenes unzulässiges Teilurteil abgewiesen wurde, wenn dieses von einem rechtskräftigen Schlußurteil überholt wurde, *OLG Zweibrücken* FamRZ 1995, 891.
[291] *RGZ* 74, 131f.
[292] Dazu *Ruland* NJW 1987, 345, 349; *Hahne* FamRZ 1987, 217; *Wagenitz* JR 1987, 53; *Palandt-Diederichsen* BGB[57] Anhang IV zu § 1587b Rdnr. 1.

Unterhaltspflichtige *Sicherheit zu leisten* hat. Das gleiche gilt nach § 8 Abs. 2 HaftPflG, § 13 Abs. 2 StraßenverkehrsG, § 38 Abs. 2 LuftverkehrsG, § 30 Abs. 2 AtomG, § 9 Abs. 2 ProdHaftG, § 14 Abs. 2 UmweltHG. Bei der Ehescheidung (§§ 1569ff. BGB) hat der Verpflichtete nur dann Sicherheit zu leisten, wenn die Gefahr besteht, daß er sich seiner Unterhaltspflicht zu entziehen sucht, § 1585a BGB. Entscheidungen über die Pflicht zur Sicherheitsleistung können die Vermögenslage des Verpflichteten nur so ins Auge fassen, wie sie zur Zeit des Urteils ist oder nach der Erfahrung des Lebens sich wahrscheinlich gestalten wird. Bei dem häufigen Wechsel der Verhältnisse wäre hier die präkludierende Wirkung der Rechtskraft besonders unbillig. Aus diesem Grunde ist in § 324 – und entsprechend in § 8 Abs. 3 HaftpflG, § 13 Abs. 3 StraßenverkehrsG, § 38 Abs. 3 S. 1 LuftverkehrsG, § 30 Abs. 3 AtomG – dem Rentengläubiger eine Nachklage gewährt, die mit der des § 323 eng verwandt ist. Nach Anlage I Kap. III Sachg. A Abschn. III Nr. 5 lit. i EinigungsV ist § 324 auch auf Titel aus der ehemaligen DDR anwendbar.

II. Voraussetzungen der Klage des § 324

1. Verurteilung zur Zahlung einer Geldrente

In einem Vorprozeß muß auf Grund der §§ 843ff. BGB, §§ 1569ff. BGB bzw. § 8 HaftpflG, § 13 StraßenverkehrsG, § 38 LuftverkehrsG, § 30 AtomG, § 9 Abs. 2 ProdHaftG, § 14 UmweltHG **zur Zahlung einer Geldrente** auf bestimmte oder unbestimmte Zeit verurteilt sein. § 324 gilt auch, wenn in anderen Vorschriften – wie in § 618 Abs. 3 BGB, § 62 Abs. 3 HGB – auf die §§ 843ff. BGB verwiesen wird. Gleichgültig ist, ob in dem früheren Urteil auf Sicherheitsleistung erkannt oder die Anordnung einer solchen abgelehnt oder vom Kläger gar nicht beantragt war. – Wegen der einstweiligen Verfügung → § 323 Rdnr. 15. – Abgesehen von der positiven Regelung in § 38 Abs. 3 S. 2 LuftverkehrsG steht der **Vergleich** der Verurteilung nicht gleich, es sei denn, die Parteien hätten die Anwendbarkeit des § 324 vereinbart. 2

2. Verschlechterung der Vermögensverhältnisse

Es muß eine **Verschlechterung der Vermögensverhältnisse** des Verpflichteten eingetreten sein, die nach freiem Ermessen des Gerichts *erheblich* ist, d.h. die künftige Vollstreckung der Rentenforderung gefährdet. Andere Umstände kommen nicht in Betracht, wie etwa die Verlegung des Wohnsitzes des Verpflichteten ins Ausland (§ 917 Abs. 2) oder unwirtschaftliches Gebaren des Verpflichteten, solange es nicht zu erheblicher Verschlechterung der Vermögensverhältnisse geführt hat. Diese kann übrigens auf rein persönlichen wie auf allgemeinen Gründen, z.B. der Entwertung von Anlagepapieren, beruhen. Der Umstand, daß der Kläger erst später von der schon bestehenden schlechten Vermögenslage **Kenntnis** erlangt oder nachträglich instand gesetzt wird, sie zu **beweisen**, reicht nicht aus[1]. – Wird bei gleicher Vermögenslage die geleistete Sicherheit unzureichend, so greift § 240 BGB ein. 3

3. Analoge Anwendung bei Verbesserung der Vermögensverhältnisse

Bei einer **Verbesserung der Vermögenslage** ist dem Verpflichteten eine entsprechende Klage auf Beseitigung oder Herabsetzung der Sicherheitsleistung zuzubilligen[2]. 4

---

[1] S. auch *Paschke* Recht 1906, 796f.

[2] Ebenso *Baumbach-Lauterbach-Hartmann*[56] Rdnr. 3; *Wieczorek*[2] C I; *Thomas-Putzo*[20] Rdnr. 1.

4. Nachträgliche Veränderung

5 Die Veränderung muß **nach dem früheren Urteil** eingetreten sein, genauer nach dem Schluß derjenigen mündlichen Verhandlung, in der die Veränderung spätestens hätte geltend gemacht werden können. Wegen des entsprechenden Zeitpunkts bei der Entscheidung ohne mündliche Verhandlung, § 128 Abs. 2 u. 3, → § 128 Rdnr. 83 f., 94, 116, 119, → auch § 251 a Rdnr. 18.

6 Rechtskraft des ersten Urteils ist nicht erforderlich[3]. Die Zulässigkeit der Berufung steht also der Klage nicht entgegen, ebenso wie im Fall des § 323, → § 323 Rdnr. 30.

III. Ziel der Klage

7 Die Klage des § 324 macht den *materiellen Anspruch auf Sicherheitsleistung* an den Gegner geltend, den der Berechtigte von Anfang an nach den angeführten Gesetzesbestimmungen hat. Aber soweit in dem bereits vorliegenden rechtskräftigen Urteil schon über den Anspruch auf Sicherheitsleistung entschieden ist, tritt diese Funktion der Klage zurück gegenüber der publizistischen, die Abänderung bzw. Ergänzung des Urteils herbeizuführen; die Klage gewinnt also hier den Charakter einer *Gestaltungsklage* (ähnlich der Klage nach § 323, zu dieser → § 323 Rdnr. 34, → Rdnr. 49 f. vor § 253). Wie man aber auch diese theoretische Frage entscheidet, praktisch ist unzweifelhaft, daß die von dem Gericht im zweiten Prozeß angeordnete oder erhöhte Sicherheit *nur für die Zukunft*, d. h. für die Zeit von der Rechtskraft bzw. der vorläufigen Vollstreckbarkeit an, zu leisten ist; denn für eine fällige und vollstreckbare Forderung, die sofort beigetrieben werden kann, besteht das Bedürfnis nach Sicherheitsleistung nicht. Daraus folgt, daß bei Berechnung des Betrages nur die nach dem Urteil fällig werdenden Raten in Betracht gezogen werden dürfen.

IV. Verfahren

8 Daß auch § 324 den Weg der Klage vorschreibt, ist als selbstverständlich nicht ausdrücklich gesagt. Für die *Zuständigkeit* gelten auch hier (vgl. → § 323 Rdnr. 68) die allgemeinen Regeln; die Vollmacht des Vorprozesses genügt nicht. Wegen des Streitwerts → § 6 Rdnr. 2, 20 f. Die Verhandlung hat sich nur auf die Frage der Sicherheitsleistung nach Maßgabe der *veränderten* Verhältnisse (→ Rdnr. 3) zu erstrecken; die Verpflichtung zur Rentenzahlung selbst und ihre Höhe stehen rechtskräftig fest. Über die Vollstreckung des Urteils → Rdnr. 6 vor § 803.

§ 325 [Subjektive Grenzen der Rechtskraft]

(1) Das rechtskräftige Urteil wirkt für und gegen die Parteien und die Personen, die nach dem Eintritt der Rechtshängigkeit Rechtsnachfolger der Parteien geworden sind oder den Besitz der in Streit befangenen Sache in solcher Weise erlangt haben, daß eine der Parteien oder ihr Rechtsnachfolger mittelbarer Besitzer geworden ist.

(2) Die Vorschriften des bürgerlichen Rechts zugunsten derjenigen, die Rechte von einem Nichtberechtigten herleiten, gelten entsprechend.

(3) [1]Betrifft das Urteil einen Anspruch aus einer eingetragenen Reallast, Hypothek, Grundschuld oder Rentenschuld, so wirkt es im Falle einer Veräußerung des belasteten Grundstücks in Ansehung des Grundstücks gegen den Rechtsnachfolger auch dann, wenn die-

---

[3] So auch *Förster-Kann* 1 c.

ser die Rechtshängigkeit nicht gekannt hat. ²Gegen den Ersteher eines im Wege der Zwangsversteigerung veräußerten Grundstücks wirkt das Urteil nur dann, wenn die Rechtshängigkeit spätestens im Versteigerungstermin vor der Aufforderung zur Abgabe von Geboten angemeldet worden ist.

(4) Betrifft das Urteil einen Anspruch aus einer eingetragenen Schiffshypothek, so gilt Absatz 3 Satz 1 entsprechend.

Gesetzesgeschichte: Eingefügt durch die Novelle 1898. Anfügung des Abs. 4 durch VO vom 21.XII.1940 (RGBl I 1609).

I. Allgemeines zu den subjektiven Grenzen der Rechtskraft	1
1. Grundsatz der Beschränkung auf die Parteien	1
2. Standort der Sonderregeln	4
3. Vollstreckbarkeit, Tatbestandswirkungen	5
4. Gestaltungsklagen	7
5. Parteivereinbarung	9
6. Wirkungsweise bei Rechtskrafterstreckung	10
II. Rechtskraftwirkung gegenüber den Parteien und Ausdehnung auf die Rechtsnachfolger	11
1. Parteien, Vertreter	11
2. Gesamtrechtsnachfolge nach Rechtshängigkeit	14
3. Sondernachfolge nach Rechtshängigkeit	15
4. Rechtsnachfolge vor Rechtshängigkeit	16
5. Umfang der Rechtskraftwirkung	18
III. Begriff der Rechtsnachfolge	19
1. Veräußerung der streitbefangenen Sache oder des geltend gemachten Anspruchs	19
a) Voraussetzungen	19
b) Aufschiebend bedingte Veräußerung	22
c) Auflösend bedingte Veräußerung	24
d) Dingliche Belastungen der veräußerten Sache	25
e) Parteien kraft Amtes	26
2. Begründung mittelbaren Besitzes	27
3. Schuldübernahme	29
IV. Der Schutz des gutgläubigen Rechtsnachfolgers, Abs. 2	32
1. Wirkung zugunsten des Rechtsnachfolgers	32
2. Bedeutung des Abs. 2	33
a) Abzulehnende Auffassung: Guter Glaube nur auf die Rechtshängigkeit bezogen	34
b) Guter Glaube hinsichtlich des Rechts und der Rechtshängigkeit erforderlich	36
3. Fälle des Erwerbs vom Nichtberechtigten	40
4. Prozeßführung eines Nichtberechtigten	43
V. Eingetragene Rechte	44
1. Rechtskraft gegen den Grundstückserwerber	44
2. Erwerb in der Zwangsversteigerung	46
VI. Sonstige Fälle einer Rechtskrafterstreckung	47
1. Überblick	47
2. Rechtskrafterstreckung bei Prozeßführung über fremdes Recht	51
a) Allgemeines	51
aa) Stellvertretung	52
bb) Treuhand, Inkassozession	53
cc) Prozeßführungsrecht über fremdes Recht	54
b) Einzelfälle	55
aa) Konkursverwalter, Zwangsverwalter, Nachlaßverwalter	55
bb) Eheliches Güterrecht	56
cc) Miteigentümer, Miterben, Einzelklagen von Gesellschaftern	58
dd) Pfandgläubiger, Vollstreckungsgläubiger	60
ee) Schiffsgläubiger	61
ff) Gewillkürte Prozeßstandschaft	62
gg) Prozeßführung eines Prozeßführungsbefugten mit Zustimmung des Rechtsträgers	63
hh) Feststellungsklage über fremde Rechte	64
3. Mehrere Beteiligte; materiellrechtliche Verknüpfung	65
a) Ausdrückliche gesetzliche Vorschriften	65

aa) Ehe- und Kindschaftssachen	66	b) Drittwirkung der Rechtskraft und Rechtskrafterstreckung kraft zivilrechtlicher Abhängigkeit	77
bb) Mehrere Vollstreckungsgläubiger, Konkurstabelle	67	aa) Drittwirkungslehre	78
cc) Aktiengesellschaft, Genossenschaft	68	bb) Rechtskrafterstreckung kraft materiell-rechtlicher Abhängigkeit	84
dd) Ausschlußurteil, Aufhebung der fortgesetzten Gütergemeinschaft	69	c) Anzuerkennende Rechtskrafterstreckung bei akzessorischer Haftung (Bürge, Eigentümer der belasteten Sache, OHG-Gesellschafter)	92
ee) Gesamtschuldner	70		
ff) Kraftfahrzeug-Haftpflichtversicherung	71		
gg) Allgemeine Geschäftsbedingungen	75	d) Fälle ohne Rechtskrafterstreckung	99
		VII. Arbeitsgerichtliches Verfahren	101

I. Allgemeines zu den subjektiven Grenzen der Rechtskraft[1]

1. Grundsatz der Beschränkung auf die Parteien

1   Durch das Institut der materiellen Rechtskraft sollen an die Stelle des Streits zwischen den Parteien Rechtsfrieden und Rechtsgewißheit treten. Gleichzeitig verhindert die materielle

---

[1] Lit. (ferner → § 322 Fn. 1 sowie → § 265 Fn. 1): *Baumgärtel* Probleme der Rechtskraft und Vollstreckbarkeitserstreckung im Falle einer Firmenübertragung während eines schwebenden Zivilprozesses DB 1990, 1905; *Baur* Rechtsnachfolge im Verfahren und Maßnahmen des einstweiligen Rechtsschutzes? Festschr. für Schiedermair (1976) 19; *Berger* Die subjektiven Grenzen der Rechtskraft bei der Prozeßstandschaft (1992); *Bettermann* Die Vollstreckung des Zivilurteils in den Grenzen seiner Rechtskraft (1948); *Beys* Die subjektiven Grenzen der Rechtskraft und die staatsrechtliche Wirkung des Urteils nach griechischem Recht, Festschr. für Schwab (1990), 61; *A. Blomeyer* Rechtskrafterstreckung infolge zivilrechtlicher Abhängigkeit, ZZP 75 (1962), 1; *J. Blomeyer* Schadensersatzansprüche in dem Prozeß Unterlegenen wegen Fehlverhaltens Dritter (1972); *ders.* Gedanken zu den subjektiven und objektiven Grenzen der Rechtskraft, NJW 1970, 179; *Brehm* Die Klage des Zedenten nach der Sicherungsabtretung, KTS 1985, 1; *Bürgers* Rechtskrafterstreckung und materielle Abhängigkeit (1993); *Calavros* Urteilswirkungen zu Lasten Dritter (1978); *Dinstühler* Rechtsnachfolge und einstweiliger Rechtsschutz (1995); *Dütz* Arbeitsgerichtliches Beschlußverfahren und Individualprozeß, Festschr. für Gnade (1992), 487; *Fenge* Rechtskrafterstreckung und Streitgenossenschaft zwischen Hauptschuldner und Bürgen, NJW 1971, 1920; *ders.* Rechtskrafterstreckung bei revokatorischen Ansprüchen aus Verstößen gegen die Verfügungsbeschränkungen der Zugewinngemeinschaft, Festschr. für Wahl (1973), 475; *Grunsky* Die Veräußerung der streitbefangenen Sache (1968); *Häsemeyer* Drittinteressen im Zivilprozeß, ZZP 101 (1988), 385; *Heintzmann* Vollstreckungsklausel für den Rechtsnachfolger bei Prozeßstandschaft? ZZP 92 (1979), 61; *Hellwig* Wesen und subjektive Begrenzung der Rechtskraft (1901); *Henckel* Parteibegriff und Rechtskrafterstreckung, ZZP 70 (1957), 448; *Hirschberg* Rechtskrafterstreckung gegen den KFZ-Haftpflichtversicherer? VersR 1973, 504; *Hoegen* Bindungswirkung des Haftpflichturteils auch im Direktanspruch des Geschädigten gegen den Kraftfahrzeughaftpflichtversicherer? VersR 1978, 1081; *Hofmann* Über das Wesen und die subjektiven Grenzen der Rechtskraft (1929); *U. Huber* Rechtskrafterstreckung bei Urteilen über präjudizielle Rechtsverhältnisse, JuS 1972, 621; *Hüffer* Das Rechtsschutzinteresse für die Leistungsklage des Gläubigers und die subjektiven Grenzen der Rechtskraft in den Fällen unmittelbarer und entsprechender Anwendung des § 727 ZPO, ZZP 1985 (1972), 229; *Jauernig* Subjektive Grenzen der Rechtskraft und Recht auf rechtliches Gehör ZZP 101 (1988), 361; *Kion* Zum Recht des Rechtsnachfolgers auf Erteilung der Vollstreckungsklausel, NJW 1984, 1601; *Konzen* Die Präjudizialität rechtskräftiger arbeitsgerichtlicher Beschlüsse im nachfolgenden Individualprozeß, Festschr. für Zeuner (1994), 401; *Koussoulis* Beiträge zur modernen Rechtskraftlehre (1986); *Rainer Krause* Urteilswirkungen gegenüber Dritten im US-amerikanischen Zivilprozeßrecht (1994); *Rüdiger Krause* Rechtskrafterstreckung im kollektiven Arbeitsrecht (1996); *W. Lüke* Die Beteiligung Dritter im Zivilprozeß (1992); *Marotzke* Urteilswirkungen gegen Dritte und rechtliches Gehör, ZZP 100 (1987), 164; *Martens* Rechtskraft und materielles Recht, ZZP 79 (1966), 401; *Mendelssohn-Bartholdy* Grenzen der Rechtskraft (1900); *v. Olshausen* Rechtskraftwirkung von Urteilen über Gegenforderungen bei der Forderungszession, JZ 1976, 85; *ders.* Der Schutz des guten Glaubens an die Nicht-Rechtshängigkeit JZ 1988, 584; *Peters* Die Bindungswirkung von Haftpflichtfeststellungen im Deckungsverhältnis. Insbesondere die Bindung des Haftpflichtversicherers an die Verurteilung des Versicherungsnehmers im Haftpflicht-

Rechtskraft eine wiederholte Inanspruchnahme der staatlichen Gerichte zur Entscheidung desselben Streits. Um diese Ziele zu erreichen, wird die Gefahr in Kauf genommen, auch dem falschen Urteil bindende Kraft zu verleihen. Schon aus der *streitentscheidenden Funktion* des Urteils folgt aber, daß sich die Bindung grundsätzlich auf die Personen beschränken muß, die an dem Streit teilgenommen haben. Nur sie haben die Möglichkeit, ihren Rechtsstandpunkt in ausreichender Weise zu wahren. Die grundsätzliche Beschränkung der Rechtskraft auf die Parteien steht in engem Sinnzusammenhang mit dem **Anspruch auf rechtliches Gehör,** → vor § 128 Rdnr. 9 ff., 26 ff.[2]. Der Anspruch auf rechtliches Gehör schließt zwar eine Rechtskraftwirkung gegenüber einem nicht gehörten Dritten nicht generell aus, doch bedarf es dafür einer besonderen Legitimation[3]. Hinzu kommt, daß das Vorgehen der Parteien entscheidenden *Einfluß auf den Ausgang des Prozesses* hat, ganz besonders bei der Geltung der Verhandlungs- und Dispositionsmaxime (→ vor § 128 Rdnr. 68 ff., 75 ff.) im ordentlichen Zivilprozeß. Das gilt nicht nur für Anerkenntnis-, Verzichts- und Geständniserklärungen, sondern auch für das Aufstellen oder Unterlassen von Tatsachenbehauptungen und Beweisanträgen, für das Wahrnehmen oder Versäumen von Terminen, für die Stellungnahme zum Beweiswert oder zu den entscheidenden Rechtsproblemen.

Die Parteien tragen damit die *Mitverantwortung für das schließlich ergehende Urteil,* das 2 seinem Wesen nach nicht als bloße Nachzeichnung des außerprozessual bestehenden Rechts, sondern als *Ergebnis eines konkreten, zwischen bestimmten Personen ausgefochtenen Streits* zu verstehen ist. Von diesen Erwägungen ausgehend, ist in § 325 Abs. 1 der **Grundsatz der Beschränkung der Rechtskraft auf die Parteien**[4] niedergelegt.

Dritten gegenüber wird also die Gefahr sich widersprechender Urteile im Prinzip in Kauf 3 genommen. Doch ist in bestimmten Fällen, in denen ein *besonderes Bedürfnis* und eine *besondere Rechtfertigung* für die Erstreckung der Rechtskraft auf Dritte bestehen, durch positivrechtliche Vorschriften eine **Sonderregelung** getroffen worden. Aus diesem Verhältnis von Regel und Ausnahme folgt zwar, daß die entsprechende Anwendung dieser Vorschriften vorsichtiger Abwägung bedarf, aber sie ist nicht schlechthin ausgeschlossen, weil die Ausdehnungsfälle prinzipwidrige, vereinzelte Erscheinungen wären. Auch in ihnen lassen sich bestimmte **Grundgedanken** erkennen. Die Hauptgründe einer Rechtskrafterstreckung sind die **Rechtsnachfolge,** die **berechtigte Prozeßführung in fremdem Interesse** und die besondere **Notwendigkeit einer einheitlichen Entscheidung** gegenüber verschiedenen Beteiligten. Dazu tritt die Ausdehnung der Bindung aufgrund der wirklichen oder doch offengehaltenen **Beteiligung des Dritten** am Rechtsstreit (Streithilfe und Streitverkündung), dazu → §§ 68, 72, 74. Zur Hauptintervention → § 64 Rdnr. 19 ff., zur Urheberbenennung → § 76 Rdnr. 15, 20.

---

prozeß (1985); *Prütting* Prozessuale Koordinierung von kollektivem und Individualarbeitsrecht, RdA 1991, 257; *Schack* Drittwirkung der Rechtskraft? NJW 1988, 865; *Schilken* Veränderungen der Passivlegitimation im Zivilprozeß (1987); *Schwab* Rechtskrafterstreckung auf Dritte und Drittwirkung der Rechtskraft, ZZP 77 (1964), 124; *ders.* Die prozeßrechtlichen Probleme des § 407 II BGB, Gedächtnisschr. für R. Bruns (1980), 181; *ders.* Zur Drittwirkung der Rechtskraft, Festschr. für Walder (1994), 261; *Sieg* Die Rechtskrafterstreckung bei Rechtsnachfolge und ihre Bedeutung für die Vollstreckung nach § 883 ZPO, ZZP 66 (1953), 23; *Sinaniotis* Prozeßstandschaft und Rechtskraft, ZZP 79 (1966), 78; *C. T. Smith* Einseitige präjudizielle Rechtskraftwirkung zugunsten Dritter im US-amerikanischen Zivilprozeßrecht DRiZ 1995, 94; *Stucken* Einseitige Rechtskraftwirkung von Urteilen im deutschen Zivilprozeß (1990); *Wach-Laband* Zur Lehre von der Rechtskraft (1899); *Zeuner* Verfahrensrechtliche Folgen des Betriebsübergangs nach § 613a BGB, Festschr. für Schwab (1990), 575.

[2] Dazu *Schlosser* Gestaltungsklagen und Gestaltungsurteile (1966), 169, 189; *W. Lüke* (Fn. 1), 122 ff.
[3] *Jauernig* ZZP 101 (1988), 361, 372 ff.
[4] Vgl. (auch zur Rechtfertigung dieses Grundsatzes) BGHZ 3, 385, 388; RGZ 71, 201; 80, 322; *Hellwig* (Fn. 1) 18 f.; *Walsmann* Streitgenössische Nebenintervention (1905), 131 ff.; *Bettermann* (Fn. 1) 81.

2. Standort der Sonderregeln

4 Die **Rechtskrafterstreckung** ist in § 325 nur gegenüber dem **Rechtsnachfolger** angeordnet, in § 326 gegenüber dem **Nacherben** (für Urteile gegenüber dem Vorerben) und in § 327 gegenüber dem **Erben** (für Urteile gegenüber dem Testamentsvollstrecker). Die übrigen Bestimmungen (im einzelnen → Rdnr. 47 ff.), aus denen sich eine Rechtskrafterstreckung ergibt, stehen verstreut, und zwar zum Teil auch *in den materiellrechtlichen Gesetzen*, schon wegen des Sachzusammenhangs, aber auch weil die subjektiven Grenzen der Rechtskraft früher als eine materiellrechtliche Frage angesehen wurden, → § 322 Rdnr. 50. Auf dem Gebiet der Art. 55 ff. EGBGB können auch *landesrechtliche Vorschriften* hinzutreten, → § 322 Rdnr. 50.

3. Vollstreckbarkeit, Tatbestandswirkungen

5 Die Wirksamkeit des Urteils für und gegen Dritte ist formell unabhängig von der Frage der **Vollstreckbarkeit** des Urteils gegen sie; denn Vollstreckung setzt nicht Rechtskraft und diese umgekehrt nicht Vollstreckbarkeit voraus[5]. Wenn daher auch in den §§ 727 f. auf die §§ 325 ff. Bezug genommen ist, so hat doch die Frage der Vollstreckbarkeit hier auszuscheiden. Das gleiche gilt von den **Tatbestandswirkungen** des Urteils, den zivil- oder strafrechtlichen Nebenwirkungen. Ihr Wirkungsbereich bestimmt sich nach der Norm, in der eine Tatbestandswirkung angeordnet wurde, nicht nach den subjektiven Grenzen der Rechtskraft[6], → § 322 Rdnr. 16 f.

6 Hierher gehört auch die Frage, ob im Fall der **Gläubigeranfechtung** der Dritte den Anspruch des Gläubigers gegen den Schuldner trotz des zwischen Gläubiger und Schuldner ergangenen Urteils bestreiten darf. Aus dem Zweck des Anfechtungsanspruchs, die dem Schuldner gegenüber erfolglose Zwangsvollstreckung durch den Zugriff auf den Erwerb des Dritten zu ermöglichen, ist zu folgern, daß der Anfechtungsgegner die dem Schuldner verwehrten Einwendungen gegen den Anspruch gleichfalls nicht mehr vorbringen kann[7]. Geht man davon aus, daß der Anfechtungsanspruch gegen den Dritten an das Vorliegen des Vollstreckungstitels gegen den Schuldner geknüpft ist und nicht an den ursprünglichen Bestand des Anspruchs gegen diesen, so handelt es sich nicht um eine Rechtskrafterstreckung, sondern um eine Tatbestandswirkung des Urteils. – Gegen eine Bindung des widersprechenden Gläubigers im **Verteilungsverfahren** → § 878 Rdnr. 23 a ff.

6a Das BSG[8] spricht einem rechtskräftigen Urteil, das eine Lohnklage gegen den Arbeitgeber abweist, Tatbestandswirkung in dem Sinne zu, daß dann auch kein Anspruch des Arbeitnehmers gegen die Bundesanstalt für Arbeit auf **Konkursausfallgeld** besteht, während im umgekehrten Fall eine rechtskräftige Verurteilung des Arbeitgebers die Bundesanstalt nicht bindet. Daß die rechtskräftige Abweisung einer Unterhaltsklage gegen den Versicherten auch einem Anspruch auf **Geschiedenen-Witwenrente** entgegensteht, versteht das BSG[9] ebenfalls als Tatbestandswirkung. Zu dieser Fallgruppe wird man auch rechnen können, daß ein Hinterbliebener keinen **Insolvenzschutz** verlangen kann, wenn schon die Klage des Versicherten auf Gewährung von Insolvenzschutz rechtskräftig abgewiesen worden war[10]. Die Bezeichnung als Tatbestandswirkung ändert allerdings nichts daran, daß die Bindung in solchen Fällen aus dem Sinn

---

[5] *Mendelssohn-Bartholdy* (Fn. 1) 368. – A.M. *Bettermann* (Fn. 1) 44 ff. (keine Erstreckung der Vollstreckbarkeit ohne Erstreckung der Rechtskraft).
[6] *Kuttner* Nebenwirkungen (1908), 177 ff.
[7] BGH LM § 2 AnfG Nr. 1, Nr. 2 = NJW 1961, 1463; LM § 3 AnfG Nr. 2; NJW 1964, 1277; BGHZ 55, 20, 28; BGH JZ 1983, 150, 151; RGZ 7, 188; 68, 138; 74, 316; *Kuttner* (Fn. 6) 40 ff.; *Kilger-Huber* AnfG[8] § 2 Anm. VI 2; *Baur-Stürner* ZVR[12] Bd. 1 Rdnr. 26.48; *A. Blomeyer* ZVR § 29 IX 1 c; *MünchKommZPO-Gottwald* Rdnr. 68. – A.M. *Jaeger* AnfG[2] § 2 Anm. 34 ff.; *Bley* JW 1938, 2267; *Riehl* Gruchot 53 (1909), 163; *Rosenberg* Lb[9] § 181 II 4; eingehend *Paulus* AcP 155 (1956), 352 ff.; *Gerhardt* Die systematische Einordnung der Gläubigeranfechtung (1969), 320 f.; *ders.* Vollstreckungsrecht[2] § 12 III 4; *Henckel* ZZP 84 (1971), 454. – Der Einwand des Anfechtungsgegners, das Urteil sei vom Gläubiger und Schuldner in *arglistigem Zusammenwirken* erlangt worden, wird mit Recht allgemein zugelassen.
[8] *BSG* KTS 1996, 192 = SGb 1996, 394 (krit. zur einseitigen Bindung *Hergenröder*).
[9] *BSG* NJW 1989, 2011. Die vom BSG betonte Pflicht der Behörden zur Respektierung eines rechtskräftigen Zivilurteils hilft dagegen über die subjektiven Grenzen der Rechtskraft allein nicht hinweg, → § 322 Rdnr. 299.
[10] *BAG* FamRZ 1991, 57 = KTS 1991, 160.

und Zweck der Vorschriften hergeleitet werden muß, aus denen sich die materiell-rechtliche Verknüpfung mit der rechtskräftig bejahten oder verneinten Rechtsfolge ergibt. Solche Erwägungen können auch eine lediglich einseitige Bindung (an die rechtskräftige Klageabweisung) rechtfertigen.

4. Gestaltungsklagen

Ergeht ein Urteil auf eine **Gestaltungsklage** (zum Wesen der Gestaltungsklage und zu den einzelnen hierher gehörenden Fällen eingehend → vor § 253 Rdnr. 39ff.), das im Sinne des Klageantrags, sei für die Zukunft, sei es mit rückwirkender Kraft, die Rechtsänderung ausspricht, so ist das Urteil *insoweit in aller Regel für jedermann bindend*[11], es wirkt »für alle und gegen alle«. Denn durch dieses Urteil wird eine objektive Rechtslage geschaffen, die von keiner Seite und von keiner Instanz mehr in Frage gestellt werden kann[12]. Eine für nichtig erklärte oder geschiedene Ehe, eine aufgelöste Handelsgesellschaft bestehen nicht mehr, weder für die Parteien noch für Dritte, und eine vom Richter herabgesetzte oder bestimmte Leistungspflicht hat für alle den ihr vom Richter gegebenen Inhalt. Diese **Gestaltungswirkung** ist keine Rechtskraft, sondern eine davon verschiedene Urteilswirkung, → § 322 Rdnr. 13. Sie wirkt auch über die Grenzen des Rechtswegs hinaus, → § 322 Rdnr. 286.

Dagegen wirkt die **materielle Rechtskraft**, die auch den Gestaltungsurteilen zukommt und zur Feststellung des Gestaltungsgrundes führt (→ § 322 Rdnr. 66f.), wiederum *nur zwischen den Parteien*[13], soweit nicht durch besondere Vorschrift eine weitergehende Wirkung angeordnet ist (so z.B. in § 248 AktG für die Nichtigerklärung eines Hauptversammlungsbeschlusses[14], in § 636 a für die Nichtigerklärung der Ehe und in § 640 h S. 1 (Ausnahmen in S. 2) für Urteile in Kindschaftssachen. Auch die Rechtskraft eines Urteils, das die **Gestaltungsklage abweist,** wirkt nur für und gegen die Parteien[15], soweit keine Sonderregeln bestehen (wie z.B. §§ 636 a, 640 h S. 1, die auch für klagabweisende Urteile gelten).

5. Parteivereinbarung

Durch **Vertrag** kann die Rechtskraft **nicht** auf Dritte **erstreckt** werden[16]. Zulässig ist aber ein Vertrag, wonach eine andere Forderung *inhaltlich* nach der rechtskräftig festgestellten bestimmt werden soll, → auch § 322 Rdnr. 222.

---

[11] *Rosenberg-Schwab-Gottwald*[15] § 94 III 1; *Lent* ZZP 61 (1939), 303ff.; *Bötticher* Hundert Jahre deutsches Rechtsleben (1960), I, 516; *Schlosser* (Fn. 2) 189f., 223ff.; *Calavros* (Fn. 1) 120ff.; *RGZ* 80, 323; *BGHZ* 3, 388. – A.M. *Bettermann* (Fn. 1) 96ff.; *A. Blomeyer* ZPR² § 94 II, die (im einzelnen unterschiedlich) die Bindung Dritter an die Gestaltungswirkung nur im Rahmen der für die Rechtskraft geltenden subjektiven Grenzen bejahen. Abw. auch *Brox* FamRZ 1963, 396ff. (keine Wirkung des Gestaltungsurteils gegenüber Dritten, deren Rechte im vorausgehenden Verfahren nicht ausreichend gesichert waren, daher z.B. keine Bindung des Nachlaßgläubigers an ein Erbunwürdigkeitsurteil).

[12] Eine andere Frage ist es, inwieweit die Wirkung gegenüber Dritten dazu führen muß, dem Betroffenen eine Teilnahmemöglichkeit am Verfahren einzuräumen. Zu dieser Problematik → vor 128 Rdnr. 26ff.

[13] *Hellwig* (Fn. 1) 4; *Dölle* ZPP 62 (1941), 290; *A. Blomeyer* ZPR² § 94 IV 2. Dem Dritten, der die Gestaltungswirkung anerkennen muß, aber nicht an die Rechtskraft gebunden ist, verbleiben also u.U. Schadensersatzansprüche, z.B. aus § 826 BGB wegen arglistiger Herbeiführung des Gestaltungsurteils. Einen anderen Lösungsvorschlag entwickelt *Nicklisch* Die Bindung der Gerichte an gestaltende Gerichtsentscheidungen und Verwaltungsakte (1965), 168ff. (entsprechend § 162 BGB sei bei treuwidriger Herbeiführung des gestaltenden Aktes dem Dritten gegenüber die Berufung auf die Gestaltungswirkung verwehrt).

[14] Vgl. *A. Blomeyer* ZPR² § 94 IV 1 sowie → Fn. 135.

[15] Das gilt auch für die Abweisung einer Patentnichtigkeitsklage (§§ 22, 81 PatentG); die Rechtskraft wirkt aber dann, wenn eine erneute Klage durch eine vorgeschobene Person erhoben wird, *BGH* GRUR 1963, 253; *RGZ* 59, 133; WarnRsp 1909 Nr. 327; *BPatG* GRUR 1986, 165 (jedoch nicht, wenn der »Strohmann« zugleich ein eigenes gewerbliches Interesse verfolgt); *Zeiss* Die arglistige Prozeßpartei (1967), 196.

[16] *Jauernig* ZZP 64 (1951), 285; *MünchKommZPO-Gottwald* Rdnr. 76. – A.M. *Goldschmidt* Prozeß als Rechtslage (1925), 198f.; *Schiedermair* Vereinbarungen im Zivilprozeß (1935), 110ff.

6. Wirkungsweise bei Rechtskrafterstreckung

10 Soweit die Rechtskraft gegenüber einem Dritten wirkt, geschieht dies in der gleichen Weise wie gegenüber den Parteien, d.h. die Rechtskraft führt zur **Unzulässigkeit einer erneuten Klage** (des Dritten oder gegen ihn) mit demselben Streitgegenstand (→ § 322 Rdnr. 196ff.)[17] oder zur **Bindung** an die rechtskräftige Feststellung, wenn diese in einem Prozeß mit dem Dritten präjudiziell ist (→ § 322 Rdnr. 204ff.). Falls aber trotz Rechtskraftwirkung keine vollstreckbare Ausfertigung für oder gegen den Dritten erteilt werden kann, ist eine erneute Leistungsklage zulässig. Die *prozessuale* Komponente der Rechtskraft (Einmaligkeit des Rechtsschutzes, → § 322 Rdnr. 39) kann hier nicht wirksam werden, weil dem Dritten bzw. ihm gegenüber noch kein voll wirksamer Rechtsschutz gewährt wurde. Die erneute Entscheidung muß dann inhaltlich mit dem rechtskräftigen Urteil übereinstimmen.

II. Rechtskraftwirkung gegenüber den Parteien und Ausdehnung auf die Rechtsnachfolger

1. Parteien, Vertreter

11 Die Rechtskraft wirkt für und gegen die **Parteien**, d.h. diejenigen Personen, auf deren Namen das Urteil lautet[18] → § 313 Rdnr. 8ff. Zur Frage, wer Partei ist, → eingehend vor § 50 Rdnr. 1ff., 7ff. Auch für die Rechtskraftwirkung ist der sog. *formelle Parteibegriff* (→ vor § 50 Rdnr. 2) maßgebend[19]. Nicht gebunden wird ein einfacher **Streitgenosse** durch das gegenüber einem anderen Streitgenossen ergangene Urteil[20], → § 61 Rdnr. 5, soweit nicht ein besonderer Grund für die Rechtskrafterstreckung (→ Rdnr. 47ff.) vorliegt. Im Prozeß der *juristischen Person* (→ § 50 Rdnr. 4ff.) ist nur diese Partei, nicht ihre Mitglieder. Dasselbe gilt für den *nichtrechtsfähigen Verein*, soweit dieser parteifähig ist, → § 50 Rdnr. 20ff. Die Mitglieder werden also in beiden Fällen nicht von der Rechtskraftwirkung erfaßt. Umgekehrt wirkt die Rechtskraft eines Urteils zwischen den Mitgliedern oder Gesellschaftern nicht gegenüber der juristischen Person; dies gilt auch für ein nur zwischen den Gesellschaftern ergangenes Urteil über die Gesellschafterstellung[21]. Zur GmbH in Gründung → Rdnr. 93. Zur OHG → Rdnr. 93f., 100. Eine Ausdehnung der Rechtskraft auf Zeugen und Sachverständige kommt nicht in Betracht[22].

12 Wird ein Prozeß durch einen bevollmächtigten oder gesetzlichen **Vertreter** geführt, so wirkt die Rechtskraft immer *nur gegenüber der Partei, nicht gegenüber dem Vertreter*. Das gilt auch im Fall des nach § 58 bei einem herrenlosen Grundstück bestellten Vertreters, der den künftigen Eigentümer vertritt (→ § 58 Rdnr. 6). Auch wenn dem als **Vertreter einer nicht existenten Partei** Aufgetretenen in dem klagabweisenden Urteil die Kosten auferlegt werden (→ § 50 Rdnr. 42), ist er doch selbst nicht Partei und daher nicht von der Rechtskraft erfaßt[23].

---

[17] *OLG Dresden* OLG Rsp 9 (1904), 136. – Zum Teil wird hier das *Rechtsschutzbedürfnis* für die erneute Klage verneint, so *BGH* LM Nr. 7 = NJW 1957, 1111. Dagegen → § 322 Rdnr. 40, 199. – Die → § 322 Rdnr. 200ff. genannten Ausnahmen von der Unzulässigkeit einer wiederholten Klage gelten auch hier; insbesondere ist bei Streit über die Rechtskraftwirkung gegenüber dem Dritten eine Feststellungsklage zulässig.

[18] *RGZ* 148, 169.

[19] Ebenso *Heintzmann* ZZP 92 (1979), 61, 65; s. auch *OLG Nürnberg* OLGZ 1987, 482 (zur auch für die Rechtskraft maßgebenden Auslegung der Parteibezeichnung). – A.M. *Henckel* ZZP 70 (1957), 448 (457, 463); zust. *Grunsky* (Fn. 1) 172f. Gegen die Anwendung eines materiellen Parteibegriffs (Subjekte des streitigen Rechtsverhältnisses) spricht vor allem der Zweck des § 325 Abs. 1, grundsätzlich nur diejenigen Personen zu binden, die wirklich im Prozeß gestritten haben. Auch in den Fällen der Prozeßstandschaft (→ Rdnr. 51ff.) bereitet der materielle Parteibegriff Schwierigkeiten, weil er konsequenterweise in *allen Fällen* zu einer Rechtskraftwirkung gegenüber dem Rechtsträger und zur Verneinung der Rechtskraft gegenüber dem Prozeßstandschafter führen müßte – ein Ergebnis, das auch *Henckel* keineswegs akzeptiert (aaO 463ff.).

[20] *OLG Hamm* NJW-RR 1997, 90.

[21] *OLG Düsseldorf* GmbHR 1990, 504.

[22] *J. Blomeyer* Schadensersatzansprüche des im Prozeß Unterlegenen wegen Fehlverhaltens Dritter (1972), 213ff.

[23] Vgl. *OLG Dresden* OLG NL 1994, 97, 98.

Betrachtet man **Konkursverwalter, Zwangsverwalter, Nachlaßverwalter** und **Testaments-** 13
vollstrecker (→ § 327) entgegen der h.M. (Amtstheorie, → vor § 50 Rdnr. 25 ff.) als gesetzliche
Zwangsvertreter des Gemeinschuldners usw. (mit Beschränkung des Verwaltungs- und Verfü-
gungsrechts auf einen bestimmten Vermögensteil), so folgt die Bindung des Gemeinschuldners
(→ Fn. 112), Vollstreckungsschuldners oder Erben – nicht des Verwalters – schon aus ihrer Parteistellung in den vom Konkursverwalter usw. geführten Prozessen. Aus dieser Parteistellung ergibt
sich dann auch ohne weiteres, daß im Prozeß des Konkursverwalters usw. die Rechtskraft der früher gegenüber dem Gemeinschuldner usw. ergangenen Urteile verbindlich bleibt[24]. Jedoch
kommt man zu denselben Ergebnissen auch auf dem Boden der Amtstheorie, → Rdnr. 26, 55.

2. Gesamtrechtsnachfolge nach Rechtshängigkeit

Die Ausdehnung auf die **allgemeinen Rechtsnachfolger** nach Eintritt der Rechtshängigkeit 14
ist eine Folgerung aus dem Begriff der Gesamtrechtsnachfolge, die den Eintritt in alle nicht
rein persönlichen Rechtsbeziehungen des Vorgängers darstellt. Den einzigen Fall der allgemeinen Rechtsnachfolge bei natürlichen Personen bildet nach geltendem Recht die Erbschaft[25]. Dazu auch → § 326. Die Übernahme des Vermögens (§ 419 BGB, → auch Rdnr. 29 f.)
begründet eine solche nicht[26], wohl aber die Verschmelzung[27] von Kapital- und Personenhan-
delsgesellschaften (§§ 2 ff. UmwG) und der Anfall des Vereinsvermögens an den Fiskus (§ 46
BGB). Dazu → § 239 Rdnr. 5.

3. Sondernachfolge nach Rechtshängigkeit

Bei der Sondernachfolge ist der für die Ausdehnung der Rechtskraft maßgebende Zeit- 15
punkt ebenfalls nicht der des Urteils, sondern der des *Eintritts der Rechtshängigkeit* (→ § 261
Rdnr. 5); denn da die Veräußerung der streitbefangenen Sache allgemein zulässig ist (→ § 265
Rdnr. 2), muß der Gegner – gewisse Ausnahmen vorbehalten (→ Rdnr. 32 ff.) – den Rechts-
streit wirksam mit dem ausfechten können, der ihm zu dieser Zeit gegenüberstand. Zu gelegentlich geäußerten *verfassungsrechtlichen Bedenken* → vor § 128 Rdnr. 27, → § 265
Rdnr. 59 Fn. 98. Soweit die Rechtskraft des Urteils im Erstprozeß nach § 325 gegenüber dem
Rechtsnachfolger wirkt, ist ihm gegenüber auch bereits der Einwand der Rechtshängigkeit begründet[28], → § 261 Rdnr. 55. Hinsichtlich der Rechtskraft besteht zwischen dem Eintritt der
Rechtsnachfolge vor oder nach der formellen Rechtskraft grundsätzlich kein Unterschied,
wenngleich die völlige Gleichstellung zuweilen (→ Rdnr. 46, → § 326) durchbrochen ist. In
beiden Fällen lautet das Urteil regelmäßig (mit Ausnahme der Sondernachfolge von Todes
wegen, → § 239 Rdnr. 15, und der Übernahme des Rechtsstreits, →§ 265 Rdnr. 56) auf den
Namen des Rechtsvorgängers, bindet aber auch im Rechtsstreit des Rechtsnachfolgers gegen
den Gegner des ersten Prozesses. Dagegen tritt keine Rechtskraft zwischen dem Rechtsvorgänger und dem Rechtsnachfolger ein[29]; denn auf ihr Rechtsverhältnis bezieht sich das Ersturteil nicht.

---

[24] Über das Ergebnis dürfte in beiden Fällen Einigkeit
herrschen, s. *Jaeger-Henckel* KO[9] § 6 Rdnr. 95; *Kuhn-Uh-
lenbruck* KO[11] § 6 Rdnr. 25; *Bettermann* (Fn. 1) 176; A.
*Blomeyer*ZPR[2] § 92 I 1.
[25] Kasuistik bei *Hellwig* (Fn. 1) 145 f., 204 f. – Nach
BGH LM Nr. 6 = MDR 1956, 542 findet die Rechtskraft
ihre Grenze an einer vor Rechtshängigkeit des Vorprozesses und vor der Gesamtrechtsnachfolge erworbenen selbständigen Rechtsstellung des Gesamtrechtsnachfolgers
(Erben). Dagegen *Böttcher* MDR 1956, 543.

[26] *BGH* WM 1970, 1291 (Rechtskraft eines Urteils gegen den Veräußerer erstreckt sich daher nicht auf den Vermögensübernehmer; NJW 1984, 793, 794; ausführlich
Baumgärtel DB 1990, 1905, 1906 f. Zur Vermögensübernahme nach Rechtskraft → Fn. 173.
[27] *OLG München* DB 1989, 1918.
[28] *OLG Koblenz* JZ 1989, 1075.
[29] *Hellwig* (Fn. 1) 142. – A.M. *Wach-Laband* (Fn. 1)
66 f.; *Mendelsohn-Bartholdy* (Fn. 1) 355; Voraufl.

4. Rechtsnachfolge vor Rechtshängigkeit

16 Ist dagegen die Rechtsnachfolge *vor* der Rechtshängigkeit eingetreten, so ist der Prozeß von dem Rechtsvorgänger als von einer zur Sache nicht legitimierten Partei geführt worden, und **keine Gründe** sprechen dafür, den wahren Inhaber des Rechts durch die Prozeßführung eines Unbefugten, der nicht einmal als Vertreter ohne Auftrag aufgetreten ist, im einen oder anderen Sinne beeinflussen zu lassen[30]. → auch Rdnr. 43. Die Rechtskrafterstreckung kann auch nicht dadurch bewirkt werden, daß der wahre Rechtsinhaber die Prozeßführung des Rechtsvorgängers genehmigt[31].

17 Die Verneinung der Rechtskraftwirkung gegenüber dem Berechtigten muß als die Regel um so mehr gelten, als die **Ausnahmen** offenbar nur von Billigkeitserwägungen getragen werden. Diese Ausnahmen sind in den §§ 407 Abs. 2, 408, 413 BGB enthalten: Hat der Schuldner *mit dem bisherigen Gläubiger*, sei es als Kläger[32] oder als Beklagter, ohne Kenntnis der Abtretung einen Rechtsstreit[33] begonnen, so wirkt dieses Urteil, eben mit Rücksicht auf die Zwangslage des Schuldners, auch **gegen den neuen,** vor der Rechtshängigkeit eingetretenen **Gläubiger**[34]. Eine Wirkung *zu dessen Gunsten* tritt dagegen nicht ein[35]. § 407 Abs. 2 BGB kann aber nicht auf den Fall einer rechtskräftigen Entscheidung zwischen dem bisherigen Gläubiger und dem Schuldner über eine Gegenforderung erstreckt werden, mit der der Schuldner später gegenüber dem neuen Gläubiger aufrechnet; das Urteil wirkt also diesem gegenüber nicht[36]. Einen mit § 407 Abs. 2 BGB nahe verwandten Fall enthält § 372 Abs. 2 HGB (Rechtskraftwirkung eines Urteils zwischen dem Zurückbehaltungsgläubiger und dem Schuldner auch gegen einen Dritten, der das Eigentum an der zurückbehaltenen Sache vom Schuldner erworben hat).

5. Umfang der Rechtskraftwirkung

18 Soweit danach die Rechtskraft ausgedehnt wird, geschieht dies sowohl **gegen wie für den Rechtsnachfolger** und, da die Beschränkung des § 236 Abs. 3 a. F. »in der Sache selbst« gefallen ist, im vollen Umfang der rechtskräftigen Urteile, also auch in bezug auf **Prozeßurteile**[37] (zur Rechtskraftfähigkeit → § 322 Rdnr. 62), sowie in bezug auf **Nebenforderungen** und **Kosten**[38] – jedoch nur dann, wenn die Rechtsnachfolge sich nach bürgerlichem Recht auf die Nebenforderung bzw. den Kostenanspruch miterstreckt[39], was z.B. bei der Erbfolge zutrifft. Zur

---

[30] Ebenso *RG* JW 1906, 203; *OLG Hamburg* Seuff-Arch 53 (1898), 230.

[31] *BGH* LM § 1542 RVO Nr. 46 = MDR 1964, 588 (zum Forderungsübergang nach § 1542 RVO vor Rechtshängigkeit).

[32] Z.B. durch negative Feststellungsklage, *OLG Kassel* OLG Rsp 18 (1909), 6.

[33] § 407 Abs. 2 BGB gilt auch bei einem Urteil über die Auszahlung eines hinterlegten Betrages, wenn der Anspruch auf die Einwilligung in die Auszahlung vor der Rechtshängigkeit abgetreten wurde, *BGHZ* 35, 165 = NJW 1961, 1457 = MDR 1961, 765.

[34] S. dazu *Hellwig* (Fn. 1) 390ff.; *Mendelssohn-Bartholdy* (Fn. 1) 450. Über die Prozeßführung in diesem Fall vgl. *Eccius* Gruchot 50 (1906), 489f.

[35] Ebenso *BGHZ* 52, 150 = NJW 1969, 1479; *RG* Gruchot 55 (1911), 386; *J. Blomeyer* NJW 1970, 179ff.; *Gerhardt* Zivilprozeßrecht[5] (Fälle und Lösungen nach höchstrichterlichen Entscheidungen) 36ff. – A.M. *Hellwig* (Fn. 1) 403f.; *Schwab* Gedächtnisschr. für R. Bruns (Fn. 1) 181, 187ff. (jedoch nicht, wenn die Abtretung im Erstprozeß unaufgedeckt blieb, aaO 192); im Ergebnis ebenso *Stucken* (Fn. 1), 136ff.

[36] *BGH* NJW 1994, 252.

[37] Vgl. *Hellwig* (Fn. 1) 134 Fn. 18. – Die Rechtskrafterstreckung kann aber nur Urteile über solche prozessuale Fragen erfassen, deren Beurteilung durch die Rechtsnachfolge nicht beeinflußt wird (z.B. Verneinung des ordentlichen Rechtswegs, nicht dagegen Abweisung wegen Prozeßunfähigkeit des Veräußerers).

[38] Eine andere, von § 325 nicht geregelte Frage ist, ob die Kosten eines gegen den früheren Eigentümer gerichteten Beweissicherungsverfahrens vom Kostenausspruch im Urteil gegen den neuen Eigentümer erfaßt werden, → vor § 485 Rdnr. 11.

[39] Der Wegfall der Beschränkung auf die Entscheidung in der Sache selbst öffnet den Weg dazu, hat aber nicht zur Folge, daß die Rechtskrafterstreckung *generell* auch bezüglich der Nebenforderungen und Kosten zu bejahen wäre (so aber *OLG Stettin* OLG Rsp 5 [1902], 61). Die jetzige Formulierung hatte vielmehr gerade den Zweck, eine Rechtskrafterstreckung bezüglich solcher Nebenforderungen zu vermeiden, auf die sich die Rechtsnachfolge nicht miterstreckt, vgl. Mot. zum BGB 1, 380 und dazu (wie der obige Text) *Hellwig* (Fn. 1) 134, 135 Fn. 19; *Bettermann* (Fn. 1) 125 mit Fn. 276; *OLG Dresden* OLG Rsp

Titelumschreibung → § 727 Rdnr. 12 ff. Bei der Einzelrechtsnachfolge wirken nur rechtskräftige Urteile, die unmittelbar den übergegangenen Anspruch zum Gegenstand haben, nicht auch solche über Rechtsverhältnisse, die für Einwendungen gegen diesen Anspruch präjudiziell sind. Ein Vollstreckungsgläubiger, der einen Anspruch aus ungerechtfertigter Bereicherung wegen Unwirksamkeit eines Vertrages gepfändet hat, ist daher nicht an die Rechtskraft eines Urteils gebunden, in dem der Schuldner vertraglich zur Leistung an den Drittschuldner verurteilt wurde[40].

III. Begriff der Rechtsnachfolge

1. Erwerb der streitbefangenen Sache oder des geltend gemachten Anspruchs

a) Voraussetzungen

Rechtsnachfolger im Sinne des Abs. 1 sind diejenigen Personen, die in bezug auf die im Prozeß geltend gemachte Rechtsfolge[41] an die Stelle der Partei treten[42], also der **Erwerber** (bei der Herausgabeklage der Nachfolger in den Eigenbesitz[43]) im Fall einer Veräußerung der im Streit befangenen Sache[44] oder des geltend gemachten Anspruchs[45], dazu ausführlich → § 265 Rdnr. 11 ff. Wie bei § 265 kann es sich um Nachfolge in das volle oder geminderte Recht, durch Rechtsgeschäft, Gesetz oder Staatsakt handeln[46]. Bei **Pfändung und Überweisung** einer Forderung nach deren Rechtshängigkeit ist der Vollstreckungsgläubiger Rechtsnachfolger[47], → auch Rdnr. 18. 19

Ob in diesen Fällen die Rechtsnachfolge im Prozeß bekannt war oder nicht, → § 265 Rdnr. 32, und ob das Urteil auf Leistung an den Rechtsvorgänger oder nach richtiger Ansicht auf Leistung an den Dritten erkannt hat (→ § 265 Rdnr. 36), gilt für die Rechtskraft gleich[48]; denn diese wird vermöge der Rechtsnachfolge als solcher erstreckt. Aus dem Umstand, daß im Vorprozeß auf Leistung an den Rechtsvorgänger erkannt wurde, folgt jedoch nicht, daß der verurteilte Schuldner an den Rechtsvorgänger mit befreiender Wirkung gegenüber dem Rechtsnachfolger leisten kann; vielmehr hängt dies nach § 407 BGB davon ab, ob dem Schuldner bei der Leistung die Rechtsnachfolge bekannt war[49]. – Die Rechtskrafterstreckung ist auch dann zu bejahen, wenn die Klage des Rechtsvorgängers abgewiesen wurde, weil das Gericht aus dem Umstand, der eine Voraussetzung des Forderungsübergangs bildete (z.B. Zahlung von Fürsorgeunterstützung), zu Unrecht das Erlöschen der Forderung entnahm[50]. – Wegen der 20

---

13 (1906), 154; *MünchKommZPO-Gottwald* Rdnr. 13. – Generell gegen eine Rechtskraftausdehnung bezüglich der Kosten *OLG Königsberg* OLG Rsp 1 (1900), 224; *KG* KGBl 1915, 104; *OLG München* ZZP 58 (1934), 78; *Zöller-Vollkommer*[20] Rdnr. 1.
40 *BGH* NJW 1996, 395 = JZ 1996, 524 (krit. *Brehm*) = LM § 322 Nr. 144 (zust. *Walker*).
41 Vgl. *BGH* LM Nr. 10 = MDR 1958, 319 (zur Herausgabeklage gegen die Mitglieder des Organs einer juristischen Person; keine Rechtskraft gegenüber anderen Personen, die später dieselbe Stellung als Organ einnehmen).
42 Vgl. auch *RGZ* 54, 94 ff.
43 *BGH* NJW 1981, 1517; *RGZ* 82, 35, 38. – Die Erlangung des Besitzes durch einen Dritten stellt keine Rechtsnachfolge im Hinblick auf Ansprüche eines geschiedenen Ehegatten aus der HausratsVO dar, *OLG Hamm* FamRZ 1987, 509.
44 §§ 265, 325 gelten nicht bei Ansprüchen aus § 1004 BGB *gegen* den Eigentümer des veräußerten Grundstücks, → § 265 Rdnr. 12; im Ergebnis ebenso *OLG Düsseldorf* NJW 1990, 1000.

45 Vgl. *RG* HRR 1930 Nr. 174 (→ auch § 265 Fn. 56; der Ersteher in der Zwangsversteigerung ist zwar Rechtsnachfolger des Grundstückseigentümers; wird das Grundstück von einem Hypothekar erstanden, so berührt diese Rechtsnachfolge aber einen Vorrangstreit mit einem anderen Hypothekar nicht, ein zwischen dem bisherigen Grundstückseigentümer und dem anderen Hypothekar ergangenes Urteil wirkt daher dem erstehenden Hypothekar nicht).
46 *BGH* LM Nr. 7 = NJW 1957, 1111.
47 *OLG Frankfurt* NJW 1983, 2266. → § 829 Rdnr. 87 Fn. 426 (jedenfalls bei Leistungsklagen ist Rechtsnachfolge schon ab Pfändung zu bejahen).
48 Vgl. *OLG Hamm* OLG Rsp 29 (1904), 110. – A.M. *Meister* Veräußerung (§ 265 Fn. 1) 96 ff.
49 *BGHZ* 86, 337 = NJW 1983, 886 = MDR 1983, 486 = LM § 135 BGB Nr. 4 (zum Verhältnis Drittschuldner-Pfändungsgläubiger).
50 *BGH* LM § 21 a FürsorgepflVO Nr. 5 = MDR 1959, 737 = FamRZ 1959, 356. Krit. dazu *Pohle* MDR 1960, 122.

Ausnahme von der Rechtskraftwirkung im Fall der Abweisung des Rechtsvorgängers mangels Sachlegitimation infolge der Veräußerung → § 265 Rdnr. 42.

21 Zum **Umfang** der Rechtskraftgeltung → Rdnr. 18. Zur **Titelumschreibung** bei Rechtsnachfolge → § 727 Rdnr. 12 ff.

b) Aufschiebend bedingte Veräußerung

22 Bei der **aufschiebend bedingten Veräußerung** einer streitbefangenen Sache geht das Vollrecht erst mit Bedingungseintritt auf den Erwerber über, § 158 Abs. 1 BGB. Legt man diesen Zeitpunkt auch für die Rechtskrafterstreckung zugrunde, so würde gegen den Erwerber die Rechtskraft der Urteile aus allen jenen Prozessen mit dem Veräußerer wirken, die bis zum Bedingungseintritt anhängig geworden sind[51]. Richtiger erscheint es aber, bereits den **Zeitpunkt des bedingten Rechtsgeschäfts** als **maßgebend** zu betrachten[52], so daß nur die Entscheidung in *vorher* anhängig gewordenen Prozessen Rechtskraft gegenüber dem Erwerber äußern kann. Dafür spricht, daß das materielle Recht schon in diesem Augenblick eine Rechtsnachfolge minderen Umfangs eintreten läßt, indem es dem Erwerber ein *Anwartschaftsrecht* zubilligt. Auch daß das materielle Recht den Erwerber vor nachteiligen Verfügungen des Veräußerers zwischen Veräußerung und Bedingungseintritt schützen will (§ 161 Abs. 1 BGB), ist ein Argument dafür, bei Prozessen, die *nach* der bedingten Veräußerung anhängig geworden sind, die Rechtskraft gegenüber dem Erwerber zu verneinen. Der Gegner muß also, als Folge der Aufspaltung des materiellen Rechts, in der Zeit zwischen bedingter Veräußerung und Bedingungseintritt gegen den Veräußerer und den Erwerber vorgehen, um eine rechtskräftige Feststellung gegenüber beiden zu erreichen.

23 Die Urteile aus den **vor der bedingten Veräußerung anhängig gewordenen Prozessen** mit dem Veräußerer wirken – abgesehen von den Fällen gutgläubigen Erwerbs (§ 325 Abs. 2[53]) – für und gegen den Erwerber, sowohl wegen der Rechtsnachfolge als auch gegebenenfalls wegen der Begründung des Besitzmittlungsverhältnisses zwischen Veräußerer und Erwerber, → Rdnr. 27 bei Fn. 59. Die Rechtskraftwirkung tritt *bereits während der Schwebezeit* ein, ist also in Prozessen zu beachten, in denen der Erwerber Rechte aus der Anwartschaft geltend macht. Denn die geminderte Rechtsnachfolge ist schon im Zeitpunkt des bedingten Rechtsgeschäfts eingetreten, und § 325 geht insoweit über § 265 hinaus, als er auch solche Fälle erfaßt, in denen die Sachbefugnis des Veräußerers (hier bezüglich des Eigentums) bestehen bleibt[54].

c) Auflösend bedingte Veräußerung

24 Ähnliche Erwägungen wie bei der aufschiebend bedingten Veräußerung rechtfertigen es, den **Rückerwerber** bei einer **auflösend bedingten** oder durch einen Endtermin begrenzten **Rechtsübertragung** nicht als Rechtsnachfolger (i.S. des § 325 Abs. 1) des Zwischenerwerbers

---

[51] So Mot. zum BGB 1, 379; *Hellwig* (Fn. 1) 110; *Pohle* Festschrift f. Lehmann (1956), II, 761; *Staudinger-H. Dilcher* BGB[12] vor §§ 158 ff. Rdnr. 41; *MünchKommZPO-Gottwald* Rdnr. 35.
[52] *Strohal* Festg. f. Degenkolb (1905), 158 ff.; *Planck-Flad* BGB[4] § 161 Anm. 2 a; *Staudinger-Coing* BGB[11] § 158 Rdnr. 7; *Enneccerus-Nipperdey* Allg. Teil des bürgerl. Rechts[15] 2, § 197 Fn. 11; *MünchKomm-H.P. Westermann*[3] § 161 Rdnr. 16. – Abw. *Henke* Bedingte Übertragungen im Rechtsverkehr und Rechtsstreit (1959), 104 ff.; *Soergel-Wolf* BGB[12] Rdnr. 41 vor § 158: Urteile aus Prozessen mit dem Veräußerer, die nach der bedingten Übertragung anhängig geworden sind, wirken für den Erwerber, nicht aber gegen ihn; *Staudinger-Bork* BGB[13] vor §§ 158 ff. Rdnr. 48: Keine Rechtskraft gegen den Anwartschaftsberechtigten, soweit das Urteil sein Recht beeinträchtigt. Gegen diese einseitige Rechtskrafterstreckung spricht das → Rdnr. 87 Ausgeführte – Allg. für Rechtskrafterstreckung *Berger* KTS 1997, 393, 400 ff. (insbes. zur bedingten Forderungsabtretung).
[53] Maßgebend ist der gute Glaube im Zeitpunkt des bedingten Rechtsgeschäfts, *Henke* (Fn. 52) 122 f. – A.M. *Pohle* (Fn. 51) 762 ff.
[54] Vgl. *Pohle* (Fn. 51) 760; *A. Blomeyer* ZPR[2] § 92 III 1 b.

anzusehen, da der Veräußerer hier von Anfang an eine materiellrechtlich geschützte Rechtsstellung (s. § 161 Abs. 2 BGB) behalten hat. Urteile gegenüber dem in der Zwischenzeit Berechtigten wirken also bei Eintritt der auflösenden Bedingung oder des Endtermins nicht für oder gegen den Rückerwerber[55]. Dasselbe gilt bei einem nach dem BGB **anfechtbaren** Rechtserwerb[56].

d) Dingliche Belastungen der veräußerten Sache

Durch die Veräußerung der im Streit befangenen Sache tritt auch eine Rechtsnachfolge in die *auf ihr ruhenden Verbindlichkeiten* ein, → § 265 Rdnr. 11. Daher ist der Erwerber eines Grundstücks Rechtsnachfolger des früheren Eigentümers hinsichtlich des dinglichen **Hypothekenrechts,** nicht dagegen hinsichtlich der persönlichen Schuld[57]. 25

e) Parteien kraft Amtes

Sieht man Konkursverwalter, Zwangsverwalter und Nachlaßverwalter mit der h.M. (→ vor § 50 Rdnr. 25 ff.) nicht als gesetzliche Zwangsvertreter (→ Rdnr. 13), sondern als **Parteien kraft Amtes** an, so wird man ihnen eine der Rechtsnachfolge entsprechende Stellung zuschreiben müssen, soweit sie nach der Rechtskraft eines gegenüber dem Gemeinschuldner, Vollstreckungsschuldner bzw. Erben ergangenen Urteils bestellt wurden. Wegen der Zwangsvollstreckung → § 727 Rdnr. 25 ff. Treten diese Personen schon während des Prozesses ein, so gelten die §§ 240 f. Zur Wirkung der Urteile aus vom Konkursverwalter usw. geführten Prozessen → Rdnr. 55. 26

2. Begründung mittelbaren Besitzes

Dem Rechtsnachfolger gleichgestellt[58] ist derjenige, der nach Eintritt der Rechtshängigkeit den **unmittelbaren Besitz** der in Streit befangenen Sache (darüber → § 265 Rdnr. 11) nach Maßgabe des § 868 BGB in der Art erlangt hat, daß **eine der Parteien bzw. ihr Rechtsnachfolger mittelbarer Besitzer geworden** ist. In Betracht kommen also die während des Prozesses begründeten Rechtsverhältnisse des Nießbrauchs, Pfandes, des Kaufs mit Eigentumsvorbehalt[59], der Pacht, Miete, Verwahrung, Leihe usw., soweit sie mit der Besitzerlangung verbunden waren, gleichviel, ob es sich um eine Klage aus dem Recht oder um eine Besitzklage handelt[60], und ob die Partei selbst bisher Eigenbesitzer (zur Nachfolge in den Eigenbesitz → Rdnr. 19) oder Fremdbesitzer nach § 868 BGB war. Für Klagen aus obligatorischen Ansprüchen gilt die Regelung grundsätzlich nicht[61], da in diesen Fällen die Sache nicht streitbefangen in dem von § 265 Abs. 1, § 325 Abs. 1 gemeinten Sinne ist, → § 265 Rdnr. 11 f. Maßgebend ist stets der **Zeitpunkt der Besitzerlangung,** der nach dem der Rechtshängigkeit liegen muß; schon vorher besitzende Mieter, Pächter usw. müssen also neben dem mittelbaren Besitzer selbst mitverklagt werden[62]. 27

Auf **Besitzdiener** im Sinne des § 855 BGB ist die Vorschrift nicht anwendbar, soweit sie 28

---

[55] *Strohal* (Fn. 52) 164 ff.; Mot. zum BGB 1, 378 f.; *MünchKomm-H.P. Westermann*³ § 161 Rdnr. 18; *RGRK-Steffen* BGB¹² § 161 Rdnr. 4 a.E. – Für Rechtskraftwirkung dagegen *Hellwig* (Fn. 1) 111 ff.; *Pohle* (Fn. 51) 761 f.; *Staudinger-Bork* BGB¹³ vor §§ 158 ff. Rdnr. 49; *Soergel-Wolf* BGB¹² vor § 158 Rdnr. 44; *MünchKommZPO-Gottwald* Rdnr. 32. – *Henke* (Fn. 52) 117 ff.; *Kempf* AcP 158 (1959/60), 308, 318 bejahen die Rechtskraft nur zugunsten des Rückerwerbers.

[56] A.M. *Hellwig* (Fn. 1) 125.
[57] BGH LM Nr. 12 = NJW 1960, 1348 = MDR 1960, 752 = BB 1960, 724.
[58] *Hellwig* (Fn. 1) 246 ff., 332 ff. nimmt auch hier Rechtsnachfolge an, ebenso RGZ 82, 38.
[59] RGZ 54, 396; 69, 198.
[60] Vgl. RGZ 82, 35.
[61] A.M. *Schilken* (Fn. 1), 90 ff.
[62] Vgl. Mot. z. BGB 1, 377 f.

§ 325 III   2. Buch. Verfahren im ersten Rechtszuge. 1. Abschnitt. Landgerichte   334

nicht etwa nach Beendigung ihrer ursprünglichen Stellung in ein Besitzverhältnis nach § 868 BGB eingetreten sind[63]. Da ihnen jede Selbständigkeit fehlt, so erschien eine Ausdehnung auf sie überflüssig, insbesondere auch für die Zwangsvollstreckung, → § 727 Rdnr. 21.

3. Schuldübernahme

29   Dagegen ist der **Schuldübernehmer nicht Rechtsnachfolger**[64], mag er an Stelle des früheren Schuldners oder mag er neben ihm haften, §§ 414ff., 2382 BGB, §§ 25, 28 HGB. → auch § 265 Rdnr. 6 sowie →§ 727 Rdnr. 19. Zur **Vermögensübernahme** (§ 419 BGB) → Rdnr. 14. Daß bei **kumulativer Schuldübernahme** (Schuldbeitritt) die Rechtskraft nicht auf den neuen Schuldner ausgedehnt wird, beruht darauf, daß ein **Gesamtschuldverhältnis** vorliegt, für das nach der ausdrücklichen Vorschrift des § 425 Abs. 2 BGB (→ Rdnr. 70) das rechtskräftige Urteil nur in der Person des als Partei auftretenden Gesamtschuldners wirkt.

30   Ist dagegen die Schuldübernahme **privativ**, so kann man rechtspolitisch vielleicht über den Standpunkt des Gesetzes streiten, jedenfalls für den Fall, daß die Übernahme erst *nach der Rechtskraft* eintritt[65], aber es geht weder an, die Ausdehnung auf diesen Fall beschränkt anzunehmen und damit eine Unterscheidung in das Gesetz hineinzutragen, die ihm sonst fremd ist (→ Rdnr. 15) und dem Wortlaut direkt zuwiderläuft, noch kann man ganz allgemein den Schuldübernehmer als Rechtsnachfolger ansehen, was dem Wortsinn zuwider wäre und dann auch die Fälle kumulativer Schuldübernahme mitumfassen müßte. Auch der frühere § 236, dem § 325 entstammt, umfaßte ebensowenig wie der jetzige § 265 den Schuldübernehmer. Aus der Regelung der *Vollstreckbarkeit*, die in engen Grenzen auch gegen den neben dem ursprünglichen Schuldner haftenden Übernehmer zugelassen ist (§ 729), lassen sich keine Schlüsse auf die Rechtskraft ziehen. – Zur Frage, ob der **Untermieter** als Rechtsnachfolger des Hauptmieters angesehen werden kann, → § 727 Rdnr. 20.

31   Auf den Fall des Schuldnerwechsels[66] kraft **Betriebsübergangs** nach Rechtshängigkeit eines Prozesses zwischen Arbeitgeber und Arbeitnehmer wendet das BAG[67] § 265 Abs. 2 und § 325 Abs. 1 an. Dies ist in den Fällen, in denen der geltend gemachte Anspruch *nur* gegen den jeweiligen Betriebsinhaber geltend gemacht werden kann[68], vertretbar, wenn man sich nicht zur Zulassung eines Parteiwechsels entschließt[69]. Bei **Kündigungsschutzklagen** bleibt es jedoch nach Ansicht des BAG[70] auch nach Betriebsinhaberwechsel bei der Passivlegitimation desjenigen Arbeitgebers, der die Kündigung ausgesprochen hat. Richtiger erscheint es, auch hier aufgrund der Betriebsbezogenheit des Anspruchs einen Schuldnerwechsel anzunehmen und dar-

---

[63] Prot. z. BGB 6, 663 f.; *Mendelssohn-Bartholdy* (Fn. 1) 454.
[64] Wie hier *BGH* LM § 419 BGB Nr. 8 = NJW 1957, 420; NJW 1984, 793, 794 (beide zu § 419 Abs. 1 BGB); BGHZ 61, 140 (→ § 265 Fn. 3); *BGH* Rpfleger 1974, 260 (*Eickmann*) = WM 1974, 395 (zu § 28 HGB); *Schilken* (Fn. 1) 34, 41; *MünchKommZPO-Gottwald* Rdnr. 27 ff. – A.M. *Hellwig* (Fn. 1) 317 ff.; *Bettermann* (Fn. 1) 44 ff., 74 ff., 134 ff.; *Schwab* ZZP 87 (1974), 97; *Calavros* (Fn. 1) 81; weiter *KG* JW 1938, 1916 – → auch Rdnr. 89 f. (zur Schuldübernahme nach Rechtskraft).
[65] *Strohal* IherJb 1957, 399 will hier – ohne Ausdehnung der Rechtskraft – mit der Auslegung des Parteiwillens helfen, → auch Rdnr. 90.
[66] Führt der Betriebsübergang dagegen zu einem Übergang des eingeklagten Anspruchs (Wechsel auf der Gläubigerseite), so liegt eine Rechtsnachfolge iS des zu Rdnr. 19 Gesagten vor, *Zeuner* Festschr. für Schwab, 575, 578.
[67] *BAG* AP Nr. 1 (*Leipold*) = SAE 1977, 220 (zust.

Grunsky) = DB 1977, 680 = NJW 1977, 1119 (LS); BAGE 32, 47, 51 = AP § 611 BGB (Rotes Kreuz) Nr. 10 (*Mayer-Maly*); ebenso *MünchKommBGB-Schwerdtner*[2] vor § 620 Rdnr. 338; *MünchKommZPO-Gottwald* Rdnr. 31. Abl. *Schilken* (Fn. 1) 44. – Ob eine Titelumschreibung erfolgen kann, läßt *BAGE* 75, 367, 370 = NJW 1995, 73 offen. Für Rechtskrafterstreckung, aber gegen eine Anwendung von §§ 265, 325 *RGRK-BGB-Ascheid*[12] § 613 a Rdnr. 290, 305.
[68] Diese Einschränkung auf »betriebsbezogene« Ansprüche hebt *Zeuner* Festschr. für Schwab, 575, 584 hervor.
[69] Dazu *Leipold* Anm. zu *BAG* AP Nr. 1; zust. *MünchKommBGB-Schwerdtner*[2] vor § 620 Rdnr. 337; offenlassend BAGE 32, 47, 51 (Fn. 67).
[70] BAGE 30, 86 = AP Art. 9 Arbeitskampf Nr. 60; BAG AP § 613 a BGB Nr. 34 u. 39. – Anders bei einem nach Betriebsübergang gestellten Auflösungsantrag, *BAG* NJW 1998, 331.

auf ebenfalls (wenn man dem Ausgangspunkt des BAG, → zu Fn. 67, folgt) § 265 Abs. 2 und § 325 Abs. 1 anzuwenden[71]. – Zum Beschlußverfahren → Rdnr. 103.

IV. Der Schutz des gutgläubigen Rechtsnachfolgers, Abs. 2

1. Wirkung zugunsten des Rechtsnachfolgers

Gemäß Abs. 2 sind die Vorschriften des bürgerlichen Rechts *zugunsten derjenigen, die Rechte von einem Nichtberechtigten herleiten,* entsprechend anzuwenden[72]. Der gute Glaube hinsichtlich der Rechtshängigkeit kann daher nur dann Bedeutung gewinnen, wenn es für den in Betracht kommenden Rechtserwerb überhaupt die Möglichkeit eines gutgläubigen Erwerbs vom Nichtberechtigten gibt[73]. Die Bestimmung des Abs. 2 regelt die *Begünstigung* des gutgläubigen Erwerbers; sie betrifft also nur den Fall, daß das Urteil – wenn es dem Rechtsnachfolger gegenüber wirksam wäre – sich zu seinen Ungunsten auswirken würde. **Auf die Wirkung des gegenüber dem Veräußerer ergangenen Urteils zu seinen Gunsten kann sich der Rechtsnachfolger dagegen auf jeden Fall berufen,** auch wenn seine Rechtsnachfolge (i.S. des § 325 Abs. 1) materiell auf einem Erwerb vom Nichtberechtigten beruht.

32

2. Bedeutung des Abs. 2

Auch abgesehen von dieser Feststellung besteht über die Wirkungsweise des Abs. 2 manche Unklarheit, weil diese Bestimmung zwei verschiedene Deutungen zuläßt, die in der neueren Literatur nicht genügend auseinandergehalten werden.

33

a) Abzulehnende Auffassung: Guter Glaube nur auf die Rechtshängigkeit bezogen

Dem Wortlaut nach könnte Abs. 2 bedeuten, daß die **Rechtskrafterstreckung** zuungunsten des Rechtsnachfolgers **dann nicht** eintritt, wenn dieser sogar bei einem materiellen Mangel im Recht gutgläubig erwerben würde. Die betreffenden bürgerlichrechtlichen Vorschriften würden dann in der Weise entsprechend auf die Frage der Rechtskraftwirkung übertragen, daß in den gleichen Fällen, in denen das bürgerliche Recht bei Rechtsmangel einen Erwerb vom Nichtberechtigten kennt, das Prozeßrecht einen Erwerb unbelastet von der Rechtshängigkeit bzw. der Rechtskraft ermöglicht[74].

34

An die Stelle des guten Glaubens bezüglich des materiellen Rechts (bzw. der Lastenfreiheit) muß dann konsequenterweise der **gute Glaube bezüglich der Rechtshängigkeit** oder der Rechtskraft treten, und zwar **nur** dieser[75], denn die Frage der materiellen Nichtberechtigung ist für die Rechtskrafterstreckung nach dieser Deutung ohne Belang. Wenn aufgrund des guten Glaubens bezüglich der Rechtshängigkeit

35

---

[71] Dafür *Zeuner* Festschr. für Schwab, 575, 585 ff.; *Löwisch-Neumann* DB 1996, 474, 475 (jedoch müsse der Streit über den Anspruch auf Auflösung des Arbeitsverhältnisses nach § 9 KSchG zwischen Arbeitnehmer und Betriebserwerber geführt werden, wozu ein Parteibeitritt erforderlich sei).

[72] Für entsprechende Anwendung des Abs. 2 im Bereich des einstweiligen Rechtsschutzes *Dinstühler* (Fn. 1) 216 ff.

[73] *Jauernig* ZPR[24] § 63 IV 2; *A. Blomeyer* ZPR[2] § 92 III 2; *Schönke-Kuchinke*[9] § 75 III 3 b, bb (S. 364); *Grunsky* SAE 1977, 224, 226; *Leipold* Anm. zu BAG AP Nr. 1. – A.M. *Calavros* (Fn. 1) 105.

[74] So das Verständnis bei *Nikisch* Lb[2] § 108 II 3 b (für die Veräußerung während der Rechtshängigkeit). Auch die Ansicht, der gute Glaube müsse sich beim Erwerb vom Nichtberechtigten auf das Bestehen des Rechts und das Fehlen der Rechtshängigkeit, beim Erwerb vom Berechtigten dagegen nur auf die fehlende Rechtshängigkeit beziehen (so *Thomas-Putzo*[20] Rdnr. 8), setzt diese Auslegung der Vorschrift voraus.

[75] Dafür *Grunsky* (Fn. 1) 261 Fn. 142. – Im Ergebnis ähnlich *Calavros* (Fn. 1) 101 ff., jedoch unter Verwendung des Begriffs »hypothetische Rechtsnachfolge«. – Ausführlich zur Problematik *v. Olshausen* JZ 1988, 584, 591, nach dessen Ansicht Bösgläubigkeit hinsichtlich der Rechtskrafterstreckung den bösen Glauben hinsichtlich des materiellen Rechts ersetzt. Zustimmend *Dinstühler* (Fn. 1) 212 ff.

oder Rechtskraft die Rechtskraft nicht wirkt, ist (im neuen Rechtsstreit mit dem Erwerber)[76] die materielle Rechtslage (Zustehen des Rechts, Bestehen der Belastung) erneut zu prüfen. Dann kann sich ergeben, daß der Rechtsnachfolger entgegen der Feststellung des ersten Urteils ohnehin vom Berechtigten bzw. unbelastet erworben hat und deswegen im jetzigen Prozeß Erfolg haben muß. Wird dagegen auch im zweiten Rechtsstreit (aufgrund der erneuten Prüfung) die Berechtigung des Vorgängers verneint (oder das Bestehen der Belastung bejaht), so ist der *materielle gutgläubige Erwerb* des Nachfolgers zu prüfen; nur in diesem Fall ist (nicht zur Abwehr der Rechtskrafterstreckung, aber als sachliche Voraussetzung eines Urteils zugunsten des Rechtsnachfolgers) auch guter Glaube bezüglich des Rechts erforderlich.

b) Guter Glaube hinsichtlich des Rechts und der Rechtshängigkeit erforderlich

36 Abs. 2 kann aber auch in dem Sinn verstanden werden, daß der nach materiellem Recht zulässige **Erwerb vom Nichtberechtigten** durch die Rechtskraft **nicht gehindert** werden soll. Die entsprechende Anwendung der materiellen Regeln bedeutet dann, daß der **gutgläubige Erwerb neben dem guten Glauben bezüglich des Rechts auch noch von dem guten Glauben bezüglich der Rechtshängigkeit** bzw. der Rechtskraft abhängig gemacht wird[77]. Liegt dieser **doppelte gute Glaube**[78] vor, so führt er zu einem materiellen Erwerb vom Nichtberechtigten. § 325 Abs. 2 enthält also eigentlich keine Ausnahme von der Rechtskrafterstreckung, sondern läßt einen gutgläubigen Erwerb zu, der auf der Feststellung des rechtskräftigen Urteils[79] (Nichtzustehen des Rechts, Bestehen der Belastung) aufbaut[80].

37 Die Bedeutung des § 325 Abs. 2 liegt dann zum einen in der Klarstellung, daß ungeachtet der Rechtskraftwirkung ein gutgläubiger Erwerb möglich bleibt. Für einen Erwerb *nach der letzten mündlichen Tatsachenverhandlung* bestätigt dies nur die allgemeine Regel, daß rechtliche Veränderungen aufgrund neu eingetretener Tatsachen auch gegenüber der Rechtskraft zu beachten sind, → § 322 Rdnr. 236. Für eine Veräußerung nach Rechtshängigkeit, aber *vor der letzten mündlichen Tatsachenverhandlung* wird darüber hinaus angeordnet, daß ein vor dem sonst maßgebenden Zeitpunkt eingetretener Umstand zu beachten ist; es wird also für diesen Zusammenhang der Zeitpunkt der rechtskräftigen Feststellung auf die Zeit vor der Veräußerung zurückverlegt[81]. In beiden Fällen **verschärft** aber § 325 Abs. 2 **die materiellen Anforderungen an den gutgläubigen Erwerb,** indem die Bösgläubigkeit bezüglich der Rechtshängigkeit oder Rechtskraft mit der Bösgläubigkeit bezüglich des Rechtsmangels (oder des Bestehens der Belastung) gleichgestellt wird.

38 **Für die unter b) dargestellte Auffassung** spricht entscheidend, daß § 325 Abs. 2 überhaupt auf die *materiellen* Vorschriften über den Erwerb vom Nichtberechtigten verweist. Wollte die Vorschrift nur anordnen, daß bei gutem Glauben hinsichtlich der Rechtshängigkeit die Rechtskraft nicht gegen den Rechtsnachfolger wirkt, so wäre nicht verständlich, warum sich diese Regelung auf die Fälle beschränkt, in denen das materielle Recht bei der ganz anderen Frage des Erwerbs vom sachlich Nichtberechtigten einen Gutglaubensschutz kennt. Der Besitz als Anknüpfungspunkt für den gutgläubigen Erwerb bei beweglichen Sachen rechtfertigt z.B. zwar einen Rechtsschein hinsichtlich der materiellen Rechtslage (Zustehen des Eigentums, Nichtbestehen einer Belastung), nicht aber hinsichtlich der Frage, ob ein Rechtsstreit anhängig ist oder war. Ginge es in § 325 Abs. 2 nur um den Schutz des guten Glaubens an das Nichtbestehen der Rechtshängigkeit, so wäre unerfindlich, warum der gute Glaube nicht auch

---

[76] So nach *Nikisch* Lb² § 108 II 3 b.
[77] So *Hellwig* (Fn. 1) 190ff.; *Mendelssohn-Bartholdy* (Fn. 1) 431f.; *A. Blomeyer* ZPR² § 92 II; *Schönke-Kuchinke*⁹ § 75 III 3 b, bb (S. 364); *Zöller-Vollkommer*²⁰ Rdnr. 45; *R. Bruns* ZPR² Rdnr. 242 b (mit Fn. 7); *Bernhardt* ZPR³ 306; *MünchKommZPO-Gottwald* Rdnr. 84.
[78] Dieser wird auch von der Rsp gefordert, grundlegend *RGZ* 79, 165; ferner *RGZ* 88, 268; Gruchot 60 (1916), 505, 509; 61, 145; JW 1936, 47; *BGHZ* 4, 285.
[79] Ist während des anhängigen Prozesses zu prüfen, ob die Rechtskraft gegen den Erwerber wirken würde (§§ 265 Abs. 3, 266 Abs. 2), so ist zu unterstellen, daß der Rechtsstreit zu einem dem Rechtsvorgänger ungünstigen Ergebnis führt.
[80] Daher bleibt bei einem Anspruch aus § 816 Abs. 1 S. 2 BGB gegen den, der unentgeltlich gutgläubig erworben hat, die Urteilsfeststellung auch gegenüber dem Erwerber bindend, s. *Hellwig* (Fn. 1). 198.
[81] Vgl. *R. Bruns* ZPR² Rdnr. 59 d, 242 a.

bei gewöhnlichen Forderungsabtretungen (in Fällen also, in denen das materielle Recht regelmäßig keinen Gutglaubensschutz kennt) geschützt würde[82]. Bei dem zu b) dargestellten Verständnis dagegen besteht diese Ungereimtheit nicht. Es geht dann nicht um die Anordnung eines *besonderen* Gutglaubensschutzes, sondern um die *Zulassung und Modifikation eines im materiellen Recht vorgesehenen Erwerbs vom Nichtberechtigten*. Dafür ist natürlich von vornherein kein Raum, wenn (wie dies bei gewöhnlichen Forderungsabtretungen der Fall ist) schon das materielle Recht keinen Gutglaubensschutz kennt.

Auch die **Entstehungsgeschichte** der Bestimmung stützt diese Auffassung, denn die Ausführungen in den Motiven lassen durchweg die Vorstellung erkennen, der nach materiellem Recht mögliche Erwerb vom Nichtberechtigten solle trotz der Rechtskraft beachtlich bleiben[83]. – Zur Bedeutung des Abs. 3 → Rdnr. 44. 39

3. Fälle des Erwerbs vom Nichtberechtigten

Abs. 2 ist anwendbar, wenn der spätere Rechtsinhaber vermöge seines Erwerbes die gegen den früheren Inhaber begründeten Einwendungen nicht oder nicht sämtlich gegen sich gelten zu lassen braucht, sei es, daß das Recht nicht bestand oder mit einer Einrede i.e.S. behaftet war, oder daß es mit dem Rechte eines Dritten belastet, oder daß seine Veräußerung zugunsten eines Dritten verboten war. **Es gehören hierher** zunächst solche Fälle, in denen nur die wirkliche **Kenntnis des Mangels** entgegensteht, so namentlich der rechtsgeschäftliche Erwerb von Rechten nach Maßgabe des Grundbuchs, §§ 892f., 1138 BGB, § 7 KO, oder aufgrund des Hypothekenbriefs, § 1155 BGB, der Erwerb aufgrund des Erbscheins, § 2366 BGB, vgl. auch § 1507, vom Testamentsvollstrecker, § 2368 BGB, oder vom Erben des für tot Erklärten, § 2370 BGB; s. ferner §§ 1412, 1357, 1431 BGB betreffend die Wirkung des Güterrechtsregisters. Sodann solche, wo der Kenntnis auch die **auf grober Fahrlässigkeit beruhende Unkenntnis** gleichsteht, wie beim Erwerb des Eigentums, Nießbrauchs oder Pfandrechts an beweglichen Sachen, §§ 932ff., 936, 1032, 1207f. BGB, § 366 HGB und beim Pfandverkauf, § 1244 BGB; s. auch Art. 16, 17 WechselG, §§ 363f. HGB über den Erwerb aufgrund des Indossaments[84]. Endlich solche, in denen wie hier in Abs. 2 lediglich die Vorschriften zugunsten derjenigen, die Rechte von einem Nichtberechtigten herleiten, für entsprechend anwendbar erklärt sind, wo also je nach der Natur des vorgenommenen Rechtsgeschäfts eine der vorstehend genannten Vorschriften zur Anwendung kommt, § 135 Abs. 2, § 2113 Abs. 3, § 2129 Abs. 2, § 2211 Abs. 2 BGB. 40

Die entsprechende Anwendung der genannten Vorschriften besteht darin, daß die Kenntnis (bzw. grobfahrlässige Unkenntnis) von der Rechtshängigkeit derjenigen von dem Rechtsmangel gleichsteht; **der gute Glaube muß sich also sowohl auf das Recht wie auf die Rechtshängigkeit beziehen,** → Rdnr. 36. Ob zum Ausschluß des guten Glaubens die erwiesene Kenntnis erforderlich oder auch die grob fahrlässige Unkenntnis der Rechtshängigkeit genügend ist, bestimmt sich nach der materiellen Regelung für das zugrunde liegende Rechtsgeschäft. Das Vorliegen der Voraussetzungen des Erwerbs vom Nichtberechtigten, insbesondere der doppelte gute Glaube, ist gegebenenfalls im Rechtsstreit über die Erteilung der Vollstreckungsklausel gegen den Rechtsnachfolger (§§ 731f., 768) zu prüfen[85]. 41

---

[82] Darauf weist *Paulus* Festschr. f. Nipperdey (1965), I, 196 hin, der daher – vom → Rdnr. 34f. dargestellten Verständnis ausgehend – in § 325 Abs. 2 insoweit einen Regelungsfehler sieht.

[83] S. zu §§ 236 Abs. 3, 238 aF: Begr. des Entwurfs der CPO 191 (= Hahn Mat. zur CPO 262); zu § 192 Abs. 2 des E I zum BGB: Motive zum BGB 1, 379f. (= *Mugdan* Mat. zum BGB I, 559), zu § 293 c der Nov 98 (= jetziger § 325): Mat. zu den Justizgesetznov. I, 153.

[84] Vgl. *Hellwig* (Fn. 1) 289ff. – *Pawlowski* JZ 1975, 681, 685 will dagegen nur die positive Kenntnis von der Rechtshängigkeit berücksichtigen. Gegen die dieser Ansicht zugrundeliegende verfassungsrechtliche Argumentation vor § 128 → Rdnr. 27, → § 265 Rdnr. 59 Fn. 98.

[85] Der gutgläubige Erwerber kann aber sein Recht auch dann noch geltend machen, wenn er von den Rechtsbehelfen der §§ 732, 768 keinen Gebrauch gemacht hat

42 Soweit es nach dem vorstehend Dargelegten für die Frage der Erstreckung der Rechtskraft gegenüber dem Rechtsnachfolger auf dessen guten Glauben bezüglich der Rechtshängigkeit ankommt, muß es für zulässig erachtet werden, diesen guten Glauben durch **Eintragung der Rechtshängigkeit in das Grundbuch** – sei es aufgrund einer Eintragungsbewilligung, sei es aufgrund einer einstweiligen Verfügung nach § 935 oder aufgrund Unrichtigkeitsnachweises (Nachweis der Rechtshängigkeit nach §§ 22, 29 GBO)[86] – auszuschließen[87]; es muß dem Kläger möglich sein, sich dagegen zu sichern, daß die Wirkungen des erstrebten Urteils durch eine inzwischen erfolgende Veräußerung verlorengehen. Der Rechtshängigkeitsvermerk kann jedoch nicht eingetragen werden, wenn sich der Rechtsstreit nicht auf das dingliche Recht, sondern auf einen Anspruch auf Übereignung bezieht[88].

4. Prozeßführung eines Nichtberechtigten

43 Dagegen gilt Abs. 2 *nicht* in dem Fall, daß eine nicht zur Sache legitimierte Partei den Prozeß geführt hat, die von dem Gegner im guten Glauben für legitimiert gehalten wurde, dergestalt, daß **ohne Rechtsnachfolge** die Rechtskraft sich auf den am Prozeß nicht beteiligten wahren Berechtigten erstreckte, z.B. der nicht eingetragene dinglich Berechtigte *durch die Prozeßführung des eingetragenen Nichtberechtigten gebunden wäre*[89]. Das widerspräche der Entstehungsgeschichte, nach der Abs. 2 nur den § 238 aF ersetzen soll, der sich unbestritten nur auf den Rechtsnachfolger bezog[90], und den Zweck hat, die Rechtskraft Dritten gegenüber *einzuschränken*; es widerspräche dem Wortsinn, denn der wahre Berechtigte leitet kein Recht von dem Nichtberechtigten ab; es widerspräche dem im BGB festgehaltenen Grundsatz, daß die Prozeßführung keine Verfügung ist[91]; wenn endlich zwingende Rücksichten auf den rechtsgeschäftlichen Verkehr dazu führten, die Verfügung des Nichtberechtigten zum Schaden des Berechtigten wirksam zu machen, so fehlt jeder Grund für die Übertragung dieser Wirkung auf den Prozeß[92]. Nur ist zuzugeben, daß in einigen Fällen das BGB ähnlich wie in § 407 (→ Rdnr. 17) aus Billigkeitsgründen eine solche Anomalie angeordnet hat, die aber der Ausdehnung weder fähig noch bedürftig ist (s. auch § 1148 BGB). Diese Fälle[93] sind enthalten in §§ 409, 1058 und 1248, 1412.

V. Eingetragene Rechte

1. Rechtskraft gegen den Grundstückserwerber

44 Werden in einem Rechtsstreit *Ansprüche aus* **eingetragenen** *Reallasten, Hypotheken, Grundschulden oder Rentenschulden* (§§ 1105 ff., 1113 ff., 1191 ff., 1199 ff. BGB) geltend gemacht, sei es durch Leistungs- oder positive oder negative[94] Feststellungsklage, so soll im Fall der Veräußerung des belasteten Grundstücks nach Eintritt der Rechtshängigkeit die Rechtskraft sich auch dann **gegen den Erwerber richten,** wenn er die Rechtshängigkeit nicht kannte.

---

und das Urteil daher gegen ihn vollstreckt wurde, *BGHZ* 4, 283.
[86] Ausführlich *OLG Zweibrücken* NJW 1989, 1098 = OLGZ 1989, 260 = DNotZ 1989, 580; ebenso *OLG Schleswig-Holstein* Rpfleger 1994, 455 = DNotZ 1995, 83; *OLG Stuttgart* OLGZ 1979, 300 = MDR 1979, 853; *LG Braunschweig* NdsRpfl 1955, 174; *Kuntze-Ertl-Herrmann-Eickmann* Grundbuchrecht[4] Einl. J 30.
[87] *OLG Stuttgart* NJW 1960, 1109; *OLG München* NJW 1966, 1030; *Haegele-Schöner-Stöber* Grundbuchrecht[10] Rdnr. 1650 ff.; *Heinsheimer* Gruchot 69 (1928), 408; *Wächter* NJW 1966, 1366.

[88] *OLG Stuttgart* FGPrax 1996, 208 = BWNotZ 1997, 16 = Rpfleger 1997, 15; *OLG Schleswig* FamRZ 1996, 175 (zum Zugewinnausgleich).
[89] So *Hellwig* DJZ 1989, 473; *ders.* Recht 1902, 29, 63; *ders.* Rechtskraft (Fn. 1) 377 ff.
[90] S. die Begr. zur Nov 1898, 109.
[91] S. *Planck* BGB[4] 1, 234; *Enneccerus-Nipperdey* Allg. Teil des bürgerl. Rechts[15] II, 882 Fn. 10.
[92] Wie hier *Mendelssohn-Bartholdy* (Fn. 1) 434 ff.; *Seuffert-Walsmann*[12] 8. S. auch RGZ 62, 373.
[93] S. *Hellwig* (Fn. 1) 377 ff., 414 ff., 432, 451 ff.

Abs. 3 hat bei Abwägung der widerstreitenden Interessen des Gläubigers und des Erwerbers denen des ersteren das größere Gewicht beigemessen; der Gläubiger soll sein buchmäßiges Recht auf jeden Fall mit dem jeweiligen Eigentümer (s. auch § 1147 BGB, § 26 ZVG) zum Austrag bringen können und nicht der Gefahr eines vergeblichen Prozesses ausgesetzt sein, während der Erwerber, wenn er das Recht aus dem Grundbuch ersieht, sich an den Veräußerer halten muß, um Aufschluß über etwaige Prozesse zu erlangen. Nach der hier vertretenen Deutung des Abs. 2 stellt Abs. 3 S. 1 nur klar, was sich ohnehin aus dem materiellen Recht ergibt: Dieses kennt nämlich keinen Eigentumserwerb frei vom Bestand einer im Grundbuch eingetragenen Belastung. Der gute Glaube an das Nichtbestehen der Belastung nützt hier ohnehin nichts, woran sich natürlich nichts ändert, wenn auch noch der gute Glaube bezüglich der Rechtshängigkeit hinzutritt[95].

Wegen der im Schiffs- oder Schiffsbauwerkregister eingetragenen **Schiffshypothek**, für die § 325 Abs. 3 S. 1[96] gemäß Abs. 4 gleichfalls gilt, s. §§ 8, 76 SchiffsRG vom 15. XI. 1940 (RGBl I 1499). Besonderheiten ergeben sich nicht. § 325 Abs. 4 gilt auch für **Registerpfandrechte an Luftfahrzeugen**, § 99 Abs. 1 LuftfahrzRG vom 26. II. 1959 (BGBl I 57). 45

2. Erwerb in der Zwangsversteigerung

Bei der **Zwangsversteigerung des Grundstückes** hat das Gesetz dagegen die Interessen des Erwerbers stärker bewertet: Hier ist bei den vorgenannten Rechten[97] erforderlich, daß die **Rechtshängigkeit** (ähnlich wie die Kündigung nach § 54 ZVG) im Verfahren, und zwar spätestens im Versteigerungstermin vor der Aufforderung zur Abgabe von Geboten (§ 66 Abs. 2 ZVG), **angemeldet**[98] wird. Die Rechtskraftwirkung wird damit gegenüber § 325 Abs. 1 stark eingeengt. Aus der Fassung des Gesetzes ergibt sich jedoch, daß diese Unterausnahme sich nur auf den Fall bezieht, daß der Prozeß zur Zeit der Versteigerung noch schwebt; denn ist er *bereits vorher rechtskräftig entschieden,* so kann die Rechtshängigkeit nicht mehr angemeldet werden[99]. Die Rechtskraft wirkt also in diesem Fall auch ohne Anmeldung gegen den Ersteher; man kann nicht statt der Anmeldung der Rechtshängigkeit die Anmeldung der Rechtskraft fordern. Das ergibt sich aus dem Sinn der Anmeldung der Rechtshängigkeit: Diese kann nicht den Zweck haben, den Erwerber über das (mögliche) Bestehen des Rechts zu unterrichten, das ohnehin eingetragen ist. Die Anmeldung der Rechtshängigkeit soll dem Ersteher vielmehr die *Übernahme des Prozesses ermöglichen* (§ 266 Abs. 1), wenn er das Recht bestreiten will. Nach der Rechtskraft aber ist eine Übernahme des Prozesses ohnehin nicht mehr möglich. 46

VI. Sonstige Fälle einer Rechtskrafterstreckung

1. Überblick

Die Frage einer Rechtskraftwirkung gegenüber Dritten, die weder Prozeßparteien noch deren Rechtsnachfolger sind, stellt sich bei durchaus verschiedenen Fallgestaltungen: 47

---

[94] S. auch *RGZ* 122, 156.
[95] § 325 Abs. 3 entstammt der Nov 1898 (293c Abs. 3). Die Begr. dazu (Mat. zu den Justizgesetznov. I, 154) will dem Urteil über den Anspruch aus einem eingetragenen Recht Rechtskraftwirkung auch gegenüber dem (hinsichtlich der Rechtshängigkeit) gutgläubigen Erwerber verschaffen, sagt aber nicht, warum dazu (neben Abs. 2) eine besondere Vorschrift für nötig erachtet wurde.
[96] Abs. 3 S. 2 wird man analog anwenden können, *MünchKommZPO-Gottwald* Rdnr. 95.

[97] Anders bei Grunddienstbarkeiten usw., *Schneider* Recht 1902, 472.
[98] Nur auf die Anmeldung kommt es an; die Kenntnis des Erstehers von der Rechtshängigkeit führt nicht zur Rechtskrafterstreckung, *RGZ* 122, 158.
[99] So auch *OLG Hamburg* OLG Rsp 19 (1909), 192f.; *Baumbach-Lauterbach-Hartmann*[56] Rdnr. 14. – A.M. *Förster-Kann* 4; *Seuffert-Walsmann*[12] 7; *Zeller-Stöber* ZVG[15] § 54 Rdnr. 4.

48　a) Die Parteien des Vorprozesses stritten über ein **eigenes Recht,** das nun von einem **Dritten für sich in Anspruch genommen** wird. Beispiel: Durch Urteil zwischen A und B wurde rechtskräftig entschieden, daß B Eigentümer eines Grundstücks sei. Nun klagt C gegen B auf Feststellung, daß das Eigentum ihm (C) zustehe. In solchen Fällen tritt unstreitig **keine Rechtskraftwirkung** gegenüber dem Dritten ein. Dem entspricht es, daß von der inter-omnes-Wirkung eines Urteils nach § 640h S. 1 dann eine Ausnahme gemacht ist, wenn ein am Vorprozeß nicht beteiligter Dritter das elterliche Verhältnis oder die elterliche Sorge für sich in Anspruch nimmt, § 640h S. 2.

49　b) Die Parteien des Vorprozesses stritten über ein nach ihrem eigenen Vortrag **fremdes Recht** bzw. eine fremde Verpflichtung. Später wird das Recht von oder gegenüber dem **Inhaber selbst** geltend gemacht. Zu diesen Fällen →Rdnr. 51 ff.

50　c) Zwischen den Parteien des Vorprozesses wurde über deren eigene Rechte und Pflichten entschieden. Im Rechtsstreit zwischen einer der Parteien und einem Dritten geht es um eine rechtliche Beziehung, die **materiell-rechtlich** von der rechtskräftig festgestellten oder verneinten Rechtsfolge **abhängt**. Dazu → Rdnr. 65 ff.

2. Rechtskrafterstreckung bei Prozeßführung über fremdes Recht

a) Allgemeines

51　Die früheren Auflagen dieses Kommentars (bis 18. Aufl.) faßten – im Anschluß an Savigny[100] und Wach[101] – unter dem Begriff der **Repräsentation**[102] jene Fälle einer Prozeßführung für fremde Rechnung zusammen, in denen eine Rechtskrafterstreckung bejaht wurde. Daß eine Partei einen Dritten »repräsentiert«, d.h. kraft Gesetzes oder auf rechtsgeschäftlicher Grundlage den Prozeß *zur Wahrnehmung seiner Interessen* führt, ist in der Tat ein wesentlicher Gesichtspunkt, der für die Ausdehnung der Rechtskraft spricht. Im US-amerikanischen Recht kommt dem Begriff der Repräsentation als Grundlage einer über die Parteien hinauswirkenden Rechtskraftwirkung (bis hin zur class action) zentrale Bedeutung zu[103]. Zur schärferen Erfassung der in Betracht kommenden Fälle ist aber der Begriff der Repräsentation wenig geeignet, weil er zu unterschiedliche rechtstechnische Gestaltungen erfaßt, bei denen der konstruktive Ansatzpunkt für eine Rechtskrafterstreckung jeweils verschieden ist.

52　aa) Unproblematisch sind zunächst die Fälle, in denen die Interessenwahrnehmung im Wege der offenen prozessualen **Stellvertretung** erfolgt: Hier wirkt das Urteil für und gegen den Rechtsträger, weil er Partei ist, →Rdnr. 12. Dazu gehört auch der Fall des offenen Vollmachtsindossaments nach Art. 18 WechselG[104].

53　bb) In Betracht kommt ferner die **Vollrechtsübertragung mit treuhänderischer Innenbindung,** insbesondere die Zession und das Vollindossament zum Inkasso[105]. Hier führt der Treuhänder den Prozeß über ein materiell eigenes Recht in fremdem Interesse. Die Frage, ob das ergehende Urteil auch gegenüber dem Treugeber (Inkassozedenten) wirkt[106], stellt sich, wenn dieser das Recht später selbst geltend macht. Dazu muß es an den Treugeber zurückübertragen worden sein; dann ist er *Rechtsnachfolger* des Treuhänders im Sinne des § 325 Abs. 1 und deshalb an das Urteil gebunden[107]. Ohne Rückübertragung könnte eine Rechtskraftwirkung im Hinblick auf nicht mitabgetretene Rechte in Betracht kommen, für die der Bestand des ab-

---

[100] System des heutigen Römischen Rechts VI (1847), 471.
[101] *Wach-Laband* (Fn. 1) 14.
[102] Gegen diesen Begriff *Hellwig* (Fn. 1) 52 f.; *Mendelsohn-Bartholdy* (Fn. 1) 504 f.
[103] Näher *W. Lüke* (Fn. 1), 161 ff.; *Rainer Krause* (Fn. 1), 75 ff.
[104] *Baumbach-Hefermehl* WechselG[18] Art. 18 Rdnr. 4.
[105] Ob diese Form oder eine bloße Prozeßführungsermächtigung ohne Änderung der Rechtszuständigkeit (da-

zu → Rdnr. 62) vorliegt, entscheidet sich nach dem Parteiwillen, vgl. zu dieser Problematik → vor § 50 Rdnr. 38 sowie *Baumbach-Hefermehl* WechselG[18] Art. 18 Rdnr. 10.
[106] Generell für Rechtskraftwirkung *MünchKomm-ZPO-Gottwald* Rdnr. 47.
[107] Für Rechtskraftwirkung gegenüber dem Inkassozedenten(-indossanten) auch RG JW 1911, 409; RGZ 36, 53; 43, 42; 88, 293, aber ohne eine Rechtsnachfolge i.S. des § 325 Abs. 1 zu bejahen.

getretenen Rechts eine materielle Vorfrage darstellt. Hier sollte es bei der Ablehnung der Rechtskraftwirkung bleiben, zumal sich auf diese rechtlichen Beziehungen auch die Interessenwahrnehmung durch den Treuhänder nicht erstreckt.

cc) Sehr vielfältig sind die Fälle, in denen eine Partei **kraft** besonderen **Prozeßführungsrechts über fremdes Recht** oder über eine fremde Pflicht streitet. Dazu → vor § 50 Rdnr. 19ff. Das *Interesse des Gegners* der prozeßführungsbefugten Partei spricht hier zunächst für eine Rechtskraftwirkung gegenüber dem Rechtsträger[108]: Da sich die Gegenpartei auf den Prozeß mit dem prozeßführungsbefugten Nichtrechtsträger einlassen muß, könnte es billig erscheinen, ihr die Früchte dieses Prozesses auch dem Rechtsträger gegenüber zu gewähren und ihr nicht einen erneuten Prozeß über das gleiche Recht zuzumuten. Trotzdem kann durchaus nicht in allen Fällen eine Rechtskraftwirkung gegenüber dem Rechtsträger bejaht werden[109]. Vielmehr sind auch der Zweck der Prozeßführungsbefugnis und das *Interesse des Rechtsträgers* zu berücksichtigen. Nur wenn der prozeßführungsbefugten Partei die Wahrnehmung des Interesses des Rechtsträgers übertragen ist, kann die Rechtskrafterstreckung bejaht werden, nicht aber dann, wenn die Prozeßführungsbefugnis in erster Linie dem eigenen Interesse des Prozeßführungsberechtigten dient, das neben dem Interesse des Rechtsträgers steht. Daß die Wahrnehmung des Interesses des Rechtsträgers dem Prozeßführungsbefugten anvertraut ist, kann man vor allem dann annehmen, wenn dieser *ausschließlich prozeßführungsbefugt*[110] ist, sowie dann, wenn er auch *materiellrechtlich über das fremde Recht verfügen kann*[111].

b) Einzelfälle

aa) **Konkursverwalter, Zwangsverwalter und Nachlaßverwalter** gehören hierher, wenn man sie mit der h.M. nicht als gesetzliche Zwangsvertreter (→ Rdnr. 13), sondern als **Parteien kraft Amtes** ansieht, die die Rechte des Gemeinschuldners usw. kraft Prozeßführungsbefugnis geltend machen, → vor § 50 Rdnr. 25ff. Nach dieser Auffassung ist die Rechtskraftwirkung der von den Verwaltern erstrittenen Urteile gegenüber dem Gemeinschuldner[112] bzw. Erben zu bejahen, weil dem Konkursverwalter usw. im Rahmen seines Verwaltungsrechts die ausschließliche Prozeßführungsbefugnis zusteht, die die Wahrnehmung des Interessen des Gemeinschuldners in vollem Umfang übertragen ist. – Soweit der Konkursverwalter gem. § 62 Abs. 2 S. 2 AktG Rechte der Gläubiger einer Aktiengesellschaft im Prozeß geltend macht, wirkt das Urteil auch für und gegen die Gläubiger[113]. – Zur Rechtskrafterstreckung bei Prozessen des **Testamentsvollstreckers** → § 327.

bb) Zur Prozeßführung und Rechtskraftwirkung nach **ehelichem Güterrecht** → vor § 50 Rdnr. 50ff. Bei der **Gütergemeinschaft** wirkt das Urteil aus einem Prozeß mit dem verwaltenden Ehegatten (§ 1422 S. 1 BGB) auch gegenüber dem anderen Ehegatten in Ansehung des Gesamtguts[114]. Dieselbe Rechtskrafterstreckung tritt bei der *Notprozeßführung* (§ 1429 BGB) ein[115] sowie bei Rechtsstreitigkeiten des nichtverwaltenden Ehegatten aus einem *selbständigen Erwerbsgeschäft*, das mit Einwilligung des verwaltenden Ehegatten betrieben wird (§ 1431 BGB)[116]. Ein persönlicher Schuldtitel gegen einen Ehegatten wirkt bei Gütergemeinschaft mit gemeinschaftlicher Verwaltung des Gesamtguts nicht gegen den anderen Ehegat-

---

[108] Dies betonen vor allem *Bettermann* (Fn. 1) 86; *A. Blomeyer* ZPR² § 91 I.
[109] A.M. ausführlich *Berger* (Fn. 1), der aber die Position des Rechtsträgers, vor allem dessen Recht auf Gehör (dazu *Berger* 150ff.), zu gering gewichtet.
[110] Vgl. *Sinaniotis* ZZP 79 (1966), 78ff., 92, der nur auf dieses Kriterium abstellen will; *Calavros* (Fn. 1) 55ff.
[111] Wie hier *MünchKommZPO-Gottwald* Rdnr. 38.
[112] *BAG* NJW 1980, 141, 142.
[113] Vgl. *RG* JW 1935, 3301.
[114] *A. Blomeyer* ZPR² § 92 I 1; *MünchKomm-Kanzleiter*³ § 1422 Rdnr. 26; *Staudinger-Thiele* BGB¹³ § 1422

Rdnr. 31; *Erman-Heckelmann* BGB⁹ § 1422 Rdnr. 5; *Sinaniotis* ZZP 79 (1966), 96; *KJG* 26 (1904), 260 (zu § 1443 BGB aF).
[115] *Zöller-Vollkommer*²⁰ vor § 50 Rdnr. 36; *MünchKomm-Kanzleiter*³ § 1429 Rdnr. 6; *RGRK-Finke* BGB¹² § 1429 Rdnr. 10; *Staudinger-Thiele* BGB¹³ § 1422 Rdnr. 49. – A.M. *Soergel-Gaul* BGB¹² § 1429 Rdnr. 8.
[116] *Dölle* FamR I § 71 II 4 b; *MünchKomm-Kanzleiter*³ § 1431 Rdnr. 11; *Soergel-Gaul* BGB¹² § 1431 Rdnr. 6; *Staudinger-Thiele* BGB¹³ § 1422 Rdnr. 49, § 1431 Rdnr. 29.

ten[117]. Bei der sog. **revokatorischen Klage** (Geltendmachung des Rechts, über das ohne die erforderliche Zustimmung verfügt wurde, § 1428 BGB) ist die Rechtskrafterstreckung abzulehnen[118], da hier die Interessen beider Ehegatten vom Gesetz gleichberechtigt nebeneinander gesehen werden, ohne daß eine Übertragung der Interessenwahrnehmung vorläge.

57 Entsprechend ist bei der **Zugewinngemeinschaft** in den Fällen der §§ 1368, 1369 Abs. 3 BGB (Geltendmachung der Rechte aus unberechtigter Verfügung über das Vermögen im ganzen oder über Haushaltsgegenstände) eine Rechtskrafterstreckung zu verneinen[119].

58 cc) Auch in den Fällen der § 432 Abs. 1 (Klage eines der Gläubiger bei unteilbarer Leistung), § 1011 (Klage eines **Miteigentümers**) und § 2039 BGB (Klage eines **Miterben**) ist eine Prozeßstandschaft bezüglich des Rechts der **Personenmehrheit** gegeben, näher → vor § 50 Rdnr. 37. Jedoch ist die **Rechtskraftwirkung** eines Urteils, das auf die Einzelklage hin ergeht, für und gegen die anderen Berechtigten **abzulehnen**[120]. Dem einzelnen Berechtigten ist nicht die Wahrnehmung des Interesses der anderen anvertraut; er hat weder das ausschließliche Prozeßführungsrecht, noch kann er materiellrechtlich über das gesamte Recht verfügen. Zudem ist in § 432 Abs. 2, § 1011 BGB[121] ausdrücklich bestimmt, daß Tatsachen, die nur in der Person eines der Gläubiger eintreten, nicht für oder gegen die anderen Gläubiger wirken. Wird fehlerhaft gegenüber einzelnen Mitberechtigten entschieden, obwohl ein Fall der notwendigen Streitgenossenschaft aus materiell-rechtlichen Gründen (Notwendigkeit gemeinsamer Prozeßführung, → § 62 Rdnr. 14 ff.) gegeben war, so wirkt die Rechtskraft nicht gegenüber dem am Erstprozeß nicht beteiligten Mitberechtigten[122]. Die gegenüber einem der Mitberechtigten eingetretene Rechtskraft ist jedoch ihm gegenüber auch bei einer späteren Klage aller Berechtigten zu beachten. Eine Klage aller Miterben auf Feststellung des Fortbestehens eines Pachtverhältnisses mit der Miterbengemeinschaft ist daher hinsichtlich eines Miterben unzulässig, demgegenüber bereits das Gegenteil rechtskräftig festgestellt ist[123].

59 Dasselbe gilt, soweit **Einzelklagen** eines nicht allein vertretungsberechtigten Gesellschafters bei der **OHG** und der **BGB-Gesellschaft** zulässig sind, mit denen ein **Gesamthandsanspruch** gegen einen Mitgesellschafter aus dem Gesellschaftsverhältnis (sog. actio pro socio) oder ein Anspruch der Gesellschaft gegen einen Dritten geltend gemacht wird. Auch hier

---

[117] *OLG Frankfurt* FamRZ 1983, 172; *Palandt-Diederichsen* BGB[57] § 1459 Rdnr. 3.

[118] Und zwar unabhängig davon, gegenüber welchem Ehegatten das Urteil ergangen ist. Vgl. *A. Blomeyer* ZPR[2] § 92 I 2 b; *RGRK-Finke* BGB[12] § 1428 Rdnr. 4; *Soergel-Gaul* BGB[12] § 1428 Rdnr. 6; *Staudinger-Thiele* BGB[13] § 1428 Rdnr. 9; *Palandt-Diederichsen*[57] § 1428 Rdnr. 1; *Sinaniotis* ZZP 79 (1966), 96. – A.M. *MünchKommBGB-Kanzleiter*[3] § 1428 Rdnr. 6; *Dölle* FamR I § 71 II 3 (Urteil gegenüber dem nichtverwaltenden Ehegatten wirkt für und gegen den verwaltenden). – Im Fall des § 1455 Nr. 8 wird dagegen die Rechtskraftwirkung des vom übergangenen Ehegatten erwirkten Urteils auch gegenüber dem anderen bejaht, *Staudinger-Thiele* BGB[13] § 1455 Rdnr. 33; *Soergel-Gaul* BGB[12] § 1458 Rdnr. 8; *Palandt-Diederichsen*[57] § 1455 Rdnr. 8.

[119] Die Ablehnung der Rechtskrafterstreckung gilt auch hier für beide möglichen Fälle (Urteil gegenüber dem verfügenden oder dem anderen Ehegatten), s. *Baur* FamRZ 1918, 257; *Brox* FamRZ 1961, 281 ff.; *MünchKommBGB-Gernhuber*[3] § 1368 Rdnr. 21; *Staudinger-Thiele* BGB[13] § 1368 Rdnr. 34 ff.; *Erman-Heckelmann* BGB[9] § 1368 Rdnr. 15; *A. Blomeyer* ZPR[2] § 92 I 2 c; *Hartung* Verfügungsbeschränkung bei ehelichem Haushalt (1962), 111 ff. – Für Rechtskraftwirkung dagegen *Reinicke* BB 1957, 568; *Berger* (Fn. 1), 257 ff.; *Maßfeller-Reinicke* GleichberechtigungsG § 1368 Anm. 3; *Fenge* Festschr. f. Wahl (Fn. 1) 475 ff. (Rechtskrafterstreckung zugunsten des jeweils anderen Ehegatten sowie bei Abweisung einer Klage des nicht verfügenden Ehegatten auch zu Lasten des anderen Ehegatten).

[120] Zu § 1011 BGB s. *BGHZ* 79, 245, 247 = NJW 1981, 1097 = LM § 1011 BGB Nr. 2 (LS, *Linden*) = DNotZ 1982, 46; *BGHZ* 92, 351 = NJW 1985, 385 = JZ 1985, 633 (krit. *Waldner*); *BGH* NJW 1985, 2825 = MDR 1986, 486; *RGZ* 93, 129 (zu § 2039 BGB); 119, 169 (zu § 1011 BGB); *A. Blomeyer* AcP 159 (1959/60), 394 ff.; *MünchKommBGB-Dütz*[3] § 2039 Rdnr. 20, § 2032 Rdnr. 36. – A.M. *Berger* (Fn. 1), 223 ff. – Für Rechtskraftwirkung einer günstigen Entscheidung zugunsten der übrigen Miteigentümer oder Miterben *Henckel* Parteilehre und Streitgegenstand im Zivilprozeß (1961), 214. – Zur Rechtskrafterstreckung bei Zustimmung der Mitberechtigten → Rdnr. 63.

[121] Auch bei § 2039 gilt § 432 Abs. 2 BGB, s. näher *A. Blomeyer* AcP 159 (1959/60), 392.

[122] *BGHZ* 131, 376 = NJW 1996, 1060.

[123] *BGH* NJW 1989, 2133 = JR 1990, 458 (*Schilken*). Dies gilt, wie *Schilken* aaO sowie NJW 1991, 281 hervorhebt, allerdings nur, wenn es auch im Erstprozeß um das Bestehen des Pachtverhältnisses mit der Miterbengemeinschaft ging. Daß wegen der Unzulässigkeit der Klage hinsichtlich des einen Miterben die Klage insgesamt unzulässig wäre, steht entgegen *BGH* NJW 1996, 1060, 1062 (Fn. 122) nicht in *BGH* NJW 1989, 2133.

wirkt die Rechtskraft des Urteils nicht für oder gegen die anderen Gesellschafter oder die Gesellschaft[124].

dd) Das Urteil aus dem Rechtsstreit zwischen dem **Pfandgläubiger** an einer **Forderung** und dem Forderungsschuldner (§§ 1281f. BGB) wirkt nicht gegenüber dem Forderungsinhaber; ebensowenig bindet den Vollstreckungsschuldner das Urteil zwischen dem **Vollstreckungsgläubiger**, dem eine Forderung zur Einziehung überwiesen wurde, und dem Drittschuldner[125], dazu auch → § 829 Rdnr. 100. Der Forderungsinhaber und der Vollstreckungsschuldner sind neben dem Pfandgläubiger bzw. dem Vollstreckungsgläubiger zur Klage befugt; auch haben Pfandgläubiger und Vollstreckungsgläubiger (abgesehen von der Einziehung) nicht das Recht zu materiellrechtlichen Verfügungen über die Forderung. Dies zeigt, daß nach der gesetzlichen Interessenbewertung das Interesse des Forderungsinhabers (Vollstreckungsschuldners) nicht dem Pfandgläubiger bzw. Vollstreckungsgläubiger ausgeliefert ist. Zur Pfändung und Überweisung nach Rechthängigkeit → Rdnr. 18, 19.

ee) Eine **ausdrückliche gesetzliche Rechtskrafterstreckung** findet sich bei Urteilen aus Prozessen des Schiffsgläubigers (§ 760 Abs. 2 HGB) gegenüber dem Ausrüster oder dem Kapitän, die auch gegenüber dem Eigentümer wirken, ferner in § 25 S. 2 HeimarbeitsG vom 14. III. 1951, BGBl I 191 (Urteile gegenüber dem Land im Prozeß über den Nachzahlungsanspruch wirken auch für und gegen den Heimarbeiter).

ff) Bei der **gewillkürten Prozeßstandschaft** (Prozeßführungsermächtigung, zur Zulässigkeit → vor § 50 Rdnr. 41ff.) wird die Rechtskraftwirkung gegenüber dem Rechtsinhaber mit Recht bejaht[126]. Sie ist im Interesse des Gegners geboten und dem Rechtsinhaber zuzumuten, weil die Prozeßführung durch den Ermächtigten auf seinem Willen beruht[127]. Die Interessenlage spricht dafür, hier ebenso eine Rechtskrafterstreckung anzuerkennen wie bei der Prozeßführung durch einen Prozeßbevollmächtigten.

gg) Auch in den Fällen, in denen aus der Prozeßführungsbefugnis allein keine Rechtskraftwirkung gegenüber dem Rechtsträger abzuleiten ist, wird man dann eine Rechtskrafterstreckung annehmen können, wenn die Prozeßführung mit **Zustimmung des Rechtsträgers** erfolgt[128]. Das klagabweisende Urteil gegen einen Miteigentümer wirkt daher auch gegen einen anderen Miteigentümer, wenn dieser der Klageerhebung zugestimmt hat[129]. Voraussetzung ist aber, daß der Prozeß unter Berufung auf diese Zustimmung geführt wurde, damit der Gegner Kenntnis vom Umfang der Rechtskraftwirkung, also von dem Prozeßeinsatz hat[130]. Aus demselben Grund wird man bei einer Zustimmung, die erst *nach Abschluß des Prozesses* erteilt wird, die Rechtskrafterstreckung nicht bejahen können[131].

---

[124] Vgl. zu einer Gesamthandsforderung gegen einen Dritten *RG* JW 1935, 3298; zur actio pro socio *RGZ* 171, 55; *Hueck* OHG⁴ § 18 II 3 (S. 264). – A.M. *Hadding* Actio pro socio (1966), 106; *Kornblum* BB 1970, 1449 (dort Fn. 72); *Berger* (Fn. 1), 273ff.

[125] *RGZ* 83, 117; *OLG Hamburg* SeuffArch 53 (1898), 230; *Hellwig* (Fn. 1) 81; *Sinaniotis* ZZP 79 (1966), 95. – A.M. *Bettermann* (Fn. 1) 145f.; krit. *Uehara* Hitotsubashi Journal of Law and Politics, Vol. 13 (1985), 21ff.

[126] *BGH* LM § 1169 BGB Nr. 1; LM Nr. 4 (→ Fn. 132), Nr. 9 = ZZP 71 (1958), 102 = NJW 1957, 1635; NJW 1983, 1678; NJW 1988, 2375 = LM § 1606 BGB Nr. 26 (macht das Kind zusammen mit seinem Unterhaltsanspruch den Ausgleichsanspruch eines Elternteils wegen gezahlten Kindergeldes in Prozeßstandschaft geltend, so wirkt die Rechtskraft auch zwischen den Eltern); NJW 1989, 2049, 2050; *OLG Köln* NJW-RR 1994, 491; *Rosenberg-Schwab-Gottwald*¹⁵ § 46 V 4; *A. Blomeyer* ZPR² § 92 I 3. Für Erteilung der Vollstreckungsklausel zugunsten des Rechtsinhabers *Heintzmann* ZZP 92 (1979), 61,

70. – Ob man die Rechtskrafterstreckung auf den Rechtsträger auch bejahen kann, wenn der Zedent die Forderung einklagt, ohne die Zession und die Rückermächtigung zur Prozeßführung offenzulegen (bejahend *Brehm* KTS 1985, 1, 5ff., der eine »verdeckte Prozeßstandschaft« anerkennen will), erscheint zweifelhaft. Zum Schutz des Schuldners dürfte § 407 Abs. 2 BGB genügen.

[127] Diese Begründung ergibt, daß die Rechtskrafterstreckung nicht davon abhängt, ob der Ermächtigte *ausschließlich* prozeßführungsbefugt ist, a.M. *Sinaniotis* ZZP 79 (1966), 98.

[128] Dafür *A. Blomeyer* ZPR² § 92 I 3 im Anschluß an die Rsp zu § 1380 aF BGB (*RGZ* 92, 153; 164, 240).

[129] *BGH* NJW 1985, 2825 (Fn. 120).

[130] Vgl. die Erwägungen in *BGH* LM Nr. 4 (→ Fn. 132), die sinngemäß auch hier gelten sollten. – A.M. jedoch *BGH* NJW 1985, 2825 (Fn. 120) zur Wirkung *gegen* den zustimmenden Miteigentümer.

[131] Insoweit a.M. *A. Blomeyer* ZPR² § 92 I 3; AcP 159 (1959/60), 398f. (zur Genehmigung einer Einzelklage

64 hh) Eine **Feststellungsklage über fremde Rechte** wird für zulässig gehalten, soweit ein rechtliches Interesse daran besteht, → § 256 Rdnr. 37 ff. (zur Unterscheidung von einer in Prozeßstandschaft erhobenen Feststellungsklage → § 256 Rdnr. 41). Das Urteil auf diese Klage wirkt nicht gegenüber dem Rechtsträger[132]; von einer Wahrnehmung seiner Interessen kann hier keine Rede sein.

3. Rechtskraftwirkung bei mehreren Beteiligten und bei materiellrechtlicher Verknüpfung

a) Ausdrückliche gesetzliche Vorschriften

65 In verschiedenen Fällen, in denen an einem Rechtsverhältnis mehrere Personen beteiligt sind oder in denen die rechtlichen Beziehungen mehrerer Personen miteinander verknüpft sind, äußert sich das Gesetz ausdrücklich zu den Wirkungen eines Urteils, das *nur gegenüber einzelnen Beteiligten* ergangen ist:

66 aa) **Für und gegen alle** wirken Urteile über die **Nichtigkeit einer Ehe** (§ 636 a), das Bestehen oder Nichtbestehen einer Ehe (§ 638 S. 2), über die **Anfechtung der Ehelichkeit eines Kindes** und über das Bestehen eines Eltern- oder Kindesverhältnisses oder der elterlichen Sorge (§ 640 h S. 1 – mit der Ausnahme des S. 2). Die Notwendigkeit einer einheitlichen Beurteilung der Rechtslage gegenüber allen Beteiligten ist hier besonders dringend. Die Bedenken gegen die Rechtskrafterstreckung auf Personen, die nicht mitprozessiert haben, können zurücktreten, weil die Parteidisposition in den genannten Ehe- und Kindschaftsverfahren weitgehend beschränkt ist (Geltung der Untersuchungsmaxime, § 616 Abs. 1 [eingeschränkt durch Abs. 2 u. 3], Ausschluß des Anerkenntnisses, § 617, kein Sachurteil auf Grund der Säumnis[133], § 612 Abs. 4, § 635 – jeweils i.V.m. § 638 S. 1, § 640 Abs. 1).

67 bb) Wurde ein Anspruch **mehreren Vollstreckungsgläubigern** überwiesen, so wirkt das Urteil zwischen einem der Gläubiger und dem Drittschuldner *für und gegen alle Gläubiger*, § 856 Abs. 4. Im **Konkursverfahren** wirken die Eintragung in die Konkurstabelle (§ 145 Abs. 2 KO; § 178 Abs. 3 InsO) und die Entscheidung über eine bestrittene Konkursforderung (§ 147 S. 1 KO; § 183 Abs. 1 InsO) *für und gegen alle Konkursgläubiger*.

68 cc) Gemäß § 248 Abs. 1 S. 1 AktG wirkt das Urteil, in dem ein **Hauptversammlungsbeschluß** einer Aktiengesellschaft[134] für nichtig erklärt wurde, *für und gegen alle Aktionäre* sowie die Mitglieder des Vorstandes und des Aufsichtsrats, auch wenn sie nicht Partei sind[135]. Auch einem rechtskräftigen Urteil, das die Nichtigkeit der **Wahl eines Aufsichtsratsmitglieds** durch die Hauptversammlung feststellt bzw. die Wahl für nichtig erklärt, kommt nach § 252 Abs. 1 und 2 AktG erweiternde Wirkung zu (für und gegen alle Aktionäre, Vorstands- und Aufsichtsratsmitglieder, teils auch für und gegen alle Arbeitnehmer der Gesellschaft usw). Das Urteil über die Anfechtungsklage gegen die Vorschuß-, Zusatz- und Nachschußberechnungen im **Konkurs der Genossenschaft** wirkt *für und gegen alle beitragspflichtigen Genossen*, §§ 111 Abs. 2, § 113 Abs. 1 S. 2, § 114 Abs. 3 GenossenschaftsG.

69 dd) In einigen Fällen werden *rechtsgestaltende* Urteile über das Recht eines Beteiligten

---

durch die anderen Miterben oder Miteigentümer). – Zu § 1380 aF BGB ließ *RGZ* 164, 240 die Frage offen.
[132] *BGH* LM Nr. 4. Der *BGH* verneint mit Recht auch dann die Rechtskrafterstreckung, wenn der Rechtsträger mit der Klagerhebung einverstanden war, die Klage aber nicht auf diese Ermächtigung gestützt wurde: Der Prozeßgegner brauchte dann nicht mit der Rechtskraftwirkung gegenüber dem am Prozeß nicht beteiligten Rechtsträger zu rechnen.
[133] Über die Auswirkung auf den Verzicht → § 306 Rdnr. 10.

[134] Entsprechendes gilt für die Nichtigerklärung eines Gesellschafterbeschlusses bei der GmbH, *RGZ* 85, 313; *OLG Hamburg* ZIP 1991, 1430, 1435; *Fischer-Lutter* GmbHG[14] Anh. § 47 Rdnr. 36; *Rowedder-Koppensteiner* GmbHG[3] (1997), § 47 Rdnr. 130.
[135] Die Gestaltungswirkung tritt darüber hinaus gegenüber jedermann ein, → Rdnr. 7; *Zöllner* in Kölner Kommentar zum AktG (1985), § 248 Rdnr. 13 ff.; *Hüffer* in Geßler-Hefermehl AktG (1984), § 248 Rdnr. 5.

auch auf das von Mitbeteiligten ausgedehnt, so in §§ 997–1001 ZPO (**Ausschlußurteil** wirkt auch für die Miterben usw.) und § 1496 S. 2 BGB (**Aufhebung der fortgesetzten Gütergemeinschaft**).

ee) **Ausdrücklich abgelehnt** ist eine Rechtskrafterstreckung dagegen bei **Gesamtschuldverhältnissen**[136] (anders im Verhältnis zwischen OHG und Gesellschaftern, → Rdnr. 93 f.) und bei Ansprüchen mehrerer Gläubiger auf unteilbare Leistungen, §§ 425 Abs. 2, 429 Abs. 3, 431, 432 Abs. 2 BGB. Auch bei den Einzelklagen von **Miteigentümern, Miterben und Gesellschaftern** tritt keine Rechtskrafterstreckung ein, → Rdnr. 58. Diese Fälle machen deutlich, daß die Abhängigkeit der Rechtsfolgen voneinander oder von einer gemeinsamen Vorfrage allein nicht zur Begründung einer erweiterten Rechtskraftwirkung ausreicht (→ auch § 62 Rdnr. 10 f.): Ist die Klage gegen einen Gesamtschuldner abgewiesen worden, weil die Forderung bereits erfüllt worden sei, so kann – wenn man von dieser Feststellung ausgeht – nach materiellem Recht auch die Verpflichtung eines anderen Gesamtschuldners nicht mehr bestehen (§ 422 Abs. 1 BGB). Trotzdem tritt keine Rechtskraftwirkung gegenüber dem anderen Gesamtschuldner ein; die Frage der Erfüllung und damit des Bestands der Forderung kann ihm gegenüber entgegengesetzt entschieden werden. Zum **Innenverhältnis** der Gesamtschuldner → Rdnr. 99. 70

ff) Bei der **Kraftfahrzeug-Haftpflichtversicherung** haften der Versicherer und der ersatzpflichtige Versicherungsnehmer dem Geschädigten (= Dritter) zwar ebenfalls als Gesamtschuldner, § 3 Nr. 2 PflichtversicherungsG, doch ist abweichend von § 425 Abs. 2 BGB in § 3 Nr. 8 PflichtversicherungsG eine wechselseitige **Rechtskraftwirkung zugunsten des Versicherungsnehmers** bzw. des **Versicherers** angeordnet: Die Feststellung durch rechtskräftiges Urteil[137], daß dem Dritten *kein* Schadensersatzanspruch zusteht, wirkt, wenn sie im Prozeß zwischen dem Dritten und dem Versicherer erfolgt ist, auch zugunsten des Versicherungsnehmers, wenn sie im Prozeß zwischen dem Dritten und dem Versicherungsnehmer erfolgt ist, auch zugunsten des Versicherers. Die jeweils zweite Klage ist, da sich die Rechtskraft auf eine präjudizielle Rechtsfolge bezieht, als *unbegründet* abzuweisen[138]. 71

Die **Bindung** tritt auch ein, wenn bei **gleichzeitiger Klage** des Dritten gegen Versicherungsnehmer und Versicherer (keine notwendige Streitgenossenschaft, → § 62 Rdnr. 13[139]) die Klage gegen einen der Streitgenossen rechtskräftig abgewiesen wurde[140]. Jedoch hindert die rechtskräftige Abweisung der Klage des Dritten gegen den *Halter* des schädigenden Fahrzeugs den Dritten nicht, den *Fahrer* des Fahrzeugs und wegen dessen Haftung die Versicherung in Anspruch zu nehmen[141]. Auch verwehrt die rechtskräftige Abweisung der Klage gegen den Versicherer dem Dritten nicht, den Versicherungsnehmer aufgrund eines von ihm ohne Zustimmung des Versicherers abgegebenen deklaratorischen Schuldanerkenntnisses in Anspruch zu nehmen, weil es sich insoweit um einen Sachverhalt handelt, der nur Rechtsfolgen gegenüber dem Versicherungsnehmer auslösen kann[142]. 72

Bei der rechtskräftigen **Verurteilung** des Versicherers bzw. des Versicherungsnehmers tritt dagegen im Verhältnis zum Dritten **keine Rechtskrafterstreckung** ein[143], so daß sich der jeweils an- 73

---

[136] *BGH* LM § 425 BGB Nr. 20 = NJW-RR 1993, 1266 = MDR 1993, 958.
[137] Einem Prozeßvergleich kommt diese Wirkung nicht zu, *BGH* MDR 1985, 923.
[138] *BGH* NJW 1978, 2154, 2157.
[139] Ebenso *BGH* NJW 1978, 2154, 2155; 1982, 996, 997 u. 999, 1000. – A.M. *Gerhardt* Festschr. für Henckel (1995), 273 ff. – Weitere Nachw. → § 62 Fn. 47.
[140] *BGH* NJW 1982, 996 u. 999.
[141] *BGH* NJW 1986, 1610 = JZ 1986, 342 (zust. *Prölss*).
[142] *BGH* NJW 1982, 996.
[143] *BGH* NJW 1971, 940 = VersR 1971, 611; *OLG Düsseldorf* VersR 1972, 1015 (dazu *Hirschberg* VersR 1973, 504); *Hoegen* VersR 1978, 1081; *Gaul* Festschr. f. Beitzke (§ 322 Fn. 1) 997, 1028; *Prölss-Martin-Knappmann* VVG[25] § 3 Nr. 8 PflVersG Anm. 3. – A.M. *LG Berlin* VersR 1976, 580 (der neben dem Schädiger verklagte und in erster Instanz mitverurteilte Versicherer müsse im Berufungsverfahren das gegenüber dem Schädiger rechtskräftig gewordene Urteil gegen sich gelten lassen).

dere Teil dem Dritten gegenüber weiterhin auf das Nichtbestehen des Anspruchs berufen kann. Wurde zunächst die **Leistungspflicht** des Versicherers oder des Versicherungsnehmers rechtskräftig **festgestellt** und danach zwischen dem Dritten und dem jeweils anderen der beiden Gesamtschuldner der **Anspruch rechtskräftig verneint** (oder dessen Höhe niedriger bemessen), so kommt dies dem bereits Verurteilten nicht über § 3 Nr. 8 PflichtversicherungsG zugute[144].

Unberührt bleibt, daß die rechtskräftige Verurteilung des Versicherungsnehmers wie überhaupt die Beurteilung des Haftungstatbestands[145] im Haftpflichtprozeß im Verhältnis des Versicherungsnehmers zum Versicherer (**Deckungsprozeß**) grundsätzlich kraft *Versicherungsvertrags*[146] (keine Rechtskraftwirkung) bindend ist[147]. Dies kommt dem Geschädigten zugute, wenn er die Pfändung und Überweisung des Deckungsanspruchs erwirkt hat[148].

74 Soweit es um einen **Rückgriff des Versicherers gegen den Versicherungsnehmer** geht (in den Fällen fehlender Leistungspflicht des Versicherers gegenüber dem Versicherungsnehmer), muß der Versicherungsnehmer die Feststellung des Anspruchs des Dritten gegenüber dem Versicherer durch rechtskräftiges Urteil gegen sich gelten lassen, § 3 Nr. 10 S. 1 PflichtversicherungsG, wobei allerdings der Einwand zulässig bleibt, der Versicherer habe schuldhaft seine Pflicht zur Abwehr unbegründeter Ersatzansprüche verletzt. Das unterscheidet diese Bindungswirkung von einer Rechtskrafterstreckung; sie ähnelt insoweit eher der Interventionswirkung des § 68, → § 68 Rdnr. 6.

75 gg) Eine über die Parteien hinausreichende Bindungswirkung billigt § 21 S. 1 AGBG solchen Urteilen zu, in denen aufgrund einer **Verbandsklage** (§ 13 AGBG) ein Verwender zur Unterlassung der Verwendung von Bestimmungen im **Allgemeinen Geschäftsbedingungen** verurteilt wurde. Handelt der Verurteilte dem Unterlassungsgebot zuwider, so kann sich der betroffene Vertragspartner auf das Urteil berufen, und die betreffende Bestimmung der AGB ist dann als unwirksam anzusehen. Dies gilt jedoch nach § 21 S. 2 AGBG dann nicht, wenn der verurteilte Verwender wegen einer neueren höchstrichterlichen Rsp die Klage nach § 19 AGBG (→ § 322 Rdnr. 257) erheben könnte.

76 Diese Urteilswirkung weist erhebliche **Eigentümlichkeiten** auf (Bindung hinsichtlich einer Vorfrage im Unterlassungsurteil, Berücksichtigung nur auf Einrede), die nicht zuletzt mit den Besonderheiten der Verbandsklage zusammenhängen. Man kann von einer besonders ausgestalteten Rechtskrafterstreckung[149] oder auch von einer prozessualen Bindungswirkung eigener Art[150] sprechen. Wegen der zahlreichen Einzelfragen muß auf die Kommentierungen des AGBG verwiesen werden.

b) Drittwirkung der Rechtskraft und Rechtskrafterstreckung kraft zivilrechtlicher Abhängigkeit?

77 In welchen Fällen auch ohne ausdrückliche gesetzliche Vorschrift eine Rechtskraftwirkung gegenüber Dritten angenommen werden kann, ist nach wie vor in mancherlei Hinsicht unklar. Die anschließend erörterten Vorschläge zu einer sehr weitreichenden Rechtskrafterstreckung haben sich als solche nicht durchgesetzt, aber jedenfalls die Diskussion um wichtige Gesichtspunkte bereichert.

---

[144] *BGH* MDR 1985, 923.
[145] Z.B. die Feststellung, der Versicherungsnehmer habe nicht vorsätzlich (*BGH* NJW 1993, 68) oder nicht in Notwehr bzw. irrtümlicher Notwehr (*OLG Frankfurt* MDR 1989, 458) gehandelt. *OLG Nürnberg* DAR 1989, 386 lehnt aber eine Bindung ab, soweit im Haftpflichtprozeß Vorsatz als nicht bewiesen angesehen wurde. Die Bindungswirkung erstreckt sich nicht auf Feststellungen, die eine Obliegenheitsverletzung des Versicherungsnehmers ergeben oder ausschließen, *OLG Hamm* VersR 1987, 88; *Prölss-Martin-Voit* VVG²⁵ Anm. 5 C, b, cc.
[146] Vgl. *BGH* NJW 1993, 68.
[147] *BGH* VersR 1959, 256; 1963, 421, 422; 1969, 413, 414; *OLG Hamm* AnwBl 1986, 347 (auch Vollstreckungsbescheid ist bindend); *OLG Frankfurt* MDR 1989, 458 (auch wenn im Erstprozeß nicht der Versicherungsnehmer, sondern die mitversicherte Person Partei war); *Prölss-Martin-Knappmann* VVG²⁵ § 3 Nr. 8 PflichtversG Anm. 3 sowie *Prölss-Martin-Voit* VVG²⁵ § 149 VVG Anm. 5 C.
[148] *OLG Hamm* NJW-RR 1990, 163 (auch bei Versäumnisurteil im Haftpflichtprozeß).
[149] Vgl. *MünchKomm-Gerlach*³ § 21 AGBG Rdnr. 5; *Basedow* AcP 182 (1982), 335, 345ff.
[150] Dafür ausführlich *Gaul* Festschr. f. Beitzke (§ 322 Fn. 1) 997, 1014ff., 1044 (Ergebnis: im bisherigen Prozeßrecht ohne Vorbild); *MünchKommZPO-Gottwald* Rdnr. 81.

aa) Drittwirkungslehre

Am weitesten in der Bejahung einer Urteilswirkung gegenüber Dritten geht – im Anschluß an ältere Auffassungen[151] – die Lehre *Schwabs*[152]. Seiner Ansicht nach bindet die rechtskräftige Feststellung eines Rechtsverhältnisses zwischen den Parteien auch einen Dritten, in dessen Prozeß das Urteil des Vorprozesses präjudiziell ist[153]. So soll z.B. das rechtskräftige Urteil zwischen Gläubiger und Hauptschuldner für und gegen den Bürgen wirken[154], die rechtskräftige Entscheidung über das Erbrecht zwischen zwei Erbprätendenten für und gegen einen Nachlaßgläubiger[155].

78

Diese »absolute Wirkung der relativen Feststellung«[156] wird von *Schwab* als »**Drittwirkung der Rechtskraft**« bezeichnet. Um eine *Rechtskrafterstreckung* soll es sich dabei nicht handeln, weil dies eine Wirkung bei Identität der Streitgegenstände und bei Präjudizialität voraussetze, während es hier nur um Präjudizialitätswirkung gehe[157].

79

Stellungnahme: Die Unterscheidung der Drittwirkung der Rechtskraft von einer Rechtskrafterstreckung überzeugt nicht. Die materielle Rechtskraft kann sich bei Identität und bei Präjudizialität auswirken (→ § 322 Rdnr. 196ff., 204ff.); soll eine dieser Wirkungen auch gegenüber Dritten eintreten, so muß es sich um eine Ausdehnung der Rechtskraft (eine Rechtskrafterstreckung) über die Prozeßparteien hinaus handeln.

80

Die begriffliche Sonderung vermag nicht zu begründen, daß in den gemeinten Fällen die grundsätzliche Beschränkung der Rechtskraft auf die Parteien nicht gelten solle. Die Wertungen, auf denen die gesetzliche Regelung des § 325 Abs. 1 beruht – keine Bindung einer Partei, die nicht mitgestritten hat und daher auf das Prozeßergebnis keinen Einfluß nehmen konnte, näher → Rdnr. 1 –, verlangen auch dann Beachtung, wenn die rechtskräftige Feststellung einen Dritten als Vorfrage für seine Rechtsverhältnisse binden soll.

81

Auch aus der Erwägung, die Parteien seien die »legitimi contradictores« für einen Prozeß über das zwischen ihnen bestehende Rechtsverhältnis[158], läßt sich die Bindung des Dritten nicht herleiten. Stellt die Rechtsbeziehung zwischen den Parteien eine Vorfrage für die Rechte oder Pflichten des Dritten dar, so gehört sie für ihn zur Entscheidung über *seine* Rechtsstellung – und insoweit ist gerade der Dritte legitimus contradictor[159].

82

Die **Präjudizialität** der festgestellten Rechtslage für die Rechtsverhältnisse des Dritten **reicht** demnach **nicht aus, um die Bindung des Dritten herbeizuführen**[160].

83

bb) Rechtskrafterstreckung kraft materiell-rechtlicher Abhängigkeit

Bettermann[161] bezeichnet als entscheidenden Gesichtspunkt, der in solchen Fällen die Rechtskrafterstreckung rechtfertigt, die **Abhängigkeit** der Rechtsstellung eines Dritten von der Rechtslage einer Partei. Gemeint sind Fälle, in denen die Prozeßpartei nach materiellem Recht in der Lage ist, die Rechtslage des Dritten nachteilig zu beeinflussen; aus der Macht der Partei zur *materiellrechtlichen* Verschlechterung der Lage des Dritten soll nach *Bettermann* auch die Macht zur *prozessualen* Verschlechterung folgen[162].

84

---

[151] Vgl. *Wach-Laband* (Fn. 1) 9; *Mendelssohn-Bartholdy* (Fn. 1) 424ff. S. ferner *Hellwig* (Fn. 1) 21ff.; *Nikisch* Lb² § 108 VI (»Reflexwirkungen«).

[152] ZZP 77 (1964), 124ff.; Festschr. für Walder (1994), 261ff. Die Drittwirkungslehre Schwabs ist von *Koussoulis* (Fn. 1) 114ff. in ihrem Kern übernommen und gegen Einwände verteidigt worden.

[153] Abgesehen von Fällen der Kollusion zum Nachteil eines Dritten, s. *Schwab* ZZP 77 (1964), 141f.

[154] AaO 143, 147. – Zust. *Martens* ZZP 79 (1966), 429.

[155] AaO 148.

[156] AaO 133. S. auch *Mendelssohn-Bartholdy* (Fn. 1) 427.

[157] AaO 126ff.; ebenso Festschr. für Walder (1994), 261, 266ff.

[158] *Schwab* aaO 139; s. auch *Mendelssohn-Bartholdy* (Fn. 1) 468. – Anklänge hieran bei *Häsemeyer* ZZP 101 (1988), 385, 394ff., wonach bei »materiell-rechtlich getrennten Rechtsverhältnissen« Dritte das zwischen anderen Parteien ergangene Urteil hinnehmen müssen.

[159] Zutr. *Hofmann* (Fn. 1) 39.

[160] So auch *Bettermann* (Fn. 1) 101; *A. Blomeyer* ZZP 75 (1962), 10; *ders.* ZPR² § 91 II 2; *Grunsky* AcP 186 (1986), 523, 524; *J. Blomeyer* (Fn. 1) 215; *Calavros* (Fn. 1) 173ff.; *Schack* NJW 1988, 865, 872; *Jauernig* ZZP 101 (1988), 361, 384; *Rosenberg-Schwab-Gottwald*¹⁵ § 156 III; *MünchKommZPO-Gottwald* Rdnr. 2; *Zöller-Vollkommer*²⁰ Rdnr. 2. S. auch *E. Schumann* Festschr. f. Larenz (1983), 571, 583, der anhand dieser Problematik auf Grenzen einer am materiellen Recht orientierten Auslegung des Prozeßrechts hinweist.

[161] (Fn. 1) 79ff. – Auch *Rosenberg-Schwab-Gottwald*¹⁵ § 156 II 4; *Martens* ZZP 79 (1966), 427ff. verwenden den Begriff der materiellrechtlichen Abhängigkeit, ohne daß inhaltliche Übereinstimmung bestünde.

[162] AaO 88. – Ähnlich *U. Huber* JuS 1972, 621, 624ff.

Wegen dieser Abhängigkeit ist nach dieser Ansicht dem Dritten auch eine Rechtskraftwirkung zu seinen Ungunsten zuzumuten[163].

85   Diese Erwägungen führt A. Blomeyer weiter, der eine Rechtskrafterstreckung **kraft zivilrechtlicher Abhängigkeit** bejaht, soweit die Rechtskrafterstreckung den Beteiligten **prozessual zuzumuten** ist[164]. Den Prozeßparteien ist nach seiner Ansicht die Rechtskraft auch gegenüber dem Dritten zuzumuten, weil sie ja in dem Prozeß ihre Rechte geltend machen konnten. Dem Dritten gegenüber bejaht er daher auf jeden Fall die Wirkung zu *seinen Gunsten*[165]. Auch zu *Lasten* des Dritten soll die Rechtskraft wirken, wenn das Gericht im Vorprozeß unabhängig vom prozessualen Verhalten der Parteien zu entscheiden hatte, ferner wenn schon rechtskräftig entschieden war, als die abhängige Rechtslage des Dritten begründet wurde, und schließlich dann, wenn der Dritte auch eine rechtsgeschäftliche Verschlechterung durch die Parteien hinnehmen müßte[166].

86   **Stellungnahme:** Zwar ist die zivilrechtliche Abhängigkeit ein Gesichtspunkt, der für eine Rechtskrafterstreckung sprechen kann. Doch rechtfertigt es eine solche Abhängigkeit, wenn man sie weit auslegt, allein nicht, eine Rechtskrafterstreckung zu begründen und damit **vom Prinzip des Gesetzes abzuweichen**[167].

87   **Abzulehnen** ist die generelle Bejahung einer **Rechtskraftwirkung zugunsten des Dritten**[168], von der allerdings das US-amerikanische Recht ausgeht[169]. Gewiß geht die Beschränkung der Rechtskraft auf die Parteien vor allem auf die Erwägung zurück, einen Dritten vor einer Bindung zu seinen Ungunsten zu schützen, → Rdnr. 1. Aber das Gesetz hat dies – abgesehen vom Fall des § 326 Abs. 1 – zum Anlaß genommen, die Rechtskraft *für und gegen* den Dritten zu verneinen. Man kann diese Regelung auch nicht als oberflächlich oder willkürlich beiseite schieben, wenn man einen Blick auf die Interessen der Parteien des Vorprozesses wirft: Würde die Rechtskraft stets zugunsten, nicht aber zu Lasten des Dritten wirken, so würde dies für die Prozeßpartei, um deren Rechtsverhältnis zu dem Dritten es geht, bedeuten, daß sie den ersten Prozeß mit der einfachen Gewinnchance, aber mit dem doppelten Verlustrisiko führen müßte. Eine einseitige Rechtskraftwirkung zugunsten eines Dritten erscheint daher nur in besonderen Fällen gerechtfertigt, → zum Bürgen usw. Rdnr. 92ff.

88   Die **Geltung der Untersuchungsmaxime** vermindert zwar den Einfluß der Parteien auf das Prozeßergebnis, schaltet ihn aber nicht völlig aus und ändert vor allem nichts daran, daß der unbeteiligte Dritte seinen Standpunkt (rechtliches und tatsächliches Vorbringen, Beweisanträge) nicht zur Geltung bringen konnte. Es ginge daher zu weit, in allen Fällen[170], in denen die Untersuchungsmaxime gilt und die Parteidisposition zurückgedrängt ist, die Rechtskrafterstreckung zu bejahen[171]. Bezeichnenderweise findet sich die Beschränkung der Rechtskraft auf die Prozeßbeteiligten auch in solchen Verfahrensordnungen, die auf der Untersuchungsmaxime aufbauen, s. §§ 121 VwGO, 110 Abs. 1 FGO.

89   Daß eine **abgeleitete Rechtsstellung** – z.B. die Haftung des Bürgen oder Schuldmitübernehmers – erst **nach der Rechtskraft** eines Urteils gegenüber dem Hauptschuldner **begründet** wurde, vermag die Rechtskraftwirkung zu Lasten des Bürgen[172] oder Schuldübernehmers[173] (unabhängig von seiner Kenntnis vom

---

S. auch v. Olshausen JZ 1976, 85. Bürgers (Fn. 1) 137ff. will die Rechtskrafterstreckung von einem darauf gerichteten Antrag abhängig machen. Dann müßte aber – was Bürgers offenbar nicht vorschwebt – der Dritte am Erstprozeß beteiligt werden.

[163] AaO 85.
[164] ZZP 75 (1962), 10; ZPR² § 91 II 2.
[165] ZZP 75 (1962), 10f.; ZPR² § 91 II 3 vor a. – Vgl. auch Bettermann (Fn. 1) 84.
[166] ZZP 75 (1962), 11f.; ZPR² § 91 II 3 a, b, § 93 III 2.
[167] Ablehnend auch Calavros (Fn. 1) 86ff.; Schack NJW 1988, 865, 872; Jauernig ZZP 101 (1988), 361, 384. MünchKommZPO-Gottwald Rdnr. 4.
[168] Im Ergebnis ebenso Stucken (Fn. 1), 35ff.
[169] Näher dazu W. Lüke (Fn. 1), 165ff.; Rainer Krause (Fn. 1), 246ff.; C. T. Smith DRiZ 1995, 94.
[170] Das will auch A. Blomeyer nicht, da er neben dem Ausschluß der Parteidisposition verlangt, daß es um eine grundsätzlich unbeschränkte Zahl abhängiger Drittverhältnisse geht, ZZP 75 (1962), 14, 17.
[171] Die praktische Bedeutung dieses Ausdehnungs-

grundes wäre im Zivilprozeß ohnehin gering. A. Blomeyer verneint die Geltung der Verhandlungsmaxime im Erbprätendentenstreit und begründet damit die Ausdehnung des Rechtskraft auf Nachlaßgläubiger und -schuldner, ZZP 75 (1962), 13ff.

[172] Dagegen auch Jauernig ZZP 101 (1988), 361, 378.
[173] Gegen eine Rechtskrafterstreckung, wenn nach Rechtskraft eine Vermögensübernahme, der Erwerb eines Handelsgeschäfts oder die Bestellung eines Nießbrauchs erfolgten, zutr. Hüffer ZZP 85 (1972), 229, 235ff.; Baumgärtel DB 1990, 1905, 1907. – A.M. Bettermann (Fn. 1) 192ff.; A. Blomeyer ZZP 75 (1962), 22ff.; ZPR² § 93 III 1 vor a; Schwab ZZP 77 (1964), 124ff.; Rosenberg-Schwab-Gottwald¹⁵ § 156 II 2 b. – Hat der Gläubiger gegen den ursprünglichen Schuldner vor der Vermögensübernahme einen rechtskräftigen Titel erwirkt, so gilt auch für den Vermögensübernehmer die 30jährige Verjährungsfrist nach § 218 BGB, BGH MDR 1987, 840. Dabei handelt es sich jedoch um eine Tatbestandswirkung, nicht um eine Erstreckung der materiellen Rechtskraft, → § 322 Rdnr. 17.

rechtskräftigen Urteil) nicht zu begründen. Die Erwägung, der Bürge usw. müsse das Bestehen der Schuld bei Bestellung der Bürgschaft gegen sich gelten lassen, weil er doch bei der Übernahme selbst von dem Bestehen der Hauptschuld ausgegangen sei[174], geht zu sehr von *einer* möglichen Fallgestaltung aus. Denn eine Bürgschaft kann genauso gut für eine Forderung übernommen werden, deren Bestand oder deren genaue Höhe zweifelhaft ist. Man kann daher dem Bürgen nicht das schutzwürdige Interesse absprechen, diese Fragen in seinem eigenen Prozeß zur Klärung zu bringen.

Wird die Bürgschaft **in Kenntnis der rechtskräftigen Verurteilung** des Hauptschuldners übernommen, so wird man allerdings den Bürgschaftsvertrag in aller Regel[175] so **auslegen** müssen, daß die Bürgschaft für die Forderung, *so wie sie rechtskräftig festgestellt ist,* übernommen werde[176]. Die Bindung ergibt sich dann aus dieser *materiell-rechtlichen Vereinbarung,* nicht aus der Rechtskraft als solcher. Dazu auch → Rdnr. 97. 90

Die Bejahung der Rechtskrafterstreckung in solchen Fällen, in denen die Parteien die **Rechtsstellung des Dritten durch Vereinbarung verschlechtern können,** überzeugt gleichfalls nicht. Wenn eine solche Vereinbarung (z.B. die Aufhebung des **Mietvertrags** durch Vereinbarung zwischen dem Vermieter und dem Hauptmieter)[177] vorgenommen wird, so hat dies vielfach Schadensersatzansprüche des Dritten zur Folge (z.B. des Untermieters gegen den Hauptmieter wegen zu vertretenden Rechtsmangels, §§ 541, 538 BGB). Der Erlaß des ungünstigen Urteils, in dem z.B. eine Kündigung des Vermieters gegenüber dem Hauptmieter für wirksam erachtet wurde, gibt dem Untermieter diese Rechte nicht. Eine schuldhaft mangelhafte Prozeßführung durch den Hauptmieter, die zu Schadensersatzansprüchen des Untermieters gegen den Hauptmieter führen könnte[178], wird oft nicht nachweisbar sein. Es sollte also dabei bleiben, daß ein gegen den Hauptmieter ergangenes rechtskräftiges Urteil, z.B. auf Herausgabe, nicht gegenüber dem Untermieter wirkt[179]. 91

c) Anzuerkennende Rechtskrafterstreckung bei akzessorischer Haftung

Wenngleich es, wie ausgeführt, auch bei sog. zivilrechtlicher Abhängigkeit *grundsätzlich* bei der Beschränkung der Rechtskraft auf die Parteien bleiben muß, so kann doch in einzelnen Fallkonstellationen die **Rechtskrafterstreckung bejaht werden,** wenn sich dies aus dem Sinn der materiellrechtlichen Verknüpfung, aus der gesetzlichen Bewertung der Interessen der Beteiligten erschließen läßt. Methodisch handelt es sich dabei um eine *Auslegung* einzelner gesetzlicher Bestimmungen, die sich zwar nicht ausdrücklich zur Rechtskraft äußern, deren ratio es aber geboten erscheinen läßt, ihnen eine Rechtskrafterstreckung in der einen oder anderen Richtung zu entnehmen. 92

So kann gemäß § 129 Abs. 1 HGB der **Gesellschafter** einer **OHG,** der wegen einer Gesellschaftsverbindlichkeit in Anspruch genommen wird, Einwendungen der Gesellschaft nur insoweit geltend machen, als sie von der Gesellschaft erhoben werden können. Daraus läßt sich entnehmen, daß ein rechtskräftiges Urteil zwischen der Gesellschaft und einem Gesellschaftsgläubiger insoweit auch **gegen den Gesellschafter** wirkt, als auch er diejenigen Einwendungen der OHG nicht mehr erheben kann, die der Gesellschaft durch die Rechtskraft abgeschnitten sind[180]. Diese aus § 129 Abs. 1 HGB folgende Rechtskrafterstreckung weicht vom 93

---

[174] *A. Blomeyer* ZZP 75 (1962), 22f.; ZPR² § 93 II. Zust. *U. Huber* JuS 1972, 621, 627. Für Rechtskraftwirkung auch *Stucken* (Fn. 1), 158ff.

[175] Ebenso *MünchKommZPO-Gottwald* Rdnr. 61.

[176] Insoweit ist *A. Blomeyer* ZZP 75 (1962), 21 zuzustimmen.

[177] Dieses Beispiel bringen *Bettermann* (Fn. 1) 217; *A. Blomeyer* ZZP 75 (1962), 26; ZPR² § 93 III 2 b. Für Rechtskraftwirkung des gegenüber dem Hauptmieter ergangenen Räumungsurteils gegen den Untermieter wohl auch *Häsemeyer* ZZP 101 (1988), 385, 404.

[178] Darauf verweist *Bettermann* Festschr. f. Baur (1981), 273, 284 mit dem Hinweis, die Rechtskrafterstreckung erfasse nicht das Verhältnis Hauptmieter-Untermieter.

[179] Ebenso *MünchKommZPO-Gottwald* Rdnr. 72; *Schilken* (Fn. 1), 77ff. (bei Weitergabe der Sache vor Rechtshängigkeit).

[180] BGH NJW 1975, 1280, 1281 (zum Streit über die Schutzfähigkeit eines Gebrauchsmusters); RGZ 34, 365; 49, 343; 124, 46; RG DR 1944, 665; s. auch *A. Blomeyer* ZZP 75 (1962), 24 (mit Hinweis auf die Gesetzesmat.) sowie die Zitate der folgenden Fn. – Das gilt auch, wenn der Gesellschafter *während der Rechtshängigkeit* ausgeschieden ist, RGZ 102, 302, nicht dagegen bei Ausscheiden *vor Klagerhebung,* BGHZ 44, 229 = NJW 1966, 499 = JZ

Grundsatz des § 425 Abs. 2 BGB ab; sie kann nicht auf andere Gesamtschuldverhältnisse übertragen werden[181]. Jedoch erscheint es vertretbar, analog § 129 Abs. 1 HGB auch dem Alleingesellschafter einer rechtskräftig verurteilten GmbH in Gründung diejenigen Einwendungen gegenüber Gesellschaftsverbindlichkeiten (für die er haftet) zu versagen, die der GmbH in Gründung rechtskräftig abgeschnitten sind[182].

94 Aber auch die Wirkung der Rechtskraft **zugunsten des Gesellschafters** folgt aus § 129 Abs. 1 HGB[183]. Der Gesellschafter kann dem Gesellschaftsgläubiger gegenüber die Einwendungen erheben, die der Gesellschaft zustehen, und als Einwendung im Sinne dieser Regelung ist auch die rechtskräftige Abweisung der Klage gegen die Gesellschaft zu verstehen. Zwar handelt es sich dabei nicht um eine Einwendung in rein materiellrechtlicher Sicht, aber der Gesellschafter soll nach dem Gesetz nicht verpflichtet[184] sein, wenn die Gesellschaft nicht in Anspruch genommen werden kann, und diese Wirkung hat im Ergebnis auch die rechtskräftige Klagabweisung.

95 Der **Bürge** sowie der **Eigentümer** des mit einer **Hypothek** belasteten Grundstücks oder einer **verpfändeten Sache** können nach § 768 Abs. 1 S. 1, § 1137 Abs. 1 S. 1, § 1211 Abs. 1 S. 1 BGB diejenigen Einreden geltend machen, die dem Hauptschuldner bzw. persönlichen Schuldner zustehen. Als Einrede i.S. dieser Bestimmungen ist auch die rechtskräftige Abweisung der Klage gegen den Hauptschuldner oder persönlichen Schuldner anzusehen[185]. Das entspricht dem Sinn der völligen Akzessorietät, wie sie in den genannten Vorschriften zum Ausdruck kommt, und ist vom Gesetzeswortlaut her um so eher möglich, als die Rechtskraftwirkung früher allgemein als »Einrede der Rechtskraft« bezeichnet wurde[186].

96 Dagegen findet sich in diesen Fällen – anders als in § 129 Abs. 1 HGB – **keine Regelung,** die den **Bürgen** usw. auf diejenigen Einwendungen des Hauptschuldners usw. **beschränkt,** die dieser selbst noch geltend machen kann. Der Bürge, der Grundstückseigentümer und der Verpfänder sind vielmehr ausdrücklich vor einem Verzicht des Hauptschuldners usw. auf eine ihm zustehende Einrede geschützt, § 768 Abs. 2, § 1137 Abs. 2, § 1211 Abs. 2 BGB. Das rechtskräftige Urteil zwischen dem Gläubiger und dem Hauptschuldner bzw. persönlichen Schuldner **wirkt** daher **nur für, nicht gegen den Bürgen**[187], **Grundstückseigentümer**[188] **und Verpfänder**[189].

97 Anders ist es, wenn man den Bürgschaftsvertrag so **auszulegen** hat, daß für die Forderung, so wie sie rechtskräftig festgestellt ist, gebürgt wird (Übernahme der Bürgschaft in Kenntnis der rechtskräftigen Verurteilung des Hauptschuldners, → Rdnr. 90) oder daß der Bürge den

---

1966, 145: Der Gesellschafter kann dann die Prozeßführung der OHG nicht beeinflussen. Häufig erfährt er nichts von dem Prozeß, so daß er auch nicht als Nebenintervenient beitreten kann. – Entsprechend § 129 Abs. 1 HGB muß auch der Gesellschafter einer BGB-Gesellschaft, der unter der Firma einer KG im Rechtsverkehr aufgetreten ist und gegen diese ein Urteil ergehen ließ, dieses Urteil gegen sich gelten lassen, BGH NJW 1980, 784.
[181] BGH LM § 425 BGB Nr. 20 = NJW-RR 1993, 1266 = MDR 1993, 958.
[182] So LAG Berlin GmbHR 1993, 630 (Kündigungsrechtstreit).
[183] RGZ 5, 70; 49, 343; *Jaeger* Die OHG im Zivilprozeß (1915, aus Festg. f. Sohm) 61ff.; *Hueck* OHG[4] § 22 IV 2; *Fischer* in Großkomm. HGB[3] § 124 Anm. 28; *Schlegelberger-K. Schmidt* HGB[5] § 129 Rdnr. 12; *Baumbach-Duden-Hopt* HGB[29] § 128 Rdnr. 43.
[184] Jedoch kann sich der rechtskräftig verurteilte Gesellschafter nicht auf eine nachträglich eingetretene Verjährung gegenüber der Gesellschaft berufen, BGH NJW 1981, 2579.

[185] S. zum *Bürgen:* BGH WM 1965, 579, 580; NJW 1970, 279; RG JW 1909, 368f., 419; *Fenge* NJW 1971, 1920; *Thomas-Putzo*[20] Rdnr. 5; *Erman-Seiler* BGB[9] § 768 Rdnr. 3; *RGRK-Mormann* BGB[12] § 768 Rdnr. 3; *Soergel-Mühl* BGB[11] § 768 Rdnr. 7; zum *Grundstückseigentümer:* *Erman-Räfle* BGB[9] § 1137 Rdnr. 4; *Palandt-Bassenge* BGB[57] § 1137 Rdnr. 4; *RGRK-Mattern* BGB[12] § 1137 Rdnr. 6; *Staudinger-Wolfsteiner* BGB[13] § 1137 Rdnr. 4; zum *Verpfänder:* *Erman-Küchenhoff* BGB[9] § 1211 Rdnr. 5; *Planck-Flad* BGB[5] § 1211 Anm. 4.
[186] Jetzt ist dagegen die Berücksichtigung von Amts wegen anerkannt, → § 322 Rdnr. 221.
[187] BGHZ 24, 97, 99 = NJW 1957, 986; BGH NJW 1975, 1119, 1121; BGHZ 76, 222, 230 = NJW 1980, 1460, 1461; BGHZ 107, 92, 96 = NJW 1989, 1276; BGH NJW 1993, 1594; *MünchKommZPO-Gottwald* Rdnr. 60.
[188] RG HRR 1929 Nr. 443. → auch Rdnr. 25 bei Fn. 57.
[189] RG WarnRsp 1933 Nr. 35; OLG Celle OLG Rsp 26 (1913), 202.

Ausgang eines gegen den Hauptschuldners anhängigen Rechtsstreits als auch für sich verbindlich anerkennt, was etwa bei einer **Prozeßbürgschaft** in Frage kommt[190].

Dagegen wird man bei der sog. **adjektizischen Haftung** des **Schiffseigners** (§ 3 BinnSchG) keinen genügenden Anhalt für eine Rechtskraftwirkung des gegenüber dem Schiffsführer ergangenen Urteils zugunsten des Schiffseigners finden können[191]. **98**

Beim **Finanzierungsleasing** ist der Leasinggeber, der sich unter Abtretung seiner Gewährleistungsansprüche gegen den Lieferanten von mietrechtlicher Gewährleistung freigezeichnet hat, an die im Verhältnis Leasingnehmer – Lieferant ausgesprochene Wandelung gebunden[192] (mit der Konsequenz des Wegfalls der Geschäftsgrundlage für den Leasingvertrag), auch wenn die Wandelung auf einem Versäumnisurteil gegen den Lieferanten beruht[193]. Dies entspricht dem Zweck der materiell-rechtlichen Vereinbarungen zwischen Leasinggeber und Leasingnehmer[194]. **98a**

d) Fälle ohne Rechtskrafterstreckung

Für diejenigen Sachlagen, in denen **keine Rechtskrafterstreckung** eintritt, können (zusätzlich zu den schon oben behandelten Fragen) nur einige Beispiele angeführt werden. Die **Feststellung des Erbrechts** zwischen zwei Erbprätendenten wirkt nicht gegenüber den Nachlaßgläubigern und -schuldnern; der Feststellung der **Wirksamkeit eines Erbvertrags** zwischen dem Erblasser und dem Erben kommt keine Rechtskraft gegenüber Vermächtnisnehmern zu[195]. Die Entscheidung über die **Nichtigkeit eines Vertrages** zwischen zwei Vertragsparteien hat keine Rechtskraft gegenüber einem weiteren Vertragspartner[196]. Ist die Klage des Gläubigers gegen einen **Gesamtschuldner** rechtskräftig abgewiesen, so hindert dies nicht den *Ausgleichsanspruch* eines anderen Gesamtschuldners gegen jenen[197]. Auch die Verurteilung eines Gesamtschuldners gegenüber dem Gläubiger wirkt nicht im Innenverhältnis, in dem ein Ausgleichsanspruch gegen den Verurteilten geltend gemacht wird[198]; daran ändert auch der Forderungsübergang nach § 426 Abs. 2 BGB nichts, da er das Bestehen der Ausgleichspflicht voraussetzt[199]. Das Urteil zwischen Gläubiger und Schuldner wirkt nicht gegen einen Dritten, der für die Schuld **Sicherheit geleistet** hat[200]. **99**

Beim **Vertrag zugunsten Dritter** wirkt die vom Versprechensempfänger gegen den Versprechenden erwirkte Entscheidung nicht für oder gegen den Dritten[201]; das Urteil gegenüber dem **Gesellschafter** wirkt nicht für oder gegen die OHG[202]. Die rechtskräftige Feststellung, der Beklagte sei Schuldner einer bestimmten Forderung, schließt es nicht aus, später einen **Dritten als Schuldner** zu belangen[203]. Die rechtskräftige Feststellung einer Forderung zwischen **Pfandgläubiger und Schuldner** bindet nicht im Rechtsstreit zwischen dem Pfandgläubiger und einem Pfändungsgläubiger über das Recht auf vorzugsweise Befriedigung (§ 805)[204]. Gegen ei- **100**

---

[190] Die Bindung bejahend *BGH* NJW 1975, 1119, 1121 zu einer Prozeßbürgschaft, die als Sicherheit für die spätere Realisierbarkeit des klägerischen Anspruchs übernommen wurde.
[191] A.M. *BGH* LM § 3 BinnSchG Nr. 5 = MDR 1965, 273 = BB 1965, 182.
[192] *BGHZ* 81, 298, 304 ff. = NJW 1982, 105.
[193] *BGH* NJW 1991, 1746.
[194] *Schack* NJW 1988, 865, 871; *MünchKommZPO-Gottwald* Rdnr. 74.
[195] *BGH* NJW 1952, 419.
[196] *RGZ* 71, 199; 91, 413.
[197] *RGZ* 69, 422.
[198] *OLG Düsseldorf* NJW-RR 1992, 922 = VersR 1992, 582.

[199] S. auch *OLG Hamm* NJW-RR 1997, 90.
[200] *RG* Gruchot 53 (1909), 908.
[201] *BGHZ* 3, 385 = LM Nr. 1 (LS) = NJW 1952, 178; zust. *Gerhardt* (Fn. 35) 25 ff. – Teils a.M. *MünchKomm-ZPO-Gottwald* Rdnr. 73, wonach die zwischen Versprechendem und Versprechensempfänger erfolgte Feststellung des Bestehens des Vertrages auch im Verhältnis zum Dritten wirkt.
[202] *Baumbach-Duden-Hopt* HGB[29] § 128 Rdnr. 44; *Hueck* OHG[4] § 22 IV 2.
[203] *RG* JW 1908, 280.
[204] *RG* Gruchot 46 (1902), 433; *OLG Stettin* OLG Rsp 12 (1906), 67.

ne Rechtskrafterstreckung im Verhältnis mehrerer *Vollstreckungsgläubiger* bei Widerspruch im **Verteilungsverfahren** → § 878 Rdnr. 23 ff. Zur fehlenden Rechtskraft bei **Untermiete** → Rdnr. 91.

VII. Arbeitsgerichtliches Verfahren

101 Für das arbeitsgerichtliche Verfahren ist auf die erweiterte Rechtskraftwirkung der in Rechtsstreitigkeiten **zwischen Tarifvertragsparteien über einen Tarifvertrag** ergangenen Urteile hinzuweisen[205], § 9 TVG, dazu näher → § 256 Rdnr. 191 ff. Ferner → § 322 Rdnr. 324 a.E. zur erweiterten Rechtskraftwirkung von Entscheidungen über **Tariffähigkeit** und Tarifzuständigkeit.

102 Das Urteil *zwischen einer Tarifvertragspartei und einem Mitglied* (z.B. über das Bestehen der Mitgliedschaft) wirkt dagegen *nicht für oder gegen die andere Tarifvertragspartei oder deren einzelne Mitglieder*[206]. Eine Analogie zu § 9 TVG scheidet für diesen Fall vor allem deshalb aus, weil hier nicht davon ausgegangen werden kann, daß die Interessen des Dritten schon durch eine der Parteien des Vorprozesses hinreichend gewahrt wurden. Daß im ersten Prozeß über eine Vorfrage für die Rechtsstellung des Dritten entschieden wurde und bei einer Ablehnung der Rechtskrafterstreckung die Gefahr widersprüchlicher Entscheidungen besteht, reicht auch hier nicht aus, um eine erweiterte Rechtskraftwirkung zu begründen, → Rdnr. 80 ff.

103 Die subjektiven Grenzen der Rechtskraft haben grundsätzlich in dem Sinne für Beschlüsse im Rahmen des arbeitsgerichtlichen **Beschlußverfahrens** zu gelten, daß sich die materielle Rechtskraft auf die Beteiligten des Verfahrens und deren Rechtsnachfolger beschränkt[207], → § 322 Rdnr. 325, Fn. 564. Eine darüber hinausgehende Bindungswirkung wird vom BAG verschiedentlich angenommen[208]. So gilt die positive oder negative Entscheidung über das Bestehen von Beteiligungsrechten des Betriebsrats aufgrund Betriebsänderung (§ 111 BetrVG) auch in einem späteren Prozeß eines Arbeitnehmers gegen den Arbeitgeber über Nachteilsausgleich nach § 113 Abs. 3 BetrVG[209]; die Entscheidung, daß zwei Unternehmen keinen gemeinsamen Betrieb bilden, wirkt auch im Verhältnis zwischen den Unternehmen und ihren Arbeitnehmern[210]; die Entscheidung über den Inhalt einer Betriebsvereinbarung (Sozialplan) im Beschlußverfahren zwischen den Betriebspartnern wirkt auch gegenüber Arbeitnehmern, die Ansprüche aus der Betriebsvereinbarung geltend machen[211]. Eine solche »präjudizielle Bindung« (BAG) ist nichts anderes als eine Rechtskrafterstreckung; sie läßt sich, wenn man die materiell-rechtliche Abhängigkeit allein nicht für ausreichend hält (→ Rdnr. 86 ff.), am besten mit dem Gedanken einer Repräsentation der Arbeitnehmer durch den Betriebsrat im Beschlußverfahren rechtfertigen[212]. Ferner sieht das BAG den Erwerber eines Betriebes auch

---

[205] Dazu *Rieble* NZA 1992, 250; *Rüdiger Krause* (Fn. 1), 98 ff.

[206] A.M. *BAG* NJW 1961, 573 = JZ 1961, 386 = AP Art. 9 GG Nr. 10. Zust. im Ergebnis *Schwab* ZZP 77 (1964), 157 (»Drittwirkung«, dazu → Rdnr. 78 ff.). Abl. *Brox* JuS 1961, 252. – *Böttcher* JZ 1961, 387; *A. Blomeyer* ZZP 75 (1962), 26 bejahen die Rechtskrafterstreckung nur für den Fall, daß der geltend gemachte Wiedereinstellungsanspruch des Dritten, für den die Mitgliedschaft Vorfrage ist, erst *nach der Rechtskraft des Urteils* (durch Abschluß eines Tarifvertrages) entstanden ist. *Habscheid* Festschr. f. Nipperdey I (1965), 904 läßt für diesen Fall die Rechtskraft offen, während er im übrigen die Ansicht des *BAG* ablehnt.

[207] *BAGE* 21, 139, 143 = AP § 80 ArbGG 1953 Nr. 4 (*Neumann-Duesberg*); *BAGE* 35, 1, 3 = AP § 80 ArbGG 1979 Nr. 2 (*Grunsky*); *BAGE* 41, 316, 323 = AP § 322 ZPO Nr. 14 (*Leipold*); *BAG* NZA 1996, 1058.

[208] Dazu ausführlich *Konzen* Festschr. für Zeuner, 400 ff.

[209] *BAGE* 56, 304, 307 ff. = AP § 113 BetrVG 1972 Nr. 15 (*Leipold*) = SAE 1988, 228 (zur Begründung krit. *Zeiss*). – Abl. *Jox* NZA 1990, 424.

[210] *BAG* AP § 18 BetrVG 1972 Nr. 8 = EzA § 18 BetrVG Nr. 7 (*Dütz/Rotter*).

[211] *BAGE* 69, 367 = AP § 84 ArbGG 1979 Nr. 1; ebenso wirkt nach *BAG* AP § 28 AGB-DDR Nr. 1 (zu B.I 5 der Gründe) die Rechtskraft einer zwischen den Betriebspartnern ergangenen Entscheidung über die Wirksamkeit eines Betriebskollektivvertrags (Sozialprogramms) nach dem Recht der DDR auch gegenüber den einzelnen Arbeitnehmern.

[212] Näher *Dütz* (Fn. 1) 487, 492; *Leipold* Anm. zu *BAG* AP § 113 BetrVG Nr. 15; *Grunsky* ArbGG[7] § 80 Rdnr. 50 b. S. auch *Wieser* Arbeitsgerichtsverfahren (1994) Rdnr. 629. Für Rechtskrafterstreckung kraft materiell-rechtlicher Abhängigkeit *Otto* RdA 1989, 247, 254. *Konzen* Festschr. für Zeuner, 400 ff. knüpft bei den Beschlüssen über betriebsverfassungsrechtliche Beteiligungsrechte zur Herleitung einer Bindung (bezogen auf

hinsichtlich Verbindlichkeiten als »Rechtsnachfolger« des bisherigen Arbeitgebers an und folgert daraus die Bindung an zwischen dem Betriebsrat und dem bisherigen Arbeitgeber rechtskräftig festgestellte Verpflichtungen[213].

§ 326 [Rechtskraft gegenüber dem Nacherben]

(1) Ein Urteil, das zwischen einem Vorerben und einem Dritten über einen gegen den Vorerben als Erben gerichteten Anspruch oder über einen der Nacherbfolge unterliegenden Gegenstand ergeht, wirkt, sofern es vor dem Eintritt der Nacherbfolge rechtskräftig wird, für den Nacherben.

(2) Ein Urteil, das zwischen einem Vorerben und einem Dritten über einen der Nacherbfolge unterliegenden Gegenstand ergeht, wirkt auch gegen den Nacherben, sofern der Vorerbe befugt ist, ohne Zustimmung des Nacherben über den Gegenstand zu verfügen.

Gesetzesgeschichte: Eingefügt durch die Novelle 1898.

I. Die Rechtsstellung des Nacherben 1	III. Prozesse über einen der Nacherbfolge unterliegenden Gegenstand 7
II. Prozesse um Nachlaßverbindlichkeiten 3	1. Urteil zugunsten des Vorerben 7
1. Voraussetzungen der Wirkung gegenüber dem Nacherben 3	2. Urteil zuungunsten des Vorerben 8
2. Teils günstiges, teils ungünstiges Urteil 4	IV. Gegenstand der Rechtskraft 9
3. Vorbehalt der Haftungsbeschränkung im ungünstigen Urteil 5	
4. Prozeßkosten 6	

I. Die Rechtsstellung des Nacherben

Der **Nacherbe** des BGB ist nicht Rechtsnachfolger des Vorerben[1], § 2100 BGB. Aus § 325 würde sich daher keine Rechtskraft der gegenüber dem Vorerben ergangenen Urteile für oder gegen den Nacherben ergeben. Die Ausdehnung der Rechtskraft auf den Nacherben ist aber im Interesse des Nacherben und der Prozeßgegner[2] insoweit notwendig und gerechtfertigt, als der Prozeß von dem Vorerben **als Erben** geführt ist. Dabei muß allerdings verhindert werden, daß der Vorerbe über seine materielle Verfügungsbefugnis hinaus im Wege der Prozeßführung dem Nacherben Rechte entzieht. Von diesen Gesichtspunkten aus macht das Gesetz die doppelte Unterscheidung, einmal der Prozesse nach ihrem Gegenstand, je nachdem sie eine *Nachlaßverbindlichkeit* oder einen *der Nacherbfolge unterliegenden Gegenstand* betreffen,

---

den Betriebsrat) an die Stellung des Testamentsvollstreckers und anderer Parteien kraft Amtes an. *Prütting* RdA 1991, 257, 266f. entnimmt die Bindung im konkreten Fall einer Auslegung des § 113 BetrVG. Ausführlich zur gesamten Problematik *Rüdiger Krause* (Fn.1), 184ff., der ungeschriebene Drittwirkungen vor allem durch Rückgriff auf materiell-rechtliche Wertungen (einschließlich der Eingebundenheit des Rechts in einem kollektiven Zusammenhang, aaO S. 214ff.) begründet. – Der Rechtsprechung des *BAG* stimmen ohne nähere Begründung zu *Germelmann-Matthes-Prütting* ArbGG² Rdnr. 27.
[213] *BAGE* 67, 168 = MDR 1991, 648.

[1] A.M. *Hellwig* Wesen und subjektive Begrenzung der Rechtskraft (1901), 221.
[2] Vgl. *Seuffert* ZZP 22 (1896), 238.

und sodann der Urteile, je nachdem sie *zugunsten* des Vorerben oder *zu seinen Ungunsten*[3] lauten. Die Grenze der Wirksamkeit deckt sich nach § 728 Abs. 1 mit der der **Vollstreckbarkeit**.

2   Eine **analoge Anwendung** des § 326 kommt in Betracht, wenn der **vorläufige Erbe** dringliche Prozesse geführt hat (Rechtskraftwirkung gegenüber dem endgültigen Erben)[4].

II. Prozesse um Nachlaßverbindlichkeiten

1. Voraussetzungen der Wirkung gegenüber dem Nacherben

3   Betrifft das Urteil einen Anspruch gegen den Erben als solchen, also eine **Nachlaßverbindlichkeit** (→ § 28 Rdnr. 2), so wirkt nach Abs. 1 nur das dem Vorerben **günstige** Urteil[5] für den Nacherben, und auch dieses nur, wenn die Nacherbfolge **nach** der formellen Rechtskraft eingetreten ist. Trat sie dagegen *während* des Prozesses ein, so berührt ein jetzt noch über die Haftung des Vorerben bzw. seiner Rechtsnachfolger ergehendes Urteil (→ § 242 Rdnr. 6) den Nacherben nicht; dessen Haftung ist vielmehr nach BGB §§ 2143 ff. selbständig zu beurteilen. Das gleiche gilt, wenn das vor dem Eintritt der Nacherbfolge rechtskräftig gewordene Urteil *zuungunsten* des Vorerben lautet.

2. Teils günstiges, teils ungünstiges Urteil

4   Ist ein Urteil dem Vorerben **teils günstig, teils ungünstig**, so wirkt dem Nacherben gegenüber nur der günstige Teil des Urteils. Diese Aufspaltung setzt aber voraus, daß der materiell rechtskräftige Inhalt des Urteils in selbständig rechtskräftige Teilfeststellungen zerlegt werden kann. Das ist z. B. der Fall bei einer Entscheidung über *mehrere prozessuale Ansprüche* (z. B. Verurteilung des Vorerben zur Darlehensrückzahlung, Abweisung der Zinsforderung: Für den Nacherben wirkt die Verneinung des Zinsanspruchs) oder wenn eine *quantitative Teilung* möglich ist (z. B. Verurteilung des Vorerben in Höhe eines Teilbetrags eines eingeklagten Darlehens, im übrigen Klageabweisung: Die Abweisung bezüglich des Restbetrags wirkt für den Nacherben). Dagegen ist keine Aufteilung möglich, wenn der Erbe zur Leistung verurteilt wurde, aber nur Zug um Zug gegen die Erbringung einer Gegenleistung; denn die Entscheidung über die Einrede erwächst für sich nicht in Rechtskraft. Dieses Urteil wirkt also als ein insgesamt ungünstiges nicht gegenüber dem Nacherben[6].

3. Vorbehalt der Haftungsbeschränkung im ungünstigen Urteil

5   Wurde in dem ungünstigen Urteil dem Vorerben die **Beschränkung seiner Haftung** vorbehalten, so kann sich der Nacherbe darauf nicht als auf eine ihm günstige Entscheidung berufen, da die Beschränkung der Haftung in seiner Person unabhängig von der des Vorerben ist.

---

[3] Diese Unterscheidung ist im Hinblick auf die Interessen des Prozeßgegners sachlich problematisch, vgl. *Hellwig* (Fn. 1) 231, aber angesichts des klaren und bewußt geschaffenen Wortlauts nicht durch Auslegung zu beseitigen, anders *Mendelsohn-Bartholdy* Grenzen der Rechtskraft (1900), 345.

[4] Näher s. *MünchKomm-Leipold*[3] § 1959 Rdnr. 12.

[5] Für Rechtskraftwirkung auch gegen den Nacherben, wenn der Vorerbe die Nachlaßverbindlichkeit ohne Zustimmung des Nacherben erfüllen konnte, *Staudinger-Behrens/Avenarius* BGB[13] § 2139 Rdnr. 12; *Stucken* (§ 325 Fn. 1), 132 ff.

[6] A.M. *Förster-Kann* Anm. 3 b, die auch in diesem Fall eine Teilwirkung zugunsten des Nacherben annehmen: Für ihn stehe fest, daß er – wenn überhaupt – nur zur Leistung Zug um Zug verpflichtet sei. *Hellwig* (Fn. 1) 233 will dagegen anscheinend dem Nacherben ein *Wahlrecht* geben, ob er den gesamten Inhalt des (quantitativ nicht teilbaren) Urteils für und gegen sich gelten lassen will oder ob das Urteil überhaupt keine Rechtskraft ihm gegenüber haben soll.

4. Prozeßkosten

Die **Prozeßkosten** bilden nie einen Anspruch gegen den Vorerben als Erben, so daß Abs. 1 insoweit nicht gilt. 6

III. Prozesse über einen der Nacherbfolge unterliegenden Gegenstand

1. Urteil zugunsten des Vorerben

Bei den Prozessen, die einen der *Nacherbfolge* unterliegenden Gegenstand[7] betreffen, ist zu unterscheiden: Das **zugunsten** des Vorerben ergangene Urteil wirkt nach Abs. 1 für den Nacherben, wenn es **vor** dem Eintritt der Nacherbfolge rechtskräftig geworden ist, ohne Unterschied, ob eine Verfügung des Vorerben über den Gegenstand ohne Zustimmung des Nacherben wirksam war oder nicht. Ist die Nacherbfolge **während** des Prozesses eingetreten, so ist auch das günstige Urteil unerheblich, da entweder der Prozeß nach § 242 unterbrochen wird oder der Vorerbe die Rechtszuständigkeit verliert. 7

2. Urteil zuungunsten des Vorerben

Das **zuungunsten** des Vorerben ergangene Urteil wirkt dagegen gemäß Abs. 2 nur dann gegen den Nacherben, wenn der Gegenstand der Verfügung des Vorerben unterliegt, darüber → § 242 Rdnr. 1. Daß auch dieses Urteil **vor** dem Eintritt der Nacherbfolge rechtskräftig geworden sein muß, ist zwar in Abs. 2 nicht ausdrücklich gesagt. Prozesse dieser Art werden aber nach § 242 durch den Eintritt der Nacherbfolge unterbrochen oder gemäß § 246 für den Nacherben als Partei fortgesetzt. Ein vor Eintritt der Nacherbfolge ergangenes, aber noch nicht rechtskräftig gewordenes Urteil kann daher ohnehin nur noch als Urteil *gegen den Nacherben* rechtskräftig werden. – Die Entscheidung im **Kostenpunkt** betrifft keinen der Nacherbfolge unterliegenden Gegenstand. 8

IV. Gegenstand der Rechtskraft

Soweit die Rechtskraft des Urteils nach dem zu Rdnr. 3 ff. und → Rdnr. 7 ff. Gesagten für oder gegen den Nacherben wirkt, beschränkt sie sich auf die Entscheidung über die Nachlaßverbindlichkeit bzw. über den einzelnen der Erbfolge unterliegenden Gegenstand. Die Entscheidung über *Vorfragen*, die auch für die Rechte des Nacherben von Bedeutung sind (z.B. Gültigkeit eines Testaments, Höhe des Erbanteils) wirkt dagegen nicht gegenüber dem Nacherben[8], auch wenn gegenüber dem Vorerben diese Fragen auf Grund einer (Zwischen)Feststellungsklage rechtskräftig festgestellt wurden. 9

§ 327 [Rechtskraft bei Testamentsvollstreckung]

(1) Ein Urteil, das zwischen einem Testamentsvollstrecker und einem Dritten über ein der Verwaltung des Testamentsvollstreckers unterliegendes Recht ergeht, wirkt für und gegen den Erben.

---

[7] Nicht notwendig eine *Verfügung* des Vorerben, wie Mendelssohn-Bartholdy (Fn. 3) 345 annimmt. S. dagegen Hellwig (Fn. 1) 230.

[8] Vgl. *RGZ* 75, 366; Mot. zum BGB Bd. 5, 118.

(2) Das gleiche gilt von einem Urteil, das zwischen einem Testamentsvollstrecker und einem Dritten über einen gegen den Nachlaß gerichteten Anspruch ergeht, wenn der Testamentsvollstrecker zur Führung des Rechtsstreits berechtigt ist.

Gesetzesgeschichte: Eingefügt durch die Novelle 1898.

I. Die Rechtsstellung des Testamentsvollstreckers 1	III. Prozesse des Erben 5
II. Prozesse des Testamentsvollstreckers 2	1. Prozesse über ein der Verwaltung des Testamentsvollstreckers unterliegendes Recht 6
1. Prozesse über ein der Verwaltung des Testamentsvollstreckers unterliegendes Recht 2	2. Prozesse über Ansprüche gegen den Nachlaß 7
2. Prozesse über Ansprüche gegen den Nachlaß 3	
3. Andere Prozesse 4	

I. Die Rechtsstellung des Testamentsvollstreckers

1   Mit der h.M.[1] ist der Testamentsvollstrecker, soweit er zur Führung von Prozessen befugt ist, **als Partei kraft Amtes** anzusehen. Nach anderer Auffassung[2] ist er als *gesetzlicher Zwangsvertreter* des Erben bezüglich der verwalteten Rechte (Nachlaß bzw. einzelne Nachlaßgegenstände) zu betrachten, näher → vor § 50 Rdnr. 25 ff. Die Lösung praktischer Zweifelsfragen ist aber von diesem Streit kaum abhängig; auch die in § 327 getroffene Rechtskraftregelung ist mit beiden Ansichten zu vereinen.

II. Prozesse des Testamentsvollstreckers

1. Prozesse über ein der Verwaltung des Testamentsvollstreckers unterliegendes Recht

2   Hinsichtlich der **vom Testamentsvollstrecker geführten Prozesse**[3] unterscheidet das Gesetz: Abs. 1 bezieht sich auf **Aktivprozesse**, d.h. Prozesse, in denen ein zum Nachlaß gehöriges, der Verwaltung des Testamentsvollstreckers unterliegendes Recht den Streitgegenstand bildet, sei es auf Grund einer Leistungs- oder Feststellungsklage[4] zugunsten des Nachlasses oder einer von einem Dritten erhobenen negativen Feststellungsklage oder einer prozessualen Gestaltungsklage (insbesondere §§ 323, 767). Zu den Aktivprozessen zählt auch die Geltendmachung des *Erbschaftsanspruchs* (§§ 2018 ff. BGB)[5] oder eines zum Nachlaß gehörenden Erbrechts des Erblassers[6]. Für diese Prozesse ist nach § 2212 BGB der Testamentsvollstrecker *ausschließlich legitimiert*, das Urteil ist deshalb nach Abs. 1 für und gegen den Erben wirksam und nach § 728 Abs. 2 vollstreckbar.

---

[1] *BGHZ* 13, 203, 205; 25, 279; *Staudinger-Reimann* BGB[13] vor §§ 2197 ff. Rdnr. 14 f.; *Leipold* Erbrecht[12] Rdnr. 564.
[2] *Rosenberg* Lb[9] § 39 II 3; 19. Aufl. dieses Kommentars § 327 I sowie vor § 50 II 3 a.
[3] Dazu *Keßler* DRiZ 1965, 195; 1967, 299.
[4] *RG* Gruchot 50 (1906), 387.
[5] Ebenso *Hellwig* Anspruch und Klagrecht (1924), 76; *Staudinger-Reimann* BGB[13] § 2212 Rdnr. 28; *Kipp-Coing* Erbrecht[14] § 71 I 3; *MünchKommBGB-Brandner*[3] § 2212 Rdnr. 10.
[6] *RG* SeuffArch 74 (1919), 249.

2. Prozesse über Ansprüche gegen den Nachlaß

Abs. 2 erfaßt die **Passivprozesse,** d.h. solche, durch die ein gegen den Nachlaß gerichteter Anspruch geltend gemacht wird (→ § 28 Rdnr. 2), sei es durch Leistungs- oder durch Feststellungsklage, auch die negative des Testamentsvollstreckers. Das Urteil in solchen Prozessen wirkt ebenfalls für und gegen den Erben, wenn der Testamentsvollstrecker zur Führung des Rechtsstreits berechtigt ist. Dies bestimmt sich nach § 2213 BGB. Wegen der Vollstreckung s. §§ 728 Abs. 2, 748, 780.

3. Andere Prozesse

Nicht berührt werden von § 327 **andere Prozesse,** zu deren Führung der Testamentsvollstrecker zwar ebenfalls befugt sein kann, die er aber *nicht in Bezug auf den Erben* (für diesen) führt, und deren Urteile deshalb nicht für oder gegen den Erben wirken. Hierher gehören Klagen des Testamentsvollstreckers auf Feststellung seines Rechts, ein (in seiner Gültigkeit bestrittenes) Testament als Testamentsvollstrecker zur Ausführung zu bringen[7], auf Feststellung der Wirksamkeit testamentarischer Verfügungen[8], Prozesse über den Wegfall der Beschränkung des Erbteils durch die Anordnung der Testamentsvollstreckung, § 2306 BGB, Klagen gegen den Testamentsvollstrecker aus Anlaß der Erbauseinandersetzung, sowie Klagen, die er gemäß § 2223 BGB auf Erfüllung von Auflagen erhebt.

III. Prozesse des Erben

Ob Urteile aus **vom Erben geführten Prozessen** gegenüber dem Testamentsvollstrecker wirken, ist gesetzlich nicht geregelt. Auch hier ist zwischen Aktiv- und Passivprozessen zu unterscheiden.

1. Prozesse über ein der Verwaltung des Testamentsvollstreckers unterliegendes Recht

Urteile aus Prozessen des Erben über ein der Verwaltung des Testamentsvollstreckers unterliegendes Recht **(Aktivprozesse)** wirken weder für noch gegen den Testamentsvollstrecker. Dies folgt aus der Unabhängigkeit des Testamentsvollstreckers von dem Erben, § 2211 BGB, und aus der ausschließlichen Berechtigung des Testamentsvollstreckers zur Führung dieser Prozesse, § 2212 BGB. Nicht ganz zweifelsfrei ist, ob der Testamentsvollstrecker den Erben zur Führung eines Aktivprozesses im eigenen Namen **ermächtigen** kann[9]. Gemäß dem → vor § 50 Rdnr. 42 Ausgeführten ist dies zu bejahen, soweit ein rechtliches Interesse des Erben an der Prozeßführung im eigenen Namen besteht[10]. Liegt eine wirksame Ermächtigung vor, so

---

[7] *RG* JW 1919, 725 = SeuffArch 74 (1919), 328.

[8] Die Zulässigkeit solcher Klagen kann sich aus der Auswirkung auf die Rechtsstellung des Testamentsvollstreckers ergeben, *RG* JW 1909, 52. Davon abgesehen ist der Testamentsvollstrecker für Prozesse über die Erbfolge nicht legitimiert.

[9] Bejahend *MünchKommBGB-Brandner*[3] § 2212 Rdnr. 18; *Soergel-Damrau* BGB[12] § 2212 Rdnr. 3; *Staudinger-Reimann* BGB[13] § 2212 Rdnr. 8; *Erman-M. Schmidt* BGB[9] § 2212 Rdnr. 4; *Palandt-Edenhofer* BGB[57] § 2212 Rdnr. 5; *Lange-Kuchinke* Erbrecht[4] § 31 VI 4f; *Kipp-Coing* Erbrecht[14] § 71 I 1. – Verneinend *Staudinger-Dittmann* BGB[11] § 2212 Rdnr. 3.

[10] Ebenso *BGHZ* 38, 282 zur Ermächtigung des Erben durch den *Nachlaßverwalter.* – Bedenken bestehen, wenn die Ermächtigung dazu führt, daß dem obsiegenden Gegner als Vollstreckungsobjekt für seine Kostenforderung statt des Nachlasses nur ein nicht ausreichendes Vermögen des Erben zur Verfügung steht, zum ähnlichen Problem bei einer Ermächtigung durch den Konkursverwalter → vor § 50 Rdnr. 42b. Man sollte aber bei einer Ermächtigung des Erben die Kostenforderung des Gegners als Nachlaßverbindlichkeit ansehen und die Vollstreckung aufgrund des Titels gegen den Erben auch in den Nachlaß zulassen. Der Prozeßgegner erhielte dann insoweit die gleiche Stellung wie in dem Fall, daß der Erbe den Prozeß als Bevollmächtigter des Testamentsvollstreckers führt.

wirkt die Rechtskraft des Urteils aus einem solchen Prozeß des Erben auch für und gegen den Testamentsvollstrecker[11].

2. Prozesse über Ansprüche gegen den Nachlaß

7   **Passivprozesse** können teils wahlweise gegen den Erben oder den Testamentsvollstrecker, § 2213 Abs. 1 S. 1 BGB, teils nur gegen den Erben, § 2213 Abs. 1 S. 2, 3 BGB, geführt werden. Rechtskräftige Urteile aus Passivprozessen gegen den Erben wirken in keinem Fall **gegen** den Testamentsvollstrecker[12]. Das ergibt sich daraus, daß gemäß § 748 zur Vollstreckung in den verwalteten Nachlaß (bzw. in die einzelnen verwalteten Nachlaßgegenstände) stets ein *Titel gegen den Testamentsvollstrecker erforderlich* ist. Dadurch soll das Verwaltungsrecht des Testamentsvollstreckers gesichert und verhindert werden, daß der Erbe über seine Prozeßführung in die verwalteten Rechte eingreift. Diesen Zweck könnte das Titelerfordernis des § 748 aber nicht erfüllen, wenn man eine Rechtskraftwirkung aus einer Verurteilung des Erben anerkennen würde, denn dann würde der Titel gegen den Testamentsvollstrecker stets ohne neue sachliche Prüfung zu erlassen sein.

8   Die Rechtskraft eines Urteils, das in dem Passivprozeß **zugunsten des Erben** ergangen ist, wirkt dagegen auch **für** den Testamentsvollstrecker[13]. In diesem Fall ergibt sich aus dem Verhältnis zwischen Erben und Testamentsvollstrecker kein Grund, die Rechtskraft zu verneinen; wurde gegenüber dem Erben das Bestehen einer Nachlaßverbindlichkeit verneint, so steht damit auch fest, daß der Nachlaß nicht haftet. Würde man die Rechtskraftwirkung verneinen und eine Verurteilung des Testamentsvollstreckers zulassen, so würde dieses Urteil umgekehrt nach § 327 Abs. 2 gegen den Erben wirken, so daß ihm gegenüber zwei sich widersprechende rechtskräftige Urteile vorlägen.

§ 328   [Anerkennung ausländischer Urteile]

(1) Die Anerkennung des Urteils eines ausländischen Gerichts ist ausgeschlossen:
1. wenn die Gerichte des Staates, dem das ausländische Gericht angehört, nach den deutschen Gesetzen nicht zuständig sind;
2. wenn dem Beklagten, der sich auf das Verfahren nicht eingelassen hat und sich hierauf beruft, das verfahrenseinleitende Schriftstück nicht ordnungsmäßig oder nicht so rechtzeitig zugestellt worden ist, daß er sich verteidigen konnte;
3. wenn das Urteil mit einem hier erlassenen oder einem anzuerkennenden früheren ausländischen Urteil oder wenn das ihm zugrunde liegende Verfahren mit einem früher hier rechtshängig gewordenen Verfahren unvereinbar ist;
4. wenn die Anerkennung des Urteils zu einem Ergebnis führt, das mit wesentlichen Grundsätzen des deutschen Rechts offensichtlich unvereinbar ist, insbesondere wenn die Anerkennung mit den Grundrechten unvereinbar ist;
5. wenn die Gegenseitigkeit nicht verbürgt ist.

(2) Die Vorschrift der Nummer 5 steht der Anerkennung des Urteils nicht entgegen, wenn das Urteil einen nichtvermögensrechtlichen Anspruch betrifft und nach den deutschen Geset-

---

[11] *MünchKomm-BGB-Brandner, Erman-M. Schmidt, Palandt-Edenhofer, Lange-Kuchinke* (Fundstellen → Fn. 9).
[12] RGZ 56, 330; 109, 166; *Bettermann* Die Vollstreckung des Zivilurteils (1948), 174f.

[13] Ebenso *Bettermann* (Fn. 12) 173; Staudinger-Reimann BGB[13] § 2213 Rdnr. 6; MünchKomm-BGB-Brandner[3] § 2213 Rdnr. 7; Soergel-Damrau BGB[12] § 2213 Rdnr. 16; *Kipp-Coing* Erbrecht[14] § 71 II 2 a, .

zen ein Gerichtsstand im Inland nicht begründet war oder wenn es sich um eine Kindschaftssache (§ 640) handelt.

Gesetzesgeschichte: eingefügt durch die Novelle 1898 RGBl 1898, 256 (→ Einl. Rdnr. 113, → auch Rdnr. 4); Abs. 2 neu gefaßt durch das 1. EheRG 1976 BGBl I 1421 (→ Einl. Rdnr. 157); Abs. 1 Nr. 2–4 neu gefaßt durch das IPR-Gesetz vom 25. 7. 1986 BGBl I 1142.

Anerkennungsschlüssel (Stichwortverzeichnis zur Anerkennung ausländischer Urteile)

Das nachfolgende Stichwortverzeichnis erschließt die Kommentierung des § 328. Die dort genannten **Staaten** sind im anschließenden »Staatenschlüssel« aufgeführt.

Abänderungsurteil 62
actio iudicati 39
actions in personam 357
actions in rem 357
Adhäsionsverfahren 70
amende civile 70
american rule of costs 141
Anerbenrecht 463
Anerkenntnisurteile 62
Anerkennung
 Begriff 7
 Funktion 1
 automatische 5
 Zeitpunkt 32
 automatische Nichtanerkennung 39
 Prognose 185
 ausländischer Eheurteile 186
Anerkennungszuständigkeit 272
Angleichung 11
annektierte Gebiete 76
antisuit injunctions 140
Anwaltsvergleich 66
Arrestbefehl 63
Aufrechnung 8
Ausländersicherheit 252
Ausländische öffentliche Urkunde 21
Aussetzung 189, 209

Beitrittsübereinkommen (San Sebastian) 43
Bescheide 62
Beweisbeschluß 63
Beweislast 30
Bilaterale Verträge 58, 95 (Tatsachenbindung)
Bindungswirkung 37

class actions 141
contempt of court 70, 140
COTIF 93, 116
county court 356

DDR (ehemalige) 184
demande en garantie 25
Devisen 130

Diplomaten 94
Diplomatischer Übermittlungsweg 259
Drittstaaten 47 (EuGVÜ)

Effektive Staatsangehörigkeit 208
Effet atténué de l'ordre public 133
EFTA-Staaten 48
Ehefähigkeitszeugnis 204
Ehesachen 186 ff.
Eheurteile 186 ff.
Einigungsvertrag 184
Einrede 30
 der Rechtskraft 15
Einstweilige Maßnahmen 274
Einstweilige Verfügung 63
Entmündigung 17
Entscheidung (ausländische) 67, 197
Erfolgshonorar (Rechtsanwalt) 13
Erga-omnes-Wirkung 189
Erinnerung (§ 766) wegen DDR-Urteilen 184
EuGVÜ 2, 43
Exequatur 6, 62, 147

Fakturengerichtsstand 348
Fakultatives Anerkennungsverfahren 207
Feststellung ex tunc (Ehesachen) 226
Forderungspfändung 72
Freibeweis 157

Garantieklagen 9
Gegenseitigkeit
 Anerkennungspraxis 156
 Gegenseitigkeitsschlüssel 161 ff.
 Ehesachen 217
 Zeitpunkt 35, 158
 bei internationalen Gerichten 80
 Lockerungen 151
 Maßstab 153
 Wesentliche Erschwerungen 154
Gerichtsbarkeit(Urteilsstaat) 1
Gerichtshof der EG 78
Geständnis 30
Gewährleistungsklagen 277

Gleichlauf
  Zuständigkeit und materielles Recht 16
Gleichstellungstheorie 7
Günstigkeitsprinzip 2f., 211, 276

Heilung von Zustellungsmängeln 114
Heimatstaatentscheidungen 189, 206

Inhaltskontrolle 28
injonction de payer 62
Inlandsbezug 28, 133
Innerprozessuale Bindungswirkung 12
Intervenient 252
Interventionswirkung 22
IPR-Novelle 1986 16, 117

Jury (USA) 141
Justizkonflikt 39

Konkordatsgesetzgebung (österreichische) 197
Konkurrenzen von Staatsverträgen 265
Konkurs 72
Kontradiktorisches Gegenteil 119
Kostenentscheidung 149, 248, 261
Kostenfestsetzungsbeschluß 62
Kumulationstheorie 8

Ladungsfristen 115
Laienrichter 140
Landesjustizverwaltung (Ehesachen) 188, 218
Legalisierung 256
lex causae 11, 16 (Gestaltungswirkung), 19 (Tatbestandswirkung), 194 (Privatscheidung)
lex fori 113
Londoner Abkommen über Auslandsschulden 78
Lugano-Übereinkommen 2f.,48

Mandate 62
Mehrrechtsstaaten 88
Mehrstaater 314
Minderjährigenschutzabkommen 191

Nationalitätsprinzip 118
Nebenentscheidungen 195
Nebenwirkung(des Urteils) 19
Negativliste 272, 379
Nichtehe 222
Nichtiges Urteil 64
Nichturteil 64

Oberstes Rückerstattungsgericht 78
Öffentliche Register 6
Ordre public 123ff., 216 (Ehesachen), 254
  Ergebniskontrolle 127
  Grundrechte 125
  Strafbare Handlung 128
  Tatsächliche Feststellungen 128

Zeitpunkt 33
Zwingende Normen 125

perpetuatio fori 90
Pre-trial-discovery 141
Prioritätsprinzip 117
Privatscheidung 193
Produzentenhaftung (USA) 134
Provisorischer Rechtsöffnungsentscheid 62
Prozessuale Arglist 143
Prozeßurteil 63
Prüfung von Amts wegen 30
Punitive damages 70, 134

Qualifikation 11, 24, 67, 284

Rechtliches Gehör 139
Rechtshängigkeit, ausländische 74, 185, 273
Rechtskraft
  objektive Grenzen 8
  subjektive Grenzen 9
  übereinstimmende Sachentscheidung 13
  formelle 73, 196
Rechtskraftwirkung
  Aufrechnung 8
  Disposition 40
  Interventionswirkung 22
  Tatsachen 8
  Vorfragen 8, 38
  Wiederholung des Klagebegehrens 37
Rechtskraftzeugnis 255
Rechtsmittel (Ausschöpfung) 131
Rechtsschutzinteresse 13
Rechtsweg 87
Restitutionsklage 118
révision au fond 28, 276
RICO-Act 134

Scheinscheidung 216
Schiedskommission für Güter, Rechte und Interessen 78
Separationsverfahren 111
Sondergerichte 69
Sorgerechtsentscheidungen 191, 195
Sozialversicherungsträger (Ehesachen) 221
Spiegelbildprinzip 82, 212, 292
Staatliche Gerichte 68
Staatsanwalt (Ehesachen) 221
Standesbeamter (Ehesachen) 221
Statusentscheidungen 1
Strafschadensersatz 134
Streitgegenstand 13, 119
Summarische Verfahren 63, 142
Supranationales Prozeßrecht 24

Teilexequatur 133
third party complaint 25, 27

Tod eines Ehegatten 202
treble damages 134
Trennung von Tisch und Bett 10, 199

Umdeutung 27
Ungerechtfertigte Bereicherung 39
Unterhaltsentscheidungen 3, 191, 195, 266 ff.
Untersuchungsgrundsatz 240
UN-Übereinkommen 1958 (Unterhalt) 56
Urteilserschleichung 21, 39
Urteilswirkungen (Umfang) 7 ff.

Verbundentscheidung 293, 438
Verfahrenspfleger 112
Vergleichsverfahren 72
Verjährungsunterbrechung 20
Verlobte (Ehesachen) 220
Versäumnisurteile 62

Verwaltungsgerichte, Verwaltungsbehörden 69
Verwirkung des Antragsrechts 202, 239
Verzicht 30
Vollstreckbarerklärung 5
Vollstreckungsbescheid 62
Völkerrecht
  Keine Anerkennungspflicht 1
Vorbehaltsurteil 63
Vorfrage 209
vouching in 24

Währung 13
Wirkungserstreckungstheorie 7, 277

Zentralkommission in Straßburg 78
Zustellung durch Aufgabe zur Post 296
Zwischenentscheidungen 63
Zwischenfeststellungsklage 36

Staatenschlüssel

Das nachfolgende Staatenverzeichnis führt diejenigen Stellen der Kommentierung des § 328 auf, an denen die genannten Staaten behandelt sind. Das vom Auswärtigen Amt bekanntgemachte »Verzeichnis der Staatennamen für den amtlichen Gebrauch in der Bundesrepublik Deutschland« wurde nach dem Stand vom 24. 4. 1997 zugrunde gelegt.

Abu Dhabi → Vereinigte Arabische Emirate
Adschman → Vereinigte Arabische Emirate
Afghanistan 162
Ägypten 162, 248
Albanien 162
Algerien 162
Amerikanische Jungferninseln → Vereinigte Staaten von Amerika
Andorra 162
Angola 162
Anguilla (Kronkolonie) → Großbritannien
Antigua und Barbuda 162
Antillen → Niederlande und niederländische Antillen
Äquatorialguinea 162
Arabische Emirate → Vereinigte Arabische Emirate
Argentinien 162, 248
Armenien 162, 248
Aruba (Antillen) → Niederlande
Ascension → Großbritannien
Aserbaidschan 162
Äthiopien 162
Australien 162
Azoren → Portugal

Bahamas 163
Bahrain 163
Balearen (Provinz) → Spanien

Bangladesch 163
Barbados 163
Barbuda → Antigua
Basutoland → Lesotho
Belarus(Weißrußland) 163, 248
Belgien 7, 43 (EugVÜ), 48 (LugÜ), 58, **321** (bilateraler Vertrag), 95, 163, 248, 256, 257, 260, 272, 274, 276, 277
Belize 163
Benin (früher Dahome) 163
Bermuda → Großbritannien
Betschuanaland → Botsuana
Bhutan 163
Birma (jetzt Myanmar) 163
Bolivien 163
Bonaire (Antillen) → Niederlande
Bosnien und Herzegowina 163, 248
Botsuana 163
Brasilien 163
Brazzaville → Kongo(Republik)
Britisch-Guayana → jetzt Guyana
Britisch-Honduras → Belize
Britische Jungferninseln → Großbritannien
Britische Salomonen → Salomonen
Brunei Darussalam 163
Bulgarien 163
Burkina Faso (Obervolta) 163
Burma → Birma, → Myanmar
Burundi 163

Cabinda → Angola
Caicosinseln → Großbritannien
Ceylon → Sri Lanka
Chile 164
China (Volksrepublik) 164
China (Formosa) → Taiwan
Cookinseln → Neuseeland
Costa Rica 164
Côte d'Ivoire (früher Elfenbeinküste) 166
Cuba → Kuba
Curacao(Antillen) → Niederlande
Cypern → Zypern

Dahome → Benin
Dänemark 43 (EuGVÜ), 69, 165, 248, 257
DDR (ehemalige) 43 (EuGVÜ), 61 (Anerkennungsverträge)
Demokratischer Jemen → Jemen (Republik)
Désirade → Guadeloupe
Deutschland 43 (EuGVÜ), 48 (LugÜ)
Dominica 165
Dominikanische Republik (früher San Domingo) 165
Dschibuti 165
Dubai → Vereinigte Arabische Emirate

Ecuador 166
Eire → Irland
Elfenbeinküste (jetzt Côte d'Ivoire) 166
El Salvador 166
Ellice - Inseln → Tuvalu
England → Großbritannien
Eritrea (früher Teil von Äthiopien, seit 24. 5. 1993 unabhängig) 166
Estland 166

Falklandinseln (Malwinen) → Großbritannien
Faröer → Dänemark
Fidschi 167
Finnland 43 (4. EuGVÜ-Beitrittsübereinkommen), 48 (LugÜ), 167, 248
Formosa → Taiwan
Frankreich (und Überseegebiete) 11, 43 (EuGVÜ), 167, 248, 256, 257, 260
Französisches Afar- und Issa-Territorium → Dschibuti
Französisch-Guyana (Departement Guyana) → Frankreich und Überseegebiete
Französisch-Polynesien (Territorium) → Frankreich und Überseegebiete
Französisch-Somali → Frankreich und Überseegebiete
Fudschaira → Vereinigte Arabische Emirate

Gabun 168
Gambia 168
Georgien 168

Ghana 168
Gibraltar → Großbritannien
Gilbert - Inseln → Kiribati
Grenada 168
Grenadinen → St. Vincent
Griechenland 3,43 (EuGVÜ),48 (LugÜ), 58, 272, 368 (bilaterale Verträge), 95, 117, 168, 260, 274, 276
Grönland → Dänemark
Großbritannien und Nordirland 3, 43 (EuGVÜ), 58, 353 (bilateraler Vertrag), 117, 168, 272
Guadeloupe (Departement Guadeloupe mit Désirade, Les Saintes, Marie-Galante, St. Barthélmy, St.Martin (nördlicher Teil) → Frankreich und Überseegebiete
Guam → Vereinigte Staaten
Guatemala 168
Guernsey (Kanalinseln)→ Großbritannien
Guinea 168
Guinea-Bissau 168
Guyana(Kooperative Republik) 168

Haiti 169
Halbinsel Malaysia → Malaysia
Hebriden (Neue) → Vanuta
Heiliger Stuhl → Vatikanstadt
Himmelfahrtsinsel → Ascension
Holland → Niederlande
Honduras 169
Hongkong 169, → jetzt China (Volksrepublik)

Indien 170
Indonesien 170
Insel Man → Großbritannien
Irak 170
Iran, Islamische Republik 170
Irian-Jaya → Westirian
Irland 43 (EuGVÜ), 170
Island 48, (LugÜ), 51, 247 (Haager Übereinkommen 1905), 170
Israel 58, 272, 422 (bilaterale Verträge), 60, 95, 117, 122, 170, 248, 273
Italien 7,43 (EuGVÜ), 58, 272, 302 (bilaterale Verträge), 95, 117, 170, 248, 256, 260, 273, 274, 276

Jamaika 171
Japan 171, 248
Jemen (Republik) 171
Jersey (Kanalinseln) → Großbritannien
Jordanien 171
Jugoslawien (Bundesrepublik: Serbien-Montenegro) 171
Jungferninseln → Amerikanische oder → Britische Jungferninseln

Kaimaninseln → Großbritannien
Kambodscha (Königreich) → Khmer Republik 172
Kamerun 172
Kamputschea → Khmer Republik
Kanada 172
Kanalinseln (Guernsey mit Nebengebieten, Jersey) → Großbritannien
Kanarische Inseln → Spanien
Kap Verde 172
Kasachstan 172
Katar 172
Kenia 172
Khmer Republik (jetzt Kambodscha) 172
Kirgisistan 172
Kiribati 172
Kokosinseln → Australien, auch → Costa Rica
Kolumbien 172
Komoren 172
Kongo (Republik) (früher Brazzaville) 172
Kongo (Demokratische Republik) (Leopoldville) → Zaire 183
Korea (Republik) (Südkorea) 172
Korea (Demokratische Volksrepublik) (Nordkorea) 172
Kroatien 172, 248
Kuba 164
Kuwait 172

Laos (Demokratische Volksrepublik) 173
Les Saintes → Guadeloupe
Lesotho (früher Basutoland) 173
Lettland 173, 248
Libanon 173, 248
Liberia 173
Libyen (Libysch-Arabische Dschamahirija) 173
Liechtenstein 173
Litauen 173
Luxemburg 43 (EuGVÜ), 173, 248

Macau → Portugal
Madagaskar 174
Madeira (Autonome Region) → Portugal
Malaischer Bund → Malaysia
Malawi 174
Malaysia (mit Sabah und Sawarak)(früher Malaischer Bund) 174
Malediven 174
Mali 174
Malta 174
Man (Inseln) → Großbritannien
Marie-Galante → Guadeloupe
Marokko 174, 248, 256, 260
Marshallinseln (seit 22.12. 1990 unabhängig)
Martinique (Departement) → Frankreich und Überseegebiete
Maskat → Oman

Mauretanien 174
Mauritius 174
Mazedonien (Ehemalige jugoslawische Republik Mazedonien) 174, 248
Mexiko 174
Mikronesien, Föderierte Staaten von (seit 22.12. 1990 unabhängig)
Moldau 174, 248
Miquelon → St.Pierre
Mocambique → Mosambik
Monaco 174
Mongolei 174
Montserrat → Großbritannien
Mosambik 174
Myanmar → Birma 163

Namibia (früher Südwestafrika, seit 21.3. 1990 unabhängig)
Nauru 175
Nepal 175
Neuguinea → Papua-Neuguinea, → Westirian
Neuguineische Salomonen → Papua-Neuguinea
Neukaledonien (Territorium) → Frankreich und Überseegebiete
Neuseeland 175
Ngwane → Swasiland
Nicaragua 175
Niederlande und niederländische Antillen 7, 9, 43 (EuGVÜ), 58 (LugÜ), 95, 175, 248, 256, 257, 260, 272, **384** (bilaterale Verträge), 274, 275, 276, 277
Niederländisch-Guayana → Suriname
Niederländisch-Neuguinea → Westirian
Niger 175
Nigeria 175
Niue (Republik)
Njassaland → Malawi
Nordborneo → Sabah
Nordirland → Großbritannien
Nordkorea (Demokratische Volksrepublik) → Korea
Nordrhodesien → Sambia
Norfolkinseln → Australien
Norwegen 48(LugÜ), 58, 272, **443**(bilaterale Verträge), 95, 117, 122, 175, 248, 256, 257, 260, 273, 274, 276

Obervolta → Burkina Faso
Oman 176
Österreich 43 (4. EuGVÜ-Beitrittsübereinkommen), 48 (LugÜ), 58, 272, **340** (bilateraler Vertrag), 176, 248, 256, 260, 273, 276

Pakistan 177
Palau (seit 1.10. 1994 unabhängig)
Panama 177
Papua-Neuguinea 177

Paraguay 177
Persien → Iran
Peru 177
Philippinen 177
Phönix-Inseln, Teil von → Kiribati
Pitcairn → Großbritannien
Polen 177, 248, 256, 257, 260
Portugal 43 (EuGVÜ), 177, 248
Puerto Rico (Freistaat Puerto Rico) → Vereinigte Staaten von Amerika

Quatar → Katar

Ras al Chaima → Vereinigte Arabische Emirate
Réunion (Departement) → Frankreich und Überseegebiete
Rhodesien → Simbabwe
Ruanda 178
Rumänien 178, 248
Russische Föderation 178, 248
Rußland → Russische Föderation
Rwanda → Ruanda

Saba → Niederlande und niederländische Antillen
Sabah (Nordborneo), Teil von → Malaysia
Salomonen 179
Salvador → El Salvador
Sambia (früher Nordrhodesien) 179
Samoa 179
San Domingo Früherer Name der Insel Haiti, heute → Dominikanische Republik oder → Haiti
San Marino 179
San Salvador → El Salvador
Sansibar, Teil von → Tansania
Santa Lucia → St. Lucia
Santo Domingo → Dominikanische Republik
São Tomé und Principe 179
Sarawak, Teil von → Malaysia
Saudi – Arabien 179
Schardscha (Scharika) → Vereinigte Arabische Emirate
Schweden 43 (4. EuGVÜ-Beitrittsübereinkommen), 48 (LugÜ), 179, 248, 257
Schweiz 48 (LugÜ), 58, 272, **278** (bilateraler Vertrag), 95, 179, 248, 256, 260, 273, 276
Senegal 179
Serbien-Montenegro 179
Seychellen 179
Siam → Thailand
Sierra Leone 179
Sikkim, Teil von → Indien
Simbabwe (früher Rhodesien) 179
Singapur 179
Slowakei 179, 248
Slowenien 179, 248
Somalia 179

Spanien 3, 43 (EuGVÜ),58, 272, **467** (bilateraler Vertrag), 95, 117, 122, 179, 248, 274, 276
Spanisch-Guinea → Äquatorialguinea
Sri Lanka (früher Ceylon) 179
St.Barthélmy → Guadeloupe
St.Christoph und Nevis → St.Kitts und Nevis
St.Eustatius (Antillen) → Niederlande
St.Helena → Großbritannien
St.Kitts und Nevis 179
St.Lucia (Santa Lucia) 179
St.Martin(nördlicher Teil) → Guadeloupe
St.Martin (südlicher Teil, Antillen) → Niederlande
St.Pierre und Miquelon (Departement) → Frankreich und Überseegebiete
St.Vincent und die Grenadinen 179
Sudan 179
Südafrika 179
Südrhodesien → Simbabwe
Südwestafrika → Namibia
Suriname 179, 248
Swasiland (Ngwane) 179
Syrien (Arabische Republik) 179

Tadschikistan 180
Taiwan (Formosa) 180
Tanganjika → Tansania
Tansania (1964 aus Sansibar und Tanganjika entstanden) 180
Teneriffa → Kanarische Inseln
Thailand 180
Tobago → Trinidad
Togo 180
Tonga 180
Trinidad und Tobago 180
Tristan da Cunha → St. Helena
Tschad 180
Tschechien (Tschechische Republik) 180, 248
Tunesien 58, 272, **399** (bilateraler Vertrag), 60, 117, 122, 180, 274, 276
Türkei 59, 260(Rechtsverkehrsabkommen), 180, 248
Turkmenistan 180
Turks- und Caicoinseln → Großbritannien
Tuvalu (Elliceinseln) 180

Uganda 181
Ukraine 181
Umm al Kaiwan → Vereinigte Arabische Emirate
Ungarn 181, 248
Uruguay 181
USA → Vereinigte Staaten von Amerika
Usbekistan 181, 248

Vanuatu (Neue Hebriden) 182
Vatikanstadt 182, 248
Venezuela 182
Vereinigte Arabische Emirate 182

Vereinigte Arabische Republik (VAR) → Ägypten
Vereinigtes Königreich → Großbritannien
Vereinigte Staaten von Amerika 88, 182
Vietnam 182

Weißrußland → Belarus
Westirian, Teil von → Indonesien
Westsahara → Marokko
Westsamoa → Samoa

Yemen → Jemen

Zaire (jetzt wieder: Demokratische Republik Kongo) 183
Zambia → Sambia
Zentralafrikanische Republik 183
Zimbabwe → Simbabwe
Zypern 183

I. Allgemeines
　1. Funktion ... 1
　2. Bedeutung; Günstigkeitsprinzip ... 2
　3. Gesetzgebungsgeschichte ... 4
　4. Anerkennung und Vollstreckbarerklärung ... 5
II. Gleichstellung und Wirkungserstreckung ... 7
　1. Durchsetzung der Wertungen der lex fori
　　a) Objektive Grenzen der Rechtskraft ... 8
　　b) Subjektive Grenzen der Rechtskraft ... 9
　2. Durchsetzung der Wertungen des Urteilsstaates ... 10
　3. Qualifikation der Urteilswirkungen nach der lex fori ... 11
III. Anerkennungsfähige Urteilswirkungen ... 12
　1. Materielle Rechtskraft ... 13
　2. Gestaltungswirkung ... 16
　3. Präklusionswirkung ... 18
　4. Tatbestandswirkung ... 19
　5. Streitverkündungs-und Interventionswirkung ... 22
　6. Garantieurteilswirkung ... 25
IV. Anerkennungsvoraussetzungen
　1. Grundlagen ... 28
　2. Maßgebender Zeitpunkt
　　a) Deutsches Verfahrensrecht ... 31
　　b) Wegfall von Anerkennungsvoraussetzungen ... 32
　　c) Eintritt von Anerkennungsvoraussetzungen ... 35
　3. Klage auf Vollstreckbarerklärung ... 36
　4. Wiederholung des ausländischen Klagebegehrens ... 37
　5. Feststellungsklage über die Anerkennung ... 38
　6. Folgen der Nichtanerkennung ... 39
V. Besondere Regelungen durch Staatsverträge ... 41

　1. Multilaterale Verträge ... 42
　　a) Übereinkommen über die gerichtliche Zuständigkeit und die Vollstreckung gerichtlicher Entscheidungen in Zivil- und Handelssachen (EuGVÜ) ... 43
　　b) Lugano-Übereinkommen über die gerichtliche Zuständigkeit und die Vollstreckung gerichtlicher Entscheidungen in Zivil- und Handelssachen (LugÜ) ... 48
　　c) Rechtspolitisches ... 49
　　d) Haager Übereinkommen über den Zivilprozeß vom 1.3. 1954 ... 50
　　e) Haager Abkommen über den Zivilprozeß vom 17.7. 1905 ... 51
　　f) Revidierte Rheinschiffahrtsakte vom 17.10. 1868 (Mannheimer Akte) ... 52
　　g) Übereinkommen über den internationalen Eisenbahnverkehr (COTIF) ... 53
　　h) Genfer Übereinkommen über den Beförderungsvertrag im internationalen Straßengüterverkehr (CMR) ... 54
　　i) Internationales Übereinkommen über die zivilrechtliche Haftung für Ölverschmutzungsschäden ... 55
　　j) Haager Übereinkommen vom 2.10. 1973 über die Anerkennung und Vollstreckung von Unterhaltsentscheidungen ... 56
　　k) Pariser Übereinkommen über die Haftung gegenüber Dritten auf dem Gebiet der Kernenergie ... 57
　2. Bilaterale Verträge ... 58
　3. Bilaterale Anerkennungs-und Vollstreckungsverträge der ehemaligen DDR ... 61

- VI. Anzuerkennende Urteile
  1. Begriff
     - a) Form und Name ... 62
     - b) Endgültigkeit ... 63
     - c) Wirksamkeit ... 64
     - d) Prozeßvergleiche ... 65
     - e) Notarielle Urkunden ... 66
  2. Zivilgerichtliche Entscheidungen
     - a) Urteil ... 67
     - b) Entscheidungen der Freiwilligen Gerichtsbarkeit ... 71
     - c) Sonstige ausländische Maßnahmen ... 72
  3. Formelle Rechtskraft ... 73
  4. Ausländisches Urteil ... 76
  5. Urteile internationaler Gerichte ... 77
     - a) Deutschland als Vertragsstaat ... 78
     - b) Deutschland kein Vertragsstaat ... 80
- VII. Anerkennungszuständigkeit (Abs. 1 Nr. 1)
  1. Normzweck ... 82
     - a) Ausschließliche deutsche internationale Entscheidungszuständigkeit ... 83
     - b) Ausschließliche internationale Entscheidungszuständigkeit eines Drittstaates ... 84
     - c) Internationale Zuständigkeit des Urteilsstaates ... 85
     - d) Abstrakte Zuständigkeitskontrolle ... 86
     - e) Keine deutsche Zuständigkeit ... 89
     - f) Maßgebender Zeitpunkt ... 90
     - g) Eheurteile; Kindschaftssachen ... 91
     - h) Besondere Bestimmungen ... 93
  2. Gerichtsbarkeit ... 94
  3. Tatsächliche Grundlagen der Zuständigkeit
     - a) Keine Bindung an tatsächliche Feststellungen ... 95
     - b) Anerkennung von Versäumnisurteilen ... 96
     - c) Doppelrelevante Tatsachen ... 97
     - d) Zeitpunkt ... 98
  4. Parteieinfluß auf die Zuständigkeitsprüfung
     - a) Prorogation und rügelose Einlassung zur Hauptsache im ausländischen Prozeß ... 100
     - b) Parteiverhalten vor dem deutschen Anerkennungsgericht ... 102
  5. Staatsangehörigkeit der Parteien ... 103
  6. Sonderregelung bei Ehesachen ... 104
- VIII. Nicht-Einlassung auf das ausländische Verfahren (Abs. 1 Nr. 2)
  1. Normzweck ... 105
  2. Einrede ... 107
  3. Nichteinlassung ... 109
  4. Nicht – ordnungsmäßige Zustellung ... 113
  5. Nicht – rechtzeitige Zustellung ... 115
  6. Ausnahme ... 116
- IX. Unvereinbarkeit mit einem (früheren) Urteil oder früherem Verfahren (Abs. 1 Nr. 3)
  1. Normzweck ... 117
  2. Unvereinbarkeit mit einem deutschen Urteil ... 118
  3. Unvereinbarkeit mit einem früheren ausländischen Urteil ... 120
  4. Form und Name der Entscheidung ... 121
  5. Unvereinbarkeit mit früherem inländischen Verfahren ... 122
- X. Ordre public (Abs. 1 Nr. 4)
  1. Normzweck ... 123
  2. Inhalt
     - a) Auslegung der Generalklausel ... 125
     - b) Überprüfung des ausländischen Urteilsergebnisses ... 127
       - aa) Rechtsfolgenverstoß ... 128
       - bb) Normenverstoß ... 129
       - cc) Fehlerhafte Rechtsanwendung ... 130
     - c) Überprüfung des ausländischen Verfahrens ... 131
  3. Judikatur
     - a) Abweichungen im materiellen Recht ... 133
     - b) Abweichungen im Verfahrensrecht ... 139
- XI. Gegenseitigkeit (Abs. 1 Nr. 5)
  1. Normzweck ... 144
  2. Voraussetzungen
     - a) Selbständigkeit ... 145
     - b) Verbot des Doppelexequatur ... 147
     - c) Gegenseitigkeit bei Staatsverträgen ... 148
     - d) Nichtvermögensrechtliche Streitigkeiten und Kindschaftssachen (Absatz 2) ... 150
  3. Inhalt
     - a) Begriff ... 151
     - b) Partielle Gegenseitigkeit ... 152

c) Umfang	153
4. Prüfung der Gegenseitigkeit	
a) Anerkennungsrecht; Anerkennungspraxis; Anerkennungsbereitschaft	156
b) Zeitpunkt	158
c) Nebeneinander von § 328 und Staatsvertrag	159
5. Übersicht über die Verbürgung der Gegenseitigkeit	160
XII. Anerkennung von Urteilen der Gerichte der ehemaligen DDR	184
XIII. Rechtshängigkeit ausländischer Verfahren	185
XIV. Anerkennung ausländischer Entscheidungen in Ehesachen – Art. 7 FamRÄndG	
1. Gesetzestext	186
2. Gesetzesgeschichte	187
3. Normzweck	188
4. Verfassungsmäßigkeit	190
5. Anerkennungsverpflichtung kraft Staatsvertrages	191
6. Sachlicher Geltungsbereich	
a) Entscheidungen	192
aa) Privatscheidung	193
bb) Nebenentscheidungen	195
cc) Wirksamkeit und Endgültigkeit	196
b) Ausländische Entscheidungen	197
c) Ehesachen	198
7. Zeitlicher Geltungsbereich	
a) Zeitliche Beschränkung	202
b) Frühere ausländische Entscheidungen	203
c) Vermerk in einem deutschen Familienbuch	204
d) Maßgebender Zeitpunkt für das auf ausländische Urteile anzuwendende deutsche Anerkennungsrecht	205
8. Persönlicher Geltungsbereich	
a) Heimatstaatentscheidungen	206
b) Doppelstaatsangehörigkeit	208
c) Zweifel	209
d) Ehemalige Staaten	210
9. Materielle Voraussetzungen der Anerkennung	211
a) Internationale Zuständigkeit (§ 328 Abs. 1 Nr. 1)	212
b) Nichteinlassung auf das ausländische Eheverfahren (§ 328 Abs. 1 Nr. 2)	214
c) Früheres Eheverfahren oder frühere Eheentscheidung (§ 328 Abs. 1 Nr. 3)	215
d) Ordre public (§ 328 Abs. 1 Nr. 4)	216
e) Gegenseitigkeit (§ 328 Abs. 1 Nr. 5)	217
10. Verwaltungsverfahren	
a) Justizverwaltung	218
b) Antrag	219
c) Entscheidung der Justizbehörde	
aa) Antrag auf positive Feststellung	224
bb) Antrag auf negative Feststellung	225
cc) Rechtsfolgen und Form der Feststellung	226
d) Wirksamkeit der Feststellung	228
e) Bindungswirkung	
aa) Feststellungsbescheid	230
bb) Ablehnung des Antrags	231
cc) Unvollständiger Antrag	232
dd) Gegenstandslosigkeit des Feststellungsbescheids	233
11. Gerichtliches Verfahren	
a) Verfahrensrecht und materielles Recht	234
b) Antragsberechtigung	
aa) Abgelehnter Antrag	235
bb) Erfolgreicher Antrag	236
c) Zuständigkeit	237
d) Verfahren der freiwilligen Gerichtsbarkeit	238
12. Kosten	
a) Verwaltungsbehörde	243
b) Gerichtliche Entscheidung	244
c) Kostenerstattung	245
XV. Völkerrechtliche Verträge zum Zivilprozeß	
A. Multilaterale Abkommen	246
I. Das Haager Übereinkommen über den Zivilprozeß vom 1.3.1954	
1. Vertragsstaaten und Regelung der Art. 18 f.	247
2. Text der Art. 18, 19 (und 17)	250
3. Text der §§ 4 bis 8 des Gesetzes zur Ausführung des Haager Übereinkommens vom 1.3. 1954 über den Zivilprozeß	251
4. Persönlicher Geltungsbereich	252
5. Sachlicher Geltungsbereich	253
6. Voraussetzungen der Vollstreckbarerklärung	

a) Materielle Voraussetzungen	254	B. Bilaterale Abkommen		
b) Formelle Voraussetzungen		I. Gemeinsamkeiten und Unterschiede		271
aa) Ordnungsgemäße Ausfertigung (Art. 19 Abs. 2 Nr. 1)	255	II. Deutsch – schweizerisches Abkommen vom 2. 11. 1929		278
bb) Rechtskraft (Art. 19 Abs. 2 Nr. 2)	256	III. Deutsch – italienisches Abkommen vom 9. 3. 1936		302
cc) Übersetzungen (Art. 19 Abs. 2 Nr. 3)	257	IV. Deutsch – belgisches Abkommen vom 30. 6. 1958		321
7. Verfahren der Vollstreckbarerklärung		V. Deutsch – österreichischer Vollstreckungsvertrag vom 6. 6. 1959		340
a) Ausgestaltung; Zuständigkeit	258	VI. Deutsch – britisches Vollstreckungsabkommen vom 14. 7. 1960		353
b) Antrag auf diplomatischem Weg	259	VII. Deutsch – griechischer Vollstreckungsvertrag vom 4. 11. 1961		368
c) Unmittelbarer Antrag des Kostengläubigers	260	VIII. Deutsch – niederländischer Vollstreckungsvertrag vom 30. 8. 1962		384
d) Beschluß	261	IX. Deutsch – tunesischer Vertrag über Rechtsschutz und Rechtshilfe vom 19. 7. 1966		399
8. Rechtsbehelfe				
a) Erfolgreicher Antrag	262			
b) Abgelehnter Antrag	263			
9. Kosten	264	X. Deutsch – israelischer Vertrag vom 20. 7. 1977		422
10. Konkurrenzen mit anderen Staatsverträgen	265	XI. Deutsch – norwegischer Vertrag vom 17. 6. 1977		443
II. Das Haager Übereinkommen über die Anerkennung und Vollstreckung von Unterhaltsentscheidungen vom 2. 10. 1973	266	XII. Deutsch – spanischer Vertrag vom 14. 11. 1983		467

I. Allgemeines[1]

1. Funktion

1 § 328 und die §§ 722 f. enthalten die allgemeinen Regeln des nationalen Anerkennungsrechts. Eine gesetzliche Regelung ist erforderlich, weil gerichtliche Entscheidungen als **Akte**

---

[1] Lit. (Neuere Darstellungen): *C. v. Bar* Internationales Privatrecht Band I Allgemeine Lehren (1987) 333 ff.; *ders.* Band II Besonderer Teil (1991); *Basedow* Die Anerkennung von Auslandsscheidungen (1980); *ders.* Handbuch des internationalen Zivilverfahrensrechts Band I (1982); *Baumann* Die Anerkennung und Vollstreckung ausländischer Entscheidungen in Unterhaltssachen (1989); *F. Baur* Einige Bemerkungen zum verfahrensrechtlichen ordre public in: FS Guldener (Zürich 1973) 1; *M. Becker* Zwingendes Eingriffsrecht in der Urteilsanerkennung RabelsZ 60 (1996) 691; *Bernstein* Prozessuale Risiken im Handel mit den USA in: FS Ferid (1978) 75; *Bülow/Böckstiegel/Geimer/Schütze* Der internationale Rechtsverkehr in Zivil- und Handelssachen (Loseblatt, Stand: 19. Ergänzungslieferung September 1997); *Bungert* Rechtskrafterstreckung eines österreichischen Einantwortungsbeschlusses IPRax 1992, 225; *Chroczielt/Westin* Die Vollstreckbarkeit ausländischer Urteile und Schiedssprüche ZVglRWiss 87 (1988) 145; *Coester-Waltjen* Internationales Beweisrecht (1983); *Decker* Die Anerkennung ausländischer Entscheidungen im Zivilprozeß (1984); *Drobnig* Skizzen zur internationalprivatrechtlichen Anerkennung in: FS v. Caemmerer (1978) 687; *Epe* Die Funktion des ordre public im deutschen Internationalen Privatrecht (1983); *Firsching/v. Hoffmann* Internationales Privatrecht[5] (1997) 106 ff.; *Ferid* Bedeutung eines ausländischen Erbunwürdigkeitsurteils für die Vererbung des Inlandsvermögens eines deutschen Staatsangehörigen in: FS Beitzke (1979) 479; *Fleck* Rechtsverfolgung im Auslandsgeschäft: Anerkennung und Vollstreckung von Urteilen im Ausland. Gerichtsstandsvereinbarungen (1954); *M. Fricke* Anerkennungszuständigkeit zwischen Spiegelbildgrundsatz und Generalklausel (1990); *ders.* Die autonome Anerkennungszuständigkeitsregel im deutschen Recht des 19. Jahrhunderts (1993); *Geimer* Zur Prüfung der Gerichtsbarkeit und der internationalen Zuständigkeit bei der Anerkennung ausländischer Urteile (1966); *ders.* Internationales Zivilprozeßrecht in Deutschland (1995); *ders.* Internationales Zivilprozeßrecht[3] (1997); *ders.* Anerkennung und Vollstreckbarerklärung von ex-parte-Unterhaltsentscheidungen aus EuGVÜ-Vertragsstaaten IPRax 1992, 5; *ders.* Wahrheits-

hoheitlicher Gewalt nicht über die Grenzen des Urteilsstaates hinauswirken. Die in § 328 genannten Urteile eines ausländischen Gerichts können daher in Deutschland nur Wirkungen entfalten, wenn sie von der inländischen Gerichtsbarkeit anerkannt werden. Die Überprüfung der ausländischen Entscheidung auf ihre Wirksamkeit im Inland bedeutet keinen Eingriff in die Gerichtsbarkeit des ausländischen Staates. Es wird im Falle der Ablehnung der Anerken-

---

pflicht und Kostentragungslast im ausländischen Prozeß aus der deutschen Anerkennungsperspektive IPRax 1993, 292; *Geimer/Schütze* Internationale Urteilsanerkennung Band I/1 (1983), I/2 (1984); II (1971); *Georgiades* Die Abänderung ausländischer Urteile im Inland in: Xenion FS Zepos Band 2 (1973); *Götze* Vouching In und Third-Party-Practice: Formen unfreiwilliger Drittbeteiligung im amerikanischen Zivilprozeß und ihre Anerkennung in Deutschland (1993); *Gottwald* Grundfragen der Anerkennung und Vollstreckung ausländischer Entscheidungen in Zivilsachen ZZP 103 (1990) 257; *ders.* Anerkennungszuständigkeit und doppelrelevante Tatsachen IPRax 1995, 75; *Graupner* Zur Entstehungsgeschichte des § 328 ZPO in: FS Ferid (1978) 183; *Grunsky* Zur Vollstreckung eines im Ausland erschlichenen rechtskräftigen Urteils IPRax 1987, 219; *Hausmann* Die kollisionsrechtlichen Schranken der Gestaltungskraft von Scheidungsurteilen (1980); *Heidenberger* Zur Vollstreckbarerklärung von US-Jury-Urteilen gegen deutsche Hersteller RIW 1990, 804; *Heldrich* Internationale Zuständigkeit und anwendbares Recht (1969); *Henrich* Zur Anerkennung und Abänderung ausländischer Unterhaltsurteile, die unter Nichtbeachtung früherer deutscher Unterhaltsurteile ergangen sind IPRax 1988, 21; *Hepting* Die Gegenseitigkeit im internationalen Privatrecht und internationalen Zivilprozeßrecht (1973); *Kegel* Internationales Privatrecht⁷ (1995) 812 ff.; *Kleinrahm/Partikel* Die Anerkennung ausländischer Entscheidungen in Ehesachen² (1970); *Koch* Anerkennung und Vollstreckung ausländischer Urteile und ausländischer Schiedssprüche in der Bundesrepublik Deutschland in: Gilles (Hrsg.) Effiziente Rechtsverfolgung (1987) 161; *ders.* Ausländischer Schadensersatz vor deutschen Gerichten NJW 1992, 3073; *Koshiyama* Rechtskraftwirkungen und Urteilsanerkennung nach amerikanischem, deutschem und japanischem Recht (1996); *Kropholler* Internationales Privatrecht³ (1997) 548 ff.; *ders.* Europäisches Zivilprozeßrecht⁵ (1996); *Linke* Internationales Zivilprozeßrecht² (1995) Rdnr. 331 ff.; *Mann* Die Anerkennungsfähigkeit von US-amerikanischen »class-action« Urteilen NJW 1994, 1187; *Mark* Amerikanische Class Action und deutsches Zivilprozeßrecht EuZW 1994, 238; *Martiny* Handbuch des internationalen Zivilverfahrensrechts Band III/1 und 2 (1984); *M. Meier* Grenzüberschreitende Drittbeteiligung usw. (1994); *K. Müller* Zum Begriff der »Anerkennung« von Urteilen in § 328 ZPO ZZP 79 (1966) 199; *Nagel/Gottwald* Internationales Zivilprozeßrecht⁴ (1997) S. 387 ff.; *Nagel* Die Anerkennung und Vollstreckung ausländischer Urteile nach dem geltenden deutschen ZPO im besonderen Verhältnis zu Japan in: Recht in Ost und West, FS Waseda-Universität (Tokio 1988) 757; *Pentzlin* Der universelle ordre public im Wirtschaftsrecht als ein Ordnungsprinzip des innerstaatlichen Rechts (1985); *Pfeiffer* Kooperative Reziprozität, § 328 I Nr. 5 ZPO neu besichtigt RabelsZ 55 (1991) 734; *Rahm/Künkel* Handbuch des Familiengerichtsverfahrens⁴ (1994); *Reinl* Die Anerkennung ausländischer Eheauflösungen (1966); *Riezler* Internationales Zivilprozeßrecht und prozessuales Fremdenrecht (1949) 509 ff.; *G.H. Roth* Der Vorbehalt des ordre public gegenüber fremden gerichtlichen Entscheidungen (1967); *Schack* Internationales Zivilverfahrensrecht² (1996) Rdnr. 774 ff.; *P. Schlosser* Die Durchsetzung von Schiedssprüchen und ausländischen Urteilen im Urkundenprozeß und mittels eines inländischen Arrests in: FS K.-H. Schwab (1990) 435; *Schröder* Internationale Zuständigkeit (1971); *ders.* Die Vorschläge des deutschen Rats zur internationalen Zuständigkeit und zur Anerkennung ausländischer Entscheidungen in: Beitzke (Hrsg.) Vorschläge und Gutachten zur Reform des deutschen internationalen Personen-, Familien-und Erbrechts (1981) 226; *Schütz* Der internationale ordre public (1984); *Schütze* Deutsches Internationales Zivilprozeßrecht (1985) 127 ff.; *ders.* Deutsch-amerikanische Urteilsanerkennung (1992); *ders.* Die Anerkennung und Vollstreckung ausländischer Zivilurteile in der Bundesrepublik Deutschland als verfahrensrechtliches Problem (1960); *ders.* Anerkennung und Vollstreckung deutscher Urteile im Ausland (1973); *ders.* Die Anerkennung und Vollstreckbarerklärung US-amerikanischer Schadensersatzurteile in Produkthaftungssachen in der Bundesrepublik Deutschland in: FS Nagel (1987) 392; *ders.* Die Anerkennung und Vollstreckbarerklärung US-amerikanischer Zivilurteile, die nach einer pre-trial-discovery ergangen sind, in der Bundesrepublik Deutschland in: FS Stiefel (1987) 697; *Sieg* Internationale Anerkennungszuständigkeit bei US-amerikanischen Urteilen IPRax 1996, 77; *Siehr* Zur Anerkennung und Vollstreckung ausländischer Verurteilungen zu »punitive damages« RIW 1991, 705; *Spickhoff* Möglichkeiten und Grenzen neuer Tatsachenfeststellungen bei der Anerkennung ausländischer Entscheidungen ZZP 108 (1995) 475; *Stiefel/Bungert* US-amerikanische RICO-Urteile im Licht der neueren Entscheidungen des Bundesgerichtshofs und des Bundesverfassungsgerichts in: FS Trinkner (1995) 749; *Stiefel/Stürner* Die Vollstreckbarkeit US-amerikanischer Schadensersatzurteile in exzessiver Höhe VersR 1987, 829; *Stojan* Die Anerkennung und Vollstreckung ausländischer Zivilurteile in Handelssachen (Zürich 1986); *Süß* Die Anerkennung ausländischer Urteile in: Festgabe Rosenberg (1949) 229; *Weinschenk* Die Anerkennung und Vollstreckung bundesdeutscher Urteile in den Vereinigten Staaten usw. (1988); *Zekoll* US-amerikanisches Produkthaftpflichtrecht vor deutschen Gerichten (1987); *ders.* Zur Vollstreckbarkeit eines US-amerikanischen Schadensurteils RIW 1990, 302.

(Ältere Darstellungen): *Eckstein* Grundsätze der Zwangsvollstreckung ausländischer Exekutionstitel (1897); *Francke* Die Entscheidungen ausländischer Gerichte über bürgerliche Rechtsstreitigkeiten in ihrer Wirksamkeit nach deutschem Reichsrecht ZZP 8 (1885) 1; *Fuld* Ausländische Urteile und die deutsche Civilprozeßordnung BöhmsZ 8 (1898) 369; *Gesler* § 328 ZPO, ein Beitrag zur Lehre von der zwingenden Natur der Kollisionsnormen in: Beiträge zum Zivilprozeß 14 (1933); *Haeger* Vollstreckung von Urteilen und Schiedssprüchen (1910); *Heidecker* Über die materielle Rechtskraft ausländischer Urtheile, insbesondere ausländischer Ehescheidungsurtheile in Deutschland ZZP 18 (1893) 453; *Kallmann* Anerkennung und Vollstreckung ausländischer Zivilurteile und gerichtlicher Vergleiche (Basel 1946); *Koh-*

nung lediglich die Wirkung der Entscheidung nicht für das Inland übernommen[2]. Aus dem allgemeinen Völkerrecht läßt sich **keine staatliche Anerkennungspflicht** herleiten. Vielmehr liegt es in der souveränen Entscheidung des jeweiligen Staates, ob und unter welchen Voraussetzungen er anerkennt. Das gilt auch für Statusentscheidungen[3].

2. Bedeutung; Günstigkeitsprinzip

2   Die Vorschrift des § 328 gilt nur, soweit nicht in Staatsverträgen abweichende Bestimmungen enthalten sind. Das Vertragsrecht geht in der Regel dem nationalen Recht der §§ 328, 722, 723 ZPO (Art. 7 § 1 FamRÄndG) vor. Von überragender Bedeutung für die Praxis sind die multilateralen Übereinkommen des **EuGVÜ** (Artt. 25 ff.; → ausführlich Rdnr. 43 ff.; → Text Einl. Rdnr. 901) und die gleichlautenden Regelungen des Parallelübereinkommens von **Lugano** vom 16. 9. 1988 (→ Rdnr. 48 ff.). Im sachlichen und zeitlichen Anwendungsbereich dieser Übereinkommen wird das autonome Anerkennungs- und Vollstreckungsrecht der §§ 328, 722, 723 grundsätzlich verdrängt. So darf einer Entscheidung, die aufgrund der Artt. 25 ff. EuGVÜ anerkannt werden muß, in Deutschland die Anerkennung nicht mit der Begründung verweigert werden, § 328 ZPO lasse eine Anerkennung nicht zu[4].

Neben weiteren multilateralen Übereinkommen (→ Rdnr. 50 ff.) sind noch mehrere **bilaterale Anerkennungs- und Vollstreckungsverträge** unter Beteiligung Deutschlands zu nennen (→ Rdnr. 58 ff.). Doch ist deren Bedeutung im Schwinden begriffen, soweit beide Vertragsstaaten dem EuGVÜ oder dem Lugano-Übereinkommen angehören. Diese beiden Verträge beanspruchen nach Artt. 55, 56 EuGVÜ/Lugano-Übereinkommen in deren Anwendungsbereich selbst dann den Vorrang, wenn die in den bilateralen Verträgen enthaltenen Anerkennungsregeln günstiger sind[5].

3   Im übrigen gilt das **Günstigkeitsprinzip**. Danach findet die Regel des § 328 Anwendung, wenn das Vertragsrecht anerkennungsfeindlicher ist als das nationale Recht und das Vertragsrecht nach dem Willen des deutschen Gesetzgebers das anerkennungsfreundlichere nationale Recht nicht verdrängt. Nach richtiger Auffassung gilt das Günstigkeitsprinzip auch im Verhältnis von § 328 ZPO zu dem EuGVÜ und dem Lugano-Übereinkommen[6]. Die Entscheidung wird gleichwohl nach § 328 ZPO anerkannt, selbst wenn etwa Art. 27 Nr. 4 EuGVÜ die Anerkennung zu verbieten scheint. Im Anwendungsbereich bilateraler Verträge ist das Günstigkeitsprinzip bisweilen ausdrücklich niedergelegt. So liegt es in Art. 23 Abs. 2 des deutsch-spanischen Abkommens (→ Rdnr. 467), Art. 22 des deutsch-griechischen Abkommens (→ Rdnr. 368), Art. II Abs. 3 des deutsch-britischen Abkommens (→ Rdnr. 353) und auch in Art. 23 des (multilateralen) Haager Übereinkommens vom 2. 10. 1973 über die Anerkennung und Voll-

---

ler Zum internationalen Civilprozeßrecht ZZP 10 (1887) 449; *Leske/Löwenfeld* Rechtsverfolgung im internationalen Verkehr, Band I[2] (1930); *Meili* Reflexionen über die Exekution auswärtiger Zivilurteile (Zürich 1902); *ders.* Das internationale Civilprozeßrecht (1906) 438 ff.; *Meili/Mamelok* Internationales Privat- und Zivilprozeßrecht (1911) 225 ff.; *Mittermaier* Von der Vollstreckung eines von einem ausländischen Gerichte gefällten Urtheils AcP 14 (1831) 84; *Neuner* Internationale Zuständigkeit (1929); *Nußbaum* Deutsches Internationales Privatrecht (1932) 423 ff.; *Richard* Die exceptio rei iudicatae aus einem ausländischen Urtheile nach deutschem Reichsrecht BöhmsZ 3 (1893) 10; *Seuffert* Zur Revision der Civilprozeßordnung bei Einführung des Bürgerlichen Gesetzbuches ZZP 22 (1896) 322, 339; *Sperl* Internationale Vollstreckung (1912); *Walker* Internationales Privatrecht[5] (1934).

(Fremdsprachliche Darstellungen): → *Kegel* Internationales Privatrecht[7] (1995) 812 ff.; *Soergel/Kronke*[12] (1996) Anhang IV Art. 38 EGBGB vor Rdnr. 140. (Weitere Literatur): → Fn. 145 (zur internationalen Zuständigkeit); → Fn. 220 (zum ordre public); → Fn. 301 (zur Gegenseitigkeit); → Fn. 591 (Urteile in Ehesachen); → auch Einl. Rdnr. 751 Fn. 1 und → § 722 Fn. 1.

[2] BGHZ 112, 127, 133; *Schack* IZVR[2] Rdnr. 775; *Martiny* Hdb. III/1 (Fn. 1) Rdnr. 156.
[3] A.A. *Geimer* ZfRV 1992, 405 f.
[4] *Kropholler*[5] (Fn. 1) Art. 25 Rdnr. 6; auch OLG Celle FamRZ 1993, 439 (Belgien).
[5] BGH WM 1993, 1352, 1354 f. (= NJW 1993, 2688); *Schack* IZVR[2] Rdnr. 808.
[6] *Geimer/Schütze* I/1 (Fn. 1) 1005 f.; *Schack* IZVR[2] Rdnr. 808, 870; a. A. *Linke* IZVR[2] Rdnr. 419; *Basedow* IZVR (Fn. 1) I Kap. II Rdnr. 129.

streckung von Unterhaltsentscheidungen (→ Rdnr. 266). Das Günstigkeitsprinzip beansprucht mit der Ausnahme von → Rdnr. 2 aber auch im übrigen Geltung[7]. Soweit Deutschland mit **Drittstaaten** bilaterale Abkommen geschlossen hat, die nicht dem EuGVÜ angehören, sind Konkurrenzen mit dem Inkrafttreten des **Lugano-Übereinkommens** praktisch kaum mehr vorstellbar[8].

3. Gesetzgebungsgeschichte

Die CPO (→ Einl. Rdnr. 105ff.) hatte ursprünglich nur in den §§ 660f. (jetzt §§ 722, 723) die Vollstreckbarkeit ausländischer Urteile und das anwendbare Verfahren geregelt. Durch die **Novelle 1898** (→ Einl. Rdnr. 113) wurde § 328 zur maßgeblichen Vorschrift über die Voraussetzungen der Anerkennung ausländischer Urteile. Diese Voraussetzungen decken sich sachlich im wesentlichen (→ Rdnr. 28ff.) mit dem früheren § 661 CPO. Im heutigen § 723 Abs. 2 S. 2 ist nur hierauf verwiesen.

4. Anerkennung und Vollstreckbarerklärung

Die ZPO trennt scharf zwischen der Anerkennung eines ausländischen Urteils in § 328 und der Vollstreckbarerklärung in den §§ 722, 723. Zwar tritt die »Anerkennung« eines ausländischen Urteils »von selbst« ein, »ohne daß es eines besonderen Ausspruchs der Anerkennung bedarf«[9]. Liegen die Anerkennungsvoraussetzungen vor (→ Rdnr. 28ff.), so ist das Urteil kraft Gesetzes automatisch anerkannt, so daß diese nicht in einem eigenen Verfahren geprüft zu werden brauchen (»**automatische Anerkennung**«)[10]. Ob ein Urteil die Voraussetzungen des § 328 erfüllt, wird daher im Bedarfsfalle in jedem Einzelfall als Vorfrage von der jeweils mit der Anerkennung befaßten Behörde (Gericht) geprüft (→ Rdnr. 36).

Dagegen muß dem ausländischen Urteil die *Vollstreckbarkeit* nach § 722 durch einen deutschen Hoheitsakt gesondert verliehen werden. Für die Zwangsvollstreckung ist danach gem. §§ 722f. eine ausdrückliche Vollstreckbarerklärung durch ein **deutsches Vollstreckungsurteil** erforderlich (*BGH* LM Nr. 2 Deutsch-österreichischer Vertrag mit Anm. *Geimer*). Die Vollstreckbarerklärung wird auch als das Exequatur (»er möge vollziehen«) im Sinne der Zustimmung des Anerkennungsstaates bezeichnet (→ § 722 Rdnr. 2). Die Voraussetzungen der Vollstreckbarerklärung durch ein deutsches Gerichtsurteil richten sich wegen § 723 Abs. 2 S. 2 wiederum nach § 328. Für die Eintragung in öffentliche Register, die nicht der Vollstreckung im engeren Sinn zuzurechnen ist, ist dagegen keine Vollstreckbarerklärung erforderlich (→ § 722 Rdnr. 5). Zudem gibt es auch anerkennungsfähige Entscheidungen, die nicht mehr für vollstreckbar erklärt werden müssen, weil z.B. der Schuldner schon freiwillig bezahlt hat[11].

II. Gleichstellung und Wirkungserstreckung

§ 328 regelt die Voraussetzung der Anerkennung ausländischer Urteile in negativer Fassung (→ Rdnr. 28), legt jedoch nicht fest, was unter »Anerkennung« zu verstehen ist. Dem Ausgangspunkt nach bedeutet Anerkennung eines Urteils die automatische Erstreckung (→ Rdnr.

---

[7] *BGH* IPRax 1989, 104, 106 mit Anm. *Siehr* 93, 96 (Schweiz); *BGH* FamRZ 1987, 580, 582 (Schweiz) mit Anm. *Gottwald; BayObLG* NJW-RR 1990, 842f. (Italien); OLG Hamm RIW 1978, 689; *v. Bar* (Fn. 1) 1 (1987) 308; *Siehr* in: FS Walder (1994) 409ff.

[8] *Schack* IZVR[2] Rdnr. 809.

[9] RGZ 166, 367, 376.

[10] Heute einhellige Auffassung, z.B. Zöller/*Geimer*[20] Rdnr. 186; *Thomas/Putzo/Hüßtege*[20] Rdnr. 1; *Karl* Die Anerkennung von Entscheidungen in Spanien (1993) 181; zur Vollstreckbarkeit *Gottwald* IPRax 1991, 285; zu den *Ausnahmen* der Anerkennung ausländischer Urteile in Ehesachen → Rdnr. 188ff.

[11] *Schack* IZVR[2] Rdnr. 932.

5) der einem ausländischen Urteil zukommenden Wirkungen auf das Inland, sofern die Anerkennungsvoraussetzungen vorliegen. Streit besteht darüber, nach welcher Rechtsordnung sich der **Umfang der Urteilswirkungen** des ausländischen Urteils richtet und welche Wirkungen sich bei unterschiedlicher nationaler Ausgestaltung letztlich durchsetzen. Wenig gewonnen ist mit der herkömmlichen Gegenüberstellung von »Gleichstellungstheorie«[12], wonach das ausländische Urteil mit der Anerkennung einem inländischen Titel gleichgestellt wird, und »Wirkungserstreckungstheorie«. Nach ihr hat die Anerkennung zur Folge, daß der Entscheidung die Wirkung beigelegt wird, die ihr in dem Staat, in dessen Hoheitsgebiet sie ergangen ist, zukommt[13]. Zum einen sehen sich beide Theorien zu Einschränkungen genötigt[14]. Zum anderen werden sie bisweilen in unterschiedlicher Bedeutung verwendet[15]. Ausschlaggebend sein muß vielmehr die *typisierbare Interessenlage* der Parteien[16]. Einigkeit erzielen ließe sich wohl im Ausgangspunkt: Die Wirkungen des anzuerkennenden Urteils richten sich grundsätzlich nach dem Recht des Urteilsstaates. Das ist derjenige Staat, dessen Urteil im Inland anerkannt werden soll. So hat sich der deutsche Richter in die Lage eines Richters des Urteilsstaates hineinzuversetzen, der über die Wirkungen des Urteils in einem zweiten Prozeß zu entscheiden hat. Im einzelnen gehen etwa Art. 1 Abs. 1 S. 3 des deutsch-belgischen Abkommens (→ Rdnr. 323), Art. 1 Abs. 1 S. 2 des deutsch-niederländischen Abkommens (→ Rdnr. 384) und Art. 1 Abs. 1 des deutsch-italienischen Abkommens (→ Rdnr. 304) von der Wirkungserstreckung aus.

1. Durchsetzung der Wertungen der lex fori

a) Objektive Grenzen der Rechtskraft

8   Gehen die ausländischen über die inländischen Urteilswirkungen hinaus, weil etwa automatisch auch *Vorfragen* von der Rechtskraftwirkung erfaßt werden, so begrenzen nach richtiger Auffassung die Wirkungen eines entsprechenden deutschen Urteils die Rechtskraftwirkungen des ausländischen Urteils. Die Wertungen der lex fori setzen sich mit der Respektierung des verfahrensrechtlichen Gerechtigkeitsgehalts einer engen Rechtskraftwirkung (§ 322 Abs. 1) durch (»**Kumulationstheorie**«)[17]. Ebenso liegt es, wenn ein fremdes Prozeßrecht eine Rechtskrafterstreckung hinsichtlich des Bestehens einer zur *Aufrechnung* gestellten Gegenforderung über § 322 Abs. 2 hinaus (→ § 322 Rdnr. 168) eintreten ließe. Das Gesagte gilt, obgleich sich die Parteien des ausländischen Verfahrens auf solche weiterreichenden Urteilswirkungen eingestellt haben oder wenigstens einstellen konnten: Der Anerkennungsstaat hat kein Interesse daran, das Risiko von Auslandsprozessen für die Parteien zu erhöhen[18]. Erst recht scheidet eine Wirkungserstreckung aus, wenn das ausländische Urteil eine Bindung an

---

[12] So wohl (freilich in knapper Form) die Rspr., *BGH* NJW 1983, 514, 515; 1983, 1976, 1977 mit krit. Anm. *Spellenberg* IPRax 1984, 304; *Thomas/Putzo/Hüßtege*[20] Rdnr. 7; *Reinl* (Fn. 1) 58; *Matscher* in: FS Schima (Wien 1969) 265, 277f.

[13] H.L., *OLG Hamm* FamRZ 1993, 213, 215; *Zöller/Geimer*[20] Rdnr. 18; *Götze* (Fn. 1) 134ff.; *Martiny* (Fn. 1) IZVR III/1 Rdnr. 362, 367ff.; *Riezler* (Fn. 1) 512, 520; *Gottwald* ZZP 103 (1990) 257, 261ff.; *K. Müller* ZZP 79 (1966) 199, 204f.

[14] Darstellung bei *Staudinger/Spellenberg*[13] (1997) § 328 ZPO Rdnr. 129ff.; *Schack* IZVR[2] Rdnr. 792ff.; *Matscher* ZZP 103 (1990) 294, 308.

[15] Etwa *Rosenberg/Schwab/Gottwald*[15] § 157 I 4 (S. 946) einerseits; *Schack* IZVR[2] Rdnr. 794, 792 andererseits.

[16] *H. Roth* Die Reichweite der lex-fori-Regel im internationalen Zivilprozeßrecht in: FS Stree/Wessels (1993) 1045, 1057.

[17] *OLG Frankfurt a. M.* IPRax 1986, 297 mit Anm. *Nagel* 282; wohl auch *OLG Nürnberg* FamRZ 1996, 353, 354; *LG Hamburg* IPRax 1992, 251, 254; *VG Stuttgart* StAZ 1982, 218; *Schack* IZVR[2] Rdnr. 796; *Geimer/Schütze* I/2 (Fn. 1) 1391; *Hausmann* (Fn. 1) 178ff.; *Soergel/Kronke*[12] Art. 38 EGBGB Anhang IV Rdnr. 141; *H. Roth* in: FS Stree/Wessels (1993) 1045, 1057; a.A. *E. Schumann* → Vorauflage. Rdnr. 3 b; *Riezler* (Fn. 1) 520; *Kropholler* IPR[3] (Fn. 1) § 60 IV 2, aber auch Fn. 73; *Rosenberg/Schwab/Gottwald*[15] § 157 I 4 (S. 946); *Staudinger/Spellenberg*[13] § 328 ZPO Rdnr. 133 m. w. N.

[18] *Schack* IZVR[2] Rdnr. 795; *K. Müller* ZZP 79 (1966) 199, 206.

sämtliche in einem Urteil festgestellten *Tatsachen* kennt. Derartige Wirkungen sind dem deutschen Recht schon der Art nach nicht bekannt[19].

b) Subjektive Grenzen der Rechtskraft

Die Wirkungen der lex fori setzen sich freilich nicht in gleicher Weise durch, wenn das ausländische Prozeßrecht den subjektiven Umfang der Rechtskraft weiter reichen läßt als die ZPO. Eine Anerkennung scheidet deshalb nicht aus, soweit ein fremdes Prozeßrecht in die Rechtskraftwirkungen auch Personen einbezieht, die nach inländischem Prozeßrecht nicht gebunden wären. So wird etwa ein auf »**Garantieklage**« (→ näher Rdnr. 25) ergangenes Urteil gegenüber einem Dritten anerkannt, wenn eine selbständige Anerkennungszuständigkeit im Hinblick auf den Garantiebeklagten zu bejahen ist (→ Rdnr. 25). Insoweit strahlen die Wertungen des europäischen Prozeßrechts auf das nationale Prozeßrecht aus[20]. Im Anwendungsbereich des EuGVÜ ergibt sich nämlich die Anerkennungsfähigkeit von Garantieurteilen zweifellos aus Art. V Abs. 2 S. 1 des EuGVÜ-Protokolls. Vergleichbar liegt es für Art. 3 Abs. 1 Nr. 10 des deutsch-belgischen und Art. 4 Abs. 1 lit.i des deutsch-niederländischen Abkommens (→ Rdnr. 26).

9

2. Durchsetzung der Wertungen des Urteilsstaates

Weniger häufig ist der zu → Rdnr. 8 umgekehrte Fall, daß die Urteilswirkungen nach dem Recht des Urteilsstaates hinter denjenigen des Anerkennungsstaates zurückbleiben. So liegt es etwa, wenn das ausländische Prozeßrecht die objektiven oder subjektiven Grenzen der Rechtskraft enger zieht, z.B. weil das ausländische Recht keine dem deutschen Recht entsprechende Rechtskrafterstreckung wie §325 (→ §325 Rdnr. 11ff.) kennt[21]. Vergleichbar ist zu entscheiden, wenn ihm eine Rechtskraftwirkung bei geschehener Aufrechnung wie in §322 Abs.2 (→ §322 Rdnr. 166ff.) fremd ist. In diesen Fällen sind die **ausländischen Rechtskraftwirkungen** maßgebend. Die Parteien sollen nicht mit einer Rechtskraftwirkung überrascht werden. Die Ausgestaltung einer Prozeßordnung ist zudem nicht zuletzt davon bestimmt, welchen Umfang die zu treffenden Entscheidungen haben. War im ausländischen Verfahren nur mit einer geringeren Urteilswirkung zu rechnen, so ist dieses Verfahren von vornherein nur auf diesen geringeren Umfang bezogen gewesen[22]. Dadurch wird auch der Anspruch auf rechtliches Gehör gewährleistet. Deshalb kann ein ausländisches Trennungsurteil im Inland nicht als Scheidungsurteil anerkannt werden[23]. Auch kann ein Feststellungsurteil nicht als Gestaltungsurteil anerkannt werden[24].

10

3. Qualifikation der Urteilswirkungen nach der lex fori

Aus §328 ergibt sich nicht, ob nur solche Wirkungen im Inland anerkannt werden sollen, die auch nach ausländischer Auffassung als prozeßrechtliche Wirkungen angesehen werden. Nach richtiger Auffassung ist es unerheblich, ob die anzuerkennende Urteilswirkung nach

11

---

[19] Insoweit ebenso schon → Voraufl. Rdnr. 3 b; *Kropholler* IPR³ (Fn.1) §60 IV 2; a.A. *G. Fischer* Objektive Grenzen der Rechtskraft im internationalen Zivilprozeßrecht in: FS Henckel (1995) 199, 209f.
[20] Zur methodischen Grundhaltung *H. Roth* RIW 1987, 814ff.; für die Anerkennungsfähigkeit auch *Staudinger/Spellenberg*¹³ §328 ZPO Rdnr. 133; als selbstverständlich vorausgesetzt auch von *Wieczorek/Mansel*³ (1994) §68 Rdnr. 43ff.

[21] Beispiel von *K. Müller* ZZP 79 (1966) 199, 204.
[22] H.L., *H. Roth* in: FS Stree/Wessels (1993) 1045, 1058; *G. Fischer* in: FS Henckel (1995) 199, 204; *Gottwald* ZZP 103 (1990) 257, 260f.; *K. Müller* ZZP 79 (1966) 199, 205.
[23] *OLG Hamburg* IPRsp 1983 Nr.184; → Rdnr. 199.
[24] *KG* FamRZ 1976, 353; *Staudinger/Spellenberg*¹³ §328 ZPO Rdnr. 132; *Görgens* StAZ 1977, 79.

ausländischer Ansicht prozessual oder materiellrechtlich ist. Maßgebend ist allein, ob Wirkungen vorliegen, die nach deutschem Verständnis prozessual sind. Die Urteilsanerkennung setzt sich damit gegen das durch das inländische IPR berufene Sachrecht (lex causae) durch[25]. So ist es gleichgültig, ob etwa das ausländische Recht die materielle Rechtskraft materiellrechtlich versteht (z.B. Art. 1351 C. civ. für Frankreich). Entscheidend ist allein, ob aus deutscher Sicht das ausländische Recht dem Urteil **prozessuale Wirkungen** beilegt, sowie welche Wirkungen es sind und wie weit ihr Umfang reicht. Deshalb entsteht auch von vornherein kein Normenmangel mit den sich daraus ergebenden Angleichungsproblemen, wenn etwa bei deutscher lex causae der (französische) Urteilsstaat keine prozessualen Rechtskraftwirkungen vorsieht. Man muß daher die Rechtskraftwirkungen des materiellen Rechts des Urteilsstaates nicht erst in anerkennungsfähige prozessuale Urteilswirkungen umdeuten[26]: Die Urteilswirkungen werden vielmehr nach der deutschen lex fori ohne weiteres als prozessuale Wirkungen qualifiziert[27]. Begrenzt das deutsche Prozeßrecht den Umfang der ausländischen Urteilswirkungen (→ Rdnr. 8), so geschieht das ebenfalls unabhängig von der im Ausland vorherrschenden Qualifikation. Im übrigen enthebt die hier vertretene Ansicht den deutschen Richter von der oft mühevollen Untersuchung, die rechtliche Qualifikation der ausländischen Rechtsfolgen nach ausländischem Recht nachzuprüfen.

III. Anerkennungsfähige Urteilswirkungen

12   Anerkennungsgegenstand ist nicht das Urteil im ganzen, sondern sind die betreffenden **einzelnen Urteilswirkungen**. Als Gegenstand der Anerkennung kommen in Betracht materielle Rechtskraft (→ Rdnr. 13), Gestaltungswirkung (→ Rdnr. 16), Präklusionswirkung (→ Rdnr. 18), Tatbestandswirkung (→ Rdnr. 19), Streitverkündungs- und Interventionswirkung (→ Rdnr. 22), Garantieurteilswirkung und ähnliche Erscheinungen (→ Rdnr. 25) (zum Sonderfall der Vollstreckungswirkung → Rdnr. 6). Doch ist etwa eine innerprozessuale Bindungswirkung (§ 318) keine anerkennungsfähige Urteilswirkung[28].

1. Materielle Rechtskraft

13   Liegt ein rechtskräftiges anzuerkennendes Urteil vor, so steht einer gleichwohl in Deutschland mit demselben Streitgegenstand erhobenen Klage nicht schon die Rechtskraft des ausländischen Urteils entgegen. Es kommt also nicht zur Prozeßabweisung als unzulässig. Allerdings ist eine **inhaltlich übereinstimmende Sachentscheidung** zu treffen, die insbesondere auf dieselbe Währung lautet. Das rechtfertigt sich daraus, daß die Verbindlichkeit einer ausländischen Entscheidung sich für das deutsche Rechtsgebiet nicht von selbst versteht. Deshalb steht § 328 einer unterschiedlichen Behandlung in- und ausländischer Urteile bei der Prüfung der Zulässigkeit der Klage nicht entgegen[29]. Doch muß dem Kläger ein Rechtsschutzinteresse zur Seite stehen, was mit der Frage der Rechtskraft aber nichts zu tun hat (→ Rdnr. 37).

---

[25] So auch *Schack* IZVR[2] Rdnr. 926; *Zöller/Geimer*[20] Rdnr. 25; *Martiny* Hdb. (Fn. 1) IZVR III/1 Rdnr. 275 ff.; *G. Fischer* in: FS Henckel (1995) 199, 204; a. A. *Blomeyer* Zivilprozeßrecht[2] (1985) 473.
[26] So aber der Lösungsvorschlag von *Schack* IZVR[2] Rdnr. 926.
[27] Näher zur Struktur dieser Qualifikation *H. Roth* in: FS Stree/Wessels (1993) 1045, 1051; → *E. Schumann* Einl. Rdnr. 737 ff.; ferner zum Qualifikationsstreit → *Leipold* vor § 128 Rdnr. 238 ff. (Prozeßverträge); abweichend *Grunsky* ZZP 89 (1976) 241, 246.

[28] *Zöller/Geimer*[20] Rdnr. 27; *Schack* IZVR[2] Rdnr. 776.
[29] H.L., *BGH* FamRZ 1987, 370; NJW 1964, 1626; *KG* IPRax 1994, 455, 456 m. Anm. *Baumann* 435; *OLG Karlsruhe* FamRZ 1991, 600; *OLG Hamm* FamRZ 1991, 718; DAVorm 1990, 166; *OLG Zweibrücken* IPRspr 1974 Nr. 185; *Martiny* Hdb. (Fn. 1) IZVR III/1 Rdnr. 1617; *Baumbach/Lauterbach/Hartmann*[56] § 722 Rdnr. 5; *Schack* IZVR[2] Rdnr. 887; a. A. → *E. Schumann* Vorauf. Rdnr. 8; *LG Hamburg* IPRax 1992, 251, 254 m. Anm. *Bungert* 225, 231 (deutsch-österreichischer Anerkennungs- und Vollstreckungsvertrag); *Geimer*[3] (Fn. 1)

Die Rechtskraft eines anzuerkennenden ausländischen Urteils schließt grundsätzlich jede Nachprüfung des Verfahrens oder der Entscheidung in rechtlicher und tatsächlicher Beziehung aus. Unerheblich ist auch ein Verstoß gegen zwingende ausländische Rechtsnormen, soweit er nicht nach dem ausländischen Recht zur Nichtigkeit des Urteils führt (→ Rdnr. 64). Unvereinbarkeiten mit dem deutschen Recht sind für den Richter nur beachtlich, soweit sie zu einer Verletzung des **deutschen ordre public** führen (→Rdnr. 123ff.). 14

Auch wenn der Urteilsstaat die Rechtskraft nur auf Einrede beachtet, setzt sich die deutsche lex fori mit der Beachtung der Rechtskraft **von Amts wegen** durch[30]. Der öffentliche Rechtsfriede im Anerkennungsstaat setzt sich durch. Doch muß das Gericht keine Ermittlungen von Amts wegen anstellen, ob eine ausländische Entscheidung vorliegt. 15

2. Gestaltungswirkung

Die Gestaltungswirkung, die ausländischen Gestaltungsurteilen (insbesondere Ehescheidungen, → Rdnr. 198) neben der Rechtskraftwirkung zukommt, ist nach § 328 als prozessuale Urteilswirkung anerkennungsfähig (**prozessuale Auffassung**)[31]. Liegen daher die Voraussetzungen des § 328 vor, so ist die Ehe auch für das Inland geschieden, auch wenn das nach deutschem IPR an sich maßgebende materielle Recht die Scheidung nicht anerkennt. Dagegen tritt die sogenannte **kollisionsrechtliche Auffassung** (lex causae-Theorie) dafür ein, daß sich das Eintreten der Gestaltungswirkung nach der vom deutschen IPR berufenen lex causae richten soll[32]. Das soll vor allem für den Fall gelten, daß das gestaltete Rechtsverhältnis nach den Regeln des deutschen IPR materiellrechtlich nicht dem Recht des Urteilsstaates, sondern demjenigen eines Drittstaates unterworfen ist, der das Urteil nicht anerkennt (insbesondere → Ehescheidungen Rdnr. 198). Die Begründungen schwanken. Teils wird angeführt, daß den materiellen Vorschriften der Vorrang vor § 328 zukomme[33], teils solle § 328 nur die Urteilswirkung der materiellen Rechtskraft regeln[34]. Schließlich wird auch vertreten, daß eine Anerkennung gegen den ordre public des § 328 Abs. 1 Nr. 4 verstoße[35]. Doch zeigt die Aufhebung von § 328 Abs. 1 Nr. 3 a.F. durch die IPR-Novelle 1986 deutlich, daß etwa die Anerkennung eines ausländischen Scheidungsurteils nicht von der Anwendung des gleichen materiellen Rechts abhängen soll, das vom deutschen IPR berufen wird. Zudem scheitert ein Rückgriff auf das materielle Recht auch daran, daß es keinen Gleichlauf zwischen internationaler Zuständigkeit und dem anwendbaren materiellen Recht gibt[36]. Soweit Gestaltungsurteilen neben der Gestaltungswirkung eine Rechtskraftwirkung zukommt (*Leipold* → § 322 Rdnr. 66f.), ist deren Anerkennung nach den Grundsätzen von → Rdnr. 13ff. zu beurteilen. 16

Die Anerkennung **ausländischer Entmündigungen** ist durch die Abschaffung der Entmündigung im deutschen Recht nicht ausgeschlossen. Die Anerkennung richtet sich freilich nach 17

Rdnr. 2801 f.; *Wieczorek*[2] § 722 Anm. C II c; *Seuffert/Walsmann*[12] § 722 Anm. 3; *Zöller/Geimer*[20] Rdnr. 30; *Schütze* DB 1967, 497, 498; wie hier dagegen → *Münzberg* § 722 Rdnr. 6.
[30] *Martiny* Hdb. (Fn. 1) IZVR III/1 Rdnr. 392; *Georgiades* in: FS Zepos II (1973) 189, 201 f.; *Koch* Unvereinbare Entscheidungen i.S.d. Art. 27 Nr. 3 und 5 EuGVÜ und ihre Vermeidung (1993) 160 f.; *Schack* IZVR[2] Rdnr. 888; a.A. *Geimer*[3] (Fn. 1) Rdnr. 2807.
[31] RGZ 166, 367, 376; *Martiny* Hdb. (Fn. 1) III/1 Rdnr. 403 ff.; *Soergel/Kronke*[12] § 38 EGBGB Anhang IV Rdnr. 141; *MünchKomm/Sonnenberger*[2] EGBGB (1990) Einl. Rdnr. 323; *MünchKommZPO/Gottwald* (1992) § 328 Rdnr. 123; *Schack* IZVR[2] Rdnr. 779; *P. Schlosser* Gestaltungsklagen und Gestaltungsurteile (1966) 298 Fn. 4; *Grassmann* System des internationalen Gesellschaftsrechts (1970) 549 ff.; *K. Müller* ZZP 79 (1966) 199, 220 ff.; im Grundsatz auch *Staudinger/Spellenberg*[13] § 328 ZPO Rdnr. 144.
[32] *Hausmann* (Fn. 1) 199, 204 ff.; *Raape*[5] Internationales Privatrecht (1961) 314; *Süß* in: Festgabe Rosenberg (1949) 229, 252 ff.; auch etwa *Jansen* FGG[2] Art. 7 § 1 FamRÄndG Anm. 24; *Neuhaus* FamRZ 1964, 18, 22; OLG München NJW 1963, 1158.
[33] *Jonas* JW 1934, 2555, 2556; 1936, 283; dagegen *Lorenz* FamRZ 1966, 465, 477.
[34] RGZ 55, 236, 238; *Süß* in: Festgabe Rosenberg (1949) 229, 251 f.
[35] *Raape*[5] IPR (1961) § 30 B II 2; OLG Hamburg JW 1935, 3488 Nr. 66; krit. dazu *Jonas* JW 1936, 283.
[36] *E. Schumann* → Einl. Rdnr. 770; *Walchshöfer* ZZP 80 (1967) 165, 198; *Zöller/Geimer*[20] Rdnr. 46.

§ 16a FGG und nicht nach § 328 ZPO³⁷. Entsprechend den Ausführungen von → Rdnr. 8 kann aber die Entmündigung eines Deutschen im Ausland an seinem gewöhnlichen Aufenthaltsort nur die Wirkung einer Betreuung nach deutschem Recht in dem weitestreichenden Umfang haben³⁸.

3. Präklusionswirkung

18   Die Präklusionswirkung im Sinne des Ausschließens von Tatsachen und Beweismitteln (→ *Leipold* § 322 Rdnr. 228ff.) ist eine Folge der **materiellen Rechtskraft**. Deshalb richtet sich ihre Anerkennung nach den Grundsätzen von → Rdnr. 8ff. Kennt das Recht des Urteilsstaates eine von der materiellen Rechtskraft zu unterscheidende Präklusionswirkung, so wird diese Wirkung durch das deutsche Prozeßrecht begrenzt (→ Rdnr. 8)³⁹.

4. Tatbestandswirkung

19   Die Tatbestandswirkung eines Urteils (Nebenwirkung) bedeutet, daß das Vorliegen eines Urteils Merkmal eines gesetzlichen Tatbestandes ist (→ *Leipold* § 322 Rdnr. 16f.), z.B. §§ 218, 775 Abs. 1 Nr. 4 BGB. Sie gehört nicht zu den anerkennungsfähigen Urteilswirkungen im Sinne des § 328⁴⁰. Vielmehr bestimmt das vom deutschen IPR berufene anwendbare Recht (**lex causae**), ob und welche Tatbestandswirkungen einem ausländischen Urteil zukommen⁴¹. Maßgebend ist somit die Auslegung der inländischen oder ausländischen Sachnorm. Es ist durch Auslegung des jeweils in Betracht kommenden Tatbestandes einer Rechtsnorm zu klären, ob auch ausländische Entscheidungen Urteile im Sinne der zu prüfenden Bestimmung sind (z.B. § 218 BGB).

20   Bleiben nach der Auslegung (→ Rdnr. 19) noch Zweifel, so ist davon auszugehen, daß ausländische Urteile nur eine Tatbestandswirkung entfalten können, wenn die Voraussetzungen des § 328 erfüllt sind. Insbesondere ist § 328 analog anwendbar für die **Verjährungsunterbrechung** durch eine Klage im Ausland (§ 209 BGB). Der ausländischen Klage kommt also im Inland nur Unterbrechungswirkung zu, wenn ein ausländisches Urteil anerkennungsfähig wäre⁴². Nach der Gegenauffassung genügt die funktionale Gleichwertigkeit der Unterbrechungshandlung und die Wahrung des rechtlichen Gehörs⁴³. Fehlt dem ausländischen Gericht die internationale Zuständigkeit, so kann der Gläubiger gleichwohl nicht nach § 212 Abs. 2 BGB analog innerhalb von sechs Monaten erneut Klage vor dem international zuständigen Gericht erheben⁴⁴. Die eingeforderte Großzügigkeit gegenüber dem Gläubiger in internationalen Fällen verkehrte sich zu Lasten des Schuldners in Rechtsunsicherheit. Der Gläubiger muß erforderlichenfalls zusätzlich dort parallel klagen, wo er die Unterbrechungswirkung erstrebt.

21   Von der Tatbestandswirkung des Urteils zu unterscheiden ist, daß jedes ausländische Urteil

---

³⁷ *Zöller/Geimer*²⁰ Rdnr. 90; *Palandt/Heldrich*⁵⁷ Art. 7 EGBGB (1998) Rdnr. 9; *v. Bar* IPR (Fn. 1) Rdnr. 5ff.; gegen eine Anerkennung *Erman/Hohloch*⁹ (1993) Art. 8 EGBGB Rdnr. 2.
³⁸ So mit Recht *Palandt/Heldrich*⁵⁷ (vorige Fn.) Rdnr. 9.
³⁹ A.A. *E. Schumann* → Voraufl. Rdnr. 14.
⁴⁰ *Soergel/Kronke*¹² Art. 38 EGBGB Anhang IV Rdnr. 141; *Zöller/Geimer*²⁰ Rdnr. 28; *Schack* IZVR² Rdnr. 780; *Linke* in: FS Nagel (1987) 209; *P. Schlosser* in: FS Bosch (1976) 859, 862.
⁴¹ *Martiny* Hdb.(Fn. 1) IZVR III/1 Rdnr. 428; *Geimer*³ Rdnr. 2786; *K. Müller* ZZP 79 (1966) 199, 242.

⁴² RGZ 129, 385, 389; *RG* JW 1926, 374 mit abl. Anm. *Neumeyer*; OLG Breslau OLGRsp 17, 324, 326; *LG Deggendorf* IPRax 1983, 125, 126; *Taupitz* ZZP 102 (1989) 288, 307ff.; *ders.* IPRax 1996, 140, 145; *Merschformann* Der Umfang der Verjährungsunterbrechung durch Klageerhebung (1992) 101ff.
⁴³ *Schack* IZVR² Rdnr. 783; *ders.* RIW 1981, 301, 302; *Frank* IPRax 1983, 108, 111; *Katinszky* RabelsZ 9 (1935) 855, 863; unentschieden *BGH* LM § 328 Nr. 14; wie hier im Falle der Anwendung deutschen materiellen Rechts *MünchKommZPO/Gottwald* (1992) Rdnr. 140.
⁴⁴ A.A. *MünchKommZPO/Gottwald* Rdnr. 141; *Schack* RIW 1981, 301, 302; *Taupitz* IPRax 1996, 140, 145 m.w.N.

als **Tatsache** Bedeutung gewinnen kann. So liegt es z.B. für eine auf sittenwidrige Erschleichung gestützte Schadensersatzklage[45]. Das ausländische Urteil kann auch als **Beweismittel** gewürdigt werden. Da es sich nicht um eine prozessuale Wirkung im Sinne des § 328 handelt, spielt es keine Rolle, ob das Urteil anerkennungsfähig ist. Das Urteil hat die Beweiskraft einer ausländischen öffentlichen Urkunde[46].

5. Streitverkündungs- und Interventionswirkung

Nach deutschem Recht ist die Streitverkündungswirkung (Interventionswirkung) (§§ 68, 74) von der Rechtskraftwirkung zu unterscheiden (→ Leipold § 322 Rdnr. 87). Einerseits geht die Interventionswirkung über die Rechtskraftwirkung hinaus, weil sie auch vorgreifliche rechtliche und tatsächliche Feststellungen umfaßt. Andererseits bleibt sie dahinter zurück, weil sie nach h. L. nur zu Lasten des Streitverkündeten wirkt[47]. Gleichwohl sind ihre Wirkungen grundsätzlich **anerkennungsfähig**[48]. Für den Bereich des EuGVÜ sowie des Lugano-Übereinkommens folgt das schon aus Art. V Abs. 2 S. 2 EuGVÜ-Protokoll sowie aus Art. V Abs. 2 S. 2 des Protokolls Nr. 1[49]. Doch müssen für das ausländische Urteil, auf dem die Interventionswirkung beruht, sämtliche Anerkennungsvoraussetzungen des § 328 gegeben oder es muß nach dem jeweiligen Anerkennungsabkommen anerkennungsfähig sein[50]. Das Gesagte gilt auch für die unbeantwortete Streitverkündung. 22

Im Hinblick auf den **Streitverkündeten** müssen die Voraussetzungen des § 328 nicht in vollem Umfang gegeben sein. Zwar ist sein rechtliches Gehör zu wahren, so daß § 328 Abs. 1 Nr. 2 analog anzuwenden ist[51]. Analog anzuwenden hinsichtlich des Dritten sind auch § 328 Abs. 1 Nr. 3 und 4, nicht aber Nr. 5[52]. Doch muß insbesondere die Anerkennungszuständigkeit in bezug auf den Dritten nach § 328 Abs. 1 Nr. 1 nicht vorliegen, da dessen Zuständigkeitsinteressen nicht geschützt sind[53]. 23

Stets ist erforderlich, daß die ausländische Streitverkündung eine der deutschen Streitverkündung ähnliche verfahrensrechtliche Regelung und Wirkung besitzt. Da die Art. V Abs. 2 S. 2 des EuGVÜ/Lugano-Protokolls schon die Herausbildung eines supranationalen Prozeßrechts bedeuten, hängt die Anerkennung der Wirkungen nicht von der völligen Übereinstimmung mit dem deutschen Recht ab. Insbesondere sind auch die Streitverkündungswirkungen (**vouching in**) des US-amerikanischen Zivilprozesses anerkennungsfähig[54]. Im übrigen gelten die Wirkungsbegrenzungen, wie sie → Rdnr. 8ff. für die Urteilswirkungen dargestellt wurden. In gleicher Weise ist es unerheblich, ob die anzuerkennende Streitverkündungs- oder Interventionswirkung nach ausländischer Auffassung prozessual oder materiellrechtlich ist. Aufgrund der ausländischen Streitverkündung können auch materielle Wirkungen eintreten (ferner → Rdnr. 11)[55]. 24

---

[45] Vgl. *Riezler* (Fn. 1) 523 m.w.N.
[46] S. *Riezler* (Fn. 1) 522; *RGZ* 129, 387.
[47] BGHZ 100, 257, 260 m.N.
[48] RGZ 61, 390, 393; *MünchKommZPO/Gottwald* Rdnr. 137; *Schack* IZVR² Rdnr. 785; *Milleker* ZZP 80 (1967) 288, 293ff.; a. A. *RGZ* 55, 236, 240.
[49] Dazu ausführlich *Mansel* Streitverkündung und Interventionsklage im Europäischen Internationalen Zivilprozeßrecht (EuGVÜ/Lugano-Übereinkommen) in: *Hommelhoff/Jayme/Mangold* (Hrsg.) Europäischer Binnenmarkt – Internationales Privatrecht und Rechtsangleichung (1995) 161ff.
[50] H.L., *Wieczorek/Mansel*³ § 68 Rdnr. 32ff.; *Mansel* Streitverkündung (vouching in) und Drittklage (third party complaint) im US-Zivilprozeß und die Urteilsanerkennung in Deutschland in: *Heldrich/Kono* (Hrsg.) Herausforderungen des Internationalen Zivilverfahrensrechts (1994) 63, 75; *MünchKommZPO/Gottwald* Rdnr. 136; *AK-ZPO/Koch* Rdnr. 19; *Martiny* Hdb.(Fn. 1) IZVR III/1 Rdnr. 400; a.A. *Zöller/Geimer*²⁰ Rdnr. 52 (nur § 328 Abs. 1 Nr. 1 und Nr. 4).
[51] *Wieczorek/Mansel*³ § 68 Rdnr. 36; *Schack* IZVR² Rdnr. 923.
[52] Zutreffend *Wieczorek/Mansel*³ § 68 Rdnr. 37 bis 39 m.w.N.
[53] *Wieczorek/Mansel*³ § 68 Rdnr. 35; *Schack* IZVR² Rdnr. 923, 367.
[54] *Götze* (Fn. 1) 121ff.; *Mansel* (Fn. 50) 63, 70ff.
[55] RGZ 61, 390ff. (die holländische »demande en garantie« hat die Wirkung einer Streitverkündung); dazu *Martiny* Hdb.(Fn. 1) IZVR III/1 Rdnr. 399; *Milleker* ZZP 80 (1967) 288, 293ff.

6. Garantieurteilswirkung

25 Die Gewährleistungsklage des romanischen Rechtskreises (»demande en garantie«)[56] und die third party complaint[57] des US-amerikanischen Zivilprozesses ermöglichen die Entscheidung des **Regreßprozesses** bereits im Ausgangsverfahren. Dem Beklagten wird die Möglichkeit eröffnet, gegen einen Dritten, den er im Falle seines Unterliegens regreßpflichtig machen will, zu klagen. Wird dem Klageantrag des Hauptprozesses gegenüber dem Beklagten stattgegeben, so wird in demselben Verfahren über die Garantieklage gegen den Dritten entschieden. Da es sich um eine reguläre Klage gegen den Dritten handelt, gilt § 328 direkt im Verhältnis zwischen dem Dritten und dem Erstbeklagten. Nach zutreffender h. L. muß im Hinblick auf den Garantiebeklagten die Zuständigkeit nach § 328 Abs. 1 Nr. 1 gegeben sein[58]: Es geht um die Anerkennung des Garantieurteils selbst. Deshalb genügt die internationale Zuständigkeit für den Hauptprozeß in Ansehung des Beklagten (Garantiekläger) nicht.

26 **Sondervorschriften** enthalten freilich Art. 6 Nr. 2 EuGVÜ, Art. 6 Nr. 2 LugÜ (Art. V Abs. 2 S. 1 Protokoll vom 27. 9. 1968 und Art. V Abs. 2 S. 1 Protokoll Nr. 1), die den hier entwickelten allgemeinen Grundsätzen vorgehen. Danach genügt die Zuständigkeit für den Hauptprozeß. Die Zuständigkeitsinteressen des Dritten werden in diesen Abkommen hintangesetzt (→ Rdnr. 9).

27 Kann das Garantieurteil wegen der fehlenden Anerkennungszuständigkeit nicht anerkannt werden, so wird bisweilen vertreten, dem Garantieurteil im Wege der Umdeutung wenigstens die **Wirkungen einer Streitverkündung** beizulegen, die dann das nachfolgende Regreßverfahren gegen den Dritten fördert[59]: Für die Streitverkündungswirkung ist eine gesonderte Zuständigkeitsprüfung ja nicht erforderlich (→ Rdnr. 23). Doch mutet man dann dem Garantiebeklagten zu, den Prozeß als Beklagter vor einem international unzuständigen Gericht zu führen. Zudem führte die Umdeutung zu einer prozessualen Rechtsunsicherheit[60]. Aus vergleichbaren Gründen kann auch eine **third party complaint** nicht mit den Wirkungen eines vouching in belegt werden. Auch wird der Garantiebeklagte seine Verteidigung in derartigen Fällen möglicherweise anders einrichten wollen.

IV. Anerkennungsvoraussetzungen

1. Grundlagen

28 § 328 regelt die Erfordernisse der Anerkennung[61]. Lassen sie sich nicht feststellen, so ist die Anerkennung zu verweigern. Demgegenüber ist die Fassung des § 328 mißverständlich, wonach die Anerkennung die Regel bildet (→ auch § 723 Abs. 2), weil Nr. 1 bis 5 die Verweigerungsgründe aufzählen. Ein bisweilen in der Literatur geforderter »Inlandsbezug« ist als zusätzliche Anerkennungsvoraussetzung nicht erforderlich, im übrigen ohnehin regelmäßig gegeben[62]. Das deutsche Anerkennungsrecht verbietet eine **inhaltliche Kontrolle** des ausländi-

---

[56] Etwa *OLG Düsseldorf* RIW 1997, 330; weitere Nachweise bei *Martiny* Hdb. (Fn. 1) IZVR III/1 Rdnr. 401 Fn. 1208; *Grunsky* in: Grunsky/Stürner u. a. (Hrsg.) Wege zu einem europäischen Zivilprozeßrecht (1992) 25, 28 ff.; *Mansel* IPRax 1995, 362.

[57] Ausführlich *Götze* (Fn. 1) 82 ff.; *W. Lüke* Die Beteiligung Dritter im Zivilprozeß (1993) 64 ff.; *Mansel* (Fn. 50) 63, 67 ff.

[58] BGH NJW 1970, 387 mit abl. Anm. *Geimer*; OLG Karlsruhe NJW 1974, 1059; *Mansel* (Fn. 50) 63, 83 f.; *Schack* IZVR² Rdnr. 924; *Martiny* Hdb. IZVR III/1 (Fn. 1) Rdnr. 402; *Koch* ZVglRWiss 85 (1986) 11, 53 f.; *Götze* (Fn. 1) 168 ff.; *Meier* (Fn. 1) 223 ff.; *Bernstein* in: FS Ferid (1978) 75, 88 f.; a. A. *Geimer* ZZP 85 (1972) 196; Zöller/*Geimer*²⁰ Rdnr. 53.

[59] So *Schack* IZVR² Rdnr. 925; *Milleker* Inlandswirkungen der Streitverkündung im ausländischen Verfahren ZZP 80 (1967) 288 ff.; *Koch* ZVglRWiss 85 (1986) 11, 58.

[60] Mit Recht ablehnend deshalb *Mansel* (Fn. 50) 63, 84; *Martiny* Hdb. IZVR (Fn. 1) III/1 Rdnr. 705; *Bernstein* in: FS Ferid (1978) 75, 88 f.

[61] *Pagenstecher* RabelsZ 15 (1949/1950) 189, 197 Fn. 4; a. A. *Mendelssohn-Bartholdy* BöhmsZ 24 (1914) 236, 241; *ders.* in: FS Franz Klein (1914) 161; *Gesler* (Fn. 1) 13 f.

[62] *Staudinger/Spellenberg*¹³ § 328 ZPO Rdnr. 312;

schen Urteils. Es gibt daher keine révision au fond gegenüber dem fremden Richterspruch (→ Rdnr. 123). Zwar enthält § 328 keine ausdrückliche Regelung; doch kennt § 723 das Verbot, »die Gesetzmäßigkeit« der ausländischen Entscheidung nachzuprüfen[63]. Der dortige systematische Standort ist freilich unzutreffend. Das Ergebnis des ausländischen Urteils kann in sehr engen Grenzen nur über den in Abs. 1 Nr. 4 aufgeführten Versagungsgrund der Verletzung des ordre public nachgeprüft werden (→ Rdnr. 123). Das gleiche gilt für die Nachprüfung des ausländischen Verfahrens (→ Rdnr. 131).

Die Versagungsgründe des Abs. 1 Nr. 1 und 2 dienen dem Schutz des im Ausland Beklagten (→ Rdnr. 82ff. und → Rdnr. 105ff.). Abs. 1 Nr. 3 schützt unabhängig von der Parteirolle die (frühere) Rechtskraft oder Rechtshängigkeit (→ Rdnr. 117ff.). Die Norm trägt damit institutionell dazu bei, **internationale Doppelprozesse** über denselben Streitgegenstand einzuschränken. Abs. 1 Nr. 5 enthält mit dem Erfordernis der Gegenseitigkeit einen Versagungsgrund, der mit dem konkreten Streitfall nicht zusammenhängt und rechtspolitisch fragwürdig ist (→ Rdnr. 144ff.). Zur Abwehr extraterritorialer US-amerikanischer Urteile wurde § 328 Abs. 1 durch Art. 4 der EG-Verordnung vom 22. 11. 1996 (ABl. EG Nr. L 309 vom 29. 11. 1996, S. 1) ergänzt.   29

Die in § 328 niedergelegten Versagungsgründe sind grundsätzlich **von Amts wegen** zu beachten. Ihre tatsächlichen Grundlagen sind von Amts wegen zu prüfen (dazu → *Leipold* vor § 128 Rdnr. 92)[64]. Dagegen wird der Versagungsgrund des Abs. 1 Nr. 2 entsprechend der Formulierung nur auf **Einrede** hin geprüft (→ Rdnr. 107). Die Parteien können zudem die Prüfung des Abs. 1 Nr. 1 beeinflussen, soweit keine ausschließlichen (deutschen) Zuständigkeiten berührt werden (→ Rdnr. 100ff.). Im übrigen ist entsprechend den bei den Rechtskraftwirkungen auch sonst maßgebenden Grundsätzen der Parteieinfluß eingeschränkt. So ist ein Geständnis der Tatsachen ebenso ausgeschlossen (→ § 288 Rdnr. 17) wie ein Verzicht auf die Prüfung der Anerkennungsvoraussetzungen oder sonst eine Heilung von Verstößen nach § 295. Freilich besteht andererseits keine Forschungspflicht des Gerichts in bezug auf die Tatsachen (→ *Leipold* Rdnr. 97 vor § 128). Die **Beweislast** bleibt bestehen und trifft denjenigen, der sich auf das Urteil beruft[65]. In rechtlicher Beziehung gilt das zu → § 293 Rdnr. 31ff. Ausgeführte.   30

2. Maßgebender Zeitpunkt

a) Deutsches Verfahrensrecht

Das für das Anerkennungsverfahren maßgebende deutsche Verfahrensrecht richtet sich nach dem Zeitpunkt der Anerkennung, soweit sich nicht aus Sondervorschriften etwas anderes ergibt[66].   31

b) Wegfall von Anerkennungsvoraussetzungen

Sind in der Zeit zwischen dem Erlaß des ausländischen Urteils und der Beurteilung der Anerkennung durch das deutsche Gericht die Anerkennungsvoraussetzungen nachträglich weggefallen, so ist das Urteil gleichwohl anerkennungsfähig[67]. War also etwa zu demjenigen Zeit-   32

---

zum Meinungsstand *Geimer/Schütze* (Fn. 1) I/2 (1984) 1774; *Raape/Sturm* IPR[6] (1977) 217. – Für das Anerkennungsverfahren bedarf es über § 23 hinaus keines weitergehenden Inlandsbezuges, *BGH* WM 1996, 2351, 2352.
[63] Z. B. *BayObLG* FamRZ 1993, 1469.
[64] *RGZ* 36, 381, 385; 75, 147, 148 u.a.; näher → Rdnr. 95ff., 128.
[65] Vorsichtiger *Staudinger/Spellenberg*[13] § 328 ZPO Rdnr. 272ff.; anders für § 328 Abs. 1 Nr. 5 *Pfeiffer* RabelsZ 55 (1991) 734, 750ff.

[66] *BGHZ* 22, 24, 26f. (Verbürgung der Gegenseitigkeit); *Thomas/Putzo/Hüßtege*[20] Rdnr. 7; wie hier auch *MünchKommZPO/Gottwald* Rdnr. 7; a. A. *KG* FamRZ 1987, 603, 604.
[67] *BayObLG* FamRZ 1990, 1265, 1266 (Zeitpunkt der Berufungsentscheidung ist ausreichend); *Schütze* IZPR (Fn. 1) 164; *Schack* IZVR[2] Rdnr. 881; *MünchKommZPO/Gottwald* Rdnr. 7 Fn. 14; a. A. *OLG Köln* RIW 1995, 247 (= FamRZ 1995, 306) (Vollstreckungswirkung: Bosnien-Herzegowina).

punkt, der dem **Schluß der mündlichen Verhandlung** nach deutschem Prozeßrecht entspricht, das ausländische Gericht zuständig (→ Rdnr. 90) oder die Gegenseitigkeit verbürgt (→ Rdnr. 144), so hindert es die Anerkennung nicht, daß zwischenzeitlich die Zuständigkeit oder die Gegenseitigkeit entfallen sind.

33 Abweichenden Grundsätzen ist das Anerkennungshindernis eines Verstoßes gegen den **ordre public** (→ Rdnr. 123) unterworfen. Enthält das ausländische Urteil eine dem deutschen ordre public widersprechende Rechtsfolge, so ist ausnahmsweise der Zeitpunkt der Anerkennung entscheidend. Deshalb kann ein Urteil unter Umständen nicht mehr anerkannt werden, weil sich seit seinem Erlaß die Maßstäbe des ordre public verschärft haben oder die Umstände, die eine Verletzung des ordre public begründen, erst nachträglich entstanden sind. So kann etwa das Kindeswohl wegen der Entwicklung von Kindern über mehrere Jahre hinweg abweichend beurteilt werden[68].

34 Unsicherer sind die Maßstäbe bei ordre public-Verstößen des **ausländischen Verfahrens**. Wenngleich hier regelmäßig den Grundsätzen von → Rdnr. 32 folgend auf die Rechtslage zum Zeitpunkt des ausländischen Verfahrens abzustellen ist, wird bei einem grundlegenden Vorstellungswandel auch hier der Zeitpunkt der Anerkennung maßgebend sein müssen.

c) Eintritt von Anerkennungsvoraussetzungen

35 Treten die Anerkennungsvoraussetzungen erst später in der Zeit zwischen dem Erlaß des Urteils und der Anerkennung in Deutschland ein, so wird die ausländische Entscheidung ab dem Zeitpunkt anerkannt, in dem die gelockerten Voraussetzungen erfüllt sind. So reicht es etwa aus, wenn die Verbürgung der Gegenseitigkeit zu demjenigen Zeitpunkt gegeben ist, in dem über die Anerkennung entschieden oder das Vollstreckungsurteil nach §§ 722, 328 erlassen werden soll[69]. Mit dem Eintritt der Verbürgung der Gegenseitigkeit muß stets gerechnet werden. Aber auch im übrigen ist **kein Vertrauensschutz** in die Nichtanerkennungsfähigkeit zu gewähren. So reicht es aus, wenn etwa erst nach dem Ende des ausländischen Prozesses die fremde Zuständigkeit gegeben ist[70]. Freilich müssen zwischenzeitlich eingetretene inländische Rechtswirkungen weiterhin beachtet werden[71].

3. Klage auf Vollstreckbarerklärung

36 Typischerweise klagt der Kläger außerhalb von staatsvertraglichen Regelungen (→ Rdnr. 41 ff.) auf Erlaß eines Vollstreckungsurteils nach § 722 mit dem Ziel, der ausländischen Entscheidung originär die Vollstreckbarkeit zu verleihen (→Rdnr. 6; näher → *Münzberg* § 722 Rdnr. 2ff.). Eine die Vollstreckung bewilligende Entscheidung stellt im Verfahren des § 722 die Anerkennungswirkung als Gestaltungsgrund mit Rechtskraft fest (→ *Leipold* § 322 Rdnr. 67). Deshalb ist neben der Klage auf Vollstreckbarerklärung eine gleichzeitig betriebene **selbständige Feststellungsklage** weder erforderlich noch zulässig (→ *Münzberg* § 722 Rdnr. 7). Das gleiche gilt auch für eine parallel geführte **Leistungsklage**. Möglich bleibt aber eine Zwi-

---

[68] H.L., *BGH* NJW 1980, 529, 531; *OLG Düsseldorf* FamRZ 1982, 534; *MünchKommZPO/Gottwald* Rdnr. 7; a.A. *Geimer* DNotZ 1990, 524, 525.

[69] BGHZ 22, 24, 27 (Dänemark); krit. dazu *Schütze* NJW 1969, 293, 295; *RGZ* 41, 424; 70, 434f.; *RG* JW 1928, 3044; *BayObLG* NJW-RR 1992, 514; NJW 1988, 2178, 2179 mit abl. Anm. *Geimer* (zu § 606a n.F.); *Martiny* Hdb. IZVR III/1 (Fn. 1) Rdnr. 232, 775; *Schack* IZVR[2] Rdnr. 883; *MünchKommZPO/Gottwald* Rdnr. 7; *Kleinfeller* BöhmsZ 19 (1909) 561, 564f.; insoweit auch → *E. Schumann* Voraufl. Rdnr. 266, 22 a.E.; a.A. *Kohler* DJZ 1908, 276, 278; *v. Wedel* Judicium 5 (1933) Sp. 77ff.; *öst. Oberster Gerichtshof* DAVorm 1993, 955 (DDR-Titel).

[70] H.L., *BayObLGZ* 1987, 439 (= NJW 1988, 2178); FamRZ 1975, 215 m. Anm. *Geimer*; *Kohler* ZZP 10 (1887) 449, 471; a.A. *KG* NJW 1988, 649; *Geimer* Anerkennung (Fn. 1) 64; *Krzywon* StAZ 1989, 93, 102; →*E. Schumann* Voraufl. Rdnr. 22; offenlassend *LJV Baden-Württemberg* FamRZ 1990, 1015, 1017.

[71] Zutreffend *MünchKommZPO/Gottwald* Rdnr. 7 Fn. 18.

schenfeststellungsklage des Klägers nach § 256 Abs. 2, mit der die Wirksamkeit der ausländischen Entscheidung in Deutschland oder auch das Bestehen einzelner Anerkennungsvoraussetzungen im Rahmen der Klage nach § 722 festgestellt werden kann (→ näher *Münzberg* § 722 Rdnr. 7 Fn. 31). Lehnt die auf § 722 hin ergehende Entscheidung die Vollstreckbarerklärung ab, so besteht die Rechtskraftwirkung nur darin, daß eine Vollstreckung im Inland nicht zulässig ist[72]. Dem Gläubiger bleibt hier die Leistungsklage (→ sogleich Rdnr. 37).

4. Wiederholung des ausländischen Klagebegehrens

Bei zu bejahendem Rechtsschutzinteresse kann der Kläger das ausländische Klagebegehren mit einer Leistungsklage wiederholen, um eine inhaltlich übereinstimmende inländische Entscheidung zu erhalten. So liegt es vor allem, wenn die Entscheidung nach § 722 die Vollstreckbarerklärung abgelehnt hat[73]. Im übrigen wird man dem Gläubiger aber **kein Wahlrecht** zwischen der Klage auf Vollstreckbarerklärung nach § 722 und der wiederholenden Leistungsklage geben können. Für das einfachere und billigere Verfahren nach den Art. 31 ff. EuGVÜ und den zahlreichen nachgeformten Verfahren ergibt sich das, weil der Leistungsklage das Rechtsschutzbedürfnis fehlt[74]. Wegen der m. E. spezielleren Möglichkeit des § 722[75] wird man aber die Leistungsklage im übrigen nur zulassen können, wenn die Anerkennung des ausländischen Urteils unsicher oder von vornherein ausgeschlossen ist, weil etwa die erforderlichen Urkunden nicht beigebracht werden können. Der sicherste Weg für den Gläubiger ist damit für die Praxis die Erhebung der Vollstreckungsklage aus § 722 und die **hilfsweise Erhebung der Leistungsklage**[76]. Wird das ausländische Urteil anerkannt, so ergeht ein Vollstreckungsurteil nach § 722. Ist das ausländische Urteil nicht anerkennungsfähig, so wird die Klage auf Vollstreckbarerklärung abgewiesen. Jetzt kann das Gericht über die Leistungsklage urteilen. Das ausländische – nicht anzuerkennende – Urteil entfaltet dabei keinerlei Bindungswirkung (→ Rdnr. 39). Der deutsche Richter kann über das zugrunde liegende Rechtsverhältnis ohne Bindung frei urteilen.

37

5. Feststellungsklage über die Anerkennung

Eine Klage auf Feststellung der Wirksamkeit oder Unwirksamkeit einer ausländischen Entscheidung im Inland ist unzulässig, wenn der Kläger gleichzeitig ein Vollstreckbarerklärungsverfahren nach § 722 betreibt oder ein Vollstreckungsurteil bereits vorliegt (→ Rdnr. 36). Im übrigen liegt das rechtliche Interesse für eine Feststellungsklage vor (§ 256 Abs. 1), wenn die Partei sich der Gefahr einander widersprechender Entscheidungen ausgesetzt sieht. Da die Entscheidung über **Vorfragen nicht in Rechtskraft** erwächst und deshalb die automatisch eintretende Anerkennung in verschiedenen Gerichtsverfahren als auftretende Vorfrage jeweils unterschiedlich beurteilt werden kann[77], ist diese Gefahr für die Parteien regelmäßig gegeben. Die Möglichkeit der Leistungsklage (→ Rdnr. 37) steht einer Feststellungsklage nicht entgegen, weil für die Leistungsklage die Anerkennung ebenfalls nur Vorfrage ist. Liegen die Aner-

38

---

[72] *BGH* FamRZ 1987, 370; → Rdnr. 13.
[73] *BGH* FamRZ 1987, 370; → Rdnr. 13; zur Wiederholung einer Vaterschaftsfeststellungsklage mit Recht *OLG Oldenburg* FamRZ 1993, 1486. – Vergleichbar *KG* IPRax 1994, 455; *Baumann* Die Anerkennung und Vollstreckung ausländischer Entscheidungen in Unterhaltssachen (1989) 122.
[74] Offenlassend *BGH* FamRZ 1987, 370; wie hier *EuGH* Rs. 42/76 Slg. 1976, 1759 (*Wolf/Cox*) mit Anm. *Geimer* NJW 1977, 2023; *KG* FamRZ 1998, 383; *OLG Hamm* FamRZ 1993, 213; *Schack* IZVR[2] Rdnr. 889; *Kropholler*[5] Art. 25 Rdnr. 7; *Baumann* IPRax 1994, 435, 437f.
[75] Gegen Spezialität *BGH* FamRZ 1987, 370; → *Münzberg* § 722 Rdnr. 6.
[76] *Schütze* (Fn. 1) IZPR 173; *Schack* IZVR[2] Rdnr. 889.
[77] *RGZ* 167, 373, 380f.; *Riezler* (Fn. 1) 515; zur Feststellungsklage auf Vorliegen der Anerkennungsvoraussetzungen für ein polnisches Vaterschaftsurteil *OLG Hamm* DAVorm 1993, 104.

kennungsvoraussetzungen vor, so geht die gerichtliche Feststellung dahin, daß das ausländische Urteil auch im Inland Rechtskraft schafft. Fehlen die Anerkennungsvoraussetzungen (→ Rdnr. 82ff.), so wird die positive Feststellungsklage in der Sache abgewiesen. Deshalb empfiehlt sich auch hier eine hilfsweise erhobene Leistungsklage (→ Rdnr. 37) mit dem im Ausland verfolgten Klagebegehren. Das – nicht anzuerkennende – ausländische Urteil entfaltet keine Bindungswirkungen (→ Rdnr. 37). Möglich ist auch eine negative Feststellungsklage z.B. des im Ausland wohnenden Beklagten auf Feststellung der fehlenden Wirksamkeit des ausländischen Urteils.

6. Folgen der Nichtanerkennung

39 Fehlt nur eine der Anerkennungsvoraussetzungen, so ist das ausländische Urteil unbeachtlich. Dem Prinzip der automatischen Anerkennung (→ Rdnr. 5) entspricht damit die **ipso iure Nichtanerkennung**. Das deutsche Gericht entscheidet, als ob das ausländische Urteil nicht ergangen wäre (→ Rdnr. 37, 38). Insbesondere kann das nichtanerkennungsfähige ausländische Urteil die Verjährung nicht unterbrechen (→ Rdnr. 20). Aus einem solchen Urteil kann auch nicht auf Erfüllung geklagt werden (actio iudicati)[78]. Es kann jedoch als Tatsache in einem Verfahren von Bedeutung sein. So liegt es z.B. für eine Schadensersatzklage wegen Erschleichung des Urteils im Ausland und anschließender Vollstreckung (→ Rdnr. 21). Gleichwohl kann ein Schuldner, der im Ausland die titulierte Forderung aufgrund eines nichtanerkennungsfähigen ausländischen Urteils erfüllt hat oder gegen den vollstreckt worden ist, im Inland die Urteilssumme als **ungerechtfertigte Bereicherung** wieder herausverlangen. Ein nichtanerkennungsfähiges ausländisches Urteil schafft keinen Rechtsgrund im Sinne der §§ 812ff.[79]. Ansonsten käme man doch zu mittelbaren Anerkennungswirkungen. Die möglichen Gefahren eines Justizkonfliktes zwischen den beteiligten Staaten müssen hinter den legitimen Interessen der Partei zurücktreten.

40 Die Parteien können nicht prozessual wirksam vereinbaren, ein nichtanerkennungsfähiges Urteil so zu behandeln, als ob es im Inland Rechtskraftwirkung hätte[80]. Die Rechtskraftwirkung unterliegt nicht der Disposition der Parteien (→ *Leipold* § 322 Rdnr. 221f.). Handelt es sich dagegen um **verzichtbare Ansprüche**, so kann eine derartige Vereinbarung u.U. in einen materiellrechtlichen Vergleich oder ein Anerkenntnis umgedeutet werden, bedingt durch die im Ausland nach ausländischem Recht eingetretene Rechtskraft[81].

V. Besondere Regelungen durch Staatsverträge

41 Die bestehenden multilateralen und bilateralen Staatsverträge unter Beteiligung Deutschlands verdrängen die nationalen Regelungen der §§ 328, 722f., soweit nicht die Ausnahme des Günstigkeitsprinzips eingreift (→ Rdnr. 2f.).

1. Multilaterale Verträge

42 Das EuGVÜ und das Lugano-Übereinkommen (→ sogleich Rdnr. 43 und → Rdnr. 48) beherrschen für den europäischen Rechtsverkehr weithin die Praxis. § 328 hat seinen wesentlichen Anwendungsbereich derzeit im Rechtsverkehr Deutschlands mit den USA.

---

[78] *OLG Hamburg* OLGRsp 25, 103f.; *OLG München* HRR 1931 Nr. 1972; → Rdnr. 37.
[79] H.L.: *Geimer*[3] (Fn. 1) Rdnr. 3052, 3055; *Martiny* Hdb. IZVR III/1 (Fn. 1) Rdnr. 339; a.A. *KG* OLGRsp 18 (1909) 55f.; *Schack* IZVR[2] Rdnr. 1029f.

[80] *RGZ* 36, 381, 385; *OLG München* LZ 1931, 863, 864f.; *Rosenberg/Schwab/Gottwald*[15] § 157 I 4 (S. 947); a.A. *Riezler* (Fn. 1) 524.
[81] *Zöller/Geimer*[20] Rdnr. 278; *Baumbach/Lauterbach/Hartmann*[56] Rdnr. 6.

a) Übereinkommen über die gerichtliche Zuständigkeit und die Vollstreckung gerichtlicher Entscheidungen in Zivil- und Handelssachen (EuGVÜ)

Das EuGVÜ[82] ist derzeit das wichtigste multilaterale Abkommen über die Anerkennung und Vollstreckung ausländischer Entscheidungen. Die Art. 31 bis 51 EuGVÜ sind abgedruckt und kommentiert bei → *Münzberg* Anhang zu § 723 Rdnr. 31ff. Maßgebend ist das für Deutschland am 1. 12. 1994 in Kraft getretene **EuGVÜ 1989**, das am 26. 5. 1989 in San Sebastian als drittes Beitrittsübereinkommen mit Spanien und Portugal geschlossen worden ist[83]. Das EuGVÜ 1989 gilt derzeit für Deutschland (1. 12. 1994, BGBl 1994 II 3707), Frankreich (1. 2. 1991), Italien (1. 5. 1992), Luxemburg (1. 2. 1992), Niederlande (1. 2. 1991), Irland (1. 12. 1993), das Vereinigte Königreich (1. 12. 1991), Griechenland (1. 7. 1992), Portugal (1. 7. 1992), Spanien (1. 2. 1991), Dänemark (1. 3. 1996) und Belgien[84] (1. 10. 1997)[85]. Der Geltungsbereich des EuGVÜ erstreckt sich seit dem 3. 10. 1990 auch auf das **Gebiet der ehemaligen DDR**[86]. Das vierte EuGVÜ-Beitrittsübereinkommen, das mit dem EU-Beitritt von Finnland, Österreich und Schweden zum 1. 1. 1995 erforderlich geworden ist, ist jetzt unterzeichnet[87]. 43

Die Art. 26ff. EuGVÜ regeln die **Anerkennung von Entscheidungen**, die in einem Vertragsstaat (→ Rdnr. 43) ergangen sind[88]. Ausgangspunkt für das Anerkennungsverfahren ist Art. 26 EuGVÜ. Nach Abs. 1 werden die Entscheidungen der Vertragsstaaten automatisch anerkannt (»ipso iure«). Den Regelfall bildet Art. 26 Abs. 3 EuGVÜ, wonach jedes Gericht eines Vertragsstaates inzident über die Anerkennung entscheidet, soweit die zu fällende Entscheidung von der Anerkennung abhängt. Nach Art. 26 Abs. 2 EuGVÜ wird es den Parteien ermöglicht, in einem besonderen Verfahren die Feststellung zu beantragen, daß die Entscheidung anzuerkennen ist. 44

Art. 27, 28 EuGVÜ führen die Versagungsgründe auf, die zu einer Nichtanerkennung der Entscheidung eines Mitgliedstaates führen. **Art. 27 Nr. 1** (ordre public) und **Nr. 2 EuGVÜ** (Nicht-Einlassung)[89] entsprechen weitgehend der in § 328 Abs. 1 Nr. 2 und 4 ZPO getroffenen Regelung (→ Rdnr. 105 und → Rdnr. 123ff.). § 328 Abs. 1 Nr. 2 ZPO kann im wesentlichen gleich ausgelegt werden wie Art. 27 Nr. 2 EuGVÜ (*BGHZ* 120, 305, 310). **Art. 27 Nr. 3** EuGVÜ trägt dem Grundsatz der Vermeidung zweier sich widersprechender Urteile Rechnung, der auch in der deutschen Regelung in etwas abgeänderter Form Ausdruck gefunden hat (→ Rdnr. 117). 45

Nach **Art. 27 Nr. 4** EuGVÜ muß die Anerkennung versagt werden, wenn das Gericht des 46

---

[82] Text abgedruckt bei *Jayme/Hausmann*[9] Internationales Privat- und Verfahrensrecht, Textausgabe (1998) Nr. 72.

[83] BGBl 1994 II 3707 und 519; dazu *Dietze/Schnichels* NJW 1995, 2274; *M. J. Schmidt* ZAP 1995 F. 13, 343ff.

[84] *Jayme/Kohler* IPRax 1997, 385, 387.

[85] Zur früheren Rechtslage BGBl 1989 II 214 und 1988 II 454; zum neuesten Stand *Jayme/Kohler* IPRax 1996, 377; dies. IPRax 1997, 385, 387.

[86] Dazu H. *Roth* Änderungen und Angleichungen im Zivilverfahrens-, Insolvenz- und Gerichtsverfassungsrecht in: *Jayme/Furtak* (Hrsg.) Der Weg zur deutschen Rechtseinheit. Internationale und interne Auswirkungen im Privatrecht (1991) 175, 179f.; *Mansel* JR 1990, 441, 446; *Kropholler* Europäisches Zivilprozeßrecht[5] (1996) Einl. Rdnr. 7; *Trunk* Die Erweiterung des EuGVÜ-Systems am Vorabend des Europäischen Binnenmarktes (1991) 9ff.; *Arnold* BB 1991, 2240.

[87] Dazu ABl. EG Nr. 15/1 (15. 1. 1997); *Jayme/Kohler* IPRax 1997, 385, 387.

[88] Spezialliteratur zu Art. 26ff. EuGVÜ: *Geimer/Schütze* Europäisches Zivilverfahrensrecht (1997); *Kropholler* Europäisches Zivilprozeßrecht[5] (1996); *P. Schlosser* EuGVÜ (1996); *Zöller/Geimer*[20] Anhang I Art. 26ff. (S. 2523ff.); *Baumbach/Lauterbach/Albers/Hartmann*[56] Schlußanhang V C I; *MünchKommZPO/Gottwald* (1992) IZPR 1575ff.; *Schack* IZVR[2] Rdnr. 774ff.; *Bülow/Böckstiegel/Geimer/Schütze* (Fn. 1) Nr. 600; *Geimer/Schütze* Internationale Urteilsanerkennung I/1 (1983) 967ff.; *Basedow* in: Handbuch des internationalen Zivilverfahrensrechts Band I (1982) 99ff.; *Martiny* in: Handbuch des internationalen Zivilverfahrensrechts Band III/2 (1984) Rdnr. 11ff.; *Nagel/Gottwald* IZPR[4] S. 420ff.; *EuGH* (Hrsg.) Internationale Zuständigkeit und Urteilsanerkennung in Europa, Kolloquium 1991 (1993); *Grunsky* JZ 1973, 641; *Habscheid* ZfRV 1973, 262.

[89] Art. 27 Nr. 2 EuGVÜ muß (wie ausdrücklich § 328 Abs. 1 Nr. 2 ZPO) alternativ gelesen werden, *OLG Hamm* RIW 1988, 131, 132; *EuGH* 16. 6. 1981, Rs. 166/80 Slg. 1981,1593, 1607 Rdnr. 15 (*Klomps/Michel*); 1990, 2725, 2747 Rdnr. 18ff. (*Lancray/Peters*); *H. Roth* ZZPInt. 2 (1997) 140, 141.

Ursprungsstaates ein anderes Recht angewendet hat als das, welches nach den Vorschriften des internationalen Privatrechts des Anerkennungsstaates anwendbar gewesen wäre und es sich um Vorfragen handelt, die den Personenstand, die Rechts- und Handlungsfähigkeit sowie die gesetzliche Vertretung, die ehelichen Güterstände oder das Gebiet des Erbrechts einschließlich des Testamentsrechts betreffen. Der Versagungsgrund besteht jedoch nicht, falls die Entscheidung bei Anwendung der Regeln des internationalen Privatrechts des Anerkennungsstaates zum gleichen Ergebnis geführt hätte. Diese Rücksichtnahme auf das Kollisionsrecht des Anerkennungsstaates findet in § 328 ZPO keine Entsprechung. Vielmehr wurde § 328 Abs. 1 Nr. 3 a. F. durch die IPR-Novelle 1986 abgeschafft. Im Verhältnis zum EuGVÜ gilt das Günstigkeitsprinzip (→ Rdnr. 3).

47 Art. 27 Nr. 5 EuGVÜ stellt klar, daß die Anerkennung versagt werden muß, wenn die Entscheidung mit einer früheren Entscheidung unvereinbar ist, die in einem Nichtvertragsstaat zwischen denselben Parteien wegen desselben Anspruches ergangen ist, sofern diese Entscheidung in dem Anerkennungsstaat anerkannt wird. Dieser Versagungsgrund soll Verwicklungen mit Drittstaaten ausschließen, die entstehen können, wenn der Zweitstaat gegenüber dem Drittstaat durch ein Abkommen verpflichtet ist, oder wenn die Entscheidung kraft nationalen Rechts anerkennungspflichtig ist. Es handelt sich um seltene Fälle[90]. **Art. 28 Abs. 3** EuGVÜ bedeutet einen wesentlichen Unterschied zu § 328 ZPO, weil im Bereich des EuGVÜ die internationale Zuständigkeit des Urteilsgerichts nicht nachgeprüft werden darf[91]. Eine Ausnahme wird nach Art. 28 Abs. 1 EuGVÜ nur zugelassen bei Zuständigkeiten in Versicherungssachen (Art. 7 bis 12), für Verbrauchersachen (Art. 13 bis 15), der ausschließlichen Zuständigkeit des Art. 16 sowie für den Fall des Art. 59. **Art. 29** EuGVÜ stellt ausdrücklich klar, daß eine ausländische Entscheidung nicht auf ihre **Gesetzmäßigkeit** nachgeprüft werden darf (zu § 328 → Rdnr. 28). **Art. 30** EuGVÜ will widersprüchliche Entscheidungen vermeiden. Wird in einem anhängigen Verfahren die Anerkennung einer noch nicht rechtskräftigen Entscheidung geltend gemacht, gegen die ein Rechtsbehelf eingelegt wurde, so kann der Richter das Verfahren aussetzen (näher → *H. Roth* § 148 Rdnr. 158).

b) Lugano-Übereinkommen über die gerichtliche Zuständigkeit und die Vollstreckung gerichtlicher Entscheidungen in Zivil- und Handelssachen (LugÜ)

48 Das LugÜ vom 16. 9. 1988 betrifft den Rechtsverkehr zwischen den EuGVÜ-Staaten und den EFTA-Staaten. Die Art. 26 bis 27 LugÜ stimmen wörtlich mit den Art. 26 bis 27 EuGVÜ überein. Lediglich Art. 28 Abs. 2 LugÜ enthält eine Sonderregelung. Das LugÜ ist für Deutschland im Verhältnis zu den EFTA-Staaten am 1. 3. 1995 in Kraft getreten[92]. Das LugÜ gilt derzeit (soweit für die deutsche Anerkennung von Interesse) für Deutschland (1. 3. 1995), Finnland (1. 7. 1993), Österreich (1. 9. 1996, BGBl 1996 II 2520), Schweden (1. 1. 1993), Norwegen (1. 5. 1993), Schweiz (1. 1. 1992) und Island (1. 12. 1995, BGBl 1996 II 223). Für **deutsche Gerichte** ist das LugÜ daher bedeutsam im Verhältnis zu den genannten Staaten Finnland, Österreich, Schweden, Norwegen, die Schweiz und Island, da nach Art. 54b LugÜ die Gerichte der EuGVÜ-Staaten im Verhältnis zu den EuGVÜ-Staaten das EuGVÜ anwenden (aber → Rdnr. 43 a.E.). Die Nicht-EuGVÜ-Staaten wenden nur das LugÜ an[93]. Nach Art. 62

---

[90] Dazu *P. Schlosser* (Fn. 88) EuGVÜ Art. 27 Rdnr. 29; *Kropholler*[5] (Fn. 88) Art. 27 Rdnr. 56.
[91] Dazu OLG Saarbrücken NJW-RR 1992, 1534, 1535.
[92] BGBl 1995 II 221; 1994 II 2658; abgedruckt bei *Jayme/Hausmann*[8] (Fn. 82) Nr. 77.
[93] Näher *Trunk* Die Erweiterung des EuGVÜ-Systems am Vorabend des Europäischen Binnenmarktes (1991) 70ff.; *Wagner* ZIP 1994, 81.

LugÜ können grundsätzlich auch weitere Staaten beitreten, wie z.B. vor allem die **osteuropäischen Staaten**[94].

c) Rechtspolitisches

Die Ausarbeitung eines weltweiten Anerkennungs- und Vollstreckungsübereinkommens ist als Gegenstand der Haager Konferenz im Jahre 2000 vorgesehen[95]. Von Bedeutung wäre das vor allem für die im Rahmen des § 328 problematische Anerkennung von US-amerikanischen Urteilen.

49

d) Haager Übereinkommen über den Zivilprozeß vom 1.3.1954

Den hier und nachstehend aufgeführten weiteren multilateralen Übereinkommen (→ lit. d bis k) kommt keine so weitreichende Bedeutung wie dem EuGVÜ und dem LugÜ zu. Praktisch bedeutsam sind aber die Art. 18ff. des genannten Haager Übereinkommens für die Anerkennung von **Kostenentscheidungen** (→ Rdnr. 247ff.)[96] samt dem Ausführungsgesetz vom 18.12.1958.

50

e) Haager Abkommen über den Zivilprozeß vom 17.7.1905

Art. 18 regelt ebenfalls die Anerkennung von **Kostenentscheidungen**[97]. Das Abkommen gilt heute nur noch im Verhältnis der Bundesrepublik Deutschland zu Island. Im übrigen ist es durch das Haager Übereinkommen über den Zivilprozeß vom 1.3.1954 (→ Rdnr. 50) abgelöst worden. Das Abkommen ist abgedruckt u.a. bei *Bülow/Böckstiegel/Geimer/Schütze* (Fn. 1) Nr. 102[98].

51

f) Revidierte Rheinschiffahrtsakte vom 17.10.1868 (Mannheimer Akte)

Anerkennungsregelungen enthält Art. 40 mit dem deutschen Ausführungsgesetz vom 27.11.1952 (BGBl I 641) (§ 21). Maßgebend ist die Fassung vom 20.11.1963 (BGBl 1966 II 560; Bekanntmachung der Neufassung des deutschen Wortlauts vom 11.3.1969, BGBl II 597)[99].

52

g) Übereinkommen über den internationalen Eisenbahnverkehr (COTIF)

Das Übereinkommen enthält in Art. 18 Vorschriften über die Urteilsvollstreckung. Das Übereinkommen vom 9.5.1980 ist in Kraft seit dem 1.5.1985 (BGBl 1985 II 130; 1001). Es faßt die internationalen Übereinkommen über den Eisenbahnfrachtverkehr (CIM) und den Eisenbahn-, Personen- und Gepäckverkehr (CIV) zusammen. Das Änderungsprotokoll vom 20.12.1990 (BGBl 1992 II 1182) ändert diese Vorschriften nicht.

53

---

[94] Dazu die Beiträge in *Jayme* (Hrsg.) Ein internationales Zivilverfahrensrecht für Gesamteuropa (1992).
[95] *Schack* ZEuP 1993, 306ff.; *von Mehren* RabelsZ 57 (1993) 449. – Zu weiteren Vorhaben im Bereich der EG *Jayme/Kohler* IPRax 1997, 385, 387.
[96] Dazu etwa *OLG Frankfurt a.M.* IPRax 1984, 32; *Coester-Waltjen* Die Anerkennung gerichtlicher Entscheidungen in den Haager Übereinkommen RabelsZ 57 (1993) 263; *Martiny* Hdb. IZVR III/2 (Fn. 1) Kap. II Rdnr. 265ff.

[97] RGBl 1909, 409 mit dem deutschen Ausführungsgesetz vom 5.4.1909 (RGBl 430).
[98] Auch → *E. Schumann* Einl. Rdnr. 866; ältere Literatur in der 19. Auflage des Kommentars VIII vor § 1 Fn. 7.
[99] Näher *Bülow/Böckstiegel/Geimer/Schütze* (Fn. 1) Nr. 793.23; allgemein → *E. Schumann* Einl. Rdnr. 622, und → § 722 Fn. 38.

h) Genfer Übereinkommen über den Beförderungsvertrag im internationalen Straßengüterverkehr (CMR)

54   Art. 31 Abs. 2 bis 4 CMR des Übereinkommens vom 19. 5. 1956, das für Deutschland seit dem 5. 2. 1962 in Kraft ist (BGBl 1961 II 1119, 1962 II 12) trifft Regelungen über die Urteilsanerkennung (Vollstreckbarkeit). Der Text ist abgedruckt in *Baumbach/Hopt* HGB[29] (1995) Anhang 25.

i) Internationales Übereinkommen über die zivilrechtliche Haftung für Ölverschmutzungsschäden

55   Art. X des Übereinkommens von 1984 (BGBl 1988 II 825) regelt die Urteilsanerkennung.

j) Haager Übereinkommen vom 2. 10. 1973 über die Anerkennung und Vollstreckung von Unterhaltsentscheidungen

56   Das Übereinkommen (BGBl 1986 II 826) (Text → Rdnr. 266) ist am 1. 4. 1987 in Kraft getreten. Es ersetzt nach Art. 29 im Verhältnis zwischen den Vertragsparteien das Haager Übereinkommen vom 15. 4. 1958 über die Anerkennung und Vollstreckung von Entscheidungen auf dem Gebiet der Unterhaltspflicht gegenüber Kindern (BGBl 1961 II 1006) mit deutschem Ausführungsgesetz vom 18. 7. 1961 (BGBl I 1033) (Text → § 723 Anhang A 1 Rdnr. 6ff.). Dieses Übereinkommen gilt nur noch im Verhältnis zu den Staaten, die das Haager Übereinkommen vom 2. 10. 1973 noch nicht ratifiziert haben. – Zu erwähnen sind für den administrativen Weg ferner Art. 6f. UN-Übereinkommen über die Geltendmachung von Unterhaltsansprüchen im Ausland vom 20. 6. 1956 (BGBl 1959 II 150) mit dem deutschen Zustimmungsgesetz vom 26. 2. 1959 (BGBl II 149)[100].

k) Pariser Übereinkommen über die Haftung gegenüber Dritten auf dem Gebiet der Kernenergie

57   Art. 13d des Übereinkommens vom 29. 7. 1960 (BGBl 1976 II 308; Text: *Jayme/Hausmann*[9] Nr. 81) betrifft die Vollstreckbarkeit.

2. Bilaterale Verträge

58   Es bestehen Anerkennungs- und Vollstreckungsverträge mit **11 Staaten**, nämlich (in der Reihenfolge ihrer Entstehung) mit der Schweiz (2. 11. 1929, → Rdnr. 278), Italien (9. 3. 1936, → Rdnr. 302), Belgien (30. 6. 1958, →Rdnr. 321), Österreich (6. 6. 1959, → Rdnr. 340), dem Vereinigten Königreich (14. 7. 1960, → Rdnr. 353), Griechenland (4. 11. 1961, → Rdnr. 368), den Niederlanden (30. 8. 1962, → Rdnr. 384), Tunesien (19. 7. 1966, → Rdnr. 399), Norwegen (17. 6. 1977, → Rdnr. 443); Israel (20. 7. 1977, → Rdnr. 422) und Spanien (14. 11. 1983, → Rdnr. 467).

59   Eine Sonderregelung über die Vollstreckbarerklärung von Kostenentscheidungen enthalten Art. 3f. des **Rechtsverkehrsabkommens** mit der **Türkei** vom 28. 5. 1929 (RGBl 1930 II 6, 1931 II 539; BGBl 1952 II 608) mit Ausführungsverordnung vom 26. 8. 1931 (RGBl II 537).

---

[100] Näher *Bülow/Böckstiegel/Geimer/Schütze* (Fn. 1) Nr. 794, und → *E. Schumann* Einl. Rdnr. 867; *Gottwald* IPRax 1991, 285, 287 (Vollstreckungshilfe).

Von größerer Bedeutung sind derzeit nur noch die Verträge mit **Israel** (→ Rdnr. 422) und **60**
Tunesien (→ Rdnr. 399). Soweit nämlich beide Vertragsstaaten dem EuGVÜ angehören
(Deutschland, Italien, Belgien, Vereinigtes Königreich, Griechenland, Niederlande, Spanien),
beansprucht Art. 55 EuGVÜ in seinem Anwendungsbereich auch dann den Vorrang, wenn
der betreffende bilaterale Vertrag günstiger ist (→ Rdnr. 2). Das folgt indirekt aus Art. 57
EuGVÜ. Soweit beide Vertragsstaaten dem LugÜ angehören (Deutschland, Schweiz, Österreich, Norwegen), beansprucht Art. 55 LugÜ in seinem Anwendungsbereich ebenfalls den
Vorrang (→ Rdnr. 2).

3. Bilaterale Anerkennungs- und Vollstreckungsverträge der ehemaligen DDR

Aufgrund von Art. 12 EinV ist inzwischen das **Erlöschen** sämtlicher bilateraler Rechtshilfe- **61**
abkommen der ehemaligen DDR festgestellt worden[101]. In diesen Abkommen waren häufig
auch Normen über Anerkennung und Vollstreckung enthalten. Diese Abkommen gelten nicht
mehr fort und sind von den Gerichten und Behörden der alten wie der neuen Bundesländer
nicht mehr zu beachten[102]. Dem EinV lag es fern, neben dem bestehenden Geflecht von multi-
und bilateralen Verträgen und dem autonomen Anerkennungsrecht ein auf das Beitrittsgebiet
beschränktes Nebenregime bilateraler Anerkennungs- und Vollstreckungsverträge der untergegangenen DDR beizubehalten. Doch können ausländische Urteile in den neuen Bundesländern weiterhin vollstreckt werden, sofern sie in der ehemaligen DDR bis zum 2. 10. 1990 mit
der Vollstreckungsklausel versehen worden waren[103]. In umgekehrter Richtung erstrecken
sich gemäß Art. 11 EinV die von der Bundesrepublik Deutschland abgeschlossenen multilateralen und bilateralen Anerkennungs- und Vollstreckungsverträge auf das Gebiet der **neuen
Bundesländer**.

VI. Anzuerkennende Urteile

1. Begriff

a) Form und Name

Vorausgesetzt wird in § 328 ein **Urteil** eines ausländischen Gerichts, wie sich aus Absatz 1 **62**
ergibt. Auf die Form des Urteils und den Namen kommt es nicht an[104]. Es ist kein Urteil im
technischen Sinn erforderlich. Vielmehr genügt jede streitbeendende, in einem justizförmigen
Verfahren ergangene gerichtliche Entscheidung, die einen Rechtsstreit zwischen den Parteien
aufgrund eines beiden Parteien rechtliches Gehör gewährenden, ordentlichen oder summarischen prozessualen Verfahrens in der Hauptsache (→Rdnr. 63) erledigt. Gleichgültig ist es, ob
verhandelt wurde. Anerkennungsfähig sind damit unter den Urteilen auch Versäumnisurteile,
Anerkenntnisurteile[105] sowie Mandate oder Bescheide. Hierher gehören auch Zahlungsaufforderungen nach Art des deutschen Vollstreckungsbescheids (§ 700), die durch Fristablauf

---

[101] Aufzählung bei *Staudinger/Spellenberg*[13] § 328
ZPO Rdnr. 34 ff.; die betreffenden Bekanntmachungen
sind im Fundstellennachweis B zum BGBl II 1995, 580ff.
aufgeführt.
[102] So *Böhmer* StAZ 1991, 62, 63; in diese Richtung
auch schon *H. Roth* (Fn. 86) 175, 182; wohl auch *Schack*
IZVR[2] Rdnr. 33; abschwächend *Baumbach/Lauterbach/
Albers/Hartmann*[56] Schlußanhang V Übersicht Rdnr. 2;
abl. (und für die Fortgeltung einer »größeren Zahl« von
Anerkennungsverträgen) *Staudinger/Spellenberg*[13] § 328
Rdnr. 51; *Leible* FamRZ 1991, 1245, 1252; krit. auch *An-

drae* IPRax 1994, 223, 229ff.; zum Streitstand *Drobnig*
DtZ 1991, 76; *Siehr* RabelsZ 55 (1991) 240, 243, 245;
Mansel JR 1990, 441; *von Hoffmann* IPRax 1991, 1, 9.
[103] *Böhmer* in: *Jayme/Furtak* (Hrsg.) Der Weg zur
deutschen Rechtseinheit (1991) 37, 41f.; *Schack* IZVR[2]
Rdnr. 33.
[104] RGZ 16, 427, 428; BGHZ 20, 323, 329; OLG Dresden SächsAnn 17, 158f.; OLG Hamburg OLGRsp 18,
392f.; *Riezler* (Fn. 1) 529.
[105] OLG Nürnberg FamRZ 1996, 353.

die Eigenschaften eines rechtskräftigen Urteils erlangt haben, wie auch die französische *injonction de payer* oder der schweizerische *provisorische Rechtsöffnungsentscheid*[106]. Ausreichend sind auch Kostenfestsetzungsbeschlüsse, selbst wenn sie vom Rechtspfleger erlassen worden sind, sofern sie auf einer Entscheidung der bezeichneten Art beruhen[107]. Das Urteil muß inhaltlich nach dem ausländischen Recht der materiellen Rechtskraft fähig sein (zum Begriff → § 322 Rdnr. 19ff.). *Ausländische Abänderungsurteile*, die deutsche Titel abändern, sind ihrerseits anerkennungsfähig[108] (zum umgekehrten Fall → § 322 Rdnr. 17). Dagegen ist das Exequatur keine anerkennungsfähige Entscheidung (→ Rdnr. 147).

b) Endgültigkeit

63   Die Entscheidung muß einen vorbehaltlosen Ausspruch über die Begründetheit des Klagebegehrens enthalten. Vorbehaltsurteile (zum Begriff → Rdnr. 21 vor § 300) sind daher nicht anerkennungsfähig (→ § 302 Rdnr. 12), weil sie keine endgültigen Entscheidungen darstellen[109]. Arrestbefehle und einstweilige Verfügungen kommen grundsätzlich ebenfalls nicht für eine Anerkennung in Betracht[110]. Eine Ausnahme ist für Leistungsverfügungen, bei denen ein Hauptverfahren nicht mehr stattfinden kann, anzuerkennen[111]. Auch sonst sind – noch darüber hinausgehend – Entscheidungen in summarischen Verfahren anerkennungsfähig (→ Rdnr. 62), sofern sie zu einem **endgültigen Ausspruch** über das geltend gemachte Begehren führen können. So liegt es etwa bei vorläufigen Regelungen zum Kindesunterhalt kraft einstweiliger Anordnung[112]. Ein endgültiger Ausspruch zur Hauptsache liegt auch dann vor, wenn es sich um befristete Leistungsurteile handelt oder wenn das Urteil zu einer Leistung verurteilt, die von einer Gegenleistung abhängig ist, wie z.B. im Falle der §§ 259, 726, 756, 765, 895 (→ auch Rdnr. 21 vor § 300). Prozeßurteile enthalten keinen endgültigen Ausspruch zur Hauptsache[113]. Das gilt vor allem für Klageabweisungen im Ausland als unzulässig. Das deutsche Verständnis ist dafür entscheidend, ob eine Entscheidung zur Hauptsache vorliegt (auch → Rdnr. 11). Weist etwa ein ausländisches Urteil eine Klage als unzulässig ab, weil die Klageforderung verjährt ist (näher zur Qualifikation der Verjährung → Einl. Rdnr. 740 Fn. 12), so kann das Urteil gleichwohl anerkannt werden. Das deutsche Recht sieht in einer derartigen Entscheidung ein Urteil zur Hauptsache (auch → Einl. Rdnr. 737). Nicht anerkennungsfähig sind auch **Zwischenentscheidungen** mit innerprozessualer Bedeutung wie prozeßleitende Maßnahmen, Beweisanordnungen, Beweisbeschlüsse und Vergleichbares[114].

---

[106] *Schack* IZVR² Rdnr. 810; *Stoffel* Ausschließliche Gerichtsstände des Lugano-Übereinkommens und SchKG-Verfahren, insbesondere Rechtsöffnung, Widerspruchsklage und Arrest in: FS Vogel (Schweiz 1991) 357, 376ff.; ferner *OLG Breslau* OLGRsp 17, 324; *OLG Dresden* DJZ 1902, 155; a.M. *OLG Dresden* SeuffArch 42 (1886) 112 Nr. 79.

[107] *RG* Warn 1908, 556 Nr. 686; *OG Danzig* JW 1934, 1916 Nr. 1; zu § 19 BRAGO *H.Roth* ZZP 104 (1991) 449, 462; *M.J. Schmidt* RIW 1991, 630ff.; *ders.* Die internationale Durchsetzung von Rechtsanwaltshonoraren (1991) 88ff.

[108] *Martiny* Hdb. III/1(Fn. 1) Rdnr. 307; dazu *Graba* Die Abänderung von Unterhaltstiteln (1996).

[109] *Martiny* Hdb. III/1(Fn. 1) Rdnr. 496; *Schack* IZVR² Rdnr. 821; *Rosenberg/Schwab/Gottwald*¹⁵ § 157 I 3a; *Thomas/Putzo/Hüßtege*²⁰ Rdnr. 2; *Stein* Der Urkunden- und Wechselprozeß (1887) 297; *Hellwig* Lb I 130f.; vgl. auch *ObGerH* Brünn JW 1926, 437; a.A. *Zöller/Geimer*²⁰ Rdnr. 67.

[110] *OLG Dresden* OLGRsp 17, 347f.; Überblick bei *Eilers* Maßnahmen des einstweiligen Rechtsschutzes im europäischen Zivilrechtsverkehr (1991) 223ff.; differenzierend *Schack* IZVR² Rdnr. 826: Anerkennung einstweiliger Maßnahmen, die im Gerichtsstand der Hauptsache ergangen sind.

[111] Vgl. *OLG Hamburg* OLGRsp 18, 392f. (Beschluß über Unterhaltszahlung im österreichischen Eheprozeß); weitergehend *Baumbach/Lauterbach/Hartmann*⁵⁶ Rdnr. 8; *Zöller/Geimer*²⁰ Rdnr. 70; *Thomas/Putzo/Hüßtege*²⁰ Rdnr. 2; a.A. *Wieczorek*² B II d 3.

[112] *OLG Hamm* FamRZ 1993, 213, 214; *OLG München* IPRax 1992, 174, 175 (Kindesunterhalt für die Dauer des Scheidungsverfahrens); ausführlicher *St. Grundmann* Anerkennung und Vollstreckung ausländischer einstweiliger Maßnahmen nach IPRG und Lugano-Übereinkommen (1996).

[113] Vgl. auch *BGH* NJW 1985, 552, 553 mit Anm. *Henrich* IPRax 1985, 207.

[114] *OLG Hamm* RIW 1989, 566 mit Anm. *Bloch*.

c) Wirksamkeit

Die ausländische Entscheidung muß nach dem Recht des Urteilsstaates als bindender Richterspruch angesehen werden und wirksam sein. Damit sind **Nicht-Urteile** nicht anerkennungsfähig. Dasselbe gilt für **Urteile**, die nach dem ausländischen Recht **nichtig** sind[115]. Unerheblich ist, ob sie nach dortigem Recht in formelle Rechtskraft erwachsen (wie etwa nach deutschem Recht, → § 322 Rdnr. 5, Rdnr. 7 vor § 578), da sie der materiellen Rechtskraft nicht fähig sind. Es fehlt damit an einer auf das Inland erstreckbaren Urteilswirkung[116]. 64

d) Prozeßvergleiche

Der vor einem ausländischen Gericht abgeschlossene Prozeßvergleich ist kein Urteil, sofern sich das Gericht auf eine beurkundende Tätigkeit beschränkt[117]. Anders liegt es, wenn der Vergleich in eine gerichtliche Entscheidung aufgenommen wurde[118]. Ein nicht anerkennungsfähiger Vergleich wird im Inland wie ein **außergerichtlicher Vergleich** behandelt (auch → § 794 Rdnr. 25 zu abweichenden bilateralen Vereinbarungen). 65

e) Notarielle Urkunden

Notarielle Urkunden sind ebenfalls nicht anerkennungsfähig, obgleich deutsche Urkunden nach § 794 Abs. 1 Nr. 5 ZPO Vollstreckungstitel bilden[119]. Das gleiche gilt für ausländische öffentliche Urkunden, die der Funktion nach einem für vollstreckbar erklärten Anwaltsvergleich nach § 1044 b entsprechen[120]. 66

2. Zivilgerichtliche Entscheidungen

a) Urteil

Das gerichtliche Urteil muß zivilgerichtliche Ansprüche betreffen. Für die Qualifikation ist das inländische Verständnis dafür maßgebend, was als Zivilsache anzusehen ist (auch → Rdnr. 63, 11). Ist aus deutscher Sicht eine »bürgerliche« Rechtsstreitigkeit anzunehmen (dazu → *E.Schumann* Einl. Rdnr. 341ff.), so wird selbst dann anerkannt, wenn das ausländische Recht abweichend qualifiziert, z.B. eine öffentlich-rechtliche Streitigkeit annimmt. Dagegen scheidet eine Anerkennung aus, wenn nach deutscher Auffassung eine Angelegenheit öffentlich-rechtlich zu qualifizieren ist, die im Ausland zivilrechtlich eingeordnet wird. Im autonomen Anerkennungsrecht des § 328 ist daher die **Qualifikation** nach dem Recht des Anerkennungsstaates entscheidend[121]. 67

Die Entscheidung muß von einem staatlichen Gericht erlassen worden sein. Nicht entscheidend ist freilich, ob das ausländische Gericht den Anforderungen der Art. 92, 97 GG genügt. Es reicht aus, wenn es sich um eine mit **staatlicher Autorität** ausgestattete Stelle handelt, die nach dem betreffenden ausländischen Recht zur Entscheidung zivilrechtlicher Streitigkeiten 68

---

[115] *BGHZ* 118, 312, 318.
[116] *Zöller/Geimer*[20] Rdnr. 91; *Geimer* JuS 1965, 475, 477; *Schütze* IPRax 1994, 266 zu *OLG Hamm* 289.
[117] *EuGH* 2.6. 1994, Rs. C- 414/92 Slg.1994, 2247 (*Solo Kleinmotoren/Boch*) mit Anm. *P. Schlosser* JZ 1994, 1007; *Baumbach/Lauterbach/Hartmann*[56] Rdnr. 9; *Thomas/Putzo/Hüßtege*[20] Rdnr. 2; *Wieczorek*[2] B II d 3; a.A. *Riezler* (Fn. 1) 530.
[118] *OLG Nürnberg* FamRZ 1996, 353 (Rumänien); *Schack* IZVR[2] Rdnr. 816.

[119] *Schack* IZVR[2] Rdnr. 816; a.A. *Schütze* DNotZ 1992, 66, 81.
[120] Dazu *Schütze* DWiR 1993, 133, 136.
[121] Ebenso *Martiny* Hdb. IZVR III/1 (Fn. 1) Rdnr. 500; *Schack* IZVR[2] Rdnr. 820; für eine Doppelqualifikation *Schütze* Zivilprozeßrecht (Fn. 1) 138ff.; für eine alternative Qualifikation *Cramer-Frank* Auslegung und Qualifikation bilateraler Anerkennungs- und Vollstreckungsverträge mit Nicht-EG Staaten (1987) 34ff.; offengelassen durch *BGHZ* 118, 312, 336f.

in einem prozeßförmigen Verfahren berufen ist[122]. Entscheidungen privater Vereinsgerichte fallen daher nicht unter § 328. Doch ist es unerheblich, wenn etwa das ausländische Gericht nur mit Laien besetzt ist, wie das französische Handelsgericht[123]. Ohne Bedeutung ist auch, ob die Gerichtsbarkeit durch den Staat selbst oder durch eine von ihm beauftragte oder anerkannte Stelle ausgeübt wird, wie z.B. durch eine Selbstverwaltungskörperschaft oder eine geistliche Behörde. Anerkennungsfähig sind deshalb auch Ehescheidungen kirchlicher Stellen, wobei sich die Anerkennung allerdings im allgemeinen nach Art. 7 § 1 FamRÄndG richtet (näher →Rdnr. 192).

69   Besonderheiten des jeweiligen **Gerichtsorganisationsrechts** bleiben außer Betracht. Anerkennungsfähig sind daher auch Entscheidungen von Handels- und Arbeitsgerichten sowie von Sondergerichten, die in staatlichem Auftrag über Zivilsachen entscheiden wie die Börsenschiedsgerichte (dazu → § 1044 mit Anhang)[124]. Die Anerkennung klassischer ausländischer Verwaltungsentscheidungen wie z.B. von Verwaltungsakten richtet sich nicht nach § 328. Doch fallen die Entscheidungen von Verwaltungsgerichten dann unter § 328, wenn die dargestellten Erfordernisse vorliegen[125]. Das gilt selbst für Entscheidungen von Verwaltungsbehörden, soweit diese streitige Zivilgerichtsbarkeit im materiellen Sinn ausüben, wie z.B. bei Unterhaltssachen in Dänemark[126]. Ausschlaggebend ist, daß die anzuerkennende Entscheidung nach dem maßgeblichen ausländischen Recht als **rechtsprechender Hoheitsakt** anzusehen ist[127]. Art. 7 § 1 FamRÄndG (→ Rdnr. 188) enthält eine ausdrückliche Sonderregelung für Entscheidungen in Ehesachen, wenn sie von einer Verwaltungsbehörde ausgehen.

70   Bei der Verurteilung zur Zahlung von »**punitive damages**« handelt es sich jedenfalls dann um den Gegenstand einer Zivilsache, wenn der Strafschadensersatz an den Geschädigten selbst zu entrichten ist, und nicht der Staatskasse zugute kommt[128]. Anerkennungsfähig sind auch Urteile ausländischer Strafgerichte, die im Adhäsionsverfahren oder auf Nebenklage über zivilrechtliche Ansprüche ergehen[129]. Nicht anerkennungsfähig sind von einem Zivilgericht ausgesprochene Ordnungsstrafen wegen »**contempt of court**« im anglo-amerikanischen Recht oder eine »**amende civile**« des französischen Rechts[130]. Das ändert aber nichts an der Anerkennungsfähigkeit des betreffenden Urteils selbst.

b) Entscheidungen der Freiwilligen Gerichtsbarkeit

71   Die Anerkennung ausländischer Entscheidungen auf dem Gebiet der Freiwilligen Gerichtsbarkeit regelt nicht § 328 ZPO sondern § 16 a FGG, soweit es um fürsorgende Maßnahmen geht. Entscheidend ist die **Qualifikation** nach deutschen Rechtsvorstellungen, selbst wenn der ausländische Gesetzgeber die Form des streitigen Verfahrens gewählt hat. Umgekehrt kommt

---

[122] Vgl. auch *RG* JW 1938, 468 Nr. 32; *BGHZ* 20, 323, 329.
[123] *OLG Saarbrücken* NJW 1988, 3100; *H. Roth* IPRax 1989, 14 ff.
[124] *RG* Gruchot 39 (1905) 1153; *BayObLG* SeuffArch 46, 116; *OLG Dresden* OLGRsp 5, 209.
[125] *Wieczorek*[2] B II c 1; a.M. bis 18. Aufl. dieses Kommentars.
[126] *OLG Schleswig* DAVorm. 1978, 687, 690 f.; *Schack* IZVR[2] Rdnr. 813.
[127] *BGHZ* 20, 323, 329; *Riezler* (Fn. 1) 418; *Rosenberg/Schwab/Gottwald*[15] § 157 I 3 a; a.A. die 18. Aufl. dieses Kommentars; ausführlich *König* Die Anerkennung ausländischer Verwaltungsakte (1965). – Die in diesem Zusammenhang gelegentlich erwähnte Entscheidung KG DR 1939, 1015 ist durch Art. 7 § 1 FamRÄndG überholt (Text → Rdnr. 186).

[128] *BGHZ* 118, 312, 337; *Stiefel/Stürner* VersR 1987, 829, 837; *Siehr* RIW 1991, 705, 708; *Schack* IZVR[2] Rdnr. 818; *Bungert* ZIP 1992, 1707, 1709; a.A. *Schütze* in: FS Nagel (1987) 392, 397.
[129] *LG München I* BöhmsZ 16 (1906) 252; *Riezler* (Fn. 1) 530; *Kohlrausch* RheinZ 12 (1922/1923) 129 ff.; *Nußbaum* (Fn. 1) 430; *Schack* IZVR[2] Rdnr. 817; für den Bereich des EuGVÜ *EuGH* 21.4. 1993, Rs. C-172/91, Slg. 1993 I, 1963, 1996 Rdnr. 19 (*Sonntag/Waidmann*); *Kohler* in: Will (Hrsg.) Schadensersatz im Strafverfahren (1990) 74 ff.; a.A. *LG Wiesbaden* RheinZ 13 (1924) 109, 110; *Pagenstecher* RheinZ 12 (1922/1923) 139 ff.; *Baumbach/Lauterbach/Hartmann*[56] Rdnr. 9 sowie die 18. Aufl. dieses Kommentars; vgl. auch *LG Frankfurt a.M.* VersR 1977, 67 (rechtskräftige Einstellung eines Strafverfahrens in Italien als anerkennungsfähige Entscheidung).
[130] *Schack* IZVR[2] Rdnr. 817.

§ 328 zur Anwendung, wenn nach deutschem Verständnis ein echtes Streitverfahren der Freiwilligen Gerichtsbarkeit vorliegt[131]. Sondernormen über die Anerkennung enthalten Art. 7 S. 1 des Haager Minderjährigenschutzabkommens[132] und Art. 7 des Luxemburger Europäischen Übereinkommens über die Anerkennung und Vollstreckung von Entscheidungen über das Sorgerecht für Kinder und die Wiederherstellung des Sorgeverhältnisses[133].

c) Sonstige ausländische Maßnahmen

Ausländische **Vollstreckungsakte** fallen nicht unter § 328, weil sie nicht wie Urteile der materiellen Rechtskraft fähig sind. Deshalb werden ausländische Forderungspfändungen in Deutschland nicht anerkannt[134]. – Wegen ausländischer **Schiedssprüche** → § 1044. – Wegen der **Streitverkündung** → Rdnr. 22 ff. – Zur Anerkennung der ausländischen **Entmündigung** eines Deutschen → Rdnr. 17. – **Auslandskonkurse** und **ausländische Vergleichsverfahren** entfalten im Inland unter bestimmten Voraussetzungen und mit zu beachtenden Schranken Wirkungen[135].

72

3. Formelle Rechtskraft

Anders als § 723 Abs. 2 S. 1 für die Vollstreckbarerklärung verlangt § 328 für die Anerkennung das Erfordernis der formellen Rechtskraft nicht. Auch nach dem Normzweck des § 328 ist entgegen der h.L.[136] die Unanfechtbarkeit mit ordentlichen Rechtsmitteln (formelle Rechtskraft) nicht Voraussetzung für die Anerkennung ausländischer Entscheidungen (zu Ehesachen → Rdnr. 196). Es kommt allein darauf an, wann nach dem **Recht des Erststaates** die Urteilswirkungen eintreten[137]. Das entspricht der Herausbildung eines supranationalen Zivilprozeßrechts, wie es in Art. 25 EuGVÜ, § 10 Abs. 2 Auslandsunterhaltsgesetz (AUG)[138] und bilateralen Übereinkommen angelegt ist. In vielen von der französischen Zivilprozeßordnung (Code de procédure civile) beeinflußten Rechtsordnungen beginnt die Rechtskraftwirkung bereits mit Erlaß des Urteils (autorité de la chose jugée)[139]. Auch im anglo-amerikanischen Bereich entfaltet ein Urteil bereits mit Erlaß Rechtskraftwirkung[140].

73

Die auf die formelle Rechtskraft abstellende Gegenauffassung führt zu unbilligen Ergebnissen. Erlangt ein im Ausland erstrittenes Urteil keine formelle Rechtskraft, so könnte es im Inland nicht anerkannt werden. Wegen des Einwandes der **ausländischen Rechtshängigkeit** (→ § 261 Rdnr. 11 ff.) wäre aber andererseits in Deutschland über denselben Streitgegenstand keine Klage zulässig (→ Rdnr. 185). Eine gleichwohl erhobene Klage müßte nach wohl h.L. durch Prozeßurteil als unzulässig abgewiesen werden (→ § 261 Rdnr. 23; zur hier vertretenen Auffassung → Rdnr. 13 [Rechtsschutzinteresse]). Der Kläger befände sich damit in einer unbefriedigenden Situation: Wegen des Einwandes der ausländischen Rechtshängigkeit könnte

74

---

[131] Einzelheiten bei *Krefft* Vollstreckung und Abänderung ausländischer Entscheidungen der freiwilligen Gerichtsbarkeit (1993) 15 f.; *J. Richardi* Die Anerkennung und Vollstreckung ausländischer Akte der freiwilligen Gerichtsbarkeit unter besonderer Berücksichtigung des autonomen Rechts (1991) passim; *Geimer* in: FS Ferid (1989) 89 ff.; *H.Roth* IPRax 1988, 75, 78; *ders.* RabelsZ 58 (1994) 123; *Geimer* IZVR³ (Fn. 1) Rdnr. 2882 ff.
[132] Abgedruckt bei *Jayme/Hausmann*⁸ Nr. 35.
[133] Abgedruckt bei *Jayme/Hausmann*⁸ Nr. 91; dazu etwa *OLG Bremen* FamRZ 1997, 107.
[134] *BAG* ZIP 1996, 2031, 2033 f. mit krit. Anm. *Mankowski* EWiR § 829 ZPO 2/96, 1055; ferner → § 829 Rdnr. 103 (großzügiger).
[135] Grundlegend für das Konkursrecht *BGHZ* 95, 256, 270 und Art. 102 der künftigen Insolvenzordnung (EGInsO); zudem Art. 16 Abs. 1 des noch nicht ratifizierten Europäischen Übereinkommens über Insolvenzverfahren vom 23. 11. 1995, abgedruckt in ZIP 1996, 975 ff.; dazu auch *Flessner* IPRax 1997, 1; zum Vergleichsverfahren *BGH* ZIP 1997, 39 (»Norsk Data«).
[136] *Nagel/Gottwald* IZVR³ (Fn. 1) S. 396; *Riezler* (Fn. 1) 531; *MünchKommZPO/Gottwald* (1992) Rdnr. 44; *Schack* IZVR² Rdnr. 821.
[137] *Zöller/Geimer*²⁰ Rdnr. 69; *Geimer/Schütze* (Fn. 1) § 107 V; *P. Schlosser* RIW 1983, 473, 480.
[138] Abgedruckt bei *Jayme/Hausmann*⁹ Nr. 121.
[139] *Zöller/Geimer*²⁰ Rdnr. 69.
[140] Näher *Schack* Einführung in das US-amerikanische Zivilprozeßrecht² (1995) 72.

er im Inland keinen zulässigen Doppelprozeß beginnen und wegen des Erfordernisses der formellen Rechtskraft würde das ausländische Urteil im Inland nicht anerkannt. Die hier vertretene Meinung vermeidet diese von der h.L. hervorgerufene Rechtsschutzlücke.

75 Folgt man dieser Ansicht nicht, so kommt eine Anerkennung nur in Frage, wenn das Urteil nach dem dafür maßgebenden ausländischen Recht diejenigen Eigenschaften aufweist, die das deutsche Recht mit den Rechtsfolgen der formellen Rechtskraft verbindet (→ § 322 Rdnr. 3ff.)[141]. Ausschlaggebend ist dann, daß ein befristeter oder unbefristeter Rechtsbehelf zur Anfechtung innerhalb des anhängigen Verfahrens nicht mehr statthaft ist, unabhängig davon, ob er devolutiv wirkt oder nicht. Außer Betracht bleibt die Möglichkeit der Anfechtung in einem neuen oder anderen Verfahren, z.B. durch Wiederaufnahme, Verfassungsbeschwerde, Menschenrechtsbeschwerde u.a.

4. Ausländisches Urteil

76 Ausländische Urteile liegen nur dann vor, wenn sie durch ausländische Gerichte außerhalb der Grenzen Deutschlands erlassen wurden. Maßgebend sind die staatsrechtlichen Verhältnisse zur **Zeit des Urteilserlasses**[142]. Es spielt keine Rolle, ob der ausländische Staat, dessen Urteil anerkannt werden soll, von Deutschland als Staat anerkannt worden ist oder nicht[143]. Unerheblich ist auch, ob diplomatische Beziehungen bestehen und ob Deutschland die Tätigkeit der Gerichte des Urteilsstaates völkerrechtlich billigt. Deshalb sind auch Urteile solcher Gerichte anerkennungsfähig, die in Gebieten tätig sind, bei denen nach deutscher völkerrechtlicher oder außenpolitischer Sicht eine andere staatliche Gewalt herrschen sollte. Eine Rolle spielt das bei Gerichten in annektierten oder in besetzten Gebieten.

5. Urteile internationaler Gerichte

77 § 328 spricht von der Anerkennung des Urteils eines »ausländischen« Gerichts. Es richtet sich nach den bestehenden Staatsverträgen, ob darunter auch »internationale« Gerichte fallen. Entscheidend ist, ob **Deutschland Vertragsstaat** des betreffenden völkerrechtlichen Abkommens ist, das zur Errichtung des jeweiligen Gerichts führte.

a) Deutschland als Vertragsstaat

78 Die in diesen Abkommen regelmäßig enthaltenen Vorschriften über die Anerkennung und Vollstreckung der Entscheidungen des internationalen Gerichts gehen als **Spezialregelungen** dem § 328 vor, weil die Normen des völkerrechtlichen Abkommens durch das jeweilige deutsche Transformationsgesetz geltendes deutsches Recht geworden sind. Zu nennen sind etwa Art. 187, 192 EGV (künftig Art. 244, 256) für die Entscheidungen des Gerichtshofes der Europäischen Gemeinschaft u.a. Hinzuweisen ist ferner auf Art. 44, 92 MontanV; Art. 159, 164 EuratomV (auch → § 723 Anhang A II Rdnr. 27f.)[144]; die Zentralkommission in Straßburg (→ Einl. Rdnr. 689); die Schiedskommission für Güter, Rechte und Interessen (→ Einl. Rdnr. 690: Art. 7 Abs. 5 ÜberleitungsV, Art. 13 Satzung der Schiedskommission); das oberste Rück-

---

[141] Ebenso *BayObLG* NJW-RR 1990, 842, 843; auch LG Heilbronn RIW 1991, 343.
[142] *OG Danzig* JW 1921, 541.- Zu den außerhalb der Grenzen von 1937 ergangenen Urteilen deutscher Gerichte vgl. die 19. Auflage dieser Kommentierung zu § 704 I 2.
[143] *OLG Schleswig* SchlHA 1957, 127.

[144] Vgl. auch *Basse* Das Verhältnis zwischen der Gerichtsbarkeit des Gerichtshofes der Europäischen Gemeinschaften und der deutschen Zivilgerichtsbarkeit (1967) 310ff. mit Nachw. auch über die Rechtslage bei anderen internationalen Gerichten; *Zuleeg* Das Recht der Europäischen Gemeinschaften im innerstaatlichen Bereich (1969) 347f.

erstattungsgericht (→ Einl.Rdnr. 688: Art. 8 Abs. 2, 9 Abs. 3 Satzung des Gerichts); den Schiedsgerichtshof und die Gemischte Kommission für das Londoner Abkommen über deutsche Auslandsschulden (→ Einl. Rdnr. 691: Art. 28 Abs. 8 und Art. 31 Abs. 6 des Abkommens).

Eine Anerkennung der Entscheidungen solcher Gerichte nach § 328 kommt nicht in Betracht. Die **Verweigerung der Anerkennung** aus den Versagungsgründen des § 328 ist unzulässig, selbst wenn die Gründe bei dem ausländischen Urteil durchgreifen würden. Vielmehr stehen die Urteile dieser internationalen Gerichte den Entscheidungen deutscher Gerichte aufgrund der jeweiligen Verträge gleich. Enthält das betreffende Abkommen ausnahmsweise keine Normen über die Wirkungen der Entscheidungen im Inland, ist der Rückgriff auf § 328 im Regelfall gleichwohl ausgeschlossen. Es ist zunächst zu prüfen, ob das betreffende Abkommen eine planwidrige Regelungslücke aufweist, die entsprechend den vorhandenen völkerrechtlichen Regelungen dadurch geschlossen werden könnte, daß man das internationale Urteil dem deutschen Urteil gleichstellt. 79

b) Deutschland kein Vertragsstaat

Ist Deutschland nicht Vertragsstaat, so besteht gegenüber § 328 keine spezielle Regelung des Völkerrechts. Der enge Wortlaut des § 328 hindert für sich genommen eine Anerkennungsmöglichkeit nicht, weil sich erst nach der Schaffung dieser Bestimmung eine weitverzweigte internationale Gerichtsbarkeit in Zivilsachen entwickelt hat (→ Einl. Rdnr. 681–704). Für die Anwendung des § 328 kommt es auch nicht darauf an, mit welchen gerichtsorganisatorischen Mitteln andere Staaten zivilgerichtliche Instanzen schaffen. Entscheidend ist, ob in der Sache **Zivilrechtsprechung** ausgeübt wird (→ Rdnr. 68f.). Deshalb können auch derartige Entscheidungen internationaler Gerichte nach § 328 anerkannt werden. Wegen der Versagungsgründe des § 328 bestehen grundsätzlich keine Besonderheiten. Gewisse Probleme ergeben sich bei der Beurteilung der **Gegenseitigkeit** (→ Rdnr. 144). So ist fraglich, ob die Gegenseitigkeit gegenüber sämtlichen Vertragsstaaten desjenigen Abkommens bestehen muß, aufgrund dessen das internationale Gericht tätig wurde, oder ob sie wenigstens mit denjenigen Staaten bestehen muß, deren Staatsangehörigkeit die Parteien besitzen. Zudem ist zweifelhaft, ob es lediglich auf die Gegenseitigkeit gegenüber demjenigen Staat ankommt, dem die Partei angehört, die im Inland Rechte aus dem internationalen Urteil ableitet, oder ob auf eine Prüfung der Gegenseitigkeit überhaupt verzichtet werden sollte. Nach richtiger Auffassung muß wohl unterschieden werden: Bei **bilateralen Abkommen** läßt sich auf die Voraussetzung der Gegenseitigkeit gegenüber beiden Vertragsstaaten nicht verzichten, damit nicht internationale Gerichte errichtet werden, um der Gegenseitigkeit zu entgehen. Diese Gefahr besteht bei **multilateralen Verträgen** mit zahlreichen Vertragsstaaten nicht, so daß hier vom Erfordernis der Gegenseitigkeit abgesehen werden kann. Ein Abstellen auf die ausnahmslose Gegenseitigkeit würde die Gegenseitigkeit unter Umständen nur deshalb zerstören, weil ein einzelner Mitgliedsstaat die Gegenseitigkeit nicht wahrt. 80

In jedem Fall müssen freilich die betreffenden internationalen Urteile nach dem **Recht der einzelnen Drittstaaten** deren nationalen Entscheidungen gleichgestellt werden. Über die Anwendung des § 328 kann fremden Urteilen keine weitere Wirkung beigelegt werden, als ihnen nach der eigenen Rechtsordnung zukommt. Entscheidungen internationaler Gerichte, die nach dem Recht der einzelnen Vertragsstaaten keine nationale Rechtskraftwirkung besitzen, können deshalb nicht nach § 328 anerkannt werden. 81

VII. Anerkennungszuständigkeit (Abs. 1 Nr. 1)[145]

1. Normzweck

82 Abs. 1 Nr. 1 versagt die Anerkennung, »wenn die Gerichte des Staates, dem das ausländische Gericht angehört, nach den deutschen Gesetzen nicht zuständig sind«. Überprüft wird die internationale Zuständigkeit der Gerichte des ausländischen Staates, nicht jedoch deren örtliche oder sachliche Zuständigkeit (→ Rdnr. 86). Nr. 1 verwirklicht das **Spiegelbildprinzip**, wonach das Urteil des ausländischen Gerichts anerkannt wird, wenn dieses Gericht unter der hypothetischen Geltung deutschen Zuständigkeitsrechts für die Entscheidung international zuständig gewesen wäre. Danach reicht der Umfang der Anerkennungszuständigkeit genauso weit, wie die Entscheidungszuständigkeit, die Deutschland für sich selbst in Anspruch nimmt[146]. Das Spiegelbildprinzip hat sich in der Praxis bewährt und ist auch rechtspolitisch beifallswert, weil es die Zuständigkeitsgleichheit zwischen den Staaten verwirklicht.

a) Ausschließliche deutsche internationale Entscheidungszuständigkeit

83 Wegen des Spiegelbildprinzips (→ Rdnr. 82) können nach § 328 ausländische Entscheidungen nicht anerkannt werden, für deren Streitgegenstand Deutschland die international ausschließliche Entscheidungszuständigkeit beansprucht. Ein ausschließlicher deutscher Gerichtsstand wie z.B. § 24 für dingliche Rechte an deutschen Grundstücken verneint die fremde internationale Zuständigkeit[147].

b) Ausschließliche internationale Entscheidungszuständigkeit eines Drittstaates

84 Eine Anerkennungszuständigkeit nach Nr. 1 fehlt auch dann, wenn zwar kein deutscher ausschließlicher Gerichtsstand gegeben ist, aber nach deutschem Recht ein **Drittstaat** ausschließlich zuständig wäre. Das gilt selbst dann, wenn der Drittstaat keine ausschließliche Zuständigkeit für sich in Anspruch nimmt und die Zuständigkeit des Urteilsstaates nicht beanstandet[148].

c) Internationale Zuständigkeit des Urteilsstaates

85 Das ausländische Urteil kann anerkannt werden, wenn für den Streitfall in Deutschland zwar eine Zuständigkeit begründet ist, es sich aber nicht um eine ausschließliche Kompetenz handelt. Doch muß das ausländische Gericht für den Streitfall seinerseits zuständig gewesen sein. Nach dem Spiegelbildprinzip (→ Rdnr. 82) bemißt sich dessen internationale Zuständig-

---

[145] Dazu (außer Fn. 1) *Basedow* Variationen über die spiegelbildliche Anwendung deutschen Zuständigkeitsrechts IPRax 1994, 183; *Busl* Internationales deutsches Zivilprozeßrecht in der Fallbearbeitung JuS 1988, 542, 544; *Lüderitz* Fremdbestimmte internationale Zuständigkeit in: FS Zweigert (1981) 233; *Matscher* Zuständigkeitsvereinbarungen im österreichischen und im internationalen Zivilprozeßrecht (1967); *Nagel* Die Begrenzung des internationalen Zivilprozeßrechts durch das Völkerrecht ZZP 75 (1962) 408, 416; *Pagenstecher* Gerichtsbarkeit und internationale Zuständigkeit als selbständige Prozeßvoraussetzungen RabelsZ 11 (1937) 337, 361; *Schack* Deutsche internationale Zuständigkeit made in Hongkong und der Volksrepublik China in: FS Kegel (1987) 505; *Schröder* The Right not to be Sued Abroad in: FS Kegel (1987) 523; *Walchshöfer* Die deutsche internationale Zuständigkeit in der streitigen Gerichtsbarkeit ZZP 80 (1967) 165.

[146] Etwa *BGH* RIW 1996, 966; *BayObLG* NJW-RR 1992, 514; zum Grundsatz *Fricke* Anerkennungszuständigkeit 1990 (Fn. 1) 87 ff.; 104 ff.; *Schack* IZVR[2] Rdnr. 831; *Linke* IZVR[2] Rdnr. 392; zu Unrecht krit. gegenüber dem Prinzip *Gottwald* ZZP 103 (1990) 257, 273, 276; *Basedow* IPRax 1994, 183, 184, 186.

[147] Z.B. *BGH* ZEV 1995, 298 mit Aufsatz *Birk* ZEV 1995, 283, 284 (Grundbuchberichtigung: § 24); *RG* JW 1906, 167, 168; LZ 1914, 774 (vereinbarter ausschließlicher Gerichtsstand); SeuffArch 76, 169; *BayObLG* JW 1925, 63; auch *OLG München* JW 1929, 124 (dänisches Ehescheidungsurteil über deutschen Staatsangehörigen).

[148] MünchKommZPO/*Gottwald* Rdnr. 59; *Riezler* (Fn. 1) 533.

keit nicht nach den einschlägigen ausländischen Normen. Vielmehr kommt es auf das Verständnis der internationalen Zuständigkeit an, wie es vom deutschen Prozeßrecht für deutsche Gerichte entwickelt wurde. Maßgebend ist die Frage, ob im umgekehrten Fall der deutsche Richter seine internationale Zuständigkeit bejahen würde. Besteht in diesem umgekehrten Fall eine **deutsche internationale Zuständigkeit**, so ist die internationale Zuständigkeit auch für das anzuerkennende Urteil zu bejahen. Liegt etwa einem französischen Urteil ein Verkehrsunfall eines Franzosen mit einem Deutschen in Frankreich zugrunde, so muß sich der deutsche Richter bei der Prüfung der Anerkennung dieses Urteils die Frage stellen, ob im umgekehrten Fall eines Verkehrsunfalles in Deutschland die internationale Zuständigkeit eines deutschen Gerichts besteht. Wird die Frage bejaht, so war das französische Gericht international zuständig. Dadurch verwirklicht sich die internationale Gleichberechtigung (→ Rdnr. 82).

d) Abstrakte Zuständigkeitskontrolle

Ist nach dem Gesagten die internationale Zuständigkeit des Urteilsstaates zu bejahen, so ist es gleichgültig, ob im konkreten Fall die fremde Zuständigkeitsordnung eingehalten wurde. Das deutsche Anerkennungsgericht prüft die örtliche, sachliche und funktionelle Zuständigkeit ebensowenig nach wie den Rechtsweg. Dabei unterlaufene Fehler belasten den Beklagten nicht in gleicher Weise wie Fehler bei der Beurteilung der internationalen Zuständigkeit. Für § 328 ist nur von Belang, ob »die« Gerichte des ausländischen Staates, d.h. irgendeines von ihnen, zuständig sind[149]. Diese abstrakte Zuständigkeitsprüfung bedeutet, daß die Anerkennung nicht versagt wird, wenn der ausländische Richter seine Kompetenz aus einem Grund ableitet, der nach deutscher Auffassung keine internationale Zuständigkeit begründet. Es reicht vielmehr aus, wenn die Gerichte dieses ausländischen Staates für den Streitfall aufgrund eines anderen Zuständigkeitsgrundes (aus deutscher Sicht) international berufen sind. Der **konkrete Zuständigkeitsgrund** braucht mit dem deutschen nicht übereinzustimmen[150]. In einem derartigen Fall ist das fremde Urteil selbst dann anzuerkennen, wenn dem ausländischen Staat dieser andere Zuständigkeitsgrund unbekannt ist und das Urteilsgericht das anzuerkennende Urteil aufgrund *dieses* Grundes nicht hätte erlassen dürfen[151].

86

Auch die **Zulässigkeit des Rechtsweges** braucht das deutsche Anerkennungsgericht als Internum des fremden Staates nicht zu prüfen[152].

87

Bei **Mehrrechtsstaaten** mit eigenständigen Teilrechtsordnungen und jeweils eigenem Gerichtsaufbau wie z.B. den USA reicht der Zuständigkeitsbezug zum gesamten Hoheitsgebiet des Urteilsstaates nicht aus. Vielmehr kommt es auf die jeweilige interlokale Zuständigkeit des betreffenden Bundesstaates an[153].

88

e) Keine deutsche Zuständigkeit

Die vorstehend aufgeführten Grundsätze finden auch dann Anwendung, wenn überhaupt kein deutscher Gerichtsstand besteht. Auch in diesem Fall ist die internationale Zuständigkeit

89

---

[149] *RGZ* 75, 147, 148; 107, 308, 309; auch *BGHZ* 34, 134, 138; *OLG Frankfurt a.M.* NJW 1979, 1787; *Fricke* Internationale Zuständigkeit und Anerkennungszuständigkeit in Versicherungssachen nach europäischem und deutschem Recht VersR 1997, 399, 408.

[150] Grundlegend *RGZ* 51, 135ff., 139 unter Aufgabe der konkreten Kompetenzkontrolle (z.B. *RGZ* 27, 409); zust. *Pagenstecher* RabelsZ 11 (1937) 337, 361, 430; auch *RGZ* 65, 329, 330ff. (statt des vom österreichischen Gericht angewandten Fakturengerichtsstandes [zu ihm → auch Rdnr. 348; Art. 2 Nr. 5 deutsch-österreichischer Vertrag] wurde die Zuständigkeit unter dem Gesichtspunkt des Gerichtsstandes des Erfüllungsorts geprüft).

[151] *Zöller/Geimer*[20] Rdnr. 97.

[152] Allg.M., vgl. nur *Zöller/Geimer*[20] Rdnr. 97; a.A.*Hellwig* Lb.1, 132.

[153] *OLG Hamm* RIW 1997, 960, 961 (auch für US-Bundesgericht); *Schack* Einführung in das US-amerikanische Zivilprozeßrecht[2] (1995) 77; *Jayme* IPRax 1991, 262 (Puerto Rico); *Sieg* IPRax 1996, 77ff.; a.A. *Zöller/Geimer*[20] Rdnr. 97 a; *v. Hoffmann/Hau* RIW 1998, 344.

des ausländischen Gerichts in umgekehrter Sicht zu prüfen. Wird für den umgekehrten Fall die internationale Zuständigkeit bejaht, so ist das Urteil anerkennungsfähig. Wird die internationale Zuständigkeit verneint, so ist das Urteil nicht anzuerkennen. Aus der bloßen Verneinung der eigenen internationalen Zuständigkeit deutscher Gerichte folgt daher für sich noch nicht ohne weiteres die internationale Zuständigkeit ausländischer Gerichte.

f) Maßgebender Zeitpunkt

90   Maßgebend für die Beurteilung der Zuständigkeit ist der Zeitpunkt der letzten mündlichen Verhandlung vor dem ausländischen Gericht. Ausreichend ist es daher, wenn das fremde Gericht im Laufe des Rechtsstreits zuständig geworden ist, auch wenn die Zuständigkeit bei Prozeßbeginn fehlte. Umgekehrt ist die Zuständigkeit zu verneinen, wenn das zu Prozeßbeginn zuständige ausländische Gericht im Laufe des Verfahrens unzuständig geworden ist, weil etwa Deutschland jetzt die ausschließliche Zuständigkeit beansprucht (→ Rdnr. 83). Der Grundsatz der **perpetuatio fori** gilt im Zweifel für die internationale Zuständigkeit nicht (→ näher § 261 Rdnr. 86–88). Davon muß die Frage unterschieden werden, ob es auch auf den Zeitpunkt des deutschen Anerkennungsverfahrens ankommt(→ Rdnr. 31ff.).

g) Eheurteile; Kindschaftssachen

91   Die Anerkennung von Eheurteilen vollzieht sich in einem besonderen Verfahren (→ Rdnr. 186ff.). Gleichwohl folgt die Beurteilung der Anerkennungszuständigkeit den allgemeinen Grundsätzen (→ Rdnr. 212). Die internationale Zuständigkeit in Ehesachen ist in **§ 606 a** geregelt, der im Rahmen des § 328 Abs. 1 Nr. 1 zu prüfen ist. Durch die Änderung des § 606a a.F. wurde der Streit obsolet, inwieweit § 606a a.F. den § 328 Abs. 1 Nr. 1 verdrängt[154].

92   Die Regel des § 328 Abs. 1 Nr. 1 gilt auch in **Kindschaftssachen** (näher → *P. Schlosser* § 640a Rdnr. 4).

h) Besondere Bestimmungen

93   Die im **COTIF** (→ Rdnr. 53) zusammengefaßten einheitlichen Rechtsvorschriften des CIV (BGBl 1985 II 179ff.) und des CIM (BGBl 1985 II 225ff.) enthalten in Art. 52 CIV und in Art. 56 CIM eigene Zuständigkeitsregeln.

2. Gerichtsbarkeit

94   Die internationale Zuständigkeit setzt nach den allgemeinen Regeln die **Gerichtsbarkeit** voraus[155]. Deshalb ist weitere Voraussetzung für die Anerkennung die Bejahung der Gerichtsbarkeit des Urteilsstaates nach dem deutschen Recht durch das angerufene Gericht[156]. Zwar läßt sich dieses Erfordernis dem Wortlaut des § 328 nicht entnehmen, doch muß § 328 geltendes Völkerrecht beachten. Ist das ausländische Urteil – wie im deutschen Recht (→ Einl. Rdnr. 679) - nach dem ausländischen Recht nichtig, weil darin z.B. ein bei dem Urteilsstaat beglaubigter diplomatischer Vertreter verurteilt wurde, so ist die Anerkennung schon wegen fehlender materieller Rechtskraft ausgeschlossen (→ Rdnr. 13, 64). Ist das Urteil nach dem Recht

---

[154] Zum Sinn der Neufassung → *P. Schlosser* § 606a Rdnr. 1.
[155] Etwa *H. Roth* Inländische Gerichtsbarkeit ZVglRWiss 90 (1991) 298, 299.
[156] OLG Frankfurt a.M. RIW 1980, 874, 876; *Geimer* Prüfung (1966) (Fn. 1) 75ff.; *Zöller/Geimer*[20] Rdnr. 93; *Schack* IZVR[2] Rdnr. 827.

des Urteilsstaates wirksam, so scheitert eine Anerkennung gleichwohl, weil das deutsche Gericht nicht **völkerrechtswidrig** handeln darf[157]. Verstößt das ausländische Urteil gegen das in Deutschland bestehende Verständnis über die Befreiungen von der deutschen Gerichtsbarkeit, wie sie etwa in den §§ 18, 19 GVG zum Ausdruck kommen, so muß die Anerkennung ebenfalls versagt werden[158].

3. Tatsächliche Grundlagen der Zuständigkeit

a) Keine Bindung an tatsächliche Feststellungen

Die Prüfung der tatsächlichen Grundlagen der in § 328 niedergelegten Versagungsgründe geschieht grundsätzlich von Amts wegen (→ Rdnr. 30)[159]. Nr. 1 setzt wegen des Schutzzwecks eine **selbständige Prüfung** durch die deutschen Gerichte in rechtlicher wie in tatsächlicher Hinsicht voraus. Sie sind deshalb nicht an die tatsächlichen Feststellungen gebunden, die das Gericht des Urteilsstaates der Annahme seiner internationalen Zuständigkeit zugrunde gelegt hat. Grundsätzlich ist auch beiderseits **neues tatsächliches Vorbringen** zulässig[160], so daß auch neue Tatsachen und Beweismittel vorgebracht werden können. Es ist auch zulässig, neue tatsächliche Behauptungen aufzustellen, um die Zuständigkeit des ausländischen Gerichts aus einem anderen Gesichtspunkt herzuleiten, als ihn der fremde Richter annahm (→ Rdnr. 86). Das Gesagte gilt auch, wenn insoweit vor dem ausländischen Gericht eine Beweisaufnahme durchgeführt wurde[161]. Auch einige **bilaterale Anerkennungs- und Vollstreckungsverträge** sehen vor, daß das Anerkennungsgericht nicht an die die Zuständigkeit des Urteilsgerichts begründenden Tatsachen gebunden ist (Art. 5 Abs. 1 deutsch-italienisches Abkommen, Text → Rdnr. 318; Art. 5 S. 1 deutsch-schweizerisches Abkommen, Text → Rdnr. 299). Umgekehrt ist in Art. 28 Abs. 2 EuGVÜ und in anderen Staatsverträgen die Bindung an die tatsächlichen Feststellungen des ausländischen Gerichts ausdrücklich niedergelegt (Art. 5 Abs. 1 S. 2 deutsch-belgisches Abkommen, Text → Rdnr. 338[162]; Art. 5 Abs. 2 deutsch-griechischer Vertrag, Text → Rdnr. 382; Art. 8 Abs. 2 deutsch-israelischer Vertrag, Text → Rdnr. 439; Art. 5 Abs. 1 S. 2 deutsch-niederländischer Vertrag, Text → Rdnr. 397; Art. 9 Abs. 3 S. 1 deutsch-norwegischer Vertrag, Text → Rdnr. 464; Art. 9 Abs. 2 deutsch-spanischer Vertrag, Text → Rdnr. 486).

95

b) Anerkennung von Versäumnisurteilen

Das Gesagte gilt auch dann, wenn der Beklagte im Ausland gegen sich ein Versäumnisurteil hat ergehen lassen[163]. In diesem Fall beruht die Entscheidung auf einer unterstellten (fingierten) Zuständigkeit, wenn das Versäumnisurteil auf der Behauptung des Klägers beruht, die tatsächlichen Voraussetzungen für einen Gerichtsstand lägen vor. So kann etwa vorgetragen werden, der Beklagte habe im Gerichtsbezirk seinen Wohnsitz oder Vermögen, das Gericht sei prorogiert oder dort liege der Erfüllungsort oder das forum delicti commissi. Gegen derartige ausländische Regelungen bestehen ebensowenig Bedenken wie gegenüber den entspre-

96

---

[157] *Geimer* Prüfung (1966) (Fn. 1) 76 f.; *Schack* IZVR² Rdnr. 827; auch *Mann* NJW 1961, 705, 708; *Beitzke* in: FS Nipperdey 1 (1965) 855, 869 f.; in diese Richtung auch BGHZ 45, 237, 245 f.
[158] Zur deutschen Gerichtsbarkeit und ihren Einschränkungen → *E. Schumann* Einl. Rdnr. 655–679.
[159] BGHZ 124, 237, 245 mit zust. Anm. *Gottwald* IPRax 1995, 75, 76; *Pagenstecher* RabelsZ 11 (1937) 337, 361, 428 ff.; *Schack* IZVR² Rdnr. 839.

[160] BGHZ 124, 237, 245 f.; *RG* WarnRsp 1908 Nr. 678; RGZ 75, 147, 151 f.; *OLG Dresden* OLGRsp 5, 120; *KG* OLGRsp 13, 182; *Gottwald* IPRax 1995, 75, 76; krit. *Spickhoff* ZZP 108 (1995) 475, 486 ff.
[161] *Geimer* Prüfung (1966) (Fn. 1) 159; offengelassen durch BGHZ 124, 237, 246.
[162] Dazu *BGH* WM 1973, 551 f.
[163] BGHZ 124, 237, 246; 52, 30, 37.

chenden Normen des deutschen Rechts (→ §331 Rdnr. 8). Der Gerechtigkeitswert des §328 Abs. 1 Nr. 1 mit dem angestrebten Gleichklang der internationalen Zuständigkeit (→ Rdnr. 82) verlangt jedoch notwendigerweise das Vorliegen der **tatsächlichen Voraussetzungen** der internationalen Zuständigkeit und läßt die bloße Behauptung nicht ausreichen[164]. Ansonsten müßte letztlich jedes Versäumnisurteil anerkannt werden, wo immer es erlassen worden ist. Selbst derjenige, der niemals im Ausland war, müßte im Inland ein Versäumnisurteil hinnehmen, das gegen ihn irgendwo in der Welt aufgrund der Behauptung ergangen ist, dort sei sein Wohnsitz oder sein Vermögen usw. Der BGH hat unter dem Eindruck der wissenschaftlichen Kritik an der Rechtsprechung des RG das Vorliegen einer ausländischen Zuständigkeit abgelehnt[165]. Die im Ausland aufgrund der Untätigkeit des Beklagten unterstellte Zuständigkeit begründet daher nicht die internationale Anerkennungszuständigkeit des §328 Abs. 1 Nr. 1. Das fremde Versäumnisurteil kann nur anerkannt werden, wenn die von dem Kläger behauptete internationale Zuständigkeit tatsächlich vorlag. Diese Frage muß der deutsche Anerkennungsrichter klären (→ Rdnr. 95).

c) Doppeltrelevante Tatsachen

97   Das deutsche Zivilprozeßrecht wird von dem Grundsatz beherrscht, daß Tatsachen, die sowohl für die Zulässigkeit wie für die Begründetheit der Klage notwendigerweise erheblich sind (z.B. §32), erst bei der Prüfung der Begründetheit festgestellt werden, wogegen für die Zulässigkeit die einseitige Behauptung der erforderlichen Tatsachen durch den Kläger ausreicht (→ §1 Rdnr. 20 k, §32 Rdnr. 16). Diese Grundsätze gelten nicht für die internationale Anerkennungszuständigkeit des §328 Abs. 1 Nr. 1. Vielmehr müssen die **tatsächlichen Umstände** durch den deutschen Anerkennungsrichter selbständig festgestellt werden; die bloße schlüssige Behauptung der die Zuständigkeit begründenden Tatsachen genügt nicht. Andernfalls wäre ein deutscher Beklagter wenigstens mittelbar gezwungen, sich in einem ausländischen Staat zu verteidigen, selbst wenn dessen Gerichte objektiv nicht zuständig sind[166].

d) Zeitpunkt

98   Für das Vorliegen der tatsächlichen Voraussetzungen für die internationale Zuständigkeit der Gerichte des Urteilsstaates muß unterschieden werden (→ Rdnr. 31 ff.): Waren die Voraussetzungen zu demjenigen Zeitpunkt gegeben, in dem im Ausland die mündliche Verhandlung geschlossen wurde, so schadet ein **nachträglicher Wegfall** nicht. So liegt es etwa, wenn der Beklagte seinen Wohnsitz in das Inland verlegt. Ausreichend ist es aber auch, wenn die zuständigkeitsbegründenden Umstände erst später vorliegen[167]. So liegt es etwa, wenn der Beklagte nunmehr Vermögen im Ausland hat[168]. Es ist nicht erforderlich, daß die Zuständigkeit auch noch im Zeitpunkt der Anerkennung besteht[169].

---

[164] Anders noch früher *RGZ* 75, 147, 149ff. mit w. Nachw. zur Rspr. des RG unter ausdrücklicher Ablehnung der Gegenansicht dieses Kommentars.

[165] *BGHZ* 52, 30, 37ff.; bestätigt durch *BGHZ* 124, 237, 246; abl. zur Judikatur des RG vor allem *Pagenstecher* RabelsZ 11 (1937) 337, 361, 432ff.; *Kallmann* (Fn. 1) 69f. Fn. 64; *Riezler* (Fn. 1) 318; *Zöller/Geimer*[20] Rdnr. 105.

[166] Überzeugend *BGHZ* 124, 237, 242ff.; zust. *Gottwald* IPRax 1995, 75f.; *Geimer* LM §32 ZPO Nr. 15; berichtend *Hohloch* JuS 1994, 800; krit. *Koch* ZZP 108 (1995) 359, 371; in der Sache schon früher so wie hier *v. Bar* Theorie und Praxis des internationalen Privatrechts Band 2 (1889) 468; *Fuld* (Fn. 1) 369, 371; zur Bedeutung doppeltrelevanter Tatsachen für die internationale Entscheidungszuständigkeit deutscher Gerichte grundlegend *E. Schumann* Internationale Zuständigkeit: Besonderheiten, Wahlfeststellung, doppeltrelevante Tatsachen in: FS Nagel (1987) 402ff.

[167] S. → Rdnr. 35; a. A. *E. Schumann* → Voraufl. Rdnr. 162.

[168] *Oswald* DJZ 1936, 626; a. A. *v. Wedel* Judicium 5 (1933) 77, 94f.; *Pohle* JW 1936, 1873, 1874; *Martiny* Hdb. IZVR III/1 (Fn. 1) Rdnr. 777ff.

[169] A. A. *Riezler* (Fn. 1) 534.

Von der hier behandelten Problematik muß die Frage der **Veränderung der Zuständigkeit** 99
während des ausländischen Prozesses unterschieden werden (→ Rdnr. 90).

4. Parteieinfluß auf die Zuständigkeitsprüfung

a) Prorogation und rügelose Einlassung zur Hauptsache im ausländischen Prozeß

Die Prorogation des § 38 gehört zu den heranzuziehenden Zuständigkeitsgründen des 100
deutschen Rechts. In vergleichbarer Weise kann die nach § 328 Abs. 1 Nr. 1 erforderliche Anerkennungszuständigkeit auf § 39 gestützt werden, wenn sich der Beklagte im ausländischen Prozeß ohne Rüge zur Sache eingelassen hat und das ausländische Gericht nach seinem Recht sonst unzuständig gewesen wäre. Darüber herrscht weithin Einigkeit[170]. Das gleiche gilt, wenn die Zuständigkeit nicht feststand und nicht § 40 Platz greift[171].

Doch kann die Anerkennungszuständigkeit nicht durch vorbehaltloses Verhandeln nach 101
§ 39 allein begründet werden, wenn das ausländische Gericht unabhängig davon bereits nach **seinem eigenen Recht** international zuständig war. Da die im Ausland erhobene Zuständigkeitsrüge aussichtslos wäre, kann der Beklagte den Einwand der fehlenden internationalen Zuständigkeit vor dem inländischen Anerkennungsgericht noch geltend machen. Darin kommt die Schutzfunktion des § 328 Abs. 1 Nr. 1 zum Ausdruck[172]. Freilich ist eine Zuständigkeitsrüge im Urteilsstaat stets empfehlenswert, weil im Anerkennungsverfahren Zweifel bleiben können, ob der Erstrichter nach seinem Recht tatsächlich zuständig war[173]. Im seltenen Einzelfall ist daran zu denken, daß sich der Beklagte durch schlüssiges Verhalten unter die internationale Anerkennungszuständigkeit unterwirft; doch sind daran strenge Anforderungen zu stellen[174].

b) Parteiverhalten vor dem deutschen Anerkennungsgericht

Der deutsche Anerkennungsrichter prüft die Anerkennungsvoraussetzungen grundsätzlich 102
von Amts wegen (→ Rdnr. 95, 30; → Rdnr. 91 vor § 128). Doch gelten die Grundsätze der **Verhandlungsmaxime** (→ Rdnr. 75 vor § 128), soweit die Parteien in gewissen Grenzen auf die Zuständigkeitsfrage Einfluß nehmen können[175]. Danach kann der Beklagte des ausländischen Prozesses vor dem deutschen Anerkennungsgericht auf die Rüge fehlender internationaler Zuständigkeit des ausländischen Gerichts verzichten, wenn die Gerichtsbarkeit des ausländischen Staates zu bejahen ist (→ Rdnr. 94) und keine ausschließliche deutsche oder dritte internationale Zuständigkeit vorliegt (→ Rdnr. 83 und 84). Der deutsche Anerkennungsrichter kann dann von der Zuständigkeit des Erstgerichts ausgehen. Dasselbe wird man annehmen können, wenn der damalige Beklagte tatsächliche Behauptungen des Klägers nicht bestreitet oder zugesteht, aus denen sich eine ausländische Zuständigkeit ergibt, die einem Parteieinfluß ausgesetzt ist. Insoweit ist auch das **Verhalten des Klägers** im ausländischen Erstprozeß

---

[170] *BGHZ* 120, 334, 337f.; *BGH* LM Nr. 2 Deutsch – österreichischer Anerkennungs- und Vollstreckungsvertrag mit Anm. *Geimer*; *OLG Düsseldorf* RIW 1995, 947; *OLG Hamm* IPRax 1988, 166 mit Anm. *Schröder* 144 und *Geimer* EWiR § 328 ZPO 1/88, 411; *RGZ* 37, 371; *RG* JW 1896, 301; *OLG Dresden* SächsAnn 21, 265; *OLG Celle* OLGRsp 17, 323; ferner → § 39 Rdnr. 2; gegen eine unbegrenzte Übernahme der Prorogationsvorschriften *Walchshöfer* ZZP 80 (1967) 165, 211; vgl. dazu auch *Matscher* Zuständigkeitsvereinbarungen im österreichischen und im internationalen Zivilprozeßrecht (1967) 57 ff.

[171] Zur Vereinbarung der internationalen Zuständigkeit auch → § 38 Rdnr. 66.
[172] *BGHZ* 120, 334, 339ff.; *BGH* RIW 1996, 966; *OLG Hamm* NJW 1988, 653f. mit Anm. *Schröder* IPRax 1988, 144; *Geimer* RIW 1979, 640, 641; krit. *Schack* ZZP 107 (1994) 75.
[173] *BGHZ* 120, 334, 341; *Schack* IZVR² Rdnr. 837 a.E.; *Linke* IZVR² Rdnr. 393.
[174] *BGHZ* 120, 334, 342ff.; abl. *Schack* IZVR² Rdnr. 837.
[175] Dazu *Geimer/Schütze* I/2 (Fn. 1) 1551ff.

für die Anerkennung vor deutschen Gerichten bedeutsam. Soweit der Parteieinfluß reicht, muß er sich entgegenhalten lassen, daß der Erstrichter zuständig war. Der Kläger kann also im Ausland nicht ein Sachurteil erwirken, um sich dann bei verlorenem Prozeß bei der inländischen Anerkennungsprüfung auf den Standpunkt fehlender ausländischer Zuständigkeit zu stellen. Ansonsten könnte er den Beklagten im Inland nochmals mit derselben Streitigkeit überziehen.

5. Staatsangehörigkeit der Parteien

103   Die Staatsangehörigkeit der Parteien ist bei der Zuständigkeitsprüfung in aller Regel bedeutungslos, so daß es nicht darauf ankommt, ob das Urteil gegen einen Deutschen oder gegen einen Angehörigen desjenigen Staates ergangen ist, dessen Gericht das Urteil erlassen hat. Insbesondere bei dem **Gerichtsstand des Vermögens** (§ 23) kommt es nur darauf an, daß der Beklagte in dem fremden Staat keinen Wohnsitz hatte, wenn auch ein solcher in Deutschland bestand[176]. Eine Sonderregelung für das Vermögen trifft Art. 2 Nr. 4 des deutsch-österreichischen Vertrages[177].

6. Sonderregelung bei Ehesachen

104   Die internationale Zuständigkeit in Ehesachen ist in § 606 a ausdrücklich geregelt (dazu → Rdnr. 212).

VIII. Nicht-Einlassung auf das ausländische Verfahren (Abs. 1 Nr. 2)

1. Normzweck

105   Die Vorschrift bezweckt den Schutz des Beklagten. Der Versagungsgrund betrifft in erster Linie **Versäumnisurteile** oder sonstige einseitige Verfahren. Nach Nr. 2 geschützt wird im Stadium der Verfahrenseröffnung nur der Beklagte, der sich auf das Verfahren nicht eingelassen hat. Nr. 2 soll sicherstellen, daß eine Entscheidung weder anerkannt noch vollstreckt werden kann, wenn es dem Beklagten nicht möglich war, sich vor dem Gericht des Urteilsstaates zu verteidigen. Geschützt wird das rechtliche Gehör im Stadium der **Verfahrenseröffnung**. Die Vorschrift entlastet den ordre public – Vorbehalt des § 328 Abs. 1 Nr. 4. Verstöße gegen den verfahrensrechtlichen ordre public werden nur von Nr. 4 erfaßt, wenn sie die Verletzung des Grundsatzes des rechtlichen Gehörs in einem späteren Zeitpunkt des Verfahrens betreffen. § 328 Abs. 1 Nr. 2 ZPO kann im wesentlichen gleich ausgelegt werden wie Art. 27 Nr. 2 EuGVÜ, wenn man von der Ausgestaltung als Einrede einmal absieht[178]. § 328 Abs. 1 Nr. 2 ZPO ist dem Art. 27 Nr. 2 EuGVÜ nachgebildet (auch → Rdnr. 45).

106   Die ausländische Entscheidung kann im Falle der Nichteinlassung nur anerkannt werden, wenn das verfahrenseinleitende Schriftstück sowohl ordnungsgemäß als auch rechtzeitig zugestellt worden ist[179]. Das entspricht der Auslegung des EuGH zu Art. 27 Nr. 2 EuGVÜ[180]. Zudem entfällt der Versagungsgrund des § 328 Abs. 1 Nr. 2 ZPO nicht dadurch, daß der Beklagte keine **möglichen Rechtsbehelfe** im Urteilsstaat einlegt, nachdem er von der ausländischen

---

[176] Vgl. *RG* JW 1891, 334, 335; Gruchot 45 (1901) 1123; *OLG Celle* OLGRsp 4, 122; *OLG Hamburg* OLGRsp 33, 67.
[177] Text → Rdnr. 345.
[178] BGHZ 120, 305, 310; *H. Roth* ZZPInt 2 (1997) 140, 141.

[179] BGHZ 120, 305, 310; *Lindacher* in: FS Gáspárdy László (1997) 247, 250; *Schack* IZVR² Rdnr. 845; abl. *Linke* IZVR² Rdnr. 408; *Geimer* ZZP 110 (1997) 244.
[180] *EuGH* 3.7. 1990, Rs. 305/88, Slg. 1990 I 2725 Rdnr. 15 ff. (*Lancray/Peters*).

Entscheidung Kenntnis erlangt hat[181]. In vergleichbarer Weise hat der EuGH den Art. 27 Nr. 2 EuGVÜ ausgelegt[182].

2. Einrede

Ausweislich des eindeutigen Gesetzestextes wird Nr. 2 nur auf Einrede des Beklagten berücksichtigt. Da die Vorschrift ausschließlich im Interesse des Beklagten gegeben ist, ist wegen dieses Erfordernisses eine **Heilung** in entsprechender Anwendung des § 295 möglich (auch → § 295 Rdnr. 4)[183]. Die Befugnis zum Verzicht wird auch gegenüber einer ausländischen (Versäumnis-) Entscheidung in Ehesachen bejaht, wenn der Verzichtende sich der Bedeutung seiner Erklärung bewußt war[184]. Diese Befugnis soll in **höchstpersönlichen Streitigkeiten** nicht vererblich sein[185]. Diese Ansicht ist dann nicht unproblematisch, wenn es dem Antragsteller (z. B. dem Erben des im Ausland Beklagten) selbst gerade um vermögensrechtliche Belange geht. So kann es liegen, wenn die Angehörigen eines im Ausland geschiedenen und inzwischen verstorbenen Ehegatten durch den Verzicht erreichen, daß die ausländische Ehescheidung nunmehr in Deutschland wirksam wird und sich damit ihr Erbteil erhöht[186].

107

Ein im Inland erklärter Verzicht auf die Einhaltung der Schutzvorschrift der Nr. 2 ist unwirksam, wenn er in einem von einer unzuständigen inländischen Behörde eingeleiteten Anerkennungsverfahren ausgesprochen und im Verfahren vor der zuständigen inländischen Instanz widerrufen worden ist[187].

108

3. Nichteinlassung

Nr. 2 betrifft in erster Linie Versäumnisurteile, ist darauf aber nicht beschränkt. So kann Nr. 2 auch Anwendung auf Entscheidungen finden, die gegen einen Beklagten ergangen sind, der im Verfahren nicht wirksam vertreten war, wenn die betreffende Entscheidung vor dem Gericht des Urteilsstaates nicht als Versäumnisentscheidung ergangen ist, weil vor Gericht ein angeblicher Vertreter des Beklagten erschienen ist. Der EuGH hat unlängst Art. 27 Nr. 2 EuGVÜ in vergleichbarer Weise ausgelegt[188]. Im **Säumnisverfahren** ist stets vorausgesetzt, daß sich der Beklagte bei dem ausländischen Gericht auf die Klage nicht eingelassen hat. Hat er sich eingelassen, so ist eine Säumnis im weiteren Verlauf des Verfahrens gleichgültig[189]. Hat sich der Beklagte auf das Verfahren eingelassen, so kommt Nr. 2 nicht mehr zur Anwendung. In diesem Falle scheitert aber auch ein Rückgriff auf den ordre public des § 328 Abs. 1 Nr. 4, weil Nr. 4 nur bei Verstößen gegen das rechtliche Gehör in einem späteren Verfahrensstadium als der Eröffnung zur Nichtanerkennung führt. Entsprechend wird der vergleichbare Art. 27 Nr. 1 EuGVÜ ausgelegt[190].

109

Für die Einlassung ist maßgebend, daß der Beklagte über die Elemente des Rechtsstreits in Kenntnis gesetzt worden ist und **Gelegenheit zur Verteidigung** erhalten hat. Das entspricht der – vertragsautonomen – Auslegung des Art. 27 Nr. 2 EuGVÜ durch den EuGH[191]. Im ein-

110

---

[181] BGHZ 120, 305, 313f. mit Anm. *Schack* JZ 1993, 621; *Schütze* ZZP 106 (1993) 396; *Rauscher* JR 1993, 413; abl. vor allem *Zöller/Geimer*[20] Rdnr. 136 mit w. Nachw.
[182] EuGH 12.11. 1992, Rs. 123/91, Slg. 1992 I 5661 Rdnr. 19 (*Minalmet/Brandeis*) mit Anm. *Stürner* JZ 1993, 357.
[183] *Haeger* (Fn. 1) 15f.
[184] KG NJW 1969, 382.; allgemein zu den Erfordernissen *H. Roth* Die Einrede des Bürgerlichen Rechts (1988) 141ff.

[185] KG NJW 1969, 382; FamRZ 1988, 641, 644 (Anerkennung ausländischer Ehescheidungen).
[186] So im Fall KG FamRZ 1988, 641 mit krit. Anm. *Gottwald*.
[187] OLG Celle FamRZ 1963, 365: Anerkennung eines Eheurteils im Verfahren nach Art. 7 § 1 FamRÄndG.
[188] EuGH 10.10. 1996, Rs. C-78/95 NJW 1997, 1061; (*Hendrikman/Magenta*) mit Anm. *H.Roth* ZZPInt 2 (1997) 140.
[189] Vgl. den Fall BöhmsZ 15 (1905) 362f.; 19, 536ff.; auch *Haeger* (Fn. 1) 168ff.
[190] *Kropholler* EuGVÜ[5] Art. 27 Rdnr. 11, 17.

zelnen herrscht Streit: Anders als im Falle des § 39 muß die Einlassung jedenfalls nicht die Hauptsache betreffen. Es genügt jede Prozeßhandlung, durch die der Beklagte zu erkennen gibt, daß er sich an dem Verfahren beteiligen will. Deshalb reicht etwa ein Antrag auf Vertagung oder die Forderung nach einer Sicherheitsleistung im Falle der Verurteilung aus[192]. Unschädlich ist es aber nach richtiger Auffassung, wenn sich sein Vorbringen darauf beschränkt, den Verfahrensfortgang zu rügen, weil die Zustellung nicht ordnungsgemäß oder zu spät erfolgt sei. Auch muß die Einlassung berücksichtigt worden sein[193].

111   Hat sich der Beklagte an einem **unselbständigen Vorverfahren** beteiligt, an das sich von Amts wegen das Hauptsacheverfahren anschließt, so kann der Betroffene die Nichteinlassung auf das Hauptsacheverfahren nicht mehr rügen[194]. In dem entschiedenen Fall bejahte das BayObLG allerdings die verfahrensrechtliche Selbständigkeit des dänischen Separationsverfahrens gegenüber dem Scheidungsverfahren mit der Folge, daß der Beklagte nochmals hätte geladen werden müssen. Nimmt der Beklagte im Rahmen eines **Strafverfahrens** durch seinen Verteidiger zu den gegen ihn erhobenen Vorwürfen in Kenntnis einer zivilrechtlichen Forderung, die im Rahmen des Strafverfahrens gegen ihn geltend gemacht wird, Stellung, so ist das grundsätzlich als Einlassung auf das Verfahren insgesamt anzusehen[195].

112   Die Einlassung kann auch durch einen gesetzlichen oder bevollmächtigten **Vertreter** bewirkt werden (auch → Rdnr. 109). Nicht ausreichend ist ein vor dem ausländischen Gericht ohne Mitwirkung des Beklagten besonders bestellter Vertreter[196]. So soll es selbst dann liegen, wenn der im Ausland bestellte Verfahrenspfleger außerhalb des Verfahrens mit einem von dem Beklagten bevollmächtigten Anwalt korrespondiert hat[197].

4. Nicht- ordnungsmäßige Zustellung

113   Hat sich der Beklagte nicht auf das Verfahren eingelassen, so führt bereits die nicht-ordnungsmäßige Zustellung des prozeßeinleitenden Schriftstücks zur Nichtanerkennung (→ Rdnr. 106). Die Frage ist im Anerkennungsverfahren ohne Bindung an die Beurteilung des ausländischen Gerichts zu klären[198]. Die Zustellung ist ordnungsmäßig, wenn sie einem im Urteilsstaat geltenden völkerrechtlichen Abkommen oder im autonomem Bereich dessen Recht entspricht. Maßgebend ist also die **lex fori des Erstgerichts**[199]. Die hier dargestellten Überlegungen entsprechen im wesentlichen der Rechtsprechung des EuGH im Rahmen des Art. 27 Nr. 2 EuGVÜ[200]. Beweispflichtig für die ordnungsmäßige Zustellung ist diejenige Partei, welche die Anerkennung verlangt.

114   Da die Zustellung der Klage Teil des Verfahrens des ausländischen Gerichts ist, richtet sich die **mögliche Heilung** von Zustellungsmängeln nach dessen Verfahrensrecht einschließlich der einschlägigen völkerrechtlichen Vereinbarungen. War danach das ausländische Gericht an die Regeln des Haager Zustellungsübereinkommens gebunden (Text → Anhang zu § 199 Rdnr. 66), so kann eine nicht ordnungsmäßige Zustellung des verfahrenseinleitenden Schriftstücks an den deutschen Beklagten nicht dadurch als geheilt angesehen werden, daß es ihm auf dem Postweg durch Einschreiben mit Rückschein ohne Übersetzung tatsächlich zugegangen ist.

---

[191] *EuGH* 21. 4. 1993, Rs. C 172/91, Slg. 1993 I 1963, 2000 (*Sonntag/Waidmann*).
[192] *Linke* IZVR² Rdnr. 403.
[193] *LJV Baden-Württemberg* FamRZ 1990, 1015, 1018; vergleichbar zur Parallelvorschrift des Art. 27 Nr. 2 EuGVÜ *Kropholler* EuGVÜ⁵ Art. 27 Rdnr. 22; anders *P. Schlosser* EuGVÜ (1996) Art. 27–29 Rdnr. 20.
[194] *BayObLGZ* 1978, 132.
[195] So zu dem funktionsverwandten Art. 27 Nr. 2 EuGVÜ *EuGH* 21. 4. 1993, Rs. C-172/91, Slg.1993 I 1963, 2001 (*Sonntag/Waidmann*).

[196] So auch *BayObLG* SeuffArch 46 (1891) 116; *OLG Hamm* FamRZ 1996, 178, 179; *Riezler* (Fn. 1) 536.
[197] *BayObLG* IPRsp 78 Nr. 176.
[198] BGHZ 120, 305, 309; → *H.Roth* § 187 Rdnr. 27.
[199] BGHZ 120, 305, 311; *BGH* FamRZ 1997, 490, 491 (ehemalige DDR); *OLG Düsseldorf* FamRZ 1996, 176, 177; *OLG Karlsruhe* IPRax 1996, 426 mit Anm. *Kronke*; *OLG Köln* FamRZ 1995, 306, 307; *LJV Baden-Württemberg* FamRZ 1990, 1015, 1018; *Hau* IPRax 1995, 80, 82.
[200] *EuGH* 3. 7. 1990, Rs.305/88, Slg.1990 I 2725, 2750 Rdnr. 29 (*Lancray/Peters*).

Das Haager Zustellungsübereinkommen sieht eine Heilung von Zustellungsmängeln nicht vor[201]. Eine Heilung nach § 187 kommt nur dann in Frage, wenn das Völkervertragsrecht (z. B. Art. 5 Abs. 1 Buchst. a Haager Zustellungsübereinkommen 1965) auf das nationale Heilungsrecht des Zustellungsstaates verweist: Heilbar sind danach etwa Verstöße gegen die §§ 171, 182[202].

5. Nicht- rechtzeitige Zustellung

Zusätzlich zu der ordnungsmäßigen Zustellung ist erforderlich, daß dem Beklagten das prozeßeinleitende Schriftstück rechtzeitig zugestellt wird (→ Rdnr. 106). Die Zustellung ist nur rechtzeitig, wenn der von dem Zeitpunkt der ordnungsmäßigen Zustellung an zu berechnende Zeitraum dem Beklagten **ausreichend Zeit** für seine Verteidigung gelassen hat. Entscheidend sind die Umstände des konkreten Falles, die das Anerkennungsgericht ohne Bindung an die tatsächlichen oder rechtlichen Feststellungen des Erstgerichts zu würdigen hat[203]. Für die Rechtzeitigkeit genügt es nicht ohne weiteres, wenn die betreffenden Ladungsfristen des nationalen Rechts eingehalten sind[204]. Im Einzelfall hat das deutsche Anerkennungsgericht das Vorliegen außergewöhnlicher Umstände zu prüfen, welche die Annahme rechtfertigen, daß der Beklagte nicht mehr in der Lage war, die erforderlichen Schritte zu seiner Verteidigung einzuleiten, so daß deshalb der in Nr. 2 geforderte Zeitraum nicht beginnen konnte. So wurden etwa in dem Fall einer flämischen Schadensersatzklage, die gegen einen in einer »eher entlegenen ostwestfälischen Kleinstadt ansässigen« Verkäufer gerichtet war, noch nicht einmal 20 Tage für ausreichend gehalten[205]. Fiktive Zustellungen können als rechtzeitig angesehen werden, wenn an den Adressaten deshalb nicht zugestellt werden konnte, weil dieser sich an einen unbekannten Aufenthaltsort geflüchtet hatte[206].

115

6. Ausnahme

§ 328 Abs. 1 Nr. 2 ZPO ist nicht anwendbar nach Art. 18 § 1 COTIF (→ Rdnr. 53).

116

IX. Unvereinbarkeit mit einem (früheren) Urteil oder früherem Verfahren (Abs. 1 Nr. 3)

1. Normzweck

Nr. 3 will die Konflikte lösen, die sich aus Urteilskollisionen bei einander widersprechenden Entscheidungen ergeben. Die Norm legt die Unvereinbarkeit des anzuerkennenden Urteils mit einer deutschen oder einer früheren ausländischen Entscheidung sowie den Verstoß gegen die frühere inländische Rechtshängigkeit als Versagungsgründe nieder. Nr. 3 Alt. 1 wahrt mit dem stets zu beachtenden **Vorrang der inländischen Entscheidung** die Rechtskraft deutscher Entscheidungen. Dasselbe Prinzip verfolgt Art. 27 Nr. 3 EuGVÜ. Demgegenüber regelt Nr. 3

117

---

[201] *BGHZ* 120, 305, 309ff.; ebenso → *H. Roth* § 187 Rdnr. 27 mit Nachw.; zust. *Rauscher* JR 1993, 413; de lege lata zust. auch *Schack* JZ 1993, 621; krit. *Schütze* ZZP 106 (1993) 396, 398; *Kondring* Die Heilung von Zustellungsfehlern im internationalen Zivilrechtsverkehr (1995) 303ff.; *Linke* IZVR² Rdnr. 410; *Zöller/Geimer*²⁰ Rdnr. 135; MünchKommZPO/*Gottwald* Rdnr. 71; ausführlich auch *Wiehe* Zustellungen, Zustellungsmängel und Urteilsanerkennung am Beispiel fiktiver Inlandszustellungen (1993) 203ff.

[202] Näher → *H. Roth* § 187 Rdnr. 27; unrichtig m.E. BGH NJW 1993, 2688 zur vergleichbaren Problematik des Art. 27 Nr. 2 EuGVÜ; auch *H. Roth* IPRax 1997, 407.

[203] *EuGH* 16. 6. 1981, Rs.166/80, Slg.1981, 1593, 1607 Rdnr. 14 (*Klomps/Michel*); BGH RIW 1986, 302; *Linke* RIW 1986, 409, 411 (jeweils zu Art. 27 Nr. 2 EuGVÜ).

[204] Für Indizwirkung mit Recht *OLG Köln* NJW-RR 1995, 446, 447.

[205] *OLG Hamm* RIW 1987, 871.

[206] *BGH* IPRax 1993, 324, 326 mit Anm. *Linke* 295.

Alt. 2 die Kollision zweier ausländischer Entscheidungen und wählt insoweit das **Prioritätsprinzip**, das auch Art. 27 Nr. 5 EuGVÜ zugrunde liegt. Einen selbständigen Versagungsgrund bildet schließlich Nr. 3 Alt.3, der die Nichtbeachtung einer früheren deutschen Rechtshängigkeit für den Fall betrifft, daß zwar das ausländische, aber noch nicht das deutsche Urteil rechtskräftig ist. Die durch die Neuregelung im IPR-Gesetz vom 25. 7. 1986[207] ausdrücklich in die Vorschrift aufgenommenen Fälle standen auch schon bisher einer Anerkennung ausländischer Entscheidungen entgegen. Die Rechtsprechung hatte bei derartigen Rechtskraftkonflikten einen Verstoß gegen den verfahrensrechtlichen ordre public bejaht[208]. Diese Judikatur hatten einige **bilaterale Anerkennungsverträge** verankert. Zu nennen sind Art. 4 Abs. 4 deutsch-italienischer Vertrag (→ Rdnr. 315), Art. 3 Nr. 1 HS 2 deutsch-griechischer Vertrag (→ Rdnr. 376), Art.III Abs. 1 lit. c Nr. 1 deutsch-britisches Abkommen (→ Rdnr. 361), Art. 5 Abs. 1 Nr. 6 deutsch-israelischer Vertrag (→ Rdnr. 432), Art. 6 Abs. 1 Nr. 3 deutsch-norwegischer Vertrag (→ Rdnr. 456), Art. 5 Abs. 1 Nr. 3 deutsch-spanischer Vertrag (→ Rdnr. 478) und Art. 29 Abs. 1 Nr. 5 deutsch-tunesischer Vertrag (→ Rdnr. 407).

2. Unvereinbarkeit mit einem deutschen Urteil

118 Handelt es sich um ein deutsches Urteil, so gilt nach Nr. 3 Alt.1 das Prinzip der **Nationalität**. Wie sich aus dem Gesetzeswortlaut eindeutig ergibt, geht das deutsche Urteil stets vor, auch wenn es nach der Entscheidung erlassen worden ist, um deren Anerkennung es geht. Gemeint sind nur deutsche Titel, die in Rechtskraft erwachsen können[209]. Die gegen den unbedingten Vorrang des inländischen Urteils bestehenden rechtspolitischen Bedenken haben den Änderungsgesetzgeber des § 328 offenbar nicht überzeugt[210]. Sinnvoller wäre es gewesen, die Beseitigung des später ergangenen deutschen Urteils im Wege der **Restitutionsklage** nach § 580 Nr. 7a (→ § 322 Rdnr. 226) zu ermöglichen, anstatt den schweren Verfahrensfehler über § 328 Abs. 1 Nr. 3 Alt.1 zu schützen: Die Klage vor dem deutschen Gericht war nach vielen unzulässig, wenn ein anzuerkennendes ausländisches Urteil über denselben Streitgegenstand vorliegt (→ Rdnr. 37). In vergleichbarer Weise bestand für das spätere deutsche Verfahren der Einwand der von Amts wegen zu beachtenden (→ § 261 Rdnr. 20) internationalen Rechtshängigkeit (→ § 261 Rdnr. 11ff.), wenn der inländische Prozeß begonnen hatte, als zwar noch kein rechtskräftiges ausländisches Urteil vorlag, im Ausland jedoch dieselbe Rechtsstreitigkeit schon anhängig war. Ein gleichwohl ergangenes deutsches Urteil leidet daher ebenfalls an einem schweren Rechtsfehler, der durch Nr. 3 geschützt wird (auch → Rdnr. 185).

119 Nr. 3 sagt nichts darüber aus, wann die beiden Entscheidungen »unvereinbar« sind. Unvereinbarkeit mit einem früheren Urteil liegt auf jeden Fall dann vor, wenn die Streitgegenstände (→ Einl. Rdnr. 263ff.) der in Betracht kommenden Entscheidungen identisch sind, so daß der Einwand der materiellen Rechtskraft einen erneuten Richterspruch verbietet (→ § 322 Rdnr. 196ff.). Das schließt das **kontradiktorische Gegenteil** mit ein, hindert die Anerkennung jedoch nicht bei der widersprüchlichen Beurteilung von Vorfragen. Der weitere Unvereinbarkeitsbegriff des Art. 27 Nr. 3, 5 EuGVÜ[211] kann nicht zugrunde gelegt werden, auch wenn die deutsche Vorschrift dem europäischen Recht nachgebildet worden ist[212]. Nr. 3 ist ein Sonderfall des verfahrensrechtlichen ordre public der Nr. 4 und muß im Sinne der erwünschten aner-

---

[207] BGBl 1986 I 1142.
[208] RG JW 1915, 1264; *BayObLGZ* 1983, 21; *OLG München* NJW 1964, 979; *OLG Frankfurt a.M.* OLGZ 1971, 57.
[209] *OLG Hamm* FamRZ 1993, 339.
[210] Krit. auch *Geimer*³ (Fn. 1) Rdnr. 2891; *Schack* IZVR² Rdnr. 855; *Gottwald* IPRax 1984, 57, 60.

[211] *EuGH* 4. 2. 1988, Rs.145/86, Slg.1988, 645 (*Hoffmann/Krieg*): sich gegenseitig ausschließende Rechtsfolgen.
[212] Wie hier *Schack* IZVR² Rdnr. 858; a.A. insbes. MünchkommZPO/*Gottwald* Rdnr. 83.

kennungsfreundlichen Tendenz ebenso wie dieser eng ausgelegt werden. Der Anerkennung eines ausländischen Urteils steht nicht entgegen, daß dem Kläger vorher im Inland Prozeßkostenhilfe wegen fehlender Erfolgsaussicht verweigert worden ist[213].

3. Unvereinbarkeit mit einem früheren ausländischen Urteil

Ein ausländisches Urteil kann der Anerkennung einer anderen ausländischen Entscheidung nur entgegenstehen, wenn es früher gefällt worden ist. Hier gilt das **Prioritätsprinzip**[214]. Es kann sich um ein bereits anerkanntes oder um ein erst noch anzuerkennendes ausländisches Urteil handeln. 120

4. Form und Name der Entscheidung

Der Gesetzestext der Nr. 3 spricht von einem »Urteil«. Die Anerkennung ist jedoch auch dann zu versagen, wenn es sich nicht um eine als »Urteil« bezeichnete Entscheidung handelt, sofern sie sich nur als Richterspruch im Sinne des Anerkennungsrechts darstellt (näher → Rdnr. 62ff.). Deshalb war die Anerkennung auch dann ausgeschlossen, wenn sie hinsichtlich einer ausländischen Sorgerechtsentscheidung begehrt wurde, die mit einem früher ergangenen deutschen Beschluß in Widerspruch stand. In diesen Fällen lehnte die Rechtsprechung auch schon vor der Gesetzesänderung eine Anerkennung wegen Verletzung des verfahrensrechtlichen ordre public ab[215]. Dagegen steht ein deutscher Prozeßvergleich der Anerkennung einer ausländischen Entscheidung ebensowenig entgegen wie im Falle des Art. 27 Nr. 3 EuGVÜ[216]. 121

5. Unvereinbarkeit mit früherem inländischen Verfahren

Nr. 3 Alt. 3 bestimmt ausdrücklich, daß das fremde Urteil nicht anerkannt werden darf, wenn das ausländische Gericht die bereits bestehende deutsche Rechtshängigkeit (zu deren Eintritt→ § 261 Rdnr. 5) nicht berücksichtigt hat[217]. Bislang wurden diese Fälle als Verstöße gegen den deutschen verfahrensrechtlichen ordre public eingeordnet[218]. Der Verweigerungsgrund ist auch in einigen **Anerkennungsverträgen** enthalten wie z.B. in Art. 5 Abs. 1 Nr. 5 deutsch-israelischer Vertrag (→ Rdnr. 432), Art. 6 Abs. 1 Nr. 2 deutsch-norwegischer Vertrag (→ Rdnr. 456), Art. 5 Abs. 1 Nr. 2 deutsch-spanischer Vertrag (→ Rdnr. 478), Art. 29 Abs. 1 Nr. 4 deutsch-tunesischer Vertrag (→ Rdnr. 407). Es spielt keine Rolle, ob dem ausländischen Gericht die deutsche Rechtshängigkeit bekannt gewesen ist oder nicht[219]. Das **EuGVÜ** kennt eine entsprechende Parallelvorschrift nicht. Gegen die deutsche Regelung bestehen keine rechtspolitischen Einwände. 122

---

[213] *BGHZ* 88, 17, 20 (zum EuGVÜ).
[214] *OLG Köln* FamRZ 1995, 306, 307; BT-Drucks. 10/504, S. 88; → Rdnr. 117.
[215] *OLG Hamm* OLGZ 1976, 426; *OVG Münster* FamRZ 1975, 47.
[216] *EuGH* 2.6. 1994, Rs. C 414/92 Slg. 1994 I 2237 (*Solo Kleinmotoren/Boch*); *Zöller/Geimer*[20] Rdnr. 150 c; *Baumbach/Lauterbach/Hartmann*[56] Rdnr. 27.

[217] *OLG Frankfurt a.M.* FamRZ 1997, 92f.
[218] Nachw. in der 19. Aufl. dieses Kommentars VII C 2.
[219] *BayObLGZ* 1983, 21, 25 (zur alten Rechtslage); Nr. 3 wurde wohl übersehen von *OLG Bamberg* FamRZ 1997, 95 mit Anm. *Gottwald*.

X. Ordre public (Abs. 1 Nr. 4)[220]

1. Normzweck

123   Die Vorschrift bildet das verfahrensrechtliche Gegenstück zu der international-privatrechtlichen Bestimmung des Art. 6 EGBGB, die wörtlich die gleichen Voraussetzungen aufstellt. Ordre public ist dort mit »Öffentliche Ordnung« überschrieben. Die Vorschrift bedeutet eine Ausnahme zu dem Verbot der révision au fond (→ Rdnr. 28) und muß daher **eng ausgelegt** werden, um eine gleichmäßige Urteilsanerkennung zu sichern. § 328 Abs. 1 Nr. 4 ZPO entspricht trotz unterschiedlicher Formulierung dem Art. 27 Nr. 1 EuGVÜ. Da Art. 27 Nr. 1 EuGVÜ auf die öffentliche nationale Ordnung des Anerkennungsstaates verweist, können beide Vorschriften im wesentlichen gleich ausgelegt werden[221]. Nicht anwendbar ist der **kollisionsrechtliche Vorbehalt** des Art. 27 Nr. 4 EuGVÜ, der im deutschen Recht kein Gegenstück hat. Die Anerkennung hängt nicht von der Anwendung des »richtigen« Rechts ab[222].

124   Die Anerkennung ist nur in seltenen Fällen zu verweigern, wenn sie zu einem **Ergebnis** führt, das mit wesentlichen Grundsätzen des deutschen Rechts offensichtlich unvereinbar ist, insbesondere wenn die Anerkennung mit den Grundrechten kollidiert. Gegenüber ausländischen Rechtssätzen gilt der gleiche Begriff des ordre public wie gegenüber ausländischen Urteilen. Doch geht es stets um die Ergebnisse des ausländischen Urteils, und nicht um die theoretischen Begründungen des betreffenden Richterspruches. Deshalb bedeutete auch die Anwendung eines nach deutschem Verständnis an sich ordre public – widrigen Rechtssatzes nicht ohne weiteres die Ablehnung der Anerkennung, weil es entscheidend auf das Ergebnis ankommt, das die ausländische Entscheidung bewirkt[223]. Dieser **anerkennungsfreundliche** liberale Standpunkt entspricht der Praxis der westlichen Gerichte.

2. Inhalt

a) Auslegung der Generalklausel

125   § 328 zählt die Gründe für die Verweigerung der Anerkennung abschließend auf. Deshalb kann – von den Fällen der Nrn. 1, 2, 3 und 5 abgesehen – die Nachprüfungsmöglichkeit des deutschen Anerkennungsgerichts nur soweit reichen, wie es die Nr. 4 erlaubt. Die Neufassung der Nr. 4 durch das Gesetz zur Neuregelung des Internationalen Privatrechts (→ oben Gesetzesgeschichte nach dem Gesetzestext) hat keine inhaltliche Änderung der ordre public-Klausel gebracht[224]. Die Neufassung formuliert nur inhaltlich deutlicher, daß eine offensichtliche Unvereinbarkeit des ausländischen Urteils mit den »wesentlichen Grundsätzen des deutschen

---

[220] Dazu (außer Fn. 1) *Coester-Waltjen* Deutsches internationales Zivilverfahrensrecht und die punitive damages nach US-amerikanischem Recht in: Heldrich/Kono (Hrsg.) Herausforderungen des internationalen Zivilverfahrensrechts (1994) 15, 25ff; *Geimer* Zur Nichtanerkennung ausländischer Urteile wegen nicht ordnungsgemäßen erststaatlichen Verfahrens JZ 1969, 12ff.; *J. v. Gierke* Wann verstößt die Anerkennung eines ausländischen Urteils gegen den Zweck eines deutschen Gesetzes? (§ 328 Ziff. 4 ZPO) ZHR 88 (1926) 143f.; *Klein* Das Erfordernis der verbürgten Gegenseitigkeit bei Vollstreckung ausländischer Urteile in Deutschland BöhmsZ 9 (1899) 206, 226f.; *Kubis* Amtshaftung im GVÜ und ordre public ZEuP 1995, 846, 853ff.; *Rosengarten* Punitive damages und ihre Anerkennung und Vollstreckung in der Bundesrepublik Deutschland (1994) 128ff; *Werneburg* Zur Anerkennung und Vollstreckbarkeit ausländischer Urteile (§§ 328, 722, 723 ZPO) ZZP 56 (1931) 239. – Zum ordre public bei der Anerkennung ausländischer Schiedssprüche → *P. Schlosser* § 1044 Rdnr. 18ff.; bei ausländischen Verwaltungsakten *König* Die Anerkennung ausländischer Verwaltungsakte (1965) 90ff.

[221] Etwa *Kropholler*[5] Art. 27 Rdnr. 6; *H. Roth* ZZPInt 2 (1997) 140, 141.

[222] MünchKommZPO/*Gottwald* Rdnr. 87.

[223] Vor allem *Staudinger/Blumenwitz* EGBGB[13] (1996) Art. 6 Rdnr. 76ff.; *Zöller/Geimer*[20] Rdnr. 152; BGHZ 123, 268, 271f.; OLG Saarbrücken IPRax 1989, 37, 38 mit Anm. *H. Roth* 14, 18; MünchKommZPO/*Gottwald* Rdnr. 86; ausführliche Darstellung des Streitstandes bei *G. H. Roth* (Fn. 1) 33ff.

[224] *Zöller/Geimer*[20] Rdnr. 152; *Linke* IZVR[2] Rdnr. 420.

Rechts« vorliegen muß. Schutzgut der Klausel ist nicht die Autorität deutscher Staatlichkeit, sondern der Gedanke der **materiellen Gerechtigkeit**. Besonders im Wortlaut hervorgehoben sind die Grundrechte. Vorbereitet wurde diese Entwicklung schon vor der Textänderung durch die Rechtsprechung des Bundesverfassungsgerichts[225]. Der Verstoß gegen eine Norm mit Verfassungsrang begründet für sich allein noch keinen Verstoß gegen den ordre public, solange kein Grundrecht berührt wird[226]. Es liegt auch kein Verstoß gegen die wesentlichen Grundsätze des deutschen Rechts vor, wenn das fremde Recht lediglich vom deutschen Recht – wenn auch in erheblichem Umfang – abweicht oder bestimmte politische, soziale, rechtliche, wirtschaftliche und kulturelle Tendenzen stärker oder schwächer betont[227]. Es ist unerheblich, ob das ausländische Recht von einer zwingenden oder abdingbaren deutschen Norm abweicht. Ein Verstoß gegen eine **zwingende Norm** verletzt nicht notwendigerweise den ordre public[228], wie umgekehrt nicht gänzlich ausgeschlossen ist, daß die Verletzung dispositiven Rechts einen ordre public - Verstoß begründet.

Ein ausländisches Urteil darf nach dem Gesagten nur dann nicht anerkannt werden, wenn es in einem für die deutschen Gerechtigkeitsvorstellungen **unerträglichen Maße** von der deutschen Rechtsordnung abweicht[229]. Zu den »wesentlichen Grundsätzen« des deutschen Rechts gehört auch der Verstoß gegen die guten Sitten, wobei der Maßstab identisch ist mit den §§ 138, 826 BGB[230]. Dazu zählt auch der Verstoß gegen den Zweck eines deutschen Gesetzes, sofern damit nicht auf die Staatsautorität abgestellt wird, sondern auf die Grundlagen des Gesamtsystems eines Rechtsinstituts, das Ausdruck eines vom Gesetzgeber als umfassend gewollten Interessenausgleichs ist[231]. Ein ordre public- Verstoß ist auch dann zu bejahen, wenn das ausländische Urteil durch Täuschung erschlichen oder sonst durch vorsätzliche sittenwidrige Schädigung erwirkt worden ist[232]. **126**

b) Überprüfung des ausländischen Urteilsergebnisses

Nr. 4 stellt ausdrücklich auf das Ergebnis ab, das eintreten würde, falls der ausländische Richterspruch anerkannt werden könnte. Daher darf die Anerkennung nicht schon deshalb versagt werden, weil die Erwägungen oder Begründungen des ausländischen Gerichts dem deutschen Rechtsverständnis widerstreben oder weil der dem fremden Urteil zugrunde liegende Rechtssatz als solcher dem ordre public widerspricht (→ auch § 1044 Rdnr. 22ff.). **127**

aa) Rechtsfolgenverstoß

Ein Verstoß gegen den ordre public kann in der in dem fremden Urteil ausgesprochenen Rechtsfolge als solcher liegen. Es ist daher im Rahmen des § 328 zu prüfen, ob die in dem ausländischen Urteil ausgesprochene Rechtsfolge auf dem Hintergrund des festgestellten Sachverhalts mit dem ordre public vereinbar ist. Ein derartiger Verstoß liegt etwa in der Verurteilung zu einer Leistung, die lediglich im Wege einer **strafbaren Handlung**, z. B. durch einen Ver- **128**

---

[225] *BVerfGE* 31, 58, 70ff.
[226] *BGHZ* 123, 268, 271f.
[227] *RG* JW 1912, 79; *RGZ* 82, 29; 119, 259, 263; 132, 193; *OLG Celle* NJW 1963, 2235.
[228] *BGHZ* 73, 378; *BayObLG* FamRZ 1993, 1469, 1470. – Dagegen für die anerkennungsrechtliche Beachtung zwingender Eingriffsgesetze *M. Becker* RabelsZ 60 (1996) 691, 709ff. Entgegen seiner These gibt es aber kein Sonderanerkennungsrecht für das Wirtschaftsrecht.
[229] *BGHZ* 123, 268, 272; 39, 178; *BGH* NJW 1969, 369, 370f.; *Neuhaus* RabelsZ 20 (1955) 344, 346; *Zöller/Geimer*[20] Rdnr. 152.
[230] Vgl. ausführlich *K. Simitis* Gute Sitten und ordre public (1960) 168ff.
[231] *BGHZ* 123, 268, 275ff. (Abweichung von den §§ 636, 637 RVO, ergangen zu Art. 27 Nr. 1 EuGVÜ).
[232] *BGH* NJW 1993, 1270, 1272 mit Anm. *Geimer* LM Nr. 2 Deutsch-österreichischer Anerkennungsvertrag; *BSG* FamRZ 1997, 1010 [LS] mit zust. Anm. *Jayme* SGb 1997, 598. *Geimer* IPRax 1993, 292, 293.

stoß gegen außenwirtschaftliche Bestimmungen, bewirkt werden kann[233]. Gleichgültig ist es, ob sich der Verstoß bereits aus dem Tenor oder erst aus den Entscheidungsgründen ergibt. Der deutsche Anerkennungsrichter ist befugt, die **Tatsachen**, welche die Grundlage des ausländischen Rechtsfolgenausspruches bilden, selbst festzustellen. Wäre er an die vom Urteilsgericht getroffenen tatsächlichen Feststellungen gebunden, liefe der Schutzzweck des ordre public leer[234]. Daher können neue tatsächliche Angriffs- und Verteidigungsmittel zum Nachweis eines Verstoßes gegen den ordre public vorgebracht werden[235]. Andernfalls besteht die Gefahr, daß der Tatbestand von dem ausländischen Gericht verzerrt dargestellt wird und ein an sich vorliegender Verstoß gegen den ordre public von dem deutschen Anerkennungsgericht nicht mehr erkannt werden kann. Nicht ausreichend ist die von der Gegenauffassung vorgeschlagene Prüfung, ob die tatsächlichen Feststellungen des ausländischen Gerichts ihrerseits ohne Verletzung des deutschen ordre public zustande gekommen sind.

bb) Normenverstoß

129   Verstößt die Rechtsfolge als solche nicht gegen den ordre public, so ist zu prüfen, ob das Urteil inhaltlich auf Normen beruht, die den deutschen ordre public verletzen. Nicht entscheidend ist, ob die ausländische Rechtsnorm an sich gegen den ordre public verstößt (→Rdnr. 124), sondern ob ihre **Anwendung im konkreten Fall** vom deutschen Standpunkt aus zu beanstanden ist[236]. Die ZPO stellt stets auf das Ergebnis ab, zu dem das fremde Urteil kommt. Der Prüfungsmaßstab bleibt bei der Kontrolle des ausländischen Rechtssatzes identisch mit dem Maßstab gegenüber der einzelnen Rechtsfolge[237].

cc) Fehlerhafte Rechtsanwendung

130   Der ordre public kann auch durch fehlerhafte Rechtsanwendung verletzt werden. Beruht der Verstoß auf einem Rechtsirrtum bei der Auslegung einer einzelnen Vorschrift, so hängt die Anerkennung davon ab, ob das Urteil im Einzelfall die Erreichung des von dem deutschen Gesetz verfolgten Ziels zu gefährden geeignet ist. So liegt es beispielsweise bei der Gefährdung der deutschen Devisenlage[238]. Selbst **richterliche Rechtsfortbildungen**, die dem Wortlaut der ausländischen Regelung und ihrem ursprünglichen Sinn widersprechen, führen nicht zu einem Verstoß gegen den ordre public[239].

c) Überprüfung des ausländischen Verfahrens

131   Die ordre public – Kontrolle bezieht sich nicht nur auf die Kontrolle des Urteils, sondern auf das dem ausländischen Urteil vorausgegangene Verfahren, da es auf das Ergebnis ankommt. Allerdings darf die Partei mit der Rüge von Verfahrensverstößen nicht präkludiert sein. Nach wohl h.L. scheidet ein ordre public – Verstoß nach § 328 Abs. 1 Nr. 4 aus, wenn im ausländischen Erstverfahren **Rechtsmittel** hätten ausgeschöpft werden können, um den Mangel zu be-

---

[233] Auch *BGHZ* 22, 24, 31; *Schack* IZVR[2] Rdnr. 868.
[234] *Wieczorek*[2] E IV d 2; *G.H. Roth* (Fn. 1) 60ff.; *Schack* IZVR[2] Rdnr. 868; a.A. → *E. Schumann* Voraufl. Rdnr. 227; *BGH* NJW 1980, 528, 531; *RGZ* 72, 124, 127; *RGZ* 75, 147, 150; *RG* JW 1928, 3044, 3045f.; *RGZ* 166, 367, 373f.; *MünchKommZPO/Gottwald* Rdnr. 86; *Thomas/Putzo/Hüßtege*[20] Rdnr. 15; *Baumbach/Lauterbach/Hartmann*[56] Rdnr. 30; *Riezler* (Fn. 1) 543; *Spickhoff* ZZP 108 (1995) 475, 501 (Zusammenfassung).

[235] A.A. *RGZ* 72, 124, 126; *OLG Karlsruhe* BadRPr 1904, 107.
[236] *BGH* NJW 1997, 524, 527; *RGZ* 150, 283.
[237] Vgl. *G.H. Roth* (Fn. 1) 54ff.; 97f.
[238] *BGHZ* 22, 24 mit Anm. *Delbrück* LM Nr. 3; zu devisenrechtlichen Bestimmungen als Teil des ordre public → § 1044 Rdnr. 28.
[239] *OLG Stuttgart* FamRZ 1973, 38, 39.

seitigen. In diesem Fall kann der Mangel im Anerkennungsverfahren nicht mehr gerügt werden[240]. Das entspricht auch der Rechtslage zum vergleichbaren Art. 27 Nr. 1 EuGVÜ[241].

Verstöße gegen den verfahrensrechtlichen ordre public werden mit Recht sehr selten angenommen. Vorhandene Verfahrensunterschiede der einzelnen Rechtsordnungen müssen grundsätzlich hingenommen werden. Das Verfahren vor einem ausländischen Gericht verstößt erst dann gegen den ordre public, wenn es von den **Grundprinzipien des deutschen Verfahrensrechts** in einem solchen Maße abweicht, daß rechtsstaatliche Anforderungen nicht mehr gewahrt sind[242]. Zu den »wesentlichen Grundsätzen des deutschen Rechts« gehören auch die Prinzipien des deutschen Prozeßrechts einschließlich der grundrechtlich gesicherten prozessualen Positionen (dazu → Einl. Rdnr. 480–516). Maßgebend für die Überprüfung ist der Zeitpunkt der deutschen Entscheidung über die Anerkennung (→Rdnr. 33). Deshalb liegt kein Verstoß vor, wenn zwischenzeitlich außer Kraft getretene deutsche Gesetze (z.B. Devisengesetze) umgangen wurden[243]. 132

3. Judikatur

a) Abweichungen im materiellen Recht

Das materielle Recht bildet den Schwerpunkt der ordre public – Kontrolle. Es sind strengste Anforderungen zu stellen. Hat bereits ein ausländisches Gericht entschieden, so wird bei der Überprüfung großzügiger verfahren, als wenn die direkte Anwendung ausländischen Rechts durch den deutschen Richter in Frage steht. Das bedeutet eine **abgeschwächte Wirkung** des ordre public (effet atténué de l'ordre public)[244]. Bei der Anwendung der Nr. 4 ist stets auch auf Ausmaß und Bedeutung der **Inlandsbeziehung** des Sachverhalts abzustellen, welcher der ausländischen Entscheidung zugrunde liegt[245]. Erkennt ein ausländisches Urteil mehrere rechtlich selbständige Ansprüche zu, so können diese jeweils einzeln auf ihre Anerkennungsvoraussetzungen hin geprüft werden. Möglich ist deshalb auch ein **Teilanerkenntnis**, ohne daß ein entsprechender Klageantrag gestellt werden müßte[246]. Darüber hinausgehend wird man auch bei einem einheitlichen materiellrechtlichen Anspruch ein Teilexequatur von Amts wegen zulassen müssen, wenn z.B. die Höhe eines Schadensersatzurteils gegen den ordre public verstößt. Die totale Anerkennungsverweigerung zwingt sonst zu einer erneuten Leistungsklage[247]. Dagegen läßt der BGH ein Teilexequatur nur dann zu, wenn das ausländische Urteil selbst ausreichend Anhaltspunkte für eine sichere Aufspaltung in hinzunehmende oder unverträgliche Rechtsfolgen enthält. Eine Aufteilung nach dem »freien Ermessen« des Anerkennungsrichters wird ausgeschlossen[248]. Der Sache nach wird hier eine vorzugswürdige **geltungserhaltende Reduktion** abgelehnt[249]. 133

US-amerikanische Urteile auf Strafschadensersatz (**punitive damages**) von nicht unerhebli- 134

---

[240] BGH FamRZ 1997, 490, 492; *Rosenberg/Schwab/Gottwald*[15] 945; *Martiny* Hdb IZVR (Fn. 1) III/1 Rdnr. 1155; *Geimer* JZ 1969, 12, 15; *ders.* IPRax 1993, 292, 293; a.A. *Schack* IZVR² Rdnr. 866.
[241] Nachw. bei *Kropholler*⁵ Art. 27 Rdnr. 10; *P. Schlosser* EuGVÜ (1996) Art. 27–29 Rdnr. 4.
[242] BGHZ 48, 327, 331; 73, 378; BGH IPRax 1992, 33, 35; RIW 1984, 557, 558; BayObLG NJW 1974, 418; MünchKommZPO/*Gottwald* Rdnr. 89; *Geimer* JZ 1969, 12, 13; *ders.* IPRax 1992, 5, 13; *G.H. Roth* (Fn. 1) 43 (»Natur der Sache«).
[243] RGZ 114, 171; LG München II NJW 1964, 985; a.A. *Riezler* (Fn. 1) 542: auch Zeitpunkt des Erlasses des ausländischen Urteils.

[244] Nachw. bei *Martiny* Hdb. IZVR (Fn. 1) III/1 Rdnr. 1014; *Jayme* Methoden der Konkretisierung des ordre public im Internationalen Privatrecht (1989) 17 Fn. 22. – Zu Unrecht anders für den Bereich des Wirtschaftsrechts, insbesondere des Kartellrechts, *Becker* RabelsZ 60 (1996) 691, 720ff.
[245] BGHZ 118, 312, 330.
[246] BGHZ 118, 312, 345f.
[247] Überzeugend *Schack* IZVR² Rdnr. 1026, 869; *Stiefel/Stürner* VersR 1987, 829, 842f.; *Siehr* RIW 1991, 705, 709.
[248] BGHZ 118, 312, 342.
[249] Allgemein zu deren Voraussetzungen *H. Roth* JZ 1989, 411ff., *ders.* ZHR 153 (1989) 423ff.

cher Höhe, die über die Schadenskompensation hinausgehen und überwiegend reinen Strafcharakter haben, verstoßen gegen den materiellrechtlichen ordre public[250]. Doch widerstreitet nicht schon die Zustellung derartiger Klagen nach dem Haager Zustellungsübereinkommen dem ordre public[251]. Nicht anerkennungsfähig sind auch die im US-amerikanischen Kartellrecht geläufigen Verurteilungen zu **treble damages**[252] oder die Verdreifachung des Schadensersatzes nach dem »**RICO-Act**« (Raketeer Influenced Corrupt Organizations Act), einem Gesetz zur Bekämpfung der Wirtschaftskriminalität[253]. Wenngleich *BGHZ* 118, 312 einen ganz untypischen Sachverhalt betrifft, so wird man ganz allgemein bei Schadensersatzurteilen in exzessiver Höhe einen Verstoß gegen den ordre public annehmen müssen. Das gilt insonderheit auch für Ansprüche aus US-amerikanischer **Produzentenhaftung**, selbst wenn ein ausreichender Inlandsbezug vorhanden ist[254]. Vorzugswürdig und der Rechtssicherheit dienlich ist es, Art. 38 EGBGB über den eigentlichen Anwendungsbereich hinaus auch als Hindernis für die Urteilsanerkennung anzusehen[255].

135   Keinen Verstoß gegen den materiellen ordre public bedeutet es, wenn zum Ersatz von Heilungskosten ohne Rücksicht darauf verurteilt wird, ob der Verletzte sich einer Heilbehandlung unterziehen will[256]. Auch steht der Anerkennungsfähigkeit ein **Erfolgshonorar** des Rechtsanwalts in Höhe von 40% der Urteilssumme nicht entgegen[257]. Jedenfalls bei geringem Inlandsbezug werden auch exorbitante Schmerzensgeldbeträge gebilligt[258].

136   Unvereinbar mit den Grundsätzen des deutschen Eherechts sind »**Pro-Forma**«-**Ehescheidungen im Ausland**[259]. Im entschiedenen Falle hatte eine in Polen ansässige Deutsche dort im Einvernehmen mit ihrem polnischen Ehemann eine derartige Scheidung erwirkt, um zunächst selbst zusammen mit dem gemeinschaftlichen Kind im Wege der Familienzusammenführung nach Deutschland ausreisen zu können. Im Anschluß an die Ausreise des Ehegatten sollte die eheliche Lebensgemeinschaft in Deutschland wieder aufgenommen werden, was jedoch am Tode des Mannes scheiterte. Die Anerkennung des Scheidungsurteils hätte in diesem Falle den Verlust aller Rentenansprüche der Frau bewirkt. In gleicher Weise verstößt die Anwendung einer ausländischen Gesetzesbestimmung, welche die **Legitimation** eines im Ehebruch erzeugten Kindes durch nachfolgende Eheschließung der Eltern nicht zuläßt, solange noch minderjährige eheliche Kinder aus der aufgelösten Ehe vorhanden sind, auf eine im Inland wohnende Familie, gegen den ordre public[260]. Auch kann eine **Sorgerechtsentscheidung** nicht anerkannt werden, die aus deutscher Sicht in unerträglicher Weise gegen das Kindeswohl verstößt[261]. Ferner liegt ein Verstoß gegen den ordre public vor, wenn Kindern aus einer »Zufalls-

---

[250] H.L., *BGHZ* 118, 312, 334 (400000 US Dollar wegen sexuellen Mißbrauchs); im wesentlichen zust. *Schack* ZZP 106 (1993) 104ff.,112; *Schütze* in: FS Nagel (1987) 392, 399f.; *Greger* NJW 1989, 3103f.; *Baumbach/Henkel* RIW 1997, 727, 731ff. (auch zum Verfahren BMW v.Gore); wohl auch *Koch* NJW 1992, 3073, 3075; *Bungert* ZIP 1992, 1707, 1721; *Kronke* LM Nr. 38, 39, 40; *Deutsch* JZ 1993, 266; *Zöller/Geimer*[20] Rdnr. 169; großzügiger *Rosengarten* (Fn. 220) 207f.; *ders.* NJW 1996, 1935, 1937.
[251] *BVerfG* ZIP 1995, 70; zust. *Kronke* EuZW 1995, 221; *Stadler* JZ 1995, 718; anders mit unzutreffender Begründung *Merkt* Abwehr der Zustellung von »punitive damages«-Klagen (1995) 123ff.; krit. dazu *Bungert* NJW 1996, 3405.
[252] *Schack* IZVR² Rdnr. 869.
[253] Ausführlich *Stiefel/Bungert* ZIP 1994, 1905; *dies.* in: FS Trinkner (1995) 749ff.
[254] Näher *Bungert* ZIP 1993, 815, 824 (aber zu undifferenziert auf die Höchstsummen der §§ 15 UmweltHG, 10 ProdHG verweisend); großzügiger als hier *Zekoll* US-amerikanisches Produkthaftpflichtrecht vor deutschen Gerichten (1986) 158ff.
[255] Dafür insbes. *Schack* IZVR² Rdnr. 869; ausdrücklich abl. *BGHZ* 118, 312, 328f.; *Schack* (vorige Fn.) 35ff.
[256] *BGHZ* 118, 312, 327; *Schack* ZZP 108 (1993)104, 108ff. macht im entschiedenen Fall aber mit Recht Bedenken wegen der unverhältnismäßigen Höhe geltend.
[257] *BGHZ* 118, 312, 332.
[258] *BGHZ* 118, 312, 346: 200 000 US-Dollar wegen gemeinsamen Masturbierens mit einem 13jährigen Jungen.
[259] *Justizministerium Nordrhein-Westfalen* IPRax 1986, 167.
[260] *BGHZ* 50, 370, 375f. (zum früheren italienischen Recht).
[261] *BGH* NJW 1980, 529, 531; 1983, 2775, 2778; *OLG Düsseldorf* FamRZ 1982, 534; *OLG Hamm* FamRZ 1987, 506, 507.

verbindung« keine **Vaterschaftsfeststellung** ermöglicht wird[262]. Es liegt kein Verstoß vor, wenn die Unterhaltspflicht des Stiefvaters gegenüber dem Stiefkind ausgesprochen wird[263].

Der Anerkennung eines ausländischen Urteils wegen einer Forderung aus einem **Börstentermingeschäft** steht der ordre public entgegen, weil sie gegen den Zweck des deutschen Börsengesetzes verstoßen würde[264]. Ein Verstoß gegen den deutschen ordre public liegt nicht vor, wenn eine Ehe, die vor einem unzuständigen Standesbeamten geschlossen wurde, für nichtig erklärt wird[265], wenn nach ausländischem Recht die freie Widerruflichkeit einer Vollmacht eingeschränkt wurde[266], bei Abweichungen von § 25 HGB[267], von § 289 Abs. 3 HGB a.F.[268] oder vom deutschen Namensrecht[269]. Auch liegt kein Sittenverstoß vor, wenn der vom ausländischen Gericht festgesetzte Kostenbetrag höher ist als nach deutschem Recht[270]. Ebenso ist die Anerkennung eines zweiten Scheidungsurteils eines amerikanischen Bundesstaates auch dann möglich, wenn durch dieses ein früheres, nach einem sogenannten »**ex parte**«-**Verfahren** in einem anderen Bundesstaat erlassenes, formell rechtskräftig gewordenes erstes Scheidungsurteil gegenstandslos wurde[271]. Läßt eine ausländische Rechtsordnung die Scheidung ohne weiteres bereits dann zu, wenn die Ehe unheilbar zerrüttet ist, so verstößt dies ebensowenig gegen den ordre public[272] wie eine im Erststaat zulässige einvernehmliche Ehescheidung wegen der Unmöglichkeit weiteren Zusammenlebens[273].

137

Eine Abweichung bei der Gewährung oder Versagung von **Ausschlußfristen**, z.B. der Frist nach § 1829 Abs. 2 BGB, ist in der Regel unerheblich[274]. Dagegen verstößt die **Unverjährbarkeit** nur dann nicht gegen den ordre public, wenn sie ausnahmsweise in besonderen Fällen mit fest umschriebenen, eng begrenzten Voraussetzungen vorgesehen ist[275]. Kein Verstoß lag vor, wenn die **Aufwertung** nur in Ausnahmefällen zugelassen war[276], oder einer vor dem Ersten Weltkrieg in deutscher Währung begründeten persönlichen Forderung die rückwirkende Aufwertung versagt blieb[277]. Anders lag es, wenn es sich um eine vor dem Ersten Weltkrieg in deutscher Währung begründete Hypothekenforderung handelte[278].

138

b) Abweichungen im Verfahrensrecht

Von weniger Bedeutung sind Verstöße gegen den verfahrensrechtlichen ordre public. Im Vordergrund steht die Versagung des **rechtlichen Gehörs** während des Verfahrens, also außerhalb des Anwendungsbereichs der Nr. 2 (→ Rdnr. 105)[279]. Bei ausländischen Schiedssprüchen ist dieser Verstoß in § 1044 Abs. 2 Nr. 4 ausdrücklich als Versagungsgrund genannt (→ § 1044 Rdnr. 46 ff.)[280]. So wurde ein Verstoß bejaht, wenn entscheidungserheblichen Behauptungen einer Partei nicht nachgegangen wurde[281] oder sie keine Gelegenheit hatte, zu einem Beweisergebnis Stellung zu nehmen[282]. Ein Verstoß ist auch dann zu bejahen, wenn ein in Deutsch-

139

---

[262] *OLG Oldenburg* FamRZ 1993, 1486, 1487.
[263] Mit Recht *Gottwald* FamRZ 1991, 581 gegen *LG Düsseldorf* ebd.
[264] *BGH* NJW 1975, 1600.
[265] *BayObLG* StAZ 1967, 292; *OLG Celle* NJW 1963, 2235.
[266] *RGZ* 30, 122, 123 f.(zu Art. 30 a.F. EGBGB).
[267] *RGZ* 60, 296, 299 f.(zu Art. 30 a.F. EGBGB); 169, 240, 245.
[268] *RGZ* 73, 366, 368 f.(zu Art. 30 a.F. EGBGB: Befriedigung und Sicherstellung der Gläubiger bei Herabsetzung des Grundkapitals einer AG).
[269] *RGZ* 95, 268, 272 (zu Art. 30 a.F. EGBGB).
[270] *RGZ* 82, 29.
[271] *BayObLGZ* 1967, 218, 228.
[272] *OLG Stuttgart* FamRZ 1973, 38, 39.
[273] *OLG Frankfurt a.M.* OLGZ 1980, 130, 134 f.
[274] *RGZ* 110, 173, 175 (zu Art. 30 a.F. EGBGB).
[275] *RGZ* 106, 82(zu Art. 30 a.F. EGBGB).
[276] *RGZ* 119, 259, 263 f.(zu Art. 30 a.F. EGBGB).
[277] *RGZ* 132, 193, 195.
[278] *RGZ* 114, 171, 172.
[279] Dazu etwa *BGH* FamRZ 1997, 490, 491; *OLG Hamburg* NJW-RR 1991, 390; *LG Hamburg* IPRsp 1981, 429 Nr. 182; *Wieczorek*² E IV b 2; MünchKommZPO/*Gottwald* Rdnr. 90; *Feridl/Kegel/Zweigert* (Hrsg.) Gutachten zum internationalen und ausländischen Privatrecht (1984) 454 f.
[280] Allgemein zum prozessualen ordre public *F. Baur* (Fn. 1); *Nagel* ZZP 82 (1969) 369 ff.
[281] *AG Würzburg* FamRZ 1994, 1596 (Mehrverkehrseinrede).
[282] *OLG Celle* NdsRpfl 1961, 152.

land wohnhafter nicht-deutscher Ehegatte an dem ausländischen Ehescheidungsverfahren nicht beteiligt worden ist[283].

140 Dagegen liegt ein ordre public- Verstoß nicht schon darin, daß das ausländische Verfahrensrecht dem Richter größere Freiheit einräumt als die ZPO dem deutschen Richter. Deshalb ist kein Verstoß gegen den ordre public gegeben, wenn eine ausländische **Vaterschaftsfeststellung** allein auf der Aussage der Kindsmutter beruht[284]. Ebenso liegt es, wenn ein englisches Gericht den Beklagten nach Nichtbefolgung einer »interim-order« wegen »**contempt of court**« von der weiteren Teilnahme am Rechtsstreit ausgeschlossen hat[285]. Großzügigkeit ist auch bei Unterschieden in der Gerichtsverfassung angebracht. So schadet es nicht, wenn das Urteil nur von **Laienrichtern** erlassen wurde[286]. Doch liegt ein Verstoß gegen Nr. 4 vor, wenn die Unabhängigkeit und Unparteilichkeit des Gerichts nicht gewahrt sind[287] oder sich der ausländische Richter sogar der Rechtsbeugung schuldig gemacht hat[288]. Das Urteil wird auch dann nicht anerkannt, wenn der Beklagte an dem ausländischen Verfahren nicht beteiligt worden ist, obwohl dem Kläger sein inländischer Aufenthaltsort bekannt war[289]. Nicht anerkennungsfähig sind ausländische »**antisuit injunctions**«, weil ausländische Klageverbote die Deutschland vorbehaltene Entscheidung aushebeln, ob deutsche Gerichte entscheiden sollen oder nicht[290].

141 Die Anerkennung scheitert grundsätzlich nicht am ordre public, wenn das Urteil nur einen unzulänglichen **Tatbestand** und keine ins einzelne gehende **Begründung** enthält. Das gilt häufig für US-amerikanische Zivilurteile, soweit sie auf dem nicht näher begründeten verdict der jury beruhen[291]. Auch die den anglo-amerikanischen Prozeßrechten eigentümliche Durchführung einer **pre-trial-discovery** unter weitgehender Parteiherrschaft mit der Möglichkeit des Ausforschungsbeweises begründet für sich noch keinen Verstoß gegen den ordre public. In den gebotenen Gesamtvergleich sind auch die dem deutschen Recht bekannten materiellrechtlichen Auskunftspflichten mit einzubeziehen[292]. Grundsätzlich bestehen auch keine Bedenken dagegen, daß US-amerikanische Zivilurteile in der Regel keine Kostenerstattung zugunsten der obsiegenden Partei vorsehen (»**American rule of costs**«)[293]. Mißbräuchen im Einzelfall kann aber mit dem ordre public-Einwand begegnet werden. Für sich nicht zu beanstanden ist es auch, wenn das ausländische Recht keine **Prozeßkostenhilfe** kennt[294]. Differenziert zu beurteilen sind **class actions**, bei denen eine begrenzte Zahl von Beteiligten für eine große Anzahl Betroffener Ansprüche geltend macht. Hier kann ein ordre public-Verstoß wenigstens dann vorliegen, wenn die nicht unmittelbar am Prozeß beteiligten Klassenmitglieder nicht ausreichend durch aktive Richterkontrolle geschützt wurden[295].

---

[283] *OLG Hamm* FamRZ 1996, 178, 179; *OLG Frankfurt a.M.* OLGZ 1985, 257.

[284] *BGH* NJW 1986, 2193; auch *BSG* FamRZ 1997, 1010 [LS] mit Anm. *Jayme* SGb 1997, 598; offengelassen wegen der Besonderheiten des Einzelfalles in *BGH* FamRZ 1997, 490, 492; *OLG Düsseldorf* FamRZ 1996, 176, 177; *OLG Hamm* DAVorm 1993, 104, 105; *LG Hamburg* FamRZ 1993, 980.

[285] *BGHZ* 48, 327, 332f.; zust. MünchKommZPO/ *Gottwald* Rdnr. 91; *Schack* IZVR² Rdnr. 864; *G.H.Roth* ZZP 82 (1969) 152; *Wengler* JZ 1968, 596f.; a.A. *F. Baur* (Fn.1) 20.

[286] *OLG Saarbrücken* NJW 1988, 3100 mit Anm. *H.Roth* IPRax 1989, 14, 17.

[287] *Riezler* (Fn.1) 552.

[288] *Hellwig* Lb 1, 135f.

[289] *OLG Koblenz* NJW-RR 1991, 521, 522.

[290] *Geimer* IZVR³ Rdnr.1014; *Martiny* Hdb.IZVR (Fn.1) III/1 Rdnr.477; *Schack* IZVR² Rdnr.773; a.A. *Koch* Grenzüberschreitender einstweiliger Rechtsschutz in: Heldrich/Kono (Hrsg.) Herausforderungen des internationalen Zivilverfahrensrechts (1994) 85, 96.

[291] *BGHZ* 118, 312 hat das nicht beanstandet; im Ergebnis zust. *Schack* ZZP 106 (1993) 108.

[292] *BGHZ* 118, 312, 323f.; MünchKommZPO/*Gottwald* Rdnr. 91; *Geimer* Anerkennung ausländischer Entscheidungen in Deutschland (Fn.1) 137; differenzierend *Schütze* in: FS Stiefel (1987) 697; zur Bedeutung des Instituts in den USA *Schack* Einführung in das US-amerikanische Zivilprozeßrecht² 44ff.; zum englischen Prozeßrecht *H.Roth* ZZP 109 (1996) 271, 291ff. mit Nachw.; auch → §363 Rdnr.213.

[293] *BGHZ* 118, 312, 325; MünchKommZPO/*Gottwald* Rdnr. 91 a.E.; *Schack* ZZP 106 (1993) 107f.; anders für unverhältnismäßig hohe Kosten *Schütze* WM 1979, 1174, 1176.

[294] Strenger *Zöller*/*Geimer*²⁰ Rdnr.156; offengelassen von *BGH* NJW 1994, 1413, 1415.

[295] Für einen grundsätzlichen Verstoß gegen den ordre public *Mann* NJW 1994, 1187; jedenfalls einen Verstoß gegen den materiellen ordre public verneinend *Bungert* ZIP 1993, 815, 824 mit Fn.105; differenzierend *Mark* EuZW 1994, 238; zur Ausgestaltung der class action *Schack* (Fn.292) 79f.

Mit dem ordre public vereinbar sind **summarische Verfahren**, die zu einer endgültigen Entscheidung führen. Es ging um ein britisches Verfahren nach RSC order 14 mit einer beschleunigten endgültigen Entscheidung ohne Hauptverhandlung, wenn der Beklagte keine »Einwendungen oder Streitpunkte« darlegen kann, »die ein ordentliches Verfahren« rechtfertigen[296]. Es liegt ferner keine Mißachtung des ordre public vor, wenn das ausländische Verfahren den **Anwaltszwang** nicht vorsieht[297]. 142

Die Anerkennung ist zu versagen, wenn durch die Anrufung eines an sich international zuständigen ausländischen Gerichts der Kläger **arglistig** zum Schaden des Beklagten die deutsche Gerichtsbarkeit umgangen hat[298]. Es handelt sich aber wohl um keinen Verstoß gegen den ordre public, sondern um einen Fall der prozessualen Arglist bei der Zuständigkeitswahl[299]. Dagegen begründet einen ordre public-Verstoß ein ausländisches Unterhaltsurteil, das ein **Abänderungsverbot** vorsieht[300]. 143

XI. Gegenseitigkeit (Abs. 1 Nr. 5)[301]

1. Normzweck

Das Gegenseitigkeitserfordernis im internationalen Rechtsverkehr bezweckt aus politischen Gründen, ausländische Staaten zu einem geordneten Zivilrechtsverkehr mit der Bundesrepublik Deutschland anzuhalten[302]. Zudem soll es nach den Vorstellungen des Gesetzgebers auch als Garantie für eine Mindestqualität ausländischer Entscheidungen wirken[303]. Rechtspolitisch wäre eine Abschaffung des Gegenseitigkeitserfordernisses sinnvoll, um den legitimen **Parteiinteressen** zum Durchbruch zu verhelfen. So ist eine Schlechterstellung eines im Ausland erfolgreichen deutschen Klägers, der in Deutschland gegen den ausländischen Beklagten vollstrecken will, nicht einzusehen. Auch widerstreitet es dem wohlverstandenen Interesse eines ausländischen Klägers, der nur deshalb nicht in Deutschland vollstrecken kann, weil deutsche Urteile durch den Urteilsstaat nicht anerkannt werden. Zudem hängen alle anderen Versagungsgründe des § 328 mit der konkreten Streitigkeit zusammen, wogegen Nr. 5 ein Erfordernis aufstellt, das mit dem anzuerkennenden Urteil auch nicht mittelbar in Verbindung gebracht werden kann[304]. Gleichwohl hat der Gesetzgeber des den § 328 ändernden IPR-Gesetzes (→ »Gesetzesgeschichte« [nach dem Gesetzestext]) das Gegenseitigkeitserfordernis nicht beseitigt. Die Bundesregierung sah dessen Streichung als »verfrüht« an[305]: »Die Auswirkungen einer Streichung im vermögensrechtlichen Bereich sind bislang nicht ausreichend geprüft. Andere, vermittelnde Lösungen wie Bereitstellung angemessener Mittel zur 144

---

[296] BGHZ 53, 357, 359 ff. (→ Rdnr. 63).
[297] BayObLG NJW 1974, 418.
[298] RGZ 157, 136, 138; *Riezler* (Fn. 1) 338, 548; LG Saarbrücken SaarlRZtschr 50, 31 (Geltendmachung eines Rückerstattungsanspruches vor einem ausländischen Gericht).
[299] Näher → § 35 Rdnr. 8; ferner auch → Einl. Rdnr. 764; → § 1 Rdnr. 12; und → § 23 Rdnr. 30; *G.H. Roth* (Fn. 1) 47 f. begründet die Versagung der Anerkennung aus der »Natur der Sache« und nicht aus § 328 Abs. 1 Nr. 4.
[300] OLG Nürnberg FamRZ 1996, 353, 354.
[301] Dazu (außer Fn. 1) *Beitzke* Rechtsvergleichende Bemerkungen zur Anerkennung und Vollstreckung ausländischer zivilrechtlicher Entscheidungen in Jugoslawien RabelsZ 30 (1966) 642 ff.; *Börner* Die Anerkennung ausländischer Titel in den arabischen Staaten (1996); *Geimer* NJW 1968, 2198 ff.; *Möllring* Anerkennung und Vollstreckung ausländischer Urteile in Südamerika (1985); *Säcker/Seiffert/Wolfrum* (Hrsg.) Anerkennung und Vollstreckung ausländischer Entscheidungen in Osteuropa (1994); *Schütze* Vollstreckung ausländischer Urteile in Afrika (1966); *ders.* Die Geltendmachung deutscher Urteile im Ausland. Verbürgung der Gegenseitigkeit (1977).
[302] BGH NJW 1997, 524, 527.
[303] MünchKommZPO/*Gottwald* Rdnr. 7.
[304] Krit. deshalb schon *Mittermaier* AcP 14 (1831) 84, 108; MünchKommZPO/*Gottwald* Rdnr. 92; *Kisch* (Fn. 1) 705; *Schack* IZVR² Rdnr. 877; *v. Bar* 2 (1889) 506 ff.; *Beitzke* in: FS Nipperdey (1965) 1, 855, 858; *Bülck* JbIntR 5 (1955) 92 ff.; *Cohn* JbIntR 6 (1956) 215 ff.; *Einmahl* NJW 1971, 1487; *Hepting* (Fn. 1) 225 ff.; *Satter* ZZP 55 (1930) 459 ff.; *Süß* (Fn. 1) 232 ff.; *Wittmaack* BöhmsZ 22 (1912) 1, 8 ff.
[305] BT-Drucks. 10/504 S. 88.

Feststellung der Voraussetzungen einer Verbürgung der Gegenseitigkeit sind bisher nicht versucht worden«. Trotz der vorgetragenen Bedenken muß man die gesetzliche Lösung als **verfassungskonform** ansehen[306].

2. Voraussetzungen

a) Selbständigkeit

145   Das Erfordernis der Gegenseitigkeit ist neben den Nrn. 1 bis 4 eine selbständige Voraussetzung für die Anerkennung und muß jeweils nachgewiesen werden[307]. Das deutsche Anerkennungsgericht hat die Verbürgung der Gegenseitigkeit von Amts wegen festzustellen (→ Rdnr. 30). Fehlt sie, so ist die Anerkennung ohne Rücksicht darauf ausgeschlossen, ob sich auch aus Nrn. 1 bis 4 Bedenken ergeben. Da Nr. 5 nach dem Gesagten eine **Anerkennungsvoraussetzung** und kein Anerkennungshindernis ist, scheitert eine Anerkennung, wenn die Rechtslage unaufklärbar bleibt, was bei kleineren Staaten nicht eben selten der Fall ist[308]. Im Anwendungsbereich des AUG ist das Gericht der Prüfung enthoben, weil nach §§ 1, 10 AUG die Verbürgung der Gegenseitigkeit von der Justizverwaltung festgestellt und im Bundesgesetzblatt bekanntgemacht wird.

146   Das Gesagte gilt selbst dann, wenn auf den Streitfall materiell das Recht desjenigen Staates anzuwenden ist, dem dieses Gericht angehört, wenn dieses Gericht für die Entscheidung zuständig war und eine Verletzung des ordre public nicht vorliegt[309].

b) Verbot des Doppelexequatur

147   Nicht anerkennungsfähig sind Exequaturentscheidungen, da jeder Staat selbständig bestimmt, welche ausländischen Urteile er anerkennt (→ Rdnr. 62). Deshalb können Anerkennungsurteile dritter Staaten nicht binden[310]. Gleichwohl kann die in einem ausländischen Anerkennungsurteil enthaltene selbständige Kostenentscheidung anerkannt werden[311].

c) Gegenseitigkeit bei Staatsverträgen

148   Die Gegenseitigkeit ist von dem deutschen Anerkennungsgericht nur dann zu prüfen, wenn nicht bereits ein bilateraler oder multilateraler Staatsvertrag die Anerkennung anordnet (→ Rdnr. 42ff.). Die Gegenseitigkeit im Verhältnis zu den Partnern der Staatsverträge ergibt sich bereits aus dem Inhalt jener Verträge. Das Gericht hat nicht zu prüfen, ob der andere Mitgliedstaat seine Pflicht erfüllt, soweit nicht ein Vertrag das ausdrücklich vorsieht.

149   Fehlt ein derartiges Abkommen, so kann ein in der Hauptsache nicht anerkennungsfähiges Urteil grundsätzlich auch im **Kostenausspruch** nicht für vollstreckbar erklärt werden[312]. Doch können wegen der Kostenentscheidung möglicherweise Art. 18, 19 des Haager Übereinkommens von 1954 (Text → Rdnr. 250) eingreifen. Kostenentscheidungen der Urteile von Gerichten der Mitgliedstaaten sind durch die zuständige deutsche Instanz für vollstreckbar zu erklären, so daß unter Umständen für die Anerkennung der Hauptsacheentscheidung die Gegen-

---

[306] Anders *Puttfarken* RIW 1976, 149; vgl. aber *BVerfGE* 30, 409, 413f.
[307] *Beitzke* RabelsZ 30 (1966)642, 649.
[308] A.A. *Pfeiffer* RabelsZ 55 (1991) 734ff.
[309] BGH LM Nr.14 : Türkei; zust. *Schütze* NJW 1969, 293, 296.

[310] *Schack* IZVR² Rdnr. 812; *Kegel* in: FS Müller-Freienfels (1986) 377,383; *Kallmann* (Fn.1) 38; *Geimer* Gerichtsbarkeit (Fn.1) 26 Fn.7; a.A. → *E.Schumann* Voraufl. Rdnr. 251a.
[311] *Geimer* IPrax 1990, 190, 192.
[312] BGH LM Nr.2 Deutsch-österreichischer Anerkennungsvertrag mit Anm. *Geimer*.

seitigkeit zu prüfen ist, nicht aber für die Kostenentscheidung (wegen der Mitgliedstaaten → Rdnr. 248).

d) Nichtvermögensrechtliche Streitigkeiten und Kindschaftssachen (Absatz 2)

In gewissen Streitigkeiten ist die Gegenseitigkeit nicht zu prüfen. Das gilt nach Abs. 2 Alt. 2 für die Kindschaftssachen des § 640 Abs. 2 und nach Abs. 2 Alt. 1 für die Anerkennung von Urteilen über nichtvermögensrechtliche Ansprüche (zum Begriff →*E. Schumann* § 1 Rdnr. 46f.), für die ein deutscher Gerichtsstand nicht besteht und nach § 40 Abs. 2 nicht begründet werden kann. In derartigen Fällen gilt auch die **Kostenentscheidung** als nichtvermögensrechtlich[313]. Dieselbe Regelung enthält Art. 7 § 1 Abs. 1 S. 2 FamRÄndG (Text → Rdnr. 186) für bestimmte Entscheidungen in Ehesachen (zu Art. 7 § 1 FamRÄndG allgemein → Rdnr. 188).

150

3. Inhalt

a) Begriff

Gegenseitigkeit ist nur dann gegeben, wenn die Urteile deutscher Gerichte in dem fremden Staat als bindend behandelt werden. Der ausländische Staat muß die deutsche Gerichtsbarkeit in **wenigstens annähernd gleichem Umfang** anerkennen wie Deutschland die ausländische Justiztätigkeit. Deshalb besteht keine Gegenseitigkeit, wenn z.B. der ausländische Staat die Gerichtsbarkeit in einem solchen Umfang für sich in Anspruch nimmt, daß für die Anerkennung deutscher Urteile kaum mehr Raum besteht[314]. Die Rechtsprechung hat zur Erleichterung der Anerkennung das Gegenseitigkeitserfordernis in mehrfacher Hinsicht gelockert.

151

b) Partielle Gegenseitigkeit

Nach der höchstrichterlichen Rechtsprechung genügt auch eine auf bestimmte Gebiete beschränkte (partielle) Gegenseitigkeit. So kann etwa die Gegenseitigkeit im Hinblick auf **bestimmte Gerichtsstände** verbürgt sein, z.B. den allgemeinen Gerichtsstand des Beklagten[315]. In vergleichbarer Weise kann die Gegenseitigkeit auch im Hinblick auf bestimmte Urteilsgattungen verbürgt sein[316]. So genügt bei einem ausländischen Zahlungsurteil die Gegenseitigkeit bei der Anerkennung und Vollstreckung von Leistungsurteilen über eine Geldsumme[317]. Auch werden etwa kontradiktorische Urteile, nicht aber Versäumnisurteile anerkannt. In gleicher Weise kann die Rechtskraftwirkung klageabweisender Entscheidungen anerkannt werden, wenn der Urteilsstaat deutsche Entscheidungen zwar nicht zur Vollstreckung zuläßt, wohl aber die Rechtskraft anerkennt[318]. Überhaupt wird man es als ausreichend ansehen können, wenn deutsche Urteile der Urteilsgattung, zu der das konkrete Urteil gehört, im Urteilsstaat anerkannt und vollstreckt werden[319].

152

---

[313] *RGZ* 109, 387.
[314] *RGZ* 107, 308; 115, 103ff.
[315] *BGHZ* 42, 194, 199; 52, 251, 255 (jeweils Südafrika).
[316] *Schütze* NJW 1973, 2143, 2144.
[317] *BGHZ* 42, 194 mit Anm. *Schneider* LM Nr. 16; zust. *Schütze* NJW 1969, 293, 294; *BGH* WM 1968, 707 (Frankreich); dazu *Geimer* NJW 1968, 2198, 2200.
[318] *Milleker* NJW 1971, 303, 306; *Schack* IZVR² Rdnr. 875; a.A. *Schütze* Deutsches Internationales Zivilprozeßrecht (Fn. 1) 145.
[319] *Geimer* NJW 1968, 2198, 2200.

c) **Umfang**

153 Bei der Prüfung der Gegenseitigkeit darf nach den Formulierungen der Rechtsprechung kein formaler und kleinlicher Maßstab angelegt werden. Doch muß die bindende Kraft eines deutschen Urteils im ausländischen Staat wenigstens annähernd in gleichem Umfang anerkannt werden wie die eines nach § 328 in Deutschland anerkannten ausländischen Urteils. Entscheidend ist die **Gleichstellung** der deutschen Urteile mit den eigenen Urteilen des Urteilsstaates. Mehr gewährt auch Deutschland nicht und kann kein Staat gewähren. Maßgebend ist der Vergleich der Urteilswirkungen des deutschen Urteils im Ausland mit den Wirkungen des ausländischen Urteils im Ausland. Dabei schadet es nicht, wenn etwa der ausländische Staat seinerseits die »Kumulationstheorie« anwendet (→ Rdnr. 8) und etwa weiter reichende deutsche Urteilswirkungen nach seiner eigenen lex fori begrenzt. Doch müssen die Bedingungen der Anerkennung der deutschen Urteile im ausländischen Staat im wesentlichen denselben Grundsätzen folgen, wie sie § 328 aufstellt[320].

154 Für die Bejahung der Gegenseitigkeit ist maßgebend, daß die Anerkennung und Vollstreckung eines deutschen Urteils in dem Staat, dessen Urteil anerkannt werden soll, auf keine wesentlich größeren **Schwierigkeiten** stoßen darf als die eines ausländischen Urteils in Deutschland. Die Forderung einer genauen Übereinstimmung der beiderseitigen Gesetzgebungen würde jede gegenseitige Urteilsanerkennung ausschließen[321]. Entscheidend ist nur, ob im wesentlichen gleichwertige Bedingungen für die Anerkennung eines Urteils gleicher Art im Ausland bestehen[322]. Die **Gesamtwürdigung** bei der Prüfung erlaubt es, Erschwerungen durch Erleichterungen auszugleichen[323]. Die Gegenseitigkeit fehlt deshalb nur bei wesentlichen Erschwerungen. Das ist etwa der Fall, wenn das ausländische Recht eine Nachprüfung der Gesetzmäßigkeit der Entscheidung vorschreibt, deutsche Urteile also einer Nachprüfung der tatsächlichen Feststellungen, des Verfahrens oder der Rechtsanwendung unterworfen werden (révision au fond)[324]. Ebenso liegt es, wenn das ausländische Recht eine neue Klage aufgrund des ursprünglichen Sachverhalts fordert oder dem Beklagten gestattet, Einreden auch dann vorzubringen, wenn sie nach deutschem Recht präkludiert werden (vgl. § 767)[325].

155 Unschädlich sind Abweichungen im ausländischen Anerkennungsrecht, die in der Mehrzahl der Fälle zu **keiner abweichenden Praxis** führen. Unerheblich ist es z.B., wenn das ausländische Recht zwar die Prüfung der konkreten Zuständigkeit des erkennenden Gerichts vorschreibt, dieses Erfordernis in der ausländischen Anerkennungspraxis aber nur geringe Bedeutung hat[326]. Die Gegenseitigkeit entfällt auch dann nicht, wenn das ausländische Recht die Wiederaufnahme in weiterem Umfang zuläßt als die §§ 578 ff. oder trotz der Rechtskraft Schadensersatzansprüche gewährt[327]. Voraussetzung ist, daß es hierbei nicht zu Lasten deutscher Urteile zwischen innerstaatlichen und anerkannten ausländischen Urteilen unterscheidet.

---

[320] *RGZ* 38, 377, 378 f.; BöhmsZ 10 (1900) 303.
[321] *RGZ* 70, 434, 438 f.; *OLG Köln* FamRZ 1995, 306; *Schütze* Deutsches Internationales Zivilprozeßrecht (Fn. 1) 144.
[322] Grundlegend *BGHZ* 42, 194 (Südafrika).
[323] Etwa *Schütze* Deutsches Internationales Zivilprozeßrecht (Fn. 1) 144.
[324] *RGZ* 7, 406, 409.
[325] *RGZ* 7, 406, 410.

[326] *BGHZ* 49, 50 (Syrien); WM 1968, 707 (Frankreich); zust. *Geimer* NJW 1968, 2198, 2199; *Wittmaack* BöhmsZ 22 (1912) 1ff.; *Nußbaum* (Fn. 1) 437 Fn. 2; *Süß* (Fn. 1) 240 Fn. 17; a.A. *RGZ* 70, 434, 435 (Kalifornien); 107, 308, 311 (Kanton Zürich).
[327] Vgl. auch *Mendelssohn-Bartholdy* BöhmsZ 22 (1912) 357; a.A. *RGZ* 70, 434 ff. (Kalifornien); *Kißkalt* LZ 1907, 689, 696.

4. Prüfung der Gegenseitigkeit

a) Anerkennungsrecht; Anerkennungspraxis; Anerkennungsbereitschaft

Es besteht keine gesetzliche Vermutung für das Bestehen der Gegenseitigkeit. Vielmehr muß die Gegenseitigkeit der tatsächlichen Übung entsprechen. Bei der Prüfung der Gegenseitigkeit ist daher entscheidend auf die **Anerkennungspraxis** des ausländischen Staates abzustellen[328]. Deshalb können anerkennungsfreundliche ausländische Rechtsnormen, die in Widerspruch zur Anerkennungspraxis des gleichen Staates stehen, die Gegenseitigkeit nicht verbürgen[329]. Das **Anerkennungsrecht** des Urteilsstaates ist erst dann entscheidend, wenn eine bestimmte Anerkennungspraxis nicht festgestellt werden kann[330]. Ein erster Anwendungsfall braucht nicht abgewartet zu werden. Wird in beiden Staaten auf die tatsächliche Verbürgung abgestellt, so scheitert die Gegenseitigkeit nicht daran, daß ein ausländisches Urteil fehlt, dem die Anerkennungspraxis zu entnehmen ist. Es genügt die **Anerkennungsbereitschaft**, die auch durch eine Erklärung der ausländischen Staatsgewalt nachgewiesen werden kann[331]. Man wird die Gegenseitigkeit auch dann bejahen können, wenn die Anerkennungsvoraussetzungen gleichwertig sind, wegen des Gegenseitigkeitserfordernisses aber bisher kein Anerkennungsfall vorgekommen ist[332].

156

Die ausländische Praxis und Gesetzgebung zur Gegenseitigkeit sind nach § 293 festzustellen (→ § 293 Rdnr. 36ff.). Im Wege des Freibeweises ist nicht vorzugehen (→ Rdnr. 17 vor § 355).

157

b) Zeitpunkt

Da der nachträgliche Eintritt der Gegenseitigkeit genügt (→ Rdnr. 35), dürfen auch solche Urteile anerkannt werden, bei denen keine Gegenseitigkeit verbürgt war, als sie erlassen wurden. Den allgemeinen Grundsätzen des Anerkennungsrechts folgend schadet in umgekehrter Richtung ein späterer Wegfall der Gegenseitigkeit nicht (→ Rdnr. 32)[333]. Stehen einem ausländischen Urteil keine Anerkennungshindernisse entgegen, so wird es dem Grundsatz nach wie ein inländisches Urteil behandelt (→Rdnr. 7). Da einem inländischen Titel vorbehaltlich einer abweichenden gesetzlichen Regelung die ihm zukommende Rechtskraft nicht genommen werden kann, kann für einen ausländischen Titel bei **Wegfall der Gegenseitigkeit** nichts anderes gelten. Der deutsche Gesetzgeber hat auch nicht etwa eine auflösend bedingte Rechtskraft ausländischer Titel vorgesehen, die an die fortdauernde Gegenseitigkeit geknüpft ist. Außenpolitische Belange werden dadurch nicht untergraben. Wenn wirklich einmal die Rechtspflegebeziehungen zu einem auswärtigen Staat aus grundlegenden Gerechtigkeitsvorstellungen des deutschen Rechts eingeschränkt werden müssen, so steht zur Bekämpfung von Mißbräuchen immer noch der prozessuale ordre public zur Verfügung (→ Rdnr. 139ff.). Würde man demgegenüber an den Wegfall der Gegenseitigkeit Rechtsfolgen knüpfen, so müßte konsequenterweise die Wiederaufnahme nach § 580 Nr. 6 gegenüber demjenigen inländischen Urteil offenstehen, das auf der fremden Entscheidung aufruht.

158

---

[328] *OLG Hamm* IPRax 1986, 234 mit zust. Anm. *Böhmer*; MünchKommZPO/*Gottwald* Rdnr. 96.
[329] *Laband* DJZ 1907, 871f.; *Kißkalt* LZ 1907, 689, 702f.; *Peters* Der sogenannte Freibeweis im Zivilprozeßrecht (1962) 182.
[330] BGHZ 49, 50 (Syrien).
[331] *Beitzke* RabelsZ 30 (1966) 642.

[332] *Nagel* in: FS Waseda – Universität (Fn. 1) 757, 763; MünchKommZPO/*Gottwald* Rdnr. 96.
[333] Grundlegend *v. Wedel* Judicium 5 (1933) Sp. 77ff. sowie RGZ 166, 367, 376; *Geimer* NJW 1968, 2198, 2200; *Schütze* NJW 1969, 293, 295; MünchKommZPO/*Gottwald* Rdnr. 93; *Riezler* (Fn. 1) 554f. vor allem für Gestaltungsurteile; a.A. RGZ 41, 422, 424 und die 18. Aufl. dieses Kommentars (sub I1) für Vollstreckungsurteile.

c) Nebeneinander von § 328 und Staatsvertrag

159 Sieht ein völkerrechtlicher Vertrag die gegenseitige Anerkennung für Urteile auf Leistungen vor, die nach einem bestimmten Zeitpunkt fällig werden, so kann daraus nicht die Gegenseitigkeit für andere Urteile abgeleitet werden. So ist im Verhältnis zu **Österreich** aufgrund des Vertrages vom 6.6. 1959 (→ Rdnr. 340) für die Vollstreckbarkeit der nach dem 31.12. 1959 fällig werdenden Leistungen die Gegenseitigkeit verbürgt[334]. Für andere Urteile gilt allein § 328, wogegen für die von dem Vertrag erfaßten Urteile ausschließlich dieser Geltung beansprucht. Jetzt gilt freilich das LugÜ (→ Rdnr. 48).

5. Übersicht über die Verbürgung der Gegenseitigkeit

160 Die nachfolgende Übersicht gibt nur Auskunft über die Gegenseitigkeit bei der Anerkennung **vermögensrechtlicher Urteile**. Die Anerkennung von ausländischen Eheurteilen findet sich dargestellt unten → Rdnr. 211 ff.

Gegenseitigkeitsschlüssel

161 Die nachfolgende Übersicht über die Gegenseitigkeit bezieht sich grundsätzlich auf die Anerkennungssituation bei dem Fehlen von Anerkennungs- und Vollstreckungsverträgen. Dagegen richtet sich die Anerkennungssituation nach den betreffenden völkerrechtlichen Verträgen, wenn Deutschland und ein anderer Staat Mitglied eines bilateralen Anerkennungsabkommens oder eines multilateralen Anerkennungsübereinkommens sind. Es ergibt sich in erster Linie aus der jeweiligen systematischen Stelle dieser Kommentierung, ob mit dem Ausland solche Verträge bestehen. So sind daraus z.B. die Mitgliedsstaaten der Haager Übereinkommen zur Anerkennung von Unterhaltsentscheidungen ersichtlich (näher → *Münzberg* Anhang § 723 Rdnr. 5, 19). Wegen ihrer herausragenden Bedeutung für den gesamten internationalen Zivilrechtsverkehr sind aber im Gegenseitigkeitsschlüssel einige Abkommen zusätzlich erwähnt: So ist stets vermerkt, wenn das **EuGVÜ** (auch → Rdnr. 43) und das **LugÜ** (auch → Rdnr. 48) eingreifen und es deshalb zu keiner Prüfung der Gegenseitigkeit kommt. **Bilaterale** Anerkennungs- und Vollstreckungsverträge sind ebenfalls angegeben (auch → Rdnr. 58 ff.). Ist der betreffende Staat Mitglied des **Haager Übereinkommens** von 1954 (auch → Rdnr. 50), so wird das durch »Übk. 1954« kenntlich gemacht. Die Mitgliedschaft in diesem Übereinkommen ist wegen der Kostenentscheidung von Bedeutung (→ Rdnr. 247 ff.). Angegeben ist ferner die Mitgliedschaft im **Haager Unterhaltsübereinkommen** 1973 (HUVÜ 1973). Name und Schreibweise der Staaten richten sich nach dem vom Auswärtigen Amt herausgegebenen »Verzeichnis der Staatennamen für den amtlichen Gebrauch in der Bundesrepublik Deutschland« nach dem Stand vom 24. 4. 1997. Ältere und andere Bezeichnungen finden sich in erster Linie im **Staatenverzeichnis** eingangs der Kommentierung. »Ja« bedeutet, daß die Gegenseitigkeit bei der Anerkennung vermögensrechtlicher Urteile wohl als verbürgt anzusehen ist. »Nein« bedeutet, daß es an der Gegenseitigkeit wohl insoweit fehlt. Bei in der Übersicht nicht enthaltenen Staaten konnten bis zur Drucklegung keine Nachweise ermittelt werden. Eine gewisse Vorsicht ist stets angebracht, da sich die Verhältnisse »undokumentiert« verändern können[335]. Probleme bereitet nach wie vor der Untergang der ehemaligen Sowjetunion, von Jugoslawien und der Tschechoslowakei[336].

---

[334] *LG Stuttgart* MDR 1964, 1011.
[335] *Soergel/Kronke*[12] (1996) Anh.IV Art. 38 EGBGB Rdnr. 144.
[336] Dazu etwa *Silagi* Staatsuntergang und Staatennachfolge (1996) 58 ff.

162 Ägypten ja[337], Übk. 1954
Äthiopien nein[338]
Afghanistan nein[339]
Albanien nein[340]
Algerien nein[341]
Andorra ja[342]
Angola ungeklärt[343]
Antigua und Barbuda ja[344]
Argentinien ja[345], Übk. 1954
Armenien nein[346], Übk. 1954
Aserbaidschan nein[347]
Australien ja[348]
Äquatorialguinea ja[349]

163 Bahamas ja[350]
Bahrain ja[351]
Bangladesch ja (ohne Versäumnisurteile)[352]

Barbados ja[353]
Belarus nein[354],Übk. 1954[355]
Belgien ja, EuGVÜ, Vertrag vom 30. 6. 1958 (→ Rdnr. 321), Übk. 1954
Belize ja[356]
Benin (früher Dahome) nein[357]
Bhutan nein[358]
Birma (jetzt Myanmar) partiell[359]
Bolivien nein[360]
Bosnien und Herzegowina nein[361], Übk. 1954[362]
Botsuana ja[363]
Brasilien ja[364]
Brunei Darussalam ungeklärt
Bulgarien nein[365]
Burkina Faso (früher Obervolta) ja[366]
Burundi ja[367]

---

[337] OLG Frankfurt a.M. WM 1987, 276; *Martiny* Hdb. (jeweils auch im nachfolgenden Band III/1)(Fn. 1) Rdnr. 1310; *Schütze* Deutsches Internationales Zivilprozeßrecht (Fn. 1) 146; IPG 1970 Nr. 34 (Heidelberg).

[338] *Arnold* AWD 1968, 309; *Martiny* Hdb.(Fn. 1) Rdnr. 1320 (ungeklärt); für Gegenseitigkeit *Rahm/Künkel/Breuer* VIII 269; MünchKommZPO/*Gottwald* Rdnr. 99.

[339] *Martiny* Hdb.(Fn. 1) Rdnr. 1309; *Krüger* IPRax 1985, 151, 152.

[340] *Martiny* Hdb.(Fn. 1) Rdnr. 1311; *Zöller/Geimer*[20] Anhang III S. 2564.

[341] OLG Zweibrücken FamRZ 1997, 93, 94; *Schütze* RIW 1977, 761, 762; *Krüger* in: Böckstiegel (Hrsg.) Vertragspraxis und Streiterledigung im Wirtschaftsverkehr mit den arabischen Staaten (1981) 17, 59 (für ausländische Schiedssprüche); *Martiny* Hdb.(Fn. 1) Rdnr. 1312 (partielle Gegenseitigkeit); ebenso *Baumbach/Lauterbach/Hartmann*[56] Anhang nach § 328 Rdnr. 1; *Nagel* ZZP 95(1982)368, 369.

[342] *Zöller/Geimer*[20] Anhang III S. 2564; *Martiny* Hdb. (Fn. 1) Rdnr. 1313 (partiell).

[343] *Martiny* Hdb.(Fn. 1) Rdnr. 1314; verneinend *Zöller/Geimer*[20] Anhang III S. 2564.

[344] *Martiny* Hdb.(Fn. 1) Rdnr. 1315; *Bülow/Böckstiegel/Geimer/Schütze* (Fn. 1) Nr. 1007.6 (partiell).

[345] *Bülow/Böckstiegel/Geimer/Schütze/Piltz* (Fn. 1) Nr. 1009; MünchKommZPO/*Gottwald* Rdnr. 99. Der meisten Fälle auch *Martiny* Hdb. (Fn. 1) Rdnr. 1317ff.; *Baumbach/Lauterbach/Hartmann*[56] Anhang nach § 328; verneinend → *E. Schumann* Vorauf. Rdnr 272.

[346] *Zöller/Geimer*[20] Anhang III; zum Übk.1954 BGBl 1997 II 554.

[347] *Zöller/Geimer*[20] Anhang III.

[348] *Zöller/Geimer*[20] Anhang III (für jeden Bundesstaat gesondert zu prüfen); MünchKommZPO/*Gottwald* Rdnr. 100 (für alle Einzelstaaten und Territorien); *Martiny* Hdb.(Fn. 1) Rdnr. 1321ff. (unter Aufführung der Einzelstaaten); differenzierend *Baumbach/Lauterbach/Hartmann*[56] Anhang nach § 328.

[349] *Martiny* Hdb. (Fn. 1) Rdnr. 1316.
[350] *Martiny* Hdb. (Fn. 1) Rdnr. 1331.
[351] *Martiny* Hdb. (Fn. 1) Rdnr. 1332.
[352] *Martiny* Hdb. (Fn. 1) Rdnr. 1333; MünchKommZPO/*Gottwald* Rdnr. 100; *Zöller/Geimer*[20] Anhang III; *Bülow/Böckstiegel/Geimer/Schütze/Otto* (Fn. 1) 1018; für zeitliche Begrenzung *Baumbach/Lauterbach/Hartmann*[56] Anhang nach § 328; verneinend *Schütze* Deutsches Internationales Zivilprozeßrecht (Fn. 1) 147.
[353] *Martiny* Hdb.(Fn. 1) Rdnr. 1334; zweifelnd *Zöller/Geimer*[20] Anhang III.
[354] *Zöller/Geimer*[20] Anhang III.
[355] BGBl 1994 II 83; → *H. Roth* § 199 Rdnr. 6 Fn. 6; *Kondring* IPRax 1996, 161, 164; nicht aufgeführt bei *Zöller/Geimer*[20] Anhang III.
[356] *Martiny* Hdb. (Fn. 1) Rdnr. 1336.
[357] *Martiny* Hdb. (Fn. 1) Rdnr. 1337.
[358] *Martiny* Hdb.(Fn. 1) Rdnr. 1338.
[359] *Martiny* Hdb.(Fn. 1) Rdnr. 1339.
[360] *Zöller/Geimer*[20] Anhang III; *Schütze* Deutsches Internationales Zivilprozeßrecht (Fn. 1) 147; für partielle Gegenseitigkeit *Martiny* Hdb.(Fn. 1) Rdnr. 1340.
[361] OLG Köln IPRax 1996, 268 mit krit. Anm. *Schütze* 254.
[362] BGBl 1994 II 83; *Kondring* Haager Übereinkommen und Staatensukzession in Osteuropa IPRax 1996, 161, 163.
[363] *Martiny* Hdb.(Fn. 1) Rdnr. 1341; *Schütze* JR 1978, 54; *Zöller/Geimer*[20] Anhang III.
[364] *Martiny* Hdb.(Fn. 1) Rdnr. 1342; *Bülow/Böckstiegel/Geimer/Schütze/Samtleben* (Fn. 1) Nr. 1023.
[365] *Zöller/Geimer*[20] Anhang III; *Baumbach/Lauterbach/Hartmann*[56] Anhang nach § 328; zurückhaltend MünchKommZPO/*Gottwald* Rdnr. 100; *Martiny* Hdb.(Fn. 1) Rdnr. 1343; anders *Jessel-Holst* RabelsZ 51 (1987) 35, 56; *Cipev* WGO 1991, 109,112f.
[366] *Martiny* Hdb.(Fn. 1) Rdnr. 1453; a.A. *Zöller/Geimer*[20] Anhang III.
[367] *Schütze* Deutsches Internationales Zivilprozeßrecht (Fn. 1) 147; *Martiny* Hdb.(Fn. 1) Rdnr. 1344.

164 Chile ja[368]
China (Volksrepublik) nein[369]
Costa Rica ja[370]
Cuba (amtlich Kuba) ja[371]

165 Dänemark ja[372], EuGVÜ, Übk. 1954
Demokratische Republik Kongo → Zaire
Dominica (Kleine Antillen) ja[373]
Dominikanische Republik nein[374]
Dschibuti ungeklärt[375]

166 Ecuador ja[376]
Elfenbeinküste (jetzt Côte d'Ivoire) ja[377]
El Salvador ja[378]
Eritrea (früher Teil von Äthiopien, seit 24.5.1993 unabhängig) ungeklärt
Estland nein[379]

167 Fidschi ja[380]
Finnland LugÜ, Übk. 1954, HUVÜ 1973, sonst bislang nein[381]

Frankreich ja[382], EuGVÜ, Übk. 1954, HUVÜ 1973

Gabun nein[383]
Gambia ungeklärt[384]
Georgien nein[385]
Ghana ungeklärt[386]
Grenada (Kleine Antillen) ja[387]
Griechenland ja[388], EuGVÜ, Vertrag vom 4.11.1961 (→ Rdnr. 368)
Großbritannien und Nordirland (Vereinigtes Königreich) ja[389], EuGVÜ, Vertrag vom 14.7.1960 (→ Rdnr. 353), HUVÜ 1973
Guatemala nein[390]
Guinea nein[391]
Guinea-Bissau ungeklärt[392]
Guyana ja[393]

Haiti nein[394]
Honduras ja(ohne Versäumnisurteile)[395]
Hongkong (jetzt Volksrepublik China) ja[396]

168

169

---

[368] Martiny Hdb.(Fn.1) Rdnr. 1345; Rahm/Künkel/Breuer VIII 269; MünchKommZPO/Gottwald Rdnr. 101; a.A. Baumbach/Lauterbach/Hartmann[56] Anhang nach § 328.
[369] Baumbach/Lauterbach/Hartmann[56] Anhang nach § 328; Münzel RIW 1997, 73; Bohnet RIW 1996 Beilage Heft 2 S. 17, 19; für Gegenseitigkeit Zöller/Geimer[20] Anhang III; Schütze RIW 1986, 269; Czernich RIW 1995, 650, 651; Martiny Hdb. (Fn. 1) Rdnr. 1347: ungeklärt; nicht weiterführend Ma Lin IPRax 1997,52.
[370] Martiny Hdb.(Fn.1) Rdnr. 1348; Schütze Anerkennung und Vollstreckung deutscher Urteile im Ausland (Fn. 1) 138.
[371] Martiny Hdb.(Fn. 1) Rdnr. 1423 (partiell verbürgt); MünchKommZPO/Gottwald Rdnr. 101; a.A. Baumbach/Lauterbach/Hartmann[56] Anhang nach § 328.
[372] BGHZ 22, 17f.; Martiny Hdb.(Fn.1) Rdnr. 1349.
[373] Martiny Hdb.(Fn.1) Rdnr. 1350.
[374] Martiny Hdb.(Fn.1) Rdnr. 1351.
[375] Martiny Hdb. (Fn. 1) Rdnr. 1352.
[376] Martiny Hdb.(Fn.1) Rdnr. 1353; Baumbach/Lauterbach/Hartmann[56] Anhang nach § 328.
[377] Martiny Hdb. (Fn. 1) Rdnr. 1354; Schütze AWD 1974, 498.
[378] Martiny Hdb. (Fn. 1) Rdnr. 1355 (ohne Versäumnisurteile).
[379] Zöller/Geimer[20] Anhang III.
[380] Martiny Hdb.(Fn.1) Rdnr. 1356.
[381] Martiny Hdb. (Fn. 1) Rdnr. 1357.
[382] Martiny Hdb. (Fn. 1) Rdnr. 1358ff.; Fricke IPRax 1989, 202; Sonnenberger FamRZ 1965, 46, 48; Schütze JR 1967,212; a.A. OLG Hamburg MDR 1968, 53.- Der Kassationshof hat mit Urteil vom 7.1.1964, Revue critique de droit international privé 1964, 344, auf die révision au fond verzichtet und damit das entscheidende Hindernis für die Annahme der Gegenseitigkeit (→ Rdnr. 154) beseitigt. Seitdem ist außerhalb des EuGVÜ die Gegenseitigkeit in solchen Fällen als verbürgt anzusehen, in denen bei umgekehrten Parteirollen die französische Partei im Exequaturprozeß sich nicht auf ihr Jurisdiktionsprivileg aus Art. 15 Code civil berufen könnte,

BGHZ 59, 116, 122 in Ergänzung zu BGHZ 50, 100; 53, 332; OLG Hamm RIW 1979, 274 (die beiden letztgenannten Entscheidungen zeigen Beispiele für die Nichtanerkennung wegen der Berufung auf das Jurisdiktionsprivileg); ausführlich auch Herzfelder ZVglRWiss 86 (1987)49; Baumbach/Lauterbach/Hartmann[56] Anhang nach § 328.
[383] Martiny Hdb. (Fn. 1) Rdnr. 1361.
[384] Vorsichtig bejahend Martiny Hdb.(Fn. 1) Rdnr. 1362; a.A. Zöller/Geimer[20] Anhang III.
[385] Zöller/Geimer[20] Anhang III.
[386] Vorsichtig bejahend für Zahlungsurteile Martiny Hdb.(Fn. 1) Rdnr. 1363; a.A. Zöller/Geimer[20] Anhang III.
[387] Martiny Hdb.(Fn.1) Rdnr. 1364.
[388] Martiny Hdb.(Fn.1) Rdnr. 1365.
[389] Martiny Hdb.(Fn.1) Rdnr. 1366ff.; zum umgekehrten Verhältnis Hök JurBüro 1988, 413.
[390] Zöller/Geimer[20] Anhang III; a.A. Martiny Hdb.(Fn.1) Rdnr. 1372; MünchKommZPO/Gottwald Rdnr. 105.
[391] Zöller/Geimer[20] Anhang III; Martiny Hdb.(Fn.1) Rdnr. 1373 will die Frage wie beim französischen Recht beantworten.
[392] Martiny Hdb.(Fn.1) Rdnr. 1374.
[393] Martiny Hdb.(Fn.1) Rdnr. 1375; MünchKommZPO/Gottwald Rdnr. 105; a.A.Zöller/Geimer[20] Anhang III (wohl überholt).
[394] Martiny Hdb.(Fn.1) Rdnr. 1376; zweifelnd Zöller/Geimer[20] Anhang III.
[395] Martiny Hdb.(Fn.1) Rdnr. 1377; MünchKommZPO/Gottwald Rdnr. 106; Zöller/Geimer[20] Anhang III; a.A. Baumbach/Lauterbach/Hartmann[56] Anhang nach § 328; → Voraufl. Rdnr. 279.
[396] Ausführlich Luthra RIW 1997, 625, 629.- Zur früheren Rechtslage, an der sich im Ergebnis nichts geändert hat, Martiny Hdb. (Fn. 1) Rdnr. 1378; Arnold AWD 1974, 135ff.; Schütze RIW 1982, 722.- Das Vereinigte Königreich und die Volksrepublik China haben in der im vorliegenden Zusammenhang undeutlichen Gemeinsamen Erklärung aus dem Jahre 1984 zur Frage der Fortgeltung völkerrechtlicher Verträge folgendes vereinbart: »The ap-

170 Indien ja[397]
Indonesien nein[398]
Irak nein[399]
Iran, Islamische Republik nein[400]
Irland ja[401], EuGVÜ
Island ja[402], LugÜ, Abk. 1905 (→ Rdnr. 51)
Israel ja[403], Vertrag vom 20.7. 1977 (→ Rdnr. 422); Übk. 1954
Italien ja[404], EuGVÜ, Vertrag vom 9.3. 1936 (→ Rdnr. 302); Übk. 1954, HUVÜ 1973

171 Jamaika ja[405]
Japan ja[406], Übk. 1954
Jemen nein[407]
Jordanien ja[408]

Jugoslawien (Bundesrepublik: Serbien-Montenegro) ungeklärt[409]; Übk. 1954: nein[410]

Kamerun (Republik) nein[411]
Kanada ja[412] für Geldzahlungsurteile in folgenden Provinzen und Territorien: Alberta, British Columbia, New Brunswick, New Foundland, Northwest Territories, Nova Scotia, Ontario, Prince Edward Island, Saskatchewan, Yukon Territory; im übrigen nein[413]
Kap Verde ja[414]
Kasachstan nein[415]
Katar nein[416]
Kenia ja (für Zahlungsurteile ohne Versäumnisurteile)[417]

172

---

plication to the Hong Kong Special Administrative Region of international agreements to which the People's Republic of China is or becomes a party shall be decided by the Central People's Government, in accordance with the circumstances and needs of the Region, and after seeking the views of the government of the Region. International agreements to which the People's Republic of China is not a party but which are implemented in Hong Kong may continue to be implemented in the Hong Kong Special Administrative Region«. – Hongkong fiel in den Geltungsbereich des deutsch-britischen Abkommens (BGBl 1973 II 1306), das heute wohl nicht mehr gilt, so daß § 328 ZPO zur Anwendung gelangt, *Luthra* RIW 1997, 625ff.- Bis heute sind keine Regelungen über die Fortgeltung bilateraler britischer Verträge in Form von Notifikationen ersichtlich.

[397] Jetzt auch *Baumbach/Lauterbach/Hartmann*[56] Anhang nach §328; anders *Schütze* NJW 1973, 2144; wie hier *Martiny* Hdb.(Fn.1) Rdnr.1379ff.(partiell und zeitlich limitiert); ebenso *Zöller/Geimer*[20] Anhang III; MünchKommZPO/*Gottwald* Rdnr.107; *Bülow/Böckstiegel/Geimer/Schütze/Otto* (ohne Versäumnisurteil) 1046.

[398] *Martiny* Hdb.(Fn.1) Rdnr.1385.

[399] *Martiny* Hdb.(Fn.1) Rdnr.1386; *Schütze* RIW 1977, 761, 766; *Krüger* IPRax 1988, 180, 182; *Baumbach/Lauterbach/Hartmann*[56] Anhang nach §328 halten die Rechtslage für ungeklärt.

[400] *Zöller/Geimer*[20] Anhang III; zurückhaltend *Martiny* Hdb.(Fn.1) Rdnr.1387; für ungeklärt haltend MünchKommZPO/*Gottwald* Rdnr.107.

[401] *Martiny* Hdb.(Fn.1) Rdnr.1388; *LG Limburg* IPRspr 1986 Nr.176 mit Anm. *Welter* WuB VII A 1.86.

[402] MünchKommZPO/*Gottwald* Rdnr.107; unentschieden *Martiny* Hdb.(Fn.1) Rdnr.1389; für ungeklärt haltend *Baumbach/Lauterbach/Hartmann*[56] Anhang nach §328.

[403] *Martiny* Hdb.(Fn.1) Rdnr.1390; *Zöller/Geimer*[20] Anhang III.

[404] *Martiny* Hdb.(Fn.1) Rdnr.1391; zum neuen italienischen IPR *Pocar* IPRax 1997, 145, 160f.

[405] *Martiny* Hdb.(Fn.1) Rdnr.1392; a.A. *Zöller/Geimer*[20] Anhang III.

[406] *Martiny* Hdb.(Fn.1) Rdnr.1393; *Münzel* RIW 1997, 73; *Nagata* RIW 1976, 208, 212; *Menkhaus* RIW 1988, 192f.; *Nagel* in: Waseda-FS (Fn.1)757, 763; *Bülow/Böckstiegel/Geimer/Schütze*(Fn.1) Nr.1058; zur Anerkennung ausländischer Urteile in Japan *Kono/Trunk* ZZP 102 (1989) 319ff.

[407] MünchKommZPO/*Gottwald* Rdnr.108; a.A. *Baumbach/Lauterbach/Hartmann*[56] Anhang nach §328.

[408] *Martiny* Hdb.(Fn.1) Rdnr.1396; *Zöller/Geimer*[20] Anhang III; a.A. *Wieczorek*[2] E V b.

[409] Die jetzige Bundesrepublik Jugoslawien sieht den Altstaat Jugoslawien als fortbestehend an und betrachtet sich als identisch mit der ehemaligen Sozialistischen Bundesrepublik Jugoslawien, dazu *Schweisfurth/Blöcker* IPRax 1996, 9,10; für das ehemalige Jugoslawien war Gegenseitigkeit zu bejahen, *Varady* RabelsZ 51(1987) 632 und Nachw. in der → Voraufl. Rdnr. 281 Fn. 25; Gegenseitigkeit für Serbien bejahend *OLG Düsseldorf* IPRax 1993, 136; vorsichtig dafür auch *Zöller/Geimer*[20]Anhang III.

[410] Überzeugend *Kondring* IPRax 1996, 161, 162; a.A. *OLG Zweibrücken* IPRax 1996, 28 mit zust. Anm. *Schweisfurth/Blöcker* 9.

[411] *Zöller/Geimer*[20] Anhang III; *Martiny* Hdb.(Fn.1) Rdnr. 1398 (wie französisches Recht).

[412] *Geimer/Schütze* Internationale Urteilsanerkennung I/2 (Fn.1) S.1854; *Martiny* Hdb.(Fn.1) Rdnr.1400ff. (Prince Edward Island: Gegenseitigkeit partiell ausgeschlossen); insgesamt abweichend *Baumbach/Lauterbach/Hartmann*[56] Anhang nach §328 unter Hinweis auf Art.3155 des seit 1.1. 1994 geltenden Code civil; teils abweichend auch *Bülow/Böckstiegel/Geimer/Schütze/Bachmann* Nr. 1065.

[413] Für *Unterhalt* nach §1 Abs.2 AUG (abgedruckt bei *Jayme/Hausmann*[8] Nr. 121) ist die Gegenseitigkeit aufgrund von Bekanntmachungen des Bundesministers der Justiz verbürgt mit Alberta, British Columbia, Manitoba, New Brunswick, New Foundland and Labrador, Nova Scotia, Northwest Territories, Ontario, Prince Edward Island, Saskatchewan, Yukon Territory.- Fundstellennachweise bei *Jayme/Hausmann*[8] Nr. 121 Fn.2.

[414] *Martiny* Hdb.(Fn.1) Rdnr.1413; *Schütze* JR 1989, 324 (partiell).

[415] *Zöller/Geimer*[20] Anhang III; *Bassin* in: Säcker/Seiffert/Wolfrum(Hrsg.) (Fn.301) 51ff.; *Weishaupt* IPRax 1994, 311,312.

[416] *Martiny* Hdb.(Fn.1) Rdnr.1414.

[417] *Schütze* JR 1985, 52; MünchKommZPO/*Gottwald* Rdnr. 109; *Zöller/Geimer*[20] Anhang III; *Martiny* Hdb.(Fn.1) Rdnr.1415f.; *Baumbach/Lauterbach/Hartmann*[56] Anhang nach §328; abweichend →Voraufl. Rdnr. 281 (ungeklärt).

§ 328 XI 2. Buch. Verfahren im ersten Rechtszuge. 1. Abschnitt. Landgerichte

Königreich Kambodscha nein[418]
Kirgisistan nein[419], Übk. 1954
Kiribati ja[420]
Kolumbien nein[421]
Komoren ungeklärt[422]
Kongo (Republik) nein[423]
Korea, Republik (nicht amtlich: Südkorea) ja[424]
Korea, Demokratische Volksrepublik (nicht amtlich: Nordkorea) ungeklärt[425]
Kroatien ja[426], Übk. 1954[427]
Kuwait ja[428]

173 Laos (Demokratische Volksrepublik) ungeklärt[429]
Lesotho ungeklärt[430]
Lettland nein[431], Übk. 1954[432]
Libanon nein[433], Übk. 1954
Liberia nein[434]
Libysch-Arabische Dschamahirija nein[435]
Liechtenstein nein[436]
Litauen nein[437]

Luxemburg ja[438], EuGVÜ, Übk. 1954, HUVÜ 1973

Madagaskar nein[439]   **174**
Malawi ja[440]
Malaysia ja[441]
Malediven ungeklärt[442]
Mali nein[443]
Malta nein[444]
Marokko ja[445], Übk. 1954
Mauretanien nein[446]
Mauritius ja[447]
Mazedonien ja[448], Übk. 1954[449]
Mexiko ja, mit Ausnahme der Bundesgerichtsbarkeit[450]
Moldau, Republik nein[451], Übk. 1954[452]
Monaco ja[453]
Mongolei nein[454]
Mosambik ungeklärt[455]

---

[418] *Zöller/Geimer*[20] Anhang III.
[419] *Zöller/Geimer*[20] Anhang III; *Levitin* in: Säcker/Seiffert/Wolfrum (Hrsg.) (Fn. 301) 59f.- Die Fortgeltungserklärung der Bundesregierung BGBl 1992 II 1015 bedeutet keine Geltung des Übk.1954, mit Recht *Kondring* IPRax 1996, 161, 164; aber jetzt BGBl 1997 II 1521.
[420] *Martiny* Hdb.(Fn. 1) Rdnr. 1417.
[421] H.L., *Zöller/Geimer*[20] Anhang III; *Baumbach/Lauterbach/Hartmann*[56] Anhang nach § 328; a.A. *Martiny* Hdb.(Fn. 1) Rdnr. 1418; MünchKommZPO/*Gottwald* Rdnr. 109.
[422] *Martiny* Hdb.(Fn. 1) Rdnr. 1419.
[423] *Zöller/Geimer*[20] Anhang III; *Martiny* Hdb.(Fn. 1) Rdnr. 1419(ungeklärt).
[424] *Zöller/Geimer*[20] Anhang III; *Bülow/Böckstiegel/Geimer/Schütze/Stiller* (Fn. 1) Nr. 1073; *Martiny* Hdb.(Fn. 1) Rdnr. 1421.
[425] *Martiny* Hdb.(Fn. 1) Rdnr. 1422.
[426] *Zöller/Geimer*[20] Anhang III.
[427] *Kondring* IPRax 1996, 161, 163; BGBl 1993 II 1936; OLG Frankfurt a.M. NJW 1995, 538.
[428] *Martiny* Hdb.(Fn. 1) Rdnr. 1424; *Geimer/Schütze* I/2 (Fn. 1) 1865.
[429] *Martiny* Hdb.(Fn. 1) Rdnr. 1425.
[430] *Martiny* Hdb.(Fn. 1) Rdnr. 1426 (vorsichtig bejahend); verneinend *Schütze* Deutsches Internationales Zivilprozeßrecht (Fn. 1) 151; *Zöller/Geimer*[20] Anhang III.
[431] *Zöller/Geimer*[20] Anhang III.
[432] BGBl 1993 II 1936; → *H.Roth* § 199 Rdnr. 6 Fn. 6; *Kondring* IPRax 1996, 161, 164.
[433] *Martiny* Hdb.(Fn. 1) Rdnr. 1427; MünchKommZPO/*Gottwald* Rdnr. 110; bejahend *Zöller/Geimer*[20] Anhang III.
[434] *Zöller/Geimer*[20] Anhang III; a.A. *Martiny* Hdb.(Fn. 1) Rdnr. 1428; *Schütze* RIW 1987, 598, 599f.; MünchKommZPO/*Gottwald* Rdnr. 110.
[435] *Schütze* RIW 1977, 765; *Martiny* Hdb.(Fn. 1) Rdnr. 1429 (ungeklärt); a.A. *Baumbach/Lauterbach/Hartmann*[56] Anhang nach § 328.
[436] *Martiny* Hdb.(Fn. 1) Rdnr. 1430; MünchKommZPO/*Gottwald* Rdnr. 110.

[437] *Zöller/Geimer*[20] Anhang III.
[438] *Martiny* Hdb.(Fn. 1) Rdnr. 1431.
[439] *Martiny* Hdb.(Fn. 1) Rdnr. 1432; *Zöller/Geimer*[20] Anhang III; MünchKommZPO/*Gottwald* Rdnr. 111(ungeklärt).
[440] *Martiny* Hdb.(Fn. 1) Rdnr. 1433; a.A. *Zöller/Geimer*[20] Anhang III.
[441] *Martiny* Hdb.(Fn. 1) Rdnr. 1434; *Bülow/Böckstiegel/Geimer/Schütze* (Fn. 1) Nr. 1086.6.
[442] *Martiny* Hdb.(Fn. 1) Rdnr. 1435.
[443] *Schütze* JR 1985, 456; *Zöller/Geimer*[20] Anhang III; *Martiny* Hdb.(Fn. 1) Rdnr. 1436 (ungeklärt).
[444] *Martiny* Hdb.(Fn. 1) Rdnr. 1437; *Schütze* AWD 1965, 84.
[445] *Geimer/Schütze* Internationale Urteilsanerkennung I/2 (Fn. 1) 1875; *Martiny* Hdb. (Fn. 1) Rdnr. 1438 (partieller Ausschluß).
[446] *Zöller/Geimer*[20] Anhang III; *Martiny* Hdb. (Fn. 1) Rdnr. 1439 tritt für partielle Gegenseitigkeit ein.
[447] *Martiny* Hdb.(Fn. 1) Rdnr. 1440; zweifelnd *Zöller/Geimer*[20] Anhang III; wohl auch *Otto* StAZ 1997, 219.
[448] *Zöller/Geimer*[20] Anhang III.
[449] BGBl 1996 II 1222.
[450] *Baumbach/Lauterbach/Hartmann*[56] Anhang nach § 328 Rdnr. 13; Gegenseitigkeit allgemein befürwortend *Martiny* Hdb.(Fn. 1) Rdnr. 1441; *Zöller/Geimer*[20] Anhang III; MünchKommZPO/*Gottwald* Rdnr. 111; ausführlich *Frisch Philipp/Flores Garduno* Neuerungen bei Anerkennung und Vollstreckbarerklärung deutscher Gerichtsurteile in Mexiko RIW 1994, 836 (Beweislastumkehr für die Gegenseitigkeit).
[451] *Zöller/Geimer*[20] Anhang III.
[452] BGBl 1994 II 83; → *H.Roth* § 199 Rdnr. 6 Fn. 6; *Kondring* IPRax 1996,161, 164.
[453] *Martiny* Hdb.(Fn. 1) Rdnr. 1442 (Anerkennung nach französischem Recht); a.A. *Zöller/Geimer*[20] Anhang III.
[454] *Martiny* Hdb.(Fn. 1) Rdnr. 1443.
[455] *Martiny* Hdb.(Fn. 1) Rdnr. 1444.

175 Nauru ungeklärt[456]
Nepal nein[457]
Neuseeland ja[458]
Nicaragua ja[459]
Niederlande (und niederländische Antillen) ja[460], EuGVÜ, Vertrag vom 30.8.1962(→ Rdnr. 384), Übk. 1954, HUVÜ 1973
Niger nein[461]
Nigeria ja[462]
Norwegen ja[463], LuGÜ, Vertrag vom 17.7.1977 (→ Rdnr. 443), Übk. 1954, HUVÜ 1973

176 Österreich ja[464], LuGÜ, Vertrag vom 6.6.1959 (→ Rdnr.340) Übk. 1954
Oman nein[465]

177 Pakistan nein[466]
Panama ja[467]

Papua – Neuguinea ja[468]
Paraguay ja[469]
Peru ja[470]
Philippinen nein[471]
Polen früher nein[472], jetzt ja; ja für Unterhaltsentscheidungen[473], Übk. 1954, HUVÜ 1973
Portugal ja[474], EuGVÜ, Übk. 1954, HUVÜ 1973

Ruanda ja[475] **178**
Rumänien ja[476], Übk.1954
Russische Föderation nein[477], Übk. 1954[478]

Salomonen ja[479] **179**
Sambia ja[480]
Samoa ungeklärt[481]
San Marino nein[482]
Sáo Tomé und Principe ungeklärt[483]
Saudi – Arabien nein[484]

---

[456] *Martiny* Hdb.(Fn.1) Rdnr.1445.
[457] *Zöller/Geimer*[20] Anhang III; *Martiny* Hdb.(Fn.1) Rdnr. 1446 (ungeklärt).
[458] *Zöller/Geimer*[20] Anhang III; MünchKommZPO/*Gottwald* Rdnr.112; *Martiny* Hdb.(Fn.1) Rdnr.1447; *Wieczorek*[2] E V b; a.A. *Baumbach/Lauterbach/Hartmann*[56] Anhang nach § 328 Rdnr.14.-Das Fehlen von Rechtsprechung zur Anerkennungspraxis schließt Gegenseitigkeit nicht aus → Rdnr.156.
[459] *Martiny* Hdb.(Fn.1) Rdnr.1448; MünchKommZPO/*Gottwald* Rdnr.112; zweifelnd *Zöller/Geimer*[20] Anhang III; für ungeklärt haltend *Baumbach/Lauterbach/Hartmann*[56] Anhang nach § 328 Rdnr.14.
[460] *Martiny* Hdb.(Fn.1) Rdnr.1449.
[461] *Geimer/Schütze* Internationale Urteilsanerkennung I/2 (Fn.1) 1882; für ungeklärt haltend *Martiny* Hdb.(Fn.1) Rdnr.1450.
[462] *Martiny* Hdb.(Fn.1) Rdnr. 1451; MünchKommZPO/*Gottwald* Rdnr.112; a.A.*Zöller/Geimer*[20] Anhang III.
[463] *Martiny* Hdb.(Fn.1) Rdnr.1452; *Rahm/Künkel/Breuer* VIII 269; a.A. *Geimer/Schütze* Internationale Urteilsanerkennung I/2 1883.
[464] *BGH* NJW 1964, 1626; *LG Stuttgart* MDR 1964, 1011; *Martiny* Hdb. (Fn.1) Rdnr.1455.
[465] *Martiny* Hdb.(Fn.1) Rdnr.1454.
[466] *Martiny* Hdb.(Fn.1) Rdnr.1456 (partiell und zeitlich begrenzt); *Bülow/Böckstiegel/Geimer/Schütze/Otto* (Fn.1) Nr.1109; *Otto* IPRax 1997, 436, 439.
[467] *Martiny* Hdb.(Fn.1) Rdnr.1457; *Geimer/Schütze* Internationale Urteilsanerkennung I/2 (Fn.1)1885.- Der Codigo Judicial vom 25.10.1984 in der geltenden Fassung vom 1.4.1987 brachte keine Änderung der Anerkennungsvorschriften, RabelsZ 51(1987) 237.
[468] *Martiny* Hdb.(Fn.1) Rdnr.1458.
[469] *LG Hamburg* IPRsp 1981 Nr.182; *Martiny* Hdb.(Fn.1) Rdnr.1459.
[470] *AG Hamburg* NJW-RR 1986, 374; *Samtleben* RabelsZ 49 (1985) 486, 515; MünchKommZPO/*Gottwald* Rdnr.114; für partielle Gegenseitigkeit noch *Martiny* Hdb.(Fn.1) Rdnr.1460.
[471] *Martiny* Hdb.(Fn.1) Rdnr.1461; *Zöller/Geimer*[20] Anhang III.

[472] *Baumbach/Lauterbach/Hartmann*[56] Anhang nach § 328 Rdnr.16; *Zöller/Geimer*[20] Anhang III; *Wieczorek*[2] E V b; *Kalus* in:Säcker/Seiffert/Wolfrum (Hrsg.) (Fn.301) 63ff. nimmt dazu nicht Stellung; ferner *Maczynski* in: Jayme (Hrsg.) Ein internationales Zivilverfahrensrecht für Gesamteuropa (1992) 103.- Polen hat sein autonomes Recht zum 1.7.1996 geändert, dazu *Weyde* Anerkennung und Vollstreckung deutscher Entscheidungen in Polen (1997); *Bytomski* FamRZ 1997, 986; *Bülow/Böckstiegel/Geimer/Schütze/Gralla* Nr.1113. 10.
[473] *OLG Hamm* FamRZ 1991, 718; *OLG Düsseldorf* DAVorm 1991, 198; FamRZ 1989, 97, 98 (Unterhaltspflicht zwischen Eltern und Kindern); *OLG Celle* NJW 1991, 1428; mit unzutreffender Begründung verneinend *AG Dortmund* DAVorm 1988, 843, 844; seit 1.7.1996 gilt das HUVÜ, dazu *Bytomski* FamRZ 1997, 986.
[474] *Martiny* Hdb.(Fn.1) Rdnr.1463; *Schütze* JR 1989, 324, 325 (partiell).
[475] *Martiny* Hdb.(Fn.1) Rdnr.1464; *Schütze* JR 1986, 98.
[476] *OLG Nürnberg* FamRZ 1996, 353, 354; *OLG Hamm* IPRax 1986, 234 mit Anm. *Böhmer* 216, 217; *LG Heilbronn* DAVorm 1977, 462, 464; *AG Schwäbisch-Hall* DAVorm 1995, 1165; *Leonhardt* IPRax 1994, 156, 159; *Martiny* Hdb.(Fn.1) Rdnr.1465.
[477] *Zöller/Geimer*[20] Anhang III; *Boguslavskij* in: Säkker/Seiffert/Wolfrum (Hrsg.) (Fn.301) 15f.
[478] *Kondring* IPRax 1996, 161, 164; → *H.Roth* § 199 Rdnr. 6 Fn. 6.
[479] *Martiny* Hdb.(Fn.1) Rdnr.1466.
[480] *Martiny* Hdb.(Fn.1) Rdnr.1467; MünchKommZPO/*Gottwald* Rdnr.116; a.A. *Schütze* Deutsches Internationales Zivilprozeßrecht (Fn.1) 153; *Zöller/Geimer*[20] Anhang III.
[481] *Martiny* Hdb.(Fn.1) Rdnr.1468.
[482] *Zöller/Geimer*[20] Anhang III; *Martiny* Hdb.(Fn.1) Rdnr.1469 (Verneinung wohl grundlos); für Gegenseitigkeit MünchKommZPO/*Gottwald* Rdnr.116.
[483] *Martiny* Hdb.(Fn.1) Rdnr.1470.
[484] *Martiny* Hdb.(Fn.1) Rdnr.1471; *Zöller/Geimer*[20] Anhang III; a.A. *Wieczorek*[2] E V b; ausführlich *Krüger* Vollstreckung ausländischer Urteile in Saudi – Arabien jetzt möglich? RIW 1990, 113 (Gegenseitigkeit verneint).

§ 328 XI   2. Buch. Verfahren im ersten Rechtszuge. 1. Abschnitt. Landgerichte   424

Schweden ja[485], LugÜ, Übk. 1954, HUVÜ 1973
Schweiz ja[486], LugÜ, Vertrag vom 2. 11. 1929 (→ Rdnr. 278), Übk. 1954, HUVÜ 1973
Senegal ja[487]
Serbien-Montenegro → Jugoslawien Bundesrepublik
Seychellen ja[488]
Sierra Leone nein[489]
Simbabwe ja[490]
Singapur ja[491]
Slowakei ja[492], Übk. 1954[493], HUVÜ 1973
Slowenien ja[494], Übk. 1954[495]
Somalia ja[496]
Spanien ja[497], EuGVÜ, Vertrag vom 14. 11. 1983 (→ Rdnr. 467), Übk. 1954, HUVÜ 1973
Sri Lanka ja[498]
St. Kitts und Nevis ja[499]
St. Lucia ja[500]
St. Vincent und die Grenadinen ja[501]
Sudan nein[502]

Südafrika ja[503]
Suriname nein[504], Übk. 1954
Swasiland nein[505]
Syrien, Arabische Republik ja[506]

Tadschikistan nein   180
Taiwan (Formosa) ja[507]
Tansania, Vereinigte Republik nein[508]
Thailand nein[509]
Togo nein[510]
Tonga ja[511]
Trinidad und Tobago nein[512]
Tschad ungeklärt[513]
Tschechien (Tschechische Republik) ja[514], Übk. 1954[515], HUVÜ 1973
Türkei ja[516], Übk. 1954, HUVÜ 1973
Tunesien ja[517], Vertrag vom 19. 7. 1966 (→ Rdnr. 399)
Turkmenistan ungeklärt
Tuvalu ja[518]

---

[485] *Zöller/Geimer*[20] Anhang III; *Martiny* Hdb. (Fn. 1) Rdnr. 1472 (partiell); ebenso MünchKommZPO/*Gottwald* Rdnr. 116 und *Bülow/Böckstiegel/Geimer/Schütze/Pålsson* Nr. 1120. 11.
[486] *Zöller/Geimer*[20] Anhang III; *Martiny* Hdb.(Fn. 1) Rdnr. 1473; auch *Spickhoff* ZZP 108 (1995)475, 482; dazu auch *Walder* ZZP 103(1990)322ff.; ausführlich *Egli* RIW 1991, 977; für partielle Gegenseitigkeit *Stürner* in: FS K.H. Schwab (1990) 465, 472ff. (»Schweizerprivileg«).
[487] *Martiny* Hdb.(Fn. 1) Rdnr. 1474; *Schütze* RIW 1985, 777.
[488] *Martiny* Hdb.(Fn. 1) Rdnr. 1475.
[489] *Zöller/Geimer*[20] Anhang III; gegen die h.L. *Martiny* Hdb. (Fn. 1) Rdnr. 1476.
[490] *Martiny* Hdb.(Fn. 1) Rdnr. 1477.
[491] *Martiny* Hdb.(Fn. 1) Rdnr. 1478; *Schütze* Handels- und Wirtschaftsrecht von Singapur und Malaysia (1987) 112; *ders.* RIW 1982, 722.
[492] *Zöller/Geimer*[20] Anhang III (mit Zweifeln).
[493] BGBl 1993 II 1936.
[494] *Zöller/Geimer*[20] Anhang III (mit Zweifeln).
[495] BGBl 1993 II 934; → *H. Roth* § 199 Rdnr. 6 Fn. 4.
[496] Für partiell verbürgte Gegenseitigkeit auch *Schütze* (Fn. 301) 44f.; für ungeklärt haltend *Martiny* Hdb.(Fn. 1) Rdnr. 1479; ablehnend *Zöller/Geimer*[20] Anhang III.
[497] *Zöller/Geimer*[20] Anhang III; MünchKommZPO/*Gottwald* Rdnr. 116; für teilweise verbürgt haltend *Martiny* Hdb.(Fn. 1) Rdnr. 1480ff.; auch *Rahm/Künkel/Breuer* VIII 269; wegen des bilateralen Vertrages ist das Problem im wesentlichen überholt, so auch *Karl* Die Anerkennung von Entscheidungen in Spanien (1993) 57.
[498] *Martiny* Hdb.(Fn. 1) Rdnr. 1483; zweifelnd *Zöller/Geimer*[20] Anhang III.
[499] *Martiny* Hdb.(Fn. 1) Rdnr. 1484.
[500] *Martiny* Hdb.(Fn. 1) Rdnr. 1485.
[501] *Martiny* Hdb.(Fn. 1) Rdnr. 1486.
[502] *Zöller/Geimer*[20] Anhang III (partiell); *Schütze* RIW 1991, 818 (partiell); für ungeklärt haltend *Martiny* Hdb.(Fn. 1) Rdnr. 1491.

[503] BGHZ 42, 194 mit Anm. *Schneider* LM Nr. 16; unterscheidend *Martiny* Hdb.(Fn. 1) Rdnr. 1487ff.
[504] *Martiny* Hdb.(Fn. 1) Rdnr. 1492.
[505] Notwendig ist die Erhebung einer neuen Klage, *Schütze* (Fn. 301) 39; *Martiny* Hdb.(Fn. 1) Rdnr. 1493 (ungeklärt).
[506] BGHZ 49, 50; OLG Hamm RIW 1987, 467; *Martiny* Hdb.(Fn. 1) Rdnr. 1494.
[507] *Martiny* Hdb.(Fn. 1) Rdnr. 1346; auch *Etgen* RIW 1995, 205, 206.
[508] *Zöller/Geimer*[20] Anhang III; str., *Martiny* Hdb.(Fn. 1) Rdnr. 1495.- Tansania ist 1964 aus Sansibar und Tanganjika entstanden.
[509] BGH NJW 1971, 985; *Martiny* Hdb.(Fn. 1) Rdnr. 1496.
[510] *Zöller/Geimer*[20] Anhang III; *Martiny* Hdb.(Fn. 1) Rdnr. 1497.
[511] *Martiny* Hdb.(Fn. 1)Rdnr. 1498; a.A *Geimer/Schütze* Internationale Urteilsanerkennung I/2 (Fn. 1) 1906.
[512] Zweifelnd *Zöller/Geimer*[20] Anhang III; bejahend *Martiny* Hdb.(Fn. 1) Rdnr. 1499.
[513] *Martiny* Hdb.(Fn. 1) Rdnr. 1500; verneinend *Zöller/Geimer*[20] Anhang III.
[514] *Zöller/Geimer*[20] Anhang III (zur alten Rechtslage für die ehemalige Tschechoslowakei → Voraufl. Rdnr. 291); dagegen nehmen keine generelle Verbürgung an *Bülow/Böckstiegel/Geimer/Schütze/Wünsch* Nr. 1196. 7.
[515] BGBl 1993 II 934; *Kondring* IPRax 1996, 161, 163.
[516] OLG Köln IPRax 1988,3o; OLG Nürnberg IPRax 1984, 162; OLG Oldenburg NdsRpfl.1984, 145; *Martiny* Hdb.(Fn. 1) Rdnr. 1503; *Henrich* IPRax 1991, 136; *Hök* JurBüro 1991, 625; *Tekinalp* in: Jayme (Hrsg.) Ein internationales Zivilverfahrensrecht für Gesamteuropa (1992) 143.
[517] *Martiny* Hdb.(Fn. 1) Rdnr. 1502; *Schütze* (Fn. 301) 29f.; MünchKommZPO/*Gottwald* Rdnr. 117.
[518] *Martiny* Hdb.(Fn. 1) Rdnr. 1504.

181 **Uganda** ungeklärt[519]
Ukraine nein[520]
Ungarn ja[521], Übk. 1954
Uruguay ja[522]
Usbekistan nein, Übk. 1954 ja[523]

182 **Vanuatu** ja[524]
Vatikanstadt ja[525], Übk. 1954
Venezuela nein[526]
Vereinigte Arabische Emirate ungeklärt[527]
Vereinigte Staaten von Amerika ja für Urteile von Bundesgerichten und im Verhältnis zu dem folgenden Staat (oder Gebiet): Alabama[528], Alaska[529], Arizona[530], Arkansas[531], California[532], Colorado[533], Connecticut[534], Delaware[535], District of Columbia[536], Florida[537], Georgia[538], Hawaii[539], Idaho[540], Illinois[541], Indiana[542], Iowa[543], Kansas[544], Kentucky[545], Louisiana[546], Maine[547], Maryland[548], Massachusetts[549], Michigan[550], Minnesota[551], Mississippi (nein)[552], Missouri[553], Montana (nein)[554], Nebraska[555], Nevada[556], New Hampshire[557], New Jersey[558], New Mexico[559], New York[560], North Carolina[561], North Dakota[562], Ohio[563], Oklahoma[564], Oregon[565], Pennsylvania[566], Pu-

---

[519] Str., *Martiny* Hdb.(Fn.1) Rdnr.1505 (Rechtslage wie in Kenia); bejahend für Urteile auf Geldzahlung *Bülow/Böckstiegel/Geimer/Schütze/Knieper* (Fn.1) Nr. 1150; *Zöller/Geimer*[20] Anhang III.

[520] *Zöller/Geimer*[20] Anhang III; nicht weiterführend *Pobirtschenko* in: Säcker/Seiffert/Wolfrum (Hrsg.) (Fn.301) 45ff.- Das Übk.1954 gilt für die Ukraine nicht, *Kondring* IPRax 1996, 161, 164; a.A. *Schütze* NJW 1995, 496 (m.E. unhaltbar).

[521] Str., verneinend *Zöller/Geimer*[20] Anhang III; bejahend *Martiny* Hdb.(Fn.1) Rdnr.1506; *Baumbach/Lauterbach/Hartmann*[56] Anhang nach §328 unter berechtigtem Hinweis auf eine entsprechende Erklärung des ungarischen Justizministers; ebenso MünchKommZPO/*Gottwald* Rdnr.118; *Schütze* RIW 1993, 416; a.A.→ Voraufl. Rdnr.292.

[522] *Martiny* Hdb.(Fn.1) Rdnr.1508; *Geimer/Schütze* Internationale Urteilsanerkennung I/2 (Fn.1) 1913; zweifelnd *Wieczorek*[2] E V b.

[523] BGBl 1996 II 2757.

[524] *Martiny* Hdb.(Fn.1) Rdnr.1509.

[525] *Martiny* Hdb.(Fn.1) Rdnr.1510.

[526] *Zöller/Geimer*[20] Anhang III; unterscheidend *Martiny* Hdb.(Fn.1) Rdnr.1511.

[527] *Martiny* Hdb.(Fn.1) Rdnr.1512; dazu *Meyer-Reumann* RIW 1994, 780 (verneinend).

[528] *Schütze* JR 1987, 280.

[529] *Schütze* JR 1988, 7.- Unterhalt §1 Abs.2 AUG: BGBl 1988 I 1041.

[530] *Schütze* JR 1987, 185.- Unterhalt §1 Abs.2 AUG: BGBl 1988 I 1784.

[531] *Schütze* JR 1987, 498f.- Unterhalt §1 Abs.2 AUG: BGBl 1988 I 1784.

[532] BGHZ 118, 312, 326.- Unterhalt §1 Abs.2 AUG: BGBl 1987 II 420.

[533] *Schütze* JR 1989, 234.- Beschränkt auf Kindesunterhalt (*Jayme/Hausmann*[8] Nr.121).

[534] *Schütze* JR 1987, 364.- Unterhalt §1 Abs.2 AUG: BGBl 1987 II 420.

[535] *Schütze* JR 1988, 103.- Unterhalt §1 Abs.2 AUG: *Jayme/Hausmann*[8] Nr.121.

[536] *Schütze* JR 1989, 188.

[537] *Schütze* JR 1987, 59.- Unterhalt §1 Abs.2 AUG: BGBl 1988 I 1041.

[538] *Schütze* JR 1988, 57.- Unterhalt §1 Abs.2 AUG: BGBl 1987 I 2381.

[539] *Schütze* JR 1988, 141.- Unterhalt §1 Abs.2 AUG: BGBl 1988 I 1784.

[540] *Schütze* JR 1990, 324.- Unterhalt §1 Abs.2 AUG: BGBl 1987 I 2381.

[541] *Schütze* JR 1986, 364.- Unterhalt §1 Abs.2 AUG: BGBl 1987 I 2381.

[542] *Schütze* JR 1988, 322.- Unterhalt §1 Abs.2 AUG (*Jayme/Hausmann*[8] Nr.121).

[543] *Schütze* JR 1988, 448.- Unterhalt §1 Abs.2 AUG: Ehegattenunterhalt nur bei gleichzeitiger Geltendmachung eines Anspruches auf Kindesunterhalt (*Jayme/Hausmann*[8] Nr.121).

[544] *Schütze* JR 1989, 56.- Unterhalt §1 Abs.2 AUG: *Jayme/Hausmann*[8] Nr.121.

[545] *Schütze* JR 1988, 275.- Unterhalt §1 Abs.2 AUG: BGBl 1991 I 1789.

[546] *Schütze* JR 1988, 229.- Unterhalt §1 Abs.2 AUG: BGBl 1988 I 1784.

[547] *Schütze* JR 1987, 102.- Unterhalt §1 Abs.2 AUG: BGBl 1997 I 155.

[548] *Schütze* JR 1987, 231.- Unterhalt §1 Abs.2 AUG: BGBl 1987 I 2381.

[549] *Schütze* JR 1990, 364 (partiell); *LG Berlin* DB 1989, 2120.- Unterhalt §1Abs.2 AUG: BGBl.1991 I 2000.

[550] *Schütze* JR 1988,497.- Unterhalt §1 Abs.2 AUG: BGBl 1988I 1784.

[551] *Schütze* JR 1990, 415.- Unterhalt §1 Abs.2 AUG: BGBl 1991 I 2000.

[552] *Schütze* JR 1990, 456.

[553] *Schütze* JR 1989, 58.- Unterhalt §1 Abs.2 AUG: BGBl (*Jayme/Hausmann*[8] Nr.121).

[554] *Schütze* JR 1986, 274.- Unterhalt §1 Abs.2 AUG: BGBl 1987 II 420.

[555] *Schütze* JR 1989, 409.- Unterhalt §1 Abs.2 AUG: BGBl 1996 I 1733.

[556] *Schütze* JR 1989, 366.- Unterhalt §1 Abs.2 AUG: BGBl 1989 I 1924.

[557] *Schütze* JR 1990, 234.

[558] *Schütze* JR 1988, 364.- Unterhalt §1 Abs.2 AUG: BGBl 1988I 351.

[559] *Schütze* JR 1989, 458.- Unterhalt §1 Abs.2 AUG: BGBl 1989 I 372.

[560] *Schütze* JR 1986, 322.- Unterhalt §1 Abs.2 AUG: BGBl 1991 I 285.

[561] *Schütze* JR 1986, 403; *Thümmel* IPRax 1986, 256.- Unterhalt §1 Abs.2 AUG: BGBl 1987 II 420.

[562] *Schütze* JR 1987, 446.- Unterhalt §1 Abs.2 AUG: BGBl 1987 II 420.

[563] *Schütze* JR 1988, 406.- Unterhalt §1 Abs.2 AUG: BGBl 1989 I 1924.

[564] *Schütze* JR 1989, 5.- Unterhalt §1 Abs.2 AUG: BGBl 1988 I 1784.

[565] *Schütze* JR 1987, 317.- Unterhalt §1 Abs.2 AUG: BGBl 1987 II 420.

erto Rico[567], Rhode Island[568], South Carolina[569], South Dakota[570], Tennessee[571], Texas[572], Utah[573], Vermont[574], Virginia[575], Virgin Islands[576], Washington[577], West Virginia[578], Wisconsin[579], Wyoming[580]
Vietnam nein[581]

Zaire (jetzt wieder: Demokratische Republik Kongo) ja[582] **183**
Zentralafrikanische Republik ja[583]
Zypern ja[584]

XII. Anerkennung von Urteilen der Gerichte der ehemaligen DDR

184 Nach Art. 18 EinV[585] bleiben Entscheidungen der DDR-Gerichte wirksam und können nach den Normen des 8. Buches der ZPO vollstreckt werden. Doch bleiben Rechtskraft und Vollstreckbarkeit von vor dem 3.10.1990 rechtskräftig gewordenen Entscheidungen nicht uneingeschränkt bestehen. Vielmehr bleibt nach Art. 18 Abs. 1 S. 2 EinV eine Überprüfung der Vereinbarkeit mit **rechtsstaatlichen Grundsätzen** vorbehalten. Es muß daher im Erinnerungsverfahren des § 766 oder im Wege der Feststellungsklage vorgebracht werden können, daß die Entscheidung und ihre Vollstreckbarkeit mit rechtsstaatlichen Grundsätzen nicht übereinstimmen. Als Maßstab für einen Verstoß kann man § 328 Abs. 1 Nr. 1 bis 4 heranziehen[586]. Das Gesagte gilt im Bereich des Art. 234 § 7 EGBGB auch für **Vaterschaftsfeststellungsurteile**[587].

XIII. Rechtshängigkeit ausländischer Verfahren

185 § 328 regelt lediglich die Wirkung ausländischer Urteile im Inland (→ Rdnr. 1). Dagegen sagt die Norm nichts aus über die Wirkung eines noch anhängigen Verfahrens auf die Zulässigkeit einer Klage im Inland. Nach h.L. muß die inländische Klage wegen entgegenstehender Rechtshängigkeit abgewiesen werden, wenn bei gleichem Streitgegenstand das auf die ausländische Klage hin ergehende fremde Urteil **voraussichtlich anerkennungsfähig** ist[588]. Das Ge-

---

[566] *Schütze* JR 1990, 188.- Unterhalt § 1 Abs. 2 AUG: BGBl 1989 I 372.
[567] *Jayme* IPRax 1991, 262.
[568] *Schütze* JR 1990, 100.- Unterhalt § 1 Abs. 2 AUG: BGBl 1990 I 472.
[569] *Schütze* JR 1990, 278.
[570] *Schütze* JR 1988, 405.- Unterhalt § 1 Abs. 2 AUG: BGBl 1987 I 2381.
[571] *Schütze* JR 1989, 276.- Unterhalt § 1 Abs. 2 AUG: BGBl 1987 I 2381.
[572] *Schütze* JR 1987, 403.- Unterhalt § 1 Abs. 2 AUG: BGBl 1988 I 1784.
[573] *Schütze* JR 1987, 143.- Unterhalt § 1 Abs. 2 AUG: *Jayme/Hausmann*[9] Nr. 121.
[574] *Schütze* JR 1989, 498.- Unterhalt § 1 Abs. 2 AUG: BGBl 1989 I 372.
[575] *Schütze* JR 1990, 147.- Unterhalt § 1 Abs. 2 AUG: (*Jayme/Hausmann*[9] Nr. 121).
[576] *Zöller/Geimer*[20] Anhang III.
[577] *Schütze* JR 1987, 9.- Unterhalt § 1 Abs. 2 AUG: BGBl 1988 I 351.
[578] *Schütze* JR 1989, 102.- Unterhalt § 1 Abs. 2 AUG: BGBl 1988 I 351.
[579] *Schütze* JR 1989, 145.- Unterhalt § 1 Abs. 2 AUG: BGBl 1989 I 372 (für den Ehegattenunterhalt nur bei gleichzeitiger Geltendmachung eines Anspruches auf Kindesunterhalt, *Jayme/Hausmann*[9] Nr. 121).
[580] *Schütze* JR 1986, 444.- Unterhalt § 1 Abs. 2 AUG: BGBl 1988I 1041.
[581] *Martiny* Hdb.(Fn. 1) Rdnr. 1572.
[582] *Martiny* Hdb.(Fn. 1) Rdnr. 1573; a.A. *Zöller/Geimer*[20] Anhang III.

[583] Vorsichtig bejahend *Martiny* Hdb.(Fn. 1) Rdnr. 1574; ohne Einschränkungen bejahend *Zöller/Geimer*[20] Anhang III; auch *Bülow/Böckstiegel/Geimer/Schütze/Knieper* (Fn. 1) Nr. 1180.5; a.A. → Voraufl. Rdnr. 297.
[584] *Martiny* Hdb.(Fn. 1) Rdnr. 1575; *Baumbach/Lauterbach/Hartmann*[56] Anhang nach § 328; MünchKommZPO/*Gottwald* Rdnr. 120; a.A. *Schütze* AWD 1965, 311; → Voraufl. Rdnr. 297.
[585] Vertrag zwischen der Bundesrepublik Deutschland und der Deutschen Demokratischen Republik über die Herstellung der Einheit Deutschlands vom 31.8. 1990, BGBl II 889, 1360.
[586] *H.Roth* Änderungen und Angleichungen im Zivilverfahrens-, Insolvenz- und Gerichtsverfassungsrecht in: *Jayme/Furtak* (Hrsg.) Der Weg zur deutschen Rechtseinheit (1991) 175, 183f.; ebenso → *Münzberg* vor § 704 Rdnr. 146f.; MünchKommZPO/*Gottwald* Rdnr. 43; *Baumbach/Lauterbach/Hartmann*[56] Einführung § 328 Rdnr. 1; insoweit ohne Problemsicht *Zöller/Stöber*[20] § 704 Rdnr. 13; zur Rechtslage *vor* dem Beitritt ausführlich →Voraufl. Rdnr. 301ff.
[587] BGH FamRZ 1997, 490; OLG Düsseldorf FamRZ 1996, 176; → *Münzberg* vor § 704 Rdnr. 146 Fn. 598; ausführlich *B.Adams* Zur Fortgeltung und Abänderung von DDR-Unterhaltstiteln nach Wiederherstellung der Rechtseinheit (Diss. Münster 1995).
[588] RGZ 49, 344; *Zöller/Geimer*[20] Rdnr. 288; *Geimer* IZVR[3] (Fn. 1) Rdnr. 2688; weitere Nachw. → § 261 Rdnr. 11ff.; → *H.Roth* § 148 Rdnr. 142 (auch zu Aussetzungsmöglichkeiten); *Riezler* (Fn. 1) 453; *Habscheid* RabelsZ 31 (1967) 254.

sagte folgt schon aus dem engen Zusammenhang der Institute der Rechtskraft und der Rechtshängigkeit. Die Gegenmeinung[589] nimmt einen Wettlauf des in- und ausländischen Gerichts in Kauf. Daher besteht die Gefahr zweier sich widersprechender und im Inland beachtlicher Entscheidungen (vgl. aber auch →Rdnr. 13).

XIV. Anerkennung ausländischer Entscheidungen in Ehesachen – Art. 7 FamRÄndG

1. Gesetzestext

Für die Anerkennung ausländischer Eheurteile besteht seit dem Jahre 1961 eine Sondervorschrift in Art. 7 des Gesetzes zur Vereinheitlichung und Änderung familienrechtlicher Vorschriften (Familienrechtsänderungsgesetz-FamRÄndG- vom 11. 8. 1961 [BGBl I 1221, in der Fassung des 1. EheRG vom 14. 6. 1976[590]]). Art. 7 § 1 Abs. 2 a FamRÄndG wurde eingefügt durch Art. 4 des Gesetzes vom 24. 6. 1994 (BGBl I 1374). Die Vorschrift lautet:

186

Artikel 7 Anerkennung ausländischer Entscheidungen in Ehesachen

§ 1 Anerkennung ausländischer Entscheidungen in Ehesachen

(1) Entscheidungen, durch die im Ausland eine Ehe für nichtig erklärt, aufgehoben, dem Bande nach oder unter Aufrechterhaltung des Ehebandes geschieden oder durch die das Bestehen oder Nichtbestehen einer Ehe zwischen den Parteien festgestellt ist, werden nur anerkannt, wenn die Landesjustizverwaltung festgestellt hat, daß die Voraussetzungen für die Anerkennung vorliegen. Die Verbürgung der Gegenseitigkeit ist nicht Voraussetzung für die Anerkennung. Hat ein Gericht des Staates entschieden, dem beide Ehegatten zur Zeit der Entscheidung angehört haben, so hängt die Anerkennung nicht von einer Feststellung der Landesjustizverwaltung ab.

(2) Zuständig ist die Justizverwaltung des Landes, in dem ein Ehegatte seinen gewöhnlichen Aufenthalt hat. Hat keiner der Ehegatten seinen gewöhnlichen Aufenthalt im Inland, so ist die Justizverwaltung des Landes zuständig, in dem eine neue Ehe geschlossen werden soll; die Justizverwaltung kann den Nachweis verlangen, daß die Eheschließung angemeldet ist. Soweit eine Zuständigkeit nicht gegeben ist, ist die Justizverwaltung des Landes Berlin zuständig.

(2a) Die Landesregierungen können die den Landesjustizverwaltungen nach diesem Gesetz zustehenden Befugnisse durch Rechtsverordnung auf einen oder mehrere Präsidenten des Oberlandesgerichts übertragen. Die Landesregierungen können die Ermächtigung auf die Landesjustizverwaltungen übertragen.

(3) Die Entscheidung ergeht auf Antrag. Den Antrag kann stellen, wer ein rechtliches Interesse an der Anerkennung glaubhaft macht.

(4) Lehnt die Landesjustizverwaltung den Antrag ab, so kann der Antragsteller die Entscheidung des Oberlandesgerichts beantragen.

(5) Stellt die Landesjustizverwaltung fest, daß die Voraussetzungen für die Anerkennung vorliegen, so kann ein Ehegatte, der den Antrag nicht gestellt hat, die Entscheidung des Oberlandesgerichts beantragen. Die Entscheidung der Landesjustizverwaltung wird mit der Bekanntmachung an den Antragsteller wirksam. Die Landesjustizverwaltung kann jedoch in ih-

---

[589] Insbes. *Schütze* Deutsches Internationales Zivilprozeßrecht (Fn. 1) 177; *ders.* ZZP 104 (1991) 136 ff.

[590] Dazu näher→ Einl.Rdnr. 157.

rer Entscheidung bestimmen, daß die Entscheidung erst nach Ablauf einer von ihr bestimmten Frist wirksam wird.

(6) Das Oberlandesgericht entscheidet im Verfahren der freiwilligen Gerichtsbarkeit. Zuständig ist das Oberlandesgericht, in dessen Bezirk die Landesjustizverwaltung ihren Sitz hat. Der Antrag auf gerichtliche Entscheidung hat keine aufschiebende Wirkung. § 21 Abs. 2, §§ 23, 24 Abs. 3, §§ 25, 28 Abs. 2, 3, § 30 Abs. 1 Satz 1 und § 199 Abs. 1 des Gesetzes über die Angelegenheiten der freiwilligen Gerichtsbarkeit gelten sinngemäß. Die Entscheidung des Oberlandesgerichts ist endgültig.

(7) Die vorstehenden Vorschriften sind sinngemäß anzuwenden, wenn die Feststellung begehrt wird, daß die Voraussetzungen für die Anerkennung einer Entscheidung nicht vorliegen.

(8) Die Feststellung, daß die Voraussetzungen für die Anerkennung vorliegen oder nicht vorliegen, ist für Gerichte und Verwaltungsbehörden bindend.

§ 2 Kosten

(1) Für die Feststellung, daß die Voraussetzungen für die Anerkennung einer ausländischen Entscheidung vorliegen oder nicht vorliegen (§ 1), wird eine Gebühr von 20 bis 600 Deutsche Mark erhoben.

(2) Für das Verfahren des Oberlandesgerichts werden Kosten nach der Kostenordnung erhoben. Weist das Oberlandesgericht den Antrag nach § 1 Abs. 4, 5, 7 zurück, so wird eine Gebühr von 20 bis 600 Deutsche Mark erhoben. Wird der Antrag zurückgenommen, so wird nur die Hälfte dieser Gebühr erhoben. Die Gebühr wird vom Oberlandesgericht bestimmt. Hebt das Oberlandesgericht die Entscheidung der Verwaltungsbehörde auf und entscheidet es in der Sache selbst, so bestimmt es auch die von der Verwaltungsbehörde zu erhebende Gebühr.

2. Gesetzesgeschichte

187   Art. 7 FamRÄndG[591] löste § 24 der 4. DVO-EheG vom 25. 10. 1941 (RGBl I 654) sowie § 28 AVO – EheG vom 12. 7. 1948 (VOBlBrZ 210), der in der ehemaligen britischen Zone galt, und

---

[591] Dazu (außer Fn. 1) ausführlich *Staudinger/Spellenberg*[13] Internationales Verfahrensrecht in Ehesachen (1997) § 328 ZPO Art. 7 § 1 FamRÄndG Rdnr. 643 ff.; ferner *Beule* Ein Verstoß gegen das Scheidungsmonopol der deutschen Gerichte? IPRax 1988, 150; *Böhmer* Das Familienrechtsänderungsgesetz vom 11. August 1961 DRiZ 1961, 375; *Bolz* Verstoßung der Ehefrau nach islamischem Recht und deutscher ordre public NJW 1990, 620; *Börner* Die Anforderungen an eine konkludente Wahl des auf die Ehewirkungen anwendbaren Rechts nach Art. 14 EGBGB IPRax 1995, 309; *Basedow/Bürgle*: Nochmals: Parallele Scheidungsverfahren im In- und Ausland IPRax 1984, 84; *Dunz* Das neue Familienrechtsänderungsgesetz NJW 1961, 2137; *Fritsche* Kann das Anerkennungsverfahren für ausländische Scheidungsurteile gemäß Art. 7 § 1 FamRÄndG unter Berufung auf die §§ 68a und 69 PStG erzwungen werden? StAZ 1993, 363; *Geimer* Das Anerkennungsverfahren für ausländische Entscheidungen in Ehesachen NJW 1967, 1398; *ders.* NJW 1971, 2138; *Grundmann* Zum Erfordernis der Anerkennungsfähigkeit bei der Scheidung gemischt-nationaler Ehen NJW 1986, 2165; *Jansen* Freiwillige Gerichtsbarkeit[2] I (1969) 667 ff.; *Jayme* Internationales Ehescheidungsrecht in der Fallbearbeitung JuS 1989, 387; *Kleinrahm* Die Anerkennung von Privatscheidungen FamRZ 1966, 10; *Knittel* Die zwischenstaatliche Anerkennung von Ehescheidungen innerhalb der Vereinigten Staaten von Amerika RabelsZ 29 (1965) 751; *Krzywon* Die Anerkennung ausländischer Entscheidungen in Ehesachen StAZ 1989, 93; *Leible* Probleme der Anerkennung ausländischer Entscheidungen im vereinten Deutschland FamRZ 1991, 1245; *Massfeller* Das Familienrechtsänderungsgesetz DB 1961, 1153; *Metje* Die Anerkennung ausländischer Entscheidungen in Ehesachen, insbes. bei Aussiedlern aus der ehemaligen UdSSR StAZ 1996, 374; *Nagel* Anerkennung ausländischer Ehescheidungsurteile bei Einverständniserklärung des deutschen Beklagten IPRax 1991, 172; *Peters* Vorlegung eidesstattlicher Erklärungen der Verlobten über ausländische Eheurteile bei der Landesjustizverwaltung StAZ 1966, 239; *Piltz* Internationales Scheidungsrecht (1988); *Prinz von Sachsen Gessaphe* Keine Anerkennung mexikanischer »Blitzscheidungen« StAZ 1992, 334; *Richter* Anerkennung ausländischer Entscheidungen in Ehesachen JR 1987, 98; *Richter/Krzywon* Das Antragsrecht im Verfahren nach Artikel 7 Familienrechtsänderungsgesetz IPRax 1988, 349; *Tsai Pi-song* Ehescheidung, Anerkennung ausländischer Ehescheidungen und Wiederverheiratung im internationalen Privatrecht (1970).- Literatur zur Rechtslage *vor* Inkrafttreten des FamRÄndG → Voraufl. Rdnr. 405 Fn. 450.

das West-Berliner Gesetz vom 12.12.1950 (VOBl 1557), mit Wirkung vom 1.1.1962 ab (vgl. Art. 9 I (2) Nr. 16, 25, 26 FamRÄndG). Art. 7 § 1 FamRÄndG behielt grundsätzlich den vor dem 1.1.1962 bestehenden Rechtszustand bei (dazu → 18. Aufl. dieses Kommentars Anhang zu § 328). – Das EheSchlRG sieht als Folge der Abschaffung des Aufgebotsverfahrens folgende Fassung des Art. 7 § 1 Abs. 2 S. 2 HS 2 vor: »die Justizverwaltung kann den Nachweis verlangen, daß die Eheschließung angemeldet ist« (BGBl 1998 I 833).

3. Normzweck

Das Anerkennungsverfahren für ausländische Ehescheidungen ist bei den Landesjustizverwaltungen aus Gründen der **Rechtssicherheit** und des vorhandenen Expertenwissens konzentriert[592]. Es soll in erster Linie die Gefahr einander widersprechender Entscheidungen vermieden werden[593]. Art. 7 § 1 FamRÄndG legt die Entscheidung über die Anerkennung ausschließlich in die Hand der Justizverwaltung und schaltet die Gerichte aus. Diese sind nur insoweit mit der Anerkennungsfrage befaßt, als sie im Wege des Antrags auf gerichtliche Entscheidung über den Bescheid der Justizverwaltung nach Art. 7 § 1 Abs. 4 bis 6 FamRÄndG damit in Berührung kommen (dazu → Rdnr. 234ff.). Damit ist dem mit der Bucheintragung befaßten **Standesbeamten** und den ihm übergeordneten Instanzen der freiwilligen Gerichtsbarkeit eine selbständige Beurteilung der Anerkennung versagt. Eine Klage auf Feststellung der Wirksamkeit oder Unwirksamkeit der ausländischen Eheentscheidung müßte wegen Unzulässigkeit des Rechtsweges abgewiesen werden[594].

188

Art. 7 § 1 FamRÄndG enthält Sonderregelungen für die Anerkennung bestimmter ausländischer Entscheidungen in Ehesachen, sofern nicht beide Ehegatten zur Zeit der Entscheidung dem Staat angehörten, dessen Gericht entschieden hat (Art. 7 § 1 Abs. 1 S. 3 FamRÄndG). Sogenannte »**Heimatstaatentscheidungen**« (→ Rdnr. 206) bedürfen daher der Anerkennung durch die Landesjustizverwaltung nicht[595]. Die Sonderregelungen beziehen sich nicht auf die **materiellen Anerkennungsvoraussetzungen**. Diese sind in § 328 geregelt und gelten auch im vorliegenden Zusammenhang[596]. Art. 7 § 1 FamRÄndG beansprucht damit nur für das Anerkennungsverfahren Geltung. Die Anerkennung ausländischer Urteile bedarf im Regelfall keines besonderen Ausspruches (→ Rdnr. 5). Es ist vielmehr im Einzelfall als präjudizielle Frage zu prüfen, ob ein ausländisches Urteil die Voraussetzungen des § 328 erfüllt. Eine entsprechende Feststellungsklage ist freilich im Einzelfall möglich (→ Rdnr. 38). Von dieser Feststellungsklage unterscheidet sich die weiterreichende **erga-omnes-Wirkung** des Art. 7 § 1 Abs. 8 FamRÄndG, die alle Gerichte und Behörden bindet. Bedeutsam ist das in erster Linie für den Standesbeamten. Vor dieser förmlichen Anerkennung durch besondere Feststellung der Landesjustizverwaltung entfaltet die ausländische Entscheidung in der betreffenden Ehesache in Deutschland keine Wirkung. Erst die förmliche Feststellung verleiht der ausländischen Eheentscheidung für das Inland die Eigenschaft eines autoritativen Ausspruches und bewirkt eine **Erstreckung der Urteilswirkungen** (→ Rdnr. 12ff.) auf das Inland[597]. Ein vor einem deutschen Gericht anhängiger Rechtsstreit ist von Amts wegen nach § 148 auszusetzen, wenn es auf die Wirksamkeit einer derartigen ausländischen Eheentscheidung ankommt (→ *H. Roth* § 148 Rdnr. 124, 144)[598]. Für eine selbständige Entscheidung des Gerichts über die Anerken-

189

---

[592] *Soergel/Kronke*[12] EGBGB (1996) Anh.IV Art. 38 Rdnr. 146.
[593] BGHZ 112, 127, 134.
[594] *Geimer* NJW 1967, 1398, 1400.
[595] Dazu *BayObLG* NJW-RR 1990, 842, 843; *OLG Frankfurt a.M.* FamRZ 1996, 92.

[596] Z.B. *BGH* NJW 1990, 3090; *Firsching/von Hoffmann*[5] (Fn. 1) S. 115.
[597] *BayObLGZ* 1967, 218, 227; *Schack* IZVR[2] Rdnr. 892.
[598] *BayObLGZ* 1973, 251, 254; *OLG Stuttgart* FamRZ 1974, 459, 460; *Zöller/Geimer*[20] Rdnr. 227.

nung ist kein Raum⁵⁹⁹. Eine Aussetzung von Amts wegen ist auch dann geboten, wenn die Nichtanerkennung der ausländischen Entscheidung offensichtlich ist, weil positive und negative Feststellungen gleichbehandelt werden müssen⁶⁰⁰.

4. Verfassungsmäßigkeit

190 Der BGH hält das Verfahren vor der Landesjustizverwaltung mit Recht für mit dem Grundgesetz vereinbar⁶⁰¹. Allerdings stellt die Anerkennung ausländischer Entscheidungen in Ehesachen eine Betätigung auf dem Gebiet des Zivil- und Zivilverfahrensrechts dar und unterfällt damit dem **materiellen Rechtsprechungsbegriff**⁶⁰². Doch ist ein Verstoß gegen Art. 92 GG deshalb nicht gegeben, weil die Verwaltungsentscheidung nach Art. 7 § 1 Abs. 4 FamRÄndG durch das Oberlandesgericht überprüft werden kann. Ein unzulässiger Eingriff der Landesjustizverwaltung in den Bereich der rechtsprechenden Gewalt liegt daher nicht vor. Auch verstößt die Regelung nicht gegen Art. 6 EMRK⁶⁰³.

5. Anerkennungsverpflichtung kraft Staatsvertrages

191 Fraglich ist, ob das Feststellungsmonopol der Landesjustizverwaltung auch dann zu beachten ist, wenn es um die Anerkennung von **Folgeentscheidungen** aufgrund von Staatsverträgen geht. So müssen im Bereich der Sorgeentscheidungen nach Art. 7 S. 1 MSA alle Schutzmaßnahmen eines ausländischen Staates im Inland anerkannt werden. Auch zwingt das EuGVÜ zur Anerkennung von Unterhaltsentscheidungen, selbst wenn sie als Nebenentscheidungen in Statusverfahren ergehen. In allen diesen Fällen stellt sich die Frage, ob die Anerkennung der Folgeentscheidung die förmliche Anerkennung der Ehestatussache durch die Landesjustizverwaltung voraussetzt, weil das Feststellungsmonopol grundsätzlich auch dann zu respektieren ist, wenn die Frage der Anerkennung des Eheurteils lediglich als **Vorfrage** in der Folgesache erscheint (→ Rdnr. 188f.). Die wohl h.L. nimmt sowohl für Sorgerechts- wie für Unterhaltsentscheidungen an, daß ihre Anerkennung die vorherige förmliche Anerkennung der Ehesache voraussetzt⁶⁰⁴. Nach richtiger Auffassung lösen aber sowohl das MSA wie das EuGVÜ/LugÜ und das Haager Unterhaltsvollstreckungsübereinkommen 1973 (→ Rdnr. 266) den Zusammenhang mit der Statusentscheidung in der Ehesache, so daß es auf deren förmliche Anerkennung nicht ankommt⁶⁰⁵. Insoweit wird die innerstaatliche Ordnung durch Völkervertragsrecht verdrängt.

---

⁵⁹⁹ *Kleinrahm/Partikel* (Fn. 1) 39; *Geimer* NJW 1967, 1398, 1401.
⁶⁰⁰ Nachw. bei→ *H. Roth* § 148 Rdnr. 124; a.A. BGH NJW 1983, 514.
⁶⁰¹ BGHZ 82, 34, 41; ebenso BayObLGZ 1977, 180, 186; MünchKommZPO/*Gottwald* Rdnr. 150; *Staudinger/Spellenberg*¹³ EGBGB (1997) Internationales Verfahrensrecht in Ehesachen Rdnr. 651; *Lindacher* FamRZ 1991, 158; Bedenken bei *E. Schumann* → Voraufl. Rdnr. 410; *Zöller/Geimer*²⁰ Rdnr. 271; *Linke* IZVR² Rdnr. 428 Fn. 219; *Geimer* DNotZ 1990, 524, 525 (auch zu den Schwierigkeiten der notariellen Praxis).
⁶⁰² Dazu BVerfGE 22, 49, 77f.; → *E. Schumann* Einl. Rdnr. 477; krit. deshalb auch *Kegel* IPRax 1983, 24.
⁶⁰³ LJV Baden-Württemberg IPRax 1990, 51, 52; a.A. *Zöller/Geimer*²⁰ Rdnr. 271.

⁶⁰⁴ *Zöller/Geimer*²⁰ Rdnr. 230; *Goerke* StAZ 1976, 267, 273; OLG Frankfurt a.M. OLGZ 1977, 141 (alle auch zu Art. 7 MSA); ebenso für Unterhaltsentscheidungen im Rahmen des EuGVÜ *Geimer* JZ 1977, 145, 147.
⁶⁰⁵ So OLG Karlsruhe DAVorm 1981, 165, 166; OLG Köln FamRZ 1979, 718, 719; *Mitzkus* Internationale Zuständigkeit im Vormundschafts- Pflegschafts- und Sorgerecht (1982) 359ff.; *Martiny* Hdb.III/1 (Fn. 1) Rdnr. 1671ff.; *Schack* IZVR² Rdnr. 892 (alle auch zum MSA); ebenso für Unterhaltsentscheidungen *Staudinger/Kropholler*¹³ EGBGB Anh. III zu Art. 18 (1996) Rdnr. 20; *Henrich* Internationales Familienrecht (1989) 168f.; zur Spaltung des Verbundes durch Art. 5 Nr. 2 EuGVÜ auch *Rolland/H.Roth* Familienrecht (1996) § 623 Rdnr. 7.

6. Sachlicher Geltungsbereich

a) Entscheidungen

Der Begriff »Entscheidung« wird weit ausgelegt. Neben Entscheidungen von Gerichten im streitigen Verfahren fallen darunter auch Entscheidungen von Gerichten oder sonstigen Behörden in außerstreitigen Verfahren. Ausreichend sind auch Entscheidungen, die von einer Verwaltungsbehörde, einem sonstigen Hoheitsträger (Scheidung per rescriptum principis) oder einer **geistlichen Behörde** getroffen wurden. Insoweit hatte noch § 606a a. F. deutlicher von »ausländischer Behörde« gesprochen[606]. Hat eine nichtstaatliche ausländische Instanz entschieden, so muß diese Entscheidung von dem ausländischen Staat als wirksam anerkannt werden[607]. Es macht auch keinen Unterschied, ob es sich bei der ausländischen Entscheidung um einen feststellenden, rechtsgestaltenden oder bloß registrierenden Akt handelt. Demgemäß gehört auch die Kundmachung einer einverständlichen Lösung der Ehe hierher[608]. Ausreichend ist es auch, wenn die Entscheidung in der Form eines Gesetzes ergeht[609].

192

aa) Privatscheidung

Art. 7 § 1 FamRÄndG findet auch auf Privatscheidungen Anwendung, sofern sie unter Mitwirkung einer ausländischen Behörde zustande gekommen sind. Dabei genügt jede bloß deklaratorische Registrierung oder gerichtliche Beurkundung[610]. Das Verfahren des Art. 7 § 1 FamRÄndG wird selbst dann analog angewendet, wenn die Privatscheidung unter Mitwirkung einer ausländischen Behörde im Inland vorgenommen wurde[611]. Allerdings können derartige im Inland vorgenommene Privatscheidungen nicht anerkannt werden, weil eine Ehe in Deutschland wegen § 1564 S. 1 BGB, Art. 17 Abs. 2 EGBGB nur durch das Urteil eines deutschen Gerichts geschieden werden kann. Das gilt selbst dann, wenn die Privatscheidung nach dem als Scheidungsstatut berufenen ausländischen Recht wirksam ist[612]. Die dadurch entstehende **hinkende Inlandsehe** muß also noch von einem deutschen Gericht geschieden werden[613]. Diese weite Auslegung des Art. 7 § 1 FamRÄndG setzt freilich voraus, daß bei der Privatscheidung der konstitutive Scheidungsakt des Ausländers im Inland durchgeführt wird[614]. Dagegen kann der Antrag begründet sein, wenn der konstitutive Ehescheidungsakt im Ausland stattfindet[615].

193

Bei **Privatscheidungen** richtet sich die Anerkennung nicht nach § 328, sondern nach Kollisionsrecht. Maßgebend ist also die von Art. 17, 14 EGBGB berufene **lex causae**[616]. Daher ist eine im Ausland vollzogene Privatscheidung nicht anerkennungsfähig, wenn für die Scheidung der Ehe (auch) deutsches Recht anwendbar ist, weil das deutsche Recht nur gerichtliche

194

---

[606] Dazu ferner RGZ 143, 130, 132; KG JW 1937, 1979; OLG Schleswig SchlHA 1957, 127.
[607] *Kleinrahm/Partikel* (Fn. 1) 69; *Geimer* NJW 1967, 1401.
[608] *Jansen* (Fn. 591) Art. 7 § 1 FamRÄndG 7 zu § 1; *Albers* StAZ 1951, 244; *Staudinger/Spellenberg*[13] (Fn. 591) Rdnr. 666f.
[609] *Kleinrahm/Partikel* (Fn. 1) 67; *Geimer* NJW 1967, 1398, 1401.
[610] *BGHZ* 82, 34, 41 (thailändische Staatsangehörige); 110, 267, 270f.; *BayObLG* IPRax 1995, 324, 325 (Syrien) mit Anm. *Börner* 309; OLG Frankfurt a.M. NJW 1990, 646 (Iran); LJV Baden-Württemberg IPRax 1988, 170 (talaq-Scheidung in Pakistan).

[611] *BGHZ* 82, 34, 43f. mit krit. Bespr. *Schack* IZVR² Rdnr. 896 und *Kegel* IPRax 1983, 22; gegen das Verfahren des Art. 7 § 1 FamRÄndG zu Unrecht *Bolz* NJW 1990, 620; gegen ihn *Palandt/Heldrich*[57] EGBGB Art. 17 Rdnr. 12.
[612] *BGHZ* 82, 34, 45ff.; *BayObLG* FamRZ 1985, 75f.; 1258, 1259; OLG Stuttgart IPRax 1981, 213; LJV Baden-Württemberg IPRax 1990, 51, 52; 1988, 170.
[613] Krit. deshalb *Schack* IZVR² Rdnr. 897.
[614] OLG Stuttgart IPRax 1988, 172 mit krit. Anm. *Beule* 150.
[615] *BGHZ* 82, 34,43; *BayObLG* FamRZ 1985, 1258, 1259; OLG Stuttgart IPRax 1988, 172; näher *Beule* IPRax 1988, 150f.
[616] OLG Frankfurt a.M. NJW 1990, 646.

Entscheidungen zuläßt[617]. Maßgebend ist das Ehescheidungsstatut nach dem Zeitpunkt der Vornahme der Scheidung.

bb) Nebenentscheidungen

195   Das Verfahren des Art. 7 § 1 FamRÄndG bezieht sich nicht auf die zugleich oder im Zusammenhang mit dem Urteil getroffenen Nebenentscheidungen, wie etwa Sorgerechts- oder Unterhaltsentscheidungen[618]. Das gilt auch dann, wenn das ausländische Gericht über die Scheidungsfolgen im Scheidungsverbund erkannt hat. Auf der anderen Seite dürfen Scheidungsfolgen nicht anerkannt werden, bevor nicht die Anerkennung der Scheidung selbst durch die Landesjustizverwaltung festgestellt worden ist[619]. Das gilt in gleicher Weise für **Sorgeentscheidungen**, den **Scheidungsunterhalt** und den **gesetzlichen Unterhaltsanspruch** der **Kinder**. Auch diese Unterhaltsregelung ist regelmäßig mit der Scheidung materiellrechtlich verknüpft und daher nicht von ihr unabhängig[620]. In Ausnahme von dem Gesagten ist eine Anerkennung von Nebenentscheidungen dann geboten, wenn dies **Staatsverträge** ohne Rücksicht auf ein vorgeschaltetes Anerkennungsverfahren fordern (→ Rdnr. 191).

cc) Wirksamkeit und Endgültigkeit

196   Die ausländische Entscheidung muß alle nach ausländischem Recht erforderlichen Voraussetzungen erfüllen wie z.B. eine behördliche Registrierung[621]. Zudem muß die Entscheidung nach ausländischem Recht wirksam und endgültig sein, was aber keine formelle Rechtskraft voraussetzt[622]. Nach wohl h.L. muß die Entscheidung dagegen diejenigen Eigenschaften aufweisen, die das deutsche Recht mit dem Begriff der formellen Rechtskraft verbindet.

b) Ausländische Entscheidungen

197   Der Begriff der »ausländischen« Entscheidung wird in dem gleichen Sinne verwendet wie auch sonst im Anwendungsbereich des § 328 (→ Rdnr. 67ff.). Waren die Ehegatten zur Zeit der Entscheidung Angehörige des betreffenden Staates, kommt Art. 7 § 1 Abs. 1 S. 3 FamRÄndG zur Anwendung (→ Rdnr. 189, → Rdnr. 206). Den staatlichen Stellen stehen Entscheidungen kirchlicher Stellen gleich, soweit ihnen der betreffende Staat die Ehegerichtsbarkeit mit bürgerlicher Wirkung zugestanden hat (→ Rdnr. 192). Daher sind nicht mit der staatlichen Vollstreckbarkeitserklärung versehene Eheungültigkeitsurteile aus der Zeit der österreichischen Konkordatsgesetzgebung nicht anerkennungsfähig. Für Ehescheidungsurteile der **ehemaligen DDR** gelten die Ausführungen von → Rdnr. 184. Ein Feststellungsverfahren vor der Landesjustizverwaltung scheidet aus[623]. Doch besteht die Überprüfungsmöglichkeit im Rahmen des Art. 18 Abs. 1 S. 2 EinV.

---

[617] *BGHZ* 110, 267, 273; *BayObLG* IPRax 1995, 324, 325; *OLG Celle* FamRZ 1998, 686; *OLG Hamm* NJW-RR 1992, 710; *Krzywon* StAZ 1989, 93, 103.
[618] *BGHZ* 64, 19, 22; *BGH* FamRZ 1982, 1203, 1205; *BayObLG* IPRsp 1978 Nr. 175; *OLG Frankfurt a.M.* OLGZ 1977, 141.
[619] *BGHZ* 64, 19, 22; *OLG Celle* NJW 1991, 1428, 1429; *Geimer* IZVR³ Rdnr. 3018; *Baumann* IPRax 1990, 28, 29; *Staudinger/Spellenberg*¹³ (Fn. 1) Rdnr. 642; *H. Roth* IPRax 1988, 75, 78; a.A. *KG* FamRZ 1974, 146; *OLG Hamm* IPRax 1993, 213, 214.
[620] Überzeugend *Martiny* Hdb.III/1(Fn. 1) Rdnr. 1669; *Schack* IZVR² Rdnr. 892; *Baumann* IPRax 1994, 435,

436; *OLG Celle* FamRZ 1990, 1390 mit Anm. *Henrich* IPRax 1991, 62; *OLG Hamm* IPRax 1990, 59 mit Anm. *Henrich*; a.A. *OLG München* IPRsp 1982 Nr. 173; MünchKommZPO/*Gottwald* Rdnr. 173; Zöller/*Geimer*²⁰ Rdnr. 230; *Geimer* IPRax 1992, 5,10.
[621] *BayObLGZ* 1977, 71 mit Nachw.
[622] Dazu bereits → Rdnr. 73; anders die h.L., die formelle Rechtskraft verlangt. *BayObLG* NJW-RR 1990, 842, 843; MünchKommZPO/*Gottwald* Rdnr. 156.
[623] MünchKommZPO/*Gottwald* Rdnr. 158; zu Übergangsproblemen *Leible* FamRZ 1991, 1245 (teils wenig überzeugend).

c) **Ehesachen**

Zu den möglichen anerkennungsfähigen Verfahrensgegenständen zählt in erster Linie die **Scheidung** einer Ehe. Das meint die Formulierung des Art. 7 § 1 Abs. 1 S. 1 FamRÄndG mit der Scheidung einer Ehe »dem Bande nach« (näher → *P. Schlosser* vor § 606 Rdnr. 6). Die weiter in der Norm aufgeführte **Aufhebung** der Ehe meint die Lösung der Ehe mit Wirkung ex nunc (→ *P. Schlosser* vor § 606 Rdnr. 8). Die **Erklärung** einer Ehe für **nichtig** bedeutet die Lösung mit Wirkung ex tunc (→ *P. Schlosser* vor § 606 Rdnr. 7)[624]. Es ist unerheblich, ob das ausländische Urteil in den den deutschen Aufhebungsgründen entsprechenden Fällen eine Lösung ex nunc oder, wie bei der früheren Eheanfechtung, ex tunc vorsieht. Der Anerkennung der Entscheidung steht nicht entgegen, daß das ausländische Recht in dieser Hinsicht vom deutschen Recht abweicht. Der Feststellungsbescheid nach Art. 7 § 1 FamRÄndG hat sich bei einer Lösung der Ehe ex tunc auch nicht etwa auf eine solche ex nunc zu beschränken. Vielmehr wirkt auch diese Feststellung auf den **Zeitpunkt des Urteils** zurück[625].

198

Die in Art. 7 § 1 Abs. 1 S. 1 FamRÄndG aufgeführte Scheidung der Ehe unter »Aufrechterhaltung des Ehebandes« meint die sogenannte »**Trennung von Tisch und Bett**« (→ *P. Schlosser* vor § 606 Rdnr. 17, → Rdnr. 10). Der Anerkennung steht nicht entgegen, daß das deutsche Recht ein entsprechendes Rechtsinstitut nicht kennt[626]. Die Wirkung der anerkannten Trennung beurteilt sich nach der betreffenden ausländischen Rechtsordnung (→ *P. Schlosser* vor § 606 Rdnr. 17a). Eine ausländische Entscheidung, welche die Ehe eines deutschen Staatsangehörigen unter Aufrechterhaltung des Ehebandes trennt, ist nach der Neuregelung des IPR-Gesetzes anzuerkennen, wenn die Voraussetzungen des Feststellungsverfahrens nach Art. 7 § 1 FamRÄndG vorliegen[627].

199

Art. 7 § 1 Abs. 1 S. 1 FamRÄndG führt weiterhin die **positive und negative Ehefeststellungsklage** an. Das Verständnis dieser Formulierungen folgt den allgemeinen Grundsätzen (→ *P. Schlosser* vor § 606 Rdnr. 9ff.). Die betreffende Entscheidung muß zwischen den Ehegatten ergangen sein. Deshalb scheidet eine Entscheidung aus, die über Bestand oder Nichtbestand oder Auflösung einer Ehe als **Vorfrage** entschieden hat. Die Wirksamkeit einer ausländischen Feststellungsentscheidung ist ausschließlich der Überprüfung im Verfahren nach Art. 7 § 1 FamRÄndG vorbehalten[628]. Das gilt auch im Falle der Abweisung einer positiven oder einer negativen Ehefeststellungsklage, weil dann das Gegenteil festgestellt ist. Ein deutsches Gericht darf sich von sich aus mit der Frage nicht befassen und muß einen bei ihm anhängigen Rechtsstreit erforderlichenfalls nach § 148 ZPO bis zu der Erledigung des Verfahrens nach Art. 7 § 1 FamRÄndG aussetzen (→ Rdnr. 189). Das deutsche Gericht kann erst dann selbständig entscheiden, wenn die Landesjustizverwaltung die Anerkennung versagt hat. Dabei gelten die allgemeinen Grundsätze. Handelt es sich um die Ehe der Prozeßparteien, so greift gegebenenfalls § 154 ein (→ *H. Roth* § 154 Rdnr. 3ff.). Handelt es sich um einen Rechtsstreit zwischen Dritten, z.B. um einen Erbschaftsstreit, so hat das Gericht über den Bestand oder Nichtbestand der Ehe als Vorfrage selbständig zu entscheiden.

200

Entscheidungen ausländischer Gerichte, durch die Scheidungsklagen und vergleichbare Anträge abgewiesen werden, entfalten ebensowenig unmittelbare Wirkungen im Inland wie die dem Begehren stattgebenden Entscheidungen. Das Gesagte ergibt sich sinngemäß aus Art. 7 § 1 FamRÄndG. Andererseits ist für sie ein Feststellungsbescheid nach Art. 7 § 1 FamRÄndG nicht vorgesehen. Daraus läßt sich aber nicht der Schluß ziehen, daß ihnen im Inland

201

---

[624] Zu der vom Gesetzgeber geplanten Beseitigung des Rechtsinstituts der Ehenichtigkeit krit. *Bosch* FamRZ 1997, 138, 141.
[625] *BGH* FamRZ 1961, 427; *Kleinrahm/Partikel* (Fn. 1) 35; *Beitzke* DRZ 1946, 172f.
[626] *BayObLG* NJW-RR 1990, 842, 843.
[627] Zur früheren Rechtslage siehe *RGZ* 167, 193ff.; *Kleinrahm/Partikel* (Fn. 1) 77f.
[628] Ebenso *LJV Baden-Württemberg* FamRZ 1990, 1015, 1016; *Krzywon* StAZ 1989, 93, 95.

überhaupt keine Rechtskraftwirkung zukommt. Vielmehr richtet sich die Anerkennung nach den allgemeinen Vorschriften des § 328[629].

7. Zeitlicher Geltungsbereich

a) Zeitliche Beschränkung

202 Die Feststellung nach Art. 7 § 1 FamRÄndG kennt keine zeitliche Beschränkung. Ohne Einfluß ist auch der Tod eines oder beider Ehegatten. Der **Tod** schließt die Möglichkeit der Anerkennung der ausländischen Entscheidung nicht aus. Ebensowenig steht er dem Verfahren des Art. 7 § 1 FamRÄndG in dem Sinne entgegen, daß das deutsche Gericht, das sich in einem Erbschaftsstreit oder in einem anderen Rechtsstreit mit der Ehe des Verstorbenen zu befassen hat, über die Wirksamkeit der ausländischen Entscheidung als Vorfrage selbständig zu entscheiden hätte. Allerdings kann die Befugnis, die Anerkennung eines ausländischen Scheidungsurteils zu beantragen, unter ganz besonderen Umständen **verwirkt** werden (auch → Rdnr. 239)[630].

b) Frühere ausländische Entscheidungen

203 Die Regelung gilt auch für die vor Inkrafttreten des Art. 7 § 1 FamRÄndG und des § 24 4. DVO-EheG (→ Rdnr. 187) ergangenen ausländischen Entscheidungen[631]. Solange eine Feststellung nach Abs. 1 nicht ergangen ist, hat die Entscheidung in Deutschland keine Wirkung, auch wenn die Beteiligten die Entscheidung schon seit langem für wirksam gehalten haben. Etwas anderes gilt nur in den Ausnahmefällen des Art. 7 § 1 Abs. 1 S. 3 und Art. 9 II Nr. 4 FamRÄndG (→ Rdnr. 206 und 204).

c) Vermerk in einem deutschen Familienbuch

204 Für die vor Inkrafttreten der 4. DVO-EheG (→ Rdnr. 187) ergangenen ausländischen Entscheidungen ist die Nachprüfung der Wirksamkeit durch Art. 9 II Nr. 4 FamRÄndG weitgehend abgeschnitten. Die Norm lautet:
»War am 1. November 1941 in einem deutschen Familienbuch (Heiratsregister) auf Grund einer ausländischen Entscheidung die Nichtigerklärung, Aufhebung, Scheidung oder Trennung oder das Bestehen oder Nichtbestehen einer Ehe vermerkt, so steht der Vermerk einer Feststellung der Anerkennung nach Artikel 7 § 1 gleich.« Durch diesen Vermerk[632] steht für das Inland die Wirksamkeit der ausländischen Entscheidung in einer die Gerichts- und Verwaltungsbehörden bindenden Wirkung endgültig fest. Die Frage der Anerkennung kann daher nicht mehr aufgerollt werden. Der Vermerk kann deshalb auch nicht mehr im **Berichtigungsverfahren** nach § 47 PStG mit der Begründung gelöscht werden, die Entscheidung sei zu Unrecht anerkannt worden[633]. Die Eintragung einer Ehe auf Grund eines Ehefähigkeitszeugnisses (§ 5a EheG) oder einer Befreiung (§ 5a Abs. 2 EheG) bezüglich eines vorher im Ausland geschiedenen Verlobten steht dem Vermerk nicht gleich. Die Eheschließung im Inland schneidet also Bedenken gegen die Anerkennung der vorausgegangenen ausländischen Scheidung nicht ab.

---

[629] *Riezler* (Fn. 1) 515; *Beitzke* DRZ 1946, 172.
[630] *OLG Düsseldorf* FamRZ 1988, 198.- Zur Verwirkung prozessualer Befugnisse allgemein → *E. Schumann* Einl. Rdnr. 257f.
[631] *Jansen* (Fn. 591) 16 zu § 1.
[632] § 12 PStG, RGBl 1937 I 1146, 1938 I 923; s. jetzt § 14 Nr. 2, 3, 4 PStG in der Fassung der Bekanntmachung vom 8. 8. 1957.
[633] *Jansen* (Fn. 591) 16 zu § 1.

d) Maßgebender Zeitpunkt für das auf ausländische Urteile anzuwendende deutsche Anerkennungsrecht

Für die Anerkennung eines ausländischen Ehescheidungsurteils ist grundsätzlich das im Zeitpunkt des ausländischen Verfahrens geltende deutsche Anerkennungsrecht maßgebend (→ Rdnr. 32 ff.)[634], weil die Wirkungen des ausländischen Urteils im gleichen Zeitpunkt auf den Zweitstaat erstreckt werden, zu dem sie im Erststaat eintreten[635]. Werden freilich die Anerkennungsvoraussetzungen durch **Gesetz gemildert** (→ Rdnr. 35), und folgt erst daraus die Anerkennungsfähigkeit eines ausländischen Ehescheidungsurteils, so wirkt eine Anerkennungsentscheidung nur auf den Zeitpunkt des Inkrafttretens der neuen gesetzlichen Regelung zurück[636].

205

8. Persönlicher Geltungsbereich

a) Heimatstaatentscheidungen

Nach Art. 7 § 1 Abs. 1 S. 3 FamRÄndG hängt die Anerkennung der ausländischen Entscheidung nicht von der förmlichen Feststellung ab, wenn die Entscheidung in dem Staat ergangen ist, dem beide Ehegatten zur Zeit der Entscheidung angehört haben. Die Wirksamkeit der Entscheidung ist in diesem Fall nicht durch eine förmliche Feststellung durch die Landesjustizverwaltung bedingt. Gleichwohl ist die Durchführung eines förmlichen Anerkennungsverfahrens aus Gründen der **Rechtssicherheit** nicht ausgeschlossen. In diesem Falle tritt die gleiche Bindungswirkung ein wie sonst auch[637].

206

Braucht ein förmliches Anerkennungsverfahren wegen Satz 3 nicht durchgeführt zu werden und wird es auch nicht fakultativ durchgeführt, so müssen gleichwohl die materiellen Anerkennungsvoraussetzungen des § 328 beachtet werden, die in dem jeweiligen Verfahren als **Vorfrage** zu prüfen sind[638]. Freilich wird hier eine Prüfung der internationalen Zuständigkeit des ausländischen Gerichts nach § 328 Abs. 1 Nr. 1 entfallen, so daß nur die Nrn. 2 bis 4 der Bestimmung ihre Bedeutung behalten. Nach dem ausdrücklichen Wortlaut des Art. 7 § 1 Abs. 1 S. 3 FamRÄndG muß es sich um die Entscheidung eines **Gerichts** handeln (→ Rdnr. 62 ff.). Daher bedarf eine Entscheidung einer Behörde auch im Falle der Heimatstaatentscheidung der Anerkennung[639]. Die Anwendung des Art. 7 § 1 Abs. 1 S. 3 FamRÄndG wird nicht dadurch ausgeschlossen, daß beide oder einer der Ehegatten nach der Entscheidung die deutsche oder eine dritte Staatsangehörigkeit erworben haben.

207

b) Doppelstaatsangehörigkeit

Hat ein Ehegatte in dem maßgeblichen Zeitpunkt neben der ausländischen auch die deutsche Staatsangehörigkeit besessen, so entscheidet stets die deutsche Staatsangehörigkeit und schließt die Anwendbarkeit des Art. 7 § 1 Abs. 1 S. 3 FamRÄndG aus. Das folgt aus der in

208

---

[634] *BayObLG* FamRZ 1990, 1265, 1266; offengelassen von *BGHZ* 110, 267, 273.

[635] So dem Grundsatz nach auch *Geimer* NJW 1988, 651.

[636] *BayObLG* NJW 1988, 2178 mit abl. Anm. *Geimer*; a.A. → *E. Schumann* Voraufl. Rdnr. 22.

[637] M.E. zutreffend *BGHZ* 112, 127, 130 ff. mit Nachw. des Streitstandes; offengelassen von *BayObLG* NJW-RR 1990, 842, 843.

[638] So jetzt auch *BGHZ* 112, 127, 131; *OLG Hamm* FamRZ 1996, 178 (Unterhaltsprozeß); 1996, 951; *Rosenberg/Schwab/Gottwald*[15] § 157 III 2; *Neuhaus* FamRZ 1957, 394; *Raape* MDR 1949, 586; a.A. *KG* FamRZ 1958, 324; 18. Aufl. dieses Kommentars Anh. § 328.

[639] *OLG Stuttgart* FamRZ 1968, 390; *Kleinrahm/Partikel* (Fn. 1) 92 f.; *Geimer* NJW 1967, 1398, 1401 Fn. 27; *Jansen* (Fn. 591) 17 zu § 1; a.A. *LG Stuttgart* FamRZ 1959, 506; *LG Lübeck* FamRZ 1957, 394; 18. Aufl. dieses Kommentars Anhang § 328; *Staudinger/Spellenberg*[13] Rdnr. 702; *MünchKommZPO/Gottwald* Rdnr. 162. – Die Stellungnahme des Bundesrates zum EheschlRG sah eine Gleichstellung von Gericht und Behörde vor (BT-Drucks. 13/4898 S. 33).

Art. 5 Abs. 1 S. 2 EGBGB enthaltenen allgemeine Geltung beanspruchenden gesetzgeberischen Entscheidung[640]. Auf die Frage der **effektiven Staatsangehörigkeit** kommt es also nicht an[641]. Der Geltung des Art. 7 § 1 Abs. 1 S. 3 FamRÄndG steht nicht entgegen, daß ein Ehegatte neben der Staatsangehörigkeit des Entscheidungsstaates auch diejenige eines dritten Staates besaß[642].

c) Zweifel

209   Bestehen Zweifel daran, ob eine Heimatstaatentscheidung in Betracht kommt, so empfiehlt sich stets die Durchführung des förmlichen Anerkennungsverfahrens[643]. Nach dem Gesagten entscheidet die angerufene Landesjustizverwaltung stets mit Bindungswirkung, unabhängig davon, ob die Heimatstaatangehörigkeit bejaht oder verneint wird. Nicht etwa wird bei Bejahung der Staatsangehörigkeit des Entscheidungsstaates der Antrag ohne Bindungswirkung als unzulässig abgewiesen[644]. Im übrigen ist die Frage der Staatsangehörigkeit des Entscheidungsstaates als **Vorfrage** in dem betreffenden behördlichen oder gerichtlichen Verfahren zu klären[645]. Stellt sich die Frage bei einem gerichtlichen Verfahren, so setzt das Gericht nach **§ 148** aus (→ Rdnr. 189), wenn es die Voraussetzungen des Art. 7 § 1 Abs. 1 S. 3 FamRÄndG verneint. Anderenfalls entscheidet es in der Sache selbst.

d) Ehemalige Staaten

210   Von Art. 7 § 1 Abs. 1 S. 3 FamRÄndG werden auch diejenigen Entscheidungen erfaßt, die in jetzt nicht mehr bestehenden Staaten zwischen damaligen eigenen Angehörigen ergangen sind.

9. Materielle Voraussetzungen der Anerkennung

211   Für die Anerkennung nach Art. 7 § 1 FamRÄndG kommt es vorrangig auf das Vorliegen der Voraussetzungen der bestehenden **Staatsverträge** an. Die bestehenden bilateralen Anerkennungs- und Vollstreckungsverträge (→ Rdnr. 58) sind insoweit noch von Bedeutung[646]. Ansonsten kommt es auf die materiellen Voraussetzungen des § 328 an, wobei im Verhältnis zu bestehenden Staatsverträgen das **Günstigkeitsprinzip** gilt (→ Rdnr. 2f.). Da für die Anerkennungszuständigkeit das autonome Recht des § 606a n.F. gegenüber den bestehenden staatsvertraglichen Regelungen großzügiger ist, wird im Ergebnis oftmals das nationale Anerkennungsrecht entscheidend sein[647].

---

[640] H.L., *BayObLG* NJW – RR 1990, 842, 843; *LJV Baden-Württemberg* IPRax 1990, 51; *Haecker* Die Anerkennung ausländischer Entscheidungen in Ehesachen (1989) 39; *Börner* IPRax 1995, 309, 310; *Metje* StAZ 1996, 374; *Richter* JR 1997, 98; *Baumbach/Lauterbach/Hartmann*[56] Rdnr. 72.

[641] Anders *OLG Bremen* IPRax 1985, 296; → *E. Schumann* Voraufl. Rdnr. 446; *Staudinger/Spellenberg*[13] Rdnr. 697.

[642] *Kleinrahm/Partikel* (Fn. 1) 94; für die effektive Staatsangehörigkeit *Staudinger/Spellenberg*[13] Rdnr. 700.

[643] Mit Recht *Metje* StAZ 1996, 374.

[644] *BGHZ* 112, 127 ff.; a.A. → *E. Schumann* Voraufl. Rdnr. 445.

[645] Vgl. auch *Jansen* (Fn. 591) 17 zu § 1; a.A. *Jonas* DR 1942, 55; *Beitzke* DRZ 1946, 136; 18. Aufl. dieses Kommentars Anh. § 328.

[646] Z.B. *OLG Celle* FamRZ 1993, 439, 440 (Belgien); *OLG Frankfurt a.M.* FamRZ 1997, 96f. (Griechenland); *BayObLG* NJW-RR 1990, 842 (Italien); *OLG Celle* FamRZ 1993, 1216 (Italien); *Vestweber* IPRax 1992, 268 (Spanien).

[647] Mit Recht *MünchKommZPO/Gottwald* Rdnr. 151; Beispiel: *BayObLG* FamRZ 1993, 452, 453 (Italien); abweichend *Krzywon* StAZ 1989, 93, 97.

a) Internationale Zuständigkeit (§ 328 Abs. 1 Nr. 1)

Für die internationale Anerkennungszuständigkeit gelten die allgemeinen Grundsätze, wie sie für § 328 Abs. 1 Nr. 1 dargestellt worden sind (→ Rdnr. 82 ff.). Danach finden ausländische Entscheidungen in Deutschland in den Grenzen Anerkennung, in denen der deutsche Staat seine Gerichtsbarkeit ausüben würde. Das ist dann der Fall, wenn in dem Urteilsstaat, die dortige Geltung der deutschen Zuständigkeitsordnung vorausgesetzt, eine Zuständigkeit begründet sein würde. Der **Spiegelbildgrundsatz** gilt auch in Ehesachen. Die Anerkennung ausländischer Entscheidungen kann seit der Neufassung durch das IPR-Gesetz nicht mehr daran scheitern, daß Deutschland eine ausschließliche internationale Zuständigkeit für sich in Anspruch nimmt (§ 606a Abs. 1 S. 2). Die maßgebenden Anknüpfungspunkte für die in § 606a Abs. 1 Nr. 1 bis 4 geregelte deutsche internationale Zuständigkeit in Ehesachen sind die **deutsche Staatsangehörigkeit** und der **gewöhnliche Aufenthalt** (Einzelheiten der Regelung bei → *P. Schlosser* § 606a Rdnr. 10 ff.)[648]. Das Spiegelbildprinzip wird erweitert durch § 606a Abs. 2. Danach sind die ausländischen Gerichte selbst dann international zuständig, wenn nur ein Ehegatte seinen gewöhnlichen Aufenthalt im Urteilsstaat hatte. Die Zuständigkeitsprüfung kann sogar ganz entfallen, wenn die ausländische Entscheidung im gemeinsamen Heimatstaat der Ehegatten oder im jeweiligen Heimatstaat eines jeden Ehegatten anerkannt wird[649]. 212

Wenn im Zeitpunkt der Entscheidung beide Ehegatten die Staatsangehörigkeit des Entscheidungsstaates besessen haben, so ist die Entscheidung nach Art. 7 § 1 Abs. 1 S. 3 FamRÄndG ohne weiteres anzuerkennen (→ Rdnr. 206). Für den maßgebenden Zeitpunkt der Zuständigkeit gelten die allgemeinen Grundsätze (näher → Rdnr. 90). 213

b) Nichteinlassung auf das ausländische Eheverfahren (§ 328 Abs. 1 Nr. 2)

Für die Rechtsfolgen aus der Nichteinlassung auf das ausländische Verfahren gelten die dargestellten allgemeinen Grundsätze (→ Rdnr. 105 ff.)[650]. 214

c) Früheres Eheverfahren oder frühere Eheentscheidung (§ 328 Abs. 1 Nr. 3)

Keine Unterschiede ergeben sich für Eheverfahren auch in der Frage der Unvereinbarkeit mit einem früheren Urteil oder Verfahren (näher → Rdnr. 118 ff.). 215

d) Ordre public (§ 328 Abs. 1 Nr. 4)

Maßgebend sind auch hier zunächst wieder die dargestellten allgemeinen Grundsätze (→ Rdnr. 123 ff.)[651]. Im Hinblick auf die Vielgestaltigkeit der grundsätzlichen Anschauungen und der vorhandenen gesetzlichen Regelungen ist in der Frage, ob ein die Anwendung der Nr. 4 rechtfertigender Widerstreit zwischen der ausländischen Regelung und der deutschen Auffassung besteht – wie sonst auch – , besondere Zurückhaltung zu üben[652]. Entscheidend ist die **Ergebniskontrolle**[653]. So soll etwa nach manchen eine »pro forma« oder »Scheinscheidung« für sich allein die Anerkennung nicht hindern (aber → Rdnr. 136). Anders liegt es, wenn un- 216

---

[648] Näher auch *BayObLG* NJW 1990, 3099; *LJV Baden-Württemberg* FamRZ 1990, 1015, 1017; *Staudinger/Spellenberg*[13] Rdnr. 319 ff.; *Zöller/Geimer*[20] Rdnr. 37 ff.; *Baumbach/Lauterbach/Albers*[56] Rdnr. 4 ff.; *Geimer* NJW 1988, 2180 f.

[649] Beispiele bei → *P. Schlosser* § 606a Rdnr. 21.

[650] Zu § 328 Abs. 1 Nr. 2 a.F. *BGH* IPRax 1991, 188 mit Anm. *Nagel* 172 (Deutsch-britisches Abkommen übersehen).

[651] Zum ordre public-Vorbehalt bei ausländischen Ehescheidungen eingehend *Kleinrahm/Partikel* (Fn. 1) 121 ff.

[652] Ebenso *BayObLG* FamRZ 1993, 451, 452; *Staudinger/Spellenberg*[13] Rdnr. 541 (besonders für andere Scheidungsgründe).

[653] *BayObLG* FamRZ 1993, 452, 454.

mittelbarer politischer oder staatlicher Druck auf einen oder die Ehegatten ausgeübt worden ist[654]. Maßgebend für die Beurteilung ist der Zeitpunkt der Anerkennungsentscheidung (→ Rdnr. 33)[655]. Der Gesichtspunkt des ordre public ist auch im Falle des Art. 7 § 1 Abs. 1 S. 3 FamRÄndG beachtlich (→ Rdnr. 206).

e) Gegenseitigkeit (§ 328 Abs. 1 Nr. 5)

217   Nach Art. 7 § 1 Abs. 1 S. 2 FamRÄndG ist vom Erfordernis der Gegenseitigkeit abzusehen. Die Gegenseitigkeit scheidet als Voraussetzung der Anerkennung ohne Rücksicht darauf aus, ob im Inland eine Zuständigkeit gegeben war oder nicht (§ 328 Abs. 2). Die Regelung ist zwingend. Daher steht der Behörde kein Ermessensspielraum zu, ob sie im Einzelfall von dem Erfordernis der Gegenseitigkeit absehen will oder nicht[656].

10. Verwaltungsverfahren

a) Justizverwaltung

218   Art. 7 § 1 FamRÄndG hat das Verfahren über die Anerkennung ausländischer Eheentscheidungen als Justizverwaltungsverfahren ausgestaltet. Zuständig sind die Landesjustizminister, in den Stadtstaaten die mit der Justizverwaltung beauftragten Behörden und in Hessen, Niedersachsen und Nordrhein-Westfalen einer oder mehrere Präsidenten der Oberlandesgerichte aufgrund der Ermächtigung des Art. 7 § 1 Abs. 2a FamRÄndG[657]. Örtlich zuständig sind nach Art. 7 § 1 Abs. 2 FamRÄndG die Landesjustizverwaltungen, in deren Gebiet einer der Ehegatten seinen **gewöhnlichen Aufenthalt** hat[658]. Bei fälschlich bejahter örtlicher Zuständigkeit wird die Entscheidung durch das angerufene Gericht aufgehoben[659]. Sind danach zwei Landesjustizverwaltungen zuständig, so ist in entsprechender Anwendung des § 4 FGG diejenige Behörde allein zuständig, die zuerst tätig geworden ist[660]. Hat kein Ehegatte seinen gewöhnlichen Aufenthalt im Inland, so ist die Justizverwaltung des Landes zuständig, in dem eine neue Ehe geschlossen werden soll (Art. 7 § 1 Abs. 2 S. 2 FamRÄndG). Ort der Eheschließung ist der Amtssitz des Standesbeamten (vgl. § 15 EheG). Ist nach Art. 7 § 1 Abs. 2 S. 1 und S. 2 FamRÄndG keine Landesjustizverwaltung zuständig, so ist nach Satz 3 die Justizverwaltung des Landes Berlin zuständig.

b) Antrag

219   Nach Art. 7 § 1 Abs. 3 S. 1 FamRÄndG ergeht die Feststellung auf Antrag. Nach Art. 7 § 1 Abs. 3 S. 2 FamRÄndG kann den Antrag ein jeder stellen, der ein rechtliches Interesse an der Antragstellung glaubhaft macht. Die Antragsberechtigung beschränkt sich also nicht auf die Ehegatten (zum Begriff des rechtlichen Interesses → § 256 Rdnr. 61 ff. und sogleich → Rdnr. 220).

220   Das erforderliche **rechtliche Interesse** für den Antrag ist gegeben, wenn der Antragsteller mit einer anderen Person in einem Rechtsverhältnis verbunden ist, das durch die Anerken-

---

[654] *BayObLGZ* 1992, 195; ordre public-Verstöße wurden auch bejaht durch *BayObLG* FamRZ 1993, 451, 452; LJV Baden-Württemberg FamRZ 1990, 1015, 1019.
[655] *BayObLG* FamRZ 1993, 451, 452.
[656] A.A. *Jansen* (Fn. 591) 19 zu § 1.- Zur abweichenden Rechtslage während der Geltung von § 24 4. DVO-EheG 18. Aufl. dieses Kommentars IV 5 Anhang § 328.
[657] Hessen: VO vom 3.11. 1994, GVBl. 635; Niedersachsen: VO vom 25. 7. 1995, Nds. GVBl 255; Nordrhein-Westfalen: VO vom 17.11. 1994, GV. NW. 1005.
[658] Zum Begriff → *P. Schlosser* § 606 Rdnr. 7; *BayObLG* StAZ 1996, 327 (tatsächlicher Mittelpunkt des Daseins, der Lebensführung).
[659] *BayObLG* StAZ 1996, 327 (= FamRZ 1997, 423).
[660] *Kleinrahm/Partikel* (Fn. 1) 169; *Jansen* (Fn. 591) 30 zu § 1.

nung oder Nichtanerkennung berührt wird. Es handelt sich regelmäßig um die Ehegatten der aufgelösten Ehe, den neuen Ehegatten eines der im Ausland geschiedenen Ehegatten sowie deren Kinder, sofern die Anerkennung darüber entscheidet, ob diese in Deutschland als ehelich oder als nichtehelich anzusehen sind. Nach dem Tode des geschiedenen Ehegatten sind dessen Erben antragsberechtigt, wenn das Erbrecht von der Anerkennung oder Nichtanerkennung abhängt[661]. Tritt der Tod während des gerichtlichen Verfahrens ein (→ Rdnr. 234ff.), so kann der Antrag weiterverfolgt werden, ohne daß ein neuer Antrag bei der Landesjustizverwaltung gestellt werden müßte[662]. Der **Verlobte** des im Ausland Geschiedenen ist ebenfalls antragsberechtigt[663]. Doch wird man zur Glaubhaftmachung auf die Regelung des Abs. 2 S. 2 HS. 2 zurückgreifen müssen.

Ferner ist jede Stelle antragsberechtigt, für die das Bestehen oder Nichtbestehen der Ehe eine rechtliche Bedeutung hat, z.B. ein Sozialversicherungsträger[664], Finanzämter[665] oder der Staatsanwalt in Fällen der Ehenichtigkeitsklage[666]. Nicht antragsberechtigt sind Gerichte und der **Standesbeamte**[667]. 221

Entgegen einer in Rechtsprechung und Literatur vertretenen Ansicht[668] geht es nicht um die verfahrensrechtliche Frage des rechtlichen Interesses, wenn die anzuerkennende ausländische Entscheidung nach deutschem Verständnis eine **Nichtehe** betrifft. Dabei handelt es sich vielmehr um eine Frage der Begründetheit mit der Folge, daß der Feststellungsantrag als unbegründet abgewiesen wird, da eine Nichtehe nicht geschieden und die ausländische Ehescheidung aus diesem Grunde nicht anerkannt werden kann. Die Anforderungen an die Glaubhaftmachung richten sich nach den Ausführungen von → § 294 Rdnr. 8. In seltenen Ausnahmefällen kann der Antrag auch **verwirkt** werden[669]. 222

Der Antrag kann sowohl auf positive wie auf negative Feststellung gerichtet sein (Art. 7 § 1 Abs. 7 FamRÄndG)[670]. Zur Wahrung des **rechtlichen Gehörs** sind diejenigen am Verfahren zu beteiligen, die an der Abweisung des Antrags ein rechtliches Interesse haben. Es ist Sache des Einzelfalles, inwieweit den Beteiligten Gelegenheit zur Äußerung zu geben ist und welche Unterlagen beizubringen sind. Unter dem Blickwinkel der Gewährleistung eines fairen Verfahrens muß gebührend Rücksicht auf die Schwierigkeiten genommen werden, die sich im Verkehr mit dem Ausland ergeben[671]. 223

c) **Entscheidung der Justizbehörde**

aa) **Antrag auf positive Feststellung**

Der Antrag auf positive Feststellung kann verbeschieden werden im Wege der (1) Zurückweisung als unzulässig, z.B. wegen fehlender Zuständigkeit oder fehlender Antragsberechtigung, der (2) Zurückweisung als unbegründet, wenn es an den sachlichen Anerkennungsvoraussetzungen fehlt (→ Rdnr. 211ff.). Die selbständige Feststellung, es fehle an den Anerkennungsvoraussetzungen, darf die Behörde jedoch nur auf einen entsprechenden Antrag hin 224

---

[661] *Jansen* (Fn. 591) 34 zu § 1; *Kleinrahm/Partikel* (Fn. 1) 171.
[662] *BGH* IPRax 1991, 188.
[663] Vgl. auch MünchKommZPO/*Gottwald* Rdnr. 177; a.A. → *E. Schumann* Vorauß. Rdnr. 473.
[664] *KG* NJW 1970, 2169; *Richter/Krzywon* IPRax 1988, 349, 350; *Geimer* NJW 1967, 1398, 1402.
[665] Vgl. auch *Schütze* Die Anerkennung und Vollstreckung ausländischer Zivilurteile in der Bundesrepublik Deutschland (1960) 43; *Richter* JR 1987, 98, 100; a.A. *Krzywon* StAZ 1989, 93, 96.
[666] *Basedow* StAZ 1977, 6, 7.
[667] *Fritsche* StAZ 1993, 363.
[668] *BayObLG* IPRax 1982, 250 (*Henrich*); Zöller/*Geimer*[20] Rdnr. 254.
[669] *OLG Düsseldorf* FamRZ 1988, 198; a.A. Zöller/*Geimer*[20] Rdnr. 253; MünchKommZPO/*Gottwald* Rdnr. 176 (für eine materiellrechtliche Deutung).
[670] *OLG Celle* NdsRpfl 1961, 104; *LJV Baden-Württemberg* IPRax 1990, 51.
[671] Zust. *Lindacher* FamRZ 1991, 158.- Es obliegt dem pflichtgemäßen Ermessen der Behörde, die Beibringung von Übersetzungen zu verlangen, *BVerfG* NJW 1997, 2040, 2041.

treffen (Art. 7 § 1 Abs. 7 FamRÄndG)⁶⁷² (dazu sogleich → Rdnr. 225). Schließlich kann (3) die Feststellung getroffen werden, daß die Voraussetzungen für die Anerkennung vorliegen (Art. 7 § 1 Abs. 5 FamRÄndG).

bb) Antrag auf negative Feststellung

225 Das vorhin Gesagte gilt für den Antrag auf einen negativen Feststellungsbescheid über die Ehescheidung nach Art. 7 § 1 Abs. 7 FamRÄndG entsprechend. So ist der Antrag etwa zurückzuweisen, wenn die Anerkennungsvoraussetzungen vorliegen. Die Behörde kann in diesem Fall nicht von Amts wegen feststellen, daß die Anerkennungsvoraussetzungen erfüllt sind. Dazu bedarf es vielmehr eines entsprechenden Antrags eines Beteiligten.

cc) Rechtsfolgen und Form der Feststellung

226 Der Feststellungsbescheid hat keine konstitutive sondern nur deklaratorische Bedeutung⁶⁷³. Die Landesjustizverwaltung darf die ausländische Entscheidung weder ergänzen (z.B. im Sinne einer zusätzlichen Entscheidung über die Schuldfrage) noch abändern. Zulässig ist allenfalls eine **erläuternde Klarstellung** des Inhalts der ausländischen Entscheidung etwa im Sinne der Wirkung ex nunc oder ex tunc⁶⁷⁴. Die Feststellung über die ausländische Entscheidung wirkt aber stets auf den Zeitpunkt des Erlasses zurück (ex tunc). Auch die Anerkennung einer ausländischen Privatscheidung (→ Rdnr. 193) durch die Landesjustizverwaltung wird auf den Zeitpunkt der endgültigen und rechtswirksamen Auflösung zurückbezogen⁶⁷⁵. Allein das ausländische Recht bestimmt jedoch, ob die ausländische Entscheidung ihrerseits eine ex tunc oder ex nunc Wirkung entfaltet (→ Rdnr. 198).

227 Eine **Begründung** der Feststellung ist nicht vorgeschrieben, aber wie bei gerichtlichen Beschlüssen (→ § 329 Rdnr. 7) meist notwendig. Eine Begründung ist jedenfalls erforderlich, wenn ein Antrag abgelehnt wird. Das gleiche gilt bei einer stattgebenden Feststellung, wenn ein Antragsgegner widersprochen hat. In diesen Fällen ist mit einer gerichtlichen Überprüfung zu rechnen, wobei dem Gericht ohne Begründung die Urteilsgrundlage fehlt.

d) Wirksamkeit der Feststellung

228 Nach Art. 7 § 1 Abs. 5 S. 2 FamRÄndG wird die Feststellung der Behörde mit der Bekanntmachung an den Antragsteller wirksam. Die **formlose Bekanntmachung** genügt stets. Eine förmliche Zustellung ist nicht erforderlich, weil der Antrag auf gerichtliche Entscheidung (→ Rdnr. 234ff.) nicht fristgebunden ist. Die Behörde kann durch eine **Fristbestimmung**, die sie wiederum vor Ablauf verlängern oder verkürzen kann, den Zeitpunkt der Wirksamkeit nach Art. 7 § 1 Abs. 5 S. 3 FamRÄndG hinausschieben⁶⁷⁶. Das geschieht am besten im Tenor der Entscheidung. So wird insbesondere in der Erwartung verfahren werden, daß der andere Ehegatte den Antrag auf gerichtliche Entscheidung stellen wird. Auf diese Weise wird verhindert, daß der Antragsteller eine neue Ehe eingeht, bevor der Antragsgegner die Möglichkeit hatte, das OLG anzurufen.

229 Die **Nichtigkeit** des Verwaltungsakts kann nur in ganz seltenen Ausnahmefällen in Betracht kommen. Dabei muß es sich um so schwere Fehler handeln, daß sie aus Erwägungen der staat-

---

⁶⁷² *Jansen* (Fn. 591) 40 zu §1; *Staudinger/Spellenberg*¹³ Rdnr. 808; MünchKommZPO/*Gottwald* Rdnr. 179.
⁶⁷³ *Riezler* (Fn. 1) 515; *Beitzke* DRZ 1946, 172; MünchKommZPO/*Gottwald* Rdnr. 181.
⁶⁷⁴ *Staudinger/Spellenberg*¹³ Rdnr. 807.

⁶⁷⁵ BayObLGZ 1977, 180, 183; OLG Hamm NJW-RR 1992, 710; a.A. *Schütze* Deutsches IZPR (1985) 163: Zeitpunkt der Inlandsbeziehung.
⁶⁷⁶ *Jansen* (Fn. 591) 45 zu §1; *Staudinger/Spellenberg*¹³ Rdnr. 811.
⁶⁷⁷ Vgl. MünchKommZPO/*Gottwald* Rdnr. 178.

lichen Ordnung oder des individuellen Interesses einer Wirksamkeit entgegenstehen. Dabei kann auf die dem § 44 VwVfG entsprechenden Regelungen der **Landesverwaltungsverfahrensgesetze** als Ausdruck der allgemeinen Grundsätze für das Verwaltungshandeln zurückgegriffen werden. Eine direkte Anwendung ist nicht möglich, weil die Landesjustizverwaltung nicht der in der Norm vorausgesetzten Kontrolle durch die Verwaltungsgerichte unterliegt[677]. Danach kann Nichtigkeit beispielsweise anzunehmen sein, wenn der Anerkennungsbescheid zwingende unverzichtbare Anerkennungsvoraussetzungen nicht beachtet hat[678].

e) Bindungswirkung

aa) Feststellungsbescheid

Der positive wie der negative Feststellungsbescheid bindet nach Art. 7 § 1 Abs. 8 FamRÄndG Gerichte und Verwaltungsbehörden. Er steht kraft gesetzlicher Anordnung einer für und gegen alle wirkenden rechtskräftigen Entscheidung gleich. Eine Abänderung dieses ergangenen Verwaltungsakts durch ein Organ der Justizverwaltung ist daher unzulässig[679]. 230

bb) Ablehnung des Antrags

Nach wohl h.L. entfaltet auch die sachliche Ablehnung des Antrags Bindungswirkung, unabhängig davon, ob der Antrag auf Anerkennung oder Nichtanerkennung abgezielt hat[680]. Die sachliche Abweisung eines positiven Feststellungsbescheides muß die gleiche Bindungswirkung gemäß Absatz 8 haben wie ein stattgebender negativer Bescheid[681]. Eine unterschiedliche Behandlung beider Fälle entbehrt der Berechtigung, da die Landesjustizverwaltung in beiden Fällen das Nichtvorliegen der Anerkennungsvoraussetzungen feststellt. Gewisse Abweichungen sind allerdings geboten. So bleibt es bei der grundsätzlichen Zulässigkeit des Antrags eines anderen Antragsgegners. Auch können neue sachliche Erkenntnisse berücksichtigt werden[682]. Der Behörde steht insoweit eine **Abänderungsbefugnis** der zunächst ergangenen eigenen Feststellung zu, was nicht in Widerspruch zu Art. 7 § 1 Abs. 8 FamRÄndG steht. 231

cc) Unvollständiger Antrag

Eine Wiederholung des Antrags ist möglich, wenn der Antrag wegen unzulänglicher Unterlagen, insbesondere wegen einer ungenügenden Aufklärung der Staatsangehörigkeit der Ehegatten, zunächst abgelehnt wurde. In bezug auf die ungeklärten Fragen besteht keine Bindungswirkung. 232

dd) Gegenstandslosigkeit des Feststellungsbescheids

Ist das formell rechtskräftig gewordene Scheidungsurteil durch ein zweites ausländisches Scheidungsurteil gegenstandslos geworden, so wird auch die formell rechtskräftig ausgesprochene Anerkennung des ersten Scheidungsurteils gegenstandslos[683]. 233

---

[678] *BayObLG* IPRsp 1980 Nr. 173.
[679] Ebenso *Riezler* (Fn. 1) 515; *Wieczorek*² F III b 4; *Entschließung* des *Bayer. Staatsministeriums der Justiz* BayJMBl 1951, 77.
[680] *BayObLG* FamRZ 1993, 451; *BayObLGZ* 1980, 352; 1973, 251; *Zöller/Geimer*²⁰ Rdnr. 231; a.A. *KG* FamRZ 1969, 96, 97; *MünchKommZPO/Gottwald* Rdnr. 179.
[681] *BayObLGZ* 1973, 251, 255; anders *Staudinger/Spellenberg*¹³ Rdnr. 806.
[682] *BayObLGZ* 1980, 352f.
[683] *BayObLGZ* 1967, 218 (»ex-parte«- Verfahren in den USA).

11. Gerichtliches Verfahren

a) Verfahrensrecht und materielles Recht

234 Für das Verfahren sind in erster Linie Art. 7 § 1 Abs. 4 bis 6 und für die Kosten § 2 FamRÄndG maßgebend. Entschieden wird im Verfahren der **freiwilligen Gerichtsbarkeit** (→ Rdnr. 238). Das Verfahren der Justizbehörde über den Antrag auf Anerkennung einer ausländischen Eheentscheidung unterliegt der vollen gerichtlichen Nachprüfung in einem einstufigen Gerichtsverfahren. In der Sache handelt es sich um eine öffentlich-rechtliche Streitsache der freiwilligen Gerichtsbarkeit[684]. Für die materiellen Voraussetzungen der Anerkennung der ausländischen Eheentscheidung gelten dieselben Grundsätze wie für die Feststellung der Justizbehörde (→ Rdnr. 211ff.). In erster Linie kommt es also auf bestehende Staatsverträge und verneinendenfalls auf die Voraussetzungen des § 328 an[685].

b) Antragsberechtigung

aa) Abgelehnter Antrag

235 Lehnt die Landesjustizverwaltung den Antrag ab, so kann nach Art. 7 § 1 Abs. 4, Abs. 7 FamRÄndG der Antragsteller die Entscheidung beantragen, der bei der Behörde den Antrag auf Anerkennung oder Nichtanerkennung gestellt hat. Doch ist die Antragsbefugnis nicht auf diesen Personenkreis beschränkt[686]. Vielmehr kann in analoger Anwendung des Art. 7 § 1 Abs. 3 S. 2 FamRÄndG den Antrag auf gerichtliche Entscheidung jeder stellen, der ein **rechtliches Interesse** an der Anerkennung oder Nichtanerkennung geltend macht[687]. So wird der Dritte nicht auf den umständlichen Weg verwiesen, einen Antrag bei der Behörde zu stellen und gegen dessen Ablehnung eine gerichtliche Entscheidung zu verlangen. Wurde der Antrag auf Aufhebung eines früheren Anerkennungsbescheides zurückgewiesen, so kann der Antragsteller in analoger Anwendung des Art. 7 § 1 Abs. 7 in Verbindung mit Abs. 4 FamRÄndG den Antrag auf gerichtliche Entscheidung stellen[688].

bb) Erfolgreicher Antrag

236 Hatte der Antrag auf Anerkennung oder Nichtanerkennung Erfolg, so ist nach Art. 7 § 1 Abs. 5 S. 1 FamRÄndG jeder Ehegatte zur Anrufung des Gerichts befugt, der den Antrag nicht gestellt hat. Zudem kann dieser Ehegatte zusätzlich zur Aufhebung der auf Anerkennung lautenden Entscheidung der Landesjustizverwaltung den **Antrag auf Feststellung** stellen, daß die Voraussetzungen für die Anerkennung der Ehescheidung nicht vorliegen[689]. Haben beide Ehegatten den erfolgreichen Anerkennungsantrag gestellt, so fehlt einem Antrag der Ehegatten auf gerichtliche Entscheidung mit dem Ziel der Aufhebung des Anerkennungsbescheides die Beschwer[690]. Art. 7 § 1 Abs. 5 S. 1 FamRÄndG schließt die **Antragsberechtigung Dritter** nicht aus. Vielmehr kann in analoger Anwendung von Absatz 3 S. 2 jeder Dritte das Gericht anrufen, der ein rechtliches Interesse an der Anerkennung oder Nichtanerkennung hat[691]. Ein Ausschluß des Anfechtungsrechts Dritter verstieße gegen das Gebot effektiven Rechtsschutzes (Art. 19 Abs. 4 GG).

---

[684] BayObLGZ 1967, 218, 228; Staudinger/Spellenberg[13] Rdnr. 817; Pawlowski/Smid Freiwillige Gerichtsbarkeit (1993) Rdnr. 48.
[685] Z.B. BayObLG FamRZ 1993, 452, 453.
[686] A.A. KG NJW 1969, 382; OLGZ 1976, 38, 41; → E. Schumann Voraufl. Rdnr. 491.
[687] OLG Koblenz NJW-RR 1988, 1159; zust. Richter/Krzywon IPRax 1988, 349f.
[688] BayObLGZ 1975, 296.
[689] BayObLG FamRZ 1993, 451.
[690] OLG Stuttgart Die Justiz 1980, 334.
[691] Finke FamRZ 1958, 409, 410; Jansen (Fn. 591) 50 zu § 1; a.A. Massfeller StAZ 1961, 301, 303.

c) Zuständigkeit

Nach Art. 7 § 1 Abs. 6 S. 1 FamRÄndG, § 30 Abs. 1 S. 1 FGG ist für die Entscheidung ein Zivilsenat des Oberlandesgerichts sachlich zuständig. In Bayern entscheidet das **Bayerische Oberste Landesgericht** nach Art. 7 § 1 Abs. 6 S. 4 FamRÄndG, § 199 Abs. 1 FGG, Art. 11 Abs. 3 Nr. 3 BayAGGVG. Örtlich zuständig ist nach Art. 7 § 1 Abs. 6 S. 2 FamRÄndG das OLG, in dessen Bezirk die betreffende Landesjustizverwaltung ihren Sitz hat. 237

d) Verfahren der freiwilligen Gerichtsbarkeit

Das OLG entscheidet nach Art. 7 § 1 Abs. 6 S. 1 FamRÄndG im Verfahren der freiwilligen Gerichtsbarkeit. Nicht zur Anwendung gelangen die §§ 23 ff. EGGVG, die vor Inkrafttreten des FamRÄndG einschlägig waren[692]. Der Antrag wird nach Art. 7 § 1 Abs. 6 S. 4 FamRÄndG i. V. mit § 21 Abs. 2 FGG durch Erklärung zu Protokoll der Geschäftsstelle oder durch Einreichen einer Antragsschrift gestellt[693]. Der Antrag ist nicht fristgebunden[694]. 238

Allerdings kann das Recht auf gerichtliche Entscheidung ausnahmsweise **verwirkt** sein, wenn der Antrag nicht innerhalb eines angemessenen Zeitraums eingereicht wird und zum Zeitablauf noch zusätzliche Umstände hinzutreten, die das Zuwarten als unangemessen und damit die verspätete Antragseinreichung als unzulässige Rechtsausübung erscheinen lassen (zur prozessualen Verwirkung → *E. Schumann* Einl. Rdnr. 258 f.)[695]. 239

Der Antrag hat nach Art. 7 § 1 Abs. 6 S. 3 FamRÄndG keine aufschiebende Wirkung. Das OLG kann deshalb nach Art. 7 § 1 Abs. 6 S. 4 FamRÄndG, § 24 Abs. 3 FGG **einstweilige Anordnungen** erlassen, z. B. eine Aussetzung der Vollziehung des Feststellungsbescheides anordnen. Das OLG kann wegen Art. 7 § 1 Abs. 6 S. 4 FamRÄndG i. V. mit § 23 FGG neue Tatsachen und Beweise berücksichtigen[696]. Es gilt der **Untersuchungsgrundsatz** des § 12 FGG. Gleichwohl kann je nach Lage des Einzelfalles dem Antragsteller des Verfahrens die Beibringung von Unterlagen aufgegeben werden[697]. Als Beteiligte sind die Landesjustizbehörde und diejenigen Personen heranzuziehen, die an der Anerkennung oder Nichtanerkennung ein rechtliches Interesse haben (→ Rdnr. 220 f.). 240

Das Gericht hat seinen Beschluß nach Art. 7 § 1 Abs. 6 S. 4 FamRÄndG, § 25 FGG zu **begründen**. Hält es den Antrag für begründet, so entscheidet es in der Sache selbst, weil die Anerkennung oder Nichtanerkennung keine Ermessensfrage ist[698]. Doch kann das Gericht die Behörde zur Neubescheidung unter Beachtung seiner Rechtsauffassung verpflichten, wenn die Behörde den Antrag als unzulässig abgewiesen hat. Das gleiche gilt, wenn zur Klärung der Begründetheit noch umfangreiche Ermittlungen erforderlich sind[699]. 241

Die Entscheidung des OLG ist nach Art. 7 § 1 Abs. 6 S. 5 FamRÄndG unanfechtbar. Sie erwächst in **materielle Rechtskraft**, deren Umfang sich nach den in → Rdnr. 8 ff. aufgeführten Grundsätzen bestimmt[700]. Es besteht eine **Vorlegungspflicht** nach Art. 7 § 1 Abs. 6 S. 4 FamRÄndG, § 28 Abs. 2 FGG. 242

---

[692] Zum früheren Rechtszustand vgl. die 18. Aufl. dieses Kommentars, Anhang nach § 328; zum Verfahren nach den §§ 23 ff. EGGVG → *E. Schumann* Einl. Rdnr. 437.
[693] Zur Form vgl. im übrigen die Kommentare zum FGG bei § 21.
[694] Dazu *BayObLG* FamRZ 1993, 451.
[695] *BayObLG* FamRZ 1985, 1258, 1259; *BGH* IPRax 1991, 188 (keine Verwirkung bei einem Zeitablauf von vier Jahren).
[696] Dazu *BayObLG* FamRZ 1993, 451.
[697] *BayObLG* NJW-RR 1990, 842, 843.

[698] BT-Drucks. 3/530 S. 33; *Massfeller* StAZ 1961, 301, 303.
[699] *Jansen* (Fn. 591) 51 zu § 1; *Staudinger/Spellenberg*[13] Rdnr. 844.
[700] BayObLGZ 1967, 218, 228 f. - Zur Rechtskraft im Verfahren der freiwilligen Gerichtsbarkeit etwa *Jansen* FGG[2] § 31 Rdnr. 10 ff.; *Keidel/Kuntze/Winkler*[13] § 31 Rdnr. 18; *Bärmann* Freiwillige Gerichtsbarkeit (1968) § 22 III.

12. Kosten

a) Verwaltungsbehörde

243 Die Verwaltungsbehörde erhebt nach § 2 Abs. 1 FamRÄndG für die Feststellung, daß die Voraussetzungen für die Anerkennung einer ausländischen Entscheidung vorliegen oder nicht vorliegen, eine Gebühr zwischen 20 und 600 Deutsche Mark. Bei Ablehnung oder Zurücknahme des Antrags kann die Behörde nach § 3 S. 1 JVKostO bis zur Hälfte dieser Gebühr, aber nicht weniger als den Mindestbetrag von 20 Deutsche Mark festsetzen. Die einschlägigen landesrechtlichen Justizverwaltungskostengesetze stimmen in Art. 1 jeweils mit dieser Regelung überein[701].

b) Gerichtliche Entscheidung

244 Ist der Antrag vor dem OLG erfolgreich, so ist das gerichtliche Verfahren nach Art. 7 § 2 Abs. 2 S. 1 FamRÄndG, § 131 Abs. 1 S. 2 KostO **gebührenfrei**[702]. Das gilt aber nicht, wenn im gerichtlichen Verfahren über einen Antrag des anderen Ehegatten zu entscheiden ist und dieser Antrag über den korrespondierenden entgegengesetzten Antrag des einen Ehegatten hinausgeht[703]. Wird der Antrag zurückgewiesen, so wird nach Art. 7 § 2 Abs. 2 S. 2 FamRÄndG eine Gebühr von 20 bis 600 Deutsche Mark erhoben. Bei Antragsrücknahme wird nach Satz 3 der Norm nur die Hälfte dieser Gebühr erhoben. Die Gebühr wird nach Satz 3 durch das OLG bestimmt. Bei der Festsetzung der Gebühr sind die Bedeutung und Schwierigkeit der Sache sowie die Einkommens- und Vermögenslage des Kostenschuldners zu berücksichtigen[704]. Verweist das Gericht an die Behörde zurück, so setzt es nur die Gerichtsgebühr fest. Hebt das OLG die Entscheidung der Verwaltungsbehörde auf und entscheidet es in der Sache selbst, so bestimmt es nach Art. 7 § 2 Abs. 2 S. 5 FamRÄndG auch die von der Verwaltungsbehörde zu erhebende Gebühr.

c) Kostenerstattung

245 Die Kostenerstattung richtet sich nach § 13a FGG.

XV. Völkerrechtliche Verträge zum Zivilprozeß

Staatenverzeichnis → vor Rdnr. 1
Stichwortverzeichnis → »Anerkennungsschlüssel« vor Rdnr. 1

A. Multilaterale Abkommen 246	Übereinkommens vom 1. 3.
I. Das Haager Übereinkommen über den Zivilprozeß vom 1. 3. 1954	1954 über den Zivilprozeß 251
1. Vertragsstaaten und Regelung der Art. 18 f. 247	4. Persönlicher Geltungsbereich 252
2. Text der Art. 18, 19 (und 17) 250	5. Sachlicher Geltungsbereich 253
3. Text der §§ 4 bis 8 des Gesetzes zur Ausführung des Haager	6. Voraussetzungen der Vollstreckbarerklärung
	a) Materielle Voraussetzungen 254
	b) Formelle Voraussetzungen

---

[701] Sie sind nachgewiesen im *Schönfelder* Nr. 120 Fn. 1, 2.
[702] *BayObLG* FamRZ 1997, 423, 424; IPRax 1995, 324; *OLG Düsseldorf* FamRZ 1975, 584, 585; *OLG Celle* NJW 1963, 2235.
[703] *BayObLGZ* 1992, 195, 200.
[704] Z.B. *BayObLGZ* 1992, 195, 200; *Hartmann* Kostengesetze[27] (1996) Anhang nach § 98 KostO II Rdnr. 4 ff.

aa) Ordnungsgemäße Ausfertigung (Art. 19 Abs. 2 Nr. 1) 255
bb) Rechtskraft (Art. 19 Abs. 2 Nr. 2) 256
cc) Übersetzungen (Art. 19 Abs. 2 Nr. 3) 257
7. Verfahren der Vollstreckbarerklärung
   a) Ausgestaltung; Zuständigkeit 258
   b) Antrag auf diplomatischem Weg 259
   c) Unmittelbarer Antrag des Kostengläubigers 260
   d) Beschluß 261
8. Rechtsbehelfe
   a) Erfolgreicher Antrag 262
   b) Abgelehnter Antrag 263
9. Kosten 264
10. Konkurrenzen mit anderen Staatsverträgen 265
II. Das Haager Übereinkommen über die Anerkennung und Vollstreckung von Unterhaltsentscheidungen vom 2. 10. 1973 266
B. Bilaterale Abkommen

I. Gemeinsamkeiten und Unterschiede 271
II. Deutsch-schweizerisches Abkommen vom 2. 11. 1929 278
III. Deutsch-italienisches Abkommen vom 9. 3. 1936 302
IV. Deutsch-belgisches Abkommen vom 30. 6. 1958 321
V. Deutsch-österreichischer Vollstreckungsvertrag vom 6. 6. 1959 340
VI. Deutsch-britisches Vollstreckungsabkommen vom 14. 7. 1960 353
VII. Deutsch-griechischer Vollstreckungsvertrag vom 4. 11. 1961 368
VIII. Deutsch-niederländischer Vollstreckungsvertrag vom 30. 8. 1962 384
IX. Deutsch-tunesischer Vertrag über Rechtsschutz und Rechtshilfe vom 19. 7. 1966 399
X. Deutsch-israelischer Vertrag vom 20. 7. 1977 422
XI. Deutsch-norwegischer Vertrag vom 17. 6. 1977 443
XII. Deutsch-spanischer Vertrag vom 14. 11. 1983 467

A. Multilaterale Abkommen

Die wichtigsten multilateralen Abkommen über die Anerkennung und Vollstreckung ausländischer Entscheidungen sind das **EuGVÜ** und das **LugÜ**. Kurze Erläuterungen sind in → Rdnr. 43 ff. und → Rdnr. 48 gegeben. Eine Aufstellung weiterer multilateraler Abkommen findet sich in → Rdnr. 50 ff. Im folgenden sind nur die Art. 18 bis 19 des Haager Übereinkommens von 1954 über die **Vollstreckbarerklärung von Kostenentscheidungen** näher behandelt. Außerdem finden sich oben noch kurze Hinweise zum **Haager Abkommen von 1905** → Rdnr. 51. Die nachfolgend abgedruckten multilateralen und bilateralen Abkommen werden nicht nur durch Ausführungsgesetze ergänzt. Eine weitere wichtige innerstaatliche Quelle bildet als Verwaltungsanordnung im internationalen Rechtsverkehr die Rechtshilfeordnung in Zivilsachen (**ZRHO**), deren Inhalt und Bedeutung bereits dargestellt ist (→ *E. Schumann* Einl. Rdnr. 855).

246

I. Das Haager Übereinkommen über den Zivilprozeß vom 1. 3. 1954

1. Vertragsstaaten und Regelung der Art. 18f.

Das Haager Übereinkommen über den Zivilprozeß vom 1. 3. 1954[705] hat das Haager Abkommen über den Zivilprozeß vom 17. 7. 1905 (RGBl 1909 409)[706] abgelöst. Letzteres gilt jetzt nur noch im Verhältnis zwischen **Deutschland** und **Island** (→ Rdnr. 51).

247

---

[705] BGBl 1958 II 577. – Lit. (Allgemeines): *Bülow* Das neue Haager Übereinkommen über den Zivilprozeß vom 1. März 1954 Rpfleger 1959, 141; *Hoyer* Das Haager Prozeßübereinkommen vom Jahre 1954 ÖJZ 1958, 371;

248 Das Haager Übereinkommen von 1954 ist für den Bereich der in den Art. 18, 19 geregelten Vollstreckbarerklärung von **Kostenentscheidungen** derzeit für Deutschland im Verhältnis zu folgenden Staaten maßgeblich: Ägypten, Argentinien, Armenien, Belarus, Belgien, Bosnien-Herzegowina, Dänemark, Finnland, Frankreich, Israel, Italien, Japan, Kroatien, Lettland, Libanon, Luxemburg, Marokko, Mazedonien, Moldau, den Niederlanden (mit Antillen, → Einl. Rdnr. 863 Fn. 9), Norwegen, Österreich, Polen, Portugal (einschließlich sämtlicher Überseegebiete), Rumänien, Russische Föderation, Schweden, Schweiz, Slowakei, Slowenien, Spanien (und Kanarische Inseln), Suriname, Tschechien, Türkei, Ungarn, Usbekistan und der Vatikanstadt[707].

249 Das Haager Übereinkommen von 1954 regelt **verschiedene Materien** auch außerhalb des systematischen Zusammenhangs der Art. 18, 19. Die internationale Zustellung findet sich in den Art. 1 bis 7[708]. Die Vorschriften über die internationale Rechtshilfe sind in den Art. 8 bis 16 zusammengefaßt[709]. Die Prozeßkostenhilfe ist in den Art. 20 bis 24 geregelt[710]. Die Art. 25, 26 widmen sich schließlich der kostenfreien Ausstellung von Personenstandsurkunden und der Personalhaft[711]. Von dem verbleibenden Abschnitt III (»Sicherheitsleistung für die Prozeßkosten«) betrifft Art. 17 die Befreiung von Angehörigen eines Vertragsstaates von den Prozeßkosten vor den Gerichten eines anderen Vertragsstaates[712]. Für den hier zu behandelnden Zusammenhang der Anerkennung (und Vollstreckung)[713] bleiben die Art. 18, 19 des Übereinkommens nebst den sie betreffenden §§ 4 bis 8 des deutschen Ausführungsgesetzes (→ Text Rdnr. 251) zu besprechen. Art. 17 wird des Zusammenhangs wegen hier mit abgedruckt (→ Rdnr. 250).

2. Text der Art. 18, 19 (und 17)

250 *III. Sicherheitsleistung für die Prozeßkosten*

Art. 17

(1) Den Angehörigen eines der Vertragsstaaten, die in einem dieser Staaten ihren Wohnsitz haben und vor den Gerichten eines anderen dieser Staaten als Kläger oder Intervenienten auf-

---

Kondring Haager Übereinkommen und Staatensukzession in Osteuropa IPRax 1996, 161; *Loewe* Zwischenstaatlicher Rechtsverkehr in Zivilrechtssachen (Wien 1984) 122 ff.; *Nagel* Auf dem Wege zu einem europäischen Prozeßrecht (1963) 44 ff.; *Schack* Hundert Jahre Haager Konferenz für IPR – Ihre Bedeutung für die Vereinheitlichung des Internationalen Zivilverfahrensrechts RabelsZ 57 (1993) 224; *Schweisfurth/Blöcker* Zur Fortgeltung des Haager Übereinkommens über den Zivilprozeß im Verhältnis zur Bundesrepublik Jugoslawien IPRax 1996, 9. – (Speziell zur Vollstreckbarerklärung von Kostenentscheidungen): *Bülow* Der Antrag auf Vollstreckbarerklärung einer Kostenentscheidung nach Artikel 18 des Haager Abkommens über den Zivilprozeß Rpfleger 1955, 301; *Bülow/Böckstiegel/Geimer/Schütze* Internationaler Rechtsverkehr in Zivil- und Handelssachen, Loseblatt 1997 Nr. 101 (Stand: 1981); *Baumbach/Lauterbach/Albers*[56] Schlußanhang V A 1; *MünchKommZPO/Gottwald* (1992) IZPR Schlußanhang Nr. 4; *Nagel/Gottwald* Internationales Zivilprozeßrecht[4] (1997) 482 ff.; *Wolff* in: Handbuch des Internationalen Zivilverfahrensrechts Band III/2 (1984) Kap. IV Rdnr. 347 ff.

[706] Auch → Einl. Rdnr. 866; ältere Literatur 19. Aufl. dieses Kommentars VIII vor § 1 Fn. 7.

[707] Die genauen Fundstellen finden sich bei *Jayme/Hausmann*[8] Nr. 106; für Armenien BGBl 1997 II 554; für Mazedonien BGBl 1996 II 1222; für Usbekistan BGBl 1996 II 2757. S. auch → »Staatenschlüssel« unter der jeweiligen Bezeichnung. Dort ist auch jeweils begründet, weshalb das Haager Übereinkommen nicht für weitere Nachfolgestaaten der ehemaligen Sowjetunion und des ehemaligen Jugoslawien gilt; dazu eingehend *Kondring* IPRax 1996, 161.

[708] Der Text ist abgedruckt → *H. Roth* Anhang zu § 199 Rdnr. 67. – Für die Zustellung wird es weitgehend durch das Haager Zustellungsübereinkommen 1965 verdrängt, → *H. Roth* vor § 166 Rdnr. 49, 50.

[709] Für die Beweisaufnahme wird das Haager Übereinkommen 1954 teilweise durch das Haager Beweisaufnahmeübereinkommen verdrängt, → Text zu letzterem → § 363 Rdnr. 251 ff.; Kommentierung → § 363 Rdnr. 201 ff.

[710] Dazu → *Bork* § 116 Rdnr. 30.

[711] Dazu → *Grunsky* § 918 Rdnr. 9.

[712] Dazu → *Bork* § 110 Rdnr. 26.

[713] S. die Erwähnung bei → *Münzberg* Anhang zu § 723 Rdnr. 2.

treten, darf wegen ihrer Eigenschaft als Ausländer oder wegen Fehlens eines inländischen Wohnsitzes oder Aufenthalts eine Sicherheitsleistung oder Hinterlegung, unter welcher Bezeichnung es auch sei, nicht auferlegt werden.

(2) Das gleiche gilt für Vorschüsse, die zur Deckung der Gerichtskosten von den Klägern oder Intervenienten einzufordern wären.

(3) Die Abkommen, durch die Vertragsstaaten für ihre Angehörigen ohne Rücksicht auf den Wohnsitz Befreiung von der Sicherheitsleistung für die Prozeßkosten oder von der Zahlung von Vorschüssen zur Deckung der Gerichtskosten vereinbart haben, sind weiter anzuwenden.

Art. 18

(1) War der Kläger oder Intervenient von der Sicherheitsleistung, der Hinterlegung oder der Vorschußpflicht auf Grund des Art. 17 Abs. 1 und 2 oder der im Staate der Klageerhebung geltenden Rechtsvorschriften befreit, so wird eine Entscheidung über die Kosten des Prozesses, die in einem Vertragsstaat gegen ihn ergangen ist, gemäß einem auf diplomatischem Wege zu stellenden Antrag in jedem anderen Vertragsstaat durch die zuständige Behörde kostenfrei für vollstreckbar erklärt.

(2) Das gleiche gilt für gerichtliche Entscheidungen, durch die der Betrag der Kosten des Prozesses später festgesetzt wird.

(3) Die vorstehenden Bestimmungen hindern nicht, daß zwei Vertragsstaaten vereinbaren, die beteiligte Partei selbst dürfe den Antrag auf Vollstreckbarerklärung unmittelbar stellen.

Art. 19

(1) Die Kostenentscheidungen werden ohne Anhörung der Parteien gemäß den Rechtsvorschriften des Landes, in dem die Vollstreckung betrieben werden soll, unbeschadet eines späteren Rekurses der verurteilten Partei für vollstreckbar erklärt.

(2) Die für die Entscheidung über den Antrag auf Vollstreckbarerklärung zuständige Behörde hat ihre Prüfung darauf zu beschränken:
   1. ob die Ausfertigung der Kostenentscheidung nach den Rechtsvorschriften des Landes, in dem sie ergangen ist, die für ihre Beweiskraft erforderlichen Voraussetzungen erfüllt;
   2. ob die Entscheidung nach diesen Rechtsvorschriften die Rechtskraft erlangt hat;
   3. ob der entscheidende Teil der Entscheidung in der Sprache der ersuchten Behörde oder in der zwischen den beiden beteiligten Staaten vereinbarten Sprache abgefaßt oder aber von einer Übersetzung in eine dieser Sprachen begleitet ist, die vorbehaltlich anderweitiger Vereinbarung durch einen diplomatischen oder konsularischen Vertreter des ersuchenden Staates oder einen vereidigten Übersetzer des ersuchten Staates beglaubigt ist.

(3) Den Erfordernissen des Abs. 2 Nr. 1 und 2 wird genügt entweder durch eine Erklärung der zuständigen Behörde des ersuchenden Staates, daß die Entscheidung die Rechtskraft erlangt hat, oder durch die Vorlegung ordnungsmäßig beglaubigter Urkunden, aus denen sich ergibt, daß die Entscheidung die Rechtskraft erlangt hat. Die Zuständigkeit dieser Behörde ist vorbehaltlich anderweitiger Vereinbarung durch den höchsten Justizverwaltungsbeamten des ersuchenden Staates zu bescheinigen. Die Erklärung und die Bescheinigung, die vorstehend erwähnt sind, müssen gemäß Abs. 2 Nr. 3 abgefaßt oder übersetzt sein.

(4) Die für die Entscheidung über den Antrag auf Vollstreckbarerklärung zuständige Behörde hat, sofern die Partei dies gleichzeitig beantragt, den Betrag der in Abs. 2 Nr. 3 erwähnten Kosten der Bescheinigung, der Übersetzung und der Beglaubigung bei der Vollstreckbarerklärung zu berücksichtigen. Diese Kosten gelten als Kosten des Prozesses.

3. Text der §§ 4 bis 8 des Gesetzes zur Ausführung des Haager Übereinkommens vom 1. 3. 1954 über den Zivilprozeß[714]

251 Vollstreckbarerklärung von Kostenentscheidungen

(Art. 18 und 19 des Übereinkommens)

§ 4

(1) Kostenentscheidungen, die gegen einen Kläger ergangen sind (Art. 18 des Übereinkommens), werden ohne mündliche Verhandlung durch Beschluß des Amtsgerichts für vollstreckbar erklärt.

(2) Örtlich zuständig ist das Amtsgericht, bei dem der Kostenschuldner seinen allgemeinen Gerichtsstand hat, und beim Fehlen eines solchen das Amtsgericht, in dessen Bezirk sich Vermögen des Kostenschuldners befindet oder die Zwangsvollstreckung durchgeführt werden soll.

§ 5

(1) Ist der Antrag, die Kostenentscheidung für vollstreckbar zu erklären, auf diplomatischem Wege gestellt (Art. 18 Abs. 1 und 2 des Übereinkommens), so hat das Amtsgericht eine von Amts wegen zu erteilende Ausfertigung seines Beschlusses der Landesjustizverwaltung einzureichen. Die Ausfertigung ist, falls dem Antrag stattgegeben wird, mit der Vollstreckungsklausel zu versehen. Dem Kostenschuldner wird der Beschluß nur auf Betreiben des Kostengläubigers zugestellt.

(2) Hat der Kostengläubiger selbst den Antrag auf Vollstreckbarerklärung bei dem Amtsgericht unmittelbar gestellt (Art. 18 Abs. 3), so ist der Beschluß diesem und dem Kostenschuldner von Amts wegen zuzustellen.

§ 6

(1) Gegen den Beschluß, durch den die Kostenentscheidung für vollstreckbar erklärt wird, steht dem Kostenschuldner ohne Rücksicht auf den Wert des Beschwerdegegenstandes die sofortige Beschwerde nach § 577 Abs. 1 bis 3, §§ 568 bis 575 der Zivilprozeßordnung zu.

(2) Der Beschluß, durch den der Antrag auf Vollstreckbarerklärung abgelehnt wird, unterliegt der Beschwerde nach §§ 568 bis 571, 573 bis 575 der Zivilprozeßordnung. Die Beschwerde steht, sofern der Antrag auf diplomatischem Wege gestellt ist, dem Staatsanwalt zu. Hat der Kostengläubiger selbst den Antrag bei dem Amtsgericht unmittelbar gestellt, so ist er berechtigt, die Beschwerde einzulegen.

§ 7

Aus der für vollstreckbar erklärten Kostenentscheidung findet die Zwangsvollstreckung nach der Zivilprozeßordnung statt; § 798 der Zivilprozeßordnung ist entsprechend anzuwenden.

---

[714] Vom 18. 12. 1958 BGBl I 939.

§ 8

(1) Sollen von einem Kläger, gegen den eine Kostenentscheidung ergangen ist (Art. 18 des Übereinkommens), in einem Vertragsstaat Gerichtskosten eingezogen werden, so ist deren Betrag für ein Verfahren der Vollstreckbarerklärung (Art. 18 Abs. 2) von dem Gericht der Instanz ohne mündliche Verhandlung durch Beschluß festzusetzen. Die Entscheidung ergeht auf Antrag der für die Beitreibung der Gerichtskosten zuständigen Behörde.

(2) Der Beschluß, durch den der Betrag der Gerichtskosten festgesetzt wird, unterliegt der sofortigen Beschwerde nach § 577 Abs. 1 bis 3, § 567 Abs. 2 und 3, §§ 568 bis 575 der Zivilprozeßordnung. Die Beschwerde kann durch Erklärung zu Protokoll der Geschäftsstelle oder schriftlich ohne Mitwirkung eines Rechtsanwalts eingelegt werden.

4. Persönlicher Geltungsbereich

Nach Art. 18 werden Kostenentscheidungen **gegen den Kläger** vollstreckt, der nach Art. 17 von der Sicherheitsleistung im Urteilsstaat befreit war. Art. 18 bildet zugunsten des Beklagten den Ausgleich dafür, daß er sich wegen Art. 17 auf einen Prozeß mit einem ausländischen Kläger einlassen muß, obwohl er für die Prozeßkosten keine Sicherheit hat[715]. Das Übereinkommen findet demgemäß auf Kostenentscheidungen **gegen den Beklagten** keine Anwendung[716]. Unter die »Angehörigen eines Vertragsstaates« nach Art. 17 fallen auch juristische Personen[717]. Da das Übereinkommen Ausländern die Inanspruchnahme fremder Gerichte erleichtern will, sind die Begriffe »Kläger oder Intervenient« großzügig auszulegen. Art. 18 gilt sowohl für den im Urteilsstaat für die Sicherheit leistungspflichtigen Widerkläger wie für den kostenpflichtigen Berufungskläger[718]. Art. 18 wird zugunsten des siegreichen Beklagten auch dann angewandt, wenn der Urteilsstaat ohnehin keine Prozeßkostensicherheit für Ausländer vorsieht[719]. Art. 17 setzt voraus, daß der im Urteilsstaat auftretende Kläger (oder Intervenient) die **Staatsangehörigkeit** eines **anderen Vertragsstaates** besitzt und in irgendeinem Vertragsstaat seinen Wohnsitz hat[720]. Der Kläger muß also für den Urteilsstaat Ausländer sein. Bei juristischen Personen ist der Sitz maßgebend. Dem ausländischen Kläger kommt Art. 17 nicht zugute, wenn von ihm aus einem anderen Grund als dem der Ausländereigenschaft Sicherheit verlangt wird, z. B. wegen Vermögensverfalls, sofern dabei nicht zwischen In- und Ausländern unterschieden wird[721]. Art. 17 ist im Verhältnis zu § 110 Abs. 1 S. 1 ZPO eine **Sonderregelung**. Ist deshalb ein ausländischer Staatsangehöriger nach Art. 17 von seiner Pflicht aus § 110 befreit, Sicherheit wegen der Prozeßkosten zu leisten, so kommt es nicht darauf an, ob im Verhältnis zu dem ausländischen Staat auch die Voraussetzungen des § 110 Abs. 2 Nr. 1 gegeben sind[722].

252

5. Sachlicher Geltungsbereich

Die »Entscheidung« des Art. 18 meint sowohl eine bereits im Sachurteil enthaltene Kostenentscheidung als auch einen **gesonderten Kostenfestsetzungsbeschluß**, wie er nach § 104 ZPO

253

---

[715] *Coester-Waltjen* RabelsZ 57 (1993) 263, 278.
[716] *Wolff* Hbd. (Fn. 705) Kap. IV Rdnr. 360.
[717] BGE 77 I 48 (schweizerisches Bundesgericht).
[718] *Wolff* Hdb. (Fn. 705) Kap. IV Rdnr. 360; Nachweise zu dem anderen Ansatz von RGZ 154, 225 bei *Bülow/Böckstiegel/Geimer/Schütze* (Fn. 1) Nr. 101 Art. 17 Fn. 74.
[719] *Bülow/Böckstiegel/Geimer/Schütze* (Fn. 1) Nr. 100 Fn. 125.
[720] *Wolff* Hdb. (Fn. 705) Kap. IV Rdnr. 362; *Baumbach/Lauterbach/Albers*[56] Schlußanhang V A 1 Art. 18 Rdnr. 1; OLG Frankfurt a.M. IPRax 1984, 32 mit zust. Anm. *Pauckstadt* 17; MünchKommZPO/*Gottwald* IZPR Schlußanhang Nr. 4 Art. 18 Rdnr. 1; a.A. → E. *Schumann* Vorauflage. Rdnr. 532 Fn. 46.
[721] *Bülow/Böckstiegel/Geimer/Schütze* (Fn. 1) Nr. 101 Art. 17 Fn. 76.
[722] BGHZ 12, 152, 153.

§ 328 A I   2. Buch. Verfahren im ersten Rechtszuge. 1. Abschnitt. Landgerichte

für das deutsche Recht typisch ist (Art. 18 Abs. 2)[723]. Die in Art. 18 Abs. 1 genannten »Kosten des Prozesses« umfassen sowohl die außergerichtlichen Kosten des siegreichen Beklagten wie auch die Gerichtskosten (vgl. § 8 AusfG), nicht aber die Kosten einer erfolglosen Zwangsvollstreckung im Urteilstaat[724]. Maßgebend für den Umfang ist stets das Recht des Urteilsstaates[725]. Nach der ausdrücklichen Regelung des Art. 19 Abs. 4 S. 2 gelten als Prozeßkosten auch der von der Partei beantragte Betrag der Kosten der Bescheinigung, der Übersetzung und der Beglaubigung.

6. Voraussetzungen der Vollstreckbarerklärung

a) Materielle Voraussetzungen

254 Das örtlich und sachlich zuständige Amtsgericht (§ 4 AusfG) hat vor der Vollstreckbarerklärung nur die in Art. 19 Abs. 2 genannten formellen Voraussetzungen zu prüfen, nämlich ordnungsgemäße Ausfertigung, Rechtskraft der Kostenentscheidung und Übersetzung des Titels. Im übrigen unterscheidet das Abkommen anders als das EuGVÜ und die bestehenden bilateralen Anerkennungs- und Vollstreckungsverträge nicht zwischen Anerkennung und Vollstreckung. **Materielle Versagungsgründe**, wie z. B. § 328 Abs. 1 Nr. 1 bis 5 ZPO sieht das Abkommen bewußt nicht vor[726]. Es darf also z. B. weder die Zuständigkeit des Urteilsgerichts noch auch die Frage der richtigen Rechtsanwendung überprüft werden. Das Übereinkommen schweigt dazu, ob selbst die Berücksichtigung von Verstößen gegen den **ordre public** ausgeschlossen sein soll. Gegen den Bericht der 3. Kommission wird man aber davon ausgehen müssen, daß ordre public-Verletzungen, die gerade den Erlaß der Kostenentscheidung betreffen, z. B. eine Verletzung des rechtlichen Gehörs, gleichwohl berücksichtigt werden müssen[727]. Das bisher nicht hervorgetretene Problem dürfte nur ganz selten aktuell werden. Wenn aber einmal eine ausländische Kostenentscheidung in unerträglicher Weise gegen den Gedanken der materiellen Gerechtigkeit verstößt (→ Rdnr. 125 ff.), dann kann das gegenüber dem unterlegenen Kläger nicht hingenommen werden.

b) Formelle Voraussetzungen

aa) Ordnungsgemäße Ausfertigung (Art. 19 Abs. 2 Nr. 1)

255 Die in Ausfertigung vorzulegende Kostenentscheidung muß auf ihre Echtheit hin überprüft werden. Art. 19 Abs. 3 erleichtert die Überprüfung, weil danach die Echtheit auch durch ein **Rechtskraftzeugnis** des Urteilsstaates nachgewiesen werden kann. Die Rechtskraftbescheinigung braucht nicht legalisiert zu werden. Jedoch muß Art. 19 Abs. 3 S. 2 beachtet werden (sogleich → Rdnr. 256).

bb) Rechtskraft (Art. 19 Abs. 2 Nr. 2)

256 Die Kostenentscheidung muß nach den Normen des Urteilsstaates rechtskräftig sein. Ausreichend ist wiederum ein **Rechtskraftzeugnis** nach Art. 19 Abs. 3 S. 1 Alt. 1. Nach Art. 19

---

[723] Näher *Bülow* Rpfleger 1955, 301 ff.
[724] Nachw. bei *Bülow/Böckstiegel/Geimer/Schütze* (Fn. 1) Nr. 101 Art. 18 Fn. 87.
[725] *Jonas* JW 1931, 168.
[726] Nachw. bei *Coester-Waltjen* RabelsZ 57 (1993) 263, 278.

[727] Ebenso *Bülow/Böckstiegel/Geimer/Schütze* (Fn. 1) Nr. 100. 31 Fn. 142; MünchKommZPO/*Gottwald* IZPR Schlußanhang Nr. 4 Rdnr. 5; *Baumbach/Lauterbach/Albers*[56] Schlußanhang V A 1 Art. 19 Rdnr. 1; *Wolff* (Fn. 705) Hdb. Kap. IV Rdnr. 368; a.A. *Linke* IZVR[2] Rdnr. 439; *Pauckstadt* IPRax 1984, 17 f.; zweifelnd *Coester-Waltjen* RabelsZ 57 (1993) 263, 279.

Abs. 3 S. 2 muß die Zuständigkeit der Behörde durch den höchsten Justizverwaltungsbeamten des Urteilsstaates bescheinigt werden, sofern nicht »anderweitige Vereinbarungen« bestehen. Solche sind gegeben mit Belgien (Art. 9 Abs. 2)[728], Frankreich (Art. 10 Abs. 2)[729], Marokko (Art. 16 Abs. 2)[730], den Niederlanden (Art. 9)[731], Norwegen (Art. 10 Abs. 2)[732], Österreich (Art. 8)[733], Polen (Art. 10)[734] und der Schweiz (Art. 3 Abs. 2)[735]. Anstelle des Rechtskraftzeugnisses genügt nach Art. 19 Abs. 3 S. 2 auch die Vorlegung ordnungsgemäß beglaubigter Urkunden, aus denen sich ergibt, daß die Entscheidung die Rechtskraft erlangt hat. Gedacht ist das für Urteilsstaaten, die eine Rechtskraftbescheinigung nicht kennen. Diese Urkunden müssen – anders als die Rechtskraftbescheinigung – legalisiert werden i. S. des § 438 Abs. 2[736]. Doch machen die erwähnten Vereinbarungen mit Belgien (Art. 9 Abs. 1 Nr. 1), Frankreich (Art. 10 Abs. 1 Nr. 1) und Marokko (Art. 16 Abs. 1 lit. b HS. 2) eine **Legalisation unnötig**, weil die Vorlage der Urkunden als Rechtskraftbescheinigung fingiert wird[737]. Daneben sind die Erleichterungen zu beachten, die sich aus dem Haager Übereinkommen zur Befreiung ausländischer öffentlicher Urkunden von der Legalisation vom 5. 10. 1961 ergeben[738]. Vereinbarungen im Sinne von Art. 3 Abs. 2, die auch die in Art. 3 Abs. 1 vorgeschriebene Apostille[739] entbehrlich machen, bestehen zudem (neben Belgien und Frankreich) mit Italien, Österreich und der Schweiz[740].

cc) Übersetzungen (Art. 19 Abs. 2 Nr. 3)

Das Amtsgericht hat ferner zu überprüfen, ob der Tenor der Kostenentscheidung in beglaubigter Übersetzung in eine zulässige Gerichtssprache vorliegt. Das Gleiche gilt nach Art. 19 Abs. 3 S. 3 auch für die Rechtskraftbescheinigung und die Bescheinigung der obersten Behörde, soweit erforderlich. Doch läßt Nr. 3 anderweitige Vereinbarungen[741] zu. Solche sind abgeschlossen worden mit Belgien (Art. 10), Frankreich (Art. 11), Dänemark (Art. 4), den Niederlanden (Art. 10), Norwegen (Art. 11), Polen (Art. 11) und Schweden (Art. 1) (auch → Einl. Rdnr. 865). Danach kann die Übersetzung auch durch einen vereidigten Übersetzer des Urteilsstaates beglaubigt werden. Eine **Sprachenvereinbarung** i. S. von Art. 19 Abs. 2 Nr. 3 hat Deutschland nach Art. 3 f der deutsch-luxemburgischen Vereinbarung zur weiteren Vereinfachung des Rechtshilfeverkehrs vom 1. 8. 1909 (RGBl 907, 910) nur mit Luxemburg getroffen.

257

7. Verfahren der Vollstreckbarerklärung

a) Ausgestaltung; Zuständigkeit

Die Vollstreckbarerklärung der gegenüber einem Kläger ergangenen Kostenentscheidung ist in der ersten Instanz als **einseitiges Verfahren** ausgestaltet und ähnelt dem Klauselertei-

258

---

[728] Abgedruckt bei *Bülow/Böckstiegel/Geimer/Schütze* (Fn. 1) Nr. 102 A I 1c mit Fn. 50.
[729] Abgedruckt bei *Bülow/Böckstiegel/Geimer/Schütze* (Fn. 1) Nr. 120 A I 1c mit Fn. 57.
[730] Vertrag (Rechtshilfeabkommen) vom 29. 10. 1985 BGBl 1988 II 1054, in Kraft seit dem 23. 6. 1994 gem. Bek. vom 24. 6. 1994 BGBl II 1192.
[731] Abgedruckt bei *Bülow/Böckstiegel/Geimer/Schütze* (Fn. 1) Nr. 165 A I 1c mit Fn. 70.
[732] Abgedruckt bei *Bülow/Böckstiegel/Geimer/Schütze* (Fn. 1) Nr. 166 A I 1c mit Fn. 37.
[733] Abgedruckt bei *Bülow/Böckstiegel/Geimer/Schütze* (Fn. 1) Nr. 170 A I 1c mit Fn. 30, 31.
[734] Abgedruckt bei *Bülow/Böckstiegel/Geimer/Schütze* (Fn. 1) Nr. 172 A I 1c.

[735] Abgedruckt bei *Bülow/Böckstiegel/Geimer/Schütze* (Fn. 1) Nr. 180 A I 1c mit Fn. 8.
[736] »Beglaubigung« meint Legalisation, *Wolff* (Fn. 705) Hdb. Kap. IV Rdnr. 366 mit Fn. 1074.
[737] *Bülow/Böckstiegel/Geimer/Schütze* (Fn. 1) Nr. 102 Fn. 48 (Belgien) und Nr. 120 Fn. 55 (Frankreich); *Wolff* (Fn. 705) Hdb. Kap. IV Rdnr. 366.
[738] Abgedruckt nebst Fundstellen und Übersicht über die Vertragsstaaten bei *Jayme/Hausmann*[9] Nr. 130.
[739] Zum Begriff *H. Roth* IPRax 1994, 86, 88.
[740] Fundstellen der genannten Verträge bei *Jayme/Hausmann*[9] Nr. 133 mit Fn. 1.
[741] Die Fundstellen der nachstehend aufgeführten Vereinbarungen finden sich sämtlich bei *Bülow/Böckstiegel/Geimer/Schütze* (Fn. 1) Nr. 102 ff.

§ 328 A I   2. Buch. Verfahren im ersten Rechtszuge. 1. Abschnitt. Landgerichte

lungsverfahren nach Art. 31 ff. EuGVÜ. Nach Art. 19 Abs. 1 ist für das Verfahren maßgebend die lex fori des Vollstreckungsstaates, wie es der deutsche Gesetzgeber in den §§ 4 ff. des AusfG (→ Rdnr. 251) näher ausgestaltet hat. Sachlich ist nach § 4 Abs. 1 AusfG streitwertunabhängig stets das Amtsgericht zuständig, das ohne mündliche Verhandlung im Beschlußweg entscheidet. Örtlich zuständig ist nach § 4 Abs. 2 AusfG das Gericht des allgemeinen Gerichtsstandes des Schuldners gem. §§ 12 ff. ZPO. Verneinendenfalls ist der Gerichtsstand des Vermögens nach § 23 gegeben oder der Ort der beabsichtigten Zwangsvollstreckung maßgebend.

b) Antrag auf diplomatischem Weg

259   Nach Art. 18 Abs. 1 ist der Antrag grundsätzlich auf dem überaus umständlichen diplomatischen Weg zu stellen, wobei der Vollstreckungsstaat im Verfahren als **Prozeßstandschafter** tätig wird[742]. Die originäre Antragsberechtigung liegt bei dem diplomatischen Vertreter des ersuchenden Staates. Der Kostengläubiger ist daher im Verfahren des Art. 18 Abs. 1 nicht Verfahrensbeteiligter, wie im Falle eines ablehnenden Gerichtsbeschlusses auch eindeutig aus § 6 Abs. 2 S. 2 AusfG hervorgeht[743]. Beim deutschen Außenministerium durch den diplomatischen Vertreter des ausländischen ersuchenden Staates angebrachte Ersuchen werden über das Bundesjustizministerium an die betreffende Landesjustizverwaltung weitergeleitet, die bei dem zuständigen Amtsgericht den Antrag stellt[744].

c) Unmittelbarer Antrag des Kostengläubigers

260   Der in Art. 18 Abs. 3 vorgesehene unmittelbare Antrag des Kostengläubigers auf Vollstreckbarerklärung ist nur bei entsprechenden vertraglichen Vereinbarungen zulässig. Solche Abmachungen[745] bestehen mit Belgien (Art. 8), Frankreich (Art. 9), Italien (Art. 15 deutsch-italienisches Anerkennungs- und Vollstreckungsübereinkommen, → Rdnr. 302), Marokko (Art. 15 des deutsch-marokkanischen Rechtshilfeabkommens, → Fn. 730), den Niederlanden (Art. 8), Norwegen (Art. 9), Österreich (Art. 7), Polen (Art. 9) und der Schweiz[746]. Das gleiche ergibt sich aus Art. 3 Abs. 2 des deutsch-türkischen Rechtsverkehrsabkommens[747] und aus Art. 16 des deutsch-griechischen Rechtshilfeabkommens[748].

d) Beschluß

261   Die Kostenentscheidung wird nach Art. 19 Abs. 1 **ohne Anhörung** der Parteien für vollstreckbar erklärt. Darin liegt ebensowenig wie bei Art. 34 EuGVÜ ein Verstoß gegen das rechtliche Gehör, weil das rechtliche Gehör auch noch nachträglich im Rechtsbehelfsverfahren gewährt werden kann[749]. Die durch Deutschland als Vollstreckungsstaat übernommene

---

[742] Kritik auch bei MünchKommZPO/*Gottwald* IZPR Schlußanhang Nr. 4 Rdnr. 2.
[743] Zutreffend *Wolff* (Fn. 705) Hdb. Kap. IV Rdnr. 372. – Deshalb wird entgegen MünchKommZPO/*Gottwald* IZPR Schlußanhang Nr. 4 Rdnr. 2 der Vollstreckungsstaat auch nicht als Prozeßstandschafter für den Kostengläubiger, sondern für die Behörden des ersuchenden Staates tätig.
[744] Näher *Bülow* Rpfleger 1955, 301 ff.; § 90 Abs. 3 S. 1 ZRHO.
[745] Die nachfolgend genannten Vereinbarungen sind abgedruckt bei *Bülow/Böckstiegel/Geimer/Schütze* (Fn. 1) Nr. 102 ff., soweit nicht gesonderte Fundstellen angegeben worden sind.

[746] Deutsch-schweizerisches Abkommen vom 24. 12. 1929, RGBl 1930 II 1, abgedruckt bei *Bülow/Böckstiegel/Geimer/Schütze* (Fn. 1) Nr. 180.
[747] Fundstelle → Rdnr. 59.
[748] Abkommen vom 11. 5. 1938, RGBl 1939 II 848 mit der deutschen AusführungsVO vom 31. 5. 1939, RGBl II 847.
[749] *Bülow/Böckstiegel/Geimer/Schütze* (Fn. 1) Nr. 100 Fn. 135; MünchKommZPO/*Gottwald* IZPR Schlußanhang Nr. 4 Rdnr. 2; Bedenken in der → Voraufl. Rdnr. 533 Fn. 50.

Prozeßstandschaft im Falle der diplomatischen Antragstellung (→ Rdnr. 259) wird aus dem **Rubrum des Beschlusses** nicht ersichtlich, da dort nur der Kostengläubiger und der Kostenschuldner aufgeführt werden[750]. Wird dem Antrag auf Vollstreckbarerklärung stattgegeben, so ist die Ausfertigung des Beschlusses mit der Vollstreckungsklausel zu versehen. Es empfiehlt sich, den Inhalt der ausländischen Kostenentscheidung so in die Beschlußformel aufzunehmen, daß die deutschen Vollstreckungsorgane ohne Mühe vollstrecken können (§ 90 Abs. 5 ZRHO). Das entspricht in etwa dem Rechtsgedanken der §§ 7, 8 AVAG (abgedruckt → Anhang zu § 723 Rdnr. 307f.). Im Falle der **diplomatischen Antragstellung** übermittelt das Amtsgericht nach § 5 Abs. 1 S. 1 AusfG die Ausfertigung der Landesjustizverwaltung, die sie wiederum auf diplomatischem Weg dem Kostengläubiger übermittelt. Die Zustellung an den Kostenschuldner ist nach § 5 Abs. 1 S. 3 AusfG Sache des Kostengläubigers. Wurde der Antrag nach Art. 18 Abs. 3 durch den Kostengläubiger selbst gestellt, so wird der Beschluß nach § 5 Abs. 2 AusfG dem Kostengläubiger und dem Kostenschuldner von Amts wegen zugestellt. Die eigentliche Vollstreckung muß der Gläubiger in jedem Falle selbst betreiben[751].

8. Rechtsbehelfe

a) Erfolgreicher Antrag

Dem Kostenschuldner steht nach § 6 Abs. 1 AusfG gegen den stattgebenden Beschluß als »Rekurs« im Sinne des Art. 19 Abs. 1 unabhängig vom Beschwerdewert die sofortige Beschwerde zu. Beschwerdegericht ist in allen Fällen das **Landgericht**, auch wenn Hauptsache etwa eine Familiensache ist. Nach § 6 Abs. 1 AusfG, § 568 Abs. 2 ZPO findet eine weitere sofortige Beschwerde statt. Mit der Beschwerde können auch materielle Einwendungen wie z. B. Erfüllung oder Aufrechnung geltend gemacht werden[752]. **Beschwerdegegner** ist in allen Fällen der Kostengläubiger, auch wenn der Antrag auf diplomatischem Wege gestellt wurde[753].

262

b) Abgelehnter Antrag

Wurde der Antrag des Kostengläubigers auf Vollstreckbarerklärung durch das Amtsgericht abgelehnt, so hat der Kostengläubiger dagegen die **einfache Beschwerde** und ggf. die einfache weitere Beschwerde gem. § 6 Abs. 2 S. 1 und 3 AusfG. Wurde der Antrag auf diplomatischem Weg gestellt, so steht die Beschwerde nach § 6 Abs. 2 S. 2 AusfG nur dem **Staatsanwalt** zu. Der Kostengläubiger ist hier auch in der Beschwerdeinstanz nicht Verfahrensbeteiligter (auch → Rdnr. 259)[754].

263

9. Kosten

Die Vollstreckbarerklärung wird nach Art. 18 Abs. 1 kostenfrei erteilt, sofern das Verfahren auf diplomatischem Wege eingeleitet worden ist. In gleicher Weise gilt das auch für den Direktantrag des Art. 18 Abs. 3[755]. Kostenbefreiung tritt auch dann ein, wenn der Antrag auf Vollstreckbarerklärung erfolglos geblieben ist, damit dem Antragsteller das Verfahrensrisiko

264

---

[750] Zutreffend *Bülow/Böckstiegel/Geimer/Schütze* (Fn. 1) Nr. 100 Fn. 129.
[751] Etwa *Gottwald* IPRax 1991, 285, 288.
[752] *Baumbach/Lauterbach/Albers*[56] Schlußanhang V A 1 Art. 19 Rdnr. 1; MünchKommZPO/*Gottwald* IZPR Schlußanhang Nr. 4 Rdnr. 6; *Bülow/Böckstiegel/Geimer/Schütze* (Fn. 1) Nr. 101 Fn. 96; a.A. *Thees* JW 1936, 3583.
[753] *Wolff* Hdb. (Fn. 705) Kap. IV Rdnr. 376 Fn. 1117.
[754] *Wolff* Hdb. (Fn. 705) Kap. IV Rdnr. 379.
[755] Allg. M., MünchKommZPO/*Gottwald* IZPR Schlußanhang Nr. 4 Rdnr. 8; *Wolff* Hdb. (Fn. 705) Kap. IV Rdnr. 384.

abgenommen wird. Die Kostenbefreiung gilt nur für das Verfahren der Vollstreckbarerklärung, nicht jedoch für das sich anschließende **Zwangsvollstreckungsverfahren**[756]. Für den Kostengläubiger besteht solange Kostenfreiheit, bis die Vollstreckbarerklärung erstmals ausgesprochen worden ist, sei es auch erst in der Beschwerdeinstanz. Erst dann ist die völkerrechtliche Verpflichtung des Art. 18 Abs. 1 erfüllt. Dagegen genießt die **erfolglose Beschwerde** des Kostenschuldners gegen den Beschluß über die Vollstreckbarerklärung keine Kostenfreiheit[757]. Vielmehr werden ihm die Kosten des Beschwerdeverfahrens auferlegt. Ist die Beschwerde gegen die Vollstreckbarerklärung dagegen erfolgreich und wird der Beschluß des Amtsgerichts aufgehoben, so bleibt die Kostenfreiheit des Kostengläubigers erhalten. Das Kostenrisiko soll ihm auch für die zweite Instanz abgenommen werden. Die Kostenbefreung des Art. 18 meint lediglich die Befreiung von den Gerichtskosten und den Gebühren und Auslagen, die der Partei durch die Übermittlung entstehen (arg. Art. 19 Abs. 4). **Sonstige Kosten** der Rechtsverfolgung unterfallen nicht dem Anwendungsbereich des Art. 18. Die in Art. 19 Abs. 4 genannten Kosten werden auf Antrag in dem Vollstreckbarkeitsverfahren mit berücksichtigt. Wenn der Kostengläubiger im Beschwerdeverfahren unterliegt, so trägt er nach § 91 die außergerichtlichen Kosten des Gegners. Umgekehrt können dem Kostenschuldner trotz Art. 19 Abs. 4 die übrigen Auslagen des Kostengläubigers auferlegt werden[758].

10. Konkurrenzen mit anderen Staatsverträgen

265   Nach Art. 57 Abs. 1 EuGVÜ läßt das **EuGVÜ** das Haager Übereinkommen unberührt[759]. Andererseits beansprucht das Haager Übereinkommen auch **keine ausschließliche Anwendung**. Nach zutreffender h.L. hat der Kostengläubiger bei einer Entscheidung, die sowohl unter das EuGVÜ wie unter das Haager Übereinkommen fällt, die Wahl, die Vollstreckbarerklärung nach den Vorschriften des Haager Übereinkommens oder nach den Vorschriften des Art. 31 ff. EuGVÜ zu betreiben. Wird der Weg über das Haager Übereinkommen gewählt, so gelten ausschließlich die Bestimmungen des Art. 19 Abs. 2, so daß jedenfalls die Voraussetzungen des Art. 27 Nr. 1–5 EuGVÜ nicht geprüft werden dürfen[760]. Wählt der Kostengläubiger hingegen den Weg der Art. 31 ff. EuGVÜ (Art. 57 Abs. 2 lit. b S. 3 EuGVÜ), so kann er sich auf die liberaleren Regelungen des Haager Übereinkommens stützen (Art. 57 Abs. 2 lit. b S. 2 EuGVÜ)[761]. Nicht etwa sind in diesem Fall über Art. 34 Abs. 2 EuGVÜ die Anerkennungsvorschriften des Art. 27 EuGVÜ zu beachten[762]. Gegenüber **bilateralen Verträgen** kommt den Art. 18, 19 auf Grund des Günstigkeitsprinzips (→ Rdnr. 3) der Vorrang zu, soweit das Haager Übereinkommen, wie wohl fast stets, geringere Anforderungen an die Vollstreckbarerklärung stellt[763].

---

[756] *Bülow/Böckstiegel/Geimer/Schütze* (Fn. 1) Nr. 101 Fn. 89.
[757] Allg. M., *Wolff* Hdb. (Fn. 705) Kap. IV Rdnr. 386; *Bülow/Böckstiegel/Geimer/Schütze* (Fn. 1) Nr. 101 Fn. 89; MünchKommZPO/*Gottwald* IZPR Schlußanhang Nr. 4 Rdnr. 8.
[758] *Wolff* Hdb. (Fn. 705) Kap. IV Rdnr. 387.
[759] Im *Schlosser-Bericht* Abl.-EG 1979 C 59/71 f. Fn. 59 ist das Haager Übereinkommen als Übereinkommen für besondere Rechtsgebiete aufgeführt.

[760] *Wolff* Hdb. (Fn. 705) Kap. IV Rdnr. 390.
[761] MünchKommZPO/*Gottwald* IZPR Schlußanhang Nr. 4 Rdnr. 9; vgl. auch *P. Schlosser* EuGVÜ (1996) Art. 57 Rdnr. 5.
[762] Insoweit a.A. *Wolff* Hdb. (Fn. 705) Kap. IV Rdnr. 391.
[763] *Baumbach/Lauterbach/Albers*[56] Schlußanhang V A 1 Art. 18 Rdnr. 1; MünchKommZPO/*Gottwald* IZPR Schlußanhang Nr. 4 Rdnr. 9; *Wolff* Hdb. (Fn. 705) Kap. IV Rdnr. 393 tritt für Wahlfreiheit ein.

II. Das Haager Übereinkommen über die Anerkennung und Vollstreckung von Unterhaltsentscheidungen vom 2. 10. 1973

Das Haager Übereinkommen über die Anerkennung und Vollstreckung von Unterhaltsentscheidungen von 1973 ist für **Deutschland** am 1. 4. 1987 in Kraft getreten. Der Text der Art. 13 bis 21 findet sich mit der Kommentierung des Verfahrens der Anerkennung und Vollstreckung bei → *Münzberg* Anhang zu § 723 A I Rdnr. 19 ff.[764]. Nachfolgend ist ergänzend der Text der Art. 1 bis 12 sowie der Art. 22 bis 34 abgedruckt. Das Übereinkommen ersetzt das Haager Übereinkommen vom 15. 4. 1958 über die Anerkennung und Vollstreckung von Entscheidungen auf dem Gebiet der Unterhaltspflicht gegenüber Kindern, soweit die Staaten Vertragsparteien sind. Der Text der Art. 1 bis 12 des Haager Übereinkommens 1958 ist mit einer Kommentierung abgedruckt bei → *Münzberg* Anhang zu § 723 A I Rdnr. 5 ff.[765].

Ausführungsvorschriften zum Haager Unterhaltsübereinkommen 1973 sind im AVAG enthalten (Text → Anhang zu § 723 C I Rdnr. 300 ff.), vor allem in den §§ 39 ff. AVAG (Text → Anhang zu § 723 C I Rdnr. 339 ff.).

266

Kapitel I

Anwendungsbereich des Übereinkommens

Art. 1 Haager Unterhaltsübereinkommen 1973

(1) Dieses Übereinkommen ist anzuwenden auf Entscheidungen über Unterhaltspflichten aus Beziehungen der Familie, Verwandtschaft, Ehe oder Schwägerschaft, einschließlich der Unterhaltspflicht gegenüber einem nichtehelichen Kind, die von Gerichten oder Verwaltungsbehörden eines Vertragsstaats erlassen worden sind entweder
1. zwischen einem Unterhaltsberechtigten und einem Unterhaltsverpflichteten oder
2. zwischen einem Unterhaltsverpflichteten und einer öffentliche Aufgaben wahrnehmenden Einrichtung, die die Erstattung der einem Unterhaltsberechtigten erbrachten Leistung verlangt.

(2) Es ist auch anzuwenden auf Vergleiche auf diesem Gebiet, die vor diesen Behörden und zwischen diesen Personen geschlossen worden sind.

267

Art. 2 Haager Unterhaltsübereinkommen 1973

(1) Das Übereinkommen ist auf Entscheidungen und Vergleiche ohne Rücksicht auf ihre Bezeichnung anzuwenden.

(2) Es ist auch auf Entscheidungen oder Vergleiche anzuwenden, durch die eine frühere Entscheidung oder ein früherer Vergleich geändert worden ist, selbst wenn diese Entscheidung oder dieser Vergleich aus einem Nichtvertragsstaat stammt.

(3) Es ist ohne Rücksicht darauf, ob der Unterhaltsanspruch international oder innerstaatlich ist, und unabhängig von der Staatsangehörigkeit oder dem gewöhnlichen Aufenthalt der Parteien anzuwenden.

---

[764] Ausführliche Kommentierung bei *Staudinger/Kropholler*[13] (1996) Anhang III zu Art. 18 EGBGB Rdnr. 133 ff.

[765] Neueste Kommentierung bei *Staudinger/Kropholler*[13] (1996) Anhang III zu Art. 18 EGBGB Rdnr. 31 ff.

Art. 3 Haager Unterhaltsübereinkommen 1973

Betrifft die Entscheidung oder der Vergleich nicht nur die Unterhaltspflicht, so bleibt die Wirkung des Übereinkommens auf die Unterhaltspflicht beschränkt.

Kapitel II

Voraussetzungen der Anerkennung und Vollstreckung von Entscheidungen

Art. 4 Haager Unterhaltsübereinkommen 1973

(1) Die in einem Vertragsstaat ergangene Entscheidung ist in einem anderen Vertragsstaat anzuerkennen oder für vollstreckbar zu erklären/zu vollstrecken,
  1. wenn sie von einer Behörde erlassen worden ist, die nach Art. 7 oder 8 als zuständig anzusehen ist, und
  2. wenn gegen sie im Ursprungsstaat kein ordentliches Rechtsmittel mehr zulässig ist.

(2) Vorläufig vollstreckbare Entscheidungen und einstweilige Maßnahmen sind, obwohl gegen sie ein ordentliches Rechtsmittel zulässig ist, im Vollstreckungsstaat anzuerkennen oder für vollstreckbar zu erklären/zu vollstrecken, wenn dort gleichartige Entscheidungen erlassen und vollstreckt werden können.

Art. 5 Haager Unterhaltsübereinkommen 1973

Die Anerkennung oder Vollstreckung der Entscheidung darf jedoch versagt werden,
  1. wenn die Anerkennung oder Vollstreckung mit der öffentlichen Ordnung des Vollstreckungsstaats offensichtlich unvereinbar ist oder
  2. wenn die Entscheidung das Ergebnis betrügerischer Machenschaften im Verfahren ist oder
  3. wenn ein denselben Gegenstand betreffendes Verfahren zwischen denselben Parteien vor einer Behörde des Vollstreckungsstaats anhängig und als erstes eingeleitet worden ist oder
  4. wenn die Entscheidung unvereinbar ist mit einer Entscheidung, die zwischen denselben Parteien über denselben Gegenstand entweder in dem Vollstreckungsstaat oder in einem anderen Staat ergangen ist, im letztgenannten Fall jedoch nur, sofern diese Entscheidung die für die Anerkennung und Vollstreckung im Vollstreckungsstaat erforderlichen Voraussetzungen erfüllt.

Art. 6 Haager Unterhaltsübereinkommen 1973

Eine Versäumnisentscheidung wird nur anerkannt oder für vollstreckbar erklärt/vollstreckt, wenn das das Verfahren einleitende Schriftstück mit den wesentlichen Klagegründen der säumigen Partei nach dem Recht des Ursprungsstaats zugestellt worden ist und wenn diese Partei eine nach den Umständen ausreichende Frist zu ihrer Verteidigung hatte; Art. 5 bleibt unberührt.

Art. 7 Haager Unterhaltsübereinkommen 1973

Eine Behörde des Ursprungsstaats ist als zuständig im Sinne des Übereinkommens anzusehen,
  1. wenn der Unterhaltsverpflichtete oder der Unterhaltsberechtigte zur Zeit der Einleitung des Verfahrens seinen gewöhnlichen Aufenthalt im Ursprungsstaat hatte oder

2. wenn der Unterhaltsverpflichtete und der Unterhaltsberechtigte zur Zeit der Einleitung des Verfahrens Staatsangehöriger des Ursprungsstaats waren oder

3. wenn sich der Beklagte der Zuständigkeit dieser Behörde entweder ausdrücklich oder dadurch unterworfen hat, daß er sich, ohne die Unzuständigkeit geltend zu machen, auf das Verfahren in der Sache selbst eingelassen hat.

Art. 8 Haager Unterhaltsübereinkommen 1973

Die Behörden eines Vertragsstaats, die über eine Unterhaltsklage entschieden haben, sind als zuständig im Sinn des Übereinkommens anzusehen, wenn der Unterhalt infolge einer von einer Behörde dieses Staates ausgesprochenen Scheidung, Trennung ohne Auflösung des Ehebandes, Nichtigkeit oder Ungültigkeit der Ehe geschuldet und wenn die diesbezügliche Zuständigkeit der Behörde nach dem Recht des Vollstreckungsstaats anerkannt wird; Art. 7 bleibt unberührt.

Art. 9 Haager Unterhaltsübereinkommen 1973

Die Behörde des Vollstreckungsstaats ist an die tatsächlichen Feststellungen gebunden, auf die die Behörde des Ursprungsstaats ihre Zuständigkeit gestützt hat.

Art. 10 Haager Unterhaltsübereinkommen 1973

Betrifft die Entscheidung mehrere Ansprüche in einer Unterhaltsklage und kann die Anerkennung oder Vollstreckung nicht für alle Ansprüche bewilligt werden, so hat die Behörde des Vollstreckungsstaats das Übereinkommen auf denjenigen Teil der Entscheidung anzuwenden, der anerkannt oder für vollstreckbar erklärt/vollstreckt werden kann.

Art. 11 Haager Unterhaltsübereinkommen 1973

Ist in der Entscheidung die Unterhaltsleistung durch regelmäßig wiederkehrende Zahlungen angeordnet, so ist die Vollstreckung sowohl für die bereits fälligen als auch für die künftig fällig werdenden Zahlungen zu bewilligen.

Art. 12 Haager Unterhaltsübereinkommen 1973

Die Behörde des Vollstreckungsstaats darf die Entscheidung auf ihre Gesetzmäßigkeit nicht nachprüfen, sofern das Übereinkommen nicht etwas anderes bestimmt.

Kapitel VI

Verschiedene Bestimmungen

Art. 22 Haager Unterhaltsübereinkommen 1973

Bestehen nach dem Recht eines Vertragsstaats Beschränkungen für die Überweisung von Geldbeträgen, so hat dieser Vertragsstaat der Überweisung von Geldbeträgen, die zur Erfüllung von Unterhaltsansprüchen oder zur Deckung von Kosten für Verfahren nach diesem Übereinkommen bestimmt sind, den größtmöglichen Vorrang zu gewähren.

Art. 23 Haager Unterhaltsübereinkommen 1973

Dieses Übereinkommen schließt nicht aus, daß eine andere internationale Übereinkunft zwischen dem Ursprungsstaat und dem Vollstreckungsstaat oder das nichtvertragliche Recht des Vollstreckungsstaats angewendet wird, um die Anerkennung oder Vollstreckung einer Entscheidung oder eines Vergleichs zu erwirken.

Art. 24 Haager Unterhaltsübereinkommen 1973

(1) Dieses Übereinkommen ist unabhängig von dem Zeitpunkt anzuwenden, in dem die Entscheidung ergangen ist.
(2) Ist die Entscheidung ergangen, bevor dieses Übereinkommen zwischen dem Ursprungsstaat und dem Vollstreckungsstaat in Kraft getreten ist, so ist sie im letztgenannten Staat nur hinsichtlich der nach diesem Inkrafttreten fällig werdenden Zahlungen für vollstreckbar zu erklären/zu vollstrecken.

Art. 25 Haager Unterhaltsübereinkommen 1973

Jeder Vertragsstaat kann jederzeit erklären, daß er in seinen Beziehungen zu den Staaten, die dieselbe Erklärung abgegeben haben, alle vor einer Behörde oder einer Urkundsperson errichteten öffentlichen Urkunden, die im Ursprungsstaat aufgenommen und vollstreckbar sind, in das Übereinkommen einbezieht, soweit sich dessen Bestimmungen auf solche Urkunden anwenden lassen.

Art. 26 Haager Unterhaltsübereinkommen 1973

(1) Jeder Vertragsstaat kann sich nach Art. 34 das Recht vorbehalten, weder anzuerkennen noch für vollstreckbar zu erklären/zu vollstrecken:
1. Entscheidungen und Vergleiche über Unterhaltsleistungen, die ein Unterhaltsverpflichteter, der nicht der Ehegatte oder der frühere Ehegatte des Unterhaltsberechtigten ist, für die Zeit nach der Eheschließung oder nach dem vollendeten einundzwanzigsten Lebensjahr des Unterhaltsberechtigten schuldet;
2. Entscheidungen und Vergleiche in Unterhaltssachen
   a) zwischen Verwandten in der Seitenlinie;
   b) zwischen Verschwägerten;
3. Entscheidungen und Vergleiche, die die Unterhaltsleistung nicht durch regelmäßig wiederkehrende Zahlungen vorsehen.
(2) Ein Vertragsstaat, der einen Vorbehalt gemacht hat, kann nicht verlangen, daß das Übereinkommen auf Entscheidungen und Vergleiche angewendet wird, die er durch seinen Vorbehalt ausgeschlossen hat.

Art. 27 Haager Unterhaltsübereinkommen 1973

Sieht das Recht eines Vertragsstaats in Unterhaltssachen zwei oder mehr Rechtsordnungen vor, die für verschiedene Personenkreise gelten, so ist eine Verweisung auf das Recht dieses Staates als Verweisung auf die Rechtsordnung zu verstehen, die nach dem Recht dieses Staates für einen bestimmten Personenkreis gilt.

Art. 28 Haager Unterhaltsübereinkommen 1973

(1) Besteht ein Vertragsstaat aus zwei oder mehr Gebietseinheiten, in denen verschiedene Rechtsordnungen auf die Anerkennung und Vollstreckung von Unterhaltsentscheidungen gelten, so ist
 1. eine Verweisung auf das Recht, das Verfahren oder die Behörde des Ursprungsstaats als Verweisung auf das Recht, das Verfahren oder die Behörde der Gebietseinheit zu verstehen, in der die Entscheidung ergangen ist;
 2. eine Verweisung auf das Recht, das Verfahren oder die Behörde des Vollstreckungsstaats als Verweisung auf das Recht, das Verfahren oder die Behörde der Gebietseinheit zu verstehen, in der die Anerkennung oder Vollstreckung beantragt wird;
 3. eine Verweisung nach den Nummern 1 und 2 auf das Recht oder das Verfahren des Ursprungsstaats oder des Vollstreckungsstaats in dem Sinn zu verstehen, daß auch auf die einschlägigen Rechtsvorschriften und -grundsätze des Vertragsstaats, die für dessen Gebietseinheiten gelten, verwiesen ist;
 4. eine Verweisung auf den gewöhnlichen Aufenthalt des Unterhaltsberechtigten oder des Unterhaltsverpflichteten im Ursprungsstaat als Verweisung auf den gewöhnlichen Aufenthalt in der Gebietseinheit zu verstehen, in der die Entscheidung ergangen ist.
(2) Jeder Vertragsstaat kann jederzeit erklären, daß er eine oder mehrere dieser Vorschriften auf eine oder mehrere Bestimmungen dieses Übereinkommens nicht anwenden wird.

Art. 29 Haager Unterhaltsübereinkommen 1973

Dieses Übereinkommen ersetzt in den Beziehungen zwischen den Staaten, die Vertragsparteien sind, das Haager Übereinkommen vom 15. April 1958 über die Anerkennung und Vollstreckung von Entscheidungen auf dem Gebiet der Unterhaltspflicht gegenüber Kindern.

270

Kapitel VII

Schlußbestimmungen

(Art. 30–31 sind nicht abgedruckt)

Art. 32 Haager Unterhaltsübereinkommen 1973

(1) Jeder Staat kann bei der Unterzeichnung, der Ratifikation, der Annahme, der Genehmigung oder dem Beitritt erklären, daß sich dieses Übereinkommen auf alle Hoheitsgebiete, deren internationale Beziehungen er wahrnimmt, oder auf eines oder mehrere dieser Hoheitsgebiete erstreckt. Diese Erklärung wird wirksam, sobald das Übereinkommen für den betreffenden Staat in Kraft tritt.
(2) Später ist jede derartige Erstreckung dem Ministerium für Auswärtige Angelegenheiten der Niederlande zu notifizieren.
(3) Die Erstreckung wirkt im Verhältnis zwischen den Vertragsstaaten, die innerhalb von zwölf Monaten nach Empfang der in Art. 37 Nr. 4 vorgesehenen Notifikation keinen Einspruch dagegen erhoben haben, und dem oder den Hoheitsgebieten, deren internationale Beziehungen von dem betreffenden Staat wahrgenommen werden und für die die Notifikation vorgenommen worden ist.
(4) Nach der Erstreckung kann ein solcher Einspruch auch von einem Mitgliedstaat in dem Zeitpunkt erhoben werden, in dem er das Übereinkommen ratifiziert, annimmt oder genehmigt.

(5) Die Einsprüche sind dem Ministerium für Auswärtige Angelegenheiten der Niederlande zu notifizieren.

Art. 33 Haager Unterhaltsübereinkommen 1973

(1) Ein Vertragsstaat, der aus zwei oder mehr Gebietseinheiten besteht, in denen verschiedene Rechtsordnungen für die Anerkennung und Vollstreckung von Unterhaltsentscheidungen gelten, kann bei der Unterzeichnung, der Ratifikation, der Annahme, der Genehmigung oder dem Beitritt erklären, daß sich dieses Übereinkommen auf alle diese Gebietseinheiten oder nur auf eine oder mehrere dieser Gebietseinheiten erstreckt; er kann diese Erklärung jederzeit durch Abgabe einer neuen Erklärung ändern.

(2) Diese Erklärungen sind dem Ministerium für Auswärtige Angelegenheiten der Niederlande unter ausdrücklicher Bezeichnung der Gebietseinheit, für die das Übereinkommen gilt, zu notifizieren.

(3) Die anderen Vertragsstaaten können die Anerkennung einer Unterhaltsentscheidung ablehnen, wenn das Übereinkommen in dem Zeitpunkt, in dem die Anerkennung geltend gemacht wird, für die Gebietseinheit, in der die Entscheidung ergangen ist, nicht gilt.

Art. 34 Haager Unterhaltsübereinkommen 1973

(1) Jeder Staat kann spätestens bei der Ratifikation, der Annahme, der Genehmigung oder dem Beitritt einen oder mehrere der in Art. 26 vorgesehenen Vorbehalte machen. Andere Vorbehalte sind nicht zulässig.

(2) Jeder Staat kann ferner, wenn er eine Erstreckung des Übereinkommens nach Art. 32 notifiziert, die Wirkung eines oder mehrerer dieser Vorbehalte auf alle oder einige der von der Erstreckung erfaßten Hoheitsgebiete beschränken.

(3) Jeder Vertragsstaat kann einen von ihm gemachten Vorbehalt jederzeit zurücknehmen. Eine solche Zurücknahme ist dem Ministerium für Auswärtige Angelegenheiten der Niederlande zu notifizieren.

(4) Die Wirkung des Vorbehalts endet am ersten Tag des dritten Kalendermonats nach der in Abs. 3 genannten Notifikation.

(Art. 35–37 sind nicht abgedruckt)

B. Bilaterale Abkommen

I. Gemeinsamkeiten und Unterschiede[766]

271   Die Bedeutung der bestehenden elf bilateralen Abkommen ist im steten Schwinden begriffen (zu den Gründen → Rdnr. 60). Bei der Herausarbeitung gemeinsamer Prinzipien und Unterschiede ist stets zu beachten, daß vorrangig **jeder Vertrag für sich** nach dem für ihn maßgebenden Sinn und Zweck sowie anhand der besonderen Entstehungsgeschichte auszulegen ist.

---

[766] Allgemeines Schrifttum: *Cramer-Frank* Auslegung und Qualifikation bilateraler Anerkennungs- und Vollstreckungsverträge mit Nicht-EG-Staaten (1987); *Geimer/Schütze* Internationale Urteilsanerkennung Band II (1971); *Jellinek* Die zweiseitigen Staatsverträge über Anerkennung ausländischer Zivilurteile (1953); *Matscher* Einige Probleme der internationalen Urteilsanerkennung und -vollstreckung ZZP 86 (1973) 404; *Verbeek* Die Staatsverträge über die Vollstreckung ausländischer Zivilurteile NiemeyersZ 45 (1931/1932) 1; *Waehler* Anerkennung ausländischer Entscheidungen aufgrund bilateraler Staatsverträge in: Hdb. IZVR Band III/2 (1984) Kap. III; *Wolff* Vollstreckbarerklärung in: Hdb. IZVR Band III/2 (1984) Kap. IV § 8 Rdnr. 543 ff.

Den Verträgen ist – anders als im Bereich des EuGVÜ – gemeinsam, daß sie nicht die direkte   272
Zuständigkeit, sondern lediglich die **Anerkennungszuständigkeit** für den Bereich der Urteilsanerkennung regeln. Dabei werden vielfach die Anerkennungszuständigkeiten einzeln aufgezählt, wie z. B. in Art. 3 deutsch-belgisches, Art. IV deutsch-britisches, Art. 7 deutsch-israelisches, Art. 2 deutsch-italienisches, Art. 4 deutsch-niederländisches, Art. 8 deutsch-norwegisches, Art. 2 deutsch-schweizerisches, Art. 7, 8 deutsch-spanisches und Art. 31, 32 deutsch-tunesisches Abkommen. Dagegen verfolgen Art. 3 Nr. 3, 4 deutsch-griechisches und Art. 2 Nr. 3–5 deutsch-österreichisches Abkommen das System der **Negativliste** [767]. Danach werden nur einzelne Zuständigkeiten von der Anerkennung ausgeschlossen und die Zuständigkeit des Urteilsstaates im übrigen nicht nachgeprüft.

Uneinheitlichkeit herrscht hinsichtlich der Bindungen des Anerkennungsstaates an die **tatsächlichen Feststellungen** des Urteilsstaates zur internationalen Zuständigkeit. Zum Teil ist   273
die Bindung an die tatsächlichen Feststellungen des Urteilsgerichts ausdrücklich angeordnet, zum Teil ist die Bindung ausdrücklich ausgeschlossen (Nachweise → Rdnr. 95). Mehr Einheitlichkeit besteht in der Frage der Beurteilung von einander **widersprechenden Entscheidungen** des Urteils- und des Anerkennungsstaates. Viele Verträge sichern ohne Rücksicht auf das Prioritätsprinzip stets den Vorrang der Entscheidung des Anerkennungsstaates (z. B. Art. 4 Abs. 4 deutsch-italienisches, Art. 5 Abs. 1 Nr. 6 deutsch-israelisches, Art. 6 Abs. 1 Nr. 3 deutsch-norwegisches Abkommen, weitere Nachweise → Rdnr. 117). Ganz überwiegend geschützt wird auch die **frühere Rechtshängigkeit** eines Verfahrens im Anerkennungsstaat (Nachweise → Rdnr. 122). Hier herrscht das Prioritätsprinzip. Im übrigen enthalten die Verträge für die Rechtshängigkeit ganz unterschiedliche Regelungen, was die Berücksichtigung auf Antrag oder von Amts wegen sowie die Aussetzungsmöglichkeit betrifft[768].

Uneinheitlich beurteilt wird die Anerkennungsfähigkeit von **einstweiligen Maßnahmen**.   274
Nicht nur ältere Staatsverträge zeigen hier weniger Vertrauen und schließen Arreste und einstweilige Verfügungen aus (Art. 1 deutsch-schweizerisches, Art. 14 Abs. 1 Nr. 3 deutsch-österreichisches, Art. 12 deutsch-italienisches, für Arreste auch Art. 17 Abs. 1 Nr. 2 deutsch-griechisches, Art. 3 Nr. 5 deutsch-spanisches, Art. 3 Nr. 4 deutsch-norwegisches Abkommen). Anerkennungsfreundlich sind dagegen Art. 1 Abs. 2 deutsch-niederländisches und Art. 1 Abs. 1 S. 2 deutsch-belgisches sowie Art. 27 Abs. 4 deutsch-tunesisches Abkommen (letztere für auf Geldleistungen gerichtete einstweilige Anordnungen).

Die Verträge weisen durchgängig den **ordre public-Vorbehalt** auf. Für die Verletzung des   275
rechtlichen Gehörs im einleitenden Verfahren weist Art. 2 lit. c Nr. 2 deutsch-niederländisches Abkommen eine Singularität auf. Danach ist die Berufung auf die Verletzung des rechtlichen Gehörs versagt, wenn der Beklagte gegen die ergehende Entscheidung keinen Rechtsbehelf eingelegt hat.

Das allgemein anerkannte **Günstigkeitsprinzip** (dazu → Rdnr. 3) ist in den bilateralen Verträgen nur vereinzelt ausdrücklich niedergelegt. Nachweise finden sich → Rdnr. 3. Die Verträ-   276
ge gehen durchgehend davon aus, daß die Vollstreckbarerklärung und die **Zwangsvollstreckung** der lex fori des Anerkennungsstaates untersteht. Bisweilen wird das auch ausdrücklich ausgesprochen wie z. B. in Art. 6 deutsch-österreichisches, Art. 6 Abs. 2 deutsch-schweizerisches, Art. 1 Abs. 2 deutsch-italienisches, Art. 7 deutsch-belgisches, Art. 7 deutsch-griechisches, Art. 8 deutsch-niederländisches, Art. 12 deutsch-spanisches Abkommen. Ein den Verträgen gemeinsames Strukturprinzip ist das Verbot der **révision au fond** (Art. 5 S. 2 deutsch-schweizerisches, Art. 5 Abs. 2 deutsch-italienisches, Art. 5 Abs. 2 deutsch-belgisches, Art. 4 S. 2 deutsch-österreichisches, Art. 5 Abs. 1 S. 2 deutsch-griechisches, Art. 5 Abs. 2

---

[767] *Schack* IZVR² Rdnr. 830.   [768] *Schack* IZVR² Rdnr. 750.

§ 328 B I, II 2. Buch. Verfahren im ersten Rechtszuge. 1. Abschnitt. Landgerichte

deutsch-niederländisches, Art. 9 Abs. 1 S. 2 deutsch-spanisches, Art. 9 Abs. 2 deutsch-norwegisches, Art. 33 deutsch-tunesisches Abkommen).

277 Vereinzelt ordnen bilaterale Verträge ausdrücklich die **Wirkungserstreckung** an (Nachweise → Rdnr. 7). Diese verstreuten Regelungen reichen aber für die übrigen Verträge nicht als prinzipienbildend aus. Vielmehr muß für jeden einzelnen Vertrag gesondert untersucht werden, welche Wirkungen der ausländischen Entscheidung anerkannt werden sollen und welche nicht. Auch die vereinzelte Regelung der **Gewährleistungsklage** in Art. 3 Abs. 1 Nr. 10 des deutsch-belgischen und Art. 4 Abs. 1 lit. i des deutsch-niederländischen Abkommens ändert nichts daran, daß in den übrigen Fällen eine selbständige Anerkennungszuständigkeit für den Garantiebeklagten gegeben sein muß (dazu → Rdnr. 9, 25).

II. Deutsch-schweizerisches Abkommen vom 2. 11. 1929 über die gegenseitige Anerkennung und Vollstreckung von gerichtlichen Entscheidungen und Schiedssprüchen[769]

278 Das Abkommen ist seit dem 1. 12. 1930 in Kraft[770]. Hier sind die Art. 1 bis 5 abgedruckt, welche die Anerkennung betreffen. Die Art. 6 bis 9 über die Vollstreckung sind nebst Kommentierung abgedruckt bei → *Münzberg* Anhang zu § 723 Rdnr. 53 ff. Die AusführungsVO vom 23. 8. 1930 findet sich mit Kommentierung bei → *Münzberg* Anhang zu § 723 Rdnr. 361 ff.

279 Seit Inkrafttreten des **LugÜ** (→ Rdnr. 48) hat das Abkommen nur noch eine beschränkte Bedeutung, da es nach Maßgabe von Art. 55 und Art. 54 Abs. 2 LugÜ ersetzt wird und nach Art. 56 LugÜ seine Wirksamkeit nur für diejenigen Rechtsgebiete behält, auf die das LugÜ nicht anzuwenden ist (Art. 2 Abs. 2 LugÜ). Ferner ist Art. 56 Abs. 2 LugÜ zu beachten (*OLG Frankfurt a.M.* FamRZ 1998, 384). Neben den Altfällen bleiben also in erster Linie Status- und Ehesachen (Art. 3) sowie erbrechtliche Streitigkeiten.

Art. 1 Deutsch-schweizerisches Abkommen 1929

280 Die im Prozeßverfahren über vermögensrechtliche Ansprüche ergangenen rechtskräftigen Entscheidungen der bürgerlichen Gerichte des einen Staates werden ohne Unterschied ihrer Benennung (Urteile, Beschlüsse, Vollstreckungsbefehle), jedoch mit Ausnahme der Arreste und einstweiligen Verfügungen, und ohne Rücksicht auf die Staatsangehörigkeit der an dem Rechtsstreit beteiligten Parteien im Gebiet des anderen Staates anerkannt, wenn für die Gerichte des Staates, in dessen Gebiet die Entscheidung gefällt wurde, eine Zuständigkeit nach Maßgabe des Art. 2 begründet war und nicht nach dem Recht des Staates, in dessen Gebiet die Entscheidung geltend gemacht wird, für dessen Gerichte eine ausschließliche Zuständigkeit besteht.

---

[769] RGBl 1930 II 1066. – Lit.: Deutsche Denkschrift zum deutsch-schweizerischen Vollstreckungsabkommen RT-Drucks. IV Nr. 2236 (1928); *Bülow/Böckstiegel/Geimer/Schütze/G. Müller* (Fn. 1) Nr. 660 (Stand: 1978); *Baumbach/Lauterbach/Albers*[56] Schlußanhang V B 1; *David/Maier* Die Vollstreckung von gerichtlichen Entscheidungen und Schiedssprüchen im Verhältnis zwischen der Bundesrepublik Deutschland und der Schweiz (1970); *Egli* Die Anerkennung und Vollstreckung deutscher, österreichischer und liechtensteinischer Gerichtsentscheidungen in Zivil- und Handelssachen RIW 1991, 977; *Hauser/Tobler* Schweizerische Rechtsprechung zum deutsch-schweizerischen Anerkennungs- und Vollstreckungsabkommen JR 1987, 353; *Jonas* Das deutsch-schweizerische Vollstreckungsabkommen vom 2. November 1929 JW 1930, 3284; MünchKommZPO/*Gottwald* IZPR Schlußanhang Nr. 5 i; *Nagel/Gottwald* IZVR[4] 521 ff; *von Rhein* Zur Anerkennung und Vollstreckung von schweizerischen Gerichtsentscheidungen, Schiedssprüchen und Vergleichen in der Bundesrepublik Deutschland SchweizJZ 1986, 141; *Walder* Einführung in das Internationale Zivilprozeßrecht der Schweiz (1989) 90 ff.

[770] Bekanntmachung vom 5. 11. 1930 RGBl II 1270. – Über die Rechtsentwicklung bis zum Abkommen s. 19. Aufl. Anhang II zu § 723.

1. Anerkennungszuständigkeit

Art. 1 nennt als erste Anerkennungsvoraussetzung die Anerkennungszuständigkeit, wie sie in Art. 2 näher aufgeführt ist. Die internationale Anerkennungszuständigkeit ist stets ausgeschlossen, wenn der Vollstreckungsstaat eine ausschließliche Zuständigkeit für sich in Anspruch nimmt.

281

2. Prozeßverfahren

Durch die Wahl des Begriffes »Prozeßverfahren« werden Entscheidungen in Konkursverfahren (**Insolvenzverfahren**) ausgeschlossen[771]. Das gilt auch für sonstige Entscheidungen außerhalb der streitigen Zivilgerichtsbarkeit wie Entscheidungen im Verfahren der Freiwilligen Gerichtsbarkeit. Doch werden **Streitverfahren** der Freiwilligen Gerichtsbarkeit von dem Abkommen erfaßt[772].

282

3. Entscheidungen der bürgerlichen Gerichte

Der Begriff ist weit auszulegen, so daß auch **Arbeitsgerichte** und schweizerische Handels- und Gewerbegerichte darunter fallen[773]. Ausgeschlossen sind strafgerichtliche Urteile im Adhäsionsverfahren sowie Entscheidungen von Verwaltungsbehörden oder Verwaltungsgerichten. Die Entscheidung muß formell und materiell **rechtskräftig** sein. Vorläufig vollstreckbare Entscheidungen wie auch Vorbehaltsurteile scheiden aus[774]. Zusätzlich muß die Entscheidung auch noch vollstreckbar sein[775]. Doch fallen darunter auch Entscheidungen im Mahnverfahren und vergleichbare Verfahren[776]. Arreste und einstweilige Verfügungen sind ausdrücklich ausgeschlossen. Das gleiche gilt nach dem Sinn der Norm auch für einstweilige Anordnungen[777]. Die Staatsangehörigkeit der Parteien ist für Art. 1 ohne Belang.

283

4. Vermögensrechtliche Ansprüche

Das Abkommen gilt nach Art. 1 für vermögensrechtliche und nach Art. 3 für nicht vermögensrechtliche Ansprüche. Entscheidend ist die deutsche Begriffsbestimmung (**Qualifikation**), die als Bestandteil des Vertrages anzusehen ist[778].

284

Art. 2 Deutsch-schweizerisches Abkommen 1929

Die Zuständigkeit der Gerichte des Staates, in dem die Entscheidung gefällt wurde, ist im Sinne des Art. 1 begründet, wenn sie in einer staatsvertraglichen Bestimmung vorgesehen oder eine der folgenden Voraussetzungen erfüllt ist:
 1. wenn der Beklagte zur Zeit der Klageerhebung oder zur Zeit der Erlassung der Entscheidung seinen Wohnsitz oder die beklagte juristische Person ihren Sitz in diesem Staate hatte;
 2. wenn sich der Beklagte durch eine ausdrückliche Vereinbarung der Zuständigkeit des Gerichts, das die Entscheidung gefällt hat, unterworfen hatte;
 3. wenn der Beklagte sich vorbehaltlos auf den Rechtsstreit eingelassen hatte;

285

---

[771] BGH NJW 1993, 2312, 2316; OLG Stuttgart IPRax 1990, 233 (Konkursverlustschein).
[772] Kallmann (Fn. 1) 6f.
[773] Kallmann (Fn. 1) 8; Deutsche Denkschrift (Fn. 769) 4.
[774] Vgl. Kallmann (Fn. 1) 19f.
[775] Hauser/Tobler JR 1987, 353, 355.
[776] Baumbach/Lauterbach/Albers[56] Schlußanhang V B 1 Art. 1 Rdnr. 1.
[777] MünchKommZPO/Gottwald IZPR Schlußanhang Nr. 5 i Rdnr. 2.
[778] Kallmann (Fn. 1) 10; zum Begriff »vermögensrechtliche Ansprüche« → E. Schumann § 1 Rdnr. 43 ff.

4. wenn der Beklagte am Ort seiner geschäftlichen Niederlassung oder Zweigniederlassung für Ansprüche aus dem Betriebe dieser Niederlassung belangt worden ist;

5. für eine Widerklage, wenn der Gegenanspruch mit dem in der Klage geltend gemachten Anspruch oder mit den gegen diesen vorgebrachten Verteidigungsmitteln in rechtlichem Zusammenhang steht.

1. Anerkennungszuständigkeit

286 Es handelt sich bei dem Katalog des Art. 2 nicht um Entscheidungszuständigkeiten, sondern um Anerkennungszuständigkeiten (dazu → Rdnr. 272). Der Urteilsrichter hat daher nicht zu prüfen, ob eine Anerkennung im Ausland möglich ist. Die internationale Zuständigkeit des Erstgerichts ist eine Anerkennungsvoraussetzung. Die Anerkennung der internationalen Gerichtsstände des Art. 2 geschieht unabhängig von der Staatsangehörigkeit der Parteien.

2. Nr. 1 (Wohnsitz oder Sitz)

287 Es beurteilt sich nach dem Recht des **Urteilsstaates**, ob ein Wohnsitz vorliegt oder nicht[779]. In Deutschland sind maßgebend die §§ 7ff. BGB, in der Schweiz die Art. 20, 21 IPRG 1987. Der ständige Aufenthalt genügt für sich nicht. Auch der Begriff des Sitzes für juristische Personen richtet sich nach dem Recht des Urteilsstaates[780].

3. Nr. 2 (Prorogation)

288 Die Wirksamkeit der verlangten ausdrücklichen Vereinbarung richtet sich nach dem Recht des **vereinbarten Gerichts**[781]. Es ist nicht ausreichend, wenn nachträglich eine Auftragsbestätigung mit Gerichtsstandsklausel übersendet wird[782].

4. Nr. 3 (Vorbehaltlose Einlassung)

289 Es handelt sich um eine Prozeßhandlung des internationalen Prozeßrechts, die ihre Wirkung erst im Anerkennungsstaat bei der Prüfung der Anerkennungsvoraussetzung entfaltet. Der Vorbehalt ist **vor** der **Einlassung** zur Hauptsache geltend zu machen[783]. »Vorbehaltlos« heißt, zur Hauptsache zu verhandeln, ohne die Unzuständigkeit geltend zu machen.

5. Abschließende Zuständigkeitsregelung

290 Die in Abs. 2 enthaltenen Zuständigkeiten sind abschließend. Insbesondere kennt das Abkommen nicht die Gerichtsstände des Erfüllungsorts und der unerlaubten Handlung. Eine Anerkennung nach dem Abkommen scheidet aus, wenn eine Zuständigkeit im Sinne des Art. 2 fehlt oder der Zweitstaat eine **ausschließliche Zuständigkeit** für sich in Anspruch nimmt (Art. 1). Doch kommt in Deutschland eine Anerkennung unter den Voraussetzungen des

---

[779] *Kallmann* (Fn. 1) 59ff.; a.A. *Jonas* JW 1930, 3284.
[780] *Bülow/Böckstiegel/Geimer/Schütze/Müller* (Fn. 1) Nr. 660. 16.
[781] *Kallmann* (Fn. 1) 89; zur Schweizer Rechtsprechung *Langendorf* Prozeßführung im Ausland und Mängelrüge im ausländischen Recht Band 6 Schweiz E 43 S. 22f.; a.A. *Baumbach/Lauterbach/Albers*[56] Schlußanhang V B 1 Art. 2 Rdnr. 1.
[782] MünchKommZPO/*Gottwald* IZPR Schlußanhang Nr. 5 i Art. 2 Rdnr. 2.
[783] Dazu vor allem *Kallmann* (Fn. 1) 108f.; ähnlich *Jonas* JW 1930, 3284.

§ 328 in Betracht, da das Abkommen die Anerkennung erleichtern und nicht erschweren will[784].

Art. 3 Deutsch-schweizerisches Abkommen 1929

Die in nicht vermögensrechtlichen Streitigkeiten zwischen Angehörigen eines der beiden Staaten oder beider Staaten ergangenen rechtskräftigen Entscheidungen der bürgerlichen Gerichte des einen Staates werden im Gebiete des anderen Staates anerkannt, es sei denn, daß an dem Rechtsstreit ein Angehöriger des Staates, in dem die Entscheidung geltend gemacht wird, beteiligt war und nach dem Rechte dieses Staates die Zuständigkeit eines Gerichts des anderen Staates nicht begründet war. Dies gilt auch insoweit, als die in einer nicht vermögensrechtlichen Streitigkeit ergangene Entscheidung sich auf einen vermögensrechtlichen Anspruch miterstreckt, der von dem in ihr festgestellten Rechtsverhältnisse abhängt.

291

1. Staatsangehörigkeit

Anders als in Art. 1 kommt es bei nicht vermögensrechtlichen Streitigkeiten auf die Staatsangehörigkeit der Parteien an. Die internationale Zuständigkeit des Erstgerichts wird nicht nach dem Zuständigkeitskatalog des Art. 2 beurteilt. Unter den Voraussetzungen des Art. 3 S. 1 HS 1 (beide Parteien sind Angehörige des Urteilsstaates) wird die internationale Zuständigkeit überhaupt nicht überprüft. Ist dagegen ein **Deutscher** beteiligt, so muß das schweizerische Erstgericht nach den Zuständigkeitsregeln des deutschen Anerkennungsgerichts international zuständig gewesen sein[785]. Da es insoweit bei der innerstaatlichen deutschen Regel bleibt, gilt das **Spiegelbildprinzip** (dazu → Rdnr. 82). Für Ehe- und Familiensachen sind daher die §§ 606a, 621 zu prüfen. Gehört eine Partei einem Drittstaat an, so kommt nicht Art. 3 zur Anwendung. Vielmehr richtet sich die Anerkennung nach § 328 ZPO.

292

2. Nicht vermögensrechtliche Streitigkeiten

Es entscheidet die Qualifikation des **deutschen Rechts**[786]. Der Begriff »Streitigkeiten« schließt Entscheidungen der freiwilligen Gerichtsbarkeit mit Ausnahme der Streitsachen aus[787]. Art. 3 S. 2 erstreckt die Regelung auf vermögensrechtliche Folgeansprüche, insbesondere auf **Verbundentscheidungen** über vermögensrechtliche Familiensachen wie Unterhalt[788]. Der Vertrag kennt für **Statusentscheidungen** wie für die in der Hauptsache betroffene Ehescheidung kein besonderes Anerkennungsverfahren. Gleichwohl müssen schweizerische Ehescheidungsurteile im Verfahren des Art. 7 § 1 FamRÄndG förmlich anerkannt werden[789]. Das Abkommen regelt nur die Anerkennungsvoraussetzungen.

293

Art. 4 Deutsch-schweizerisches Abkommen 1929

(1) Die Anerkennung ist zu versagen, wenn durch die Entscheidung ein Rechtsverhältnis zur Verwirklichung gelangen soll, dem im Gebiete des Staates, wo die Entscheidung geltend

294

---

[784] BGH NJW 1993, 2312, 2316.
[785] *Bülow/Böckstiegel/Geimer/Schütze/Schmidt* (Fn. 1) Nr. 660. 22; *Nagel/Gottwald* IZVR⁴ 523.
[786] *Kallmann* (Fn. 1) 10f.
[787] MünchKommZPO/*Gottwald* IZPR Schlußanhang Nr. 5 i Art. 3 Rdnr. 1; a.A. *Bülow/Böckstiegel/Geimer/Schütze/Schmidt* (Fn. 1) Nr. 660. 21.

[788] Dazu *Stürner/Münch* JZ 1987, 179; AG Lübeck DAVorm 1976, 695.
[789] *Bülow/Böckstiegel/Geimer/Schütze/Schmidt* (Fn. 1) Nr. 660. 21; *Staudinger/Spellenberg*¹³ § 328 ZPO Rdnr. 60.

gemacht wird, aus Rücksichten der öffentlichen Ordnung oder der Sittlichkeit die Gültigkeit, Verfolgbarkeit oder Klagbarkeit versagt ist.

(2) Sie ist ferner zugunsten eines inländischen Beteiligten zu versagen, wenn in der Entscheidung bei Beurteilung seiner Handlungsfähigkeit oder seiner gesetzlichen Vertretung oder bei Beurteilung eines für den Anspruch maßgebenden familien- oder erbrechtlichen Verhältnisses oder der dafür maßgebenden Feststellungen des Todes einer Person zu seinem Nachteil andere als die nach dem Rechte des Staates, wo die Entscheidung geltend gemacht wird, anzuwendenden Gesetze zugrunde gelegt sind.

(3) Hat sich der Beklagte auf den Rechtsstreit nicht eingelassen, so ist die Anerkennung zu versagen, wenn die Zustellung der den Rechtsstreit einleitenden Ladung oder Verfügung an den Beklagten oder seinen zur Empfangnahme berechtigten Vertreter nicht rechtzeitig oder lediglich im Wege der öffentlichen Zustellung oder im Ausland auf einem anderen Wege als dem der Rechtshilfe bewirkt worden ist.

1. Bedeutung

295   Art. 4 regelt die allgemeinen **Versagungsgründe** für die Anerkennung und Vollstreckung. In Ergänzung des Art. 4 scheitert die Anerkennung auch dann, wenn die Anerkennungzuständigkeiten nach Art. 2 und Art. 3 nicht vorliegen, wenngleich Art. 4 die fehlende internationale Zuständigkeit nicht als eigenen Versagungsgrund aufführt[790]. Liegen die Voraussetzungen des Art. 4 vor, so muß die Anerkennung zwingend versagt werden[791].

2. Abs. 1 (ordre public)

296   Der Verstoß gegen den inländischen deutschen ordre public ist auszulegen wie im autonomen Recht des § 328 Abs. 1 Nr. 4 ZPO (→ Rdnr. 123 ff.). Die Vorschrift ist **äußerst zurückhaltend** anzuwenden und hat bislang kaum Bedeutung erlangt. Die Zustellung durch Aufgabe zur Post nach § 175 verstößt nicht gegen den schweizerischen ordre public[792]. Unter Art. 4 Abs. 1 fallen auch Verstöße gegen elementare Verfahrensgarantien.

3. Abs. 2 (Kollisionsrechtlicher ordre public)

297   Die antiquierte Vorschrift enthält Reste einer révision au fond, wie sie auch § 328 Abs. 1 Nr. 3 ZPO a.F. und jetzt noch Art. 27 Nr. 4 EuGVÜ und LugÜ enthalten. Nach dem **Günstigkeitsprinzip** (→ Rdnr. 2 f.) ist die Vorschrift für die Anerkennung in Deutschland nicht mehr zu prüfen, da § 328 ZPO n.F. eine derartige Regelung nicht mehr enthält[793]. Das schweizerische Kollisionsrecht setzt sich also durch.

4. Abs. 3 (Nichteinlassung)

298   Die Regelung über die Nichteinlassung des Beklagten entspricht im großen und ganzen dem § 328 Abs. 1 Nr. 2 ZPO und kann daher im wesentlichen wie diese Vorschrift ausgelegt werden (→ Rdnr. 105 ff.)[794]. Abs. 3 soll selbst dann zur Anwendung kommen, wenn der Be-

---

[790] *Bülow/Böckstiegel/Geimer/Schütze/Schmidt* (Fn. 1) Nr. 660. 25 Fn. 1.
[791] *Kallmann* (Fn. 1) 216.
[792] *Hauser/Tobler* JR 1987, 353, 355.
[793] Ebenso MünchKommZPO/*Gottwald* IZPR Schlußanhang Nr. 5 i Art. 4 Rdnr. 2. – Das Günstigkeitsprinzip liegt etwa auch dem Vollstreckungsabkommen zwischen der Schweiz und Italien zugrunde, *Acocella* Internationale Zuständigkeit sowie Anerkennung und Vollstreckung ausländischer Entscheidungen in Zivilsachen im schweizerisch-italienischen Rechtsverkehr (1989) 263.
[794] MünchKommZPO/*Gottwald* IZPR Schlußanhang Nr. 5 i Art. 4 Rdnr. 4.

klagte seit Jahren seinen Aufenthaltsort verheimlicht hat[795]. Anders als bei Art. 2 Nr. 3 ist im Sinne von Art. 4 Abs. 3 unter Einlassung jedes Verhandeln zu verstehen, aus dem zu schließen ist, daß der Beklagte Kenntnis von dem gegen ihn angestrengten Verfahren erhalten hat, auch wenn er nicht zur Hauptsache verhandelt hat[796]. Gegenüber der Schweiz richtet sich die Ordnungsmäßigkeit der Zustellung nach dem **Haager Übereinkommen** über die Zustellung gerichtlicher und außergerichtlicher Schriftstücke im Ausland in Zivil- oder Handelssachen vom 15. 11. 1965[797]. Abs. 3 betrifft Verfahrensfehler im Einleitungsstadium des Verfahrens. Andere Verfahrensfehler unterfallen dem Abs. 1.

Art. 5 Deutsch-schweizerisches Abkommen 1929

Das Gericht des Staates, wo die Entscheidung geltend gemacht wird, ist bei der Prüfung der die Zuständigkeit eines Gerichts des anderen Staates begründenden Tatsachen und der Versagungsgründe an die tatsächlichen Feststellungen der Entscheidung nicht gebunden. Eine weitere Nachprüfung der Gesetzmäßigkeit der Entscheidung findet nicht statt. 299

1. Nachprüfungsmöglichkeit (S. 1)

Anders als bei neueren Staatsverträgen (→ Rdnr. 95) kann das deutsche Anerkennungsgericht bei diesem Abkommen die tatsächlichen Voraussetzungen der Anerkennungszuständigkeit und der Versagungsgründe des Art. 4 von Amts wegen voll nachprüfen. Das entspricht der Rechtslage im deutschen autonomen Recht (→ Rdnr. 95, 30 und → Rdnr. 128). 300

2. Verbot der révision au fond (S. 2)

Dieses allen bilateralen Staatsverträgen eigene Verbot wird ausdrücklich ausgesprochen (→ Rdnr. 276). Es beansprucht auch bei einem Widerspruch nach Art. 4 S. 1 der deutschen AusführungsVO Geltung (abgedruckt bei → *Münzberg* Anhang zu § 723 Rdnr. 365). 301

III. Deutsch-italienisches Abkommen vom 9. 3. 1936 über die Anerkennung und Vollstreckung gerichtlicher Entscheidungen in Zivil- und Handelssachen

Das Abkommen ist seit dem 19. 6. 1937 in Kraft und wird nach dem 2. Weltkrieg wieder angewendet[798]. Hier sind die die Anerkennung betreffenden Art. 1 bis 5 und Art. 13 abgedruckt. Die Art. 6 bis 16 (außer Art. 13) über die Vollstreckung sind mit einer Kommentierung abgedruckt bei → *Münzberg* Anhang zu § 723 Rdnr. 58ff. Die AusführungsVO vom 18. 5. 1937 findet sich mit Kommentierung bei → *Münzberg* Anhang zu § 723 Rdnr. 366ff. 302

Seit Inkrafttreten des **EuGVÜ** (→ Rdnr. 43) hat das Abkommen nur noch eine beschränkte Bedeutung, da es nach Maßgabe von Art. 55 und Art. 54 Abs. 2 EuGVÜ ersetzt wird und nach Art. 56 seine Wirksamkeit nur für diejenigen Rechtsgebiete behält, auf die das EuGVÜ nicht 303

---

[795] *KG* FamRZ 1982, 382; m.E. kaum zutreffend.
[796] *Kallmann* (Fn. 1) 287f.
[797] Das Übereinkommen ist für Deutschland im Verhältnis zur Schweiz am 1. 1. 1995 in Kraft getreten, BGBl 1995 II 755.
[798] RGBl 1937 II 145; Bek. vom 18. 5. 1937 RGBl II 145; Bek. vom 23. 12. 1952 BGBl II 986. – Lit. (außer Fn. 766): *Grunsky* EWG-Übereinkommen über die gerichtliche Zuständigkeit und die Vollstreckung gerichtlicher Entscheidungen in Zivil- und Handelssachen im deutsch-italienischen Rechtsverkehr RIW 1977, 1; *Jonas* Das deutsch-italienische Vollstreckungsabkommen DJ 1937, 888; *Luther* Das deutsch-italienische Anerkennungs- und Vollstreckungsabkommen, Heft 1 der Vereinigung für den Gedankenaustausch zwischen deutschen und italienischen Juristen (1966); *ders.* Zur Anerkennung und Vollstreckung von Urteilen und Schiedssprüchen in Handelssachen im deutsch-italienischen Rechtsverkehr ZHR 127 (1964) 145; *Schütze* Anerkennung und Vollstreckung deutscher Urteile im Ausland (1973).

anzuwenden ist. Das Abkommen ist neben Erbschaftsstreitigkeiten (Art. 2 Nr. 6) in erster Linie für Ehesachen (Art. 3) weiter von Bedeutung[799]. Für die Anerkennungsvoraussetzungen ist wegen des **Günstigkeitsprinzips** (→ Rdnr. 2 f.) § 328 ZPO zu beachten.

Art. 1 Deutsch-italienisches Abkommen 1936

304 (1) Den in Zivil- und Handelssachen ergangenen Entscheidungen der bürgerlichen Gerichte des einen Staates, die dort Rechtskraft erlangt haben, wird im Gebiet des anderen Staates dieselbe Wirkung zuerkannt, wenn für die Gerichte des Staates, in dem die Entscheidung gefällt wurde, eine Zuständigkeit nach Maßgabe der folgenden Artikel begründet war und nicht nach dem Recht des Staates, in dem die Entscheidung geltend gemacht wird, dessen eigene Gerichte oder die eines dritten Staates ausschließlich zuständig sind.

(2) Das Verfahren, in dem die Anerkennung der Entscheidung nachzusuchen ist, bestimmt sich nach dem Recht des angerufenen Staates.

1. Zivil- und Handelssachen; Anerkennungszuständigkeit

305 Art. 1 regelt mit dem Begriff »Zivil- und Handelssachen« den Anwendungsbereich des Abkommens und nennt daneben als erste Anerkennungsvoraussetzung die in Art. 2, 3 näher aufgeführte Anerkennungszuständigkeit. Die Vertragstechnik entspricht daher im wesentlichen derjenigen des deutsch-schweizerischen Abkommens (→ Rdnr. 278). Die internationale Anerkennungszuständigkeit ist stets ausgeschlossen, wenn der Vollstreckungsstaat oder ein Drittstaat eine **ausschließliche Zuständigkeit** für sich in Anspruch nehmen. Darunter fallen eine gesetzliche ausschließliche Zuständigkeit wie eine ausschließliche Gerichtsstandsvereinbarung[800].

306 Die Frage nach dem Vorliegen einer **Zivil- und Handelssache** bestimmt sich nach dem Gegenstand der Entscheidung. Nach h.L. ist das Recht des Entscheidungsstaates maßgebend[801], da es sich um die anerkennungsfreundlichste Lösung handelt. Arbeitsgerichte sind »bürgerliche Gerichte« im Sinne von Art. 1[802]. Nicht anerkennungsfähig sind Adhäsionsurteile in Strafverfahren sowie die übrigen in Art. 12 aufgeführten Entscheidungen. Entscheidungen der freiwilligen Gerichtsbarkeit fallen nicht unter das Abkommen. Doch besteht eine Ausnahme für die Streitsachen der freiwilligen Gerichtsbarkeit[803].

2. Rechtskraft

307 Es werden nach Art. 1 Abs. 1 nur rechtskräftige Entscheidungen anerkannt. Vorläufige Vollstreckbarkeit genügt daher nicht. Maßgebend ist, ob innerhalb des italienischen Verfahrens ein Rechtsbehelf noch statthaft ist[804]. Art. 12 schließt zusätzlich Entscheidungen des einstweiligen Rechtsschutzes aus (→ Rdnr. 274).

---

[799] *BayObLG* NJW-RR 1990, 842; *OLG Celle* FamRZ 1993, 1216.
[800] *Luther* ZHR 127 (1964) 145, 157.
[801] Nachweise bei *Waehler* (Fn. 766) Rdnr. 50.
[802] *Schütze* Anerkennung und Vollstreckung deutscher Urteile im Ausland (1973) 62; *Jonas* DJ 1937, 889; a.A. *Luther* ZHR 127 (1965) 145, 155 f.

[803] BGHZ 88, 113, 120 f.; zu Unrecht ganz ablehnend MünchKommZPO/*Gottwald* IZPR Schlußanhang Nr. 5 e Art. 1 Rdnr. 2.
[804] *BayObLG* NJW-RR 1990, 842, 843.

3. Abs. 2

Art. 1 Abs. 2 entspricht einer allgemeinen Regel im Recht der bilateralen Verträge (→ Rdnr. 276). In Deutschland ist kein besonderes Anerkennungsverfahren vorgesehen. Doch gilt für Entscheidungen in Ehesachen Art. 7 § 1 FamRÄndG.

308

Art. 2 Deutsch-italienisches Abkommen 1936

In vermögensrechtlichen Streitigkeiten sind die Gerichte des Staates, in dem die Entscheidung gefällt wurde, im Sinne des Artikels 1 zuständig, wenn die in einem zwischenstaatlichen Abkommen vorgesehenen Voraussetzungen gegeben sind oder eine der folgenden Voraussetzungen erfüllt ist:
1. wenn in dem Staat, in dem die Entscheidung erlassen worden ist, der Beklagte – oder einer der Beklagten, falls notwendige Streitgenossenschaft bestand – seinen Wohnsitz hatte und der Anspruch sich nicht auf den Besitz oder das Eigentum an einem Grundstück oder auf ein sonstiges Realrecht an einem Grundstück bezog;
2. wenn sich der Beklagte durch eine ausdrückliche Vereinbarung über Ansprüche aus bestimmt bezeichneten Rechtsverhältnissen der Zuständigkeit des Gerichts, das die Entscheidung gefällt hat, unterworfen oder sich vorbehaltlos auf den Rechtsstreit eingelassen hatte, es sei denn, daß beide Parteien Angehörige des Staates waren, in dem die Entscheidung geltend gemacht wird, und in diesem ihren Wohnsitz hatten;
3. wenn der Beklagte am Ort seiner geschäftlichen Niederlassung oder Zweigniederlassung für Ansprüche aus dem Betrieb dieser Niederlassung belangt worden ist;
4. wenn sich die Klage auf eine unerlaubte Handlung gründet, die in dem Staat begangen ist, in dem die Entscheidung gefällt wurde;
5. für eine Widerklage, wenn das Gericht für die Entscheidung über die Klage zuständig ist und der Gegenanspruch mit dem Klageanspruch oder mit einem vorgebrachten Verteidigungsmittel im Zusammenhang steht;
6. in Erbschaftsstreitigkeiten zwischen den Erben eines Angehörigen des Staates, in dem die Entscheidung gefällt wurde;
7. für eine dingliche Klage, die sich auf ein Grundstück im Gebiet des Staates bezieht, in dem die Entscheidung gefällt wurde.

309

1. Bedeutung

Art. 2 stellt einen Katalog der **Anerkennungszuständigkeiten** in vermögensrechtlichen Streitigkeiten auf (zur Technik → Rdnr. 272). Wegen des Vorranges des EuGVÜ (→ Rdnr. 303) haben die Gerichtsstände nur noch für Erbschaftsstreitigkeiten Bedeutung. Von Belang sind die Gerichtsstände Nr. 1, 2 und 6[805].

310

2. Einzelheiten

»Vorbehaltlos« im Sinne der Nr. 2 heißt, zur Hauptsache zu verhandeln, ohne die Unzuständigkeit geltend zu machen[806]. Für Nr. 1 findet sich eine Legaldefinition des Wohnsitzes in Art. 13.

311

---

[805] MünchKommZPO/*Gottwald* IZPR Nr. 5e Art. 2 Rdnr. 2.
[806] *Luther* ZHR 127 (1965) 145, 162. – Zu dem Tatbestandsmerkmal »unterworfen« der Nr. 2 vgl. die bei *Lan-gendorf* Prozeßführung im Ausland und Mängelrüge im ausländischen Recht Band IV (1956ff.) E 43, 2ff. geschilderten Fälle; auch *Bauer* AWD 1967, 397f.

Art. 3 Deutsch-italienisches Abkommen 1936

312 In nichtvermögensrechtlichen Streitigkeiten sind die Gerichte des Staates, in dem die Entscheidung gefällt wurde, im Sinne des Artikels 1 zuständig, wenn die Parteien Angehörige dieses Staates waren oder dort ihren Wohnsitz hatten.

1. Bedeutung

313 Die in Art. 3 geregelten nichtvermögensrechtlichen Streitigkeiten bestehen in Ehe- und Familiensachen sowie in sonstigen Statussachen. Da wegen des **Günstigkeitsprinzips** (→ Rdnr. 2 f.) der Rückgriff auf die im autonomen Recht des § 606 a großzügiger geregelte Anerkennungszuständigkeit stets zulässig ist, ist Art. 3 für die Praxis bedeutungslos geworden (→ Rdnr. 211). Das Abkommen will die Anerkennung erleichtern und nicht erschweren[807].

2. Einzelheiten

314 Art. 3 nennt zunächst den Gerichtsstand des gemeinsamen Heimatstaates. Bei **Mehrstaatern** hat die innerstaatliche (deutsche) Staatsangehörigkeit Vorrang, so daß das Abkommen bei fehlendem Wohnsitz (Art. 13) nicht angewendet werden kann[808]. In diesem Fall ist auf das autonome Anerkennungsrecht des § 328 zurückzugreifen.

Art. 4 Deutsch-italienisches Abkommen 1936

315 (1) Die Anerkennung ist zu versagen, wenn die Entscheidung Bestimmungen enthält, die gegen die guten Sitten oder die öffentliche Ordnung verstoßen.

(2) Sie ist ferner zu versagen, wenn in der Entscheidung hinsichtlich eines Angehörigen des angerufenen Staates bei Beurteilung der Handlungsfähigkeit oder der gesetzlichen Vertretung oder bei Beurteilung eines für den Anspruch maßgebenden familien- oder erbrechtlichen Verhältnisses oder der dafür maßgebenden Abwesenheits- oder Todeserklärung andere als die Gesetze zugrunde gelegt sind, die nach dem Recht dieses Staates anzuwenden wären. Die Entscheidung ist jedoch anzuerkennen, wenn sie auch bei Anwendung dieser Gesetze begründet wäre.

(3) Hat sich der Beklagte auf den Rechtsstreit nicht eingelassen, so ist die Anerkennung zu versagen, wenn die Zustellung der den Rechtsstreit einleitenden Ladung oder Verfügung an den Beklagten oder seinen zur Empfangnahme berechtigten Vertreter nicht rechtzeitig oder lediglich im Wege der öffentlichen Zustellung oder im Ausland auf einem anderen Wege als dem der gegenseitigen Rechtshilfe bewirkt worden ist.

(4) Die Anerkennung ist auch zu versagen, wenn die Entscheidung mit einer über denselben Anspruch ergangenen Entscheidung eines Gerichts des angerufenen Staates im Widerspruch steht.

1. Bedeutung

316 Die in Art. 4 aufgeführten Anerkennungsvoraussetzungen haben in erster Linie noch für **Ehesachen** Bedeutung (→ Rdnr. 303). Art. 4 wird für die internationale Anerkennungszuständigkeit ergänzt durch Art. 1 (→ Rdnr. 305). Im wesentlichen gleichen die Versagungsgründe denjenigen im Anwendungsbereich des deutsch-schweizerischen Abkommens (Art. 4, → Rdnr. 294).

---

[807] Beispielhaft *BayObLG* FamRZ 1993, 452, 453.   [808] *BayObLG* FamRZ 1993, 452, 453.

2. Einzelheiten

Art. 4 Abs. 1 regelt den in den bilateralen Abkommen allgemein bekannten Verstoß gegen den **ordre public** (→ Rdnr. 275). Der italienische Kassationshof rechnet entgegen der deutschen Auffassung (→Rdnr. 141) die Regeln über die Beweisaufnahme zum ordre public[809]. Der in Art. 4 Abs. 2 enthaltene antiquierte kollisionsrechtliche ordre public findet wegen des **Günstigkeitsprinzips** (→ Rdnr. 2f.) in Deutschland keine Anwendung mehr[810]. Nach Art. 4 Abs. 3 muß die Ladung trotz der undeutlichen Formulierung rechtzeitig und ordnungsgemäß sein[811]. Die Vorschrift entspricht § 328 Abs. 1 Nr. 2 ZPO. Die **Auslandszustellung** muß dem Haager Übereinkommen über die Zustellung gerichtlicher und außergerichtlicher Schriftstücke im Ausland in Zivil- oder Handelssachen vom 15. 11. 1965 entsprechen[812], dessen Vertragspartner Deutschland und Italien sind. Nach Art. 4 Abs. 4 hat ein Urteil des Anerkennungsstaates ohne Rücksicht auf die Priorität immer Vorrang (→ Rdnr. 117). Das entspricht der Regelung des § 328 Abs. 1 Nr. 3 (zu den Bedenken dagegen → Rdnr. 118). Nach Art. 11 muß ein noch rechtshängiges Verfahren im anderen Vertragsstaat auf Antrag beachtet werden.

317

Art. 5 Deutsch-italienisches Abkommen 1936

(1) Das Gericht des Staates, in dem die Entscheidung geltend gemacht wird, ist bei der Prüfung der die Zuständigkeit eines Gerichts des anderen Staates begründenden Tatsachen und der Versagungsgründe an die tatsächlichen Feststellungen der Entscheidung nicht gebunden.

318

(2) Im übrigen ist die Gesetzmäßigkeit der Entscheidung nicht zu prüfen.

Das deutsche Anerkennungsgericht ist weder bei der Prüfung der Anerkennungszuständigkeit (→ Rdnr. 310) noch bei derjenigen der Versagungsgründe (→ Rdnr. 316) an die **Tatsachenfeststellungen** des Urteilsgerichts gebunden. Das entspricht der Rechtslage in Art. 5 deutsch-schweizerisches Abkommen (→ Rdnr. 300) und weiteren Abkommen (→ Rdnr. 273, 95). Abs. 2 spricht das Verbot der **révision au fond** aus (dazu → Rdnr. 276).

319

Art. 13 Deutsch-italienisches Abkommen 1936

Unter »Wohnsitz« im Sinne dieses Abkommens ist zu verstehen:
1. für den geschäftsfähigen Volljährigen, für den mündig Erklärten, und für den Volljährigen, der bloß zur Vornahme gewisser Handlungen der Mitwirkung eines Beistandes bedarf, der Ort, an dem er sich in einem der beiden Staaten in der Absicht ständiger Niederlassung aufhält, oder in Ermangelung eines solchen Ortes der Ort in einem der beiden Staaten, an dem sich der hauptsächliche Sitz seiner Interessen befindet;
2. für eine Person, die unter elterlicher Gewalt oder unter Vormundschaft steht, der Ort des Wohnsitzes des gesetzlichen Vertreters;
3. für die Ehefrau der Ort des Wohnsitzes des Ehemannes; ist jedoch der Wohnsitz des Ehemannes unbekannt oder ist die Ehefrau von Tisch und Bett getrennt oder ist sie berechtigt, einen selbständigen Wohnsitz zu haben, so bestimmt sich der Wohnsitz der Ehefrau nach Maßgabe der Nr. 1;
4. für Gesellschaften und juristische Personen der in der Satzung bestimmte Sitz oder in Ermangelung eines solchen der Ort, an dem ihre Verwaltung geführt wird.

---

[809] Dazu *Luther* ZHR 127 (1965) 145, 165ff.
[810] MünchKommZPO/*Gottwald* IZPR Schlußanhang Nr. 5e Art. 4 Rdnr. 2; auch → Rdnr. 297 zum deutsch-schweizerischen Vertrag.
[811] MünchKommZPO/*Gottwald* IZPR Schlußanhang Nr. 5e Art. 4 Rdnr. 2.
[812] Abgedruckt und kommentiert bei → *H. Roth* Anhang § 199 Rdnr. 66, Rdnr. 49 vor § 166.

320 Bei Art. 13 Nr. 3 ist zu beachten, daß die italienische Ehefrau seit 1975 den Wohnsitz ihres Mannes nicht mehr kraft Gesetzes teilt, sondern einen eigenen Wohnsitz begründen kann[813].

IV. Deutsch-belgisches Abkommen vom 30. 6. 1958 über die gegenseitige Anerkennung und Vollstreckung von gerichtlichen Entscheidungen, Schiedssprüchen und öffentlichen Urkunden in Zivil- und Handelssachen

321 Das Abkommen ist am 27. 1. 1961 in Kraft getreten[814]. An dieser Stelle sind die Art. 1 bis 5 abgedruckt, welche die Anerkennung betreffen. Die Art. 6 bis 18 über die Vollstreckung sind mit Kommentierung abgedruckt bei → *Münzberg* Anhang zu § 723 Rdnr. 69ff. Das AusführungsG vom 26. 6. 1959 findet sich mit Kommentierung bei → *Münzberg* Anhang zu § 723 Rdnr. 370ff.

322 Seit Inkrafttreten des **EuGVÜ** (→ Rdnr. 43) hat das Abkommen nur noch eine beschränkte Bedeutung, da es nach Maßgabe von Art. 55 und Art. 54 Abs. 2 EuGVÜ ersetzt wird und nach Art. 56 seine Wirksamkeit nur für diejenigen Rechtsgebiete behält, auf die das EuGVÜ nicht anzuwenden ist. In erster Linie sind das die in Art. 4 aufgeführten **Status-** und **Ehesachen** mit dem Schwerpunkt der Scheidung[815], die **Erbschaftssachen** des Art. 3 Abs. 1 Nr. 8 und Schiedsgerichtssachen (Art. 13f.). Daneben bleiben noch Altfälle sowie Streitigkeiten, bei denen der Begriff »Zivilsachen« nach dem Abkommen eine weitergehende Bedeutung hat als nach dem EuGVÜ[816].

Art. 1 Deutsch-belgisches Abkommen 1958

323 (1) Die in Zivil- und Handelssachen ergangenen Entscheidungen der Gerichte des einen Staates, durch die über die Ansprüche der Parteien unbeschadet der noch zulässigen Rechtsbehelfe endgültig erkannt ist, werden in dem Hoheitsgebiet des anderen Staates anerkannt, es sei denn, daß einer der in Art. 2 genannten Versagungsgründe vorliegt. Jedoch werden einstweilige Anordnungen, die auf eine Geldleistung lauten, anerkannt. Die Anerkennung hat zur Folge, daß den Entscheidungen die Wirkung beigelegt wird, die ihnen in dem Staate, in dessen Hoheitsgebiet sie ergangen sind, zukommt.

(2) Zu den gerichtlichen Entscheidungen im Sinne des Absatzes 1 gehören auch diejenigen, die in einem Strafverfahren ergangen sind, soweit in ihnen über einen Anspruch aus einem Rechtsverhältnis des Zivil- oder Handelsrechts erkannt ist.

(3) Unter Entscheidungen im Sinne dieses Abkommens sind alle Entscheidungen, gleichgültig, ob sie in einem Verfahren der streitigen oder der freiwilligen Gerichtsbarkeit ergangen sind, und ohne Rücksicht auf ihre Benennung (Urteile, Beschlüsse, Vollstreckungsbefehle), einschließlich solcher Entscheidungen zu verstehen, durch die der Betrag der Kosten des Prozesses später festgesetzt wird.

(4) Auf Entscheidungen, die in einem Konkursverfahren oder in einem Vergleichsverfahren zur Abwendung des Konkurses ergangen sind, ist dieses Abkommen nicht anzuwenden.

---

[813] Dazu *Jayme* JuS 1989, 387, 389; *Luther* NJW 1981, 2605, 2606.
[814] BGBl 1959 II 766; Bek. vom 23. 11. 1960 BGBl II 2408. – Lit. (außer Fn. 766): Bericht der Unterhändler BT-Drucks. III Nr. 919 S. 24ff.; Deutsche Denkschrift BT-Drucks. III Nr. 919 S. 14ff.; *Geimer/Schütze* Internationale Urteilsanerkennung Band II (1971) 251ff.; *Harries* Das deutsch-belgische Anerkennungs- und Vollstreckungsabkommen RabelsZ 26 (1961) 629; *Nagel/Gottwald* IZVR[4] 487ff.
[815] OLG Celle FamRZ 1993, 439, 440.
[816] BGH WM 1977, 88; NJW 1978, 1113; MünchKommZPO/*Gottwald* IZPR Schlußanhang Nr. 5a Art. 1 Rdnr. 3.

1. Zivil- und Handelssachen

Das Abkommen ist auf »Zivil- und Handelssachen« anwendbar. Qualifiziert wird nach dem **Recht des Urteilsstaates**, wie es für bilaterale Verträge der allgemein anerkannten Regel entspricht[817]. Die gerichtsorganisatorische Einordnung ist unerheblich, so daß auch Entscheidungen von **Arbeitsgerichten** darunterfallen. Adhäsionsurteile werden nach Art. 1 Abs. 2 ausdrücklich mit einbezogen. Gesondert aufgeführt werden nach Art. 1 Abs. 3 auch Entscheidungen der freiwilligen Gerichtsbarkeit. Darunter fallen sicher die Streitverfahren[818]. Für die fürsorgenden Angelegenheiten herrscht Streit, weil auch sie im Sinne von Art. 1 Abs. 1 »endgültig« sein müssen. Da sie der materiellen Rechtskraft nicht fähig sind[819], fallen sie wohl nicht unter das Abkommen[820]. Soweit belgische Entscheidungen nach unserem Verständnis Streitsachen der freiwilligen Gerichtsbarkeit entsprechen, sind sie anerkennungsfähig, unabhängig davon, ob sie nach belgischem Recht der materiellen Rechskraft fähig sind. Ein gänzlicher Ausschluß verstieße gegen Art. 1 Abs. 3.

324

2. Endgültige Entscheidungen

Die anzuerkennende Entscheidung braucht nicht formell rechtskräftig zu sein, weil sie nach Abs. 1 noch »zulässigen Rechtsbehelfen« unterliegen kann. Es genügen also **vorläufig vollstreckbare** Endentscheidungen. Doch muß die im streitigen Verfahren ergangene Entscheidung nach Abs. 1 »endgültig« sein. Deshalb sind nicht instanzabschließende Entscheidungen wie Vor- und Zwischenurteile (décisions préparatoires, interlocutaires et provisoires) nicht anerkennungsfähig[821]. Ausdrücklich anerkennungsfähig sind nach Art. 1 Abs. 1 S. 2 **einstweilige Anordnungen**, die auf eine Geldleistung lauten. Andere einstweilige Verfügungen werden wegen der fehlenden Endgültigkeit nicht anerkannt. Immerhin zeigt sich das deutsch-belgische Abkommen im Vergleich zu anderen Abkommen (→ Rdnr. 274) wegen der in der Praxis bedeutsamen Unterhaltsverfügungen als modern. Nach Art. 14 stehen vollstreckbare Urkunden und deutsche Prozeßvergleiche den Entscheidungen gleich.

325

Die in Abs. 4 genannten **insolvenzrechtlichen Entscheidungen** sind von der Anerkennung ausgenommen. Die Vorschrift ist weit auszulegen. Der deutsche Text stellt auf das Verfahren ab, wogegen der belgische Text sich auf das Rechtsgebiet bezieht (»décisions rendues en matière de faillite«). Nach dem deutschen Text würden daher deutsche Entscheidungen aus Anlaß des Konkurses, die nicht im Konkursverfahren ergehen, wie z. B. Verfahren über Absonderung, Aussonderung und Konkursanfechtung, nicht ausgeschlossen. Anders läge es bei belgischen Entscheidungen aus Anlaß des Konkurses, da diese ebenfalls vom belgischen Konkursgericht entschieden werden. Diese Ungleichbehandlung widerstreitet dem Vertragszweck, weshalb mit dem französischen Wortlaut auf die **Rechtsmaterie** abzustellen ist[822].

326

---

[817] BGH NJW 1978, 1113; Denkschrift (Fn. 814) 15; Waehler (Fn. 766) Rdnr. 50; MünchKommZPO/Gottwald IZPR Schlußanhang Nr. 5a Art. 1 Rdnr. 1; für eine Doppelqualifikation Geimer/Schütze (Fn. 814) Art. 1 Anm. II; für eine materielle Abgrenzung Harries RabelsZ 26 (1961) 629, 635; nach dem Recht des Urteilsstaates wird etwa auch qualifiziert bei Art. 1 deutsch-italienisches Abkommen → Rdnr. 306.

[818] Waehler (Fn. 766) Rdnr. 90.

[819] Nachw. der h.L. bei Jansen FGG² § 31 Rdnr. 10; Bärmann Freiwillige Gerichtsbarkeit (1968) § 22 III; abweichend Pawlowski/Smid Freiwillige Gerichtsbarkeit (1993) Rdnr. 348ff.

[820] Anders Baumbach/Lauterbach/Albers⁵⁶ Schlußanhang V B 4 Vorbem.

[821] Langendorf (Fn. 806) Band 1 (1956ff.) E 43, 4, 6; Bericht der Unterhändler (Fn. 814) 25.

[822] Harries RabelsZ 26 (1961) 629, 638f.; zur Problematik mehrsprachiger Vertragstexte auch Dölle RabelsZ 26 (1961) 1ff.; Bernhardt Die Auslegung völkerrechtlicher Verträge (1963).

3. Wirkungserstreckung

327 Art. 1 Abs. 1 S. 3 definiert Anerkennung ebenso wie Art. 1 Abs. 1 des deutsch-italienischen Abkommens (→ Rdnr. 7 und 304) im Sinne der Wirkungserstreckung (→ Rdnr. 277). Als anzuerkennende Urteilswirkungen kommen in Betracht die materielle Rechtskraft, die Gestaltungswirkung, die Tatbestandswirkung, die Interventionswirkung nach deutschem Recht und die Beweiskraft als Urteilswirkung nach belgischem Recht (force probante)[823].

Art. 2 Deutsch-belgisches Abkommen 1958

328 (1) Die Anerkennung darf nur versagt werden:
1. wenn sie der öffentlichen Ordnung des Staates, in dessen Hoheitsgebiet sie geltend gemacht wird, zuwiderläuft;
2. wenn der Beklagte sich auf den Rechtsstreit nicht eingelassen hat und ihm die den Rechtsstreit einleitende Ladung oder Verfügung nicht nach dem Recht des Staates, in dessen Hoheitsgebiet die Entscheidung ergangen ist, zugestellt worden ist; die Anerkennung darf auch versagt werden, wenn der Beklagte nachweist, ihm sei die Ladung oder Verfügung überhaupt nicht oder nicht so zeitig zugestellt worden, daß er sich habe verteidigen können;
3. wenn für die Gerichte des Staates, in dessen Hoheitsgebiet die Entscheidung ergangen ist, eine Zuständigkeit nach Maßgabe dieses Abkommens nicht gegeben ist.
(2) Die Anerkennung darf nicht allein deshalb versagt werden, weil das Gericht, das die Entscheidung erlassen hat, nach den Regeln seines internationalen Privatrechts andere Gesetze angewendet hat, als sie nach dem internationalen Privatrecht des Staates, in dessen Hoheitsgebiet die Entscheidung geltend gemacht wird, anzuwenden gewesen wären. Jedoch darf die Anerkennung aus diesem Grunde versagt werden, wenn die Entscheidung auf der Beurteilung eines familien- oder erbrechtlichen Verhältnisses, der Rechts- oder Handlungsfähigkeit, der gesetzlichen Vertretung oder der Abwesenheits- oder Todeserklärung eines Angehörigen des Staates beruht, in dessen Hoheitsgebiet die Entscheidung geltend gemacht wird, es sei denn, daß sie auch bei Anwendung des internationalen Privatrechts des Staates, in dessen Hoheitsgebiet sie geltend gemacht wird, gerechtfertigt wäre.

1. Bedeutung

329 Art. 2 regelt die **Versagungsgründe** für die Anerkennung abschließend. Die Formulierung des Art. 2 »darf« bedeutet lediglich, daß der Anerkennungsstaat auch bei Vorliegen von vertraglichen Anerkennungshindernissen Entscheidungen anerkennen kann, wenn das autonome Recht günstiger ist[824].

2. Einzelheiten

330 Nr. 1 verweist auf den nationalen **ordre public** des Anerkennungsstaates. Maßgebend sind daher die Voraussetzungen des § 328 Abs. 1 Nr. 4 ZPO (→ Rdnr. 123 ff.). Die in Nr. 2 niedergelegte **Nichteinlassung** des Beklagten auf das Verfahren entspricht im wesentlichen dem § 328 Abs. 1 Nr. 2 ZPO und damit dem gleich auszulegenden Art. 27 Nr. 2 EuGVÜ (→ Rdnr. 105). Allerdings ist der Versagungsgrund nicht als Einrede ausgestaltet. Die **Ordnungsgemäßheit**

---

[823] *Harries* RabelsZ 26 (1961) 629, 655. – Zu Unterschieden zwischen belgischem und deutschem Recht hinsichtlich der subjektiven Grenzen der Rechtskraft s. *Harries* RabelsZ 26 (1961) 629, 653 Fn. 72 ff.

[824] MünchKommZPO/*Gottwald* IZPR Schlußanhang Nr. 5 a Art. 2 Rdnr. 1; krit. *Harries* RabelsZ 26 (1961) 629, 639 f.

der Zustellung bemißt sich nach dem Recht des Entscheidungsstaates einschließlich der dort geltenden völkerrechtlichen Vereinbarungen (näher → Rdnr. 113). Maßgebend ist das **Haager Übereinkommen** über die Zustellung gerichtlicher und außergerichtlicher Schriftstücke im Ausland in Zivil- oder Handelssachen vom 15. 11. 1965[825]. Ist die ordnungsgemäße Zustellung verspätet, so ist das nach Nr. 2 HS 2 nur auf Einrede des Beklagten hin zu berücksichtigen (»wenn der Beklagte nachweist«)[826].

Nr. 3 betrifft die fehlende internationale Zuständigkeit der Art. 3, 4. Es handelt sich nicht um die Entscheidungszuständigkeit, sondern um die **internationale Anerkennungszuständigkeit** (→ Rdnr. 272) als Anerkennungsvoraussetzung[827]. Das einzelstaatliche Recht ist nach Art. 3 Abs. 2 nur insoweit beachtlich, als es ein eigenes Gericht für ausschließlich zuständig erklärt, nicht jedoch, wenn es die ausschließliche Zuständigkeit eines dritten Staates vorschreibt[828]. 331

Art. 2 Abs. 2 regelt den antiquierten **kollisionsrechtlichen ordre public**, wie er auch im deutsch-italienischen Abkommen (→ Rdnr. 317) und im deutsch-schweizerischen Abkommen (→ Rdnr. 297) sowie in weiteren bilateralen Abkommen enthalten ist. Er ist wie dort in Deutschland nach dem Günstigkeitsprinzip (→ Rdnr. 2f.) gegenstandslos, weil § 328 keine derartige Regelung mehr kennt[829]. 332

Art. 3 Deutsch-belgisches Abkommen 1958

(1) In allen Angelegenheiten, ausgenommen jedoch die Ehe- und Familienstandssachen sowie die Sachen, welche die Rechts- und Handlungsfähigkeit oder die gesetzliche Vertretung betreffen, sind die Gerichte des Staates, in dessen Hoheitsgebiet die Entscheidung ergangen ist, im Sinne des Artikels 2 Abs. 1 Nr. 3 zuständig: 333
1. wenn der Beklagte zur Zeit der Einleitung des Verfahrens nach dem Recht des Staates, in dessen Hoheitsgebiet die Entscheidung ergangen ist, in diesem Staate entweder seinen Wohnsitz oder seinen gewöhnlichen Aufenthalt hatte, in dem letzteren Fall jedoch nur, wenn er auch in dem anderen Staate keinen Wohnsitz hatte;
2. wenn der Beklagte sich durch eine Vereinbarung der Zuständigkeit der Gerichte des Staates, in dessen Hoheitsgebiet die Entschcidung ergangen ist, unterworfen hat, es sei denn, daß eine solche Vereinbarung nach dem Recht des Staates, in dessen Hoheitsgebiet die Entscheidung geltend gemacht wird, unzulässig ist; eine Vereinbarung im Sinne dieser Vorschrift liegt nur vor, wenn eine Partei ihre Erklärung schriftlich abgegeben und die Gegenpartei sie angenommen hat oder wenn die Vereinbarung für den Fall, daß sie mündlich getroffen ist, von einer Partei schriftlich bestätigt worden ist, ohne daß die Gegenpartei der Bestätigung widersprochen hat;
3. wenn der Beklagte sich auf den Rechtsstreit zur Hauptsache eingelassen hat, ohne die Unzuständigkeit der Gerichte des Staates, in dessen Hoheitsgebiet die Entscheidung ergangen ist, geltend zu machen;
4. wenn der Beklagte in dem Staate, in dessen Hoheitsgebiet die Entscheidung ergangen ist, am Ort seiner geschäftlichen Niederlassung, Zweigniederlassung oder seiner Agentur für Ansprüche aus dem Betrieb dieser Niederlassung, Zweigniederlassung oder Agentur belangt worden ist;
5. wenn ein Vertrag oder ein Anspruch aus einem Vertrag den Gegenstand der Klage gebil-

---

[825] Abgedruckt und kommentiert bei → *H. Roth* Anhang § 199 Rdnr. 66; Rdnr. 49 vor § 166.
[826] *Matscher* ZZP 86 (1973) 404, 430; MünchKomm-ZPO/*Gottwald* IZPR Schlußanhang Nr. 5 a Art. 2 Rdnr. 4.
[827] *Waehler* (Fn. 766) Rdnr. 155.
[828] *Harries* RabelsZ 26 (1961) 629, 646.
[829] Ebenso MünchKommZPO/*Gottwald* IZPR Schlußanhang Nr. 5 a Art. 2 Rdnr. 2.

det hat und die Sache vor einem Gericht des Staates anhängig gemacht worden ist, in dessen Hoheitsgebiet die Verpflichtung erfüllt worden ist oder zu erfüllen wäre;

6. wenn die Klage auf eine unerlaubte Handlung oder auf eine Handlung, die nach dem Recht des Staates, in dessen Hoheitsgebiet die Entscheidung ergangen ist, einer unerlaubten Handlung gleichgestellt wird, gegründet und die Handlung in dem Hoheitsgebiet dieses Staates begangen worden ist;

7. wenn mit der Klage ein Recht an einer unbeweglichen Sache oder ein Anspruch aus einem Recht an einer solchen Sache geltend gemacht worden ist und die unbewegliche Sache in dem Staate belegen ist, in dessen Hoheitsgebiet die Entscheidung ergangen ist;

8. wenn die Klage in einer Erbschaftsstreitigkeit erhoben worden ist und der Erblasser seinen letzten Wohnsitz in dem Staate hatte, in dessen Hoheitsgebiet die Entscheidung ergangen ist, ohne Rücksicht darauf, ob zu dem Nachlaß bewegliche oder unbewegliche Sachen gehören;

9. wenn sich für den Fall, daß der Beklagte in dem Hoheitsgebiet der beiden Staaten weder seinen Wohnsitz noch seinen gewöhnlichen Aufenthalt hatte, zur Zeit der Einleitung des Verfahrens in dem Staate, in dessen Hoheitsgebiet die Entscheidung ergangen ist, Vermögen des Beklagten befunden hat;

10. wenn es sich um eine Widerklage oder eine Klage auf Gewährleistung gehandelt hat und für das Gericht eine Zuständigkeit im Sinne dieses Abkommens zur Entscheidung über die im Hauptprozeß erhobene Klage selbst gegeben ist.

Für die Klage auf Gewährleistung wird die Zuständigkeit dieses Gerichts jedoch nicht anerkannt, wenn zwischen dem Berechtigten und dem Verpflichteten die Zuständigkeit eines anderen Gerichts vereinbart ist und diese Vereinbarung sich auch auf die Gewährleistungsklage bezieht.

(2) Die Gerichte des Staates, in dessen Hoheitsgebiet die Entscheidung ergangen ist, sind jedoch im Sinne des Artikels 2 Abs. 1 Nr. 3 nicht zuständig, wenn nach dem Recht des Staates, in dessen Hoheitsgebiet die Entscheidung geltend gemacht wird, für die Klage, die zu der Entscheidung geführt hat, seine Gerichte ausschließlich zuständig sind.

1. Bedeutung

334   Für **vermögensrechtliche Streitigkeiten** enthält Art. 3 einen abschließenden Katalog der internationalen Anerkennungszuständigkeit. Die Norm füllt den Art. 2 Abs. 1 Nr. 3 aus. Die internationale Anerkennungszuständigkeit wird nach Art. 3 Abs. 2 jedoch nicht anerkannt, wenn der Anerkennungsstaat eine eigene ausschließliche Zuständigkeit beansprucht, die auf Gesetz beruht[830]. Dagegen bedeutet die ausschließliche Zuständigkeit eines Drittstaates einen Versagungsgrund (anders z. B. Art. 1 deutsch-italienisches Abkommen, dazu → Rdnr. 304 f.). Anders dürfte es nur sein, wenn der Anerkennungsstaat zu ihrer Beachtung vertraglich verpflichtet ist[831].

2. Einzelheiten

335   Abs. 1 Nr. 1 ist sinngemäß auf juristische Personen anzuwenden. Bei diesen ist der Ort ihres Sitzes entscheidend[832]. Für Nr. 3 ist die Annahme des schriftlichen Antrages abweichend von § 151 BGB gegenüber dem Antragenden zu erklären[833]. Nr. 1 (Wohnsitz) und Nr. 6 (unerlaubte Handlung) beurteilen die Zuständigkeit ausdrücklich nach dem Recht des Entscheidungs-

---

[830] *BGHZ* 60, 344, 346.
[831] MünchKommZPO/*Gottwald* IZPR Art. 3 Rdnr. 1.
[832] *Harries* RabelsZ 26 (1961) 629, 647.
[833] *Harries* RabelsZ 26 (1961) 629, 649.

staates. Für den Gerichtsstand des **Erfüllungsorts** (Nr. 5) beurteilt sich nach der zutreffenden h.L. ebenfalls nach der lex fori des Entscheidungsstaates, wo er belegen ist und ob eine Klage als Vertragsklage anzusehen ist[834]. Das gleiche wird man zur Erleichterung der Anerkennung auch für die übrigen Gerichtsstände anzunehmen haben[835]. Der Gerichtsstand des Art. 3 Abs. 1 Nr. 10 ist von Bedeutung für die »**demande en garantie**« (Gewährleistungsklage) (→ Rdnr. 25). Danach kann der beklagte Verkäufer, der seinerseits einen Gewährleistungsanspruch gegen seinen Lieferanten hat, diesen vor dem Gericht auf Schadloshaltung verklagen, bei dem bereits die Klage des Käufers gegen den Verkäufer anhängig ist. Anders als nach deutschem autonomen Recht (→ Rdnr. 25) läßt Nr. 10 des Abkommens die internationale Zuständigkeit für den Hauptprozeß genügen (auch → Rdnr. 26 und 277). Nr. 10 gibt einen Gerichtsstand für Gewährleistungsklagen nur, soweit keine abweichende Gerichtsstandsvereinbarung vorliegt[836].

Art. 4 Deutsch-belgisches Abkommen 1958

(1) In allen den Ehe- oder Familienstand, die Rechts- oder Handlungsfähigkeit oder die gesetzliche Vertretung betreffenden Angelegenheiten, an denen ein Angehöriger eines der beiden Staaten beteiligt ist, sind die Gerichte des Staates, in dessen Hoheitsgebiet die Entscheidung ergangen ist, im Sinne des Artikels 2 Abs. 1 Nr. 3 zuständig, wenn der Beklagte zur Zeit der Klageerhebung die Staatsangehörigkeit dieses Staates besaß oder in dem Hoheitsgebiet dieses Staates seinen Wohnsitz oder seinen gewöhnlichen Aufenthalt hatte.

(2) In Ehesachen wird die Zuständigkeit ferner anerkannt, wenn eine der beiden Parteien die Staatsangehörigkeit eines der beiden Staaten besaß und wenn die beiden Parteien ihren letzten gemeinsamen Aufenthalt in dem Staate hatten, in dessen Hoheitsgebiet die Entscheidung ergangen ist, und wenn der Kläger zur Zeit der Einleitung des Verfahrens in dem Hoheitsgebiet dieses Staates seinen gewöhnlichen Aufenthalt hatte.

336

Art. 4 regelt die **Anerkennungszuständigkeit** für nicht vermögensrechtliche Streitigkeiten, insbesondere für **Statussachen** und Familiensachen. Die engere Fassung des deutschen Textes beansprucht Gültigkeit. Dagegen spricht der französische Text von »matière d'état«, was auch das Namens- und Staatsangehörigkeitsrecht umfaßt[837]. Die Regelung des Art. 4 Abs. 2 will hinkende Scheidungen vermeiden, geht andererseits aber nicht so weit wie der großzügigere § 606 a ZPO. Da wegen des **Günstigkeitsprinzips** (→ Rdnr. 2 f.) der Rückgriff auf das autonome Recht nie ausgeschlossen ist, ist Art. 4 Abs. 1 und 2 für die Anerkennung belgischer Ehescheidungen nicht mehr von Bedeutung[838]. In Deutschland gilt für Ehesachen weiterhin Art. 7 § 1 FamRÄndG, weil der deutsch-belgische Vertrag nur die Anerkennungsvoraussetzungen regelt.

337

Art. 5 Deutsch-belgisches Abkommen 1958

(1) Die in dem Hoheitsgebiet des einen Staates ergangene Entscheidung, die in dem Hoheitsgebiet des anderen Staates geltend gemacht wird, darf nur daraufhin geprüft werden, ob einer der in Artikel 2 des Abkommens genannten Versagungsgründe vorliegt. Das Gericht des Staates, in dessen Hoheitsgebiet die Entscheidung geltend gemacht wird, ist bei seiner Prü-

338

---

[834] *BGH* NJW 1973, 1552; *Harries* RabelsZ 26 (1961) 629, 647.
[835] MünchKommZPO/*Gottwald* IZPR Art. 3 Rdnr. 2.
[836] *Waehler* (Fn. 766) Rdnr. 209.
[837] Dazu *Harries* RabelsZ 26 (1961) 629, 650.
[838] M.E. unrichtig daher *OLG Celle* FamRZ 1993, 439, 440; wie hier MünchKommZPO/*Gottwald* §328 Rdnr. 151, jedoch ohne entsprechende Stellungnahme in IZPR Nr. 5 a Art. 4 Rdnr. 1.

fung, ob die Voraussetzung des Artikels 2 Abs. 1 Nr. 3 gegeben ist, an die tatsächlichen Feststellungen, auf Grund deren das Gericht seine Zuständigkeit angenommen hat, gebunden.

(2) Die Entscheidung darf keinesfalls auf ihre Gesetzmäßigkeit nachgeprüft werden.

339 Abs. 2 regelt ausdrücklich das Verbot der **révision au fond** (→ Rdnr. 276). Die rechtlichen Voraussetzungen der Versagungsgründe des Art. 2 dürfen überprüft werden, jedoch nicht die tatsächlichen Voraussetzungen für die Prüfung der Zuständigkeitsgründe (→ Rdnr. 273, 95)[839]. Der Vertrag sagt nichts darüber aus, ob das Anerkennungsgericht auch etwa an die tatsächlichen Feststellungen gebunden ist, die hinsichtlich eines ordre public-Verstoßes getroffen worden sind. M.E. ist das nicht der Fall.

V. Deutsch-österreichischer Vertrag vom 6. 6. 1959 über die gegenseitige Anerkennung und Vollstreckung von gerichtlichen Entscheidungen, Vergleichen und öffentlichen Urkunden in Zivil- und Handelssachen

340 Der Vertrag ist am 29. 5. 1960 in Kraft getreten[840]. Er ist an die Stelle des deutsch-österreichischen Vertrags vom 21. 6. 1923 getreten. An dieser Stelle sind die die Anerkennung betreffenden Art. 1 bis 4 abgedruckt. Die Art. 5 bis 20 über die Vollstreckung sind mit Kommentierung abgedruckt bei → *Münzberg* Anhang zu § 723 Rdnr. 83ff. Das AusführungsG vom 8. 3. 1960 findet sich mit Kommentierung bei → *Münzberg* Anhang zu § 723 Rdnr. 380ff.

341 Seit Inkrafttreten des **LugÜ** (→ Rdnr. 48) kommt dem Abkommen nur noch eine beschränkte Bedeutung zu, da es nach Maßgabe von Art. 55 und Art. 54 Abs. 2 LugÜ ersetzt wird und nach Art. 56 LugÜ seine Wirksamkeit nur für diejenigen Rechtsgebiete behält, auf die das LugÜ nicht anzuwenden ist (Art. 2 Abs. 2 LugÜ). Wegen Art. 14 wird es sich in erster Linie um **erbrechtliche Streitigkeiten** handeln sowie um Unterhaltstitel[841] (→ auch Rdnr. 43).

Art. 1 Deutsch-österreichischer Vertrag 1959

342 (1) Die in Zivil- oder Handelssachen ergangenen Entscheidungen der Gerichte des einen Staates, durch die in einem Verfahren der streitigen oder der freiwilligen Gerichtsbarkeit (im streitigen Verfahren oder im Verfahren außer Streitsachen) über Ansprüche der Parteien erkannt wird, werden im anderen Staat anerkannt, auch wenn sie noch nicht rechtskräftig sind. Als Entscheidungen in Zivil- und Handelssachen sind auch Urteile anzusehen, die in einem gerichtlichen Strafverfahren über Ansprüche aus einem Rechtsverhältnis des Zivil- oder Handelsrechtes ergangen sind.

(2) Für die Anerkennung ist es ohne Bedeutung, ob die Entscheidung als Urteil, Beschluß, Zahlungsbefehl, Zahlungsauftrag, Vollstreckungsbefehl oder sonstwie benannt ist.

---

[839] Dazu *BGH* WM 1973, 551f.
[840] BGBl 1960 II 1246; Bek. vom 4. 5. 1960 BGBl II 1523. – Lit. (außer Fn. 766): Deutsche Denkschrift BT-Drucks. III Nr. 1419 S. 6ff.; *Bauer* Die Zwangsvollstreckung aus österreichischen Exekutionstiteln in der BRD ÖJZ 1968, 421; *Geimer* Wahrheitspflicht und Kostentragungslast im ausländischen Prozeß aus der deutschen Anerkennungsperspektive IPRax 1993, 292; *Geimer/Schütze* Internationale Urteilsanerkennung Band II (1971) 3ff.; *Knoche* Die Zwangsvollstreckung in der Bundesrepublik Deutschland aus österreichischen Titeln über den Unterhalt Minderjähriger ZfJ 1988, 493; *Sprung/König* »Einlassung zur Hauptsache« im österreichischen zivilgerichtlichen Verfahrensrecht, Ein Beitrag zu Art. 2 Z 4 des deutsch-österreichischen Vollstreckungsvertrags 1959 ZfRV 16 (1975) 36; *Loewe* Zwischenstaatlicher Rechtsverkehr in Zivilsachen (Wien 1984) 475ff.; *Matscher* Der neue österreich.-deutsche Vertrag über die Anerkennung und Vollstreckung von gerichtlichen Entscheidungen im Lichte der allg. Lehren des internat. Zivilprozeßrechts JBl 1960, 265; *ders.* Einige Probleme der internationalen Urteilsanerkennung und -vollstreckung ZZP 86 (1973) 404; *Schönherr* Der deutsch-österreichische Vollstreckungsvertrag in der österreich. Rechtsprechung AWD 1964, 80; *Schütze* Die Anerkennung nichtiger Urteile IPRax 1994, 266; *Sedlacek* Die Neuregelung der Zwangsvollstreckung zwischen der Republik Österreich und der Bundesrepublik Deutschland ZfRV 1 (1960) 58.
[841] *BGH* NJW 1990, 1419.

1. Zivil- und Handelssachen

Es ist nach dem Recht des **Urteilsstaates** zu beurteilen, ob eine Zivil- oder Handelssache vorliegt. Maßgeblich ist die privatrechtliche Eigenschaft des geltend gemachten Anspruches[842]. Anerkannt werden können auch Entscheidungen von Arbeitsgerichten. Zu beachten ist jedoch, daß nach Art. 14 die dort genannten Angelegenheiten aus dem Anwendungsbereich des Vertrages ausgeschlossen sind (→ *Münzberg* Anhang zu § 723 Rdnr. 93). Nach Art. 14 Abs. 2 ist der Vertrag anzuwenden auf solche einstweiligen Verfügungen oder einstweiligen Anordnungen, die auf Leistung des Unterhalts oder auf eine andere Geldleistung lauten. Bei den genannten Verfahren der **freiwilligen Gerichtsbarkeit** muß es sich um echte Streitsachen handeln[843]. Unter den Vertrag fallen daher nicht Entscheidungen über die Personensorge, Volljährigkeitserklärungen, Bestätigungen von Adoptionsverträgen und Vergleichbares.

343

2. Entscheidungen

Nach Abs. 1 S. 1 müssen die Entscheidungen nicht formell rechtskräftig sein. Doch machen die Art. 8 bis 10 die Vollstreckung nicht formell rechtskräftiger Entscheidungen von besonderen Voraussetzungen abhängig. Eine **nichtige Entscheidung** ist nicht anerkennungsfähig[844]. Die in Art. 1 Abs. 2 ausdrücklich aufgeführten österreichischen Zahlungsbefehle sind anerkennungsfähig, ohne daß die ausschließliche Zuständigkeit des deutschen § 689 Abs. 2 ZPO entgegensteht[845]. Nach Art. 11 f. fallen unter die Entscheidungen auch Prozeßvergleiche, Schiedsvergleiche und vollstreckbare Urkunden. Es muß sich aber wohl um **Endentscheidungen** handeln, so daß Vorbehaltsurteile und auch Prozeßurteile nicht anerkannt werden können[846]. Anzuerkennende Entscheidungen wirken ipso iure.

344

Art. 2 Deutsch-österreichischer Vertrag 1959

Die Anerkennung darf nur versagt werden,

345

1. wenn sie der öffentlichen Ordnung des Staates, in dem die Entscheidung geltend gemacht wird, widerspricht; oder

2. wenn die unterlegene Partei sich auf das Verfahren nicht eingelassen hat,

a) sofern ihr die Ladung oder die Verfügung, durch die das Verfahren eingeleitet worden war, nicht nach dem Rechte des Staates, in dem die Entscheidung ergangen ist, zugestellt worden war, oder

b) sofern sie nachweist, daß sie von der Ladung oder der Verfügung nicht so zeitgerecht Kenntnis nehmen konnte, um sich auf das Verfahren einlassen zu können; oder

3. wenn nach dem Rechte des Staates, in dem die Entscheidung geltend gemacht wird, die Gerichte dieses oder eines dritten Staates kraft Gesetzes ausschließlich zuständig waren oder

4. wenn für die Entscheidung lediglich der Gerichtsstand des Vermögens gegeben war und die unterlegene Partei

a) entweder sich auf den Rechtsstreit nicht eingelassen oder

b) vor Einlassung zur Hauptsache erklärt hat, sich auf den Rechtsstreit nur im Hinblick auf das Vermögen einzulassen, das sich im Staate des angerufenen Gerichtes befindet; oder

5. wenn für die Entscheidung lediglich der Gerichtsstand des Erfüllungsortes nach § 88

---

[842] *Matscher* JBl 82 (1960) 265, 267.
[843] Z.B. *LG Hamburg* IPRax 1992, 251 mit Anm. *Bungert* 225; Denkschrift (Fn. 840) 7.
[844] A.A. *OLG Hamm* IPRax 1994, 289.
[845] *OLG Düsseldorf* NJW-RR 1997, 124, 125.
[846] *Nagel/Gottwald* IZVR⁴ 517; *Geimer/Schütze* Band II (Fn. 840) 36.

Abs. 2 der österreichischen Jurisdiktionsnorm – Fakturengerichtsstand – gegeben war und die unterlegene Partei sich auf den Rechtsstreit nicht eingelassen hat.

1. Allgemeines

346 Art. 2 Nr. 3 bis 5 verfolgen das System der **Negativliste**, indem nur einzelne Zuständigkeiten von der Anerkennung ausgeschlossen werden (→ Rdnr. 272). Art. 2 Nr. 1 sieht den üblichen ordre public-Vorbehalt vor und Nr. 3 schützt den Beklagten für den Fall der Nichteinlassung. Liegt ein Versagungsgrund nach Art. 2 vor, so hat der Gegner des Antragstellers einen Anspruch auf Verweigerung der Anerkennung. Die Versagungsgründe sind in Art. 2 abschließend aufgezählt[847].

2. Einzelheiten

347 Nr. 1 verweist auf den **ordre public** des Anerkennungsstaates. Maßgebend sind damit die Ausführungen → Rdnr. 123 ff. Ein derartiger Verstoß liegt vor, wenn das im Erststaat ergangene Urteil auf Prozeßbetrug beruht[848]. Doch reichen Unterschiede in der Verzinsung der Prozeßkosten nicht aus[849]. Nr. 2 schützt den Beklagten bei **Nichteinlassung**. Wie bei § 328 Abs. 1 Nr. 2 wird nur anerkannt, wenn sowohl ordnungsmäßig als auch rechtzeitig zugestellt worden ist (→ Rdnr. 105). Für die ordnungsmäßige Zustellung kommt es auf das Recht des Entscheidungsstaates einschließlich der dort geltenden völkerrechtlichen Verträge an. Maßgebend sind die Art. 1 ff. des **Haager Übereinkommens** über den Zivilprozeß vom 1. 3. 1954 (abgedruckt bei → *H. Roth* Anhang zu § 199 Rdnr. 67; zur Geltung mit Österreich → vor § 166 Rdnr. 50). Die nicht rechtzeitige Zustellung hat nach Nr. 2 b der Beklagte zu beweisen. Zu Buchstabe b gehört auch der Fall einer öffentlichen Zustellung, von der der Beklagte nichts erfahren hat (vgl. § 203). Ein Verstoß wird angenommen, wenn zwischen der Zustellung der Klage und dem Termin 12 Tage und zwischen Ladung und Termin 6 Tage liegen[850]. Erst recht nicht genügt eine Dreitagesfrist[851].

348 Nach Nr. 3 braucht im Anerkennungsverfahren nur geprüft zu werden, ob ein ausschließlicher Gerichtsstand außerhalb des Urteilsstaates begründet war. Dagegen findet keine positive Feststellung der internationalen Zuständigkeit der österreichischen Gerichte statt (→ Rdnr. 272)[852]. Nach Nr. 4 wird die Entscheidung unter den dort genannten Voraussetzungen nicht anerkannt, wenn sie in einem **exorbitanten Gerichtsstand** ergangen ist. In Deutschland ist das der Vermögensgerichtsstand des § 23 ZPO[853]; für Österreich ist § 99 JN maßgebend[854]. Für die österreichische Seite wird nach Nr. 5 der **Fakturengerichtsstand** als exorbitanter Gerichtsstand angesehen. Auf andere Gerichtsstände ist der Versagungsgrund der Nr. 5 nicht anzuwenden. Beruht die Zuständigkeit des österreichischen Gerichts auf § 87 a JN (Gerichtsstand für Warenforderungen), darf die Anerkennung nicht unter Berufung auf Nr. 5 verweigert werden[855].

---

[847] *BGH* NJW 1993, 1270, 1271; *Baumbach/Lauterbach/Albers*[56] Schlußanhang V B 3 Art. 2 Rdnr. 1.
[848] *BGH* NJW 1993, 1270, 1272.
[849] *Schönherr* AWD 1964, 80, 81.
[850] *OLG Hamm* IPRax 1994, 289 mit Anm. *Schütze* 266.
[851] *KG* NJW 1977, 1016, 1017.

[852] *BGH* NJW 1993, 1270, 1272 mit Anm. *Geimer* LM Nr. 2 Deutsch-österreichischer Anerkennungsvertrag.
[853] Dazu auch *LG Heilbronn* WM 1994, 1900, 1901.
[854] Dazu *BGH* NJW 1993, 1270, 1272 li. Sp.; Denkschrift (Fn. 840) 8.
[855] *OLG Karlsruhe* RIW 1987, 56 mit abl. Anm. *Klötzel*; dazu *Geimer* IPRax 1987, 143.

Art. 3 Deutsch-österreichischer Vertrag 1959

(1) Die Anerkennung darf nicht allein deshalb versagt werden, weil das Gericht, das die 349
Entscheidung erlassen hat, nach den Regeln seines internationalen Privatrechts andere Gesetze angewendet hat, als sie nach dem internationalen Privatrecht des Staates, in dem die Entscheidung geltend gemacht wird, anzuwenden gewesen wären.

(2) Die Anerkennung darf jedoch aus dem im Abs. 1 genannten Grunde versagt werden, wenn die Entscheidung auf der Beurteilung eines familienrechtlichen oder eines erbrechtlichen Verhältnisses, der Rechts- oder Handlungsfähigkeit, der gesetzlichen Vertretung oder der Todeserklärung eines Angehörigen des Staates beruht, in dem die Entscheidung geltend gemacht wird, es sei denn, daß sie auch bei Anwendung des internationalen Privatrechtes des Staates, in dem sie geltend gemacht wird, gerechtfertigt wäre.

Art. 3 enthält den eingeschränkten **kollisionsrechtlichen ordre public**. Die Regelung ent- 350
spricht im wesentlichen § 328 Abs. 1 Nr. 3 ZPO a.F. Da Deutschland diesen Vorbehalt jetzt nicht mehr kennt, braucht Art. 3 nach dem Günstigkeitsprinzip (→ Rdnr. 2f.) nicht mehr geprüft zu werden[856].

Art. 4 Deutsch-österreichischer Vertrag 1959

Die in einem Staat ergangene Entscheidung, die in dem anderen Staate geltend gemacht 351
wird, darf nur daraufhin geprüft werden, ob einer der im Art. 2 oder im Art. 3 Abs. 2 genannten Versagungsgründe vorliegt. Darüber hinaus darf die Entscheidung nicht nachgeprüft werden.

Art. 4 S. 2 enthält das **Verbot der révision au fond** (→ Rdnr. 276). Geprüft werden dürfen 352
nur die Versagungsgründe des Vertrages. Der Anerkennungsrichter ist an die tatsächlichen Feststellungen des Erstrichters nicht gebunden. Das Gesagte bezieht sich sowohl auf die Zuständigkeit wie auf den ordre public-Vorbehalt[857].

VI. Deutsch-britisches Abkommen vom 14. 7. 1960 über die gegenseitige Anerkennung und Vollstreckung von gerichtlichen Entscheidungen in Zivil- und Handelssachen

Das Abkommen ist seit dem 15. 7. 1961 in Kraft[858]. Es gilt im Verhältnis zum Vereinigten 353
Königreich Großbritannien und Nordirland. Auch Hongkong fiel in den Geltungsbereich des Abkommens[859]. Das Abkommen gilt jedoch nicht für die britische Kanalinsel Jersey[860]. An dieser Stelle sind die Art. I bis IV des Abkommens abgedruckt. Die Art. V bis IX über die Vollstreckung sind mit Kommentierung abgedruckt bei → *Münzberg* Anhang zu § 723 Rdnr. 100ff. Das AusführungsG vom 28. 3. 1961 ist mit Kommentierung abgedruckt bei → *Münzberg* Anhang zu § 723 Rdnr. 389ff. Nicht mehr wiedergegeben worden ist das Unter-

---

[856] Ebenso MünchKommZPO/*Gottwald* IZPR Schlußanhang Art. 3 Rdnr. 1.
[857] Dazu *Matscher* JBl 82 (1960) 265, 273.
[858] BGBl 1961 II 302; Bek. vom 28. 6. 1961 BGBl II 1025. – Lit. (außer Fn. 766): Deutsche Denkschrift BT-Drucks. III Nr. 2360 S. 14; *Ganske* Das deutsch-britische Vollstreckungsabkommen vom 14. 7. 1960 AWD 1961, 172; *Geimer/Schütze* Internationale Urteilsanerkennung Band III (1971) 353ff.; *Matscher* Einige Probleme der internationalen Urteilsanerkennung und -vollstreckung ZZP 86 (1973) 404, 437; *Langendorf* Prozeßführung im Ausland und Mängelrüge im ausländischen Recht Band III (1956ff.) Vereinigtes Königreich 1; *Arndt* Englische Gesetzgebung 1933 RabelsZ 9 (1935) 428, 442; für das gleichlautende österreichisch-britische Abkommen *Matscher* Die Anerkennung und Vollstreckung gerichtlicher Entscheidungen im Verhältnis Österreich und Großbritannien JBl 85 (1963) 229.
[859] *Arnold* Die Erstreckung des deutsch-britischen Vollstreckungsabkommens auf Hongkong RIW/AWD 1974, 135. – Der Vertrag hat nach dem Rückfall Hongkongs an China nicht weiter Gültigkeit (→ Rdnr. 169 Fn. 396).
[860] BGH NJW 1995, 264.

§ 328 B VI   2. Buch. Verfahren im ersten Rechtszuge. 1. Abschnitt. Landgerichte

zeichnungsprotokoll vom 14. 7. 1960, das durch die Aufhebung des § 328 Abs. 1 Nr. 3 ZPO a.F. durch das IPR-Gesetz 1986 obsolet geworden ist[861].

354   Seit Inkrafttreten des **EuGVÜ** (→ Rdnr. 43) hat das Abkommen nur noch eine eingeschränkte Bedeutung, da es nach Maßgabe von Art. 55 und Art. 54 Abs. 2 EuGVÜ ersetzt wird und nach Art. 56 seine Wirksamkeit nur für diejenigen Rechtsgebiete behält, auf die das EuGVÜ nicht anwendbar ist. Es ist nicht erforderlich, daß diese Gebiete gerade durch Art. 1 Abs. 2 EuGVÜ ausgeschlossen sind. Es genügt, daß sie auf andere Weise aus dem Anwendungsbereich des Übereinkommens herausfallen[862]. Die Bedeutung dieses Abkommens wird noch weiter gemindert, weil das **Günstigkeitsprinzip** im Verhältnis von EuGVÜ und dem Abkommen nicht gilt. Soweit sich das deutsch-britische Abkommen auf Rechtsgebiete erstreckt, die durch das EuGVÜ erfaßt werden, kann das frühere Abkommen auch dann nicht mehr angewendet werden, wenn es im Einzelfall weniger strenge Anforderungen an die Anerkennung und Vollstreckung stellt (→ Rdnr. 2)[863]. Man wird jedoch annehmen müssen, daß dieses Abkommen durch Art. 55 EuGVÜ insoweit nicht aufgehoben ist, als es sich auf andere Territorien erstreckt als das EuGVÜ. Derartige räumliche Gebiete sind Rechtsgebiete im Sinne des Art. 56, weil es insoweit an einer Konkurrenz mit dem EuGVÜ fehlt[864].

Art. I Deutsch-britisches Abkommen 1960

355   Für die Anwendung dieses Abkommens gilt folgendes:
(1) »Hoheitsgebiet der einen (oder der anderen) Hohen Vertagspartei« bedeutet
(a) in bezug auf den Präsidenten der Bundesrepublik Deutschland
das Hoheitsgebiet der Bundesrepublik Deutschland und
(b) in bezug auf Ihre Majestät die Königin
das Vereinigte Königreich (England und Wales, Schottland und Nordirland) und diejenigen Hoheitsgebiete, auf die das Abkommen gemäß Art. XII ausgedehnt worden ist.
(2) Als »oberes Gericht« sind anzusehen
(a) für die Bundesrepublik Deutschland
die Landgerichte,
die Oberlandesgerichte,
das Bayerische Oberste Landesgericht und der Bundesgerichtshof; und
(b) für das Vereinigte Königreich
das House of Lords und
für England und Wales
der Supreme Court of Judicature (Court of Appeal and High Court of Justice) und die Courts of Chancery of the Counties Palatine of Lancaster and Durham,
für Schottland
der Court of Session und die Sheriff Courts,
für Nordirland
der Supreme Court of Judicature.
Alle anderen Gerichte in diesen Hoheitsgebieten sind im Sinne dieses Abkommens »untere Gerichte«.
(3) Unter »gerichtlichen Entscheidungen« sind alle Entscheidungen eines Gerichts ohne Rücksicht auf ihre Benennung (Urteile, Beschlüsse und dergleichen) zu verstehen, durch die

---

[861] Der Text findet sich in der → Vorauf. Rdnr. 615.
[862] *EuGH* Slg. 1977, 1517, 1526 Rdnr. 6 (*Bavaria Fluggesellschaft/Eurocontrol*) (für das deutsch-belgische Anerkennungs- und Vollstreckungsabkommen); *BGH* NJW 1993, 2688, 2689.
[863] *BGH* NJW 1993, 2688, 2689.
[864] Offengelassen in *BGH* NJW 1995, 264.

über die Ansprüche der Parteien endgültig erkannt ist; hierzu zählen auch die gerichtlichen Vergleiche, ausgenommen sind jedoch die Entscheidungen zum Zwecke einer vorweggenommenen Zwangsvollstreckung (Arrestbefehle) oder andere Entscheidungen, durch die nur eine vorläufige Sicherung eines Anspruchs erreicht wird, oder Zwischenentscheidungen. Die Entscheidung über die Ansprüche der Parteien wird als endgültig angesehen, auch wenn gegen sie vor den Gerichten des Urteilsstaates ein Rechtsbehelf eingelegt ist oder noch eingelegt werden kann.

(4) »Gericht des Urteilsstaates« bedeutet in bezug auf eine Entscheidung das Gericht, das die zur Anerkennung oder Vollstreckung vorgelegte Entscheidung erlassen hat; unter »Gericht oder Behörde des Anerkennungs- oder Vollstreckungsstaates« sind Gerichte oder Behörden zu verstehen, vor denen die Anerkennung der Entscheidung nachgesucht oder ihre Vollstreckbarerklärung beantragt wird.

(5) Unter »Schuldner« ist die Person zu verstehen, gegen welche die Entscheidung des Gerichts des Urteilsstaates ergangen ist, einschließlich einer Person, die nach dem Recht des Urteilsstaates in Ansehung der durch die Entscheidung festgestellten Verbindlichkeit Rechtsnachfolger ist; unter »Gläubiger« ist die Person zu verstehen, zu deren Gunsten die Entscheidung ergangen ist, einschließlich ihrer Gesamt- oder Einzelrechtsnachfolger.

(6) Der Begriff »Entscheidungen in Zivil- und Handelssachen« schließt nicht Urteile ein, die in Verfahren zwecks Beitreibung von Abgaben (Staats- oder Gemeindeabgaben) oder Strafen ergehen; er umfaßt jedoch Entscheidungen, die ein Gericht in einem Strafverfahren in Ansehung der Zahlung eines Geldbetrages als Entschädigung oder Schadensersatz zugunsten einer verletzten Partei erlassen hat.

(7) Unter »Rechtsbehelf« ist jedes Verfahren zu verstehen, das auf eine Änderung oder Aufhebung einer Entscheidung gerichtet ist, sowie ein Antrag, den Rechtsstreit neu zu verhandeln oder die Zwangsvollstreckung einzustellen.

(8) Als »Klagen oder Anträge auf Erlaß einer Entscheidung, die nur unter den Prozeßparteien wirkt« (action in personam) sind nicht anzusehen Klagen in Familienstands- oder Statussachen (einschließlich der Scheidungs- oder anderer Ehesachen) oder Verfahren in Erbschaftsangelegenheiten oder wegen Verwaltung des Nachlasses verstorbener Personen.

1. Allgemeines

Art. I folgt der angelsächsischen Systematik und stellt zunächst **Begriffsbestimmungen** voran. Nach Art. I Abs. 2 sind Entscheidungen der Amtsgerichte nach dem Abkommen nicht anerkennungsfähig, da es sich nicht um die dort genannten »oberen Gerichte« handelt (zu den Familiengerichten → Rdnr. 359). Die Anerkennung von Entscheidungen von englischen unteren Gerichten wie des **County Court** richtet sich nach § 328[865]. Die Anerkennung nach autonomem Recht sieht Art. II Abs. 3 ausdrücklich vor, wenn die Vorschriften des Abkommens nicht eingreifen. Das Abkommen ist heute im wesentlichen nur noch für **Erbschaftsstreitigkeiten** von Bedeutung, da Familiensachen wegen der amtsgerichtlichen Zuständigkeit ausscheiden (→ Rdnr. 359). 356

2. Einzelheiten

Aus der Aufstellung des Abs. 2 lit. a ergibt sich, daß Entscheidungen **besonderer Gerichte**, wie z. B. der Arbeitsgerichte, nicht unter das Abkommen fallen, soweit darin nichts anderes bestimmt ist[866]. 357

---

[865] *OLG Hamm* NJW 1988, 3102, 3103.

[866] *Nagel/Gottwald* IZVR⁴ 493; *Bülow/Böckstiegel/Geimer/Schütze* (Fn. 1) Nr. 701. 5.

Die Entscheidungen des Abs. 3 müssen »**endgültig**« sein. Voraussetzung der Anerkennung ist also nicht formelle Rechtskraft, sondern Endgültigkeit der Entscheidung für die Instanz. Eine einstweilige Anordnung nach § 620 ist für den Ehestreit eine endgültige Regelung[867]. Endgültig sind nach Art. III Abs. 1 Buchst. b auch Versäumnisurteile. Das gleiche gilt für Urteile, die der Abänderungsklage des § 323 unterliegen[868]. Der Kreis der vollstreckungsfähigen Entscheidungen ist durch Art. V Abs. 2 Buchst. c enger gezogen. Der Einfluß der Rechtsmitteleinlegung auf die Anerkennungsfähigkeit ist in Art. III Abs. 2 geregelt. Dem sachlichen Geltungsbereich nach ist das Abkommen gemäß Abs. 6 auf »**Entscheidungen in Zivil- und Handelssachen**« beschränkt. Dazu gehören nach Abs. 6 HS 2 auch Adhäsionsverfahren. Steuer- und Abgabeverfahren werden deklaratorisch ausgeschlossen. Die in Abs. 7 erwähnten Rechtsbehelfe sind weit auszulegen. Darunter fallen auch die Wiederaufnahmeverfahren des § 578 ZPO. Abs. 8 trägt den Eigenheiten des englischen Rechts Rechnung, das die Einteilung in vermögensrechtliche und nicht vermögensrechtliche Streitigkeiten nicht kennt. Vielmehr unterscheidet es »actions in personam« (Rechtsstreitigkeiten, in welchen Urteile mit Wirkung nur unter den Parteien ergehen) und »actions in rem« (Rechtsstreitigkeiten, in welchen Urteile mit Wirkung für und gegen alle erlassen werden). Die in Abs. 8 aufgeführten Sachen gehören nicht zu den »actions in personam«[869]. Diese Abgrenzung hat Bedeutung für die Zuständigkeitsregelung des Art. IV Abs. 1 lit. c.

Art. II Deutsch-britisches Abkommen 1960

358 (1) Die von einem oberen Gericht in dem Hoheitsgebiet der einen Hohen Vertragspartei erlassenen Entscheidungen, mit Ausnahme derjenigen, die auf einen Rechtsbehelf gegen Entscheidungen unterer Gerichte ergangen sind, werden in dem Hoheitsgebiet der anderen Hohen Vertragspartei in den Fällen und unter den Voraussetzungen, die in den Artikeln III bis IX geregelt sind, ohne Rücksicht auf die Staatsangehörigkeit des Gläubigers oder des Schuldners anerkannt und vollstreckt.

(2) Dieses Abkommen gilt jedoch nicht für Entscheidungen, die in einem Konkurs- oder Vergleichsverfahren oder in einem Verfahren zwecks Auflösung von Gesellschaften oder anderen Körperschaften ergangen sind.

(3) Durch dieses Abkommen wird nicht ausgeschlossen, daß eine in dem Hoheitsgebiet der einen Hohen Vertragspartei ergangene gerichtliche Entscheidung, für die dieses Abkommen nicht gilt oder die nach diesem Abkommen nicht anerkannt oder vollstreckt werden kann, in dem Hoheitsgebiet der anderen Hohen Vertragspartei auf Grund des innerstaatlichen Rechts anerkannt und vollstreckt wird.

1. Familiengerichtliche Entscheidungen

359 Entscheidungen der Amtsgerichte (Familiengerichte) fallen nicht unter das Abkommen, da es sich nicht um »obere Gerichte« handelt[870]. Möglich ist aber die Anerkennung auf Grund autonomen Rechts nach Art. II Abs. 3. Art. II Abs. 1 schließt auch die Rechtsmittelentscheidungen gegen familiengerichtliche Entscheidungen aus. Die Aushöhlung des Abkommens muß dabei hingenommen werden. Unzuträglichkeiten sind bislang nicht aufgetreten.

---

[867] Mit Recht *Baumbach/Lauterbach/Albers*[56] Schlußanhang V B 5 Art. 1 Rdnr. 1.
[868] MünchKommZPO/*Gottwald* IZPR Art. 1 Rdnr. 5 mit Nachw. der Gegenauffassung.
[869] Denkschrift (Fn. 858) 17; *Langendorf* (Fn. 858) 6; zu den Wirkungen ausländischer Ehenichtigkeits-, Scheidungsurteile, Bestellung eines Konkursverwalters, Entscheidungen in Nachlaßsachen nach common law *Matscher* JBl 85 (1963) 229, 234f.
[870] H.L., *Baumbach/Lauterbach/Albers*[56] Schlußanhang V B 5 Art. 1 Rdnr. 1; *Waehler* (Fn. 766) Rdnr. 87 mit Fn. 110; MünchKommZPO/*Gottwald* IZPR Art. II Rdnr. 2.

2. Günstigkeitsprinzip

Die dem Abkommen unterfallenden Entscheidungen werden nach den Art. V ff. des Abkommens vollstreckt. Doch enthält Art. II Abs. 3 eine ausdrückliche Niederlegung des Günstigkeitsprinzips (→ Rdnr. 2 f.). Deshalb werden etwa Ehescheidungen der **County Courts** als solche unterer Gerichte im Verfahren des Art. 7 § 1 FamRÄndG unter den Voraussetzungen des § 328 ZPO anerkannt. Das Abkommen enthält also keine abschließende Regelung. 360

Art. III Deutsch-britisches Abkommen 1960

(1) Entscheidungen in Zivil- und Handelssachen, die ein oberes Gericht in dem Hoheitsgebiet der einen Hohen Vertragspartei nach dem Inkrafttreten dieses Abkommens erlassen hat, werden in dem Hoheitsgebiet der anderen Hohen Vertragspartei in allen Fällen anerkannt, sofern nicht die Entscheidung über die Anerkennung nach Abs. (2) ausgesetzt wird oder sofern nicht in Ansehung der Entscheidung ein Versagungsgrund vorliegt; letzteres ist der Fall: 361
(a) wenn in der betreffenden Sache eine Zuständigkeit des Gerichts des Urteilsstaates nach Art. IV nicht gegeben ist;
(b) wenn die Entscheidung auf Grund der Säumnis des Schuldners erlassen ist, sofern sich dieser auf den Rechtsstreit nicht eingelassen hat und dem Gericht oder der Behörde des Anerkennungsstaates nachweist, daß er von dem Verfahren nicht zeitig genug Kenntnis erlangt hat, um sich verteidigen zu können. Jedoch ist in allen Fällen, in denen feststeht, daß die einleitende Ladung oder Verfügung dem Beklagten nach Art. 3 oder 5 des zwischen Deutschland und dem Vereinigten Königreich abgeschlossenen Abkommens vom 20. März 1928 ordnungsgemäß zugestellt worden ist, als festgestellt anzusehen, daß der Beklagte von dem Verfahren Kenntnis erlangt hat;
(c) wenn die Entscheidung von dem Gericht oder der Behörde des Anerkennungsstaates aus Gründen der öffentlichen Ordnung nicht anerkannt werden kann, einschließlich der Fälle,
1. in denen die Entscheidung über einen Anspruch ergangen ist, der bereits in dem Zeitpunkt, in dem das Gericht des Urteilsstaates seine Entscheidung erlassen hat, zwischen denselben Parteien Gegenstand einer anderen Entscheidung war, die nach dem innerstaatlichen Recht des Anerkennungsstaates als endgültig anzusehen ist;
2. in denen das Gericht oder die Behörde des Anerkennungsstaates zu der Überzeugung gelangt, daß die Entscheidung durch betrügerische Machenschaften erwirkt ist;
3. in denen das Gericht oder die Behörde des Anerkennungsstaates zu der Überzeugung gelangt, daß der Beklagte, gegen den die Entscheidung ergangen ist, nach dem Völkerrecht der Gerichtsbarkeit des Urteilsstaates nicht unterlegen und sich ihr auch nicht unterworfen hat;
4. in denen die Entscheidung gegen eine Person geltend gemacht wird, die nach dem Völkerrecht der Gerichtsbarkeit des Anerkennungsstaates nicht unterliegt.
(2) Weist der Schuldner dem Gericht oder der Behörde des Anerkennungsstaates nach, daß er in dem Urteilsstaat gegen diese Entscheidung einen Rechtsbehelf eingelegt hat oder daß er zwar einen solchen Rechtsbehelf noch nicht eingelegt hat, daß aber die Frist hierfür nach dem Recht des Urteilsstaates noch nicht abgelaufen ist, so kann das Gericht oder die Behörde des Anerkennungsstaates die Entscheidung gleichwohl anerkennen oder die Anerkennung versagen oder auch auf Antrag des Schuldners die Entschließung über die Anerkennung der Entscheidung zurückstellen, um dem Schuldner Gelegenheit zu geben, das Verfahren auf Grund des Rechtsbehelfs durchzuführen oder den Rechtsbehelf einzulegen.
(3) Die Anerkennung der Entscheidung darf nicht allein deshalb versagt werden, weil das Gericht des Urteilsstaates bei der Bestimmung der auf den Fall anzuwendenden Gesetze an-

dere Regeln des internationalen Privatrechts angewendet hat, als sie nach dem Recht des Anerkennungsstaates anzuwenden gewesen wären.

(4) Die Anerkennung einer Entscheidung hat zur Folge, daß die Entscheidung, soweit in ihr über den Anspruch erkannt ist, für einen weiteren Rechtsstreit zwischen denselben Parteien (dem Gläubiger und dem Schuldner) als endgültig angesehen wird und daß sie in einem weiteren Rechtsstreit zwischen ihnen wegen desselben Streitgegenstandes insoweit eine Einrede begründet.

1. Bedeutung

362   Die Anerkennung geschieht ipso iure, ohne daß ein besonderes Anerkennungsverfahren beachtet werden müßte. Art. III regelt die **Versagungsgründe**. Liegen solche nicht vor, so muß anerkannt werden. Doch räumt Art. III Abs. 2 dem Gericht für die Vollstreckbarerklärung von noch nicht rechtskräftigen Titeln ein pflichtgemäßes Ermessen dahin gehend ein, daß es sowohl anerkennen wie nicht anerkennen als auch die Entscheidung zurückstellen kann. Art. III Abs. 3 sieht den Ausschluß des kollisionsrechtlichen ordre public vor und entspricht der Konzeption des § 328 ZPO nach der Neufassung durch das IPR-Gesetz. Die im Unterzeichnungsprotokoll zugunsten deutscher Staatsangehöriger enthaltene Einschränkung des Abs. 3 ist durch die Aufhebung des § 328 Abs. 1 Nr. 3 ZPO a.F. obsolet geworden (→ Rdnr. 353). Abs. 4 legt die Wirkungen der Anerkennung einer Entscheidung fest. Im deutschen Prozeßrecht werden die Wirkungen (der Rechtshängigkeit oder Rechtskraft) auf Einrede[871] hin und nicht wie nach autonomem Recht von Amts wegen berücksichtigt.

2. Einzelheiten

363   Abs. 1 Buchst. a regelt den Versagungsgrund der **fehlenden Anerkennungszuständigkeit** nach Art. IV. Abs. 1 Buchst. b betrifft die **Nichteinlassung** des säumigen Schuldners im Falle der nicht rechtzeitigen Ladung, die von ihm nachzuweisen ist. Die Behauptungs- und Beweislast liegt bei dem Schuldner. Überdies wird der Versagungsgrund nur auf dessen Einrede hin berücksichtigt[872]. Ist nach dem **deutsch-britischen Rechtsverkehrsabkommen** aus dem Jahre 1928[873] ordnungsmäßig zugestellt worden, so wird die Kenntnis des Beklagten vom Verfahren nach Buchst. b S. 2 fingiert. Doch steht damit noch nicht fest, daß er auch ausreichend Zeit für seine Verteidigung gehabt hat. Diese Frage muß durch das Anerkennungsgericht zusätzlich geprüft werden.

364   Buchst. c betrifft den üblichen **ordre public-Vorbehalt** (→ Rdnr. 275). Maßgebend sind dabei die Vorstellungen des Anerkennungsstaates (→ Rdnr. 123 ff.) [874]. Als Unterfall des ordre public wird der Prozeßbetrug in Abs. 1 Buchst. c Nr. 2 gesondert erwähnt (→ Rdnr. 126). In gleicher Weise bilden Unterfälle des ordre public die fehlende Gerichtsbarkeit des Urteilsstaates oder des Anerkennungsstaates nach Nr. 3 und 4 (dazu auch → Rdnr. 94). Schließlich werden nach Nr. 1 noch zeitlich frühere Entscheidungen des Anerkennungsstaates dem ordre public-Vorbehalt zugeschlagen (→ Rdnr. 118). Der Vertrag ist insoweit also moderner als die problematische Regelung des § 328 Abs. 1 Nr. 3 ZPO, die nicht auf die Priorität, sondern auf die Nationalität abstellt (→ Rdnr. 118).

---

[871] *Bülow/Böckstiegel/Geimer/Schütze* (Fn. 1) Nr. 702. 17 Fn. 101.

[872] *Bülow/Böckstiegel/Geimer/Schütze* (Fn. 1) Nr. 702. 11 Fn. 84.

[873] Abgedruckt bei → *H. Roth* Anhang zu § 199 Rdnr. 79.

[874] Z.B. *BGHZ* 48, 327.

Art. IV Deutsch-britisches Abkommen 1960

(1) Die Gerichte des Urteilsstaates sind im Sinne des Artikels III Abs. (1) Buchstabe (a) zuständig:

(a) in Ansehung einer auf eine Klage oder auf einen Antrag ergangenen Entscheidung, die nur unter den Prozeßparteien wirkt:
1. wenn der Schuldner in dem Verfahren vor dem Gericht des Urteilsstaates Kläger oder Widerkläger war;
2. wenn der Schuldner, der in dem Verfahren vor dem Gericht des Urteilsstaates Beklagter war, sich der Zuständigkeit dadurch unterworfen hat, daß er sich auf den Rechtsstreit freiwillig eingelassen hat. Eine »freiwillige Einlassung« liegt nicht vor, wenn die Einlassung lediglich den Zweck hatte, das in dem Urteilsstaat befindliche Vermögen vor einer Beschlagnahme zu schützen, die Aufhebung einer Beschlagnahme zu erreichen oder die Zuständigkeit des Gerichts des Urteilsstaates zu rügen;
3. wenn der Schuldner, der in dem Verfahren vor dem Gericht des Urteilsstaates Beklagter war, vor Beginn des Rechtsstreits sich durch eine Vereinbarung in Ansehung des Streitgegenstandes entweder allgemein der Zuständigkeit der Gerichte des Urteilsstaates oder gerade der Zuständigkeit des Gerichts, das die Entscheidung erlassen hat, unterworfen hat;
4. wenn der Schuldner, der in dem Verfahren vor dem Gericht des Urteilsstaates Beklagter war, zur Zeit der Einleitung des Verfahrens seinen gewöhnlichen Aufenthalt in dem Hoheitsgebiet des Urteilsstaates oder, sofern es sich um eine Handelsgesellschaft oder eine Körperschaft handelt, dort die Hauptniederlassung hatte;
5. wenn der Schuldner, der in dem Verfahren vor dem Gericht des Urteilsstaates Beklagter war, in dem Urteilsstaat entweder eine geschäftliche Niederlassung oder eine Zweigniederlassung hatte und sich das Verfahren auf ein Geschäft bezieht, das durch die Niederlassung oder Zweigniederlassung oder in ihren Räumen abgeschlossen ist;

(b) in Ansehung einer Entscheidung, die auf eine Klage wegen unbeweglichen Vermögens ergangen ist, oder in Ansehung einer gegen alle wirkenden Entscheidung, die auf eine Klage wegen beweglichen Vermögens ergangen ist, sofern der in Streit befangene Gegenstand sich zu der Zeit, als das Verfahren vor dem Gericht des Urteilsstaates eingelegt wurde, in dem Hoheitsgebiet des Urteilsstaates befand;

(c) in Ansehung von Entscheidungen, die auf andere als die unter den Buchstaben (a) und (b) bezeichneten Klagen ergangen sind (insbesondere in Ansehung von Entscheidungen in Familienstands- oder Statussachen, einschließlich der Scheidungs- oder anderer Ehesachen, von Entscheidungen in Erbschaftsangelegenheiten oder wegen Verwaltung des Nachlasses verstorbener Personen), wenn die Zuständigkeit des Gerichts des Urteilsstaates nach dem Recht des Anerkennungsstaates anerkannt wird.

(2) Die Zuständigkeit des Gerichts des Urteilsstaates braucht nicht anerkannt zu werden, wenn Gegenstand des Verfahrens unbewegliches Vermögen gewesen ist, das sich außerhalb des Hoheitsgebietes des Urteilsstaates befand.

(3) Die Zuständigkeit des Gerichts des Urteilsstaates braucht in den Fällen des Absatzes (1) Buchstabe (a) Nr. 4 und 5 und Buchstabe (b) nicht anerkannt zu werden, wenn der Schuldner dem Gericht oder der Behörde des Anerkennungsstaates nachweist, daß die Einleitung des Verfahrens vor dem Gericht des Urteilsstaates in Widerspruch stand zu einer zwischen den Parteien getroffenen Vereinbarung, nach der die in Frage stehende Streitigkeit auf einem anderen Weg als durch ein Verfahren vor den Gerichten des Urteilsstaates zu entscheiden war.

(4) Die Anerkennung der Zuständigkeit des Gerichts des Urteilsstaates darf nicht deshalb versagt werden, weil dieses Gericht nach dem Recht des Urteilsstaates nicht zuständig gewesen ist, sofern die Entscheidung nach dem Recht des Urteilsstaates endgültig und ein für einen

solchen Fall vorgesehenes Verfahren mit dem Ziel, die Entscheidung zur Aufhebung zu bringen, nicht eingeleitet worden ist.

1. Bedeutung

366   Art. IV regelt die **internationale Zuständigkeit** als Anerkennungsvoraussetzung. Art. III Abs. 1 Buchst. a wird dabei in recht ausführlicher Form ausgefüllt. Art. IV regelt insoweit Selbstverständliches, als die örtliche und sachliche Zuständigkeit des Urteilsstaates auch sonst nicht durch den Anerkennungsstaat überprüft wird (→ Rdnr. 86)[875]. Eine in anderen Staatsverträgen nicht vorhandene Besonderheit sieht Art. IV Abs. 3 vor. Danach kann sich der Beklagte darauf berufen, daß das Verfahren vor dem Urteilsgericht entgegen einer Schiedsabrede der Parteien durchgeführt wurde. Diesen Einwand kann der Schuldner in den Fällen des Art. IV Abs. 1 Buchst. a Nr. 1 bis 3 nicht vorbringen, weil er sich dort dem Verfahren bereits unterworfen hatte. Ein derartiges Verhalten wäre ein venire contra factum proprium[876].

2. Einzelheiten

367   Abs. 1 bezieht sich auf eine Entscheidung, die »nur unter den Parteien wirkt«. Es handelt sich dabei um »**actions in personam**« im Sinne des Art. I Abs. 8 (→ Rdnr. 357). Hat im Rahmen der Nr. 1 der Beklagte Widerklage erhoben, so ist die internationale Zuständigkeit nicht nur hinsichtlich der Widerklage, sondern auch hinsichtlich der Hauptklage anzunehmen[877]. Für die Unterwerfung der Nr. 3 ist auch eine mündliche Vereinbarung ausreichend. Die in Nr. 5 Buchst. b genannte Entscheidung mit Wirkung gegen alle meint »**actions in rem**« (→ Rdnr. 357). Die in Art. I Abs. 2 Buchst a und Art. IV Abs. 1 Buchst. c aufgeführten Zuständigkeiten für Ehe- und Familiensachen sind für die Praxis weitgehend ausgehöhlt (zu den Familiengerichten → Rdnr. 359; zu den County Courts → Rdnr. 356). Das Abkommen ist derzeit nur noch in **Erbschafts- und Nachlaßverwaltungsangelegenheiten** von Bedeutung. Insoweit muß nach Art. IV Abs. 1 Buchst. c eine Anerkennungszuständigkeit nach deutschem Recht bestehen. Es handelt sich in der Sache um das Spiegelbildprinzip, wie es auch für § 328 Abs. 1 Nr. 1 ZPO maßgebend ist[878].

VII. Deutsch-griechischer Vertrag vom 4. 11. 1961 über die gegenseitige Anerkennung und Vollstreckung von gerichtlichen Entscheidungen, Vergleichen und öffentlichen Urkunden in Zivil- und Handelssachen

368   Der Vertrag ist am 18. 9. 1963 in Kraft getreten[879]. An dieser Stelle sind die Art. 1 bis 5 abgedruckt und kommentiert. Die Art. 6 bis 22 über die Vollstreckung sind mit Kommentierung abgedruckt bei → *Münzberg* Anhang zu § 723 Rdnr. 106 ff. Das AusführungsG vom 5. 2. 1963 findet sich mit einer Kommentierung bei → *Münzberg* Anhang zu § 723 Rdnr. 396 ff.

369   Seit Inkrafttreten des **EuGVÜ** (→ Rdnr. 43) hat das Abkommen nur noch eine eingeschränkte Bedeutung, da es nach Maßgabe von Art. 55 und 54 Abs. 2 EuGVÜ ersetzt wird und

---

[875] MünchKommZPO/*Gottwald* IZPR Art. IV Rdnr. 3.
[876] *Langendorf* (Fn. 858) 5; Beispiel zu Abs. 3: BGH MDR 1982, 828.
[877] *Langendorf* (Fn. 858) 8.
[878] *Geimer/Schütze* (Fn. 858) 392; zum Spiegelbildprinzip → Rdnr. 82.
[879] BGBl 1963 II 109; Bek. vom 30. 9. 1963 BGBl II 1278. – Lit. (außer Fn. 766): Deutsche Denkschrift BT-Drucks. IV Nr. 570 S. 9 ff.; *Ganske* Der deutsch-griechische Vollstreckungsvertrag vom 4. 11. 1961 AWD 1962, 194; *Pouliadis* Die Bedeutung des deutsch-griechischen Vertrags vom 4. 11. 1961 für die Anerkennung und Vollstreckung deutscher Entscheidungen in der griechischen Praxis IPRax 1985, 357; *P. Schlosser* Vollstreckbarkeit deutscher Gerichtsurteile in Griechenland NJW 1964, 485; *Yessiou/Faltsi* Der internationale Rechtsverkehr zwischen Griechenland und Deutschland in: FS Konstantopoulos (1989) 1293.

nach Art. 56 seine Wirksamkeit nur für diejenigen Rechtsgebiete behält, auf die das EuGVÜ nicht anwendbar ist. Die wesentliche Bedeutung besteht für **Scheidungsverfahren**[880] und sonstige Ehe- und Familienverfahren.

Art. 1 Deutsch-griechischer Vertrag 1961

(1) Die in Zivil- oder Handelssachen ergangenen Entscheidungen der Gerichte des einen Staates, durch die in einem Verfahren der streitigen oder der freiwilligen Gerichtsbarkeit über Ansprüche der Parteien endgültig erkannt wird, werden in dem anderen Staat anerkannt, auch wenn sie noch nicht rechtskräftig sind. Als Entscheidungen in Zivil- und Handelssachen sind auch Urteile anzusehen, die in einem gerichtlichen Strafverfahren über Ansprüche aus einem Rechtsverhältnis des Zivil- oder Handelsrechtes ergangen sind.

(2) Für die Anerkennung ist es ohne Bedeutung, ob die Entscheidung als Urteil, Beschluß, Vollstreckungsbefehl oder sonstwie benannt ist.

370

1. Zivil- oder Handelssachen

Maßgebend ist der **Gegenstand der Entscheidung**. Dagegen kommt es nicht auf die gerichtsorganisatorische Einordnung des entscheidenden Gerichts an, so daß auch arbeitsgerichtliche Entscheidungen und nach Art. 1 Abs. 1 S. 2 auch Urteile im strafrechtlichen Adhäsionsverfahren darunter fallen. Entscheidungen von Verwaltungsbehörden sind jedoch nicht anerkennungsfähig[881]. Ausgenommen sind auch die in Art. 17 aufgeführten Entscheidungen im Konkurs- und Vergleichsverfahren, die Arreste sowie diejenigen einstweiligen Verfügungen oder Anordnungen, die nicht auf Unterhalt oder auf eine andere Geldleistung lauten. Das aufgeführte Gebiet der **freiwilligen Gerichtsbarkeit** meint nur die Streitsachen, wie die Bezugnahme auf »Ansprüche« ergibt[882].

371

2. Endgültigkeit

Die Entscheidung muß nicht formell rechtskräftig sein, doch muß sie die Instanz abschließen. Daher scheiden etwa **Vorbehaltsurteile** für die Anerkennung aus.

372

Art. 2 Deutsch-griechischer Vertrag 1961

Die in Ehe- oder Familienstandssachen ergangenen Entscheidungen der Gerichte des einen Staates werden in dem anderen Staat anerkannt, wenn die Parteien Angehörige der Vertragsparteien sind und ihren gewöhnlichen Aufenthalt in dem Staate hatten, in dem die Entscheidung ergangen ist.

373

1. Bedeutung

Art. 2 ist eine Ausnahme von dem in Art. 20 niedergelegten Grundsatz der Unerheblichkeit der Staatsangehörigkeit. Die festzustellende **Anerkennungszuständigkeit** setzt voraus, daß zum Zeitpunkt der Verfahrenseinleitung beide Parteien ihren gewöhnlichen Aufenthalt im

374

---

[880] Etwa *OLG Frankfurt a.M.* FamRZ 1997, 96f.
[881] *Nagel/Gottwald* IZVR⁴ 499.
[882] Vgl. Denkschrift (Fn. 879) 10; *Langendorf* Prozeßführung im Ausland und Mängelrüge im ausländischen

Recht Band III (1956ff.) Griechenland 1; keine Differenzierung bei *Baumbach/Lauterbach/Albers*[56] Schlußanhang V B 6 Rdnr. 1.

Urteilsstaat hatten[883] und zusätzlich Angehörige der Vertragsstaaten sind. Wegen des in Art. 22 ausdrücklich niedergelegten **Günstigkeitsprinzips** (→ Rdnr. 276) kann jedoch im Einzelfall auf den leichter zu erfüllenden § 606a ZPO zurückgegriffen werden, wenn die Voraussetzungen des Art. 2 nicht erfüllt sind.

2. Anerkennungsverfahren

375   Der Vertrag sieht kein besonderes Anerkennungsverfahren vor, so daß die Anerkennung ipso iure eintritt. Griechische **Ehescheidungsurteile** müssen aber nach Art. 7 § 1 FamRÄndG anerkannt werden, weil dieses Verfahren durch den Vertrag nicht ausgeschlossen wird. Er regelt nur die Voraussetzungen der Anerkennung. Im Rahmen des Art. 2 ist das Anerkennungsgericht an die Feststellungen des Urteilsgerichts gebunden. Die beiden Vertragsparteien schenken sich also anders als in vergleichbaren bilateralen Vereinbarungen gegenseitig Vertrauen (→ Rdnr. 273).

Art. 3 Deutsch-griechischer Vertrag 1961

376   Die Anerkennung darf nur versagt werden,
1. wenn sie der öffentlichen Ordnung des Staates, in dem die Entscheidung geltend gemacht wird, widerspricht; ein solcher Verstoß ist insbesondere gegeben, wenn die Entscheidung einen Anspruch betrifft, der in dem Zeitpunkt, in dem sie erlassen worden ist, in dem Staat, in dem sie geltend gemacht wird, zwischen denselben Parteien bereits Gegenstand einer Entscheidung war, die nach dem Recht dieses Staates als endgültig anzusehen ist; oder
2. wenn der Beklagte sich auf das Verfahren nicht eingelassen hat,
   a) sofern ihm die Ladung oder die Verfügung, durch die das Verfahren eingeleitet worden war, nicht nach dem Rechte des Staates, in dem die Entscheidung ergangen ist, zugestellt worden war, oder
   b) sofern er nachweist, daß er von der Ladung oder der Verfügung nicht so zeitgerecht Kenntnis nehmen konnte, um sich auf das Verfahren einlassen zu können; oder
3. wenn nach dem Rechte des Staates, in dem die Entscheidung geltend gemacht wird, dessen Gerichte kraft Gesetzes ausschließlich zuständig waren; oder
4. wenn für die Entscheidung lediglich der Gerichtsstand des Vermögens gegeben war und der Beklagte
   a) entweder sich auf den Rechtsstreit nicht eingelassen oder
   b) vor Einlassung zur Hauptsache erklärt hat, sich auf den Rechtsstreit nur im Hinblick auf das Vermögen einzulassen, das sich im Staate des angerufenen Gerichtes befindet.

1. Bedeutung

377   Art. 3 zählt mit Art. 4 Abs. 2 die **Versagungsgründe** abschließend auf. Liegen derartige Gründe nicht vor, so ist die betreffende Entscheidung anzuerkennen und zu vollstrecken. Die Versagungsgründe sind einschließlich der Nr. 2 Buchst. a von Amts wegen zu prüfen[884]. Dagegen ist die verspätete Ladung nach Nr. 2 Buchst. b nur auf Einrede hin zu berücksichtigen, wie sich aus der sprachlichen Fassung des Vertrages ergibt.

---

[883] *BGH* IPRax 1985, 162, 164 mit Anm. *Henrich/Filios* 150; MünchKommZPO/*Gottwald* IZPR Schlußanhang Nr. 5 b Rdnr. 1 (dort auch zur Beeinflussung der Entscheidungszuständigkeit).

[884] MünchKommZPO/*Gottwald* IZPR Art. 3 Rdnr. 5.

2. Die einzelnen Versagungsgründe

Nr. 1 HS. 1 betrifft den geläufigen **ordre public-Vorbehalt**, der nach dem Recht des Anerkennungsstaates zu beurteilen ist (→ Rdnr. 123 ff.). Nr. 1 HS. 2 nennt als ordre public-Verstoß auch die **Nichtbeachtung** der **Rechtskraft** einer im Anerkennungsstaat früher ergangenen Entscheidung. Die Vorschrift war für erforderlich gehalten worden, obwohl Art. 18 die Wirkung der Rechtshängigkeit im Urteilsstaat auf den Anerkennungsstaat überträgt. Nach griechischem Recht ist die Einrede der Rechtshängigkeit nur in beschränkterem Umfang, insbesondere nur in der 1. Instanz zulässig[885]. Nr. 2 ist eine Schutzvorschrift zugunsten des Beklagten, der sich auf das Verfahren nicht eingelassen hat und betrifft daher in erster Linie **Versäumnisurteile**. Dabei kann nur anerkannt werden, wenn sowohl ordnungsmäßig als auch rechtzeitig zugestellt worden ist. Die Vorschrift entspricht daher im wesentlichen § 328 Abs. 1 Nr. 2 ZPO. Die Ordnungsmäßigkeit der Zustellung bemißt sich nach dem **Haager Übereinkommen** über die Zustellung gerichtlicher und außergerichtlicher Schriftstücke im Ausland in Zivil- oder Handelssachen vom 15. 11. 1965[886]. 378

Die Nr. 3 und 4 wählen die Technik der **Negativliste**. Danach werden nur die genannten Zuständigkeiten von der Anerkennung ausgeschlossen und die Zuständigkeit des Urteilsstaates im übrigen nicht positiv überprüft (→ Rdnr. 272). Das deutsche Anerkennungsgericht prüft also nur, ob nach Nr. 3 eine eigene **ausschließliche Zuständigkeit** besteht oder ob sich der Beklagte im Vermögensgerichtsstand nach Nr. 4 nicht oder nur unter Einschränkungen auf den Rechtsstreit eingelassen hat. Dabei ist nach Nr. 3 die Vereinbarung einer ausschließlichen Zuständigkeit durch die Parteien nicht ausreichend[887]. 379

Art. 4 Deutsch-griechischer Vertrag 1961

(1) Die Anerkennung darf nicht allein deshalb versagt werden, weil das Gericht, das die Entscheidung erlassen hat, nach den Regeln seines internationalen Privatrechts andere Gesetze angewendet hat, als sie nach dem internationalen Privatrecht des Staates, in dem die Entscheidung geltend gemacht wird, anzuwenden gewesen wären. 380

(2) Die Anerkennung darf jedoch aus dem in Abs. 1 genannten Grunde versagt werden, wenn die Entscheidung auf der Beurteilung eines familienrechtlichen oder eines erbrechtlichen Verhältnisses, der Rechts- oder Handlungsfähigkeit, der gesetzlichen Vertretung oder der Verschollenheits- oder Todeserklärung eines Angehörigen des Staates beruht, in dem die Entscheidung geltend gemacht wird, es sei denn, daß sie auch bei Anwendung des internationalen Privatrechts des Staates, in dem sie geltend gemacht wird, gerechtfertigt wäre.

Die Norm enthält den in bilateralen Staatsverträgen vielfach üblichen eingeschränkten **kollisionsrechtlichen ordre public-Vorbehalt**. Für Deutschland als Anerkennungsstaat ist Art. 4 nach dem in Art. 22 ausdrücklich niedergelegten **Günstigkeitsprinzip** mit dem Wegfall von § 328 Abs. 1 Nr. 3 ZPO a.F. gegenstandslos[888]. Das Kollisionsrecht braucht daher nicht mehr geprüft zu werden. 381

Art. 5 Deutsch-griechischer Vertrag 1961

(1) Die in einem Staat ergangene Entscheidung, die in dem anderen Staat geltend gemacht wird, darf nur daraufhin geprüft werden, ob einer der in Art. 3 oder Art. 4 Abs. 2 genannten Versagungsgründe vorliegt. Sie darf keinesfalls auf ihre Gesetzmäßigkeit nachgeprüft werden. 382

---

[885] Denkschrift (Fn. 879) 11; *Langendorf* (Fn. 882) 4f.
[886] Abgedruckt bei → *H. Roth* Anhang zu § 199 Rdnr. 66.
[887] *Langendorf* (Fn. 882) 5.
[888] Ebenso MünchKommZPO/*Gottwald* IZPR Art. 4 Rdnr. 1.

383 Art. 5 Abs. 1 S. 2 enthält das übliche **Verbot der révision au fond** (→ Rdnr. 276). Es dürfen lediglich die Versagungsgründe des Vertrages geprüft werden. Die Anerkennungszuständigkeit darf ohnehin nur anhand der Negativliste des Art. 3 Nr. 3 und 4 überprüft werden. Insoweit ist das Abkommen also günstiger als das autonome Recht des § 328 Abs. 1 Nr. 1 ZPO. Zusätzlich zu dem Verbot der révision au fond enthält Abs. 2 eine Bindung an die Feststellungen des Gerichts bei Entscheidungen in Ehe- und Familienstandssachen (→ Rdnr. 273). Auch insoweit ist das Abkommen anerkennungsfreundlicher als das autonome deutsche Recht.

(2) Das Gericht des Staates, in dem eine Entscheidung nach Art. 2 geltend gemacht wird, ist bei der Prüfung, ob die Zuständigkeit des Gerichts, das die Entscheidung erlassen hat, gegeben war, an die tatsächlichen und rechtlichen Feststellungen dieses Gerichts gebunden.

VIII. Deutsch-niederländischer Vertrag vom 30. 8. 1962 über die gegenseitige Anerkennung und Vollstreckung gerichtlicher Entscheidungen und anderer Schuldtitel in Zivil- und Handelssachen

384 Das Abkommen ist seit dem 15. 9. 1965 in Kraft[889]. Nachstehend sind die Art. 1 bis 5 abgedruckt und kommentiert. Die Art. 6 bis 20 über die Vollstreckung sind abgedruckt und kommentiert bei → *Münzberg* Anhang zu § 723 Rdnr. 124ff. Das AusführungsG vom 15. 1. 1965 findet sich mit einer Kommentierung bei → *Münzberg* Anhang zu § 723 Rdnr. 402ff.

385 Seit Inkrafttreten des **EuGVÜ** (→ Rdnr. 43) hat das Abkommen nur noch eine eingeschränkte Bedeutung, da es nach Maßgabe von Art. 55 und Art. 54 Abs. 2 EuGVÜ ersetzt wird und nach Art. 56 seine Wirksamkeit nur für diejenigen Rechtsgebiete behält, auf die das EuGVÜ nicht anwendbar ist. So verhält es sich für die **erbrechtlichen Angelegenheiten** des Art. 4 Abs. 1 Buchst. g, den Personenstand und die gesetzliche Vertretung.

Art. 1 Deutsch-niederländischer Vertrag 1962

386 (1) Die in Zivil- oder Handelssachen ergangenen Entscheidungen der Gerichte des einen Staates, durch die über Ansprüche der Parteien in einem Verfahren der streitigen oder der freiwilligen Gerichtsbarkeit erkannt ist, werden in dem anderen Staat anerkannt, auch wenn sie noch nicht rechtskräftig sind. Die Anerkennung hat zur Folge, daß den Entscheidungen die Wirkung beigelegt wird, die ihnen in dem Staat, in dem sie ergangen sind, zukommt.

(2) Unter Entscheidungen im Sinne dieses Vertrages sind alle Entscheidungen ohne Rücksicht auf ihre Benennung (Urteile, vonnissen und arresten; Beschlüsse, beschikkingen; Vollstreckungsbefehle, dwangbevelen; Arreste und einstweilige Verfügungen, voorlopige maatregelen) einschließlich solcher Entscheidungen zu verstehen, durch die der Betrag der Kosten des Prozesses später festgesetzt wird.

(3) Dieser Vertrag ist nicht anzuwenden

a) auf Entscheidungen, die in einem gerichtlichen Strafverfahren über Ansprüche aus einem Rechtsverhältnis des Zivil- oder Handelsrechts ergangen sind;

b) auf Entscheidungen in Ehesachen oder in anderen Familienstandssachen;

---

[889] BGBl 1965 II 27; Bek. vom 10. 8. 1965 BGBl II 1155. – Lit. (außer Fn. 766): Deutsche Denkschrift BT-Drucks. IV Nr. 2351 S. 10; Gemeinsamer Bericht der Unterhändler BT-Drucks. IV Nr. 2351 S. 13; *Bauer* Die Zwangsvollstreckung aus niederländischen Schuldtiteln in der BRD Jur-Büro 1967, 274; *Ganske* Der deutsch-niederländische Vollstreckungsvertrag in Zivil- und Handelssachen vom 30. 8. 1962 AWD 1964, 348; *Gotzen* Deutsch-niederländischer Vollstreckungsvertrag: Ablehnung der Vollstreckungsklausel mangels internationaler Zuständigkeit des erkennenden Gerichts RIW/AWD 1968, 20f.; *ders.* Der deutsch-niederländische Vollstreckungsvertrag in der niederländischen Gerichtspraxis RIW/AWD 1969, 54; *Langendorf* Prozeßführung im Ausland und Mängelrüge im ausländischen Recht Band V (1956ff.) Niederlande 1.

c) auf Entscheidungen, durch die ein Konkursverfahren, ein Vergleichsverfahren zur Abwendung des Konkurses oder ein Verfahren des Zahlungsaufschubes (surséance van betaling) eröffnet wird, und auf andere Entscheidungen in diesen Verfahren, sofern sie ausschließlich für diese Verfahren Bedeutung haben.

1. Anwendungsbereich

Für die Bestimmung der Zivil- oder Handelssachen ist der **Gegenstand der Entscheidung** maßgebend, nicht die gerichtsorganisatorische Zugehörigkeit des entscheidenden Gerichts zu einem bestimmten Gerichtszweig. Damit sind auch verwaltungsgerichtliche Entscheidungen auf dem Gebiet des Zivil- oder Handelsrechts anerkennungsfähig. Anerkennungsfähig sind auch Entscheidungen der niederländischen »pachtkamers« (Gerichte für Pachtsachen)[890]. Doch sind nach Abs. 3 Buchst. a Adhäsionsurteile in Strafverfahren ebenso ausgeschlossen wie nach Abs. 3 Buchst. c bestimmte Entscheidungen in Insolvenzverfahren. Nach Abs. 3 Buchst. b gilt das Abkommen auch nicht für Entscheidungen in Ehesachen oder in anderen Familienstandssachen. Hier ist § 328 ZPO maßgebend. Unterhaltssachen werden durch das EuGVÜ erfaßt. Unter die Angelegenheiten der **freiwilligen Gerichtsbarkeit** fallen nur die Streitsachen, da es sich um »Ansprüche« handeln muß. Die betreffende Entscheidung muß streitbeendende Funktion haben. Das ist nach niederländischem Recht nicht der Fall bei der Entmündigung, der Ernennung eines Vormundes, Pflegers, Verwalters usw.[891]. Das Abkommen erfaßt nach Abs. 2 in fortschrittlicher Weise auch Angelegenheiten des einstweiligen Rechtsschutzes (→ Rdnr. 274).

387

2. Wirkungserstreckung

Nach Art. 1 Abs. 1 S. 2 bestimmt das Abkommen die Wirkungserstreckung der betreffenden Entscheidung (→ Rdnr. 7 zu weiteren bilateralen Abkommen). Das gilt auch für die **Interventionswirkung**[892].

388

Art. 2 Deutsch-niederländischer Vertrag 1962

Die Anerkennung darf nur versagt werden,
  a) wenn sie der öffentlichen Ordnung des Staates, in dem die Entscheidung geltend gemacht wird, widerspricht; oder
  b) wenn für die Gerichte des Staates, in dem die Entscheidung ergangen ist, eine Zuständigkeit nach diesem Vertrag oder nach einem anderen Vertrage, der zwischen beiden Staaten gilt, nicht anzuerkennen ist; oder
  c) wenn der Beklagte sich auf das Verfahren nicht eingelassen hat, sofern er nachweist,
    1. ihm sei die Ladung oder die Verfügung, durch die das Verfahren eingeleitet worden war, nicht nach dem Recht des Staates, in dem die Entscheidung ergangen ist, zugestellt worden, oder
    2. er habe sich nicht verteidigen können, weil ihm die Ladung oder die Verfügung nicht oder nicht zeitig genug zugegangen sei; dies gilt jedoch nicht, wenn der Kläger nachweist, daß der Beklagte gegen die Entscheidung keinen Rechtsbehelf eingelegt hat, obwohl er von ihr Kenntnis erhalten hat.

389

---

[890] *Langendorf* (Fn. 889) 2; *Gotzen* AWD 1967, 136, 137; *Ganske* AWD 1964, 348, 349.

[891] Gemeinsamer Bericht der Unterhändler (Fn. 889) 16; *Langendorf* (Fn. 889) 4.

[892] *Langendorf* (Fn. 889) 14.

1. Versagungsgründe

390   Art. 2 regelt mit Art. 3 abschließend die möglichen Versagungsgründe für die Anerkennung. Die Anerkennung muß ohne Ermessensmöglichkeit versagt werden, wenn ein Versagungsgrund vorliegt. Doch gilt das **Günstigkeitsprinzip** (→ Rdnr. 2), wonach auf das anerkennungsfreundlichere nationale Recht des § 328 ZPO zurückgegriffen werden darf. Das Abkommen will die Anerkennung erleichtern und nicht erschweren.

2. Einzelheiten

391   Art. 2 Buchst. a enthält den üblichen **ordre public-Vorbehalt** (→ Rdnr. 275), der sich nach deutschem Verständnis im deutschen Anerkennungsverfahren bemißt (→ Rdnr. 123 ff.). Ein solcher Verstoß liegt auch vor, wenn die Entscheidung einen Anspruch betrifft, der im Zeitpunkt ihres Erlasses bereits Gegenstand einer noch nicht rechtskräftigen Entscheidung war. Nach niederländischem Recht kann der Einwand der Rechtshängigkeit, der nach Art. 18 auch im Anerkennungsstaat beachtlich ist, nur bis zur endgültigen Entscheidung in der Instanz erhoben werden, so daß Art. 2 Buchst. a in gewissen Fällen insoweit Bedeutung erlangen kann[893]. Einen Versagungsgrund bildet nach Art. 2 Buchst. b die fehlende **Anerkennungszuständigkeit** des entscheidenden Gerichts. Die betreffenden Zuständigkeiten finden sich in Art. 4 sowie gegebenenfalls in weiteren speziellen Verträgen. Die Art. 4 und 5 erfassen die internationale Zuständigkeit des Gerichts des Urteilsstaates als Anerkennungsvoraussetzung. Art. 2 Buchst. c entspricht im wesentlichen dem § 328 Abs. 1 Nr. 2 ZPO und muß im Wege der Einrede geltend gemacht werden. Zugestellt wird nach dem Recht des Urteilsstaates einschließlich der dort geltenden völkerrechtlichen Verträge. Anwendung findet das **Haager Übereinkommen** über die Zustellung gerichtlicher und außergerichtlicher Schriftstücke im Ausland in Zivil- oder Handelssachen vom 15. 11. 1965[894]. Buchst. c Nr. 2 HS. 2 läßt den Versagungsgrund entfallen, wenn der Beklagte gegen die Entscheidung kein Rechtsmittel eingelegt hat. Doch ist diese Besonderheit nicht verallgemeinerungsfähig (→ Rdnr. 275)[895]. Im Bereich des Abkommens ist der Beklagte allerdings im Anerkennungsverfahren präkludiert. Da das Abkommen insoweit anerkennungsfreundlicher ist als das autonome Recht des § 328 Abs. 1 Nr. 2 ZPO (→ Rdnr. 106), setzt es sich durch.

Art. 3 Deutsch-niederländischer Vertrag 1962

392   (1) Die Anerkennung darf nicht allein deshalb versagt werden, weil das Gericht, das die Entscheidung erlassen hat, nach den Regeln seines internationalen Privatrechts andere Gesetze angewendet hat, als sie nach dem internationalen Privatrecht des Staates, in dem die Entscheidung geltend gemacht wird, anzuwenden gewesen wären.

(2) Die Anerkennung darf jedoch aus dem in Abs. 1 genannten Grunde versagt werden, wenn die Entscheidung auf der Beurteilung eines familienrechtlichen oder eines erbrechtlichen Verhältnisses, der Rechts- oder Handlungsfähigkeit, der gesetzlichen Vertretung oder der Todeserklärung eines Angehörigen des Staates beruht, in dem die Entscheidung geltend gemacht wird, es sei denn, daß sie auch bei Anwendung des internationalen Privatrechts des Staates, in dem sie geltend gemacht wird, gerechtfertigt wäre.

---

[893] *Langendorf* (Fn. 889) 11; auch Gemeinsamer Bericht der Unterhändler (Fn. 889) 21.

[894] Abgedruckt bei → *H. Roth* Anhang zu § 199 Rdnr. 66.

[895] *H. Roth* ZZPInt 2 (1997) 140, 145, mit Nachw.

Art. 3 betrifft den beschränkten **kollisionsrechtlichen ordre public**. Der Vorbehalt ist gegenstandslos, weil § 328 ZPO eine derartige Einschränkung nicht mehr kennt. Das **Günstigkeitsprinzip** setzt sich durch (→ Rdnr. 2 f.).

393

Art. 4 Deutsch-niederländischer Vertrag 1962

(1) Die Zuständigkeit der Gerichte des Staates, in dem die Entscheidung ergangen ist, wird im Sinne dieses Vertrages anerkannt,

a) wenn der Beklagte zur Zeit der Einleitung des Verfahrens nach dem Recht des Staates, in dem die Entscheidung ergangen ist, in diesem Staat entweder seinen Wohnsitz oder seinen gewöhnlichen Aufenthalt hatte, in dem letzteren Falle jedoch nur, wenn er in dem anderen Staate keinen Wohnsitz hatte;

b) wenn der Beklagte sich durch eine Vereinbarung der Zuständigkeit der Gerichte des Staates, in dem die Entscheidung ergangen ist, unterworfen hat, es sei denn, daß eine solche Vereinbarung nach dem Recht des Staates, in dem die Entscheidung geltend gemacht wird, unzulässig ist; eine Vereinbarung im Sinne dieser Vorschrift liegt nur vor, wenn eine Partei ihre Erklärung schriftlich abgegeben und die Gegenpartei sie angenommen hat oder wenn eine mündlich getroffene Vereinbarung von einer Partei schriftlich bestätigt worden ist, ohne daß die Gegenpartei der Bestätigung widersprochen hat;

c) wenn der Beklagte sich vor dem Gericht des Staates, in dem die Entscheidung ergangen ist, auf das Verfahren zur Hauptsache eingelassen hat, für die sonst eine Zuständigkeit des Gerichts, die nach diesem Vertrag anzuerkennen wäre, nicht gegeben ist; dies gilt jedoch nicht, wenn der Beklagte vor der Einlassung zur Hauptsache erklärt hat, daß er sich auf das Verfahren nur im Hinblick auf Vermögen im Staate des angerufenen Gerichts einlasse;

d) wenn der Beklagte in dem Staat, in dem die Entscheidung ergangen ist, am Orte seiner geschäftlichen Niederlassung oder Zweigniederlassung für Ansprüche aus dem Betriebe dieser Niederlassung oder Zweigniederlassung belangt worden ist;

e) wenn der mit der Klage geltend gemachte Anspruch aus einem Verkehrsunfall, an dem ein Kraftfahrzeug beteiligt war, oder aus einem Schiffszusammenstoß hergeleitet wird und das Ereignis in dem Staat eingetreten ist, in dem die Entscheidung ergangen ist;

f) wenn mit der Klage ein Recht an einer unbeweglichen Sache oder ein Anspruch aus einem Recht an einer solchen Sache geltend gemacht worden ist und die unbewegliche Sache in dem Staate belegen ist, in dem die Entscheidung ergangen ist;

g) wenn die Klage in einer Erbschaftsstreitigkeit erhoben worden ist und der Erblasser seinen letzten Wohnsitz in dem Staate hatte, in dem die Entscheidung ergangen ist, ohne Rücksicht darauf, ob zu dem Nachlaß bewegliche oder unbewegliche Sachen gehören;

h) wenn für den Fall, daß der Beklagte in den beiden Staaten weder seinen Wohnsitz noch seinen gewöhnlichen Aufenthalt hatte, sich zur Zeit der Einleitung des Verfahrens in dem Staat, in dem die Entscheidung ergangen ist, Vermögen des Beklagten befunden hat;

i) wenn es sich um eine Widerklage oder eine Klage auf Gewährleistung gehandelt hat und für das Gericht eine Zuständigkeit im Sinne dieses Vertrages zur Entscheidung über die im Hauptprozeß erhobene Klage selbst anzuerkennen wäre. Für die Klage auf Gewährleistung wird die Zuständigkeit dieses Gerichts jedoch nicht anerkannt, wenn zwischen dem Berechtigten und dem Verpflichteten die Zuständigkeit eines anderen Gerichts vereinbart ist und diese Vereinbarung sich auch auf die Gewährleistungsklage bezieht;

j) wenn mit der Klage ein Anspruch auf Schadensersatz oder auf Herausgabe des Erlangten deshalb geltend gemacht worden ist, weil eine Vollstreckung aus einer Entscheidung eines Gerichts des anderen Staates betrieben worden ist, die in diesem Staat aufgehoben oder abgeändert worden ist.

394

(2) Die Zuständigkeit der Gerichte des Staates, in dem die Entscheidung ergangen ist, wird jedoch in den Fällen des Absatzes 1 Buchstaben a bis d, h und i nicht anerkannt, wenn für die Klage, die zu der Entscheidung geführt hat, die Gerichte des Staates, in dem die Entscheidung geltend gemacht wird, oder die Gerichte eines dritten Staates ausschließlich zuständig sind; dies gilt insbesondere für Klagen, mit denen ein Recht an einer unbeweglichen Sache oder ein Anspruch aus einem Recht an einer solchen Sache geltend gemacht wird.

395 Art. 4 zählt die maßgebenden **Anerkennungszuständigkeiten** auf. Direkte Zuständigkeiten regelt der Vertrag nicht, so daß der Katalog im Erstverfahren durch den Richter nicht beachtet wird (Denkschrift 10). Von Bedeutung ist Art. 4 Abs. 1 Buchst. g für **erbrechtliche Streitigkeiten**. Art. 4 kennt den Gerichtsstand des Erfüllungsorts sowie den Deliktsgerichtsstand nicht. Insoweit setzt sich aber ohnehin das vorrangige EuGVÜ durch.

396 Die Begriffe des **Wohnsitzes** oder des **gewöhnlichen Aufenthalts** in Art. 4 Abs. 1 Buchst. a sind nach dem Recht des Urteilsstaates und nicht nach demjenigen des Anerkennungsstaates zu beurteilen[896]. Im Sinne des Abs. 1 Buchst. b ist auch eine Zuständigkeitsvereinbarung wirksam, in der sich ein Staatsbürger des einen Staates der Zuständigkeit eines Gerichts des anderen Staates unterwirft (→ § 38 Rdnr. 13 ff.)[897]. Der Schuldner kann den in Art. 4 Abs. 1 Buchst. j genannten Anspruch nicht nur im Urteilsstaat, sondern auch im Vollstreckungsstaat geltend machen. Nach deutschem Recht ist das im Gerichtsstand der unerlaubten Handlung möglich, nach niederländischem Recht vor dem Gericht des eigenen Wohnsitzes, sofern der Gläubiger in den Niederlanden keinen Wohnsitz hat. Urteile in diesen Gerichtsständen werden nach Art. 4 Abs. 1 Buchst. j anerkannt[898]. Abs. 2 schließt die Anerkennung aus, wenn im Anerkennungsstaat oder in einem Drittstaat eine **ausschließliche** internationale Zuständigkeit besteht. Nach Abs. 2 a.E. ist die im niederländischen Recht umstrittene Frage, ob dieser Gerichtsstand ausschließlich ist, für die Anerkennungsfrage geklärt[899].

Art. 5 Deutsch-niederländischer Vertrag 1962

397 (1) Die in einem Staat ergangene Entscheidung, die in dem anderen Staate geltend gemacht wird, darf nur daraufhin geprüft werden, ob einer der in Art. 2 oder Art. 3 Abs. 2 genannten Versagungsgründe vorliegt. Das Gericht des Staates, in dem die Entscheidung geltend gemacht wird, ist bei seiner Prüfung, ob die Voraussetzung des Art. 2 Buchstabe b gegeben ist, an die tatsächlichen und rechtlichen Feststellungen, auf Grund deren das Gericht seine Zuständigkeit angenommen hat, gebunden.

(2) Die Entscheidung darf keinesfalls auf ihre Gesetzmäßigkeit nachgeprüft werden.

398 Art. 5 Abs. 2 enthält das übliche **Verbot der révision au fond**. Geprüft werden dürfen nur die vertraglichen Versagungsgründe. Abs. 1 S. 2 ordnet die Bindung des Anerkennungsgerichts hinsichtlich der Anerkennungszuständigkeit an die tatsächlichen und rechtlichen Feststellungen des Urteilsgerichts an (→ Rdnr. 273, 95). Doch dürfen die tatsächlichen und rechtlichen Voraussetzungen der Versagungsgründe des Art. 2 Buchst. a und c überprüft werden, da der Vertrag insoweit keine anderslautenden Regelungen trifft.

---

[896] Gemeinsamer Bericht der Unterhändler (Fn. 889) 23 f.; *Langendorf* (Fn. 889) 6.
[897] Zur Zuständigkeitsvereinbarung nach niederländischem Recht *Langendorf* (Fn. 889) 6 f.
[898] Gemeinsamer Bericht der Unterhändler (Fn. 889) S. 29.
[899] Gemeinsamer Bericht der Unterhändler (Fn. 889) S. 31; *Langendorf* (Fn. 889) 10.

IX. Deutsch-tunesischer Vertrag über Rechtsschutz und Rechtshilfe, die Anerkennung und Vollstreckung gerichtlicher Entscheidungen in Zivil- und Handelssachen sowie über die Handelsschiedsgerichtsbarkeit vom 19. 7. 1966

Das Abkommen ist am 13. 3. 1970 in Kraft getreten[900]. Nachstehend sind die Art. 1 bis 33 sowie 44 bis 46 samt dem Protokoll vom 19. 7. 1966 abgedruckt. Speziell der Anerkennung sind gewidmet die Art. 27 bis 33. Die Art. 34 bis 43 über die Vollstreckung finden sich abgedruckt und kommentiert bei → *Münzberg* Anhang zu § 723 Rdnr. 141 ff. Das AusführungsG vom 29. 4. 1969 ist mit einer Kommentierung abgedruckt bei → *Münzberg* Anhang zu § 723 Rdnr. 422 ff.

Der Vertrag bedeutet das erste umfassende Abkommen Deutschlands mit einem **außereuropäischen Staat**. Die Art. 1 bis 7 enthalten Vorschriften über den Rechtsschutz, die Art. 8 bis 17 behandeln die Zustellung und die Art. 18 bis 26 betreffen Rechtshilfeersuchen. Von diesen Vorschriften ist im weiteren nicht die Rede. Der Vertrag hat bislang in der Praxis keine große Bedeutung erlangt.

1. Der deutsch-tunesische Vertrag

ERSTER TITEL

Rechtsschutz in Zivil- und Handelssachen

Kapitel I

Freier Zutritt zu den Gerichten

Art. 1 Deutsch-tunesischer Vertrag 1966

In Zivil- und Handelssachen haben die Angehörigen des einen Vertragsstaates freien Zutritt zu den Gerichten des anderen Staates und können vor dessen Gerichten unter denselben Bedingungen und in derselben Weise wie die eigenen Staatsangehörigen als Kläger oder Beklagte auftreten. Sie können insbesondere im Rahmen der gesetzlichen Vorschriften sich durch frei gewählte Rechtsanwälte oder andere Personen als Bevollmächtigte vertreten oder als Beistände unterstützen lassen.

Art. 2 Deutsch-tunesischer Vertrag 1966

(1) Den Angehörigen eines Staates stehen für die Anwendung dieses Titels juristische Personen, Gesellschaften oder Vereinigungen gleich, die nach dem Recht eines der beiden Staaten errichtet sind und in einem dieser Staaten ihren Sitz haben.

(2) Ihre Fähigkeit, vor den Gerichten dieses Staates als Kläger oder Beklagte aufzutreten, wird auch im Hoheitsgebiete des anderen Staates anerkannt.

---

[900] BGBl 1969 II 889; Bek. vom 2. 3. 1970 BGBl II 125. – Lit. (außer Fn. 766): Denkschrift BT-Drucks. V Nr. 3167 S. 44 ff.; *Arnold* Die Problematik von Rechtshilfeabkommen – erläutert am Beispiel des deutsch-tunesischen Rechtshilfe- und Vollstreckungsvertrages vom 19. 7. 1966 NJW 1970, 1478; *Ganske* Der deutsch-tunesische Rechtshilfe- und Vollstreckungsvertrag in Zivil- und Handelssachen vom 19. 7. 1966 AWD 1970, 145.

Kapitel II

Befreiung von der Sicherheitsleistung für die Prozeßkosten

Art. 3 Deutsch-tunesischer Vertrag 1966

(1) In Zivil- und Handelssachen darf den Angehörigen des einen Staates, die vor den Gerichten des anderen Staates als Kläger oder Intervenienten auftreten, wegen ihrer Eigenschaft als Ausländer oder mangels eines inländischen Wohnsitzes oder Aufenthalts eine Sicherheitsleistung oder Hinterlegung, unter welcher Bezeichnung es auch sei, nicht auferlegt werden. Diese Befreiung wird nur solchen Angehörigen eines Staates gewährt, die in einem der beiden Staaten ihren Wohnsitz oder gewöhnlichen Aufenthalt haben.

(2) Das gleiche gilt für Vorschüsse, die von den Klägern oder Intervenienten zur Deckung der Gerichtskosten einzufordern wären.

Kapitel III

Gewährung des Armenrechts *(der Prozeßkostenhilfe)*

Art. 4 Deutsch-tunesischer Vertrag 1966

In Zivil- und Handelssachen werden die Angehörigen des einen Staates in dem anderen Staate zum Armenrecht ebenso wie die eigenen Staatsangehörigen zugelassen, sofern sie sich nach den gesetzlichen Vorschriften des Staates richten, in dem das Armenrecht nachgesucht wird.

Art. 5 Deutsch-tunesischer Vertrag 1966

(1) Die Bescheinigung des Unvermögens ist von der zuständigen Behörde des gewöhnlichen Aufenthaltsortes des Antragstellers und beim Fehlen eines solchen von der zuständigen Behörde seines derzeitigen Aufenthaltsortes auszustellen.

(2) Liegt der Ort des gewöhnlichen oder derzeitigen Aufenthalts des Antragstellers nicht in einem der beiden Staaten, so kann die Bescheinigung auch durch den zuständigen diplomatischen oder konsularischen Vertreter des Staates, dem der Antragsteller angehört, ausgestellt werden.

(3) Hält der Antragsteller sich nicht in dem Staat auf, in dem das Armenrecht nachgesucht wird, so ist die Bescheinigung des Unvermögens von einem diplomatischen oder konsularischen Vertreter des Staates, in dem sie vorgelegt werden soll, kostenfrei zu legalisieren; die im Abs. 2 vorgesehene Bescheinigung des diplomatischen oder konsularischen Vertreters bedarf keiner Legalisation.

Art. 6 Deutsch-tunesischer Vertrag 1966

(1) Die Behörde, die für die Ausstellung der Bescheinigung des Unvermögens zuständig ist, kann bei den Behörden des Staates, dem der Antragsteller angehört, Auskünfte über seine Vermögenslage einholen.

(2) Die Gerichte oder Behörden, die über den Antrag auf Bewilligung des Armenrechts zu entscheiden haben, sind an die Bescheinigung des Unvermögens nicht gebunden und berechtigt, ergänzende Angaben zu verlangen.

Art. 7 Deutsch-tunesischer Vertrag 1966

(1) Hält sich der Antragsteller nicht in dem Staat auf, in dem das Armenrecht nachgesucht werden soll, so kann sein Antrag auf Bewilligung des Armenrechts zusammen mit der Bescheinigung des Unvermögens und gegebenenfalls mit weiteren für die Behandlung des Antrags sachdienlichen Unterlagen durch den Konsul seines Staates der zuständigen Empfangsstelle des anderen Staates übermittelt werden.

(2) Diese Empfangsstelle ist:
1. in der Bundesrepublik Deutschland der Präsident des Landgerichts oder der Präsident des Amtsgerichts,
2. in der Tunesischen Republik der Procureur de la République près le tribunal de première instance (Staatsanwalt bei dem Gericht erster Instanz),
in dessen Bezirk das Armenrecht nachgesucht werden soll.

(3) Ist die Stelle, welcher der Antrag auf Bewilligung des Armenrechts übermittelt worden ist, nicht zuständig, so gibt sie das Ersuchen von Amts wegen der zuständigen Empfangsstelle ab und benachrichtigt hiervon unverzüglich den Konsul.

(4) Die Bestimmungen, die in den Artikeln 20 und 23 für Rechtshilfeersuchen vorgesehen sind, gelten auch für die Übermittlung von Anträgen auf Bewilligung des Armenrechts und ihrer Anlagen.

ZWEITER TITEL

Rechtshilfe in Zivil- und Handelssachen

Kapitel I

Zustellung gerichtlicher und außergerichtlicher Schriftstücke

Erster Abschnitt

Zustellungsantrag

Art. 8 Deutsch-tunesischer Vertrag 1966

In Zivil- und Handelssachen stellen die Behörden des einen Staates Personen, die sich in seinem Hoheitsgebiet befinden, auf Antrag der Gerichte oder Behörden des anderen Staates gerichtliche oder außergerichtliche Schriftstücke zu.

Art. 9 Deutsch-tunesischer Vertrag 1966

(1) Der Antrag auf Zustellung ist von dem Konsul des ersuchenden Staates der zuständigen Empfangsstelle des ersuchten Staates zu übermitteln.

(2) Diese Empfangsstelle ist:
1. in der Bundesrepublik Deutschland der Präsident des Landgerichts oder der Präsident des Amtsgerichts, in dessen Bezirk sich der Empfänger aufhält,
2. in der Tunesischen Republik der Procureur Général de la République (Generalstaatsanwalt der Republik).

Art. 10 Deutsch-tunesischer Vertrag 1966

Der Antrag auf Zustellung hat zu bezeichnen:
1. das Gericht oder die Behörde, von dem oder von der er ausgeht,
2. den Namen und die Stellung der Parteien,
3. die genaue Anschrift des Empfängers,
4. die Art des zuzustellenden Schriftstücks.

Art. 11 Deutsch-tunesischer Vertrag 1966

(1) Der Zustellungsantrag und das zuzustellende Schriftstück müssen entweder in der Sprache des ersuchten Staates abgefaßt oder von einer Übersetzung in diese Sprache begleitet sein.

(2) Die Übersetzungen sind von einem amtlich bestellten oder vereidigten Übersetzer oder von einem diplomatischen oder konsularischen Vertreter eines der beiden Staaten als richtig zu bescheinigen.

(3) Der Antrag und seine Anlagen bedürfen keiner Legalisation und vorbehaltlich des Absatzes 2 keiner ähnlichen Förmlichkeit.

Art. 12 Deutsch-tunesischer Vertrag 1966

(1) Die Zustellung wird durch die Behörde bewirkt, die nach dem Recht des ersuchten Staates zuständig ist.

(2) Die ersuchte Behörde läßt das Schriftstück zustellen:
1. in der durch ihre innerstaatlichen Rechtsvorschriften für die Bewirkung gleichartiger Zustellungen vorgeschriebenen Form; die ersuchte Behörde darf jedoch zunächst versuchen, die Zustellung durch einfache Übergabe des Schriftstücks an den Empfänger zu bewirken, wenn dieser zur Annahme bereit ist;
oder
2. in einer von dem ersuchenden Gericht oder der ersuchenden Behörde gewünschten besonderen Form, sofern diese dem Recht des ersuchten Staates nicht zuwiderläuft.

Art. 13 Deutsch-tunesischer Vertrag 1966

(1) Die Zustellung kann nur abgelehnt werden, wenn der ersuchte Staat sie für geeignet hält, seine Hoheitsrechte oder seine Sicherheit zu gefährden.

(2) Die Zustellung darf nicht allein deshalb abgelehnt werden, weil der ersuchte Staat für die Sache, in welcher der Zustellungsantrag gestellt wird, die ausschließliche Zuständigkeit für seine Gerichte in Anspruch nimmt oder weil sein Recht ein Verfahren dieser Art nicht kennt.

Art. 14 Deutsch-tunesischer Vertrag 1966

(1) Zum Nachweis der Zustellung dient entweder ein mit Datum versehenes und vom Empfänger unterzeichnetes sowie von der ersuchten Behörde beglaubigtes Empfangsbekenntnis oder ein Zeugnis der Behörde des ersuchten Staates, aus dem sich die Tatsache, die Form und die Zeit der Zustellung ergeben.

(2) Die ersuchte Behörde übersendet die Urkunde, durch welche die Zustellung nachgewiesen wird, dem Konsul des ersuchenden Staates.

(3) Kann die Zustellung nicht bewirkt werden, so übersendet die ersuchte Behörde dem Konsul des ersuchenden Staates eine Urkunde, aus der sich der die Zustellung hindernde Umstand ergibt.

Art. 15 Deutsch-tunesischer Vertrag 1966

(1) Für Zustellungen dürfen Gebühren oder Auslagen irgendwelcher Art nicht erhoben werden.

(2) Der ersuchte Staat ist jedoch berechtigt, von dem ersuchenden Staat die Erstattung der Auslagen zu verlangen, die dadurch entstanden sind, daß bei der Zustellung eine besondere Form nach Art. 12 Abs. 2 Nr. 2 eingehalten worden ist. Der ersuchende Staat erstattet diese Kosten unverzüglich ohne Rücksicht darauf, ob er sie von den beteiligten Parteien zurückerhält oder nicht.

Art. 16 Deutsch-tunesischer Vertrag 1966

Jeder der beiden Staaten hat die Befugnis, Zustellungen an eigene Staatsangehörige, die sich im Hoheitsgebiete des anderen Staates befinden, durch seine diplomatischen oder konsularischen Vertreter ohne Anwendung von Zwang bewirken zu lassen. Kommen für die Beurteilung der Staatsangehörigkeit des Empfängers verschiedene Rechte in Betracht, so ist das Recht des Staates maßgebend, in dem die Zustellung bewirkt werden soll.

Zweiter Abschnitt

Besonderer Schutz des Beklagten bei Zustellung gerichtlicher Schriftstücke

Art. 17 Deutsch-tunesischer Vertrag 1966

(1) Ist zur Einleitung eines gerichtlichen Verfahrens des Zivil- oder Handelsrechts in dem einen Staate eine Klage, eine Vorladung oder ein anderes Schriftstück dem Beklagten in dem anderen Staate zuzustellen, so darf das Gericht, wenn sich der Beklagte auf das Verfahren nicht einläßt, keine Entscheidung erlassen, bevor nicht festgestellt ist, daß die Klage, die Vorladung oder das andere Schriftstück
1. dem Beklagten auf einem der in diesem Vertrage vorgesehenen Wege zugestellt oder
2. ihm tatsächlich ausgehändigt worden ist.

Die Zustellung oder Aushändigung muß so rechtzeitig erfolgt sein, daß der Beklagte in der Lage war, sich zu verteidigen.

(2) Sind jedoch seit der Übermittlung eines Zustellungsantrages an die Empfangsstelle des ersuchten Staates (Art. 9) acht Monate vergangen, so darf das Gericht, auch wenn die Voraussetzungen des Absatzes 1 nicht erfüllt sind, eine Entscheidung erlassen, sofern festgestellt wird, daß im ersuchenden Staat alle Maßnahmen getroffen worden sind, damit das Ersuchen hätte erledigt werden können.

(3) Die Bestimmungen dieses Artikels stehen dem Erlaß einstweiliger Maßnahmen einschließlich solcher, die auf eine Sicherstellung gerichtet sind, nicht entgegen.

Kapitel II

Rechtshilfeersuchen

Art. 18 Deutsch-tunesischer Vertrag 1966

In Zivil- und Handelssachen nehmen die Gerichte des einen Staates auf Ersuchen der Gerichte des anderen Staates Beweisaufnahmen oder andere gerichtliche Handlungen innerhalb ihrer Zuständigkeit vor.

Art. 19 Deutsch-tunesischer Vertrag 1966

(1) Das Rechtshilfeersuchen ist von dem Konsul des ersuchenden Staates der zuständigen Empfangsstelle des ersuchten Staates zu übermitteln.
(2) Diese Empfangsstelle ist:
1. in der Bundesrepublik Deutschland der Präsident des Landgerichts oder der Präsident des Amtsgerichts, in dessen Bezirk die gewünschte Amtshandlung vorgenommen werden soll.
2. in der Tunesischen Republik der Procureur Général de la République (Generalstaatsanwalt der Republik).

Art. 20 Deutsch-tunesischer Vertrag 1966

(1) Das Rechtshilfeersuchen muß entweder in der Sprache des ersuchten Staates abgefaßt oder von einer Übersetzung in diese Sprache begleitet sein.
(2) Die Übersetzung ist von einem amtlich bestellten oder vereidigten Übersetzer oder von einem diplomatischen oder konsularischen Vertreter eines der beiden Staaten als richtig zu bescheinigen.
(3) Das Rechtshilfeersuchen bedarf keiner Legalisation und vorbehaltlich des Absatzes 2 keiner ähnlichen Förmlichkeit.

Art. 21 Deutsch-tunesischer Vertrag 1966

(1) Das ersuchte Gericht hat das Ersuchen in derselben Weise und unter denselben Bedingungen auszuführen wie ein entsprechendes Ersuchen eines Gerichts des ersuchten Staates.
(2) Dem Antrag des ersuchenden Gerichts, nach einer besonderen Form zu verfahren, ist zu entsprechen, sofern diese Form dem Recht des ersuchten Staates nicht zuwiderläuft.
(3) Das ersuchende Gericht ist auf sein Verlangen von der Zeit und dem Ort der auf das Ersuchen vorzunehmenden Handlung zu benachrichtigen, damit die beteiligten Parteien in der Lage sind, ihr beizuwohnen.

Art. 22 Deutsch-tunesischer Vertrag 1966

(1) Die Erledigung des Rechtshilfeersuchens kann nur abgelehnt werden:
1. wenn die Echtheit des Ersuchens nicht feststeht;
2. wenn die Erledigung des Ersuchens in dem ersuchten Staat nicht in den Bereich der Gerichtsbarkeit fällt;
3. wenn der ersuchte Staat die Erledigung für geeignet hält, seine Hoheitsrechte oder seine Sicherheit zu gefährden.
(2) Die Erledigung darf nicht allein deshalb abgelehnt werden, weil der ersuchte Staat für

die Sache, in der das Rechtshilfeersuchen gestellt wird, die ausschließliche Zuständigkeit für seine Gerichte in Anspruch nimmt oder weil sein Recht ein Verfahren dieser Art nicht kennt.

Art. 23 Deutsch-tunesischer Vertrag 1966

Ist das ersuchte Gericht nicht zuständig, so hat es das Rechtshilfeersuchen von Amts wegen an das zuständige Gericht des ersuchten Staates nach den von dessen Recht aufgestellten Regeln abzugeben. Über die Abgabe des Ersuchens ist der Konsul des ersuchenden Staates unter Bezeichnung des Gerichts, an welches das Ersuchen abgegeben wurde, unverzüglich zu benachrichtigen.

Art. 24 Deutsch-tunesischer Vertrag 1966

(1) Das ersuchte Gericht übersendet die Urkunde, aus der sich die Erledigung des Ersuchens ergibt, dem Konsul des ersuchenden Staates.
(2) Kann das Ersuchen nicht erledigt werden, so ist der Konsul des ersuchenden Staates hierüber unter Angabe der Gründe, die der Erledigung des Ersuchens entgegenstehen, zu unterrichten.

Art. 25 Deutsch-tunesischer Vertrag 1966

(1) Für die Erledigung eines Rechtshilfeersuchens dürfen Gebühren oder Auslagen irgendwelcher Art nicht erhoben werden.
(2) Der ersuchte Staat kann jedoch von dem ersuchenden Staat verlangen, daß dieser die Entschädigungen, die an Sachverständige oder Dolmetscher gezahlt worden sind, sowie die Auslagen erstattet, die durch die Erledigung des Rechtshilfeersuchens in einer besonderen Form (Art. 21 Abs. 2) entstanden sind. Der ersuchende Staat wird die Kosten ohne Rücksicht darauf, ob er sie von den beteiligten Parteien zurückerhält, unverzüglich erstatten.

Art. 26 Deutsch-tunesischer Vertrag 1966

Jeder der beiden Staaten hat die Befugnis, Rechtshilfeersuchen, die sich auf eigene Staatsangehörige im Hoheitsgebiete des anderen Staates beziehen, durch seine diplomatischen oder konsularischen Vertreter ohne Anwendung von Zwang ausführen zu lassen. Kommen für die Beurteilung der Staatsangehörigkeit der Person, auf die sich das Ersuchen bezieht, verschiedene Rechte in Betracht, so ist das Recht des Staates maßgebend, in dem das Rechtshilfeersuchen ausgeführt werden soll.

DRITTER TEIL

Anerkennung und Vollstreckung gerichtlicher Entscheidungen in Zivil- und Handelssachen

Kapitel I

Anerkennung gerichtlicher Entscheidungen

Art. 27 Deutsch-tunesischer Vertrag 1966

402 (1) In Zivil- und Handelssachen werden Entscheidungen der Gerichte des einen Staates in dem anderen Staat anerkannt, wenn sie die Rechtskraft erlangt haben.
(2) Unter Entscheidungen im Sinne dieses Kapitels sind alle gerichtlichen Entscheidungen ohne Rücksicht auf ihre Benennung (Urteile, Beschlüsse, Vollstreckungsbefehle) und ohne Rücksicht darauf zu verstehen, ob sie in einem Verfahren der streitigen oder der freiwilligen Gerichtsbarkeit ergangen sind. Ausgenommen sind jedoch diejenigen Entscheidungen der freiwilligen Gerichtsbarkeit, die in einem einseitigen Verfahren erlassen sind.
(3) Als gerichtliche Entscheidungen gelten auch die Beschlüsse der Urkundsbeamten, durch die der Betrag der Kosten des Prozesses später festgesetzt wird.
(4) Einstweilige Anordnungen, die auf eine Geldleistung lauten, werden anerkannt, auch wenn sie die Rechtskraft noch nicht erlangt haben.

1. Anwendungsbereich

403 Das Recht des **Urteilsstaates** ist maßgebend für die Frage, ob eine »Zivil- und Handelssache« im Sinne von Art. 27 des Vertrages vorliegt. Es kommt nicht auf die gerichtsorganisatorische Einordnung an. Entscheidend ist vielmehr der Gegenstand der Entscheidung. Danach fallen auch arbeitsgerichtliche Entscheidungen und Adhäsionsurteile unter den Vertrag[901].

2. Rechtskraft; Sonstiges

404 Art. 27 Abs. 1 erfordert **formelle Rechtskraft** in dem Sinne, daß im Urteilsstaat keine ordentlichen Rechtsmittel mehr statthaft sind[902]. Vorläufig vollstreckbare Entscheidungen sind ausgeschlossen. Eine Ausnahme gilt nach Abs. 4 für auf Geldleistungen lautende einstweilige Anordnungen. Darunter gehören wohl auch einstweilige Unterhaltsverfügungen, nicht aber Arrest und sonstige einstweilige Verfügungen[903]. Entscheidungen in **einseitigen FGG-Verfahren** werden nach Abs. 2 S. 2 nicht anerkannt. Nach Nr. 2 des Zusatzprotokolls (→ Rdnr. 420) können diese Entscheidungen aber gemäß § 16 a FGG anerkannt werden. Von der Anerkennung ausgeschlossen sind nach Art. 28 Abs. 2 die dort genannten insolvenzrechtlichen Entscheidungen und solche der sozialen Sicherheit. Dagegen sind **Kostenfestsetzungsbeschlüsse** nach Art. 27 Abs. 3 anerkennungsfähig.

Art. 28 Deutsch-tunesischer Vertrag 1966

405 (1) In Angelegenheiten, die den Ehe- oder Familienstand, die Rechts- oder Handlungsfähigkeit oder die gesetzliche Vertretung einer Person betreffen, gilt dieser Titel nur für Entscheidungen in Ehe- oder Unterhaltssachen.

---

[901] *Nagel/Gottwald* IZVR[4] 531.
[902] Denkschrift BT-Drucks. V Nr. 3167 S. 54.
[903] MünchKommZPO/*Gottwald* IZPR Art. 27 Rdnr. 2.

(2) Dieser Titel findet keine Anwendung:
1. auf Entscheidungen, die in einem Konkurs-, einem Vergleichs- oder einem entsprechenden Verfahren ergangen sind, einschließlich der Entscheidungen, durch die für ein solches Verfahren über die Wirksamkeit von Rechtshandlungen des Schuldners gegenüber den Gläubigern erkannt wird;
2. auf Entscheidungen in Angelegenheiten der sozialen Sicherheit.

Nach Abs. 1 sind von den **familienrechtlichen Entscheidungen** nur solche in Ehe- oder Unterhaltssachen anerkennungsfähig. Personenstandssachen sind ausgeschlossen. Wegen Nr. 2 des Zusatzprotokolls (→ Rdnr. 420) sind aber auch die gemäß Abs. 1 des Vertrages ausgeschlossenen Gebiete nach dem autonomen Anerkennungsrecht des § 328 ZPO anerkennungsfähig, wenn dessen Voraussetzungen vorliegen. Die internationale Anerkennungszuständigkeit in Ehesachen ergibt sich aus Art. 32.

406

Art. 29 Deutsch-tunesischer Vertrag 1966

(1) Die Anerkennung der Entscheidung darf nur versagt werden:
1. wenn für die Gerichte des Entscheidungsstaates eine Zuständigkeit im Sinne der Art. 31 und 32 nicht anzuerkennen ist;
2. wenn die Anerkennung der öffentlichen Ordnung des Anerkennungsstaates widerspricht;
3. wenn die Entscheidung durch betrügerische Machenschaften erwirkt worden ist;
4. wenn ein Verfahren zwischen denselben Parteien und wegen desselben Gegenstandes vor einem Gericht des Anerkennungsstaates anhängig ist und wenn dieses Gericht zuerst angerufen wurde;
5. wenn die Entscheidung mit einer im Anerkennungsstaat ergangenen rechtskräftigen Entscheidung unvereinbar ist.
(2) Hat sich der Beklagte auf das Verfahren nicht eingelassen, so kann die Anerkennung der Entscheidung auch versagt werden, wenn die Klage, die Vorladung oder ein anderes der Einleitung des Verfahrens dienendes Schriftstück dem Beklagten nicht nach dem Recht des Entscheidungsstaates und, wenn er sich im Zeitpunkt der Einleitung des Verfahrens im Anerkennungsstaat befand, nicht auf einem der in den Art. 8 bis 16 vorgesehenen Wege zugestellt worden ist. Auch wenn die Zustellung auf diese Weise durchgeführt worden ist, darf die Anerkennung versagt werden, wenn der Beklagte nachweist, daß er ohne sein Verschulden von der Klage, der Vorladung oder dem anderen der Einleitung des Verfahrens dienenden Schriftstück nicht zeitig genug Kenntnis erhalten hat.
(3) Die Anerkennung von Entscheidungen, durch welche die Kosten dem mit der Klage abgewiesenen Kläger auferlegt wurden, kann nur abgelehnt werden, wenn sie der öffentlichen Ordnung des Anerkennungsstaates widerspricht. Diese Bestimmung ist auch auf die in Art. 27 Abs. 3 angeführten Entscheidungen anzuwenden.

407

1. Bedeutung

Art. 29 zählt abschließend die **Versagungsgründe** für die Anerkennung auf. Die Versagungsgründe hat der Anerkennungsrichter mit Ausnahme von Abs. 2 S. 2 (Rechtzeitigkeit der Ladung) von Amts wegen zu prüfen. Der Beklagte trägt hier nicht nur die Behauptungs- und Beweislast, sondern er hat die nicht rechtzeitige Ladung auch im Wege der Einrede geltend zu machen. Das **Günstigkeitsprinzip** ist auch im deutsch-tunesischen Vertrag maßgebend (→ Rdnr. 2 f.), wenngleich es im Schlußprotokoll (→ Rdnr. 420) nur unvollkommen zum Ausdruck gelangt ist.

408

2. Einzelheiten

409 Wegen Nr. 1 liegt ein Versagungsgrund vor, wenn die vertraglich festgelegte **Anerkennungszuständigkeit** der Art. 31, 32 nicht gegeben ist. Nr. 2 betrifft den üblichen **ordre public-Vorbehalt**, dessen Voraussetzungen sich nach deutschem Recht bestimmen, wenn Deutschland Anerkennungsstaat ist (→ Rdnr. 123 ff.). Wie in Art. III Abs. 1 Buchst. c Nr. 2 des deutsch-britischen Abkommens (→ Rdnr. 364) erfaßt Nr. 3 den Prozeßbetrug als eigens aufgezählten Unterfall des prozessualen ordre public. Nr. 4 entspricht dem Versagungsgrund von § 328 Abs. 1 Nr. 3 ZPO a. E. und berücksichtigt für die Rechtshängigkeit im Anerkennungsstaat das **Prioritätsprinzip** (→ Rdnr. 117). Nr. 5 sichert den stets zu beachtenden Vorrang der Entscheidung des Anerkennungsstaates und entspricht damit ebenfalls dem deutschen autonomen Recht (→ Rdnr. 117 f.). Auf die Priorität des Urteils des Anerkennungsstaates kommt es nicht an, was hier rechtspolitisch genauso verfehlt ist wie im deutschen autonomen Recht. Nach Abs. 2 ist die Entscheidung bei **Nichteinlassung** des Beklagten nur anerkennungsfähig, wenn das verfahrenseinleitende Schriftstück nach dem Recht des Urteilsstaates ordnungsgemäß zugestellt worden und zusätzlich rechtzeitig geladen worden ist. Hat sich der Beklagte bei der Zustellung im Anerkennungsstaat aufgehalten, so ist nach Abs. 2 S. 1 die Zustellung nach den Normen des deutsch-tunesischen Vertrages erforderlich.

410 Nach Abs. 3 werden **Kostenentscheidungen** gegen den unterlegenen Kläger samt den darauf aufruhenden Entscheidungen mit Ausnahme von ordre public-Verstößen stets anerkannt. Die Vorschrift ist den Art. 18, 19 des Haager Zivilprozeßübereinkommens 1954 nachgebildet, dessen Vertragspartner Tunesien nicht ist (→ Rdnr. 248).

Art. 30 Deutsch-tunesischer Vertrag 1966

411 (1) Die Anerkennung darf nicht allein deshalb versagt werden, weil das Gericht, das die Entscheidung erlassen hat, nach den Regeln seines internationalen Privatrechts andere Gesetze angewendet hat, als sie nach dem internationalen Privatrecht des Anerkennungsstaates anzuwenden gewesen wären.

(2) Die Anerkennung darf jedoch aus dem in Abs. 1 genannten Grunde versagt werden, wenn die Entscheidung auf der Beurteilung eines ehe- oder sonstigen familienrechtlichen Verhältnisses, der Rechts- oder Handlungsfähigkeit, der gesetzlichen Vertretung oder eines erbrechtlichen Verhältnisses eines Angehörigen des Anerkennungsstaates beruht. Das gleiche gilt für eine Entscheidung, die auf der Beurteilung der Rechts- oder Handlungsfähigkeit einer juristischen Person, einer Gesellschaft oder einer Vereinigung beruht, sofern diese nach dem Recht des Anerkennungsstaates errichtet ist und in diesem Staate ihren Sitz oder ihre Hauptniederlassung hat. Die Entscheidung ist dennoch anzuerkennen, wenn sie auch bei Anwendung des internationalen Privatrechts des Anerkennungsstaates gerechtfertigt wäre.

412 Art. 30 betrifft den eingeschränkten **kollisionsrechtlichen ordre public**. Auch wenn es nach Abs. 2 zu einer im Ergebnis abweichenden Beurteilung einer internationalprivatrechtlichen Vorfrage in einer Statussache kommen sollte, ist die Entscheidung in Deutschland nach dem **Günstigkeitsprinzip** (→ Rdnr. 2 f.) gleichwohl im Anwendungsbereich des § 328 anerkennungsfähig. Das deutsche Recht kennt einen derartigen kollisionsrechtlichen ordre public nicht mehr.

Art. 31 Deutsch-tunesischer Vertrag 1966

413 (1) Die Zuständigkeit der Gerichte des Entscheidungsstaates wird im Sinne des Art. 29 Abs. 1 Nr. 1 anerkannt:

1. wenn zur Zeit der Einleitung des Verfahrens der Beklagte in dem Entscheidungsstaate seinen Wohnsitz oder gewöhnlichen Aufenthalt oder, falls es sich um eine juristische Person, eine Gesellschaft oder eine Vereinigung handelt, seinen Sitz oder seine Hauptniederlassung hatte;
2. wenn der Beklagte im Entscheidungsstaat eine geschäftliche Niederlassung oder Zweigniederlassung hatte und für Ansprüche aus deren Betriebe belangt worden ist;
3. wenn die Klage das Bestehen eines Arbeitsverhältnisses oder Ansprüche aus einem Arbeitsverhältnis zum Gegenstand hatte und wenn der Betrieb oder die Arbeitsstelle, wo die Arbeit zu leisten war, im Entscheidungsstaat lag; wurde der Arbeitnehmer von seinem Unternehmen oder Betrieb aus zu einer Tätigkeit in den anderen Staat oder in einen dritten Staat entsandt oder wurde der Arbeitnehmer von seinem Unternehmen oder Betrieb zu einer Tätigkeit in dem anderen Staat oder einem dritten Staat eingesetzt und erhielt er von dem Unternehmen oder Betrieb aus auch seine Anweisungen, so sind die Gerichte des Staates zuständig, in dem das Unternehmen oder der Betrieb seinen Sitz hatte;
4. wenn die Klage einen Unterhaltsanspruch zum Gegenstand hatte und wenn der Unterhaltsberechtigte zur Zeit der Einleitung des Verfahrens in dem Entscheidungsstaat seinen Wohnsitz oder gewöhnlichen Aufenthalt hatte;
5. wenn die Klage auf eine unerlaubte Handlung oder auf eine Handlung, die nach dem Recht des Entscheidungsstaates einer unerlaubten Handlung gleichgestellt wird, gegründet worden ist und wenn der Täter sich bei Begehung der schädigenden Handlung im Hoheitsgebiete des Entscheidungsstaates aufgehalten hatte;
6. wenn mit der Klage ein Recht an einer unbeweglichen Sache oder ein Anspruch aus einem Recht an einer solchen Sache geltend gemacht worden ist und wenn die unbewegliche Sache im Entscheidungsstaat belegen ist;
7. wenn die Klage in einer Erbschaftsstreitigkeit erhoben worden ist und wenn der Erblasser Angehöriger des Entscheidungsstaates war oder wenn der Erblasser Angehöriger eines dritten Staates war und seinen letzten Wohnsitz im Entscheidungsstaate hatte, und zwar ohne Rücksicht darauf, ob zu dem Nachlaß bewegliche oder unbewegliche Sachen gehören;
8. wenn es sich um eine Widerklage gehandelt hat, bei welcher der Gegenanspruch mit der im Hauptprozeß erhobenen Klage im rechtlichen Zusammenhang stand, und wenn für die Gerichte des Entscheidungsstaates eine Zuständigkeit im Sinne dieses Vertrages zur Entscheidung über die im Hauptprozeß erhobene Klage selbst anzuerkennen ist;
9. wenn mit der Klage ein Anspruch auf Schadensersatz oder auf Herausgabe des Erlangten deshalb geltend gemacht worden ist, weil eine Vollstreckung aus einer Entscheidung eines Gerichts des anderen Staates betrieben worden war, die in diesem Staat aufgehoben oder abgeändert worden ist.
(2) Die Zuständigkeit der Gerichte des Entscheidungsstaates wird jedoch nicht anerkannt, wenn nach dem Recht des Anerkennungsstaates dessen Gerichte für die Klage, die zu der Entscheidung geführt hat, ausschließlich zuständig sind.

Art. 31 regelt in einem umfangreichen Katalog die **internationale Anerkennungszuständigkeit** für vermögensrechtliche Streitigkeiten. Die Anerkennungszuständigkeit für nicht vermögensrechtliche Streitigkeiten ist gesondert in Art. 32 aufgeführt. Auf das einzelstaatliche Recht kommt es nach Abs. 2 nur an, wenn der Anerkennungsstaat kraft Gesetzes seine eigenen Gerichte für international **ausschließlich** zuständig erklärt hat. Unerheblich ist es, wenn er die ausschließliche Zuständigkeit eines Drittstaates vorschreibt. Der Vorbehalt des Abs. 2 gilt nach Nr. 4 des Zusatzprotokolls (→ Rdnr. 420) nicht für die dort bezeichneten Fälle. Dagegen sind vertragliche Anerkennungszuständigkeiten nicht aus einer Gerichtsstandsvereinba-   **414** rung oder einer rügelosen Einlassung zu begründen[904]. Auch der Gerichtsstand des Erfüllungsorts ist ausgeschlossen.

Art. 32 Deutsch-tunesischer Vertrag 1966

415 (1) In Ehesachen sind die Gerichte des Entscheidungsstaates im Sinne dieses Titels zuständig, wenn beide Ehegatten nicht die Staatsangehörigkeit des Anerkennungsstaates besitzen; gehören beide Ehegatten einem dritten Staate an, so wird die Zuständigkeit der Gerichte des Entscheidungsstaates nicht anerkannt, wenn die Entscheidung nicht in dem dritten Staate anerkannt würde.
(2) Besaß auch nur einer der beiden Ehegatten die Staatsangehörigkeit des Anerkennungsstaates, so sind die Gerichte des Entscheidungsstaates im Sinne dieses Titels zuständig, wenn der Beklagte zur Zeit der Einleitung des Verfahrens seinen gewöhnlichen Aufenthalt im Entscheidungsstaat hatte oder wenn die Ehegatten ihren letzten gemeinsamen gewöhnlichen Aufenthalt im Entscheidungsstaat hatten und einer der Ehegatten zur Zeit der Einleitung des Verfahrens sich im Entscheidungsstaat aufhielt.

416 Art. 32 betrifft die **internationale Anerkennungszuständigkeit** in Ehesachen. Die Vorschrift ist für die Anerkennung ungünstiger als § 606a ZPO in spiegelbildlicher Anwendung. So ist nach Art. 32 eine Entscheidung nicht anerkennungsfähig, wenn beide Ehegatten Angehörige des Zweitstaates sind, selbst wenn beide Ehegatten ihren Wohnsitz im Urteilsstaat haben[905]. Dagegen würde bei deutschen Ehegatten die spiegelbildliche Anwendung des § 606a Nr. 2 ZPO die Anerkennung gestatten. Wegen des **Günstigkeitsprinzips** ist m.E. der Rückgriff auf das autonome Recht immer zulässig, so daß Art. 32 bedeutungslos ist (→ Rdnr. 2f.)[906].

Art. 33 Deutsch-tunesischer Vertrag 1966

417 Wird die in einem Staate ergangene Entscheidung in dem anderen Staate geltend gemacht, so darf nur geprüft werden, ob einer der in Art. 29 und in Art. 30 Abs. 2 genannten Versagungsgründe vorliegt.

418 Die im Vertrag aufgeführten **Versagungsgründe** sind nach Art. 33 abschließend. Für die Vollstreckbarerklärung findet sich die Parallelnorm in Art. 39 Abs. 2. Der Sache nach handelt es sich um das Verbot der révision au fond (→ Rdnr. 276). Der Vertrag sieht aber keine Bindung an die tatsächlichen Feststellungen des Urteilsstaates vor.

Kapitel IV

Sonstige Bestimmungen

Art. 44 Deutsch-tunesischer Vertrag 1966

419 (1) Die Gerichte des einen Staates werden auf Antrag einer Prozeßpartei die Klage zurückweisen oder, falls sie es für zweckmäßig erachten, das Verfahren aussetzen, wenn ein Verfahren zwischen denselben Parteien und wegen desselben Gegenstandes in dem anderen Staate

---

[904] Nagel/Gottwald IZVR[4] 533; Cramer-Frank (Fn. 766) 137; MünchKommZPO/Gottwald IZPR Art. 30, 31 Rdnr. 2.
[905] AG Mönchengladbach IPRax 1984, 101 mit Anm. Jayme.

[906] Ebenso MünchKommZPO/Gottwald § 328 Rdnr. 151; anders aber wohl ders. IZPR Art. 32 Rdnr. 4; keine Stellungnahme bei Baumbach/Lauterbach/Albers[56] Schlußanhang V B 8 Rdnr. 3.

bereits anhängig ist und in diesem Verfahren eine Entscheidung ergehen kann, die in ihrem Staate anzuerkennen sein wird.

(2) Jedoch können in Eilfällen die Gerichte eines jeden Staates die in ihrem Recht vorgesehenen einstweiligen Maßnahmen einschließlich solcher, die auf eine Sicherung gerichtet sind, anordnen und zwar ohne Rücksicht darauf, welches Gericht mit der Hauptsache befaßt ist.

Art. 45 Deutsch-tunesischer Vertrag 1966

Dieser Titel berührt nicht die Bestimmungen anderer Verträge, die zwischen beiden Staaten gelten und die für besondere Rechtsgebiete die Anerkennung und Vollstreckung gerichtlicher Entscheidungen regeln.

Art. 46 Deutsch-tunesischer Vertrag 1966

Die Vorschriften dieses Titels sind nur auf solche gerichtlichen Entscheidungen und Vergleiche sowie auf solche öffentlichen Urkunden anzuwenden, die nach dem Inkrafttreten dieses Vertrages erlassen oder errichtet werden.

Art. 47–57 Deutsch-tunesischer Vertrag 1966

(Art. 47–53 betreffen *Schiedsvereinbarungen* und *Schiedssprüche* in Handelssachen, diese Vorschriften sind im → Anhang zu § 1044 Rdnr. 137 abgedruckt. Art. 54–57 enthalten Schlußvorschriften).

2. Protokoll vom 19. 7. 1966 zum deutsch-tunesischen Vertrag

1. Die in dem Art. 7 Abs. 4, den Artikeln 11 und 20 sowie dem Art. 38 Abs. 1 Nr. 5 vorgesehenen Übersetzungen werden beiderseits in französischer Sprache abgefaßt.
2. Die in dem Art. 27 Abs. 2 Satz 2 erwähnten oder durch Art. 28 Abs. 1 ausgenommenen Entscheidungen, die in dem einen Staate ergangen sind, können in dem anderen Staate gemäß dessen innerstaatlichen Rechtsvorschriften einschließlich der Regeln des internationalen Privatrechts anerkannt werden.
3. Ändert ein Staat seine Gerichtsorganisation, so teilt er dem anderen Staate die neuen zuständigen Behörden mit, die an die Stelle der in diesem Vertrage vorgesehenen Behörden treten.
4. Als eine ausschließliche Zuständigkeit im Sinne des Artikels 31 Abs. 2 ist es nicht anzusehen, wenn das Recht eines Vertragsstaates für Verfahren von öffentlichen Unternehmen (offices) oder Gesellschaften, die im Eigentum dieses Staates stehen (sociétés nationales) oder an deren Kapital dieser Staat beteiligt ist, seine Gerichte für ausschließlich zuständig erklärt.
5. Ein Versagungsgrund gemäß Art. 47 Abs. 3 Nr. 3 ist nicht allein deshalb gegeben, weil die Schiedsvereinbarung von öffentlichen Unternehmen (offices) oder von Gesellschaften geschlossen worden ist, die im Eigentum dieses Staates stehen (sociétés nationales) oder an deren Kapital dieser Staat beteiligt ist.

Das Protokoll vom 19. 7. 1966 (BGBl 1969 II 928) gilt als Bestandteil des Vertrages.

X. Deutsch-israelischer Vertrag vom 20. 7. 1977 über die gegenseitige Anerkennung und Vollstreckung gerichtlicher Entscheidungen in Zivil- und Handelssachen

422 Das Abkommen ist am 1. 1. 1981 in Kraft getreten[907]. Abgedruckt sind hier die für die Anerkennung bedeutsamen Art. 1 bis 9. Die Art. 10 bis 28 sind abgedruckt und kommentiert bei → *Münzberg* Anhang zu § 723 Rdnr. 155 ff. Für die Ausführung maßgebend ist das AVAG, insbesondere dessen Art. 50 bis 55. Sie sind abgedruckt bei → *Münzberg* Anhang zu § 723 Rdnr. 350 ff. Der Vertrag ist in seinem Anerkennungs- und Vollstreckungsverfahren durch das **EuGVÜ** beeinflußt, so daß zur Auslegung die dafür entwickelten Grundsätze mit herangezogen werden können[908].

Erster Abschnitt

Grundsatz der Anerkennung und Vollstreckung

Art. 1 Deutsch-israelischer Vertrag 1977

423 In Zivil- und Handelssachen werden Entscheidungen der Gerichte in einem Vertragsstaat im anderen Vertragsstaat unter den in diesem Vertrag vorgesehenen Bedingungen anerkannt und vollstreckt.

1. Zivil- und Handelssachen

424 Maßgebend ist wie sonst auch der **Gegenstand der Entscheidung**. Es kommt auf das materielle Recht des Urteilsstaates an[909]. Darunter fallen insbesondere auch arbeitsgerichtliche Entscheidungen. Anerkennungsfähig sind auch israelische Unterhaltsentscheidungen religiöser Gerichte[910].

2. Ausnahmen

425 Die Ausnahmen finden sich aufgezählt in Art. 4 und Art. 2. Unter den Vertrag fallen nach Art. 23 auch **Kostenentscheidungen** und nach Art. 2 Abs. 1 S. 1 HS. 2 auch **Prozeßvergleiche**. Der Kreis der anerkennungsfähigen Entscheidungen wird vor allem durch Art. 4 stark eingeschränkt. Herausgenommen sind vor allem **Ehesachen**. Zeitliche Beschränkungen finden sich in Art. 26. Soweit der Vertrag nicht eingreift, kommt eine Anerkennung nach dem Günstigkeitsprinzip, insbesondere unter den Voraussetzungen des § 328 ZPO, in Betracht[911].

Art. 2 Deutsch-israelischer Vertrag 1977

426 (1) Unter Entscheidungen im Sinne dieses Vertrages sind alle gerichtlichen Entscheidungen ohne Rücksicht auf ihre Benennung (Urteile, Beschlüsse, Vollstreckungsbefehle) und ohne

---

[907] BGBl 1980 II 925; Bek. vom 12. 12. 1980 BGBl II 1531. – Lit. (außer Fn. 766): Deutsche Denkschrift BT-Drucks. 8/3866 S. 11 ff.; *Pirrung* Zu den Anerkennungs- und Vollstreckungsverträgen der Bundesrepublik Deutschland mit Israel und Norwegen IPRax 1982, 130; *Scheftelowitz* Israelische Rechtshilfe in Zivilsachen RIW 1982, 172; *Siehr* Die Anerkennung und Vollstreckung israelischer Zivilentscheidungen in der Bundesrepublik Deutschland RabelsZ 50 (1986) 586.

[908] *Bülow/Böckstiegel/Geimer/Schütze/Pirrung* (Fn. 766) Nr. 625.1.
[909] *Waehler* (Fn. 766) Rdnr. 50; MünchKommZPO/*Gottwald* IZPR Art. 1 Rdnr. 1 läßt es genügen, wenn eine Zivil- oder Handelssache alternativ nach dem Recht eines der Vertragsstaaten vorliegt.
[910] *Siehr* RabelsZ 50 (1986) 589, 592; *Nagel/Gottwald* IZVR⁴ 503; Denkschrift (Fn. 907) 11.
[911] *Baumbach/Lauterbach/Albers*⁵⁶ Schlußanhang V B 9 Art. 2 Rdnr. 2.

Rücksicht darauf zu verstehen, ob sie in einem Verfahren der streitigen oder der freiwilligen Gerichtsbarkeit ergangen sind; hierzu zählen auch die gerichtlichen Vergleiche. Ausgenommen sind jedoch diejenigen Entscheidungen der freiwilligen Gerichtsbarkeit, die in einem einseitigen Verfahren erlassen sind.

(2) Gerichtliche Entscheidungen sind insbesondere auch
1. die Beschlüsse eines Rechtspflegers, durch die der Betrag des für ein Kind zu leistenden Unterhalts festgesetzt wird, die Beschlüsse eines Urkundsbeamten oder eines Rechtspflegers, durch die der Betrag der Kosten des Verfahrens später festgesetzt wird, und Vollstreckungsbefehle;
2. Entscheidungen des Registrars im Versäumnisverfahren, im Urkundenprozeß, in Kostensachen und in arbeitsrechtlichen Angelegenheiten.

Unter den Vertrag fallen **gerichtliche Entscheidungen** aller Art. Ausgenommen sind nach Abs. 1 S. 2 einseitig ergangene Entscheidungen der freiwilligen Gerichtsbarkeit. Adhäsionsentscheidungen sind nach Art. 4 Abs. 1 Nr. 3 von der Anerkennung ausgeschlossen. Anerkennungsfähig sind nach Art. 2 Abs. 1 S. 1 HS. 2 auch Prozeßvergleiche, nicht jedoch deutsche vollstreckbare Urkunden. 427

Zweiter Abschnitt

Anerkennung gerichtlicher Entscheidungen

Art. 3 Deutsch-israelischer Vertrag 1977

Die in Zivil- oder Handelssachen über Ansprüche der Parteien ergangenen Entscheidungen der Gerichte in dem einen Staat, die nicht mehr mit einem ordentlichen Rechtsmittel angefochten werden können, werden in dem anderen Staat anerkannt. 428

Der Vertrag betrifft nach Art. 3 grundsätzlich nur **rechtskräftige Entscheidungen**. Eine wichtige Ausnahme ergibt sich aber für die in Art. 4 Abs. 2 genannten Unterhaltsentscheidungen. Nach Art. 20 können auch nicht rechtskräftige Unterhaltsentscheidungen anerkannt und vollstreckt werden. Darunter fallen auch vorläufige Unterhaltsentscheidungen[912]. Sonstige einstweilige Verfügungen oder Anordnungen und Arreste sind jedoch nach Art. 4 Abs. 1 Nr. 7 von der Anerkennung nach dem Vertrag ausgeschlossen. 429

Art. 4 Deutsch-israelischer Vertrag 1977

(1) Die Bestimmungen dieses Vertrages finden keine Anwendung: 430
1. auf Entscheidungen in Ehesachen oder anderen Familienstandssachen und auf Entscheidungen, die den Personenstand oder die Handlungsfähigkeit von Personen zum Gegenstand haben, sowie auf Entscheidungen in Angelegenheiten des ehelichen Güterrechts;
2. auf Entscheidungen auf dem Gebiet des Erbrechts;
3. auf Entscheidungen, die in einem gerichtlichen Strafverfahren über Ansprüche aus einem Rechtsverhältnis des Zivil- und Handelsrechts ergangen sind;
4. auf Entscheidungen, die in einem Konkursverfahren, einem Vergleichsverfahren zur Abwendung des Konkurses oder einem entsprechenden Verfahren ergangen sind, einschließlich der Entscheidungen, durch die für ein solches Verfahren über die Wirksamkeit von Rechtshandlungen gegenüber den Gläubigern erkannt wird;

---

[912] *Bülow/Böckstiegel/Geimer/Schütze/Pirrung* (Fn. 766) Nr. 625.2.

5. auf Entscheidungen in Angelegenheiten der sozialen Sicherheit;
6. auf Entscheidungen in Atomhaftungssachen;
7. auf einstweilige Verfügungen oder Anordnungen und auf Arreste.

(2) Ungeachtet der Vorschriften des Absatzes 1 ist dieser Vertrag auf Entscheidungen anzuwenden, die Unterhaltspflichten zum Gegenstand haben.

431 Art. 4 schließt wichtige Rechtsgebiete aus dem Anwendungsbereich des Vertrages aus. Abs. 1 Nr. 1 und 2 nennt insbesondere Status-, Güterrechts- und Erbrechtssachen[913]. Wie in Art. 26 Abs. 2 klargestellt wird, gelten für die vom Vertrag ausgeschlossenen Angelegenheiten für beide Vertragsstaaten die allgemeinen Anerkennungs- und Vollstreckungsvorschriften des autonomen Rechts, für Deutschland also insbesondere die §§ 328, 722 ZPO, Art. 7 § 1 FamRÄndG. Wichtig ist die Unterausnahme des Abs. 2 für **Unterhaltsentscheidungen** (→ Rdnr. 429).

Art. 5 Deutsch-israelischer Vertrag 1977

432 (1) Die Anerkennung darf nur versagt werden:
1. wenn für die Gerichte im Entscheidungsstaat keine Zuständigkeit im Sinne des Artikels 7 oder auf Grund einer Übereinkunft, der beide Vertragsstaaten angehören, gegeben ist;
2. wenn die Anerkennung der Entscheidung der öffentlichen Ordnung des Anerkennungsstaats widerspricht;
3. wenn die Entscheidung auf betrügerischen Machenschaften während des Verfahrens beruht;
4. wenn die Anerkennung der Entscheidung geeignet ist, die Hoheitsrechte oder die Sicherheit des Anerkennungsstaats zu beeinträchtigen;
5. wenn ein Verfahren zwischen denselben Parteien und wegen desselben Gegenstandes vor einem Gericht im Anerkennungsstaat anhängig ist und wenn dieses Gericht zuerst angerufen wurde;
6. wenn in dem Anerkennungsstaat bereits eine mit einem ordentlichen Rechtsmittel nicht anfechtbare Entscheidung vorliegt, die unter denselben Parteien und wegen desselben Gegenstandes ergangen ist.

(2) Hat sich der Beklagte auf das Verfahren nicht eingelassen, so darf die Anerkennung der Entscheidung auch versagt werden, wenn
1. das der Einleitung des Verfahrens dienende Schriftstück dem Beklagten
   a) nach den Gesetzen des Entscheidungsstaats nicht wirksam oder
   b) unter Verletzung einer zwischenstaatlichen Übereinkunft oder
   c) nicht so rechtzeitig, daß er sich hätte verteidigen können,
   zugestellt worden ist;
2. der Beklagte nachweist, daß er sich nicht hat verteidigen können, weil ohne sein Verschulden das der Einleitung des Verfahrens dienende Schriftstück entweder überhaupt nicht oder nicht rechtzeitig genug zu seiner Kenntnis gelangt ist.

433 Art. 5 zählt die **Versagungsgründe** für die Anerkennung auf. Die Versagungsgründe sind mit Ausnahme von Art. 5 Abs. 2 Nr. 2 durch das Anerkennungsgericht von Amts wegen zu prüfen. Die ausnahmsweise Ausgestaltung als Einrede findet sich auch in anderen bilateralen Verträgen wie etwa in Art. 29 Abs. 2 S. 2 deutsch-tunesischer Vertrag (→ Rdnr. 408) oder Art. III Abs. 1 Buchst. b deutsch-britisches Abkommen (→ Rdnr. 363). Versagungsgründe sind im ein-

---

[913] Zu den Gründen *Bülow/Böckstiegel/Geimer/ Schütze/Pirrung* (Fn. 766) Nr. 625.2; Denkschrift (Fn. 907) 14 (»erhebliche Unterschiede des materiellen Rechts«).

zelnen nach Abs. 1 Nr. 1 die fehlende **Anerkennungszuständigkeit** nach dem Vertrag oder sonstigen multilateralen Übereinkommen. Abs. 1 Nr. 2 enthält den üblichen **ordre public-Vorbehalt**, der sich nach dem Recht des Anerkennungsstaates bemißt (→ Rdnr. 123ff.). Nr. 3 enthält einen Sonderfall des prozessualen ordre public (Prozeßbetrug), wie er sich auch in Art. 29 Abs. 1 Nr. 3 des deutsch-tunesischen Vertrages (→ Rdnr. 409) und in Art. III Abs. 1 Buchst. c Nr. 2 des deutsch-britischen Abkommens findet (→ Rdnr. 364). Die dem israelischen Recht entsprechende zusätzliche ordre public-Vorschrift des Abs. 1 Nr. 4 ist ebenfalls nur eine nähere Ausformung der Nr. 2. Nr. 5 entspricht als Sonderfall des prozessualen ordre public dem § 328 Abs. 1 Nr. 3 ZPO als Versagungsgrund wegen früherer inländischer Rechtshängigkeit (→ Rdnr. 117). Nr. 6 betrifft die Kollision des anzuerkennenden Urteils mit einem bereits vorliegenden rechtskräftigen Urteil des Anerkennungsstaates. Hier wird vorzugswürdig das Prioritätsprinzip verfolgt, das auch dem Art. 27 Nr. 5 EuGVÜ zugrunde liegt (→ Rdnr. 117). Eine Ergänzung bildet Art. 22. Abs. 2 versagt die Anerkennung, wenn sich der Beklagte auf das Verfahren nicht eingelassen hat (Hauptfall: Säumnis) und er nicht ordnungsgemäß (Abs. 2 Nr. 1) oder nicht rechtzeitig (Abs. 2 Nr. 2) geladen worden ist[914]. Maßgebend für das Recht der Zustellung ist das Recht des Urteilsstaates einschließlich der dort geltenden völkerrechtlichen Vereinbarungen. Einschlägig ist das **Haager Übereinkommen** über die Zustellung gerichtlicher und außergerichtlicher Schriftstücke im Ausland in Zivil- oder Handelssachen vom 15. 11. 1965[915]. Ergänzt wird Art. 5 noch durch den Versagungsgrund des Art. 6 Abs. 2.

Art. 6 Deutsch-israelischer Vertrag 1977

(1) Die Anerkennung darf nicht allein deshalb versagt werden, weil das Gericht, das die Entscheidung erlassen hat, nach den Regeln seines internationalen Privatrechts andere Gesetze angewendet hat, als sie nach dem internationalen Privatrecht des Anerkennungsstaats anzuwenden gewesen wären.

(2) Die Anerkennung darf jedoch aus dem in Abs. 1 genannten Grunde versagt werden, wenn die Entscheidung auf der Beurteilung eines ehe- oder sonstigen familienrechtlichen Verhältnisses, der Rechts- oder Handlungsfähigkeit, der gesetzlichen Vertretung oder eines erbrechtlichen Verhältnisses beruht. Das gleiche gilt für eine Entscheidung, die auf der Beurteilung der Rechts- oder Handlungsfähigkeit einer juristischen Person, einer Gesellschaft oder einer Vereinigung beruht, sofern diese nach dem Recht des Anerkennungsstaats errichtet ist und in diesem Staat ihren satzungsmäßigen oder tatsächlichen Sitz oder ihre Hauptniederlassung hat. Die Entscheidung ist dennoch anzuerkennen, wenn sie auch bei Anwendung des internationalen Privatrechts des Anerkennungsstaats gerechtfertigt wäre.

434

Art. 6 betrifft den **kollisionsrechtlichen ordre public**. Wegen des stets zu beachtenden Günstigkeitsprinzips (→ Rdnr. 2 f.) spielt die Vorschrift aber für die deutsche Anerkennungspraxis keine Rolle, weil § 328 ZPO diesen Versagungsgrund nicht mehr kennt.

435

Art. 7 Deutsch-israelischer Vertrag 1977

(1) Die Zuständigkeit der Gerichte im Entscheidungsstaat wird im Sinne des Artikels 5 Abs. 1 Nr. 1 anerkannt:
1. wenn zur Zeit der Einleitung des Verfahrens der Beklagte im Entscheidungsstaat seinen Wohnsitz oder gewöhnlichen Aufenthalt oder, falls es sich um eine juristische Person, eine Ge-

436

---

[914] MünchKommZPO/*Gottwald* IZPR Art. 5 Rdnr. 4; ausführlich und mit anderen bilateralen Verträgen vergleichend *Waehler* (Fn. 766) Rdnr. 220ff.

[915] Abgedruckt bei → *H. Roth* Anhang zu § 199 Rdnr. 66.

sellschaft oder eine Vereinigung handelt, seinen satzungsmäßigen oder tatsächlichen Sitz oder seine Hauptniederlassung hatte;

2. wenn der Beklagte im Entscheidungsstaat eine geschäftliche Niederlassung oder eine Zweigniederlassung hatte und für Ansprüche aus deren Betriebe belangt worden ist;

3. wenn der Beklagte sich durch eine Vereinbarung für ein bestimmtes Rechtsverhältnis der Zuständigkeit der Gerichte des Staates, in dem die Entscheidung ergangen ist, unterworfen hat, es sei denn, daß eine solche Vereinbarung nach dem Recht des Staates, in dem die Entscheidung geltend gemacht wird, unzulässig ist; eine Vereinbarung im Sinne dieser Vorschrift liegt nur vor, wenn eine Partei ihre Erklärung schriftlich abgegeben und die Gegenpartei sie angenommen hat oder wenn eine mündlich getroffene Vereinbarung von einer Partei schriftlich bestätigt worden ist, ohne daß die Gegenpartei der Bestätigung widersprochen hat;

4. wenn die Klage einen Unterhaltsanspruch zum Gegenstand hatte und wenn der Unterhaltsberechtigte zur Zeit der Einleitung des Verfahrens in dem Entscheidungsstaat seinen Wohnsitz oder gewöhnlichen Aufenthalt hatte oder wenn die Zuständigkeit mit Rücksicht auf die Verbindung mit einer Ehesache oder Familienstandssache begründet war;

5. wenn die Klage auf eine unerlaubte Handlung oder auf eine Handlung, die nach dem Recht des Entscheidungsstaats einer unerlaubten Handlung gleichgestellt wird, gegründet worden ist, wenn die Tat im Hoheitsgebiet des Entscheidungsstaats begangen worden ist und wenn der Täter sich bei Begehung der schädigenden Handlung im Hoheitsgebiet des Entscheidungsstaats aufgehalten hatte;

6. wenn die Klage auf eine unerlaubte Handlung im Geschäftsverkehr oder auf die Verletzung eines Patents, Gebrauchsmusters, Warenzeichens, Sortenschutzrechts, gewerblichen Musters oder Modells oder Urheberrechts im Entscheidungsstaat gegründet worden ist;

7. wenn mit der Klage ein Recht an einer unbeweglichen Sache oder ein Anspruch aus einem Recht an einer solchen Sache geltend gemacht worden ist und wenn die unbewegliche Sache im Entscheidungsstaat belegen ist;

8. wenn für den Fall, daß der Beklagte in den beiden Staaten weder seinen Wohnsitz noch seinen gewöhnlichen Aufenthalt hatte, sich zur Zeit der Einleitung des Verfahrens in dem Staat, in dem die Entscheidung ergangen ist, Vermögen des Beklagten befunden hat;

9. wenn es sich um eine Widerklage gehandelt hat, bei welcher der Gegenanspruch mit der im Hauptprozeß erhobenen Klage im rechtlichen Zusammenhang stand, und wenn für die Gerichte des Entscheidungsstaats eine Zuständigkeit im Sinne dieses Vertrages zur Entscheidung über die im Hauptprozeß erhobene Klage selbst anzuerkennen ist;

10. wenn mit der Klage ein Anspruch auf Schadensersatz oder auf Herausgabe des Erlangten deshalb geltend gemacht worden ist, weil eine Vollstreckung aus einer Entscheidung eines Gerichts im anderen Staat betrieben worden war, die in diesem Staat aufgehoben oder abgeändert worden ist;

11. wenn der Beklagte sich vor dem Gericht des Staates, in dem die Entscheidung ergangen ist, auf das Verfahren zur Hauptsache eingelassen hat, für die sonst eine Zuständigkeit des Gerichts, die nach diesem Vertrag anzuerkennen wäre, nicht gegeben ist; dies gilt jedoch nicht, wenn der Beklagte vor der Einlassung zur Hauptsache erklärt hat, daß er sich auf das Verfahren nur im Hinblick auf Vermögen im Staat des angerufenen Gerichts einlasse.

(2) Die Zuständigkeit der Gerichte im Entscheidungsstaat wird jedoch nicht anerkannt, wenn die Gerichte im Anerkennungsstaat nach seinem Recht für die Klage, die zur Entscheidung geführt hat, ausschließlich zuständig sind.

437   Art. 7 regelt in Ausfüllung des Art. 5 Abs. 1 Nr. 1 die **Anerkennungszuständigkeit**. Art. 8 ist abschließend. Nach Art. 7 Abs. 2 ist die Anerkennung ausgeschlossen, wenn der Anerkennungsstaat kraft Gesetzes die ausschließliche internationale Zuständigkeit beansprucht. Die

Gerichtsstandsvereinbarung des Abs. 1 Nr. 3 muß nach dem Recht des Urteilsstaates wie nach demjenigen des Anerkennungsstaates zulässig sein. Es gilt der Grundsatz der halben Schriftlichkeit[916].

Nr. 4 sichert die deutsche **Verbundzuständigkeit** des § 623 ZPO in Scheidungssachen. Nr. 5 schränkt den Gerichtsstand der unerlaubten Handlung auf den Handlungsort ein. Ist die Entscheidung am Erfolgsort ergangen, so kommt eine Anerkennung nach § 328 ZPO in Betracht[917]. Der Gerichtsstand des **Erfüllungsorts** ist dem Vertrag nicht bekannt. Vergleichbar liegt es bei Art. 31 des deutsch-tunesischen Vertrages (→ Rdnr. 414). 438

Art. 8 Deutsch-israelischer Vertrag 1977

(1) Wird die in einem Staat ergangene Entscheidung in dem anderen Staat geltend gemacht, so darf nur geprüft werden, ob einer der in Art. 5 oder 6 Abs. 2 genannten Versagungsgründe vorliegt. 439

(2) Das Gericht in dem Staat, in dem die Entscheidung geltend gemacht wird, ist bei der Beurteilung der Zuständigkeit des Gerichts im Entscheidungsstaat (Art. 5 Abs. 1 Nr. 1) an die tatsächlichen und rechtlichen Feststellungen, auf Grund deren das Gericht seine Zuständigkeit angenommen hat, gebunden.

(3) Darüber hinaus darf die Entscheidung nicht nachgeprüft werden.

Art. 8 Abs. 3 enthält das übliche **Verbot der révision au fond**. Die Bindung an die tatsächlichen und rechtlichen Feststellungen des Abs. 2 bezieht sich nur auf die Anerkennungszuständigkeit (→ Rdnr. 273). Für die übrigen Anerkennungsvoraussetzungen gilt das nicht. Eine über das Abkommen hinausgehende Anerkennung nach dem **Günstigkeitsprinzip** ist nie ausgeschlossen[918]. 440

Art. 9 Deutsch-israelischer Vertrag 1977

(1) Die in einem Vertragsstaat ergangenen Entscheidungen werden in dem anderen Vertragsstaat anerkannt, ohne daß es hierfür eines besonderen Verfahrens bedarf. 441

(2) Bildet die Frage, ob eine Entscheidung anzuerkennen ist, als solche den Gegenstand eines Streites, so kann jede Partei, welche die Anerkennung geltend macht, in dem Verfahren nach dem Dritten Abschnitt die Feststellung beantragen, daß die Entscheidung anzuerkennen ist.

(3) Wird die Anerkennung in einem Rechtsstreit vor dem Gericht eines Vertragsstaats, dessen Entscheidung von der Anerkennung abhängt, verlangt, so kann dieses Gericht über die Anerkennung entscheiden.

Wie nach deutschem autonomen Recht (→ Rdnr. 5) tritt nach Abs. 1 die Anerkennung **ipso iure** ein. Nach Abs. 3 wird über die Anerkennung in aller Regel inzident als Vorfrage entschieden. Doch läßt Abs. 2 nach dem Vorbild des EuGVÜ ein selbständiges vereinfachtes Anerkennungsverfahren zu (Art. 10ff. analog). 442

---

[916] *Nagel/Gottwald* IZVR⁴ 504.
[917] *Siehr* RabelsZ 50 (1986) 586, 601.
[918] *Siehr* RabelsZ 50 (1986) 586, 589.

XI. Deutsch-norwegischer Vertrag vom 17. 6. 1977 über die gegenseitige Anerkennung und Vollstreckung gerichtlicher Entscheidungen und anderer Schuldtitel in Zivil- und Handelssachen

443 Der Vertrag ist am 3. 10. 1981 in Kraft getreten[919]. Abgedruckt sind die für die Anerkennung gerichtlicher Entscheidungen bedeutsamen Art. 1 bis 9. Die Art. 10 bis 19 über die Vollstreckung sind abgedruckt und kommentiert bei → *Münzberg* Anhang zu § 723 Rdnr. 176ff. Ausführungsvorschriften enthält das AVAG, insbes. die §§ 42ff. AVAG. Sie finden sich abgedruckt und kommentiert bei → *Münzberg* Anhang zu § 723 Rdnr. 342ff.

444 Seit Inkrafttreten des **LugÜ** (→ Rdnr. 48) hat das Abkommen nur noch eine beschränkte Bedeutung, da es nach Maßgabe von Art. 55 und Art. 54 Abs. 2 LugÜ ersetzt wird und nach Art. 56 LugÜ seine Wirksamkeit nur für diejenigen Rechtsgebiete behält, auf die das LugÜ nicht anzuwenden ist. Wegen Art. 1 Abs. 2 Nr. 1 LugÜ ist der Vertrag in erster Linie noch anwendbar auf Entscheidungen in **Erbrechtssachen** (Art. 8 Abs. 1 Nr. 11).

Erster Abschnitt

Anwendungsbereich des Vertrages

Art. 1 Deutsch-norwegischer Vertrag 1977

445 (1) Dieser Vertrag ist auf Entscheidungen der Zivilgerichte der beiden Vertragsstaaten anzuwenden, durch die über Ansprüche der Parteien aus einem Rechtsverhältnis des Zivil- oder Handelsrechts erkannt ist.

(2) Den Entscheidungen der Zivilgerichte stehen Entscheidungen der Strafgerichte gleich, soweit durch sie über Ansprüche des Verletzten aus einem Rechtsverhältnis des Zivil- oder Handelsrechts erkannt ist.

(3) Unter Entscheidungen sind alle gerichtlichen Entscheidungen ohne Rücksicht auf ihre Bezeichnung wie Urteile (dommer), Beschlüsse (kjennelser und beslutninger) oder Vollstreckungsbefehle und ohne Rücksicht auf die Bezeichnung des Verfahrens, in dem sie ergangen sind, zu verstehen. Als Entscheidungen sind auch die Beschlüsse eines Urkundsbeamten oder eines Rechtspflegers anzusehen, durch die der Betrag der Prozeßkosten später festgesetzt wird.

1. Anwendungsbereich

446 Die meisten anderen Anerkennungsverträge benutzen den Begriff »Zivil- und Handelssachen«. Dagegen verwendet der Vertrag eine andere Terminologie, ohne daß sich sachliche Unterschiede ergeben. Der Vertrag beschränkt sich auf **Zivilgerichte** einschließlich der Entscheidungen von Individualarbeitssachen (Art. 2). Entscheidungen von Verwaltungsgerichten sollen nicht darunter fallen, selbst wenn sie in der Sache Zivilsachen zum Gegenstand haben[920]. Entscheidungen von Strafgerichten in Adhäsionsverfahren fallen nach Abs. 2 darunter. Das gleiche gilt für **Streitsachen der freiwilligen Gerichtsbarkeit** (arg. »Ansprüche der Parteien«)[921]. Anerkannt werden nach Art. 5 Nr. 1 nur rechtskräftige Entscheidungen. Nicht rechts-

---

[919] BGBl 1981 II 341; Bek. vom 14. 9. 1981 BGBl II 901. – Lit. (außer Fn. 766): Deutsche Denkschrift und gemeinsamer Bericht der Unterhändler BT-Drucks. 8/3864 S. 18ff.; 20ff.; *Geimer* Das neue Gesetz zur Ausführung zwischenstaatlicher Anerkennungs- und Vollstreckungsverträge in Zivil- und Handelssachen (AVAG) NJW 1988,

2157; *Pirrung* Zu den Anerkennungs- und Vollstreckungsverträgen der Bundesrepublik Deutschland mit Israel und Norwegen IPRax 1982, 130.

[920] Gemeinsamer Bericht der Unterhändler BT-Drucks. 8/3864 S. 21.

[921] *Bülow/Böckstiegel/Geimer/Schütze/Pirrung* (Fn.

kräftige Entscheidungen führen nach Art. 10 Abs. 2, 17 nur zu einer Sicherungszwangsvollstreckung.

2. Ausgeschlossene Gebiete

Die Ausschlußgründe sind in Art. 3 und 4 niedergelegt. In Art. 3 Nr. 1 sind insbesondere **Scheidungssachen** und sonstige Statussachen aufgeführt. Insoweit bleibt es bei dem autonomen Recht des § 328 ZPO mit Art. 7 § 1 FamRÄndG. Nicht anerkennungsfähig sind nach Art. 2 Nr. 4 vor allem einstweilige Verfügungen und Arreste. 447

Art. 2 Deutsch-norwegischer Vertrag 1977

Auf Entscheidungen in Arbeitssachen ist dieser Vertrag nur anzuwenden, wenn sie in zivilrechtlichen Streitigkeiten 448
1. zwischen einem Arbeitgeber und einem Arbeitnehmer aus dem Arbeitsverhältnis, über das Bestehen oder Nichtbestehen eines Arbeitsverhältnisses, aus Verhandlungen über die Eingehung eines Arbeitsverhältnisses und aus dessen Nachwirkungen sowie aus unerlaubten Handlungen, soweit diese mit dem Arbeitsverhältnis im Zusammenhang stehen, oder
2. zwischen Arbeitnehmern aus gemeinsamer Arbeit oder aus unerlaubten Handlungen, soweit diese mit dem Arbeitsverhältnis im Zusammenhang stehen,
ergangen sind.

Art. 2 beschränkt die Anerkennungsmöglichkeiten auf **Individualarbeitssachen**. Daneben findet sich eine Annexzuständigkeit für unerlaubte Handlungen, soweit sie mit dem Arbeitsverhältnis im Zusammenhang stehen. 449

Art. 3 Deutsch-norwegischer Vertrag 1977

Dieser Vertrag ist nicht anzuwenden 450
1. auf Entscheidungen in Ehe- oder anderen Familienstandssachen und auf Entscheidungen, welche die Rechts- oder Handlungsfähigkeit oder die gesetzliche Vertretung einer natürlichen oder juristischen Person oder einer Gesellschaft unmittelbar zum Gegenstand haben;
2. auf Entscheidungen, welche die Haftung für Atomschäden unmittelbar zum Gegenstand haben;
3. auf Entscheidungen, die in einem Konkurs- oder Vergleichsverfahren ergangen sind, sowie auf Entscheidungen, durch die für ein solches Verfahren über die Wirksamkeit von Rechtshandlungen des Schuldners erkannt ist; als derartige Entscheidungen sind nicht anzusehen
   a) Entscheidungen über Ansprüche auf Aussonderung eines dem Schuldner nicht gehörenden Gegenstandes aus der Vermögensmasse, die zur Befriedigung der Gläubiger bestimmt ist;
   b) Entscheidungen über Ansprüche aus Pfandrechten oder aus ähnlichen Rechten, die dem Gläubiger das Recht auf abgesonderte Befriedigung aus dem Schuldner gehörenden Gegenständen gewähren;
   c) Entscheidungen über Verbindlichkeiten, die sich aus der Verwaltung oder Verwertung der zur Befriedigung der Gläubiger bestimmten Vermögensmasse ergeben;
4. auf einstweilige Verfügungen oder Anordnungen und auf Arreste.

Art. 3 zählt einen Teil der von der Anerkennung **ausgeschlossenen Gebiete** auf. Für Ehesachen gilt in Deutschland das Anerkennungsverfahren des Art. 7 § 1 FamRÄndG mit den Anerkennungsvoraussetzungen des § 328 ZPO. Nr. 2 betrifft Atomhaftungsschäden. Insoweit gilt 451 das Pariser Übereinkommen vom 29. 7. 1960 über die Haftung gegenüber Dritten auf dem Gebiet der Kernenergie nebst Zusatzprotokoll vom 28. 1. 1964 und Zusatzübereinkommen vom 31. 1. 1963[922]. Nr. 3 schließt insolvenzrechtliche Entscheidungen aus. Doch sind insbesondere Aus- und Absonderungsentscheidungen davon ausgenommen.

Art. 4 Deutsch-norwegischer Vertrag 1977

452 (1) Auf Entscheidungen in Unterhaltssachen ist dieser Vertrag nicht anzuwenden.
(2) Für Unterhaltssachen gilt das Haager Übereinkommen vom 15. April 1958 über die Anerkennung und Vollstreckung von Entscheidungen auf dem Gebiet der Unterhaltspflicht gegenüber Kindern. Das Übereinkommen ist auch auf Entscheidungen über Unterhaltsansprüche von Kindern, die das 21. Lebensjahr bereits vollendet haben, sowie auf Entscheidungen über Unterhaltsansprüche von Ehegatten oder früheren Ehegatten anzuwenden. Als Unterhaltsansprüche sind auch die Ersatzansprüche anzusehen, die der Mutter eines nichtehelichen Kindes wegen der Entbindung gegen den Vater zustehen. Gerichtliche Vergleiche, gerichtliche oder notarielle Urkunden und die von einer Verwaltungsbehörde (Jugendamt) aufgenommenen Verpflichtungserklärungen und Vergleiche stehen den Entscheidungen gleich, sofern sie in dem Staat, in dem sie errichtet worden sind, vollstreckbar sind.

453 Nach Art. 4 Abs. 1 ist der Vertrag auf Entscheidungen in **Unterhaltssachen** nicht anwendbar. Dafür wurde kein Bedürfnis gesehen, weil zwischen den beiden Staaten ursprünglich das Haager Übereinkommen von 1958 über die Anerkennung und Vollstreckung von Entscheidungen auf dem Gebiet der Unterhaltspflicht gegenüber Kindern galt. Abs. 2 S. 2 bis 4 hatte den Anwendungsbereich dieses Übereinkommens zwischen Norwegen und Deutschland auf den Umfang des Haager Übereinkommens über die Anerkennung und Vollstreckung von Unterhaltsentscheidungen vom 2. 10. 1973 erweitert (abgedruckt → Rdnr. 266). Dieses Übereinkommen ist für Deutschland am 1. 4. 1987 im Verhältnis zu Norwegen in Kraft getreten und hat das ältere Übereinkommen im Verhältnis zu Norwegen nach dessen Art. 29 ersetzt. Der Unterhaltsberechtigte kann sich sowohl auf das deutsch-norwegische Abkommen wie auf das **Übereinkommen von 1973** stützen. Soweit Art. 4 Abs. 2 über dieses Übereinkommen hinausgeht, behält er seine Funktion[923].

Zweiter Abschnitt

Anerkennung gerichtlicher Entscheidungen

Art. 5 Deutsch-norwegischer Vertrag 1977

454 Die Entscheidungen der Gerichte des einen Staates, auf die dieser Vertrag anzuwenden ist, sind in dem anderen Staat anzuerkennen, wenn
1. sie die Rechtskraft erlangt haben,
2. die Zuständigkeit der Gerichte des Staates, in dem die Entscheidung ergangen ist (Entscheidungsstaat), nach Art. 8 anzuerkennen ist.

---

766) Nr. 645.2; Gemeinsamer Bericht der Unterhändler S. 21 (vorige Fn.).
922 BGBl 1975 II 957, 992, 1007; 1976 II 308; MünchKommZPO/*Gottwald* IZPR Schlußanhang Nr. 5 g Art. 3 Rdnr. 3.
923 *Bülow/Böckstiegel/Geimer/Schütze/Pirrung* (Fn.

766) Nr. 645.4; zur Konkurrenz mit bilateralen Abkommen auch *Martiny* (Fn. 766) Band III/2 Kap. II Rdnr. 320; *Staudinger/Kropholler*[13] EGBGB Anhang III zu Art. 18 (1996) Rdnr. 28; für einen Vorrang des Haager Übereinkommens 1973 aber *Baumbach/Lauterbach/Albers*[56] Schlußanhang V B 10 Rdnr. 1.

Art. 5 betrifft die **Anerkennungsvoraussetzungen** mit der Rechtskraft nach Nr. 1, der Anerkennungszuständigkeit nach Nr. 8 und den fehlenden Versagungsgründen nach Art. 6 und 7. Eine Ausnahme zu Nr. 1 bildet die Sicherungsvollstreckung von vorläufig vollstreckbaren Titeln, die auf eine bestimmte Geldsumme lauten (Art. 17 in Verbindung mit Art. 10 Abs. 2). 455

Art. 6 Deutsch-norwegischer Vertrag 1977

(1) Die Anerkennung der Entscheidung darf nur versagt werden, wenn 456
1. sie der öffentlichen Ordnung des Staates, in dem die Entscheidung geltend gemacht wird (Anerkennungsstaat), widerspricht;
2. ein Verfahren zwischen denselben Parteien und wegen desselben Gegenstandes vor einem Gericht des Anerkennungsstaates anhängig ist und dieses Gericht zuerst angerufen wurde;
3. die Entscheidung in Widerspruch zur Rechtskraft einer im Anerkennungsstaat ergangenen Entscheidung steht.

(2) Hat sich der Beklagte auf das Verfahren nicht eingelassen, so darf die Anerkennung der Entscheidung auch versagt werden, wenn
1. das der Einleitung des Verfahrens dienende Schriftstück dem Beklagten
a) nach den Gesetzen des Entscheidungsstaates nicht wirksam oder
b) unter Verletzung einer Übereinkunft oder
c) nicht so rechtzeitig, daß er sich hätte verteidigen können,
zugestellt worden ist;
2. der Beklagte nachweist, daß er sich nicht hat verteidigen können, weil ihm ohne sein Verschulden das der Einleitung des Verfahrens dienende Schriftstück entweder überhaupt nicht oder nicht rechtzeitig genug zugegangen ist.

Art. 6 und Art. 7 Abs. 2 sowie Art. 5 Nr. 2 (Anerkennungszuständigkeit) enthalten die **Anerkennungsvoraussetzungen** und **Versagungsgründe**. Sie sind mit Ausnahme von Art. 6 Abs. 2 Nr. 2 von Amts wegen zu prüfen[924]. Art. 5 Nr. 2 in Verbindung mit Art. 8 regelt die erforderliche Anerkennungszuständigkeit. Abs. 1 Nr. 1 enthält den üblichen ordre public-Vorbehalt, der sich nach dem Recht des Anerkennungsstaates bestimmt (→ Rdnr. 123 ff.). Art. 6 Abs. 1 Nr. 1 verwirklicht für die vor dem Anerkennungsstaat bestehende Rechtshängigkeit das Prioritätsprinzip. Das entspricht der Regelung in weiteren bilateralen Verträgen und dem § 328 Abs. 1 Nr. 3 ZPO (→ Rdnr. 117). Der Sache nach handelt es sich um einen Sonderfall des verfahrensrechtlichen ordre public. Abs. 1 Nr. 3 sichert den stets zu beachtenden Vorrang der inländischen Entscheidung ohne Rücksicht auf das Prioritätsprinzip und unterliegt deshalb Bedenken (→ Rdnr. 117). 457

Die Anerkennung wird nach Abs. 2 versagt, wenn sich der Beklagte insbesondere im **Säumnisfall** nicht auf das Verfahren eingelassen hat und das verfahrenseinleitende Schriftstück nicht ordnungsgemäß oder nicht rechtzeitig zugestellt worden ist. Die Vorschrift entspricht nahezu wörtlich dem Art. 5 Abs. 2 des deutsch-israelischen Vertrages (→ Rdnr. 432). Maßgebend für das Recht der Zustellung ist das Recht des Urteilsstaates einschließlich der dort geltenden völkerrechtlichen Vereinbarungen. Einschlägig ist das **Haager Übereinkommen** über die Zustellung gerichtlicher und außergerichtlicher Schriftstücke im Ausland in Zivil- oder Handelssachen vom 15. 11. 1965[925]. 458

---

[924] MünchKommZPO/*Gottwald* IZPR Art. 6 Rdnr. 5.
[925] Abgedruckt bei → *H. Roth* Anhang zu § 199 Rdnr. 66.

Art. 7 Deutsch-norwegischer Vertrag 1977

459 (1) Die Anerkennung darf nicht allein deshalb versagt werden, weil das Gericht, das die Entscheidung erlassen hat, nach den Regeln seines internationalen Privatrechts andere Gesetze angewendet hat, als sie nach dem internationalen Privatrecht des Anerkennungsstaates anzuwenden gewesen wären.

(2) Die Anerkennung darf jedoch aus dem in Abs. 1 genannten Grunde versagt werden, wenn die Entscheidung auf der Beurteilung eines familien- oder erbrechtlichen Verhältnisses, der Rechts- oder Handlungsfähigkeit, der gesetzlichen Vertretung oder der Todeserklärung einer natürlichen Person beruht; das gleiche gilt für eine Entscheidung, die auf der Beurteilung der Rechts- oder Handlungsfähigkeit einer juristischen Person oder einer Gesellschaft beruht, sofern diese ihren Sitz oder ihre Hauptniederlassung im Anerkennungsstaat hat. Die Entscheidung ist dennoch anzuerkennen, wenn sie auch bei Anwendung des internationalen Privatrechts gerechtfertigt wäre.

460 Art. 7 Abs. 2 enthält als weiteren Versagungsgrund den auf Ergebnisabweichung eingeschränkten **kollisionsrechtlichen ordre public** für Vorfragen, die Statussachen betreffen. Da § 328 ZPO eine derartige Regelung nicht mehr kennt, ist Art. 7 Abs. 2 wegen des **Günstigkeitsprinzips** (→ Rdnr. 2 f.) für Anerkennungen in Deutschland gegenstandslos. Im Ergebnis entfällt daher eine Nachprüfung des Internationalen Privatrechts.

Art. 8 Deutsch-norwegischer Vertrag 1977

461 (1) Die Zuständigkeit der Gerichte des Entscheidungsstaates wird im Sinne dieses Vertrages anerkannt, wenn
1. der Beklagte zur Zeit der Einleitung des Verfahrens in dem Entscheidungsstaat seinen Wohnsitz oder gewöhnlichen Aufenthalt oder, falls es sich um eine juristische Person oder eine Gesellschaft handelt, seinen Sitz oder seine Hauptniederlassung hatte;
2. der Beklagte sich der Zuständigkeit der Gerichte des Entscheidungsstaates entweder durch eine schriftlich abgeschlossene Vereinbarung oder durch eine mündlich getroffene Vereinbarung, die innerhalb angemessener Frist schriftlich bestätigt worden ist, für bestimmte Rechtsstreitigkeiten unterworfen hatte, es sei denn, daß eine solche Vereinbarung wegen des Gegenstandes, den sie betrifft, nach dem Recht des Anerkennungsstaates unzulässig ist;
3. der Beklagte sich vor dem Gericht des Entscheidungsstaates auf das Verfahren zur Hauptsache eingelassen hatte, ohne die Unzuständigkeit des Gerichts geltend zu machen, es sei denn, daß die Zuständigkeit der Gerichte des Entscheidungsstaates wegen des Gegenstandes der Klage nicht durch eine Vereinbarung hätte begründet werden können; als eine solche Einlassung ist es insbesondere nicht anzusehen, wenn der Beklagte vor der Verhandlung zur Hauptsache erklärt hatte, daß er sich auf das Verfahren nur im Hinblick auf Vermögen im Staat des angerufenen Gerichts einlasse;
4. die Klage von der Partei, gegen welche die Entscheidung geltend gemacht wird, vor dem Gericht des Entscheidungsstaates erhoben worden war, es sei denn, daß die Zuständigkeit der Gerichte des Entscheidungsstaates wegen des Gegenstandes der Klage nicht durch eine Vereinbarung hätte begründet werden können;
5. es sich um eine Widerklage gehandelt hat, bei welcher der Gegenanspruch mit der im Hauptprozeß erhobenen Klage oder mit einem vorgebrachten Verteidigungsmittel im Zusammenhang stand, und wenn für die Gerichte des Entscheidungsstaates eine Zuständigkeit im Sinne dieses Vertrages zur Entscheidung über die im Hauptprozeß erhobene Klage selbst anzuerkennen wäre;
6. der Beklagte im Entscheidungsstaat eine geschäftliche Niederlassung oder Zweignieder-

lassung hatte und er für Ansprüche aus dem Betriebe dieser Niederlassung oder Zweigniederlassung belangt worden ist;

7. die Klage einen Vertrag oder einen Anspruch aus einem Vertrag zum Gegenstand hatte und die streitige Verpflichtung im Entscheidungsstaat erfüllt worden ist oder zu erfüllen gewesen wäre;

8. mit der Klage Ansprüche wegen Tötung, Verletzung des Körpers oder der Gesundheit oder wegen des Verlustes oder der Beschädigung einer Sache geltend gemacht worden sind und der Täter sich bei Begehung der schädigenden Handlung im Gebiet des Entscheidungsstaates aufgehalten hatte;

9. die Klage auf eine unerlaubte Handlung im Geschäftsverkehr oder auf die Verletzung eines Patents, Gebrauchsmusters, Warenzeichens, Sortenschutzrechts, gewerblichen Musters oder Modells oder Urheberrechts gegründet worden ist und die Handlung im Entscheidungsstaat begangen wurde;

10. mit der Klage ein Recht an einer unbeweglichen Sache oder ein Anspruch aus einem Recht an einer solchen Sache geltend gemacht worden ist und die unbewegliche Sache im Entscheidungsstaat belegen ist;

11. die Klage in einer Erbschaftsstreitigkeit erhoben worden ist und der Erblasser seinen letzten Wohnsitz im Entscheidungsstaat hatte, ohne Rücksicht darauf, ob zu dem Nachlaß bewegliche oder unbewegliche Sachen gehörten; dies gilt jedoch nicht, soweit die Entscheidung die Erbfolge in Grundstücke betrifft, die im Anerkennungsstaat belegen sind und bei denen sich die Erbfolge nach Anerbenrecht (odels- oder aasetesrett) bestimmt;

12. mit der Klage ein Anspruch auf Schadensersatz oder auf Herausgabe des Erlangten deshalb geltend gemacht worden ist, weil eine Vollstreckung aus einer Entscheidung eines Gerichts des anderen Staates betrieben worden war, die in diesem Staat aufgehoben oder abgeändert worden ist.

(2) Die Zuständigkeit der Gerichte des Entscheidungsstaates wird, vorbehaltlich der Nr. 4 des diesem Vertrag beigefügten Protokolls, im Sinne dieses Vertrages auch anerkannt, wenn sie sich aus einer zwischen beiden Staaten geltenden Übereinkunft ergibt.

(3) Die Zuständigkeit der Gerichte des Entscheidungsstaates wird jedoch nicht anerkannt, wenn nach dem Recht des Anerkennungsstaates dessen Gerichte für die Klage, die zu der Entscheidung geführt hat, ausschließlich zuständig sind. Das gleiche gilt, wenn der Anerkennungsstaat auf Grund seines innerstaatlichen Rechts oder auf Grund einer Übereinkunft die ausschließliche Zuständigkeit der Gerichte eines dritten Staates anerkennen muß.

Art. 8 regelt die nach dem Vertrag möglichen **Anerkennungszuständigkeiten**. In Erweiterung des deutsch-israelischen Vertrags (→ Rdnr. 438) kennt Art. 8 Abs. 1 Nr. 7 auch den Gerichtsstand des **Erfüllungsorts**. Er bestimmt sich nach der lex causae des befaßten Gerichts[926]. Nach Abs. 1 Nr. 4 kann sich der Kläger des Ausgangsverfahrens grundsätzlich nicht auf die fehlende Zuständigkeit des Urteilsstaates berufen, wenn er unterlegen ist. Es kann also nicht nachträglich noch die Unzuständigkeit geltend gemacht werden. Abs. 3 versagt die Anerkennung bei einer **ausschließlichen** internationalen Zuständigkeit des Anerkennungsstaates. Nach Abs. 3 Satz 2 wird die Anerkennung auch versagt, wenn die ausschließliche Zuständigkeit eines Drittstaates anerkannt werden muß, z. B. im Falle des Art. 16 EuGVÜ. Nach Abs. 2 werden daneben noch Entscheidungszuständigkeiten anerkannt, die sich aus anderen völkerrechtlichen Verträgen ergeben. Einen Vorbehalt enthält Nr. 4 des dem Vertrag beigefügten Protokolls (abgedruckt → Rdnr. 466). Abs. 1 Nr. 8 schränkt den Gerichtsstand der unerlaubten Handlung auf den Handlungsort ein und beschränkt den Gerichtsstand zudem auf die

462

---
[926] *Cramer-Frank* (Fn. 766) 152 ff.; MünchKommZPO/*Gottwald* IZPR Art. 8 Rdnr. 1.

463 Der praktisch wichtigste Gerichtsstand (→ Rdnr. 444) ist der in Nr. 11 enthaltene Gerichtsstand für **Erbschaftsstreitigkeiten**. Maßgebend ist der letzte Wohnsitz des Erblassers im Urteilsstaat. Entscheidend ist wie auch für Nr. 1 das Recht des Urteilsstaates für die Festlegung des Wohnsitzes[927]. Nr. 11 HS. 2 nimmt im Anerkennungsstaat belegene Grundstücke aus, die nach Anerbenrecht beerbt werden. Es handelt sich um landwirtschaftliche Grundstücke[928]. Auf die Staatsangehörigkeit des Erblassers kommt es ebensowenig an wie darauf, ob es sich um bewegliche oder unbewegliche Sachen handelt. § 27 Abs. 2 ZPO wird als Gerichtsstand nicht anerkannt.

dort bezeichneten Rechtsgüter. Die Einschränkung auf den Handlungsort entspricht Art. 7 Abs. 1 Nr. 5 des deutsch-israelischen Vertrages (→ Rdnr. 438). Ist die Entscheidung am Erfolgsort ergangen, so kann die Anerkennung auf § 328 ZPO gestützt werden.

Art. 9 Deutsch-norwegischer Vertrag 1977

464 (1) Wird die in einem Staat ergangene Entscheidung in dem anderen Staat geltend gemacht, so darf nur geprüft werden, ob
   1. die Entscheidung die Rechtskraft erlangt hat;
   2. die Zuständigkeit der Gerichte des Entscheidungsstaates nach Art. 8 anzuerkennen ist;
   3. einer der in Art. 6 und in Art. 7 Abs. 2 genannten Versagungsgründe vorliegt.
   (2) Darüber hinaus darf die Entscheidung nicht nachgeprüft werden.
   (3) Die Gerichte und Behörden des Anerkennungsstaates sind bei der Prüfung, ob die Zuständigkeit der Gerichte des Entscheidungsstaates anzuerkennen ist, an die tatsächlichen Feststellungen, auf Grund deren das Gericht seine Zuständigkeit angenommen hat, gebunden. Dies gilt nicht, wenn der Beklagte sich auf das Verfahren im Entscheidungsstaat nicht eingelassen hatte.

465 Art. 9 Abs. 2 enthält den Grundsatz des **Verbots der révision au fond**. Abs. 3 S. 2 sieht nach dem Vorbild anderer Verträge eine Bindung an die zuständigkeitsbegründenden Tatsachen vor (→ Rdnr. 273, 95). Abs. 3 S. 2 entspricht dem deutschen autonomen Recht des § 328 ZPO (→ Rdnr. 96).

Protokoll

466 Bei der Unterzeichnung des Vertrages zwischen der Bundesrepublik Deutschland und dem Königreich Norwegen über die gegenseitige Anerkennung und Vollstreckung gerichtlicher Entscheidungen und anderer Schuldtitel in Zivil- und Handelssachen haben die Bevollmächtigten außerdem die folgenden Bestimmungen vereinbart, die als Bestandteil des genannten Vertrages betrachtet werden:
   1. Als Strafgerichte im Sinne des Artikels 1 Abs. 2 des Vertrages sind solche Strafgerichte nicht anzusehen, deren Zuständigkeit auf einen bestimmten Personenkreis beschränkt ist.
   2. Unter Arbeitgeber oder Arbeitnehmer im Sinne des Artikels 2 des Vertrages sind auch ihre Rechtsnachfolger zu verstehen.
   3. Art. 4 Abs. 2 ist dahin zu verstehen, daß in dem vorgesehenen Umfang auch solche Entscheidungen, Vergleiche und Urkunden über Unterhaltsansprüche nach dem Haager Übereinkommen vom 15. 4. 1958 anzuerkennen und zu vollstrecken sind, die eine juristische oder natürliche Person erworben oder erwirkt hat, auf die kraft Gesetzes der Unterhaltsanspruch

---

[927] *Waehler* (Fn. 766) Rdnr. 157.

[928] Gemeinsamer Bericht der Unterhändler (Fn. 919) zu Art. 8.

übergegangen ist, weil sie dem Unterhaltsberechtigten Unterhalt oder Unterstützung gewährt hat. Das gleiche gilt, wenn der Unterhaltsanspruch auf Grund eines Verwaltungsaktes oder einer Vereinbarung auf eine Person des öffentlichen Rechts, die dem Unterhaltsberechtigten Unterhalt oder Unterstützung gewährt hat, übergegangen ist.

4. Jede Vertragspartei kann durch eine Erklärung bewirken, daß eine Zuständigkeit, die sich aus einer anderen zwischen beiden Staaten geltenden Übereinkunft ergibt (Art. 8 Abs. 2), nicht im Sinne dieses Vertrages anerkannt wird.

5. Jede Vertragspartei kann durch eine Erklärung ein anderes zuständiges Gericht im Sinne des Artikels 13 Abs. 1 bestimmen, wenn dies durch eine Änderung der innerstaatlichen Gesetzgebung erforderlich wird.

6. Die Ausnahmen für die örtliche Zuständigkeit des namsrett (Art. 13 Abs. 2 Nr. 2) bestimmen sich nach den §§ 21 und 78 des norwegischen Gesetzes über die Zwangsvollstreckung vom 13. 8. 1915; diese Vorschriften lauten:

»§ 21

Zwangsvollstreckungsbehörde ist, wenn nicht das Gesetz etwas anderes bestimmt, das namsrett und der Vollstreckungsbeamte, in dessen Bezirk eine Vollstreckungshandlung durchgeführt werden soll oder worden ist.

Die Parteien können nicht die Zuständigkeit einer anderen als der nach dem Gesetz zuständigen Zwangsvollstreckungsbehörde vereinbaren.

§ 78

Die Zwangsvollstreckung wegen Geldforderungen ist zuerst an dem Ort zu versuchen, an dem der Schuldner seinen Wohnsitz hat oder der auf Grund gesetzlicher Vorschriften als sein Wohnsitz in rechtlichen Angelegenheiten gilt. In Vermögensgegenstände, die sich an einem anderen Ort befinden, kann vollstreckt werden:

1. wenn der Schuldner zustimmt;
2. wenn die Zwangsvollstreckung am Wohnsitz des Schuldners nicht zur vollen Befriedigung führt oder wenn von vornherein anzunehmen ist, daß an seinem Wohnsitz zur Befriedigung ausreichendes pfändbares Vermögen nicht vorhanden ist;
3. wenn der Schuldner im Inland keinen bekannten Wohnsitz hat;
4. wenn in einen Gegenstand vollstreckt werden soll, an dem die betreibende Partei ein Pfandrecht oder Zurückbehaltungsrecht wegen des Anspruchs hat.«

7. Die Erklärungen gemäß den Nr. 4 und 5 sind von der Regierung des einen Vertragsstaates der Regierung des anderen Vertragsstaates zu notifizieren. Sie können jederzeit zurückgenommen werden.

Die Regierung des Königreichs Norwegen wird die Regierung der Bundesrepublik Deutschland über Änderungen der unter Nr. 6 angeführten §§ 21 und 78 des norwegischen Gesetzes über die Zwangsvollstreckung vom 13. 8. 1915 unterrichten.

8. Tritt das Haager Übereinkommen vom 2. 10. 1973 über die Anerkennung und Vollstreckung von Entscheidungen über Unterhaltsverpflichtungen für beide Staaten in Kraft, sind an Stelle der Vorschriften des Haager Übereinkommens vom 15. 4. 1958 (Art. 4 Abs. 2) die Vorschriften dieses Übereinkommens anzuwenden. Das Übereinkommen vom 2. 10. 1973 findet sodann auf alle in Art. 4 Abs. 2 Satz 2 des Vertrages genannten Entscheidungen Anwendung, selbst wenn einer der beiden Staaten gemäß Art. 26 des Übereinkommens einen Vorbehalt erklärt.

XII. Deutsch-spanischer Vertrag vom 14. 11. 1983 über die Anerkennung und Vollstreckung von gerichtlichen Entscheidungen und Vergleichen sowie vollstreckbaren öffentlichen Urkunden in Zivil- und Handelssachen

467 Der Vertrag ist am 18. 4. 1988 in Kraft getreten[929]. An dieser Stelle sind die Art. 1 bis 10 abgedruckt und kommentiert. Die Art. 11 bis 24, 26 sind mit Kommentierung abgedruckt bei → *Münzberg* Anhang zu § 723 Rdnr. 186 ff. Ausführungsvorschriften enthält das AVAG, insbesondere dessen § 56, abgedruckt bei → *Münzberg* Anhang zu § 723 Rdnr. 356.

468 Seit Inkrafttreten des EuGVÜ (→ Rdnr. 43) hat das Abkommen nur noch eine eingeschränkte Bedeutung, da es nach Maßgabe von Art. 55 und Art. 54 Abs. 2 EuGVÜ durch dieses ersetzt wird und nach Art. 56 seine Wirksamkeit nur für diejenigen Rechtsgebiete behält, auf die das EuGVÜ nicht anwendbar ist. Es handelt sich insbesondere um **Ehe- und Familiensachen** (Art. 8)[930], vor allem Ehescheidungen, sowie um **Erbschaftsangelegenheiten** (Art. 7 Abs. 1 Nr. 1 3).

Erster Abschnitt

Anwendungsbereich des Vertrages

Art. 1 Deutsch-spanischer Vertrag 1983

469 (1) In Zivil- und Handelssachen werden Entscheidungen der Gerichte des einen Vertragsstaates, durch die über Ansprüche der Parteien in einem Verfahren der streitigen oder freiwilligen Gerichtsbarkeit erkannt wird, in dem anderen Vertragsstaat unter den in diesem Vertrag vorgesehenen Bedingungen anerkannt und vollstreckt.

(2) Gerichtlichen Entscheidungen stehen gerichtliche Vergleiche und vollstreckbare öffentliche Urkunden gleich.

(3) Entscheidungen in Zivil- und Handelssachen, die in einem Strafverfahren ergehen, fallen in den Anwendungsbereich dieses Vertrages.

1. Anwendungsbereich

470 Für die Zugehörigkeit zu den **Zivil- oder Handelssachen** kommt es nicht auf die gerichtsorganisatorische Einordnung des Urteilsgerichts an, sondern wie sonst auch auf den Gegenstand des Verfahrens. Das wird durch Abs. 3 für die Adhäsionsverfahren bestätigt. Für die Qualifikation ist das Recht des Entscheidungsstaates maßgebend[931], damit eine anerkennungsfreundliche Handhabung gesichert ist. Unter den Vertrag fallen auch Streitsachen der freiwilligen Gerichtsbarkeit. Die Entscheidungen müssen nach Art. 4 Nr. 2 Rechtskraft erlangt haben.

---

[929] BGBl 1987 II 34; Bek. vom 23. 3. 1988 BGBl II 375. – Lit. (außer Fn. 766): Deutsche Denkschrift BT-Drucks. 10/5415, S. 14 ff.; *Böhmer* Der deutsch-spanische Vollstreckungsvertrag vom 14. November 1983 und das allgemeine Ausführungsgesetz vom 30. Mai 1988 IPRax 1988, 334; *Garau Sobrino* Harmonisierung des europäischen internationalen Zivilverfahrensrechts durch Angleichung und bilaterale Abkommen: Das Beispiel Spanien in: Jayme (Hrsg.) Ein internationales Zivilverfahrensrecht für Gesamteuropa (1992) 341; *Hök* Erleichterungen im Rechtsverkehr mit Spanien JurBüro 1989, 11; *Karl* Die Anerkennung von Entscheidungen in Spanien (1993); *Löber* Deutsch-spanisches Abkommen über die Anerkennung und Vollstreckung von Titeln (gerichtlichen Entscheidungen und öffentlichen Urkunden) RIW 1987, 429; *ders.* Deutsch-spanischer Vollstreckungsvertrag in Kraft RIW 1988, 312; *Meyer* Vollstreckung spanischer Gerichtsentscheidungen in der Bundesrepublik vor dem Hintergrund des deutsch-spanischen Vollstreckungsvertrages IPRax 1991, 292; *Schütze* in: Bülow/Böckstiegel/Geimer/Schütze (Fn. 766) Nr. 663.

[930] *Vestweber* IPRax 1992, 268.

[931] *Löber* RIW 1987, 429, 431; *Waehler* (Fn. 766) Rdnr. 50.

2. Günstigkeitsprinzip

Das Günstigkeitsprinzip ist im Vertrag zum Ausschluß von Zweifeln ausdrücklich in Art. 23 Abs. 2 niedergelegt. Zur Anwendung kommt daher im Einzelfall § 328 ZPO, wenn er anerkennungsfreundlicher ist. Sonderverträge genießen nach Art. 23 Abs. 1 den Vorrang vor diesem Abkommen.

471

Art. 2 Deutsch-spanischer Vertrag 1983

Es bedeuten im Sinne dieses Vertrages
1. »Entscheidung«:
a) jede gerichtliche Entscheidung ohne Rücksicht auf ihre Benennung,
b) die Beschlüsse eines Rechtspflegers (funcionario competente, judicial o coadyuvante de los tribunales), durch die der Betrag des zu leistenden Unterhalts festgesetzt wird, und von ihm erlassene rechtskräftige Vollstreckungsbescheide,
c) die Beschlüsse der Gerichte oder anderer zuständiger Behörden eines der Vertragsstaaten, durch die der Betrag der Kosten des Verfahrens später festgesetzt wird, sofern sie auf Entscheidungen beruhen, die auf Grund dieses Vertrages anerkannt oder vollstreckt werden können, und sofern die Beschlüsse über die Prozeßkosten mit einem Rechtsbehelf vor einem Gericht angefochten werden können;
2. »Ursprungsstaat«: der Staat, in dessen Hoheitsgebiet die Ursprungsbehörde ihren Sitz hat oder vor dessen Gerichten oder Behörden die vollstreckbare Urkunde errichtet wird;
3. »Ursprungsbehörde«: dasjenige Gericht oder diejenige Behörde, die die Entscheidung erlassen hat, oder vor der der Vergleich geschlossen wurde, deren Anerkennung in Betracht kommt oder deren Vollstreckung beantragt wird;
4. »ersuchter Staat«: derjenige Staat, in dessen Hoheitsgebiet die Anerkennung in Betracht kommt oder die Vollstreckung beantragt wird;
5. »ersuchte Behörde«: dasjenige Gericht oder diejenige Behörde, bei der die Anerkennung oder Vollstreckung der Entscheidung, des Vergleichs oder der vollstreckbaren Urkunde beantragt wird.

472

Art. 2 definiert die im Vertrag verwendeten Begriffe. Die Norm erinnert an Art. I des deutsch-britischen Abkommens (→ Rdnr. 355). Entscheidungen **geistlicher Gerichte** werden erst durch zivilrichterliche Bestätigung zu »Entscheidungen« im Sinne von Art. 2 Nr. 1a[932]. Nr. 1 Buchst. c betrifft die Anerkennung von **Kostenfestsetzungsbeschlüssen**.

473

Art. 3 Deutsch-spanischer Vertrag 1983

Dieser Vertrag ist nicht anzuwenden:
1. auf Entscheidungen, die in einem Konkursverfahren, einem Vergleichsverfahren zur Abwendung des Konkurses oder einem entsprechenden Verfahren ergangen sind, einschließlich der Entscheidungen, durch die für ein solches Verfahren über die Wirksamkeit von Rechtshandlungen, welche die Gläubiger benachteiligen, erkannt wird;
2. auf Entscheidungen in Angelegenheiten der sozialen Sicherheit;
3. auf Entscheidungen in Atomhaftungssachen;
4. auf die Schiedsgerichtsbarkeit;
5. auf einstweilige Verfügungen, einstweilige Anordnungen und Arreste.

474

---

[932] *Baumbach/Lauterbach/Albers*[56] Schlußanhang V B 11 Art. 1 Rdnr. 1.

475 Art. 3 führt die Entscheidungen an, die nicht unter den Vertrag fallen. Nach Nr. 5 werden im Gegensatz zu fortschrittlicheren Abkommen insbesondere Angelegenheiten des **einstweiligen Rechtsschutzes** von der Anerkennung ausgeschlossen (→ Rdnr. 274). Betroffen sind davon in erster Linie Leistungsverfügungen auf Unterhalt. Allerdings fallen Unterhaltsangelegenheiten unter Art. 5 Nr. 2 EuGVÜ. Art. 3 kommt nur zur Anwendung, wenn die dort genannten Rechtsgebiete den **unmittelbaren Entscheidungsgegenstand** und nicht nur eine Vorfrage bilden[933]. Der Ausschluß der Schiedsgerichtsbarkeit in Nr. 4 erklärt sich daraus, daß auf das deutsch-spanische Verhältnis das UN-Übereinkommen über die Anerkennung und Vollstreckung ausländischer Schiedssprüche vom 10. 6. 1958 Anwendung findet[934].

Zweiter Abschnitt

Anerkennung gerichtlicher Entscheidungen

Art. 4 Deutsch-spanischer Vertrag 1983

476 Die Entscheidungen der Gerichte des einen Vertragsstaates sind in dem anderen Vertragsstaat anzuerkennen, wenn
1. die Zuständigkeit der Gerichte des Ursprungsstaates nach Art. 7 oder 8 dieses Vertrages anzuerkennen ist und
2. die Entscheidung im Ursprungsstaat Rechtskraft erlangt hat.

477 Titel müssen unter den Voraussetzungen des Art. 4 anerkannt werden. Die in Nr. 1 genannte Zuständigkeit meint die **internationale Anerkennungszuständigkeit**. Das Urteilsgericht prüft das Abkommen nicht.

Art. 5 Deutsch-spanischer Vertrag 1983

478 (1) Die Anerkennung darf nur versagt werden, wenn
1. sie mit der öffentlichen Ordnung des ersuchten Staates offensichtlich unvereinbar ist;
2. ein Verfahren zwischen denselben Parteien und wegen desselben Gegenstandes vor einem Gericht des ersuchten Staates anhängig ist und das Verfahren vor diesem Gericht zuerst eingeleitet wurde;
3. die Entscheidung im Widerspruch zu einer im ersuchten Staat zwischen denselben Parteien ergangenen rechtskräftigen Entscheidung steht.
(2) Hat sich der Beklagte auf das Verfahren nicht eingelassen, so darf die Anerkennung der Entscheidung auch versagt werden, wenn
1. das der Einleitung des Verfahrens dienende Schriftstück dem Beklagten
   a) nach den Gesetzen des Ursprungsstaates nicht wirksam oder
   b) unter Verletzung eines zwischen den Vertragsstaaten geltenden internationalen Übereinkommens zugestellt worden ist oder
   c) zwar in Übereinstimmung mit den Gesetzen des Ursprungsstaates zugestellt worden ist, aber die Gerichte des ersuchten Staates die Einlassungsfrist für unzureichend erachten;
2. der Beklagte nachweist, daß er sich nicht hat verteidigen können, weil ihm ohne sein Verschulden das der Einleitung des Verfahrens dienende Schriftstück entweder überhaupt nicht oder nicht rechtzeitig genug zugegangen ist.

---

[933] Denkschrift BT-Drucks. 10/5415 S. 16.   [934] S. *Bühring-Uhle* ZVglRWiss 88 (1989) 287, 297.

Art. 5 führt die **Versagungsgründe** für die Anerkennung auf. Diese sind mit Ausnahme von 479
Abs. 2 Nr. 2 von Amts wegen zu prüfen. Die Versagungsgründe sind weitgehend Art. 6 des
deutsch-norwegischen Vertrages (→ Rdnr. 456) nachgebildet, so daß auf dessen Kommentierung verwiesen werden kann (→ Rdnr. 457f.). Für Abs. 2 Nr. 1 Buchst. b ist für das Recht der
Zustellung das **Haager Übereinkommen** über die Zustellung gerichtlicher und außergerichtlicher Schriftstücke im Ausland in Zivil- oder Handelssachen vom 15. 11. 1965 entscheidend[935].

Art. 6 Deutsch-spanischer Vertrag 1983

(1) Die Anerkennung darf nicht allein deshalb versagt werden, weil das Gericht, das die 480
Entscheidung erlassen hat, andere Gesetze angewendet hat, als sie nach dem internationalen
Privatrecht des ersuchten Staates anzuwenden gewesen wären.

(2) Jedoch darf die Anerkennung aus diesem Grunde versagt werden, wenn die Entscheidung auf der Beurteilung des Ehe- oder Familienstandes, eines güterrechtlichen oder erbrechtlichen Verhältnisses, der Rechts- oder Handlungsfähigkeit, der gesetzlichen Vertretung
oder der Abwesenheits- oder Todeserklärung eines Angehörigen des ersuchten Staates beruht, es sei denn, daß sie auch bei Anwendung des internationalen Privatrechts des ersuchten
Staates zum gleichen Ergebnis geführt hätte. Das gleiche gilt für eine Entscheidung in bezug
auf die Rechts- oder Handlungsfähigkeit einer juristischen Person oder Gesellschaft, die ihren
Sitz oder ihre Hauptniederlassung im ersuchten Staat hat.

Art. 6 Abs. 2 enthält den veralteten **kollisionsrechtlichen ordre public**, der aber wegen des 481
in Art. 23 Abs. 2 ausdrücklich niedergelegten Günstigkeitsprinzips für die Anerkennung vor
den deutschen Gerichten keine Rolle spielt, da § 328 ZPO eine derartige Einschränkung nicht
mehr kennt.

Art. 7 Deutsch-spanischer Vertrag 1983

(1) Vorbehaltlich der Vorschriften des Artikels 8 wird die Zuständigkeit der Gerichte im 482
Ursprungsstaat im Sinne des Artikels 4 Nr. 1 anerkannt,
 1. wenn der Beklagte zur Zeit der Einleitung des Verfahrens in dem Ursprungsstaat seinen
Wohnsitz oder gewöhnlichen Aufenthalt oder, falls es sich um eine juristische Person, eine Gesellschaft oder Vereinigung handelt, ihren Sitz oder ihre Hauptniederlassung hatte;
 2. wenn der Beklagte zur Zeit der Einleitung des Verfahrens im Ursprungsstaat eine geschäftliche Niederlassung oder Zweigniederlassung hatte und in diesem Staat aus einer Tätigkeit der Niederlassung oder Zweigniederlassung belangt worden ist;
 3. wenn Parteien sich durch eine Vereinbarung für bestimmte Rechtsstreitigkeiten der Zuständigkeit der Gerichte des Ursprungsstaates unterworfen haben, es sei denn, daß eine solche Vereinbarung nach dem Recht des ersuchten Staates unzulässig ist. Eine Vereinbarung im
Sinne dieser Vorschrift liegt nur vor, wenn sie schriftlich geschlossen oder, falls sie mündlich
getroffen wurde, schriftlich bestätigt worden ist;
 4. wenn der Beklagte, falls eine Zuständigkeit des Gerichts des Ursprungsstaates nicht begründet war, zur Hauptsache mündlich verhandelt hat, ohne die Unzuständigkeit zu rügen, es
sei denn, daß eine Vereinbarung über diese Zuständigkeit nach dem Recht des ersuchten Staates unzulässig ist. Die Verhandlung zur Hauptsache bedeutet keine Unterwerfung unter die
Zuständigkeit in den Fällen, in denen der Beklagte in dem vom Gesetz für Prozeßeinreden

---
[935] Abgedruckt bei → *H. Roth* Anhang zu § 199 Rdnr. 66.

vorgeschriebenen Zeitpunkt erklärt hat, daß er sich auf das Verfahren nur im Hinblick auf Vermögen im Ursprungsstaat einlasse oder um sich gegen eine Beschlagnahme von Eigentum zu verteidigen oder deren Aufhebung zu erreichen;

5. wenn, falls es sich um eine Widerklage gehandelt hat, das Gericht des Ursprungsstaates nach diesem Artikel zuständig war, über die Hauptklage zu entscheiden, und wenn der Gegenstand der Widerklage mit dem mit der Hauptklage geltend gemachten Anspruch oder mit den gegen ihn vorgebrachten Verteidigungsmitteln in Zusammenhang stand;

6. wenn mit der Klage ein Anspruch auf Schadensersatz oder auf Herausgabe des Erlangten deshalb geltend gemacht worden ist, weil eine Vollstreckung aus einer Entscheidung eines Gerichts im anderen Staat betrieben worden war, die im Ursprungsstaat aufgehoben oder geändert worden ist;

7. wenn die Klage einen Vertrag oder einen Anspruch aus einem Vertrag zum Gegenstand hatte und die streitige Verpflichtung im Ursprungsstaat erfüllt worden ist oder zu erfüllen gewesen wäre und eine solche Vereinbarung über den Erfüllungsort nach dem Recht des ersuchten Staates die Zuständigkeit begründen kann. Eine Vereinbarung im Sinne dieser Vorschrift liegt nur vor, wenn sie schriftlich geschlossen oder, falls sie mündlich getroffen wurde, schriftlich bestätigt worden ist;

8. wenn die Klage das Bestehen oder Nichtbestehen eines Arbeitsverhältnisses oder sonstige Rechtsstreitigkeiten aus einem Arbeitsverhältnis zum Gegenstand hatte und wenn der Ort der Arbeitsleistung im Ursprungsstaat lag;

9. wenn die Klage auf eine unerlaubte Handlung oder auf eine Handlung, die nach dem Recht des Ursprungsstaates einer unerlaubten Handlung gleichgestellt wird, gegründet und die Handlung im Ursprungsstaat begangen oder der hieraus entstandene Schaden in diesem Staat eingetreten ist;

10. wenn die Klage auf eine unerlaubte Handlung im Geschäftsverkehr oder auf die Verletzung eines Patents, Gebrauchsmusters, Warenzeichens, Sortenschutzrechts, gewerblichen Musters, Modells oder Urheberrechts oder auf die Verletzung des Rechts auf das Patent, das Gebrauchsmuster oder den Sortenschutz im Ursprungsstaat gegründet worden ist und der Schaden im Ursprungsstaat eingetreten ist;

11. wenn mit der Klage ein Recht an einer unbeweglichen Sache oder ein Anspruch aus einem Recht an einer solchen Sache geltend gemacht worden ist und die unbewegliche Sache im Ursprungsstaat belegen ist;

12. wenn die Klage einen Unterhaltsanspruch zum Gegenstand hatte und wenn der Unterhaltsberechtigte zur Zeit der Einleitung des Verfahrens in dem Entscheidungsstaat seinen Wohnsitz oder gewöhnlichen Aufenthalt hatte;

13. wenn die Klage in einer Erbschaftssache erhoben worden ist und der Erblasser Angehöriger des Ursprungsstaates war oder seinen letzten Wohnsitz oder gewöhnlichen Aufenthalt im Ursprungsstaat hatte, ohne Rücksicht darauf, ob zu dem Nachlaß bewegliche oder unbewegliche Sachen gehören;

14. wenn die Person, gegen welche die Anerkennung nachgesucht wird, in dem Verfahren vor dem Gericht des Ursprungsstaates Kläger war und mit der Klage abgewiesen worden ist, sofern nicht das Recht des ersuchten Staates der Anerkennung dieser Zuständigkeit wegen des Streitgegenstands entgegensteht.

(2) Die Zuständigkeit der Gerichte im Ursprungsstaat wird jedoch nicht anerkannt, wenn nach dem Recht des ersuchten Staates die Gerichte dieses oder eines dritten Staates für die Klage, die zur Entscheidung geführt hat, ausschließlich zuständig sind.

Art. 7 enthält für vermögensrechtliche Streitigkeiten die im Vertrag vorgesehenen **Anerkennungszuständigkeiten**. Es handelt sich nicht um die direkte Zuständigkeitsregelung[936]. Art. 8 betrifft die Anerkennungszuständigkeiten in nicht vermögensrechtlichen Streitigkeiten. Nach Art. 7 Abs. 2 ist die Zuständigkeit nicht gegeben, wenn nach dem Recht des Anerkennungsstaates dieser oder ein Drittstaat **ausschließlich** zuständig sind. Wesentliche Bedeutung hat nur noch Art. 7 Abs. 1 Nr. 13 für **Erbschaftssachen** (→ Rdnr. 468).

483

Art. 8 Deutsch-spanischer Vertrag 1983

(1) In allen den Ehe- oder Familienstand, die Rechts- oder Handlungsfähigkeit oder die gesetzliche Vertretung betreffenden Angelegenheiten, an denen ein Angehöriger eines der beiden Vertragsstaaten beteiligt ist, wird die Zuständigkeit der Gerichte des Ursprungsstaates im Sinne des Artikels 4 Nr. 1 anerkannt, wenn der Beklagte zur Zeit der Einleitung des Verfahrens die Staatsangehörigkeit dieses Staates besaß oder dort seinen Wohnsitz oder gewöhnlichen Aufenthalt hatte.

484

(2) In Ehesachen wird die Zuständigkeit ferner anerkannt, wenn zur Zeit der Einleitung des Verfahrens eine der beiden Parteien die Staatsangehörigkeit eines der beiden Vertragsstaaten besaß und wenn außerdem die beiden Parteien ihren letzten gemeinsamen gewöhnlichen Aufenthalt im Ursprungsstaat hatten und der Kläger zur Zeit der Einleitung des Verfahrens in diesem Staat seinen gewöhnlichen Aufenthalt hatte.

(3) In Ehesachen wird die Zuständigkeit der Gerichte des Ursprungsstaates ferner anerkannt, wenn die Ehegatten ihren gewöhnlichen Aufenthalt in einem dritten Staat hatten und wenn der Kläger im Zeitpunkt der Einleitung des Verfahrens die Staatsangehörigkeit des Ursprungsstaates und der Beklagte die Staatsangehörigkeit eines anderen als des ersuchten Staates besaß.

Art. 8 regelt die **Anerkennungszuständigkeit** in nicht vermögensrechtlichen Streitigkeiten. Die Norm soll eine umfassende Anerkennung sicherstellen. Soweit § 606a ZPO noch anerkennungsfreundlicher ist, ist die spanische Entscheidung wegen Art. 23 Abs. 2 nach dem **Günstigkeitsprinzip** im Verfahren des Art. 7 § 1 FamRÄndG unter den Voraussetzungen des § 328 ZPO anzuerkennen.

485

Art. 9 Deutsch-spanischer Vertrag 1983

(1) Wird die in einem Vertragsstaat ergangene Entscheidung in dem anderen Vertragsstaat geltend gemacht, so darf nur geprüft werden, ob die Voraussetzungen des Artikels 4 vorliegen und ob einer der in den Artikeln 5 und 6 Abs. 2 genannten Versagungsgründe gegeben ist. Darüber hinaus darf die Entscheidung nicht nachgeprüft werden.

486

(2) Das Gericht des ersuchten Staates ist bei der Beurteilung der Zuständigkeit des Gerichts des Ursprungsstaates (Art. 4 Nr. 1) an die tatsächlichen Feststellungen gebunden, auf Grund deren das Gericht seine Zuständigkeit angenommen hat, sofern es sich nicht um eine Versäumnisentscheidung handelt.

Art. 9 Abs. 1 S. 2 enthält das Verbot der **révision au fond**. Im übrigen dürfen nach Abs. 1 S. 1 nur die Versagungsgründe des Vertrages nachgeprüft werden. Nach Abs. 2 ist das Anerkennungsgericht bei der Prüfung der Anerkennungszuständigkeit an die tatsächlichen Feststellungen des Urteilsgerichts gebunden (→ Rdnr. 273, 95). Versäumnisentscheidungen sind von

487

---

[936] Eindeutig Denkschrift (Fn. 929) 17; wenigstens mißverständlich *Löber* RIW 1987, 429, 432; mit Recht gegen ihn *Schütze* in: *Bülow/Böckstiegel/Geimer/Schütze* (Fn. 766) Nr. 663.3 Fn. 14.

der Bindungswirkung jedoch ausgenommen. Das entspricht dem deutschen Rechtsverständnis zu § 328 ZPO (→ Rdnr. 96).

Art. 10 Deutsch-spanischer Vertrag 1983

488 (1) Die in einem Vertragsstaat ergangenen Entscheidungen werden in dem anderen Vertragsstaat anerkannt; hierfür bedarf es vorbehaltlich der nachfolgenden Regelungen keines besonderen Verfahrens.
(2) Wird die Anerkennung in einem Rechtsstreit vor dem Gericht eines Vertragsstaates, dessen Entscheidung von der Anerkennung abhängt, verlangt, so kann dieses Gericht über die Anerkennung entscheiden.
(3) Ist die Frage, ob eine Entscheidung anzuerkennen ist, als solche der Gegenstand eines Streites, so kann jede Partei, welche die Anerkennung geltend macht, in dem Verfahren nach dem dritten Abschnitt die Feststellung beantragen, daß die Entscheidung anzuerkennen ist.
(4) Ungeachtet der Vorschriften der Absätze 1 bis 3 kann jeder Vertragsstaat in Ehe- und Familienstandssachen ein besonderes vereinfachtes Anerkennungsverfahren vorsehen. Der Antragsteller darf jedoch nicht schlechter gestellt sein, als er nach den Artikeln 13 und 14 stehen würde.

489 Die Entscheidungen werden nach Art. 10 Abs. 1 ipso iure anerkannt. Das gilt auch für **Versäumnisurteile**[937]. Die Anerkennung wird in aller Regel als Vorfrage berührt (Abs. 2). In Anlehnung an das Modell des Art. 26 Abs. 2 EuGVÜ (→ Rdnr. 44) wird es den Parteien aber auch ermöglicht, die Anerkennung in einem besonderen Verfahren als Hauptfrage feststellen zu lassen. In Deutschland sind dafür die §§ 27 f. AVAG maßgebend. Das deutsche Anerkennungsverfahren des **Art. 7 § 1 FamRÄndG** bleibt nach Art. 10 Abs. 4 des Vertrages, § 56 AVAG unberührt. Einzuhalten sind jedoch nach Art. 10 Abs. 4 S. 2 die Art. 13, 14 des Vertrages.

§ 329 [Verkündung und Zustellung von Beschlüssen und Verfügungen]

(1) Die auf Grund einer mündlichen Verhandlung ergehenden Beschlüsse des Gerichts müssen verkündet werden. Die Vorschriften der §§ 309, 310 Abs. 1 und des § 311 Abs. 4 sind auf Beschlüsse des Gerichts, die Vorschriften des § 312 und des § 317 Abs. 2 Satz 1, Abs. 3 auf Beschlüsse des Gerichts und auf Verfügungen des Vorsitzenden sowie eines beauftragten oder ersuchten Richters entsprechend anzuwenden.
(2) Nicht verkündete Beschlüsse des Gerichts und nicht verkündete Verfügungen des Vorsitzenden oder eines beauftragten oder ersuchten Richters sind den Parteien formlos mitzuteilen. Enthält die Entscheidung eine Terminsbestimmung oder setzt sie eine Frist in Lauf, so ist sie zuzustellen.
(3) Entscheidungen, die einen Vollstreckungstitel bilden oder die der sofortigen Beschwerde oder der befristeten Erinnerung nach § 577 Abs. 4 unterliegen, sind zuzustellen.

Gesetzesgeschichte: Bis 1900 § 294 CPO. Änderungen: RGBl 1924 I 437; → Einl. Rdnr. 123; RGBl 1933 I 394; → Einl. Rdnr. 125 Nr. 9; BGBl 1976 I 3281; → Einl. Rdnr. 159.

---

[937] *Meyer* IPRax 1991, 292.

I. Anwendung der Vorschriften über Urteile auf Beschlüsse	1	a) Verkündung	23
		b) Zustellung	24
1. Anwendung des § 308	4	c) Wirksamkeit	25
2. Anwendung des § 309	5	2. Nicht verkündete Beschlüsse (Abs. 2)	26
3. Form, Begründung (§ 313)		a) Formlose Mitteilung	27
a) Aufbau	6	b) Förmliche Zustellung	28
b) Begründung	7	c) Existentwerden durch formlose Mitteilung	31
c) Art der Gründe	10		
4. Unterzeichnung (§ 315)	11	d) Parteizustellung	33
II. Abänderung (§ 318)	12	3. Mangel der Form	35
1. Beschlüsse prozeßleitenden Inhalts		4. Adressat	
		a) Wirksamwerden bei Mitteilung an nur eine Partei	36
a) Freie Abänderbarkeit	13		
b) Letzter Zeitpunkt	14	b) Mitteilung an den Gegner	47
2. Verfahrensabschließende Beschlüsse	15	c) Mitteilung an Dritte	48
		5. Beschlüsse des Rechtsmittelgerichts	49
III. Berichtigung, Ergänzung	17		
1. Berichtigung (§ 319)	18	6. Zusammenfassung	
2. Ergänzung (§ 321)	19	a) Beschlüsse im schriftlichen Verfahren	50
3. Berichtigung des Tatbestandes (§ 320)	20	b) Verkündete Beschlüsse	51
		c) Nicht verkündete Beschlüsse	52
IV. Rechtskraft (§ 322), Wiederaufnahme	21		
		VI. Verfügungen des Vorsitzenden oder des Einzelrichters	53
V. Verkündung, Zustellung, schriftliche Mitteilung			
1. Beschlüsse aufgrund mündlicher Verhandlung (Abs. 1)		VII. Arbeitsgerichtliches Verfahren	54

I. Anwendung der Vorschriften über Urteile auf Beschlüsse

§ 329 enthält **unvollständige Vorschriften** über Beschlüsse und Verfügungen[1]. Die Norm schließt mit einer Regelung über diese Entscheidungen den zweiten Titel über das Urteil (§§ 300 bis 329) ab, der in seinen übrigen Bestimmungen nur Vorschriften über das Urteil enthält. § 329 erklärt einzelne dieser Paragraphen auf andere gerichtliche Entscheidungen für anwendbar. Aus dieser Einzelaufzählung darf nicht der Umkehrschluß gezogen werden, daß die dort nicht genannten übrigen Vorschriften des zweiten Titels auf Beschlüsse und Verfügungen unanwendbar wären. Vielmehr ist grundsätzlich davon auszugehen, daß die Mehrzahl der Vorschriften der §§ 308 bis 328 auf Beschlüsse Anwendung finden. Eindeutig unanwendbar sind lediglich § 311 Abs. 1 bis 3 (→Rdnr. 23), § 314 (→ Rdnr. 10) und § 320 (→ Rdnr. 20).

1

Für die aufgrund einer **mündlichen Verhandlung** erlassenen Maßnahmen folgt aus § 160 Abs. 3 Nr. 6, daß Beschlüsse und Verfügungen schriftlich festzulegen sind. Doch ist die **Existenz** des Beschlusses nicht von der Aufnahme in das Protokoll abhängig[2]. Aus der genannten Norm geht weiterhin hervor, daß es keine stillschweigenden Beschlüsse gibt, die sich in schlüssigen Handlungen des Gerichts ausdrücken[3].

2

Der Inhalt richterlicher Entscheidungen findet sich dargestellt in → Rdnr. 1 ff. vor § 300, die Frage, ob sie einer mündlichen Verhandlung bedürfen, in → § 128 Rdnr. 9 ff. und das Verfahren bei fakultativer mündlicher Verhandlung in → § 128 Rdnr. 39 ff.

3

---

[1] Der Gesetzesentwurf des Bundesrates »zur Vereinfachung des zivilgerichtlichen Verfahrens und des Verfahrens der freiwilligen Gerichtsbarkeit« (BT-Drucks. 13/6398 vom 4.12. 1996) sieht für § 329 keine Änderungen vor.

[2] *OLG Celle* JW 1933, 550 (zu § 147).
[3] *RGZ* 64, 46; 70, 403; a.A. *RG* JW 1911, 52 (zu § 406).

§ 329 I   2. Buch. Verfahren im ersten Rechtszuge. 1. Abschnitt. Landgerichte

1. Anwendung des § 308

4   § 308 findet entsprechende Anwendung, auch wenn er in § 329 nicht aufgeführt ist (→ Rdnr. 1)[4]. Es darf auch hier keiner Partei etwas zugesprochen werden, was nicht beantragt ist (z.B. für den Kostenfestsetzungsbeschluß → *Bork* § 104 Rdnr. 20). Anders liegt es nur, soweit die Beschlüsse als **prozeßleitende Anordnungen** von Amts wegen ergehen. Grundsätzlich ist im Beschluß auch über die Kosten zu entscheiden (→ *Bork* § 91 Rdnr. 9). Abweichendes gilt, soweit die Beschlüsse Bestandteile eines anhängigen Verfahrens sind wie z.B. der Beweisbeschluß, der Wertfestsetzungsbeschluß usw. (Einzelheiten → *Bork* § 104 Rdnr. 9, → *Grunsky* § 575 Rdnr. 10ff., → *Grunsky* § 922 Rdnr. 12ff.).

2. Anwendung des § 309

5   Nach § 329 Abs. 1 S. 2 gilt § 309. Daher dürfen Beschlüsse, die aufgrund einer obligatorischen oder fakultativen mündlichen Verhandlung ergehen (dazu → *Leipold* § 128 Rdnr. 39ff.), nur von denjenigen Richtern erlassen werden, die der Verhandlung beigewohnt haben. Selbstverständlich darf das Gericht auch dann nur in seiner gerichtsverfassungs- und geschäftsplanmäßigen Besetzung tätig werden, wenn Beschlüsse ohne mündliche Verhandlung erlassen werden (zur Richterunterschrift →Rdnr. 11). Die Vorschriften über die Beratung und Abstimmung (→ § 309 Rdnr. 1ff.) sind auf Beschlüsse unmittelbar anwendbar.

3. Form, Begründung (§ 313)

a) Aufbau

6   Das Gesetz enthält nichts über die Form der schriftlichen Abfassung. Anders als § 313 für das Urteil ist für Beschlüsse die Beigabe eines **Tatbestandes** und von **Entscheidungsgründen** nicht ausdrücklich angeordnet. Gleichwohl orientiert sich die Praxis mit Recht weitgehend an § 313 (→ Rdnr. 7 und 10). Doch begründet eine andere Handhabung als solche keinen Verstoß gegen gesetzliche Vorschriften[5].

b) Begründung

7   Beschlüsse bedürfen regelmäßig der Begründung. So müssen Beschlüsse, die einem **Rechtsmittel** unterliegen, stets begründet werden, da sonst eine Nachprüfung durch den Beschwerdeführer und durch das Beschwerdegericht nicht möglich wäre[6]. Das Gesagte gilt auch dann, wenn ein Rechtsmittel nur im Ausnahmefall statthaft ist[7]. Erst die Begründung läßt erkennen, aus welchen tatsächlichen oder rechtlichen Gründen die Entscheidung getroffen worden ist. Das Gericht soll eine Begründung aber auch dann geben, wenn der betreffende Beschluß **keiner Beschwerde** unterliegt, weil er auf Verfassungsbeschwerde hin überprüft werden kann (→ *Grunsky* Rdnr. 43ff. vor § 578). Im übrigen sind letztinstanzliche Entscheidungen jedenfalls dann zu begründen, wenn von dem eindeutigen Wortlaut einer Norm abgewichen werden

---

[4] Allgemeine Meinung, *OLG Braunschweig* OLGRsp. 40, 399; *Thomas/Putzo*[20] Rdnr. 9.

[5] *RGZ* 30, 339; *RG* JW 1900, 50; 1907, 840f. u.a.; a.A. *OLG Köln* OLGRsp. 2, 349.

[6] *BGH* NJW-RR 1995, 701; NJW 1983, 123; *OLG Bamberg* JurBüro 1992, 632; *OLG Hamm* JurBüro 1991, 682; *OLG Schleswig* JurBüro 1981, 1903; SchlHA 1977, 14; *OLG Düsseldorf* NJW 1971, 520; *OLG Celle* NJW 1966, 936; *OLG Köln* MDR 1968, 767; *Zöller/Vollkommer*[20] Rdnr. 24; *Rosenberg/Schwab/Gottwald*[15] § 60 III 3; *Hornung* Rpfleger 1981, 490; *E. Schneider* MDR 1974, 802; *Brüggemann* Richterliche Begründungspflicht (1971) 94ff. schildert die Entwicklung der Rechtsprechung.

[7] *OLG Hamm* FamRZ 1993, 719.

soll, sofern sich der Grund hierfür nicht ohne weiteres erkennbar aus den Besonderheiten des Falles ergibt[8]. Von diesem Falle abgesehen erkennt das Bundesverfassungsgericht den Grundsatz an, daß die mit ordentlichen Rechtsbehelfen nicht mehr anfechtbaren letztinstanzlichen gerichtlichen Entscheidungen von Verfassungs wegen keiner Begründung bedürfen[9]. Es ist nach dem Gesagten nicht entscheidend, ob das Gesetz Gründe ausdrücklich vorschreibt wie etwa in den §§ 922 Abs. 1 S. 2, 620d[10].

Eine Pflicht zur Begründung kann sich auch aus **rechtsstaatlichen Gründen** ergeben. So liegt es vor allem, wenn durch den Beschluß in die Rechte einer Partei (oder Dritter) eingegriffen wird[11]. Eine Ausnahme von der Begründungspflicht ist nur anzuerkennen, wenn die Prozeßbeteiligten ohne weiteres die tatsächlichen und die rechtlichen Gründe für den Beschluß ermitteln können. So kann es liegen, wenn die Begründung unmittelbar aus dem Gesetz folgt, auf einer gefestigten Rechtsprechung beruht oder sich ohne weiteres aus dem aktenkundigen Verfahrensstoff ergibt[12]. Im übrigen besteht kein verfassungsrechtlicher Anspruch darauf, daß sich das Gericht auch mit abwegigen Rechtsauffassungen der Parteien in seiner Entscheidungsbegründung auseinandersetzt[13]. 8

Teile der richterlichen Praxis befürworten die Möglichkeit einer **nachträglichen Begründung**. Danach soll es bei Beschlüssen, die der einfachen Beschwerde unterliegen, genügen, daß die Begründung erst nachträglich gegeben wird. So reiche es grundsätzlich aus, die Gründe erst im Laufe des Beschwerdeverfahrens zu geben, sofern der Betroffene dann noch seine Rechte in der Beschwerdeinstanz hinreichend wahrnehmen und das Beschwerdegericht die Entscheidung sachgemäß überprüfen kann[14]. Auch nach dieser Ansicht führt aber der Verfahrensmangel zur Aufhebung und Zurückverweisung, wenn es an den angeführten Voraussetzungen oder überhaupt an einer nachgeschobenen Begründung fehlt[15]. Die Praxis der nachträglichen Begründung ist abzulehnen. Einmal verleiten diese Praktiken den Beschwerdeführer geradezu zur Beschwerde, weil er die Begründung der von ihm angefochtenen Entscheidung nicht kennt. Vor allem aber sind solche Verfahrensweisen mit dem heutigen Verständnis einer neutralen und unparteiischen Rechtspflege schwer vereinbar, da das Gericht in den Verdacht gerät, erst auf die Beschwerde hin eine Begründung für seine Entscheidung zu finden. Zudem sieht das deutsche Prozeßrecht eine spätere »Verteidigung« eines Richterspruchs durch den betreffenden Richter nicht vor. 9

c) Art der Gründe

Es bestehen **keine festen Regeln** über die Art und Weise der Begründung von Beschlüssen (→ Rdnr. 6). Vergleichbar dem Urteilsaufbau in Tatbestand und Entscheidungsgründen sollen zunächst Angaben zum Sachverhalt gemacht werden und sodann erst die eigentliche Begründung folgen. Die Begründung muß die wesentlichen, der Rechtsverfolgung und Rechtsverteidigung dienenden Tatsachenbehauptungen enthalten[16]. Eine **Bezugnahme** auf eine andere Entscheidung ist zulässig[17]. Doch reicht die Bezugnahme auf einen nicht unterschriebenen, 10

---

[8] *BVerfG* NJW 1987, 1619, 1620 (= *BVerfGE* 71, 122, 135f.).
[9] *BVerfG* NJW 1997, 1693.
[10] Dazu *Rolland/H.Roth* Familienrecht (1996) § 620d Rdnr. 6; § 620a Rdnr. 28.
[11] *Brüggemann* (Fn. 6) 123f.; *Lücke* Begründungszwang und Verfassung (1987) 50f. leitet aus der Rechtsschutzfunktion einen Begründungszwang ab, »der sich im weiten Sinne auf belastende Entscheidungen bezieht«.
[12] *BayObLG* NJW-RR 1991, 188; *OLG Schleswig* Jur-Büro 1981, 1903; *OLG Frankfurt a.M.* Rpfleger 1984, 477.
[13] *BVerfG* NJW 1997, 1443.
[14] *OLG Düsseldorf* OLGZ 1972, 245; NJW 1971, 520; *OLG Frankfurt a.M.* Rpfleger 1984, 477; *KG* NJW 1974, 2010 und *E. Schneider* MDR 1975, 805 verlangen Nachholung der Begründung spätestens im Abhilfeverfahren.
[15] *OLG Frankfurt a.M.* Rpfleger 1984, 477.
[16] *BVerfGE* 47, 189; 54, 46; 58, 357.
[17] *BGH* NJW 1983, 123.

aus sich heraus für die Parteien nicht verständlichen Computerausdruck, nicht aus[18]. Auch ist es nicht zulässig, bei der Arbeit mit **Textbausteinen** der Kanzlei die Ergänzung des Beschlußtextes zu überlassen[19]. Eine Begründung fehlt, wenn widersprüchliche Gründe nicht mehr erkennen lassen, welche Überlegungen für die Entscheidung maßgebend waren[20]. Einer fehlenden Entscheidungsbegründung steht es gleich, wenn die Entscheidung nur mit einer auf das Vorbringen des Rechtsuchenden nicht eingehenden **formelhaften Begründung** versehen wurde[21]. Nach dem Gesagten muß also grundsätzlich den Beschlüssen eine Art Sachverhalt (Tatbestand) beigefügt sein. Gleichwohl gilt nicht die Vorschrift des § 314 (→Rdnr. 1). Daher kann auch ein etwaiger »Tatbestand« eines Beschlusses ohne das Vorliegen der Voraussetzungen des § 320 geändert werden, wenn ohne mündliche Verhandlung entschieden wurde (näher → § 320 Rdnr. 5).

4. Unterzeichnung (§ 315)

11   Für die Unterzeichnung gilt § 315 nicht unmittelbar. Doch folgt aus dem in § 329 Abs. 1 S. 2 angeführten § 317 Abs. 2 S. 1, daß Unterschriften erforderlich sind, sofern nicht die Beschlüsse im Sitzungsprotokoll oder in dessen Anlagen enthalten sind[22]. Die fehlende Unterzeichnung kann durch »schlüssiges Verhalten« des Richters nicht zur Billigung des Beschlusses führen[23]. Prozeßordnungswidrig ist die verbreitete Übung, welche die alleinige Unterschrift des **Vorsitzenden**[24] oder die des Vorsitzenden und des Berichterstatters[25] genügen läßt. Dadurch ist eine Überprüfung der ordnungsgemäßen Besetzung des Gerichts und der einwandfreien Verfahrensdurchführung nicht mehr gewährleistet[26].

II. Abänderung (§ 318)

12   Anders als § 318 für Urteile trifft das Gesetz keine generelle Regelung, ob das Gericht einen existenten Beschluß abändern darf[27]. Soweit nicht auf positive Regelungen in Einzelvorschriften zurückgegriffen werden kann, muß die Frage nach allgemeinen prozessualen Grundsätzen beantwortet werden.

1. Beschlüsse prozeßleitenden Inhalts

a) Freie Abänderbarkeit

13   Für Beschlüsse prozeßleitenden Inhalts ist die freie, von einem Parteiantrag nicht abhängige Abänderbarkeit als die Regel anzusehen[28]. Dafür spricht schon eine Gesamtanalogie zu den

---

[18] *OLG Hamm* FamRZ 1993, 719; *Zöller/Vollkommer*[20] Rdnr. 24.
[19] *OLG Düsseldorf* NJW-RR 1994, 383, 384; zu der Bezugnahme auf den etwaigen Tatbestand von Beschlüssen im späteren Urteil → § 313 Rdnr. 54.
[20] *BGH* MDR 1978, 928; zur objektiven Willkürlichkeit eines *Urteils* etwa *BVerfG* NJW 1995, 2911.
[21] *OLG Hamm* JurBüro 1991, 682.
[22] *BGHZ* 76, 241; *BGH* NJW 1981, 2255 (für eine Fristsetzungsverfügung; 1998, 609. – § 14 GeschO des *BGH* (BAnz 1952 Nr. 83 S. 9) verlangt die Unterzeichnung für alle aufgrund mündlicher Verhandlung erlassenen Beschlüsse.
[23] *BGH* WM 1986, 332.
[24] *RG* JW 1897, 288; *OLG Dresden* JW 1928, 2734;

OLG Düsseldorf MDR 1980, 943; vgl auch *RArbG* ArbRsp. 1932, 363.
[25] *RGZ* 3, 400; *OLG Breslau* JW 1925, 2343; *OLG Braunschweig* JW 1928, 1873.
[26] Wie hier *MünchKommZPO/Musielak* Rdnr. 3; *Baumbach/Lauterbach/Albers/Hartmann*[56] Rdnr. 8; a. A. *OLG Düsseldorf* MDR 1980, 943; *Zöller/Vollkommer*[20] Rdnr. 36; *Thomas/Putzo*[20] Rdnr. 11; offengelassen in *BGH* NJW-RR 1994, 1406 und NJW 1998, 609.
[27] Dazu *Hein* Identität der Partei Band I (1918) 165 ff., 191 ff., 211 ff.; *Lüdemann* Ist ein Gericht befugt, seine eigenen Beschlüsse und Verfügungen abzuändern, zu berichtigen und zu ergänzen? (1930); *Gäbelein* JZ 1955, 260; *OLG Köln* BB 1981, 581.
[28] *RGZ* 33, 337; 37, 383; *RG* JW 1902, 250; HRR 1930

Einzelvorschriften der §§ 150, 155, 224, 227, 360, 381 u.a. Ebenso entscheidet für die Fälle der einfachen Beschwerde § 571 (→ § 571 Rdnr. 1). Die dort zugrunde liegenden sachlichen Gründe für die freie Abänderbarkeit streiten auch für sonstige Beschlüsse, die im Rahmen eines anhängigen Verfahrens prozeßleitende Anordnungen enthalten, für dieselbe Rechtsfolge. Das Gesagte muß auch für Beschlüsse in Verfahren gelten, die sachlich der **Vorbereitung** eines **Prozesses** dienen. Zu nennen ist etwa das Verfahren über die **Prozeßkostenhilfe**. Es entspricht der ständigen Übung insbesondere auch des RG, die Prozeßkostenhilfe nach Ablehnung auf Gegenvorstellung der Partei zu bewilligen[29]. Hierher gehört auch das selbständige Beweisverfahren[30], die Bestimmung des zuständigen Gerichts nach den §§ 36f. und die Anordnung eines frühen ersten Termins oder eines schriftlichen Vorverfahrens (Nachweise der Streitfrage bei → *Leipold* § 272 Rdnr. 13ff).

b) Letzter Zeitpunkt

Die Abänderung ist nur solange zulässig, wie das Gericht noch mit dem Gegenstand, auf den sich der Beschluß bezieht, befaßt ist. So liegt es etwa, wenn z.B. der Beweisbeschluß, oder eine der nach den §§ 141ff. zu erlassenden Anordnungen nicht bereits durch Zwischen- oder Teilurteil erledigt sind. Auch ist die Abänderung eines bloß prozeßleitenden Beschlusses ausgeschlossen, wenn die Anordnung durch das Beschwerdegericht aufrechterhalten worden ist[31]. Durch die Abänderung werden Wirkungen, die infolge einer prozeßleitenden Verfügung bereits eingetreten sind, nicht beseitigt. So liegt es etwa für eine Zustellung auf Anordnung nach § 188 an Sonn- oder Feiertagen, eine schon teilweise vollzogene Beweisaufnahme vor Aufhebung des Beweisbeschlusses und für vergleichbare Situationen.

14

2. Verfahrensabschließende Beschlüsse

Unabänderlich sind verfahrensbeendende Beschlüsse, soweit der Beschluß der **sofortigen Beschwerde** unterliegt (§ 577 Abs. 3). Unabänderbarkeit muß auch dann angenommen werden, wenn noch keine Beschwerde eingelegt wurde und falls die Beschwerde wegen Nichterreichens der Beschwerdesumme entfällt (§ 567 Abs. 2). Das Gericht ist auch gebunden, wenn gegen den Beschluß ein **anderer Rechtsbehelf** als die Beschwerde gegeben ist. Dann ist eine Abänderung nur auf diesem spezielleren Wege zulässig. So liegt es etwa für Vollstreckungsbescheid (§ 700)[32], Arrestbefehl (§§ 924, 926, 927) und einstweilige Verfügung (§ 936), Vollstreckbarerklärung von Schiedssprüchen und schiedsrichterlichen Vergleichen (§§ 1042ff.) sowie von ausländischen Urteilen (→ Anhang zu § 723)[33]. Unabänderlichkeit liegt auch in den Fällen der **§§ 281 und 506** vor, weil die Zuständigkeit des Gerichts mit Erlaß des Verweisungsbeschlusses endet (auch → *Leipold* § 281 Rdnr. 22). Nicht abänderbar sind ferner alle **eine Rechtsmittelinstanz abschließenden Beschlüsse,** unabhängig davon, ob sie einer weiteren Beschwerde unterliegen oder nicht[34]. Dahin gehören sowohl die Beschlüsse des Beschwerdegerichts wie auch die eine Berufung verwerfenden landgerichtlichen Beschlüsse. Für Beschlüsse des Oberlandesgerichts folgt das Gesagte aus § 519b Abs. 2 in Verbindung mit § 577 Abs. 3.

15

Nr. 1765; *OLG Kassel* OLGRsp. 9, 102; *KG* OLGRsp. 10, 248; 25, 137; JW 1920, 1040 (zu § 109); *OLG Naumburg* JW 1926, 1609.- A.A. *OLG Dresden* SächsAnn. 29, 264f.(zu § 380); *OLG Colmar* OLGRsp. 12, 192.
[29] Ebenso BVerfGE 56, 139, 145; zum damaligen Armenrecht s. auch *OLG Kiel* JR 1927 Nr. 964.
[30] *OLG Düsseldorf* OLGRsp. 25, 146.
[31] RGZ 37, 384.

[32] Abänderbar ist dagegen der Mahnbescheid, *Vollkommer* Rpfleger 1975, 165; a.A. *Thomas/Putzo*[20] Rdnr. 12.
[33] *OLG Düsseldorf* MDR 1950, 491.
[34] *OLG Celle* SeuffArch 82 (1928) 352; *OLG Karlsruhe* JW 1932, 2175; s. aber auch *OLG Düsseldorf* JMBlNRW 1951, 172.

Das gleiche gilt für die die Revision verwerfenden Beschlüsse nach § 554a (dazu → *Grunsky* § 519b Rdnr. 35).

16 **Abänderbar**, und zwar auch von Amts wegen, sind dagegen die der einfachen Beschwerde unterliegenden Beschlüsse, insbesondere die Ablehnung des Arrestbefehls (→ *Grunsky* § 922 Rdnr. 8).

III. Berichtigung, Ergänzung

17 Soweit eine Änderungsbefugnis (→ Rdnr. 13) besteht und das Gericht noch mit der Angelegenheit befaßt ist (→ Rdnr. 14), können die erforderlichen Änderungen vorgenommen werden. Deshalb bedarf die Anwendung der §§ 319 und 321 hier keiner Erörterung. Fehlt dagegen diese Befugnis, so gilt folgendes:

1. Berichtigung (§ 319)

18 Auf bindende Beschlüsse kann das Berichtigungsverfahren des § 319 angewendet werden[35]. Wichtig ist das für Beschlüsse nach § **519b** und § **554a**[36]. Die Berichtigung setzt ein subjektives Versehen des beschließenden Gerichts nicht voraus (→ § 319 Rdnr. 8).

2. Ergänzung (§ 321)

19 In vergleichbarer Weise ist in entsprechender Anwendung des § 321 eine Ergänzung eines die Anträge nicht erschöpfenden oder über den Kostenpunkt hinweggegangenen Beschlusses zulässig[37]. Der entsprechenden Anwendung steht nicht entgegen, daß im Beschlußverfahren eine **obligatorische mündliche Verhandlung** nicht stattfindet. Das Erfordernis der mündlichen Verhandlung erklärt sich im § 321 gesetzgeberisch nur daraus, daß es sich bei dem Urteil um die Ergänzung einer aufgrund mündlicher Verhandlung zu erlassenden Entscheidung handelt. Die herrschende Praxis will mit der Beschwerde helfen[38]. Doch versagt dieser Weg in allen Fällen, wo eine solche, insbesondere eine weitere Beschwerde, nicht gegeben ist. Die Ergänzung muß innerhalb der Frist des § 321 beantragt werden. Eine Ergänzung von Amts wegen läßt sich nicht rechtfertigen. Das gilt insonderheit für die Nachholung einer unterbliebenen Kostenentscheidung.

3. Berichtigung des Tatbestandes (§ 320)

20 § 320 gilt hingegen nicht, soweit ohne mündliche Verhandlung entschieden wurde (→ Rdnr. 10)[39].

---

[35] *BGH* NJW-RR 1995, 574 (Rubrumsberichtigung); 1988, 407; *RGZ* 129, 155; *RG* JW 1897, 564; *BayObLGZ* 4, 340; *OLG Hamm* MDR 1977, 760; *OLG Kassel* ZZP 44 (1914) 514; *OLG Hamburg* SeuffArch 64 (1909) 491; OLGRsp. 35, 76; *KG* OLGRsp. 9, 104; 14, 146; JW 1934, 3083 (Umschreibung der Vollstreckungsklausel); *OLG Braunschweig* OLGRspr. 40, 399; *OLG Kiel* OLGRsp. 42, 54; *OLG Nürnberg* JW 1931, 2158 (Eintragung in die Konkurstabelle); ferner *RG* JW 1896, 587 sowie → *P. Schlosser* § 692 Rdnr. 10.

[36] *OLG Düsseldorf* JMBlNRW 1951, 172.

[37] *OLG München* Rpfleger 1987, 263; *OLG Hamm* Rpfleger 1973, 409; *OLG Stuttgart* ZZP 69 (1956) 428; *E. Schneider* MDR 1984, 461; *Zöller/Vollkommer*[20] Rdnr. 41.

[38] *RG* SeuffArch 42 (1887) 106; JW 1889, 169; *OLG Hamm* JW 1913, 1158f.; *OLG Posen* OLGRsp. 30, 112; *OLG Dresden* OLGRsp. 37, 177; *OLG Kassel* JW 1919, 688; auch *KG* JW 1925, 808; *OLG Frankfurt a.M.* JR 1925 Nr. 1575; wie hier *Levin* JW 1928, 2696; *Lüdemann* (Fn. 27) 72; *LG Münster* MDR 1958, 175.

[39] Dazu *BGH* NJW-RR 1988, 407.

IV. Rechtskraft (§ 322)[40], Wiederaufnahme

Die Grundsätze über die formelle Rechtskraft (→ § 322 Rdnr. 60) sind auf die Beschlüsse unmittelbar anzuwenden (→ *Grunsky* § 567 Rdnr. 22; § 577 Rdnr. 9)[41]. Die Regeln über die materielle Rechtskraft (§§ 322 bis 328) gelten nur insoweit, wie der Beschluß einen rechtskraftfähigen Inhalt hat[42]. 21

Die Wiederaufnahme von Beschlußverfahren findet sich dargestellt bei → *Grunsky* Rdnr. 38 ff. vor § 578. 22

V. Verkündung, Zustellung, schriftliche Mitteilung

1. Beschlüsse aufgrund mündlicher Verhandlung (Abs. 1)

a) Verkündung

Nach Abs. 1 müssen die aufgrund einer mündlichen Verhandlung ergehenden Beschlüsse verkündet werden. Dazu gehört auch die bloß **fakultative** mündliche Verhandlung (dazu → *Leipold* § 128 Rdnr. 39 ff.). Ferner fallen darunter auch Beschlüsse gemäß § 251a nach Lage der Akten (→ *H. Roth* § 251a Rdnr. 21) und solche auf Wiedereröffnung der Verhandlung (→ *H. Roth* § 156 Rdnr. 19, dort auch zur Zustellungsmöglichkeit). Entscheidungen im schriftlichen Verfahren nach § 128 Abs. 2 S. 2 und Abs. 3 S. 2 sind seit der Vereinfachungsnovelle 1976[43] ebenfalls zu verkünden, obgleich sie ohne mündliche Verhandlung ergehen (auch → *Leipold* § 128 Rdnr. 104). Für die Verkündung gelten nach § 329 Abs. 1 S. 2 die §§ 310 und 312 hinsichtlich des Zeitpunktes und hinsichtlich der Wirksamkeit. **Nicht anwendbar** ist hingegen § 311 Abs. 1 bis 3 über die Form der Verkündung, die sonach auch in einer mündlichen Eröffnung ohne Vorlesen des Beschlußtenors bestehen kann[44]. 23

b) Zustellung

Die Zustellung verkündeter Beschlüsse ist in den Fällen des Abs. 3 (→ Rdnr. 28) **von Amts wegen** erforderlich. Lediglich zur Einleitung der Zwangsvollstreckung ist gemäß § 794 Abs. 1 Nr. 3, §§ 795, 750 Abs. 1 S. 2 die Parteizustellung noch ausreichend[45]. 24

---

[40] Eingehend *Werner* Rechtskraft und Innenbindung zivilprozessualer Beschlüsse im Erkenntnis- und summarischen Verfahren (1982).

[41] Zur sogenannten absoluten Nichtigkeit → *Grunsky* Rdnr. 7 vor § 578.

[42] BGH NJW 1985, 1336; *Rechtskraftfähigkeit* wurde bejaht in RGZ (VZS) 27, 402 und BGHZ 111, 168, 170 (beide zum Kostenfestsetzungsbeschluß); BGH NJW 1981, 1962; 1991, 1116 (Beschluß nach § 519b); RGZ 70, 401 (Zuschlagsbeschluß nach §§ 79 ff. ZVG); BayObLGZ 1987, 367 (Richterablehnungsverfahren); LG Wiesbaden NJW 1986, 939 (§ 887); RGZ 167, 332 (§ 888); KG JW 1930, 3862; OLGRsp. 1, 168; OLG Kassel HRR 1936 Nr. 629 (Beschlüsse nach § 766; dazu ausführlich *J. Blomeyer* Die Erinnerungsbefugnis Dritter in der Mobiliarzwangsvollstreckung (1966) 128 f.; *Peters* ZZP 90 (1977) 145; OLG Hamm OLGRsp. 66, 52 (§ 890); RGZ 61, 143 (Vollstreckbarerklärung eines Schiedsspruches); BGH WM 1994, 994 (§ 28 EGGVG); LG Kassel Rpfleger 1991, 118 (§ 807); LG Mannheim ZMR 1966, 275 (abweisende Beschlüsse des Vollstreckungsgerichts sind nur der formellen Rechtskraft fähig; anders OLG Kassel OLGRsp. 18, 412); OLG Karlsruhe OLGRsp. 37, 180; LG Berlin JW 1935, 149.- Dazu ferner *Schultzenstein* ZZP 34 (1905) 430; *Nußbaum* Die Prozeßhandlungen, ihre Voraussetzungen und Erfordernisse (1908) 10 f.; *Sauer* Grundlagen des Prozeßrechts (1919) 257 ff.; *Kleinfeller* in: FS Wach (1913) 2 408 ff.; *Smid* ZZP 97 (1984) 281 f. – Zur Rechtskraftfähigkeit allgemein → § 322 Rdnr. 51 ff.

[43] Dazu → *E. Schumann* Einl. Rdnr. 159.

[44] LG Frankfurt a. M. Rpfleger 1976, 257 zieht eine analoge Anwendung des § 311 Abs. 2 S. 1 in Betracht, wenn die Verkündung bereits eine Rechtsmittelfrist in Lauf setzt; wie hier für Ermessen *W. Roth* NJW 1997, 1966, 1967 (dort auch zur Frage des Beginns der Beschwerdefrist).

[45] *Thomas/Putzo*[20] Rdnr. 4.

c) Wirksamkeit

25 Beschlüsse sind mit der Verkündung oder mit der erforderlichen Zustellung wirksam[46] (näher → Rdnr. 28 ff. und zur Beachtlichkeit von Mängeln → Rdnr. 35).

2. Nicht verkündete Beschlüsse (Abs. 2)

26 Für nicht verkündete Beschlüsse genügt nach Abs. 2 S. 1 regelmäßig die **formlose Mitteilung**[47]. Die förmliche Zustellung von Amts wegen ist nur in den in Abs. 2 S. 2 und Abs. 3 genannten Fällen erforderlich. Etwaige Begründungen (auch → Rdnr. 7) der Beschlußformel müssen stets mitgeteilt werden. Im Falle der erforderlichen Zustellung muß der gesamte Beschluß zugestellt werden. Die Zustellung einer verkürzten Ausfertigung ist nicht zulässig, da in § 329 Abs. 1 S. 2 nicht auf § 317 Abs. 2 S. 2 verwiesen ist[48]. Im einzelnen gilt folgendes:

a) Formlose Mitteilung

27 Nach Abs. 2 S. 1 ist die formlose Mitteilung die regelmäßige Form der Bekanntgabe. Nicht verkündete Verweisungsbeschlüsse sind mit Ausnahme solcher nach § 17a Abs. 2 GVG den Parteien formlos mitzuteilen[49]. Auch eine mündliche, insbesondere fernmündliche Mitteilung kann ausreichen. Es bedarf noch nicht einmal eines **Aktenvermerks** zum Wirksamwerden der fernmündlich mitgeteilten Verfügung[50]. Die förmliche Zustellung ist aber stets zulässig und wirksam. Das gilt auch dann, wenn die Partei von dem Beschluß keine Kenntnis erlangt, weil etwa ein Fall der Ersatzzustellung, der öffentlichen Zustellung oder der Zustellung durch Aufgabe zur Post vorliegt.

b) Förmliche Zustellung

28 Der förmlichen Zustellung bedarf es nach Abs. 2 S. 2 in den Fällen, in denen der Beschluß eine **Terminsbestimmung** enthält (mit der Ausnahme des § 497 Abs. 1 S. 1) oder eine **Frist** in Lauf setzt[51]. So ist die auf Verfügung des Vorsitzenden beruhende Mitteilung vom Ablauf der Berufungsfrist zuzustellen, weil sie die Frist des § 234 Abs. 1 in Lauf setzt[52]. Förmlich zugestellt werden muß auch im Falle des § 128 Abs. 2 BRAGO[53], oder wenn das Gericht Vollstreckungsbehörde und damit Gläubiger des beizutreibenden Zwangsgeldes ist, um die Frist des § 11 Abs. 1 S. 2 RPflG in Lauf zu setzen[54]. Aussetzungsbeschlüsse nach § 614 werden lediglich formlos mitgeteilt, weil die Aussetzungsfrist des § 614 Abs. 4 S. 2 keine echte Frist ist[55]. Wegen Abs. 3 Fall 1 muß ein Beschluß förmlich zugestellt werden, wenn er einen **Vollstreckungstitel** gegen den Zustellungsempfänger bildet, er der sofortigen Beschwerde (Abs. 3 Fall 2) oder der befristeten Erinnerung (Abs. 3 Fall 3) unterliegt. Zudem ist förmliche Zustellung erforderlich, wenn der Beschluß ein **Gebot oder Verbot** an den Schuldner ausspricht[56].

29 Ein nicht verkündeter **Abkürzungsbeschluß** nach § 225 ist derjenigen Partei nach § 329 Abs. 2 S. 2 förmlich zuzustellen, von der die Frist einzuhalten ist[57]. Für eine **Fristverlängerung**

---

[46] *OLG Koblenz* GRUR 1984, 611.
[47] Hierzu *Reinberger* DGWR 1942, 234.
[48] Ebenso *Zöller/Vollkommer*[20] Rdnr. 25.
[49] *BGH* FamRZ 1995, 551.
[50] *BGHZ* 14, 148; 93, 300, 305 (Vertrauensschutz); ferner *BAGE* 9, 177; *OLG Naumburg* DR 1939, 1186; *Gaedeke* ebd.; anders *Zwirner* NJW 1954, 907; *OLG Hamm* MDR 1968, 156: Bloße Auskunft des Geschäftsstellenbeamten auf telefonische Anfrage des Rechtsanwalts über einen in den Akten liegenden Beschluß sei »im Zweifel« keine Mitteilung i.S. des § 329 Abs. 2 S. 1.
[51] *BVerfG* MDR 1988, 553.
[52] *BGH* VersR 1995, 317, 318.
[53] *OLG Bamberg* JurBüro 1993, 89.
[54] *BayObLGZ* 1990, 255, 258.
[55] *BGH* NJW 1977, 717; *Rolland/H.Roth* Familienrecht (1996) § 614 Rdnr. 16.
[56] *BGH* Rpfleger 1982, 306 (zu §§ 936, 938); auch → *Grunsky* § 938 Rdnr. 30.
[57] Näher → *H.Roth* § 225 Rdnr. 7.

genügt stets eine formlose Mitteilung, auch soweit die Verlängerung das neue spätere Ende der Frist bestimmt[58].

In den Fällen des Abs. 2 S. 2 und des Abs. 3 wird die Beschwerde-, Erinnerungs- oder sonstige Frist für den Beschwerdeberechtigten usw. nur durch die förmliche Zustellung in Lauf gesetzt[59]. Auch ist ein in dem Beschluß bestimmter Termin nur dann als versäumt anzusehen, wenn der Beschluß förmlich zugestellt war[60]. 30

c) Existentwerden durch formlose Mitteilung

Der nicht verkündete Beschluß wird stets auch durch formlose Mitteilung existent, auch wenn er zustellungsbedürftig war[61]. Die Gegenauffassung übersieht den Unterschied zwischen **Existentwerden** und **Wirksamkeit** im Hinblick auf den betreffenden Adressaten[62]. Bedenklich ist daher eine Entscheidung des RAG[63], wonach der Beschluß über die Verwerfung des Rechtsmittels, der als Vollstreckungstitel für die Kostenfestsetzung der förmlichen Zustellung bedarf, bei unterbliebener Zustellung als nicht existent geworden anzusehen und daher noch abänderbar sein soll. Allerdings wäre im Interesse der Rechtssicherheit die förmliche Zustellung auch dann anzustreben, wenn die fragliche Wirkung des Beschlusses schon durch seine Existenz herbeigeführt wird[64]. 31

Der Beschluß wird in dem Zeitpunkt existent, in dem er aus dem **internen Bereich des Gerichts** hinausgeht[65]. Maßgebend ist der Zeitpunkt der Herausgabe der Beschlußausfertigung an den Empfänger oder die Absendung durch die Post. Der Zugang an die Partei ist für die Existenz des Beschlusses nicht erforderlich. Umgekehrt reicht die Beratung oder die Übergabe der abgesetzten Entscheidung an die Geschäftsstelle nicht aus. Deshalb muß auch die beratene und abgesetzte Entscheidung von Geschäftsstelle oder Kanzlei zurückgefordert werden, damit ein nach Beschlußfassung eingegangener Schriftsatz mit entscheidungserheblichem Vorbringen noch berücksichtigt werden kann[66]. Aus dem Gesagten folgt weiter, daß in den Fällen, in denen der Beschluß der sofortigen Beschwerde unterliegt, diese sich auch dann in zulässiger Weise gegen einen existent gewordenen Beschluß richtet, wenn die vorgeschriebene förmliche Zustellung unterblieben war[67]. Auch sonst kann die Partei den Beschluß vom Zeitpunkt des Existentwerdens an mit dem gegebenen Rechtsbehelf anfechten. Andererseits ist das Gericht vom Zeitpunkt des Existentwerdens an im Rahmen der gesetzlichen Vorgaben an den Beschluß gebunden und kann ihn nicht als bloßes Internum abändern. 32

d) Parteizustellung

Soweit nach Abs. 2 S. 2, Abs. 3 nicht verkündete Beschlüsse den Parteien von Amts wegen zuzustellen oder formlos mitzuteilen sind, ist eine Zustellung im Parteibetrieb wirkungslos. Zudem ergibt sich die Überflüssigkeit einer neben der Amtszustellung einherlaufenden Par- 33

---

[58] Nachweise bei → *H.Roth* § 224 Rdnr. 10.
[59] *OLG Stuttgart* NJW 1954, 273; *OLG Nürnberg* MDR 1960, 235; 1964, 64; *OLG Köln* NJW 1967, 2062; *OLG Frankfurt a.M.* NJW 1968, 404; *OLG Celle* NJW 1968, 407; *KG* NJW 1969, 57; *OLG München* WRP 1971, 79; *Zöller/Vollkommer*[20] Rdnr. 20.
[60] Dazu *Jonas* JW 1937, 3047 zu *RG* ebenda 3045.
[61] *Walsmann* JW 1935, 1769; a.A. *RAG* 15, 65.
[62] *Zöller/Vollkommer*[20] Rdnr. 8 tritt für eine Aufgabe der Unterscheidung bei lediglich begünstigenden Entscheidungen ein.
[63] *RAG* 15, 65.
[64] *A. Blomeyer*[2] § 31 III Fn. 20, der die strengere Gegenmeinung vertritt, muß eine Reihe von Ausnahmen zugestehen; zu einem solchen Fall *RG* JW 1899, 340f.
[65] *BGH* FamRZ 1987, 922; VersR 1974, 365; *BGHZ* 25, 62; *OLG Köln* FamRZ 1993, 1226, 1227; *OLG Koblenz* JurBüro 1991, 435 (Nichtabhilfebeschluß); NJW-RR 1986, 935; *OLG Schleswig* SchlHA 1977, 14; *OLG Frankfurt a.M.* NJW 1974, 1389; *BayObLG* Rpfleger 1981, 145; *ObArbG* Rheinland-Pfalz AP 1951 Nr.79; *Jaeger* ZZP 61(1939) 212; *Karstendiek* DRiZ 1977, 277.- Anders *Reinberger* DGWR 1942, 234, der den Zugang bei dem Empfänger fordert.
[66] *OLG Köln* FamRZ 1993, 1226.
[67] *OLG Frankfurt a.M* NJW 1974, 1389.

teizustellung auch aus Abs. 2 und Abs. 3. Danach ist die formlose Mitteilung nur bei Beschlüssen zugelassen, die nicht mit befristeten Rechtsbehelfen anfechtbar sind. Eine Regelung, nach der die mit befristeten Rechtsbehelfen anfechtbaren Beschlüsse der Zustellung von Amts wegen bedürfen, wäre nicht sehr verständlich, wenn hierdurch nicht auch die Rechtsbehelfsfrist in Lauf gesetzt würde. Bei einem zu begründenden Beschluß (→ Rdnr. 7) ist nach Abs. 2 S. 2 die Formel nebst Gründen von Amts wegen zuzustellen[68], so daß dem Zustellungsempfänger der gesamte Inhalt der möglicherweise anzufechtenden Entscheidung bekannt ist.

34 Eine Zustellung im **Parteibetrieb** ist nur ausnahmsweise zulässig. So liegt es für den Vollstreckungsbescheid unter den Voraussetzungen des § 699 Abs. 4 S. 2. Parteizustellung unter Vermittlung der Geschäftsstelle gilt auch für einen Pfändungs- und Überweisungsbeschluß nach den §§ 829, 835, 847 ff. Der Arrestbefehl und die einstweilige Verfügung an den Schuldner werden im Parteibetrieb zugestellt (→ näher *Grunsky* § 922 Rdnr. 5b).

3. Mangel der Form

35 Das Fehlgreifen in der Form stellt einen **prozessualen Mangel** dar. So liegt es z. B. für die Zustellung oder formlose Mitteilung eines aufgrund fakultativ mündlicher Verhandlung zu erlassenden Beschlusses statt der Verkündung. Gleichwohl ist der Beschluß existent geworden (→ § 310 Rdnr. 26)[69].

4. Adressat

a) Wirksamwerden bei Mitteilung an nur eine Partei

36 § 329 bestimmt nicht, ob ein Beschluß beiden oder nur einer Partei mitzuteilen oder zuzustellen ist. Die Frage beurteilt sich nach allgemeinen prozessualen Grundsätzen nach dem **Inhalt** des betreffenden **Beschlusses**[70]. So wird ein Verweisungsbeschluß nach § 281 Abs. 2 S. 1 erst mit der letzten Mitteilung an die Verfahrensbeteiligten wirksam[71]. Auch können Folgesachen nach Ehescheidung nicht vor der letzten notwendigen Bekanntgabe rechtskräftig werden.

37 Dagegen genügt die Mitteilung von Amts wegen an nur **eine Partei** für das Wirksamwerden der Entscheidung in denjenigen Fällen, wo es sich um die Gewährung, Ablehnung oder Aufhebung einer von ihr **begehrten prozessualen Vergünstigung** handelt. Hierher gehören folgende Fallgruppen:

38 (1) die Entscheidung über ein vor Klageerhebung angebrachtes Gesuch nach § 37 (→ *E. Schumann* § 37 Rdnr. 2);

39 (2) Beschlüsse, welche die Bewilligung, Ablehnung oder Entziehung der Prozeßkostenhilfe sowie Nachzahlung gestundeter Beträge nach § 127 betreffen;

40 (3) die Bewilligung der öffentlichen Zustellung nach § 204 (→ *H. Roth* § 204 Rdnr. 8);

41 (4) Beschlüsse und Verfügungen, die lediglich einer Partei obliegende Lasten oder Pflichten betreffen, insbesondere diejenigen, durch die einer Partei eine richterliche Frist gesetzt wird wie z. B. in § 109 (zudem die Aufzählung bei → *H. Roth* vor § 214 Rdnr. 26);

---

[68] *OLG Nürnberg* MDR 1960, 235.
[69] *OLG Köln* MDR 1976, 497; Rpfleger 1982, 113; *OLG Schleswig* SchlHA 1957, 158; *OLG Bremen* FamRZ 1981, 1091; *OLG München* MDR 1962, 224; 1954, 424; *Rosenberg/Schwab/Gottwald*[15] § 62 III 1b; *Johannsen* LM § 310 Nr. 3.
[70] RGZ 125, 311 f.
[71] BGH FamRZ 1995, 551, 552.

(5) Entscheidungen zur Verlängerung von Fristen, insbesondere in den Fällen der §§ 519, 554[72]; 42

(6) die Entscheidung über den Antrag auf Durchführung eines selbständigen Beweisverfahrens (§ 490 Abs. 2); 43

(7) der Arrestbefehl und die einstweilige Verfügung, wenn sie als Beschluß ergehen (→ Grunsky § 922 Rdnr. 5). Dabei bedarf die Mitteilung an den Antragsteller nach § 329 Abs. 2 S. 2 wegen der Frist des § 929 Abs. 2 der förmlichen Zustellung. Ferner gehören hierher die Zurückweisung des Gesuches auf Erlaß eines Arrestes oder einer einstweiligen Verfügung oder des Antrages nach § 926 sowie das Abhängigmachen des Arrestes oder der einstweiligen Verfügung von vorheriger Sicherheitsleistung (→ § 922 Rdnr. 6; → § 926 Rdnr. 5a) und die Anordnung der mündlichen Verhandlung über den Arrestantrag im landgerichtlichen Verfahren (→ § 922 Rdnr. 21); 44

(8) alle sonstigen Beschlüsse, durch die ein selbständiges Verfahren oder ein eine neue Instanz einleitendes Gesuch oder Rechtsmittel zurückgewiesen oder verworfen werden. Hierher gehört insbesondere die Zurückweisung des Kostenfestsetzungsgesuchs (→ Bork § 104 Rdnr. 27), des Antrags auf Vollstreckbarerklärung von Schiedssprüchen usw., des Mahnantrags (§ 691), der Erinnerung nach § 766[73], des Antrags auf Erlaß eines Pfändungsbeschlusses sowie sonstiger Anträge im Vollstreckungsverfahren (→ Brehm § 829 Rdnr. 53, → § 844 Rdnr. 5). Ferner zählt dazu die Zurückweisung oder Verwerfung einer Beschwerde und die Verwerfung der Berufung oder Revision nach den §§ 519b, 554a; 45

(9) der Mahnbescheid (§ 693 Abs. 1). 46

b) Mitteilung an den Gegner

In den aufgeführten Fällen der Rdnrn. 38, 39, 41, 42, 43 sowie bei den unter Rdnr. 45 dargestellten, auf Erinnerung oder Rechtsmittel ergehenden Entscheidungen ist es zweckmäßig und durchaus üblich, den Beschluß auch dem **Gegner** bekanntzugeben. Dieser Bekanntgabe kommt aber nur eine Benachrichtigungsfunktion zu. Für das Wirksamwerden der Entscheidung ist sie nicht erforderlich. 47

c) Mitteilung an Dritte

Der **Schutzzweck** einer Maßnahme kann auch erfordern, daß zur Wirksamkeit bereits die Zustellung oder Bekanntgabe an einen Dritten genügt. So reicht für die einstweilige Einstellung der Zwangsvollstreckung die Zustellung oder Bekanntgabe an den Gerichtsvollzieher aus[74]. Umgekehrt kann für die Wirksamkeit gegenüber **verfahrensbeteiligten Dritten**, wie etwa im Fall des § 624 Abs. 4 S. 2 für Scheidungsfolgesachen, die Bekanntgabe nach § 329 Abs. 2 erforderlich sein. 48

5. Beschlüsse des Rechtsmittelgerichts

Der Beschluß des Berufungs- oder Revisionsgerichts, der das Rechtsmittel zuläßt, bedarf keiner besonderen Mitteilung (→ Grunsky § 519b Rdnr. 21, → § 554a Rdnr. 6). 49

---

[72] OLG Stuttgart HRR 1931 Nr. 54; vgl. auch BGHZ 14, 148.
[73] RG JW 1899, 340f.
[74] BGHZ 25, 62.

6. Zusammenfassung

a) Beschlüsse im schriftlichen Verfahren

50   Beschlüsse im schriftlichen Verfahren nach § 128 Abs. 2 sind seit der Vereinfachungsnovelle 1976 (→ *E.Schumann* Einl. Rdnr. 159) zu verkünden, → Rdnr. 23 und → *Leipold* § 128 Rdnr. 104.

b) Verkündete Beschlüsse

51   Verkündete Beschlüsse sind im Wege der **Amtszustellung** in vollem Umfang zuzustellen. Erst damit werden die Rechtsmittelfristen in Gang gesetzt, → Rdnr. 28.

c) Nicht verkündete Beschlüsse

52   Bei nicht verkündeten Beschlüssen setzt die nach § 329 Abs. 2 S. 2 erforderliche Amtszustellung auch die Rechtsmittelfristen in Gang. Die Beschlüsse sind ebenfalls in vollem Wortlaut zuzustellen (→ Rdnr. 26). Eine **Parteizustellung** ist nicht erforderlich (→ Rdnr. 33).

VI. Verfügungen des Vorsitzenden oder des Einzelrichters

53   Für die Verfügungen des Vorsitzenden oder der Einzelrichters (§§ 348 ff.) und des beauftragten oder ersuchten Richters gelten grundsätzlich **dieselben Regeln** wie für die gerichtlichen Beschlüsse[75]. Die einzige bedeutsame **Abweichung** besteht darin, daß sie nicht verkündet werden müssen, auch wenn sie aufgrund mündlicher Verhandlung ergehen. Vielmehr werden sie nach Abs. 2 und 3 von Amts wegen zugestellt oder formlos mitgeteilt. Von Amts wegen zugestellt (§§ 270, 274 Abs. 1, 2) werden auch die Terminsbestimmung im kollegialgerichtlichen Verfahren (§ 216) und die mit ihr zusammenhängenden Verfügungen nach § 226 Abs. 3, § 239 Abs. 3, § 244 Abs. 1, § 274 Abs. 3 S. 2. Nach § 497 werden sie auch im Amtsgerichtsprozeß mit der Ladung von Amts wegen zugestellt. Nicht anwendbar sind auf Verfügungen (zum Teil im Gegensatz zu den Beschlüssen) die §§ 308 bis 311, 313 bis 315, 318, 320, 322 bis 328.

VII. Arbeitsgerichtliches Verfahren

54   Für das arbeitsgerichtliche Verfahren wird auf die Ausführungen von → *Leipold* § 128 Rdnr. 53 ff. verwiesen. Für die Unterzeichnung der Beschlüsse gilt → Rdnr. 11. Zur Rechtskraft der Beschlüsse finden sich Ausführungen in → § 322 Rdnr. 324 f. Eine **Rechtsmittelbelehrung** ist für alle Entscheidungen vorgeschrieben, die selbständig angefochten werden können (§ 9 Abs. 5 ArbGG). Im übrigen gilt das zu → § 317 Rdnr. 34, → § 313 Rdnr. 69 ff. Gesagte.

---

[75] *RGZ* 96, 350; 109, 72; 83, 132 und öfter.

Dritter Titel

Versäumnisurteil

Vorbemerkungen[1]

Schlüssel zum Versäumnisverfahren (Stichwortverzeichnis zum Versäumnisverfahren)	
I. Allgemeines	1
II. Voraussetzungen der Säumnis	3
1. Termin zur mündlichen Verhandlung	3
2. Vorliegen der Voraussetzungen eines Sachurteils	5
3. Säumnis	6
4. Ordnungsgemäße Ladung	15
5. Säumnis des Beklagten im schriftlichen Vorverfahren	16
III. Versäumnisverfahren	18
1. Antrag auf Erlaß des Versäumnisurteils	18
a) Der Antrag	18
b) Folgen bei fehlendem Antrag – Vertagung	19
c) Vereinbarung, kein Versäumnisurteil zu beantragen	21
2. Versäumnisurteil	23
3. Kontradiktorische Urteile im Versäumnisverfahren (sog. unechte Versäumnisurteile)	27
4. Einspruch	32
IV. Entscheidung nach Lage der Akten, § 331a	35
V. Sonderfälle	37
1. Verfahren bei Zwischen-, Grund- und Vorbehaltsurteil, Rechtsmittelverfahren, schriftliches Verfahren	37
2. Ehe- und Kindschaftssachen	38
3. Verfahren in Baulandsachen	39
4. Verfahren in Entschädigungssachen	40
5. Verfahren über die Entschädigungshöhe nach den Enteignungsgesetzen der Länder	41
VI. Gebühren	44
VII. Arbeitsgerichtliches Verfahren	46

Schlüssel zum Versäumnisverfahren (Stichwortverzeichnis zum Versäumnisverfahren)

Abtrennung des Verfahrens Rdnr. 37 vor § 330
Aktenlageentscheidung → »Entscheidung nach Lage der Akten«
Änderung des klägerischen Vorbringens § 331 Rdnr. 31
Antrag
– auf *Entscheidung nach Aktenlage* § 331a Rdnr. 1 ff.
– auf *Prozeßabweisung* § 330 Rdnr. 5
– auf *Sachabweisung* § 330 Rdnr. 6
– auf *Versäumnisurteil* Rdnr. 18 vor § 330, § 331 Rdnr. 55
– *Eventualstellung* § 331a Rdnr. 3
– *Fehlen eines Antrags auf Versäumnisurteil* Rdnr. 19 vor § 330, § 331 Rdnr. 56
– *keine vorherige Mitteilung* § 335 Rdnr. 13
Anwaltsprozeß § 333 Rdnr. 4f.
Anzeige der Verteidigungsabsicht § 331 Rdnr. 45ff.

---

[1] Literatur: *Bergerfurth* Das Versäumnisurteil im schriftlichen Vorverfahren JZ 1978, 298; *Fasching* Die Rechtsbehelfe gegen Versäumnisurteile im deutschen und im österreichischen Zivilprozeß, Festschrift F. Baur (1981), 287; *Hölzer* Ausgewählte Probleme des Versäumnisverfahrens JB 1982, 347; *Foerste* Das Versäumnisurteil im Anwaltsprozeß zwischen Standesrecht und Grundgesetz NJW 1993, 1309; *Hoyer* Das technisch zweite Versäumnisurteil (1980); *Kargados* Die Probleme des Versäumnisurteils. Eine rechtsvergleichende Untersuchung anläßlich des neuen griechischen Versäumnisverfahrens (1970); *Kramer* Neuerungen im Versäumnisverfahren nach der Vereinfachungsnovelle NJW 1977, 1657; *Linke* Die Versäumnisentscheidungen im deutschen, österreichischen, belgischen und englischen Recht. Ihre Anerkennung und Vollstreckbarerklärung (1972); *Münzberg* Die Wirkungen des Einspruchs im Versäumnisverfahren (1959); *ders.* Prozeßurteile im Versäumnisverfahren AcP 159 (1960), 128; *ders.* Zum Begriff des Versäumnisurteils JuS 1963, 219. – Aus der älteren Literatur: *Akeret* Das Versäumnisverfahren im Zivilprozeß (1934, rechtsvergleichend); *Bolgiano* ZZP 24 (1898), 165; *Canstein* ZZP 16 (1891), 1; *Kohler* Prozeßrechtliche Forschungen (1889), 1, 120; *ders.* AcP 80 (1893), 196; *Schima* Die Versäumnis im Zivilprozeß (1928); *Sommerfeld* Die Grundzüge des reichsdeutschen und österreichischen Versäumnisverfahren mit Berücksichtigung des Entwurfs einer reichsdeutschen ZPO (1933); *Steuerwald* Versäumnisverfahren (1938; rechtsvergleichend); *Troll* Versäumnisurteil (1887); *Wach* Gruchot 36 (1892), 1.

Arbeitsgerichtliches Verfahren Rdnr. 46 f. vor § 330, § 330 Rdnr. 21, § 331 Rdnr. 76, § 331a Rdnr. 19, § 335 Rdnr. 37 f., § 337 Rdnr. 14, § 338 Rdnr. 15, § 339 Rdnr. 15 ff., § 340 Rdnr. 25 ff., § 340a Rdnr. 7, § 341 Rdnr. 25 f., § 345 Rdnr. 18
Aufforderung zur Anzeige der Verteidigungsabsicht § 331 Rdnr. 43, § 335 Rdnr. 17, 21, 32
Aufhebung des Versäumnisurteils § 343 Rdnr. 1, 3 ff., § 344 Rdnr. 3, § 345 Rdnr. 11, 22
Aufhebung des Zurückweisungsbeschlusses § 336 Rdnr. 5
Aufrechterhaltung des Versäumnisurteils § 341 Rdnr. 11, § 343 Rdnr. 1 ff., § 344 Rdnr. 2, § 345 Rdnr. 12
Aufruf der Sache, ordnungsgemäßer Rdnr. 5 vor § 330, § 333 Rdnr. 2, § 335 Rdnr. 3
Ausländisches Recht § 331 Rdnr. 9
Ausschluß der Erwirkung eines Versäumnisurteils durch Vereinbarung Rdnr. 21 vor § 330, § 337 Rdnr. 7
Baulandsachen Rdnr. 39 vor § 330
Bekanntmachung des Verhandlungstermins § 335 Rdnr. 3, § 336 Rdnr. 6 f., § 337 Rdnr. 12, § 341a Rdnr. 4 f.
Belehrung
– bei *Zustellung des Versäumnisurteils* § 340 Rdnr. 14
– des *Beklagten gemäß § 276 Abs. 2* § 331 Rdnr. 44, § 335 Rdnr. 18, 21, 32
– im *arbeitsgerichtlichen Verfahren* § 339 Rdnr. 15
Berichtigung des Urteils § 343 Rdnr. 3
Berufsordnung für Rechtsanwälte § 337 Rdnr. 5
Berufung, beschränkte § 337 Rdnr. 11, § 345 Rdnr. 15
Beschlußverfahren, arbeitsgerichtliches vor § 330 Rdnr. 46, § 331a Rdnr. 19
Beschwerde → »sofortige Beschwerde«, → »weitere (sofortige) Beschwerde«
Beweislast
– bei *Zuständigkeitsvereinbarungen* § 331 Rdnr. 7
– für die *Zulässigkeit des Einspruchs* § 341 Rdnr. 6
Bindung des Gerichts an bereits ergangene Entscheidungen § 332 Rdnr. 4, § 338 Rdnr. 7, § 342 Rdnr. 2, § 343 Rdnr. 1, § 347 Rdnr. 3
Ehesachen Rdnr. 38 vor § 330
Einlassungsfrist § 335 Rdnr. 5, § 337 Rdnr. 2, 14
Einredetatsachen § 331 Rdnr. 14
Einreichung der Einspruchsschrift § 340 Rdnr. 1, 11, 25
Einspruch Rdnr. 32 vor § 330, § 338 Rdnr. 1 ff., § 341 Rdnr. 11, 23
– *Beschränkbarkeit* des Einspruchs § 338 Rdnr. 5, § 340 Rdnr. 6, § 342 Rdnr. 4

Einspruchsbegründung § 340 Rdnr. 11 ff., 26, § 341 Rdnr. 4
Einspruchseinlegung § 339 Rdnr. 7 f., § 340 Rdnr. 1 ff., 25, 27 ff.
Einspruchsfrist § 339 Rdnr. 1 ff.
– bei *Zustellung im Ausland* § 339 Rdnr. 12 f., 16
– im *arbeitsgerichtlichen Verfahren* § 339 Rdnr. 15 ff.
Einspruchsschrift
– *Inhalt* § 340 Rdnr. 3 ff., 12
– *Zustellung* § 340a Rdnr. 1 ff.
Einspruchsverwerfung durch Beschluß § 340 Rdnr. 5, § 341 Rdnr. 11 ff.
Einspruchsverwerfung durch kontradiktorisches Endurteil § 345 Rdnr. 16
Einspruchsverwerfung durch Versäumnisurteil § 341 Rdnr. 21, § 345 Rdnr. 6, 10
Entfernung der Partei oder ihres Vertreters § 333 Rdnr. 6
Entschädigungshöhe, Verfahren über die Entschädigungshöhe nach Enteignungsgesetzen der Länder Rdnr. 41 vor § 330
Entschädigungskammer, Verfahren vor der Entschädigungskammer Rdnr. 40 vor § 330
Entscheidung nach Lage der Akten Rdnr. 35 vor § 330, § 331a Rdnr. 1 ff.
– bei *unschlüssiger Klage* § 331a Rdnr. 14
– *Entschuldigung der Säumnis* § 331a Rdnr. 13 f.
– *entsprechende Anwendung des § 251a Abs. 2* § 331a Rdnr. 11 ff.
– *»Ermessen« des Gerichts* § 331a Rdnr. 8
– *Fehlen von Prozeßvoraussetzungen* § 331a Rdnr. 14 f.
– *frühere mündliche Verhandlung* § 331a Rdnr. 12, 15
– im *arbeitsgerichtlichen Verfahren* § 331a Rdnr. 19
– *Gebühren* § 331a Rdnr. 18
– *Inhalt* § 331a Rdnr. 9
– *Vertagung* § 337 Rdnr. 13
– *Verkündungstermin* § 331a Rdnr. 13
– *Zweck* § 331a Rdnr. 1, 15
– *Zweckmäßigkeit des Antrags auf Entscheidung nach Lage der Akten* § 331a Rdnr. 4, § 345 Rdnr. 21
– *Zurückweisung des Antrags auf ...* § 331a Rdnr. 16, § 335 Rdnr. 28 ff.
Erfahrungssätze § 331 Rdnr. 5
Ergänzung des Urteils § 344 Rdnr. 2, 11
Erledigung der Hauptsache § 331 Rdnr. 35 ff., § 343 Rdnr. 11
Erlogene Tatsachen § 331 Rdnr. 5
Erscheinen der nicht geladenen Partei § 336 Rdnr. 7 f.
Eventualstellung von Anträgen § 331a Rdnr. 3
Familiensachen § 341a Rdnr. 7
Flucht in die Säumnis § 340 Rdnr. 16 f

Frist, richterliche § 337 Rdnr. 2, § 339 Rdnr. 12, 16
Fristverlängerung § 340 Rdnr. 13
Gebühr Rdnr. 44 vor § 330, § 331a Rdnr. 18, § 344 Rdnr. 9, 13, § 345 Rdnr. 23
Gerichtsferien § 331 Rdnr. 49
Gesetzlichkeit (Ungesetzlichkeit) des Versäumnisurteils § 337 Rdnr. 11, § 338 Rdnr. 3, § 344 Rdnr. 6 ff., § 345 Rdnr. 7 ff.
Geständnisfiktion § 331 Rdnr. 2 ff.
Grundurteil Rdnr. 37 vor § 330, § 331 Rdnr. 24, § 343 Rdnr. 10, § 347 Rdnr. 3 f.
Hauptanftrag § 331 Rdnr. 23
Hilfsantrag § 331 Rdnr. 23
Inkorrekte Entscheidung → »Meistbegünstigungstheorie«
Internationale Prorogation § 331 Rdnr. 8
Internationale Zuständigkeit § 331 Rdnr. 8
Kindschaftssachen Rdnr. 38 vor § 330
Klageänderung § 331 Rdnr. 32
Klageantrag, unbezifferter § 331 Rdnr. 14, 21
Klageerweiterung § 330 Rdnr. 15, § 345 Rdnr. 2
Klagenhäufung § 331 Rdnr. 23
Kontradiktorisches Urteil im Versäumnisverfahren Rdnr. 27 ff. vor § 330 Rdnr. 11, § 331 Rdnr. 19 f., § 341 Rdnr. 11
– im *schriftlichen Vorverfahren* § 331 Rdnr. 66 ff.
– *Rechtsmittel* dagegen Rdnr. 30 vor § 330, § 336 Rdnr. 3, § 338 Rdnr. 4
Kostenentscheidung § 338 Rdnr. 6, § 344 Rdnr. 1 ff.
Kostentrennung § 344 Rdnr. 1, 4
Ladung, ordnungsmäßige Rdnr. 15 vor § 330, § 335 Rdnr. 3 ff., § 337 Rdnr. 2
Ladung der nicht erschienenen Partei
– bei *Vertagung* § 335 Rdnr. 25, § 337 Rdnr. 12
– bei *Zurückweisung des Antrags auf Entscheidung nach Aktenlage* § 335 Rdnr. 34
– *nach Aufhebung des Zurückweisungsbeschlusses* § 336 Rdnr. 6
Ladungsfrist § 335 Rdnr. 5, § 337 Rdnr. 2, § 341a Rdnr. 4
Mahnverfahren Rdnr. 37 vor § 330
– *rechtzeitige Mitteilung der Klagebegründungsschrift* § 335 Rdnr. 16
– *schriftliches Vorverfahren* § 331 Rdnr. 51
Meistbegünstigungstheorie § 336 N. 2, § 338 Rdnr. 2, § 345 Rdnr. 17
Mitteilung, rechtzeitige Mitteilung eines Tatsachenvortrags oder eines Sachantrags § 335 Rdnr. 11 ff., 31
– *Anwendungsbereich* § 335 Rdnr. 12 f., 31
– *Erforderlichkeit* § 335 Rdnr. 15
– der *Erledigungserklärung* § 331 Rdnr. 36 f.
– fehlende Mitteilung der *Frist zur Anzeige der Verteidigungsabsicht* § 335 Rdnr. 17, 21
– im *Mahnverfahren* § 335 Rdnr. 16

Nebenentscheidung § 331 Rdnr. 16
Neuer Tatsachenvortrag § 331 Rdnr. 31
– *rechtzeitige Mitteilung* § 335 Rdnr. 11 ff., 29
Nichterscheinen einer Partei Rdnr. 5, 7, 15 vor § 330, § 333 Rdnr. 3, § 336 Rdnr. 9
Nichtverhandeln § 333 Rdnr. 1 ff., → auch »Verhandeln«
Offenkundige Tatsachen § 331 Rdnr. 5
Prorogation → »Vereinbarung«
Prozeßantrag, Stellen eines Prozeßantrags als Verhandeln § 333 Rdnr. 8, § 345 Rdnr. 5
Prozeßförderungspflicht der säumigen Partei § 340 Rdnr. 11 f.
Prozeßkostenhilfeantrag § 331 Rdnr. 48, § 337 Rdnr. 8
Prozeßvoraussetzungen → »Zulässigkeit der Klage«
Prüfung
– der *Säumnisvoraussetzungen* § 330 Rdnr. 9, § 331 Rdnr. 17, § 345 Rdnr. 7, 9
– der *Schlüssigkeit* § 331 Rdnr. 14 ff.
– der *Zulässigkeit der Klage* § 330 Rdnr. 9, § 331 Rdnr. 13, 61, § 345 Rdnr. 7
– der *Zulässigkeit des Einspruchs* § 341 Rdnr. 1 ff.
Räumungsrechtsstreit § 330 Rdnr. 15, § 331 Rdnr. 16, § 338 N. 2
Rechtliches Gehör
– der *säumigen Partei im Beschwerdeverfahren* § 336 Rdnr. 1, 6
– im *Einspruchsverfahren* § 341 Rdnr. 8, 13, 18
Rechtsbehelf
– gegen *Entscheidung nach Aktenlage* § 331a Rdnr. 1, § 338 Rdnr. 13
– gegen *kontradiktorisches Urteil im Versäumnisverfahren* Rdnr. 30 vor § 330, § 338 Rdnr. 4, 11, § 341 Rdnr. 11
– gegen *technisch zweites Versäumnisurteil* § 345 Rdnr. 15 f.
– gegen *Versäumnisurteil* Rdnr. 32 vor § 330, § 338 Rdnr. 1 ff.
– gegen *Vertagungsbeschluß* § 337 Rdnr. 10
– gegen *Verwerfungsbeschluß* § 314 Rdnr. 13, 15 ff., 25
– gegen *Zurückweisungsbeschluß* § 335 Rdnr. 24, § 336 Rdnr. 1 ff.
Rechtshindernde Tatsachen § 331 Rdnr. 14
Rechtskraft Rdnr. 24 vor § 330, § 330 Rdnr. 17 ff., § 338 Rdnr. 5, § 342 Rdnr. 1, 4, § 345 Rdnr. 16
Rechtsmittelverfahren Rdnr. 37 vor § 330
Rechtsmittelvoraussetzungen Rdnr. 5 vor § 330
Rechtsvernichtende Tatsachen § 331 Rdnr. 14
Rechtzeitigkeit
– der *Ladung* § 335 Rdnr. 5, 30
– der *Mitteilung neuer Tatsachen oder Anträge* § 335 Rdnr. 14, 31
– der *Erledigungserklärung* § 331 Rdnr. 36 f.

– der *Widerklage* § 347 Rdnr. 1
Reformatio in peius § 343 Rdnr. 1
Revisionsverfahren Rdnr. 37 vor § 330
Ruhen des Verfahrens Rdnr. 19 vor § 330, § 335 Rdnr. 2
Sachantrag, Stellen eines Sachantrags als Verhandeln § 333 Rdnr. 7
Sachurteilsvoraussetzungen →»Zulässigkeit der Klage«
Säumnis Rdnr. 5 ff. vor § 330
– bei der *Beweisaufnahme* § 332 Rdnr. 2
– des *Einspruchsführers* § 341 Rdnr. 21, § 345 Rdnr. 22
– im *schriftlichen Vorverfahren* § 331 Rdnr. 45
– in *späteren Terminen* § 332 Rdnr. 1 f., 6, § 345 Rdnr. 21
– nach einer *Beweisaufnahme* oder einer *Verhandlungspause* § 334 Rdnr. 5
– *Zeitpunkt des Eintritts* der Säumnis § 342 Rdnr. 1
Säumnisfolge
– für den *Beklagten* Rdnr. 1 vor § 330, § 331 Rdnr. 2 ff.
– für den *Einspruchsführer* § 341 Rdnr. 21
– für den *Kläger* Rdnr. 1 vor § 330, § 330 Rdnr. 1
Säumniskosten § 344 Rdnr. 7, 9
Säumnisvoraussetzungen Rdnr. 3 ff. vor § 330
– beim *technisch zweiten Versäumnisurteil* § 345 Rdnr. 3 ff.
– *Entscheidung bei Fehlen* einer Säumnisvoraussetzung § 330 Rdnr. 13
– im *schriftlichen Vorverfahren* § 331 Rdnr. 42 ff.
– *Prüfen durch das Gericht* § 330 Rdnr. 9
Schlüssigkeit (Unschlüssigkeit) der Klage § 331 Rdnr. 20 ff., 61 f., 66, § 331a Rdnr. 14, § 345 Rdnr. 7 af., 11
– *verspätete* Schlüssigkeit § 331 Rdnr. 22
Schlüssigkeitsprüfung § 331 Rdnr. 14 ff., § 345 Rdnr. 7 af.
Schriftliches Verfahren Rdnr. 37 vor § 330
Schriftliches Versäumnisurteil → »Versäumnisurteil im schriftlichen Vorverfahren«
Schriftliches Vorverfahren → »Versäumnisurteil im schriftlichen Vorverfahren«
Sofortige Beschwerde Rdnr. 30 vor § 330, § 336 Rdnr. 1 ff., § 337 Rdnr. 10, § 338 Rdnr. 11, § 341 Rdnr. 13, 15 ff., 25
Sprachkenntnisse *(mangelnde)* einer Partei § 333 Rdnr. 3, § 337 Rdnr. 9a
Standesrecht, anwaltliches § 337 Rdnr. 4 ff.
Streitgehilfe
– *Erscheinen* des Streitgehilfen Rdnr. 8 vor § 300
– *Ladung* § 341a Rdnr. 4
– *Zustellung der Einspruchsschrift* § 340a Rdnr. 1
Streitgenosse
– *Erscheinen nur eines von mehreren* Streitgenossen Rdnr. 8 vor § 330

– *Ladung* § 341a Rdnr. 4
– *Zustellung der Einspruchsschrift* § 340a Rdnr. 1
Stufenklage Rdnr. 24 vor § 330, § 347 Rdnr. 5
Tatsächliches Vorbringen § 331 Rdnr. 3
– *rechtzeitige Mitteilung* § 335 Rdnr. 11 ff., 29
Technisch zweites Versäumnisurteil § 336 Rdnr. 8, § 345 Rdnr. 1 ff.
Teilversäumnisurteil § 330 Rdnr. 4, § 331 Rdnr. 1, 23, 25, § 331a Rdnr. 3, § 333 Rdnr. 9, § 336 Rdnr. 1 f., § 338 Rdnr. 4, § 341a Rdnr. 7
Teilweises Verhandeln → »Verhandeln«
Termin zur mündlichen Verhandlung Rdnr. 3 vor § 330, § 332 Rdnr. 1 f., § 347 Rdnr. 3
Terminbestimmung § 335 Rdnr. 20, 22 ff., 34, § 337 Rdnr. 12, § 341a Rdnr. 1 ff.
unbestimmter Klageantrag § 331 Rdnr. 14, 21
Unechtes Versäumnisurteil → »Kontradiktorisches Urteil im Versäumnisverfahren«
Unmögliche Tatsachen § 331 Rdnr. 5
Unzulässigkeit des Versäumnisurteils § 335 Rdnr. 1 ff., § 345 Rdnr. 9, 11
Urkundenprozeß § 331 Rdnr. 10
Urteilsgebühr → Gebühr
Verbundurteil § 341a Rdnr. 7
Vereinbarung
– über den *Erfüllungsort* § 331 Rdnr. 6
– über den *Gerichtsstand* § 331 Rdnr. 6
– über die *internationale Zuständigkeit* § 331 Rdnr. 8
Vereinbarung, kein Versäumnisurteil zu erwirken Rdnr. 21 vor § 330, § 337 Rdnr. 7
Vergleich § 343 Rdnr. 11, § 344 Rdnr. 4
Verhandeln § 333 Rdnr. 1 ff.
– *Entscheidung des Gerichts* bei (Nicht-)Vorliegen einer Verhandlung § 333 Rdnr. 12
– nur *während eines Teils eines Verhandlungstermins* § 344 Rdnr. 4 f., § 338 Rdnr. 11
– *sachlich unvollständiges* Verhandeln § 334 Rdnr. 1 ff.
– zu *einzelnen Teilen des Klageanspruchs* § 333 Rdnr. 9
– *Unwiderruflichkeit* § 333 Rdnr. 10 → auch »Verhandlung zur Hauptsache«
Verhandlung zur Hauptsache § 330 Rdnr. 44, § 342 Rdnr. 2, § 345 Rdnr. 5, 21
Verhandlungstermin → »Termin zur mündlichen Verhandlung«
Versäumnisurteil
– *Abfassung* Rdnr. 25 vor § 330, § 330 Rdnr. 14, § 331 Rdnr. 22, 65
– *Begriff* Rdnr. 23 ff. vor § 330
– *Verkündung* Rdnr. 25 vor § 330, § 331 Rdnr. 65
Versäumnisurteil im schriftlichen Vorverfahren § 321 Rdnr. 41 ff., § 335 Rdnr. 17 f., 21
Verspäteter Vortrag von Angriffs- und Verteidigungsmitteln § 340 Rdnr. 15 ff., 26, § 341a Rdnr. 2

Vertagung Rdnr. 20 vor § 330, § 335 Rdnr. 20, 22 ff., § 337 Rdnr. 1 ff.
Verteidigungsabsicht → »Anzeige der Verteidigungsabsicht«
Verteilungsverfahren Rdnr. 37 vor § 330
Verweisung § 330 Rdnr. 5, 11, § 331 Rdnr. 1, § 343 Rdnr. 9
Verwirkung § 339 Rdnr. 5
Verzicht auf Einspruch § 341 Rdnr. 5, § 346 Rdnr. 1 f.
Vollstreckungsbescheid Rdnr. 37 vor § 330, § 338 Rdnr. 12, § 340 Rdnr. 19, § 345 Rdnr. 8
Vollstreckungskosten § 344 Rdnr. 9
Von Amts wegen zu prüfende Tatsachen § 331 Rdnr. 4, § 335 Rdnr. 2, 29, § 337 Rdnr. 9, § 341 Rdnr. 1 ff.
Voraussetzungen eines Versäumnisurteils → »Säumnisvoraussetzungen«
Vorbehaltsurteil Rdnr. 37 vor § 330, § 347 Rdnr. 5
Vorläufige Vollstreckbarkeit Rdnr. 25 vor § 330, § 341 Rdnr. 11, § 342 Rdnr. 2, § 343 Rdnr. 6
Vorverfahren → »Versäumnisurteil im schriftlichen Vorverfahren«
Weitere Beschwerde § 336 Rdnr. 5
Weitere sofortige Beschwerde § 341 Rdnr. 19, 25
Widerklage § 330 Rdnr. 15, § 347 Rdnr. 1
Wiedereinsetzung in den vorigen Stand § 331 Rdnr. 50, § 338 Rdnr. 1, § 339 Rdnr. 3, § 341 Rdnr. 16
Zulässigkeit der Klage Rdnr. 5 vor § 330, § 330 Rdnr. 9, 11, § 331 Rdnr. 13, 19, 61, 66, § 331a Rdnr. 14, § 335 Rdnr. 2, 19, § 345 Rdnr. 7, 11

Zulässigkeit des Einspruchs § 340 Rdnr. 11, § 341 Rdnr. 1 ff., 21, § 345 Rdnr. 4, 16
Zurücknahme der Klage § 342 Rdnr. 2, § 343 Rdnr. 11, § 344 Rdnr. 4
Zurücknahme des Einspruchs § 341 Rdnr. 5, § 346 Rdnr. 1 f.
Zurückversetzung in die Lage vor Eintritt der Versäumnis § 342 Rdnr. 1
Zurückweisung der Partei oder ihres Vertreters § 333 Rdnr. 6
Zurückweisung des Antrags auf Versäumnisurteil oder Entscheidung nach Aktenlage § 330 Rdnr. 12 f., § 331 Rdnr. 17, § 331a Rdnr. 16, § 333 Rdnr. 12, § 335 Rdnr. 2, 19 ff., 24, 34, § 337 Rdnr. 10
– *Rechtsmittel* dagegen § 336 Rdnr. 1 ff.
Zurückweisung verspäteten Vortrags § 340 Rdnr. 15 ff., 26, § 341a Rdnr. 7
Zuständigkeitstatsachen § 331 Rdnr. 6
Zustellung der Einspruchsschrift § 340a Rdnr. 1 ff., § 341 Rdnr. 4
Zustellung des Versäumnisurteils Rdnr. 25 vor § 330
– als Voraussetzung für den *Beginn der Einspruchsfrist* § 339 Rdnr. 1 f., 5, § 341 N. 4
– im *schriftlichen Vorverfahren* § 331, Rdnr. 65
zweites Versäumnisurteil → technisch zweites Versäumnisurteil
Zwischenfeststellungsklage § 331 Rdnr. 32
Zwischenurteil Rdnr. 24, 37 vor § 330, § 331 Rdnr. 24, § 341 Rdnr. 9, § 343 Rdnr. 9, § 345 Rdnr. 6, § 347 Rdnr. 6

I. Allgemeines

Der dritte Titel behandelt die Folgen der Terminsversäumnis, die im Gegensatz zur Versäumung einzelner Prozeßhandlungen (§§ 230, 231) steht. Die Notwendigkeit eines Versäumnisverfahrens (nicht dagegen auch dessen konkrete Ausgestaltung) ergibt sich aus dem Mündlichkeitsprinzip sowie der Verhandlungsmaxime: Dadurch, daß das Gericht dem Urteil nur das in der mündlichen Verhandlung Vorgetragene zugrundelegen, → § 128 Rdnr. 27, und überdies den Sachverhalt nicht von Amts wegen aufklären darf, → vor § 128 Rdnr 75 ff, droht die Gefahr, daß das Verfahren dadurch blockiert werden kann, daß eine Partei in der mündlichen Verhandlung ausbleibt, womit es von ihrer Seite an einem entscheidungserheblichen Vortrag fehlen würde. Will man die Partei nicht zum Erscheinen und zu einem Vortrag zwingen, was mit der das Verfahren beherrschenden Parteiherrschaft nicht vereinbar wäre, so bleibt nur die Möglichkeit, an die Terminsversäumnis für die säumige Partei nachteilige Rechtsfolgen zu knüpfen und sie dadurch dazu veranlassen, in der mündlichen Verhandlung aufzutreten.

Die in den §§ 330 f getroffene Regelung differenziert danach, ob der Kläger oder der Beklagte säumig ist. Für den **Kläger** besteht die Säumnisfolge im Verlust des Rechtsstreits, § 330. Er wird so behandelt, als hätte er auf den in der Klage geltend gemachten Anspruch verzichtet. Demgegenüber wird bei **Säumnis des Beklagten** an die Wirkungen eines Geständnisses angeknüpft, § 331 Abs. 1. Sowohl für den Kläger als auch für den Beklagten gilt, daß die Säumnisfolgen auch bei Säumnis in einem späteren Termin unter Beiseiteschieben der bisherigen Prozeßergebnisse eintreten, § 332. Die säumige Partei hat mit dem **Einspruch** gegen das Versäumnisurteil jedoch ein einfaches Mittel zur Beseitigung der Säumnisfolge, das weder devolutiv wirkt, noch eine Entschuldigung für die Säumnis verlangt, → Rdnr. 32. Das Versäumnisurteil hat danach nur eine vorläufige Bedeutung, § 342. Diese Regelung schließt die Gefahr in sich, daß die an einer Verzögerung des Rechtsstreits interessierte Partei (normalerweise der Beklagte) jederzeit, und zwar auch wiederholt, ohne nennenswertes Risiko den Fortgang des Rechtsstreits aufhält. Rechtspolitisch kann das Versäumnisverfahren in der derzeitigen Ausgestaltung demnach nicht befriedigen. Daran ändert sich auch dadurch nichts, daß dem an der sachlichen Förderung des Rechtsstreits interessierten nichtsäumigen Gegner neben dem Versäumnisurteil der Weg der Entscheidung nach Lage der Akten (§ 331 a i.V. mit § 251 a) offensteht, → Rdnr. 35. Weiter ist das Versäumnisurteil zwar nach § 708 Nr. 2 ohne Sicherheitsleistung vorläufig vollstreckbar, → dazu § 708 Rdnr. 17, doch reicht dies nicht aus, um dem Anreiz entgegenzuwirken, das Versäumnisverfahren als Mittel zum Zeitgewinn einzusetzen.

II. Voraussetzungen der Säumnis

1. Termin zur mündlichen Verhandlung

3 Der Termin muß vor dem Prozeßgericht »zur mündlichen Verhandlung« (§§ 330, 331 Abs. 1) anberaumt sein. Gemeint ist damit eine streitige mündliche Verhandlung[2]. Im Gegensatz dazu steht ein Sühnetermin nach § 279, ein Verkündungstermin, § 310, ein Termin zur Verhandlung über eine beantragte Tatbestandsberichtigung, § 320 Abs. 3, oder zur Abgabe einer eidesstattlichen Versicherung nach § 889 ZPO. Wegen des Verfahrens nach § 128 Abs. 2 und 3 → § 128 Rdnr. 120. Ein zur Beweisaufnahme vor dem Prozeßgericht bestimmter Termin ist Verhandlungstermin erst vom Schluß der Beweisaufnahme an[3], → § 370 Rdnr. 3. Eine bloß fakultative mündliche Verhandlung genügt nicht, → § 128 Rdnr. 49, ausgenommen die Fälle des Arrestes, der einstweiligen Verfügung und der Vollstreckbarkeitserklärung von Schiedssprüchen, schiedsrichterlichen Vergleichen und Anwaltsvergleichen[4]. Keine mündliche Verhandlung ist die mündliche Erörterung mit dem Antragsteller oder seinem Bevollmächtigten nach § 5 AVAG. Daß die Verlegung des Termins, sei es auch aus erheblichen Gründen beantragt, aber noch nicht bewilligt war, steht der Säumnis nicht entgegen. Dagegen schließt die Unterbrechung, Aussetzung oder das Ruhen des Verfahrens die Säumnis aus. Unerheblich ist, ob die Partei im ersten oder in einem späteren Verhandlungstermin säumig ist, § 332, → § 332 Rdnr. 1.

4 Die mündliche Verhandlung ist nur vor dem »**erkennenden Gericht**« vorgeschrieben, § 128 Abs. 1, → dazu § 128 Rdnr. 9 ff. Darunter fällt auch der Einzelrichter, → § 348 Rdnr. 1, nicht aber der beauftragte, § 361, oder der ersuchte, § 362, Richter[5].

2. Vorliegen der Sachurteilsvoraussetzungen

5 Die Klage bzw. Widerklage, → § 347 Rdnr. 1, muß erhoben sein, und es müssen die von Amts wegen zu prüfenden Voraussetzungen eines Sachurteils gegeben sein, also in erster Instanz die unverzichtbaren Prozeßvoraussetzungen (→dazu näher § 330 Rdnr. 9 sowie → § 331 Rdnr. 4, 13), in den höheren Instanzen auch die Zulässigkeitsvoraussetzungen des

---

[2] MünchKomm ZPO-*Prütting* § 330 Rdnr. 10.
[3] MünchKomm ZPO-*Prütting* § 330 Rdnr. 10; Baumbach/Lauterbach/Hartmann[56] Rdnr. 4.
[4] MünchKomm ZPO-*Prütting* § 330 Rdnr. 10; Rosenberg/Schwab/Gottwald[15] § 107 III 1 a.
[5] MünchKomm ZPO-*Prütting* § 330 Rdnr. 10; Zöller/Herget[20] Rdnr. 2.

Rechtsmittels, → für die Berufung § 542 Rdnr. 4 und 7 sowie für die Revision → § 566 Rdnr. 12. Zum Beweis für das Vorliegen der Sachurteilsvoraussetzungen → § 335 Rdnr. 2.

3. Säumnis

Eine Partei muß den Verhandlungstermin **versäumen**, indem sie nach ordnungsgemäßem Aufruf, → dazu § 220 Rdnr. 3 und § 333 Rdnr. 2, bis zum Schluß des Termins, → § 220 Rdnr. 13, nicht erscheint oder nicht verhandelt, § 333.   6

Bei **unverschuldetem Nichterscheinen** darf kein Versäumnisurteil erlassen werden; die Verhandlung ist hier vielmehr zu vertagen, § 337 S. 1. Voraussetzung dafür ist allerdings, daß das Gericht konkrete Anhaltspunkte dafür hat, daß die Partei an dem Nichterscheinen kein Verschulden trifft. Fehlt es daran, so ist das Versäumnisurteil auf Antrag des Gegners hin zu erlassen. Dies gilt auch für ein technisch zweites Versäumnisurteil. Eine Parteivereinbarung dahin, daß das Ausbleiben einer Partei nicht als Säumnis zu gelten habe, ist ausgeschlossen; → aber Rdnr. 21.   7

Zum Erscheinen nur eines von mehreren **Streitgenossen** → § 61 Rdnr. 3, → § 62 Rdnr. 26 ff. Das Erscheinen des **Streitgehilfen** schließt die Säumnis der Partei aus, → § 67 Rdnr. 13. Zum **Anwaltsprozeß** → § 333 Rdnr. 4 f. Zur Bedeutung des anwaltlichen Berufsrechts für die Erwirkung eines Versäumnisurteils → § 337 Rdnr. 5 ff. Zum sachlich oder zeitlich **unvollständigen Verhandeln** → § 334 Rdnr. 1 ff.   8

4. Ordnungsgemäße Ladung

Die nicht erschienene Partei muß zu dem Termin ordnungsgemäß geladen sein, soweit dies nach dem Gesetz notwendig ist, → § 335 Rdnr. 3 ff. Die erschienene, jedoch nicht verhandelnde Partei, § 333, kann sich dagegen nicht auf eine nicht ordnungsgemäße Ladung berufen[6].   15

5. Säumnis des Beklagten im schriftlichen Vorverfahren

Zu den Voraussetzungen für den Erlaß eines Versäumnisurteils im schriftlichen Vorverfahren → § 331 Rdnr. 42 ff.   16

III. Versäumnisverfahren

1. Antrag auf Erlaß des Versäumnisurteils

a) Der Antrag

Der im Termin erschienene Gegner der säumigen Partei muß einen Antrag auf Erlaß des Versäumnisurteils stellen, §§ 330, 331 Abs. 1 S. 1. Geschieht dies nicht, so darf kein Versäumnisurteil ergehen; zum Verfahren in diesem Fall → Rdnr. 19 f. Wird dagegen ein Versäumnisurteil beantragt, so ist das Gericht nach § 308 Abs. 1 daran gehindert, ein kontradiktorisches Urteil zu erlassen (*LAG Rheinland-Pfalz* LAGE § 68 ArbGG Nr. 1). Der Antrag auf Versäumnisurteil enthält nicht etwa notwendigerweise auch den Antrag auf ein kontradiktorisches Urteil. Im schriftlichen Vorverfahren stellt der Antrag auf Versäumnisurteil nicht zugleich den Antrag auf Erlaß eines Versäumnisurteils in der mündlichen Verhandlung dar, → § 331 Rdnr. 55.   18

---

[6] MünchKomm ZPO-*Prütting* § 330 Rdnr. 12; *Zöller/Herget*[20] Rdnr. 3.

Ebenso enthält der ursprüngliche Klageantrag (bzw. bei Säumnis des Klägers der Antrag auf Abweisung der Klage) nicht ohne weiteres den Antrag auf Erlaß eines Versäumnisurteils. Fehlt es an gegenteiligen Anhaltspunkten, ist jedoch eine weite Auslegung des Klage-bzw. Klageabweisungsantrags geboten. Kann ihm nur im Versäumnisverfahren entsprochen werden, weil z.B. eine Entscheidung nach § 331 a nicht in Betracht kommt, so ist anzunehmen, daß der Sachantrag stillschweigend zugleich den Prozeßantrag auf Erlaß eines Versäumnisurteils enthält[7] (anders im schriftlichen Vorverfahren, → § 331 Rdnr. 55). Verbleibende Zweifel hat das Gericht nach § 139 zu klären[8]. Der Antrag ist, soweit er lediglich die prozessuale Grundlage des Urteils bezeichnet, Prozeßantrag. Hinsichtlich des Urteilsinhalts muß er aber den ursprünglichen Klage- bzw. Klageabweisungsantrag in sich aufnehmen. Für die Verlesung sowie die vorherige Mitteilung sind diese beiden Bestandteile getrennt zu behandeln, → § 297 Rdnr. 10 und → § 335 Rdnr. 13 f.

b) Folgen bei fehlendem Antrag – Vertagung

19   Wird weder ein Versäumnisurteil noch eine Entscheidung nach Lage der Akten, § 331 a, beantragt, so hat das Gericht nach § 251 a zu verfahren. Das bedeutet, es steht im Ermessen des Gerichts, ob es nach Lage der Akten entscheidet (vorausgesetzt, es hat schon ein früherer Verhandlungstermin stattgefunden, § 251 a Abs. 2 S. 1) oder einen neuen Verhandlungstermin anberaumt oder das Ruhen des Verfahrens anordnet,→ § 251 a Rdnr. 4.

20   Vertagung anstatt einer Entscheidung durch Versäumnisurteil oder nach Lage der Akten kann die erschienene Partei nur unter folgenden Voraussetzungen beantragen:
– bei Vorliegen erheblicher Gründe gemäß § 227 Abs. 2 (→ dort Rdnr. 4 ff.).
– wenn einer der Fälle des § 335 Abs. 1 Nr. 1 – 3 vorliegt (→ § 335 Rdnr. 22 ff),
– im Falle des § 337 hat das Gericht von Amts wegen die Vertagung auszusprechen, → § 337 Rdnr. 1 ff.

Lehnt das Gericht einen Antrag der erschienenen Partei auf Vertagung ab, weil die Voraussetzungen hierfür nicht vorliegen, so gilt für das weitere Verfahren das zu → Rdnr. 19 Ausgeführte entsprechend.

c) Vereinbarung, kein Versäumnisurteil zu beantragen

21   Eine Vereinbarung, in einem bestimmten Termin oder, was vor allem im großstädtischen Gerichtsbetrieb praktisch wird, bis zu einem bestimmten Zeitpunkt der Sitzung kein Versäumnisurteil zu beantragen, ist zulässig, → vor § 128 Rdnr. 237. Zur Beantragung eines Versäumnisurteils entgegen den Grundsätzen des anwaltlichen Berufsrechts → § 337 Rdnr. 4 ff. Ein entgegen der Vereinbarung erwirktes Versäumnisurteil ist, wenn auch durch die Abrede die Säumnis an sich nicht beseitigt wird, → Rdnr. 7, hinsichtlich der Kosten, § 344, und der Anfechtung (sofern es sich um ein zweites Versäumnisurteil handelt, § 513) deshalb wie ein gegen eine schuldlos säumige Partei, § 337, ergangenes Urteil zu behandeln,→ § 513 Rdnr. 10, weil die Partei mit dem Antrag auf Erlaß eines Versäumnisurteils durch die Gegenpartei nicht zu rechnen brauchte. Durch eine derartige Vereinbarung wird das Gericht, wenn ihm die Vereinbarung bekannt ist, gehindert, ein Versäumnisurteil zu erlassen[9]. Nicht aber ist es dem Ge-

---

[7] *BGHZ* 37, 79, 83 = NJW 1962, 1149 (kritisch dazu *Münzberg* JuS 1963, 219, 220); *OLG Koblenz* WM 1997, 1566. Mit den Situationen in *BGHZ* 10, 333 = NJW 1953, 1830 = JZ 1954, 242 (*Bötticher*) = LM § 307 Nr. 1 (*Johannsen*) und *BGHZ* 49, 213 = NJW 1968, 503 läßt sich *BGHZ* 37, 79 insofern nicht vergleichen, als dort ausdrücklich ein streitiges Urteil beantragt war, obwohl die Voraussetzungen eines Anerkenntnis- bzw. Verzichtsurteils vorlagen; → dazu § 307 Rdnr.30 und → § 306 Rdnr. 14.

[8] *MünchKomm ZPO-Prütting* § 330 Rdnr. 25.

[9] Näher (auch zum folgenden Text) mit weit. Nachw. *Schlosser* Einverständliches Parteihandeln im Zivilprozeß (1968), 95.

richt verwehrt, die in den §§ 251a, 331a vorgesehenen Entscheidungen zu treffen. Eine Vereinbarung, auf unbegrenzte Zeit und überhaupt kein Versäumnisurteil gegen den Gegner zu erwirken, würde als unzulässiger allgemeiner Verzicht auf Befugnisse der Prozeßführung dagegen nichtig sein[10], da der Gegner durch dauernde Säumnis den Fortgang des Prozesses gänzlich verhindern könnte. Wirksam ist demgegenüber die Vereinbarung, für eine begrenzte Zeit, für mehrere Termine oder innerhalb einer gewissen Frist kein Versäumnisurteil zu beantragen.

2. Versäumnisurteil

Versäumnisurteil ist nur das gegen die säumige Partei **aufgrund der Säumnis** ergehende Urteil. Gleichgültig ist, ob die Voraussetzungen der Säumnis tatsächlich vorlagen oder vom Gericht nur fälschlicherweise angenommen wurden[11]. Versäumt der **Kläger** den Termin, so bestehen die Folgen in der Abweisung der Klage ohne sachliche Prüfung; die Säumnis hat also die gleiche Wirkung wie ein Verzicht nach § 306[12]. In Ehenichtigkeits- und Kindschaftssachen, wo ein Verzicht ausgeschlossen ist, § 617, gilt die Säumnis des Klägers als Rücknahme der Klage, §§ 635, 638, 640, Näheres → § 635 Rdnr. 1. Bei **Säumnis des Beklagten** besteht die Rechtsfolge darin, daß die vom Kläger mündlich vorgetragenen Tatsachen als zugestanden gelten und aufgrund dieser Tatsachen das Urteil ergeht, § 331; zur Säumnis im Berufungsverfahren → § 542 Rdnr. 3ff und im Revisionsverfahren → § 566 Rdnr. 11ff. 23

Das Versäumnisurteil ist immer ein **in der Sache selbst entscheidendes Endurteil** und als solches der formellen, § 705, und der materiellen Rechtskraft, § 322, fähig[13], Näheres → § 330 Rdnr. 17ff. Ein Versäumniszwischenurteil ergeht nur ausnahmsweise in den Fällen des § 347 Abs. 2. Zum Versäumnisurteil bei einer als Rechtsnachfolger geladenen Partei → § 239 Rdnr. 42ff. Zum Teilversäumnisurteil → § 331 Rdnr. 25. 24

Im übrigen gelten für die Versäumnisurteile die **allgemeinen Vorschriften über Urteile**. Zur Verkündung s. aber § 311 Abs. 2 S. 1; zur abgekürzten Form s. §§ 313 b, 317 Abs. 4; zur Zustellung s. § 317 Abs. 1; zur vorläufigen Vollstreckbarkeit s. § 708 Nr. 2 und zur Anfechtbarkeit mit der Berufung § 513. 25

3. Kontradiktorische Urteile im Versäumnisverfahren (sog. unechte Versäumnisurteile)

Andere Urteile, die zwar bei Säumnis einer Partei ergehen, aber nicht aufgrund der Säumnisfolgen, sondern trotz der Säumnis aufgrund des vorgetragenen Streitstoffs, sind keine Versäumnisurteile, selbst wenn sie vom Gericht als solche bezeichnet worden sind[14]. 27

Zu Versäumnisurteilen werden derartige Urteile auch nicht durch den Umstand, daß die nicht erschienene Partei mit ihrem Vorbringen ausgeschlossen wird; denn dies ist, wie § 230 beweist, gerade die Folge der Totalsäumnis. Solche Urteile werden häufig als **unechte Versäumnisurteile** bezeichnet[15]. Man sollte jedoch besser von **kontradiktorischen Urteilen im Versäumnisverfahren** sprechen, um bereits durch eine klare Abgrenzung in der Terminologie den grundlegenden Unterschied zwischen beiden Urteilen offenzulegen. Soweit in dieser Kommentierung von Versäumnisurteilen die Rede ist, sind deswegen stets Urteile gemeint, die aufgrund der gesetzlichen Folgen der Säumnis ergangen sind. 28

---

[10] MünchKomm ZPO-*Prütting* § 330 Rdnr. 26; *Thomas/Putzo*[20] Rdnr. 10; *Baumbach/Lauterbach/Hartmann*[56] Rdnr. 9.
[11] BGH WM 1981, 829.
[12] *Münzberg* JuS 1963, 222.
[13] BGHZ 35, 338 = LM § 330 Nr. 3 (*Johannsen*) = NJW 1961, 1969 = JZ 1962, 496 (*Zeuner*); BGH NJW-RR 1987, 831 = WM 579; MünchKomm ZPO-*Prütting* § 330 Rdnr. 35.
[14] BGH VersR 1974, 1099; 1976, 251; FamRZ 1988, 945.
[15] So etwa *Rosenberg/Schwab/Gottwald*[15] § 107 II; *Thomas/Putzo*[20] Rdnr. 12; *Zöller/Herget*[20] Rdnr. 11.

29 Zu den kontradiktorischen Urteilen im Versäumnisverfahren gehören außer der Klageabweisung nach § 331 Abs. 2 und der ihr entsprechenden Zurückweisung der Berufung bei Säumnis des Berufungsbeklagten, § 542 Abs. 2, vor allem die Prozeßabweisung wegen fehlender Prozeßvoraussetzungen (→ § 300 Rdnr. 11, → und → § 331 Rdnr. 19), die Verwerfung eines Rechtsmittels oder Rechtsbehelfs als unzulässig (§§ 341 Abs. 1, 519 b Abs. 1, 554 a Abs. 1), die nach § 113 (→ § 113 Rdnr. 3 ff) und § 269 (→ § 269 Rdnr. 41 ff) sowie § 515 (→ § 515 Rdnr. 28 ff) ergehenden Entscheidungen nach Zurücknahme der Klage oder eines Rechtsmittels. Die reichsgerichtliche Praxis behandelte derartige Urteile wie Versäumnisurteile[16]. Demgegenüber überwiegt inzwischen zutreffend die Auffassung, daß es sich um ein sog. unechtes Versäumnisurteil handelt[17], → auch § 307 Rdnr. 29. Zum Problem des statthaften Rechtsmittels, wenn das Gericht statt eines Versäumnisurteils ein kontradiktorisches Urteil erlassen hat (oder umgekehrt) → Allg. Einl. vor § 511 Rdnr. 62 und → § 338 Rdnr. 2. Das kontradiktorische Urteil im Versäumnisverfahren ist keine Entscheidung nach Lage der Akten; denn es ergeht ausschließlich aufgrund des vorgetragenen bzw. in Bezug genommenen Streitstoffes, also unter Außerachtlassung etwaiger schriftsätzlicher Äußerungen der säumigen Partei. Die in § 331 a S. 2 in Bezug genommene Vorschrift des § 251 a Abs. 2 findet daher hier keine Anwendung[18], → § 331 a Rdnr. 14 f.

30 Gegen die kontradiktorischen Urteile im Versäumnisverfahren finden **Berufung** und **Revision** nach den allgemeinen Statthaftigkeitsgrundsätzen und nicht etwa der Einspruch nach § 338 statt[19], bzw. im Fall des § 99 Abs. 2 die sofortige Beschwerde. Wegen der **vorläufigen Vollstreckbarkeit** → § 708 Rdnr. 17.

31 Im **schriftlichen Vorverfahren** ist ein kontradiktorisches Urteil gegen den Kläger unzulässig, → § 331 Rdnr. 66 ff.

4. Einspruch

32 Gegen alle Versäumnisurteile, → Rdnr. 23, mit Ausnahme der beiden Fälle des § 238 Abs. 2, → § 238 Rdnr. 16, und des § 335 steht der säumigen Partei der Einspruch zu, → auch Rdnr. 2, der nicht wie ein Rechtsmittel die Nachprüfung des Urteils bezweckt, sondern nur die im Versäumnisurteil stillschweigend vorbehaltene kontradiktorische Verhandlung nunmehr herbeiführen soll. Er ist daher von der Angabe und dem Nachweis einer Verhinderungsursache oder gar eines Entschuldigungsgrundes unabhängig und seine Einlegung beseitigt die Wirkungen der Versäumnis ohne weiteres (ausgenommen die Verpflichtung im Kostenpunkt, § 344, und die vorläufige Vollstreckbarkeit des Versäumnisurteils, § 719 Abs. 1 S. 2). Wegen der kontradiktorischen Urteile im Versäumnisverfahren → Rdnr. 30.

IV. Entscheidung nach Lage der Akten, § 331 a

35 Dem Gegner der säumigen Partei ist mit der Erlangung des Versäumnisurteils wegen dessen provisorischen Charakters, → Rdnr. 2, und des mit seiner Vollstreckung verbundenen Risikos, §§ 717, 719, dann in der Regel wenig gedient, wenn mit einem Einspruch zu rechnen ist. § 331 a bietet demgemäß dem an der sachlichen Förderung des Rechtsstreits interessierten

---

[16] Z.B. RGZ 6, 364; 24, 433; 31, 404; 39, 411; 50, 384 f; 140, 77. So heute noch *Baumbach/Lauterbach/Hartmann*[56] Rdnr. 11; *A. Blomeyer*[2] § 54 III 2 a.
[17] BGH LM § 331 Nr. 3 = NJW 1967, 2162 = MDR 828 = BB 937; LM § 700 Nr. 10 = NJW 1995, 1561 = MDR 629 (zu unzulässigem Einspruch gegen Vollstreckungsbescheid); *Rosenberg/Schwab/Gottwald*[15] § 107 II; Münch-Komm ZPO-*Prütting* § 330 Rdnr. 19; *Thomas/Putzo*[20] Rdnr. 12; *Zöller/Herget*[20] Rdnr. 11; *Münzberg* JuS 1963, 223; *ders.* AcP 159 (1960), 42 ff.
[18] So auch *Bley* ZZP 49 (1925), 154 f; *Münzberg* AcP 159 (1960), 54 ff.
[19] MünchKomm ZPO-*Prütting* § 338 Rdnr. 7; *Thomas/Putzo*[20] § 338 Rdnr. 3.

Gegner auch die **Möglichkeit der sachlichen Entscheidung** mit instanzbeendender Wirkung. Der Grundsatz der Waffengleichheit erfordert es aber, daß diese Entscheidung nicht aufgrund einseitiger Verhandlung, sondern ebenso wie im Fall der beiderseitigen Säumnis ohne mündliche Verhandlung, § 251 a Abs. 1, aufgrund der Aktenlage ergeht. Der Unterschied zwischen den Fällen des § 251 a und des § 331 a besteht nur darin, daß das Gericht in ersterem Fall nach freiem Ermessen, → § 251 a Rdnr. 4, d.h. auch nach Zweckmäßigkeitserwägungen, über den Erlaß der Entscheidung zu befinden hat, in letzterem Fall dagegen bei Vorliegen der gesetzlichen Voraussetzungen zum Erlaß der Entscheidung nach Lage der Akten verpflichtet ist, → § 331 a Rdnr. 8.

V. Sonderfälle

1. Verfahren bei Zwischen-, Grund- und Vorbehaltsurteil, Rechtsmittelverfahren, schriftliches Verfahren

Über das Versäumnisverfahren in den Fällen der §§ 280, 304 → § 280 Rdnr. 35, → § 304 Rdnr. 11, über das Versäumnisverfahren im Nachverfahren nach einem Vorbehaltsurteil → § 302 Rdnr. 26, → § 600 Rdnr. 27 ff, bei der Prozeßtrennung nach § 145 Abs. 3 → § 145 Rdnr. 70, in der Berufungsinstanz s. § 542, in der Revisionsinstanz → § 566 Rdnr. 11 f, über den einem Versäumnisurteil gleichgestellten Vollstreckungsbescheid s. § 700. Im schriftlichen Verfahren nach § 128 Abs. 2, 3 ist für ein Versäumnisurteil kein Raum, → §§ 128 Rdnr. 96, 120. Zu den Folgen der Säumnis des Gläubigers im Verteilungsverfahren s. §§ 877, 881.

37

2. Ehe- und Kindschaftssachen

Zum Ausschluß eines Versäumnisurteils gegen den Beklagten in Ehe- und Kindschaftssachen → § 612 Rdnr. 3 ff, 10, 13 → § 640 Rdnr. 36. Wegen des Versäumnisurteils gegen den Kläger bei der Ehenichtigkeits- und Ehefeststellungsklage sowie in Kindschaftssachen mit dem Inhalt, daß die Klage als zurückgenommen gilt, s. § 635, → § 640 Rdnr. 50.

38

3. Verfahren in Baulandsachen

In Baulandsachen darf nach § 227 Abs. 3 S. 2 BauGB kein Versäumnisurteil ergehen. Ist der Beteiligte, der den Antrag auf gerichtliche Entscheidung gestellt hat, säumig, so kann jeder andere Beteiligte eine Entscheidung nach Lage der Akten beantragen, § 227 Abs. 2 BauGB; die §§ 332–335, 336 Abs. 2, 337 gelten dabei entsprechend, § 227 Abs. 3 S. 1 BauGB. Es kann mündlich verhandelt werden, wenn einer dieser anderen Beteiligten nicht erscheint, und auf dessen in einer früheren mündlichen Verhandlung gestellten Antrag kann nach Lage der Akten entschieden werden, § 227 Abs. 1 BauGB.

39

4. Verfahren in Entschädigungssachen

Im Verfahren von Opfern der nationalsozialistischen Verfolgung vor den Entschädigungskammern (→ § 1 Rdnr. 100) sind Versäumnisurteile ebenfalls unzulässig, § 209 Abs. 3 S. 1 BEG, und damit die §§ 330 ff nicht anwendbar. Im Falle der Säumnis kann aber von Amts wegen oder auf Antrag einer Partei eine Entscheidung ohne mündliche Verhandlung ergehen, § 209 Abs. 3 S. 2 BEG.

40

5. Verfahren über die Entschädigungshöhe nach den Enteignungsgesetzen der Länder

41   Wegen der Höhe der Enteignungsentschädigung verweisen die meisten einschlägigen Landesgesetze auf das Verfahren in Baulandsachen, womit § 227 BauGB (→ dazu Rdnr. 39) unmittelbar anwendbar ist; s. etwa § 50 Abs. 1 S. 3 Landesenteignungs- und -entschädigungsG Nordrhein-Westfalen.

VI. Gebühren

44   Für ein Versäumnisurteil wird keine Urteilsgebühr erhoben (KV vor 1100); es ist bereits durch die allgemeine Verfahrensgebühr abgegolten. In erster Instanz fällt auch beim unechten Versäumnisurteil, → dazu Rdnr. 27 ff, keine Urteilsgebühr an, wohl aber im Berufungsverfahren. Wegen der Anwaltsgebühren s. §§ 33 Abs. 1, 35 BRAGO.

VII. Arbeitsgerichtliches Verfahren

46   Im arbeitsgerichtlichen Verfahren gelten die Vorschriften des dritten Teils mit gewissen, sich aus §§ 59, 64 Abs. 7 ArbGG ergebenden Abweichungen; s. dazu im einzelnen → § 331 a Rdnr. 19, → § 339 Rdnr. 15 ff. Die Geltung der Vorschriften über das Versäumnisverfahren beschränkt sich auf das **Urteilsverfahren**. Dagegen gibt es im **Beschlußverfahren** bei Säumnis eines Beteiligten kein Versäumnisverfahren[20]; wohl aber kann nach §§ 251 a, 331 a eine Entscheidung nach Lage der Akten ergehen[21].

47   Im Urteilsverfahren **erster Instanz** ist in § 55 Abs. 1 Nr, 4, 5 ArbGG eine Sonderregelung dahingehend getroffen, daß das ohne streitige Verhandlung aufgrund der Versäumnis ergehende Urteil vom Vorsitzenden allein erlassen wird. Die Befugnis des Vorsitzenden beschränkt sich dabei nicht nur auf die nach Maßgabe der §§ 330, 331 gegen die säumige Partei ergehenden Versäumnisurteile, → Rdnr. 23; vielmehr kann der Vorsitzende auch kontradiktorische Urteile im Versäumnisverfahren, → Rdnr. 27 ff, sowie Urteile nach Lage der Akten allein erlassen[22]. Weiter fallen Zurückweisungsbeschlüsse nach § 335 in die alleinige Zuständigkeit des Vorsitzenden. Wegen der Beschlüsse nach Aktenlage → § 331 a Rdnr. 19.

§ 330   [Versäumnisurteil gegen den Kläger]

Erscheint der Kläger im Termin zur mündlichen Verhandlung nicht, so ist auf Antrag das Versäumnisurteil dahin zu erlassen, daß der Kläger mit der Klage abzuweisen sei.

Gesetzesgeschichte: Ursprünglich § 295 CPO. Keine Änderungen.

Stichwortverzeichnis → »Schlüssel zum Versäumnisverfahren« zu Beginn der Vorbemerkungen vor § 330

I. Allgemeines 1	zungen und der Voraussetzungen eines Versäumnisurteils
II. Verfahren 4	durch das Gericht 9
1. Antrag des Beklagten 4	3. Entscheidung bei Fehlen einer
2. Prüfung der Prozeßvorausset-	Säumnisvoraussetzung 11

---

[20] *Grunsky*[7] § 83 Rdnr. 8; *Germelmann/Matthes/Prütting*[2] § 80 Rdnr. 35.
[21] *Grunsky*[7] § 83 Rdnr. 8.

[22] *Grunsky*[7] § 55 Rdnr. 6; *Germelmann/Matthes/Prütting*[2] § 55 Rdnr. 16 f.

a) Nicht behebbare Mängel	11	6. Sonderfälle	15
b) Behebbare Mängel	12	III. Rechtskraft	17
4. Entscheidung bei Fehlen einer Säumnisvoraussetzung	13	IV. Arbeitsgerichtliches Verfahren	21
5. Entscheidung bei Vorliegen der Voraussetzungen eines Versäumnisurteils	14		

I. Allgemeines

Sind die Voraussetzungen der Säumnis, → dazu vor § 330 Rdnr. 3 ff, in der Person des Klägers gegeben, so tritt auf Antrag des Beklagten die Säumnisfolge dahin ein, daß der **Kläger mit der Klage abgewiesen wird**. Dies gilt nicht in den Fällen der §§ 635, 638, 640, → vor § 330 Rdnr. 38. Die Abweisung erfolgt ohne Prüfung der Schlüssigkeit und der tatsächlichen Begründetheit der Klage lediglich aufgrund der Säumnis. Es handelt sich dabei um eine Sachentscheidung, die ihre Begründung in reinen Zweckmäßigkeitserwägungen findet[1]. Die Rechtsfolge ist zwar insofern dieselbe wie bei einem Verzicht des Klägers, als die Klage ohne weiteres durch Sachurteil abgewiesen wird, doch bedeutet dies nicht, daß die Säumnisfolge auf der Fiktion eines Verzichts beruht[2].   1

Als Sachurteil kann das Versäumnisurteil nur ergehen, wenn die Prozeßvoraussetzungen gegeben sind, → Rdnr. 9. Da es Rechtskraft schaffen soll, → Rdnr. 17, muß es über den durch die Klage erhobenen Anspruch, → § 322 Rdnr. 99 ff, entscheiden. Dieser muß daher den Gegenstand der mündlichen Verhandlung bilden. Die Darlegung des Streitverhältnisses, d.h. die Bezeichnung des vom Kläger erhobenen Anspruchs nach Grund und Gegenstand, muß und kann der Beklagte übernehmen: Er muß es, weil das Gericht aus seinem Vortrag zu entnehmen hat, welchen Anspruch das Urteil abweisen soll, und er kann es, weil es einen Rechtssatz des Inhalts, daß Klagetatsachen nur vom Kläger vorgetragen werden können, nach der ZPO nicht besteht.   2

II. Verfahren

1. Antrag des Beklagten

Der Antrag auf Versäumnisurteil, → vor § 330 Rdnr. 18, kann sich auf einen **Teil des Streitgegenstandes** bzw. bei mehreren Streitgegenständen auf einzelne von ihnen beschränken. Nach übereinstimmender Erledigungserklärung kann der Antrag auf die Kosten beschränkt werden[3]. Der Beklagte hat den Antrag durch Darlegung des Streitverhältnisses, → Rdnr. 2, und der Säumnis des Klägers zu begründen, d.h. er hat die besonderen Voraussetzungen des Versäumnisverfahrens darzulegen, die eine Entscheidung in der Sache selbst durch Versäumnisurteil zu seinen Gunsten rechtfertigen. Des Nachweises der Unbegründetheit der Klage bedarf es dagegen nicht. Die Darlegung der Voraussetzungen eines Versäumnisurteils ist eine **Verhandlung zur Hauptsache**, d.h. zum Gegenstand des Rechtsreits, im Sinne der §§ 39, 76 Abs. 1, 269 Abs. 1, 282 Abs. 3[4]. Diese Wirkung wird durch den Einspruch jedoch wieder beseitigt[5].   4

---

[1] BGHZ 35, 338, 341.
[2] So aber Mot. 169, 229f; wie hier *Rosenberg/Schwab/Gottwald*[15] § 107 III 3 a.
[3] *Baumbach/Lauterbach/Hartmann*[56] Rdnr. 3.
[4] BGH LM § 345 Nr. 1 = NJW 1967, 728 = MDR 484 = ZZP 80 (1967), 482 (*Münzberg*) sieht ein Verhandeln über die örtliche Zuständigkeit als ein Verhandeln zur Hauptsache im Sinne des § 345 an.
[5] So auch die Entscheidungen in § 269 Fn. 33; a. A. *Hellwig* System, 132: Trotz § 342 sollen die an die Verhandlung zur Hauptsache durch den Beklagten geknüpften Wirkungen endgültig sein.

5   Wenn nach Ansicht des Beklagten **Prozeßvoraussetzungen fehlen**, kann er aber auch anstatt des Antrags auf Versäumnisurteil denjenigen auf Prozeßabweisung wegen fehlender Prozeßvoraussetzungen stellen, → vor § 330 Rdnr. 27ff. Dies wird er zweckmäßigerweise dann tun, wenn abzusehen ist, daß der Kläger Einspruch einlegen wird, weil dann die unter Umständen trotz des Prozeßmangels ergangene Sachabweisung hinfällig wird und sich die Erledigung des Prozesses somit lediglich verzögert. Ebenso wie sonst auch erfordert die Prozeßabweisung auch im Falle der Säumnis des Klägers keinen darauf abzielenden Antrag des Beklagten. Der Antrag auf Erlaß eines Versäumnisurteils und der auf Prozeßabweisung können auch als Haupt- und Hilfsantrag gestellt werden, wobei es keine Rolle spielt, welcher der Anträge als Haupt- und welcher als Hilfsantrag gestellt wird. Wegen des Antrags auf Entscheidung nach Lage der Akten bei unzulässiger Klage → § 331a Rdnr. 14, → auch § 88 Rdnr. 12. Vor dem Amtsgericht kann der allein erschienene Beklagte im Falle des § 506 die Verweisung an das Landgericht beantragen; nicht aber auch im Falle des § 281, weil hier nur der Kläger das Antragsrecht hat, → § 281 Rdnr. 15.

6   Eine Sachabweisung aus anderen Gründen als wegen der Säumnis kann der Beklagte nur nach Maßgabe des § 331a beantragen, sofern bereits in einem früheren Termin eine mündliche Verhandlung stattgefunden hat (§ 331a S. 2 in Verbindung mit § 251a Abs. 2 S. 1); anderenfalls ist sie ausgeschlossen, → § 331a Rdnr. 12.

7   Über die Vertagung sowie die Vereinbarung, ein Versäumnisurteil nicht zu erwirken, → § 330 Rdnr. 20f.

2. Prüfung der Prozeßvoraussetzungen und der Voraussetzungen eines Versäumnisurteils durch das Gericht

9   Beantragt der Beklagte ein Versäumnisurteil, so ist zunäch wie bei jedem Sachurteil das **Vorliegen der Prozeßvoraussetzungen** zu prüfen. Wegen § 335 Abs. 1 Nr. 1 liegt die Beweislast dafür beim Beklagten[6]. Die Prüfung beschränkt sich aber auf die von Amts wegen festzustellenden Prozeßvoraussetzungen, da Mängel im übrigen, namentlich die Unzuständigkeit, soweit die rügelose Einlassung nach § 39 statthaft ist, und die etwaigen Mängel der Klageerhebung, → § 253 Rdnr. 171ff, gemäß § 295 durch die Verhandlung des Beklagten zur Hauptsache, → Rdnr. 4, geheilt sind[7]. Anschließend prüft das Gericht, ob die übrigen Voraussetzungen für den Erlaß eines Versäumnisurteils vorliegen, → vor § 330 Rdnr. 3ff.

3. Entscheidung bei Fehlen einer Prozeßvoraussetzung

a) Nicht behebbare Mängel

11   Ergibt sich ein endgültiger, d.h. durch angebotene Nachweise des erschienenen und beweispflichtigen, → Rdnr. 9, Beklagten nicht zu behebender Mangel, → § 335 Rdnr. 2, bei den unverzichtbaren Prozeßvoraussetzungen oder macht der Beklagte einen sonstigen Prozeßmangel geltend, wobei ihn ebenfalls die Beweislast für seine Behauptungen trifft[8], so ist der Rechtsstreit zur **Endentscheidung durch Prozeßurteil** reif. Diese hat nach § 300 zu erfolgen, → § 300 Rdnr. 5, aber nicht durch Versäumnisurteil (denn sie ergeht trotz und nicht etwa we-

---

[6] MünchKomm ZPO-*Prütting* Rdnr. 21; *Thomas/Putzo*[20] Rdnr. 3.
[7] MünchKomm ZPO-*Prütting* Rdnr. 21; *Rosenberg/Schwab/Gottwald*[15] § 107 III 3 b.
[8] *Stein* Das private Wissen des Richters (1893), 93. Ein Satz des Inhalts, daß in diesem Fall die Behauptung des Beklagten (etwa der Schiedsvertrag oder die Zuständigkeitsvereinbarung) als zugestanden zu gelten hätte, besteht nicht (*Thomas/Putzo*[20] Rdnr. 3; a. A. *Münzberg* AcP 159 – 1960 – 41, 54: Analogie zu § 331 Abs. 1 S. 1).

gen der Säumnis), sondern durch **kontradiktorisches Urteil**, → vor § 330 Rdnr. 29[9]. Soweit allerdings lediglich bedingte Sachurteilsvoraussetzungen fehlen, → dazu vor § 253 Rdnr. 129 f, kann das Gericht ein Versäumnisurteil gegen den Kläger erlassen, ohne diese Rechtsschutzvoraussetzungen geprüft zu haben, → § 253 Rdnr. 129 f sowie speziell zum Feststellungsinteresse →§ 256 Rdnr. 62, 120. Die Verweisung nach § 506, → Rdnr. 5, ist durch Beschluß auszusprechen.

b) Behebbare Mängel

Ist der Mangel nicht endgültig, so ist lediglich der geellte Antrag nach § 335 zurückzuweisen.   12

4. Entscheidung bei Fehlen einer Säumnisvoraussetzung

Ist die Klage zwar zulässig, fehlt es aber an einer Voraussetzung für den Erlaß eines Versäumnisurteils, → vor § 330 Rdnr. 3 ff, so ist der Antrag des Beklagten nach § 335 zurückzuweisen.   13

5. Entscheidung bei Vorliegen der Voraussetzungen eines Versäumnisurteils

Liegt in prozessualer Beziehung kein Mangel vor und sind die Voraussetzungen eines Versäumnisurteils gegeben, so ist dieses mit der sich aus § 330 bzw. aus §§ 635, 640, 881 ergebenden Formel zu erlassen. Eine sachliche Prüfung der Klage findet nicht statt, → Rdnr. 1. Die Abweisung nach § 330 erfolgt auch im Verfahren auf Scheidung bzw. Aufhebung einer Ehe sowie im Verfahren auf Herstellung des ehelichen Lebens, → § 612 Rdnr. 2.   14

6. Sonderfälle

Wegen des Falles der Klageerweiterung → § 264 Rdnr. 71 a. Über das Versäumnisurteil gegen den Widerkläger → § 347 Rdnr. 1; zur Erhebung einer Widerklage bei Säumnis des Klägers → § 261 Rdnr. 36. Wegen des Verfahrens vor dem Vorsitzenden der Kammer für Handelssachen → § 349 Rdnr. 21 ff. Beim klageabweisenden Versäumnisurteil im Räumungsrechtsstreit erfolgt kein Verlängerungsausspruch nach § 308 a, weil die Abweisung auf der Säumnis des Klägers und nicht etwa auf einem begründeten Fortsetzungsverlangen des Mieters beruht, → auch § 308 Rdnr. 14. Zur Anwendbarkeit des § 93 b im Versäumnisverfahren → § 93 b Rdnr. 7.   15

III. Rechtskraft

Das Versäumnisurteil nach § 330 ist eine der **materiellen Rechtskraft fähige Abweisung** in der Sache selbst[10]. Ausnahmen bestehen lediglich in §§ 635, 638, 640. Zur Ermittlung des Umfangs der Rechtskraft ist wegen § 313 b Abs. 1 S. 1 das Klagevorbringen des Klägers in der Klageschrift heranzuziehen, → § 322 Rdnr. 193.   17

Hat der Kläger neben dem Hauptantrag noch einen **Hilfsantrag** gestellt, so erstreckt sich die Rechtskraft des Versäumnisurteils auch auf den Hilfsantrag[11]. Denn das Gericht hat bei Ab-   18

---

[9] BGH LM § 13 UWG Nr. 42 = NJW-RR 1986, 1041 = MDR 998 = GRUR 678 = WM 469 = ZIP 740 = JR 1987, 27 (abl. *Dunz*); *Zöller/Herget*[20] vor § 330 Rdnr. 11.

[10] MünchKomm ZPO-*Prütting* Rdnr. 35.
[11] MünchKomm ZPO-*Prütting* Rdnr. 35.

weisung des Hauptantrags über den Hilfsantrag zu befinden, → § 260 Rdnr. 22 bei Fn. 26. Für die Entscheidung nach § 330 kann nichts anderes gelten. Wenn nämlich Termin zur mündlichen Verhandlung über die Klage, also über den Haupt- und den Hilfsantrag anberaumt ist, erstreckt sich die Säumnis des Klägers auch auf die Verhandlung über den Hilfsantrag.

19   Die Rechtskraft des klageabweisenden Versäumnisurteils steht – entgegen der Auffassung des BGH[12] – einer erneuten Klageerhebung nicht entgegen, wenn das Versäumnisurteil aufgrund einer **nachträglichen Veränderung der maßgeblichen Umstände**, die der Kläger zu beweisen hat, unrichtig geworden ist, → § 322 Rdnr. 253f[13]. Dies ergibt sich aus den zeitlichen Grenzen der Rechtskraft, → dazu § 322 Rdnr. 236ff. Ebenso wie bei jedem anderen Urteil muß auch beim Versäumnisurteil die Rechtskraft bei Eintritt neuentstandener Tatsachen weichen.

IV. Arbeitsgerichtliches Verfahren

21   Im arbeitsgerichtlichen Urteilsverfahren gilt nichts Besonderes. Zur Besetzung des Arbeitsgerichts im Versäumnisverfahren → vor § 330 Rdnr. 47. Im Beschlußverfahren kann dagegen keine Versäumnisentscheidung ergehen. Bei entschuldigtem Ausbleiben ist die Verhandlung hier zu vertagen, s. § 83 Abs. 4 S. 2 ArbGG, während die Verhandlung sonst ohne den ausgebliebenen Beteiligten durchgeführt wird und die Entscheidung aufgrund des Ergebnisses der Verhandlung ergeht.

§ 331   [Versäumnisurteil gegen den Beklagten]

(1) Beantragt der Kläger gegen den im Termin zur mündlichen Verhandlung nicht erschienenen Beklagten das Versäumnisurteil, so ist das tatsächliche mündliche Vorbringen des Klägers als zugestanden anzunehmen. Dies gilt nicht für das Vorbringen zur Zuständigkeit des Gerichts nach § 29 Abs. 2, § 38.

(2) Soweit es den Klageantrag rechtfertigt, ist nach dem Antrag zu erkennen; soweit dies nicht der Fall ist, ist die Klage abzuweisen.

(3) Hat der Beklagte entgegen § 276 Abs. 1 Satz 1, Abs. 2 nicht rechtzeitig angezeigt, daß er sich gegen die Klage verteidigen wolle, so trifft auf Antrag des Klägers das Gericht die Entscheidung ohne mündliche Verhandlung; dies gilt nicht, wenn die Erklärung des Beklagten noch eingeht, bevor das von den Richtern unterschriebene Urteil der Geschäftsstelle übergeben ist. Der Antrag kann schon in der Klageschrift gestellt werden.

Gesetzesgeschichte: Ursprünglich § 296 CPO. Durch Novelle 1898 inhaltlich unverändert § 331 ZPO. Abs. 1 S. 1 angefügt durch Gerichtsstandsnovelle (G. v. 21. III. 1974, BGBl. I 753). Abs. 3 angefügt durch die Vereinfachungsnovelle (G. v. 3. XII. 1976, BGBl. I 3281).

Stichwortverzeichnis → »**Schlüssel zum Versäumnisverfahren**« zu Beginn der Vorbemerkungen vor § 330.

---

[12] *BGHZ* 35, 338, 341 = LM Nr. 3 (*Johannsen*) = NJW 1961, 1969 = MDR 1005 = JZ 1962, 496 (*Zeuner*); ebenso *Blomeyer*[2] § 54 III 2; *Zöller/Herget*[20] Rdnr. 6.

[13] *Dietrich* ZZP 84 (1971), 419, 436ff; *Zeuner* JZ 1962, 497, 498; *Baumbach/Lauterbach/Hartmann*[56] Rdnr. 6.

I. Mögliche Anträge des Klägers bei Säumnis des Beklagten	1	3. Bei Schlüssigkeit des klägerischen Vorbringens	21
II. Säumnisfolge des § 331 (Geständnisfiktion)	2	4. Bei Klagenhäufung	23
1. Allgemeines	2	5. Zulässigkeit von Versäumniszwischenurteil und -grundurteil	24
2. Anwendungsbereich der Geständnisfiktion	3	6. Teilversäumnisurteil	25
a) Tatsächliches Vorbringen des Klägers	3	V. Änderung des klägerischen Vorbringens	31
b) Ausnahme bei von Amts wegen zu prüfenden Tatsachen	4	1. Vortrag neuer Tatsachen	31
		2. Neue Anträge	32
		VI. Erledigung der Hauptsache	35
c) Ausnahme bei unmöglichen oder wahrheitswidrigen Tatsachen, bei Erfahrungssätzen und bei Anerkenntnis	5	1. Säumnis als Zustimmung zur Erledigungserklärung?	35
		2. Rechtzeitige Mitteilung der Erledigungserklärung	36
d) Geständnisfiktion auch bei Zuständigkeitstatsachen, ausgenommen Zuständigkeitsvereinbarungen	6	3. Mitteilung der Erledigungserklärung erst im Termin	37
		4. Inhalt des Versäumniserledigungsurteils	38
e) Auch bei internationaler Zuständigkeit	8	VII. Das Versäumnisurteil gegen den Beklagten im schriftlichen Vorverfahren, Abs. 3	41
f) Bedeutung für die Anwendbarkeit und die Anwendung ausländischen Rechts	9	1. Allgemeines	41
		2. Voraussetzungen	42
g) Urkundenprozeß	10	a) Ordnungsgemäße Aufforderung des Beklagten gemäß § 276 Abs. 1 S. 1	43
II. Prüfungsvorgehen des Gerichts in der mündlichen Verhandlung	13		
1. Prüfung des Vorliegens der Prozeßvoraussetzungen	13	b) Korrekte Belehrung gemäß § 276 Abs. 2	44
2. Prüfung der Schlüssigkeit des Klägervortrags	14	c) Säumnis des Beklagten im schriftlichen Vorverfahren	45
3. Prüfung der Voraussetzungen eines Versäumnisurteils	17	d) Antrag auf Versäumnisurteil	55
IV. Entscheidung des Gerichts in der mündlichen Verhandlung	19	e) Zulässigkeit und Schlüssigkeit der Klage	61
1. Bei Fehlen einer Prozeßvoraussetzung	19	3. Entscheidung des Gerichts	65
		a) Bei Vorliegen der Voraussetzungen	65
2. Bei Unschlüssigkeit des klägerischen Vorbringens	20	b) Bei unzulässiger oder unschlüssiger Klage	66
		VIII. Arbeitsgerichtliches Verfahren	76

I. Mögliche Anträge des Klägers bei Säumnis des Beklagten

Über die Voraussetzungen des Versäumnisurteils gegen den Beklagten und über den **Antrag** 1 **des Klägers auf Erlaß des Versäumnisurteils** → vor § 330 Rdnr. 3 ff, 18. Der Antrag kann auch für einen zur Erledigung durch Teilurteil geeigneten Teil des Anspruchs, → § 301 Rdnr. 4 ff, oder für einen von mehreren Ansprüchen gestellt oder gemäß § 264 Nr. 2 beschränkt werden. Soweit dadurch infolge der Unzulässigkeit des Antrags für einen Teil ein Teilversäumnisurteil, dazu u. →Rdnr. 25, zu erlassen wäre, gilt das Ermessen des § 301 Abs. 2 (→ dort Rdnr. 15). Das Gericht ist also nicht gezwungen, ein Teilversäumnisurteil zu erlassen. Etwas anderes soll allerdings bei Säumnis eines von mehreren nicht notwendigen Streitgenossen auf der Beklagtenseite gelten[1]. Ein Grundurteil kann nicht als Versäumnisurteil ergehen, → § 304 Rdnr. 11.

---

[1] *RGZ* 55, 310, 311; MünchKomm ZPO-*Musielak* § 301 Rdnr. 19.

Statt des Versäumnisurteils kann der Kläger Entscheidung nach Lage der Akten beantragen, § 331 a (→ dort Rdnr. 1 ff) und in den Fällen der §§ 281, 506, 696 Abs. 5 auch die Verweisung an das zuständige Gericht, wenn sich die Unzuständigkeit des Prozeßgerichts ergibt, → u. Rdnr. 6 ff. Das Gericht hat den Kläger gegebenenfalls auf die Sachdienlichkeit dieser Anträge hinzuweisen, § 139. Ein Recht auf Vertagung hat der Kläger nicht, → vor § 330 Rdnr. 19 und § 335 Rdnr. 22 ff.

II. Säumnisfolgen des § 331 (Geständnisfiktion)

1. Allgemeines

2   Die gesetzliche Folge der Säumnis des Beklagten ist nicht die Fiktion der Anerkennung des klägerischen Anspruchs, sondern nur die **Annahme des Geständnisses der** zur Begründung des klägerischen Anspruchs **vorgetragenen Tatsachen**. Darin, wie diese rechtlich zu würdigen sind, bleibt das Gericht frei[2]. Insoweit gilt nichts anderes als wenn die Entscheidung nach einer streitigen mündlichen Verhandlung ergehen würde. Inwieweit Tatsachen, insbesondere bei bedingenden Rechtsverhältnissen[3], zu Rechtsbegriffen zusammengefaßt sein können, ergibt sich aus dem zu → § 284 Rdnr. 13 f Ausgeführten. Das Vorbringen des Klägers ist, wie auch sonst (→ vor § 128 Rdnr. 192 ff) der Auslegung fähig und bedürftig. Die Säumnisfolge ist unbedingt; eine richterliche Beweiswürdigung findet nicht statt, und zwar auch nicht in Schadensersatzprozessen; § 287 ist nicht anwendbar, → § 287 Rdnr. 39. Ob der Richter die Tatsachen für wahrscheinlich hält oder nicht ist unerheblich, → aber Rdnr. 5. Es braucht daher in der Klageschrift auch nicht Beweis angetreten zu sein[4]. Auch ein unter Beweisantritt erfolgtes Bestreiten der Tatsachen durch den Beklagten steht der Geständnisfiktion des § 331 nicht entgegen. Selbst wenn bereits eine Beweisaufnahme mit einem für den Beklagten günstigen Ergebnis erfolgt ist, muß das Gericht von den vom Kläger vorgetragenen Tatsachen ausgehen, → auch u. Rdnr. 3 und § 332 Rdnr. 1. Zur Geständnisfiktion hinzu tritt noch die allgemeine Säumnisfolge, daß der Beklagte aller Einreden verlustig geht, die er in der Verhandlung hätte vorbringen können, § 230. Das ist aber nicht Säumnisfolge im engeren Sinne des § 331.

2. Anwendungsbereich der Geständnisfiktion

a) Tatsächliches Vorbringen des Klägers

3   Die Säumnisfolge erstreckt sich auf das **gesamte tatsächliche mündliche Vorbringen des Klägers**, mag es zum Klagegrund gehören (→ § 253 Rdnr. 123 ff, insbesondere Rdnr. 125) oder in Repliktatsachen bestehen, jedoch mit Beschränkung auf das rechtzeitig Mitgeteilte, § 335 Abs. 1 Nr. 3. Es hängt vom Kläger ab, ob er sich zu den Einreden des Beklagten erklären und seinen bisherigen Klagevortrag ändern will. Wegen der rechtshindernden und rechtsvernichtenden Tatsachen sowie der Einreden → Rdnr. 14. Hat in einem früheren Termin eine Beweisaufnahme stattgefunden, so sind die hierbei gewonnenen Beweisergebnisse nicht verwertbar, → auch § 332 Rdnr. 1. Es kommt allein auf die Schlüssigkeit des klägerischen Vorbringens an. Unvereinbar mit der ZPO ist daher die Auffassung, ein Gericht dürfe trotz Säumnis des Beklagten bereits erhobene Beweise und die hieraus gewonnene Überzeugung berücksichtigen und ein Versäumnisurteil trotz Schlüssigkeit des klägerischen Vorbringens verweigern[5]. Eine

---

[2] Theoretisches darüber bei *Pagenstecher* Zur Lehre von der materiellen Rechtskraft (1905), 274; *Hegler* Beiträge zur Lehre vom prozessualen Anerkenntnis und Verzicht (1903), 244 f.

[3] *Hegler* (Fn. 2), 272 f.

[4] *Kellner* JR 1951, 259.

[5] So *Weyers* Festschrift f. J. Esser (1975), 193, 210 f. Die ZPO läßt es nämlich durchaus zu, daß ein Versäum-

Ausnahme hiervon gilt nur für Tatsachen, die von der Geständnisfiktion nicht erfaßt werden, → dazu Rdnr. 4f.

b) Ausnahme bei von Amts wegen zu prüfenden Tatsachen

Ausgenommen von der Annahme eines Geständnisses sind alle Tatsachen, hinsichtlich derer die **Prüfung von Amts wegen** (→ dazu vor § 128 Rdnr. 91ff) gilt, über die der Beklagte daher, auch wenn er erschienen wäre, ein das Gericht bindendes Geständnis nicht abgeben könnte, → § 288 Rdnr. 17. Dahin gehören unter anderem auch die von Amts wegen zu prüfenden Prozeßfragen (§ 335 Abs. 1 Nr. 1)[6]. Bei ihnen wird das Gericht wie im Falle eines wirklichen Geständnisses von der Pflicht zur selbständigen Feststellung der Tatsache nicht entbunden. Aus diesem Grund ist in Ehe- und Kindschaftssachen durch die §§ 612 Abs. 4, 640 Abs. 1 ein Versäumnisurteil gegen den Beklagten für unzulässig erklärt.

c) Ausnahme bei unmöglichen oder wahrheitswidrigen Tatsachen, bei Erfahrungssätzen und bei Anerkenntnis

Weiter sind von der Geständniswirkung des § 331 Tatsachen ausgeschlossen, die nach dem Lebenserfahren **unmöglich** sind oder deren **Gegenteil offenkundig** ist[7] und ebenso Behauptungen des Klägers, die das Gericht für **subjektiv unwahr**, d.h. für eine Lüge hält. Insoweit gelten im Rahmen des § 331 dieselben Grenzen wie für ein Geständnis, → dazu § 288 Rdnr. 21ff. Der Fall einer subjektiv unwahren Behauptung ist allerdings zumeist gleichzeitig ein solcher der ersten beiden Gruppen; denn die Annahme, daß eine Behauptung erlogen ist, wird sich praktisch regelmäßig darauf stützen, daß die Tatsache unmöglich oder das Gegenteil offenkundig ist; dazu sowie wegen eines Versäumnisurteils nach bereits beeendeter Beweisaufnahme → § 370 Rdnr. 6. Ausgenommen von der Geständnisfiktion sind auch die **Erfahrungssätze**[8], → § 284 Rdnr. 17, sowie alle Rechtsfragen, und zwar auch zum Inhalt ausländischen Rechts, → u. Rdnr. 9 und § 293 Rdnr. 54. Schließlich ist bei einem Anerkenntnis durch den Beklagten kein Raum mehr für die Geständnisfiktion nach Abs. 1 S. 1, → § 307 Rdnr. 29.

d) Geständnisfiktion auch bei Zuständigkeitstatsachen, ausgenommen Zuständigkeitsvereinbarungen

Die Geständnisfiktion des § 331 Abs. 1 S. 1 erfaßt grundsätzlich auch die **zuständigkeitsbegründenden Tatsachen**[9]. Eine Ausnahme hiervon besteht nach Abs. 1 S. 1 nur für die Behauptung der sachlichen bzw. örtlichen Zuständigkeit aufgrund einer **Vereinbarung** über den Erfüllungsort, § 29 Abs. 2, oder den Gerichtsstand, § 38; zur Prorogation nach Art. 17 EuGVÜ → Rdnr. 8. Auch wenn der Kläger die Tatsachen für das Zustandekommen einer derartigen Vereinbarung schlüssig vorgetragen hat, muß das Gericht von Amts wegen prüfen, ob eine solche Vereinbarung wirklich vorliegt und ob sie wirksam ist; → auch § 38 Rdnr. 65.

Die **Beweislast** hierfür trägt der Kläger. Er kann sich dazu jedes beliebigen Beweismittels – auch im Urkunden- und Wechselprozeß[10], → § 595 Rdnr. 5 – bedienen und ist nicht auf be-

---

nisurteil gegen den Beklagten den bisherigen Prozeßergebnissen widerspricht, wenn dieser nach einer Beweisaufnahme im folgenden Termin säumig ist (hierzu → § 332 Rdnr. 1). De lege ferenda fordert *Jauernig* ZPR[24] § 68 III deshalb, das Versäumnisverfahren auf den ersten Verhandlungstermin zu beschränken.

[6] *BAG* AP § 56 Nr. 4 (zur Prozeßfähigkeit); *OLG Hamm* OLGRsp 27, 15; MünchKomm ZPO-*Prütting* Rdnr. 13.

[7] MünchKomm ZPO-*Prütting* Rdnr. 20.

[8] MünchKomm ZPO-*Prütting* Rdnr. 13.

[9] *Vollkommer* Rpfleger 1974, 129, 138f; MünchKomm ZPO-*Prütting* Rdnr. 13.

[10] *OLG Frankfurt* MDR 1975, 232.

stimmte Beweisarten beschränkt. So ist etwa für den Nachweis, daß die Parteien Vollkaufleute sind, § 38 Abs. 1, nicht zwingend ein Auszug aus dem Handelsregister erforderlich. Es reicht vielmehr aus, wenn der Kläger die Vollkaufmannseigenschaft der Parteien anderweitig nachweist (z.B. durch den Nachweis, daß der Beklagte ein Grundhandelsgewerbe i.S. des § 1 HGB betreibt, durch Vorlage der Gewerbeanmeldung oder der vom Beklagten verwendeten Briefköpfe usw.)[11].

e) Auch bei internationaler Zuständigkeit

8 Die Geständnisfiktion gilt auch für Tatsachen, die die internationale Zuständigkeit des Gerichts begründen, → auch § 1 Rdnr. 17[12], es sei denn, der Kläger behauptet eine internationale Prorogation (zu ihr → § 38 Rdnr. 19 a ff). Dann gelten die Ausführungen unter → Rdnr. 6f entsprechend. Für eine Zuständigkeitsvereinbarung nach Art. 17 EuGVÜ enthält Abs. 1 S. 2 zwar nicht wie für eine Vereinbarung nach § 38 eine ausdrückliche Ausnahme von der Geständnisfiktion, doch kann insofern nichts anderes gelten. Aus Art. 20 Abs. 1 EuGVÜ und Art. 20 Abs. 1 LuGVÜ folgt für die Geständnisfiktion bei der internationalen Zuständigkeit nichts[13]. Diese Vorschriften bestimmen lediglich, daß die internationale Zuständigkeit als Prozeßvoraussetzung von Amts wegen zu prüfen ist, erlegen dem Gericht aber keine Amtsermittlungspflicht bezüglich der die internationale Zuständigkeit begründenden Tatsachen i.S. des Untersuchungsgrundsatzes auf[14].

f) Bedeutung für die Anwendbarkeit und die Anwendung ausländischen Rechts

9 Hat der Kläger Tatsachen vorgetragen, die die **freie Rechtswahl**, Art. 27 EGBGB, betreffen, so sind diese Tatsachen durch die Säumnis des Beklagten zugestanden. Dasselbe gilt für sonstige Tatsachenbehauptungen, aus denen die Anwendbarkeit fremden Rechts folgt (z.B. nach Art. 28 EGBGB), sofern nicht zwingende Vorschriften (z.B. Art. 27 Abs. 3, Art. 34 EGBGB) entgegenstehen. In solchen Fällen ist das Gericht deshalb gehalten, die Schlüssigkeit des klägerischen Vortrags anhand des anwendbaren ausländischen materiellen Rechts zu überprüfen. Behauptet der Kläger in diesem Zusammenhang, sein Anspruch sei deshalb begründet, weil das anzuwendende ausländische Recht einen dahingehenden Rechtssatz enthalte, so gilt dies bei Säumnis des Beklagten nicht als zugestanden; insoweit handelt es sich nicht um Tatsachen-, sondern um Rechtsbehauptungen, die einem Geständnis nicht zugänglich sind[15]. Das Gericht hat die **Rechtslage vielmehr selbständig zu prüfen** und aufgrund seiner eigenen Erkenntnisse zu entscheiden, → auch § 293 Rdnr. 54. Dabei spielt es auch keine Rolle, ob der Kläger für den Nachweis des behaupteten ausländischen Rechtssatzes Beweis angetreten hat.

g) Urkundenprozeß

10 Zum Verfahren bei Säumnis des Beklagten im Urkundenprozeß → § 597 Rdnr. 5.

---

[11] *Reinelt* NJW 1974, 2310; *Unruh* NJW 1974, 1111, 1113; *Baumbach/Lauterbach/Hartmann*[56] Rdnr. 5; *Zöller/Herget*[20] Rdnr. 6; *OLG Frankfurt* MDR 1975, 232; ZIP 1981, 664; a.A. *Vollkommer* Rpfleger 1974, 129, 139.
[12] *Piltz* NJW 1981, 1876; *Schröder* Internationale Zuständigkeit (1971), 265; MünchKomm ZPO-*Prütting* Rdnr. 13; a.A. *Kropholler* Handbuch des Internationalen Zivilverfahrensrechts, Bd. I 1982, Kap. III Rdnr. 218.
[13] A.A. *Kropholler* (Fn. 12) Kap. III Rdnr. 218; *Schack* Internationales Zivilverfahrensrecht[2] (1996) Rdnr. 386.
[14] Wie hier MünchKomm ZPO-*Prütting* Rdnr. 13.
[15] *Schack* (Fn. 13) Rdnr. 626; MünchKomm ZPO-*Prütting* Rdnr. 13; a.A. *OLG München* NJW 1976, 489 (abl. *Küppers*).

III. Prüfungsvorgehen des Gerichts in der mündlichen Verhandlung

1. Prüfung des Vorliegens der Prozeßvoraussetzungen

Zunächst hat das Gericht, da ein Sachurteil erlassen werden soll, zu prüfen, ob die Prozeßvoraussetzungen, deren Mangel von Amts wegen zu beachten ist, gegeben sind. Das sind, da eine Heilung nach § 295 nicht in Betracht kommt, alle Prozeßvoraussetzungen im engeren Sinne, mit Ausnahme der Vollmacht im Anwaltsprozeß (§ 88 Abs. 2). Auch die Gerichtsunterworfenheit ist zu prüfen; gegen eine gerichtsfreie Person (z.B. einen Exterritorialen) darf kein Versäumnisurteil ergehen[16]. Über die Prüfung der Zuständigkeit nach vorausgegangenem Mahnverfahren → § 696 Rdnr. 9f; zur Entscheidung bei Fehlen einer Prozeßvoraussetzung → Rdnr. 19.

13

2. Prüfung der Schlüssigkeit des Klägervortrags

Liegen die Prozeßvoraussetzungen vor, so hat das Gericht weiter zu prüfen, ob die zur Begründung des Klageantrags **vorgetragenen Tatsachen den Klageantrag** nach Maßgabe der einschlägigen gesetzlichen Bestimmungen rechtfertigen, d.h. ob die Klage schlüssig ist. Dazu müssen die vorgetragenen Tatsachen unter die Begriffe der anwendbaren Normen subsumiert werden. Erforderlichenfalls hat das Gericht dem Kläger gegenüber von seinem Fragerecht nach § 139 Gebrauch zu machen. Hat der Kläger zulässigerweise einen **unbestimmten Klageantrag** gestellt, → dazu § 253 Rdnr. 18ff, so hat das Gericht unter Zugrundelegung der vom Kläger vorgetragenen tatsächlichen Grundlagen den Anspruch seiner Höhe nach festzusetzen und ein entsprechendes Versäumnisurteil zu erlassen, Näheres → Rdnr. 21. Bei der Schlüssigkeitsprüfung sind auch diejenigen **rechtsverhindernden und rechtsvernichtenden Tatsachen** zu berücksichtigen, die der Kläger vorgetragen hat, → vor § 128 Rdnr. 79; dies gilt insbesondere auch, soweit sich daraus die Nichtigkeit eines Rechtsgeschäfts ergibt (z.B. Sittenwidrigkeit des vorgelegten Vertrags). Dagegen bleiben Tatsachen, die wie die Verjährung ein **Einrederecht** im Sinne des BGB begründen, →vor § 128 Rdnr. 81, deshalb außer Betracht, weil die Einrede nur durch Abgabe einer Willenserklärung des dazu Berechtigten ausgeübt werden kann, woran es im Falle der Säumnis des Beklagten fehlt[17]. Ergibt sich aber aus dem Vortrag des Klägers, daß der Beklagte das Einrederecht bereits außerhalb des Prozesses wirksam ausgeübt hat, dann ist das zu berücksichtigen[18]. Ebenso, wenn der Beklagte die Einrede schon in einem früheren Verhandlungstermin ausgeübt hat[19]. Dagegen reicht es nicht aus, daß die Ausübung des Einrederechts in einem vorbereitenden Schriftsatz nur angekündigt worden ist[20]. Keine Besonderheiten gelten bei **Anwendbarkeit ausländischen Rechts**, → auch Rdnr. 9.

14

Auch soweit das Gericht von Amts wegen **Nebenentscheidungen** treffen muß oder kann (z.B. nach §§ 308 a, 721), kommt § 331 zur Anwendung. Will der Kläger eine für ihn günstige Nebenentscheidung erlangen, so hat er die anspruchsbegründenden Tatsachen hierfür vorzutragen. Infolge der Säumnis des Beklagten gelten diese Tatsachen als zugestanden[21]. Zur Schlüssigkeitsprüfung im Räumungsrechtsstreit → auch § 308 a Rdnr. 14f und wegen der Kosten in diesem Fall → § 93 b Rdnr. 7 a.E.. Zum Rechtsmittel, wenn durch Versäumnisurteil eine Räumungsfrist gewährt wurde, → § 721 Rdnr. 27.

16

---

[16] *Riezler* Internationales Zivilprozeßrecht (1949), 358.
[17] MünchKomm ZPO-*Prütting* Rdnr. 18.
[18] *OLG Düsseldorf* NJW 1991, 2089; *Nierwetberg* ZZP 98 (1985), 442ff; MünchKomm ZPO-*Prütting* Rdnr. 18; *Rosenberg/Schwab/Gottwald*[15] § 107 III 4 b (2).

[19] A.A. *Rosenberg/Schwab/Gottwald*[15] § 107 III 4 a (1).
[20] *Baumbach/Lauterbach/Hartmann*[56] Rdnr. 9.
[21] LG Mannheim MDR 1966, 242 (Räumungsfrist nach § 721).

3. Prüfung der Voraussetzungen eines Versäumnisurteils

17   Weiter ist zu prüfen, ob die Voraussetzungen eines Versäumnisurteils (→ vor § 330 Rdnr. 3 ff) gegeben sind. Liegen sie nicht vor, so ist der Antrag nach § 335 durch Beschluß zurückzuweisen, soweit die Verhandlung nicht vertagt wird, § 337. Der Antrag auf Erlaß eines Versäumnisurteils ist insbesondere auch dann zurückzuweisen, wenn der Kläger die Schlüssigkeit seiner Klage erst im Termin herbeigeführt hat (§ 335 Abs. 1 Nr. 3, → auch Rdnr. 22). Wegen der Vereinbarung, ein Versäumnisurteil nicht zu erwirken, → vor § 330 Rdnr. 21.

IV. Entscheidung des Gerichts in der mündlichen Verhandlung

1. Bei Fehlen einer Prozeßvoraussetzung

19   Ergibt sich, daß eine von Amts wegen zu berücksichtigende Prozeßvoraussetzung fehlt, so hat das Gericht den Antrag dann nach § 335 Abs. 1 Nr. 1 zurückzuweisen, wenn der **Mangel behebbar** ist. In diesem Fall hat das Gericht nach Eintritt der formellen Rechtskraft des Zurückweisungsbeschlusses, → dazu § 336 Rdnr. 1, einen neuen Termin zur mündlichen Verhandlung festzusetzen, bis zu dem der Kläger den Mangel behoben haben und dadurch die Abweisung der Klage vermeiden kann. Ist dagegen der **Mangel endgültig**, so ist, sofern nicht eine Verweisung zu erfolgen hat, → Rdnr. 1, die Klage durch Endurteil als unzulässig abzuweisen, → § 330 Rdnr. 11, und zwar auch in den Rechtsmittelinstanzen[22]. Bei dieser Entscheidung handelt es sich um ein **kontradiktorisches Urteil**, → vor § 330 Rdnr. 27 f, und nicht etwa um ein Versäumnisurteil.

2. Bei Unschlüssigkeit des klägerischen Vorbringens

20   Findet das Gericht, daß die vom Kläger vorgetragenen Tatsachen den **Klageantrag nicht rechtfertigen**, sei es, weil sie nicht schlüssig sind, sei es, weil eine rechtshindernde oder rechtsvernichtende Tatsache entgegensteht, →Rdnr. 14, so ist die Klage **als unbegründet abzuweisen** (nicht als unzulässig, → § 139 Rdnr. 34). Zu einer Realisierung der Säumnisfolgen kommt es dabei nicht, denn daß die von einer Partei behaupteten Tatsachen gegen diese Partei selbst wirken, ist keine Besonderheit des Versäumnisverfahrens (→ vor § 128 Rdnr. 79 und → § 288 Rdnr. 9). Die Besonderheit von § 331 besteht nur darin, daß die Tatsachen **gegen den Gegner gelten**; nur darin besteht die Säumnisfolge. Die dem Kläger ungünstigen Tatsachen fallen deshalb auch nicht unter § 335 Abs. 1 Nr. 3, → § 335 Rdnr. 13. Das klageabweisende Urteil ist kein Versäumnisurteil, sondern eine **kontradiktorische Entscheidung**, → vor § 330 Rdnr. 17, die vom Kläger mit der Berufung bzw. der Revision angefochten werden kann. Dem Beklagten steht dagegen weder der Einspruch nach § 338 noch die Beschwerde nach § 336 zu[23]. Das Urteil erwächst in formelle und materielle Rechtskraft. Ob die Klage wegen Eintritts neuer Tatsachen später erneuert werden kann, bestimmt sich nach den allgemeinen Grundsätzen über die zeitlichen Grenzen der Rechtskraft, → dazu § 322 Rdnr. 236 ff. Wegen des Falls, daß das rechtzeitig vorgetragene Klagevorbringen zwar unschlüssig ist, die Schlüssigkeit aber inzwischen hergestellt wurde, → Rdnr. 22.

---

[22] *BGH* NJW-RR 1986, 1041 (§ 330 Fn. 9) für den Fall, daß das Revisionsgericht die Prozeßfähigkeit des Klägers und Revisionsbeklagten verneinte.

[23] *LG Hannover* NdsRpfl. 1968, 33 (keine Beschwerde nach § 336).

3. Bei Schlüssigkeit des klägerischen Vorbringens

Findet das Gericht dagegen, daß die rechtzeitig vorgetragenen (§ 335 Abs. 1 Nr. 3, → dort Rdnr. 14) Klagebehauptungen den **Klageantrag rechtfertigen**, so hat es, weil die Tatsachen als zugestanden anzunehmen sind, durch Versäumnisurteil, → Rdnr. 23 ff vor § 330, nach dem Antrag des Klägers zu erkennen. Dabei ist es nicht erforderlich, daß der Kläger für seine Behauptungen Beweis angetreten hat, → Rdnr. 2. Liegt bei einer Leistungsklage zulässigerweise ein **unbestimmter Klageantrag** vor, weil dem Kläger eine genaue Festlegung seiner Forderung nicht möglich oder nicht zumutbar ist, → § 253 Rdnr. 81ff, so muß das Gericht im Versäumnisurteil einen bestimmten Geldbetrag festsetzen[24]. Voraussetzung ist dabei allerdings, daß der Kläger die tatsächlichen Grundlagen für die Feststellung der Höhe seiner Forderung vorgetragen und die ungefähre Größenordnung des Anspruchs festgelegt hat, → § 253 Rdnr. 81. Anderenfalls ist die Klage unschlüssig und daher in vollem Umfang abzuweisen. Liegt die vom Kläger angegebene Größenordnung in dem Sinne über dem, was ihm nach der Auffassung des Gerichts zusteht, daß die Klage teilweise abzuweisen ist, so hat dies bei Säumnis des Beklagten durch kontradiktorisches Urteil zu erfolgen, während in Höhe des zuzusprechenden Anspruchs ein Versäumnisurteil zu ergehen hat[25]. Näheres zum Teilversäumnisurteil → Rdnr. 25. 21

Ist die Klage zwar schlüssig, beruht dies aber auf einem **verspäteten Vorbringen** des Klägers, so steht § 335 Abs. 1 Nr. 3 dem Erlaß eines Versäumnisurteils entgegen, → § 335 Rdnr. 11 ff. Das Gericht hat in diesem Fall den Antrag auf Erlaß eines Versäumnisurteils durch Beschluß zurückzuweisen. Die Klage kann hier nicht etwa durch kontradiktorisches Urteil abgewiesen werden; dies ist nach Abs. 2 Hs. 2 nur dann zulässig, wenn das tatsächliche mündliche Vorbringen des Klägers den Klageantrag nicht rechtfertigt, und an eben dieser Voraussetzung fehlt es[26]. 22

4. Bei Klagenhäufung

Bei **objektiver Klagenhäufung** ist die Schlüssigkeit für jeden Anspruch gesondert zu prüfen. Ist ein Anspruch unschlüssig, der andere dagegen schlüssig, so ist letzterer dem Kläger durch Teilversäumnisurteil, → dazu Rdnr. 25, zuzusprechen, während der unschlüssige Anspruch durch kontradiktorisches Urteil abzuweisen ist. Bei einer **Eventualhäufung**, → § 260 Rdnr. 15, kann nicht sowohl dem Haupt- als auch dem Hilfsantrag durch Versäumnisurteil stattgegeben werden[27]. Ist der Hauptantrag schlüssig, so hat insoweit ein Versäumnisurteil zu ergehen, während der Hilfsantrag nicht beschieden wird. Bei Unschlüssigkeit beider Anträge sind beide durch kontradiktorisches Urteil zurückzuweisen. Ist schließlich der Hauptantrag unschlüssig, der Hilfsantrag dagegen schlüssig, so ist der Hauptantrag durch streitiges Urteil abzuweisen, dem Hilfsantrag dagegen durch Versäumnisurteil stattzugeben[28]. Den abgewiesenen Hauptantrag kann der Kläger mit Berufung bzw. Revision weiterverfolgen, während dem Beklagten gegen die Verurteilung durch Versäumnisurteil nach dem Hilfsantrag der Einspruch zusteht[29]. Bei **subjektiver Klagenhäufung** → § 61 Rdnr. 3 (nicht notwendige Streitgenossenschaft) und → § 62 Rdnr. 26 ff (notwendige Streitgenossenschaft). 23

5. Zulässigkeit von Versäumniszwischenurteil und -grundurteil

Ein Versäumniszwischenurteil ist nur nach § 347 Abs. 2 möglich, → dazu § 347 Rdnr. 6. Ein Grundurteil nach § 304 kann im Versäumnisverfahren nicht ergehen, → § 304 Rdnr. 11, da 24

---

[24] MünchKomm ZPO-*Prütting* Rdnr. 22; Zöller/Herget[20] Rdnr. 7.
[25] Zöller/Herget[20] Rdnr. 7.
[26] MünchKomm ZPO-*Prütting* Rdnr. 26.
[27] MünchKomm ZPO-*Prütting* Rdnr. 24.
[28] MünchKomm ZPO-*Prütting* Rdnr. 24.
[29] Zöller/Herget[20] Rdnr. 10.

nach § 331 über den Anspruch und nicht nur über einzelne präjudizielle Punkte entschieden wird.

6. Teilversäumnisurteil

25   Das Versäumnisurteil kann auch als Teilversäumnisurteil ergehen[30], → Rdnr. 1. Bei einem einheitlichen Streitgegenstand ergibt sich diese Notwendigkeit etwa dann, wenn der Kläger einen zu hohen Betrag einklagt. Ein Teilversäumnisurteil kann ferner bei objektiver Klagenhäufung ergehen, wenn nicht alle geltend gemachten Ansprüche schlüssig sind, → Rdnr. 23. Dazu, daß das Gericht das Teilversäumnisurteil nicht erlassen muß, sondern nach § 301 Abs. 2 einen Ermessensspielraum hat, → Rdnr. 1. Erläßt das Gericht ein Teilversäumnisurteil, so muß es darauf achten, auch die übrigen geltend gemachten Ansprüche zu verbescheiden, d.h. sie entweder kontradiktorisch abzuweisen, → Rdnr. 23, oder (weil etwa ein die Schlüssigkeit begründender Vortrag dem Beklagten hinsichtlich der übrigen Ansprüche nicht rechtzeitig mitgeteilt wurde, § 335 Abs. 1 Nr. 3) den Antrag auf Erlaß des Versäumnisurteils bezüglich des Restes zurückzuweisen. Im bloßen Erlaß eines (Teil)versäumnisurteils ist hinsichtlich des Restes kein stillschweigender Zurückweisungsbeschluß nach § 335 enthalten[31]. Dem steht schon entgegen, daß der Beschluß der Schriftform bedarf, → § 329 Rdnr. 4, und verkündet werden muß, → § 335 Rdnr. 20. Zumindest ist erforderlich, daß das Gericht im Versäumnisurteil auch die Zurückweisung des Antrags auf Versäumnisurteil verkündet. Zum Teilversäumnisurteil bei der Stufenklage → § 254 Rdnr. 34. Beantragt der Kläger den Erlaß eines Teilversäumnisurteils, so kann ein solches Urteil nicht auch hinsichtlich des Restes ergehen. In diesem Fall ist insoweit nach dem unter → vor § 330 Rdnr. 19f Ausgeführten zu verfahren.

V. Änderung des klägerischen Vorbringens

1. Vortrag neuer Tatsachen

31   Wenn das tatsächliche mündliche Vorbringen des Klägers vom Inhalt der Klageschrift abweicht, so kann, soweit es sich um Tatsachen handelt, die die Klage im Sinne von § 331 Abs. 2 schlüssig machen, nur dann ein Versäumnisurteil ergehen, wenn die Änderung vorher mittels Schriftsatzes dem Beklagten rechtzeitig, § 132, mitgeteilt worden ist. Ist dies nicht der Fall, so ist der Antrag auf Erlaß des Versäumnisurteils nach § 335 Abs. 1 Nr. 3 zurückzuweisen, → dazu § 335 Rdnr. 11ff. Für Tatsachen, die auf die Schlüssigkeit der Klage ohne Einfluß sind, gilt § 335 Abs. 1 Nr. 3 dagegen nicht; sie stehen dem Erlaß eines Versäumnisurteils nicht entgegen. Dies gilt sowohl für Tatsachen, die sich auf die Schlüssigkeit der Klage überhaupt nicht auswirken, als auch für Tatsachen, die die Klage zwar schlüssig machen könnten, wenn die Schlüssigkeit aber davor schon gegeben war[32].

2. Neue Anträge

32   Eine **Klageänderung** muß wie jede Antragsänderung stets rechtzeitig mittels Schriftsatzes mitgeteilt werden, § 335 Abs. 1 Nr. 3. Wenn eine Widerklage in Abwesenheit des Klägers erhoben werden kann, → § 261 Rdnr. 36, muß auch die Klageänderung in Abwesenheit des Beklagten zulässig sein. Aus der Säumnis des Beklagten kann nicht gefolgert werden, daß er in die Klageänderung einwilligt[33], → § 267 Rdnr. 1; insbesondere erfaßt die Geständnisfiktion

---

[30] *Baumbach/Lauterbach/Hartmann*[56] Rdnr. 10; MünchKomm ZPO-*Prütting* Rdnr. 36; *Rosenberg/Schwab/Gottwald*[15] § 107 III 4 b.
[31] Offenbar a.M. *OLG München* OLGRsp 19, 108.
[32] MünchKomm ZPO-*Prütting* Rdnr. 27.
[33] RG JW 1912, 200; MünchKomm ZPO-*Lüke* § 267 Rdnr. 6.

nach § 331 Abs. 1 S. 1 nicht auch die für die Klageänderung erforderliche Einwilligung des Beklagten. Infolgedessen hat das Gericht die Klageänderung auf ihre Sachdienlichkeit hin zu prüfen, § 263. Daran ändert sich durch die Säumnis des Beklagten nichts; vor allem kann aus der Säumnis nicht ohne weiteres die Sachdienlichkeit gefolgert werden. Eine **Zwischenfeststellungsklage** des Klägers nach § 256 Abs. 2 ist deshalb ausgeschlossen, weil es an einem Streit fehlt, → § 256 Rdnr. 139. Zur Säumnis des Widerbeklagten → § 347 Rdnr. 1.

VI. Erledigung der Hauptsache

1. Säumnis als Zustimmung zur Erledigungserklärung?

Die Säumnis des Beklagten steht einer Entscheidung über die Erledigung der Hauptsache nicht entgegen. Soweit der Kläger eine derartige Erklärung im Laufe des Prozesses abgegeben hat, kann die **Säumnis des Beklagten** jedoch **nicht** etwa als **Zustimmung** aufgefaßt werden, so daß das Gericht von einer beiderseitigen Erklärung der Erledigung der Hauptsache auszugehen hätte[34]. Die Zustimmung des Beklagten ist Prozeßhandlung, → § 91 a Rdnr. 36. Als solche mag sie auch konkludent erklärt werden können, → § 91 a Rdnr. 16, doch liegt sie nicht schon im bloßen Nichterscheinen. Bei Säumnis des Beklagten besteht deshalb nur die Möglichkeit, über die Rechtsfigur der einseitigen Erledigungserklärung zu einem Versäumnisurteil zu kommen.

35

2. Rechtzeitige Mitteilung der Erledigungserklärung

Hat der Kläger die Erklärung der Erledigung der Hauptsache rechtzeitig schriftsätzlich mitgeteilt, so erstreckt sich bei Säumnis des Beklagten die Geständnisfiktion auch auf die vom Kläger vorgetragenen Erledigungstatsachen[35]. Rechtfertigen diese, was das Gericht nachzuprüfen hat, → Rdnr. 14, die Annahme einer Erledigung der Hauptsache, so ergeht **Versäumnisurteil, das die Erledigung der Hauptsache feststellt** und dem Beklagten nach § 91, → § 91 a Rdnr. 41, die Kosten auferlegt. Dabei handelt es sich um ein Sachurteil, → § 91 a Rdnr. 44. Für den Fall, daß das Gericht der Auffassung ist, die vom Kläger vorgetragenen Tatsachen rechtfertigen den Ausspruch einer Erledigungserklärung nicht (näher zum erledigendem Ereignis → § 91 a Rdnr. 5 ff), kann der Kläger hilfsweise den Antrag auf Erlaß eines Versäumnisurteils gemäß dem ursprünglichen Klageantrag stellen, über den dann nach den allgemeinen Grundsätzen zu befinden ist, → Rdnr. 13 ff.

36

3. Mitteilung der Erledigungserklärung erst im Termin

Häufig erklärt der Kläger die Erledigung der Hauptsache erst in dem Termin, in dem der Beklagte säumig ist. Die h.M. hat bei dieser Situation keine Bedenken, ebenfalls ein Versäumnisurteil auf Feststellung der Erledigung der Hauptsache zu erlassen[36]. Die Vorschrift des § 335 Abs. 1 Nr. 3, die eine rechtzeitige Mitteilung insbesondere von Anträgen fordert, stehe nicht entgegen, denn der Kläger begehre mit seinem Erledigungsantrag weniger, als er aufgrund seines rechtzeitig mitgeteilten Vorbringens beantragt habe und nunmehr im Wege eines Versäumnisurteils zugesprochen bekommen könne[37]. Ist man der Auffassung, in der Erledigungs-

37

---

[34] *OLG Köln* JMBlNRW 1955, 88; *Göppinger* Die Erledigung des Rechtsstreits in der Hauptsache (1958), 127; MünchKomm ZPO-*Prütting* Rdnr. 30.
[35] MünchKomm ZPO-*Prütting* Rdnr. 31.

[36] *Baumbach/Lauterbach/Hartmann*[56] Rdnr. 9; AK-*Pieper* § 335 Rdnr. 4; *Zöller/Herget*[20] Rdnr. 5; *Mertins* DRiZ 1989, 289. Bedenken dagegen bei MünchKomm ZPO-*Prütting* Rdnr. 32.
[37] *Göppinger* (Fn. 34), 128 f.

erklärung liege überhaupt kein Fall einer Antragsänderung, sondern ausschließlich eine privilegierte Klagerücknahme (→ dazu § 91 a Rdnr. 36, 39, 39 a), so würde § 335 Abs. 1 Nr. 3 ohnehin nicht zur Anwendung kommen. Welche dogmatische Ansicht man auch vertreten will, können jedenfalls aus praktischen Erwägungen keine Bedenken dagegen bestehen, ein Versäumnisurteil auf Feststellung der Erledigung der Hauptsache auch dann zu erlassen, wenn die Erledigungserklärung erst im Säumnistermin abgegeben worden ist. Wer diesen Weg nicht für gangbar hält, zwingt den Kläger, Antrag auf Erlaß eines Versäumnisurteils aus dem Klageantrag zu stellen, also ein ersichtlich unrichtiges Urteil zu beantragen, gegen das dann der Einspruch des Beklagten praktisch unvermeidlich ist. Auf diese Weise wird der Prozeß, der sich offensichtlich erledigt hat, nur unnütz verlängert[38]. Hat der Kläger das Erledigungsereignis vorgetragen, so könnte er mangels Schlüssigkeit der Klage gar kein Versäumnisurteil erwirken, weshalb das Gericht einen neuen Termin bestimmen müßte.

4. Inhalt des Versäumniserledigungsurteils

38 Ergeht in der dargestellten Weise ein Versäumnisurteil, dann darf sich dieses nicht auf die Kostenentscheidung beschränken[39]. Vielmehr ist erforderlich, daß das Versäumnisurteil die **Erledigung der Hauptsache im Tenor ausspricht**. Die Kostenentscheidung hat dabei nach § 91 und nicht etwa nach § 91 a zu ergehen, → § 91 a Rdnr. 41.

VII. Das Versäumnisurteil gegen den Beklagten im schriftlichen Vorverfahren, Abs. 3[40]

1. Allgemeines

41 Der durch die Vereinfachungsnovelle 1976 eingefügte Abs. 3 enthält einen zusätzlichen Säumnistatbestand. Die Regelung hat den Zweck, bereits im schriftlichen Vorverfahren die nicht wirklich streitigen Sachen mit möglichst geringem Arbeitsaufwand auszuscheiden[41] und eine Verzögerung der Erledigung des Rechtsstreits durch bloße Passivität des Beklagten zu verhindern (zum schriftlichen »Versäumnisurteil« gegen den Kläger → Rdnr. 66ff).

2. Voraussetzungen[42]

42 Ein Versäumnisurteil nach Abs. 3 kann **nur im schriftlichen Vorverfahren** und nicht auch bei Bestimmung eines früheren ersten Termins ergehen. Zur Möglichkeit der Anordnung eines schriftlichen Vorverfahrens, nachdem zunächst ein früher erster Termin bestimmt worden war, → § 272 Rdnr. 13. Nach Anberaumung eines Haupttermins ist die Rückkehr ins schriftliche Vorverfahren, und damit der Erlaß eines Versäumnisurteils nach Abs. 3, nicht mehr zulässig[43], → § 272 Rdnr. 14 a. Im übrigen müssen für den Erlaß eines Versäumnisurteils im schriftlichen Vorverfahren folgende Voraussetzungen vorliegen:

---

[38] Die Berechtigung dieser praktischen Erwägungen erkennt trotz dogmatischer Bedenken auch MünchKomm ZPO-*Prütting* Rdnr. 31 an.
[39] *Göppinger* (Fn. 34), 126; a.A. *OLG Köln* JMBlNRW 1955, 88.
[40] Dazu *Kramer* NJW 1977, 1657; *Bergerfurth* JZ 1978, 298.

[41] So die amtliche Begründung des Regierungsentwurfs, BT-Drucksache 7/2719, S. 80.
[42] Weitere Einzelheiten → § 276 Rdnr. 32ff.
[43] *OLG München* OLGZ 1983, 86 = MDR 324; *KG* MDR 1985, 416.

a) Ordnungsgemäße Aufforderung des Beklagten gemäß § 276 Abs. 1 S. 1

Der Beklagte muß gemäß § 276 Abs. 1 S. 1 ordnungsgemäß aufgefordert worden sein, seine 43
Verteidigungsabsicht innerhalb von zwei Wochen nach Zustellung der Klageschrift anzuzeigen. Ist dies nicht geschehen, so ist der Antrag auf Erlaß eines Versäumnisurteils zurückzuweisen, § 335 Abs. 1 Nr. 4, → § 335 Rdnr. 17. Zum Inhalt der Aufforderung → § 276 Rdnr. 10; zu ihrer Form → § 276 Rdnr. 22.

b) Korrekte Belehrung gemäß § 276 Abs. 2

Weiter muß der Beklagte gemäß § 276 Abs. 2 über die Folgen einer Versäumung der Frist 44
für die Anzeige seiner Verteidigungsabsicht ordnungsgemäß belehrt worden sein; anderenfalls ist der Antrag auf Erlaß eines Versäumnisurteils nach § 335 Abs. 1 Nr. 4 zurückzuweisen, → § 335 Rdnr. 18. Näheres zur Belehrung → § 276 Rdnr. 15 ff.

c) Säumnis des Beklagten im schriftlichen Vorverfahren

Der Beklagte ist säumig, wenn er seine Absicht, sich gegen die Klage zu verteidigen, dem 45
Gericht nicht innerhalb der ihm nach § 276 Abs. 1 S. 1 gesetzten Frist von zwei Wochen
schriftlich anzeigt. Zum Beginn und Ablauf der Frist → § 276 Rdnr. 14. Dabei ist es unerheblich, ob sich der Beklagte innerhalb der Frist gar nicht erklärt oder eine Erklärung dahingehend abgibt, er wolle sich nicht verteidigen, → § 276 Rdnr. 27. Die Anzeige muß nicht ausdrücklich erfolgen. Es genügt z.B., wenn sich die Verteidigungsabsicht im Wege der Auslegung aus der Einreichung einer Klageerwiderungsschrift oder daraus ergibt, daß ein Rechtsanwalt mitteilt, er sei vom Beklagten für die Führung des Prozesses beauftragt worden. Weiter reicht es aus, daß durch einen Rechtsanwalt für den Beklagten ein Prozeßkostenhilfeantrag gestellt worden ist[44]. Im Anwaltsprozeß hat die Anzeige durch einen beim Prozeßgericht zugelassenen Anwalt zu erfolgen. Im Parteiprozeß kann die Erklärung auch mündlich zu Protokoll der Geschäftsstelle, §§ 129 Abs. 2, 129 a, abgegeben werden. Wegen weiterer Einzelheiten → § 276 Rdnr. 26 ff.

Trotz Ablaufs der Frist darf ein Versäumnisurteil dann nicht erlassen werden, wenn die **Ver-** 46
teidigungsanzeige des Beklagten bei Gericht eingeht, bevor das von den Richtern unterschriebene **Urteil der Geschäftsstelle übergeben** worden ist, Abs. 3 S. 1 Hs. 2. Ob die Fristüberschreitung verschuldet war oder nicht, spielt dabei keine Rolle. Diese Regelung soll der Verfahrensbeschleunigung dienen. Würde das Versäumnisurteil nämlich trotzdem erlassen, so würde dies in der Regel zu einer Verzögerung des Rechtsstreits führen. Wegen der Anzeige der Verteidigungsabsicht ist nämlich mit der Einlegung eines Einspruchs durch den Beklagten zu rechnen, so daß das Verfahren dann doch wieder in den Zeitpunkt vor Eintritt der Säumnis zurückversetzt wird, § 342.

Im Einzelfall kann sich diese Bestimmung allerdings auch zum Nachteil des Beklagten auswirken: Ist nämlich die Klageerwiderungsfrist, § 276 Abs. 1 S. 2, bereits abgelaufen, so kann 47
der Beklagte mit seinem Vorbringen gemäß § 296 Abs. 1 präkludiert werden, → auch § 276 Rdnr. 47. Bei Erlaß eines Versäumnisurteils könnte er dagegen sein gesamtes Vorbringen in der Einspruchsbegründung vortragen, → § 340 Rdnr. 17[45].

Hat der Beklagte innerhalb der Frist einen **Antrag auf Prozeßkostenhilfe** gestellt, dann ist 48
die Säumnis bis zur Entscheidung über den Prozeßkostenhilfeantrag einschließlich einer ge-

---

[44] MünchKomm ZPO-*Prütting* Rdnr. 43.
[45] *Kramer* NJW 1977, 1661 hält es deshalb für zulässig, dem Beklagten eine unverzügliche Frist zur Klageerwiderung analog § 340 Abs. 3 zu setzen.

wissen Überlegungszeit gemäß § 337 S. 1 unverschuldet[46], → § 337 Rdnr. 8, → § 119 Rdnr. 5 und → § 276 Rdnr. 43.

49 Bis Abschaffung der **Gerichtsferien** durch Gesetz v. 28. X. 1996 (BGBl. I 1546) konnte während der Gerichtsferien nach § 200 Abs. 1 GVG auch kein Versäumnisurteil erlassen werden, weshalb eine bis zum Ende der Gerichtsferien erklärte Verteidigungsanzeige des Beklagten den Erlaß eines Versäumnisurteils ausschloß, → § 276 Rdnr. 30. Nach der neuen Rechtslage wird der Ablauf der Frist durch keine Gerichtsferien mehr gehemmt, → § 276 Rdnr. 31.

50 Zur **Wiedereinsetzung in den vorigen Stand** nach Versäumen der Frist → § 276 Rdnr. 38 ff.

51 Hat das Gericht nach einem vorangegangenen **Mahnbescheid** ein schriftliches Vorverfahren angeordnet, so muß der Antragsgegner nach Zustellung der Anspruchsbegründung innerhalb der Frist des § 276 Abs. 1 S. 1 seine Verteidigungsabsicht mitteilen; der Widerspruch gegen den Mahnbescheid reicht hierfür seit der Neufassung von § 697 Abs. 2 durch das Rechtspflege-Vereinfachungsgesetz v. 17. XII. 1990 (BGBl. I 2847) nicht mehr aus, → § 697 Rdnr. 3 und → § 276 Rdnr. 44. Erklärt der Beklagte seine Verteidigungsbereitschaft nicht rechtzeitig, so ist auch bei vorangegangenem Mahnbescheid ein Versäumnisurteil nach Abs. 3 zu erlassen. War dagegen schon der **Vollstreckungsbescheid** erlassen, so kann nach Einlegung des Einspruchs zwar noch ein schriftliches Vorverfahren angeordnet werden, § 700 Abs. 4 S. 1, doch wird dem Beklagten dabei keine Frist zur Erklärung seiner Verteidigungsabsicht gesetzt, § 700 Abs. 4 S. 2, weshalb jetzt kein Versäumnisurteil mehr nach Abs. 3 ergehen kann, → § 276 Rdnr. 44 a.

d) Antrag auf Versäumnisurteil

55 Das Versäumnisurteil im schriftlichen Vorverfahren setzt anders als in der mündlichen Verhandlung, → vor § 330 Rdnr. 18, einen **ausdrücklichen Antrag** auf Erlaß eines Versäumnisurteils voraus. Der Antrag ist auf das schriftliche Vorverfahren beschränkt[47]. Er kann bereits in der Klageschrift, aber auch in einem weiteren Schriftsatz gestellt werden und ist dem Beklagten formlos mitzuteilen. Die Zulässigkeit des Versäumnisurteils hängt aber nicht davon ab, daß dem Beklagten der Antrag mitgeteilt oder daß ihm Gelegenheit zur Stellungnahme gegeben worden ist, → § 276 Rdnr. 32. Zur Rechtsnatur und zum Inhalt des Antrags → vor § 330 Rdnr. 18.

56 Stellt der Kläger **keinen Antrag auf Versäumnisurteil**, so hat das Gericht für einen Zeitpunkt nach Ablauf der Klageerwiderungsfrist, § 276 Abs. 1 S. 2, einen Termin zur mündlichen Verhandlung anzuberaumen, → § 276 Rdnr. 45. Nach Bestimmung des Termins kann ein Versäumnisurteil nach Abs. 3 nicht mehr ergehen[48], und zwar auch dann nicht, wenn der Termin wieder aufgehoben wird[49].

e) Zulässigkeit und Schlüssigkeit der Klage

61 Ebenso wie bei einem Versäumnisurteil wegen Säumnis des Beklagten in der mündlichen Verhandlung muß die Klage zulässig und schlüssig sein, → Rdnr. 13, 14.

62 Weil sich das Schweigen des Beklagten nur auf die Klageschrift bezieht, müssen Zulässigkeit und Schlüssigkeit bereits **in der ursprünglich eingereichten Klage** vorliegen, → § 276 Rdnr. 35. Bei erst nachträglicher Schlüssigmachung der Klage durch einen weiteren Schriftsatz kann demnach kein Versäumnisurteil nach Abs. 3 ergehen. Auf § 335 Abs. 1 Nr. 3 kommt

---

[46] MünchKomm ZPO-*Prütting* Rdnr. 43.
[47] *Bergerfurth* JZ 1978, 299; MünchKomm ZPO-*Prütting* Rdnr. 48.
[48] *OLG München* MDR 1983, 324; MünchKomm ZPO-*Prütting* Rdnr. 48; *Rosenberg/Schwab/Gottwald*[15] § 107 IV 1 d.
[49] *OLG München* (wie Fn. 48).

es deshalb hier nicht an. Das Gericht kann auch nicht etwa eine erneute Frist nach § 276 Abs. 1 S. 1 setzen, → § 276 Rdnr. 35.

3. Entscheidung des Gerichts

a) Bei Vorliegen der Voraussetzungen

Liegen die genannten Voraussetzungen vor, dann hat das Gericht der Klage ohne mündliche Verhandlung durch **Versäumnisurteil stattzugeben**, → Rdnr. 21. Die **Verkündung** des Versäumnisurteils wird gemäß §§ 310 Abs. 3, 317 Abs. 1 S. 1, 3 durch **Zustellung an beide Parteien** ersetzt (Näheres → § 310 Rdnr. 19 ff). Zur Zustellung, wenn der Beklagte im Ausland wohnt, → § 175 Rdnr. 12. Zum Beginn des Einspruchsfrist → § 339 Rdnr. 1. Zur Bedeutung der Klageerwiderungsfrist, § 276 Abs. 1 S. 2, im Einspruchsverfahren → § 340 Rdnr. 17.

65

b) Bei unzulässiger oder unschlüssiger Klage

Bei Unzulässigkeit oder Unschlüssigkeit der Klage ist im schriftlichen Vorverfahren der **Erlaß eines kontradiktorischen Urteils gegen den Kläger** (sog. unechtes Versäumnisurteil, → vor § 330 Rdnr. 27 ff) **nicht zulässig**[50]. Das Gericht hat hier vielmehr einen Termin zur mündlichen Verhandlung anzuberaumen, → § 276 Rdnr. 34.

66

Für die Zulässigkeit eines kontradiktorischen Urteils im schriftlichen Vorverfahren wird neben dem Beschleunigungszweck der Vereinfachungsnovelle[51] die systematische Stellung von § 331 Abs. 3 und der Wortlaut der Vorschrift angeführt: Aus der Anfügung als Abs. 3 lasse sich folgern, daß die Regelung des Abs. 2 auch im schriftlichen Vorverfahren gelte, so daß die Klage bei fehlender Schlüssigkeit abzuweisen sei[52]. Das Gericht habe ferner »die Entscheidung« zu treffen, nicht nur eine dem klägerischen Antrag stattgebende Entscheidung[53]. Diese Auffassung wird durch die Entstehungsgeschichte der Vereinfachungsnovelle gestützt[54]. Im übrigen ging man auch im Gesetzgebungsverfahren von der Zulässigkeit eines kontradiktorischen Urteils gegen den Kläger im schriftlichen Vorverfahren aus[55].

67

Dieser Auffassung kann aber **nicht gefolgt** werden. Sie verstößt gegen zentrale Grundsätze des Zivilprozeßrechts.

70

Die Klageabweisung durch kontradiktorisches Urteil im schriftlichen Vorverfahren verletzt zunächst den Kläger in seinem Recht auf **rechtliches Gehör**, Art. 103 Abs. 1 GG[56], das in § 278 Abs. 3 eine spezielle zivilprozessuale Ausprägung erfahren hat, die auch im schriftlichen Vorverfahren gilt, → § 278 Rdnr. 27. Danach darf das Gericht seine Entscheidung auf rechtliche Gesichtspunkte, die eine Partei erkennbar übersehen oder für unerheblich gehalten hat, nur dann stützen, wenn es vorher Gelegenheit zur Stellungnahme gegeben hat. Gerade das ist aber beim kontradiktorischen Urteil gegen den Kläger im schriftlichen Vorverfahren der Fall. Denn dieser geht, wenn er den Antrag auf Erlaß eines Versäumnisurteils stellt, in aller Regel davon aus, daß seine Klage zulässig und schlüssig ist[57]. Verschiedentlich wird deshalb ein kontradiktorisches Urteil gegen den Kläger erst nach einem entsprechenden Hinweis des Gerichts für zulässig gehalten[58], wodurch die praktische Bedeutung der hier abgelehnten Auffassung stark eingeschränkt wird.

71

---

[50] Sehr streitig; umfassende Nachweise zum Streitstand → § 276 Fn. 33.
[51] *OLG Frankfurt* MDR 1984, 322.
[52] *OLG Celle* NJW 1980, 2140 (zust. *Kniestedt*).
[53] *OLG Frankfurt* MDR 1984, 322; *Baumbach/Lauterbach/Hartmann*[56] Rdnr. 21.
[54] Vgl. Bericht und Antrag des Rechtsausschusses des Bundestags, BT-Drucks. 7/5250, S. 11.
[55] Vgl. die amtliche Begründung des Regierungsentwurfs zur Vereinfachungsnovelle, BT-Drucks. 7/2729, S. 80.
[56] *OLG Nürnberg* NJW 1980, 460.
[57] *OLG Nürnberg* NJW 1980, 460.
[58] *Bergerfurth* JZ 1978, 300; *Kramer* NJW 1977,

72   Gegen die Zulässigkeit eines kontradiktorischen Urteils gegen den Kläger im schriftlichen Vorverfahren spricht weiter, daß die ZPO den Begriff »Versäumnisurteil« nur bei Verurteilung aufgrund der Säumnis verwendet, → vor § 330 Rdnr. 23, so daß es sich bei einem Urteil gegen die nicht säumige Partei keinesfalls um ein Versäumnisurteil, sondern stets um eine kontradiktorische Entscheidung handelt, → vor § 330 Rdnr. 27ff.

73   Für ein solches Urteil gilt aber der **Grundsatz der mündlichen Verhandlung**, § 128 Abs. 1. Denn beim schriftlichen Vorverfahren handelt es sich nur um ein funktional begrenztes schriftliches Verfahren, das die grundsätzliche Notwendigkeit einer mündlichen Verhandlung nicht berührt, → § 276 Rdnr. 5f. Eine streitige Entscheidung ohne mündliche Verhandlung ist nach der ZPO nur unter den Voraussetzungen des § 128 Abs. 2, 3 zulässig, an denen es aber im schriftlichen Vorverfahren fehlt. Vor allem ist es nicht möglich, die Säumnis des Beklagten oder den Antrag des Klägers in der Klageschrift, bei Vorliegen der Voraussetzungen des § 331 Abs. 3 ohne mündliche Verhandlung durch Versäumnisurteil zu entscheiden, als Zustimmung zu einer Entscheidung ohne mündliche Verhandlung nach § 128 Abs. 2 auszulegen[59], → dazu § 128 Rdnr. 62ff.

75   Zum Vorgehen des Gerichts im Falle des § 335 Abs. 1 Nr. 4 → § 335 Rdnr. 21.

VIII. Arbeitsgerichtliches Verfahren

76   Bei **Säumnis des Beklagten im Termin zur mündlichen Verhandlung** gilt § 331 entsprechend, → vor § 330 Rdnr. 46, wobei das Urteil jedoch vom Vorsitzenden allein erlassen wird, § 55 Abs. 1 Nr. 4 ArbGG. Dies gilt auch bei Abweisung der Klage durch kontradiktorisches Urteil[60]. Nicht anwendbar ist § 331 Abs. 3: Nach § 46 Abs. 2 S. 2 findet im arbeitsgerichtlichen Verfahren kein schriftliches Vorverfahren statt, womit dort auch kein Versäumnisurteil ergehen kann.

§ 331 a [Entscheidung nach Aktenlage]

Beim Ausbleiben einer Partei im Termin zur mündlichen Verhandlung kann der Gegner statt eines Versäumnisurteils eine Entscheidung nach Lage der Akten beantragen; dem Antrag ist zu entsprechen, wenn der Sachverhalt für eine derartige Entscheidung hinreichend geklärt erscheint. § 251 a Abs. 2 gilt entsprechend.

Gesetzesgeschichte: Eingefügt durch Nov. 1924 (RGBl. 1924 I 135). S. 2 geändert durch Nov. 1950 (BGBl. 1950 S. 455) und Vereinfachungsnovelle 1976 (BGBl. 1976 I 3281).

Stichwortverzeichnis → »Schlüssel zum Versäumnisverfahren« zu Beginn der Vorbemerkungen vor § 330.

I. Der Antrag auf Entscheidung nach Aktenlage	1	3. Eventualstellung von Anträgen	3
1. Zweck der Vorschrift und Voraussetzungen für den Antrag	1	4. Zweckmäßigkeit des Antrags	4
		II. Die Entscheidung nach Aktenlage	8
		1. Allgemeines	8
2. Wirkung des Antrags	2	2. Beschränkungen durch die ent-	

1657f; MünchKomm ZPO-*Prütting* Rdnr. 50; *Rosenberg/Schwab/Gottwald*[15] § 107 IV 2.
[59] *Zöller/Herget*[20] Rdnr. 13.

[60] *Grunsky*, ArbGG[7], § 55 Rdnr. 6; *Germelmann/Matthes/Prütting*, ArbGG[2], § 55 Rdnr. 16; GK-ArbGG-*Dörner* § 55 Rdnr. 12.

sprechende Anwendung von
§ 251a Abs. 2   11
3. Entscheidung nach Aktenlage auch bei unzulässiger oder unschlüssiger Klage?   14
4. Zurückweisung des Antrags auf Entscheidung nach Aktenlage nach §§ 335, 337   16
III. Gebühren   18
IV. Arbeitsgerichtliches Verfahren   19

I. Der Antrag auf Entscheidung nach Aktenlage[1]

1. Zweck der Vorschrift und Voraussetzungen für den Antrag

§ 331a gibt der erschienenen Partei unter bestimmten Voraussetzungen, → Rdnr. 11 ff, die Möglichkeit, statt eines Versäumnisurteils die **instanzbeendende Entscheidung nach Lage der Akten** zu beantragen. Anders als beim Versäumnisurteil, gegen das der Gegner Einspruch einlegen kann, § 338, stehen gegen die Entscheidung nach Lage der Akten – wenn überhaupt – nur die üblichen Rechtsmittel der Berufung und Revision offen. Auch ist zu beachten, daß der Einspruch gegen ein Versäumnisurteil keiner Entschuldigung der säumigen Partei bedarf, → § 338 Rdnr. 1. Hingegen kann die säumige Partei den Erlaß einer Entscheidung nach Lage der Akten nur verhindern, wenn sie ihr Ausbleiben im Termin genügend entschuldigt, § 251a Abs. 2 Satz 4, → § 251a Rdnr. 32. Mit der Entscheidung nach Lage der Akten wird deshalb der erschienenen Partei eine Möglichkeit der Prozeßbeschleunigung gegeben (allgemein zur Entscheidung nach Lage der Akten → vor § 330 Rdnr. 35). Der Antrag auf Erlaß der Entscheidung nach Lage der Akten ist ebenso wie derjenige auf Erlaß des Versäumnisurteils Prozeßantrag, → vor § 330 Rdnr. 18. In dem ursprünglichen Klageantrag ist er nicht schon mitenthalten[2]. Er kann auch noch in dem Termin gestellt werden, auf den die mündliche Verhandlung vertagt war, sofern die andere Partei in diesem Termin ausgeblieben ist[3].   1

2. Wirkung des Antrags

Der Antrag auf Entscheidung nach Lage der Akten leitet **keine Verhandlung zur Sache** ein, weshalb es keines Sachvortrags der erschienenen Partei bedarf (anders → § 330 Rdnr. 2, → § 331 Rdnr. 2). An den Antrag als solchen können sich demgemäß auch keinerlei Prorogations- oder Präklusionswirkungen knüpfen. Erläßt aber das Gericht eine Entscheidung nach Aktenlage, so ist das schriftsätzlich Angekündigte damit rückwirkend Prozeßstoff geworden; es tritt also, wenn sich der Beklagte z.B. schriftsätzlich vorbehaltlos zur Hauptsache erklärt hatte, Prorogation nach § 39 ein. Näheres → § 251a Rdnr. 20.   2

3. Eventualstellung von Anträgen

Eine Eventualstellung von Anträgen dergestalt, daß Entscheidung nach Lage der Akten und für den Fall ihrer Ablehnung Versäumnisurteil oder umgekehrt begehrt wird, ist zulässig[4]. Ausgeschlossen ist dagegen ein beschränkter Antrag für den Fall, daß die Entscheidung in einem bestimmten Sinne, z.B. nur zugunsten der Partei oder nur als Beweisbeschluß ergeht[5]; ein solcher Antrag ist als nicht gestellt zu behandeln. Beschränkt die erschienene Partei den Antrag auf Versäumnisurteil auf einen zur Erledigung durch Teilurteil geeigneten Teil des Anspruchs, → § 330 Rdnr. 4, → § 331 Rdnr. 1, 23, 25, so kann hinsichtlich des anderen Teils Ent-   3

---

[1] Literatur → § 251a Fn. 1.
[2] MünchKomm ZPO-*Prütting* Rdnr. 6.
[3] *BGH* LM § 332 Nr. 1 = NJW 1964, 658 = MDR 502 = BB 533; Zöller/Herget[20] Rdnr. 2.
[4] MünchKomm ZPO-*Prütting* Rdnr. 9; Thomas/Putzo[20] Rdnr. 2.
[5] Baumbach/Lauterbach/Hartmann[56] Rdnr. 3; MünchKomm ZPO-*Prütting* Rdnr. 8.

scheidung nach Aktenlage beantragt werden. Auch im übrigen kann der Antrag auf einen Teil des Anspruchs beschränkt werden[6]. Eine Kumulation beider Anträge oder das Stellen beider Anträge wahlweise ist ausgeschlossen[7].

4. Zweckmäßigkeit des Antrags

4   Ob die erschienene Partei Versäumnisurteil oder Entscheidung nach Aktenlage beantragen soll, ist eine reine **Zweckmäßigkeitsfrage**, für die einmal die materielle Streitlage, andererseits aber auch die größere oder geringere Wahrscheinlichkeit des Einspruchs bei Erlaß eines Versäumnisurteils von wesentlicher Bedeutung ist. Auch wird die erschienene Partei eher zum Antrag auf Erlaß einer Entscheidung nach Aktenlage greifen, wenn die säumige Partei ihr Ausbleiben nicht zu entschuldigen vermag, →Rdnr. 1 und Rdnr. 13. Für das Gericht ergibt sich unter Umständen die Pflicht zur Belehrung aus § 139 über die weitere Verfahrensgestaltung.

5   Wegen des Falles, daß die erschienene Partei überhaupt keinen Antrag stellt, → vor § 330 Rdnr. 19.

II. Die Entscheidung nach Aktenlage

1. Allgemeines

8   Liegen die genannten Voraussetzungen, Säumnis und Antrag vor, so »**ist dem Antrag zu entsprechen**«, wenn der Sachverhalt für eine derartige Entscheidung hinreichend geklärt erscheint. Ob diese Entscheidungsreife, → § 251a Rdnr. 10ff, vorliegt, beurteilt das Gericht, ähnlich wie bei einem Teilurteil (→ § 301 Rdnr. 15) nach seinem **sachgemäßen Ermessen**[8]. Dieses bezieht sich allerdings nur auf die Frage der Entscheidungsreife. Im Gegensatz zu § 251a, wo das Gericht in seinem Ermessen völlig frei ist, darf es also eine Entscheidung nach Lage der Akten nicht aus Gründen ablehnen, die außerhalb des abzuurteilenden Tatbestands liegen. Eine Ablehnung, weil das Gericht etwa mit der Möglichkeit von Vergleichsverhandlungen rechnet oder annimmt, die säumige Partei werde sich entschuldigen, → Rdnr. 13, ist nicht möglich[9].

9   Ebenso wie bei § 251a, → § 251a Rdnr. 8f, kann das Gericht **alle Entscheidungen** treffen, zu deren Erlaß es aufgrund mündlicher Verhandlung befugt wäre[10]; wegen der für den Erlaß eines Urteils bestehenden Beschränkungen → Rdnr. 11ff. Wegen des bei der Entscheidung **zu berücksichtigenden Prozeßstoffs** gilt das gleiche wie im Fall des § 251a. Besondere Erfordernisse sind hier nicht aufgestellt. Es kann daher auf die Erläuterungen zu § 251a und die dort in Bezug genommenen Darlegungen zu § 128 Abs. 2 verwiesen werden, → § 251a Rdnr. 14, → § 128 Rdnr. 87ff. Zu berücksichtigen ist also insbesondere auch dasjenige, was die säumige Partei in vorbereitenden Schriftsätzen vorgetragen hat. Zur Frage der rechtzeitigen Mitteilung des tatsächlichen Vorbringens und der Anträge → § 251a Rdnr. 15ff und → § 335 Rdnr. 11ff. Wegen der Besetzung des Gerichts → § 309 Rdnr. 17. Bei der Kammer für Handelssachen kann der Vorsitzende die Entscheidung nach Aktenlage gemäß § 349 Abs. 2 Nr. 5 allein treffen.

---

[6] *Baumbach/Lauterbach/Hartmann*[56] Rdnr. 3; Münch Komm ZPO-*Prütting* Rdnr. 8.
[7] MünchKomm ZPO-*Prütting* Rdnr. 9.
[8] A.A. MünchKomm ZPO-*Prütting* Rdnr. 10 (Rechtsfrage).

[9] S. *de Boor* Die Entscheidung nach Lage der Akten (1924), 70f.
[10] MünchKomm ZPO-*Prütting* Rdnr. 16.

2. Beschränkungen durch die entsprechende Anwendung von § 251a Abs. 2

Ein **Urteil** (unabhängig davon, ob es sich um ein End- oder ein Zwischenurteil handelt), kann nach Lage der Akten nur unter den beschränkenden Voraussetzungen des § 251a Abs. 2 erlassen werden, S. 2. Dies bedeutet: 11

Es muß in der jeweiligen Instanz[11] eine **mündliche Verhandlung stattgefunden** haben. Einzelheiten dazu → § 251a Rdnr. 23ff. Wegen eines vorausgegangenen Verfahrens nach § 128 Abs. 2 oder Abs. 3 → § 251a Rdnr. 27. 12

Die Entscheidung darf nur in einem auf **mindestens zwei Wochen hinaus anzusetzenden Termin** (§ 251a Abs. 2. S. 2), der der nicht erschienenen Partei formlos mitzuteilen ist (§ 251a Abs. 2 S. 3) verkündet werden. Bei einer anwaltlich vertretenen Partei hat die formlose Mitteilung nicht an die Partei persönlich, sondern nach § 176 an ihren Prozeßbevollmächtigten zu erfolgen, → § 176 Rdnr. 7. Bis spätestens am siebenten Tag vor dem Verkündungstermin hat die säumige Partei die Möglichkeit, ihr Ausbleiben zu entschuldigen; in diesem Fall ergeht kein Urteil nach Lage der Akten, sondern das Gericht hat einen neuen Termin zur mündlichen Verhandlung zu bestimmen, § 251a Abs. 2 S. 3, Einzelheiten → § 251a Rdnr. 32ff. 13

3. Entscheidung nach Aktenlage auch bei unzulässiger oder unschlüssiger Klage?

Nach dem Wortlaut von § 331a müßte eine Entscheidung nach Lage der Akten auch in den Fällen möglich sein, in denen ein Versäumnisurteil deshalb nicht erlassen werden darf, weil die Klage unzulässig ist, → § 330 Rdnr. 2 und 11f sowie → § 331 Rdnr. 13 und 19, oder weil es an der Schlüssigkeit des klägerischen Vorbringens fehlt, → § 331 Rdnr. 20. In diesen Fällen ist jedoch eine **Entscheidung nach Lage der Akten nicht zulässig**, sondern das Gericht hat die Klage durch kontradiktorisches Urteil abzuweisen bzw. im Fall des § 335 Abs. 1 Nr. 1 den Antrag durch Beschluß zurückzuweisen, → § 335 Rdnr. 29 und 34. Demgegenüber will die h.M. auch bei Unzulässigkeit oder Unschlüssigkeit der Klage die Entscheidung nach Lage der Akten ergehen lassen, wobei jedoch die Voraussetzungen des § 251a Abs. 2 nicht erforderlich sein sollen[12]. Im Ergebnis unterscheidet sich die h.M. damit von der hier vertretenen Auffassung nicht. Abzulehnen ist es dagegen, daß die Aktenlagenentscheidung auch bei Unzulässigkeit oder Unschlüssigkeit der Klage nur unter den Voraussetzungen von § 251a Abs. 2 zulässig sein soll[13]. 14

Die hier vertretene Auffassung ergibt sich zwar nicht aus dem Wortlaut der Vorschrift, wohl aber aus ihrer **Entstehungsgeschichte** und ihrem **Zweck**. Auch schon vor Einführung des § 331a durch die Novelle 1924 wurde weithin vertreten, daß bei unzulässiger oder unschlüssiger Klage statt eines Versäumnisurteils Abweisung der Klage als unzulässig bzw. als unbegründet zu erfolgen habe; für den Fall der Unschlüssigkeit sprach dies auch damals schon § 331 Abs. 2, 2. Halbs. aus. Das 1924 neu in die ZPO eingefügte Institut der Entscheidung nach Lage der Akten wollte die bisherigen Entscheidungsmöglichkeiten nicht abändern, sondern eine zusätzliche Entscheidungsmöglichkeit im Interesse der Prozeßbeschleunigung einfügen. Noch mehr spricht der Zweck der Vorschrift gegen ihre Anwendung auf unzulässige oder unschlüssige Klagen: Der erschienenen Partei soll eine **zusätzliche Möglichkeit** gegeben werden, schnell zu einer prozeßbeendenden Entscheidung in der jeweiligen Instanz zu gelangen, um eine Prozeßverschleppung durch bloße Terminsversäumung zu unterbinden[14]. Dieser Zweck wäre aber vereitelt, wenn § 331a auch auf unzulässige oder unschlüssige Klagen angewandt 15

---

[11] *BGHZ* 37, 79, 81 = *NJW* 1962, 1149; *RGZ* 149, 157; *Münzberg* JuS 1963, 219.

[12] *BGH* NJW 1962, 1149f; *Baumbach/Lauterbach/Hartmann*[56] Rdnr. 7; *Zöller/Herget*[20] Rdnr. 2.

[13] So MünchKomm ZPO-*Prütting* Rdnr. 20; *Thomas/Putzo*[20] Rdnr. 4.

[14] So die Begründung des Reichsjustizministeriums im »Entwurf einer Zivilprozeßordnung« (Berlin 1931), 255.

würde. Dann könnte eine solche kontradiktorische Entscheidung wegen der Verweisung auf § 251a Abs. 2, → Rdnr. 11 ff, nur ergehen, wenn vorher mündlich verhandelt worden wäre. Auch stünde der säumigen Partei die Möglichkeit einer Entschuldigung zur Verfügung, → Rdnr. 13, so daß das Gericht die Prozeßabweisung oder das abweisende Sachurteil nicht erlassen könnte, wenn der Gegner sich gemäß § 251a Abs. 2 Satz 4 entschuldigte. Es müßte dann ein neuer Termin anberaumt werden, statt daß das Gericht das kontradiktorische Urteil sofort erläßt. Bei Unzulässigkeit der Klage wird diese Auffassung schließlich auch noch durch § 335 Abs. 1 Nr. 1, → dort Rdnr. 29 und 34, gestützt: Aus dieser Vorschrift folgt, daß auch die Entscheidung nach Lage der Akten eine zulässige Klage voraussetzt.

4. Zurückweisung des Antrags auf Entscheidung nach Aktenlage nach §§ 335, 337

16 Liegt einer der in § 335 aufgeführten Mängel vor, → § 335 Rdnr. 28ff, oder fehlt es an der Entscheidungsreife, sei es, daß etwa Zweifel hinsichtlich des zu berücksichtigenden Prozeßstoffs bestehen oder Gegenerklärungen zu tatsächlichem Vorbringen noch ausstehen, so ist der **Antrag zurückzuweisen**, § 335 Abs. 1. Das gleiche gilt, wenn der Rechtsstreit zwar entscheidungsreif ist, ein Urteil aber mangels einer früheren mündlichen Verhandlung nicht erlassen werden kann, → dazu aber auch Rdnr. 15. Der zurückweisende Beschluß ist unanfechtbar, § 336 Abs. 2, → dazu § 335 Abs. 34. Bei Zurückweisung des Antrags ist ein neuer Verhandlungstermin zu bestimmen, und zwar auch ohne einen dahingehenden Antrag[15]; denn der eine sachliche Förderung des Rechtsstreits erstrebende Antrag auf Entscheidung nach Aktenlage umfaßt allemal als minus auch den Antrag auf formale Inganghaltung des Verfahrens. Zu dem neuen Termin ist der säumige Gegner von Amts wegen zu laden, → § 335 Rdnr. 34. Eine Entscheidung nach Lage der Akten darf ferner nicht ergehen, wenn die Voraussetzungen des § 337 vorliegen. Das Gericht muß die Verhandlung vielmehr von Amts wegen vertagen, → § 337 Rdnr. 13.

III. Gebühren

18 Für die **Gerichtsgebühren** gelten bei Erlaß des Urteils nach Lage der Akten keine Besonderheiten. Die Gebühren erwachsen nicht anders als wenn nach mündlicher Verhandlung entschieden worden wäre. Der Beschluß, durch den der Antrag auf Erlaß einer Entscheidung nach Lage der Akten zurückgewiesen wird, ist gebührenfrei. Wegen der **Anwaltsgebühren** s. § 33 Abs. 1 Satz 2 Nr. 1 BRAGO, d.h. der Anwalt erhält eine volle Verhandlungsgebühr.

IV. Arbeitsgerichtliches Verfahren

19 § 331a gilt auch im arbeitsgerichtlichen **Urteilsverfahren**, → vor § 330 Rdnr. 46f. Wegen der praktisch wichtigen Abweichung hinsichtlich des Verkündungstermins (§ 60 Abs. 1 Satz 3 ArbGG) → § 251a Rdnr. 45. Als eine mündliche Verhandlung in einem früheren Termin kommt im arbeitsgerichtlichen Verfahren auch der Gütetermin, § 54 ArbGG, in Betracht, sofern beide Parteien daran teilgenommen haben[16], → auch § 251a Rdnr. 43. Ein **Urteil** nach Lage der Akten ergeht gemäß § 55 Abs. 1 Nr. 4 ArbGG ohne Hinzuziehung der ehrenamtlichen Richter vom Vorsitzenden allein, → vor § 330 Rdnr. 47. Dasselbe gilt für **Beschlüsse** nach Aktenlage, insbesondere Beweisbeschlüsse, §§ 53 Abs. 1, 64 Abs. 7 ArbGG. Im **Beschlußverfah-**

---

[15] MünchKomm ZPO-*Prütting* Rdnr. 22.
[16] *LAG Berlin* LAGE § 251a Nr. 1; *ArbG Berlin* BB 1987, 1536; BB 1975, 746; *ArbG Frankfurt* BB 1976, 1611. A.A. *Germelmann/Matthes/Prütting*[2] § 55 Rdnr. 18.

ren kann ebenfalls eine Entscheidung nach Lage der Akten ergehen[17], ohne daß dem die Unzulässigkeit eines Versäumnisurteils entgegensteht.

§ 332 [Begriff des Verhandlungstermins]

Als Verhandlungstermine im Sinne der vorstehenden Paragraphen sind auch diejenigen Termine anzusehen, auf welche die mündliche Verhandlung vertagt ist oder die zu ihrer Fortsetzung vor oder nach dem Erlaß eines Beweisbeschlusses bestimmt sind.

Gesetzesgeschichte: Ursprünglich § 297 CPO. Sprachliche Änderung durch Novelle 1950 (BGBl. 1950 S. 455).

Stichwortverzeichnis → »**Schlüssel zum Versäumnisverfahren**« zu Beginn der Vorbemerkungen vor § 330.

I. Begriff des Verhandlungstermins	1	2. Einschränkung durch § 318	4
1. Grundsatz	1	II. Besondere Termine	6

I. Begriff des Verhandlungstermins

1. Grundsatz

Die Bedeutung des § 332 beschränkt sich nicht auf das Versäumnisverfahren nach §§ 330, 331. Die Vorschrift gilt vielmehr auch für eine Entscheidung nach Lage der Akten[1]. Aus dem Grundsatz der Einheit der mündlichen Verhandlung (→ § 128 Rdnr. 34 und → § 296a Rdnr. 3) folgt, daß in jedem späteren Termin immer wieder der ganze Streitstoff den Gegenstand der Entscheidung bildet. Deshalb treten, wenn eine Partei in einem späteren Termin nicht erscheint, die in den §§ 330 f bestimmten Säumnisfolgen ebenso ein wie im ersten Termin, also ohne Rücksicht auf den Inhalt der früheren kontradiktorischen Verhandlung, → vor § 330 Rdnr. 2. Gerichtliche Geständnisse, Anerkenntnisse und Verzichte (es sei denn, es ist bereits ein Teilurteil nach § 306 oder § 307 ergangen[2]) und die Ergebnisse vorangegangener Beweisaufnahmen verlieren durch die Versäumung eines nachfolgenden Termins bzw. der sich anschließenden Verhandlung im Falle des § 370 (→ dort Rdnr. 1f) ihre Bedeutung,→ auch § 331 Rdnr. 3, und erlangen sie erst durch Erhebung des Einspruchs wieder, § 342.

Zur Säumnis während eines Teils eines einheitlichen Termins → § 334 Rdnr. 4f. Zur Säumnis im Termin zur Beweisaufnahme s. § 367 Abs. 1. 2

3. Einschränkung durch § 318

Eine Einschränkung erleidet der dargestellte Grundsatz, → Rdnr. 1, durch § 318, wonach 4 das Gericht an die in seinen End- und Zwischenurteilen enthaltenen **Entscheidungen gebunden** ist. In den späteren Verhandlungsterminen binden damit auch die Vorbehaltsurteile der §§ 302, 599 sowie die Zwischenurteile nach § 280, → § 280 Rdnr. 35 und nach § 304 (bei Säumnis des Beklagten). Unerheblich wird dagegen bei Säumnis des Klägers ein Grundurteil

---

[17] *Grunsky*[7] § 83 Rdnr. 8.
[1] BGH LM Nr. 1 = NJW 1964, 658 = MDR 501; *Baumbach/Lauterbach/Hartmann*[56] Rdnr. 1; MünchKomm ZPO-*Prütting* Rdnr. 1; *Zöller/Herget*[20] Rdnr. 1; *Thomas/Putzo*[20] Rdnr. 1.
[2] MünchKomm ZPO-*Prütting* Fn. 1.

nach § 304 deshalb, weil es den nach § 330 eintretenden Rechtswirkungen widerspricht[3], → auch § 347 Rdnr. 3. Weiter wird die frühere Verhandlung des Beklagten zur Hauptsache in ihrer Bedeutung für die Zuständigkeit, → § 39 Rdnr. 4ff, und für die Heilung von Klagemängeln, → § 253 Rdnr. 181, durch den Fortfall des Verhandlungsinhalts nicht beseitigt. Die dadurch herbeigeführten Wirkungen bleiben auch bei Säumnis einer Partei bestehen[4]. Über die Berücksichtigung des früher Vorgetragenen → auch § 335 Rdnr. 15.

II. Besondere Termine

6 § 332 gilt für **jeden nachfolgenden Verhandlungstermin** vor Erlaß des Endurteils, sofern der Termin nicht lediglich zur Verhandlung eines Zwischenstreits unter den Parteien bestimmt ist, → § 347 Rdnr. 6. Über die Säumnis nach Beschränkung der Verhandlung gemäß § 146 → dort Rdnr. 12 a. E.; über die Termine zur Beweisaufnahme und Fortsetzung der mündlichen Verhandlung → § 370 Rdnr. 1 ff und → § 334 Rdnr. 5; s. weiter § 454 Abs. 2. § 332 ist auch in der Berufungs- und Revisionsinstanz entsprechend anwendbar.

§ 333 [Nichtverhandeln der erschienenen Partei]

Als nicht erschienen ist auch die Partei anzusehen, die in dem Termin zwar erscheint, aber nicht verhandelt.

Gesetzesgeschichte: Ursprünglich § 298 CPO. Sprachliche Änderung durch Novelle 1950 (BGBl. 1950 S. 455).

Stichwortverzeichnis → »Schlüssel zum Versäumnisverfahren« zu Beginn der Vorbemerkungen vor § 330.

I. Begriff des Verhandelns ... 1	f) Verhandeln nur zu einzelnen Teilen des Klagean-
1. Allgemeines ... 1	spruchs ... 9
2. Einzelfälle ... 4	3. Unwiderruflichkeit des Verhan-
a) Anwaltsprozeß ... 4	delns (künstliche Säumnis) ... 10
b) Vollmachtloser Rechtsanwalt ... 5	II. Entscheidung des Gerichts ... 12
c) Zwangsweise Entfernung oder Zurückweisung der Partei oder ihres Vertreters ... 6	1. Bei Antrag auf Versäumnisurteil oder Aktenlageentscheidung trotz Verhandelns ... 12
d) Stellen von Anträgen ... 7	2. Bei Antrag auf kontradiktorisches Urteil trotz Nichtverhan-
e) Stellen von Prozeßanträgen ... 8	delns ... 13

I. Begriff des Verhandelns

1. Allgemeines

1 Verhandlung ist **jede aktive Beteiligung einer Partei** an der Erörterung des Rechtsstreits **vor Gericht**[1], mag sie sich auf die Tat- oder die Rechtsfrage beziehen. Eine Verhandlung zur

---

[3] *Baumbach/Lauterbach/Hartmann*[56] Rdnr. 3; MünchKomm ZPO-*Prütting* Rdnr. 3.
[4] MünchKomm ZPO-*Prütting* Rdnr. 3.

[1] OLG Bamberg NJW-RR 1996, 317; *Baumbach/Lauterbach/Hartmann*[56] Rdnr. 2.

Hauptsache in einer der verschiedenen Bedeutungen dieses Begriffs, → dazu § 39 Rdnr. 5, ist nicht erforderlich; es genügt also auch eine Verhandlung über prozessuale Vorfragen, insbesondere über prozessuale Einreden[2]. Das Verhandeln kann in jedem Augenblick des Termins erfolgen. Hat die Partei zunächst nicht verhandelt, sich im Laufe des Termins aber noch zum Verhandeln entschlossen, so wird dadurch die Säumnis beendet, weshalb kein Versäumnisurteil ergehen kann[3]. Ob ein Verhandeln anzunehmen ist, muß nach den besonderen Umständen des Einzelfalls, und zwar für jeden Termin selbständig, § 332, beantwortet werden.

Ein Nichtverhandeln im Termin setzt allerdings stets einen **ordnungsgemäßen Aufruf der Sache** (dazu → § 220 Rdnr. 3) voraus. Art. 103 Abs. 1 GG gebietet es nämlich, den Termin, der nach § 220 Abs. 1 mit dem Aufruf der Sache beginnt, so zu gestalten, daß es der Partei effektiv möglich ist, den Termin wahrzunehmen[4], → auch vor § 128 Rdnr. 30 ff. 2

Als nicht erschienen gilt eine Partei, wenn sie **im Termin** überhaupt **nicht verhandelt**. Auf den Beweggrund der Partei kommt es dabei nicht an[5]. Außer dem Stummbleiben gehört dazu etwa auch der Fall, daß die Partei zunächst erscheint, sich aber vor Beginn der Verhandlung wieder entfernt. Unerheblich ist, ob die erschienene Partei zu einer Verhandlung überhaupt in der Lage ist (z.B. fehlende Kenntnis der deutschen Sprache, § 184 GVG, → aber § 337 Rdnr. 9a). Das Nichtverhandeln steht dem Nichterscheinen in jeder Beziehung gleich, also namentlich auch für die Notwendigkeit der Prüfung der Zuständigkeit, → § 39 Rdnr. 4, 11, und die Zulässigkeit des Verfahrens nach § 251 a, s. § 251 a Abs. 1. 3

2. Einzelfälle

a) Anwaltsprozeß

An einem Verhandeln fehlt es, wenn eine Partei in einem Prozeß, für den **Anwaltszwang** besteht, nicht durch einen beim Prozeßgericht zugelassenen Anwalt vertreten ist, weil sie selbst oder ein nicht beim Prozeßgericht zugelassener Anwalt mangels Postulationsfähigkeit nicht wirksam verhandeln können, → § 78 Rdnr. 9. 4

b) Vollmachtloser Rechtsanwalt

Tritt für die nicht erschienene Partei ein Anwalt auf, der keine Prozeßvollmacht hat, so ist sie im Termin nicht vertreten und somit säumig. Wird der Mangel der Vollmacht erst gerügt, nachdem der vollmachtlose Anwalt bereits zur Sache verhandelt hat, so kann entgegen der Auffassung des BGH[6] auf Antrag noch im selben Termin grundsätzlich ein Versäumnisurteil ergehen, weil auch das bisherige Verhandeln des vollmachtlosen Anwalts von der Rüge erfaßt wird und deshalb nicht mehr als wirksam behandelt werden kann. Meistens wird es in derartigen Fällen allerdings auch an einer wirksamen Ladung der Partei oder (und) an einer wirksamen Klageerhebung fehlen, weshalb der Erlaß eines Versäumnisurteils an § 335 Abs. 1 Nr. 1, 2 scheitert, → § 88 Rdnr. 12. 5

c) Zwangsweise Entfernung oder Zurückweisung der Partei oder ihres Vertreters

Bei zwangsweise aus der Verhandlung entfernten oder nach § 157 Abs. 2 wegen Unfähigkeit zum Vortrag zurückgewiesenen Personen kann (nicht muß) auf Antrag, § 158 S. 1, Säum- 6

---

[2] *BGH* LM § 345 Nr. 1 (§ 330 Fn. 4); MünchKomm ZPO-*Prütting* Rdnr. 1 ; *Zöller/Herget*[20] Rdnr. 2.
[3] *BGH* LM § 342 Nr. 4 = NJW 1993, 861 = MDR 1124; *Zöller/Herget*[20] Rdnr. 2.
[4] *BVerfGE* 42, 364, 373 = NJW 1977, 1443 = JZ 20.
[5] *RG* Gruchot 50 (1906), 1086 f.
[6] *BGH* LM § 88 Nr. 3 = WM 1977, 821.

nis angenommen werden, → § 158 Rdnr. 1. Während der einstweiligen Zulassung nach § 89 ist ein Versäumnisurteil unzulässig, → § 90 Rdnr. 4. Wegen der Zurückweisung des Prozeßbevollmächtigten nach § 51 Abs. 2 ArbGG → § 141 Rdnr. 49 ff.

d) Stellen von Anträgen

7 Zur Annahme einer Verhandlung ist es erforderlich, daß in der Hauptsache ein **Antrag gestellt** wird[7], → einschränkend § 297 Rdnr. 7. Zumindest ist bei Einverständnis des Gegners gegen die in der Praxis verbreitete Übung nichts einzuwenden, daß sich ein Anwalt von Anfang an vorbehält, erst nach Erörterung der Sach- und Rechtslage zu entscheiden, ob er einen Antrag stellt oder lieber ein Versäumnisurteil in Kauf nimmt. Die **Antragstellung allein** reicht für die Annahme einer Verhandlung in der Regel nicht aus[8], sondern nur dann, wenn der Antrag über die bloße Bitte hinaus bereits ein, wenn auch unvollständiges, begründendes oder erläuterndes Vorbringen enthält. Insbesondere kann in der Antragstellung eine konkludente Bezugnahme auf früheres (vor allem schriftliches) Vorbringen liegen, was als Verhandeln genügt[9]. Dies bietet sich insbesondere beim Abweisungsantrag des Beklagten an, wobei es unerheblich ist, ob der Beklagte eine Sachabweisung anstrebt oder ein Prozeßurteil erreichen will. Wenn sich allerdings der Beklagte noch nicht schriftlich geäußert hat und im Termin ein Anwalt auftritt, der über den Gegenstand der Klage nicht unterrichtet ist und deshalb weder in tatsächlicher noch in rechtlicher Hinsicht Stellung nehmen kann, liegt kein Verhandeln vor, auch wenn er einen Klageabweisungsantrag stellt[10].

e) Stellen von Prozeßanträgen

8 Keine Verhandlung bildet das Stellen eines **nur das Verfahren betreffenden Antrags**, der sich nicht auf die Sache bezieht. Dies ist bei der Mehrzahl der **Prozeßanträge** (zu ihnen → § 297 Rdnr. 9) der Fall. Nicht verhandelt wird daher bei der Stellung eines Antrags auf Prozeßkostenhilfe[11], auf Vertagung[12], auf Trennung, Verbindung oder Aussetzung der Verhandlung nach §§ 145 ff[13], bei Stellen eines Ablehnungsgesuchs[14] oder bei der Erklärung, daß die Partei wegen eines der in § 335 aufgeführten Mängel die Verhandlung ablehne. Dasselbe gilt für die mangels Einwilligung des Beklagten gemäß § 269 Abs. 1 unwirksame Klagerücknahmeerklärung des Klägers[15].

f) Verhandeln nur zu einzelnen Teilen des Klageanspruchs

9 Hat die Partei nur über einen der Erledigung durch Teilurteil fähigen Teil des Anspruchs oder nur über einen von mehreren Ansprüchen verhandelt, so ist § 333 im übrigen anwendbar, so daß ein **Teilversäumnisurteil** ergehen kann[16]. Praktische Bedeutung hat das insbeson-

---

[7] MünchKomm ZPO-*Prütting* Rdnr. 3; *Zöller/Herget*[20] Rdnr. 1. A.A. *LAG Berlin* LAGE § 333 Nr. 1 (bei Erörterung der Sach- und Rechtslage und anschließender Erklärung, keinen Antrag stellen zu wollen).
[8] *RGZ* 132, 330, 336; *Rosenberg/Schwab/Gottwald*[15] § 107 III 1 c (2).
[9] MünchKomm ZPO-*Prütting* Rdnr. 7; *Zöller/Herget*[20] Rdnr. 1; *Thomas/Putzo*[20] Rdnr. 2.
[10] *OLG Bamberg* OLGZ 1976, 351; *OLG Zweibrücken* OLGZ 1983, 329; *OLG Schleswig* SchlHA 1986, 91; *OLG Düsseldorf* MDR 1987, 852; *LG Tübingen* NJW-RR 1987, 1212; MünchKomm ZPO-*Prütting* Rdnr. 7; *Thomas/Putzo*[20] Rdnr. 2.
[11] MünchKomm ZPO-*Prütting* Rdnr. 8.
[12] *Baumbach/Lauterbach/Hartmann*[56] Rdnr. 3; MünchKomm ZPO-*Prütting* Rdnr. 8; *Thomas/Putzo*[20] Rdnr. 1.
[13] *BGH* NJW-RR 1986, 1252 = MDR 1021 = WM 1127 = LM § 81 Nr. 5; *Baumbach/Lauterbach/Hartmann*[56] Rdnr. 2; *Thomas/Putzo*[20] Rdnr. 1; *Rosenberg/Schwab/Gottwald*[15] § 107 III 1 c (2).
[14] *BGH* (Fn. 13); MünchKomm ZPO-*Prütting* Rdnr. 8; *Thomas/Putzo*[20] Rdnr. 1; *Rosenberg/Schwab/Gottwald*[15] § 107 III 1 c (2).
[15] *LG Freiburg* MDR 1969, 850.
[16] MünchKomm ZPO-*Prütting* Rdnr. 10; *Zöller/Herget*[20] Rdnr. 3.

dere bei der (objektiven oder subjektiven) Klagehäufung sowie bei einem Verhandeln allein über die Klage oder die Widerklage. Zum sachlich oder zeitlich unvollständigen Verhandeln hinsichtlich einzelner Ansprüche → die Kommentierung zu § 334.

3. Unwiderruflichkeit des Verhandelns (künstliche Säumnis)

Hat eine Partei einmal verhandelt, so kann sie ihre Säumnis nicht nachträglich durch Zurücknahme ihres Antrags oder durch den Widerruf ihres Verhandelns herbeiführen[17]. Würde man dies nämlich zulassen, so könnte sie den Prozeß durch mißbräuchliche Handhabung des Versäumnisverfahrens verzögern, indem sie je nach dem Gang der Verhandlung der Gegenpartei die Möglichkeit nimmt, ein streitiges, die Instanz beendendes Urteil zu erlangen. Zum Vorbehalt eines Anwalts, sich erst nach Erläuterung der Sach- und Rechtslage zu erklären, ob er einen Antrag stellt, → aber Rdnr. 7.

10

II. Entscheidung des Gerichts

1. Bei Antrag auf Versäumnisurteil oder Aktenlagenentscheidung trotz Verhandelns

Über die Frage, ob ein Verhandeln vorliegt oder nicht, hat erforderlichenfalls das Gericht zu entscheiden, wobei es die Umstände des Einzelfalls berücksichtigen muß, → Rdnr. 1. Stellt eine Partei Antrag auf Erlaß eines Versäumnisurteils oder einer Entscheidung nach Lage der Akten, so hat das Gericht, wenn seiner Auffassung nach auf gegnerischer Seite eine (wenn vielleicht auch nur unvollständige, § 334) Verhandlung vorliegt, den **Antrag durch Beschluß zurückzuweisen**, → § 335 Rdnr. 20. Zuvor muß die Partei jedoch nach § 139 darauf hingewiesen werden, daß die Entscheidung in der begehrten Form nicht ergehen kann[18]. Bei einem Antrag auf Versäumnisurteil kann trotz Entscheidungsreife deshalb kein kontradiktorisches Endurteil ergehen, weil der Antrag auf Versäumnisurteil nicht zugleich den Sachantrag der erschienenen Partei enthält, → vor § 330 Rdnr. 18 (a.A. Vorauſl.). Aus dem gleichen Grund kann das Gericht im Falle des Antrags auf Entscheidung nach Aktenlage nicht die sich aufgrund der Verhandlung ergebende Entscheidung erlassen.

12

2. Bei Antrag auf kontradiktorisches Urteil trotz Nichtverhandelns

Beantragt die Partei ein kontradiktorisches Urteil und nimmt das Gericht an, daß nicht verhandelt worden ist, so kann es deshalb kein **Versäumnisurteil** erlassen, weil dazu stets ein hierauf gerichteter besonderer Antrag erforderlich ist, → vor § 330 Rdnr. 18. Zum weiteren Verfahren in diesem Fall → vor § 330 Rdnr. 19.

13

---

[17] *OLG Frankfurt* ZIP 1981, 1192 = MDR 1982, 153; *Baumbach/Lauterbach/Hartmann*[56] Rdnr. 4; MünchKomm ZPO-*Prütting* Rdnr. 9.

[18] MünchKomm ZPO-*Prütting* Rdnr. 2.

§ 334 [Unvollständiges Verhandeln]

Wenn eine Partei in dem Termin verhandelt, sich jedoch über Tatsachen, Urkunden oder Anträge auf Parteivernehmung nicht erklärt, so sind die Vorschriften dieses Titels nicht anzuwenden.

Gesetzesgeschichte: Ursprünglich § 299 CPO. Geändert durch Novelle 1933 (RGBl. I 780). Sprachliche Änderung durch Novelle 1950 (BGBl. 1950 S. 455).

Stichwortverzeichnis → »Schlüssel zum Versäumnisverfahren« zu Beginn der Vorbemerkungen vor § 330.

I. Sachlich unvollständiges Verhandeln

1 Die Vorschrift stellt klar, daß eine **Säumnis nicht vorliegt**, wenn eine Partei nur **unvollständig verhandelt**.

2 Die **Folgen des unvollständigen Verhandelns** im Termin, insbesondere der Nichterklärung über Tatsachen, Urkunden oder Anträge auf Parteivernehmung sind in den §§ 85, 138, 427, 439, 446, 453f und 510 geregelt. Daneben können nicht vorgebrachte Angriffs- und Verteidigungsmittel in einem späteren Termin unter den Voraussetzungen der §§ 282, 296, 528 als verspätet zurückgewiesen werden. Im übrigen unterliegen die Unterlassungen der Parteien der freien Würdigung des Gerichts nach § 286, Näheres → dort Rdnr. 10.

3 Wegen der Beschränkung der Verhandlung auf einen **Teil des Anspruchs** oder auf **einzelne von mehreren Ansprüchen** → § 331 Rdnr. 1 und → § 333 Rdnr. 9.

II. Zeitlich unvollständiges Verhandeln

4 Die Vorschriften über das Versäumnisverfahren sind ferner dann nicht anzuwenden, wenn die Partei **während eines Teils eines Verhandlungstermins** nicht erschienen ist oder nicht verhandelt hat. War die Partei zu Beginn der mündlichen Verhandlung vertreten und hat sie auch verhandelt, dann hat sie nach § 220 Abs. 2 den Termin auch dann nicht versäumt, wenn sie am Schluß der Verhandlung nicht mehr vertreten war[1].

5 Hat die Partei z. B. in einem Verhandlungstermin vor einer Beweisaufnahme einen Sachantrag gestellt und zur Hauptsache verhandelt, → § 333 Rdnr. 1ff, und tritt sie danach nicht mehr auf, so ist sie nicht säumig (zur Säumnis im Termin zur Beweisaufnahme s. § 367 Abs. 1). Dies ergibt sich daraus, daß die Beweisaufnahme den Termin nicht unterbricht, sondern lediglich ein Teil des einheitlichen Termins ist. Das Verhandeln der Partei zu Beginn des Termins wirkt bis zu dessen Ende fort[2], → auch § 285 Rdnr. 1. Dasselbe gilt, wenn eine Partei, die bereits verhandelt hat, nach einer Verhandlungspause nicht mehr erscheint.

---

[1] *BGHZ* 63, 94 = LM § 333 Nr. 2 = NJW 1974, 2322 = JR 1975, 199 (zust. *Bassenge*) = MDR 136 = VersR 44; *OLG Celle* MDR 1961, 61; *OLG Hamm* NJW 1974, 1097 = MDR 407.

[2] *BGH* und *OLG Hamm* (beide wie Fn. 1).

§ 335 [Unzulässigkeit einer Versäumnisentscheidung]

(1) Der Antrag auf Erlaß eines Versäumnisurteils oder einer Entscheidung nach Lage der Akten ist zurückzuweisen:

1. wenn die erschienene Partei die vom Gericht wegen eines von Amts wegen zu berücksichtigenden Umstandes erforderte Nachweisung nicht zu beschaffen vermag;

2. wenn die nicht erschienene Partei nicht ordnungsmäßig, insbesondere nicht rechzeitig geladen war;

3. wenn der nicht erschienenen Partei ein tatsächliches mündliches Vorbringen oder ein Antrag nicht rechtzeitig mittels Schriftsatzes mitgeteilt war;

4. wenn im Falle des § 331 Abs. 3 dem Beklagten die Frist des § 276 Abs. 1 Satz 1 nicht mitgeteilt oder er nicht gemäß § 276 Abs. 2 belehrt worden ist.

(2) Wird die Verhandlung vertagt, so ist die nicht erschienene Partei zu dem neuen Termin zu laden.

Gesetzesgeschichte: Ursprünglich § 300 CPO. Abs. 1, 1. Halbs. neu gefaßt durch Novelle 1924 (RGBl. I 135). Abs. 1 Nr. 4 angefügt durch Vereinfachungsnovelle 1976 (BGBl. I 3281).

Stichwortverzeichnis → »**Schlüssel zum Versäumnisverfahren**« zu Beginn der Vorbemerkungen vor § 330.

I. Zurückweisung des Antrags auf Erlaß des Versäumnisurteils		1	a) Ordnungsgemäße Fristsetzung und Zustellung im schriftlichen Vorverfahren	17
1. Fehlen eines von Amts wegen zu berücksichtigenden Umstands, Abs. 1 Nr. 1		2	b) Ordnungsgemäße Belehrung über die Folgen der Fristversäumung	18
2. Mangel einer ordnungsmäßigen und rechtzeitigen Ladung, Abs. 1 Nr. 2		3	5. Zurückweisung des Antrags	19
a) Erforderlichkeit der Ladung		3	a) Mängel bei Säumnis im Termin	20
b) Ordnungsgemäße Zustellung		4	b) Mängel bei Säumnis im schriftlichen Vorverfahren	21
c) Rechtzeitigkeit der Ladung		5	6. Vertagung	22
d) Erscheinen trotz mangelhafter Ladung		6	a) Statt Zurückweisung des Antrags	23
e) Mangel bei der säumigen Partei		7	b) Bei Zurückweisung des Antrags	24
3. Keine schriftsätzliche Mitteilung von Tatsachen oder Anträgen, Abs. 1 Nr. 3		11	c) Ladung der nicht erschienenen Partei, Abs. 2	25
a) Zweck		11	II. Verfahren bei Entscheidung nach Aktenlage	28
b) Nur bei Säumnis des Beklagten		12	1. Bedeutung von Abs. 1 für die Entscheidung nach Aktenlage	29
c) Sachanträge und Tatsachenvortrag		13	a) Nr. 1	29
d) Rechtzeitigkeit der Mitteilung		14	b) Nr. 2	30
e) Nicht erforderliche schriftliche Mitteilung		15	c) Nr. 3	31
f) Mahnverfahren		16	d) Nr. 4	32
4. Fehlende Mitteilung oder Belehrung beim schriftlichen Versäumnisverfahren, Abs. 1 Nr. 4		17	2. Zurückweisung	34
			III. Arbeitsgerichtliches Verfahren	37

I. Zurückweisung des Antrags auf Erlaß des Versäumnisurteils

1 § 335 faßt vier Fälle der **Unzulässigkeit eines Versäumnisurteils** zusammen, von denen Nr. 2 eine Voraussetzung der Säumnis bildet, → vor § 330 Rdnr. 15, während Nr. 3 eine Beschränkung der Säumnisfolgen des § 331, → dort Rdnr. 2, enthält. Nr. 1 spricht dagegen nur eine selbstverständliche Folgerung der auch im Versäumnisverfahren geltenden Prüfung von Amts wegen aus. Nr. 4 betrifft das schriftliche Versäumnisurteil gegen den Beklagten gemäß § 331 Abs. 3. In engem Zusammenhang mit § 335 steht § 337, der zwei weitere Fälle regelt, in denen der Erlaß eines Versäumnisurteils unzulässig ist.

1. Fehlen eines von Amts wegen zu berücksichtigenden Umstandes, Abs. 1 Nr. 1

2 Von Amts wegen zu berücksichtigen, Nr. 1, sind zunächst alle **Prozeßerfordernisse**, die nicht dem Parteiverzicht unterliegen, → § 295 Rdnr. 4 ff und → vor § 128 Rdnr. 91 ff, wozu im Parteiprozeß auch der Mangel der schriftlichen Prozeßvollmacht, § 88 Abs. 2, gehört, sowie diejenigen sachlichen Erfordernisse, die von Amts wegen auch tatsächlich zu prüfen sind, wie z. B. das Erfordernis eines Vollstreckungsurteils nach §§ 723, 328. Die Zurückweisung nach Nr. 1 findet nur statt, wenn die erschienene Partei den geforderten Nachweis nicht zu beschaffen vermag. Auf die Notwendigkeit des Nachweises ist sie nach § 139 vom Gericht hinzuweisen[1]. Voraussetzung für die Anwendbarkeit von Nr. 1 ist, daß der **Mangel noch behebbar** ist[2]. Dabei spielt es keine Rolle, wie hoch der Wahrscheinlichkeitsgrad dafür ist, daß es der Partei gelingt, den Mangel zu beheben[3]. Steht der Mangel dagegen endgültig fest oder erklärt die Partei, ihm nicht abhelfen zu wollen, oder könnte er nur durch Einwilligung bzw. durch rügelose Einlassung des Beklagten zur Hauptsache beseitigt werden, wie der Mangel der fehlenden Zuständigkeit, so ist, falls keine Verweisung an ein anderes Gericht zu erfolgen hat, die Klage durch Endurteil abzuweisen[4], → § 330 Rdnr. 11 und → § 331 Rdnr. 19. Der Antrag auf Verweisung kann als Hilfsantrag neben dem Antrag auf Erlaß eines Versäumnisurteils gestellt werden[5]. Das Gesetz unterscheidet nicht danach, ob die erschienene Partei Kläger oder Beklagter ist. Das folgt aus dem Grundsatz, daß derjenige die prozessualen Erfordernisse zu beweisen hat, der das Sachurteil erstrebt, im Falle des § 330 also der Beklagte[6]. Im übrigen zeigt gerade § 335 Abs. 1 Nr. 1, daß die Prüfung von Amts wegen die Beweislast nicht ausschließt, → vor § 128 Rdnr. 97.

2. Mangel einer ordnungsmäßigen und rechtzeitigen Ladung, Abs. 1 Nr. 2

a) Erforderlichkeit der Ladung

3 Vorausgesetzt ist, daß die **Ladung** überhaupt **erforderlich** ist. Nr. 2 gilt daher nicht, wenn der Termin in einer Entscheidung verkündet war, § 218, es sei denn, daß einer der Ausnahmefälle vorliegt, in denen auch hier die Bekanntgabe des Termins erforderlich ist, → § 218 Rdnr. 1 f, und der Gegner zu dem früheren Termin ordnungsgemäß geladen war[7]. Der Ladung steht in jeder Hinsicht gleich die Bekanntmachung des Termins, → vor § 214 Rdnr. 12 ff, und im Amtsgerichtsprozeß die Mitteilung des Termins nach § 497 Abs. 2. Ob die **Ladung ordnungsgemäß** ist, ergibt sich aus den §§ 214 ff und für die Zustellung aus §§ 166 ff, 208 ff, wobei

---

[1] MünchKomm ZPO-*Prütting* Rdnr. 5.
[2] MünchKomm ZPO-*Prütting* Rdnr. 4; Zöller/Herget[20] Rdnr. 2; *Thomas/Putzo*[20] Rdnr. 2.
[3] Mißverständlich *Rosenberg/Schwab/Gottwald*[15] § 107 III 2 c: Die Beseitigung des Mangels müsse »zu erwarten« sein.
[4] MünchKomm ZPO-*Prütting* Rdnr. 4; Zöller/Herget[20] Rdnr. 2.
[5] MünchKomm ZPO-*Prütting* Rdnr. 4.
[6] Nachw. → § 330 Fn. 6.
[7] *OLG München* OLGZ 1974, 241 = VersR 674; *LG Tübingen* MDR 1956, 431.

hinsichtlich der Heilung von Mängeln die besondere Vorschrift des § 187 gilt. Ein verspäteter Terminsbeginn wird von § 335 Abs. 1 Nr. 2 nicht erfaßt; eine ordnungsgemäße Ladung deckt nämlich regelmäßig auch den verspäteten Aufruf der Sache, → auch § 220 Rdnr. 7. Ob in einem solchen Fall ein Versäumnisurteil gegen eine nicht erschienene Partei ergehen darf, beurteilt sich vielmehr nach § 337[8].

b) Ordnungsgemäße Zustellung

Mängel in der Form des Zustellungsakts der Ladung sind von Amts wegen zu berücksichtigen, obwohl sie nach § 295 geheilt werden könnten.   4

c) Rechtzeitigkeit der Ladung

Die Rechtzeitigkeit der Ladung setzt voraus, daß die jeweils vorgeschriebene Einlassungs- oder Ladungsfrist gewahrt oder abgekürzt ist. Über die Berechnung → § 222 Rdnr. 5 ff.   5

d) Erscheinen trotz mangelhafter Ladung

Eine erschienene, jedoch nicht verhandelnde Partei, § 333, kann sich auf einen Mangel der Ladung nicht berufen; gegen sie ergeht bei entsprechendem Antrag des Gegners vielmehr Versäumnisurteil[9], → auch § 274 Rdnr. 13.   6

e) Mangel bei der säumigen Partei

Für den Erlaß eines Versäumnisurteils erforderlich ist, daß die **säumige Partei ordnungsmäßig und rechtzeitig geladen** worden ist. Ob die Ladung der erschienenen Partei demgegenüber mit einem Mangel behaftet ist, bleibt außer Betracht[10], denn dieser Mangel hat durch das Erscheinen der Partei seine Bedeutung verloren, → Rdnr. 6; mit Stellung des Antrags auf Versäumnisurteil entfällt das Rügerecht der erschienenen Partei, § 295.   7

3. Keine schriftsätzliche Mitteilung von Tatsachen oder Anträgen, Abs. 1 Nr. 3[11]

a) Zweck

Das Erfordernis vorheriger Mitteilung der Tatsachen und Anträge, Nr. 3, soll verhindern, daß der säumigen Partei durch die Säumnisfolgen Rechtsnachteile erwachsen, mit denen sie nach der Prozeßlage, insbesondere der Ladung, nicht zu rechnen brauchte.   11

b) Nur bei Säumnis des Beklagten

Nr. 3 gilt grundsätzlich nur, wenn der **Beklagte den Termin versäumt**[12]. Die Bestimmung greift ferner in vergleichbaren Situationen ein, wenn der Gegner säumig ist, wie z.B. der Widerbeklagte oder der Gegner des Einspruchs-, Berufungs- oder Revisionsführers. Bleibt dagegen der Kläger, Widerkläger, Einspruchs-, Berufungs- oder Revisionsführer aus, so bedarf es,   12

---

[8] *LAG Hamm* NJW 1973, 1950; *Lent* NJW 1957, 305 (abl. zu *LG Koblenz* ebenda).
[9] MünchKomm ZPO-*Prütting* Rdnr. 8; *Zöller/Herget*[20] Rdnr. 3.
[10] MünchKomm ZPO-*Prütting* Rdnr. 9.
[11] S. dazu *Denzin* Die Bedeutung des § 335 Ziffer 3 ZPO, 1927.
[12] MünchKomm ZPO-*Prütting* Rdnr. 10; *Thomas/Putzo*[20] Rdnr. 4; *Zöller/Herget*[20] Rdnr. 4; *Rosenberg/Schwab/Gottwald*[15] § 107 Fn. 16.

da das Versäumnisurteil unmittelbar auf der gesetzlichen Rechtswirkung beruht, zur Begründung des Antrags auf Erlaß eines Versäumnisurteils überhaupt keines tatsächlichen Vorbringens und keines eigenen Sachantrags, → § 330 Rdnr. 1, also auch keiner schriftlichen Mitteilung[13]. Trägt der erschienene Beklagte bei Säumnis des Klägers Tatsachen vor, die die Zulässigkeit der zunächst unzulässigen Klage ergeben, so ist die Klage ebenfalls durch Versäumnisurteil abzuweisen; nicht etwa greift hier ausnahmsweise Nr. 3 auch bei Säumnis des Klägers ein.

c) Sachanträge und Tatsachenvortrag

13   Nr. 3 bezieht sich ebenso wie § 297, → dort Rdnr. 4, nicht auf Prozeßanträge, sondern nur auf die **Anträge zur Sache**[14]. Der Antrag auf Erlaß eines Versäumnisurteils selbst ist Prozeßantrag und bedarf daher keiner vorherigen schriftsätzlichen Mitteilung[15]. Dies gilt auch für den Antrag nach § 331 Abs. 3 im schriftlichen Vorverfahren[16], → auch § 276 Rdnr. 32. Die Mitteilung des Antrags kann im übrigen unter Umständen schon in der Angabe des Zwecks der Ladung (z.B. Aufnahme durch oder gegen den Rechtsnachfolger) gefunden werden[17]. Wird ein früher fallengelassener Antrag später wieder aufgenommen, so bedarf dies ebenfalls der Mitteilung. Eine Klageänderung muß dem Beklagten dann nicht mitgeteilt worden sein, wenn es sich um eine reine Beschränkung des Klageantrags, § 264 Nr. 2, handelt[18]. Bei **Tatsachen** gilt Nr. 3 nur für solche Tatsachen, die sich auf die Säumnisfolge beziehen, → § 331 Rdnr. 2ff, also nur für die zur Begründung des Klageantrags vorzutragenden, insbesondere im Falle einer Klageänderung, → § 331 Rdnr. 31f. Nicht dagegen für Tatsachen, die dem Kläger nachteilig sind, oder für Tatsachen, deren Wahrheit das Gericht ohnehin von Amts wegen zu prüfen hat[19], wie z.B. die Behauptung ordnungsmäßiger Ladung oder die nach Nr. 1 und 2 zu fordernden Beweise. Daß der Kläger einzelne Tatsachen nicht mehr behaupten will, braucht er nicht mitzuteilen, denn die Aussonderung unerheblicher Tatsachen könnte auch das Gericht vornehmen. Zur Erklärung der Erledigung der Hauptsache durch den Kläger im Termin → § 331 Rdnr. 37.

d) Rechtzeitigkeit der Mitteilung

14   Die Mitteilung muß rechtzeitig erfolgt sein. Die Rechtzeitigkeit bestimmt sich nach §§ 132, 226, 274 Abs. 3. Dazu, daß § 282 Abs. 2 dabei außer Betracht zu bleiben hat, → § 282 Rdnr. 23.

e) Nicht erforderliche schriftliche Mitteilung

15   Eine schriftliche Mitteilung ist dann nicht erforderlich, wenn die Tatsache oder der Antrag bereits in einem vorangegangenen Termin in Anwesenheit des Gegners[20] mündlich vorgebracht worden war und sich dies entweder aus dem Protokoll bzw. dessen Anlagen ergibt oder dem Gericht erinnerlich ist. Denn obwohl nach § 332 die Voraussetzungen der Säumnis für

---

[13] Das übersieht *BGH* LM Nr. 1 = ZZP 94 (1981), 328 (abl. *Münzberg*) = NJW 1980, 2313 = MDR 839.
[14] *Baumbach/Lauterbach/Hartmann*[56] Rdnr. 6; Münch Komm ZPO-*Prütting* Rdnr. 11; *Thomas/Putzo*[20] Rdnr. 4; *Zöller/Herget*[20] Rdnr. 4.
[15] MünchKomm ZPO-*Prütting* Rdnr. 11; *Baumbach/Lauterbach/Hartmann*[55] Rdnr. 6.
[16] KG OLGZ 1994, 579 = NJW-RR 1344; *Thomas/Putzo*[20] § 331 Rdnr. 2; *Zöller/Herget*[20] § 331 Rdnr. 12. A.A.

OLG München MDR 1980, 235; MünchKomm ZPO-*Prütting* Rdnr. 11.
[17] RGZ 68, 390, 392; *BGH* LM § 330 Nr. 1 = NJW 1957, 1840.
[18] MünchKomm ZPO-*Prütting* Rdnr. 12.
[19] MünchKomm ZPO-*Prütting* Rdnr. 12.
[20] *Thomas/Putzo*[20] Rdnr. 5. Nach *Zöller/Herget*[20] kommt es auf die Anwesenheit des Gegners in der früheren Verhandlung nicht an.

den neuen Termin selbständig zu beurteilen sind, kann doch die fortgesetzte mündliche Verhandlung diesen ihren Charakter auch im Säumnisfall nicht verlieren[21], → § 128 Rdnr. 34 f. Im Falle des Nichtverhandelns steht dagegen das mündliche Vorbringen gegenüber einem Gegner, welcher nicht verhandelt, nach § 333 einer Erklärung in Abwesenheit des Gegners gleich.

f) Mahnverfahren

Wegen des sich an das Mahnverfahren anschließenden gerichtlichen Verfahrens → die Erläuterungen zu §§ 696, 697. Die **nicht rechtzeitige Zustellung der Klagebegründungsschrift**, § 697 Abs. 1, einschließlich eines Antrags auf Aufrechterhaltung des Vollstreckungsbescheids steht dem Erlaß eines Versäumnisurteils deshalb entgegen, weil für das Mahnverfahren eine Begründung nicht erforderlich ist und der Beklagte den Tatsachenvortrag des Klägers daher erst aus der Klagebegründungsschrift erfahren kann. Zum Versäumnisurteil nach § 331 Abs. 3 bei schriftlichem Vorverfahren nach Eingang der Anspruchsbegründung im Mahnverfahren → § 697 Rdnr. 3.

16

4. Fehlende Mitteilung oder Belehrung beim schriftlichen Versäumnisverfahren, Abs. 1 Nr. 4.

a) Ordnungsgemäße Fristsetzung und Zustellung im schriftlichen Vorverfahren

Die erste Alternative von Nr. 4 setzt über ihren Wortlaut hinaus nicht nur die Mitteilung der Frist des § 276 Abs. 1 S. 1 voraus, sondern erfordert die **Zustellung einer beglaubigten Ausfertigung** der vom Vorsitzenden unterschriebenen Verfügung, mit der dem Beklagten diese Frist gesetzt wurde[22], → § 275 Rdnr. 9. Die Erforderlichkeit der Zustellung ergibt sich aus § 329 Abs. 2 S. 2. Die Formgebundenheit beruht auf §§ 329 Abs. 1 S. 2, 317 Abs. 3, 170 Abs. 1. Die notwendige Form ist nicht gewahrt, wenn dem Beklagten eine Verfügung über die Fristsetzung zugestellt wird, die lediglich von einem Urkundsbeamten unterschrieben, aber nicht mit dem Siegel der Geschäftsstelle versehen ist[23].

17

b) Ordnungsgemäße Belehrung über die Folgen der Fristversäumung

Die zweite Alternative von Nr. 4 betrifft die Belehrung: Zugleich mit der Fristsetzung muß der Beklagte gemäß § 276 Abs. 2 ordnungsgemäß über die Folgen der Fristversäumung belehrt worden sein, Einzelheiten → § 276 Rdnr. 15 ff. Die Belehrung ist vom Vorsitzenden zu erteilen. Das bedeutet, sie muß in der Verfügung des Vorsitzenden derart enthalten sein, daß die Unterschrift des Vorsitzenden auch die Belehrung deckt[24]. Die Verwendung eines Formblatts, bei dem der Vorsitzende auf der Vorderseite die Fristsetzung verfügt und die Belehrung gewissermaßen nur als Anhang auf der Rückseite angebracht ist, genügt daher den Anforderungen nicht[25].

18

5. Zurückweisung des Antrags

Für alle Fälle von § 335 Abs. 1 sieht das Gesetz als Rechtsfolge die Zurückweisung des Antrags auf Erlaß eines Versäumnisurteils vor. Gleichwohl müssen die Fälle der Säumnis im Ter-

19

---

[21] *Baumbach/Lauterbach/Hartmann*[56] Rdnr. 6; *Zöller/Herget*[20] Rdnr. 4.
[22] MünchKomm ZPO-*Prütting* Rdnr. 15.
[23] BGH NJW 1980, 1167 (für die in § 296 Abs. 1 genannten Fristen); OLG *Nürnberg* NJW 1981, 2266; OLG *Celle* NdsRpfl. 1983, 185.
[24] OLG *Celle* (Fn. 23).
[25] OLG *Celle* (Fn. 23).

min und des dort gestellten Antrags auf Erlaß eines Versäumnisurteils, Nr. 1 bis 3, von der ganz anderen Situation bei der »Säumnis« im schriftlichen Vorverfahren, Nr. 4, unterschieden werden. Offenkundig waren dem Reformgesetzgeber der Vereinfachungsnovelle, der Nr. 4 einfügte, diese Unterschiede nicht deutlich.

a) Mängel bei Säumnis im Termin

20   In den Fällen Nr. 1 bis Nr. 3 des § 335 Abs. 1 ist der **Antrag auf Erlaß eines Versäumnisurteils zurückzuweisen**. Die Zurückweisung des Antrags enthält keine Abweisung der Klage und erfolgt nicht durch Urteil, sondern durch **Beschluß**, der zu verkünden ist; nach § 336 Abs. 1 S. 1 ist dagegen die sofortige Beschwerde gegeben, → dazu § 336 Rdnr. 1. Über die Anfechtung eines unzulässigerweise erlassenen Urteils → Allg. Einleitung vor § 511 Rdnr. 37ff (insbesondere Rdnr. 50). Der Ausspruch der Vertagung entgegen dem Antrag auf Versäumnisurteil stellt sich inhaltlich als Zurückweisung dar[26]. Die Sache bleibt weiter rechtshängig[27]. Wird mit der Zurückweisung keine Vertagung ausgesprochen, →Rdnr. 23f, so hat das Gericht nach §§ 216, 497 von Amts wegen Termin anzusetzen (unter Umständen erst nach Rechtskraft des Zurückweisungsbeschlusses, → Rdnr. 24). Zu dem Termin sind beide Parteien zu laden, §§ 214, 497.

b) Mängel bei Säumnis im schriftlichen Vorverfahren

21   Während ein Antrag auf Erlaß eines Versäumnisurteils in einer mündlichen Verhandlung eine sofortige Entscheidung des Gerichts erfordert, ist die Situation im schriftlichen Vorverfahren, Abs. 1 Nr. 4, anders. Mängel bei der Fristsetzung, bei deren Zustellung oder bei der Belehrung, → Rdnr. 17, 18, können nachträglich behoben werden, solange sich der Prozeß im Stadium des schriftlichen Vorverfahrens befindet, → § 276 Rdnr. 24. Will das Gericht im Rahmen des schriftlichen Vorverfahrens also ein schriftliches Versäumnisurteil gegen den Beklagten gemäß § 331 Abs. 3 erlassen und stellt es Mängel im Sinne von Abs. 1 Nr. 4 fest, so kann es die **unterlassenen Handlungen von Amts wegen nachholen**[28]. In diesem Fall kann kein Zurückweisungsbeschluß ergehen. Das Gericht kann aber auch von einer Nachholung der unterbliebenen Mitteilung oder Belehrung absehen; in diesem Fall erläßt es einen Zurückweisungsbeschluß und bestimmt einen Termin zur mündlichen Verhandlung. Der Sache nach handelt es sich dabei um eine Aufhebung der Anordnung des schriftlichen Vorverfahrens. Da das Gericht auch sonst ein angeordnetes schriftliches Vorverfahren aufheben und durch einen frühen ersten Termin ersetzen kann, → § 272 Rdnr. 14, ergeben sich gegen eine solche Verfahrensweise keine Bedenken, zumal der Kläger wegen der Mängel nach Abs. 1 Nr. 4 noch keine gefestigte verfahrensrechtliche Position auf Erlaß eines Versäumnisurteils gegen den Beklagten erlangt hat, → auch § 272 Rdnr. 14.

6. Vertagung

22   Einen **Anspruch auf Vertagung** hat die erschienene Partei nur unter bestimmten Voraussetzungen, → dazu vor § 330 Rdnr. 20.

---

[26] MünchKomm ZPO-*Prütting* Rdnr. 20.
[27] MünchKomm ZPO-*Prütting* Rdnr. 18.
[28] MünchKomm ZPO-*Prütting* Rdnr. 19; Zöller/Herget[20] Rdnr. 5.

a) Statt Zurückweisung des Antrags

Liegt einer der **Fälle des § 335 Abs. 1 Nr. 1 bis 3** vor, so kann die erschienene Partei Vertagung der Verhandlung verlangen[29]. Es besteht kein Anlaß, die Partei darauf zu verweisen, zunächst einen Antrag auf Erlaß eines Versäumnisurteils oder Entscheidung nach Aktenlage zu stellen, wenn ein solcher Antrag gemäß § 335 durch Beschluß zurückgewiesen werden müßte. Handelt es sich dagegen um einen **Mangel im schriftlichen Vorverfahren, Abs. 1 Nr. 4**, so steht die weitere Verfahrensgestaltung im Ermessen des Vorsitzenden, → § 272 Rdnr. 8 und 14. Der Kläger hat keinen Anspruch auf Nachholung der unterlassenen Verfahrenshandlung oder auf Terminbestimmung.

23

b) Bei Zurückweisung des Antrags

Ob das Gericht bei Zurückweisung des Antrags auf Versäumnisurteil die Verhandlung vertagen soll oder nicht, ist eine Zweckmäßigkeitsfrage[30]. Entscheidendes Kriterium für die Zweckmäßigkeit ist, daß durch die Vertagung von Amts wegen nicht einer möglichen Beschwerdeentscheidung nach § 336 vorgegriffen werden soll[31]. Das Gericht wird daher den Termin, auf den vertagt wird, entweder erst für einen Zeitpunkt nach Ablauf der Beschwerdefrist ansetzen, oder es wird von der Vertagung mit Rücksicht auf die Möglichkeit der Aufhebung der Zurückweisung in der Beschwerdeinstanz, § 336, zunächst absehen, → auch Rdnr. 20; anders, wenn die erschienene Partei einen neuen Termin beantragt; darin liegt ein Verzicht auf die sofortige Beschwerde[32], weshalb ein neuer Termin ohne Rücksicht auf die Beschwerdefrist zu bestimmen ist.

24

c) Ladung der nicht erschienenen Partei, Abs. 2

Im Falle der Vertagung ist die nicht erschienene Partei nach Abs. 2 – abweichend von § 218 und §§ 329 Abs. 1 S. 2, 312 Abs. 1 – zu dem neuen Termin zu laden, obwohl der Termin verkündet ist. Die Ladung hat sowohl im landgerichtlichen wie im amtsgerichtlichen Verfahren von Amts wegen zu erfolgen, §§ 214, 497. Die Ladungsfrist, § 217, ist zu wahren[33]. Die Notwendigkeit einer Ladung der nicht erschienenen Partei gilt nur für die Fälle, in denen ein Antrag auf Erlaß des Versäumnisurteils zurückgewiesen wurde und daraufhin Vertagung erfolgt ist, nicht dagegen auch dann, wenn die Vertagung aus anderen als in Abs. 1 genannten Gründen erfolgt ist[34]; in den übrigen Fällen bewendet es bei dem Grundsatz des § 218. Im neuen Termin ist die frühere Versäumnis ohne jede Bedeutung.

25

II. Verfahren bei Entscheidung nach Aktenlage

Die durch die Novelle 1924 erfolgte Ausdehnung von § 335 auf die Entscheidung nach Lage der Akten ist rechtspolitisch wenig glücklich. Es werden zwei verschiedene Dinge – eine Entscheidung, die sich nur durch ein besonderes vorausgegangenes Verfahren auszeichnet, im übrigen aber eine Entscheidung jeder Art sein kann, und eine inhaltlich ganz bestimmte Art

28

---

[29] MünchKomm ZPO-*Prütting* Rdnr. 21; einschränkend demgegenüber *Baumbach/Lauterbach/Hartmann*[56] Rdnr. 9; *Thomas/Putzo*[20] Rdnr. 9; *Rosenberg/Schwab/Gottwald*[15] § 207 III 2 c (3): Vertagung nur unter den Voraussetzungen von § 227.
[30] A.A. *Zöller/Herget*[20] Rdnr. 6 (Amtspflicht zur Terminsbestimmung).
[31] MünchKomm ZPO-*Prütting* Rdnr. 22.

[32] OLG Zweibrücken JW 1930, 2069; *Baumbach/Lauterbach/Hartmann*[56] Rdnr. 10; MünchKomm ZPO-*Prütting* Rdnr. 21; *Rosenberg/Schwab/Gottwald*[15] § 107 III 2 c (3).
[33] *Zöller/Herget*[20] Rdnr. 6.
[34] RGZ 41, 355; *Baumbach/Lauterbach/Hartmann*[56] Rdnr. 9; *Zöller/Herget*[20] Rdnr. 6; *Rosenberg/Schwab/Gottwald*[15] § 107 III 2 c (3).

1. Bedeutung von Abs. 1 für die Entscheidung nach Aktenlage

a) Nr. 1

29 Nr. 1 enthält für die Entscheidung nach Lage der Akten nur den selbstverständlichen Satz, daß sie, ebenso wie jede aufgrund mündlicher Verhandlung ergehende Entscheidung, nicht erlassen werden kann, wenn die von Amts wegen zu prüfenden Punkte nicht vorher geklärt sind. Welche Punkte dies sind, hängt von der Art der in Frage stehenden Entscheidung ab. Die unter → Rdnr. 2 aufgeführten Erfordernisse kommen nur in Frage, wenn es sich um den Erlaß eines Urteils in der Hauptsache handelt, gelten also nicht etwa schlechthin bei allen Entscheidungen nach Lage der Akten (z.B. bei Beweisbeschlüssen). Steht etwa die Partei- oder Prozeßfähigkeit oder die Zulässigkeit des Rechtswegs nicht fest, so kann das Gericht ebenso wie aufgrund streitiger Verhandlung nach Aktenlage Beweis wegen dieser Punkte beschließen[35]. Steht dagegen ein Prozeßmangel endgültig fest, so ist ebenso wie beim Antrag auf Versäumnisurteil, → Rdnr. 2, für eine Zurückweisung kein Raum; die Klage ist hier vielmehr durch Prozeßurteil abzuweisen. Hierbei handelt es sich um keine Entscheidung nach Lage der Akten, → §331a Rdnr. 14.

b) Nr. 2

30 Die Bedeutung von Nr. 2 ist hier die gleiche wie beim Versäumnisurteil. Das unter → Rdnr. 3 ff Ausgeführte gilt hier entsprechend.

c) Nr. 3

31 Die Frage, inwieweit eine Entscheidung nach Lage der Akten die rechtzeitige Mitteilung von Anträgen und tatsächlichem mündlichen Vorbringen voraussetzt, ist unter → §251a Rdnr. 14 ff behandelt. Auf die dortigen Ausführungen ist zu verweisen. Der Antrag auf Entscheidung nach Lage der Akten fällt als Prozeßantrag nicht unter Nr. 3[36], → Rdnr. 13, weshalb er nicht schriftsätzlich mitgeteilt worden sein muß.

d) Nr. 4

32 Der Erlaß einer Entscheidung nach Aktenlage kommt im Rahmen des schriftlichen Vorverfahrens nicht in Betracht, so daß Nr. 4 nicht einschlägig ist.

2. Zurückweisung

34 Ist hiernach eine Entscheidung nach Lage der Akten unzulässig, so hat das Gericht ebenso wie im Fall mangelnder Entscheidungsreife, → §251a Rdnr. 10, den Antrag zurückzuweisen. Dies geschieht durch einen zu verkündenden, nach §336 Abs. 2 unanfechtbaren Beschluß. Gleichzeitig hat das Gericht einen neuen Verhandlungstermin anzuberaumen und zwar anders als bei der Zurückweisung des Antrags auf Versäumnisurteil, → Rdnr. 24, immer[37]. Dies

---

[35] MünchKomm ZPO-*Prütting* Rdnr. 23.
[36] MünchKomm ZPO-*Prütting* Rdnr. 24.
[37] MünchKomm ZPO-*Prütting* Rdnr. 25.

folgt daraus, daß hier wegen der Unanfechtbarkeit des Zurückweisungsbeschlusses, § 336 Abs. 2, durch die Terminansetzung keiner Beschwerdeentscheidung vorgegriffen werden kann. Hinsichtlich der **Ladung der nicht erschienenen Partei** gilt auch hier das unter → Rdnr. 25 Ausgeführte. Die Ladungspflicht besteht, da sie ohne Beschränkung angeordnet ist, sowohl bei Ablehnung der Entscheidung nach Aktenlage wegen mangelnder Voraussetzungen nach § 335 Abs. 1 wie wegen mangelnder Entscheidungsreife.

III. Arbeitsgerichtliches Verfahren

Im arbeitsgerichtlichen Verfahren ergeben sich in Bezug auf Nr. 1 bis 3 keine Besonderheiten. Nr. 4 ist gegenstandslos, da es im arbeitsgerichtlichen Verfahren kein schriftliches Vorverfahren gibt, § 46 Abs. 2 ArbGG. In Ergänzung des unter → Rdnr. 14 über die Rechtzeitigkeit der Mitteilung Bemerkten ist für das erstinstanzliche Verfahren noch auf § 47 Abs. 1 ArbGG, → § 217 Rdnr. 8, zu verweisen. 37

Bezüglich der **Besetzung des Gerichts** im erstinstanzlichen Verfahren ist § 55 ArbGG zu beachten, → vor § 330 Rdnr. 47. 38

§ 336 [Rechtsmittel gegen Zurückweisung]

(1) Gegen den Beschluß, durch den der Antrag auf Erlaß des Versäumnisurteils zurückgewiesen wird, findet sofortige Beschwerde statt. Wird der Beschluß aufgehoben, so ist die nicht erschienene Partei zu dem neuen Termin nicht zu laden.
(2) Die Ablehnung eines Antrags auf Entscheidung nach Lage der Akten ist unanfechtbar.

Gesetzesgeschichte: Ursprünglich § 301 CPO. Abs. 2 angefügt durch Nov. 1924 (RGBl. 1924 I 135). Sprachliche Änderung durch Nov. 1950 (BGBl. 1950, S. 455).

Stichwortverzeichnis → »**Schlüssel zum Versäumnisverfahren**« zu Beginn der Vorbemerkungen vor § 330.

I. Rechtsmittel gegen Zurückweisung des Antrags auf Versäumnisurteil		1	b) Keine Ladung der säumigen Partei	6
1. Zulässigkeit und Begründetheit der sofortigen Beschwerde		1	c) Erscheinen der nicht geladenen Partei	7
2. Rechtsfolgen der begründeten Beschwerde		5	d) Nichterscheinen im neuen Termin	9
a) Aufhebung des Zurückweisungsbeschlusses		5	II. Rechtsmittel gegen Zurückweisung des Antrags auf Entscheidung nach Aktenlage	10

I. Rechtsmittel gegen Zurückweisung des Antrags auf Versäumnisurteil

1. Zulässigkeit und Begründetheit der sofortigen Beschwerde

Wird der Antrag auf Erlaß des Versäumnisurteils nach § 335 oder aus anderen Gründen[1] zurückgewiesen oder, was dem gleichsteht[2], → § 335 Rdnr. 20, trotz dieses Antrags die Verta- 1

---

[1] RGZ 63, 364; *OLG Nürnberg* MDR 1963, 507; *OLG Hamm* NJW-RR 1991, 703; MünchKomm ZPO-*Prütting* Rdnr. 1; *Zöller/Herget*[20] Rdnr. 2 .

[2] *OLG Nürnberg*; *OLG Hamm*; MünchKomm ZPO-*Prütting* (alle wie Fn. 1).

gung ausgesprochen, so findet gegen diesen Beschluß die sofortige Beschwerde statt, deren Notfrist mit der Verkündung des Beschlusses zu laufen beginnt[3], § 577 Abs. 2 S. 1; dies gilt auch dann, wenn der Beschluß in einem besonderen Termin verkündet worden ist[4]. Hat das Gericht entgegen dem Antrag der erschienenen Partei nur ein Teilurteil erlassen und den Antrag im übrigen zurückgewiesen, → § 331 Rdnr. 25, so ist insoweit die sofortige Beschwerde gegeben[5]. Im Beschwerdeverfahren ist die säumige Partei nicht zu hören[6], denn die erschienene Partei verfolgt mit dem Beschwerdeverfahren dasselbe Ziel, das sie im Termin, in dem der Gegner säumig war, nicht erreichte; demselben Zweck dient auch im Fall der erfolgreichen Beschwerde die Nichtladung der säumigen Partei nach Abs. 1 S. 2, → Rdnr. 6. Erfährt die säumige Partei allerdings vom Beschwerdeverfahren und beteiligt sie sich daraufhin daran, so gilt das zu → Rdnr. 7 Ausgeführte entsprechend.

2 Durch den Vertagungsantrag wird die Beschwerde ausgeschlossen, weil darin ein Verzicht auf das Rechtsmittel liegt, → § 335 Rdnr. 24. Die Beschwerde kann nur darauf gestützt werden, daß der Antrag auf Erlaß eines Versäumnisurteils zu Unrecht abgelehnt worden ist[7], nicht dagegen darauf, daß das Gericht es nach § 301 Abs. 2 abgelehnt hat, ein Teilversäumnisurteil zu erlassen[8]. Wird die Beschwerde nicht erhoben oder verworfen, so ruht der Prozeß rein tatsächlich, →vor § 239 Rdnr. 19 und → § 251 Rdnr. 22 sowie weiter → § 335 Rdnr. 21.

3 Weist das Gericht den Antrag auf Erlaß eines Versäumnisurteils zurück und erläßt es statt dessen ein **kontradiktorisches Urteil**, so ist für die sofortige Beschwerde kein Raum; der Partei bleibt nur das ordentliche Rechtsmittel (Berufung oder Revision) gegen das Urteil[9].

2. Rechtsfolgen der begründeten Beschwerde

a) Aufhebung des Zurückweisungsbeschlusses

5 Wird der Beschluß aufgehoben, so kann das Beschwerdegericht das Versäumnisurteil nicht selbst erlassen[10], sondern hat die Sache an die untere Instanz zurückzugeben. Eine weitere Beschwerde der säumigen Partei gegen die Aufhebung des Zurückweisungsbeschlusses ist nicht statthaft[11], → § 568 Rdnr. 3.

b) Keine Ladung der säumigen Partei

6 Das Gericht der unteren Instanz hat nach Eingang der Akten von Amts wegen einen **neuen Termin** anzuberaumen. Dieser wird nur der im früheren Termin erschienenen Partei bekanntgemacht, → vor § 214 Rdnr. 12 ff. Dagegen ist die **säumige Partei** zu dem neuen Termin **nicht zu laden, Abs. 1 Satz 2**. Darin liegt deswegen kein Verstoß gegen den Grundsatz des rechtlichen Gehörs, weil die Nichtladung das Ziel verfolgt, der früher erschienenen Partei dieselbe Prozeßlage zu verschaffen, die sie schon einmal innehatte und in der ihr durch den rechtswidrigen Zurückweisungsbeschluß nach § 335 der Erlaß eines Versäumnisurteils oder einer Entscheidung nach Aktenlage verwehrt wurde.

---

[3] *OLG Brandenburg* NJW-RR 1995, 1471 = MDR 1262; *Zöller/Herget*[20] Rdnr. 3.

[4] *OLG Braunschweig* MDR 1992, 292; MünchKomm ZPO-*Prütting* Rdnr. 2; *Thomas/Putzo*[20] Rdnr. 1; *Zöller/Herget*[20] Rdnr. 3. A.A. *LG Köln* MDR 1985, 593 (Beginn der Frist erst mit Zustellung des Beschlusses).

[5] *OLG München* OLGRsp. 19, 108; MünchKomm ZPO-*Prütting* Rdnr. 2.

[6] *KG* MDR 1983, 412; *Thomas/Putzo*[20] Rdnr. 1; MünchKomm ZPO-*Prütting* Rdnr. 3 (mit Bedenken).

[7] MünchKomm ZPO-*Prütting* Rdnr. 2; *Zöller/Herget*[20] Rdnr. 3.

[8] *Baumbach/Lauterbach/Hartmann*[56] Rdnr. 2.

[9] MünchKomm ZPO-*Prütting* Rdnr. 1.

[10] MünchKomm ZPO-*Prütting* Rdnr. 3; *Zöller/Herget*[20] Rdnr. 3.

[11] *KG* MDR 1983, 412; MünchKomm ZPO-*Prütting* Rdnr. 3.

c) Erscheinen der nicht geladenen Partei

Aus Abs. 1 S. 2 kann nicht gefolgert werden, daß die Partei, wenn sie gleichwohl erscheint, ohne Einwilligung des Gegners nicht zur Verhandlung zugelassen werden darf; dies würde den Grundsätzen einer vernünftigen Prozeßökonomie widersprechen; die früher säumige Partei würde nämlich regelmäßig sogleich Einspruch einlegen, wenn trotz ihres Erscheinens ein Versäumnisurteil erginge. Daher ist der **Erlaß des Versäumnisurteils unzulässig**, wenn die nicht geladene Partei im Termin erscheint und verhandelt[12]. Aus den gleichen Gründen ist einer Partei, die sich beim Gericht nach dem neuen Termin erkundigt, dieser mitzuteilen. 7

Handelt es sich bei der beantragten Entscheidung allerdings um ein technisch **zweites Versäumnisurteil**, so kann nicht wie unter → Rdnr. 7 dargelegt, verfahren werden. Da in diesem Fall ein Einspruch nicht statthaft ist, § 345, und die nur beschränkt zulässige Berufung, § 513 Abs. 2, regelmäßig keinen Erfolg haben wird, gebietet gerade die Prozeßökonomie, die nicht geladene aber dennoch erschienene Partei nicht mehr zur Verhandlung zuzulassen[13]. Dadurch gelangt man zu der vom Gesetz gewollten Rechtsfolge (Erlaß des technisch zweiten Versäumnisurteils), die zunächst durch die fehlerhafte Zurückweisung des Antrags vereitelt worden war. 8

d) Nichterscheinen im neuen Termin

Bleibt die früher erschienene Partei im neuen Termin aus, so ist nach § 251 a zu verfahren; ebenso wenn die erschienene Partei diesmal kein Versäumnisurteil beantragt. 9

II. Rechtsmittel gegen Zurückweisung des Antrags auf Entscheidung nach Aktenlage

Zu Abs. 2 → § 335 Rdnr. 34. 10

§ 337 [Vertagung von Amts wegen]

Das Gericht vertagt die Verhandlung über den Antrag auf Erlaß des Versäumnisurteils oder einer Entscheidung nach Lage der Akten, wenn es dafür hält, daß die von dem Vorsitzenden bestimmte Einlassungs- oder Ladungsfrist zu kurz bemessen oder daß die Partei ohne ihr Verschulden am Erscheinen verhindert ist. Die nicht erschienene Partei ist zu dem neuen Termin zu laden.

Gesetzesgeschichte: Ursprünglich § 302 CPO. Satz 1 geändert durch Nov. 1924 (RGBl. 1924 I 135) und die Vereinfachungsnov. (BGBl. 1976 I 3281). Sprachliche Änderung durch Nov. 1950 (BGBl. 1950 S. 455).

Stichwortverzeichnis → »**Schlüssel zum Versäumnisverfahren**« zu Beginn der Vorbemerkungen vor § 330.

---

[12] *Baumbach/Lauterbach/Hartmann*[56] Rdnr. 4; MünchKomm ZPO-*Prütting* Rdnr. 5; *Thomas/Putzo*[20] Rdnr. 1; *Zöller/Herget*[20] Rdnr. 3; *Rosenberg/Schwab/Gottwald*[15] § 107 III 2 c (3).

[13] Ebenso MünchKomm ZPO-*Prütting* Rdnr. 5. A.A. *Baumbach/Lauterbach/Hartmann*[56] Rdnr. 4.

I. Vertagung bei Antrag auf Erlaß eines Versäumnisurteils	1	dd) Amtsbekannte Gründe	9
1. Voraussetzungen des Vertagungsbeschlusses	1	ee) Mangelnde Sprachkenntnisse der Partei	9a
a) Zu kurze richterliche Frist	2	2. Anfechtung des Vertagungsbeschlusses	10
b) Schuldlose Säumnis	3	3. Gleichwohl ergangenes Versäumnisurteil	11
aa) Versäumnisurteil gegen eine anwaltlich vertretene Partei	4	4. Der neue Termin	12
bb) Vereinbarung, kein Versäumnisurteil zu beantragen	7	II. Vertagung bei Antrag auf Entscheidung nach Aktenlage	13
cc) Prozeßkostenhilfeantrag im schriftlichen Vorverfahren	8	III. Arbeitsgerichtliches Verfahren	14

I. Vertagung bei Antrag auf Erlaß eines Versäumnisurteils

1. Voraussetzungen des Vertagungsbeschlusses

1 Nur unter den Voraussetzungen von § 337 ist das Gericht, nachdem der Antrag auf Erlaß des Versäumnisurteils gestellt ist, von Amts wegen zu einer Vertagung verpflichtet; → dazu auch vor § 330 Rdnr. 20. Diese **Voraussetzungen** sind:

a) Zu kurze richterliche Frist

2 Wenn nach Ansicht des Gerichts die Einlassungs- oder Ladungsfrist, soweit sie **vom Vorsitzenden bestimmt** war, zu kurz bemessen war, ist zu vertagen. Dies sind z.B. die Fälle der §§ 226, 239 Abs. 3 S. 2, 274 Abs. 3 S. 2, 339 Abs. 2, 520 Abs. 2, 555 Abs. 2. Bei gesetzlichen Fristen (z.B. §§ 217, 274 Abs. 3 S. 1) ist die Vorschrift dagegen nicht anwendbar[1]; diese können nicht zu kurz bemessen sein.

b) Schuldlose Säumnis

3 Das Gericht muß ferner von Amts wegen vertagen, wenn die Partei ohne ihr Verschulden am Erscheinen verhindert ist. Die Neufassung von § 337 durch die Vereinfachungsnovelle nennt in Anlehnung an die neue Fassung von § 233 nicht mehr die Verhinderung am Erscheinen »durch Naturereignisse oder andere unabwendbare Zufälle«, sondern fehlendes Verschulden der Partei oder ihres Vertreters, §§ 51 Abs. 2, 85 Abs. 2, und hat damit die Voraussetzungen für eine Vertagung der Verhandlung über einen Antrag auf Erlaß eines Versäumnisurteils oder einer Entscheidung nach Lage der Akten wesentlich erleichtert. Für den **Begriff des Verschuldens** kann auf die Ausführungen zu § 233 verwiesen werden, → dort Rdnr. 37 ff, sowie auf die Kasuistik im dortigen Wiedereinsetzungsschlüssel, → § 233 Rdnr. 62 ff, insbesondere auf die Stichworte »Abwesenheit«, → Rdnr. 64, »Anwaltsverschulden«, → Rdnr. 64, »Krankheit«, → Rdnr. 72, und »Prozeßkostenhilfe«, →Rdnr. 77.

---

[1] Einhellige Meinung; s. etwa MünchKomm ZPO-*Prütting* Rdnr. 2; *Zöller/Herget*[20] Rdnr. 2.

aa) Versäumnisurteil gegen eine anwaltlich vertretene Partei[2]

In der Praxis spielen vor allem die Fälle eine Rolle, in denen ein Rechtsanwalt entgegen den **Grundsätzen des anwaltlichen Berufsrechts** gegen eine anwaltlich vertretene Partei ein Versäumnisurteil beantragt. In § 23 der Grundsätze des anwaltlichen Standesrechts der Bundesrechtsanwaltskammer war es als unzulässig erklärt worden, daß ein Anwalt gegen eine anwaltlich vertretene Partei ein Versäumnisurteil erwirkt, wenn er dies nicht rechtzeitig vorher angedroht hatte. Daraus hatte die ganz h.M. gefolgert, daß die Säumnis bei Erwirkung eines Versäumnisurteils unter Verstoß gegen § 23 der Standesrichtlinien regelmäßig deshalb unverschuldet war, weil der säumige Anwalt auf die Einhaltung dieser Regeln durch den gegnerischen Anwalt vertrauen durfte[3]. Nachdem das BVerfG durch Beschluß v. 14. 7.1987[4] entschieden hatte, daß in den Standesrichtlinien mangels einer ausreichenden gesetzlichen Ermächtigungsgrundlage keine Einschränkungen der anwaltlichen Berufsausübung geregelt werden können, wurde § 23 der Standesrichtlinien als nicht mehr verbindlich angesehen; ein Anwalt dürfe deshalb nicht mehr davon ausgehen, daß der Prozeßbevollmächtigte der Gegenseite kein Versäumnisurteil beantragen werde[5].

Inzwischen ist auf der Grundlage von § 59 b BRAO durch die Satzungsversammlung bei der Bundesrechtsanwaltskammer (§ 191 a BRAO) eine **Berufsordnung für Rechtsanwälte** erlassen worden[6], die am 11.3. 1997 in Kraft getreten ist. § 13 der Berufsordnung knüpft inhaltlich an § 23 der früheren Richtlinie an:

§ 23 Berufsordnung (Versäumnisurteil)

Der Rechtsanwalt darf bei anwaltlicher Vertretung der Gegenseite ein Versäumnisurteil nur erwirken, wenn er dies zuvor dem Gegenanwalt angekündigt hat; wenn es die Interessen des Mandanten erfordern, darf er den Antrag ohne Ankündigung stellen.

Wie schon zur Zeit der Standesrichtlinien ist die **Säumnis regelmäßig unverschuldet**, wenn der säumige Anwalt auf die Einhaltung der berufsrechtlichen Regeln durch den gegnerischen Anwalt vertraut. Dieses Vertrauen ist grundsätzlich schutzwürdig. Darin liegt nicht die Aufwertung der berufsrechtlichen Pflicht zu einer zivilprozessual erheblichen Pflicht oder die Anerkennung einer Kompetenz der Satzungsversammlung, für den Zivilprozeß relevante Pflichten zu schaffen[7]. Es geht vielmehr nur darum, den in § 337 S. 1 verwendeten Begriff »Verschulden« unter Heranziehung der berufsrechtlichen Pflichten des Anwalts auszulegen. Der säumige Anwalt muß allerdings beachten, daß der Gegenanwalt den **Antrag auf Erlaß des Versäumnisurteils** dann auch ohne Ankündigung stellen kann, wenn die **Interessen seines Mandanten dies erfordern**. Ob dies konkret der Fall ist, wird der säumige Anwalt häufig nur schwer beurteilen können, weshalb ein Verschulden an der Säumnis trotz Fehlens der Ankündigung eines Antrags auf Erlaß eines Versäumnisurteils bejaht werden muß.

bb) Vereinbarung, kein Versäumnisurteil zu beantragen

Eine schuldlose Säumnis liegt ferner vor, wenn eine Partei oder deren Anwalt entgegen einer zuvor getroffenen Vereinbarung, bis zu einem bestimmten Termin kein Versäumnisurteil

---

[2] S. dazu insbesondere *Hartung* Das anwaltliche Verbot des Versäumnisurteils (1991); *Taupitz* Das Versäumnisurteil zwischen anwaltlicher Kollegialität und Mandantenrecht, Festschr. Pawlowski (1996), 443.
[3] BGH LM § 337 Nr. 1 = NJW 1976, 196 = MDR 136; LM § 345 Nr. 2 = NJW 1978, 428 = MDR 132 = JZ 31; weit. Nachw. s. Voraufl. Fn. 2.
[4] BVerfGE 76, 171 = NJW 1988, 191 = JZ 242.
[5] BGH LM § 513 Nr. 9 = NJW 1991, 42 = MDR 328 = ZIP 1990, 1628; Näheres zur Rechtslage nach der Entscheidung des BVerfG bei MünchKomm ZPO-*Prütting* Rdnr. 10ff.
[6] BRAK-Mitteilungen 1996, 241.
[7] So aber *Taupitz* (Fn. 2), 456f.

zu beantragen, dennoch ein solches beantragt; die Gegenpartei darf hier auf die Einhaltung der Vereinbarung vertrauen[8]. Zur Zulässigkeit und den Rechtsfolgen einer solchen Vereinbarung → auch vor § 330 Rdnr. 21.

cc) Prozeßkostenhilfeantrag im schriftlichen Vorverfahren

8   Ist der Beklagte beim Anwaltsprozeß im schriftlichen Vorverfahren durch seine Mittellosigkeit gehindert, einen Anwalt mit der Anzeige seiner Verteidigungsabsicht zu beauftragen, so ist die Säumnis unverschuldet, wenn er innerhalb der ihm nach § 276 Abs. 1 S. 1 gesetzten Frist einen Antrag auf Gewährung von Prozeßkostenhilfe stellt, → § 276 Rdnr. 43. Der Erlaß des Versäumnisurteils ist in diesem Falle erst zulässig, wenn über den Prozeßkostenhilfeantrag entschieden und nach einer gewissen Überlegungsfrist noch keine Verteidigungsanzeige bei Gericht eingegangen ist, → § 119 Rdnr. 5. Ist die Partei, der die Prozeßkostenhilfe versagt wurde, im Anwaltsprozeß finanziell nicht in der Lage, einen Prozeßvertreter zu bestellen, liegt keine unverschuldete Säumnis vor[9].

dd) Amtsbekannte Gründe

9   Da es sich bei § 337 um von Amts wegen zu beachtende Umstände handelt, kann das Gericht sowohl offenkundige Ereignisse der bezeichneten Art als auch solche, die ihm aus den Akten (durch Schriftsätze, Eingaben usw.) bekannt sind, berücksichtigen.

ee) Mangelnde Sprachkenntnisse der Partei

9a Stellt sich im Termin heraus, daß eine erschienene Partei infolge unzureichender Kenntnis der deutschen Sprache (§ 184 GVG) nicht in der Lage ist, zur Hauptsache zu verhandeln, so ist ihre Säumnis, → § 333 Rdnr. 3, unverschuldet[10]. Für das Gericht besteht nämlich in einem solchen Fall nach § 185 Abs. 1 S. 1 GVG die Pflicht, durch eine verfahrensleitende Anordnung die Hinzuziehung eines Dolmetschers zu veranlassen, um der Partei die Wahrnehmung des Termins auch tatsächlich zu ermöglichen, → vor § 128 Rdnr. 152 ff. Daß die von Amts wegen zu erfolgende Hinzuziehung eines Dolmetschers bislang unterblieben ist, darf nicht zu Lasten der sprachunkundigen Partei gehen.

2. Anfechtung des Vertagungsbeschlusses

10 Der Vertagungsbeschluß kommt rechtlich und tatsächlich einer Zurückweisung des Antrags auf Erlaß eines Versäumnisurteils gleich; daher findet gegen ihn nach § 336 Abs. 1 S. 1 die sofortige Beschwerde statt[11].

3. Gleichwohl ergangenes Versäumnisurteil

11 Ein trotz Vorliegens der Voraussetzungen des § 337 ergangenes Versäumnisurteil ist i.S. des § 344 nicht »in gesetzlicher Weise« ergangen[12], → auch § 344 Rdnr. 6. Wenn der Einspruch an

---

[8] *OLG Karlsruhe* NJW 1974, 1096; *LAG Köln* AnwBl. 1984, 159. A.A. *Baumbach/Lauterbach/Hartmann*[56] Rdnr. 12.
[9] *BGH* VersR 1981, 1056.
[10] MünchKomm ZPO-*Prütting* Rdnr. 4.
[11] *OLG München* MDR 1956, 684; *LAG Frankfurt* NJW 1963, 2046; *Baumbach/Lauterbach/Hartmann*[56] Rdnr. 18; MünchKomm ZPO-*Prütting* Rdnr. 25; *Thomas/Putzo*[20] § 336 Rdnr. 1; *Zöller/Herget*[20] Rdnr. 4; *Rosenberg/Schwab/Gottwald*[15] § 107 III 2 b. A.A. *LAG Düsseldorf* NJW 1961, 2371.
[12] MünchKomm ZPO-*Prütting* Rdnr. 24.

sich nicht statthaft ist, unterliegt es der Berufung nach § 513 Abs. 2, Näheres → § 513 Rdnr. 8. Keine Rolle spielt, ob dem Gericht die Tatsachen, die zur Vertagung nach § 337 hätten Anlaß geben müssen, bekannt gewesen sind oder nicht, → § 344 Rdnr. 6 und → § 513 Rdnr. 8. War es der säumigen Partei zuzumuten, das Gericht noch rechtzeitig vor Erlaß des Versäumnisurteils zu unterrichten, sie sei ohne ihr Verschulden am Erscheinen im Termin verhindert, so ist das Urteil gesetzmäßig ergangen, → § 513 Rdnr. 9.

4. Der neue Termin

Liegen die Voraussetzungen des § 337 vor, so hat das Gericht die mündliche Verhandlung **von Amts wegen zu vertagen.** Insoweit steht dem Gericht kein Ermessen zu[13]. Der neue Termin ist zu verkünden. Die ausgebliebene Partei ist hierzu ebenso wie im Fall des § 335, → dort Rdnr. 25 und 34, sowohl im landgerichtlichen wie im amtsgerichtlichen Verfahren von Amts wegen zu laden, Satz 2. Erscheint sie, so kann sie zur Sache verhandeln und damit die Säumnisfolgen abwenden[14]. Die Ladung erfolgt nämlich ohne Beschränkung, also zur Verhandlung der Sache insgesamt, und nicht etwa nur zur Verhandlung über den Antrag auf Erlaß des Versäumnisurteils. Beim Ausbleiben des Gegners kann die im ersten Termin säumige Partei ihrerseits Versäumnisurteil beantragen. Erscheint die Partei erneut nicht, so ist das Versäumnisurteil aufgrund der Versäumung des neuen, nicht des früheren Termins zu erlassen. In den Fällen einer **zu kurzen Bestimmung der Einlassungs- oder Ladungsfrist,** → Rdnr. 2, muß die Frist vom Gericht neu festgesetzt werden; die Einlassungsfrist läuft jedoch nicht neu, sondern weiter ab Zustellung der Klage[15].

12

II. Vertagung bei Antrag auf Entscheidung nach Aktenlage

Nach § 331 a ist das Gericht bei Säumnis einer Partei verpflichtet, auf Antrag des erschienenen Gegners eine Entscheidung nach Lage der Akten zu erlassen, wenn der Sachverhalt dafür hinreichend geklärt erscheint. Das Gesetz sieht aber auch hier vor, daß unter den in § 337 bezeichneten Voraussetzungen von der Entscheidung abzusehen und die Verhandlung zu vertagen ist. Im einzelnen gilt das unter → Rdnr. 1 ff Ausgeführte auch hier. Macht das Gericht von der Vertagungsmöglichkeit keinen Gebrauch, so kann die ausgebliebene Partei, wenn ein Termin zur Verkündung der Entscheidung nach Lage der Akten bestimmt wird, nach § 331 a in Verbindung mit § 251 a Abs. 2 S. 4 bis zum siebenten Tag vor dem Verkündungstermin die Unterlassung der Verkündung beantragen. Gibt das Gericht diesem Antrag statt, so bestimmt es einen neuen Verhandlungstermin, → dazu § 251 a Rdnr. 32 ff.

13

III. Arbeitsgerichtliches Verfahren

§ 337 gilt ohne Abweichung auch im arbeitsgerichtlichen Verfahren. Zu beachten ist insbesondere, daß die Vertagung nicht deswegen erfolgen kann, weil das Gericht im konkreten Fall eine gesetzliche Frist für unangemessen kurz hält, →Rdnr. 2. Dies ist insbesondere für die kurze Einlassungsfrist, § 47 Abs. 1 ArbGG, von Bedeutung.

14

---

[13] MünchKomm ZPO-*Prütting* Rdnr. 22.
[14] *Baumbach/Lauterbach/Hartmann*[56] Rdnr. 19.
[15] MünchKomm ZPO-*Prütting* Rdnr. 23; Zöller/*Herget*[20] Rdnr. 4.

§ 338 [Einspruch]

Der Partei, gegen die ein Versäumnisurteil erlassen ist, steht gegen das Urteil der Einspruch zu.

Gesetzesgeschichte: Ursprünglich § 303 CPO. Sprachliche Änderung durch Novelle 1950 (BGBl. S. 455).

Stichwortverzeichnis → »**Schlüssel zum Versäumnisverfahren**« zu Beginn der Vorbemerkungen vor § 330.

I. Begriff des Einspruchs. Voraussetzungen und Umfang	1
1. Begriff und Statthaftigkeit	1
2. Meistbegünstigung bei Verlautbarungsfehlern	2
3. Rechtsbehelfe bei nicht in gesetzlicher Weise erlassenem Versäumnisurteil und beim Teilversäumnisurteil	3
a) Ungesetzliches Versäumnisurteil	3
b) Teilversäumnis- und streitiges Teilurteil	4
4. Beschränkung des Einspruchs	5
5. Der Einspruch als Voraussetzung für den Wegfall der Bindungswirkung, § 318	7
II. Ausschluß des Einspruchs	11
III. Arbeitsgerichtliches Verfahren	15

I. Begriff des Einspruchs. Voraussetzungen und Umfang

1. Begriff und Statthaftigkeit

1 Der Einspruch ist der **Rechtsbehelf der säumigen Partei** gegen die nachteiligen Folgen der gänzlichen Versäumung der Verhandlung. Er ist **kein Rechtsmittel**[1], und zwar weder im formellen Sinn der ZPO, die darunter nur die mit Devolutiveffekt ausgestatteten Rechtsbehelfe versteht, → Allg. Einl. vor § 511 Rdnr. 1f, noch der Sache nach, da er das Versäumnisurteil nicht als unrichtig bekämpft noch zu dessen Nachprüfung führen soll, sondern nur den provisorischen Charakter dieses Urteils durch die Erklärung zur Geltung bringt, daß die säumige Partei nunmehr in die Verhandlung eintreten will[2]. Er ist deshalb unabhängig von der Angabe und vom Nachweis einer Verhinderung am Erscheinen und davon, wieweit die Partei im weiteren Verfahren eine Abänderung erstreben will. Der Einspruch ist, abgesehen von den Fällen der § 238 Abs. 2, → dort Rdnr. 16, und § 345, gegen alle Versäumnisurteile (d.h. gegen solche Urteil, welche die Versäumnisfolgen gegen die säumige Partei aussprechen, → vor § 330 Rdnr. 23), zulässig[3]. Zum Verhältnis von Einspruch und Wiedereinsetzung in den vorigen Stand beim schriftlichen Versäumnisurteil → § 276 Rdnr. 40ff.

2. Meistbegünstigung bei Verlautbarungsfehlern

2 Hat das Gericht einen Verlautbarungsfehler begangen, d.h. eine **inkorrekte Entscheidung erlassen**, indem es ein streitiges Urteil (z.B. ein trotz der Säumnis erlassenes kontraditori-

---

[1] MünchKomm ZPO-*Prütting* Rdnr. 3; *Thomas/Putzo*[20] Rdnr. 1.
[2] *Bettermann* ZZP 88 (1975), 365, 422f; anders mit beachtlichen Argumenten *Münzberg* Die Wirkungen des Einspruchs im Versäumnisverfahren (1959), 80ff; *Gilles* Rechtsmittel im Zivilprozeß (1972), 136f.

[3] Wird in einem Versäumnisurteil von Amts wegen eine Räumungsfrist gewährt, § 721 Abs. 1, und soll das Urteil nur in diesem Punkt angegriffen werden, so ist nicht der Einspruch, sondern die sofortige Beschwerde, § 721 Abs. 6 S. 1, das statthafte Rechtsmittel (*LG Mannheim* MDR 1966, 242 = ZMR 276; MünchKomm ZPO-*Gottwald* § 721 Rdnr. 14, → auch § 721 Rdnr. 28).

sches Urteil, → § 330 Rdnr. 27ff) fälschlich als Versäumnisurteil bezeichnete (oder umgekehrt) oder bestehen Zweifel, ob ein Versäumnisurteil vorliegt, so gilt der Grundsatz der Meistbegünstigung[4], → dazu ausführlich Allg. Einl. vor § 511 Rdnr. 37ff und weiter →§ 345 Rdnr. 17. Die Partei kann danach entweder den Rechtsbehelf, der gegen die verlautbarte Entscheidung statthaft ist, oder den Rechtsbehelf einlegen, der gegen die Entscheidung gegeben ist, die richtigerweise hätte ergehen müssen. Wäre allerdings gegen die korrekte Entscheidung kein Rechtsmittel statthaft (weil z.B. die Berufungssumme des § 511a nicht erreicht ist), dann eröffnet auch die unrichtige Bezeichnung einer Entscheidung keine zusätzliche Rechtsmittelinstanz[5], → näher Allg. Einl. vor § 511 Rdnr. 52. Zum weiteren Verfahren des Rechtsmittelgerichts bei Anfechtung einer inkorrekten Entscheidung → Allg. Einl. vor § 511 Rdnr. 49ff.

3. Rechtsbehelfe bei nicht in gesetzlicher Weise erlassenem Versäumnisurteil und beim Teilversäumnisurteil

a) Ungesetzliches Versäumnisurteil

Gegen ein zutreffend als »Versäumnisurteil« bezeichnetes Urteil steht der säumigen Partei nur der Einspruch und nicht auch die Berufung oder Revision zu. Dabei ist es unerheblich, ob die gesetzlichen Voraussetzungen für den Erlaß eines Versäumnisurteils vorlagen. War die Partei etwa entgegen der Annahme des Gerichts nicht säumig oder hat das Gericht in einem Fall des § 337 die mündliche Verhandlung nicht vertagt, sondern ein Versäumnisurteil erlassen, so ist dagegen nur der Einspruch gegeben[6]; ebenso bei einem gegen den Beklagten auf der Grundlage einer unrichtigen Schlüssigkeitsprüfung ergangenen Versäumnisurteil[7]. Insoweit gilt der Grundsatz der Meistbegünstigung, → Rdnr. 2, nicht. Hat das Gericht ein Versäumnisurteil ohne darauf gerichteten Antrag erlassen, so kann dieses nur von der säumigen Partei mit Einspruch (bzw. in den Fällen der §§ 238, 345 mit der Berufung) angefochten werden, nicht aber von dem Gegner, zu dessen Gunsten es erlassen worden ist.

3

b) Teilversäumnis- und streitiges Teilurteil

Erging die Entscheidung teils durch Versäumnisurteil und im übrigen durch kontradiktorisches Urteil, → § 331 Rdnr. 25, so ist sie teils mit Einspruch, teils mit Berufung, → vor § 330 Rdnr. 30, anfechtbar[8]. Dabei besteht keine Möglichkeit, daß das Berufungsgericht über den Einspruch mitentscheidet. Beginn und Dauer der Rechtsbehelfsfristen sowie die sonstigen Zulässigkeitsvoraussetzungen (z.B. Erreichen der Berufungssumme) richten sich dabei unabhängig voneinander nach den für den jeweiligen Rechtsbehelf geltenden verfahrensrechtlichen Bestimmungen[9].

4

4. Beschränkung des Einspruchs

Der Einspruch kann auf einen zur Entscheidung durch Teilurteil geeigneten **Teil des Streitgegenstandes beschränkt** werden, § 340 Abs. 2 S. 2, → auch § 340 Rdnr. 6. Die Beschränkung kann auch noch im Einspruchstermin, § 341 a, erklärt werden[10]. Soweit der Einspruch nur be-

5

---

[4] Allgemeine Meinung; s. etwa MünchKomm ZPO-*Prütting* Rdnr. 8; *Rosenberg/Schwab/Gottwald*[15] § 107 V 2 a.
[5] BVerwG DÖV 1986, 248; MünchKomm ZPO-*Prütting* Rdnr. 8.
[6] BGH VersR 1973, 715; LM § 513 Nr. 11 = NJW 1994, 665 = MDR 199; OLG Düsseldorf MDR 1985, 1034; MünchKomm ZPO-*Prütting* Rdnr. 44; *Zöller/Herget*[20] Rdnr. 1.
[7] MünchKomm ZPO-*Prütting* Rdnr. 4.
[8] BGH FamRZ 1986, 897 = NJW-RR 1326 = MDR 39; FamRZ 1988, 945; *Baumbach/Lauterbach/Hartmann*[56] Rdnr. 5; MünchKomm ZPO-*Prütting* Rdnr. 7; *Zöller/Herget*[20] Rdnr. 1.
[9] BGH FamRZ 1986, 897 (Fn. 8).
[10] *Donau* MDR 1955, 22; MünchKomm ZPO-*Prütting* Rdnr. 15.

schränkt eingelegt wird, tritt im übrigen mit Ablauf der Einspruchsfrist formelle Rechtskraft des nicht angefochtenen Teils des Versäumnisurteils ein[11].

6   Da der Einspruch kein Rechtsmittel ist, → Rdnr. 1, ist er auch nur wegen der **Kosten** zulässig, ohne daß dem § 99 Abs. 1 entgegensteht[12], → weiter § 99 Rdnr. 3.

5. Der Einspruch als Voraussetzung für den Wegfall der Bindungswirkung, § 318

7   Ohne Einspruch kann das Gericht wegen seiner **Bindung nach § 318** das Versäumnisurteil auch bei Einverständnis beider Parteien nicht zurücknehmen[13].

II. Ausschluß des Einspruchs

11   Der Einspruch findet nicht statt bei unvollständigem Verhandeln, § 334. Hier ergeht kein Versäumnisurteil, sondern ein kontradiktorisches Urteil. Weiter ist der Einspruch nicht zur Beseitigung der Folgen versäumter Fristen gegeben; dazu dient allein die Wiedereinsetzung in den vorigen Stand, §§ 233 ff. Ferner steht der Einspruch derjenigen Partei nicht zu, die das Versäumnisurteil beantragt hat. Diese hat vielmehr gegen die Zurückweisung des Antrags, § 335, und die Vertagung gemäß § 337 die sofortige Beschwerde, → § 337 Rdnr. 10, und bei Abweisung der Klage durch sog. unechtes Versäumnisurteil die Berufung beziehungsweise Revision, → vor § 330 Rdnr. 30. Zu den sonstigen Zulässigkeitsvoraussetzungen des Einspruchs → § 341 Rdnr. 1 ff.

12   Wegen des Verhältnisses des Einspruchs zur Berufung und Revision vgl. §§ 513, 566. Über den Einspruch gegen den Vollstreckungsbescheid s. § 700 Abs. 3, Näheres → § 700 Rdnr. 4 ff.

13   Gegen die **Entscheidung nach Aktenlage**, § 331 a, ist der Einspruch nicht statthaft. Das Urteil kann nur mit den allgemeinen Rechtsmitteln angegriffen werden.

III. Arbeitsgerichtliches Verfahren

15   Wegen des arbeitsgerichtlichen Verfahrens erster und zweiter Instanz s. §§ 59 S. 1, 64 Abs. 7 i.V. mit § 59 S. 1 ArbGG (→ § 339 Rdnr. 15 ff, → § 340 Rdnr. 25 ff).

§ 339   [Einspruchsfrist]

(1) Die Einspruchsfrist beträgt zwei Wochen; sie ist eine Notfrist und beginnt mit der Zustellung des Versäumnisurteils.

(2) Mußte die Zustellung im Ausland oder durch öffentliche Bekanntmachung erfolgen, so hat das Gericht die Einspruchsfrist im Versäumnisurteil oder nachträglich durch besonderen Beschluß, der ohne mündliche Verhandlung erlassen werden kann, zu bestimmen.

Gesetzesgeschichte: Ursprünglich § 304 CPO. Sprachliche Änderung durch Novelle 1950 (BGBl. S. 455).

Stichwortverzeichnis → »Schlüssel zum Versäumnisverfahren« zu Beginn der Vorbemerkungen vor § 330.

---

[11] MünchKomm ZPO-*Prütting* Rdnr. 15.
[12] *Baumbach/Lauterbach/Hartmann*[56] Rdnr. 3; Münch Komm ZPO-*Prütting* Rdnr. 16; *Zöller/Herget*[20] Rdnr. 1.
[13] *Gilles* (Fn. 2), 134 ff.

I. Einspruchsfrist, Abs. 1	1	III. Arbeitsgerichtliches Verfahren	15
1. Dauer und Beginn	1	1. Frist in erster und zweiter Instanz	15
2. Einlegung vor Zustellung	7		
II. Richterliche Bestimmung der Frist, Abs. 2	11	2. Richterliche Bestimmung der Frist	16
		3. Frist in der Revisionsinstanz	17

I. Einspruchsfrist, Abs. 1

1. Dauer und Beginn

Die Einspruchsfrist beträgt nach Abs. 1 **zwei Wochen**; dies gilt gleichermaßen für den Anwaltsprozeß und den Parteiprozeß. Sie beginnt mit **Zustellung des Versäumnisurteils** bzw. des Vollstreckungsbescheids, § 700 Abs. 1, an die unterliegende Partei, § 317 Abs. 1 S. 1, bzw. an den Antragsgegner. Beim **Versäumnisurteil im schriftlichen Vorverfahren**, § 331 Abs. 3, beginnt die Frist erst zu laufen, wenn das Urteil der letzten Partei, der es von Amts wegen zuzustellen ist, zugestellt worden ist; erst mit der zeitlich letzten Zustellung wird dieses Urteil nämlich nach § 310 Abs. 3 rechtlich existent[1]. 1

Die Einspruchsfrist ist eine **Notfrist** und beginnt deshalb nicht zu laufen, wenn zwingende Zustellungsvorschriften verletzt sind, § 187 S. 1, → dazu § 187 Rdnr. 23; die Heilung eines Zustellungsmangels nach § 187 S. 1 scheidet aus. Über den Lauf der Einspruchsfrist bei Zustellung an eine prozeßunfähige Partei → § 56 Rdnr. 2. 2

Zur **Wahrung der Frist** ist das rechtzeitige Einreichen der Einspruchsschrift beim Prozeßgericht erforderlich, → § 340 Rdnr. 1. Bei Versäumung der Frist kann unter den Voraussetzungen des § 233 Wiedereinsetzung in den vorigen Stand gewährt werden; über den Wiedereinsetzungsantrag kann durch Beschluß entschieden werden, weil die mündliche Verhandlung über die Zulässigkeit des Einspruchs gemäß § 341 Abs. 2 S. 1 fakultativ ist, → § 341 Rdnr. 8 und →§ 238 Rdnr. 7. 3

Ohne Zustellung wird die Einspruchsfrist nicht in Lauf gesetzt. Die **Fünfmonatsfrist** in den §§ 516, 552 kann auf die Einspruchsfrist des § 339 **nicht entsprechend angewandt** werden[2]. Wenn die §§ 516, 552 nach h.M. auch auf die sofortige Beschwerde entsprechend angewandt werden, → § 577 Rdnr. 3, so kann daraus kein Schluß auf den Einspruch gezogen weden. Die sofortige Beschwerde ist nämlich wie die Berufung und Revision ein echtes Rechtsmittel, das jedoch im Gesetz nur lückenhaft geregelt ist,→ § 573 Rdnr. 1, und bei dem deshalb immer wieder auf die Vorschriften der beiden anderen Rechtsmittel zurückgegriffen werden muß. Demgegenüber ist der Einspruch kein Rechtsmittel, → § 338 Rdnr. 1; er ist in den §§ 338ff abschließend geregelt. Vor allem fehlt es an einer vergleichbaren Prozeßsituation. Bei den §§ 516, 552 liegt ein verkündetes oder der Partei bereits zugestelltes Urteil vor. Auch wenn sie im Verkündungstermin nicht anwesend war, wußte sie doch, daß die mündliche Verhandlung geschlossen ist und in dem zur Verkündung einer Entscheidung anberaumten Termin ein Urteil verkündet werden durfte. Demgegenüber ist es bei einem Versäumnisurteil ohne weiteres denkbar, daß die Partei von dem Termin und damit der Möglichkeit eines Versäumnisurteils keine Kenntnis hat. Für eine Lückenfüllung ist damit kein Raum[3]. Eine zeitliche Grenze 5

---

[1] *BGH* LM § 310 Abs. 3 Nr. 1 = NJW 1994, 3359 = MDR 1995, 308; MünchKomm ZPO-*Prütting* Rdnr. 6; *Zöller/Herget*[20] Rdnr. 4; *Rosenberg/Schwab/Gottwald*[15] § 107 V 2 c.

[2] *BGHZ* 30, 300; *BGH* LM § 339 Nr. 2 = NJW 1963, 154 = MDR 40; NJW 1976, 1940; *BAG* NJW 1957, 518; *OLG Celle* MDR 1957, 235; MünchKomm ZPO-*Prütting* Rdnr. 3; *Zöller/Herget*[20] Rdnr. 1; *Rosenberg/Schwab/Gottwald*[15] § 107 V 2 c; *Lüke* Festschr. f.Schiedermair (1976) 372, 382. A.A. *OLG Neustadt* MDR 1955, 747; *LG Stuttgart* MDR 1956, 110 und vor allem *Rimmelspacher* Festschr. f. Schwab (1990), 421, 427ff.

[3] Das Vorliegen einer durch Analogie zu schließenden Lücke verneint auch MünchKomm ZPO-*Prütting* Rdnr. 3.

für den Einspruch wird bei fehlender Zustellung des Versäumnisurteils nur durch die Verwirkung prozessualer Befugnisse gezogen[4], → vor § 128 Rdnr. 203.

2. Einlegung vor Zustellung

7   Eine Einlegung des Einspruchs **vor Zustellung** des Urteils ist wirksam, § 312 Abs. 2. Insoweit kann nichts anderes als für die Berufung und die Revision gelten, → § 516 Rdnr. 16. Bei einem verfrühten, d.h. **vor Erlaß** des Versäumnisurteils eingelegten Einspruch ist zu unterscheiden: Unzulässig ist es, »auf Vorrat« (allgemein hierzu → vor § 128 Rdnr. 204 ff) gegen möglicherweise in künftigen Terminen ergehende Versäumnisurteile Einspruch einzulegen. Einem derartigen Einspruch fehlt es an der erforderlichen Bestimmtheit. Vor allem fehlt die konkrete Aktivität der säumigen Partei, trotz Säumnis weiter den Prozeß zu betreiben. Ein derartiger Einspruch würde es erlauben, daß die säumige Partei auch weiter untätig bleibt und trotzdem Einspruchstermin nach § 341a anberaumt werden müßte. Anders ist der vorgängige Einspruch jedoch dann zu behandeln, wenn eine Partei ihn eingelegt hat, weil sie nach Säumnis in einem Termin annahm, gegen sie sei ein Versäumnisurteil ergangen. Praktisch kann der Fall nur eintreten, wenn das Versäumnisurteil nicht, womit die säumige Partei normalerweise rechnen muß, in dem Termin selbst, sondern ausnahmsweise in einem besonderen Verkündungstermin erlassen ist. Auch in diesem Fall den vor dem Erlaß des Versäumnisurteils eingelegten Einspruch als wirkungslos anzusehen, ist nicht angebracht[5]. Im Gegensatz zum zuerst erörterten Fall des vorgängigen Einspruchs ist die Partei hier erst nach Säumnis tätig geworden. Allein dies muß maßgeblich sein.

8   Beim **Versäumnisurteil im schriftlichen Vorverfahren** ist die Einspruchseinlegung bereits von der ersten Zustellung an durch die Geschäftsstelle zulässig, um den dadurch entstandenen Rechtsschein eines wirksamen Urteils zu beseitigen[6], → auch Allg. Einl. vor § 511 Rdnr. 44.

II. Richterliche Bestimmung der Frist, Abs 2

11   Der Fall einer Zustellung des Versäumnisurteils **im Ausland**, §§ 199 bis 202, wird im allgemeinen nicht praktisch, da die im Ausland wohnende Partei stets zur Benennung eines Zustellungsbevollmächtigten im Inland verpflichtet, § 174 Abs. 2, und die Zustellung demgemäß durch Aufgabe zur Post erfolgen kann. Wird durch Aufgabe zur Post zugestellt, so ist § 339 Abs. 2 nicht anwendbar, weil die Zustellung hier im Inland erfolgt[7], → § 175 Rdnr. 11. Zur Zustellung im Ausland kommt es demnach nur dann, wenn der Gegner von der Möglichkeit des § 175 keinen Gebrauch machen will, → § 175 Rdnr. 10f. Die **öffentliche Zustellung** setzt eine Bewilligung speziell für das Versäumnisurteil voraus, → § 204 Rdn. 2f.

12   Bei Vorliegen der Voraussetzungen von Abs. 2 hat das Gericht die **Einspruchsfrist** in jedem Fall **von Amts wegen zu bestimmen**. Zweckmäßigerweise geschieht dies schon im Versäumnisurteil, doch kann die Fristbestimmung auch nachträglich durch besonderen Beschluß erfolgen, der ohne mündliche Verhandlung erlassen werden kann und, wenn er nicht verkündet ist, dem Antragsteller nach § 329 Abs. 2 S. 1 mitzuteilen ist. Der Gegenpartei, gegen die das Versäumnisurteil ergangen ist, ist der Beschluß von Amts wegen zuzustellen, §§ 329 Abs. 2 S. 2,

---

[4] *BGH* LM § 339 Nr. 2 (Fn. 2).
[5] Zustimmend *Vollkommer* Formenstrenge und prozessuale Billigkeit (1973), 56 Fußn. 20. Demgegenüber hält die h.M. einen vor Erlaß des Versäumnisurteils eingelegten Einspruch generell für unwirksam (RGZ 110, 169, 170; *Baumbach/Lauterbach/Hartmann*[56] Rdnr. 5;

MünchKomm ZPO-*Prütting* Rdnr. 5; *Thomas/Putzo*[20] Rdnr. 1; *Zöller/Herget*[20] Rdnr. 2; *Rosenberg/Schwab/Gottwald*[15] § 107 V 2 c; offengelassen in BGHZ 105, 197, 199f).
[6] *Thomas/Putzo*[20] Rdnr. 1.
[7] RGZ 98, 139.

270 Abs. 1. Der Beschluß wird nicht vom Vorsitzenden, sondern vom Gericht erlassen[8]. Die Notwendigkeit eines besonderen Beschlusses kann sich vor allem dann ergeben, wenn die Bestimmung der Frist im Versäumnisurteil übersehen wurde, oder wenn sich die Notwendigkeit dazu erst nachträglich ergab.

Zur **Dauer der Frist** enthält Abs. 2 kein konkrete Aussage. Auf weniger als die gesetzliche Frist nach Abs. 1 (2 Wochen) darf die Frist nicht festgesetzt werden. Ebenso wie die gesetzliche Frist nach Abs. 1 ist die vom Gericht bestimmte Einspruchsfrist eine Notfrist. Gegen die im Urteil enthaltene Fristbestimmung ist ebenso wie gegen den besonderen Beschluß **kein Rechtsmittel** statthaft[9]. Fehlt eine Fristbestimmung, so läuft die Frist zunächst überhaupt nicht[10]; sie beginnt erst mit der Zustellung des Beschlusses[11]. Ist umgekehrt die Frist in einem Fall bestimmt, in dem die Voraussetzungen dafür fehlten, so läuft die Frist trotzdem nach Maßgabe der Bestimmung[12], da eine Nichtigkeit richterlicher Entscheidungen aus diesem Grund der ZPO fremd ist[13].

III. Arbeitsgerichtliches Verfahren

1. Frist in erster und zweiter Instanz

Im Verfahren erster und zweiter Instanz beträgt die Einspruchsfrist regelmäßig, → Rdnr. 16, nur **eine Woche**, §§ 59 S. 1, 64 Abs. 7 ArbGG. Dies gilt auch für den Einspruch gegen einen Vollstreckungsbescheid[14]. Daß die Einspruchsfrist in der Arbeitsgerichtsbarkeit kürzer als in der ordentlichen Gerichtsbarkeit bemessen ist, verstößt nicht gegen den allgemeinen Gleichheitsgrundsatz[15]. Die Frist beginnt mit Zustellung des Versäumnisurteils, die von Amts wegen erfolgt, § 50 Abs. 1 ArbGG, → § 317 Rdnr. 30. Auch die Zustellung eines Urteils in abgekürzter Form setzt die Frist in Lauf[16]. Hierauf ist die Partei nach § 59 S. 2 ArbGG zugleich mit der Zustellung des Urteils hinzuweisen. Die **Belehrung** ist zwingend vorgeschrieben, d.h. bei ihrem Fehlen wird die Einspruchsfrist nicht in Lauf gesetzt[17]. Der Hinweis muß schriftlich erfolgen; seine Aufnahme in das Urteil selbst oder in die Ausfertigung ist nicht notwendig, wenn dies auch der an sich nach § 9 Abs. 5 S. 1, 2 ArbGG gegebene Weg ist. Enthält das Urteil oder die Ausfertigung bereits den Hinweis, so bedarf es daneben nicht noch eines weiteren. Ist die Belehrung unterblieben, so muß die Zustellung unter Beachtung von § 59 S. 3 ArbGG wiederholt werden, widrigenfalls die Einspruchsfrist nicht zu laufen beginnt[18]. Nach h.M. soll es dabei nicht ausreichen, daß allein die Belehrung zugestellt wird[19]. Demgegenüber erscheint es ausreichend zu sein, wenn allein die fehlende Belehrung nachgeholt wird, wobei allerdings sichergestellt sein muß, daß eindeutig klar ist, auf welches Urteil sich die Belehrung bezieht. Das Belehrungserfordernis gilt auch bei anwaltlicher Vertretung der Partei.

2. Richterliche Bestimmung der Frist

§ 59 ArbGG ist sinngemäß dahingehend auszulegen, daß die Sondervorschrift des § 339 Abs. 2 durch ihn nicht berührt wird. Bei Zustellung im Ausland oder bei öffentlicher Zustel-

---

[8] MünchKomm ZPO-*Prütting* Rdnr. 8.
[9] MünchKomm ZPO-*Prütting* Rdnr. 9.
[10] MünchKomm ZPO-*Prütting* Rdnr. 7.
[11] RGZ 63, 85.
[12] MünchKomm ZPO-*Prütting* Rdnr. 7.
[13] RGZ 98, 139.
[14] LAG Hamm DB 1978, 896; *Leser* DB 1977, 2449; a.A. *Eich* DB 1977, 909, 912.
[15] BVerfGE 36, 298, 306 = AP § 59 ArbGG Nr. 1 = NJW 1974, 847f zu § 59 S. 1 ArbGG a. F., wonach die Einspruchsfrist nur drei Tage betrug.
[16] LAG Hamburg NJW 1975, 951.
[17] *Grunsky*[7] § 59 Rdnr. 6; *Germelmann/Matthes/Prütting*[2] § 59 Rdnr. 21.
[18] *Grunsky*[7] § 59 Rdnr. 6; *Germelmann/Matthes/Prütting*[2] § 59 Rdnr. 21.
[19] *Germelmann/Matthes/Prütting*[2] § 59 Rdnr. 21; GK-*Dörner* § 59 Rdnr. 39; *Hauck* § 59 Rdnr. 16.

lung ist die Einspruchsfrist also auch im arbeitsgerichtlichen Verfahren durch das Gericht zu bestimmen[20]. Erfolgt die Bestimmung der Frist ohne mündliche Verhandlung durch Beschluß, → Rdnr. 12, so entscheidet der Vorsitzende allein, §§ 53 Abs. 1 S. 1, 64 Abs. 7 ArbGG.

3. Frist in der Revisionsinstanz

17   Im Verfahren vor dem Bundesarbeitsgericht gelten die Vorschriften der ZPO ohne Abweichung, § 72 Abs. 5 ArbGG, → § 566 Rdnr. 16.

§ 340   [Einlegung des Einspruchs; Einspruchsschrift]

(1) Der Einspruch wird durch Einreichung der Einspruchsschrift bei dem Prozeßgericht eingelegt.
(2) Die Einspruchsschrift muß enthalten:
1. die Bezeichnung des Urteils, gegen das der Einspruch gerichtet wird;
2. die Erklärung, daß gegen dieses Urteil Einspruch eingelegt werde. Soll das Urteil nur zum Teil angefochten werden, so ist der Umfang der Anfechtung zu bezeichnen.
(3) In der Einspruchsschrift hat die Partei ihre Angriffs- und Verteidigungsmittel, soweit es nach der Prozeßlage einer sorgfältigen und auf Förderung des Verfahrens bedachten Prozeßführung entspricht, sowie Rügen, die die Zulässigkeit der Klage betreffen, vorzubringen. Auf Antrag kann der Vorsitzende für die Begründung die Frist verlängern, wenn nach seiner freien Überzeugung der Rechtsstreit durch die Verlängerung nicht verzögert wird oder wenn die Partei erhebliche Gründe darlegt. § 296 Abs. 1, 3, 4 ist entsprechend anzuwenden. Auf die Folgen einer Fristversäumung ist bei der Zustellung des Versäumnisurteils hinzuweisen.

Gesetzesgeschichte: Ursprünglich § 305 CPO. Inhaltlich geändert durch Novelle 1909 (RGBl. S. 475). Sprachliche Änderung durch Novelle 1950 (BGBl. S. 455). Abs. 2 S. 2 angefügt und Abs. 3 neu gefaßt durch Vereinfachungsnovelle (BGBl. 1976 I 3281).

Stichwortverzeichnis → »Schlüssel zum Versäumnisverfahren« zu Beginn der Vorbemerkungen vor § 330.

I. Einlegung des Einspruchs 1	5. Folgen der Fristversäumung 15
II. Inhalt der Einspruchsschrift 3	6. Flucht in die Säumnis 16
III. Einspruchsbegründung 11	7. Einspruch gegen Vollstreckungsbescheid 19
1. Allgemeines 11	
2. Begründungsinhalt 12	IV. Arbeitsgerichtliches Verfahren 25
3. Fristverlängerung 13	
4. Belehrung über die Folgen einer Fristversäumung 14	

I. Einlegung des Einspruchs

1   Die Einlegung des Einspruchs geschieht ebenso wie die der Berufung und der Revision nicht durch Zustellung eines Schriftsatzes, sondern durch **Einreichung der Einspruchsschrift beim**

---

[20] Einhellige Meinung; s. etwa *Grunsky*[7] § 59 Rdnr. 3; *Germelmann/Matthes/Prütting*[2] § 59 Rdnr. 33; *Hauck* § 59 Rdnr. 12.

Prozeßgericht, Abs. 1. Beim **Landgericht** kann das Erfordernis der Einreichung einer Einspruchsschrift nicht durch Erklärung zu Protokoll der Geschäftsstelle ersetzt werden[1]. Dagegen hat es der *BGH* als ausreichend angesehen, daß der Einspruch durch den Anwalt der säumigen Partei in der mündlichen Verhandlung unter Bezugnahme auf einen früher eingereichten Schriftsatz, der die Anforderungen einer Einspruchsschrift erfüllt, erklärt wird[2]. Die mündliche Ankündigung, gegen ein Versäumnisurteil werde Einspruch eingelegt werden, macht einen späteren Schriftsatz, der nicht als Einspruchsschrift gekennzeichnet ist, dagegen nicht zu einer solchen[3]. Im **amtsgerichtlichen Verfahren** ist auch die Erklärung zu Protokoll dieses Gerichts, § 496, und im übrigen jedes Amtsgerichts, § 129a Abs. 1, zulässig; im letztgenannten Fall muß das Protokoll jedoch rechtzeitig beim zuständigen Gericht eingehen, § 129a Abs. 2 S. 2,→ dazu § 129a Rdnr. 18. Wird der Einspruch bei einem **unzuständigen Gericht** eingelegt, so ist er nur fristgemäß, wenn er vor Ablauf der Einspruchsfrist beim Prozeßgericht eingeht[4]. Zum Begriff der Einreichung → vor § 128 Rdnr. 189 ff.

II. Inhalt der Einspruchsschrift

Der **notwendige Inhalt** der Einspruchsschrift besteht nur in der **Bezeichnung des Urteils**, die so genau sein muß, daß die Identität des Rechtsstreits und des Urteils außer Zweifel steht, → zur entsprechenden Problematik bei der Berufung § 518 Rdnr. 14f, und in der **Erklärung, Einspruch einzulegen**. Für letzteres genügt es, daß aus der Einspruchsschrift erkennbar ist, daß die Partei das Versäumnisurteil anfechten will und eine Fortsetzung des Verfahrens verlangt. Ist das Versäumnisurteil gegen mehrere Parteien ergangen, so muß zumindest durch Auslegung der Einspruchsschrift feststellbar sein, für welche Partei Einspruch eingelegt wird[5]. Die Verwendung des Begriffs »Einspruch« ist nicht erforderlich[6]. Vor allem bei nicht anwaltlich vertretenen Parteien im außergerichtlichen Verfahren ist die Verwendung ähnlicher Ausdrücke (»Widerspruch«, »Antrag auf Aufhebung«, »Anfechtung« usw.) nicht zu beanstanden. Der in § 300 StPO niedergelegte Grundsatz, daß ein Irrtum in der Bezeichnung des zulässigen Rechtsmittels unschädlich ist, gilt auch hier. Die Umdeutung eines Rechtsbehelfs in einen Einspruch ist möglich[7] (z.B. eines verspäteten Widerspruchs gegen einen Mahnbescheid in einen Einspruch gegen den Vollstreckungsbescheid, § 694 Abs. 2 S. 1), scheidet jedoch aus, wenn er nicht beim Prozeßgericht eingelegt worden ist[8]. 3

Als bestimmender Schriftsatz, → § 129 Rdnr. 4 ff, muß die Einspruchsschrift von der Partei oder ihrem Prozeßbevollmächtigten **eigenhändig unterschrieben** sein[9]. Zur Notwendigkeit und zu den Anforderungen an eine Unterzeichnung sowie zu den Ausnahmen vom Unterschriftserfordernis im einzelnen → § 129 Rdnr. 8 ff. 4

Formmängel der Einspruchsschrift haben die Unzulässigkeit des Einspruchs zur Folge, § 341 Abs. 1 S 2. Da die Mängel allerdings bis zum Ablauf der Einspruchsfrist geheilt werden können, kommt eine Verwerfung erst nach Fristablauf in Betracht. Sofern eine fristgerechte 5

---

[1] A.A. *OLG Zweibrücken* MDR 1992, 998; dagegen zutreffend *Baumbach/Lauterbach/Hartmann*[56] Rdnr. 3; MünchKomm ZPO-*Prütting* Rdnr. 2; *Thomas/Putzo*[20] Rdnr. 1; *Zöller/Herget*[20] Rdnr. 1.
[2] *BGHZ* 105, 197 = LM § 340 Nr. 3 = NJW 1989, 530 = MDR 62; zustimmend MünchKomm ZPO-*Prütting* Rdnr. 2.
[3] *BGH* LM § 340 Nr. 4 = NJW-RR 1994, 1213 = MDR 1995, 308.
[4] MünchKomm ZPO-*Prütting* Rdnr. 4.
[5] *BGH* VersR 1987, 989; *OLG München* VersR 1966, 42; MünchKomm ZPO-*Prütting* Rdnr. 7.
[6] *BGH* LM § 340 Nr. 4 (Fn. 3); *RGZ* 141, 347; MünchKomm ZPO-*Prütting* Rdnr. 7; *Zöller/Herget*[20] Rdnr. 4.
[7] MünchKomm ZPO-*Prütting* Rdnr. 7.
[8] *BGH* VersR 1974, 1099. Allgemein zur Umdeutung von Prozeßhandlungen → vor § 128 Rdnr. 196 f.
[9] *BGHZ* 101, 134 = NJW 1987, 2588 = MDR 930; *BGH* LM § 338 Nr. 1; *OLG Karlsruhe* FamRZ 1988, 82; *LG Hamburg* NJW 1986, 1997; *LG Kiel* SchlHA 1987, 43; *Baumbach/Lauterbach/Hartmann*[56] Rdnr. 6; MünchKomm ZPO-*Prütting* Rdnr. 8; *Zöller/Herget*[20] Rdnr. 2. A.A. *LG Heidelberg* NJW-RR 1987, 1213.

Behebung noch möglich erscheint, sollte das Gericht im Rahmen seiner Hinweispflicht, § 139, auf eine Behebung hinwirken[10].

6 Seit der Vereinfachungsnovelle 1976 ist die **Beschränkbarkeit des Einspruchs** auf einen Teil des Urteils audrücklich im Gesetz vorgesehen, Abs. 1 S. 2. Der Einspruchsführer hat den Umfang der Anfechtung in der Einspruchsschrift zu bezeichnen, wenn er das Versäumnisurteil nur zum Teil anficht. Die teilweise Anfechtung kann nicht auf einzelne Urteilselemente, sondern nur auf zur Entscheidung durch Teilurteil geeignete Teile des Streitgegenstandes, → dazu § 301 Rdnr. 4ff, beschränkt werden[11] (z.B. auf einen von mehreren Streitgenossen). Eine im Einzelfall unzulässige Beschränkung ist im Zweifel als unbeschränkte Einspruchseinlegung auszulegen[12]. Die Beschränkung des Einspruchs kann auch noch im Einspruchstermin erklärt werden[13]; Abs. 1 S. 2 bedeutet also nicht, daß die Beschränkung notwendigerweise schon in der Einspruchsschrift enthalten sein muß. Soweit das Urteil mit dem Einspruch nicht angefochten wird, erwächst es in formelle Rechtskraft, →§ 338 Rdnr. 5.

III. Einspruchsbegründung, Abs. 3

1. Allgemeines

11 § 340 Abs. 3 erlegt der säumigen Partei die Last auf, in der Einspruchsschrift zum Zwecke der Förderung des Verfahrens ihre Angriffs- und Verteidigungsmittel sowie Zulässigkeitsrügen vorzutragen. Im Gegensatz zur Berufung und Revision, wo die fristgemäße Einreichung einer Begründungsschrift zu den Zulässigkeitsvoraussetzungen des Rechtsmittels zählt, §§ 519b Abs. 1, 554a Abs. 1, handelt es sich hier aber trotz des entgegenstehenden Wortlauts um keine Begründungspflicht im eigentlichen Sinne. Die durch die Vereinfachungsnovelle eingeführte Vorschrift normiert vielmehr entsprechend der Zielsetzung der Vereinfachungsnovelle lediglich eine weitere **Prozeßförderungspflicht der säumigen Partei**[14]. Da sie bereits einen Termin versäumt hat, soll sie nunmehr im Einspruchsverfahren zu einer auf Förderung des Verfahrens bedachten Prozeßführung angehalten werden. Kommt sie dieser Last nicht fristgerecht nach, so muß (nicht nur kann) sie mit ihrem verspäteten Vortrag unter den Voraussetzungen des Abs. 3 S. 3 zurückgewiesen werden[15]. Dagegen hat das Unterlassen der Einspruchsbegründung oder deren verspätete Einreichung **keinen Einfluß auf die Zulässigkeit des Einspruchs**[16].

2. Begründungsinhalt

12 Die säumige Partei hat ihren Einspruch in der Einspruchsschrift zu begründen, d.h. sie hat ihre Angriffs- und Verteidigungsmitel (zu diesem Begriff → § 146 Rdnr. 2) vorzubringen, soweit es nach der Prozeßlage einer sorgfältigen und auf Förderung des Verfahrens bedachten Prozeßführung entspricht. Zum Umfang der Prozeßförderungspflicht im Hinblick auf die Prozeßlage → § 282 Rdnr. 15ff. Soweit die Partei schon vor der Säumnis vorgetragen hat, reicht es aus, in der Einspruchsschrift darauf Bezug zu nehmen[17]. War das Versäumnisurteil dagegen

---

[10] *Zöller/Herget*[20] Rdnr. 6; MünchKomm ZPO-*Prütting* Rdnr. 11.
[11] *OLG Celle* NJW 1972, 1867; MünchKomm ZPO-*Prütting* Rdnr. 10.
[12] MünchKomm ZPO-*Prütting* Rdnr. 10.
[13] *Donau* MDR 1955, 23; *Zöller/Herget*[20] § 338 Rdnr. 1.
[14] Amtliche Begründung zum Regierungsentwurf, BT-Drucksache 7/2729, S. 81.

[15] MünchKomm ZPO-*Prütting* Rdnr. 12.
[16] *BGHZ* 75, 138 = LM § 275 Nr. 7 = NJW 1979, 1988 = MDR 928; *BGH* NJW-RR 1992, 957; *OLG München* NJW 1977, 1972; *OLG Nürnberg* NJW 1978, 2250 = MDR 676; MünchKomm ZPO-*Prütting* Rdnr. 12; *Thomas/Putzo*[20] Rdnr. 5; *Zöller/Herget*[20] Rdnr. 7.
[17] MünchKomm ZPO-*Prütting* Rdnr. 13; *Baumbach/Lauterbach/Hartmann*[56] Rdnr. 11; *Zöller/Herget*[20] Rdnr. 9.

gegen den Beklagten ergangen, ohne daß dieser bereits eine Klageerwiderung eingereicht hatte, so muß die Einspruchsschrift den Anforderungen einer vollständigen Klageerwiderung genügen. Daraus kann aber nicht gefolgert werden, daß anstelle der zweiwöchigen Einspruchsfrist die insgesamt mindestens vierwöchige Frist des § 276 Abs. 1 S. 1, 2 tritt[18]. § 340 Abs. 3 ist gegenüber § 296 lex specialis, weshalb auch für die Einspruchsschrift mit Klageerwiderungscharakter die Zweiwochenfrist des § 339 Abs. 1 gilt[19]. Da sich die Begründungsfrist aus der gesetzlichen Einspruchsfrist des § 339 ergibt, besteht für das Gericht auch keine Möglichkeit, beim Einspruch gegen ein im schriftlichen Vorverfahren ergangenes Versäumnisurteil gemäß § 276 Abs. 1 S. 2 eine weitere Frist von zwei Wochen zu setzen, → § 276 Rdnr. 37. In der Einspruchsschrift sind weiter alle Rügen, die die Zulässigkeit der Klage betreffen (zu diesem Begriff → § 282 Rdnr. 32 ff) vorzutragen. Entgegen dem Wortlaut von Abs. 3 S. 1 muß die Begründung allerdings nicht notwendigerweise schon in der Einspruchsschrift enthalten sein. Vielmehr genügt auch die Begründung in einem gesonderten Schriftsatz, der **innerhalb der Einspruchsfrist** des § 339 beim Prozeßgericht eingeht[20].

3. Fristverlängerung

Die Frist zur Begründung des Einspruchs kann nach Abs. 3 S. 2 auf Antrag durch den Vorsitzenden verlängert werden, wenn dadurch nach seiner freien Überzeugung der Rechtsstreit nicht verzögert wird oder wenn die Partei erhebliche Gründe darlegt. Diese Regelung stimmt mit § 519 Abs. 2 S. 3 überein, weshalb auf das dazu Ausgeführte verwiesen werden kann, → § 519 Rdnr. 10 ff. Zum Begriff der Verzögerung des Rechtsstreits → § 296 Rdnr. 48 ff. Die Frist zur Begründung des Einspruchs ist mangels ihrer Bezeichnung als solche, § 224 Abs. 1 S. 2, **keine Notfrist**[21]; ebenso nicht die nach Abs. 3 S. 2 verlängerte Begründungsfrist[22]. Dazu, daß die Versäumung der Frist den Einspruch nicht unzulässig macht, → Rdnr. 11.

13

4. Belehrung über die Folgen einer Fristversäumung

Nach Abs. 3 S. 4 ist die säumige Partei über die Folgen einer Fristversäumung bezüglich der ihr nach Abs. 3 S. 1 obliegenden Begründungspflicht zu belehren. An diese Belehrung sind dieselben Anforderungen zu stellen wie an die Belehrung über die Folgen einer Versäumung der Klageerwiderungsfrist, § 277 Abs. 2[23]. Insoweit kann auf die Ausführungen unter → § 277 Rdnr. 16 ff verwiesen werden. Unterbleibt die Belehrung oder genügt sie nicht den rechtlichen Anforderungen, so beginnt die Frist zur Einspruchsbegründung nicht zu laufen. Eine Zurückweisung der Partei mit ihrem Vorbringen als verspätet ist dann im Einspruchstermin nicht möglich[24]. Der Lauf der Einspruchsfrist dagegen wird hierdurch nicht berührt[25].

14

5. Folgen der Fristversäumung

Geht die Einspruchsbegründung der säumigen Partei erst nach Ablauf der Einspruchsfrist bzw. der nach Abs. 3 S. 2 verlängerten Frist ein, so ist die Partei damit unter den Voraussetzun-

15

---

[18] So aber *OLG Nürnberg* NJW 1981, 2266.
[19] MünchKomm ZPO-*Prütting* Rdnr. 14.
[20] *OLG München* NJW 1977, 1972; *Baumbach/Lauterbach/Hartmann*[56] Rdnr. 11; *Zöller/Herget*[20] Rdnr. 10.
[21] *OLG Frankfurt* NJW-RR 1993, 1151; MünchKomm ZPO-*Prütting* Rdnr. 17; *Thomas/Putzo*[20] Rdnr. 5; *Zöller/Herget*[20] Rdnr. 11. A.A. *Hartmann* NJW 1988, 2660; *Baumbach/Lauterbach/Hartmann*[56] Rdnr. 10.

[22] MünchKomm ZPO-*Prütting* Rdnr. 17.
[23] *OLG Karlsruhe* Justiz 1983, 409; MünchKomm ZPO-*Prütting* Rdnr. 18.
[24] MünchKomm ZPO-*Prütting* Rdnr. 18.
[25] *OLG Karlsruhe* Justiz 1983, 409, 410.

gen des § 296 Abs. 1 und 3 zurückzuweisen. Das bedeutet, Zulässigkeitsrügen sind nur noch zuzulassen, wenn der Einspruchsführer die Verspätung genügend entschuldigt, → hierzu § 296 Rdnr. 115ff; verspätete Angriffs- und Verteidigungsmittel sind nur zuzulassen, wenn ihre Zulassung nach der freien Überzeugung des Gerichts die Erledigung des Rechtsstreits nicht verzögern würde oder wenn die säumige Partei die Verspätung genügend entschuldigt, Näheres dazu → § 296 Rdnr. 83ff.

6. Flucht in die Säumnis

16 Nach Inkrafttreten der Vereinfachungsnovelle war umstritten[26], ob eine Partei eine bereits erfolgte oder eine drohende Zurückweisung ihrer Angriffs- und Verteidigungsmittel als verspätet nach § 296 dadurch vermeiden kann, daß sie in die Säumnis flieht, d.h. sie läßt zunächst ein Versäumnisurteil gegen sich ergehen und trägt ihr verspätetes Vorbringen dann in der Einspruchsschrift gemäß § 340 Abs. 3 vor. Insoweit gilt folgendes: Ob ein in der fristgemäß eingereichten Einspruchsschrift vorgetragenes Angriffs- oder Verteidigungsmittel verspätet ist bzw. trotz der Verpätung zugelassen werden muß, bestimmt sich allein nach § 342, d.h. es kommt darauf an, ob es im Zeitpunkt des Eintritts der Versäumnis verspätet war. Eine **Zurückweisung** der Partei mit ihrem verspäteten Vortrag kann dagegen nur dann erfolgen, wenn die **Voraussetzungen des § 296 im Einspruchstermin** gegeben sind. Bei einer entsprechenden Vorbereitung des Termins durch die Partei bzw. das Gericht kommt es zu keiner Verzögerung der Erledigung des Rechtsstreits, womit das Vorbringen unabhängig davon zuzulassen ist, ob es in dem versäumten Termin als verspätet hätte zurückgewiesen werden müssen. Eine bereits früher erfolgte Zurückweisung als verspätet wird dagegen durch den Einspruchstermin nicht berührt. Wegen der Einzelheiten einer Zurückweisung nach Versäumnisurteil und Einspruch sowie zur Kritik → § 296 Rdnr. 78ff mit umfassenden Nachweisen. Zur Terminsbestimmung bei verspätetem Vortrag in der Einspruchsschrift → § 341a Rdnr. 2.

17 Ist das **Versäumnisurteil im schriftlichen Vorverfahren** ergangen, so kann die säumige Partei innerhalb der Einspruchsfrist noch ihre gesamte Klageerwiderung vortragen, und zwar unabhängig davon, ob inzwischen bereits die nach § 276 Abs. 1 S. 2 gesetzte Klageerwiderungsfrist abgelaufen ist. Diese ist wegen der Wirkung des Einspruchs nach § 342 bedeutungslos geworden, Näheres → § 276 Rdnr. 36f.

7. Einspruch gegen Vollstreckungsbescheid

19 Richtet sich der Einspruch gegen einen Vollstreckungsbescheid, so findet § 340 Abs. 3 keine Anwendung (§ 700 Abs. 3 S. 3). Dies beruht darauf, daß in diesem Fall noch keine erwiderungsfähige Klagebegründung des Antragstellers vorliegt, → § 700 Rdnr. 4.

IV. Arbeitsgerichtliches Verfahren

25 Im arbeitsgerichtlichen Verfahren erster und zweiter Instanz wird der Einspruch schriftlich oder durch Abgabe einer Erklärung zur Niederschrift der Geschäftsstelle eingelegt, § 59 S. 2 bzw. § 64 Abs. 7 i.V.mit § 59 S. 2 ArbGG. Der Vertretungszwang vor dem LAG, § 11 Abs. 2 ArbGG, gilt infolge der uneingeschränkten Inbezugnahme des § 59 in § 64 Abs. 7 ArbGG für die Einlegung des Einspruchs nicht[27]. Daß hier die Vorschrift des § 340 Abs. 2 über den we-

---

[26] S. dazu *Deubner* NJW 1982, 289; *Fastrich* NJW 1979, 2598; *Prütting/Weth* ZZP 98 (1985), 131, 134ff.
[27] BAGE 4, 207 = AP § 64 ArbGG Nr. 5 = NJW 1957, 1652 = JZ 642 = BB 712; *Grunsky*[7] § 64 Rdnr. 42; *Germelmann/Matthes/Prütting*[2] § 64 Rdnr. 96; GK-*Stahlhacke* § 64 Rdnr. 125.

sentlichen Inhalt der Einspruchsschrift nicht gilt, bedeutet kaum einen sachlichen Unterschied, da sich der Wille, das Urteil anzufechten, und die Identität des Rechtsstreits auf jeden Fall aus dem Einspruch ergeben müssen und eine ausdrückliche Erklärung ohnehin nicht verlangt wird[28]. Obwohl es in § 59 ArbGG an einer § 340 Abs. 2 S. 2 entsprechenden Vorschrift fehlt, besteht kein Zweifel daran, daß sich der Einspruch auch auf einen Teil des Versäumnisurteils beschränken kann[29].

Abs. 3 ist im arbeitsgerichtlichen Verfahren ebenfalls **anwendbar** (a.A. Vorauf.), weshalb verspätetes Vorbringen von Angriffs- oder Verteidigungsmitteln zur Zurückweisung nach § 296 Abs. 1 ZPO führt[30], a.A.→§ 296 Rdnr. 131. 26

Die Zulässigkeit der Einlegung des Einspruchs durch Erklärung zur Niederschrift der Geschäftsstelle, § 59 S. 2 ArbGG, entspricht der Regelung, die nach § 496 für das amtsgerichtliche Verfahren gilt, → Rdnr. 1. Für das Berufungsverfahren liegt darin allerdings eine wesentliche Abweichung vom ordentlichen Verfahren. Aus der Zulässigkeit der Protokollerklärung folgt nach § 78 Abs. 3 sowohl für sie wie auch für die schriftliche Erklärung die Befreiung vom Vertretungszwang nach § 11 Abs. 2 ArbGG[31]. Zur Anwendbarkeit von § 78 Abs. 3 im arbeitsgerichtlichen Verfahren → § 78 Rdnr. 65. 27

Im Verfahren vor dem Bundesarbeitsgericht gelten die Vorschriften der ZPO entsprechend, § 72 Abs. 5 ArbGG. Für die Einlegung eines Einspruchs gegen ein vom BAG erlassenes Versäumnisurteil besteht deshalb Anwaltszwang[32]. 28

§ 340 a [Zustellung der Einspruchsschrift]

Die Einspruchsschrift ist der Gegenpartei zuzustellen. Dabei ist mitzuteilen, wann das Versäumnisurteil zugestellt und Einspruch eingelegt worden ist. Die erforderliche Zahl von Abschriften soll die Partei mit der Einspruchsschrift einreichen.

Gesetzesgeschichte: Eingefügt durch Novelle 1909 (RGBl. S. 475). Neu gefaßt durch die Vereinfachungsnovelle (BGBl. 1976 I 3281).

Stichwortverzeichnis → »Schlüssel zum Versäumnisverfahren« zu Beginn der Vorbemerkungen vor § 330.

I. Zustellung der Einspruchsschrift

Die Einspruchsschrift ist »**der Gegenpartei**« von Amts wegen, § 270 Abs. 1, **zuzustellen**. Bei mehreren Gegnern sind dies alle gegnerische Streitgenossen[1], und zwar unabhängig davon, ob es sich um eine einfache oder eine notwendige Streitgenossenschaft handelt. Hat einer von mehreren notwendigen Streitgenossen Einspruch eingelegt, so bedarf es auch der Zustellung an alle anderen Streitgenossen, gegen die das Versäumnisurteil ergangen ist, → § 63 Rdnr. 2. Bei einfacher Streitgenossenschaft muß dagegen jeder Streitgenosse selbst Einspruch einlegen, weshalb ihm die Einspruchsschrift eines anderen Streitgenossen nicht zuzustellen

---

[28] *BAG* AP § 3 59 ArbGG Nr. 2 = NJW 1971, 1479.
[29] *Germelmann/Matthes/Prütting*[2] § 59 Rdnr. 25; *Grunsky*[7] § 59 Rdnr. 5; GK-*Dörner* § 59 Rdnr. 48.
[30] *BAGE* 44, 242 = AP § 340 Nr. 3 = MDR 1984, 347 = NZA 1985, 130; LAG Düsseldorf/Köln EzA § 340 Nr. 1; LAG Hamm EzA § 340 Nr. 2; LAG Düsseldorf LAGE § 340 Nr. 3; *Germelmann/Matthes/Prütting*[2] § 59 Rdnr. 27; GK-*Dörner* § 59 Rdnr. 38. A.A. *Deubner* NZA 1985, 113, 114f.
[31] *BAGE* 4, 207 (Fn. 27); *Grunsky*[7] § 59 Rdnr. 5; *Germelmann/Matthes/Prütting*[2] § 59 Rdnr. 23.
[32] *BAGE* 21, 21 = AP § 340a Nr. 1 = NJW 1968, 1739; BAG AP § 64 ArbGG Nr. 6.
[1] MünchKomm ZPO-*Prütting* Rdnr. 2.

ist. War auf der Gegenseite ein Streitgehilfe beteiligt, so ist die Einspruchsschrift auch ihm zuzustellen, → § 67 Rdnr. 19. Die Zustellung der Einspruchsschrift erfolgt, ohne daß der Einspruch auf seine Zulässigkeit hin überprüft wird[2], und zwar auch bei offenkundiger Unzulässigkeit des Einspruchs.

2 Die Zustellung der Einspruchsschrift einschließlich der Mitteilung nach S. 2, → dazu Rdnr. 3, wird gemäß § 209 dadurch den Urkundsbeamten der Geschäftsstelle veranlaßt, → § 270 Rdnr. 4f, indem er die Einspruchsschrift einem Gerichtswachtmeister oder der Post zur Zustellung aushändigt, § 211 Abs. 1 S. 1.

3 Mit der Zustellung der Einspruchsschrift ist mitzuteilen, wann das Versäumnisurteil zugestellt und Einspruch eingelegt worden ist, S. 2. Die Mitteilung dient der frühzeitigen Information des Einspruchsgegners hinsichtlich der Rechtzeitigkeit des Einspruchs und soll das Verfahren nach § 341 erleichtern[3]. Für ihre Abfassung ist der Urkundsbeamte der Geschäftsstelle zuständig.

4 Hat die Partei gemäß der Sollvorschrift des S. 3 die erforderliche Zahl von Abschriften eingereicht, so werden diese für die Zustellung verwendet; dies gilt auch im amtsgerichtlichen Verfahren. Wegen der Beglaubigung → § 317 Rdnr. 23. Anderenfalls sind die Abschriften durch die Geschäftsstelle anfertigen zu lassen und zu beglaubigen. Wegen der Kosten dafür s. KV Nr. 9000.

5 Unterbleibt die Zustellung oder ist sie mangelhaft, so berührt dies die Zulässigkeit und die Wirkung des Einspruchs nicht. Das Fehlen einer wirksamen Zustellung kann nach § 187 S. 1 und nach § 295 geheilt werden[4].

II. Arbeitsgerichtliches Verfahren

7 Im arbeitsgerichtlichen Verfahren gilt nichts Besonderes. Die Obliegenheit nach S. 3 entfällt allerdings – ohne daß deshalb für den Einspruchsführer Schreibauslagen entstehen[5] –, sofern der Einspruch durch Erklärung zur Niederschrift der Geschäftsstelle erklärt wird, § 59 S. 2 ArbGG.

§ 341 [Prüfung der Zulässigkeit des Einspruchs]

(1) Das Gericht hat von Amts wegen zu prüfen, ob der Einspruch an sich statthaft und ob er in der gesetzlichen Form und Frist eingelegt ist. Fehlt es an einem dieser Erfordernisse, so ist der Einspruch als unzulässig zu verwerfen.

(2) Die Entscheidung kann ohne mündliche Verhandlung durch Beschluß ergehen. Sie unterliegt in diesem Fall der sofortigen Beschwerde, sofern gegen ein Urteil gleichen Inhalts die Berufung stattfinden würde.

Gesetzesgeschichte: Ursprünglich § 306 CPO. Sprachliche Änderung durch Novelle 1950 (BGBl. S. 455). Abs. 2 angefügt durch Vereinfachungsnovelle (BGBl. 1976 I 3281).

Stichwortverzeichnis → »Schlüssel zum Versäumnisverfahren« zu Beginn der Vorbemerkungen vor § 330.

---

[2] *Baumbach/Lauterbach/Hartmann*[56] Rdnr. 3; Münch Komm ZPO-*Prütting* Rdnr. 2.
[3] BT-Drucksache 7/2729, S. 81.
[4] *BGHZ* 50, 397; 65, 114, 116 (für die unwirksame Zustellung einer Berufungsschrift nach § 519 a; → auch § 519 a Rdnr. 2).
[5] *Hartmann* Kostengesetze[26] KV Nr. 9000 Rdnr. 8.

I. Zulässigkeitsprüfung	1	b) Entscheidung ohne mündliche Verhandlung	13
1. Zulässigkeitsvoraussetzungen	1	II. Säumnis des Einspruchsführers	21
2. Beweislast	6	III. Einspruch und Berufung	23
3. Verfahren	8	IV. Arbeitsgerichtliches Verfahren	25
a) Entscheidung nach mündlicher Verhandlung	9		

I. Zulässigkeitsprüfung

1. Zulässigkeitsvoraussetzungen

Die **Zulässigkeit** des Einspruchs ist in allen Instanzen **von Amts wegen zu prüfen**, unabhängig davon, in welcher Instanz das Versäumnisurteil ergangen ist. Selbst das Revisionsgericht hat erforderlichenfalls Beweis darüber zu erheben, ob die Zulässigkeitsvoraussetzungen vorliegen[1]. Eine Heilung von Mängeln nach § 295 ist ausgeschlossen, → § 295 Rdnr. 19. Zu prüfen sind: 1

a) Die **Statthaftigkeit des Einspruchs**. Dazu gehört die Frage, ob ein Versäumnisurteil vorliegt (→ vor § 330 Rdnr. 23) oder es sich nicht um ein kontradiktorisches Urteil im Versäumnisverfahren (sog. unechtes Versäumnisurteil, → dazu vor § 330 Rdnr. 27ff und speziell zu den dort gegebenen Rechtsbehelfen → vor § 330 Rdnr. 30) handelt. Weiter darf der Einspruch nicht nach § 238 Abs. 2 S. 2, → § 238 Rdnr. 16, oder nach § 345 ausgeschlossen sein. 2

b) Die **Rechtzeitigkeit des Einspruchs**, § 339. Dazu gehört insbesondere auch die Feststellung des Zeitpunkts der Zustellung (wichtig bei Zustellung an die Partei selbst durch Aufgabe des Versäumnisurteils zur Post; Zustellungszeitpunkt ist hier schon die Aufgabe zur Post, § 175 Abs. 1 S. 3, → dazu § 175 Rdnr. 22). 3

c) Die Wahrung der in § 340 Abs. 1 und 2 vorgeschriebenen **Form**, d.h. der Einreichung der Einspruchsschrift beim Prozeßgericht sowie des zwingend erforderlichen Inhalts der Einspruchsschrift. Demgegenüber ist die Begründung des Einspruchs gemäß § 340 Abs. 3 keine Zulässigkeitsvoraussetzung, → § 340 Rdnr. 11. Ebensowenig gehört die ordnungsmäßige und rechtzeitige Zustellung der Einspruchsschrift an die Gegenpartei hierher. 4

d) Dazu treten als Hindernisse der Zulässigkeit der **Verzicht** (der ein nachträglicher Verzicht sein kann, wenn er nach Erlaß des Versäumnisurteils erklärt wurde, der aber auch als vorgängiger Verzicht vor dessen Erlaß wirksam ist, →hierzu § 346 Rdnr. 2) und die **Zurücknahme**, § 346. Die Zurücknahme führt allerdings genau genommen ebensowenig zur Unzulässigkeit des Rechtsbehelfs wie bei Rechtsmitteln: Nicht anders als bei der Berufung, → § 515 Rdnr. 19, besteht die Wirkung nur im Verlust des eingelegten Einspruchs; innerhalb der Einspruchsfrist kann erneut Einspruch eingelegt werden. Bei einem erst nach Fristablauf eingelegten neuen Einspruch folgt die Unzulässigkeit nicht aus der Zurücknahme des ersten Einspruchs, sondern ausschließlich daraus, daß der Einspruch nicht innerhalb der Einspruchsfrist eingelegt worden ist. 5

2. Beweislast

Die Partei, die den Einspruch eingelegt hat, trägt die Beweislast für dessen Zulässigkeit[2]. Soweit allerdings gerichtsinterne Vorgänge in Frage stehen, von denen der Einspruchsführer 6

---

[1] *BGH* LM § 341 Nr. 2 = NJW 1976, 1940 = JZ 648 = MDR 1977, 34; *BAG* AP § 183 Nr. 4 = BB 1969, 1137; *Gottwald* Die Revisionsinstanz als Tatsacheninstanz (1975), 335; MünchKomm ZPO-*Prütting* Rdnr. 1; *Zöller/Herget*[20] Rdnr. 6.

[2] *BGH* VersR 1980, 90, 91; MünchKomm ZPO-*Prütting* Rdnr. 6; *Zöller/Herget*[20] Rdnr. 5.

keine Kenntnis haben kann, dürfen daraus für ihn keine nachteiligen Beweislastfolgen hergeleitet werden[3]. Zeigt die säumige Partei etwa die Bestellung eines Anwalts am selben Tag an, an dem die Geschäftsstelle die Zustellung des Versäumnisurteils veranlaßt, so kommt es für die Ordnungsgemäßheit der Zustellung darauf an, ob der Geschäftsstelle die Bestellung des Anwalts vor Zustellungsbeginn bekannt war. Dies entzieht sich aber regelmäßig der Kenntnis des Einspruchsführers.

3. Verfahren

8   Das Gericht befindet nach freiem Ermessen, ob es über die Zulässigkeit des Einspruchs mündlich verhandelt oder bei Unzulässigkeit des Einspruchs nach der Gewährung rechtlichen Gehörs ohne mündliche Verhandlung durch Beschluß entscheidet, Abs. 2 S. 1.

a) Entscheidung nach mündlicher Verhandlung

9   Das Gericht kann nach § 146 anordnen, daß die Verhandlung zunächst auf die Zulässigkeitsvoraussetzungen des Einspruchs zu beschränken sei oder damit eventuell die Verhandlung der Hauptsache verbinden[4]. Erachtet das Gericht den **Einspruch als zulässig**, so kann dies durch Zwischenurteil nach § 303 oder in den Entscheidungsgründen des späteren Endurteils, § 343, ausgesprochen werden. Die Entscheidung kann durch **Berufung oder Revision gegen das Endurteil** angefochten werden. Das Zwischenurteil ist nicht selbständig anfechtbar, → § 303 Rdnr. 9. Erachtet das Rechtsmittelgericht, gleichviel ob der Mangel gerügt worden ist oder nicht, → Rdnr. 1, den Einspruch entgegen dem Prozeßgericht für unzulässig, so hat sein Urteil dahin zu lauten, daß das angefochtene Urteil aufgehoben und der Einspruch als unzulässig verworfen wird.

11 Ist dagegen der **Einspruch unzulässig**, so ist er sofort, § 300 Abs. 1, durch **Endurteil als unzulässig zu verwerfen**. Eine Entscheidung, »das Versäumnisurteil wird aufrechterhalten« (oder ähnlich), ist hingegen deshalb nicht statthaft[5], weil so nur bei zulässigem Einspruch tenoriert werden darf. Eine eventuell zugelassene Verhandlung zur Hauptsache wird mit der Verwerfung des Einspruchs gegenstandslos, → § 300 Rdnr. 14. Das den Einspruch verwerfende Urteil ist ohne Sicherheitsleistung für vorläufig vollstreckbar zu erklären, § 708 Nr. 3. Hinsichtlich der Kosten gilt § 97 Abs. 1 entsprechend[6]. Das den Einspruch als unzulässig verwerfende Urteil ist auch bei Ausbleiben des Gegners der den Einspruch erhebenden Partei kein Versäumnisurteil, sondern ein kontradiktorisches Urteil[7], gegen das die Berufung bzw. Revision stattfindet, → vor § 330 Rdnr. 29f. Zur Entscheidung bei Säumnis des Einspruchsführers → Rdnr. 21. Das den Einspruch als unzulässig verwerfende Urteil steht einer neuen Einlegung des Einspruchs nicht entgegen, sofern die Einspruchsfrist noch nicht abgelaufen ist und der frühere Mangel vermieden wird[8].

b) Entscheidung ohne mündliche Verhandlung

13 Ist der Einspruch unzulässig, so kann ihn das Gericht **ohne mündliche Verhandlung durch Beschluß verwerfen**, Abs. 2 S. 1. Vor der Verwerfung ist den Parteien Gelegenheit zur Stel-

---

[3] BGH LM § 176 Nr. 14 = NJW 1981, 1673 = MDR 644; MünchKomm ZPO-*Prütting* Rdnr. 6; Zöller/*Herget*[20] Rdnr. 5.
[4] RG Gruchot 45 (1901), 1130.
[5] LAG Frankfurt BB 1982, 1924; MünchKomm ZPO-*Prütting* Rdnr. 12; a. A. *Baumbach/Lauterbach/Hartmann*[56] Rdnr. 8.
[6] *Baumbach/Lauterbach/Hartmann*[56] Rdnr. 8; MünchKomm ZPO-*Prütting* Rdnr. 14; *Thomas/Putzo*[20] Rdnr. 6.
[7] LAG Hamburg NJW 1975, 952; MünchKomm ZPO-*Prütting* Rdnr. 13; a. A. *Bötticher* AP 1952 Nr. 32, 33, 34; ders. SAE 1957, 99f.
[8] *Baumbach/Lauterbach/Hartmann*[56] Rdnr. 10.

lungnahme zu geben. Diese Pflicht ergibt sich zwar nicht aus dem Wortlaut des § 341, folgt aber aus dem Gesamtzusammenhang der Regelung und überdies auch aus Art. 103 Abs. 1 GG[9]. Da der Beschluß mit der sofortigen Beschwerde angegriffen werden kann, Abs. 2 S. 2, ist er mit Gründen zu versehen[10], → § 329 Rdnr. 10. Er muß beiden Parteien zugestellt werden, § 329 Abs. 3.

Eine positive **Feststellung der Zulässigkeit des Einspruchs durch Beschluß** sieht das Gesetz nicht vor; sie ist nicht zulässig[11]. Das Gericht hat in diesem Fall vielmehr nach § 341 a zu verfahren und Termin zur mündlichen Verhandlung über den Einspruch und die Hauptsache anzuberaumen. Damit ist die Zulässigkeit des Einspruchs noch nicht endgültig bejaht; in dem Termin kann der Einspruch vielmehr durch Urteil noch als unzulässig verworfen werden. Bei Unzuständigkeit des Gerichts kann die Zulässigkeit des Einspruchs allerdings in dem Verweisungsbeschluß festgestellt werden[12]. 14

Gegen den Verwerfungsbeschluß ist die **sofortige Beschwerde**, § 577, statthaft, sofern gegen dieselbe Entscheidung, wäre sie nach mündlicher Verhandlung durch Urteil ergangen, Berufung oder Revision zulässig wäre. 15

Im **erstinstanzlichen Verfahren** ist die sofortige Beschwerde grundsätzlich statthaft. Eine Ausnahme gilt nur in vermögensrechtlichen Streitigkeiten, in denen die Berufungssumme, § 511a Abs. 1, nicht erreicht wird und überdies keine der in § 511 a Abs. 2 vorgesehenen Ausnahmen vorliegt. In diesen Fällen ist jedoch nicht ausgeschlossen, die sofortige Beschwerde als Antrag auf Wiedereinsetzung in den vorigen Stand zu behandeln[13], wenn der Beschwerdeführer mit der Einreichung Entschuldigungsgründe für die Versäumung dargelegt hat oder wenn das Gericht erkennt, daß eine Versäumung tatsächlich nicht vorgelegen hat. Die Entscheidung über den Wiedereinsetzungsantrag kann ohne mündliche Verhandlung durch Beschluß erfolgen, →§ 339 Rdnr. 3. 16

Im **Berufungsverfahren des LG** ist die sofortige Beschwerde gegen den Verwerfungsbeschluß deshalb unzulässig, weil auch ein entsprechendes Urteil nicht angefochten werden kann, → § 511 Rdnr. 6 sowie § 567 Abs. 3 S. 1. Anders ist die Rechtslage im **Berufungsverfahren des OLG**. Ein Verwerfungsbeschluß des OLG ist mit der sofortigen Beschwerde angreifbar, wenn sie entweder vom OLG unter den Voraussetzungen von § 546 Abs. 1 S. 2 zugelassen ist, →dazu § 546 Rdnr. 4 ff, oder wenn es sich um eine vermögensrechtliche Streitigkeit handelt und der Wert der Beschwer 60.000,– DM übersteigt, § 567 Abs. 4 S. 2. § 547 und § 621 d Abs. 2, wonach die Revision stets statthaft ist, wenn die Berufung als unzulässig verworfen ist, sind nicht anwendbar, weil es sich beim Einspruch um kein Rechtsmittel mit Devolutiveffekt handelt, sondern lediglich um einen Antrag, der nach Erlaß des Versäumnisurteils eine erneute Verhandlung in derselben Instanz zum Ziel hat[14]. In vermögensrechtlichen Streitigkeiten mit einer Beschwer von mehr als 60.000,– DM kann das Revisionsgericht die Annahme der Beschwerde nicht nach § 554 b mangels grundsätzlicher Bedeutung der Sache ablehnen[15]. 17

Ist die **Beschwerdesumme nicht erreicht,** → Rdnr. 16, so ist die sofortige Beschwerde auch dann nicht statthaft, wenn der Verwerfungsbeschluß den Einspruchsführer in seinem **Recht auf Gewährung rechtlichen Gehörs** verletzt hat[16]. Unabhängig davon, wie man sonst zur Frage der Zulässigkeit einer Beschwerde bei schweren Verfahrensverstößen steht, → § 567 Rdnr. 9 f, kommt bei dem Verwerfungsbeschluß nach § 341 Abs. 1 S. 2 noch hinzu, daß durch 18

---

[9] *Zöller/Herget*[20] Rdnr. 10; *Thomas/Putzo*[20] Rdnr. 7.
[10] MünchKomm ZPO-*Prütting* Rdnr. 15; *Zöller/Herget*[20] Rdnr. 10.
[11] *Baumbach/Lauterbach/Hartmann*[56] Rdnr. 9; Münch Komm ZPO-*Prütting* Rdnr. 9; a.A. *Demharter* NJW 1986, 1754; *Zöller/Herget*[20] Rdnr. 11.
[12] *Zöller/Herget*[20] Rdnr. 11.
[13] *LG Bochum* MDR 1985, 239.

[14] BGH NJW 1982, 1104 = MDR 473 = FamRZ 182 = VersR 272.
[15] BGH NJW 1978, 1427; *Thomas/Putzo*[20] Rdnr. 12.
[16] *Thomas/Putzo*[20] Rdnr. 12; a.A. *OLG Köln* NJW-RR 1996, 1151; *LG Zweibrücken* MDR 1980, 675; *Baumbach/Lauterbach/Hartmann*[56] Rdnr. 12; *Zöller/Herget*[20] Rdnr. 13.

die Zulässigkeit der Beschwerde nur die Gleichschaltung mit der Zulässigkeit der Berufung bei Verwerfung des Einspruchs durch Urteil erfolgen soll; bei einem Verwerfungsurteil steht § 511a Abs. 1 der Zulässigkeit der Berufung aber auch dann entgegen, wenn Art. 103 Abs. 1 GG verletzt worden ist, → auch vor § 128 Rdnr. 53c ff.

19   Die **weitere sofortige Beschwerde** ist gegen Beschlüsse des OLG gemäß § 568a statthaft. Im Rahmen des § 568a sind auch die §§ 547, 641d Abs. 2 anzuwenden[17], → § 568a Rdnr. 5. Die weitere sofortige Beschwerde ist daher stets statthaft, wenn das OLG die sofortige Beschwerde als unzulässig verworfen hat. Dagegen kommt die weitere sofortige Beschwerde gegen eine Beschwerdeentscheidung des LG wegen Abs. 2 S. 2 nicht in Betracht, weil ein Urteil gleichen Inhalts ebenfalls nicht anfechtbar wäre.

II. Säumnis des Einspruchsführers

21   Ist die Partei, die den Einspruch eingelegt hat, im darauf folgenden nächsten Termin, → § 345 Rdnr. 1, nicht erschienen, → § 345 Rdnr. 5f, so ist, wie sich aus § 345 ergibt, der Einspruch grundsätzlich durch Versäumnisurteil zu verwerfen, das – wie auch sonst – echtes Sachurteil ist, → § 345 Rdnr. 7a. Die Säumnisfolge besteht in diesem Fall also in der **sachlichen Verwerfung des Einspruchs** wegen doppelter aufeinander folgender Säumnis, → § 345 Rdnr. 10. Wie die unverzichtbaren Voraussetzungen eines Sachurteils auch bei den anderen Versäumnisurteilen gegeben sein müssen, → § 330 Rdnr. 9 und → § 331 Rdnr. 13, so haben hier die Voraussetzungen des § 341 (form- und fristgerechte Einlegung des Einspruchs) vorzuliegen. Ist der Einspruch unzulässig, so wird er durch kontradiktorisches Prozeßurteil, → vor § 330 Rdnr. 29, nach § 341 Abs. 1 S. 2 als unzulässig verworfen[18]. Die praktische Bedeutung zeigt sich bei § 513, → auch § 345 Rdnr. 16. Zum Fall der Säumnis des Gegners des Einspruchsführers im nächsten Termin → Rdnr. 11.

III. Einspruch und Berufung

23   Über den Fall, daß gegen dasselbe Urteil einer Partei der Einspruch, der anderen dagegen Berufung oder Revision zusteht, → § 513 Rdnr. 3.

IV. Arbeitsgerichtliches Verfahren

25   § 341 gilt auch im arbeitsgerichtlichen Verfahren. Die sofortige Beschwerde gegen den Verwerfungsbeschluß findet statt, wenn gegen ein Urteil gleichen Inhalts Berufung bzw. Revision zulässig wäre[19]. Die weitere sofortige Beschwerde ist nur in den Fällen des § 78 Abs. 2 ArbGG statthaft.

26   Soweit der Einspruch ohne mündliche Verhandlung **durch Beschluß verworfen** wird, soll beim Arbeitsgericht, § 55 Abs. 1 Nr. 4 ArbGG, und beim LAG, § 64 Abs. 7 i.V. mit § 55 Abs. 1 Nr. 4 ArbGG, der Vorsitzende allein[20] und beim BAG der Senat ohne die ehrenamtlichen Richter (§ 74 Abs. 2 S. 3 ArbGG analog) entscheiden[21].

---

[17] *BGH* NJW 1979, 218.
[18] *BGH* LM § 700 Nr. 10 = NJW 1995, 1561; *LAG Hamburg* NJW 1975, 952; *LAG Berlin* LAGE § 341 Nr. 1; MünchKomm ZPO-*Prütting* Rdnr. 13; *Thomas/Putzo*[20] Rdnr. 6; *Zöller/Herget*[20]Rdnr. 9; *Rosenberg/Schwab/Gottwald*[15] § 107 VI. A.A. *Baumbach/Lauterbach/Hartmann*[56] Rdnr. 8; *van den Hövel* NJW 1997, 2864 (zweites Versäumnisurteil nach § 345).

[19] *BAG* AP § 70 ArbGG Nr. 3 = NJW 1978, 2215 = DB 1700; *Germelmann/Matthes/Prütting*[2] § 59 Rdnr. 42.
[20] GK-*Dörner* § 59 Rdnr. 55; a.A. *Grunsky*[7] § 59 Rdnr. 5 (analoge Anwendung von § 66 Abs. 2 S. 2, 2. Hs. ArbGG).
[21] *BAG* AP § 340a Nr. 1 (abl. *Baumgärtel/Scherf*).

§ 341 a [Einspruchstermin]

Wird der Einspruch nicht durch Beschluß als unzulässig verworfen, so ist der Termin zur mündlichen Verhandlung über den Einspruch und die Hauptsache zu bestimmen und den Parteien bekanntzugeben.

Gesetzesgeschichte: Eingefügt durch Vereinfachungsnovelle 1976 (BGBl. I 3281). Inhaltlich entspricht die Vorschrift im wesentlichen § 340 a S. 1 a. F.

Stichwortverzeichnis → »**Schlüssel zum Versäumnisverfahren**« zu Beginn der Vorbemerkungen vor § 330.

I. Terminsbestimmung

Der Vorsitzende hat von Amts wegen, § 216 Abs. 2, Termin zur mündlichen Verhandlung zu bestimmen, wenn das Gericht den Einspruch nicht als unzulässig verworfen hat (durch Beschluß ohne mündliche Verhandlung, § 341 Abs. 2, →dort Rdnr. 13). Der Termin ist zwar grundsätzlich zur Verhandlung über den Einspruch und außerdem die Hauptsache anzuberaumen; es bleibt dem Gericht aber unbenommen, gemäß § 146 zu verfahren und die Verhandlung zunächst auf die Zulässigkeit des Einspruchs zu beschränken, → § 341 Rdnr. 9. 1

Der Termin ist **unverzüglich zu bestimmen**, § 216 Abs. 2. Die mündliche Verhandlung soll so früh wie möglich stattfinden, § 272 Abs. 3. Hat die Partei in der Einspruchsschrift verspätet neue Tatsachen vorgetragen oder Beweismittel benannt, so hat das Gericht das verspätete Vorbringen bei der Terminsanberaumung insoweit zu berücksichtigen, als es nicht zu einer Verzögerung der Erledigung des Rechtsstreits führt. Sind beispielsweise aufgrund dieses Vorbringens Zeugen zusätzlich zu vernehmen, dann sind diese zum Termin zu laden und die hierfür erforderliche Zeitspanne bei der Terminsbestimmung einzuplanen (vorbereitende Maßnahme gemäß § 273 Abs. 2 Nr. 4); zur dadurch ermöglichten sog. Flucht in die Säumnis → § 340 Rdnr. 16 f. Dagegen ist das Gericht nicht verpflichtet, den Termin soweit hinauszuschieben, daß das verspätete Vorbringen in vollem Umfang berücksichtigt werden kann (z. B. bei einem noch einzuholenden Sachverständigengutachten) und alle nachteiligen Folgen ausgeräumt werden[1], → § 273 Rdnr. 8, → § 296 Rdnr. 80. Die Bestimmung des § 296 wäre sonst überflüssig. Zur Berücksichtigung verspäteten Vorbringens in der Einspruchsschrift → auch § 296 Rdnr. 78 ff. 2

II. Bekanntmachung

Die Terminsbestimmung ist von Amts wegen beiden Parteien durch Zustellung bekanntzumachen. Zuständig dafür ist der Urkundsbeamte der Geschäftsstelle, § 274 Abs. 1. Im amtsgerichtlichen Verfahren genügt gegenüber der Partei, die den Einspruch eingelegt hat, im Falle des § 497 Abs. 2 die mündliche Mitteilung. Da die Bekanntgabe der Ladung sachlich gleichgestellt ist, → vor § 214 Rdnr. 14, ist gegenüber beiden Parteien die Ladungsfrist einzuhalten[2]. Standen der säumigen Partei Streitgenossen gegenüber, so muß die Bekanntmachung des Termins an alle Streitgenossen erfolgen, für die das Versäumnisurteil ergangen ist, d. h. für die, die 4

---

[1] *BGH* LM § 216 Nr. 3 = NJW 1981, 286 = MDR 309; *Baumbach/Lauterbach/Hartmann*[56] Rdnr. 3; Münch-Komm ZPO-*Prütting* Rdnr. 2; *Thomas/Putzo*[20] Rdnr. 2; a. A. unter Berufung auf § 273 *OLG Hamm* NJW 1980, 293 (abl. *Deubner*); *Zöller/Herget*[20] Rdnr. 2.

[2] *OLG München* OLGZ 1974, 241 = VersR 674; MünchKomm ZPO-*Prütting* Rdnr. 3; *Zöller/Herget*[20] Rdnr. 2. A. A. bezüglich der Partei, die Einspruch eingelegt hat, *RGZ* 86, 139.

§ 341a II, III, § 342   2. Buch. Verfahren im ersten Rechtszuge. 1. Abschnitt. Landgerichte   616

im Termin erschienen oder gemäß § 62 Abs. 1 vertreten waren. Richtet sich der Einspruch allerdings nicht gegen alle Streitgenossen, so sind nur die Einspruchsgegner zu laden[3]. Legt ein Streithelfer Einspruch ein, ist auch die Hauptpartei zu laden[4].

5   Weist die **Bekanntgabe Mängel** auf, so ist § 335 Abs. 1 Nr. 2 anzuwenden[5], d.h. es darf kein Versäumnisurteil ergehen. Unschädlich ist es, wenn in der Terminsbestimmung keine Angaben zum Verhandlungsgegenstand (nur über den Einspruch oder auch zur Hauptsache, → Rdnr. 1) enthalten sind. In diesem Fall müssen die Parteien davon ausgehen, daß sich die Verhandlung auch auf die Hauptsache erstreckt[6].

III. Familiensachen

7   Zur zeitlichen Reihenfolge, wenn in Familiensachen gegen ein Verbundurteil, das zum Teil als Versäumnisurteil ergangen ist, Einspruch und Berufung eingelegt werden, s. § 629 Abs. 2, S. 2, Näheres → § 629 Rdnr. 2.

§ 342   [Wirkung des zulässigen Einspruchs]

Ist der Einspruch zulässig, so wird der Prozeß, soweit der Einspruch reicht, in die Lage zurückversetzt, in der er sich vor Eintritt der Versäumnis befand.

Gesetzesgeschichte: Ursprünglich § 307 CPO. Sprachliche Änderung durch Novelle 1950 (BGBl. S. 455). Neu gefaßt durch Vereinfachungsnovelle 1976 (BGBl. I 3281).

Stichwortverzeichnis → »Schlüssel zum Versäumnisverfahren« zu Beginn der Vorbemerkungen vor § 330.

1   Ist der Einspruch zulässig, so hat dies zur Folge, daß der **Prozeß in die Lage zurückversetzt** wird, in der er sich vor Entritt der Säumnis befand, und daß der Eintritt der Rechtskraft des Versäumnisurteils gehemmt wird, § 705 S. 2 (Näheres zum Eintritt der Rechtskraft des Versäumnisurteils → § 705 Rdnr. 11). Die Versäumung tritt, wie sich aus §§ 330, 331, 220 Abs. 2 ergibt, mit dem **Schluß des Termins zur mündlichen Verhandlung** ein und nicht etwa schon in dem Augenblick, in dem die Partei nach dem Aufruf der Sache nicht auftritt bzw. nicht verhandelt[1]. Erst mit dem Schluß des Termins zur mündlichen Verhandlung kann dem Antrag auf Erlaß eines Versäumnisurteils entsprochen werden und erst von diesem Zeitpunkt an treten die Wirkungen ein, die mit dem Antrag als einer Verhandlung zur Hauptsache, → § 330 Rdnr. 4, verknüpft sind, wenn auch der Antrag bereits vor Eintritt der Versäumnis gestellt werden kann[2]. Aus dem Gesagten folgt, daß die Erklärungen der im Termin erschienenen Partei, die in diesem Termin abgegeben wurden, auch nach dem Einspruch wirksam bleiben. Im schriftlichen Vorverfahren tritt die Versäumnis mit dem Ablauf der Frist des § 276 Abs. 2 S. 2 zur Anzeige der Verteidigungsbereitschaft ein[3].

2   Die Folge des § 342 gilt **kraft Gesetzes ohne richterlichen Ausspruch**. Insbesondere wird

---

[3] *Zöller/Herget*[20] Rdnr. 2.
[4] *Baumbach/Lauterbach/Hartmann*[56] Rdnr. 4.
[5] MünchKomm ZPO-*Prütting* Rdnr. 4.
[6] *BGH* NJW 1982, 888; MünchKomm ZPO-*Prütting* Rdnr. 4.

[1] *Münzberg* Die Wirkungen des Einspruchs im Versäumnisverfahren (1959), 44ff; *Göppinger* ZZP 66 (1953), 287; MünchKomm ZPO-*Prütting* Rdnr. 4; *Rosenberg/Schwab/Gottwald*[15] § 107 V 3 c. A.A. *RGZ* 167, 293, 295; *BGHZ* 4, 329, 340; *BGH* LM § 335 Nr. 1 = NJW 1980, 2313 = MDR 839 = ZZP 94 (1981), 328 (abl. *Münzberg*); LM § 342 Nr. 4 = NJW 1993, 861 = BB 464.
[2] *Münzberg* (Fn. 1), 38.
[3] MünchKomm ZPO-*Prütting* Rdnr. 5; *Rosenberg/Schwab/Gottwald*[15] § 107 V 3 c.

der Einspruch nicht etwa auf seine Begründetheit hin überprüft; er muß nur zulässig sein[4]. Das Versäumnisurteil bleibt zunächst bis zur Entscheidung gemäß § 343 bestehen[5] (wegen einstweiliger Anordnungen bezüglich der vorläufigen Vollstreckbarkeit s. jedoch § 719), allerdings entfällt für das Gericht die Bindungswirkung nach § 318[6]. Im übrigen werden aber alle früheren Parteierklärungen, Geständnisse, Anerkenntnisse, Verzichte, Beweiserhebungen, Beweisbeschlüsse[7] und Zwischenurteile, soweit sie unerheblich geworden waren, wieder wirksam; ebenso die Folgen, die an eine frühere Verhandlung zur Hauptsache geknüpft waren. Umgekehrt werden die Folgen, die sich an den Antrag des Beklagten auf Erlaß des Versäumnisurteils deshalb knüpften, weil er Verhandlung zur Hauptsache ist, → § 330 Rdnr. 4, wieder hinfällig[8]; → weiter § 282 Rdnr. 39. Ferner kann der Kläger die Klage oder die Berufung ohne Einwilligung des Beklagten zurücknehmen, wenn er dies vorher konnte[9]. Die Parteien können daher alle Angriffs- und Verteidigungsmittel in demselben Umfang geltend machen wie vor Eintritt der Säumnis. Zur Vermeidung einer Präklusion durch Flucht in die Säumnis → § 340 Rdnr. 16f und → § 296 Rdnr. 78ff. Zum sofortigen Anerkenntnis nach einem gegen den Beklagten ergangenen Versäumnisurteil → § 93 Rdnr. 7. Über die eventuelle Zulassung der Verhandlung zur Hauptsache vor Prüfung des Einspruchs → § 341 Rdnr. 11.

Die Beseitigung der Säumnisfolgen tritt nur in dem **Umfang** ein, in dem der Säumige das Versäumnisurteil durch Einlegung des Einspruchs angefochten hat, § 340 Abs. 1 S. 2, → dort Rdnr. 6; im übrigen **erwächst** das Versäumnisurteil mit Ablauf der Einspruchsfrist **in Rechtskraft**. Erging das Versäumnisurteil zum Teil durch kontradiktorisches Prozeß- oder Sachurteil, so wird dieser Teil der Entscheidung von der Einlegung des Einspruchs nicht berührt, → § 338 Rdnr. 5[10]. 4

§ 343 [Neue Entscheidung]

Insoweit die Entscheidung, die auf Grund der neuen Verhandlung zu erlassen ist, mit der in dem Versäumnisurteil enthaltenen Entscheidung übereinstimmt, ist auszusprechen, daß diese Entscheidung aufrechtzuerhalten sei. Insoweit diese Voraussetzung nicht zutrifft, wird das Versäumnisurteil in dem neuen Urteil aufgehoben.

Gesetzesgeschichte: Ursprünglich § 308 CPO. Inhaltlich unverändert; sprachliche Änderung durch Novelle 1950 (BGBl. S. 455).

Stichwortverzeichnis → »**Schlüssel zum Versäumnisverfahren**« zu Beginn der Vorbemerkungen vor § 330.

I. Abfassung der neuen Entscheidung	1	a) Vollständige Aufrechterhaltung bzw. Aufhebung des Versäumnisurteils 1
1. Entscheidung in der Hauptsache	1	b) Teilweise Aufrechterhaltung

---

[4] MünchKomm ZPO-*Prütting* Rdnr. 1.
[5] *Münzberg* (Fn. 1), 25; MünchKomm ZPO-*Prütting* Rdnr. 8; *Zöller/Herget*[20] Rdnr. 1; *Rosenberg/Schwab/Gottwald*[15] § 107 V 3 b.
[6] *Zöller/Herget*[20] Rdnr. 2.
[7] OLG Hamm NJW-RR 1986, 1508.
[8] RGZ 167, 293 (dazu *Bötticher* DR 1942, 346); s. weiter *Münzberg* (Fn. 1), 49ff: Es muß zwischen den verschiedenen mit der Verhandlung zur Hauptsache verknüpften Präklusionswirkungen differenziert werden; s. dazu auch *Theuerkauf* MDR 1964, 467; *Thomas/Putzo*[20] Rdnr. 2.
[9] RGZ 167, 293 (dazu *Bötticher* DR 1942, 346); BGHZ 4, 328, 339f; *Münzberg* (Fn. 1), 56f; *Zöller/Herget*[20] Rdnr. 2; *Rosenberg/Schwab/Gottwald*[15] § 107 V 3 c.
[10] BGH LM § 342 Nr. 3 = NJW-RR 1986, 1326 = FamRZ 897 = MDR 1987, 39; MünchKomm ZPO-*Prütting* Rdnr. 9.

	und Aufhebung des Versäumnisurteils		4. Abfassung des Urteils bei Unzulässigkeit des Einspruchs	8
		3a		
c)	Verstoß gegen § 343 S. 1	4	II. Geltungsbereich des § 343	9
d)	Ausnahmen	5	III. Verfahrensabschluß ohne gerichtliche Entscheidung	
2.	Vorläufige Vollstreckbarkeit	6		
3.	Kosten	7		11

I. Abfassung der neuen Entscheidung

1. Entscheidung in der Hauptsache

a) Vollständige Aufrechterhaltung bzw. Aufhebung des Versäumnisurteils

1 Wird der Rechtsstreit aufgrund eines zulässigen Einspruchs nach § 342 von neuem verhandelt, so ist das Gericht bei der Entscheidung aufgrund dieser Verhandlung völlig frei. Soweit der Einspruch reicht, ist selbst eine reformatio in peius zulässig[1] (z.B. Verurteilung des Beklagten im Versäumnisurteil zur Leistung Zug um Zug; nach Einspruch kann Verurteilung zur unbedingten Leistung erfolgen). Nach § 343 ist aber, ohne daß es dafür eines besonderen Antrags bedürfte, bei der Tenorierung des neuen Urteils auf das Versäumnisurteil zurückzugreifen.

2 Stimmt das neue Prozeßergebnis inhaltlich mit dem Tenor des Versäumnisurteils vollständig überein, so ist das **Versäumnisurteil aufrechtzuerhalten** und nicht noch einmal dieselbe Verurteilung oder Klageabweisung auszusprechen, § 343 S. 1. Dies gilt auch dann, wenn die neue Entscheidung aus ganz anderen Erwägungen erfolgt, es sei denn, daß das neue Urteil trotz äußerlicher Übereinstimmung seines Tenors mit dem Tenor des Versäumnisurteils einen anderen Rechtskraftumfang hat (z.B. Versäumnisurteil gegen den Kläger, wenn nach Einspruch die Klage nur im Hinblick auf eine vom Beklagten erklärte Aufrechnung abgewiesen wird). In diesem Fall ist das Versäumnisurteil aufzuheben und eine neue Entscheidung zu erlassen. Ist der Einspruchsführer in einem späteren Termin erneut säumig, so lautet das Versäumnisurteil ebenfalls dahingehend, daß das erste Versäumnisurteil aufrechterhalten wird[2]. Zur Fassung des Urteils bei Säumnis des Einspruchsführers in dem nach § 341a anberaumten Termin → § 345 Rdnr. 10.

3 Stimmt das neue Prozeßergebnis dagegen mit dem Versäumnisurteil in vollem Umfang nicht überein (sei es nach kontradiktorischer Verhandlung oder als Versäumnisurteil gegen den Gegner des Einspruchsführers), so ist das **Versäumnisurteil aufzuheben** (kassatorischer Teil), § 343 S. 2, sowie die **neue Entscheidung auszusprechen** (reformatorischer Teil). Ist die Aufhebung in dem neuen Urteil übersehen worden, so kann das Urteil nach § 319 berichtigt werden[3].

b) Teilweise Aufrechterhaltung und Aufhebung des Versäumnisurteils

3a Stimmt das Versäumnisurteil nur teilweise mit dem neuen Prozeßergebnis überein, so ist es **teilweise aufrechtzuerhalten und im übrigen aufzuheben** sowie neu zu entscheiden (nämlich hinsichtlich des Teils, der aufgrund der neuen Prozeßergebnisse anders als im Versäumnisurteil zu beurteilen ist). Als aufrechtzuerhaltender Teil des Versäumnisurteils kommt dabei nur ein solcher Teil in Betracht, über den ein Teilurteil ergehen könnte. Dagegen scheidet eine

---

[1] *Kapsa* Das Verbot der reformatio in peius im Zivilprozeß (1976), 81 ff; MünchKomm ZPO-*Prütting* Rdnr. 4.
[2] MünchKomm ZPO-*Prütting* Rdnr. 11.
[3] *Baumbach/Lauterbach/Hartmann*[56] Rdnr. 5; Münch Komm ZPO-*Prütting* Rdnr. 13; Zöller/Herget[20] Rdnr. 2.

Aufrechterhaltung mit einem nur zwischenurteilsfähigen Teil (z.B. als Grundurteil nach § 304) aus. Keinesfalls darf bei nur teilweise übereinstimmendem Prozeßergebnis der Einfachheit halber das Versäumnisurteil ganz aufgehoben und neu tenoriert werden[4]. Bei § 343 handelt es sich nämlich nicht um eine bloße Formvorschrift. Vor allem wegen der **vollstreckungsrechtlichen Folgen** ist die Vorschrift vielmehr streng einzuhalten. Hat nämlich die Partei aus dem Versäumnisurteil bereits vollstreckt, so läuft sie bei einer Aufhebung des Versäumnisurteils Gefahr, daß die Vollstreckungsmaßnahmen gemäß § 776 i.V. mit § 775 Nr. 1 aufgehoben werden, obwohl die neue Entscheidung mit dem Versäumnisurteil im Ergebnis übereinstimmt und deshalb die Aufrechterhaltung geboten war. Die Aufhebung der Vollstreckungsmaßnahmen kann wegen des im Vollstreckungsrecht geltenden Prioritätsgrundsatzes, § 804 Abs. 3, überdies zu einem Rangverlust führen, wenn zwischenzeitlich andere Pfändungen erfolgt sind. Schließlich kann der Partei auch eine Schadensersatzpflicht aus § 717 Abs. 2, → dort Rdnr. 7ff, drohen[5].

c) Verstoß gegen § 343 S. 1

Bei einem Verstoß gegen § 343 S. 1 (das Gericht hebt das Versäumnisurteil auf und tenoriert 4 neu, obwohl die Prozeßergebnisse mit dem Versäumnisurteil übereinstimmen) darf eine Aufhebung von Vollstreckungsmaßnahmen nach § 776 i.V. mit § 775 Nr. 1 deshalb trotzdem nicht erfolgen, weil für die Frage, in welchem Umfang das Versäumnisurteil aufgehoben worden ist, die Einspruchsentscheidung auszulegen ist, → § 717 Rdnr. 2, → § 775 Rdnr. 10, und die Auslegung in einem solchen Fall ergibt, daß das Versäumnisurteil inhaltlich aufrechterhalten wurde[6]. In der Praxis wird eine solche Auslegung aber in der Regel daran scheitern, daß dem jeweiligen Vollstreckungsorgan nur eine Ausfertigung des Urteils zur Verfügung steht, die weder Tatbestand noch Entscheidungsgründe enthält[7], § 317 Abs. 2 S. 2.

d) Ausnahmen

In Einzelfällen kann allerdings im Hinblick auf notwendige Ergänzungen eine neue Fassung 5 des Urteilstenors unumgänglich sein. Hier hat das Gericht die Neufassung des Tenors unter Aufrechterhaltung des Versäumnisurteils und unter Einbeziehung des Ausspruchs im Versäumnisurteil vorzunehmen[8]. Die unter → Rdnr. 3 a beschriebenen vollstreckungsrechtlichen Folgen drohen hier deswegen nicht, weil das Gericht nach § 709 S. 2, → Rdnr. 6, auszusprechen hat, unter welchen Voraussetzungen die Vollstreckung aus dem Versäumnisurteil fortgesetzt werden darf.

2. Vorläufige Vollstreckbarkeit

Wird das **Versäumnisurteil aufgehoben**, dann richtet sich die vorläufige Vollstreckbarkeit 6 der neuen Entscheidung nach den allgemeinen Vorschriften der §§ 708ff. Wird es durch kontradiktorisches Urteil **aufrechterhalten**, so ist seit der Vereinfachungsnovelle gemäß § 709 S. 2 auszusprechen, daß die Vollstreckung aus dem Versäumnisurteil nur gegen Sicherheitsleistung fortgeführt werden darf. Für bereits bewirkte Vollstreckungsmaßnahmen ist keine Nachleistung von Sicherheit erforderlich[9]. Liegt allerdings einer der Fälle des § 708 vor, dann

---

[4] MünchKomm ZPO-*Prütting* Rdnr. 14.
[5] *OLG Köln* NJW 1976, 113 = MDR 231.
[6] MünchKomm ZPO-*Prütting* Rdnr. 18.
[7] *OLG Köln* NJW 1976, 113, 114; MünchKomm ZPO-*Prütting* Rdnr. 18.

[8] *OLG Köln* NJW 1976, 113; MünchKomm ZPO-*Prütting* Rdnr. 12.
[9] *Baumbach/Lauterbach/Hartmann*[56] Rdnr. 6; MünchKomm ZPO-*Prütting* Rdnr. 16; *Zöller/Herget*[20] Rdnr. 4; *Rosenberg/Schwab/Gottwald*[15] § 207 V 4 c.

ist § 709 S. 2 nicht anzuwenden und somit auch keine Sicherheitsleistung erforderlich[10]. Dies trifft insbesondere auch auf Entscheidungen zu, die nach § 345 ergehen, § 708 Nr. 2. Wegen der Einzelheiten → § 709 Rdnr. 12 ff.

3. Kosten

7   Zur Kostenentscheidung → § 344 Rdnr. 2 f.

4. Abfassung des Urteils bei Unzulässigkeit des Einspruchs

8   Ist der Einspruch unzulässig, so ist das Versäumnisurteil weder aufrechtzuerhalten noch aufzuheben, sondern nur der Einspruch als unzulässig zu verwerfen; Näheres → § 341 Rdnr. 11.

II. Geltungsbereich des § 343

9   § 343 gilt nur für die **Endentscheidung** aufgrund der neuen Verhandlung einschließlich der Vorbehaltsurteile, §§ 302, 599. Auf Zwischenurteile, §§ 280, 303, und Verweisungsbeschlüsse, §§ 281, 506, § 17a Abs. 2 GVG, ist § 343 dagegen nicht anwendbar[11]. Der Ausspruch nach dieser Vorschrift bleibt vielmehr deshalb der Endentscheidung vorbehalten, weil das Gericht erst zu diesem Zeitpunkt darüber befinden kann, inwieweit es das Versäumnisurteil aufrechterhält oder aufhebt.

10   Beim **Grundurteil**, § 304, nach einem gegen den Beklagten ergangenen Versäumnisurteil bleibt die Entscheidung nach § 343 dem Betragsverfahren vorbehalten[12]. Dagegen kann das Gericht nach einem Versäumnisurteil gegen den Kläger das Grundurteil unter Aufhebung des Versäumnisurteils erlassen. Denn das Urteil, das den Klageanspruch dem Grunde nach für gerechtfertigt erklärt, stellt zugleich fest, daß keine klageabweisende Entscheidung ergeht.

III. Verfahrensabschluß ohne gerichtliche Entscheidung

11   Endet die weitere mündliche Verhandlung ohne Entscheidung des Gerichts (z. B. durch Vergleich, übereinstimmende Erledigungserklärung oder Klagerücknahme), so findet eine Aufhebung des Versäumnisurteils nur dann statt, wenn das Gericht infolge eines Streits über die Zurücknahme, → § 269 Rdnr. 41 ff, oder über die Erledigung oder über den Bestand des Vergleichs anderweitig zu entscheiden hat[13]. Im übrigen wird das **Versäumnisurteil wirkungslos**, ohne daß es einer Aufhebung bedarf; § 269 Abs. 3 S. 1, 2. Hs., der dies für den Fall der Klagerücknahme ausdrücklich regelt, kann auf die übrigen Fallgestaltungen entsprechend angewandt werden[14], was in analoger Anwendung von § 269 Abs. 2 S. 3 auf Antrag durch Beschluß auszusprechen ist[15], → zur Erledigungserklärung auch § 91a Rdnr. 21 und zum Vergleich → § 794 Rdnr. 32a.

---

[10] MünchKomm ZPO-*Prütting* Rdnr. 16; *Zöller/Herget*[20] Rdnr. 4.
[11] MünchKomm ZPO-*Prütting* Rdnr. 3; *Zöller/Herget*[20] Rdnr. 1.
[12] MünchKomm ZPO-*Prütting* Rdnr. 2.
[13] BGHZ 4, 328, 341; *Münzberg* (§ 342 Fn. 1), 111; MünchKomm ZPO-*Prütting* Rdnr. 19.
[14] MünchKomm ZPO-*Prütting* Rdnr. 19.
[15] MünchKomm ZPO-*Prütting* Rdnr. 19; *Thomas/Putzo*[20] Rdnr. 7.

§ 344 [Versäumniskosten]

Ist das Versäumnisurteil in gesetzlicher Weise ergangen, so sind die durch die Versäumnis veranlaßten Kosten, soweit sie nicht durch einen unbegründeten Widerspruch des Gegners entstanden sind, der säumigen Partei auch dann aufzuerlegen, wenn infolge des Einspruchs eine abändernde Entscheidung erlassen wird.

Gesetzesgeschichte: Ursprünglich § 309 CPO. Keine Änderung.

Stichwortverzeichnis → »**Schlüssel zum Versäumnisverfahren**« zu Beginn der Vorbemerkungen vor § 330.

I. Voraussetzungen einer neuen Kostenentscheidung 1	III. Entscheidung 7
1. Aufrechterhaltung des Versäumnisurteils 2	1. In gesetzlicher Weise ergangenes Versäumnisurteil 7
2. Aufhebung des Versäumnisurteils 3	2. Nicht in gesetzlicher Weise ergangenes Versäumnisurteil 10
3. Klagerücknahme und Vergleich 4	3. Unterbliebene Kostenentscheidung 11
II. Gesetzlichkeit des Versäumnisurteils 6	IV. Gebühren 13

I. Voraussetzungen einer neuen Kostenentscheidung

§ 344 enthält als Ausnahme von § 91, → dort Rndr. 14, einen Fall der **Kostentrennung**[1]. Er setzt voraus, daß das Gericht in dem Verfahren nach Einspruch von neuem über die Kosten zu entscheiden hat und daß dabei der Gegner der säumigen Partei ganz oder zum Teil, § 92, in die Kosten verurteilt wird, was regelmäßig auch eine Abänderung der Sachentscheidung voraussetzt. **1**

1. Aufrechterhaltung des Versäumnisurteils

Wird das Versäumnisurteil aufrechterhalten, so gilt dies auch für die darin enthaltene Kostenentscheidung, die stets zu Ungunsten der säumigen Partei lauten muß; die Kosten des Versäumnisverfahrens bilden dann einen Teil der Kosten des Rechtsstreits[2]. Im Interesse der Klarheit empfiehlt sich stets der Ausspruch, daß die säumige Partei auch die Kosten des weiteren Verfahrens zu tragen hat. Enthält das Urteil keinen dahingehenden Kostenausspruch, so ist es dahin auszulegen, daß die Kostenentscheidung des Versäumnisurteils nunmehr für alle Kosten gilt[3]. Um auch die neu angefallenen Kosten zu erfassen, ist also keine **Urteilsergänzung nach § 321** erforderlich. Eine solche Ergänzung ist aber trotzdem zulässig und meistens auch angebracht, um keine Unklarheiten aufkommen zu lassen. Trotz Aufrechterhaltung des gegen den Beklagten ergangenen Versäumnisurteils kann der Kläger im Einzelfall jetzt die Kosten nach § 93 zu tragen haben, → § 93 Rdnr. 7. **2**

---

[1] Zu § 344 s. *Münzberg* (§ 342 Fn. 1), 112 ff.
[2] *Zöller/Herget*[20] Rdnr. 1.
[3] A.A. *Baumbach/Lauterbach/Hartmann*[56] Rdnr. 4; MünchKomm ZPO-*Prütting* Rdnr. 6: Da die weiteren Kosten erst nach Erlaß des Versäumnisurteils entstanden sind, könne sich dessen Kostenentscheidung darauf nicht beziehen.

2. Aufhebung des Versäumnisurteils

3 Bei Aufhebung des Versäumnisurteils, → § 343 Rdnr. 3, ist über die Kosten stets **nach Maßgabe der §§ 91 ff neu zu entscheiden**. Dasselbe gilt, wenn der Rechtsstreit übereinstimmend für erledigt erklärt wird; hier hat die Kostenentscheidung nach § 91 a zu erfolgen. Bei nur **teilweiser Aufhebung des Versäumnisurteils** und Aufrechterhaltung im übrigen, → § 343 Rdnr. 3a, ist über die Kosten insgesamt nach den Grundsätzen des § 92 neu zu entscheiden. Eine teilweise Aufrechterhaltung auch der Kostenentscheidung des Versäumnisurteils ist wegen drohender Unklarheiten zumindest nicht zweckmäßig.

3. Klagerücknahme und Vergleich

4 Wird die **Klage zurückgenommen**, so beruht die Kostenentscheidung nicht auf dem Unterliegen, sondern auf der selbständigen Vorschrift des § 269 Abs. 3 S. 2, die jede Kostentrennung, und zwar auch die des § 344, ausschließt. Der Kläger hat also auch die Kosten der Säumnis des Beklagten zu tragen[4], → auch § 269 Rdnr. 63. Im Falle eines **Vergleichs**, § 98, findet § 344 ebenfalls keine Anwendung, sofern nicht bereits vor Abschluß des Vergleichs rechtskräftig über die Säumniskosten entschieden worden ist[5] oder die Parteien im Vergleich ausdrücklich eine dem § 344 entsprechende Vereinbarung getroffen haben[6], → auch § 98 Rdnr. 7a.

II. Gesetzlichkeit des Versäumnisurteils

6 Ergeht nach dem unter → Rdnr. 3 Ausgeführten eine neue Kostenentscheidung, so hat das Gericht sein eigenes Verfahren von Amts wegen[7] daraufhin nachzuprüfen, ob das Versäumnisurteil in gesetzlicher Weise ergangen war. Dabei ist ein rein **objektiver Maßstab** anzulegen; es kommt nicht darauf an, ob das Gericht einen Fehler begangen hat, sondern allein darauf, ob es für das Versäumnisurteil an einem Erfordernis fehlte oder ihm ein Hindernis entgegenstand, auch wenn dies dem Gericht damals unbekannt und nicht erkennbar war[8]. Wegen der Erfordernisse und Hindernisse der Säumnis → vor § 330 Rdnr. 3 ff. Namentlich kann dem Gericht die Ordnungswidrigkeit der Ladung infolge falscher Anschriften, → § 170 Rdnr. 20, unbekannt geblieben sein. Ungesetzlich ist das Versäumnisurteil weiter dann, wenn die Vorschriften des § 335 nicht beachtet sind[9] oder wenn das Vorbringen des Klägers nicht schlüssig war und deshalb § 331 Abs. 2 nicht genügte[10], und schließlich auch, wenn der Fall des § 337 vorlag[11]. Daß das Vorbringen nicht erwiesen oder durch Einreden entkräftet ist, kommt dagegen nicht in Betracht, da es daraufhin nicht zu überprüfen war.

---

[4] Str.; wie hier *OLG Düsseldorf* MDR 1983, 64; *OLG Rostock* NJW-RR 1996, 832; a. A. *OLG Hamm* OLGZ 1989, 464; *OLG Karlsruhe* NJW-RR 1996, 383 = MDR 319.

[5] *OLG Düsseldorf* MDR 1980, 233.

[6] *OLG München* Rpfleger 1979, 495.

[7] *Münzberg* (§ 342 Fn. 1), 115; MünchKomm ZPO-*Prütting* Rdnr. 14; *Thomas/Putzo*[20] Rdnr. 5.

[8] *BGH* NJW 1961, 2207 = MDR 1011; *BAG* AP § 611 BGB Haftung des Arbeitnehmers Nr. 63 = NJW 1971, 957 = BB 476 = VersR 555; MünchKomm ZPO-*Prütting* Rdnr. 14; *Thomas/Putzo*[20] Rdnr. 5.

[9] *RG* WarnRsp 23/24 Nr. 179 (Nichteinhaltung der Einlassungsfrist); *BGH* NJW 1961, 2207 (Fn. 8; fehlende Prozeßfähigkeit); MünchKomm ZPO-*Prütting* Rdnr. 14.

[10] *RGZ* 115, 310; *Reichel* AcP 104 (1909), 73; *Münzberg* (§ 342 Fn. 1), 122f; MünchKomm ZPO-*Prütting* Rdnr. 14; *Zöller/Herget*[20] Rdnr. 1.

[11] *RGZ* 166, 246.

III. Entscheidung

1. In gesetzlicher Weise ergangenes Versäumnisurteil

Ist das **Versäumnisurteil** danach **in gesetzlicher Weise ergangen**, so hat das Urteil in seiner Formel ausdrücklich die durch die Versäumnis veranlaßten Kosten einschließlich der des Einspruchsverfahrens der säumigen Partei aufzuerlegen. Derartige Kosten sind etwa die vergeblichen Reisekosten des Einspruchsgegners zur Wahrnehmung des ursprünglichen Termins (nicht des Einspruchstermins[12]) sowie Reisekosten und Verdienstausfall von Zeugen[13]. Auszunehmen sind nur diejenigen Kosten, die der Gegner durch einen schließlich für unbegründet erkannten Widerspruch verursacht hat (z.B. Bestreiten der Zulässigkeit des Einspruchs, was eine Beweisaufnahme hierüber erforderlich macht)[14]. Auch über die zuletzt genannten Kosten ist deswegen im Urteil zu entscheiden, weil im Kostenfeststellungsverfahren nicht mehr darüber befunden werden kann, ob die Kosten einer Beweisaufnahme tatsächlich durch die Versäumnis veranlaßt worden sind[15]. Die Auferlegung der durch die Versäumnis veranlaßten Kosten an die säumige Partei ist unabhängig davon auszusprechen, ob feststeht, daß derartige Kosten überhaupt entstanden sind; dies ist erst Gegenstand des Kostenfeststellungsverfahrens[16].

Die **Kosten der Vollstreckung** des Versäumnisurteils sind nicht durch die Versäumnis veranlaßt und daher im Fall der Aufhebung des Urteils nicht von der säumigen Partei zu tragen[17]. Wer die Vollstreckungskosten zu tragen hat, bestimmt sich vielmehr nach §§ 717 Abs. 2, 788. Nicht zu den Säumniskosten gehört ferner die **Prozeßgebühr des Anwalts** der nicht säumigen Partei[18]. Zu den **Kosten der Verweisung**, § 281 Abs. 3 → § 281 Rdnr. 40 a.E..

7

9

2. Nicht in gesetzlicher Weise ergangenes Versäumnisurteil

War das Versäumnisurteil in ungesetzlicher Weise ergangen, so sind sämtliche Kosten des Verfahrens, einschließlich der durch die Versäumnis verursachten, als ein Ganzes nach Maßgabe der §§ 91, 92 zu behandeln. Die ausgebliebene Partei geht daher, wenn sie in der Hauptsache obsiegt, kostenfrei aus. Die Kosten hat insgesamt der unterliegende Gegner zu tragen.

10

3. Unterbliebene Kostenentscheidung

Ist der Ausspruch über die Kosten unterblieben, so ist eine **Ergänzung des Urteils** ebenso zulässig wie im Falle des § 281, → dort Rdnr. 42 sowie → § 321 Rdnr. 5.

11

IV. Gebühren

Gerichtsgebühren entstehen weder durch das Versäumnisurteil noch durch den Einspruch; wegen der **Anwaltsgebühren** s. §§ 31, 33 Abs. 1, 38 BRAGO. Ob das Versäumnisurteil in gesetzlicher Weise ergangen ist, spielt in diesem Zusammenhang keine Rolle.

13

---

[12] *OLG Stuttgart* MDR 1989, 269.
[13] MünchKomm ZPO-*Prütting* Rdnr. 13.
[14] MünchKomm ZPO-*Prütting* Rdnr. 11; *Thomas/Putzo*[20] Rdnr. 4; *Zöller/Herget*[20] Rdnr. 2.
[15] *KG* MDR 1974, 149 = Rpfleger 439; MünchKomm ZPO-*Prütting* Rdnr. 11.
[16] *Baumbach/Lauterbach/Hartmann*[56] Rdnr. 6; Münch Komm ZPO-*Prütting* Rdnr. 12; *Zöller/Herget*[20] Rdnr. 2.

[17] *OLG Frankfurt* Rpfleger 1975, 260 (Zustellung und Vollstreckung eines Vollstreckungsbescheids); *OLG München* Rpfleger 1974, 368 (Kosten der einstweiligen Einstellung der Vollstreckung aus dem Versäumnisurteil gemäß §§ 707, 719); *Baumbach/Lauterbach/Hartmann*[56] Rdnr. 7; MünchKomm ZPO-*Prütting* Rdnr. 13.
[18] *OLG München* Rpfleger 1981, 495; MünchKomm ZPO-*Prütting* Rdnr. 13.

§ 345 [Zweites Versäumnisurteil]

Einer Partei, die den Einspruch eingelegt hat, aber in der zur mündlichen Verhandlung bestimmten Sitzung oder in derjenigen Sitzung, auf welche die Verhandlung vertagt ist, nicht erscheint oder nicht zur Hauptsache verhandelt, steht gegen das Versäumnisurteil, durch das der Einspruch verworfen wird, ein weiterer Einspruch nicht zu.

Gesetzesgeschichte: Ursprünglich § 310 CPO; keine Änderung.

Stichwortverzeichnis → »Schlüssel zum Versäumnisverfahren« zu Beginn der Vorbemerkungen vor § 330.

I. Terminologie und Zweck	1
II. Technisch zweites Versäumnisurteil	2
1. Voraussetzungen	2
a) Vorliegen eines ersten Versäumnisurteils	2
b) Zulässigkeit des Einspruchs	4
c) Unmittelbar folgende Säumnis des Einspruchsführers	5
d) Gesetzmäßigkeit des ersten Versäumnisurteils	7
e) Zulässigkeit und Schlüssigkeit der Klage bei Erlaß des technisch zweiten Versäumnisurteils	9
2. Tenorierung der Entscheidung	10
a) »Verwerfung« des Einspruchs	10
b) Abweisung der Klage	11
c) Aufrechterhaltung des Versäumnisurteils	12
3. Rechtsmittel	15
a) Gegen das technisch zweite Versäumnisurteil	15
b) Gegen ein falsch bezeichnetes Urteil	17
c) Arbeitsgerichtliches Verfahren	18
III. Säumnis in späteren Terminen	21
IV. Säumnis des Gegners des Einspruchsführers	22
V. Gebühren	23

I. Terminologie und Zweck

1 § 345 regelt den Erlaß des »technisch zweiten« Versäumnisurteils. Damit ist dasjenige Versäumnisurteil gemeint, das **im Einspruchstermin gegen die abermals säumige Partei** ergeht. Dies zeigt deutlich, daß nicht jedes weitere Versäumnisurteil als ein technisch zweites Versäumnisurteil bezeichnet werden darf (mag es auch das im Laufe des Rechtsstreits zweite Versäumnisurteil gegen dieselbe Partei sein). § 345 erfaßt deshalb nur den Fall **unmittelbar aufeinanderfolgender doppelter Säumnis derselben Partei**. Die in § 345 enthaltene Sonderregelung für das technisch zweite Versäumnisurteil will eine Prozeßverschleppung verhindern[1]: Wenn eine Partei derartig beharrlich säumig ist, wird ihr die Möglichkeit abgeschnitten, in derselben Instanz weiter zu prozessieren. Zu der nur sehr eingeschränkten Möglichkeit, das technisch zweite Versäumnisurteil mit der Berufung anzufechten, → § 513 Rdnr. 4ff.

---

[1] *Hahn* 2, 298; s. auch *Braun* ZZP 93 (1980), 443, 444 (insbesondere Fn. 2); MünchKomm ZPO-*Prütting* Rdnr. 4.

II. Technisch zweites Versäumnisurteil[2]

1. Voraussetzungen

a) Vorliegen eines ersten Versäumnisurteils

Gegen die jetzt säumige Partei muß ein erstes Versäumnisurteil ergangen sein, und zwar über **denselben Streitgegenstand**, über den im Einspruchsverfahren verhandelt wird. Hat der Kläger im Einspruchsverfahren eine zulässige Klageerweiterung erklärt, so kann hinsichtlich des neu zur Entscheidung gestellten Teils des Anspruchs nur ein erstes Versäumnisurteil ergehen, gegen das der Einspruch gegeben ist. Über den Teil, der Gegenstand des ersten Versäumnisurteils ist, ergeht dagegen ein technisch zweites Versäumnisurteil[3]. Wegen der unterschiedlichen Rechtsbehelfe ist es zweckmäßig, im Urteil den unterschiedlichen Charakter der beiden Entscheidungsteile hervorzuheben; geschieht dies nicht, so ändert dies jedoch nichts daran, daß der Einspruch nur gegen den neu beschiedenen Anspruchsteil bzw. neuen Anspruch statthaft ist. Ändert der Kläger nach einem gegen den Beklagten ergangenen Versäumnisurteil die Klage im Einspruchstermin dahingehend, daß anstelle des bisherigen Streitgegenstands ein neuer Streitgegenstand eingeführt wird, → § 264 Rdnr. 26, so ist das gegen den erneut säumigen Beklagten ergehende Versäumnisurteil vollinhaltlich ein erstes Versäumnisurteil.

b) Zulässigkeit des Einspruchs

Der Einspruch der säumigen Partei muß zulässig sein. Bei Unzulässigkeit ist der Einspruch durch kontradiktorisches Urteil als unzulässig zu verwerfen, → § 341 Rdnr. 11, und nicht etwa ein technisch zweites Versäumnisurteil zu erlassen.

2

4

c) Unmittelbar folgende Säumnis des Einspruchsführers

Der Einspruchsführer ist säumig, → auch § 341 Rdnr. 21, wenn er in dem nach § 341a zur mündlichen Verhandlung bestimmten Termin **nicht erscheint** oder **nicht zur Hauptsache verhandelt**. Daß § 345 entgegen dem sonstigen Sprachgebrauch der ZPO nicht von »Termin«, sondern von »Sitzung« spricht, ist unerheblich; darin liegt keine inhaltliche Abweichung[4]. Eine Säumnis im Einspruchstermin liegt auch dann vor, wenn der Einspruchsführer denjenigen Termin versäumt, auf den die Verhandlung nach §§ 227, 335 Abs. 2, 337 vertagt worden ist, ohne daß inzwischen zur Hauptsache verhandelt worden ist[5]. Der Säumnis steht auch hier das Nichtverhandeln gleich, § 333. Zur **Hauptsache** ist nicht nur bei Verhandlung über die Begründetheit der Klage, sondern auch nur über ihre Zulässigkeit verhandelt worden[6]. Ebenso, wenn der Einspruchsführer inzwischen gegen den Gegner einen Antrag auf Erlaß eines Versäumnisurteils gestellt hat[7]. Der Gegensatz zu einer Verhandlung zur Hauptsache ist hier, → § 39 Rdnr. 5, eine Verhandlung ausschließlich über die Zulässigkeit des Einspruchs[8]. Auch rei-

5

---

[2] Literatur: *Hoyer* Das technisch zweite Versäumnisurteil (1980); *Prütting* Das zweite Versäumnisurteil im technischen Sinn, JuS 1975, 150; *Boemke* Das einspruchsverwerfende Versäumnisurteil, ZZP 106 (1993), 371.

[3] *OLG Köln* NJW-RR 1988, 701 (Klageerweiterung nach Einspruch gegen Vollstreckungsbescheid); MünchKomm ZPO-*Prütting* Rdnr. 23; *Thomas/Putzo*[20] Rdnr. 5.

[4] *RG* SeuffArch 79 (1925), 206.

[5] *Baumbach/Lauterbach/Hartmann*[56] Rdnr. 2; MünchKomm ZPO-*Prütting* Rdnr. 7; *Thomas/Putzo*[20] Rdnr. 2; *Zöller/Herget*[20] Rdnr. 2.

[6] *BGH* LM Nr. 1 = NJW 1967, 728 = MDR 485 = ZZP 80 (1967), 482 (*Münzberg*); *LG Kiel* NJW 1963, 661; MünchKomm ZPO-*Prütting* Rdnr. 7.

[7] *LAG Bremen* NJW 1966, 1678; MünchKomm ZPO-*Prütting* Rdnr. 7; *Zöller/Herget*[20] Rdnr. 2.

[8] *Münzberg* ZZP 80 (1967), 484; *Baumbach/Lauterbach/Hartmann*[56] Rdnr. 4; MünchKomm ZPO-*Prütting* Rdnr. 7; *Zöller/Herget*[20] Rdnr. 2.

ne Prozeßanträge (z.B. Ablehnungs-, Vertagungs- oder Aussetzungsanträge) sind keine Verhandlung zur Hauptsache[9], → auch § 333 Rdnr. 8. § 345 meint also nur solches Verhandeln, das die Entscheidungsreife des Rechtsstreits herbeizuführen geeignet ist.

6   Daß über den Einspruch verhandelt und seine Zulässigkeit bereits durch Zwischenurteil festgestellt worden ist, → § 341 Rdnr. 9, steht einer Verwerfung des Einspruchs durch ein zweites Versäumnisurteil deshalb nicht entgegen, weil das Urteil nach § 345 überhaupt nur bei Zulässigkeit des Einspruchs ergehen kann, → § 341 Rdnr. 21, und es sich beim Verwerfen des Einspruchs um ein Sachurteil handelt, → Rdnr. 70.

d) Gesetzmäßigkeit des ersten Versäumnisurteils

7   Durch den zulässigen Einspruch wird das Verfahren gemäß § 342 in die **Lage vor Eintritt der Versäumnis** zurückversetzt. In dieser Lage muß das Gericht aber prüfen, ob die gesetzlichen Voraussetzungen für den Erlaß eines Versäumnisurteils gegeben sind. Daraus folgt, daß das Gericht im Einspruchstermin zu überprüfen hat, ob das **erste Versäumnisurteil in gesetzlicher Weise ergangen** ist[10]; zu den Auswirkungen dieser Voraussetzung eines technisch zweiten Versäumnisurteils auf die Statthaftigkeit einer Berufung → § 513 Rdnr. 11 ff. Konkret heißt dies zunächst, daß das Gericht die **Zulässigkeit der Klage** erneut zu prüfen hat[11]. Dies gilt unabhängig davon, ob das Versäumnisurteil gegen den Kläger oder gegen den Beklagten ergangen ist[12]; in beiden Fällen muß die Klage zulässig sein (→ zum Versäumnisurteil gegen den Kläger § 330 Rdnr. 9 und → § 331 Rdnr. 13 zum Versäumnisurteil gegen den Beklagten). Bei Unzulässigkeit der Klage ist diese durch kontradiktorisches Endurteil als unzulässig abzuweisen[13].

7a Ein technisch zweites Versäumnisurteil gegen den Beklagten kann weiter nur dann ergehen, wenn die **Klage schlüssig** war, was im Einspruchstermin zu überprüfen ist[14]; dazu, daß die Schlüssigkeit auch noch im Einspruchstermin gegeben sein muß, → Rdnr. 9. bei Unschlüssigkeit der Klage ist diese durch kontradiktorisches Endurteil abzuweisen, → § 331 Rdnr. 20. Ist die Klage erst nach Erlaß des ersten Versäumnisurteils schlüssig geworden, so hat im Einspruchstermin bei erneuter Säumnis des Beklagten zwar ein Versäumnisurteil zu ergehen, doch ist dieses als erstes Versäumnisurteil zu kennzeichnen, gegen das der Einspruch statthaft ist; der Einspruch kann hier nicht verworfen werden, → Rdnr. 12. Wegen der Nachprüfungskompetenz des Gerichts im Einspruchstermin handelt es sich bei dem Verwerfungsurteil nach § 345 stets um ein **Sachurteil** und nicht etwa um ein Prozeßurteil[15]. Daß § 345 davon spricht, der Einspruch werde »verworfen«, steht der Einordnung des technisch zweiten Versäumnis-

---

[9] *BGH* LM § 81 Nr. 5 = NJW-RR 1986, 1252 = MDR 1021 = WM 1127; MünchKomm ZPO-*Prütting* Rdnr. 7; *Münzberg* ZZP 80 (1967), 487.

[10] *Hoyer* (Fn. 2), 124ff; *Orlich* NJW 1980, 1783; *Schneider* MDR 1985, 377; *Zöller/Herget*[20] Rdnr. 4; *Vollkommer* Anm. zu BAG AP § 513 Nr. 6; a.A. Baumbach/Lauterbach/Hartmann[56] Rdnr. 5 ; MünchKomm ZPO-*Prütting* Rdnr. 9ff; *Prütting* JuS 1975, 150ff.

[11] BAGE 25, 475 = AP Nr. 4 (zust. *Grunsky*) = NJW 1974, 1103 = MDR 609; *OLG Stuttgart* MDR 1976, 51; *Braun* ZZP 93 (1980), 443, 459ff; *ders.* JZ 1995, 525; *Rosenberg/Schwab/Gottwald*[15] § 107 VI sowie die in Fn. 10 für eine allgemeine Überprüfung der Gesetzmäßigkeit eintretenden Autoren. A.A. insbesondere MünchKomm ZPO-*Prütting* Rdnr. 9ff.

[12] Mißverständlich *Thomas/Putzo*[20] Rdnr. 4, wo die Gesetzmäßigkeit des Versäumnisurteils nur dann gefordert wird, wenn es gegen den Beklagten ergangen ist; in der Sache dürfte diese Einschränkung wohl nicht gemeint sein.

[13] *Rosenberg/Schwab/Gottwald*[15] § 107 VI.

[14] BAGE 23, 92 = AP Nr. 3 (zust. *Vollkommer*) = NJW 1971, 1198 (abl. *Blunck* 2040); 75, 343 = AP § 513 Nr. 8 = NZA 1994, 1102 = MDR 1995, 201 = JZ 523 (zust. *Braun*); *Braun* ZZP 93 (1980), 443, 459ff; *Thomas/Putzo*[20] Rdnr. 4; *Zöller/Herget*[20] Rdnr. 4; *Rosenberg/Schwab/Gottwald*[15] § 107 VI sowie die in Fn. 10 für eine allgemeine Überprüfung der Gesetzmäßigkeit eintretenden Autoren. A.A. Baumbach/Lauterbach/Hartmann[56] Rdnr. 5 ; MünchKomm ZPO-*Prütting* Rdnr. 9ff; *Jauernig*[24] § 67 II 3. Offengelassen in BGHZ 97, 341, 349 = LM Nr. 4 = NJW 1986, 2113 = MDR 928 = JZ 857 (*Peters*) = JR 512 (*Schreiber*) = WM 951.

[15] BAGE 25, 475 (Fn. 11); *Vollkommer* Anm. zu BAG AP Nr. 3; *Hoyer* (Fn. 2), 127ff. A.A. *Löwe* ZZP 83 (1970), 266, 269 (Prozeßurteil); MünchKomm ZPO-*Prütting* Rdnr. 21 (weder Sach- noch Prozeßurteil, sondern Entscheidung sui generis).

urteils als Sachurteil nicht entgegen; eine Verwerfung als unzulässig durch Prozeßurteil ist nur im Falle des § 341 Abs. 1 möglich.

Für das Einspruchsverfahren gegen einen **Vollstreckungsbescheid** wird durch § 700 Abs. 6 die **Schlüssigkeitsprüfung ausdrücklich angeordnet**, → dazu § 700 Rdnr. 7. Aus dieser Regelung, die erst 1976 durch die Vereinfachungsnovelle in die ZPO eingefügt wurde, kann jedoch kein Umkehrschluß in dem Sinne gezogen werden, daß eine Schlüssigkeitsprüfung zu unterbleiben habe, wenn es um den Einspruch gegen ein Versäumnisurteil geht[16]. Die Vereinfachungsnovelle hat zwar das Mahnverfahren neu geregelt, sich aber nicht des Problemkreises des technisch zweiten Versäumnisurteils angenommen. **8**

Durfte das erste Versäumnisurteil deswegen nicht ergehen, weil **kein Fall der Säumnis** vorlag oder das Gericht dem Antrag auf Versäumnisurteil gemäß §§ 335, 337 nicht hätte stattgeben dürfen, so steht dies dem Erlaß eines technisch zweiten Versäumnisurteils nicht entgegen[17] (a.A. Voraufl.). Dies rechtfertigt sich deswegen, weil die Partei hier weiß, daß sie im Einspruchstermin erscheinen muß und sie es nicht zu einem zweiten Versäumnisurteil kommen lassen darf. Zur Statthaftigkeit der Berufung gegen ein zweites Versäumnisurteil in diesem Fall → § 513 Rdnr. 14. **8a**

e) Zulässigkeit und Schlüssigkeit der Klage bei Erlaß des technisch zweiten Versäumnisurteils

Hat das Gericht die Gesetzmäßigkeit des ersten Versäumnisurteils bejaht, → Rdnr. 7 ff, darf es ein technisch zweites Versäumnisurteil nur erlassen, wenn die **Klage im Einspruchstermin weiterhin zulässig** ist; anderenfalls ist die Klage durch kontradiktorisches Endurteil als unzulässig abzuweisen. Dasselbe gilt beim Versäumnisurteil gegen den Beklagten, falls die **Klage inzwischen unschlüssig** geworden ist, → auch Rdnr. 11. **9**

2. Tenorierung der Entscheidung

a) »Verwerfung« des Einspruchs

Im Falle des § 345 ist das Versäumnisurteil dahin zu formulieren, daß »der Einspruch verworfen wird«. Dabei handelt es sich, anders als bei § 341, nicht um eine Verwerfung des Einspruchs als unzulässig; § 345 setzt vielmehr gerade eine zulässigen Einspruch voraus, → § 341 Rdnr. 21. Anders als im Fall des § 343 wird das frühere Versäumnisurteil nicht »aufrechterhalten«. Das Urteil muß **als zweites Versäumnisurteil bezeichnet** werden[18]; zum zulässigen Rechtsmittel bei unrichtiger Bezeichnung → Rdnr. 17. **10**

b) Abweisung der Klage

Kommt das Gericht zu dem Ergebnis, die Klage sei **unzulässig oder unschlüssig**, so hat es das Versäumnisurteil aufzuheben, § 343 S. 2, und die Klage abzuweisen, → auch § 343 Rdnr. 3. **11**

---

[16] *Orlich* NJW 1980, 1782; *Hoyer* (Fn. 2), 140; *Vollkommer* JZ 1991, 830; *Thomas/Putzo*[20] Rdnr. 4; *Zöller/Herget*[20] Rdnr. 4; a.A. MünchKomm ZPO-*Prütting* Rdnr. 15.

[17] *Braun* ZZP 93 (1980), 443, 467 ff.

[18] MünchKomm ZPO-*Prütting* Rdnr. 22.

c) Aufrechterhaltung des Versäumnisurteils

12 Verneint das Gericht die Gesetzmäßigkeit des ersten Versäumnisurteils, sieht es aber die **Voraussetzungen für den Erlaß eines Versäumnisurteils im Einspruchstermin** als gegeben an, weil eine Zulässigkeitsvoraussetzung der Klage inzwischen eingetreten ist oder der Kläger die Schlüssigkeit der Klage inzwischen durch einen nachträglich eingereichten Schriftsatz herbeigeführt hat, so hat das Gericht das nicht in gesetzmäßiger Weise ergangene erste Versäumnisurteil durch Versäumnisurteil gemäß § 343 S. 1 aufrechtzuerhalten[19]. Hierbei handelt es sich um ein **technisch erstes Versäumnisurteil**, was das Gericht durch eine entsprechende Bezeichnung klarzustellen hat; gegen dieses Versäumnisurteil ist der Einspruch statthaft. § 344 findet keine Anwendung, weil die ursprüngliche Entscheidung nicht in gesetzlicher Weise ergangen ist.

3. Rechtsmittel

a) Gegen das technisch zweite Versäumnisurteil

15 Gegen das technisch zweite Versäumnisurteil steht der säumigen Partei nur die beschränkte **Berufung bzw. Revision** nach §§ 513 Abs. 2, 566 zu, sofern die Voraussetzungen dieser Rechtsmittel im übrigen gegeben sind (abgesehen von der Erwachsenheitssumme, § 513 Abs. 2 S. 2, bzw. der Zulassung). Das gleiche gilt dann, wenn das Versäumnisurteil nur wegen der Kosten ergangen ist, sei es schon das erste, sei es nur das zweite. Wegen der Anfechtung der Entscheidung bei Säumnis nur im zweiten, nicht aber im ersten Termin → § 513 Rdnr. 14.

16 Im Gegensatz zu dem nach § 341 ergehenden Urteil, → dort bei Fn. 8, schließt das Urteil nach § 345 eine **nochmalige Einlegung des Einspruchs** aus, da es zugleich seine Zulässigkeit bejaht, → § 341 Rdnr. 21. Wird gegen ein technisch zweites Versäumnisurteil Einspruch eingelegt, so ist dieser nach § 341 durch kontradiktorisches Endurteil als unzulässig zu verwerfen[20]. Die Rechtsmittelfrist für das gegen das zweite Versäumnisurteil statthafte Rechtsmittel wird durch Einlegung eines Einspruchs nicht gehemmt[21].

b) Gegen ein falsch bezeichnetes Urteil

17 Hat das Gericht ein Versäumnisurteil fälschlicherweise als »zweites Versäumnisurteil« bezeichnet, so gilt der Grundsatz der **Meistbegünstigung**, → § 338 Rdnr. 2, d.h. die Partei kann Berufung oder Einspruch einlegen[22]. Entsprechendes gilt im umgekehrten Fall, daß ein technisch zweites Versäumnisurteil durch falsche Überschrift oder Tenorierung als einfaches Versäumnisurteil ausgegeben wird[23].

c) Arbeitsgerichtliches Verfahren

18 Im arbeitsgerichtlichen Verfahren gilt § 345 ebenfalls, § 59 S. 4 ArbGG. Ein technisch zweites Versäumnisurteil kann also nicht mit dem Einspruch, sondern in den Grenzen des § 513

---

[19] Nach *Hoyer* (Fn. 2), 142, 152f hat das Gericht das technisch erste Versäumnisurteil aufzuheben und erneut ein technisch erstes, inhaltlich gleichlautendes Versäumnisurteil zu erlassen.

[20] *MünchKomm ZPO-Prütting* Rdnr. 25; *Zöller/Herget*[20] Rdnr. 5.

[21] *BAG* AP § 345 Nr. 1; *MünchKomm ZPO-Prütting* Rdnr. 25; *Zöller/Herget*[20] Rdnr. 5.

[22] *BGH* VersR 1984, 287, 288; *OLG Köln* MDR 1969, 225; *OLG Nürnberg* OLGZ 1982, 447, 448; *OLG Schleswig* 1987, 171, 172; *OLG Frankfurt* NJW-RR 1992, 1468, 1469; *MünchKomm ZPO-Prütting* Rdnr. 27; *Zöller/Herget*[20] Rdnr. 5.

[23] *MünchKomm ZPO-Prütting* Rdnr. 27; offengelassen in *BGH* LM § 345 Nr. 7 = NJW 1997, 1448.

nur mit der Berufung angefochten werden. Zur Frage, ob die Berufung in vermögensrechtlichen Streitigkeiten auch dann zulässig ist, wenn der Beschwerdewert 800,- DM nicht übersteigt, → § 513 Rdnr. 22.

III. Säumnis in späteren Terminen

Erscheint und verhandelt die Partei, die den Einspruch eingelegt hat, in den unter → Rdnr. 5 bezeichneten Terminen, versäumt sie aber später im Laufe derselben Instanz einen weiteren zur Fortsetzung der mündlichen Verhandlung bestimmten Termin, so ist der Einspruch gegen das erste Versäumnisurteil nicht mehr zu verwerfen, sondern auf Antrag ein neues, dem Einspruch unterliegendes technisch erstes Versäumnisurteil zu erlassen[24]; wegen dessen Fassung → § 343 Rdnr. 1 ff. Im weiteren Verlauf der Instanz können unter denselben Voraussetzungen weitere technisch erste Versäumnisurteile gegen die Partei ergehen. Dem Verhandeln im nächsten Termin steht es gleich, wenn die Partei in ihm zwar säumig ist, der Gegner aber eine Entscheidung nach Aktenlage, §§ 331 a, 251, beantragt[25]. Gegen eine Verschleppung durch wiederholte Säumnis schützt die Möglichkeit einer Entscheidung nach Lage der Akten.

21

IV. Säumnis des Gegners des Einspruchsführers

Erscheint der Gegner der Partei, die den Einspruch eingelegt hat, in dem Termin zur mündlichen Verhandlung nicht, so ist unter Aufhebung des früheren Versäumnisurteils auf Antrag der jetzt erschienenen Partei das Versäumnisurteil gegen ihn nach §§ 330, 331 zu erlassen, wenn der Einspruch zulässig ist. Gegen dieses Versäumnisurteil steht der nunmehr säumigen Partei der Einspruch zu.

22

V. Gebühren

Ebenso wie für das erste, → vor § 330 Rdnr. 44, wird auch für das zweite Versäumnisurteil **keine Urteilsgebühr** fällig; das Urteil ergeht ebenfalls gegen die säumige Partei, weshalb es von der Gebührenfreistellung für Versäumnisurteile (KV vor Nr. 1100) erfaßt wird.

23

§ 346 [Verzicht und Zurücknahme]

Für den Verzicht auf den Einspruch und seine Zurücknahme gelten die Vorschriften über den Verzicht auf die Berufung und über ihre Zurücknahme entsprechend.

Gesetzesgeschichte: Ursprünglich § 311 CPO. Sprachliche Änderung durch Novelle 1950 (BGBl. S. 455).

Stichwortverzeichnis → »**Schlüssel zum Versäumnisverfahren**« zu Beginn der Vorbemerkungen vor § 330.

Über den **Verzicht** auf die Berufung s. § 514, über die **Zurücknahme** § 515. Zur Behandlung von Verzicht und Zurücknahme des Einspruchs → § 341 Rdnr. 5. Wegen der Protokollierung

1

---

[24] Einhellige Meinung; s. etwa MünchKomm ZPO-Prütting Rdnr. 3; *Rosenberg/Schwab/Gottwald*[15] § 107 VI.

[25] *LAG Hamm* AP § 53 Nr. 255 (zust. *Wieczorek*).

s. § 160 Abs. 3 Nr. 8, 9. Bis zum Ablauf der Einspruchsfrist kann der Einspruch allerdings trotz **Zurücknahme** eines früheren Einspruchs wiederholt werden[1]; zur entsprechenden Rechtslage bei Zurücknahme der Berufung → § 515 Rdnr. 19. Ab Beginn der Verhandlung über den Einspruch und die Hauptsache kann der Einspruch nur noch mit Einwilligung des Gegners zurückgenommen werden, § 515 Abs. 1. Im **amtsgerichtlichen Verfahren** kann die Zurücknahme zu Protokoll der Geschäftsstelle erklärt werden, § 496, und wird dann von Amts wegen zugestellt. Gemäß § 129a Abs. 1 kann die Protokollerklärung bei jedem Amtsgericht abgegeben werden. Zum Eintritt der Wirksamkeit in diesem Fall → § 129a Rdnr. 18.

2 Der **Verzicht** kann formlos (auch stillschweigend) gegenüber dem Gegner oder dem Gericht erklärt werden[2]. Angesichts der prozessualen Vertragsfreiheit, → vor § 128 Rdnr. 237, besteht kein Anlaß, den vertragsmäßig im voraus erklärten Verzicht auf den Einspruch für unwirksam zu halten[3]. Entgegen der h.M.[4] ist aber auch der einseitige Verzicht vor Erlaß des Versäumnisurteils als zulässig anzusehen[5]; zur Begründung → § 514 Rdnr. 4.

§ 347 [Verfahren bei Widerklage und Zwischenstreit]

(1) Die Vorschriften dieses Titels gelten für das Verfahren, das eine Widerklage oder die Bestimmung des Betrages eines dem Grunde nach bereits festgestellten Anspruchs zum Gegenstand hat, entsprechend.

(2) War ein Termin lediglich zur Verhandlung über einen Zwischenstreit bestimmt, so beschränkt sich das Versäumnisverfahren und das Versäumnisurteil auf die Erledigung dieses Zwischenstreits. Die Vorschriften dieses Titels gelten entsprechend.

Gesetzesgeschichte: Ursprünglich § 312 CPO. Sprachliche Änderung durch Novelle 1950 (BGBl. S. 455).

Stichwortverzeichnis → »**Schlüssel zum Versäumnisverfahren**« zu Beginn der Vorbemerkungen vor § 330.

I. Entsprechende Anwendung der §§ 330ff, Abs. 1	1	II. Zwischenstreit, Abs. 2 6
1. Widerklage	1	III. Entscheidung nach Aktenlage 9
2. Verfahren über den Betrag	3	
3. Weitere Fälle	5	

I. Entsprechende Anwendung der §§ 330ff, Abs. 1

1. Widerklage

1 Die Widerklage wird, ebenso wie bei den Prozeßvoraussetzungen, → § 33 Rdnr. 33 ff, und der Rechtshängigkeit, → § 261 Rdnr. 34 ff, auch im Versäumnisverfahren der Klage gleichgestellt. Über ihre Erhebung s. § 261 Abs. 2. Wird die Widerklage erst in der mündlichen Verhandlung in Abwesenheit des Klägers erhoben, so könnte ein Versäumnisurteil nach § 331

---

[1] MünchKomm ZPO-*Prütting* Rdnr. 5.
[2] *BGH* NJW 1974, 1248, 1249.
[3] MünchKomm ZPO-*Prütting* Rdnr. 4; *Zöller/Herget*[20] Rdnr. 1; *Rosenberg/Schwab/Gottwald*[15] § 107 V 2 d. A.A.

Häsemeyer ZZP 85 (1972), 207, 225; *Habscheid* NJW 1965, 2375.
[4] MünchKomm ZPO-*Prütting* Rdnr. 4; *Zöller/Herget*[20] Rdnr. 1.
[5] Ebenso *Baumbach/Lauterbach/Hartmann*[56] Rdnr. 2.

nur ergehen, wenn der Widerklageantrag nach §335 Abs. 1 Nr. 3 dem Kläger rechtzeitig mitgeteilt war; die Mitteilung bildet dann allerdings nach §261 Abs. 2 bereits die Erhebung der Widerklage. Praktische Bedeutung kommt Abs. 1 für die Widerklage nur dann zu, wenn diese schon vor dem Termin erhoben worden ist, in dem der Kläger säumig ist. Verhandelt eine Partei nur über die Klage oder die Widerklage, so ist ein Versäumnisurteil hinsichtlich der Widerklage bzw. der Klage möglich, → §333 Rdnr. 9.

2. Verfahren über den Betrag

Wenn ein Anspruch gemäß §304 durch streitiges Urteil (nicht auch durch Versäumnisurteil, → §304 Rdnr. 11) seinem Grunde nach festgestellt ist, so beschränkt sich die fernere Verhandlung formell auf die Berechnung des Betrags, in Wirklichkeit bildet aber die ganze Sache deshalb ihren Gegenstand, → auch §304 Rdnr. 41, weil das Urteil nur ein Grundurteil ist, mithin der Anspruch des Klägers auch nicht teilweise erledigt ist. Demgemäß sind die Termine im Nachverfahren wie solche des §332 zu behandeln[1]. Bleibt also der **Kläger** aus, so ist die Klage nach §330 abzuweisen. Das Grundurteil verliert damit seine Bedeutung, ohne daß es ausdrücklich aufgehoben werden muß. Bei **Säumnis des Beklagten** kommt hinsichtlich der Höhe des Betrags §331 zur Anwendung; hinsichtlich des Grundes dagegen ist das Gericht gemäß §318 gebunden, → §332 Rdnr. 4.

Ist im Betragsverfahren Versäumnisurteil gegen den Beklagten ergangen und wird danach das Grundurteil im Rechtsmittelverfahren aufgehoben, so wird das rechtskräftige Versäumnisurteil nachträglich unwirksam, → §304 Rdnr. 55 und → §280 Rdnr. 35.

3. Weitere Fälle

Weitere Fälle einer entsprechenden Anwendung der §§330ff finden sich bei der Stufenklage, → §254 Rdnr. 34, sowie im Nachverfahren nach Erlaß eines Vorbehaltsurteils, → §302 Rdnr. 26 und → §600 Rdnr. 27ff.

II. Zwischenstreit, Abs. 2

Versäumniszwischenurteile sind durch die Vorschriften der §§330ff grundsätzlich ausgeschlossen, und zwar auch bei einer Beschränkung der Verhandlung auf einzelne selbständige Angriffs- oder Verteidigungsmittel oder auf den Grund des Anspruchs → §146 Rdnr. 12, → §304 Rdnr. 11. Auch in diesem Fällen ist bei Säumnis das Versäumnisurteil stets über den gesamten Streitstoff zu erlassen. Nur in dem kaum praktischen Fall, daß der versäumte Termin lediglich zur Verhandlung über einen Zwischenstreit unter den Parteien, → §303 Rdnr. 5, ausdrücklich bestimmt war, ist ein Versäumnisurteil zulässig[2], → auch §280 Rdnr. 6. In einem solchen Fall gelten die §§330ff in der Weise, daß der Antragsteller als Kläger und sein Gegner als Beklagter behandelt wird[3]. Der Einspruch findet selbständig statt. Eine Verhandlung zur Hauptsache kann erst nach Eintritt der formellen Rechtskraft des Versäumniszwischenurteils stattfinden[4].

Bei einem **Zwischenstreit der Partei mit einem Dritten** kann das Zwischenurteil deshalb nicht als Versäumnisurteil ergehen, weil es lediglich der sofortigen Beschwerde und nicht dem Einspruch unterliegt, → §71 Rdnr. 6, → §135 Rdnr. 3, → §387 Rdnr. 6.

---

[1] *Schmidt-Bardeleben* Gruchot 47 (1903), 819; MünchKomm ZPO-*Prütting* Rdnr. 6.
[2] MünchKomm ZPO-*Prütting* Rdnr. 8.
[3] MünchKomm ZPO-*Prütting* Rdnr. 10.
[4] *Zöller/Herget*[20] Rdnr. 10.

III. Entscheidung nach Aktenlage

9 § 347 gilt auch für die Entscheidung nach Lage der Akten, § 331a.